LES KENNEDY

PETER COLLIER
DAVID HOROWITZ

LES KENNEDY

UNE DYNASTIE AMÉRICAINE

Traduit de l'américain par Marc Saporta

1985

Peter Collier, David Horowitz, *The Kennedys*, Summit Books, New York.

Édition française ; Éditions Payot, Paris
106, Boulevard Saint-Germain, 75006 Paris
Dépôt légal : 3e trimestre 1985
ISBN 2-228-85080-2

Édition pour le Canada : Éditions du Roseau, Montréal
Distribution : Diffusion Raffin
7870, Fleuricourt, St-Léonard, Qué.
H1R 2L3 Canada
ISBN : 2-920083-15-5.

Dépôt légal : 3e trimestre 1985
Bibliothèque Nationale du Québec
Bibliothèque Nationale du Canada

INTRODUCTION

par Marc Saporta

Le sujet de ce livre est la destinée tragique d'une famille illustre. C'est une histoire collective. Le membre le plus célèbre de la dynastie, le président John F. Kennedy, n'y est désigné que par son surnom intime, celui qu'utilisent ses parents, ses amis, ses proches : pour eux tous, il ne s'appelle que Jack (Jeannot) — et il en sera également ainsi pour le lecteur, appelé à nous suivre dans l'intimité du clan. C'est dire qu'il n'est certainement pas le héros de cette histoire, mais l'un des acteurs parmi d'autres.

Sur lui, comme sur tous les siens, le sort s'est lourdement acharné. Nul ne savait encore, avant la publication de ce livre, avec quelle férocité ! Mais ce que révèlent en outre les remarquables recherches de Collier et de Horowitz c'est l'extraordinaire entrelacs de responsabilités individuelles ou collectives, jointes aux bizarreries du hasard et aux impératifs du destin, qui conduisent les Kennedy au désastre après les avoir menés au pinacle.

D'aucuns diront, en lisant ces révélations, que cette famille si éprouvée a fait son propre malheur, par sa morgue dans le succès, son aveuglement dans le péril, ses imprudences et ses fautes. Imbus de leur réelle supériorité, les Kennedy se croient au-dessus de leurs concitoyens, de la Cité et de ses lois. Ils sont, dans l'ensemble, exceptionnellement doués, beaux et intelligents. Dès la troisième génération, cette famille d'immigrants est devenue richissime. Le clan n'a pas entièrement tort de se sentir confondu avec le mythe de l'Amérique. Il fait corps avec le rêve américain. Mais en tant qu'entité collective, sa chute — prétendront les moralistes — était inscrite dans son ascension : si les artisans de la fortune familiale paraissent avoir singulièrement manqué de scrupules et avoir brutalement recouru aux moyens les plus discutables, la génération stellaire de Jack et de Bobby n'est pas, elle non plus, exempte de blâme; le comportement des Kennedy étonne souvent; leur légèreté, pour ne pas dire plus, indigne parfois; leurs fréquentes grossièretés choquent le témoin. Et les plus jeunes, les tenants actuels de l'héritage, les enfants de Bobby et de ses frères et sœurs, qui ont pris la relève, abusent de leur nom et de leur richesse; ils se droguent, font les quatre cents coups, alimentent la chronique judiciaire et ils ont leur large part de responsabilité dans l'aboutissement de la trajectoire et ce crépuscule des dieux américain.

Certes. Mais ce serait méconnaître l'énergie, le courage, la séduction, l'intelligence, le talent des uns et des autres. Ce serait également vouloir ignorer la part de la chance et de la malchance, dans la vie de ces êtres d'élite, au profit d'un déterminisme étroit, ou d'une foi aveugle dans une justice distributive. Jack a lutté avec un acharnement exemplaire et un humour finement désespéré contre une maladie apparemment incurable dont il a fini par triompher. Joe est mort aux commandes de son avion transformé en bombe volante pour les besoins d'une action héroïque, sinon entièrement désintéressée. Bobby a pris des risques énormes, avec un mélange d'honnêteté naïve et de brutalité irresponsable, pour mener à bien une croisade fatale contre la pègre et de toutes-puissantes associations de malfaiteurs. Bobby Jr, son fils, a fait montre d'une intrépidité souvent inutile mais non moins spectaculaire pour autant, sur les rapides de l'Amazone comme chez les drogués de Harlem.

La conclusion de cette histoire en forme de mythe occidental se traduit par une hécatombe shakespearienne. Que l'on en juge par une énumération rapide : Joe-le-Jeune, l'aîné des garçons, est réduit à demander une mission quasi suicidaire pendant la guerre, par suite de la rivalité qui l'oppose à son puîné : il n'en reviendra pas. Jack et Bobby sont assassinés alors que le premier occupe la Maison-Blanche et que le second va y accéder. Kathleen, leur charmante sœur, meurt dans un accident d'avion, avec son amant, après avoir perdu son mari sur le front des Flandres. Rosemary, une autre de leurs sœurs, est une enfant arriérée qu'une malencontreuse intervention chirurgicale transforme en infirme mentale incurable, sinon en morte vivante. Ted, le survivant, après avoir réchappé de justesse à un autre accident d'avion, tue l'une de ses collaboratrices dans un accident de voiture. Joe Jr., son fils, responsable d'un autre accident de voiture, blesse son frère David et condamne au fauteuil roulant l'amie de celui-ci, la petite Pamela — âgée de dix-sept ans. David lui-même se suicidera (selon toute vraisemblance) quelques années plus tard, ainsi que le frère adoptif de toute la famille, l'inséparable, l'inénarrable Lem Billings, contrepoint un peu grotesque des héros de l'épopée dont il est le témoin, le bouffon, et le plus touchant des acteurs. Sans parler de la fin lamentable du patriarche Joe Kennedy, l'artisan (discutable) de leur succès à tous, hémiplégique pendant les dix dernières années de sa vie, paralysé, condamné à assister, impotent, à cette cascade de deuils, à ce massacre des siens, sous les coups d'un sort adverse.

A cette tragédie que l'on croirait inventée, ou remontée des fins fonds de la Renaissance, il ne manque pas non plus un lot de jolies femmes ambitieuses, d'intrigues sordides et d'idéaux lumineux.

L'un des problèmes moraux les plus importants qui se posent à la lecture de cette histoire est celui des responsabilités. Si le premier Kennedy qui débarque, au milieu du XIXe siècle, sur le môle de Boston et meurt de fatigue, d'épuisement et de maladie, n'a fait que passer sans laisser de trace, si ce n'est sa descendance, le second des Kennedy entame l'ascension de la famille par les voies parfois peu recommandables de la politique et du saloon, en faisant commerce de bulletins électoraux et de spiritueux. Le troisième, qui accumulera l'une des plus grosses fortunes des Etats-Unis, usera de procédés apparemment moins honorables encore : aux manipulations financières et boursières qui exigent d'autant plus d'intelligence qu'il y faut moins de scrupules, il ajoute semble-t-il le trafic illicite de l'alcool au temps de la prohibition, en étroite collusion avec des gangsters notoires, avant de passer à d'impitoyables spéculations immobilières. On a vu comment il en a été « puni » par un sort non moins impitoyable. Ses fils qui bénéficieront, à vie, de cette fortune, seront frappés à tour de rôle, non sans avoir montré dans leur conduite, publique et privée, voire sentimentale, des traits fort déplaisants, que rachète, il est vrai, un courage physique et politique indéniable, allié à une rare et intelligente séduction.

Déjà s'était manifesté à maintes reprises, au sein de la famille, un état d'esprit dangereux qui préludait à des revers inéluctables dans le monde moderne : une bigoterie désuète, un isolationnisme dépassé, un antisémitisme éclectique mais foncier, un culte déplaisant du pouvoir, une volonté acharnée, maniaque, obsessionnelle de vaincre à tout prix, un concours permanent à qui serait « plus Kennedy que l'autre ».

Mais le désastre n'est vraiment consommé qu'avec les membres de la génération actuelle — les enfants perdus, comme les appellent les auteurs du livre. Si certains d'entre eux ont sombré dans la drogue et toutes les débauches, qui faut-il accuser de leur chute ? Leur éducation, leur fortune, le mythe familial dont ils sont nourris ? Leurs parents dont les uns divorcent et les autres perdent la tête devant les premiers signes du malheur ? Certes Ethel, la veuve de Bobby Kennedy, s'est conduite de façon démente, incohérente, coupable, vis-à-vis de ses aînés, sous les dehors les plus louables, et — malgré toutes les excuses qu'on peut lui trouver — porte une lourde responsabilité dans leurs tragiques extravagances respectives. De même, la jolie et futile Jean Kennedy-Lawford laisse son fils à la dérive, après avoir quitté son acteur de mari pour aller vivre sa vie en France, à Paris.

Mais il est une responsabilité plus écrasante encore qui apparaît dans ces pages : celle d'une certaine société américaine, issue de l'opulence toute neuve des années soixante ; celle que Kissinger nous a si bien dépeinte dans ses Mémoires, abdiquant toutes ses responsabilités mondiales, l'espace d'une fascinante révolution juvénile, avant de se ressaisir, mais un peu tard, en pleine crise économique, morale et politique, dix ans après.

Certes, il n'en ressort pas moins, dans ce livre éminemment axé sur les sciences morales et politiques — comme l'on disait naguère —, que le système américain fonctionne puissamment, envers et contre tout — on le voit bien, de page en page, à travers l'action des uns et des autres, car cette histoire de famille est aussi celle d'un pays, d'un régime, voire d'un (Nouveau) Monde.

De ce point de vue, cet ouvrage sur les Kennedy est aussi un livre d'initiation à l'Amérique contemporaine, avec ses fondations philanthropiques, ses manifestations artistiques, ses mœurs électorales et, bien entendu, sa conception de l'histoire qu'illustre la méthode des auteurs et dont témoigne le fait qu'une Bibliothèque, par exemple, compose sous forme de témoignages enregistrés une Histoire orale des temps modernes.

Il est temps de laisser la parole à ces historiens qui, pour être professeurs, ne sont rien moins que de très grands journalistes et qui font à Clio la cour un peu désinvolte, familière aux gens de presse et de médias. Qu'il soit permis à leur traducteur de leur rendre ici l'hommage qu'ils méritent.

MARC SAPORTA

Paris, 1er juillet 1985.

MARC SAPORTA, écrivain, traducteur et journaliste, a publié notamment une demi-douzaine d'ouvrages sur les Etats-Unis (*La vie quotidienne aux U.S.A.*, *Histoire du roman américain*, etc.). Il avait écrit, dès 1962, une longue introduction au livre de Theodore White : *La victoire de Kennedy.*

TABLE DES MATIÈRES

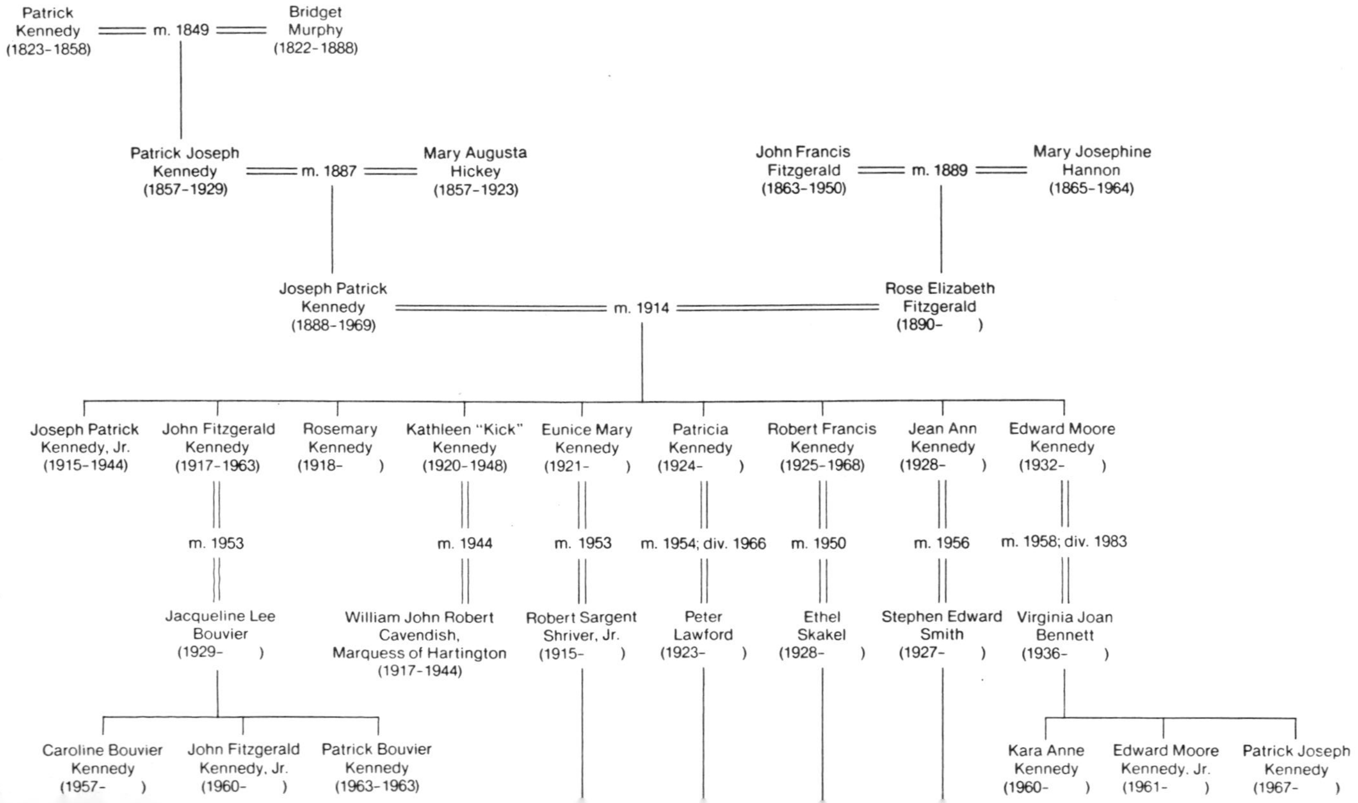
Patrick Kennedy (1823-1858)
m. 1849
Bridget Murphy (1822-1888)
Patrick Joseph Kennedy (1857-1929)
m. 1887
Mary Augusta Hickey (1857-1923)
John Francis Fitzgerald (1863-1950)
m. 1889
Mary Josephine Hannon (1865-1964)
Joseph Patrick Kennedy (1888-1969)
m. 1914
Rose Elizabeth Fitzgerald (1890-)
Joseph Patrick Kennedy, Jr. (1915-1944)
John Fitzgerald Kennedy (1917-1963)
Rosemary Kennedy (1918-)
Kathleen "Kick" Kennedy (1920-1948)
Eunice Mary Kennedy (1921-)
Patricia Kennedy (1924-)
Robert Francis Kennedy (1925-1968)
Jean Ann Kennedy (1928-)
Edward Moore Kennedy (1932-)
m. 1953
m. 1944
m. 1953
m. 1954; div. 1966
m. 1950
m. 1956
m. 1958; div. 1983
Jacqueline Lee Bouvier (1929-)
William John Robert Cavendish, Marquess of Hartington (1917-1944)
Robert Sargent Shriver, Jr. (1915-)
Peter Lawford (1923-)
Ethel Skakel (1928-)
Stephen Edward Smith (1927-)
Virginia Joan Bennett (1936-)
Caroline Bouvier Kennedy (1957-)
John Fitzgerald Kennedy, Jr. (1960-)
Patrick Bouvier Kennedy (1963-1963)
Kara Anne Kennedy (1960-)
Edward Moore Kennedy, Jr. (1961-)
Patrick Joseph Kennedy (1967-)

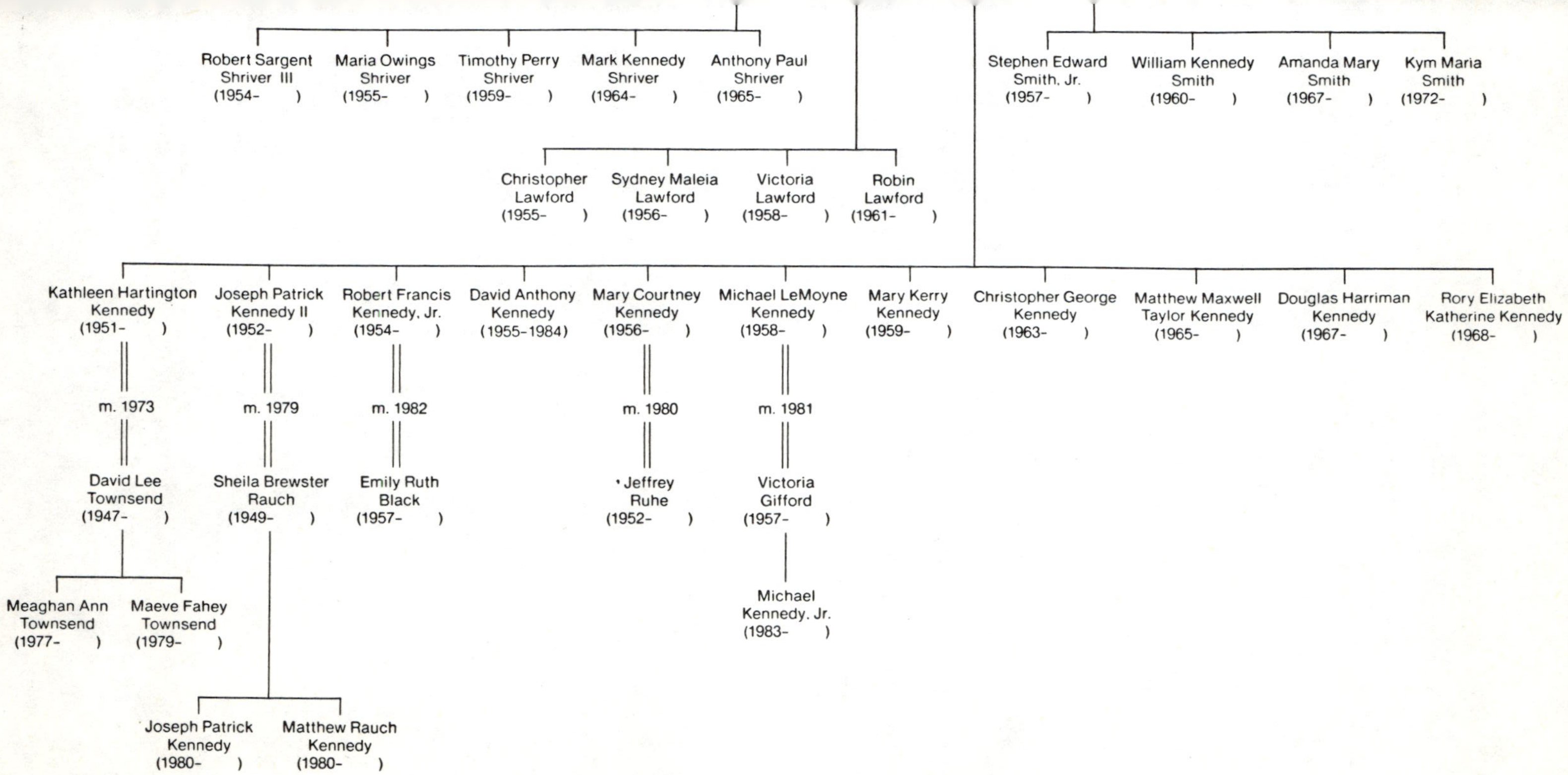

Robert Sargent Shriver III (1954-)
Maria Owings Shriver (1955-)
Timothy Perry Shriver (1959-)
Mark Kennedy Shriver (1964-)
Anthony Paul Shriver (1965-)
Stephen Edward Smith, Jr. (1957-)
William Kennedy Smith (1960-)
Amanda Mary Smith (1967-)
Kym Maria Smith (1972-)
Christopher Lawford (1955-)
Sydney Maleia Lawford (1956-)
Victoria Lawford (1958-)
Robin Lawford (1961-)
Kathleen Hartington Kennedy (1951-)
m. 1973
David Lee Townsend (1947-)
Meaghan Ann Townsend (1977-)
Maeve Fahey Townsend (1979-)
Joseph Patrick Kennedy II (1952-)
m. 1979
Sheila Brewster Rauch (1949-)
Joseph Patrick Kennedy (1980-)
Matthew Rauch Kennedy (1980-)
Robert Francis Kennedy, Jr. (1954-)
m. 1982
Emily Ruth Black (1957-)
David Anthony Kennedy (1955-1984)
Mary Courtney Kennedy (1956-)
m. 1980
Jeffrey Ruhe (1952-)
Michael LeMoyne Kennedy (1958-)
m. 1981
Victoria Gifford (1957-)
Michael Kennedy, Jr. (1983-)
Mary Kerry Kennedy (1959-)
Christopher George Kennedy (1963-)
Matthew Maxwell Taylor Kennedy (1965-)
Douglas Harriman Kennedy (1967-)
Rory Elizabeth Katherine Kennedy (1968-)

PROLOGUE : AVRIL 1938

Ce n'était qu'un bref répit dans la longue glissade de l'Europe vers la guerre. Hitler avait englouti l'Autriche et lorgnait du côté de la Tchécoslovaquie. Roosevelt, après avoir abandonné tout espoir de réunir une « conférence de la paix » à Washington, se trouvait en quête d'une politique cohérente. L'attitude conciliante du Premier ministre britannique, Neville Chamberlain, n'avait valu à celui-ci que des revers, mais il persistait à croire que des hommes raisonnables finiraient toujours par s'entendre sur une proposition suffisamment avantageuse. Joseph P. Kennedy était en route pour le château de Windsor où il allait rendre visite à la reine d'Angleterre.

Moins d'un mois s'était écoulé depuis le jour où il avait quitté l'ambassade, en jaquette et chapeau haut de forme, pour monter dans un carrosse de cérémonie, beau comme une image, et se rendre au palais de Buckingham où il devait présenter ses lettres de créance en sa qualité de nouvel ambassadeur des Etats-Unis à la cour de Saint James. Dans l'intervalle, sa famille et lui-même avaient fait la conquête de l'Angleterre au pas de charge. Son franc-parler plus encore que son isolationnisme truculent avait fait de lui la fable de tout le milieu diplomatique. Sa femme Rose avait été adoptée par la haute société londonienne, douce revanche pour celle qui avait souvent ressenti l'humiliation d'être mise à l'écart par ses concitoyens bostoniens, dans son propre pays ; et les neuf petits Kennedy, plus séduisants les uns que les autres, avaient été photographiés et célébrés à l'envi, comme s'ils étaient issus de quelque remarquable expérience génétique, typiquement américaine. Sans laisser à quiconque le temps de reprendre ses esprits, les Kennedy étaient devenus la « Première Famille » américaine à l'étranger. L'invitation à passer le week-end avec le roi et la reine à Windsor achevait de prouver qu'ils étaient parvenus, de toute évidence, à leurs fins.

Quand leur limousine pénétra dans le parc de Windsor, Joe et Rose s'extasièrent sur les fastes de la monarchie comme de vulgaires touristes[1]. On eût dit une forêt tout droit sortie de quelque vieille ballade anglaise. Le château se parait d'une magnificence bien étudiée, que rien dans leurs souvenirs de voyage ne pouvait égaler.

Une fois introduits à l'intérieur, ils ne virent que voûtes, meubles damassés de rouge, dorures, serviteurs en livrée glissant avec une précision silencieuse le long des galeries. Leurs valises furent déposées dans un appartement dont ils devaient apprendre plus tard que la reine Victoria en avait fait sa retraite privée. Le valet à perruque qui leur offrit ses services ressemblait à une relique du British Museum.

Le dîner lui-même fut l'un de ces événements que Joe Kennedy appréciait particulièrement : un vrai régal d'anecdotes et d'impressions qu'il pourrait transmettre à ses enfants au même titre que les notes manuscrites, les lettres de recommandation et autres témoignages autographes de satisfaction qu'il avait sollicités du président Roosevelt, ou les photos pour lesquelles il avait posé en compagnie des grands de ce monde. Le Premier ministre était présent avec Mrs Chamberlain, ainsi que le nouveau ministre des Affaires étrangères, Lord Halifax, accompagné de sa femme ; il y avait également des parents de la reine, Lord et Lady Elphinstone. Quand on fit allusion au portrait de la reine Victoria où celle-ci arbore les insignes de l'ordre de la Jarretière, le couple royal commenta l'origine de la devise « Honni soit qui mal y pense ». Au cours du repas, Kennedy évoqua avec la reine les derniers potins de Hollywood, tandis que le roi et Rose comparaient leurs vues sur la façon d'élever les enfants. Au moment voulu, le roi commença d'adresser à la reine des regards significatifs qu'une imposante décoration florale, au milieu de la table, ne permit pas à Sa Majesté de saisir, ce qui obligea le souverain à faire une plaisanterie au sujet du signe de tête royal qui donne traditionnellement le signal de la fin du dîner. Après que les dames se furent rendues dans le boudoir, les hommes furent laissés à leur cognac et à leurs cigares, et la conversation put être mise sur le sujet de la guerre. Chamberlain pensait qu'un conflit pourrait encore être évité et Kennedy était également de cet avis ; le roi souhaita qu'ils eussent raison.

Plus tard, quand chacun se fut retiré dans sa chambre, Rose Kennedy resta éveillée dans le grand lit à baldaquin, si élevé qu'il fallait un tabouret pour y grimper. Elle entendit l'horloge de la tour sonner onze heures et la relève de la garde, dans la cour. Comme une petite Cendrillon américaine, elle tenta de fixer dans sa mémoire les détails de la soirée. Pourtant ce qui lui arrivait était si extraordinaire, il s'était produit une rupture si spectaculaire dans le cours de sa vie, qu'elle avait peine à croire qu'elle était vraiment dans ce lit. « Non, je devais rêver que moi, Rose Kennedy, jeune mère de famille toute simple, étais vraiment reçue en ces lieux, au château de Windsor, par la reine et deux petites princesses. » Bien peu enclin à jeter un regard sentimental en arrière sur sa vie passée, Joe Kennedy avait pourtant exprimé, lui aussi, cette soudaine prise de conscience de l'événement, alors qu'il s'habillait pour le dîner ; mais il l'avait manifestée avec sa simplicité habituelle : « Eh bien, Rose, on est sacrément loin de Boston-Est. »

En vérité, le chemin que les Kennedy avaient parcouru dans le temps d'une vie était presque impossible à mesurer. Leurs grands-parents avaient fui l'Irlande pour l'Amérique dans un entrepont ; et pourtant, eux-mêmes, ils venaient d'arriver en Angleterre dans des cabines de première classe, en qualité de représentants d'un pays plus puissant encore que la Grande-

Bretagne. Leurs grands-parents avaient débarqué dans le Nouveau Monde, anonymes et sans le sou ; eux, ils parvenaient en Europe riches et célèbres. Mais la distance qu'ils avaient franchie n'était pas seulement affaire d'histoire ou de géographie. Le caractère y était pour beaucoup ; le caractère et l'ambition. S'ils étaient arrivés si loin, c'était — comme Rose serait la première à l'admettre — grâce à son mari, l'un des hommes les plus en vue des Etats-Unis.

Avant même d'avoir atteint la cinquantaine, Joe Kennedy avait déjà, plusieurs fois, fait carrière, progressant sans cesse, se rapprochant toujours davantage du cœur des affaires, à l'affût de tout ce qui pourrait encore passer à sa portée. Il avait été coulissier à Wall Street et, parti de rien, avait amassé l'une des plus grosses fortunes qu'un particulier eût possédée dans les années vingt. Il était allé à Hollywood et y était devenu l'un des premiers nababs du cinéma, qui, non content de produire des films, avait agencé certaines des fusions grâce auxquelles le monde de la pellicule était passé de l'ère des pionniers à celle de l'industrie. Il s'était lancé dans la politique et était devenu l'une des personnalités les plus discutées du New Deal de Roosevelt, une puissance au sein du parti démocrate et un ami du Président. Les rumeurs relatives à ses aventures extra-conjugales, à ses affaires frauduleuses, et même à ses liens avec certaines associations de malfaiteurs, ne faisaient qu'ajouter du piquant et du mystère à sa réputation, en le rendant plus romantique, à la Gatsby.

Devant cette remarquable ascension, le magazine *Fortune* avait écrit : « Les légendes de Joe Kennedy combinent, en une seule et même personne, les héros aventureux de Frank Merriwell, le bon jeune homme récompensé par la fortune, cher à Horatio Alger, l'intrigant de Phillips Oppenheim et l'irritant chasseur de “ grosse galette ” dépeint par John Dos Passos. La vérité est qu'il fait figure de protagoniste dans un roman picaresque d'un genre inédit »[2].

Le *picaro*, ou héros de roman picaresque, est un aventurier solitaire qui tire ses ressources de son ingéniosité, se fraie un chemin à travers les diverses couches de la société, moins soucieux de morale que d'action, touche-à-tout sans être jamais touché par rien. A bien des égards cette définition convenait parfaitement à Joe Kennedy. Toute la vie de celui-ci avait été un mouvement perpétuel, une tentative de franchissement des barrières ethniques communément admises, pour de hardies explorations en terres étrangères où jamais un catholique irlandais n'avait pris pied. Pour n'importe quel autre garçon originaire du bas-Boston, sa nomination à la cour de Saint James aurait été le comble de ses ambitions — ambassadeur auprès de la nation qui avait opprimé ses ancêtres, titulaire du poste diplomatique le plus élevé dans son pays, bénéficiaire du rang social le plus haut que pût procurer l'Amérique à l'un de ses citoyens à l'étranger, que demander de plus ? Mais même au cours de ce brumeux week-end d'avril, au château de Windsor, le conte picaresque se poursuivait car Kennedy intriguait pour se mettre sur les rangs au cas où Roosevelt renoncerait à solliciter un troisième mandat à la Maison-Blanche. Toujours sur le qui-vive, guettant l'occasion, ce n'était pas le simple opportuniste sans scrupules que d'aucuns voyaient en lui au cours de son ascension vers les sommets, plutôt un Sammy Glick irlandais, comme on l'appellerait plus tard, quand il reviendrait d'Angleterre avec les débris de son avenir, naguère illimité et désormais en miettes. En fait, Joe n'était rien d'autre qu'un Faust « bien de chez nous », prêt à tout miser sur une simple chance de pouvoir pénétrer au cœur du rêve américain. Or le pacte qu'il avait conclu ne mettait pas seulement en jeu son propre sort, mais aussi celui de sa famille. Peu après sa visite à Windsor, Kennedy s'entendait demander par un journaliste comment il pourrait éviter de confondre les intérêts des Etats-Unis avec ceux de l'Angleterre, comme l'avaient fait tant d'ambassadeurs avant lui. « Rien de plus facile », avait-il répondu ; et d'expliquer qu'il avait fait un gros investissement dans l'avenir de son pays. « Après tout, lança-t-il avec son fameux sourire, ma femme et moi avons donné neuf otages à la Fortune »[3].

Des otages à la Fortune : l'expression acquerra une résonance mélancolique au fil des ans.

Quand la saga qu'il avait commencé à dévider sera au bout de l'écheveau, il s'avérera que le triomphe de Joe aura été de voir la Fortune lui sourire et faire de l'histoire des Kennedy, l'histoire de l'Amérique.

Mais sa tragédie sera qu'en fin de compte, les otages qu'il lui avait donnés auront été exécutés un par un, et que même les survivants ne pourront jamais être libérés.

PREMIÈRE PARTIE

L'ARCHITECTE DE LEURS VIES

Qu'est-ce que le caractère sinon ce qui détermine l'événement ?

Qu'est-ce que l'événement sinon ce qui illustre le caractère ?

Henry JAMES.

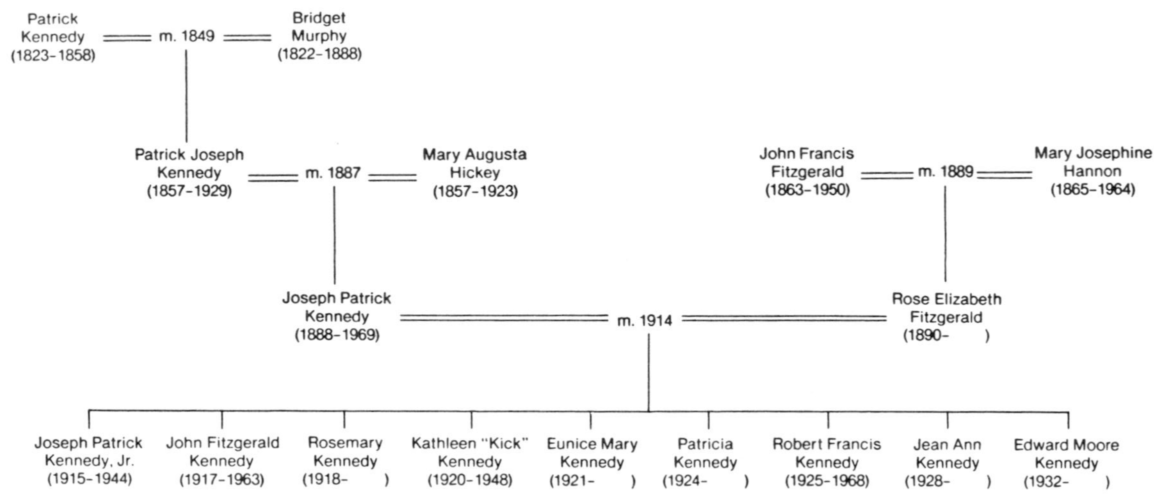
Patrick Kennedy (1823-1858)
m. 1849
Bridget Murphy (1822-1888)
Patrick Joseph Kennedy (1857-1929)
m. 1887
Mary Augusta Hickey (1857-1923)
John Francis Fitzgerald (1863-1950)
m. 1889
Mary Josephine Hannon (1865-1964)
Joseph Patrick Kennedy (1888-1969)
m. 1914
Rose Elizabeth Fitzgerald (1890-)
Joseph Patrick Kennedy, Jr. (1915-1944)
John Fitzgerald Kennedy (1917-1963)
Rosemary Kennedy (1918-)
Kathleen "Kick" Kennedy (1920-1948)
Eunice Mary Kennedy (1921-)
Patricia Kennedy (1924-)
Robert Francis Kennedy (1925-1968)
Jean Ann Kennedy (1928-)
Edward Moore Kennedy (1932-)

1

Quelle est, dans cette histoire, la part de la légende irlandaise, et jusqu'à quel point sert-elle à illustrer l'essor des Irlandais d'Amérique en général ? A cette question, Joe Kennedy lui-même n'a jamais répondu. Vers le milieu de sa vie, quand un journaliste de Boston avait parlé de lui comme d'un « Irlandais », une fois de plus, une fois de trop, il avait explosé : « Sacré nom ! Je suis né ici ! Mes enfants sont nés ici ! Que diable faut-il donc faire pour devenir américain ? »[1]. Il s'entourait d'Irlandais de Boston au verbe dru, mais supportait mal les larmoiements et les discours surannés des Irlandais de comédie qui attribuaient tous leurs maux à la discrimination. Il s'était fait lui-même — voire créé lui-même de toutes pièces — et il proclamait bien haut que la réussite était question de tempérament, qu'il la devait à sa propre force de volonté et à sa propre philosophie — sa *moxie,* comme il aimait à l'appeler, d'un mot qui signifie « audace, toupet, culot ». Peu importait, à cet égard, le rejet radical et dramatique dont son peuple avait été victime depuis le jour où il avait pris pied sur le sol américain. Ceux qui le connaissaient mieux considéraient pourtant Joe Kennedy comme irlandais jusqu'à la moelle — produit logique d'une guerre secrète menée depuis plus de deux siècles avant sa naissance, et au moins depuis le jour où une femme nommée Goody Glover avait été pendue sur la place de Boston pour sorcellerie, parce que, s'étant agenouillée devant une statue de la Sainte Vierge, elle avait récité son rosaire dans la « langue du diable » — le gaélique[2].

La saga des Irlandais en Amérique, que Joe Kennedy ne mentionnait pas souvent mais n'oubliait jamais, était mi-histoire mi-parabole. Le premier recensement fédéral de 1790 n'avait enregistré que 44 000 Américains nés en Irlande, la plupart en provenance de l'Ulster (ils se désignaient eux-mêmes comme des Ecossais d'Irlande). C'était surtout des ouvriers qualifiés et de petits commerçants qui avaient pris les devants de la marche vers l'Ouest. L'immigration s'était amplifiée, au cours des quelques décennies suivantes, mais en 1845, l'histoire de l'Irlande et celle de l'Amérique se trouvèrent modifiées pour toujours lorsque les agriculteurs irlandais découvrirent « une brunissure de caractère inhabituel » au cours des premières phases de la récolte des pommes de terre. Il y avait plusieurs années que l'on avait connu des incertitudes dans ce domaine, mais, cette fois, des tubercules fraîchement sortis de terre pourrissaient en quelques heures, se décomposaient en un liquide gélatineux et noir avec une odeur de putréfaction. Le bétail ainsi alimenté mourait. Les humains, suffisamment affamés pour en manger, tombaient violemment malades. Comme le mal se répandait, la Couronne constitua des commissions d'enquête dont les doctes membres émirent diverses théories, selon lesquelles le mal était dû à la vapeur des locomotives récemment introduites dans le pays, aux déjections des mouettes que les paysans utilisaient comme engrais, ou même à des « vapeurs mortifères » émises par des « volcans aveugles » dans les profondeurs du sol. Mais si les causes demeuraient mystérieuses (on découvrit plus tard que la brunissure était due à un champignon venu d'Amérique), les effets n'avaient rien que d'évident. Pendant les dix années que dura la Grande Famine, un million d'Irlandais périrent et un million d'autres s'expatrièrent, la plupart dans le Nouveau Monde.

Seules les Plaies et les Persécutions mentionnées dans l'Ancien Testament peuvent être comparées aux circonstances de cet Exode. Les Cunard Lines donnèrent l'exemple des rabais, offrant des passages à douze dollars par personne entre Londonderry ou Liverpool et New York ou Boston. Nombreux furent les transporteurs à imiter la Cunard. Souvent les billets étaient achetés par des propriétaires terriens anglais soucieux de se débarrasser de leurs paysans affamés. Les Irlandais s'entassaient dans ces « navires-cercueils », foyers de toutes les maladies, y compris le typhus ; jamais hommes blancs ne traversèrent l'Atlantique dans des conditions si proches de celles qu'avaient connues les esclaves sur les bateaux des négriers. Dix pour cent des passagers mouraient en mer ; en 1847, l'année la plus désastreuse à cet égard, on évalue à 40 000 le nombre des décès : vingt pour cent de ceux qui avaient quitté l'Irlande périrent donc pendant le voyage. « Si l'on pouvait ériger des croix sur l'océan, écrivait un commissaire américain à l'immigration, la route des bateaux d'émigrants, entre l'Europe et l'Amérique, aurait depuis longtemps l'aspect d'un cimetière très encombré »[3].

Jusqu'en 1840, Boston n'avait guère été autre chose qu'un point de débarquement pour les immigrants en route vers le Canada ou l'intérieur de la Nouvelle-Angleterre. En fait, en 1845, le démographe le plus éminent de la ville avait déclaré avec assurance que la population ne pourrait plus guère se développer[4]. Mais au cours des dix années suivantes, comme une lame de fond, une horde de nouveaux venus, un quart de million de personnes, s'empilèrent sur les quais du débarcadère et, de là, submergèrent Boston — le commandant du port prétendait pouvoir déceler, rien qu'à l'odeur de la cargaison, les bateaux qui les amenaient dès qu'ils atteignaient Deer Island. On les appelait « les Irlandais de la Famine » pour les distinguer de leurs prédécesseurs ; ils étaient trop pauvres pour acquitter le montant des droits et des passages qui leur auraient permis de quitter la ville cernée par les eaux. Ils s'entassaient dans les Paddyvilles et les Mick Alleys nauséabondes, à trente ou quarante dans une cave étroite, exposés à la maladie et aux accidents, de sorte que le taux de mortalité y était aussi élevé qu'en Irlande au plus fort de la famine[5]. En 1850, ils formaient le tiers de la population de la ville. Lourde de ce poids, Boston était en passe de donner naissance au premier ghetto d'immigrants aux Etats-Unis. De tous les coins du pays, les entrepreneurs en bâtiment envoyèrent des raccoleurs embaucher sous contrat des travailleurs irlandais ; ils les transportaient ensuite dans des wagons plombés aux fenêtres aveugles vers leur nouvelle destination. Ceux qui restaient pour compte se firent mineurs, dockers, formèrent les armées de « boueux » et de « jambes noires » qui creusèrent les canaux ou asséchèrent les marécages pour remodeler le visage de la ville et lui donner les moyens d'une croissance, d'une expansion sans pareilles. (Quand les touristes s'extasiaient sur la beauté du pavage de Beacon Hill, le quartier résidentiel le plus élégant, il y avait toujours quelque Irlandais pour faire observer que « ce ne sont pas des pierres mais des cœurs irlandais qui pavent la rue ».) Ils n'en demeurèrent pas moins un peuple à part, étranger à la tradition de la Nouvelle-Angleterre faite d'humanisme transcendantaliste et d'humanitarisme social, dont bénéficièrent les Noirs du Sud mais non pas les esclaves blancs, au coin de la rue. Vers 1850, d'infâmes pancartes NINA (No Irish Need Apply : Pas besoin d'Irlandais) commencèrent à se répandre dans Boston tandis que l'hostilité envers les nouveaux venus atteignait son dangereux paroxysme au sein du Parti des Sans-Avoir et autres mouvements « nativistes ». L'élite traditionnelle de Boston — ceux que l'on appelait les « Brahmines » ou « Brahmanes » — fuyait les Irlandais comme la peste, ce qui avait pour effet d'écarteler la ville entre deux cultures, séparées et inégales. Le maire, Theodore Lyman, porte-parole des partisans de cet état de choses, proclamait que les Irlandais formaient « une race qui ne s'intégrera jamais à la nôtre, mais au contraire lui demeurera toujours étrangère et hostile »[6].

Telle était la situation que le jeune Patrick Kennedy découvrit, à vingt-six ans, en débarquant à Boston en 1849. Il était le troisième fils d'un fermier prospère ; les Kennedy de Dugganstown, près de New Ross, dans le comté de Wexford, possédaient plus de trente hectares où ils cultivaient de l'orge et élevaient des bovins ; leur comté était l'un des moins touchés par la famine. Contrairement à tant d'autres émigrants qui fuyaient pour éviter de mourir littéralement de faim, Patrick avait entrepris le voyage pour améliorer sa condition. Il laissait derrière lui ses parents, son frère James (John, l'aîné, avait été tué à la bataille de Vinegar Hill) et sa sœur Mary ; il ne devait plus jamais les revoir et ces derniers ne devaient jamais non plus aller en Amérique.

Ce Kennedy était un beau garçon, de taille moyenne, tout en muscles, avec des cheveux brun roux et des yeux bleus brillants. Quand il débarqua du *Washington Irving*, à Noddle Island — une île ou plutôt une bande de terre située dans le port de Boston et qui formerait bientôt le quartier de Boston-Est, le bas-Boston, quand le travail des terrassiers irlandais aurait permis de l'unir à la terre ferme —, il n'était pas seul : à bord, il avait fait la connaissance de Bridget Murphy, originaire elle aussi du comté de Wexford, et avait entrepris sur-le-champ de lui faire la cour. Ils furent mariés le 26 septembre, l'année de leur arrivée, à l'église du Rédempteur, Holy Redeemer Church, par le père John Williams, futur archevêque de Boston [7].

Les Kennedy n'allèrent pas plus loin que Boston-Est peut-être parce que, à l'instar de tant de leurs compatriotes, ils ne possédaient pas les deux *pennies* que coûtait la traversée de la baie en ferry. Patrick dut commencer par attendre du travail, assis pendant des heures, sur les quais, à l'ombre des bateaux de la Cunard, en compagnie d'autres Irlandais sans emploi ; il guetta les occasions de donner un coup de main au chargement ou au déchargement des navires ; en compagnie d'autres nouveaux venus, il arpenta les rues tortueuses qui convergent vers les docks, avec l'espoir de trouver de l'ouvrage dans les repaires du petit commerce. Bientôt il était en mesure de s'établir comme tonnelier — fabriquant des bâts et des douves pour les chariots bâchés des pionniers en route vers l'Ouest, au moment de la première ruée vers l'or de Californie ; ou bien cerclant des tonnelets à whisky, destinés aux saloons du port où se réunissaient les Irlandais pour noyer leurs peines et exercer leur propension naturelle à la sociabilité.

A un moment où les Américains entamaient l'exode vers les villes pour échapper aux traditions étouffantes de la ferme et du village, les Irlandais réaffirmaient, dans leur nouveau décor urbain, les valeurs conservatrices en honneur dans leur passé rural récent. L'appartement de location, comme la ferme irlandaise, était un lieu où les générations cohabitaient ; la famille était l'unité primordiale qui assurait la survie et nourrissait la vie affective. Comme le Nouveau Monde rétribuait leurs efforts moins bien qu'ils ne l'avaient espéré, les Irlandais se replièrent sur leur propre milieu et sur leur famille pour y puiser un soutien, accentuant par là leur « esprit de clan » que les Brahmines trouvaient si primitif.

Comme tous les immigrants qui avaient laissé derrière eux leur famille, Patrick et Bridget Kennedy eurent tôt fait d'en créer une autre — quatre naissances se succédèrent rapidement dans leur foyer, celles de Mary, de Margaret, de Johanna et, le 14 janvier 1858, celle d'un garçon, Patrick Joseph.

En dépit des histoires fantaisistes de réussites spectaculaires, qui circulaient là-bas, au pays, il y eut peu de ces contes de fées chez les Irlandais de la première génération. Les rues du Bas-Boston n'étaient pas pavées d'or. Faute de pouvoir transmettre à leurs enfants un héritage matériel, les immigrants léguèrent à leurs descendants leur sueur, sur laquelle ceux-ci allaient capitaliser. Le 22 novembre 1858, dix mois après la naissance de son fils, Patrick fut emporté par le choléra ; il ne laissait ni portrait ni papiers, juste une famille. Il avait survécu neuf ans à Boston, cinq ans de moins seulement que n'aurait laissé prévoir l'espérance de vie des Irlandais en Amérique au milieu du XIXᵉ [8]. Le premier Kennedy établi dans le Nouveau Monde devait être le dernier à mourir dans l'anonymat.

La mort de son mari contraignit Bridget à chercher un travail rémunéré ; elle trouva un emploi de vendeuse dans une boutique de ce que l'on appellerait aujourd'hui des « gadgets », près de l'immeuble du ferry ; à force de travail et d'économie, elle finirait par devenir propriétaire du magasin qui serait désormais la principale source de revenus pour sa petite famille[9]. C'était un temps où le sentiment des Irlandais envers leur nouvelle patrie était encore ambivalent ; on le vit bien lors de la guerre de Sécession ; certains fomentèrent des émeutes contre la conscription, alors que d'autres se battaient vaillamment contre les Sudistes. Bridget, quant à elle, ne nourrissait aucun doute quant à sa patrie d'adoption. En outre, elle sentait que l'avenir de la famille se trouvait entre les mains de son garçon, Patrick Joseph, connu dans le quartier sous le nom de « Pat's Boy » (le fils à Pat) avant d'être surnommé plus tard P. J. Celui-ci fut donc choyé par sa mère et ses sœurs qui s'efforcèrent de l'empêcher de faire des bêtises. Pendant un certain temps, il fréquenta l'école de Notre-Dame et aida sa mère à tenir la boutique, mais il était encore adolescent qu'on le voyait déjà sur le port, occupé à diriger des opérations de chargement et de déchargement. Pendant les quelques années suivantes, alors que ses sœurs se mariaient, P. J. fit des économies et s'efforça de sauvegarder la fragile respectabilité de sa famille. Peu après son vingt-deuxième anniversaire, il entendit parler d'un *saloon* délabré, à vendre dans un coin peu engageant de Haymarket Square. Avec de l'argent emprunté à sa mère et à ses sœurs, il acheta ce bistro et se mit à son compte.

P. J. possédait la principale qualité requise pour faire ce métier : il savait écouter. Ce qu'il entendit de l'autre côté du comptoir pendant les premières années au cours desquelles il consolidait son commerce, avait moins à voir avec la situation tragique d'une Irlande sans espoir, qu'avec les problèmes de la politique bostonienne. Quand les premiers Irlandais étaient arrivés, les Brahmines si éloquents sur le chapitre de la démocratie avaient tenté d'amortir l'influence des nouveaux venus par des moyens légaux ; ils avaient d'abord entrepris de prolonger de cinq à vingt et un ans le délai de résidence nécessaire pour être électeur[10]. Quand cette manœuvre et quelques autres eurent échoué, ils cherchèrent à contenir les Irlandais dans des quartiers de baraquements, mi-ghettos, mi-bidonvilles. Mais cette quarantaine qui leur était imposée, combinée avec les habitudes contractées sur l'Ancien Continent en matière d'organisations clandestines et d'autodéfense, devait conférer aux Irlandais de Boston un sens politique sans égal parmi les groupes d'immigrants.

La politique n'était pas pour eux le reflet de théories abstraites sur le gouvernement représentatif ou la perfectibilité de la nature humaine ; c'était un système de survie. Dès les années 1870, ils avaient commencé à former des associations ou des clubs, autour des bars, en vue de prendre en main le comportement chaotique de leurs pareils, en politique, notamment dans les actions de rue, et d'y mettre de l'ordre. Les responsables de ces organisations faisaient appel aux liens de la famille, à ceux de l'amitié et du bon voisinage ; progressant rue par rue et circonscription par circonscription, ils commencèrent à noyauter le parti démocrate dont ils finirent par s'emparer grâce à la simple loi du nombre et à force de « culot » — cette *moxie* si chère au cœur de Joe Kennedy — pour en faire une sorte de gouvernement parallèle, une « machine » qu'il leur fallait bien construire puisque les institutions sociales existantes ne satisfaisaient pas leurs besoins en matière d'emploi et de protection contre des propriétaires ou des patrons peu scrupuleux, sans parler des autres prédateurs de la société. A New York, la machine eut son siège à Tammany Hall ; à Boston c'était un réseau de clubs politiques dispersés à travers les circonscriptions électorales de la ville, chacun dirigé par un *boss* (un patron) lié à ses troupes par un entrelacs d'allégeances mutuelles et d'intérêts personnels ; chacun de ces responsables servait de courtier dans l'exercice du pouvoir, tant pour son compte que pour celui de ses ouailles [11].

Le premier grand *boss* de Boston fut Martin Lomasney, connu pour mâchonner perpétuellement son cigare et couronner d'un chapeau melon sa silhouette trapue. Son père avait exercé le métier de tailleur en Irlande. Surnommé le « Mahatma », Lomasney allait accueillir les immigrants sur le quai et les conduisait sous sa houlette au siège de son quartier général, le Henrick's Club de West End (le quartier ouest). Le pacte qu'il leur proposait avait toute la beauté d'une mécanique dont les parties fonctionnaient avec un synchronisme parfait pour créer l'équivalent politique du mouvement perpétuel. Pour sa part, Lomasney fournirait aux nouveaux venus l'aide nécessaire pour leur permettre de s'installer ; en contrepartie, il leur demandait seulement de s'inscrire au parti démocrate et de voter comme on le leur demanderait [12]. (Pour ceux qui ne comprendraient pas les subtilités du scrutin de liste en usage aux Etats-Unis, Lomasney fournissait à ses troupes des « aides électorales » dont la plus célèbre était le « peigne fin » aux dents sciées de façon à indiquer les noms des candidats « recommandés » par l'appareil : il suffisait d'appliquer le peigne sur le bulletin de vote et de cocher tous les noms restés visibles.) Grâce à leurs voix, Lomasney lui-même obtenait le droit de disposer d'un certain nombre d'emplois — pas seulement dans la fonction publique — qu'il fournissait à ses fidèles en cas de chômage. Il vantait ses services avec efficacité : « Quelqu'un a-t-il perdu son travail ? Nous faisons tout notre possible pour lui en trouver un autre. Une famille est-elle endettée vis-à-vis du boucher ou du proprio ? Nous lui venons en aide. Les enfants ont-ils besoin de vêtements et la maman d'un docteur ? Nous intervenons au mieux et, aussi sûr que le monde est monde, il faut ce qu'il faut. Nous gardons nos vieux amis et nous nous en faisons de nouveaux » [13].

Il y avait une sorte d'intégrité perverse chez Lomasney et dans son système, comme le découvrit le journaliste Lincoln Steffens, grand dénicheur de scandales, quand il se rendit à Boston pour écrire un article dévastateur sur le Mahatma et s'étonna de trouver celui-ci plus fier que honteux : « Qui croyez-vous tromper ? lui avait jeté Lomasney avec défi. Vous êtes payé pour remuer de la boue et moi pour fabriquer ce que, vous, vous appelez de la boue... Restez de votre côté de la barricade et moi du mien » [14]. Les deux hommes finirent par devenir amis et, plus tard, Steffens devait dire de Lomasney qu'il avait, plus que quiconque, contribué à transformer les Irlandais de Boston en « partenaires sociaux ».

Pour un jeune ambitieux comme P. J. Kennedy, le jeu était excitant et pouvait devenir profitable. A peine âgé de plus de vingt ans, il avait déjà une allure imposante, avec sa haute taille, son visage plein, ses cheveux roux et ses yeux bleus perçants, qui semblaient presque plus grands que le binocle de Teddy Roosevelt. Il s'était déjà acquis la réputation d'un homme fiable et conscient de ses responsabilités ; « plus vieux que son âge », selon le mot d'une de ses pratiques ; et il avait été assez heureux en affaires pour acheter une deuxième taverne, juste en face des arsenaux maritimes de Boston-Est, où il avait naguère travaillé. Ayant vu de près où menait la boisson, il était l'un des rares Irlandais à ne jamais lever le coude ; à peine s'autorisait-il à prendre un seul et unique verre de bière dans les plus grandes occasions. A mesure que ses bistrots lui rapportaient de l'argent, il cherchait de bons placements ; ce fut d'abord l'achat de quelques parts dans un hôtel bostonien bien connu, appelé Maverick House ; puis l'ouverture, en 1885, d'une maison d'importation de spiritueux, appelée P. J. Kennedy and Company, située aux 15 et 17 de High Street ; sa principale marchandise était le whisky écossais Haig and Haig, dont il approvisionnait les principaux hôtels et restaurants de Boston [15].

Politicien par tempérament, il se trouva tout naturellement lancé dans la politique. En 1884, il avait été élu membre du club démocrate de la Deuxième Circonscription. (Il entama sur-le-champ une campagne publicitaire combinée, en faveur de ses deux activités, en distribuant à tout-venant un tire-bouchon à manche de bois sur lequel on pouvait lire : « Offert par P. J. Kennedy and Company, Importateurs ».) Boston-Est avait besoin d'un chef vigoureux, d'une stature comparable à celle de Lomasney. P. J. escalada rapidement les échelons de la hiérarchie dans sa circonscription. En 1886, les descendants des immigrants irlandais l'emportèrent pour la première fois, en nombre, sur ceux des Bostoniens d'origine, de sorte que P. J. et ses alliés accédèrent à la direction du comité démocrate de la circonscription et que P. J. lui-même fut élu au sénat de l'Etat du Massachusetts.

En même temps qu'il s'orientait vers la politique, Kennedy entreprenait de faire sa cour à Mary Augusta Hickey (« Mame », comme il l'appelait) [16]. C'était une belle femme, au physique imposant, plus grande même que son prétendant ; son père, James Hickey, était un homme d'affaires prospère ; Mary Augusta devait elle-même raconter à ses enfants comment elle s'était « entichée » du jeune législateur en le voyant passer devant la fenêtre du salon, le matin, alors qu'il se rendait au Sénat, en empruntant Saratoga Street où, au numéro 144, vivait la famille Hickey. C'était une alliance avantageuse pour P. J. car les Hickey étaient mieux établis et plus aisés que les Kennedy. L'un des fils de James, John, était diplômé de la faculté de Médecine de Harvard — c'était l'un des premiers Irlandais à y parvenir. Un autre, James Jr, était dans la police où il atteindrait le grade de capitaine ; le troisième, Charles, possédait une entreprise de pompes funèbres et se mêlait lui aussi de politique à Brockton, dont il espérait occuper un jour la mairie. Dans les milieux irlandais de Boston, on pouvait tenir les Kennedy pour inférieurs aux Hickey, mais ce n'était pas l'avis de P. J. La veille de la fête d'Actions de Grâces (Thanksgiving Day), le quatrième jeudi de novembre 1887, il épousa Mary Augusta à l'église du Sacré-Cœur de Boston.

Le jeune couple alla s'installer dans une maison à trois étages, au

165, Webster Street. Située sur la crête d'une colline, avec par-devant une belle vue sur le profil de la cité, et par-derrière, une pelouse qui descendait en pente douce vers le port, c'était pourtant l'une des demeures les plus modestes de ce coin de rue, qui devenait rapidement l'artère élégante du quartier irlandais. L'année suivante, en 1887, Bridget s'éteignait à son domicile, 25, Broden Street, âgée de 67 ans. Elle avait vécu assez longtemps pour voir « le fils à Pat » se faire une situation dans le Nouveau Monde, où elle avait eu tant de mal à assurer la survie de la famille. Elle avait également vu venir au monde, le 6 septembre 1886, le premier fils de P. J., baptisé Joseph.

Cette année-là fut marquée par un autre événement important : P. J. fut choisi pour aller à la convention nationale du parti démocrate chargée de désigner un candidat à la présidence; il avait mandat de soutenir la candidature de Grover Cleveland. C'était l'année où, pour la première fois, les électeurs irlandais de Boston purent porter l'un des leurs, Hugh O'Brien, à la mairie de la ville : ils commençaient de grimper au mât de Cocagne de l'ambition politique, non sans esprit de revanche.

Mais tout en savourant leur succès, et leur accès aux fonctions officielles, ils pouvaient aussi prévoir combien seraient dures les luttes à venir. Evincés de l'Hôtel de Ville, les brahmines s'étaient repliés sur leurs maisons de pierres brunes de Back Bay, bien décidés à tenir d'autant plus fermement les leviers de commande de l'économie et à tracer plus nettement les lignes de partage au sein de la société. La signification de la manœuvre était claire : les Irlandais pouvaient bien devenir agents de police, fonctionnaires, ouvriers du bâtiment, voire maires, ils pourraient même assumer le rôle ingrat d'assimiler et de diriger une nouvelle vague d'immigrants catholiques, venus de pays (la Pologne, l'Italie) où l'on ne parlait même pas l'anglais. Mais ils ne pourraient être intégrés aux milieux bostoniens traditionnels ni associés aux arrangements sociaux complexes par lesquels se répartissait, en fin de compte, le pouvoir au sein de la société.

Au cours de ses trois mandats au sénat du Massachusetts, P. J. ne se signala pas par ses qualités de législateur ni par son originalité d'esprit. Par exemple, en 1892, il n'introduisit que deux projets de lois, dont l'un enjoignant au secrétaire de procurer les quotidiens aux sénateurs; l'autre créait deux nouveaux postes au sein du corps des pompiers de Boston [17]. Pour lui, le quartier de Boston-Est était le seul terrain d'action digne d'occuper ses pensées.

Il profita pourtant de son triple mandat au Capitole de l'Etat du Massachusetts, pour resserrer son emprise sur la Deuxième Circonscription dont il devint le personnage le plus puissant. Il est un signe de son ascension qui ne trompe pas : en 1898, il était assez influent pour disputer à Martin Lomasney lui-même la prépondérance au sein de la Convention du parti démocrate pour la ville de Boston, chargée de désigner les candidats aux élections; autres temps, autres mœurs : selon celles qui prévalaient alors, P. J. avait disposé ses troupes autour du siège de la Convention pour empêcher les partisans de son rival de pénétrer dans l'enceinte, jusqu'au moment où le Mahatma déguisa sa délégation en cortège funéraire et força le blocus sous le couvert d'un corbillard [18].

Après les années passées au Sénat, P. J. établit son quartier général dans le salon particulier d'une de ses tavernes ; il occupait des postes qui lui permettaient de distribuer diverses prébendes, notamment en sa qualité de Commissaire aux Elections, Commissaire aux Communications, et même, pour un temps, Commissaire intérimaire à la prévention des Incendies, ce qui ne l'empêchait pas d'entretenir avec soin son pré carré — à savoir la Deuxième Circonscription —, prêtant l'oreille à toutes les doléances, jouant le rôle de bureau de placement, rédigeant des lettres de recommandation. Dans un dossier relié de gris, il conservait soigneusement les doubles de tous ses papiers dactylographiés, dûment cotés à la plume. On y trouve notamment le document suivant :

Lettre N° 44, 14 mars 1904.

Cher Dick,

J'ai en ce moment une affaire pour laquelle je voudrais que tu m'aides. Il y a un jeune homme, un ami à moi, qui est diplômé de nos écoles et aussi du collège de Harvard, et il suit des cours spéciaux pour pouvoir enseigner. Or, selon les règles appliquées actuellement par la Commission scolaire de Boston, il lui faut chercher un emploi hors de la ville. Je ne crois pas qu'il y ait une seule autre cité dans tout le Massachusetts qui se soit donné une telle ligne de conduite. Tu comprends bien que, dans ces conditions, il est difficile pour l'un de nos jeunes gens de démarrer dans la vie, car au lieu que les natifs de Boston se trouvent en mesure de tirer parti du fait qu'ils sont nés ici, c'est une circonstance qui joue contre eux. C'est particulièrement pénible pour l'un des nôtres (je veux dire un catholique) car, à ma connaissance, il y a très peu de villes dans l'Etat du Massachusetts qui donneraient un poste à l'un de nos garçons, sachant qu'il est catholique... J'ai pensé que si, vous autres, vous n'avez pas de candidat à présenter, ce jeune homme pourrait avoir sa chance chez vous... [19].

En 1907, P. J. se sentait assez affranchi de ses origines pour entreprendre un voyage sentimental en Irlande, afin de visiter la ferme de New Ross, qui avait appartenu à ses ancêtres, dans le comté de Wexford ; il en profita pour collectionner les souvenirs conservés par les survivants de sa famille avec lesquels il avait pu entrer en relations, et se rendit même en pèlerinage à Vinegar Hill où son grand-père avait combattu et où son grand-oncle avait trouvé la mort. Comme il l'écrivait à un cousin irlandais après son retour :

C'est avec un immense plaisir que j'ai montré à mes enfants, à mes sœurs et à tous mes amis rassemblés, en rentrant chez moi, le cahier utilisé par mon père quand il allait à l'école. Mes enfants s'y sont particulièrement intéressés et vous imaginez combien j'en étais content... N'ayant pas connu mon père assez longtemps pour me souvenir de lui... l'un des plus grands plaisirs de ce voyage a été, pour moi, de pouvoir rapporter ce cahier [20].

La devise qu'il avait fait graver sur une plaque suspendue au-dessus de son bureau reflétait des sentiments inspirés par un sens très irlandais de la fuite du temps, tel que son père avait pu le lui transmettre ; mais elle reflétait également toute la sagesse politique accumulée par le responsable d'une circonscription électorale : « Je ne passerai par ce monde qu'une seule fois. Je ne dois différer nulle charité que je puisse faire, nul geste de générosité qui me soit permis, car je ne foulerai pas une seconde fois ce même chemin »[21].

Au début du siècle, P. J. n'était plus seulement le patron d'une circonscription électorale, comme vingt-quatre autres responsables, mais l'un des quatre membres de ce que l'on appelait le Bureau stratégique ; il s'était frayé sa voie jusqu'à cet organisme qui avait réussi à court-circuiter Lomasney et à devenir le noyau de la puissance politique à Boston. Une fois par semaine, à midi, une réunion rassemblait, dans la chambre numéro 8 de l'Hôtel Quincy, « Jim-Sourire » Donovan, du Quartier Sud, Joseph Corbett, de Charlestown, et le membre du quartette que Kennedy aimait le moins, John F. Fitzgerald, du Quartier Nord.

« Fitzie », comme on l'appelait (le surnom de « Honey Fitz » — Fitz-gâteau — ne lui serait attribué que plus tard, dans le crépuscule sentimental de sa carrière politique), était l'opposé de P. J. ; il se montrait braillard et agressif, quelque peu coureur, assez cabotin et aimant faire publiquement étalage de ses dons considérables ; mince et pas très grand, c'était un remarquable athlète ; toujours souriant sur les photos, il avait le sourcil épais, le regard sombre quand il était contrarié, expression qu'il adopta de plus en plus fréquemment après avoir entendu dire qu'elle le faisait un peu ressembler à Napoléon.

Alors que P. J. Kennedy avait organisé avec patience et persévérance son ascension vers le pouvoir, agissant en coulisses et se ménageant soigneusement des occasions, John F. Fitzgerald avait un tempérament de fonceur et ses attaques contre les brahmanes étaient déjà entrées dans la légende du Quartier Nord, alors qu'il était encore un tout jeune homme. Dans son enfance, il avait insisté pour aller à l'Ecole Latine de Boston, vénérable institution qui comptait parmi ses anciens élèves des figures telles que Cotton Mather, Ralph Waldo Emerson et Henry Adams. Après avoir reçu son diplôme, il avait fréquenté pendant un an la faculté de Médecine de Harvard qu'il lui avait fallu quitter pour prendre soin de ses six frères, à la mort de son père. Il avait alors travaillé dans une compagnie d'assurances et s'était intéressé au polo — sport de brahmanes s'il en fut — : il avait même pris part à des tournois dans toute la Nouvelle-Angleterre[22].

Mais il avait toujours été clair que Fitzgerald possédait « le don » et que sa vie serait consacrée à la politique. Il commença donc à s'occuper activement des affaires du voisinage au point d'attirer l'attention de Lomasney lui-même. Il était bientôt l'élève du Grand Sorcier de la politique bostonienne, présent à tous les bals et festivités, distribuant des dindes à Noël, tenant un fichier des chômeurs, scrutant la chronique nécrologique des journaux, chaque matin, pour savoir dans quel foyer il veillerait le soir. Son énergie et son dynamisme avaient bientôt fait de lui la figure dominante du Quartier Nord, qu'il avait pris l'habitude d'appeler si machinalement « ce cher bon vieux Quartier Nord » que ses partisans avaient fini par être désignés sous le nom de « chers bons ». On racontait que Fitzie avait été le premier à pratiquer la « poignée de main irlandaise » qui consistait à serrer la main de quelqu'un tout en parlant à un tiers. Mais son talent favori était le bagout. Sa faculté de parler sans s'arrêter pendant des heures contribua à inspirer le poète qui fabriqua à son endroit des vers de mirliton :

> Fitz-gâteau il cause, il cause
> De tout de rien sans s'arrêter,
> Il connaît le machin et la chose
> Et comment qu' vous devez voter [23].

Un mot fit son apparition dans le vocabulaire politique de Boston pour désigner cette éloquence, le « Fitzblabla » (*Fitzblarney*).

En 1892, il fut élu au Sénat du Massachussetts où il rejoignit Kennedy en qui il flaira un rival futur. De là, il fut porté à la Chambre (fédérale) des Représentants, où sa personnalité et sa mobilité incitèrent, un jour, le député de l'Ohio, Henry Grosvenor, à lui crier : « Vous êtes comme le singe d'un joueur d'orgue de Barbarie, toujours en train de sauter et de piailler au bout de sa corde. » Préoccupé de soigner sa propre influence plus que de résoudre les problèmes de l'heure, Fitzgerald savait pourtant se montrer à la hauteur des circonstances. Ainsi, il avait organisé la résistance des députés à un projet de loi visant à exiger de chaque candidat à l'immigration qu'il fût capable de lire un passage de la Constitution. Après que le président Cleveland eut mis son veto à cette loi, Fitzgerald fut pris à partie par le sénateur Henry Cabot Lodge : « Vous êtes un jeune impudent, lui dit ce dernier ; croyez-vous que les Juifs ou les Italiens aient le moindre droit dans ce pays ? » Fitzie répliqua du tac au tac : « Autant que votre père ou le mien ; on n'a jamais que quelques bateaux d'avance ou de retard » [24].

Mais pour des gars élevés dans « ce cher bon vieux Quartier Nord », être à Washington, c'était comme se trouver en ambassade à l'étranger ; la seule charge qui comptait vraiment pour eux c'était celle de maire — une sorte de présidence des Irlandais. Après avoir quitté le Congrès et acquis une relative aisance grâce au succès de son journal la *Republic* (auquel l'influence politique du propriétaire permettait d'obtenir des revenus publicitaires importants), Fitzgerald décida, en 1905, de passer le Rubicon, même s'il lui fallait s'attendre à trouver sur sa route ses anciens alliés du Bureau stratégique ; sa campagne électorale fut telle que l'on n'en avait jamais vu de pareilles à Boston ; jamais un candidat ne s'était dépensé à ce point, allant jusqu'à prononcer trente discours par jour et lançant ses « chers bons » dans la rue, pour y défiler au rythme de son slogan : « Pour un Boston, plus grand, plus beau, plus actif, le pouvoir au peuple, pas aux chefs ! »

Quand Fitzgerald l'eut emporté, il devint le premier maire dont les parents fussent nés en Irlande. Dans son discours de remerciement à ses électeurs victorieux, il déclara qu'il ne manquait qu'une chose à son bonheur, la présence de sa mère et de son père. « Ils en auraient eu tant de joie, car ils étaient nés dans un pays où le libre exercice de la démocratie était rendu impossible par la domination anglaise » [25]. Le soir même, il allait dans la deuxième circonscription pour faire la paix avec Kennedy. Une fois là, il ne put résister à la tentation d'y prendre un bain de foule. P. J. observa le petit bonhomme pris dans cette marée de chair humaine et secoua la tête avec admiration : « Il les connaît tous, et moi je ne connais pas la moitié d'entre eux, bien qu'ils appartiennent à ma propre circonscription. » Puis le nouveau maire s'approcha pour lui dire : « Maintenant que la bataille est finie, Pat, soyons unis comme avant. » Tous deux échangèrent de longues et vigoureuses poignées de main ; ce fut un moment historique dans le cours de l'ascension sociale des immigrants ; et un vibrant hourrah salua ce qui allait se révéler être la naissance d'une dynastie.

2

Si P. J. avait pu imposer son point de vue dans sa propre famille, Joe Kennedy, son fils, aurait été appelé Patrick Joseph Kennedy III. Mais à la dernière minute, Mary Augusta avait décidé que ce serait Joseph Patrick. La raison qu'elle donnait de sa décision aux étrangers, c'était qu'elle ne voulait pas d'un petit P. J. courant à quatre pattes dans toute la maison [1]; mais elle avoua aux siens que cette nouvelle version du même nom « faisait moins irlandais » [2]; ils en déduisirent qu'elle ne souhaitait pas voir le garçon suivre les traces de son père.

Les deux jeunes sœurs de Joe, Loretta et Margaret, traitaient leur frère comme un prince d'Irlande. Margaret, la benjamine, si jolie et si vive qu'elle fut appelée, plus tard, le « ça » des Kennedy, déclara à son sujet par la suite : « Je croyais que c'était un dieu; j'étais éperdue de bonheur s'il me demandait de lui donner quelque chose, n'importe quoi pourvu qu'il s'adresse à moi » [3]. Loretta fut toujours frappée par l'autorité dont il jouissait dans la famille, même étant enfant. Elle déclara ultérieurement à un journaliste en quête d'anecdotes, qu'elle avait traversé une crise de doute, un jour de Noël, en découvrant dans la cheminée la maison de poupées qu'elle avait commandée, mais en comprenant que le jouet était trop grand pour passer par le tuyau; P. J. consulté s'était contenté de hausser les épaules, mais Joe s'était empressé d'intervenir pour lui expliquer que le Père Noël avait une baguette magique pour rapetisser ou agrandir les objets à volonté, ce qui avait sauvegardé ses illusions pour une année encore [4].

Ce fut Mary Augusta qui domina la jeunesse de Joe [5]. Elle l'appelait « mon Joe » et monopolisait jalousement son temps, le poussait ardemment dans ses études et ne perdait pas une occasion de lui rappeler que l'oncle John était allé à Harvard. Ce furent ses regards réprobateurs (son « air Hickey », comme on disait dans la famille [6]) qui l'aiguillonnèrent et le poussèrent à faire toujours mieux. Et c'est à elle qu'il dut l'ambivalence de son attitude envers son passé irlandais. Elle était fière du rang que P. J. s'était acquis au sein de la communauté irlandaise grâce à ses activités politiques, mais elle savait également que pour les gens « bien » — les Bostoniens qui fuyaient les

Irlandais comme la peste — le métier de politicien n'était guère en odeur de sainteté. Elle voulait que Joe fût « quelqu'un », c'est-à-dire ce que son mari n'était pas, quel que fût son rang dans la hiérarchie des Irlandais de Boston. En réponse à ses ambitions, il accourait chaque jour, à midi, de l'école paroissiale du quartier, pour déjeuner avec elle. « Je lui manquais, devait-elle déclarer plus tard, avec satisfaction, après qu'il fut devenu l'un des jeunes gens les plus en vue de la ville... je lui manquais, et il rentrait vers moi, à la maison, en courant »[7].

Pour réservée qu'ait pu se montrer Mary Augusta envers les activités de son mari, la politique continua d'être, en réalité, l'axe autour duquel tournait la vie des Kennedy ; le petit Joe devait en absorber les miasmes dès son enfance, dans l'atmosphère même qu'il respirait. En grandissant, il connut une suite incessante de matinées musicales et de mariages, de veillées diverses et de réunions électorales — terrains où se rencontraient les intérêts du parti et ceux du quartier. Il y avait une marée constante de quémandeurs au 165 de la rue Webster[8]. « Dites-leur que nous sommes à table », ordonnait Mary Augusta, au début, quand elle entendait frapper à la porte. Mais P. J. secouait la tête, se levait et s'essuyait soigneusement la moustache avant de répondre : « Non, je vais les recevoir tout de suite. » Après son départ, il y avait des chuchotements dans le vestibule, puis il passait la tête par l'entrebâillement de la porte tout en mettant son manteau et son chapeau, pour dire : « Il faudra que vous terminiez sans moi. » Par la suite, l'épouse devrait veiller à ce qu'il eût toujours de quoi se changer, au cas où il lui faudrait courir à un rendez-vous imprévu dans la soirée ; quand cela était, un bon bol de soupe aux moules devait être tenu au chaud, avec des crackers, en attendant son retour. Parfois Joe accompagnait son père dans les tournées de celui-ci. Toute sa vie il se rappellerait la journée des élections où un lieutenant de Kennedy se précipita vers son chef pour lui annoncer fièrement qu'il avait déjà voté 128 fois[9].

Les patrons du parti formaient entre eux une sorte de famille à l'irlandaise — joutant et manœuvrant pour prendre l'avantage les uns sur les autres, obsédés par les faits et gestes de chacun et pourtant si étroitement liés qu'il leur arrivait de passer leurs vacances ensemble. L'une des photos conservées par Mary Augusta montre son mari, replet et dominateur, chevauchant aux côtés du petit Fitzie — tous deux curieusement vêtus de pantalons de cheval et de vestes de chasse, tout prêts à courir le renard durant une partie de plaisir en Caroline du Nord. Un autre instantané témoigne des sorties à Orchard Beach, que le parti démocrate de Boston organisait chaque année. Joe y figure sous les traits d'un jeune garçon aux cheveux clairs, louchant vers l'objectif, assis à deux pas d'une maigrichonne : Rose, la fille du maire.

Par la suite, Joe tenta de rendre sa réussite plus méritoire encore en faisant valoir qu'il avait connu la pauvreté dans son enfance. En fait les activités combinées de son père, qui faisait marcher de pair le commerce des spiritueux et la politique, procuraient une vie confortable à la famille, sans préjudice des économies qui lui permettaient de faire de profitables investissements dans une compagnie locale de charbon et dans la seule banque de Boston contrôlée par des Irlandais, la Columbia Trust[10]. P. J. était assez aisé pour procurer à Mary Augusta toute une domesticité, tant à l'office qu'à la cuisine, ou pour passer l'hiver à Palm Beach si l'envie l'en prenait, et pour acheter un yacht de vingt mètres, l'*Eleanor,* conduit par un amiral en retraite, et propice aux croisières de plaisance dans le port de Boston, comme aux réunions estivales du Bureau stratégique. Quand le temps fut venu pour ses filles de se marier, il se trouva en mesure de leur faire des noces spectaculaires. Margaret et son époux échangèrent leurs serments devant des centaines d'amis, sous une immense tente dressée sur la pelouse de la maison familiale de Webster Street. Loretta eut droit à une élégante réception à l'hôtel Copley Plaza. Les brahmanes, qui vivaient sur les revenus de fortunes amassées dans l'armement maritime ou le textile, pouvaient bien disserter sur les obligations morales que confère la richesse, mais P. J. Kennedy et ses amis américano-irlandais trouvaient difficile de concevoir ces problèmes. Dans leur esprit, l'argent n'était pas associé à un quelconque sentiment de culpabilité ; ce n'était que le carburant, toujours trop volatile, dont s'alimentait le moteur de leur ascension.

Si Joe Kennedy n'avait jamais manqué de rien, il n'en voulut pas moins obtenir toujours davantage. C'était un garçon presque anormalement sain, avec des taches de rousseur, des cheveux roux d'une nuance ou deux plus clairs que ceux de son père et les yeux étonnamment bleus de P. J. C'était ce que l'on appelait alors un « va-de-l'avant ». Ce fut Mary Augusta qui lui mit le pied à l'étrier en décrétant, quand il eut douze ans, qu'il lui fallait un métier, et en obtenant pour lui un emploi dans une maison de mode élégante qui vendait des chapeaux aux dames de la haute société. Ce n'était pas un garçon de courses ordinaire ; il transportait les cartons dans une voiture conduite par un cocher en livrée, pénétrait dans les grandes maisons des riches pour remettre le chapeau en main propre et attendait que la cliente l'eût essayé et trouvé à son goût. « Si l'on te demande ton nom, lui avait recommandé sa mère, réponds " Joseph " »[11]. Nul besoin en effet d'attirer l'attention sur son ascendance irlandaise.

Après cet emploi chez la modiste, Joe s'en trouva d'autres, tout seul. Il vendit des sucreries sur l'*Excelsior,* un bateau qui emmenait les touristes en excursion dans le port. Il vendit des journaux sur le quai, près de l'endroit où son grand père avait débarqué du *Washington Irving,* un demi-siècle plus tôt. Il travailla comme « shabbath goy » (employé chrétien du samedi) chez des Juifs pieux qui ne pouvaient allumer le feu chez eux ni se livrer à aucune activité pendant le Jour du Seigneur. Quand il entendit parler d'un concours organisé par une compagnie de savons, la Larkin Soap Company, il mobilisa tous ses amis pour l'aider et gagna le premier prix — une bibliothèque en bois de chêne, où il entassa les livres d'Horatio Alger dont il savourait avidement les histoires de jeunes gens pauvres parvenus à la fortune grâce à leur travail et à leur probité.

Gagner de l'argent était une façon d'exercer ses dons et d'utiliser le monde comme une arène où mettre en œuvre les talents que Dieu avait donnés à chacun. Joe grandit donc, non seulement à l'affût des occasions qui se présenteraient, mais encore attentif à calculer tout ce qu'il pourrait en retirer accessoirement tôt ou tard. Mae Duanne, la jeune Irlandaise bien charpentée que Mary Augusta avait engagée pour accompagner l'enfant en promenade, avait été frappée par cet aspect de son caractère. Un jour qu'ils étaient allés à Revere Plage, au cours d'une grosse vague de chaleur, Joe avait découvert qu'il n'avait pas assez d'argent pour louer un costume de bain *et* se faire tirer le portrait. « Je choisis la photo, dit-il. Ce soir, la baignade sera terminée, et je n'aurai plus rien pour mon argent ; le portrait, lui, me durera longtemps »[12]. Quand il n'était pas en quête d'argent à gagner, Joe cherchait tous les moyens de contribuer à modeler son propre univers. Il montait des spectacles derrière la maison, distribuait les rôles et percevait un droit à l'entrée[13]. (Au cours de l'une de ces représentations, il s'était déguisé en Oncle Sam pour lire un essai de sa composition intitulé « Ce que l'Amérique signifie pour chacun de nous », tandis que retentissaient, en guise de fond sonore, les accents de « Columbia, perle de l'Océan ».) Il avait organisé un groupe d'adolescents, recrutés parmi ses amis, en formation militaire pour les faire défiler lors de la parade du Memorial Day (la journée du Souvenir, où l'on commémore les victimes de la guerre). Il s'efforçait même, non sans succès, de devenir un athlète accompli, ayant très vite compris que le sport était l'un des rares domaines où ne s'imposent que les meilleurs. C'est ainsi qu'il avait mis sur pied l'équipe de baseball de son quartier, dont il s'était nommé lui-même capitaine, entraîneur et imprésario. Après quoi, il avait acheté des uniformes avec l'argent que lui procurait la vente des journaux, et organisé des matches entre ses joueurs, baptisés les *Assomptions* (sic), et d'autres clubs de trottoirs, sans manquer, évidemment, de passer la sébille parmi les badauds. Certains de ses coéquipiers se plaignaient parfois de jouer les seconds violons auprès d'un homme-orchestre ; la réponse de Joe nous a été rapportée par Margaret ; un jour qu'il lui lançait son gant à ranger, au retour d'une partie, il lui avait dit : « Si on peut pas être capitaine, c'est pas la peine de jouer »[14].

Il avait commencé ses études dans une école tenue par les Frères Chrétiens, mais Mary Augusta estimait que si les établissements de l'enseignement catholique, comme ceux que son mari et elle-même avaient brièvement fréquentés, offraient toutes les garanties, du point de vue de la morale et de la foi, ils risquaient d'isoler leurs élèves du reste du monde et d'émousser leurs ambitions[15]. Aussi, en 1901, inscrivit-elle Joe dans l'école de l'élite, la Boston Latin School, que le maire lui-même avait fréquentée bien des années auparavant. Joe y devint bientôt notoirement populaire ; il était président de sa classe, colonel de la patrouille scolaire qui remporta le premier prix face à celles de toutes les autres écoles de la ville, et assez bon joueur de base-ball pour se voir décerner la coupe du maire (remise par Fitzie lui-même) offerte au meilleur marqueur de points de la saison, alors qu'il était en terminale. Dans un esprit de gratitude, il devait, plus tard, dire de son école que c'était « un sanctuaire où, d'une façon ou d'une autre, on semblait nous donner à penser que si nous pouvions y rester, c'était parce que nous étions juste un tout petit peu plus doués que les élèves de notre âge, inscrits dans des écoles dont nous estimions que leur niveau était moins élevé »[16]. C'est là qu'il comprit pour la première fois qu'il pouvait non seulement se mesurer à des élèves tenus pour plus américains que lui, mais même l'emporter sur eux.

L'échelon suivant, c'était Harvard. Si la prestigieuse université avait cessé d'être la chasse gardée des Cabot, des Lowell et autres puissantes familles qui ne parlaient qu'entre elles ou à Dieu, elle était toujours aussi délibérément intimidante pour les jeunes gens issus de couches sociales tenues pour inférieures. Le bourru cardinal O'Connell cherchait à diriger les enfants de ses ouailles vers l'université de Boston ou celle de Sainte-Croix tenues par les Jésuites ; mais quelques catholiques irlandais persistaient à préférer Harvard, quitte à faire chaque jour l'aller-retour, en tramway, entre leur propre quartier et celui de Cambridge, tout en sachant que, derrière leur dos, on les appelait les « intouchables »*.

Joe Kennedy insista pour vivre dans l'enceinte de l'université, mais il n'en passait pas moins le week-end en famille, dans la maison en bord de mer que P. J. avait achetée à Winthrop, au 97 Washington Street, porte à porte avec son austère beau-frère, le docteur Hickey, installé là en compagnie d'une sœur célibataire. Joe ne manquait pas d'amener parfois quelques étudiants de ses amis [18] et, après avoir passé le dimanche à arpenter la plage, en blazers et pantalons bleus, les jeunes gens se régalaient du jambon et des haricots cuits au four que leur faisait préparer Mary Augusta. Après le repas, tout le monde se rendait au salon. Tout d'abord venait rituellement l'épreuve d'orthographe à laquelle on conviait Mary Augusta qui excellait à ce jeu. Joe invitait ses amis à chercher les mots les plus difficiles dans le dictionnaire ; parfois c'était même des termes scientifiques ou techniques dont sa mère ignorait le sens, mais elle se débrouillait toujours pour les épeler correctement. Joe rayonnait d'orgueil quand il s'exclamait : « Personne ne peut battre ma mère en orthographe. » Puis, accompagné au piano par Loretta, Joe dirigeait les chœurs et l'on chantait « Peg o'My Heart », « Danny Boy » ou d'autres chansons, irlandaises ou non, et bien entendu l'hymne de l'université, « Fair Harvard ».

En sa qualité de fils de tavernier, et pis encore, petit-fils d'un « Irlandais de la famine », Joe aurait dû subir bien des avanies, à l'université. Mais il se contentait de hausser les épaules devant les insinuations relatives à son passé. Quand on lui claquait une porte au nez, il allait frapper à la suivante. Guettant les occasions, il mettait les autres dans leur tort quand ils le prenaient de haut, plutôt que d'aller au-devant d'une rebuffade en faisant des courbettes.

« Joe sut profiter, sans scrupule et sans gloire, de la fréquentation de gens " importants " [19] à qui il " faisait de la lèche ", devait déclarer par la suite l'un de ses camarades. Il tenta de s'attirer quelque considération, en choisissant pour camarades de chambre de prestigieux joueurs de football, de la sélection nationale, et tout à l'avenant. » Bien qu'il n'ait pas réussi à se faire admettre dans l'un des clubs les « plus » chics, comme le Porcellian ou

* En 1922 encore, un journal de Boston, dans un article d'actualité sur ce qui se passait à l'intérieur de Harvard, écrivait : « Le vrai problème n'est pas celui que posent les Juifs mais les Irlandais. Les nouveaux règlements d'admission permettront de réduire le nombre des Irlandais aussi bien que celui des Juifs » [17].

le Fly, il fut invité à entrer au Hasty Pudding, ce qui n'était déjà pas mal pour quelqu'un de son extraction.

Un incident qui se déroula sur le terrain de base-ball est très révélateur de ses méthodes. Le joli style de batteur de Kennedy lui avait valu un bon départ dans l'équipe de première année, lors de son entrée à l'université, mais il n'avait jamais réussi à acquérir la vitesse ni l'habileté nécessaires aux autres phases du jeu, de sorte que lors de la dernière saison il en était réduit au rôle de remplaçant perpétuel. Il n'aurait jamais remis les pieds sur le terrain si le capitaine « Chick » McLaughlin n'avait demandé à l'entraîneur de le lui donner pour la dernière manche du match contre Yale, après quoi il fut inclus dans la combinaison victorieuse et figura en cette qualité au palmarès, avec le droit de porter la lettre H sur son maillot, récompense très convoitée par les joueurs[20]. On apprit plus tard que McLaughlin, dont l'ambition était d'ouvrir une salle de cinéma après la fin de l'année scolaire, avait reçu, peu de temps auparavant, la visite d'émissaires anonymes qui lui avaient donné un fort bon conseil : étant donné l'influence de P. J. à l'Hôtel de ville, la licence nécessaire à l'ouverture d'une salle serait accordée bien plus aisément si Joe avait les honneurs du match.

Dans l'ensemble, le bilan du séjour de Joe à Harvard était inégal. Ce n'avait pas été un étudiant brillant. (« Mes notes avaient été si mauvaises dans le cours de " Banque et Finances " que j'avais dû abandonner cette matière avant la fin de l'année »[21], avoua-t-il plus tard lorsque le magazine *Fortune* eut évalué sa fortune à 250 millions de dollars, ce qui lui permettait de savourer le paradoxe.) Il n'avait pas été beaucoup plus heureux auprès de la haute société de Beacon Hill, dont les invitations à des soirées, des bals de débutantes ou des week-ends maintenaient entre les étudiants, une discrimination que les autorités universitaires s'employaient vainement à combattre, malgré leurs timides efforts de démocratisation. Mais il était fortement apprécié par ceux qui ne prenaient pas ombrage de ses tentatives d'ascension sociale. Et il faisait figure de principal soupirant de Rose Fitzgerald, le « rideau de dentelles » du maire de la ville.

Au moment de sa sortie de Harvard, il était encore très irlandais, bouillant, bruyant, bien décidé à se mêler de tout. Loin de gommer ces traits de caractère, l'éducation qu'il avait reçue à l'université lui avait paradoxalement prouvé leur utilité. Il convoitait toujours tout ce que pouvaient avoir ceux qui se prétendaient socialement supérieurs à lui, mais il avait percé à jour toute l'hypocrisie, la vacuité des privilèges qui n'avaient rien à voir avec le talent ou la réussite personnelle. Envieux et méprisant tout à la fois, il en était venu à penser qu'il valait bien n'importe lequel des autres membres de la promotion de 1912 ; il entreprit donc de terminer le voyage entamé par son grand-père un demi-siècle plus tôt.

Pendant qu'il était encore à Harvard, Kennedy avait occupé une partie de ses loisirs à organiser des tournées touristiques en autocar ; il avait obtenu de la mairie, grâce à son père, l'attribution d'un itinéraire de choix, puis s'était associé avec un ami pour exploiter la ligne ; tandis que l'autre conduisait, Joe, armé d'un mégaphone, plaçait un boniment sur les hauts-lieux historiques de Boston[22]. Il avait mis 300 dollars dans cette affaire qui lui avait rapporté 5 000 dollars à la fin de ses études. La somme était considérable pour l'époque, mais après avoir obtenu son diplôme, il espérait bien en gagner beaucoup plus. Il décida donc d'entrer dans le monde de la banque ; c'était en effet, à ses yeux, une « activité de base » dont les autres dépendaient.

Joe Kennedy ne commença pas sa carrière derrière un guichet ni comme attaché de direction, à l'instar de ses camarades qui envisageaient de gravir patiemment les échelons jusqu'au sommet de la hiérarchie. Il se fit nommer inspecteur dans une banque d'Etat, fonction qui lui permettait de voyager dans tout l'Est du Massachusetts, pour examiner les livres et les archives des banques ; il comptait bien apprendre ainsi comment celles-ci gagnaient de l'argent et quels liens elles entretenaient avec le monde des affaires. En moins d'un an, il avait trouvé l'occasion qu'il cherchait. La Columbia Trust — la banque irlandaise de Boston — était sur le point de se laisser absorber par une institution financière plus proche du haut du pavé, la First National. Cette fusion était considérée comme une menace par la communauté irlandaise, qui avait fort souffert d'être tenue à l'écart du réseau bancaire avant la création de la Columbia Trust ; c'était donc là une affaire explosive*. Joe avait pris sa décision. Si quelqu'un devait racheter la Columbia ce serait lui.

Il se jeta donc à corps perdu dans l'aventure, emprunta à outrance, rallia tous les partisans possibles à sa cause, bluffa tant et plus jusqu'à finir par contraindre la First National à renoncer. Quand le projet de fusion fut abandonné, le conseil d'administration de la Columbia récompensa Joe en l'appelant au plus haut poste de la maison : à vingt-cinq ans, il était le plus jeune directeur de banque des Etats-Unis. La presse s'étant intéressée à l'affaire, un journaliste local demanda au nouveau banquier ce que celui-ci attendait de la vie. Kennedy répondit sans hésitation : « Je veux être millionnaire à trente-cinq ans[24]. »

Au moment même où il assurait sa position dans la banque, Joe continuait à agir dans d'autres domaines, notamment du côté de Rose Fitzgerald. Le père de celle-ci venait d'installer sa famille dans une vaste et coûteuse maison de Dorchester, avec porche sculpté, tourelle, et, sur la porte d'entrée, un vitrail représentant, selon le maître de céans, les armoiries de ses ancêtres. Il avait veillé à ce que ses filles eussent une éducation aussi raffinée que celle des héritières de Beacon Hill, avec leçons de français, de piano et de chant.

S'il se conduisait chez lui en aristocrate irlandais (fier de son « sang vert », comme disaient ironiquement les Brahmanes en parlant des gens de son espèce), Fitzie se montrait cabotin, à la mairie, plein de rondeur, homme à lubies, dont la liaison avec une opulente « cigarettière » blonde de l'auberge

* L'une des histoires que l'on racontait sur Fitzgerald, le maire de la ville, se rapportait justement à une discussion qu'il avait eue avec un membre d'une vieille famille de banquiers, des protestants, d'origine purement anglo-saxonne. « Des quantités d'Irlandais ont leur argent déposé chez vous, avait dit Fitzie, pourquoi n'auriez-vous pas quelques Irlandais dans votre conseil d'administration ? » Le banquier répondit avec embarras que certains des caissiers étaient irlandais. « Oui, répliqua Fitzgerald, et les femmes de ménage aussi, je suppose »[23]

Ferncroft (« Toodles » Ryan) était l'un des secrets les moins bien gardés de la ville[25]. Nul autre que lui ne se présentait si souvent à des réceptions où il n'était pas invité, muni de quelques cols propres roulés dans un mouchoir, au fond de sa poche, pour pouvoir danser toute la nuit sans avoir l'air défraîchi. Il était d'ailleurs infatigable ; pour son cinquantième anniversaire, il avait commencé la journée en courant un cent mètres à sept heures et un 400 mètres à neuf heures ; en faisant de la lutte à midi et de la boxe une heure plus tard.

Son épouse, Mary Hannon Fitzgerald, était une femme menue, proprette et réservée, avec un air de beauté brune, bien que typiquement irlandaise, et une piété que certains jugeaient excessive. Elle ne s'intéressait guère à la politique et déplorait les longues absences de son mari. (Une fois qu'il se trouvait au foyer et mettait ses six enfants en rang pour une photo de famille, qu'il utiliserait au cours de quelque campagne électorale, elle lui avait dit : « John, c'est vraiment un plaisir de te voir rester à la maison aujourd'hui ; je ne suis pas mécontente d'avoir des photos en souvenir de cet événement ; je vais en faire encadrer une pour y mettre un écriteau : “ Témoignage d'une soirée où il est resté chez lui ” »[26].) Comme Mary refusait de se mêler à la politique, le rôle d'hôtesse et de maîtresse de cérémonie était échu à Rose, l'aînée et la favorite de Fitzie, qui pendant toute sa jeunesse avait dû défendre son père contre des accusations de corruption et expliquer à tout venant pourquoi son administration municipale avait dû créer de nouveaux postes tels que ceux de « bouilleur de thé », « grimpeur aux arbres » et « réparateur de bottes en caoutchouc »[27]. Quand il faisait campagne, elle se tenait auprès de lui ; elle l'accompagnait au piano quand il déployait sa voix de ténor irlandais, et lui avait elle-même révélé l'air de « Sweet Adeline » qui devint son hymne personnel[28].

Rose avait espéré aller faire des études supérieures à Wellesley après avoir passé ses examens à l'école secondaire de Dorchester, mais son père avait insisté pour l'envoyer dans l'un des couvents du Sacré Cœur qui étaient devenus le nec plus ultra de l'éducation catholique pour les filles[29]. Les religieuses provenaient des familles les plus riches, qui dotaient l'institution avec leur propre héritage. On y enseignait entre autres choses comment s'adresser aux domestiques et comment se tenir lors d'un grand dîner. La connaissance du français était tenue pour indispensable chez les gens bien élevés. L'instruction religieuse inculquait aux « Enfants du Sacré Cœur » les vertus féminines, telles que « le tact, le courage tranquille, et la volonté de se subordonner aux autres avec grâce et même de gaîté de cœur », enfin de se modeler sur « l'idéal féminin incarné par la Mère de Dieu ».

Au cours de l'été 1908, le maire envoya Rose faire un grand voyage en Europe. Profitant de ce qu'elle se trouvait sur l'Ancien Continent, il l'inscrivit, ainsi que sa sœur Agnes, dans un couvent hollandais pour leur permettre de parfaire leur connaissance des langues et des « sciences domestiques » qui les préparerait à leur futur rôle de maîtresse de maison[30]

« Je suis un ange », écrivait Rose à ses parents, quelques mois après son entrée dans cette nouvelle école. « Je me lève à six heures (quinze minutes avant les autres) et m'en vais méditer presque chaque matin. Vous voyez que ma piété grandit. Si je suis extrêmement angélique, je pourrai devenir « aspirante Enfant de Marie » et plus tard « Enfant de Marie » ; c'est la plus haute distinction à laquelle une élève du Sacré Cœur puisse prétendre »[31].

Tandis qu'elle envoyait à ses parents amusés des lettres pleines de bavardages sur la mode, la religion et les têtes couronnées d'Europe, Rose entretenait une correspondance secrète avec le jeune Kennedy. Mais s'il lui manquait beaucoup, elle aimait quand même les dévotions rituelles et le rythme régulier de la vie scolaire. L'une de ses condisciples a témoigné de son zèle : « J'étais toujours derrière elle à confesse. Mon Dieu, il me fallait bien attendre une heure, d'habitude, pour qu'elle sorte... »[32]. Avant la fin de l'année, elle recevait sa médaille d'Enfant de Marie.

Après son retour au pays, Rose passa encore une année au Sacré Cœur de New York. Quand elle revint définitivement à Boston pour y faire ses « débuts » dans le monde, elle pouvait se sentir l'égale de n'importe quelle jeune fille. Après tout, quelle autre débutante pouvait se vanter d'avoir eu quatre cents personnes à son premier bal, y compris deux membres du Congrès et le gouverneur de l'Etat, ainsi que tout le conseil municipal, lequel avait déclaré la journée fériée en son honneur ? Elle savait pourtant très bien qu'elle n'avait été invitée à adhérer à aucun des clubs élégants où se rencontraient les femmes de la bonne société (protestante) de Boston, pas plus qu'elle ne figurait sur les carnets de celles-ci.

Craignant qu'un mariage avec un Kennedy ne fût une régression pour les Fitzgerald, le maire s'efforça d'intéresser Rose à d'autres prétendants. Elle demeura fidèle à Joe bien que tous deux fussent réduits à se voir en cachette[33]. Parfois elle persuadait le chauffeur de faire halte au coin d'une rue pour lui permettre d'y rencontrer clandestinement le jeune homme. En certaine occasion, elle pouvait se dissimuler derrière un voile noir pour patiner avec lui sur un étang gelé des environs, sans abuser d'ailleurs personne sous son déguisement ; elle aidait Kennedy à la monopoliser, dans les soirées dansantes, en inscrivant sur son carnet de bal les noms de danseurs fictifs pour que nul autre ne pût se faire réserver une danse. En fait, il bluffa autant pour défendre ses amours que pour faire carrière. Quand il alla passer des vacances en Europe, il loua un appartement somptueux dans un hôtel pour y inviter le président de la Pennsylvania Railroad, Samuel Rea, et sa fille Ruth, en sachant que la nouvelle parviendrait jusqu'à Boston et rehausserait son prestige auprès des Fitzgerald[34]. Mais, cette fois-là, son plan réussit trop bien et Rose, furieuse, retourna, la tête en bas, la photo du jeune homme qu'elle conservait sur sa commode.

En 1914, Fitzie faisait campagne pour sa réélection et son principal adversaire était James M. Curley, le seul politicien de Boston qui sût exercer une plus grande fascination sur les électeurs que le maire lui-même. P. J. Kennedy et le Bureau stratégique soutenaient Fitzgerald en qui ils voyaient le moindre des deux maux. Quand la campagne commença à devenir de plus en plus âpre, Curley annonça qu'il allait donner une série de conférences publiques. La première s'intitulait « La Corruption, de l'Antiquité aux Temps modernes » ; elle embarrassa sérieusement Fitzie en attirant l'attention sur le népotisme qui régnait dans différents services municipaux.

Quand Curley annonça le titre de sa seconde conférence, « Les grandes amoureuses, de Cléopâtre à Toodles », Fitzgerald se hâta de retirer sa candidature. La victoire de Curley était assurée et la puissance de Fitzgerald ainsi que celle du Bureau stratégique se trouvaient brisées à jamais[35].

Simultanément, la politique fondée sur l'organisation de clubs et de cercles dans chaque circonscription, à l'ancienne mode, commençait d'appartenir au passé. Joe Kennedy entamait l'exploration d'un monde plus vaste. Le succès obtenu par lui dans l'affaire de la Columbia interdisait au maire de continuer à prétendre qu'une alliance avec sa fille serait désavantageuse, de sorte qu'au cours de l'été 1914, Joe glissait un impeccable diamant de deux carats au doigt de Rose. Il est caractéristique de noter que l'impétuosité avec laquelle Joe menait toutes ses affaires ne permit pas à la fiancée de se rappeler avec précision quand elle avait reçu la bague, ni même s'il l'avait jamais demandée en mariage. « Je ne crois pas qu'il m'ait jamais proposé de l'épouser, en bonne et due forme, rappelait-elle plus tard. Pour lui, il ne s'agissait pas de savoir si cela se ferait, mais quand on se marierait... »[36].

Le 2 octobre, ils échangeaient leurs serments devant le cardinal O'Connell ; ils formaient un très beau couple, cela frappa tous les assistants ; la jeune épousée avait des yeux d'agate, enchassés dans un visage aux traits fins, terminé par un menton volontaire ; quant au marié, son beau regard clair et ouvert était considéré par les femmes comme extrêmement séduisant, voire bouleversant.

La réception fut somptueuse. Peu après la lune de miel que le jeune couple avait passée à White Sulphur Springs, Rose se trouva enceinte ; elle s'était installée avec son mari dans une modeste maison en bois de Beale Street, une rue du faubourg protestant de Brookline.

L'été suivant, les Kennedy louèrent une villa, au bord de la mer, à Hull, où Rose avait passé ses vacances d'enfant jusqu'au jour où son père, ayant offensé les conseillers municipaux, ceux-ci firent creuser un fossé de 1,50 m de large autour de la maison louée par les Fitzgerald. Rose et Joe passèrent le début du mois à se promener sur la plage et à écouter George M. Cohan que présentait le Hull Music Hall. La presse se demandait si l'enfant, au cas où ce serait un garçon, recevrait le nom de son grand-père maternel, mais ceux qui connaissaient Joe ne furent guère surpris quand le bébé, né avant la fin du mois, fut baptisé aussitôt Joseph Patrick Kennedy Jr.

Pendant les quelques années qui suivirent, les journalistes de Boston s'habituèrent à recourir à Kennedy quand ils étaient en mal de copie. Des articles commencèrent à lui être consacrés, qui le dépeignaient comme un directeur avisé et plein d'avenir, travaillant en bras de chemise et se contentant d'une légère collation de lait et de crackers, au bureau, en guise de déjeuner. Chez lui, il se conduisait en bon père de famille, promenant lui-même son fils et insistant pour que Rose se fît aider par une bonne, dans la maison. Quand ils trouvèrent enfin une jeune Italienne qui leur convenait, Rose put se faire comprendre d'elle dans une sorte de français « petit-nègre » et lui fit cadeau d'une chatte quand elle découvrit que la fille pleurait de solitude dans sa chambre[37].

De son bureau, à la Columbia Trust, Kennedy lorgnait déjà l'échelon suivant. En 1917, l'année de la naissance de son deuxième enfant — un garçon que Rose fut autorisée à baptiser John Fitzgerald en l'honneur de son propre père* —, il avait acquis une réputation suffisante pour que Charles Schwab, président de la Bethlehem Steel, lui demandât de devenir directeur général des grands chantiers navals de Fore River, que la compagnie possédait à Quincy. Il s'agissait d'une affaire qui employait 2000 personnes et lui vaudrait un salaire annuel de 20000 dollars. L'un des avantages de la situation était que le titulaire se trouvait participer à l'effort de guerre tout en restant à une distance prudente du front. (Ralph Lowell, ancien condisciple de Joe à Harvard, fit observer, par la suite, que la « classe 12 » avait mis un point d'honneur à s'enrôler sans attendre l'appel et n'avait pas apprécié que quelqu'un évitât d'aller à la guerre, comme par exemple dans le cas de Joe.)

Kennedy se jeta à corps perdu dans son nouvel emploi et bientôt les arsenaux de Fore River pulvérisaient tous les records de production : trente-sept destroyers sortirent des chantiers entre le moment où le nouveau directeur prit ses fonctions et le jour de l'Armistice. La seule tache sur les états de service de Kennedy, à la Bethlehem, provint d'un affrontement entre lui et Franklin D. Roosevelt, alors secrétaire adjoint à la Marine, au sujet de deux navires de guerre commandés par l'Argentine; Kennedy retenait les bateaux sous prétexte qu'ils n'étaient pas encore payés. Roosevelt voulait qu'ils fussent livrés immédiatement de manière à être utilisés pour les besoins de la guerre. Kennedy continua d'y faire obstacle en défiant le gouvernement d'employer la force. Quand Roosevelt eut prouvé que le directeur bluffait, en envoyant la troupe et des remorqueurs, Kennedy l'accusa publiquement d'être « un aimable tricheur », mais il avoua, en privé, que ses rencontres avec un tel homme l'avaient fait craquer, au point de lui arracher parfois des larmes de rage[38].

Vers la fin de la guerre, un autre petit Kennedy était né — Rosemary, en 1918. Puis ce fut Kathleen, un peu plus d'un an après, et Eunice suivit en 1921. Rose dut ajouter une bonne d'enfants à la maisonnée, ce qui ne l'empêchait pas de promener elle-même sa nichée, quand il faisait beau, en fourrant les bébés dans un landau que les deux petits garçons escortaient en trottinant. Elle trouvait généralement le temps de faire halte dans une église car, disait-elle, elle voulait que les enfants « prennent l'habitude de faire participer Dieu et la religion à leur vie quotidienne »[39]. Elle tentait, par ailleurs, de se montrer « scientifique » dans ses méthodes, pour élever ses rejetons. Ainsi, quand la famille déménagea pour aller s'installer dans une autre maison de Brookline, plus vaste et mieux agencée, elle imagina une série de cloisons, sur la véranda, pour que les petits puissent jouer sans se blesser accidentellement les uns les autres. Elle tenait à jour un carnet de santé et de renseignements (sous forme de carte) pour chacun d'eux, où figuraient un certain nombre d'informations — vaccinations, maladies,

* John F. Kennedy fut appelé « Jack » toute sa vie par les siens et même par beaucoup d'Américains. (N.d.T.).

croissance, pointures, etc. Bien qu'il ne passât pas autant de temps que sa femme avec les enfants, Joe se montrait plus disponible envers eux, d'un point de vue affectif, quand il se trouvait en leur compagnie. Lorsque « Jack »* attrapa la scarlatine, à trois ans, par exemple, Joe passa des journées en prière, dans les églises, faisant vœu de donner la moitié de sa fortune à des œuvres charitables, si l'enfant guérissait. Quand le garçonnet fut enfin tiré d'affaire, après une longue lutte, Kennedy offrit un chèque de 3000 dollars à la Guilde de Sainte Apolline[40].

Chaque dimanche, il empilait les enfants dans sa Ford et conduisait toute la maisonnée chez ses parents — laissant parfois Rose au foyer pour qu'elle pût goûter quelques rares moments de solitude. Quand ils étaient tous rassemblés dans la cuisine de la maison de Winthrop, Mary Augusta hochait parfois la tête en regardant ce troupeau et disait : « Seigneur mon Dieu, Joe, un de ces jours, il te faudra un autobus ! »[41]. Après le déjeuner, Joe se promenait sur la plage avec son père, parlant et gesticulant, tandis que P. J. approuvait du chef ou répondait laconiquement. Sur le chemin du retour, il s'arrêtait parfois devant la vieille maison de Meridian Street où P. J. était né ; il garait la voiture et regardait en silence, comme pour mesurer le chemin parcouru et celui qui lui restait à faire.

Si sa génération voyait venir son heure, le temps de la vieille garde était en train de passer. Le nouveau maire, James Curley (modèle du personnage de Frank Skeffington — dans l'œuvre de Edwin O'Connor, *Le dernier Hourrah*), avait centralisé tous les pouvoirs de la ville dans ses propres mains, en démantelant le vieux système des cercles et clubs de circonscription avec une efficacité dont n'aurait pu rêver aucun des réformateurs municipaux. Martin Lomasney n'était plus qu'une figure mythologique et même le Bureau stratégique s'était défait. En 1918, P. J. avait été l'une des premières victimes du changement, en perdant pour la première fois une élection — il briguait le poste de Commissaire à la voirie. (« Je suis extrêmement peiné par votre défaite, lui écrivait son ami politique et vieux camarade, Richard Sullivan. Il me semblait qu'avec l'appui de nos deux organisations, l'affaire était dans le sac. J'ai été stupéfait par le résultat. Je ne doute pas que vous preniez la chose avec votre philosophie habituelle, mais mon amitié m'empêche d'en faire autant »[42].) Sur cette défaite, P. J. prit à Winthrop sa retraite d'homme d'Etat. En même temps qu'il abandonnait la politique, il lui fallait également renoncer au commerce de l'alcool en raison de la Prohibition.

Fitz-gâteau avait dû, lui aussi, rentrer dans le rang. Il s'était présenté aux élections législatives de 1918, et avait battu le député sortant, Peter Tague, surtout parce que celui-ci n'avait pas tenu sa promesse de voter contre l'entrée en guerre de l'Amérique en 1917, si l'indépendance de l'Irlande n'était pas reconnue[43]. Fitzgerald se rendit donc au Congrès, mais son élection fut bientôt invalidée quand il fut établi qu'elle avait donné lieu à des irrégularités d'une ampleur inusitée, même pour Boston. L'ancien maire

* « Jack », qui signifie Jeannot, est le diminutif traditionnel de « John ». C'est ainsi que sera désigné, le plus souvent, ici, le futur président John F. Kennedy (N.d.T.).

s'entêta à briguer diverses fonctions mais il ne fut plus jamais réélu. Il vendit sa maison de Dorchester et emménagea dans un appartement de l'hôtel Bellevue, partageant son temps entre le zoo et l'équipe des Red Sox ; il resta jusqu'au bout un vrai personnage de comédie, bien connu de toute la ville. L'équilibre des forces s'étant définitivement modifié en faveur de son gendre, le vieil homme ne se rendait jamais chez sa fille sans faire le tour de la maison pour savoir si « Big Joe » était là, avant de frapper à la porte. Kennedy taquinait parfois sa femme, non sans malséance, en lui rappelant le temps où il n'avait pas été jugé digne d'épouser une Fitzgerald. « Rose, pourquoi m'avais-tu menti en me disant que ton père ne m'aimait pas ? Je l'ai vu aujourd'hui encore, et il m'a redit que j'étais un garçon formidable »[44].

Au cours du printemps de 1923, Mary Augusta fut admise à l'Hôpital Baptiste de la Nouvelle-Angleterre, à Boston, où les chirurgiens diagnostiquèrent un cancer inopérable de l'estomac. Quand elle sortit, P. J. l'emmena passer ses dernières vacances en famille au bord de la mer, à Sagamore. Joe et Rose lui amenèrent Joe Junior, Jack, Rosemary et la petite Eunice âgée de deux ans. Elle retourna à l'Hôpital au début de l'été pour y livrer une bataille perdue[45]. Quand tout fut terminé, ce fut un P. J. amoindri qui emmena ses filles en Europe, pour un grand périple dont les deux pôles symbolisaient fort bien la saga familiale : une visite à l'humble berceau de ses ancêtres, en Irlande, et une audience spéciale du pape Pie X, au Vatican[46].

Joe Kennedy n'avait pas de temps à consacrer aux voyages. Chef de sa propre famille en pleine expansion, responsable de l'avenir de tous les siens, il travaillait à la réalisation de ses grandes espérances. Tout en œuvrant à la reconversion des chantiers de Fore River, après l'armistice, il avait fait quelques pas en direction de Galen Stone, qui n'était pas seulement un banquier dont les investissements remportaient un succès fabuleux, mais aussi l'éminence grise des President Lines. S'il ne parvint pas à vendre de bateaux à Stone, il fit si bien l'article pour son propre compte que le banquier lui offrit de l'initier à la Bourse. Bien que le salaire fût deux fois moins élevé qu'à la Bethlehem, Joe sauta sur l'occasion : Stone était exactement ce que Kennedy rêvait de devenir — son propre maître[47].

Quand il pénétra dans son bureau, au cœur du Hayden-Stone Building, en 1922, la pancarte placée sur sa porte arborait ces simples mots : *Joseph P. Kennedy, banquier*. Sous la houlette de Stone, il apprit à utiliser les informations intestines, pour diminuer les risques jusqu'au minimum possible et accroître les gains au maximum. En certaine occasion, Stone lui fit savoir que la Pond Creek Coal Company était sur le point d'être rachetée par Henry Ford. Joe emprunta tant qu'il put, acheta quinze mille actions à 16 dollars chacune et les revendit à 45 dollars, le moment venu. C'était de la spéculation sans risques excessifs, telle que Kennedy l'appréciait particulièrement. Il s'en expliquait plus tard en ces termes : « Je crois que le spéculateur a surtout le goût du risque. Si tous les joueurs souhaitent gagner, naturellement, la majorité d'entre eux prennent plaisir au jeu, même s'ils perdent. Pour moi, c'est l'envie de gagner et non pas le risque qui me pousse à spéculer »[48].

Le désir de gagner n'était pas ce qui manquait à Kennedy. « Il est facile de gagner de l'argent sur le marché, confiait-il à un autres investisseur; dépêchons-nous d'en profiter avant qu'une loi ne nous en empêche »[49]. Il devint bientôt expert en manipulations du marché que d'aucuns jugeaient immorales, voire illicites. L'un de ses jeux favoris était de constituer un petit groupe de gros investisseurs qui se mettaient à créer des mouvements de hausse fictifs autour de titres sans intérêt, en se les achetant et en se les revendant de l'un à l'autre à des cours de plus en plus élevés; quand des épargnants non initiés se mettaient à acheter eux aussi ces actions, apparemment si demandées, les compères se délestaient de leur portefeuille au prix fort et laissaient les titres retomber à leur cours naturel, c'est-à-dire au plus bas. Mais si Kennedy pouvait se joindre à d'autres loups solitaires pour former des groupes de ce genre, il ne voulait dépendre que de lui-même. L'une de ses relations comparait sa technique à celle d'un joueur de billard, sans cesse en mouvement autour de la table, changeant de position, usant de carambolages astucieux, jouant par la bande plutôt que de viser droit. Il commençait à se doter de sa propre philosophie dans le travail : « Ne jamais accepter de déjeuner d'affaires après quatorze heures; donner ses rendez-vous le matin, quand l'esprit est le plus clair; ne pas se laisser entraîner à de longs repas — outre qu'ils sont ennuyeux, ils peuvent être dangereux à cause des martinis. »

Au début des années vingt c'était déjà un riche financier. Le gros coup qui le distingua des arrivistes ordinaires se produisit en 1924. Un soir où il avait dû se coucher tôt à cause d'une névrite, il fut réveillé par un rédacteur en chef du groupe de presse Hearst, un certain Walter Howey qu'il avait connu au cours d'une campagne électorale de Fitzie, lors d'une opération de porte à porte. Howey l'appelait au secours pour faire échouer une spéculation à la baisse, destinée à couler une compagnie de taxis new-yorkais, la Yellow Cab Company, dont il était l'un des gros actionnaires. Les titres avaient déjà chuté de 35 dollars en un mois et le président de la compagnie, John Hertz, avait réuni 5 millions de dollars pour soutenir les cours[50].

Kennedy partit immédiatement pour New York où il établit son quartier général dans un appartement du Waldorf-Astoria, avec un téléscripteur et une batterie de téléphones, puis il se lança dans une série compliquée d'achats et de ventes pour stabiliser la cote au meilleur compte. Après plusieurs semaines d'efforts soutenus, vingt-quatre heures sur vingt-quatre, il remporta la victoire. Quand il rentra à Boston, ses cinq enfants étaient sur le quai pour l'accueillir. Tous, y compris la petite Eunice âgée de trois ans, hurlaient quand le train entra en gare : « Papa, papa, nous avons un nouveau bébé. » C'était Patricia, déjà âgée de un mois, et que son père n'avait jamais vue. Il avait raté la naissance, mais le jeu en valait la chandelle. Kennedy devait dire par la suite que l'affaire Hertz avait fait de lui « un homme très riche ». Il avait à peine plus de trente-cinq ans, et il avait exécuté le programme qu'il s'était fixé : non seulement il était millionnaire, mais multimillionnaire.

A cet âge, Kennedy conservait son allure athlétique et ses larges épaules, dans son complet trois-pièces à rayures, celui qu'il avait toujours porté depuis ses débuts à la Columbia. La chevelure, couleur de sable roux, commençait à s'éclaircir et, au fil des années, le centre de gravité du visage était descendu du front vers le menton, mais il conservait l'expression franche et ouverte de son adolescence. Ses lunettes à monture de corne lui donnaient un peu l'air d'innocence cocasse que l'acteur Harold Lloyd avait popularisé. Les gens qui le sous-estimaient en raison de son apparence ou de son empressement à flatter ceux dont il avait besoin, changeaient vite d'avis, quand ils le voyaient de plus près, tel qu'il était, plein de vitalité et d'électricité, brusque et grossier, avec un tempérament dont émanait la menace d'un danger. Dans le regard froid de ses yeux bleus, généralement dépourvus de toute étincelle de gaieté, il y avait quelque chose de particulier qui captivait et glaçait la personne regardée. Joe Kennedy était un être paradoxal. Il voulait se donner tous les signes extérieurs de son appartenance au monde environnant, sans toutefois abandonner sa liberté de loup solitaire. Mais plutôt que de se laisser affaiblir par ce conflit intérieur, il y puisa de la force.

Bien qu'il eût désormais assez d'argent, il continua d'en gagner toujours davantage, en considérant que la richesse serait une digue protectrice, pour lui et pour sa famille, face aux tragédies qui, telles des raz de marée, avaient si souvent submergé les Irlandais dans le passé. Sa fortune ne lui venait pas d'un héritage mais de son intelligence et de son audace. Il n'allait pas en user pour créer des fondations philanthropiques, constituer des domaines, ni pour ériger des monuments destinés à rappeler ses réalisations aux générations futures ; il était son propre futur ; les fonds qu'il accumulait, il les considérait comme des instruments de survie et un moyen d'assurer son entière liberté.

On nous le présente, vers le milieu des frénétiques années vingt, comme un homme toujours à l'affût des bonnes occasions, telles que l'affaire Hertz, mais, selon les rumeurs qui déferlaient autour de lui, pas toujours entièrement scrupuleux dans ses entreprises. Désormais, ses activités l'éloignaient souvent de chez lui pour de longues périodes, au cours desquelles il logeait à l'hôtel, on ne savait où, avec quelques acolytes, occupé à des tractations non précisées.

Un membre de la bande du gangster Meyer Lansky devait révéler, bien plus tard, une curieuse anecdote : les gars du « East Side » de New York, aux ordres de Lansky, ayant tenté d'intercepter une cargaison de whisky irlandais, importée en contrebande par Kennedy et des associés bostoniens, s'étaient heurtés aux convoyeurs irlandais de ceux-ci, bien décidés à résister ; après la fusillade, on avait retrouvé onze morts autour des camions [51]. Et cinquante ans après, un fameux caïd de la pègre, Frank Costello, confiait à un journaliste du *New York Times*, Peter Maas, peu avant sa mort, qu'il avait été « associé » à Joe Kennedy, au début de sa carrière, dans une affaire de trafic d'alcool illicite [52].

Mais la question n'est pas tant de connaître les origines de la fortune de Joe, que de voir l'usage qu'il en faisait. La haute société de la Nouvelle-Angleterre, devant le raz de marée de l'immigration irlandaise, avait réagi en créant des institutions réservées à une certaine caste, notamment des écoles privées et des clubs très fermés, régis par le principe de la discrimination, auxquels les Irlandais de Boston, même les plus respectables, n'auraient jamais accès, quelque prix qu'ils pussent y mettre. Même à Cohasset où les Kennedy louaient une résidence d'été et où ils circulaient dans une Rolls-Royce de couleur prune, conduite par un chauffeur, il existait des discriminations — moins dévastatrices peut-être que dans le passé, mais néanmoins toujours gênantes, surtout quand les brahmanes trouvaient nombre de moyens subtils pour bien montrer leur adhésion au principe de J. P. Morgan, selon qui « on pouvait toujours faire des affaires avec le premier venu, mais on ne faisait du bateau qu'avec des gens du monde ». Rose se sentait snobée par les maîtresses de maison de Cohasset et Joe se vit ostraciser quand il chercha à devenir membre du Country Club. (« Ces fils de pute, étriqués et sectaires, m'ont refusé l'entrée de leur club parce que j'étais un catholique irlandais et que mon père tenait un bistro, répétait-il encore avec rage, bien des années plus tard ; peu importe que vous soyez allé à Harvard, ils s'en balancent ; la seule chose qu'ils comprennent c'est l'argent. »)

Ce traitement ne satisfaisait guère le sentiment que Kennedy avait de sa valeur nette. De toute façon, au cours de sa marche vers la grande fortune, il s'était bien éloigné de l'atmosphère confinée de la société bostonienne. Aussi, en 1926, consomma-t-il la rupture ; toute la famille monta dans un wagon spécial en route pour New York, le jour où les Kennedy déménagèrent pour s'installer dans la grande ville mythique ; au moins, à New York, il était dans l'archétype de la cité ouverte et pluriraciale[53] ! Il déclara, après coup, qu'il avait décidé de déménager pour éviter à ses fils de voir leurs espérances rognées et à ses filles de se trouver exclues des bals de débutantes de la bonne société quand elles auraient l'âge ; selon lui, Boston n'était pas une ville où l'on pût « élever des enfants catholiques. » Mais le changement s'effectuait à son profit plus qu'à celui des enfants. Il avait pris goût à ce que pouvait lui offrir le vaste monde et il en voulait plus encore.

Peu avant ce déracinement, un ami lui avait demandé : « Qu'est-ce que tu veux, au juste ? » Kennedy l'avait regardé un moment avant de répondre : « Tout. » La lumière qui se reflétait dans le verre de ses lunettes empêchait de saisir son regard[54].

3

Joe Kennedy installa sa famille à Riverdale, dans le haut de Manhattan. Il y avait loué un manoir avec vue sur l'Hudson, en attendant de trouver une résidence à acheter. Avec de si nombreux enfants — un autre fils, Robert, était né peu avant que la famille quittât Brookline — ce n'était pas chose facile, et il fallait prévoir l'éventualité de nouvelles naissances qui modifieraient encore les besoins. (« Ce n'est pas une maison qu'il faut à Kennedy, se lamentaient les agents immobiliers, c'est un hôtel »[1].) Finalement, on trouva de quoi s'installer de façon permanente à Bronxville, dans le comté de Westchester, à vingt-cinq kilomètres de New York. C'était une demeure de briques rouges, dans le style colonial, primitivement construite pour Anheuser Busch ; elle comportait vingt chambres à coucher ; le domaine couvrait trois hectares de forêt et comprenait des maisonnettes pour le jardinier et le chauffeur. Quand les Kennedy en prirent possession, on vit arriver un véritable convoi de limousines d'où débarquèrent en ribambelles, les enfants, les bonnes d'enfants, les gouvernantes, sans compter le solide Irlandais au menton lourd et aux épaules carrées, que Joe employait comme homme à tout faire. Les voisins regardaient la scène, derrière leurs rideaux tirés, aussi fascinés que s'ils avaient vu surgir le marquis de Carabas[2].

Si Joe avait voulu provoquer une rupture en quittant Boston, son arrivée à New York devait lui donner l'occasion de puiser à deux mains dans le rêve américain. Il devint bientôt l'un des familiers de Wall Street, encore qu'il y demeurât quelque peu mystérieux ; il professait, avec d'autres prophètes aussi réalistes que lui, que la vague de hausses des années vingt ne pourrait durer toujours, et il préparait l'avenir. Après avoir loué une élégante suite de bureaux dans un gratte-ciel de Broadway, il entreprit de se faire un nom dans le monde du cinéma.

L'industrie cinématographique lui offrait un cadre idéal, à ce moment de sa vie. C'était un univers désorganisé, chaotique, mûr pour quelqu'un comme lui, habitué à savoir jusqu'où l'on pouvait aller trop loin. En outre, il avait perçu le rôle que l'image pourrait jouer dans la vie de la nation, avec les possibilités qu'offrait le film pour la manipulation des réalités et la création d'une culture de masses qui effacerait les démarcations entre les classes et entre les ethnies. Il avait dit un jour à Gloria Swanson, la grande vedette de cinéma, au cours de l'une de leurs premières rencontres : « Voyez Boston ; les Cabot et les Lodge ne voudraient pas se laisser voir dans une salle de cinéma et ils empêchent leurs enfants d'y aller ; c'est pourquoi leurs domestiques en savent plus long qu'eux sur ce qui se passe dans le monde. Les travailleurs deviennent de plus en plus avertis chaque jour, grâce à la radio et au cinéma ; ce sont les banquiers bêcheurs de Back Bay qui sont en train de rater le coche »[3].

Il s'était déjà intéressé au cinéma quand il était encore président de la Columbia Trust. Après avoir examiné, en vue d'un rachat éventuel, les livres d'une firme de Nouvelle Angleterre, spécialisée dans la présentation de films, il avait déclaré avec émerveillement à l'un de ses collaborateurs : « Il faut absolument nous lancer dans l'industrie cinématographique. C'est un terrain nouveau et ce terrain contient une mine d'or. En fait, j'ai l'impression que ce sera comme pour le téléphone »[4]. A l'époque où il travaillait chez Hayden-Stone, il avait acheté, pour son propre compte, une petite chaîne de salles de cinéma et cherchait une occasion de s'occuper également de production et de distribution. « Voyez cette bande de pantalonniers qui ramassent des millions à Hollywood, disait-il à un collègue courtier en Bourse ; si je voulais, je pourrais leur prendre tout ça des mains »[5].

Ayant appris qu'une firme de production, appelée Film Booking Office of America, se trouvait en difficultés, Kennedy entra en rapports avec les propriétaires anglais de l'entreprise afin de leur racheter celle-ci. Bien qu'il ne voulût pas offrir plus de un million de dollars pour une affaire qui en valait sept fois plus, il reçut une réponse suffisamment encourageante pour partir à Londres vers la fin de l'année 1925, de manière à pouvoir mener les tractations sur place, en personne. Après avoir essuyé un refus des banquiers qui contrôlaient la FBO, il remarqua dans un journal un article mentionnant la présence du Prince de Galles à Paris. Il avait un jour rencontré l'Altesse à Boston, au cours d'une réception. Il raconta par la suite qu'il courut à Paris, se rendit au restaurant favori du prince et suborna le maître d'hôtel pour obtenir une table près de l'héritier royal. Au moment opportun, il se fit connaître de celui-ci et mentionna leur rencontre antérieure aux Etats-Unis. Le prince lui ayant demandé la raison de son voyage, Kennedy répondit seulement qu'il était là pour s'amuser un peu, avant d'aller conclure une affaire avec certains banquiers de Londres. Le prince ayant obligeamment proposé ses services, notre homme fit mine de décliner cette offre sur un ton qui démentait ses propos. Le lendemain matin, un messager lui apportait, à son hôtel, une lettre d'introduction aux armes de la principauté de Galles[6].

Mais, même fort de cet appui, Kennedy ne put obtenir ce qu'il voulait et dut rentrer chez lui, en proie aux atroces souffrances que des ulcères allaient lui infliger jusqu'à la fin de ses jours. (P. J. était si préoccupé par la santé de son fils qu'il ne se rendit même pas compte du cruel jeu de mots qu'il fit lorsqu'il confia à un ami : « Joe a voulu avaler une si grosse bouchée en Angleterre qu'elle lui est restée sur l'estomac »[7].) Quelques semaines plus tard, pourtant, il était avec quelques amis au club des Anciens Etudiants de Harvard, à New York, en train de préparer un voyage en Floride, pour une affaire immobilière, quand il apprit que l'agent de la FBO se trouvait en ville et désirait le rencontrer. Il se précipita dehors et, à son retour, une demi-heure après, il annonça avec le sourire : « Désolé, mais il vous faudra aller en Floride sans moi ; je viens d'acheter une compagnie de production de films »[8]. (Fitzie, son beau-père, bavard toujours aussi incorrigible, ébruita la nouvelle à Boston en laissant croire que le montant de la vente était de dix millions de dollars et que lui-même en avait été l'artisan, de sorte que le lendemain, le *Boston Post* portait une manchette ainsi rédigée : « Dernier en date des magnats du cinéma : John F. Fitzgerald ».)

La FBO n'était certes pas comparable à la MGM, à la Columbia ni à aucune des usines à rêves que les « pantalonniers » et autres commerçants avaient créées à Hollywood ; mais bien qu'il fût un peu plus instruit et plus policé que les nababs de la première génération du cinéma, Kennedy se souciait encore moins qu'eux de l'art cinématographique en tant que tel. Au lieu de produire des films comme *Ben Hur* ou *Les Dix Commandements*, ou de promouvoir des vedettes comme Mary Pickford ou Charlie Chaplin, la FBO sous la direction de son nouveau propriétaire se contenta de filmer des bandes intitulées *Sabots ardents* ou *Un Cowboy amateur*, avec des acteurs inconnus, des stars oubliées ou des spécialistes connus dans d'autres domaines, comme Red Grange qu'il payait à la journée pour administrer des budgets dont jamais aucun ne devait dépasser les trente mille dollars. Kennedy, qui était pourtant le type même du spectateur glouton et se plaisait à voir des films que les autres trouvaient ennuyeux ou sans intérêt, ne put supporter pendant plus de cinq minutes sa production la plus rémunératrice, *La chasse au gorille*. Pourtant, si les films de la FBO ne trouvaient jamais de distributeurs à New York, ils ne manquaient pas d'avoir du succès dans l'Iowa ou le Kansas. Alors que d'autres se battaient pour conquérir les écrans de Broadway, Joe se contentait de monopoliser les cinémas des petites villes. Sous sa direction, la FBO commença à gagner de l'argent[9].

Kennedy aurait pu se contenter de rester sur les franges du monde du cinéma et de gérer la FBO, du haut de ses bureaux new-yorkais, tout en continuant de spéculer à la Bourse et de mener d'autres affaires quand il s'en présentait. Mais tout en professant une sorte de mépris pour les gens de Hollywood, il voyait en eux l'aristocratie de la profession et cherchait fébrilement à se faire admettre par eux. En 1927, il eut l'idée d'un ingénieux stratagème pour parvenir à ses fins ; il proposa à la fameuse Business School de Harvard d'organiser un séminaire où l'on étudierait ce nouveau secteur, jusque-là ignoré du monde des affaires américain. Quand l'université (son *alma mater*) accepta de financer le projet, Kennedy invita douze des géants du cinéma — Marcus Loew, Adolph Zukor, Harry Warner, et d'autres — à prendre la parole à cette occasion[10]. Ces hommes, dont beaucoup n'avaient même pas terminé leurs études secondaires et n'avaient jamais mis les pieds dans un amphithéâtre universitaire, furent flattés de pouvoir se manifester ainsi dans le cadre de l'université américaine la plus prestigieuse — et leur reconnaissance alla vers Kennedy qui avait fait de l'événement un succès retentissant. Quand il envoya à chacun d'eux, sous une reliure de cuir, le compte rendu du séminaire, pompeusement intitulé *Histoire des Films*, ils le tenaient pour l'un des leurs. Son nom apparaîtrait désormais accolé à ceux des magnats de Hollywood quand on citerait les déclarations des autorités qualifiées en matière de politique cinématographique. Ses nouveaux pairs voyaient en lui une personnalité intacte dans un monde affligé d'une fâcheuse réputation. Will Hays, l'ancien ministre des Postes du président Harding, promu arbitre de la morale à Hollywood, après les scandales de Fatty Arbuckle, déclara que Kennedy était « un homme qui, par ses idées et ses idéaux en affaires, comme par son comportement exemplaire en famille, apporterait à la profession cinématographique une bonne part de ce qui lui avait manqué jusque-là. »

Au cours des déclarations qu'il avait faites lors de son séminaire, Kennedy avait plaidé en faveur du « regroupement ». Considérant l'industrie cinématographique avec l'œil de l'homme d'affaires, il avait vu ce qui échappait à bien d'autres : il ne serait pas possible de résister à des innovations telles que le cinéma sonore ; il convenait de réaliser une « intégration verticale » de la production, de la distribution et de la projection en une seule entreprise ; il fallait mettre un terme à la production « sauvage » et centraliser tous les moyens au sein de quelques grands studios. Kennedy loua une vaste maison sur Rodeo Drive, à Beverly Hills, et entama une navette qui allait se poursuivre pendant deux ans et demi, par le train, entre les bureaux de la FBO à New York et son nouveau quartier général de campagne à Hollywood.

Rose Kennedy qui, pendant toute son enfance, avait vu sa propre mère affligée par les absences prolongées de Fitzie, se trouvait désormais en butte, elle aussi, à un problème similaire. Pendant que Joe passait une grande partie de son temps à Hollywood, elle faisait de son mieux pour élever le niveau social de la famille. New York était moins sectaire que Boston, et la société y était moins sclérosée, mais il n'y était pas moins difficile de s'introduire dans le monde, tout particulièrement pour quelqu'un désireux de pénétrer au sein de l'équivalent irlandais de la haute société. Selon le credo des Premières Familles Irlandaises (comme on les appelait), si quelqu'un avait atteint un certain rang dans le système des clubs de circonscription, au sein d'une autre ville, cela ne signifiait pas nécessairement qu'il occuperait le même rang à New York. Leur attitude envers la famille Kennedy prouva la justesse de cette observation du Dr Johnson : « Les Irlandais forment un peuple plein de franchise : ils ne disent jamais de bien les uns des autres. »

« Pour commencer, s'ils sont venus ici c'était pour nous imiter »[11], déclarait plus tard un membre du clan McDonnell-Murray, l'un de ceux qui tenaient le haut du pavé. Le sentiment général était que si Rose rendait visite à Mrs McDonnell, à Southampton, c'était pour voir comment on mettait la table pour un dîner ou comment on disposait les fleurs dans un vase, comment *faire les choses comme il fallait*, tant sa famille était *nouvelle*. L'une des dames Murray racontait même à propos de Rose : « On les snobait terriblement à New York, elle et ses filles ; aussi alla-t-elle demander conseil à tante Anne (McDonnell). Ma mère, qui y était, nous dit à son retour : " Rose Kennedy est une personne charmante, mais quelle horrible voix elle a... " »[12].

Rose poursuivit ses efforts pour se faire admettre. (Bien des années plus tard, alors que son fils Jack était à Harvard, elle posa soudain à l'un de ses amis sa célèbre question : « Mais quand c'est que les gens bien de Boston vont nous accepter ? »[13].) De plus en plus, pourtant, elle se replia sur elle-même et sur ses enfants. Régnant sur une petite armée de gouvernantes, de bonnes d'enfants, de femmes de chambre et de cuisiniers, elle tenta d'organiser la famille Kennedy un peu comme son mari mettait de l'ordre dans l'industrie du cinéma.

Elle plaça des horloges dans chaque pièce pour que les enfants n'aient pas d'excuses s'ils arrivaient en retard à table ; elle institua un code de couleurs pour tous les membres de sa couvée, de sorte qu'elle pût identifier chacun, dans la piscine, par la teinte de son bonnet ; elle commandait les vêtements et les accessoires ménagers par lots entiers et emmagasinait dans ses vastes penderies des stocks de lacets de souliers, de brosses à dents ou de peignes. Elle employait un dentiste spécialisé dans les soins esthétiques, qui faisait la tournée de tous les pensionnats où logeaient les enfants, pour résoudre les problèmes posés par l'adaptation d'une dentition Kennedy à des mâchoires Fitzgerald.

Elle se fit pédagogue pour expliquer aux gamins pourquoi les jours raccourcissent en hiver ; la signification de la Toussaint ; pourquoi les Américains célèbrent chaque année une journée d'actions de grâce. Elle introduisit dans la famille la pratique des jeux de société, pour lesquels chaque enfant devait conserver un goût particulier pendant toute sa vie — encore que, sous la férule de Rose, ces distractions dussent avoir une valeur utilitaire. L'un de ses passe-temps favoris, qu'elle appelait « jouer aux serpents », consistait en des exercices de calcul : « Cinq fois trois, ajoutez un, divisez par quatre, multipliez par huit, ôtez deux, divisez par trois, divisez par deux, ça fait combien ? »[14].

Comme son père avait coutume de le faire, elle passait l'inspection de la maison après avoir épinglé à son corsage des notes sur les tâches de la journée. Elle communiquait avec les siens par le moyen de messages écrits — instructions collées au mur pour rappeler aux garçons d'éteindre les lumières, billets fixés sur les oreillers et enjoignant aux filles d'ôter leur rouge à lèvres avant de se coucher pour ne pas tacher les taies. Contrairement à Joe qui pouvait en quelques secondes se rappeler tout ce qu'il convenait de savoir sur chacun, dans une pièce bourrée de monde, Rose n'était guère physionomiste et les enfants s'en amusaient ; les garçons avaient un ami qu'ils avaient présenté si souvent à leur mère, en pure perte, qu'ils en avaient fait un jeu ; chaque fois que leur camarade venait à la maison ils lui attribuaient un nom différent ; ils prétendirent même un jour qu'il était parisien pour forcer l'attention de Rose, laquelle, comme prévu, s'empressa de lui parler français.

Quand la famille commença de passer l'été au Cap Cod, en 1928, Rose se réserva une petite maison sur la plage de Hyannis, où elle se retirait pour effectuer ses lectures pieuses. Elle jouait au golf toute seule. Mais si elle était repliée sur elle-même, elle exigeait de ses enfants qu'ils fussent tournés vers l'extérieur, ouverts sur le monde et pleins d'activité, constamment aux prises avec leur environnement. Il leur fallait, pensait-elle, une solide instruction religieuse, mais ce seraient des chrétiens musclés. C'est elle qui leur procura les rituelles leçons de golf, de tennis et de natation, et embaucha leur professeur d'éducation physique, Mr Swinnerton, qui faisait sortir tout le monde sur la pelouse à sept heures du matin pour une séance de gymnastique. Toute la famille était soumise à un régime qui excluait la faiblesse et le relâchement. Aussi les enfants savaient-ils fort bien que le détachement apparent de leur mère n'était qu'une façade protectrice, derrière laquelle se dissimulaient une volonté et une ténacité de fer.

Quand on lui demandait ce que faisait Joe, Rose répondait avec hauteur : « Des affaires. » Ayant appris un jour l'ampleur de la fortune des Kennedy, elle répondit avec surprise : « Je ne savais pas que nous avions *tant* d'argent »[15]. En vérité, son mari était si actif et si prompt dans ses manœuvres que ses faits et gestes auraient été difficiles à suivre, même s'il avait été enclin à aborder les problèmes financiers, ce qui n'était pas le cas, tout particulièrement au cours des années passées à Hollywood.

Sa fille Eunice exagérait manifestement quand elle déclarait : « Mon père a fait sa fortune avec une secrétaire et un téléphone »[16], mais Kennedy porta à sa perfection un style très personnel dans ses activités hollywoodiennes. Quand il acheta une deuxième compagnie, il amena avec lui sa propre équipe — juristes, comptables et experts financiers, tous des copains à lui[17]. Le chef de la bande était un certain Eddie Moore, un lugubre Irlandais qui avait jadis servi d'assistant à Fitz-gâteau avant de passer au service de Joe en qualité de secrétaire particulier, de valet de pied et de nounou ; confident et homme à tout faire, il arrondissait les angles quand le caractère explosif de Kennedy mettait celui-ci dans des situations gênantes ; mais il exaspérait parfois Joe en portant les costumes et les cravates de son maître après les avoir déclarés usagés. Arthur Poole, que Kennedy avait connu lors du séminaire de Harvard, devint le surveillant des compagnies cinématographiques mais aussi des autres entreprises économiques de Joe. Arthur Houghton, rencontré dans le bureau de Hays, était chargé de fournir son nouveau patron en potins salaces (il ne se contentait pas de révéler à Joe qui dormait avec qui — selon les souvenirs d'un des membres de l'équipe —, mais fournissait aussi des détails imagés, comme dans le cas d'un acteur célèbre, rentrant chez lui pour trouver sa femme en flagrant délit, sur la banquette du piano avec un acrobate »)[18]. Quand Kennedy faisait la navette entre New York où se trouvaient les banques et Hollywood où il faisait ses films, sa bande le suivait pour lui tenir compagnie. Capable d'installer le quartier général du patron dans une modeste chambre d'hôtel ou dans une salle de conseil d'administration, après avoir écarté les employés normaux de l'entreprise, l'équipe formait une sorte d'état-major volant, qui ne répondait que devant Joe.

Celui-ci se rendait encore plus déconcertant par l'excentricité de ses façons et le fait qu'il ne restait jamais longtemps à la même place. Mais à tout prendre, il avait creusé une large tranchée au beau travers de la profession cinématographique. C'est en 1929 qu'il reçut certaines confidences de David Sarnoff, le patron de la RCA, désolé de voir que la Western Electric Company, concurrente de la General Electric (filiale de la RCA), avait conclu des contrats d'exclusivité avec les principaux studios pour la fourniture d'équipements sonores destinés à assurer la transition avec le cinéma parlant. Un accord conclu au bar d'un écailler de New York entraîna la cession d'un gros paquet d'actions de la FBO à Sarnoff, ce qui permit à la GE de livrer, elle aussi, son propre matériel à une société de production [19].

L'initiative suivante de Kennedy consista à entreprendre de lever près de 5 millions de dollars pour acheter la vaste chaîne de salles de cinéma Keith-Albee-Orpheum. S'attribuant un salaire de 6 000 dollars par semaine comme président des conseils d'administration de la FBO et de la Keith-Albee, il travailla à la fusion complète de ces deux compagnies et de la RCA. Ce fut le résultat de cette transaction qui permit la naissance du futur géant de Hollywood, les studios RKO. Outre que ses propres parts dans la FBO et Keith-Albee atteignirent alors des prix considérables, Kennedy perçut des honoraires de 150 000 dollars pour le travail personnel qu'il avait fourni au cours de l'opération dont allait sortir la RKO.

Toutes ces négociations furent menées grand train, dans le style offensif propre à Kennedy. Et au beau milieu d'une telle agitation, il se trouva engagé dans une aventure encore plus accaparante et plus complexe — son fameux roman d'amour avec Gloria Swanson.

Certes elle n'était pas la première actrice à se voir offrir un million de dollars par an ; mais ce fut la première à le refuser. Elle avait travaillé pour le cinéma pendant presque toute sa vie et avait survécu à Mary Pickford comme à tant d'autres dont la carrière déclinait après qu'elles eussent passé l'âge de jouer les ingénues. En cette fin des années vingt, elle avait pu donner toute sa mesure dans le bouillant portrait qu'elle avait composé de Sadie Thompson, l'héroïne de Somerset Maugham. Au moment où Kennedy l'avait rencontrée, elle était la déesse de la sexualité à Hollywood et la femme la plus puissante de l'univers du cinéma.

Si Joe fut attiré par elle, ce fut sans doute parce qu'elle était considérée comme l'une des femmes les plus désirables du monde, l'un de ces symboles dont, toute sa vie, il avait été avide de se saisir. Pour sa part, elle avait vu en lui l'un des financiers les plus sagaces de la profession. C'était une femme dotée d'une volonté bien affirmée et d'un sens aigu des affaires ; elle rêvait de claquer la porte des studios et de monter sa propre société de production. Ebloui par elle depuis le début — par son mythe autant que par sa personne —, Kennedy ne se contenta pas de la conseiller pour la constitution de la Gloria Productions, mais la combla d'attentions, mettant même son équipe à la disposition de la nouvelle société indépendante ; pour sa part, il s'instituait personnellement gérant des affaires embrouillées de l'actrice et s'introduisait au cœur de son existence.

Peu après, il invitait la vedette et son mari, un noble ruiné nommé Henri de la Coudraye, à le rejoindre à Palm Beach. Gloria a évoqué par la suite le souvenir de leur arrivée ; Henri était en train de s'occuper des bagages quand Joe chargea à fond de train tout au long du couloir du wagon, repoussa l'actrice en arrière dans son compartiment-salon, prononça quelques mots fébriles, l'embrassa par deux fois, se redressa de toute sa taille pour aller se cogner la tête contre le filet à bagages, perdit ses lunettes sous le choc, et se mit à quatre pattes pour les retrouver, la bouche encore barbouillée de rouge à lèvres. Comme elle éclatait de rire, il se remit debout et déclara : « Vous m'avez manqué et je voulais vous le faire savoir. »

La consommation de l'aventure se produisit quand Joe eut expédié Henri en mer, pour une partie de pêche au gros avec l'un de ses hommes. Après avoir envoyé à sa belle tant d'orchidées que la chambre d'hôtel ressemblait à une boutique de fleuriste, le galant fit son apparition. Il avait l'air d'un adolescent, en tenue d'étudiant, avec son pantalon de flanelle grise et son sweater à losanges. La scène qui se déroula alors fut digne d'un film de Gloria. Comme elle l'écrivit plus tard, dans le style haletant d'un scénariste : « il était là, sans un geste... à me regarder pendant une bonne minute ou davantage avant d'entrer dans la chambre et de fermer la porte derrière lui. Il se précipita alors si vite que ses lèvres étaient sur les miennes avant que nous ayons eu le temps de dire un seul mot. D'une main, il me tenait par la nuque, de l'autre il tâtait mon corps et m'arrachait mon kimono. Il émettait avec insistance un gémissement essoufflé : " Pas plus tard, pas plus tard, maintenant ! " Il était comme un cheval pris au lasso, fougueux, difficile, se cabrant pour se dégager. Après un orgasme rapide, il resta étendu près de moi, en me caressant les cheveux. A part ses balbutiements passionnés et empreints d'un sentiment de culpabilité, il n'avait rien dit de cohérent »[20].

Au cours des semaines suivantes, Kennedy se débarrassa du mari de Gloria de façon plus permanente en lui confiant le poste lucratif de chef d'exploitation de la Pathé à Paris. Après quoi, il commença à passer de plus en plus de temps à Hollywood ; il protégeait sa réputation de bon père de famille en envoyant l'un de ses collaborateurs chercher Gloria tous les soirs pour la conduire dans la maison louée à Beverly Hills, et la ramener chez elle au petit matin. Travaillant de jour à ses fusions et à ses regroupements, passant ses nuits avec Gloria Swanson, Kennedy commença d'échafauder un projet grandiose : il créerait un monument à la mémoire de leur liaison, une œuvre qui ferait de lui le plus grand producteur de son temps, comme elle en était la plus grande actrice. Il commanda donc un scénario au célèbre Eric von Stroheim qui serait également le réalisateur du film. Il croyait vraiment à ce projet qu'il baptisa « Le marécage », et qui dans son esprit devait rivaliser avec les plus grandes épopées de De Mille et de Griffith[21].

Kennedy, qui se trouvait à New York lors des premiers tours de manivelle, négligea de surveiller von Stroheim, dont le génie fantasque ne visait qu'à une perfection sans concession. C'est ainsi qu'il remettait sans cesse l'ouvrage sur le métier, photographiant encore et encore les scènes de cette histoire où une pauvre fille de couvent est folle d'amour pour un prince du sang. Non content d'accumuler des kilomètres de pellicule, le réalisateur avait commencé à faire dégénérer l'histoire de telle façon que, de l'avis général, le film ne passerait pas l'épreuve de la censure de Hays. (A un certain moment, la fille était censée perdre son slip pendant une scène de séduction ; von Stroheim voulait que l'actrice chargée du rôle ramassât alors le vêtement et le passât sous le nez du prince, avant de le fourrer dans la tunique de celui-ci.) Quand Swanson téléphona à Kennedy pour lui faire connaître ses craintes quant aux dépassements considérables du budget et aux transformations du scénario, il lui promit qu'il faisait son affaire de von Stroheim.

Comment peut-on juger de leurs sentiments réciproques ? En fait, Kennedy appelait Gloria si souvent de New York que, d'après un journal de Boston, il n'y avait pas eu dans tous les Etats-Unis, en 1929, un particulier qui payât une note de téléphone aussi élevée que la sienne[22]. Une fois où ils s'étaient retrouvés après une longue absence, il se vanta de lui avoir été fidèle pendant toute leur liaison ; comme elle lui demandait ce qu'il entendait par là, il avait répliqué qu'il n'y avait eu aucun nouveau petit Kennedy depuis la naissance de Jean, l'année précédente. Il la supplia de lui donner un enfant. Devant son refus, il lui demanda au moins d'accepter de rencontrer sa famille à Hyannis. Bien qu'elle ne comprît pas la raison pour laquelle il lui fallait connecter les deux pôles de son existence, elle accepta à contrecœur.

Quand Kennedy avait acheté une résidence d'été à Hyannis, il avait choisi un emplacement éloigné du quartier prétentieux de Cohasset, une partie du Cap Cod où les nouveaux riches pouvaient s'installer sans être assaillis de questions. C'était une maison largement étalée en surface, qu'il avait fait réaménager et qui possédait maintenant onze chambres à coucher, neuf salles de bains et une salle de spectacle, bien insonorisée, au sous-sol. L'arrivée de Gloria Swanson, au cours de l'été 1929, fut un événement dans la vie de la petite cité balnéaire, un peu comme une première à Hollywood. L'actrice avait amerri dans le port d'Hyannis, à bord d'un hydravion Sikorski, sous les yeux d'une foule ébahie, et avait été amenée sur la rive dans un canot conduit par Joe Kennedy lui-même. Pendant les quelques jours suivants, tout Hyannis suivit chacun de ses déplacements comme s'il s'agissait de quelque monarque en visite. Quand elle se rendit au garage qui servait de club à Kathleen Kennedy et à ses amis, elle laissa sa signature autographe sur le mur, ce que le journal local considéra comme une nouvelle digne des honneurs de la presse[23].

Rose l'avait accueillie comme si elle était vraiment, comme le prétendait Joe, son associé le plus proche et le plus important. Plus tard, quand il insista pour que Gloria les accompagnât au cours d'un voyage en Europe, Rose traita de nouveau la vedette comme une sœur et ne laissa jamais deviner si elle connaissait ou non sa liaison avec son mari. La perfection de cette prestation laissa Gloria subjuguée mais incapable de savoir si Rose était une idiote ou une sainte*.

Quand elle rentra d'Europe, pourtant, Gloria fut conduite par un

* La cordialité ambiguë de Rose envers Gloria devait persister jusqu'à leur dernière rencontre dans un restaurant parisien vers le milieu des années soixante. Gloria s'y trouvait avec sa fille et sa petite-fille ; Rose les ayant remarquées s'approcha des deux femmes et donna à l'enfant une pièce de un demi-dollar à l'effigie du président Kennedy[24].

collaborateur de Kennedy dans une chambre d'hôtel où l'attendait le cardinal de Boston, Monseigneur O'Connell, qui lui parla en ces termes : « Je suis venu vous demander de cesser de voir Joseph Kennedy. Chaque fois que vous le rencontrez, vous êtes pour lui une occasion de péché »[25]. O'Connell lui dit que Kennedy avait présenté une requête aux autorités ecclésiastiques pour être autorisé à vivre avec elle, à l'écart de sa famille ; il ajouta que ce n'était pas Joe qui lui avait demandé d'intervenir. (Gloria répliqua qu'elle réfléchirait à sa demande.)

Pendant ce temps, à Hollywood, von Stroheim et son film, désormais intitulé *La reine Kelly*, échappaient de plus en plus à tout frein. Quand le réalisateur insista pour que le vieux débauché qui épouse la conventine crachât du jus de tabac dans la paume de la mariée pendant la cérémonie, Gloria appela Kennedy pour lui demander de quitter New York immédiatement et de venir tout de suite. A son arrivée, il découvrit que l'on avait tourné pour trente heures de film ce qui correspondait seulement au quart du scénario. Après avoir examiné quelques séquences dans la salle de projection, Kennedy sortit en se tenant la tête à deux mains, et en disant : « C'est le premier échec de ma vie. Je n'en avais jamais connu »[26]. Il congédia von Stroheim (dont la brillante carrière commença, dès lors, à péricliter) et tenta d'engager un nouveau réalisateur après avoir fait remanier le scénario. Mais rien ne pouvait plus sauver *La reine Kelly*. Le film fut abandonné. C'était l'une des plus grandes débâcles de l'histoire du cinéma.

Kennedy tenta de se refaire, après ce désastre, en commandant un autre scénario pour Gloria, une comédie bien creuse intitulée *What a Widow!* (*Quelle Veuve!*). Mais, bien qu'il eût dépensé de grosses sommes pour ce film — notamment pour la phrase du générique « Joseph P. Kennedy présente »..., projetée sous forme de dessin ingénieusement animé —, le film ne correspondait guère à la maussaderie des temps, à l'aube de la grande crise économique, et fut tenu pour insignifiant par la critique.

La liaison entre Joe et Gloria se termina aussi abruptement qu'elle avait commencé — et même de telle façon que si Kennedy avait voulu se dépêtrer de l'imbroglio sentimental et financier où il se trouvait pris[27], il n'aurait pas agi autrement. Au cours de l'une des conférences de rédaction consacrées au scénario de *What a Widow!*, au début de 1929, il avait fait don d'une Cadillac à l'auteur qui avait trouvé le titre du film. Gloria découvrit bientôt que le montant de cette largesse avait été débité sur son compte à l'initiative d'un assistant de Kennedy. Elle demanda des explications pendant une de leurs longues soirées, à la maison de Rodeo Drive. Kennedy s'en trouva si troublé qu'il se leva de table en toussant, le visage congestionné, et finalement fonça hors de la pièce, laissant à l'un de ses adjoints le soin de reconduire Gloria chez elle. Quelques jours plus tard, il lui renvoyait par la poste la procuration qu'elle lui avait signée au début de leurs relations. Elle ne le revit plus jamais, encore qu'il continuât d'exercer une influence inattendue sur sa vie : Phil Berg, l'agent du premier mari de Gloria, Wallace Beery, reçut un coup de téléphone affolé de son client qui lui dit : « Gloria a signé avec Joe Kennedy un contrat qui me paraît catastrophique ; il contient une clause que je n'ai jamais vue et selon laquelle, si le film rapporte des bénéfices, ceux-ci seront partagés par moitié entre les deux parties, mais s'il y a des pertes, elles seront entièrement à la charge de Gloria »[28]. Au total, *La reine Kelly* allait coûter près de un million de dollars à l'actrice*.

Si Gloria quitta un Joe Kennedy plus triste mais plus sage, Joe les quitta, elle et Hollywood, plus riche de cinq millions de dollars et plus maigre de quinze kilos ; en outre, il fumait beaucoup trop et souffrait tellement de ses ulcères qu'il se fit admettre à l'hôpital Lahey de Boston, persuadé qu'il avait un cancer de l'estomac. L'humeur « fin de siècle » qui était celle de tout le pays en 1929, avait pénétré également en lui. Ce pessimisme n'était pas seulement dû à la fin d'une liaison et à la faillite de ses ambitions hollywoodiennes, mais également à la mort de son père ; P. J. avait vécu épisodiquement avec sa fille Margaret et le mari de celle-ci, Charles Burke, depuis la disparition de Mary Augusta. Avec l'âge, il s'était transformé en un vieillard aux joues roses, aux cheveux blancs et aux favoris en côtelette, avec des lunettes à monture en fil de fer qui le faisaient ressembler au père Noël. Comme ce dernier, il se présentait parfois à la porte de son fils avec un sac plein de jouets pour les enfants ; cela n'empêchait pas, d'ailleurs, qu'il se montrât dur et sévère avec eux, quand ils venaient le voir chez lui : ainsi son petit-fils Jack se rappelait avoir été réprimandé par l'aïeul simplement pour avoir cligné de l'œil. P. J. était fier de Joe, mais il n'avait jamais compris quel pas de géant ce dernier avait dû faire pour devenir l'égal de Jeremiah Millbank de la Chase Bank ou William Randolph Hearst, le magnat de la presse, sans parler de Gloria Swanson[29]. Quand P. J. fut victime d'une crise cardiaque et qu'un prêtre fut appelé à son chevet, au Deaconness Hospital de Boston, pour lui administrer les derniers sacrements, Joe était à Hollywood, mais moralement, il se trouvait bien plus loin encore, et il aurait eu du mal à en revenir. Les funérailles de P. J. furent célébrées par une bande de fantômes, resurgis d'un monde évanoui : Fitz-gâteau, James Curley et les autres amis et ennemis du bon vieux temps. P. J. avait franchi un abîme bien plus vaste encore que l'océan dont la traversée avait amené son père en Amérique, quatre-vingts ans plus tôt : le fossé entre les immigrants et les Américains déjà installés sur place. Pourtant, il n'avait jamais oublié d'où il venait : exécuteur testamentaire de son père, Joe devait trouver dans une cachette une poignée de papiers dont il ne sut que faire — des bons émis en 1920 par l'éphémère république d'Irlande.

* Le public américain ne vit jamais *Queen Kelly ;* vingt ans plus tard, un très bref extrait de cette bande fut inséré, presque sous forme de gag, dans *Sunset Boulevard* (Boulevard du crépuscule), un film dont Gloria Swanson et Eric von Stroheim, vieillis l'un et l'autre, furent les vedettes, et qui retraçait une partie de leur histoire, notamment cet épisode catastrophique pour leur vie et leur carrière à tous deux.

4

Son père mort, ses amours fanées, sa carrière dans l'impasse, ce qui était arrivé à Kennedy dans un laps de temps aussi bref présentait tous les éléments de ce que l'on appellerait aujourd'hui « la crise de la quarantaine » ; il se trouva une nouvelle occasion à saisir dans une crise nationale parallèle à la sienne, avec le krack de 1929 et le début de la Grande Dépression. S'il avait été dégrisé par les événements, tout particulièrement en comprenant qu'il avait été à deux doigts de couler sa famille, Joe n'était rien moins que repentant. Au total, il se sentait maintenant affranchi des contraintes de la morale conventionnelle comme de la mesquinerie de la société bostonienne. Ce n'était pas en pénitent battant sa coulpe qu'il rentrait au foyer, après ses infidélités, mais en homme qui ne se soumettrait plus à un mode de vie périmé, selon lui, après avoir goûté à la liberté. Il continua donc de courir les femmes — starlettes et danseuses surtout, mais aussi les amies de la famille, les épouses et les filles de ses relations d'affaires. Paul Morgan, voisin des Kennedy lorsqu'il était adolescent, raconte comment lui-même et ses copains surveillaient l'hôtel Gramatan, à Bronxville, pour tenter de surprendre Joe Kennedy en bonne fortune. « Des bruits couraient sur l'identité de la personne qui se trouvait là avec lui. On ne put jamais le vérifier mais ce qui était sûr, c'est qu'il y avait quelqu'un »[1].

Kennedy conservait son appartement au Ritz de Boston, et au Waldorf-Astoria de New York, sans parler de ses autres résidences. Tout en niant officiellement avoir eu une liaison avec Gloria Swanson, il parlait librement (souvent en termes suggestifs) de ses relations avec elle, quand il était « avec les copains », de sorte que son libertinage était en passe de devenir un véritable sujet de conversation, comme l'avait été sa prodigieuse fécondité conjugale[2].

Son mariage continua de se bien porter, malgré les commérages engendrés par ses manières de semi-célibataire. L'été où il revint de Hollywood, on le vit faire de grandes promenades à Bronxville avec Rose, et l'on remarqua que les deux époux se tenaient par la main en parlant avec animation, tandis que les enfants traînaient derrière eux. De même qu'il avait ses chambres d'hôtel et ses appartements réservés, il procura à Rose un appartement au Plaza et il fut entendu qu'elle était libre de vivre de son côté quand il était au foyer. Le chanteur Morton Downey, qui était devenu l'un des amis les plus proches des Kennedy — si l'on excepte ses acolytes irlandais, tous originaires de Boston, qui s'occupaient de ses affaires —, raconte combien Joe était fier de Rose quand celle-ci eut pris l'habitude de se rendre chaque année à Paris, au moment des collections de couturiers, pour en revenir vêtue comme une reine. Il ne tirait d'ailleurs pas seulement orgueil des allures élégantes de son épouse, mais aussi de sa propre réussite qui permettait l'acquisition de si somptueux atours[3].

Joe et Rose avaient conclu ce qu'en leur temps on appelait « un accord », bien qu'il consistât, pour elle, à ignorer ses infidélités plutôt qu'à les pardonner. Selon un ami de la famille : « Elle savait ce qui se passait, connaissait l'existence de ses maîtresses, mais elle aimait foncièrement la vie qu'elle menait, avec l'argent et le prestige qu'elle avait. De sorte qu'elle acheta la paille avec le grain »[4]. Conformément au préjugé masculin des Irlandais, dont se prévalait Joe pour distinguer entre l'amour et la sexualité, elle avait, pour récompenser sa tolérance, la garantie qu'aucune nouvelle passion ne viendrait menacer l'édifice qu'ils avaient bâti ensemble. Leur pacte fut scellé par la naissance de Teddy, ainsi baptisé en l'honneur d'Eddie Moore qui, avec sa femme Mary, avait contribué à sauvegarder l'existence du couple Kennedy, au cours des difficiles années hollywoodiennes.

Kennedy était parvenu à un tournant de sa vie où il lui fallait définir ce qu'il voulait faire de l'immense fortune qu'il avait accumulée. Il aurait pu prendre la direction d'innombrables sociétés, mais il ne voulait pas lier sa destinée à celle d'une firme quelconque. La seule « société » qui fit exception à la règle était sa propre famille. Même quand il était au loin, il veillait sur elle avec soin. Quand il était à Hollywood, Rose mettait les enfants en rang chaque dimanche près du téléphone pour attendre son appel. Il avait envoyé à ses filles des autographes de Gary Cooper et d'autres vedettes; aux garçons il expédiait des tenues de cow-boys. Le flot ininterrompu de ses lettres leur apportait à tous des conseils et des compliments; il dirigeait à distance leur entraînement sportif et leur travail scolaire. Même au milieu de ses soucis les plus absorbants, il savait se conduire en père étonnamment attentionné. Quand Joe Jr eut la rougeole, il reçut un télégramme de Hollywood ainsi rédigé : « Je l'ai eue et je sais ce que tu ressens. Viens me voir en Californie et je te passerai un bon cheval avec tout l'attirail. Ton copain, Tom Mix »[5].

Quand Rose parla plus tard de son mari comme de « l'architecte de leurs vies »[6], l'expression était bien trouvée. Joe avait donné forme à sa famille avec la même ardeur qu'il mettait à réorganiser une société ou à spéculer en Bourse. Quand il était chez lui, il fallait respecter l'étiquette pour le dîner; les enfants se levaient quand entrait leur mère; puis chacun rendait compte de ses activités et répondait aux questions de son père, comme s'ils étaient de jeunes attachés de direction dans une des firmes paternelles. Joe lui-même faisait son propre tour d'horizon, et indiquait les objectifs qu'il leur faudrait un jour atteindre. « Il rapportait tout ce qui se passait à Washington, commentait les nouvelles de New York, évoquait quelque atrocité survenue à Boston, raconte l'un des habitués de ces dîners[7]; puis il posait des questions : " Savez-vous quelle est la personne dont je parle ? Savez-vous de quoi il s'agit ? " Et si personne ne le savait, il conseillait : " Renseignez-vous " »[8]. L'un des amis de la famille se rappelle avoir vu une carte sur le mur de la salle à manger. Joe s'y référait, le cas échéant, quand il exposait un point de politique étrangère. Quand Joe était absent, Rose s'efforçait de le remplacer, avec parfois des résultats mitigés. Un autre ami de la famille se rappelle avoir entendu Rose demander, un soir, aux enfants : « Savez-vous quel jour c'est, demain ? » Et chacun de chercher si le lendemain serait un jeudi ou un vendredi. « Pas du tout, c'est le 14 juillet, l'anniversaire de la prise de la Bastille »[9].

Joe continuait de s'absenter beaucoup. (Ann Kelley, une de leurs voisines de Bronxville, raconte : « Pat et Eunice disaient toujours : " Papa fait ci, papa pense ça "[10], mais si je n'avais pas fini par le rencontrer, je n'aurais jamais su qu'il existait vraiment. ») Mais même quand il était absent, il restait le pivot des Kennedy, celui qui guidait leur conduite et les incitait à faire toujours bloc. Dans un discours prononcé par lui à Boston, après son retour de Hollywood, il remarquait que les Irlandais avaient toujours « souffert de ne pas posséder de vigoureuses traditions familiales comparables à celles de leurs voisins puritains »[11]. Ses neuf enfants lui servaient de laboratoire pour l'expérience qu'il allait tenter dans ce domaine : les terrains de jeu de Hyannis devinrent une sorte d'équivalent américain d'Eton — une école du caractère; il s'agissait d'instiller dans l'esprit des enfants les principes grâce auxquels les Irlandais triompheraient une fois pour toutes de leurs origines. « Je veux des gagnants, disait Joe; il n'y a pas de place pour les perdants, ici »[12]. Ses enfants devaient être l'aune à laquelle il mesurerait, en définitive, la valeur de sa propre existence.

Rose contribuait à la formation de l'éthique familiale, mais de façon indirecte; refusant de voir les infidélités de son mari ou d'accuser réception de toute mauvaise nouvelle, elle mettait l'accent sur l'*action*, et professait une méfiance caractérisée envers toute activité intérieure; cette attitude allait devenir la caractéristique des Kennedy dans leurs rapports avec le monde. Pourtant, elle n'était pas seulement distraite, dans l'environnement familial, mais même de plus en plus souvent absente[13]. Ainsi, pendant les six années qui suivirent le retour de Joe, après l'épisode de Hollywood, elle fit 17 voyages à l'étranger[14]. Quand Joe était à la maison, il était vraiment *là*. Rose avait tenté de maintenir l'ordre par quelques fessées occasionnelles dont les enfants se moquaient de plus en plus ouvertement à mesure qu'ils grandissaient; Joe n'avait qu'à laisser glisser ses lunettes vers le bout de son nez et à fixer sur le coupable son regard glacé pour se faire obéir instantanément. (« L'œil de papa », comme disaient les enfants[15].) Selon sa fille Eunice, Joe pensait que seule l'expérience forme le caractère; Rose prétendait que c'était la religion[16]. Ses faveurs étaient la ressource rare que les membres de la famille se disputaient ; dans l'expérience qu'il avait mise en train, il formait lui-même la variable grâce à laquelle les résultats furent si remarquables.

Quand Rose fut snobée par l'aristocratie irlandaise de New York, il avait grommelé qu'il irait plutôt s'enterrer de nouveau à Brookline où il savait, au moins, pourquoi il se trouvait mis au ban de la haute société, mais plutôt que de s'y introduire subrepticement, comme Rose l'eût souhaité, il préféra transformer sa tribu en un groupe de fiers nomades face aux familles hautaines et sédentarisées. Bronxville était pour eux une sorte de base d'opérations [17], d'où les enfants partaient rejoindre leurs pensionnats respectifs. Palm Beach, où la famille passa une partie de l'hiver pendant des années (et où elle finit par acheter, en 1933, une maison de style espagnol largement étalée en surface, pleine de corridors, de coins et de recoins), et Hyannis furent ce qui, pour les Kennedy, se rapprocha le plus de l'idée de foyer. Leur vie de famille se déroula dans ces deux havres, tournés vers la mer ; le dos vers la terre ferme. Dans leur isolement quasi péninsulaire, c'était des endroits merveilleux pour y élever des enfants qui grandiraient dans la conviction de former la seule société sur laquelle ils pussent compter.

Si certains d'entre eux, tels Bobby et Pat, Jean et Teddy, entretenaient des relations privilégiées, deux par deux, au sein de la famille elle-même, tous les enfants étaient très proches les uns des autres. Cela n'empêchait pas, dans le lot, une rude concurrence pour ce qu'un témoin a appelé « l'âpre affection » des Kennedy. Chacun était sans cesse sur le gril, soumis à un examen agressif de ses motivations et de ses réalisations, qui s'étendait également aux étrangers de passage. Un ami des enfants, Robert Downes, a déclaré que « le haro commençait dès que vous entriez dans la maison. Votre façon de vous habiller ou de parler ou de faire n'importe quoi, tout y passait ; rien n'était sacré pour eux ; c'était comme d'être assailli à coups de bec par une bande de coqs » [18]. Pourtant, si Joe Kennedy parlait constamment de sa famille, et si Rose faisait de même, l'un et l'autre étaient absents tellement souvent que le concept d'une « famille Kennedy » se trouvait confié à l'imagination des enfants, lesquels se chargeaient de le peaufiner.

Quand ils eurent atteint l'adolescence, une hiérarchie commença de s'instaurer entre eux. Au sommet se trouvait Joe Junior, également appelé « Joe-le-jeune », comme s'il était le prétendant à quelque trône. De visage, il ressemblait aux Fitzgerald mais il était bâti comme un Kennedy, et possédait le caractère de son père — robuste et bagarreur, rarement souriant, coléreux et pourvu d'une langue acérée. Il avait bien vite compris que la bravoure et l'audace seraient les qualités dont il aurait besoin pour devenir le chef de la bande. Même en bas âge, il savait se battre. Un jour où il avait été acculé dans un coin par des garçons plus âgés — c'était à l'école Noble and Greenough de Brookline —, il les avait tenus en respect aussi longtemps que possible, avant de foncer pour se dégager et de courir jusqu'à une église catholique toute proche pour leur crier sous l'arche de la porte : « C'est un sanctuaire, vous n'avez pas le droit de me toucher ! » [19].

Joe-le-jeune avait, mieux que les autres, connu la compagnie de son père, pour être né avant que celui-ci devînt le héros de son propre roman picaresque. Le souvenir de leur intimité passée lui rendait plus douloureuses encore ses continuelles absences. Ce que sa mémoire retint de sa confirmation, ce ne fut pas que P. J. lui avait donné une pièce de cinq dollars en or, ni que Fitzie lui avait acheté une chevalière, mais que son père n'avait pas pu venir. Quand celui-ci était à Hollywood, Joe-le-jeune allait souvent se réfugier auprès des Fitzgerald, à l'hôtel Bellevue de Boston, où il se faisait raconter par l'ancien maire ses souvenirs politiques les plus glorieux ; bientôt, le vieillard adoptait insensiblement le rythme du discours que le gamin interrompait par ses applaudissements aux moments opportuns[20]. Ses amis se rappellent l'avoir trouvé étrangement solitaire parfois, et l'avoir même jugé touchant quand il s'évadait de son foyer chaotique pour se glisser dans la cuisine de quelque camarade où il aimait prendre part au repas et bavarder avec le père ou la mère de famille, comme il y en avait toujours à la ronde[21].

Comme Joe et Rose étaient si souvent absents, Joe Jr en vint à assumer un rôle de plus en plus important parmi ses frères et sœurs[22]. « Je suis le plus vieux de la famille, expliquait-il un jour à un ami, et je dois donner l'exemple à un tas de frères et sœurs. » Son père lui avait inculqué un sens quasi tribal de ses responsabilités en le faisant parrain de ses cadets Jean et Teddy, les plus jeunes des Kennedy. Il fit donc de son mieux pour satisfaire à ce que l'on attendait de lui. C'est lui qui inventa l'expression « le clan Kennedy » et il mit un point d'honneur à défendre la réputation de la famille, fût-ce à coups de poing quand ses camarades de classe mettaient en cause la moralité de son père ou la gestion municipale de Fitzie, surnommé « le cauchemar de Boston »[23]. Joe-le-jeune combinait l'activisme de sa mère et la passion de son père pour la réussite ; il en résultait chez lui une sorte de morale où un étalage d'héroïsme se traduisait par moult pansements et fractures. Conscient du fait que sa position dominante dans la famille serait encore renforcée par les succès de ses frères et sœurs, il leur prodiguait ses encouragements tout en veillant à maintenir la discipline. Selon un ami de la famille, « le croque-mitaine, ce n'était pas le père, c'était Joe-le-jeune[24] ; la vraie raison pour laquelle aucun n'osait allumer clandestinement une cigarette par-ci par-là, c'était qu'ils avaient peur d'être découverts par lui et qu'il en fasse toute une histoire. » Mais il leur dispensait aussi son affection — voire la plus grande tendresse que les benjamins devaient jamais connaître, au sein de leur famille. L'un des camarades de classe de Joe Jr se rappelle leur arrivée à Cap Cod en voiture : « A peine étions-nous descendus de l'auto, que Teddy arrivait en courant. Joe le prit dans ses bras, l'embrassa paternellement et le jucha sur ses épaules. On aurait dit un père avec son fils »[25].

Joe-le-jeune se faisait facilement des ennemis, mais il avait aussi le don propre aux Kennedy de se faire des amis pour la vie. (L'un d'eux, Timothy Reardon, qu'il avait rencontré au cours de sa première année de Harvard, se rappelle encore que Joe l'avait invité à dormir dans sa propre chambre un jour où Tim avait raté le dernier bus ; les deux garçons avaient joué à pile ou face pour savoir qui aurait le lit ; de sorte que le maître de céans, ayant perdu, dormit par terre, pour se retrouver, au petit matin, avec sa couverture pleine de neige pour avoir dormi devant la fenêtre ouverte[26].) Joe Jr fut celui qui établit la coutume d'inviter des camarades de classe à la maison, parfois plusieurs ensemble, de sorte qu'il régnait souvent, au foyer, une ambiance de colonie de vacances. Comme son père, il était convaincu de pouvoir manipuler le reste du monde. Son impudente et précoce connaissance du monde apparaît dans une lettre écrite à sa mère où il raconte comment il a essayé de faire sauter une contravention pour excès de vitesse, peu après avoir obtenu son permis de conduire. « Je suis allé voir un policier que je connais ici (à Orange dans le Connecticut) et il a parlé au capitaine de la police de Wallingford, lequel est venu à Orange pour dire un mot au juge, mais en pure perte; vous savez comment sont les juges dans ces petites villes »[27].

La puissance de Joe dans la famille ne tenait pas à son droit d'aînesse (conception plus anglaise qu'irlandaise) mais au fait qu'il était tout bonnement le plus fort et le plus audacieux. Si l'un des autres l'avait provoqué avec succès, c'est lui qui aurait été le chef de toute la bande des frères et sœurs. Le seul qui ait osé le défier était John (surnommé Jack), plus petit de taille mais plus ingénieux, de sorte que l'aîné l'avait toujours considéré comme une menace[28]. Ainsi, Joe Jr, toujours si patient avec ses cadets, lorsqu'il leur enseignait les règles et les techniques du football américain, devenait féroce avec Jack et ne manquait jamais d'une bonne raison pour lui enfoncer le ballon dans l'estomac et s'en aller en riant tandis que son frère se tordait de douleur sur le terrain. Il inventait des rencontres qu'il ne pouvait perdre, comme dans le cas d'une fameuse course de bicyclette pendant laquelle Jack et lui devaient faire le tour de la maison en sens opposé pour venir se heurter dans une collision finale qui valut à Jack une hospitalisation et vingt-huit points de suture, tandis que Joe s'en tirait indemne. Il y avait aussi des combats acharnés dans le living-room, qui laissaient les autres enfants tremblants, notamment Bobby qui pleurait et se bouchait les oreilles. Inférieur à Joe en force physique, Jack avait recours aux moyens des plus faibles, l'astuce et la vitesse. Rose évoquait un incident caractéristique à ce sujet; un jour où Jack avait terminé son dessert le premier, il s'était emparé de celui de Joe et l'avait fourré dans sa bouche en s'enfuyant avec son frère à ses trousses; il avait fini par plonger du haut de la jetée pour échapper à son poursuivant, lequel le regarda impitoyablement patauger en attendant de le voir sortir de l'eau tôt ou tard. Jack avait toujours le dessous dans ces occasions, mais cela ne l'empêchait pas de continuer à défier son frère.

La nature de ce défi répondait davantage à son état de santé qu'à son caractère. Il avait, de naissance, une fragilité de la colonne vertébrale qui l'exposait à des lésions et à des douleurs fréquentes autant que pénibles. Même avant la scarlatine qui avait failli lui être fatale, il avait été un enfant délicat. Au cours de sa croissance, il avait eu d'étranges accès de léthargies et de souffrances que des ribambelles de médecins déconcertés avaient vainement tenté d'expliquer. Ses parents, son père en particulier, avaient toujours refusé d'admettre que la santé de Jack était mauvaise, comme l'indiquait pourtant son dossier médical, et s'appliquaient à soutenir la résistance de l'enfant au mal. (Bobby résumait bien la gravité de la situation et l'état d'esprit de la famille à cet égard, en formulant ce commentaire ironique et dédaigneux, alors qu'il était encore tout petit : « Si un moustique piquait Jack, ce serait le moustique qui en mourrait »[29].) En raison même de ses maux récurrents, qui le clouaient fréquemment au lit, Jack était le seul Kennedy à lire abondamment ; il dévorait aussi bien des paraboles comme *Le voyage du Pèlerin* que des romans de chevalerie comme ceux de *La Table ronde*. (Une amie de la famille, Kay Halle, rapporte que, la première fois où elle vit Jack, alors âgé de treize ans, celui-ci tentait d'assimiler *La Crise mondiale,* de Winston Churchill[30], sur son lit d'hôpital.) Il s'intéressait aux mots et à leur signification ; c'était le seul de la famille, selon sa sœur Eunice, à se poser ces problèmes. Dans un certain sens, il se conduisait en agent double, au sein de sa propre famille ; tout en faisant mine de sacrifier à l'activisme dévastateur des siens, il considérait les choses avec plus de lucidité et d'ironie que le reste de la famille. En 1932, deux amis qui étaient venus le chercher à la gare de Bronxville à son retour du pensionnat, pour les vacances, l'entendirent demander sur un ton sarcastique : « Pourriez-vous me déposer à la maison, pour une minute, en passant ? Il faut que j'aille voir à la nursery s'il n'y a pas de nouveau venu »[31]. Il y alla en effet et revint en disant : « Bon Dieu, il y en a un. » C'était Teddy. Même après son mariage, Jack faisait savoir à un journaliste qu'il ne désirait pas avoir beaucoup d'enfants, car l'expérience avait prouvé, selon lui, que l'existence d'une nombreuse progéniture entraînait l'enrégimentation des enfants et un mode de vie « institutionnalisé ».

Jack avait suivi Joe Jr à l'école Noble and Greenough de Brookline (appelée par la suite Ecole Dexter) où tous deux eurent pour compagnons de jeux une autre paire de frères, William et McGeorge Bundy, dans l'équipe de football américain de l'école[32]. Après être allé un an à Canterbury, où il passa le plus clair de son temps à l'infirmerie, Jack suivit de nouveau son aîné à Choate, où il fut, lui aussi, appelé « face de rat » jusqu'à ce que l'esthéticien-dentiste envoyé par Rose y mît bon ordre. Bien qu'il se gavât de crème fraîche et de féculents, il s'obstinait à perdre du poids. Dans une lettre à son père, il racontait qu'il avait eu un vertige pendant la messe et failli s'évanouir[33]. Tout était devenu noir autour de lui et il avait dû sortir, avec l'aide d'un certain Mr Hume. « Je vais très bien maintenant, ajoutait-il ; Joe s'est évanoui deux fois à l'église, lui-même, aussi me semble-t-il que je survivrai. » Il n'en était pas entièrement sûr. En certaine occasion, il fut si malade « d'épuisement » qu'il fallut l'hospitaliser à New Haven et que ses camarades de Choate furent informés qu'il fallait prier pour lui à la chapelle car il était près de mourir[34].

Jack avait alors deux obsessions : sa santé et son frère aîné. Betty Young, qu'il avait rencontrée au bal du Field Club, à Bronxville, et avec qui il sortait pendant le week-end quand il revenait de Choate, se rappelle que la conversation déviait toujours vers Joe Jr aussitôt qu'ils étaient seuls et qu'il n'y avait pas de musique ou de jeux. « Il parlait de lui tout le temps, dit-elle. Joe jouait mieux que lui au football, dansait mieux, obtenait de meilleures notes. L'ombre de Joe pesait sur lui de toutes parts »[35].

En outre Jack avait des problèmes scolaires, tant avec les études qu'avec la discipline. Certes, ses lettres à ses parents étaient pleines de bonnes résolutions : il travaillerait mieux et obtiendrait de meilleures notes ; mais il choisissait ses amis parmi les pitres et les trublions. L'un de ceux-ci était un costaud avec des allures d'ours, un vaste front et une voix nasillarde ; il s'appelait Kirk LeMoyne Billings, mais on le surnommait « Lem » ; et il devait devenir acteur à part entière dans la tragédie des Kennedy pendant toute sa vie. Bien qu'il fût boursier à Choate, Lem descendait d'une famille illustre ; ses ancêtres étaient arrivés en Amérique sur le *Mayflower ;* il comptait parmi eux, du côté de son père, le célèbre gouverneur Brewster, de Plymouth, et du côté de sa mère, John J. LeMoyne, médecin français dont le fils, Francis LeMoyne, était un partisan notoire de l'abolition de l'esclavage et avait créé pour les Noirs les écoles et institutions qui portaient son nom, à Memphis, dans le Tennessee[36]. Lem devint précieux pour Jack en raison de sa taille, et de sa force (il mesurait 1,85 m et pesait 80 kilos à quatorze ans), car cet allié lui permettait de tenir Joe en respect, voire de le neutraliser dans les parties de ballon ou les matches de lutte.

Ils s'étaient rencontrés alors qu'en deuxième année, ils cherchaient tous deux à faire leur entrée dans le groupe chargé de publier l'album-souvenir de leur promotion intitulé *The Brief*[37]. Parmi les épreuves rituellement imposées aux « bleus », Jack devait trouver de la publicité à insérer dans le livre ; il devait s'en tirer avec honneur en obtenant des insertions payées par les bouchers de Palm Beach et les épiciers de Hyannis, sans parler de quelques agents de change amis de son père. En juin 1933, dans une lettre adressée à Lem après la fin de l'année scolaire, il annonçait son succès à son ami (déjà membre du bureau de *The Brief*) et concluait : « On se reverra à l'automne dont la proximité me paraît déjà trop grande pour que j'y pense de gaieté de cœur »[38].

Le père de Lem, médecin réputé lui aussi, mourut cette année-là, après avoir perdu toute sa fortune au cours de la grande Dépression, et Lem accepta avec empressement l'invitation de Jack à passer quelque temps avec les Kennedy à Hyannis. Le jour de son arrivée, il voulut prendre une douche dans une petite cabine de verre et s'ébouillanta quand il eut tourné par erreur le robinet d'eau chaude en grand, et ne put rouvrir la porte. Lem fut conduit à l'hôpital où tous les enfants Kennedy vinrent lui rendre visite ; c'est ainsi qu'il fit leur connaissance à tous. Depuis lors, il passa plus de temps à Hyannis que tous les autres invités réunis, pendant les vacances d'été et les congés scolaires.

Lem était collectionneur dans l'âme — il collectionnait les timbres, les pièces de monnaie, tout ce qui lui donnait un sentiment de propriété. Il remarqua vite que les Kennedy ne partageaient pas cette façon d'être : « Ils n'avaient même pas de vrai foyer, pas de chambre à eux, avec des images au mur et des souvenirs personnels sur les étagères ; quand ils rentraient de leur pensionnat pour les vacances ou pendant un congé, ils prenaient la première chambre libre[39]. En arrivant avec lui, Jack demandait à sa mère : « Où allons-nous coucher, cette fois ? »

Pourtant, il y avait dans cette famille quelque chose de spécial — une exubérance, une audace, que Lem trouvait irrésistibles. « Avec eux, la vie s'accélérait »[40], disait-il. Il en vint à manifester une véritable dévotion pour

Jack. Bien qu'il fût en avance d'un an sur son ami, à Choate, il redoubla une classe pour ne pas terminer ses études avant lui. Jack était à la fois étonné et réconforté par l'intensité de cette affection, mais il n'oublia jamais l'inégalité qui sous-tendait leur relation, de sorte qu'il fît de Lem son bouffon. Ce dernier, qui joignait à une sensibilité victorienne quelque don de ténor, était sans cesse poussé par son ami à chanter un air de Mae West, intitulé « Je ne suis pas un ange » et Jack se régalait de voir l'embarras de Lem lorsqu'il était aux prises avec un couplet légèrement libertin :

O laisse-moi me pendre à toi comme une vigne
Laisse ma musique douce chatouiller tes reins
Baby, je saurai te réchauffer de mon amour
Je ne suis pas un an-ge ![41].

Lors du premier séjour de Lem à Palm Beach, Jack avait tiré de sa poche un billet de cent dollars — somme considérable pour Lem qui avait eu du mal à payer son billet d'autocar pour la Floride — et lui dit : « Je te donne cent dollars si tu te déshabilles entièrement pour entrer dans le sanctuaire de mon père (transgression rigoureusement interdite, car même les enfants Kennedy devaient téléphoner pour demander l'autorisation de pénétrer dans cette enceinte sacrée) et lui dire " Salut papa, j'ai toujours su que vous vouliez que je vous appelle papa et voilà une chose que j'ai toujours eu envie de vous dire ", après quoi tu lui chanteras " Je ne suis pas un ange " »*.

Bien qu'il abusât de la vulnérabilité de « parent pauvre » de Lem pour s'en divertir, Jack était parfois en proie à un sentiment de culpabilité qu'il tentait d'apaiser en faisant preuve d'attentions quasi fraternelles envers son ami. En mars 1936, tout en compatissant à la malchance de Lem qui avait perdu sa bourse à Princeton mais en l'accusant d'être trop dépensier, Jack pressa son protégé de venir à Hyannis pour les vacances : « Si tu décides de partir en vacances, viens ici ; il y a des tas de chambres libres. De toute façon, tu t'es conduit comme un fieffé crétin et si tu ne changes pas je ne donnerais pas cher de tes chances »[43].

Ils devinrent l'un pour l'autre « Johnny » et « Billy » — bien que Jack, dont la langue était de plus en plus acérée, appelât également Lem « Dilemme », ou transformât LeMoyne en « LeMeuhan », « Pneumoyne » et autres gracieusetés. Leurs relations seraient toujours traversées, au cours de leur existence, par des escarmouches passionnées au cours desquelles Lem tentait de neutraliser la désinvolture insultante et les attaques indirectes de Jack, tandis que ce dernier récompensait la loyauté envahissante de son ami par des traits d'humour et des sarcasmes. Parfois Jack recourait aux calembours, voire aux agressions verbales qui caractérisaient de plus en plus sa personnalité, et appelait son ami dans une lettre « Cher Pithécan-

* Lem ne put se résoudre à le faire. Mais alors qu'il se trouvait en visite à la Maison-Blanche, vingt-cinq ans plus tard, il raconta l'histoire à Joseph Kennedy, de passage chez son fils, lui aussi. « Chantez-moi donc cette chanson maintenant », demanda le père du Président. « Ici même ? », s'étonna Lem. « Je veux l'entendre tout de suite, répliqua Joe, chantez-la. » Aussi Lem chanta-t-il « Je ne suis pas un ange ». « C'est à moi que Jack aurait dû offrir cent dollars pour l'écouter », commenta Kennedy[42].

thrope »[44] (en faisant allusion à son énorme front), « Cher Sous-Homme », « Pithecanthropus Erectus », « Homme-Singe en marche, dont le crâne révèle une boîte à tifs de taille intermédiaire entre celle du chimpanzé et celle de l'homme... » Parfois c'était de grossières allusions aux proportions de Lem, lesquelles inspiraient souvent à Jack quelque obscénité cocasse : « Cher As-du-volant[45], écrivait-il à Lem après que celui-ci fût venu passer un week-end à Palm Beach, ton voyage de retour a dû être pénible, et le siège de la voiture avait sans doute un fumet délectable après que tu sois resté assis dessus pendant trente-quatre heures. »

Lem tentait de se défendre, mais la sincérité de ses sentiments le rendait vulnérable, et les offenses, réelles ou imaginaires, dont il était victime le faisaient souffrir. Les invitations régulières au foyer des Kennedy pour les fêtes ou les vacances fournissaient des occasions idéales d'affrontement pour Jack, encore que la plupart du temps, elles eussent été provoquées par la susceptibilité du jeune géant. « De tous les moches emmerdements que j'ai eus — lui écrivait Jack, de Palm Beach, un certain hiver —, celui-ci est le plus moche. Tu étais invité ici à Palm Beach pour la fête du Thanksgiving (Journée d'Action de Grâces) en l'absence de la famille. Là-dessus, tu prétends que Rip (Horton) et toi vous êtes trop occupés pour venir jusqu'ici et que vous allez à St. Lawrence. Puis Rip se décide et tu en fais autant. A ce moment-là, la famille s'est résolue à se pointer elle aussi. Alors tu te fâches sous prétexte qu'il n'y aurait peut-être pas assez de chambres, tout en sachant qu'il y en avait suffisamment mais que tu n'as pas voulu prendre ta décision avant de savoir ce que ferait Rip. Bien sûr, mon père a confirmé qu'il n'y avait pas de problème. Voilà la situation. En ce qui concerne les moches emmerdements que tu me causes, tu peux faire ce que tu veux... mais si tu y regardes de plus près, tu verras que tu n'es pas aussi baisé que tu le dis »[46].

Ils jetèrent leur gourme ensemble[47], Lem jouant souvent le rôle du « garçon bien ». En voici un exemple : Jack était un conducteur si imprudent qu'il s'en fallut, un jour, d'une seule contravention pour qu'on lui retire son permis ; et voilà qu'un motard les prend en chasse après avoir constaté un excès de vitesse ; Jack et Lem échangèrent alors leurs places tout en roulant, de sorte que ce fut ce dernier qui subit la semonce. Et une nuit, c'est ensemble qu'ils allèrent à Harlem, en tenue de soirée, chercher une prostituée, pour perdre leur pucelage avec la même fille. Jack entra dans la chambre avec la femme qu'il avait choisie, tandis que Lem, en chapeau melon et fort mal à l'aise, attendait son tour devant la porte. Quand Jack eut terminé et sortit, il fallut qu'il insistât pour que son ami prît la suite. Mais, en général, Lem jouait le rôle de garde du corps, voire de chandelier, comme lorsque Pete Cesar et Jack désertèrent la fête de Choate avec leurs petites amies, Pussy Brooks et Olive Cawley, qu'ils emmenèrent jusqu'à une ferme voisine où Jack et Olive disparurent dans le coin d'une grange tandis que Pete et Pussy se débrouillaient dans la voiture. Lem, en jaquette et cravate blanche, attendait discrètement derrière une meule de foin, que tout le monde fût servi.

Le manque de succès de Lem avec les femmes offrait à Jack une source intarissable de quolibets. « Je me serais laissé impressionner si je ne venais pas de parler avec des filles qui prennent Billings pour synonyme de charlatan — écrivait-il à Lem en certaine occasion ; (Olive) Cawley en fait des gorges chaudes... mais ne va pas croire qu'elle prétende avoir couché avec toi... K et elle, comme tu sais, pensent que ton sex-appeal est une blague »[48]. En une autre circonstance, comme Lem tentait de se défendre en prétendant que son ami devait son succès auprès des filles à l'argent de son père, Jack insista pour qu'un tiers organisât pour eux un « rendez-vous avec une inconnue » comme c'était alors la mode, et que les deux amis se fissent passer l'un pour l'autre. Il s'arrangea même pour que Lem (dans le rôle de John F. Kennedy) disposât de la Rolls paternelle pour l'occasion. « Il y eut une rude concurrence entre nous, à qui ferait mieux que l'autre, déclara Lem par la suite, et je crains que Jack n'ait pas eu lieu d'être mécontent de sa soirée »[49].

Comme chacun d'eux avait un frère aîné qui l'éclipsait complètement (Fred « Josh » Billings, qui avait précédé Lem à Choate, était capitaine de l'équipe de football américain et président de sa classe), les cadets n'avaient plus qu'à se faire remarquer par leur esprit frondeur[50]. Or il y avait à Choate un surveillant général, pédant et autoritaire, nommé George St John, qui ne manquait jamais de faire allusion aux garnements, aux mauvais esprits, que dans ses sermons il traitait de « fouilleurs de fange » — la lie de la terre. Cinq pour cent des élèves, prétendait-il, étaient de cette espèce et s'il les découvrait, il les expulserait sur-le-champ. Aussi, Jack et Lem fondèrent-ils une association clandestine que Jack baptisa le Club des Fouilleurs de Fange et dont l'insigne, dessiné par un bijoutier des environs, était une petite pelle[51].

Quand St John eut vent de la chose, il expulsa les treize membres du club. (Lem se rappelle que Jack et lui furent nommés ennemis de l'école numéros 1 et 2 dans cet ordre[52].) Le surveillant général écrivit une lettre perplexe à Joe et à Rose, en soulignant le contraste entre Joe Jr et Jack et en se demandant comment deux garçons de la même famille pouvaient être aussi différents l'un de l'autre. Jack reçut une lettre sévère de son père qui avait fait une démarche personnelle auprès du surveillant général pour obtenir que son fils fût réintégré. « Ne m'oblige pas à perdre une nouvelle fois ma confiance en toi, car il te serait alors pratiquement impossible de la retrouver... Amende-toi et fais en sorte que personne ne puisse plus dire de toi la moitié de ce que l'on te reproche »[53].

Largement surclassé par son frère au départ, Jack s'arrangea pour rester dans la course et se tailler sa propre réputation, au sein de la famille, par sa façon de se tourner lui-même en dérision, et par sa ténacité. (Il avait demandé à Lem d'être son biographe futur et d'intituler le livre « John F. Kennedy : un dossier médical ».) Ses infirmités devenaient ainsi pour lui un atout. Quant à ses sentiments envers son frère, une lettre à son père en rend compte sur le mode ironique : « Il houspillait quelqu'un dans le hall et un gars de sixième année l'a fait entrer et tous ceux de sixième année lui sont tombés dessus. Ce qu'ils l'ont caressé ! Il n'était plus que plaies et bosses. Ils l'ont presque laissé pour mort. Je ne sais ce que j'aurais donné pour être l'un de ces gars de sixième année »[54]. Et en parlant de leur retour à la maison pour les fêtes : « (Il s'est rendu malade) rien que pour montrer qu'il était un dur, au point qu'il n'a pu goûter au festin, le jour de la fête d'Action de Grâces. Ça c'est un homme ! » La dernière phrase était caractéristique de l'ironie qui allait devenir, de plus en plus, le signe distinctif du second des fils Kennedy. Joe Jr ayant remporté le trophée Harvard destiné à récompenser l'élève de dernière année le plus brillant de Choate, Jack fut désigné comme celui qui avait les plus grandes chances de réussir lui aussi en fin d'études ; ce choix stupéfia tout le monde jusqu'au moment où l'on découvrit qu'il avait truqué le scrutin[55].

Le plus grave des problèmes de Jack était quand même celui de sa santé — ce qui empêchait son père de se montrer trop sévère envers lui. Après qu'il eut obtenu son diplôme de fin d'études secondaires à Choate, en 1933, on l'envoya à Londres où il tomba sérieusement malade par suite d'une « affection du sang » qui allait lui causer des ennuis pendant tout le reste de sa vie et que les médecins prirent d'abord pour une leucémie, puis une jaunisse, puis une hépatite, avant d'avouer qu'ils n'y comprenaient rien. En 1935, il entrait à Princeton (où il s'inscrivit avec Billings dans le but de s'affranchir de la présence de son frère, étudiant à Harvard), mais la même maladie l'obligea à quitter l'université avant la fin du premier semestre. Admis à l'hôpital Peter Brent Brigham de Boston pour une série d'examens, il décrivit à Lem, sur le mode facétieux, ce qui avait manifestement été pour lui une cruelle épreuve : « Je viens de vivre la plus triste expérience de ma vie tourmentée. Ils sont entrés ce matin avec un tube de caoutchouc gigantesque. J'ai pensé que c'était encore une fois cette vieille histoire et qu'ils allaient me fourrer ça tout naturellement dans le cul. Je me tourne donc, mais les voilà qui m'empoignent et m'enfoncent le tuyau dans le nez. Je commençais à me demander s'ils ne confondaient pas mon visage avec mes fesses ou quoi, quand ils m'ont fait descendre la sonde par les narines jusque dans l'estomac. Ils m'ont ensuite servi de l'alcool par cette voie, ce qui m'a rendu fou parce que je ne pouvais en avoir le goût, et pourtant tu sais comment je réagis devant un bon verre bien tassé. Ils faisaient ça pour mesurer mon taux d'acidité... J'ai gardé cette chose dans le nez pendant deux heures et ils viennent juste de me l'ôter (ne sois pas grossier, Kirk). Après avoir eu la grosse tête, j'ai maintenant autre chose de gros, parce qu'après en avoir fini, ils m'ont envoyé une belle infirmière pour me frotter sur tout le corps »[56].

Une autre lettre de l'hôpital montre comment son sens de l'ironie donnait naissance à une attitude philosophique : « Ils n'ont rien trouvé d'autre qu'une leucémie et une agianalecucytose. Jeté un coup d'œil sur ma fiche hier et découvert qu'ils prennent mentalement mes mesures pour le cercueil. Il faut manger, boire et faire l'amour, car demain ou l'autre semaine, nous irons à mon enterrement. » Et comme pour insister encore sur la conclusion, il ajoutait : « J'ai eu la plus grosse trique de ma vie avec Harson, samedi soir. Elle est drôlement bien. J'attends mieux encore. » Il priait son ami de s'arranger pour lui procurer « une bonne bouteille de champagne ou une fille à baiser » et se demandait si un ancien condisciple avait eu des rapports sexuels avec l'une de ses petites amies du moment. (« Qu'il se la soit envoyée ou pas, elle avait drôlement peur quand je la lui ai mise dedans... mais je n'ai pas trouvé trace de pucelage et elle est assez excitante »[57].)

Après sa sortie de l'hôpital, il s'en alla, en compagnie de Joe Jr, travailler pendant l'été au ranch J Six dans l'Arizona, domaine de vingt-deux mille hectares appartenant à un ami d'Arthur Krock, le journaliste du *New York Times*, avec qui Joe Kennedy était étroitement lié. Krock avait suggéré que ce séjour endurcirait Joe-le-jeune avant l'ouverture de la saison de football américain et rétablirait la santé de Jack[58]. (Ce dernier écrivait en effet à Lem : « Si tu savais comme mon corps est devenu beau, avec cette vie de plein air que je mène, occupé à monter des chevaux et des Mexicaines ! Maintenant, en parlant de moi, tu pourras te mettre des adjectifs comme " moche ", juste là où je pense... »[59].) Afin de vérifier les effets de son bronzage tout neuf, mais aussi pour explorer le territoire que son père avait remodelé et qui le fascinerait toute sa vie, Jack fit une incursion dans la capitale du cinéma. (« J'ai rencontré à Hollywood une figurante qui est bien la plus jolie chose que j'aie jamais vue », écrivait-il, dans une lettre intitulée : « Les délices de la Figurante au goût de loukhoum, ou Comment j'ai planté ma queue à Hollywood ».) Vers la fin de l'été, il était suffisamment rétabli pour entrer à Harvard dès l'automne, comme son père l'avait toujours souhaité.

Si Jack s'était fait sa place dans la famille par son endurance, sa sœur Rosemary occupait celle que lui avait valu son infirmité mentale. Alors qu'elle était encore âgée de quatre ou cinq ans, il était déjà évident que ses problèmes défieraient la science des ribambelles de médecins appelés par Rose à se prononcer sur son cas. Rosemary avait suivi ses deux frères aînés au jardin d'enfants de Dexter mais ne put suivre le même rythme que les autres bambins et ne fréquenta plus que des écoles spéciales pour élèves arriérés. A la maison, Rose s'occupait d'elle plus que des autres. (Paul Morgan se rappelle un après-midi où la mère promenait sa fille le long de la route de Pondfield, à Bronxville : elle s'était arrêtée avec gratitude chez Paul lui-même, où Rosemary pouvait jouer avec un grand chien danois, dans la cour, pour que l'enfant trouve à dépenser son énergie[60].) Les frères et sœurs faisaient des efforts pour l'intégrer à leurs distractions, mais les amis de passage remarquaient qu'il y avait des jeux auxquels elle ne pouvait participer et d'autres où elle ne faisait que de la figuration[61]. On tentait de tout mettre sur le compte de la timidité. Seuls les initiés les plus intimes savaient ce que cachaient le simplisme de la jeune personne et le regard distrait de ses yeux clairs, couleur de noisette.

Au temps de son adolescence, Rosemary paraissait encore normale. Elle était capable de répéter des phrases et même d'en former toute seule. Mais elle avait du mal à retenir ce qu'on lui disait. Un des rares amis dans le secret disait : « On pouvait parler avec Rosemary mais pas avoir une conversation avec elle. Elle s'exprimait comme un enfant de dix ans qui jacasse sans arrêt »[62].

Rose exigeait, en cas de besoin, que ses deux aînés s'absentent de Choate pour emmener leur sœur à des thés dansants, et expliquait la chose à la direction de l'école par « le complexe d'infériorité » de sa fille. Elle demandait aux garçons de faire remplir le carnet de bal de Rosemary par leurs copains, bien qu'elle dansât de façon étrangement saccadée, et de veiller à ce qu'on « l'interceptât » aussi souvent que les autres, pendant les danses où l'on pouvait « changer de partenaire ». Elle tentait de maintenir autour de son enfant un semblant de normalité, non seulement par amour maternel et par pitié, mais aussi pour protéger le reste du lot[63].

Le fatalisme de Rose lui permit donc de faire face. Elle traitait Rosemary comme les autres, dans la mesure du possible, l'encourageant même à participer à toutes les épreuves où s'affrontaient les enfants (elle la laissa même parcourir l'Europe sous la seule surveillance de la petite Eunice âgée de seize ans). Joe, pour sa part, ne fut jamais capable d'envisager le problème aussi calmement. L'arriération de sa fille était pour lui un sujet de préoccupation à nul autre pareil. Un jour où elle se trouvait dans la maison de Rodeo Drive, Gloria Swanson surprit sans le vouloir des bribes de conversation entre Joe et un médecin ou un hôpital, et l'entendit promettre d'offrir une ambulance si l'on pouvait faire quelque chose pour cette enfant. Plus tard, ignorante de la gravité du problème, Gloria avait suggéré innocemment que la jeune fille consultât l'un des diététiciens qu'elle avait découverts à Hollywood. Kennedy devint livide et lui cria brutalement : « Je ne veux pas en entendre parler ! Vous comprenez ? *Vous comprenez ?* »[64]. Quand certains médecins insinuèrent que la malade serait mieux traitée dans un hôpital psychiatrique, il leur répondit : « Que peut-on lui faire dans une institution que nous ne puissions faire ici, chez elle, dans sa famille ? »

De l'école spéciale où elle se trouvait (au couvent du Sacré-Cœur dans le Rhode Island), Rosemary continuait d'adresser péniblement des lettres à son père — certaines d'entre elles étaient corrigées par les bonnes sœurs, quant au style et à l'orthographe :

> Cher papa,
>
> J'ai été très heureuse samedi. Merci beaucoup d'être venu me voir. Dimanche je me suis bien amusée aussi. Je ferais n'importe quoi pour te rendre heureux. J'ai horreur de te décevoir en quoi que ce soit...
>
> Jeudi je suis allée avec les Guides. Je commence à m'intéresser à la Nature... Jack m'emmène au prochain bal. Il me conduira dans sa nouvelle voiture. J'ai donné à Jack un dollar qu'il ne m'avait pas demandé. 2 centimes pour payer son pappier (*sic*). Beaucoup de baisers tendres de ta fille chérie
>
> Rosemary[65].

Elle se vit refuser des autorisations que ses frères et sœurs n'avaient même pas à demander, comme la permission de faire de la voile toute seule dans la baie de Nantucket, à bord d'un des bateaux de la famille ; ou d'aller à la gare sans être accompagnée quand elle rentrait au pensionnat après avoir passé le week-end à la maison. Il est vrai que la fillette échappait souvent à la personne chargée de la mettre dans le train. En grandissant, elle eut des problèmes de plus en plus sérieux. Aussi la santé de Rosemary allait-elle devenir, de même que la rivalité entre Joe Jr et Jack, l'un des principaux sujets de conversation au sein de la jeune génération des Kennedy. Elle-même serait tenue pour « une Kennedy pas comme les autres », mais le besoin d'occulter son infirmité contribuait à renforcer l'unité de la bande.

Les ennuis de Rosemary mirent forcément Kathleen en vedette au sein de la famille ; mais si elle se trouva ainsi, en fait, promue au rang de fille aînée, il est probable que ses dons naturels lui auraient valu cette situation dans tous les cas. Elle était blonde et menue, avec des yeux agate, profondément enfoncés dans l'orbite, comme chez les Fitzgerald, le visage plein, avec un menton un peu lourd, comme celui des Kennedy — « du Kennedy adouci », disait un contemporain, en comparant la jeune fille à ses sœurs plus brunes, plus grandes, plus anguleuses et plus défavorisées par leurs dentitions. Elle n'était peut-être pas aussi jolie que Pat ni aussi intelligente qu'Eunice (dont les familiers disaient qu'elle était la plus naturellement douée pour la politique), mais Kathleen était la plus vivante et la plus vive de toutes les sœurs, comme si elle avait cherché à compenser les déficiences de Rosemary en allant, pour sa part, au-delà de la normale. Une amie de la famille, Dinah Bridge, avait dit en certaine occasion qu'elle était comme « un rayon de soleil » car il suffisait qu'elle entrât dans une pièce pour que « tout semblât se mettre à briller »[66].

Le surnom que son père lui donnait — « Kick », diminutif qui signifie aussi « coup de pied, ruade » — lui allait parfaitement, et résumait bien son naturel, son rejet de toute affectation. (L'une des gouvernantes des Kennedy se rappela pendant toute sa vie comment Kathleen, sur le point de sortir de la maison pour faire des courses avec des amis, s'exclama tout à coup : « Oh mon Dieu ! J'ai oublié de dire mes prières ce matin », et tomba aussitôt à genoux devant tout le monde[67].) Son esprit bouillant devait la pousser à adopter des attitudes de défi. S'exprimant plus librement et plus brutalement que ses sœurs, elle osait remettre en cause le système familial mieux que ses aînés ne voulaient ou ne pouvaient le faire. L'une des raisons de cette audace était la préférence que lui marquait son père. Celui-ci avait toujours avoué ne pas se montrer impartial envers ses enfants. « Pour moi, tous mes canards sont des cygnes », avait-il coutume de dire — mais Kathleen avait quelque chose de « spécialement spécial » à ses yeux.

Comme ses sœurs, elle fut obligée de faire ses classes au couvent du Sacré-Cœur et de s'y voir inculquer l'idéal catholique de la femme, mais à la maison, elle prenait place avec les deux aînés à la « grande table » où elle absorbait les observations cyniques de son père sur le monde et se voyait initiée aux ambitions de celui-ci, tandis que les plus jeunes, en compagnie de Rosemary, mangeaient à la « petite table » avec les gouvernantes[68].

Joe discutait avec son père, contredisait hardiment celui-ci et défiait son autorité[69]. Comme Jack, Kick avait appris à jouer plutôt de son charme. Vis-à-vis de ses frères, son comportement était très compréhensif ; elle s'arrangeait en effet pour inclure les petites amies de ceux-ci parmi ses propres camarades, et pour sortir avec les compagnons de chambre de Joe et de Jack, à Choate comme à Harvard. Parmi ses soupirants les plus transis, il fallait compter Lem, qui la conduisit à l'Exposition universelle et l'accompagna même, avec Jack, au fameux Cotton Club de Harlem[70], ce qui donna lieu à l'un des plus fameux incidents de la vie familiale : quand le père l'apprit le lendemain, il couva sa rage en s'enfermant dans un mutisme furibond qui exprimait le plus intense déplaisir et pesa longtemps sur la maison silencieuse.

Comme le disait un familier : « Ces trois-là — Joe Junior, Jack et Kick — étaient comme une famille dans la famille ; le dessus du panier, le triangle magique ; ceux qui, selon le vieil homme, écriraient le prochain chapitre de l'histoire familiale. Parfois, il semblait même qu'il y eût entre eux une connivence de caractère sexuel. Kick était sortie ou avait eu des problèmes avec chacun des copains de ses frères, à un moment ou à un autre. En échange, elle leur fournissait des petites amies et plaisantait avec eux en retrouvant les épingles de celles-ci sur le siège arrière de la voiture.

De toutes les sœurs, Eunice était celle qui tenait le plus de son père. Agressive et athlétique, elle aimait la concurrence et la compétition bien qu'elle souffrît, comme Jack, d'un mal mystérieux qui minait ses forces. Incapable de rivaliser avec le charme de Kick, elle avait conclu une alliance défensive avec sa mère, en annonçant de bonne heure son désir d'entrer en religion. « Eunice se prenait au sérieux, se montrait très simple, s'habillait désastreusement mal... une vraie purge »[71], se rappelle l'une de ses amies d'enfance. Charlotte McDonnell évoque la visite qu'elle fit au Cap où elle partagea la chambre de Kick : « Il y avait une salle de bains entre cette pièce et la chambre d'Eunice qui nous interdisait d'utiliser la baignoire ou de tirer la chaîne des lavabos, la nuit, de peur d'être réveillée, bien qu'elle dormît avec un masque sur les yeux et des boules dans les oreilles »[72].

Kick tendait également à faire de l'ombre aux autres par sa vitalité. De toute façon, ces « autres » avaient conscience de figurer au deuxième rang de la famille, assis à « la petite table » avec Rosemary et les gouvernantes tandis que Joe, Jack et Kick — parfois Eunice — paradaient à la « grande table » avec les parents. En effet, le reste des enfants était tenu pour quantité négligeable, dans la philosophie de la famille. Pat et Jean étaient encore des entités quasiment anonymes ; Ted était un bébé, un être hésitant, un bouffon résigné à dire des choses qui faisaient rire les autres, un petit bonhomme potelé que ses sœurs voulaient toutes protéger quand on jouait au « touch football »*[73]. Comme il était né au moment où l'on avait décelé les premiers troubles de Rosemary, ses parents avaient craint qu'il eût quelque tare congénitale. Quand il s'avéra qu'il était normal, ils avaient été profondément soulagés et il fut entendu qu'aucun mal ne pourrait jamais venir de lui. Etre le dernier-né comportait des inconvénients. Parfois, quand le père s'emportait contre un politicien ou un diplomate quelconque, le traitait de « cul de cheval » ou pire, il lui arrivait de pointer un doigt vers Teddy pour dire : « Il n'en sait pas plus long que ce môme-là »[74]. Mais,

* Le « touch football », dont il sera beaucoup question chez les Kennedy, est une version adoucie du football américain : au lieu de « plaquer » brutalement l'adversaire (comme au rugby ou au football américain classique), on se contente de le « toucher », d'où le nom du jeu. (N.d.T.)

contrairement à son frère Bobby, un peu plus âgé, Teddy n'eut jamais de mal à trouver sa place parmi les siens.

Bobby était si jeune par rapport à Joe Junior et à Jack que personne n'attendait grand-chose de lui et qu'il eut du mal à déterminer ce qu'il attendait de lui-même. Il était le canard boiteux de la couvée — sa taille était petite, ses mouvements mal coordonnés, ses moyens d'expression médiocres. Rose fut frappée par sa religiosité et fière de le voir demander à devenir enfant de chœur. Quand elle était à la maison, elle allait chaque soir dans sa chambre pour lui faire réciter son latin et l'interroger sur son catéchisme, ce qui ne l'empêchait pas de craindre qu'il devînt une poule mouillée[75]. Il avait toujours envie de plaire mais semblait tout faire de travers. Désireux d'émuler la précocité légendaire de son père en affaires, il obtint de se voir confier des journaux à distribuer, mais se montra incapable de persévérance dans ses obligations quotidiennes, de sorte qu'il fallut charger un chauffeur de la tournée, à Bronxville[76]. Il tenta de participer aux parties de « touch football », de plus en plus sérieuses, à Hyannis, mais il y allait de si bon cœur qu'il était toujours blessé. Sa sœur Pat, l'être le plus proche de lui, tant par l'âge que par les sentiments, citait plus tard l'incident qui illustrait à la fois son désir de plaire et sa maladresse. Un soir, entendant sonner la cloche pour le dîner, et soucieux de ne pas heurter les sentiments de son père en matière d'exactitude, il se précipita en courant, oubliant la cloison de verre qui séparait le living-room de la salle à manger, de sorte qu'il passa au travers et que les éclats lui infligèrent des coupures sur tout le corps[77]. Un certain soir où quelqu'un faisait l'éloge des jeunes Kennedy, lorsque le nom de Bobby fut prononcé, Eunice intervint aussitôt : « Bobby ? Laissez tomber. Parlons plutôt des autres... »[78].

C'était le seul des garçons Kennedy qui parût être né sous une mauvaise étoile ; mais il y avait en lui quelque chose d'intense, presque mystique, une tendance à se ruer vers son destin. Ennuyé de constater, par exemple, qu'il lui fallait trop longtemps à son gré pour apprendre à nager, il s'était jeté à l'eau dans la baie de Nantucket, du haut d'une barque pour voir, une bonne fois, s'il coulait ou parvenait à s'en tirer[79]. Comme on pouvait s'y attendre, Joe Jr, que Bobby idolâtrait, avait sauté à la mer, à son tour, pour le sauver de la noyade. Non moins égal à lui-même, Jack, dont les liens avec son jeune frère n'étaient pas aussi étroits, se demandait, sans quitter la rive, si le comportement du gamin témoignait de sa stupidité ou de son audace.

La décennie 1920 s'acheva en même temps que l'époque où Joe avait amassé le plus gros de sa fortune et entrepris d'esquisser son propre mythe ; le chef de la tribu commençait à se considérer moins comme un loup solitaire que comme le fondateur d'une dynastie. Il comprenait que la Dépression imposait une rupture spectaculaire avec le passé et commençait à porter ses regards sur le vaste monde, inquiet de savoir comment il pourrait passer le cap avec le moins possible de dommages et prêt à prendre une option sur le pouvoir, tant pour lui que pour ses enfants qu'il commençait à considérer comme un prolongement de lui-même.

Avant même la plupart des investisseurs, il avait senti que les problèmes économiques allaient devenir graves. Les gens en place avaient cru qu'il existait un lien entre le mouvement à la hausse sur le marché des valeurs, et le mode de vie américain à l'Age du Jazz. Mais Kennedy était toujours resté à l'écart de ces milieux, même après avoir solidement fondé sa réputation, à Hollywood, dans le domaine des grandes fusions et des regroupements de sociétés. En 1929, il avait tenté de faire une visite de politesse à J. P. Morgan, pilier des cercles financiers américains, qui l'avait snobé[80]. Il n'avait donc aucune raison pour ne pas se joindre à l'infâme Benjamin Smith, surnommé « Ben-la-vente » (Sell'Em Ben), et autres pirates qui pilonnaient le marché au moment où celui-ci donnait déjà de la bande comme un galion trop chargé, plusieurs semaines même avant le krach. Installé dans un bureau de Madison Avenue, appartenant à la firme d'agents de change Halle et Steiglitz, Kennedy devint le chef de bande des spéculateurs à la baisse qui conduisirent le marché vers le Jeudi Noir. Les échos de ses agissements parvinrent même jusqu'à ses enfants. En rentrant chez lui après une journée de spéculations profitables, il fut accueilli par sa fille Jean qui chantonnait en le montrant du doigt : « Papa joue à la baisse, papa est un baissier ». Interdit pendant une seconde, Kennedy sourit et se « baissa » pour la prendre dans ses bras.

En quelques semaines, il avait fait d'immenses bénéfices en vendant à découvert des actions de l'Anaconda et de la Paramount. (Selon certaines estimations, il aurait gagné quelque 15 millions de dollars pendant l'effondrement de 1929[81], et l'on a dit qu'en 1930 sa fortune se montait à cent millions de dollars.) Mais il n'était pas comme « Ben-la-vente » et ses pareils. Sans renoncer à gagner de l'argent en contribuant à crever la belle bulle de savon, il était plus inquiet que ses complices de voir les banques fermer les unes après les autres et les bidonvilles se multiplier (on les appelait les Hoovervilles, du nom du président en exercice, Edgar Hoover). Il était encore plus préoccupé par les discours extrémistes de ceux qui voulaient un chambardement général de la société et de l'Etat. Il décrivit plus tard les craintes qui l'avaient habité à ce moment crucial de l'histoire américaine : « Je déclarais sincèrement que je sacrifierais bien la moitié de ma fortune si, avec l'autre moitié, je pouvais faire en sorte que l'ordre fût maintenu dans le pays »[82].

Comme tant d'autres hommes d'affaires, il croyait que la liberté économique était une bonne chose. Mais cette croyance ne reposait pas sur des principes abstraits, d'ordre quasi théologique : c'était un pragmatique, qui avait hérité de ses ancêtres irlandais un instinct de survie et il était tout prêt à envisager des solutions de rechange. Il avait, par exemple, poussé Joe Jr à quitter Harvard pendant un an pour aller à Londres suivre les cours du grand théoricien socialiste, Harold Laski. Personnellement, Kennedy trouvait les idées de Laski répréhensibles, mais il voulait que son fils parlât un langage qui serait compris dans le monde nouveau issu de la Dépression. Ne sachant pas encore exactement quelle tournure les événements allaient prendre, il prévoyait néanmoins que le centre de gravité de l'Amérique allait se déplacer du monde des affaires vers celui de la politique, et il voulait que sa famille fût préparée à ce changement*.

Quand son futur rival au ministère du Trésor, Henry Morgenthau Jr, l'emmena rencontrer Franklin Roosevelt (alors gouverneur de l'Etat de New York) à Albany, en 1930, Kennedy comprit qu'il avait l'occasion de participer à une correction du cap à mi-parcours, et de contribuer ainsi à sauver le capitalisme américain, tout en se dotant lui-même d'une certaine stature politique. « Je voulais le voir arriver à la Maison-Blanche pour ma propre sécurité et celle de mes enfants, devait-il dire de FDR, et j'étais disposé à tout faire pour contribuer à son élection »[84]. Une femme du monde, Kay Halle, qui apporta à Roosevelt un soutien précoce, se rappelle avoir vu Kennedy dans les appartements de FDR deux ans plus tard ; il y avait été amené par Felix Frankfurter, pour une entrevue organisée par Rexford Tugwell, Robert Sherwood, Raymond Moley et quelques autres qui allaient devenir les piliers du New Deal : « Il était bien irlandais — impossible de s'y tromper — avec ses cheveux cuivrés et un sourire radieux qui découvrait des dents éclatantes... " Je suis Joe Kennedy, dit-il ; cela ne m'a jamais démangé d'intervenir dans une campagne présidentielle. Mais j'ai envoyé un peu d'argent pour soutenir la candidature de Monsieur Roosevelt et j'aimerais bien me joindre à vous pour prendre part à la fête " »[85].

Au moment où s'ouvrit la convention, il était en mesure de prendre part à des décisions cruciales. La plupart des autres catholiques irlandais avaient une préférence pour Al Smith, champion de la Cause traditionnelle et favori de ceux qui soutenaient cette cause ; mais à l'issue des trois premiers tours de scrutin indécis, Kennedy travaillait ferme à dénouer la situation en faveur de Roosevelt. La répartition finale des voix dépendait de William Randolph Hearst dont le candidat, John Nance Garner, n'avait aucune chance de l'emporter, mais comptait suffisamment de partisans pour déterminer l'issue de la convention, selon qu'il se désisterait en faveur de l'un ou de l'autre. Kennedy avait rencontré le magnat de la presse à Hollywood, au temps où celui-ci était disposé à payer de ses deniers une carrière cinématographique à sa maîtresse Marion Davies. Il appela donc Hearst à la onzième heure, et lui dit que s'il ne parvenait pas à convaincre Garner de se désister en faveur de Roosevelt, le choix se porterait probablement sur Newton Baker, ancien membre du cabinet de Woodrow Wilson dont la politique internationale était un objet d'horreur pour Hearst. La menace produisit son effet. Kennedy fit alors immédiatement savoir que c'était lui qui avait arraché la désignation de FDR comme candidat du parti démocrate et que peu lui importait si les historiens disaient le contraire plus tard.

Au cours de la campagne, notre homme fournit 25 000 dollars à Roosevelt et en prêta 50 000 au Comité national du parti démocrate, ce qui lui valut un siège au sein du Comité financier chargé de gérer les fonds du candidat. Bientôt il franchissait une étape de plus et se hissait au rang de conseiller général de FDR, voyageant dans le wagon particulier de celui-ci en

* Morton Downey rappelle ce que Kennedy disait dès 1930, à propos des projets qu'il formait pour ses garçons, « à savoir que, pour la prochaine génération, ce serait les personnes placées à la tête des affaires publiques qui tiendraient le haut du pavé »[83].

compagnie de Jim Farley et de Raymond Moley, membre du fameux « Brain Trust » (l'équipe des cerveaux, rassemblée par Roosevelt). De même que son esprit conservateur faisait de lui l'intermédiaire idéal pour traiter avec un homme comme Hearst, sa qualité de haute personnalité catholique laïque lui permettait d'obtenir qu'un prêtre spécialisé dans les émissions radiophoniques, comme le père Charles Coughlin, s'abstînt de vitupérer Roosevelt sur les ondes. Très vite, il était devenu une sorte de « réparateur en tous genres » pour les Démocrates. Un partisan de longue date de FDR, Eddie Dowling, observateur attentif des faits et gestes de Kennedy, déclarait à son sujet : « il était parvenu à s'insérer dans les cercles les plus proches du pouvoir. Il savait ce qu'il voulait et faisait ce qu'il fallait pour l'obtenir car il croyait y avoir droit autant que n'importe qui d'autre »[86]. Il ne cherchait pas à faire prévaloir des vues propres ni à faire mettre en œuvre un programme particulier. Ce qu'il demandait c'était une récompense personnelle en retour de son dévouement, comme cela avait été monnaie courante dans les « clubs de circonscription » que son père et son beau-père avaient dirigés. Au moment où la campagne tirait à sa fin, Kennedy avait acquis la certitude qu'il obtiendrait un poste au sein du cabinet. Lors de la fastueuse réception qu'il donna au Waldorf, la nuit des élections, il prit son bain de foule comme s'il avait été lui-même le candidat victorieux.

Pourtant il formait un contraste parfait avec l'élu. Roosevelt était homme du monde et fin diplomate, qui tout au long de sa carrière avait toujours pris à contre-pied les membres de son entourage ; il savait faire croire qu'il donnait tout ce qu'on lui demandait, mais n'accordait pas plus qu'il ne voulait. Kennedy, au contraire, était grossier et brutal, dédaigneux des nuances et de l'altruisme, prêt à admettre qu'il se laissait guider par son propre intérêt. La méfiance mutuelle qui allait diviser les deux hommes par la suite était probablement inévitable, mais ses causes premières remontaient à cette campagne de 1932. Kennedy qui avait grandi parmi des politiciens cyniques faisait litière de tout principe sauf un — à savoir que tout appui se paie ; il fut indigné de voir des hommes qui en avaient fait beaucoup moins que lui, réclamer à ses dépens leur part du butin après la victoire.

Ce fut un industriel peu connu, William Woodfin, qui obtint le poste de secrétaire au Trésor que Kennedy convoitait le plus ardemment, et où il aurait pu enfin être « celui qui rirait le dernier » vis-à-vis de Morgan et des autres princes de la finance dont il avait essuyé le mépris. L'un des vieux amis de Roosevelt, Tommy Corcoran, fit circuler le bruit que Joe allait obtenir le portefeuille du Commerce, mais il n'en fut rien. De Palm Beach où il passait l'hiver, Kennedy tentait de se rappeler au souvenir du futur président en lui faisant parvenir des messages flagorneurs (« Les nonnes étaient en train de prier pour vous »[87], câbla-t-il après avoir visité un couvent), mais les jours passaient, puis les semaines, et le cabinet se trouva formé sans qu'il y eût sa place.

Certes on lui proposa des emplois mineurs : un poste au sein de la commission chargée de régler un différend frontalier entre les Etats-Unis et le Brésil ; la direction du Bureau pour la Reconstruction Nationale, dans l'Etat de New York, sous le signe du New Deal ; mais cela ne faisait que retourner le fer dans la plaie. Bientôt, Kennedy passa de la louange effrénée aux plus venimeuses attaques. Alors qu'il se trouvait en visite à Palm Beach, Raymond Moley, l'un des rares amis de Joe au sein de la nouvelle équipe, fut choqué par la grossièreté avec laquelle celui-ci s'exprimait en parlant du Président et de ses Cent jours, notamment au cours de conversations téléphoniques à longue distance, avec Hearst et d'autres interlocuteurs. Il fallut que Joe menaçât de demander le remboursement des prêts qu'il avait consentis aux Démocrates pour que Roosevelt l'invitât à la Maison-Blanche. Il y prit l'engagement d'attendre son heure et de se contenter d'agir en coulisse, par l'intermédiaire de Moley et de James Roosevelt, fils aîné du Président, qui était souvent convié à Palm Beach et à qui Kennedy avait rendu service en lui procurant l'appui de l'Association Nationale des bouilleurs de cru, en faveur d'une société que le garçon possédait à Boston.

Comme un fils qui pratique la délinquance juvénile pour le seul plaisir d'ennuyer son père, Kennedy se vengea en recommençant à gagner de l'argent (il s'était déclaré « capitaliste », tout simplement, dans la publication destinée à célébrer le vingtième anniversaire de sa promotion à Harvard). L'abrogation imminente de la Prohibition avait rendu tout leur intérêt aux actions des sociétés spécialisées dans la fabrication de l'alcool ou dans des activités connexes. Quelques-uns des agioteurs avec lesquels Kennedy avait eu partie liée avaient commencé à racheter les actions d'une société de fabrication de verre laminé, la Libbey-Owens-Ford, dont le nom pouvait aisément être confondu — par les profanes — avec celui de la Owens Illinois Glass Co., qui fabriquait des bouteilles; et l'on commençait à faire circuler le bruit que la première était sur les rangs pour conclure un gros contrat avec les distillateurs. Kennedy se joignit à la bande, offrant d'acheter les actions à 26 dollars, puis faisant « tourner » des millions de titres jusqu'à ce que le cours atteignît 37 dollars, après quoi les complices revendirent tout leur portefeuille avec un bénéfice coquet et laissèrent la Libbey-Owens retomber au-dessous de son cours initial.

Bien qu'il eût empoché 60 000 dollars pour sa part dans l'affaire, Joe entreprit de tirer plus directement parti de l'abolition imminente de la Prohibition, sous couvert de retourner aux activités traditionnelles de sa famille — depuis l'arrivée de ses grands-parents sur le continent américain. Sachant que la concurrence faisait rage autour des fabricants d'alcool britanniques, il s'en fut en Angleterre avec Rose en septembre 1933; il emmenait également Jimmy Roosevelt et son épouse. La présence du fils du Président, lors de ses repas d'affaires les plus importants, à Londres, donnait l'impression que la Maison-Blanche soutenait ses démarches et il obtint rapidement de devenir l'agent officiel, aux Etats-Unis, de Haig and Haig, de John Dewars Scotch et de Gordon's Gin. En même temps, il obtenait de ses relations à Washington des licences d'importation de « médicaments » au bénéfice de sa compagnie, la Somerset Importers, afin de pouvoir commencer à introduire et stocker l'alcool dans des entrepôts pour être fin prêt à la date voulue. Jimmy Roosevelt s'attendait sûrement à recevoir, en récompense, une part dans l'affaire, mais les choses se passèrent différemment. « Jimmy pensait peut-être que Joe allait le prendre comme associé, révéla un de leurs amis communs. Mais, dans ce cas, il s'est vite rendu compte que si Joe se lance dans une entreprise il n'a cure de se mettre en association »[88]. On comprend pourquoi Kennedy ne voulait pas partager les bénéfices ; cette affaire devait bientôt lui rapporter un million de dollars par an[89].

Roosevelt commença à constater que Kennedy représentait un danger pour le New Deal tant qu'il n'aurait pas reçu le prix de son ralliement de 1932. Il lui offrit donc le poste d'ambassadeur en Irlande, mais l'intéressé prit la proposition pour une sorte d'insulte — une tentative pour clouer sur lui une étiquette ethnique dont il avait cherché à se débarrasser toute sa vie. (« Je lui ai dit que je n'envisageais pas d'accepter un emploi dans l'Etat, qui ne conférerait pas un réel prestige à ma famille »[90], écrivait-il avec hauteur à Joe Jr après avoir rejeté la proposition.) Roosevelt surprit tout le monde en lui offrant la présidence de la Commission des Titres et des Echanges, nouvellement créée pour moraliser les activités boursières, la fameuse « Securities and Exchange Commission », très rapidement connue sous le sigle SEC.

Certes ce poste n'avait pas le prestige d'un portefeuille ministériel, mais la SEC était la pierre angulaire des mesures adoptées dans le cadre du New Deal pour encourager la reprise économique et restaurer la confiance dans le monde des affaires. La Commission était en tout cas bien placée pour attirer l'attention ; c'est ce qui faisait tout l'attrait de son nouveau poste aux yeux de Kennedy, dont la nomination semblait justement très discutable à tous ceux qui avaient suivi ses activités financières les plus récentes. Ces derniers tirèrent donc sur lui à boulets rouges tandis qu'il cherchait à rallier des partisans à sa cause. « Mr Kennedy, ancien spéculateur et membre d'associations d'agioteurs, serait donc désormais chargé de combattre la spéculation et d'interdire de telles associations », constatait froidement *Newsweek*[91], tandis que le *New Republic* le considérait comme « le pire des parasites : un opérateur de Wall Street »[92]. La clameur fut si grande que Roosevelt envisagea de faire machine arrière ; une réunion de l'état-major de crise eut même lieu à la Maison-Blanche où l'on examina les mauvais effets de cette nomination. Ce fut là que Raymond Moley donna ostensiblement à son ami une dernière chance d'avouer s'il y avait dans son dossier un élément qui pourrait le disqualifier. « Kennedy réagit exactement comme je m'y attendais, écrivit Moley par la suite ; avec des bordées de jurons, il défia qui que ce fût de mettre en question son dévouement à l'intérêt public, ou de trouver à redire à un seul de ses faits et gestes. Le Président n'avait nul besoin de se faire du souci à cause de lui, ajouta-t-il ; mieux encore, la façon dont il envisageait de se conduire, à la tête de la Commission, réduirait les critiques au silence — promit-il dans un nouvel assaut de grossièretés — et ferait honneur au pays tout entier, à la Maison-Blanche, et à la famille Kennedy elle-même jusqu'au dernier de ses neuf enfants »[93]. Après que Roosevelt eût confirmé sa volonté de procéder à la désignation, Kennedy fournit à la presse des indiscrétions destinées à faire croire qu'il s'était laissé enrôler à contrecœur. « Ayant déjà obtenu presque tout le reste, écrivait le lendemain le *Boston Post*, il souhaite laisser un nom auquel serait attachée la réputation d'avoir bien servi l'Etat et non pas seulement celle d'avoir réussi dans les affaires. C'est pourquoi il a accepté un emploi qu'il ne postulait pas »[94].

Kennedy prit donc ses fonctions, le 2 juillet 1934, au siège provisoire de la SEC, dans les bureaux de la Commission fédérale du Commerce. Pour contrebalancer les opinions défavorables exprimées à l'encontre de la nouvelle nomination, Roosevelt chargea son ami Bernard Baruch de pousser Arthur Krock (alors directeur du bureau du *New York Times* dans la capitale américaine) à publier un article sur Kennedy. Après de longs entretiens, le journaliste rédigea un texte qui résumait la carrière de Joe telle que celui-ci la présentait — l'histoire d'un petit jeune homme pauvre qui avait réussi dans le monde grâce à ses qualités personnelles, comme dans un roman d'Horatio Alger; chemin faisant, le journaliste « blanchissait » les activités financières récentes de l'interviewé; ce fut le début d'une amitié sans pareille, destinée à durer trente ans*[95].

La SEC devint rapidement une sorte de point de mire, dans le gouvernement de Roosevelt. Les jeunes juristes les plus brillants et les plus qualifiés, qui se précipitaient à Washington, se disputaient l'honneur d'y travailler. (William O. Douglas fut l'un de ceux qui y obtinrent un emploi; Adlai Stevenson et Alger Hiss furent sur le point d'en faire autant.) En fait, la commission se tailla l'une des meilleures réputations parmi toutes celles des nouvelles organisations, dont la prolifération exigeait qu'elles fussent désormais désignées par leurs initiales (on disait ironiquement que ces sigles étaient puisés dans les sachets de pâtes en forme d'alphabets). La Bourse adopta les règlements institués par la commission, dans ses pratiques commerciales. Les sociétés respectèrent les nouvelles règles de conduite édictées en matière de comptabilité et de divulgation des résultats d'exploitation. Kennedy s'attaqua même aux opérations à découvert, pour assainir une pratique boursière qu'il connaissait de première main : la spéculation à la baisse. De tous les membres de l'équipe de Roosevelt, ce fut sans doute l'un de ceux qui effectuèrent le plus de déplacements (il avait parcouru 100 000 kilomètres en avion au cours de sa première année d'exercice) pour obtenir le respect des nouvelles normes en usant de la persuasion, bien qu'il fût capable de

* Les deux hommes étaient, l'un et l'autre, des réalistes qui suscitaient bien des réserves chez les gens avertis; c'est peut-être pourquoi ils s'entendirent si bien de prime abord. Ils étaient pourtant très différents, en apparence — Kennedy, antisémite allègre et charmeur; Krock, Juif lugubre, originaire du Kentucky —, mais ils pouvaient fort bien s'entraider à réaliser leurs plans personnels. En outre, chacun avait quelque chose à donner à l'autre dans l'immédiat. Kennedy était en mesure de procurer à Krock bien des avantages matériels — des vacances en Floride, des caisses de whisky, et par-dessus tout, des informations sans fard sur les dessous de la politique du nouveau gouvernement, vue de l'intérieur — toutes choses que Krock savait apprécier à leur juste valeur. En échange, ce dernier était à même de soigner les relations publiques de Joe, avec toute la crédibilité que lui conféraient indéniablement ses fonctions au bureau du *New York Times* de Washington. L'un et l'autre avaient également des plans à plus long terme, qu'ils pourraient réaliser en s'épaulant mutuellement, à mesure que leur amitié se développerait. Kennedy tenterait de favoriser l'accession de Krock au poste de rédacteur en chef du *New York Times* et le journaliste l'aiderait à réaliser ses ambitions présidentielles.

recourir à la menace en cas d'échec ; de toute façon, il se déchaîna contre les hommes d'affaires opposés aux mesures de la SEC, en les traitant de « réactionnaires sans cervelle ».

Dans le même temps, il commençait de prendre part au tourbillon de la vie mondaine dans la capitale. Il avait loué une maison de vingt-cinq pièces, appelée « Marwood », au-dessus du Potomac, dans un domaine du Maryland, et surnommée le « palais d'Hindenburg » par la famille ; Rose et les enfants n'y venaient d'ailleurs que rarement pour le week-end, mais Joe y vivait avec Eddie Moore et la bande de ses vieux acolytes irlandais. Il se levait tous les matins aux aurores pour monter à cheval dans ses allées cavalières ou nager tout nu dans la piscine avant de se rendre à son bureau à 7 heures 30. Pendant les longues soirées d'été, il s'installait sur la véranda pour écouter la Cinquième Symphonie de Beethoven ou d'autres disques de musique classique, tout en grognant : « Vous autres, fils de pute bornés, vous ne savez pas apprécier la culture », quand les gars de la bande demandaient, de guerre lasse, des airs de music-hall [96].

Pendant les quelques mois qui suivirent sa nomination, Joe devint l'un des personnages les plus en vue, dans les cercles de la capitale ; les journalistes trouvaient rafraîchissante la publicité qu'il se faisait à lui-même au milieu de la grisaille bureaucratique où chacun dissimulait ses aspirations. Les rencontres avec Kennedy devenaient pour les chroniqueurs un vrai régal, non seulement à cause du franc-parler de celui-ci, mais aussi en raison des buffets et des cocktails organisés à Marwood, sans parler d'autres petits avantages divers. Il ne s'agissait pas seulement des reporters et correspondants ; Kennedy s'arrangea pour être en bons termes avec toute la presse : du chroniqueur Drew Pearson, spécialiste des scandales, aux grands patrons (tels que Hearst ou le colonel Robert McCormick, propriétaire du *Chicago Tribune* et militant isolationniste). Au cours des années qui suivirent, Henry Luce commanda deux articles de couverture sur Kennedy pour *Time* et une élégante étude de fond pour *Fortune*, en lui permettant de revoir le manuscrit et d'y introduire quelques changements mineurs. Kennedy savait exactement de quel ton il fallait user dans ses rapports avec de tels hommes. Quand Eugene Meyer, directeur du *Washington Post*, vit dans son journal le portrait de la famille Kennedy, il envoya un mot au père pour lui dire que Joe Jr lui ressemblait mais que Jack tenait plutôt de Rose. Joe répondit avec toute l'assurance de celui qui connaît son prix et entend le conserver : « Joe Jr n'ouvrira probablement plus jamais le *Washington Post*, mais Jack estime qu'un journal dirigé par un homme doté d'un tel discernement et de tant de finesse devrait être lu par tout le monde » [97].

A Washington, Kennedy avait finalement trouvé sa voie : la politique lui offrait désormais le sentiment d'être accepté par la société et même de se trouver au cœur de l'événement, sentiment que les plus grandes richesses ne pouvaient lui procurer et qu'aucun snobisme ne pouvait lui refuser. Même ceux qui n'aimaient pas sa personne trouvaient quelque chose de quasiment touchant dans ses efforts pour suivre les mouvements de vif-argent d'une histoire en marche, afin de pouvoir y jouer son rôle [98]. En 1933, par exemple, quand la Cour Suprême accepta d'examiner un recours contre le vote du

Congrès relatif à l'abandon de l'étalon-or, Kennedy fit installer une ligne directe entre la Curie et son bureau pour mieux se tenir au courant des délibérations — il est vrai qu'en sa qualité de président de la SEC, il s'était trouvé à la pointe du combat, en raison des brutales fluctuations enregistrées par la Bourse, dans l'incertitude de la décision finale. Quand il apprit que la constitutionnalité de la décision avait été confirmée, il téléphona aussitôt à la Maison-Blanche pour annoncer la nouvelle. Par la suite, il devait dicter une note détaillée qui se terminait par ces mots : « Je crois que le moment est historique, c'est pourquoi j'écris ces lignes. Je pense que le fait d'avoir été le porteur de la nouvelle auprès du Président, devrait valoir à ma famille une place dans l'Histoire »[99]. Le souvenir le plus durable que laissa Kennedy dans la mémoire de Missy Lehand, secrétaire du Président, concernait de fréquentes demandes de photos dédicacées et de notes autographes (« trois lignes de sa main, pour mes enfants ») pendant le temps qu'elle passa à la Maison-Blanche.

Roosevelt devint bientôt un familier de Marwood, au point que la fréquence de ses visites justifia l'installation d'un ascenseur spécial[100]. Il allait assister par exemple, dans la salle de spectacles installée au sous-sol, à la projection de films inédits que Kennedy faisait venir de Hollywood, boire du scotch fourni par la Somerset Importers et manger du homard apporté directement de Boston par avion. Tommy Corcoran sortait alors son accordéon et le Président entonnait des chansons légèrement grivoises, de sa belle voix de baryton. En échange, il y avait des invitations à passer le week-end à la Maison-Blanche, pour toute la famille, et des voyages à Hyde Park dans la Ford bleue du Président, spécialement équipée de commandes manuelles.

Il s'établit entre eux une relation personnelle à laquelle ne manquait que la confiance mutuelle. Une conversation par téléphone entre Kennedy et le Président commençait généralement de façon respectueusement laconique de la part de Joe : « Oui, Monsieur le Président... Non, Monsieur le Président... » Mais à mesure que la discussion avançait, notre homme s'échauffait et prenait un ton beaucoup plus familier : « Ecoute, mon garçon, si tu fais ça, on va se retrouver tous dans le merdier »[101]. (Arthur Krock, présent à l'une de ces conversations, s'était levé pour sortir, mais Kennedy lui avait fait signe de rester assis, pour lui montrer comment il savait traiter le Président.) Pour sa part, Roosevelt trouvait Kennedy amusant et lui savait gré de lui porter la contradiction avec une vigueur qu'aucun de ses collaborateurs obéissants n'aurait osé montrer. Mais si le démocrate qui était en Roosevelt savait apprécier le toupet de Joe, l'aristocrate ne pouvait s'empêcher de tourner en ridicule ce parvenu dont les yeux semblaient toujours plus gros que le ventre. Parfois, le badinage entre les deux hommes tournait à l'aigre. Quand FDR plaisantait au sujet de Gloria Swanson, Kennedy rétorquait par de fausses allusions aux rapports du Président avec Missy LeHand. Leur rivalité ne s'arrêtait pas au seuil du Bureau Ovale. Elliot, l'un des fils Roosevelt, rappelle une occasion où sa sœur Anna avait été importunée par Joe. « Un jour, après avoir déjeuné avec lui, à l'hôtel Ritz-Carlton... ma sœur avait découvert qu'elle figurait, elle aussi, sur la liste de ses objectifs. Elle avait échappé à ses embrassements en fuyant éperdument à travers la pièce, se protégeant derrière le sofa, tournant autour du piano, poursuivie par un Joe en rut, jusqu'à ce qu'il perdît haleine »[102].

Après avoir démissionné de la SEC en pleine gloire, pendant l'été de 1935, Kennedy s'en fut en Europe, à la fois pour y passer des vacances et pour s'informer de la situation. Il emmenait avec lui Rose, Kathleen et Jack. A bord du bateau, pendant la traversée, il rencontra un haut dirigeant de la General Motors, Lawrence Fisher, l'un des célèbres frères Fisher, à qui l'on devait la nouvelle ligne des carrosseries de voitures. Après s'être entretenu avec lui pendant deux heures, Joe envoya chercher Jack qui arriva en nage et tout échevelé au sortir d'une partie de tennis de pont. « Jack, dit le père Kennedy, je voulais que tu rencontres Mr Lawrence Fisher, l'un des principaux responsables de la General Motors, parce que je veux te montrer ce que peuvent faire des frères quand ils travaillent ensemble »[103]. En arrivant en Europe, Rose tenta d'inscrire Kick au couvent du Divin Enfant, à Neuilly, mais elle refusa d'y rester car la discipline scolaire y était trop stricte.

L'un des dirigeants politiques que Kennedy alla voir en Europe fut un membre du parlement britannique appelé Winston Churchill. Au cours d'un dîner dans son domaine de Chartwell, près de Londres, Churchill suggéra que les Etats-Unis et l'Angleterre devraient mettre leurs forces navales en commun pour imposer un blocus aux Nazis ; Kennedy répliqua que le plan n'était pas applicable car, en Amérique, « trop d'Irlandais haïssaient l'Angleterre »[104].

Quand Roosevelt entama sa campagne en vue de sa réélection, Kennedy décida d'écrire un livre pour rallier les hommes d'affaires, déjà profondément déçus par le Président. Il commença par offrir 1 000 dollars par semaine à Arthur Krock pour lui servir de nègre. « Je vous fais parvenir ci-joint une lettre que le Président m'a envoyée la semaine dernière ; on peut en déduire qu'il a hâte de voir (le livre) terminé et si cela est, je voudrais qu'il soit comme un coup de clairon »[105]. Intitulé *Je suis pour Roosevelt,* l'ouvrage parut à la fin de l'été ; c'était une hagiographie du Président, décrit comme le Bon Pasteur qui avait su guider le Capitalisme américain hors de la Vallée des Ténèbres. La phrase la plus intéressante du livre, sans aucun rapport avec Roosevelt, était peut-être celle où l'auteur déclarait ne pas nourrir d'ambitions personnelles, ni pour lui ni pour ses enfants.

Kennedy se dépensa en 1936 plus encore qu'en 1932, en espérant que sa récompense serait d'autant plus importante. Le ministère des Finances était toujours celui qu'il convoitait et Krock s'efforça diligemment de préparer le terrain pour lui. Mais les plans de reprise économique préparés par Roosevelt en étaient à leur phase critique et le Président se souciait moins que jamais de voir Kennedy placé au poste délicat de secrétaire au Trésor. Comme il le dit au ministre des Postes, Jim Farley : « Joe voudrait diriger les Finances à sa façon, sans tenir compte de mes plans ni de mes vues »[106]. Au printemps de 1937, FDR mit Kennedy sur le banc de touche, en lui donnant la présidence de la Commission Maritime, que l'intéressé abandonna après s'être disputé, pendant quelques mois agités, avec les syndicats de gauche et les armateurs réactionnaires. « Ce fut le travail le plus dur que j'aie jamais dû faire dans toute ma vie »[107], déclara-t-il ensuite.

Tous les regards des Kennedy étaient maintenant tournés vers l'Europe. En mars 1936, les troupes allemandes étaient entrées en Rhénanie, après que Hitler eût dénoncé le pacte de Locarno qui démilitarisait la région. Quatre mois plus tard, le soulèvement des officiers d'extrême droite, menés par le général Francisco Franco, déclenchait la guerre d'Espagne. L'Allemagne apporta son soutien aux rebelles en leur fournissant des blindés et des forces aériennes. L'Italie se joignit à la lutte et Mussolini se vanta d'avoir créé un « axe Rome-Berlin ».

Le 30 juin 1937, Jack et Lem s'embarquaient sur le *George Washington* pour Le Havre[108]. Ils projetaient de faire un tour de deux mois sur le continent européen, dans la Ford décapotable de Jack qu'ils avaient mise à bord. Lem avait eu du mal à rassembler l'argent du voyage et Jack avait dû promettre à son ami qu'il se contenterait de vivre modestement, sur le même pied que lui, ce qui signifiait que l'un et l'autre se logeraient souvent pour moins de 1 dollar par nuit. Jack, alors âgé de vingt ans à peine, était attentif à noter la température politique de l'Europe et tenait un journal de route où il notait ses impressions. Lem, qui venait juste de terminer sa première année d'architecture à Princeton, insistait pour faire halte devant les cathédrales, et initiait Jack à l'art gothique.

Cap au Sud, après avoir traversé la vallée de la Loire, les deux amis tentèrent vainement de pénétrer en Espagne et furent refoulés à la frontière ; ils durent se contenter d'interroger les républicains espagnols réfugiés à Saint-Jean-de-Luz. « Les exilés de Saint-Jean-de-Luz appartiennent à la classe supérieure de la société espagnole, ce qui ne les empêche pas d'être antifranquistes, rapportait Lem, et ils racontent, à propos des Franquistes, des histoires à vous glacer le sang dans les veines. Jack passait beaucoup de temps à les interroger, prenait des notes et rédigeait ses impressions. » Ils assistèrent à une course de taureaux à Biarritz, visitèrent Lourdes, jouèrent à Monte Carlo ; en Italie ils obtinrent une audience privée du secrétaire pontifical, le cardinal Pacelli, ami de la famille Kennedy, et assistèrent à un meeting présidé par Mussolini. Après quoi, Lem entreprit d'interpréter le personnage du Duce, pour le seul profit de Jack, tout au long de la route jusqu'à Munich où ils découvrirent un sentiment d'hostilité envers les Américains. « L'impression que nous avons retirée des Allemands, c'est qu'ils sont arrogants, se croient supérieurs à nous et veulent nous le faire sentir. » Quand les voyageurs esquissaient des poignées de main, leurs interlocuteurs saluaient en disant « Heil Hitler ». Jack et Lem trouvèrent rapidement une parade et apprirent à retirer la main comme si de rien n'était en disant « Hi ya, Hitler ». Ils se rendirent à Nuremberg où ils manquèrent, à leur éternel regret, une apparition du Führer, et revinrent par Amsterdam et Bruxelles, avec un chien, un berger allemand qu'ils avaient acheté en passant par le Reich. Arrivés à Londres pour une courte étape de trois jours, ils durent se défaire de la bête en découvrant que Jack était allergique à celle-ci et souffrait d'une crise d'asthme épouvantable, avec de la fièvre, des frissons et une enflure du visage si accusée qu'elle l'empêchait d'écarter les paupières.

Au cours du voyage de retour, Jack rencontra au gymnase, sur le bateau, un Hollandais massif, champion de lutte, qui se plaignait de n'avoir pas de partenaire pour s'entraîner et conserver sa forme. Jack lui proposa aussitôt les services de Lem, après avoir attribué à celui-ci une demi-douzaine de succès fictifs au cours de championnats universitaires. On ne s'étonnera pas d'apprendre que Lem s'associa à la ruse, même après avoir découvert que le Hollandais pesait quelque quarante-cinq kilos de plus que lui ; de sorte que, jusqu'à la fin du voyage, l'infortuné fut plaqué au sol, projeté d'un bout à l'autre du gymnase et soumis à la torsion de tous ses membres au cours de rencontres arbitrées avec enthousiasme par Jack.

Joe Kennedy essayait, lui aussi, de se glisser dans l'œil du cyclone européen. Un soir après qu'il se fut retiré de la Commission Maritime, il s'en ouvrit à Jimmy Roosevelt qui lui rendait visite à Marwood : il y aurait un autre poste qui l'intéresserait, à part celui de ministre des Finances. « J'aimerais être ambassadeur des Etats-Unis à Londres »[109], dit-il. Jimmy fut stupéfié : « Allons Joe, tu plaisantes », répondit-il, incapable d'imaginer son ami frayant avec l'aristocratie britannique. Mais Kennedy était tout à fait sincère : « J'y ai beaucoup pensé et je voudrais bien que cela se fasse ; je suis tout excité à l'idée d'être le premier Irlandais reçu comme ambassadeur des Etats-Unis à la Cour de Saint James. »

Quand Roosevelt entendit parler de cette demande, sa première réaction fut d'en rire à gorge déployée, tant et si fort qu'il faillit tomber de son fauteuil roulant. Après avoir repris son souffle, le Président secoua la tête et dit à son fils qu'il le regrettait mais qu'il ne pouvait en être question. Pourtant, avant que Jimmy ait pu faire part de ce refus à Joe, son père le rappela pour lui dire qu'il avait réfléchi et lui demander d'organiser un rendez-vous.

Quand le jeune homme introduisit Joe dans le Bureau Ovale, Roosevelt lui demanda de reculer de quelques pas, vers la cheminée, pour « examiner l'allure qu'il avait ». Surpris, Kennedy fit ce qu'on lui disait de faire. C'est alors que le Président lui demanda : « Joe, cela ne vous ennuierait pas de baisser vos pantalons ? »[110]. Kennedy le regarda d'un air incrédule, puis lentement défit ses bretelles, laissa tomber le vêtement et demeura en caleçon, dans l'expectative. Jimmy Roosevelt pensa qu'il avait l'air bête et embarrassé. FDR rompit le silence : « Joe, regardez vos jambes ; vous avez les jambes les plus torses que j'aie jamais vues. Ne savez-vous pas que tout nouvel ambassadeur doit présenter ses lettres de créances en habit de cour, avec culotte à la française et bas de soie ? Pouvez-vous imaginer de quoi vous auriez l'air ? Quand les photos de notre nouvel ambassadeur seront publiées partout, nous serons la risée de la terre entière. Vous n'avez pas les qualités requises, Joe, tout bonnement. »

Kennedy regarda Roosevelt bien en face : « Monsieur le Président, si je pouvais obtenir l'autorisation du gouvernement de Sa Majesté de me présenter à la cérémonie en jaquette et pantalon rayé, accepteriez-vous encore de me nommer ? »

« Joe, vous savez comment sont les Anglais, quand il s'agit de traditions. Il n'y a aucun moyen d'obtenir cette autorisation et il me faut nommer un nouvel ambassadeur au plus vite. »

« M'accorderez-vous deux semaines ? »

Roosevelt inclina la tête, Kennedy remonta ses pantalons et sortit, laissant le Président rire sous cape. Mais peu après il revenait avec l'autorisation qu'il avait promis d'obtenir.

Kennedy convoitait cette ambassade parce que c'était le poste le plus prestigieux de la diplomatie américaine et l'un des moins susceptibles d'être attribués à un Irlandais catholique. Mais Roosevelt s'était intéressé à la nomination parce qu'elle était inattendue ; en fait, il espérait que Kennedy, entièrement nouveau dans la diplomatie et privé de toute attache avec les diplomates, serait exactement l'homme qu'il lui fallait pour le renseigner sur la menace de plus en plus grave, suspendue au-dessus de l'Europe, sans être victime de l'anglophilie dont tous les ambassadeurs américains à Londres finissaient par être traditionnellement atteints.

Quand la nouvelle fut rendue publique, le 9 décembre 1937, Joe fit figure de héros à Boston, où le *Post* et l'*American* publièrent tous deux l'histoire de sa carrière, avec un arbre généalogique sous la manchette suivante : « La famille Kennedy descend d'un roi plus ancien que le roi d'Angleterre ». Al Smith se plut à l'appeler « Mr Irish-American » ; et le *New York Times* reprit une phrase de Fitz-gâteau, selon qui « l'ambassade de Londres était le poste le plus important dont le gouvernement pouvait disposer ». Joe appela sa sœur Loretta qui servait de mémorialiste à toute la famille, pour lui demander de dénicher tous les vieux amis irlando-américains de son père et de les inviter à se rendre à l'aéroport Logan de Boston quand lui-même prendrait l'avion de New York, où il embarquerait à bord d'un transatlantique, à destination de l'Angleterre[111].

5

Le 9 février 1938, Joseph Kennedy partit pour l'Europe, où il allait tenter sa chance, comme l'avait fait, près d'un siècle auparavant, son propre grand-père en traversant l'Atlantique dans l'autre sens et dans des circonstances bien différentes. Rose était restée à l'hôpital où elle venait d'être opérée de toute urgence pour une appendicite (les enfants avaient appris la nouvelle par les journaux ou presque). Outre son valet et homme à tout faire, le sempiternel Eddie Moore, Kennedy emmenait avec lui plusieurs autres personnes. L'une d'entre elles était Harvey Klemmer, ancien membre de la Commission Maritime. Quand Kennedy lui avait annoncé : « Nous partons pour Londres », et lui avait décrit ses nouvelles fonctions, il avait ajouté en plaisantant : « n'achetez pas trop de bagages, nous n'y allons que pour le temps de faire inscrire la famille sur le *Bottin Mondain,* après quoi nous rentrons faire des films et gagner de l'argent à Hollywood »[1].

Pendant toute la traversée, les Kennedy restèrent sous pression. Klemmer était convaincu que la guerre était proche, mais l'ambassadeur — Kennedy avait déjà pris le titre — ne voulait pas en entendre parler. « Oh Harvey, laisse tomber tes histoires de guerre. Tu es un pessimiste »[2]. Mais Klemmer n'en démordait pas : « Non, ça vient ; il y aura la guerre et avant que nous en ayons vu la fin, nos fils iront se battre comme tout le monde et mourront comme les autres. » Un air de profonde appréhension traversa le visage de Kennedy qui changea rapidement de sujet.

En arrivant à Londres il s'installa sans tarder à la résidence princière des ambassadeurs, au 9 de Prince's Gate, que J. P. Morgan avait offerte au peuple américain, et commença de régner sur les quelque deux cents fonctionnaires de la maison. Kennedy aima le décor patriotique du jardin où des caisses de géraniums rouges, de marguerites blanches et de myosotis bleus rappelaient les couleurs du drapeau américain. Mais il n'était pas aussi sûr d'apprécier la décoration intérieure. « J'ai une merveilleuse chambre tendue de soie bleue, écrivait-il à Jimmy Roosevelt peu après son arrivée, et je n'ai plus besoin que d'un costume et d'un bouquet pour me déguiser en

Reine de Mai. Si ce n'est pas les fées qui ont dessiné cette chambre, c'est qu'elles n'existent pas »[3].

Kennedy se mit d'emblée à cultiver la presse anglaise, aussi assidûment qu'il s'était occupé des journalistes américains, à Washington. Il tint sa première conférence de presse dans son bureau ; les pieds sur la table et les mains nouées derrière la nuque, il déclara qu'il ne fallait pas s'attendre à ce qu'il devînt diplomate du jour au lendemain. Avec une franchise rare chez un ambassadeur, il précisa : « Pour l'instant, les Américains s'intéressent moins à la politique internationale qu'à la façon dont les " Abeilles de Boston " vont se comporter au cours de la prochaine saison de base-ball »[4]. Quand il joua sa première partie de golf sur le terrain de Stokes Poges, dans le Buckinghamshire, il fit le deuxième trou en un seul coup. Si ce coup de chance fut pain béni pour un homme pressé de soigner ses relations publiques, l'évocation de sa progéniture venait à point nommé pour y contribuer : « Je suis bien plus heureux de faire un trou en un et d'avoir neuf enfants que d'avoir un seul enfant et de faire un trou en neuf »[5]. La presse anglaise le surnomma « L'Envoyé US aux 9 enfants » ou « le Père de sa Patrie »*.

Rose arriva vers la fin de mars avec une partie de la famille, c'est-à-dire cinq enfants ; Jack et Joe Jr étaient à Harvard, Rosemary dans une institution pour arriérés mentaux et Eunice était chargée de veiller sur Rosemary pendant le voyage à Londres qu'elle ferait à la fin du trimestre. Rose commença par faire déménager quelques-uns des vingt-six domestiques de l'ambassade, pour caser les nouveaux arrivants dans les chambres à coucher du dernier étage et embaucha Kick pour l'aider à recevoir. Les plus jeunes jouaient dans les étages élevés de la caverneuse ambassade et s'amusaient à se téléphoner mutuellement d'une chambre à l'autre, pour se fixer des rendez-vous dans les couloirs. Teddy s'occupait des ascenseurs et demandait à chacun à quel étage il allait, pour jouer aux « grands magasins ». Préoccupés d'exercices physiques comme toujours, Joe et Rose firent livrer tout un parc de bicyclettes pour que l'on pût pédaler sur l'immense terrasse de marbre située à l'arrière du bâtiment.

La famille avait fait l'objet d'une telle publicité dans la presse américaine qu'après l'enlèvement du bébé Lindbergh, Rose avait finalement demandé à Henry Luce de mentionner leur nom un peu moins souvent. Mais à Londres chacun de leurs gestes faisait les manchettes des journaux : Teddy avait pris une photo d'un garde de Buckhingham la tête en bas ! Bobby avait tenté maladroitement de lier conversation avec la princesse Elizabeth, lors d'une réception ! Et Rose était loin de s'en plaindre.

Leur pénétration au sein de la haute société londonienne se poursuivit pendant plusieurs semaines à un rythme vertigineux. Rose se trouva ellemême placée sous la protection de l'Attaché de l'Air, Michael Scanlon, et de sa femme Gladys, locomotives du Tout-Londres, intimes des Windsor et de

* La prodigieuse fécondité de Kennedy suscitait tant de commentaires que d'aucuns firent des recherches à ce propos et découvrirent que l'ambassadeur était loin de détenir le record dans ce domaine, ne fût-ce que chez les fonctionnaires fédéraux ; un employé au Trésor, un certain Andrew White, avait dix-sept enfants.

Wallis Simpson (un Anglais cruel avait traité de « grande jument de Boston » l'ex-maîtresse américaine de l'ex-prince de Galles, devenus prince et princesse de Windsor)[6]. Ils se rendirent à Paris avec Gladys Scanlon pour acheter des robes longues, non seulement pour Rose et son antigone mais également pour Kick et Rosemary quand elles seraient présentées à la Cour. Kick, qui avait gentiment rejeté une demande en mariage de Lem Billings (« Allons, Lem, tu n'es pas du bois dont on fait les maris ! »[7]) mais qui correspondait maintenant régulièrement avec celui-ci, lui annonça le grand événement par lettre. (« Souhaiterais que tu sois là pour l'occasion. Je pense souvent à toi quand je rencontre un gars qui se croit ce qu'il y a de mieux mais n'est qu'un phraseur. Jack et toi vous ririez bien. Il n'y en a pas beaucoup qui comprennent la plaisanterie... Enfin, tu restes l'homme-mystère de ma vie »[8].) La présentation était devenue un événement crucial pour sa mère qui avait choisi des robes blanches très peu prétentieuses pour ses filles et une robe de dentelle brodée d'or et d'argent sur fond de satin blanc pour elle-même. Les adolescentes prirent des leçons de maintien pendant plusieurs jours avant la présentation. Rose emprunta une tiare de rubis et de diamants à Lady Bessborough. Avec tous ses atours, elle se regarda dans la glace et se sentit « comme Cendrillon ». Quand elle se rendit dans la chambre de Joe pour lui permettre de jeter un dernier regard d'ensemble à sa toilette, il dit en souriant : « Vous êtes assassine ! ». La cérémonie se déroula fort bien et nul ne sembla remarquer que Rosemary était un peu vacillante en faisant la révérence devant la reine.

La vie prit bientôt son régime de croisière. Bobby et Teddy suivirent les cours d'une école privée, chaque matin, en pantalon de flanelle grise et blazer bordeaux ; Rose dénicha une école Montessori, dans le Hertfordshire, pour Rosemary ; et les autres filles furent inscrites au couvent du Sacré Cœur de Roehampton. L'une de leurs condisciples rappelle qu'elles étaient « comme des oiseaux de paradis, riches d'un éclat et d'un goût de vivre qui contrastaient avec l'attitude des tristes petites aristocrates françaises et des jeunes Anglaises ternes sous leurs tweeds »[9]. Pat était grande, avec des cheveux auburn et des yeux violets ; les Anglaises la traitaient de « beauté irlandaise » avec quelque condescendance. Jean était encore un peu potelée et possédait moins de dignité.

Le jour de la rentrée, quand le professeur lui signala une erreur en arithmétique, elle examina froidement les chiffres sur son papier et dit : « ... Plus cinq, ça fait neuf en Amérique,... je ne vois pas pourquoi ce n'est pas pareil en Angleterre »[10]. Quant à Eunice, elle s'était fait remarquer par l'agressivité avec laquelle elle courait après la balle, dès son premier match de hockey sur gazon, en glapissant « hey ! hey ! » comme s'il s'agissait d'une partie de « touch-football » américain (l'une de ses coéquipières lui apprit que les jeunes filles bien élevées ne se conduisaient pas ainsi en Angleterre). D'autres, au Sacré Cœur, avaient été frappées par ce que l'une des filles appela « une piété assez alarmante » : Eunice prenait des poses à la Sainte Thérèse lorsqu'elle priait à la chapelle, les bras en croix, la tête baissée, comme si c'était pour la galerie. Il lui fallait absolument télégraphier à Jack la veille du premier vendredi de chaque mois, pour lui rappeler ses obligations religieuses du lendemain.

Kick n'allait plus à l'école depuis qu'elle avait fait son entrée dans le monde et elle parvenait à se conduire toujours avec grâce, ce qui n'était pas le cas pour Eunice. « Son sens de l'humour était absolument merveilleux », rappelle Fiona Gore, l'une de ses nouvelles relations, au sein du petit groupe choisi dont elle faisait partie ; elle avait « les yeux brillants et l'humeur taquine de tous les Kennedy mais sans le caractère corrosif de ses frères [11]. Elle s'arrangeait pour nous pousser à faire des choses folles, à nous dépouiller de notre réserve. Un jour, nous étions un petit groupe d'amis en train de dîner et l'un d'entre nous lança un petit pain rond, un *roll*, à quelqu'un ; et nous voici tous, soudain, en train de nous lancer des *rolls* les uns aux autres ; c'était Kick, bien sûr, qui avait commencé, et à la fin, non contente de mener le jeu, elle était même debout sur la table. Si quelqu'un d'autre en avait fait autant, cela aurait paru vulgaire ou choquant, mais il y avait en elle une façon de se conduire qui ressemblait à une libération totale ».

Joe Kennedy, quant à lui, était grossier, riche et irlandais — phénomène tout à fait nouveau pour les cercles diplomatiques londoniens. Aux Etats-Unis, son comportement avait poussé certains à le décrire comme une sorte de pierre fausse ; mais en Angleterre il passait pour l'original du tableau — un véritable Américain. Quelques personnes de bon ton avaient peut-être été choquées de l'entendre dire de la Reine que c'était une « chouette fille » [12], mais Sa Majesté avait paru s'en amuser, de même qu'elle s'était divertie de le voir traverser toute la salle de bal en courant pour obtenir d'elle la première danse, au mépris du protocole selon lequel l'écuyer royal aurait dû, d'abord, l'inviter à faire sa démarche. Quelques aristocrates souriaient de le voir insister pour faire dûment chaperonner Kathleen à Wimbledon, puis disparaître lui-même dans la foule avec une blonde opulente [13]. Mais bientôt il appelait par leur prénom, non seulement les vedettes du monde diplomatique, mais également des personnalités extérieures à ce cercle comme Lord Beaverbrook, le magnat de la presse [14], ou les membres de la famille Astor.

D'autre part, de prime abord, Kennedy avait fait clairement savoir qu'il avait l'intention de contribuer à la formulation de la politique étrangère américaine, au contraire d'autres ambassadeurs, qui avaient obtenu leur poste en récompense de leurs services politiques et l'utilisaient à des fins d'ascension sociale personnelle. Les vues du gouvernement Roosevelt sur l'Europe et le reste du monde se trouvaient alors en voie de développement. FDR, toujours ennemi des conceptions rigides, n'avait pas de recette systématique à appliquer en matière de politique étrangère et préférait s'adapter aux circonstances. Se méfiant des professionnels du département d'Etat, il préférait fonder ses décisions sur les dépêches et les rapports de ses ambassadeurs. Cette situation semblait taillée sur mesure pour un homme comme Kennedy, convaincu que les diplomates de carrière n'étaient qu'une « bande de confiseurs ». Il s'attaqua à son travail, bien résolu à se montrer à la hauteur d'une situation de plus en plus alarmante.

Juste onze jours après l'arrivée du nouvel ambassadeur à Londres, les Nazis avaient envahi l'Autriche. Après avoir tout d'abord câblé que Hitler bluffait, il maintint par la suite que l'*Anschluss* n'avait pas de signification à long terme, citant un propos de table de Neville Chamberlain, qui « comparait l'Allemagne à un boa constrictor, lequel après avoir avalé une grosse proie devait s'efforcer de digérer son repas avant de dévorer quoi que ce soit d'autre. » De vingt ans plus âgé que Kennedy, le Premier ministre britannique ressemblait beaucoup à l'ambassadeur : c'était un homme d'affaires, pragmatique, qui s'était élevé à la force du poignet. Il avait rencontré Hitler et ne l'avait pas apprécié : le Führer était « mal élevé et ce n'était certainement pas le genre de garçon avec qui l'on aurait aimé parcourir le monde à bicyclette, sur un tandem », selon Chamberlain. Il estimait que le dictateur nazi se laissait guider par son intérêt propre et son désir d'obtenir sa part de l'économie européenne, mais que c'était « un homme à qui l'on pouvait faire confiance, une fois qu'il avait donné sa parole »[15]. Joe avait été séduit par ces vues. Il prisait la probité, la dignité et la réserve du Premier ministre, qu'un familier des Kennedy aurait pu comparer à celles de P. J. lui-même. Au cours des mois frénétiques à venir, les deux hommes se lièrent d'amitié. Dans une lettre au commentateur politique Walter Lippmann, Kennedy qualifia de « chef-d'œuvre » l'un des discours conciliants prononcés par Chamberlain sur les agressions hitlériennes. « J'étais fasciné par tout ce que j'entendais chez les diplomates ; j'écoutais... et ce que j'apprenais me semblait former un mélange de morale et de haute politique comme je n'en avais jamais connu de pareil »[16].

Le plus ferme soutien de Chamberlain venait de la famille Astor, et bientôt les Kennedy se virent souvent invités dans le merveilleux domaine de Cliveden. Un magazine de gauche, le *Week*, avait créé un terme nouveau, le « Cliveden Set », pour désigner Astor et sa bande, favorables à une politique d'accommodement avec Hitler. Pourtant Cliveden était un salon plus qu'un nid de conspirateurs, dominé par la personnalité souvent irritante de Nancy Astor, la première femme membre du parlement britannique bien qu'elle fût d'origine américaine, et qui avait fait de sa demeure un forum pour ceux qui partageaient ses idées sur la conjoncture politique mondiale. Kennedy était l'un d'eux. Lindbergh en était un autre ; le-pauvre-Lindy, exilé volontaire depuis l'enlèvement et l'assassinat de son petit garçon, voyageait à travers l'Europe en multipliant les descriptions de la redoutable puissance aérienne mise en place par Goering, la *Luftwaffe*. Dans son journal intime, à la date du 5 mai 1938, l'aviateur américain écrivait : « Anne et moi prenons le train pour Londres où nous sommes invités à déjeuner par Lady Astor. Outre celle-ci et Lord Astor, il y a Mr et Mrs Bernard Shaw, l'ambassadeur Kennedy et l'ambassadeur Bullitt... Kennedy m'a grandement intéressé. Il ne ressemble pas au politicien ou au diplomate habituel. Ses vues sur la situation européenne me semblent intelligentes et intéressantes. J'espère avoir l'occasion de le revoir »[17].

En le nommant à la Cour de Saint James, Roosevelt escomptait que Kennedy resterait l'opportuniste qu'il avait toujours été. Le Président n'aurait pu prédire que les événements d'Europe joueraient un rôle de catalyseur chez le nouvel ambassadeur et lui communiqueraient la volonté obstinée d'éviter la guerre — ou, à défaut, d'isoler l'Amérique du conflit. Ses vues n'étaient pas étrangères au monde des affaires qui avait été le sien, et selon lequel seule la paix est bonne pour les échanges et le commerce, partant pour la prospérité ; tandis que la guerre est une cause de dislocation du corps social et rend la société vulnérable à des idéologies désastreuses telles que le communisme. Mais en dernière instance, ce qui le poussait c'était l'instinct plus que la raison ; son atavisme irlandais lui avait inculqué la peur de ce cataclysme qui peut balayer les gains patiemment accumulés pendant toute une vie. En se joignant au Cliveden Set, à Lindbergh, à Chamberlain et à ceux qui cherchaient un accommodement avec Hitler, Joe Kennedy entamait la seule grande Croisade de sa vie.

Mais en cette fin du printemps 1936, les deux objectifs qu'il s'était fixés — à savoir empêcher la guerre et faire progresser sa carrière — ne paraissaient pas incompatibles, ni pour autant impossibles. Comme les lourdeurs du département d'Etat ne lui convenaient guère, il commença d'agir en franc-tireur et de se poser en super-ambassadeur auprès de toute l'Europe, pour résoudre les problèmes à coups d'initiatives personnelles. Il rencontra Herbert von Dirksen, ambassadeur du Reich à Londres et lui déclara qu'il souhaitait « améliorer les relations américano-germaniques », voire entamer une tournée d'études en Allemagne. Kennedy avait une « triste opinion » de l'Union Soviétique et croyait le régime hitlérien bénéfique pour le peuple allemand dans son ensemble. Soulignant que l'Allemagne devrait avoir les mains libres à l'Est et que Chamberlain était probablement très désireux de parvenir à un règlement, Kennedy ajoutait que le gouvernement et la presse, aux Etats-Unis, étaient fortement influencés par les Juifs. « C'est moins le fait de vouloir nous débarrasser des Juifs qui nous cause du tort, câbla Dirksen, que tout le bruit fait autour de notre dessein. Quant à lui, il comprend parfaitement notre politique à l'égard des Juifs ; il est originaire de Boston, ville où il existe un club de golf et même d'autres clubs où aucun Juif n'a été admis depuis cinquante ans »[18].

Non content de tenir une conversation privée de ce genre, et d'autres encore, Kennedy entreprenait de manipuler, presque à ciel ouvert, les responsables de l'opinion aux Etats-Unis. Il commença par leur envoyer des lettres marquées de la mention « Privé et Confidentiel ». Ces tentatives destinées à le rappeler au bon souvenir de la presse, semblèrent d'abord produire l'effet escompté (bien que l'honneur de recevoir une communication de l'ambassadeur fût légèrement déprécié quand chaque destinataire découvrait ne pas être le seul à bénéficier de cette faveur). Le magazine *Liberty* publia un grand article intitulé « Joe Kennedy sera-t-il candidat à la présidence ? » et un sondage d'opinion révéla que si Roosevelt ne sollicitait pas un troisième mandat, Kennedy viendrait au cinquième rang des candidats démocrates à la succession, ce qui rendit l'ambassadeur radieux pour plusieurs jours[19].

Le 15 juin, il rentra en Amérique pour attiser ces espoirs électoraux et assister à la remise des diplômes à la promotion de Joe Jr, à Harvard. Sur le

Queen Mary, lors de son arrivée à New York, il établissait déjà un contact radio avec la presse à quai. La plupart des questions auxquelles il répondit avaient trait à sa candidature présidentielle. Krock se surpassa dans une chronique consacrée à son vieil ami : « J. P. Kennedy est de retour, coqueluche de Londres, sujet favori de la presse britannique, conseiller écouté et régulièrement consulté par tous les hommes d'Etat dans le pays auprès duquel il est accrédité, influent et puissant dans tous les domaines où les Etats-Unis ont des intérêts à défendre en Grande-Bretagne... Le voici de retour, pas du tout impressionné par une ascension sociale et politique telle que nul Américain n'en a peut-être connu à l'étranger depuis les jours de Benjamin Franklin »[20].

Tout ce tapage ennuya Roosevelt dont l'affection pour les êtres diminuait en proportion exacte de leur aptitude à devenir des rivaux. Quand il eut connaissance des lettres marquées « Privé et Confidentiel », il fut assez fâché pour accéder aux demandes de ceux qui, autour de lui, souhaitaient voir rogner les ailes de Kennedy ; il autorisa donc son secrétaire de presse, Steve Early, à communiquer clandestinement copie de cette correspondance au *Chicago Tribune,* avec un commentaire anonyme mais émanant « de source bien informée » selon lequel « l'entrevue entre le Président et l'ambassadeur aurait été froide, le premier ayant reçu la preuve que le second voulait utiliser son poste pour accéder à la Présidence en 1940 »[21]. Kennedy fut furieux de ce qu'il considérait comme un coup de poignard dans le dos, encore que, devant lui, le Président ait nié habilement avoir eu la moindre responsabilité dans cette affaire.

Il essuya une nouvelle rebuffade à Harvard ; l'université ne se pliait pas plus à ses desseins que la Maison-Blanche ; en 1936, Kennedy avait postulé un siège au Bureau des Gouverneurs, mais était arrivé dixième sur douze, lors du scrutin ; il avait amèrement attribué sa défaite à un préjugé anti-catholique ; à son retour d'Angleterre, il avait espéré obtenir un doctorat *honoris causa* mais le comité de sélection avait estimé ses titres diplomatiques insuffisants pour l'octroi d'une telle distinction ; il s'empressa donc de publier un communiqué annonçant qu'il refuserait à l'avance tout diplôme de ce genre... comme s'il s'agissait d'une fonction politique. Roosevelt jubilait : « Imaginez-vous Kennedy refusant une distinction honorifique de Harvard ? »[22]. L'ambassadeur n'assista finalement pas à la cérémonie de remise des diplômes ; il avait pris la précaution de publier un autre communiqué prétendant qu'il était retenu au chevet de Jack, de nouveau malade.

Kennedy rentra en Europe avec ses deux fils, vers la fin juin, sur le *Normandie,* car ce qu'il avait vu au cours de son séjour à la tête de la Commission Maritime ne lui avait guère donné confiance dans les bateaux américains. Son idée était d'initier ses fils à la haute politique, sur le tas, comme cela avait déjà été le cas pour les fils d'un autre ambassadeur américain célèbre, Charles Francis Adams — originaire justement du Massachussetts, lui aussi, et accrédité également auprès de Londres.

Joe-le-Jeune était devenu un beau garçon, grand, vigoureux, doté du sourire étincelant de son père et de son regard d'acier. Il avait le même goût que son géniteur pour les filles — les danseuses d'El Morocco, du Stork Club et autres boîtes de nuit new-yorkaises, de préférence aux débutantes irlandaises et catholiques qui le guettaient à l'affût, dans les milieux de Boston. Il avait bien essayé de se rendre populaire à Harvard, mais nombre de ses condisciples le trouvaient difficile à « encaisser ». Soucieux de ne pas être considéré comme riche et exploité d'autant, il avait placé une pancarte près de son pot à tabac, sur son bureau, demandant à quiconque bourrerait une pipe de bien vouloir laisser 25 cents, en échange, dans un vase[23]. On disait qu'il cherchait toujours à fréquenter les meilleurs athlètes et à s'afficher avec les plus jolies filles, en société, mais il n'avait été admis dans aucun des clubs les plus en vue et avait dû se contenter du Pi Eta. « C'était mieux que rien, mais il en avait du ressentiment », raconte un des camarades de chambre de Jack, Jacques Rousmaniere[24]. Joe avait quelques amis fidèles comme Timothy J. Reardon Jr, pilier de l'équipe de football américain (ils s'étaient rencontrés lorsque tous deux jouaient dans l'équipe de première année et que Joe avait demandé à Tim quelques passes avant l'entraînement pour « se dégourdir les mains »[25]) mais, toujours selon Rousmaniere, « la plupart des garçons n'avaient nulle envie d'aimer Joe et trouvaient de bonnes raisons pour cela ; il y avait de la méchanceté en lui ; il était capable de se moquer des autres jusqu'à leur faire mal ; il ne savait pas s'arrêter. » Il était comme son père, acharné à se frayer un chemin à toute force, sa ténacité lui tenant lieu de grâce ; cela se voyait dans la façon dont il jouait au football américain — « avec sa gueule », disaient ses coéquipiers —, la tête en avant de façon à s'en servir comme d'un bélier ; il était sans peur mais sans étincelle[26].

L'axe de la vie de Joe Jr, c'était sa famille. A l'époque où son père l'avait envoyé à Londres suivre les cours d'Harold Laski[27], son camarade de chambre, Aubrey Whitelaw, avait été frappé par la façon dont il conservait les photos de ses frères et sœurs, sur la commode, et parlait parfois de ce que chacun ferait quand il serait grand, comme s'il s'adressait à eux personnellement. Cela dit, il ne faisait pas mystère de son ambition : il serait le premier catholique irlandais à parvenir à la Maison-Blanche, si son père n'était pas Président avant lui. (« Nous le taquinions à ce sujet », rappelle l'un de ses bons amis de Harvard, Tom Schriber, « nous l'appelions " ce vieux *prexy* " »[28].) Il assistait aux cours de Laski dans un amphithéâtre toujours trop plein, après quoi il se rendait aux thés donnés par le Maître, chez lui ; quand Laski exposait un point épineux de science politique, il aimait se tourner vers le jeune Kennedy pour lui demander : « Joe, comment réagiriez-vous, si vous étiez déjà Président ? »[29] ; et Joe essayait vaillamment de répondre ; sa sincérité lui avait gagné la considération du célèbre socialiste, plus que n'aurait pu le faire son intellect. Au cours des vacances de fin de semestre, les Laski l'avaient invité à se rendre en URSS avec eux ; il avait apprécié leur compagnie et s'était montré impressionné par l'Union Soviétique jusqu'au moment où il avait visité le Musée antireligieux.

Joe-le-jeune était rentré chez lui après son premier séjour en Angleterre, tout prêt à faire montre de ses nouvelles connaissances en discutant les idées de son père : « Les communistes, exposait-il à ses frères et sœurs, s'intéressent au bien-être du peuple [30]. Ils prennent soin de lui, mieux que ne le fait le système capitaliste. Ils partagent les uns avec les autres de sorte que personne ne soit vraiment pauvre. Papa ne sait pas grand-chose de tout ça, mais je crois que c'est formidable. » Il y avait eu de féroces discussions, au cours de nombreux dîners, au point que Kennedy, furieux, finissait par demander à Joe Jr de quitter la table. (« Il avait dû se lever si souvent avant d'avoir fini son repas, que c'était un miracle s'il ne dépérissait pas », raconte sa cousine Mary Lou McCarthy [31].) Mais en son for intérieur, Joe s'enorgueillissait de son fils, sachant fort bien qu'il serait toujours loyal à sa famille. Et en effet, au moment où Joe Jr terminait ses études à Harvard, il ne restait plus rien en lui de l'influence qu'avait pu exercer Laski sur son esprit et il défendait avec persévérance les thèses de son père, notamment dans son mémoire de fin d'études, intitulé « L'intervention en Espagne », où il examinait l'action du Comité pour la non-intervention en Espagne (appelé littéralement : « Bas les pattes en Espagne ») et faisait écho aux critiques de l'ambassadeur, selon qui le gouvernement républicain n'était qu' « une bande de communistes et d'athées » [32].

Pour conservateur qu'il ait pu se montrer en politique, c'était pourtant un extrémiste quand il s'agissait de prendre des risques. L'audace dont il avait fait montre dans son enfance s'était développée, avec une forte tendance à l'héroïsme, et un mépris des conséquences que ses amis jugeaient inquiétants. Lorsqu'il avait visité Wyntoon, le lieu de naissance de Hearst, au pied du Mont Shasta, Joe s'était mis en tête de nager dans les eaux rapides et glacées de la McCloud. William Randolph Hearst Jr rappelle : « On m'avait toujours recommandé de ne pas m'en approcher en raison de la température de l'eau, ni à plus forte raison de m'y tremper car le froid tétaniserait mes muscles et m'empêcherait de nager. Joe fut le premier garçon que je vis s'y risquer » [33]. Plus tard, à St Moritz, quand il sauta dans un bobsleigh pour la première fois de sa vie, il se lança sur une piste où des conducteurs chevronnés s'étaient tués, et battit presque le record du monde.

Jack et lui s'appelaient « frère » entre eux [34], expression que ni Bobby ni Teddy n'utilisaient jamais, comme pour bien montrer qu'ils étaient les deux seuls frères qui comptaient, les presque-égaux, ceux qui se disputeraient la prépondérance un jour. Mais pour le moment, Jack ne revendiquait pas la première place ; il se contentait de vivre dans l'ombre abondamment projetée par son aîné. « J'aimerais signaler que je ne suis pas aussi brillant que mon frère », avait dit Jack au maître d'études de Winthrop House en arrivant à Harvard [35]. Et maintenant, il était à bord du bateau qui ramenait son père en Angleterre. Il était toujours mince, paraissait plus jeune que son âge, et présentait une étrange combinaison de vulnérabilité et d'énergie que l'on s'accordait à trouver séduisante. Il avait essayé de jouer au football américain [36], non sans dommages pour sa colonne vertébrale, et il lui en était resté des problèmes de disques auxquels on attribuerait tous ses accidents de santé par la suite. L'année précédente, il avait été admis dans l'équipe de natation et une série de lettres envoyées à Lem, à Princeton, révélaient son enthousiasme à ce propos.

Le 20 janvier 1937, Jack écrivait en effet : « Cher Pneumoan... battu le Numéro Un sur le dos (avec) dix yards d'avance. Supposé nager en course aujourd'hui, mais j'ai un foutu rhume que tu m'as passé, et je ne peux pas. J'irai quand même boxer parce que l'entraîneur dit que je suis " le boxeur le plus naturel de tous les gars de première année ". Je ne suis ni très lourd ni très rapide, aussi faut-il que je sois naturel... »[37]. Quelques semaines plus tard, il écrivait : « Cher LeMoan, ... la natation va plutôt bien. Je suis dans l'équipe de relais quatre-nages et jusqu'à présent j'ai amélioré mon record chaque semaine. J'ai gagné sept secondes ; aussi, cher Billings, tu dois être juste devant mon couloir, et tu sais bien quel couloir »[38] ; et encore quelques jours plus tard : « Cher Kirk, ... je m'entraîne sérieusement depuis un mois maintenant et je vais en déplacement demain soir pour nager contre Yale. Ai gagné huit secondes sur mon temps et je fais maintenant 107 aux cent (yards). Vais nager dans le quatre-nages mais il semble que ce sera plutôt dur parce que ceux de Yale sont assez forts... »[39].

Joe Jr, qui avait l'occasion de parler des progrès de Jack avec l'entraîneur des nageurs, Harold Ulen, fut amusé d'apprendre que son jeune frère s'était caché sous la douche pour échapper à des photographes qui s'intéressaient à lui, croyait-il, à cause de son nom et non de ses activités sportives.

Il se vantait aussi de ses prouesses sexuelles. « Je peux maintenant baiser aussi souvent et gratuitement que je veux, ce qui est un pas dans la bonne direction »[40], écrivait-il à Lem peu après le début de l'année 1938 ; et quelques semaines plus tard, en prévision d'un rendez-vous galant, à Princeton, chez son ami, il avertissait celui-ci : « Prends-moi une chambre loin des autres et en particulier de ton amie, parce que je ne veux pas te voir arriver pour bavarder en plein milieu, comme tu fais toujours, pour me dire que ma crête est mal en point »[41]. Mais, en dépit de toute sa jactance, il n'était pas en bonne santé et passait une grande partie de son temps à aller et venir, de son lit d'infirmerie à la piscine d'entraînement, et à boire des milkshakes pour reprendre des forces afin de lutter contre la mystérieuse maladie qui l'habitait depuis sa petite enfance. Des crises de sinusite vinrent frustrer ses efforts sportifs, et il dut même subir une circoncision (« Quant à l'intérêt contre nature que tu portes à ma circoncision, écrivait-il à Lem, JJ — c'était le surnom qu'il donnait à son pénis — ne s'est jamais mieux porté et ne m'a jamais fait meilleur usage »[42].

Fort de son droit d'aînesse, Joe Jr abusait de son avantage en toute circonstance. Un soir où il avait vu Jack en compagnie d'une fort jolie fille au Stork Club, il avait fait appeler son frère au téléphone et, pendant ce temps, avait abordé lui-même la fille et l'avait ramenée chez elle[43]. (Dans la voiture, Reardon et lui avaient joué la belle à pile ou face ; la chance ayant souri à Joe, son ami dut attendre sur le paillasson jusqu'à trois heures du matin. A leur retour à Bronxville, ils trouvèrent Jack dans la chambre à coucher, « maigre comme le Mahatma Gandhi » et « fou de rage ».) Un jour de mauvais temps, au Cap, la mer était si grosse que des régates auxquelles Joe et Jack devaient participer durent être annulées. Reardon, qui était descendu sur la rive avec les enfants Kennedy pour voir « le départ des héros », demanda à Joe pourquoi il était si furieux. « Ces mollassons croient que la mer est trop dure pour nous », répondit Joe. Puis il appela son frère : « Hé, Jack, ramène-toi ! » Ils prirent le bateau et les voilà partis ; mais « Jack tomba ou fut poussé à l'eau de sorte que Joe fit demi-tour pour le repêcher et le ramener au rivage en disant : " Pourquoi diable disent-ils que la mer est trop forte ? " » (La course n'en fut pas moins annulée[44].)

Plus facile à vivre que Joe Jr, moins obsédé par son besoin de se justifier, Jack avait été admis au Spee, l'un des meilleurs clubs de Harvard[45]. Il avait également commencé à sortir avec des filles « sérieuses ». L'une d'elles était Frances Ann Cannon, jolie étudiante du collège Sarah Lawrence, qu'il s'arrangeait pour rencontrer au Club 21 chaque fois qu'il venait à New York, tant et si bien que la famille s'attendait à une demande en mariage. (« Jack sort avec Frances Ann, ce week-end, écrivait Kick à Rose, et nous mourons tous d'impatience »[46].) Mais quelques jours plus tard, elle les invitait, lui et son ami Charlie Houghton, chez sa mère, pour les présenter à son fiancé, l'écrivain John Hersey. Il est typique de constater que quand il était « sérieux » en amour, Jack n'était pas aussi sérieux qu'il le faisait croire à ses sœurs et à d'autres. Charlotte McDonnell, qui fut aussi considérée comme une de ses fiancées éventuelles, a déclaré : « Il ne parlait jamais directement de mariage[47]. Il disait par exemple : " Torb (MacDonald, un ami de Harvard) pense que ce serait une bonne idée. Evidemment ce serait idéal si tu étais une riche italienne de Boston ". » Même les jeunes filles avec qui il sortit longtemps ne l'occupèrent pas entièrement. Selon Charlotte McDonnell : « Il lui arrivait de m'appeler pour me demander d'aller au théâtre et de dîner ensemble avant le spectacle ; puis à la dernière minute, il n'y avait pas de dîner ; Lem Billings appelait d'en bas, par l'interphone intérieur, pour dire avec un petit rire embarrassé : " Jack a un empêchement, il doit se faire masser. " Et voilà Lem qui arrive pour m'emmener chez Jack, après quoi on allait peut-être au théâtre et quelque part ensuite »*.

Jack n'avait pas seulement accepté sa place dans la famille, il avait également fini par découvrir qu'il pouvait avoir avantage à servir de repoussoir à son frère. Comme le remarque son camarade de chambre, James Rousmaniere : « Je crois que Jack était très heureux que son frère ait assumé l'obligation de satisfaire les ambitions paternelles... Il estimait que Joe, en sa qualité d'aîné, étant donné la situation, devait faire face à bien des responsabilités que, pour sa part, il préférait éluder. Il en retirait une certaine liberté qu'il savait apprécier »[49]. Joe Jr devait veiller à soigner l'image des Kennedy et n'y manquait pas. Pendant ce temps, Jack pouvait tranquillement s'arranger pour ne pas être submergé par sa famille ou par son père. Il sondait les voies qui le conduiraient vers l'indépendance, même parfois sans le savoir lui-même. Quand il était allé en Europe avec Lem, par

* L'idylle entre Charlotte et Jack fut brisée par le père de la jeune fille, James McDonnell, patriarche de l'une des « Premières Familles Irlandaises », qui méprisait Joe Kennedy pour ses débuts peu scrupuleux. « Charlotte pleura souvent sur mon épaule, parce que le vieux James McDonnell interdit à Jack Kennedy de la revoir, rappelle Ann Kelley qui était la camarade de chambre de Charlotte, à Manhattanville College ; son père l'avait menacée de la renier et de la jeter dehors si elle passait outre. " Jamais un enfant de cet homme ne franchira le seuil de ma maison ", disait-il »[48].

exemple, il s'était penché sur l'imbroglio espagnol avec les préjugés pro-franquistes de son père ; mais les lettres qu'il envoyait chez lui montraient que son esprit supportait mal de se ranger à l'orthodoxie familiale : « Bien que je croie de beaucoup préférable, pour l'Espagne, une victoire de Franco, car celle-ci renforcerait le pays et son unité, il n'en demeure pas moins qu'à l'origine le gouvernement (républicain) avait raison, d'un point de vue moral, car son programme ressemblait à celui du New Deal »[50]. A Harvard, un ami s'étonnait de le voir aller à l'église, un jour de fête religieuse, car il était loin d'être pieux ; il s'était attiré cette réponse : « Cela je le fais pour mon père, le reste je le fais pour moi »[51].

Quand l'ambassadeur débarqua à Londres avec ses deux fils, il fut fâché de voir que Fitz-gâteau, venu rendre visite à Rose et aux petits, pendant son absence, avait utilisé ses cartons d'invitation, aux armes de l'ambassade, pour écrire à ses copains restés à Boston-Nord. Rose avait également emmené son père à Cliveden, où il avait rencontré le Premier ministre et sa femme, et passé la soirée à chercher s'il était parent de Mrs Chamberlain, née Fitzgerald et d'origine irlandaise[52].

Jack s'empressa de se mettre au travail à l'ambassade et d'aider son père avec enthousiasme. « Rencontré le Roi au Lever, écrivit-il à son ami Lem ; c'est une réception qui a lieu le matin et l'on y porte jaquette. Le Roi est debout et chacun s'approche pour s'incliner devant lui. Rencontré la reine Mary et pris le thé chez la princesse Elizabeth avec laquelle j'ai longuement bavardé. Jeudi soir, je vais à la Cour avec ma nouvelle culotte de soie, coupée au genou, très serrée sur les cuisses, et qui me rend extrêmement séduisant »[53].

Pendant que Jack explorait la haute société londonienne, Joe Jr reprenait sa place de chef du clan. Il s'occupait longuement de Teddy qui, toujours grassouillet, lui ressemblait pourtant beaucoup. Tous deux avaient les yeux plus clairs que ceux des autres et une constitution, un physique, plus semblables à ceux des Fitzgerald. Joe Jr exprima son admiration pour Pat et Eunice et complimenta Jean, sa filleule, « la plus jolie de toutes ». Mais Kick était la sœur dont il se sentait le plus proche. Ils se levaient tôt le matin pour monter à cheval, galopant ensemble le long de Rotten Row et, dans la soirée, ils faisaient le tour des grandes propriétés — non seulement Cliveden, mais aussi Chatsworth House, demeure de la puissante famille Cavendish. Kick, aussi ambitieuse que son frère, sortait avec William Cavendish, marquis de Hartington, fils aîné du duc de Devonshire et héritier d'un domaine de plus de 80 000 hectares, avec des propriétés réparties dans toute l'Angleterre et un revenu de plus de 250 000 livres par an[54].

Kick avait tout juste dix-huit ans et Billy — comme tout le monde l'appelait — en avait près de vingt. Ils formaient un contraste parfait ; elle venait d'une famille irlandaise de Boston ; sa lignée à lui était si pure qu'il avait été désigné parmi les époux possibles de la princesse Elizabeth. Elle était petite, jolie et brillante ; il était taciturne et avait bien plus de 1 m 80, le dos rond, les mains toujours nouées derrière le dos quand il ne les frottait pas nerveusement l'une contre l'autre comme s'il ne savait qu'en faire. Elle était toute épidermique, comme une plante (l'image était de Billy) dont on a taillé les racines pour lui imposer une luxuriance forcée ; il était une sorte d'intellectuel, et passait des heures dans la bibliothèque familiale, une des meilleures d'Europe, où parmi nombre de livres rares se trouvaient une Bible de Gutenberg et une édition princeps du *Paradis perdu* de Milton. Il passait son temps à se demander s'il était aimé pour lui-même ou parce qu'il serait duc.

Anne, la sœur de Billy, disait que c'était un de ces aristocrates dont on aurait pu croire qu'ils avaient été balayés par la Première Guerre mondiale[55] ; elle ajoutait que les taquineries irrévérencieuses de Kick étaient exactement ce dont il avait besoin. (« Hello, disait-elle au maître d'hôtel chargé de répondre au téléphone, le Roi est-il en son palais par hasard aujourd'hui ? »[56].) Sa cousine Fiona Gore pensait qu'ils formaient un couple « merveilleux » : « Voilà une petite Américaine, pleine de vivacité, qui, par une série de circonstances inattendues, était devenue la coqueluche de Londres, et qui ne s'intéressait qu'à Billy ! Cela lui donnait une telle confiance en lui. Elle s'arrangeait pour tirer le tapis, oh ! juste sous son piédestal ! »[57]. Quand ils étaient ensemble, ils étincelaient. Pourtant il était entendu qu'il ne pourrait jamais y avoir rien de sérieux entre eux ; les Cavendish n'étaient pas seulement les chefs de file de la Pairie protestante, mais en outre leur histoire était semée d'épisodes anti-irlandais et anti-catholiques[58]. Ils avaient été anoblis par Henry VIII qui avait donné à Sir William Cavendish, premier du nom, une part des biens confisqués à l'église catholique. Le grand-père maternel de Billy, Lord Salisbury, s'était signalé, comme Premier ministre, en comparant les Irlandais à des Hottentots, quant à leur aptitude à se gouverner eux-mêmes ; le grand-oncle de Billy du côté de son père, Lord Frederick Cavendish, avait été un Gouverneur général d'Irlande si draconien qu'il avait été assassiné dans le parc Phoenix de Dublin et que Fitzie avait montré l'emplacement de l'attentat à Rose, comme un haut lieu du catholicisme, quand ils avaient visité l'Irlande en 1908. Aussi l'idylle, proscrite par les Cavendish autant que par les Kennedy, prit-elle les couleurs des amours interdites ou, comme le disait Billy, d'une « affaire Roméo et Juliette »[59].

Joe Kennedy était heureux de voir avec quelle aisance ses enfants évoluaient dans la société anglaise. Les horizons infinis qu'il voyait s'ouvrir devant eux faisaient paraître d'autant plus lourds les nuages qui s'amoncelaient sur l'Europe à mesure que Hitler se tournait vers la Tchécoslovaquie. L'un des discours que l'ambassadeur prononça cet été-là, présentait des aspects particulièrement personnels : « Je voudrais vous demander si vous connaissez un litige ou un conflit dans le monde, qui vaille la vie de votre fils ou du fils d'autrui »[60]. Mais le secrétaire d'Etat Cordell Hull supprima la phrase dans le texte et quand FDR fut mis au courant, il dit de Kennedy : « Ce jeune homme mérite de se faire taper très fort sur les doigts »[61]. Malgré son ennui de voir ces tentatives unilatérales de son ambassadeur pour façonner la politique américaine, le Président trouvait encore à Kennedy une utilité potentielle dans la préparation de sa troisième réélection, tout spécialement si son rival éventuel, le vice-président John Nance Garner, décidait de conclure un accord avec le catholique irlandais James Farley, et de promettre à ce dernier le poste de vice-président. « Dans ce cas, le Président devrait se tourner vers Joe Kennedy pour lui offrir la vice-présidence. Cela dresserait un catholique romain contre un autre catholique romain, écrivait le secrétaire à l'Intérieur, Harold Ickes, dans son journal. Si Farley est capable d'apporter à son camp des avantages politiques indéniables, Kennedy aurait pour lui le soutien des riches milieux d'affaires conservateurs et sa campagne serait d'autant mieux financée qu'il possède lui-même une grosse fortune personnelle »[62].

Toujours habile marionnettiste dans le monde politique américain, le Président avait commencé à tirer quelques ficelles dans le domaine de la politique étrangère, hésitant entre l'isolationnisme et l'internationalisme, conciliant envers l'humeur antibelliciste du pays, mais s'efforçant de contrecarrer les plans de Hitler en Europe. La propagande têtue faite par Kennedy pour ses propres idées rendait cette acrobatie d'autant plus difficile. Kennedy aimait Chamberlain alors que Roosevelt le jugeait « fuyant » ; le Président admirait Winston Churchill, qui ne manquait pas une occasion de critiquer ouvertement le Premier ministre, alors que Kennedy le tenait pour un ivrogne et un impérialiste impénitent. Kennedy était allé en Angleterre, convaincu de s'y faire traiter en adversaire, et il avait découvert que nombre d'Anglais pensaient comme lui. Roosevelt était très surpris par cet entrelacs de paradoxes : « Qui aurait pu penser que les Anglais sauraient s'annexer ce rouquin d'Irlandais ? »[63].

Le 12 septembre, Hitler s'en prit aux Tchèques, à Nuremberg. Deux jours plus tard, Chamberlain était à Berchtesgaden pour s'entretenir avec le Führer. Comme le Premier ministre s'en revenait avec les exigences du dictateur nazi, Kennedy entrait en campagne à son tour pour sauvegarder la paix. Il convoqua Charles Lindbergh qui se trouvait à Paris en train de prêcher l'invincibilité de la machine de guerre nazie[64]. L'aviateur arriva le lendemain sous une pluie diluvienne et se dirigea aussitôt vers l'ambassade. Désireux de faire assister sa famille à cet événement historique qu'il contribuait à façonner, Kennedy convia Rose et ses aînés au déjeuner. Au cours du repas, il brossa brutalement un sombre tableau de la situation diplomatique. Si Hitler prenait une nouvelle initiative, Chamberlain ne pourrait amener l'Angleterre à faire un pas de plus vers un compromis. Lindbergh évoqua alors la puissance aérienne des Allemands et le temps qu'il faudrait à ceux-ci pour raser Paris ou Londres. Il insista sur le fait que la supériorité de l'aviation militaire allemande était telle qu'elle pouvait « bombarder n'importe quelle ville d'Europe sans rencontrer de résistance sérieuse »[65]. Kennedy lui demanda de mettre par écrit tout ce qu'il avait dit et, le lendemain, il envoya le contenu de ce rapport au département d'Etat[66].

Kennedy glissa aussi une copie du « rapport Lindbergh » entre les mains de Chamberlain juste avant le départ de celui-ci pour Bad Godesberg, le 22 septembre, lors de la nouvelle conférence sur la Tchécoslovaquie. Le Premier ministre était prêt à accepter presque toutes les demandes de Hitler, mais en arrivant il découvrit que le Führer avait encore fait monter les enjeux. Il rentra chez lui avec un ultimatum allemand inacceptable, même pour les plus accommodants. Les autorités de Londres commencèrent à faire creuser des tranchées et à distribuer des masques à gaz.

Kennedy envoya les plus jeunes des enfants en Irlande où ils seraient à l'abri d'une attaque surprise des Allemands et écrivit à Krock : « Je me sens très triste moi-même, car j'envisage de renvoyer Rose et les enfants en Amérique et de rester ici tout seul, pour Dieu sait combien de temps. Peut-être ne les reverrai-je jamais plus... »[67]. Deux jours plus tard, alors que l'ultimatum de Hitler était sur le point d'expirer, il téléphona à Rose de rentrer : celle-ci se promenait imperturbablement en Ecosse, de son côté, à son habitude. Il lui dit que la guerre était imminente et qu'il fallait prendre des dispositions concernant la famille.

Pendant ce temps, Chamberlain s'était rendu à Munich pour une conférence à quatre à laquelle assistaient aussi l'Italie et la France mais dont la Tchécoslovaquie était exclue. Le 30 septembre, après treize heures de marchandages, Chamberlain rentra en Angleterre ; il émergea de l'avion en brandissant un parapluie noir et un accord qui attribuait à l'Allemagne la région des Sudètes — où se trouvaient la plupart des richesses et des moyens de défense de la Tchécoslovaquie — et il annonça qu'il avait « assuré la paix pour notre temps ».

Kennedy était aux anges. « Je viens de vivre le mois le plus passionnant de ma vie », écrivait-il à James Byrnes, sénateur de la Caroline du Sud[68]. « D'un côté, il me fallait maintenir mes contacts afin de savoir ce qui se passait réellement pour que nous ne soyons pas pris au dépourvu ; d'un autre, je devais envisager l'éventualité d'un bombardement de Londres, avec mes huit enfants parmi les victimes ; cela a été une grande page dans l'histoire de ma vie. » Tout s'était passé exactement comme il l'avait prédit six mois plus tôt, juste après son arrivée en Angleterre, lorsqu'il avait écrit dans une de ses lettres « privées et confidentielles » : « L'Allemagne obtiendra ce qu'elle voudra en Tchécoslovaquie sans avoir besoin d'envoyer un seul soldat traverser la frontière »[69].

A la lumière de l'accord négocié par Chamberlain à Munich et que la plupart des Britanniques approuvaient, il sembla qu'une fois de plus Kennedy avait joué gros et gagné. Au cours des semaines suivantes, il se lança dans une apologie euphorique de l'accord et prononça des discours dans ce sens en toute occasion. Soucieux du moindre détail, il demanda même à Will Hays de censurer les déclarations des Britanniques anti-munichois dans une bande d'actualités filmée par la Paramount pendant la crise[70]. Il reprit également contact avec l'ambassadeur d'Allemagne, von Dirksen, pour ajouter une précision à son projet de voyage d'études : « Il n'irait en Allemagne que s'il était assuré de pouvoir parler au Führer », comme l'indiqua l'ambassadeur dans un câble à Berlin[71].

Ce fut le dîner annuel donné traditionnellement pour l'anniversaire de Trafalgar par la Ligue de la Marine, qui donna lieu à l'initiative la plus importante prise par Kennedy dans le cadre de sa campagne pro-munichoise. Il était le premier ambassadeur des Etats-Unis à se trouver choisi pour exprimer le sentiment de son pays à propos de toute l'affaire ; or non seulement son discours présentait-il une justification de l'attitude de Chamberlain, mais encore y trouvait-on l'idée que les accords de Munich pourraient servir de modèles à d'autres accommodements à venir, car la crise tchèque avait montré qu'il était possible de « s'arranger » avec les dictatures.

La réaction fut prudente en Grande-Bretagne. Mais, aux Etats-Unis, la Maison-Blanche fut inondée de télégrammes et de coups de téléphone demandant si l'Amérique avait changé de politique. Kennedy se trouva en butte aux attaques de journalistes comme Walter Lippmann et même de vieux amis tels que Frankfurter, sans parler de ses vieux ennemis du département d'Etat — cela n'empêchait pas certains d'entre eux de se réjouir d'un discours qui, disaient-ils, avait « anéanti toute ambition politique que (Kennedy) eût pu avoir »[72]. Jack, qui était retourné à Harvard et se trouvait être le seul membre de la famille présent sur le sol américain, ne put fournir qu'un soutien mi-figue mi-raisin ; il écrivait à son père que le discours était évidemment « impopulaire parmi les Juifs, etc., mais très bien vu chez tous ceux qui n'étaient pas des antifascistes aigris »[73].

FDR, idéaliste à ses heures, encore qu'il fût suprêmement pragmatique en réalité, comprit que la controverse sur le rôle des Etats-Unis dans les affaires internationales commençait de déclencher un véritable bouleversement sismique au sein de l'opinion. Kennedy, naguère opportuniste, mais engagé cette fois dans la défense d'un principe inviolable, ne s'en rendit pas compte. Son isolationnisme devint de plus en plus têtu et implacable au moment même où le Président se tournait vers l'internationalisme, de telle façon qu'il lui faudrait miner le terrain sous les pas de son propre ambassadeur. Une semaine plus tard, quand Roosevelt sembla, dans une allocution radiodiffusée, désavouer Kennedy, celui-ci se sentit trahi. (Roosevelt en effet avait dit : « Il ne peut y avoir de paix, si le règne de la loi est remplacé par une sanctification réitérée de la force ; il ne peut y avoir de paix si les menaces de guerre sont délibérément mises au service d'une politique nationale »[74].) Il écrivit à Jimmy Burnes : « Je suis si furieux que je ne vois plus clair »[75].

Alors que la polémique autour du discours de Trafalgar était encore virulente, il se produisit un drame qui plaça l'événement (et la négociation de Munich) sous un jour nouveau. Des hordes nazies ravagèrent les communautés juives allemandes, détruisant les foyers, maltraitant et violant les personnes. Les vitrines brisées des magasins juifs fournirent un nom à cette nuit d'horreur : *Kristallnacht* (la nuit de cristal). Quand tout fut terminé, des centaines de synagogues et des milliers de commerces juifs avaient été détruits. Outre les nombreux Juifs massacrés, il y en eut trente mille qui furent arrêtés et déportés à Buchenwald, Dachau et Sachsenhausen.

Kennedy était — pour le moins — machinalement antisémite, dans sa vie personnelle, mais à la suite de l'acte commis par les Allemands, il entreprit unilatéralement de s'occuper de l'affaire[76]. Bien vite, le *New York Times* faisait savoir que l'ambassadeur avait établi avec Chamberlain un programme visant à organiser l'exode total des Juifs allemands en Afrique et dans l'hémisphère occidental, sous la double direction de la Grande-Bretagne et des Etats-Unis. Mais le département d'Etat, qui n'avait pas été consulté, ignora délibérément le plan de Kennedy ; les Juifs américains ne s'y intéressèrent pas, dans la mesure où il entrait en conflit avec leurs propres idées sur la création d'un foyer juif en Palestine ; enfin le Président n'y vit qu'une tentative faite par son ambassadeur pour retrouver l'élan politique qu'avait brisé le discours de Trafalgar et il ne prit pas la peine de faire des commentaires.

C'était la première fois de sa vie que Kennedy se trouvait piégé sans pouvoir s'en sortir par un coup d'audace. Pour la première fois, le pendule qui était toujours revenu vers lui (il était l'auteur de la métaphore) continuait de s'éloigner. Comme sa crédibilité et son influence à Washington baissaient de jour en jour, il ne puisait guère de réconfort que dans sa famille et tout particulièrement auprès de Joe-le-jeune, tout récemment rentré à Londres après une longue tournée effectuée sous le couvert d'un passeport diplomatique et qui l'avait conduit à Prague, à Varsovie, à Leningrad, à Stockholm et à Berlin. Il avait trouvé l'URSS plus lugubre que lors de son voyage avec les Laski ; les Allemands l'avaient fortement impressionné (« C'est vraiment un peuple merveilleux, avait-il écrit dans une lettre, et il sera horriblement difficile de l'empêcher d'obtenir ce qu'il veut »[77].) Il s'efforça d'aider son père — prêchant publiquement le plan relatif à l'émigration des Juifs allemands mais admettant, en privé, que les Juifs américains cherchaient à faire sortir l'Amérique de sa neutralité.

A mesure que l'automne avançait et faisait place à l'hiver, le père et le fils prenaient plaisir à se tenir mutuellement compagnie, ce qu'ils n'avaient pas eu le temps de faire depuis bien des années. Ils montaient à cheval ensemble le matin. Le samedi, ils allaient à pied avec Teddy jusqu'au grand bassin de Hyde Park où Joe Jr mettait à flot le petit bateau de son frère et s'asseyait ensuite sur le bord avec son père tandis que le gamin courait après son esquif. L'ambassadeur, qui ne s'était pas souvent assis dans sa vie, restait sur sa chaise à regarder son premier et son dernier nés, les deux parenthèses de sa paternité. Le moment était d'autant plus poignant que chacun en Europe savait que le calme apparent précédait la tempête.

Tandis que Joe-le-jeune emmenait le reste de la famille à St Moritz pour les vacances d'hiver, l'Ambassadeur rentra aux Etats-Unis sur le *Queen Mary*, pour tenter de rapetasser ses relations avec Roosevelt. De New York, il se rendit à Washington en avion pour passer à la Maison-Blanche deux heures pendant lesquelles il exposa une fois de plus ses vues sur l'accord de Munich et son plan pour l'évacuation des Juifs allemands. En partant, il laissa une note que son équipe de Londres avait rédigée, sur les trois options offertes à l'Amérique en cas d'effondrement de l'Angleterre : tenter de renverser le nazisme, se replier sur la Forteresse Amérique, ou — de préférence — accepter un partage du monde en sphères d'influence — les Etats-Unis, la Russie, l'Allemagne, le Japon, la France et l'Angleterre se voyant attribuer leur zone respective[78]. Ce système ressemblait quelque peu à celui des clubs de circonscription, implanté à Boston, aux beaux jours de son propre père ; il ne fut jamais officiellement discuté ni à la Maison-Blanche ni au département d'Etat.

De Washington, Kennedy se rendit à Palm Beach avec Jack qui avait décidé de s'absenter de Harvard pendant le second semestre, pour rentrer à Londres avec son père. L'ambassadeur se dorait nu au soleil de la Floride, dans l'enclos de la piscine, luisant de beurre de cacao[79], et tenait des conférences de presse officieuses pour Damon Runyon, Walter Winchell, le Colonel McCormick du *Chicago Tribune* et quelques autres — « c'était pratiquement un bureau de publicité », selon un reporter de Boston. Loin de chercher à justifier son attitude, à propos de Munich, Kennedy se vanta auprès de Winchell d'avoir appelé Lindbergh à Londres, au paroxysme de la crise, et d'avoir ainsi contribué à convaincre Chamberlain de ne pas mettre les nazis au défi.

Quand il arriva à Londres avec Jack, à la mi-février, il trouva un message de Joe Junior, qui était allé assister à l'épilogue de la guerre civile espagnole. « Désolé de vous rater. Arrivé sain et sauf à Valence. Pars pour Madrid ce soir »[80]. Préoccupé mais fier, Kennedy hocha la tête après avoir lu ce message : « J'espère qu'il n'ira pas au feu. Sa mère en mourra quand elle saura qu'il est à Madrid »[81]. Il n'en communiqua pas moins l'itinéraire de son fils à la presse qui le qualifia de « jeune chasseur de crises ».

Joe Jr était allé se plonger au cœur même des ténèbres espagnoles. Il était à Barcelone au moment de la chute de la ville, puis se rendit à Madrid encore assiégé par Franco, pour y rencontrer lui-même des membres de la Cinquième Colonne. Antonio Garrigues (plus tard ambassadeur d'Espagne à Washington) était un membre de la résistance pro-franquiste. « Joseph s'engagea profondément dans ces activités qui, comme toute occupation dangereuse, pouvaient se révéler très absorbantes. Il se joignit même à nous pour quelques-unes de nos missions dans Madrid »[82]. S'exposant constamment au danger, plus par goût de l'aventure que par conviction politique (un jour où il avait été collé au mur par un groupe de soldats, il n'avait dû son salut qu'à son passeport diplomatique), il assista à l'agonie de la République en se promenant dans les rues, vêtu de ses pantalons de flanelle grise et de son chandail, comme tout parfait étudiant issu d'un établissement huppé de Nouvelle-Angleterre. (A son retour, il rapportait un fragment de shrapnel dans sa valise pour le montrer à Reardon et aux autres en disant : « Vous voyez ça ? Il m'a raté de peu. Je l'ai trouvé planté dans le tissu de ma veste alors que j'étais couché sur le toit de l'ambassade »[83]. « L'entrée des troupes nationalistes à Madrid ne fut pas des plus spectaculaires », écrivit-il dans un article que son père l'aida à publier dans *The Atlantic*. « La ville avait été prise prématurément par les sympathisants franquistes de l'intérieur. Quelques audacieux se mirent à parcourir les rues avec le drapeau nationaliste planté sur leur voiture, et bientôt toute la vieille cité, lasse de la guerre jusqu'à en crever, arborait l'emblème franquiste sur presque toutes ses maisons »[84].

Tandis que Madrid tombait, le pape Pie XI s'éteignait et l'ambassadeur intriguait efficacement pour être désigné comme représentant des Etats-Unis lors des cérémonies d'intronisation du nouveau pape — l'ancien cardinal

Pacelli, qui avait été reçu par les Kennedy à Bronxville, au cours de sa tournée américaine de 1936. (Rose avait mis un cordon autour du sofa où le cardinal s'était assis dans leur demeure, comme s'il s'agissait d'une relique, en souvenir de cette visite[85].) Comme la famille était au complet, à l'exception de Joe Jr, l'arrivée en masse des Kennedy produisit un petit désordre dans l'assistance et il fallut redistribuer les sièges ; par suite de quoi, le comte Ciano, gendre de Mussolini, menaça de s'en aller en signe de protestation...

Le lendemain, toute la famille Kennedy fut reçue en audience privée par le pape qui bénit leur valise pleine de rosaires et évoqua le souvenir de son voyage aux Etats-Unis. Teddy raconta ensuite à un journaliste américain comment il était monté sur les genoux du pape et avait bavardé avec lui : « J'ai dit à ma sœur Patricia que je n'étais pas effrayé du tout. Le pape m'a caressé la tête et m'a dit que j'étais un petit gars futé. Il m'a donné le premier chapelet qui était sur la table avant d'en donner un à ma sœur »[86].

« Juste rentré de Rome où nous avons passé de grands moments », écrivit Jack à Lem, après leur retour à Londres. « Pacelli est au zénith en ce moment et tu as eu raison de t'incliner et de te prosterner comme tu l'as fait quand tu l'as rencontré. Il a donné la première communion à Teddy — c'est la première fois qu'un pape fait une chose pareille depuis deux siècles. Il nous a également donné la communion à Papa, à moi et à Eunice, au cours d'une messe privée, et l'un dans l'autre, tout a été assez impressionnant... On parle de nommer papa Duc pontifical ; c'est un titre héréditaire qui reviendrait à chacun de nous, de sorte que je serai un jour Duc John de Bronxville et si tu es sage je te ferai peut-être chevalier. De toute façon, Kirk, papa n'est pas disposé à accepter, donc pas un mot de cette affaire autour de toi — pas de blague, car je me rends compte que ce serait un fameux sujet de plaisanterie. Suis allé à la Cour vêtu de ma belle culotte de soie et fait ma gracieuse révérence au roi et à la reine ; j'avais vraiment de l'allure... Apprécié les nouvelles de Choate. Grand Dieu, ils ne me semblent plus très réels, ni les élèves ni les professeurs. » Il ajoutait en post-scriptum : « Tout le monde pense qu'il y aura la guerre avant la fin de l'année. Personnellement je ne le crois pas, mais papa en est convaincu »[87].

Après le voyage au Vatican, Jack se rendit en France et résida chez l'ambassadeur Bullitt à Paris où il déjeuna avec les Lindbergh. « C'est le couple le plus séduisant que je connaisse ; elle n'est pas photogénique mais jolie comme un cœur, au naturel, et extrêmement gentille »[88], écrivit-il, en mai 1939, à Lem qui vendait des distributeurs de Coca-Cola et des fontaines de soda aux drugstores pour payer ses études à Princeton. Ecrivant une nouvelle fois de France, quelques jours plus tard, Jack tentait d'analyser la situation de plus en plus menaçante de l'Europe. « Viens juste d'entendre le discours de Hitler que l'on tient pour mauvais, bien qu'il soit encore prématuré d'en parler. Les choses avaient l'air de s'améliorer depuis deux semaines avec la création du Front de la Paix. La situation est si salement compliquée qu'il est impossible d'évaluer les difficultés que l'on rencontre ici. Par exemple, si l'on essaie de faire entrer la Russie dans le Front de la Paix, il faut qu'elle soit capable d'envoyer des troupes au cas où l'Allemagne attaquerait la Pologne ou la Roumanie. Et pourtant ces deux pays ont conclu une alliance défensive contre la Russie qu'ils craignent presque autant que l'Allemagne »[89]. Notant froidement que l'accumulation des nuages annonciateurs de la tempête et de la guerre (son père en était devenu quasiment hystérique) était « drôlement intéressante », Jack ajoutait un post-scriptum qui le montrait plus intéressé encore par Eros que par Mars : « cette fille... a un étui à cigarettes très charmant ; on y voit gravé Blanche-neige étendue, les jambes écartées, tandis que les sept nains, le zizi à la main, attendent leur tour pour la sauter. »

En rentrant à Londres, Jack commença les préparatifs d'une tournée européenne, sur les traces laissées par son frère, l'automne précédent. Il se rendit en Pologne, puis en Lituanie ; il prit alors l'avion pour traverser l'U.R.S.S., puis un vapeur jusqu'en Turquie, après quoi il circula en Palestine. Tout au long de la route, il envoyait des rapports incisifs et bien écrits qui montraient le chemin parcouru depuis le temps du Club des « Fouilleurs de Fange ». Il prédit que les Polonais se battraient pour Dantzig et analysa les dessous du conflit entre les Sionistes et les Palestiniens arabes. « Le paradoxe, écrivait-il après une nuit où les résistants hébreux avaient fait exploser treize bombes dans le quartier juif de Jérusalem, c'est que les terroristes font sauter leurs propres lignes téléphoniques et leur réseau électrique, puis appellent frénétiquement les Anglais le lendemain pour qu'ils viennent les réparer »[90].

Son père appréciait cette correspondance et se montrait impressionné par sa qualité ; pourtant il languissait après les lettres de son aîné. Quand arrivaient d'Espagne des missives de Joe Jr, il les lisait à Lady Astor et à son cercle de Cliveden. Il les montrait aussi à Chamberlain et au rédacteur en chef du *Times* de Londres, Geoffrey Dawson. (Quand il en eut réuni un certain nombre, il appela son assistant Harvey Klemmer à qui il lança tout le paquet en disant : « Faites-en un livre et envoyez vos enfants à l'université ! »[91]. Le titre que l'ambassadeur avait en tête pour ce volume était « Cher Papa ».)

Tandis que se développait l'inévitable réaction contre les accords de Munich, Kennedy commençait à faire l'objet d'une campagne de murmures en Angleterre. Sa conduite, qui semblait vaguement sympathique (sa façon de disparaître dans son bureau, à l'ambassade, avec une jeune femme, pour réapparaître bientôt, le sourire aux lèvres ; ses descentes occasionnelles à la Bourse), était maintenant utilisée contre lui. On disait qu'il était à la solde des producteurs de films ; qu'il avait réalisé de trop bonnes affaires, lorsqu'il se trouvait à la tête de la Commission Maritime, en se faisant attribuer, pour ses importations de Haig and Haig[92], des capacités de fret abusives. Le patriote tchèque Jan Mazaryk, en exil à Londres, l'accusait d'avoir vendu des actions tchèques à découvert, juste avant l'invasion de son pays, et d'avoir ainsi fait un bénéfice de vingt mille livres[93].

Aux Etats-Unis même, certains membres de la Chambre des Représentants demandaient, en pleine séance, sa démission. Certes il bénéficiait encore de divers soutiens, mais un nombre croissant de détracteurs critiquaient ouvertement sa mollesse à l'égard du nazisme. De différentes parts, et même des bureaux du FBI dirigés par l'industrieux J. Edgar Hoover, Roosevelt recevait des copies de l'hebdomadaire anglais de gauche, *Week*, qui citait des propos de Kennedy selon lesquels la politique du Président vis-à-vis de l'Espagne était « un produit juif », et prédisait la défaite électorale de FDR en 1940.

Kennedy était de plus en plus coupé de tout et de tous : l'isolationniste se trouvait isolé. Acculé, il ne modifia pas sa position mais au contraire défendit ses sentiments avec une intransigeance accrue. L'ambassadeur des Etats-Unis en Irlande, John Cuddahy, de passage à Londres, trouva Kennedy « grossier et vulgaire » dans sa façon de commenter l'attitude de Roosevelt. Quand il protesta contre un tel manque de tact, dans des propos exprimés devant les domestiques ou devant n'importe quelle personne présente, Kennedy répondit qu'il « s'en moquait éperdument ». Aux membres du Congrès en mission d'information en Europe, il démontrait que les Allemands envahiraient la Pologne sans difficulté[94]. Il insista auprès de Chamberlain pour que celui-ci promulguât d'avance les règlements applicables en temps de guerre, afin de pouvoir donner aux Anglais un « petit avant-goût de ce qui les attendait »[95]. « Ainsi ils ne seraient plus si pressés de voir les Polonais déclencher la guerre par leur refus de négocier. » Lors d'une soirée donnée par l'ambassade et à laquelle Kick avait invité Billy Hartington et d'autres jeunes Anglais impatients de porter l'uniforme, il montra un film de la Première Guerre mondiale qu'il accompagna de commentaires sarcastiques, notamment pendant une séquence où l'on voyait de jeunes Tommies massacrés dans les tranchées : « Vous voyez ça ? Voilà de quoi vous aurez l'air si vous partez en guerre contre l'Allemagne. » Kick était rouge de honte et présenta ses excuses à Billy après l'incident : « Ne fais pas attention à lui ; il ne comprend pas les Anglais aussi bien que moi »[96].

Le 1er septembre, les tanks allemands violaient la frontière polonaise et écrasaient les douze brigades de cavalerie envoyées contre eux. Deux jours après, Kennedy était convoqué au 10, Downing Street, pour prendre connaissance du discours que Chamberlain prononcerait à la Chambre des Communes quelques heures plus tard, devant une salle comble où se trouveraient Rose avec Joe Jr, Jack et Kick — ceux de ses enfants que Kennedy craignait de voir affectés au premier chef par la guerre. Parvenu au milieu de sa lecture, l'ambassadeur sentit ses yeux se remplir de larmes.

Il rentra à l'ambassade et télégraphia à Cordell Hull que l'Angleterre déclarerait la guerre, le lendemain à onze heures du matin[97]. Il téléphona ensuite au Président, encore couché, et lui rapporta le contenu du discours du Premier ministre, d'une voix si tremblante que Roosevelt dut le réconforter. Kennedy prédit un retour à l'Age des Ténèbres, et déclara que ce serait la victoire du chaos quel que fût le pays vainqueur. « C'est la fin du monde, répétait-il encore et encore, la fin de tout »[98]. Comme Stephen Dedalus, cet autre Irlandais célèbre, il en était venu à considérer l'Histoire comme un cauchemar dont il tentait de s'éveiller.

Comme pour donner raison à Kennedy, dans ses visions de destructions aveugles et inutiles — que les Etats-Unis ne pourraient espérer éviter —, il fut tiré du lit au milieu de la nuit, après la déclaration de guerre, par l'annonce du torpillage d'un paquebot britannique, l'*Athenia*, à l'ouest des Hébrides, avec à son bord trois cents passagers américains qui rentraient aux Etats-Unis. Après avoir câblé à Roosevelt, il réveilla Jack et l'expédia en Ecosse aider les rescapés et réunir des détails sur les circonstances du naufrage. Joe Jr, de son côté, était chargé de réserver des passages sur d'autres bateaux pour rapatrier les survivants. En réponse au flot de questions posées par les familles inquiètes, il envoya des centaines de télégrammes personnels, à ses propres frais, l'ambassade ne disposant pas de fonds pour une telle éventualité. Il prit également ses dispositions pour renvoyer sa propre famille en Amérique.

De même que Rose et lui étaient convenus de ne jamais voler dans le même avion au cours de leurs voyages, il fit rentrer la famille par petits groupes. Seule Rosemary devait demeurer en Angleterre dans sa petite école Montessori du Hertfordshire où elle était à l'abri des bombardements possibles. Rose, Bobby et Kathleen partirent les premiers ; celle-ci avait supplié en vain de pouvoir rester avec son père, alléguant l'exemple de Rosemary, mais l'ambassadeur fut inflexible ; sans doute ne craignait-il pas plus la situation internationale que les relations de sa fille avec Hartington (comme les sentiments des jeunes gens se renforçaient, Rose lui rappelait constamment que les Cavendish étaient aussi protestants que l'Eglise anglicane). Finalement Kick partit comme prévu sur un bateau américain, le SS *Washington*. Ce fut ensuite le tour de Joe Jr qui mit un point d'honneur à décrire aux journalistes, en débarquant à New York, les efforts de la famille en faveur des rescapés de l'*Athenia*, et à justifier l'attitude de son père. Puis vinrent Pat, Jean et Teddy. Enfin Jack rentra sur un Clipper de la Pan American, vers la fin septembre.

La pression des circonstances et ce débordement d'activités tinrent provisoirement en échec la peur et le désarroi qui lui avaient presque fait perdre la tête au cours de sa conversation téléphonique avec le Président, mais Kennedy était toujours désespérément à la recherche d'un moyen qui lui permettrait de détourner le cataclysme. Face à « l'offensive de paix » lancée par Hitler en vue de gagner du temps et de consolider les gains acquis, tant par suite d'accommodements que par la guerre-éclair, Kennedy avait envoyé une supplique au secrétaire d'Etat, le 11 septembre.

> « Selon moi, la situation pourrait se cristalliser de telle sorte que le Président apparaisse comme le sauveur du monde. Le gouvernement britannique, en tant que tel, ne peut certainement accepter aucun accord avec Hitler, mais il peut se trouver un moment où le Président lui-même pourrait mettre en œuvre un plan de paix mondiale. J'ai toujours été un homme assez pratique dans ma vie. Je crois entièrement concevable que le Président se mette personnellement en mesure de sauver le monde »[99].

Roosevelt déclara que c'était « le message le plus bête » qu'il eût jamais reçu[100] et demanda à Hull de préparer une réponse brutale pour souligner qu'il n'y aurait plus d'accommodement avec Hitler. « Le Président me charge de vous informer, de façon strictement confidentielle, écrivait froidement le secrétaire d'Etat, que notre gouvernement, tant que persistera la situation actuelle en Europe, ne voit ni possibilité ni besoin d'une initiative de paix de la part du Président des Etats-Unis »[101].

Au moment où les tanks allemands faisaient provisoirement halte à la frontière française, devant la ligne Maginot, et où commençait la longue attente connue sous le nom de « drôle de guerre », l'éclipse de Kennedy fut précipitée par l'entrée de Winston Churchill au cabinet de guerre, avec le titre de Premier Lord de l'Amirauté. Les relations entre les deux hommes laissaient à désirer. Quelques mois plus tôt, lors d'un dîner chez l'historien d'art Kenneth Clark, Walter Lippmann avait signalé que Kennedy prédisait la défaite de l'Angleterre et Churchill, pointant d'une main son cigare en avant, avait, de l'autre main, ironiquement levé son verre de whisky-soda pour se lancer dans une de ses tirades cicéroniennes : « Non, l'ambassadeur des Etats-Unis n'aurait pas dû parler ainsi, Mr Lippmann ; il n'aurait pas dû prononcer ce mot terrible. A supposer — et je ne le suppose pas un seul instant — que Mr Kennedy ne se fourvoie pas dans sa tragique affirmation, je préférerais pour ma part donner ma vie en combattant plutôt que, par peur de la défaite, capituler devant les menaces de ces hommes sinistres »[102]. En un geste qui prendrait plus tard une signification hautement symbolique, Roosevelt envoya alors une note à Churchill pour l'inviter à communiquer directement avec la Maison-Blanche, le jour même où il rejetait l'offre de Kennedy, favorable à un examen des conditions de paix allemandes. L'ambassadeur serait réduit au rôle de commissionnaire chargé de porter les plis scellés qu'échangeaient Roosevelt et Churchill par la voie de la valise diplomatique ; une telle procédure illustrait bien son déphasage croissant.

Tenu à l'écart des affaires, Kennedy regarda du côté de chez lui pour alimenter sa survie. Il recevait des lettres de tous les siens — Joe Jr, étudiant de première année à la faculté de Droit de Harvard, lui demandait ce qu'il pensait de la guerre ; Rose le suppliait de prendre soin de sa santé spirituelle. (« Je prie pour qu'il me soit donné de te revoir bientôt. Prie, va à l'église ; il est très important pour moi que tu le fasses »[103].) Elle menait sa propre existence bon train, comme toujours ; elle était debout à six heures du matin, pour afficher sur un tableau les nouvelles de la guerre que les enfants étaient censés lire et commenter au petit déjeuner. Le dimanche, elle les mettait en rang près du téléphone pour qu'ils puissent parler à tour de rôle à leur père, à l'occasion de la seule conversation téléphonique autorisée chaque semaine.

Le 3 novembre, dans une lettre à sa fille Pat, Kennedy disait se rendre tous les soirs à la résidence qu'il avait louée près de Windsor Park : « Entre nous, je m'y sens plutôt seul »[104]. Il consacrait du temps à Rosemary, le seul autre membre de la famille demeuré en Angleterre, allait la voir à son école ou la faisait venir chez lui pour le week-end. Il se désolait de la voir grossir et lui dit qu'il lui interdirait de se faire prendre en photo si elle ne maigrissait pas. Dans l'une des lettres de la jeune fille, pleine d'ellipses fantasques, elle lui disait : « Merci beaucoup beaucoup d'être venu me voir vendredi. Tu as été un amour. J'espère que tout t'a plu ici... Maman me dit que je suis un tel réconfort pour toi. Te quitterai jamais. Papa, c'est un honneur que tu m'aies choisie pour rester... »[105].

Il fut appelé aux Etats-Unis pour Noël et se sentit heureux de rentrer. A New York, les reporters étaient là pour l'accueillir, comme toujours. Serrant dans ses bras Rose qui avait franchi les rangs de la presse pour l'embrasser, il leur dit qu'il n'accepterait plus de fonction officielle. Trois jours plus tard, à Boston, il expliqua clairement son attitude, dans une allocution : « Vous qui aimez l'Amérique, dit-il à ses auditeurs, prenez garde. Rien de ce qui se passe à l'étranger ne doit vous faire croire que vous pourrez améliorer la situation d'un iota en entrant en guerre. Nous n'avons que faire dans ce combat »[106]. Il alla ensuite à Palm Beach pour Noël, épuisé et écœuré, pour essayer d'échapper à la force d'attraction des affaires européennes. Les journaux ne parlèrent plus de lui jusqu'à ses conférences de la mi-février sur les vertus de l'isolationnisme. Pour bien marquer que ses propos étaient adressés indirectement à Roosevelt, ces déclarations s'accompagnaient de rumeurs sur la possibilité d'une candidature-suicide de Kennedy à la présidence, qui reviendrait à un référendum sur la politique étrangère du gouvernement[107]. Simultanément, des appels à la candidature présidentielle de Kennedy se faisaient entendre dans le Massachusetts ; il les laissa résonner pendant deux jours avant de les faire taire.

Il expliquait ainsi son absence d'ambition : « Je sais que je mourrai jeune. Aussi, après avoir rempli ma mission actuelle, je compte me retirer de la vie publique. Je veux donner aux aînés de mes enfants une situation assez solide pour qu'ils puissent veiller sur leurs cadets »[108].

C'est avec beaucoup de réticences qu'il repartit pour l'Angleterre, le 28 février 1940. Il y fut accueilli avec une froideur marquée. On avait peut-être encore des doutes au sujet de la guerre à Cliveden, mais dans le reste du pays, tout le monde était prêt au combat. Kennedy refusa pourtant de se laisser museler. Quand il entendait des discours patriotiques sur la défense de la démocratie, il bondissait : « Au nom du Christ, cessez de crier à la guerre sainte, parce que personne ne vous croira. Vous vous battez pour sauver l'existence de votre empire et c'est bien assez comme ça »[109]. Selon lui, l'Angleterre serait réduite « à rien » et il ne cachait pas son opinion. Il s'emportait contre ses compatriotes qui s'enrôlaient dans l'armée britannique et prétendait qu'à cause de cette aberration, des civils américains seraient exécutés comme collaborateurs, quand les Allemands occuperaient l'Angleterre. L'un de ses amis, le journaliste Joseph Kingsbury Smith, gravement blessé dans un accident de voiture, lui demanda conseil à propos du compromis que lui proposait l'assurance. « Il me conseilla d'accepter avant que les Allemands n'occupent l'Angleterre et n'instaurent un système différent ; j'acceptai donc un règlement désavantageux et il m'en coûta près de 20 000 livres de frais médicaux de ma propre poche »[110].

En mai, les Allemands envahirent la Norvège et le gouvernement de Chamberlain tomba. Le jour où Churchill le remplaça, les Nazis attaquèrent à l'Ouest, contournèrent aisément la ligne Maginot et écrasèrent les forces françaises avec tant de facilité que le Corps expéditionnaire britannique se trouva refoulé jusqu'à Dunkerque. Etant donné les liens entre le nouveau Premier ministre et Roosevelt, Kennedy était devenu un paria. L'un des rares amis qui lui restaient fidèles notait que l'ambassadeur « ne va plus guère dîner en ville, ces jours-ci. Dans le bon vieux temps il fallait prendre date un mois à l'avance pour déjeuner avec lui »[111]. Les informations rassemblées à son sujet par le Foreign Office furent résumées dans une note portant les initiales de Lord Halifax : « Mr Kennedy est un spécimen fétide de truqueur et de défaitiste. Il ne croit qu'à son portefeuille. J'espère qu'au moins la guerre nous délivrera de ce type d'individu »[112].

L'opinion du département d'Etat n'était guère différente. Le 1er mai, un assistant de Hull était présent quand le secrétaire d'Etat posa le téléphone après une conversation avec Kennedy, secoua la tête et dit : « Son cerveau est aussi vide qu'une page blanche »[113]. Roosevelt ne se contentait pas de le court-circuiter avec ses messages mais également avec ses informateurs, comme ce colonel « Wild Bill » Donovan qui arriva à Londres vers la mi-juillet, en qualité de représentant personnel du Président et revint avec des vues diamétralement opposées à celles de Kennedy : l'Angleterre serait en mesure de soutenir une invasion allemande et la repousserait.

Les seules nouvelles que recevait Kennedy et qui n'étaient pas entièrement mauvaises lui venaient de sa famille. A Harvard, Joe Jr avait fondé l'équivalent universitaire du Comité « Amérique d'abord » : Le « Comité Harvard contre l'intervention militaire ». Il avait également saisi le flambeau des ambitions politiques qui semblait avoir échappé des mains de son père. Après avoir pris des leçons de diction, il se mêlait à la politique du parti démocrate et faisait campagne pour être nommé délégué à la convention de 1940 devant laquelle il avait pu sembler un jour que son père se présenterait comme candidat. (Fitz-gâteau avait dû recourir à quelques-uns de ses vieux copains pour obtenir un certificat d'affiliation à la section de Brookline en faveur de son petit-fils qui, techniquement, ne résidait pas là.) Après s'être beaucoup démené, Joe Jr obtint d'être élu membre de la délégation envoyée par les démocrates du Massachusetts à la convention de leur parti qui devait choisir un candidat à la présidence pour les élections de 1940. Joe Jr s'engagea à soutenir la candidature de Jim Farley, ministre des Postes de l'Etat du Massachusetts et président du parti démocrate. C'était le candidat le mieux placé, tant que Roosevelt n'annonçait pas officiellement son intention de devenir le premier président américain à solliciter un troisième mandat.

Joe-le-jeune alla donc à la convention et trouva les partisans de Roosevelt en train de rédiger un « appel » trop pressant pour être laissé sans réponse, en dépit de la règle tacite interdisant traditionnellement à un Président de rester plus de huit ans à la Maison-Blanche (tradition inaugurée par Washington lui-même). Fallait-il rester fidèle à Farley alors que toute la délégation du Massachusetts, ou presque, piaffait en réclamant Roosevelt ? Cruel dilemme[114]. Son père se trouvant trop loin pour être consulté, Joe Jr demanda l'avis d'Arthur Krock. Celui-ci pensait que Farley rendrait facilement sa parole au jeune homme et que son père voudrait le voir « se conduire de façon honorable ». Les hommes de Roosevelt, à la convention, téléphonèrent à Kennedy à Londres pour lui demander de faire la leçon à son fils. La réponse de l'ambassadeur fut sèche : « Non, je n'ai pas à lui dicter sa conduite. » Joe Jr resta sur ses positions et émit l'un des rares votes favorables à Farley, en témoignage de fidélité à sa conscience et à sa famille[115].

Au moment où se jouait ce drame en chambre, Jack était lui aussi lancé dans l'action, encore qu'il fût un intellectuel typique et non un homme de terrain. Depuis qu'il était rentré à Harvard, après les mois passés à voyager et à jouer les apprentis diplomates, il s'était beaucoup appliqué et avait bouclé une année et demie de cours en un an seulement. Il avait décidé de faire son mémoire de fin d'études sur Munich. Le projet avait pris naissance le jour où son père avait entendu des professeurs parler des fameux accords, alors qu'il se trouvait avec son fils. Il décrivait ainsi la chose à un ami : « Je compris qu'ils n'y connaissaient rien et je dis à Jack : " Vas-y, raconte-leur tout " ! »[116].

Le titre du mémoire n'avait rien de flatteur et évoquait déjà la défense des idées de son père : « Accommodement à Munich, ou l'inévitable conséquence de la lenteur de la Démocratie britannique à abandonner sa politique de désarmement. » Mais tandis que l'ambassadeur écrivait des notes et organisait des entrevues pour le mémoire de son fils, Jack dévia considérablement de la ligne paternelle, notamment quand il désigna Winston Churchill comme un prophète et un héros[117].

Le mémoire obtint les félicitations du jury et quelques professeurs le trouvèrent même digne d'être publié. L'ambassadeur demanda à Krock de confier l'affaire à son agent littéraire[118], mais quand le journaliste proposa d'écrire l'avant-propos, Kennedy lui fit comprendre qu'il souhaitait une signature plus illustre et obtint celle de Henry Luce. En août *Why England Slept* (Pourquoi l'Angleterre s'était endormie) était sorti des presses et figurait sur la liste des best-sellers. (Un des professeurs suggéra malicieusement d'intituler plus légitimement le livre « pourquoi papa s'était endormi. ») Après avoir envoyé des exemplaires dédicacés au roi, à la reine et à nombre de dignitaires anglais, l'ambassadeur écrivait à Jack : « Tu seras surpris de voir comment un bon livre, qui te vaut l'estime des gens cultivés, assurera ta réputation pendant toute ta vie »[119]. Sentant peut-être que son cadet avait trouvé le moyen de sortir de l'ombre étouffante du grand frère, Joe Jr écrivit à son père : « Cela semble représenter un énorme travail, mais ne prouve rien »[120].

L'ambassadeur avait écrit à Krock qu'à Londres il n'était désormais rien de plus qu'un « garçon de courses à 75 dollars par semaine »[121]. Il priait donc son ami de trouver un moyen pour le faire rappeler aux Etats-Unis. Krock, à titre de ballon d'essai, suggéra que l'on nommât Kennedy à la présidence du Comité national du parti démocrate, mais il n'en advint rien.

L'humeur de Kennedy oscillait entre la provocation fébrile et un lugubre apitoiement sur lui-même. Il griffonna un post-scriptum sentimental — ce qui n'était pas son habitude — dans une lettre à Rose : « C'est affreux d'être ici sans vous tous. On me dit que tu es plus belle que jamais. Peut-être te trouves-tu mieux loin de moi... » Il déclara à l'un des rares journalistes qui ne lui battaient pas froid : « Lorsque les bombardements commenceront pour de bon, peut-être qu'il y aura moins de vœux pieux et que l'on en viendra aux faits. Je pense que j'aurai mon baptême du feu ici même et que je serai témoin d'un bon raid aérien avant de rentrer chez moi »[122]. Mais lorsque, le 7 septembre, se produisit le premier bombardement de grande envergure sur Londres, Kennedy ne câbla qu'une seule phrase à Washington : « C'est l'enfer ici ce soir ! »[123].

Au cours de la bataille d'Angleterre, Kennedy bavarda longuement avec Klemmer. « Les Anglais ont leur compte ; ils ne peuvent arrêter les Allemands ; ce qu'ils ont de mieux à faire c'est d'apprendre à les supporter », disait-il[124]. « Qu'arriverait-il si les Allemands soumettaient le reste du monde à l'exception des Etats-Unis ? » demanda un jour Klemmer. Kennedy battit l'air : « Diable, on ne peut soumettre les gens. Voyez les Irlandais. Les Anglais n'ont jamais conquis l'Irlande. »

La résolution de l'Angleterre ne vacilla jamais pendant les semaines où elle fut soumise à des bombardements, de jour et de nuit, et à une guerre aérienne épique, comme Kennedy l'avait secrètement souhaité. En fait, son propre comportement prêtait à controverse ; certains fonctionnaires britanniques haut placés l'accusaient de manquer d'élégance sous le feu et faisaient remarquer qu'au moment des raids il se cachait de préférence dans son « terrier », près de Windsor, en compagnie d'un mannequin parisien. Peu à peu, on en vint à l'appeler derrière son dos « Joe-la-trouille » et « Cœur de lièvre ». Même les Américains savaient qu'il était tenu pour un pleutre. Klemmer rappelle que « dès le début du Blitz, il alla dormir à la campagne presque tous les jours. Il ne cessait de dire qu'il avait neuf enfants et qu'il lui fallait veiller sur cette nombreuse famille. Il quittait Londres chaque soir avant la tombée de la nuit »[125].

Lui-même avait adopté une sorte d'humour noir. Au beau milieu de la bataille d'Angleterre, il demanda à Clare Boothe Luce qui préparait à Londres un livre sur l'Europe en guerre : « Il se peut que je rentre d'un jour à l'autre maintenant. Comment serai-je le plus à mon avantage pour débarquer : en sapin, en acajou ou en cuivre ? »[126].

Déphasé par rapport à la politique de son gouvernement et exposé aux dangers d'une guerre à laquelle il s'était si farouchement opposé, Kennedy comprit que s'il restait confiné en Angleterre, c'était à cause de Roosevelt ; celui-ci voulait l'empêcher d'intervenir dans une campagne électorale où son concurrent républicain, Wendell Willkie, se montrait d'une efficacité surprenante en accusant les Démocrates de « préparer secrètement la guerre » — allégation dont il faisait la pièce maîtresse de sa propagande. Kennedy, quand il ne fulminait pas contre la façon dont il était traité, se vantait de pouvoir « convaincre 25 millions d'électeurs de voter pour Willkie afin de faire jeter Roosevelt dehors »[127]. Luce et d'autres membres éminents du parti républicain complotaient avec lui pour le faire rentrer aux Etats-Unis où il pourrait lancer une proclamation de dernière minute en faveur de Willkie et lui permettre d'arracher la victoire.

Il était miné par le désir de se replonger dans le tourbillon politique ; l'envie de revoir tous les siens n'était pas un moindre aimant pour lui, surtout lorsqu'il recevait une description de l'aimable tohu-bohu familial, en cet automne 1940, sous la plume d'un ami de passage à Hyannis : « Jack dédicaçait des exemplaires de *Pourquoi l'Angleterre s'était endormie* tandis que son grand-père Fitzgerald lui lisait un article de journal à haute voix. Joe-le-jeune leur racontait une aventure qui lui était arrivée en Russie. Mrs Kennedy parlait par téléphone avec le cardinal Spellman. En sweat-shirt et salopette, une grande fille, très belle, qui se révéla être Pat, décrivait comment un Messerschmitt s'était écrasé près de la maison de leur père, à côté de Windsor. Bobby essayait de mobiliser tout le monde pour jouer aux charades. Mais on se mit à former des équipes pour une partie de " touch-football " et Kathleen prit la direction du camp où je me trouvais »[128].

L'ambassadeur demanda à rentrer mais ne reçut aucune réponse du département d'Etat. Le 16 octobre, il envoya un câble sollicitant son rappel, puis téléphona au vice-secrétaire d'Etat, Sumner Welles, pour lui faire savoir qu'il avait confié à son « secrétaire particulier » Eddie Moore, à New York, un document contenant ses vues personnelles, avec instructions de communiquer ce texte à la presse si lui-même n'était pas de retour à une certaine date. Finalement, on lui fit savoir qu'il devait rentrer pour consultations.

Kennedy fit donc sa tournée d'adieux, sachant pertinemment qu'il ne reviendrait pas. A Grosvenor Square, il serra pour la dernière fois les mains des membres du personnel de l'ambassade en pleurs, et emmena Klemmer déjeuner au Claridge où il lui dit qu'il rentrait pour révéler au peuple américain comment « Roosevelt et les Youpins » menaient « l'Amérique à la guerre »[129]. Il se fit photographier une dernière fois devant la chancellerie, puis la foule des journalistes se dispersa, le laissant soudain traverser Grosvenor Square tout seul. L'une de ses dernières visites fut pour Chamberlain, dans la chambre où celui-ci, atteint d'un cancer de la gorge, agonisait sur son lit. Le vieux Premier ministre, dont la destinée avait été si étroitement liée à celle de l'ambassadeur, l'attira tout près et lui murmura : « Je peux vous l'avouer, bien que je ne l'aie même pas dit à ma femme : " Je veux mourir " »[130]. Le 23 octobre, Kennedy montait à bord d'un avion britannique en route pour Lisbonne où il prendrait le Clipper de la Pan Am. Toujours provocant, il emportait une sirène qui avait servi une fois pendant le Blitz, dans l'intention — disait-il — de l'installer sur le toit de la maison d'Hyannis afin de rappeler les enfants au bercail quand ils étaient en mer.

Comme les suppositions allaient bon train au sujet d'un ralliement de Kennedy à Willkie, qui permettrait l'élection de celui-ci, FDR envoya un message à l'ambassadeur à Lisbonne et un autre lors d'une escale technique, lui enjoignant de regagner Washington immédiatement, sans faire aucune déclaration à la presse. Rose et ses quatre filles l'attendaient à l'aéroport, le 27 octobre. Il appela Roosevelt et entendit une voix aussi aimable qu'à l'accoutumée lui dire : « Ah Joe, mon vieil ami, venez dîner à la Maison-Blanche ce soir en famille, je meurs d'envie de vous parler »[131]. Kennedy ne savait pas que Roosevelt faisait avec un doigt, en lui parlant, semblant de trancher une gorge.

La rencontre donna lieu à une prestation rooseveltienne typique et de grande classe. Tout d'abord, le Président avait eu soin d'inviter Rose qui l'avait toujours trouvé « l'homme le plus charmant du monde ». Tout au long de la route, elle conseilla la prudence à son époux : « Le Président t'a envoyé, toi un catholique romain, comme ambassadeur à Londres, ce qu'aucun autre président n'aurait probablement fait... »[132]. Elle lui rappela également, avec le réalisme naturel à une enfant du sérail politique irlandais de Boston, que les chances de leur fils, Joe Jr, en politique, pourraient être compromises à jamais par un acte irréfléchi, considéré plus tard comme une trahison.

Devant le sénateur et Mrs Byrnes, également présents, Roosevelt flatta Kennedy pendant tout le dîner. Il incombait à Byrnes de demander à l'ambassadeur un discours dans lequel il apporterait son soutien à son hôte. Kennedy refusa et se lança dans la litanie de ses griefs. Au lieu de se défendre, Roosevelt hochait tristement la tête et rejeta la faute sur le département d'Etat, qui, affirma-t-il, s'était déshonoré en infligeant à un ambassadeur de telles avanies. Après avoir reçu encore un peu d'eau bénite de cour, Kennedy était suffisamment apaisé pour accepter de faire le discours demandé, sur quoi Missy LeHand courut téléphoner au Comité national du parti démocrate afin de faire réserver un temps d'antenne pour Kennedy à la radio[133]. Pour sauver la face, celui-ci déclara qu'il paierait lui-même les frais de l'émission et ne soumettrait pas son texte à l'avance.

Il ne fit aucun commentaire à la presse après sa visite à la Maison-Blanche. Henry Luce et d'autres partisans de Willkie tentèrent de le joindre, mais il refusa de leur parler. S'adressant à la nation tout entière, le lendemain, au cours d'une déclaration radiodiffusée, il lança une petite bombe — mais pas celle qu'avaient espérée les Républicains de Willkie : il rejeta l'accusation de ce dernier quant à un « engagement secret » du gouvernement vis-à-vis de l'Angleterre — bien qu'il fût au courant (ô combien) de l'existence d'une correspondance secrète entre Roosevelt et Churchill. Après un discours que les observateurs tinrent pour le plus efficace de toute la campagne, il conclut en revenant à une image proche de son cœur et qu'il avait déjà utilisée en Angleterre — plusieurs années-lumières auparavant, semblait-il : « Ma femme et moi avons donné neuf otages à la fortune[134]. Nos enfants et vos enfants sont ce qu'il y a de plus important en ce bas-monde. Ce que sera l'Amérique dont ils hériteront et qu'ils transmettront à leurs enfants, voilà ce qui doit nous préoccuper le plus. A la lumière de ces considérations, je crois que Franklin D. Roosevelt doit être réélu président des Etats-Unis. » Kennedy était aux côtés de Roosevelt, le 4 novembre, veille des élections, au Boston Garden et il dut penser qu'il conservait quelque influence quand le président-candidat fit sa fameuse promesse : « Je l'ai dit et je le répète, on n'enverra pas vos fils prendre part à des guerres étrangères »[135].

Quatre jours après que Roosevelt eût été élu pour la troisième fois, Kennedy accepta d'être interviewé par Louis Lyons, reporter au *Boston Globe,* sur la façon dont il voyait l'avenir. Quand Lyons arriva dans les appartements de Kennedy, au Ritz, l'ambassadeur venait de subir un nouvel examen de l'estomac à la clinique Lahey. Il était assis dans un fauteuil, avait baissé ses bretelles et dévorait un morceau de tarte aux pommes recouvert de tranches de fromage américain. Il faisait un tour d'horizon des affaires européennes avec deux autres journalistes, Charles Edmundson et Ralph Coghlan, dont le journal, le *St Louis Post-Dispatch,* était de tendance isolationniste. Comme Lyons s'asseyait, Kennedy se tourna vers lui pour se lancer dans un laïus passionné et interminable sur sa peur de voir la guerre gagner bientôt l'Amérique malgré la promesse de Roosevelt :

« J'accepterais de dépenser tout ce que j'ai, pour nous maintenir en dehors de la guerre. Il n'y a aucune raison pour que nous y participions. Nous ne ferions que porter la chandelle... J'en sais plus long que n'importe qui sur ce qui se passe en Europe et il dépend de moi que je le communique au pays... La question est de savoir combien de temps l'Angleterre peut encore tenir. Hitler occupe tous les ports d'Europe. Les *Stukas* allemands sont déjà au-dessus de l'Afrique. Restons en dehors de la guerre et elle restera en dehors du continent américain. Si l'un des pays latino-américains veut faire le malin, cassons-lui la gueule... »[136].

Lyons avait suivi l'ambassadeur au cours de la campagne électorale de 1936 et avait écrit des articles favorables tant à sa personne qu'au gouvernement. Fort de cette expérience, il s'attendait à ce que Kennedy se montrât brutal et passionné, mais il y avait quelque chose d'outrancier dans ses déclarations, même pour un homme comme lui. Par exemple, en réponse à une question innocente sur Eleanor Roosevelt (Lyons ne faisait qu'un papier « anodin » pour le supplément dominical du journal), Kennedy lança l'une de ses réflexions antisémites qu'il réservait généralement à ses copains : « A elle seule, elle nous a harcelés plus que tous les autres réunis, dans l'exercice de nos fonctions, ici à Washington, pour que nous nous occupions de pauvres minables, des moins-que-rien, dépourvus de toute influence. Elle ne cessait de m'envoyer des notes à l'ambassade pour que j'invite la moindre petite Susie Glotz à prendre le thé. » Mais ses remarques les moins diplomatiques concernaient le pays où il venait de remplir sa mission pendant deux ans : « La guerre épuiserait nos ressources... nous conduirait au national-socialisme. Déjà c'en est fait de la démocratie en Angleterre... » Après avoir terminé son monologue, Kennedy raccompagna son visiteur stupéfait jusqu'à la porte et conclut : « Je crains de ne pas vous avoir dit grand-chose pour votre article. »

L'article parut deux jours plus tard. Neville Chamberlain était mort dans la nuit mais ce fut Kennedy qui eut les honneurs de l'actualité. Ses déclarations figuraient sous le titre : « Kennedy : Démocratie finie en Angleterre ; peut-être ici aussi ». Quand Kennedy rentra de la messe, une tornade l'attendait. Au début, il prétendit que ses propos avaient été confidentiels et fit pression sur la direction du *Globe* pour que Lyons fût désavoué par un communiqué de la rédaction. Il demanda à Krock des conseils sur la façon de limiter les dégâts. Le journaliste répondit franchement que, « dans les milieux de Washington, et même au département d'Etat, l'impression générale est que — confidentiels ou non — les sentiments exprimés ressemblent vraiment beaucoup aux vôtres... » Il n'y avait plus moyen de refermer la boîte de Pandore. Toute la presse européenne stigmatisa les propos de Kennedy, à l'exception du *Boersen-Zeitung* de Berlin. Même le comité isolationniste « Amérique d'abord », dont les responsables avaient secrètement envisagé de porter Kennedy à la tête de leur mouvement, se crut obligé de critiquer la déclaration.

D'autant plus furieux qu'il prétendait avoir été mal interprété (en guise de représailles, il dénonça le lucratif contrat de publicité de sa firme, la Somerset Importers, avec le *Globe*), Kennedy lutta pour maintenir sa carrière à flot en dépit des tourbillons que son interview avait créés. « Les bombardements sont peut-être cruels à Londres, mais la presse mal intentionnée est encore plus cruelle ici », écrivait-il à son ami Lord Beaverbrook, et il ajoutait : « Dites à mes amis de ne prêter aucune attention à toute déclaration que je n'aurais pas signée ou faite moi-même »[137]. Mais lorsque Kennedy s'en fut en Californie proposer à Hearst de prendre une participation dans son empire de presse, il continua de faire des remarques déplacées. On sut par des indiscrétions que, dans ses conversations à Hollywood, il avait exhorté les producteurs à cesser de faire des films offensants pour Hitler et à ne pas lui donner lieu de croire que « l'argent juif » cherchait à s'assurer une influence politique aux Etats-Unis par la voie du cinéma[138]. Il fut convoqué à Hyde Park pour s'expliquer à propos de l'affaire du *Globe*. Comme Eleanor Roosevelt le raconta plus tard, l'entretien n'avait pas duré dix minutes quand un assistant se précipita pour lui dire que son mari la demandait de toute urgence. « Le fait était sans précédent. Je me *précipitai* donc dans le bureau ; Franklin était blanc comme un linge. Il demanda à Mr Kennedy de se retirer et me dit d'une voix tremblante : « Je ne veux plus voir ce salaud jusqu'à la fin de mes jours... jette-le dehors ! »[139].

Mais, chez Roosevelt, la résolution de bannir Kennedy se révéla aussi peu solide que ses protestations d'affection continuelles ; il comprenait que l'Ambassadeur — Joe avait renoncé à la fonction mais pas au titre — avait encore le pouvoir de faire du tort et devait être manié avec précaution. Craignant de voir Kennedy se transformer en chef charismatique du mouvement isolationniste, partant en menace politique directe, le Président continua de le courtiser à distance et d'en faire l'âne de Buridan. En effet, comme toujours, Kennedy voyait clair dans le jeu de Roosevelt, mais il ne pouvait y parer plus que d'habitude. Les visiteurs qui allaient le voir à Palm Beach avaient remarqué qu'il avait désormais placé les portraits de FDR et de ses anciens amis du New Deal aux endroits les moins visibles, sur les murs de son repaire, pour donner la préséance aux souvenirs du pape et de la famille royale. Il voulait encore jouer un rôle dans la polémique de plus en plus vive qui se développait autour de la politique étrangère du gouvernement et, pendant les semaines suivantes, il parvint à se convaincre parfois qu'il y participerait. Lindbergh, le général Robert Wood, du comité « Amérique d'abord », et d'autres isolationnistes lui faisaient savoir qu'il était peut-être la seule personne capable de donner de la crédibilité et une direction politique à leur campagne ; nul autre n'était aussi bien placé pour faire le procès du gouvernement[140]. En privé, l'Ambassadeur leur faisait savoir que l'on pouvait compter sur lui, mais il refusait toujours de faire une déclaration publique en leur faveur. Toute sa vie, il s'était efforcé d'être un « vrai » Américain, de se trouver au plus profond du courant de la conscience nationale ; il redoutait maintenant de braver le flot, avec toutes les conséquences possibles, et de devenir un étranger dans son pays. Aussi ses déclarations à la presse, au cours des semaines cruciales qui suivirent, furent-elles équivoques et sans effet.

Vers la mi-janvier, Kennedy paya pour obtenir un certain temps d'antenne et exposer ses vues. Roosevelt l'apprit et le convoqua à la Maison-Blanche pour « bavarder » pendant une heure. Après quoi, l'émission que Kennedy avait décrite d'avance à ses amis isolationnistes comme devant porter le fer sur le gouvernement, se ramena à une protestation pétulante contre les pratiques de la presse. Sans mentionner spécifiquement l'affaire du *Globe*, il condamna « la montée de l'intolérance » et une tendance croissante à confondre désaccord et « défaitisme ». Il se dit favorable à une aide à la Grande-Bretagne car « nous nous procurerons ainsi ce dont nous avons le plus besoin : du temps — le temps qu'il nous faut pour réarmer » (c'était l'argument qu'il utiliserait par la suite pour justifier son attitude au moment de Munich). D'un autre côté, il ne fallait pas que les Etats-Unis « donnent plus que le strict minimum nécessaire à notre sécurité... car si le peuple américain veut aider l'Angleterre, il veut également rester à l'écart de la guerre »[141].

Après avoir entendu ce discours, une journaliste de gauche, Dorothy Thompson, conclut que Kennedy « avait été plus hamletien que Hamlet »[142]. Il répéta sa prestation quelques jours plus tard, quand il fut convoqué par le Congrès, en qualité de premier témoin de l'opposition ; il s'agissait des audiences consacrées à l'examen du fameux projet de loi sur la contribution américaine à l'effort de guerre de l'Angleterre. En privé, il se prononçait contre le Prêt-Bail (formule qui permettrait d'aider les Anglais de façon avantageuse pour ces derniers et ferait de la neutralité une fiction), mais il ne pouvait se résoudre à formuler son point de vue de façon vigoureuse, et pendant les cinq heures que dura son témoignage, le Congrès devint le théâtre de ses hésitations.

Tandis que Kennedy tergiversait, Joe-le-jeune s'identifiait de plus en plus avec les espoirs placés par la famille dans la régénération finale de la politique américaine. Il prônait les vues de son père avec la témérité qui caractérisait sa façon d'être. Sa prise de position contre Roosevelt, lors de la convention démocrate, avait fait de lui une personnalité politique à part entière. Maintenant, il intervenait dans les débats de Harvard, où il faisait figure d'apôtre farouche et éloquent de l'isolationnisme[143]. Déjà engagé dans le « Comité Harvard contre l'intervention militaire », il se montra sur la même tribune que le sénateur Robert Taft, au Ford Hall de Boston, peu après que l'Ambassadeur eût apporté son témoignage sur le Prêt-Bail ; il déclara qu'il serait plus raisonnable de faire du commerce avec les Nazis que de faire « acheminer vers l'Angleterre des avions pilotés par des aviateurs américains ou de faire convoyer par la marine américaine du matériel destiné aux Anglais »[144]. Dans une phrase qui lui valut d'être particulièrement condamné par les Britanniques (« C'est un petit finaud... qui n'améliorera pas la réputation de son père »[145]), il déclara même que « les Etats-Unis feraient mieux d'accepter la domination nazie sur le continent européen plutôt que de se lancer dans une guerre qui épuiserait l'économie américaine au-delà de ses possibilités et ferait le lit des extrémistes de gauche. »

Pourtant Joe Jr était plus à son aise dans l'action que dans le domaine des idées ; paradoxalement, quand FDR déclara l'état d'urgence nationale, ce printemps-là, il décida d'abandonner sa dernière année d'études à la faculté de Droit de Harvard pour s'engager comme cadet dans la marine. Il expliquait sa décision dans une lettre à son père : « Je crois que Jack ne fait rien et, étant donné tes déclarations sur la guerre, les gens vont commencer à se demander pourquoi diable je reste à la fac', alors que tout le monde participe à la défense nationale »[146]. Il était encore sous le coup des accusations de lâcheté prononcées contre l'Ambassadeur à Londres et qui avaient suivi celui-ci en Amérique. Aussi, quand il prêta serment, sa déclaration à la presse sonnait comme le défi d'un garçon qui se tient pour le champion d'une Cause : « Mon père, en particulier, approuve ce que je suis en train de faire. Il pense que je fais ce que je dois et il s'en réjouit »[147].

Pour relever le gant que son aîné venait de lui jeter, Jack qui avait quitté la Business School de Stanford, après quelques semaines de flottement en automne, voulut suivre la même voie; mais il fut déclaré inapte au service armé, en raison de sa colonne vertébrale, après avoir vainement tenté de s'engager comme élève-officier dans l'Infanterie puis dans la Marine. Il écrivit à l'un des amis de Joe Jr qui cherchait à lui vendre une police d'assurance sur la vie : « Je donnerai satisfaction à votre compagnie, bien que toutes se battent pour m'avoir comme client. Je suis seulement un peu perplexe, car vu mon remarquable dossier médical, je devrais être le dernier à souscrire; je n'en désire pas moins être assuré pour le cas où je serais tué... »[148].

Un peu plus tard, au cours de ce même printemps, lors de la remise des diplômes à l'université Oglethorpe, l'Ambassadeur prononça un autre grand discours pour défendre ses idées. Mais il s'agissait moins d'en appeler à l'action que de prendre date pour la formulation d'une philosophie nouvelle de l'isolationnisme — une tentative pour rattacher cette doctrine au courant principal de la pensée américaine. En bon réaliste, il savait qu'il ne pouvait plus rêver de se présenter à des élections fédérales et que probablement on ne lui proposerait plus de fonctions officielles; il ne jouerait donc plus aucun rôle de premier plan dans le grand drame sur lequel se levait le rideau; il n'avait pas le choix; force était d'admettre que son moment était passé et que les feux de la rampe s'étaient détournés de lui. S'il lui fallait démentir l'opinion de l'écrivain Scott Fitzgerald selon qui « il n'y a pas de second acte dans les vies américaines », ce serait par l'intermédiaire de Joe-le-jeune.

L'été 1941 commença et il vit la famille se mobiliser comme tout le pays. Joe Jr, qui se trouvait dans un camp d'entraînement à Squantum, près de Boston, venait passer le week-end à Hyannis. Jack poursuivait un ambitieux programme de mise en condition et d'exercices physiques, avec l'espoir d'être accepté par les militaires. Même Bobby, à seize ans, parlait de quitter l'école pour s'engager, et les filles, tout particulièrement Kick et Eunice, examinaient la possibilité d'entrer dans la Croix rouge ou même dans les services féminins de l'armée.

Tout ce qu'avait redouté Joseph Kennedy se produisait inexorablement, mais il était encore possible, au cours de cet été hors du temps, à Hyannis, d'espérer que le cataclysme resterait limité à l'Europe. La famille vivait à la façon typique des Kennedy — soleil, mer, baignades, interminables parties de « touch football » sur les pelouses en pente douce, régates, cinéma en plein air le soir, hordes de visiteurs. L'ami de Joe Jr, « T. J. » Reardon et celui de Jack, Torbert MacDonald, tous deux membres de l'équipe de football américain de Harvard et de la sélection nationale, dirigeaient les équipes adverses de « touch football » à Hyannis, les filles étant encadrées comme d'habitude par Lem et Bobby. John Hersey raconte qu'il vit un jour Teddy, à huit ans, en train de prendre sa leçon de danse, foxtrottant avec une fille plus haute que lui, le chewing gum à la bouche, et lisant une bande dessinée par-dessus l'épaule de sa cavalière, tout en suivant le rythme [149]. Un autre ami de la famille que l'on voyait souvent à Hyannis, Charles Spalding, pensait que les Kennedy étaient tout simplement « américains et innocents » : « En les regardant vivre, vous aviez l'impression qu'ils n'étaient pas soumis aux lois de la nature ; qu'il n'existait pas un autre groupe d'êtres aussi beaux, aussi engagés ; ils étaient toujours lancés en pleine action — il n'y avait pas seulement du football, mais aussi du tennis, de la voile : du mouvement. Il y avait également des conversations sans fin — l'Ambassadeur, au haut bout de la table, menait le jeu mais chacun apportait son écot et donnait son avis. La maison était le théâtre de rivalités incessantes, chacun essayant de provoquer l'autre et de l'emporter sur le voisin. C'était aussi simple que ça : les Kennedy avaient la conviction d'être " au-dessus du lot " et ce sentiment déteignait sur ceux qui les approchaient. Ils formaient une unité. Je me rappelle avoir pensé qu'il ne pouvait pas exister d'autre groupe comme le leur » [150].

La famille : c'était la seule chose que Joe Kennedy eût bâtie et dont il pensait qu'elle ne viendrait jamais à lui faire défaut. Mais en cet été 1941, c'était la dernière fois qu'elle se réunissait au complet.

6

La guerre fut exactement ce que Joe Kennedy avait craint — le déchaînement de calamités dont la mémoire collective des Irlandais avait si bien conservé le souvenir profond ; un spasme soudain et destructeur de l'Histoire, insoucieuse de la fortune et du rang, comme des plans les mieux établis. Pour Kennedy, c'était la tragédie qui bouleversait son univers et sa famille, pénétrait ses défenses, renversait ses hiérarchies, ouvrait des brèches qui ne se refermeraient plus. Pour les enfants Kennedy, c'était, certes, la tragédie mais avec quelque chose en plus — le grand saut périlleux qui allait couronner leurs rites initiatiques, l'examen de passage, le pont des embûches qu'il leur faudrait traverser pour passer du monde de leur père dans leur propre monde à eux. Pour toute la famille, la guerre était une rupture brutale avec ce qui avait existé ; elle exigeait la naissance d'un nouveau moi et l'acceptation d'une nouvelle destinée.

La première perte qu'ils subirent ne se produisit ni en Europe ni dans le Pacifique, mais au foyer même, à l'issue du combat secret qu'ils avaient livré pendant vingt ans pour faire à Rosemary une place dans leur avenir. L'année qui suivit son retour d'Angleterre avait plutôt bien commencé mais les choses s'étaient bientôt mises à aller de travers. Les quelques aptitudes de base qu'elle avait acquises au prix de tant d'efforts dans des écoles spécialisées venaient à lui manquer. Elle continuait de grossir et c'est sur un corps de matrone que reposait sa frimousse criblée de taches de rousseur. Comme toujours, elle cherchait à plaire, mais cela lui était de plus en plus difficile. Dans le passé, à mesure que ses frères et sœurs entraient dans le monde, elle avait été rejetée vers le cercle des plus jeunes enfants de la famille. Mais désormais les benjamins s'en évadaient à leur tour et elle restait seule, dernière et perpétuelle gamine du foyer. Si son sens de l'abstraction s'était brouillé progressivement, elle n'en sentait pas moins que la vie des autres était supérieure, en qualité, à la sienne ; elle en avait une conscience aiguë et exacte. Malheureusement, l'écart entre elle et les autres, au lieu de diminuer comme les parents l'avaient espéré, ne faisait que se creuser. Charlotte McDonnell l'avait remarqué quand elle se trouvait avec la famille à

St Moritz : « Les étrangers ne comprenaient pas à quel point elle était retardée et l'invitaient à sortir. Rose demandait alors à Joe Jr de la chaperonner[1], mais Rosemary protestait : " Pourquoi faut-il que Joe soit là ? " Et sa mère de répondre : " Parce que ce ne sont que des étrangers, ma chérie, et Joe ne va pas te déranger du tout ; il sera juste dans la pièce... " »

Si Rose s'inquiétait de ce qui pourrait arriver, étant donné la maturité sexuelle évidente de Rosemary, Joe était préoccupé par l'embarras que sa sœur pourrait représenter lors de campagnes politiques à venir. Son arriération était relativement bénigne et, dans une ambiance plus tranquille, moins constamment tendue vers les prouesses les plus spectaculaires, elle aurait pu trouver sa place. Mais son incapacité à suivre le train, dans ces tournois incessants de reparties et d'endurance, et tout particulièrement son inaptitude à partager la vie mondaine de Kick et d'Eunice, à sortir avec des jeunes gens, comme le faisaient déjà ses cadettes, la plongeaient dans le désarroi et la colère. Elle commença à avoir des accès de rage qui la mettaient hors d'elle-même, et pendant lesquels elle cassait tout et frappait même ceux qui l'entouraient. Rose tentait de l'isoler dans ces cas-là, mais parfois elle échappait aux infirmières et aux domestiques pour faire irruption au beau milieu de l'existence quotidienne des autres. Au cours d'un incident vraiment inquiétant de l'été 1941, Rosemary, jusque-là tranquillement assise sur la véranda, à Hyannis, attaqua soudain Fitz-gâteau, frappant à coups de poing et à coups de pied son frêle grand-père à cheveux blancs, jusqu'au moment où on put l'arracher de là[2].

L'affaire était tenue pour purement domestique et elle était censée concerner les femmes plus que les hommes de la famille. Le journaliste John White, un des plus proches amis de Kathleen, se vit harceler de façon inquisitoriale par celle-ci quand il entreprit des recherches en vue d'écrire une série d'articles sur les maladies mentales. « Kick voulait me soutirer tous les détails — pas seulement me les arracher, mais me les extorquer intégralement, sans toutefois me dire pourquoi. Ce petit jeu dura longtemps. Un jour nous nous promenions dans le parc, elle m'interrogeait comme d'habitude mais je lui dis qu'elle en savait désormais autant que moi et que je n'avais plus rien à lui apprendre. C'est alors qu'elle m'avoua les raisons de son insistance. C'était à cause de Rosemary. Elle en parla tristement avec lenteur, comme si elle confessait un secret très embarrassant, presque honteux. J'eus l'impression que la famille considérait Rosemary comme un " tendre échec " mais peut-être aussi comme un déshonneur... »[3].

Aussi longtemps que Rosemary avait tenté de progresser, d'être ou de paraître semblable aux autres, la famille l'avait fait bénéficier du même soutien empressé qu'elle avait prodigué à Jack dans sa lutte contre ses propres maux, les douleurs que lui infligeait sa colonne vertébrale et la mystérieuse maladie qui l'épuisait par intermittence depuis sa petite enfance. Il était important de vaincre, mais la lutte — surtout quand le sort était contraire et l'enjeu élevé — n'avait presque pas moins de vertus. A Londres, ils avaient présenté Rosemary à la Cour ; ils avaient toujours salué ses menus progrès comme autant de triomphes ; mais il y avait eu dans leur attitude envers la jeune fille, comme le disait un ami intime, une sorte de

« refus foncier ». Quand elle ne fut plus en état de lutter, la famille était prête à envisager des solutions qu'elle aurait rejetées d'emblée en toute autre circonstance.

L'un des traitements que John White avait étudié et qui avait particulièrement intéressé Kick, touchait aux techniques expérimentales de neurochirurgie, en particulier la lobotomie préfrontale. En 1941, on fondait encore de grands espoirs sur ses possibilités, mais on trouvait déjà des études sur la gravité de ses effets secondaires[4]. Pourtant, il y avait des raisons d'y recourir, et même il se trouva certains théologiens catholiques pour légitimer le procédé, de sorte qu'à l'automne, Rosemary fut opérée à l'hôpital Sainte Elizabeth de Washington[5]. Mais dès qu'elle fut entrée en convalescence, il s'avéra clairement que l'opération avait seulement mis fin aux accès de violence de la patiente, alors que, pour le reste, elle avait altéré l'ensemble de sa personnalité et coupé presque tous les liens qui rattachaient la jeune fille à sa famille*

(L'un des médecins traitants de Rosemary affirma par la suite : « La lobotomie n'était nullement nécessaire; la malade n'avait besoin que de médicaments »[7].) Pour tous les Kennedy, ce fut le plus terrible désastre survenu dans la famille; Rose considéra désormais sa fille comme « retombée en enfance ».

Pendant un certain temps, ils envisagèrent de la faire interner quelque part près de la maison. Mais il apparut clairement qu'une telle proximité deviendrait non seulement très embarrassante à la longue, mais trop éprouvante pour la vie affective de chacun. Sur la recommandation du cardinal Cushing, directeur spirituel de toute la famille depuis la mort du cardinal O'Connell, on envoya Rosemary à Sainte Colette, un hôpital tenu par des bonnes sœurs, dans le Wisconsin[8]. Elle y avait son propre appartement, une domestique et la disposition d'une voiture avec chauffeur; Rose et Eunice — mais jamais Joe — prenaient régulièrement l'avion pour aller la voir; par la suite, au lieu de pourvoir directement aux besoins de Rosemary elle-même, il leur faudrait surtout veiller à ce que l'on en disait : la version officielle était que la jeune fille, timide et renfermée, avait choisi de consacrer sa vie à un ordre religieux spécialisé dans le traitement des enfants arriérés.

A tout autre moment, le départ de Rosemary aurait suscité le sentiment d'une perte bien plus grande encore; mais l'on n'eut guère le loisir de s'attarder sur ses conséquences, car le bombardement de Pearl Harbor par les Japonais, en décembre 1941, plongea la famille et le pays tout entier dans la guerre. En privé, Joe Kennedy s'affirmait convaincu que FDR avait manigancé l'attaque japonaise pour justifier une intervention des Etats-Unis en Europe[9] (thèse largement partagée par Charles Beard et autres historiens « révisionnistes »), mais son désir persistant de se retremper dans le tourbillon des affaires lui interdisait toute déclaration publique à cet égard.

* Timothy Shriver, le fils d'Eunice, a déclaré qu'au lieu « d'être légèrement arriérée, Rosemary devint très arriérée », par suite de l'opération[6].

Il espérait que l'ouverture des hostilités — même s'il s'y était opposé — faciliterait son retour à Washington où ses talents de gestionnaire lui permettraient de rétablir sa réputation. Le lendemain de Pearl Harbor, il câblait à Roosevelt : « Indiquez-moi sur quel front je puis me mettre à vos ordres »[10].

Mais il se produisit la même chose qu'en 1932, quand FDR avait laissé refroidir ses ardeurs pendant qu'il confiait à d'autres, moins capables, des postes importants au sein du gouvernement. Faute de réponse à son télégramme pendant plusieurs semaines, Kennedy envoya une lettre humiliante, suppliant le Président d'avoir recours à lui. Il fut question d'un poste sans grande importance dans l'industrie navale, mais la centrale syndicale CIO n'avait pas oublié l'hostilité de Kennedy envers le mouvement ouvrier et mit son veto. Il y eut encore des conversations sans suite, au sujet d'un poste subalterne dans le domaine des transports gouvernementaux, en particulier ferroviaires, dont il fallait amadouer les responsables. Quand le confident du Président, Jimmy Byrnes, lui proposa le rôle de médiateur entre le gouvernement et les PME impliquées dans l'effort de guerre, Kennedy écrivit à un ami : « Je lui ai dit qu'il pouvait se le coller... »[11].

Plusieurs hommes politiques et non des moindres, ainsi que le *Boston Globe* et le conseil municipal de Boston, demandèrent instamment à Roosevelt de donner une fonction à l'Ambassadeur ; mais n'ayant jamais pu digérer l'expérience de Londres, FDR continuait de fournir des apaisements à Kennedy sans rien faire de précis en sa faveur. Quand celui-ci comprit ce qui se passait, il se mit à fulminer contre « les Juifs, l'extrême gauche et certains éléments du New Deal » qui le traitaient « comme un lépreux »[12]. Voyant qu'il était en froid avec Washington, certains isolationnistes firent appel à lui, une fois encore, pour l'inscrire sur leurs listes, mais il garda ses distances : « Je décourage tous les efforts de ceux qui voudraient me voir prononcer des discours ou écrire des articles », avouait-il à Lord Beaverbrook quelques mois plus tard, « car je ne veux rien faire qui ne nous aide à gagner la guerre et à sortir de ce pétrin. Ils attendent de moi des critiques, aussi dois-je souffrir en silence »[13].

A l'exil et au silence, Kennedy ajouta le troisième des traits que Joyce attribue aux Irlandais en lutte pour leur survie : la roublardise. De plus en plus obsédé par l'idée de faire élire Joe Jr au poste de gouverneur de l'Etat du Massachusetts, pour lui mettre le pied à l'étrier après la guerre, Kennedy se mit en devoir de barrer la route à un adversaire potentiel de son fils, lorsque Roosevelt désigna un jeune et séduisant député catholique irlandais, Joseph Casey, pour se présenter contre le sénateur (républicain) sortant, Henry Cabot Lodge Jr, en 1942. Kennedy envisagea de disputer lui-même à Casey l'investiture du parti démocrate, lors des élections primaires de ce parti, mais il ne remplissait pas les conditions de résidence. En quête d'un substitut, il vit en Fitz-gâteau le parfait candidat à faire entrer dans l'arène en vue de cette lutte fratricide entre deux catholiques irlandais, au sein de leur propre parti.

Certes les relations entre le gendre et le beau-père n'étaient pas des plus confiantes. Joseph faisait enrager Fitzie en le traitant de « vieil ivrogne »[14], et supportait mal la façon dont le vieillard aimait raconter des histoires, dans les réunions de famille, où il riait parfois si fort de ses propres plaisanteries qu'il lui arrivait de mouiller son pantalon. (« Gâteau » appelait Kennedy « le grand Joe »[15] et il le craignait ; au beau milieu d'une histoire, il lui arrivait de dire à ses petits-enfants : « Oh-oh, voilà le grand Joe qui s'amène, il faut se tirer. ») Mais l'Ambassadeur savait que son beau-père, à soixante-dix-neuf ans, avait encore en lui l'énergie nécessaire pour mener une dernière campagne. Aussi chargea-t-il son cousin, Joe Kane, un politicien à tout faire, d'organiser l'offensive contre le jeune Casey. (« Fitz-gâteau vient de jeter le gant ; il se présente comme candidat au sénat, écrivait Jack à Lem Billings ; il m'a dit en confidence qu'il l'emporterait d'un souffle et il a en effet des chances, il semble que la femme de son adversaire — un certain Casey — a eu un bébé six mois après le mariage, de sorte que Mrs Greene et les dames catholiques... font de leur mieux pour l'éliminer, à cause de ça »[16].

Après une bataille acharnée au cours de laquelle il avait parcouru tout l'Etat, aux accents de « Sweet Adeline », en prononçant les discours acérés, préparés à New York par les nègres que Kennedy avait loués, Fitz-gâteau perdit les élections primaires*, mais il avait durement secoué Casey, à qui l'Ambassadeur donna le coup de grâce en fournissant secrètement un soutien financier efficace à Lodge (bien qu'il fût du parti adverse !). Lors des élections générales, ce dernier utilisa avec succès les précédents discours de Fitz-gâteau, à la radio, contre l'infortuné Casey dont la carrière politique fut brisée. Ce faisant, l'Ambassadeur avait signifié un message clair et net à Washington : le Président dirigeait peut-être les destinées de la nation, mais le Massachusetts était la chasse gardée des Kennedy.

Tandis que son père s'occupait de lui préparer un avenir, Joe Jr se trouvait en Floride, à la base aéronavale de Jacksonville, où il avait achevé la première moitié de ses cours de pilotage. Il se donnait déjà des allures de pilote — jaquette de cuir, écharpe blanche, et petits cigares qu'il fumait quand il était en goguette. Mais faire figure d'héritier présomptif était chose bien plus sérieuse. En s'enrôlant, il s'était fixé une mission privée : prouver que les Kennedy n'étaient ni des lâches ni des défaitistes. Son père s'était tout bonnement débarrassé de ce fardeau, mais Joe-le-jeune ne pouvait en faire autant. C'était une forte tête, un garçon impétueux, presque fanatique-

* Tommy O'Hearn, neveu de Fitzgerald, qui servait de chauffeur au vieil homme et le conduisait d'une réunion électorale à l'autre, s'exprime en ces termes : « Nous commencions à faire du bon travail vers la fin. Les observateurs qui suivaient la campagne de près pensaient qu'avec un petit effort supplémentaire, un petit peu d'argent en plus, nous pourrions battre Casey. » Mais l'Ambassadeur, comme toujours, ne se nourrissait que de certitudes. Quelques jours avant les primaires, il eut un entretien avec Joe Kane qui avait commandé à une agence de Boston un projet de campagne publicitaire capable de faire pencher la balance en faveur de Fitzgerald.

— Mais pourra-t-il ensuite écraser Lodge ? demanda Kennedy en louchant du côté du coûteux projet.

— Non, répondit Kane.

— Et la campagne coûtera entre deux et trois cent mille dollars ?

— Oui.

Kennedy haussa les épaules, boutonna son manteau et se dirigea vers la porte : « Voilà qui est bel et bon. Je ne sais pas où vous allez, mais moi, je rentre au Ritz »[17].

ment dévoué à sa famille. Un jour, son ami Tom Schriber était avec lui, sur l'aéroport de Washington, quand atterrit un avion où se trouvait l'Ambassadeur. « Joe Jr, qui était sur le point de s'embarquer pour rentrer à la base aérienne de Jacksonville, pensa qu'il lui fallait voir son père avant de partir et commença à jouer des coudes à travers la foule. Le garde armé qui se trouvait au bas de la passerelle de débarquement lui hurla : " Halte ou je tire ". Joe se contenta de le pousser de côté et courut vers son papa »[18].

De même qu'il suivait le déroulement de la campagne de Fitz-gâteau contre Casey et admirait la nouvelle jeunesse politique de son grand-père, Joe Jr tenait la famille informée de ses propres activités. Il se faisait un devoir d'écrire à tous ses frères et sœurs, particulièrement à Jean qui était sa filleule. Il était le seul qui prêtât attention à Bobby.

Rose avait inscrit ce dernier au Prieuré catholique de Portsmouth d'où il écrivait, dans une lettre à ses parents : « Je prie beaucoup, pour sûr »[19]. Mais son père l'envoya bientôt à la Milton Academy où ses camarades de classe virent en lui un garçon douloureusement timide, tirant sans cesse sur sa mèche, toujours un pied sur l'autre quand il se tenait debout. Si Bobby obtenait d'une fille qu'il la raccompagnât après la messe du dimanche, c'était pour marcher à un mètre derrière elle, la tête basse, vaincu par son propre manque de confiance en soi. Dans un milieu typiquement anglo-saxon et protestant, ce jeune garçon archi-catholique « devait se sentir comme un immigrant »[20], pensait son amie Mary Gimbel qui le voyait, lors des bals de l'école, inviter une fille pour quelques instants avant de battre bientôt en retraite et s'appuyer le dos au mur en marmonnant sans s'adresser à personne en particulier : « Il n'y a pas plus dingue que moi. »

Comme Joe Jr le savait fort bien, Bobby avait besoin d'aide : le gamin n'arrivait pas à surmonter sa déception d'être trop jeune, une fois de plus, pour prendre part à la grande aventure militaire ; aussi le grand frère se montrait-il plein de sollicitude envers lui ; dans ses lettres fréquentes, il lui parlait de sa vie au camp : « Je viens de quitter l'escadrille primaire, après avoir terminé les cours d'atterrissage de précision, d'acrobaties, etc., de sorte que je vole maintenant sur de gros avions. Je viens d'apprendre à piloter en solitaire les avions les plus rapides que nous ayons ici et qui volent à près de 250 ; on s'est bien amusé... Demain je commence à apprendre le vol en formation, avec les gros appareils, d'abord en formation de trois, puis en formation de neuf. J'ai déjà volé en formation de trois et j'ai trouvé ça très amusant... »[21]. Il invita Bobby à la base et l'installa clandestinement dans un avion, sur le siège du copilote ; il le laissa même prendre les commandes une fois qu'ils furent en l'air.

Certains de ses camarades de Jacksonville se trouvèrent interloqués par une décision de Joe, qu'ils prirent pour une preuve d'arrogance[22]. Celui-ci renonça à la chance d'apprendre à piloter des avions de chasse pour se consacrer au lourd PBY Catalina ; en effet, disait-il, il lui fallait un bombardier de l'aéronavale pour avoir un équipage sous ses ordres. Et pourtant il faisait des efforts pour être comme les autres. Ses succès féminins étaient légendaires et il rapportait de ses permissions des photos de starlettes et d'artistes avec qui il était sorti à New York. Mais il était également insubordonné, récoltait de mauvaises notes, et se trouvait parfois puni pendant le week-end, condamné à effectuer des marches forcées. Mais les hommes aimaient son sens de l'humour, sauf quand il se montrait envers eux d'une ironie blessante. Pendant qu'il était à Jacksonville, il était devenu le chef de la Société du Saint Nom, ce qui l'autorisait à réveiller tous les catholiques de la caserne, le dimanche, pour la messe matinale. Les Juifs se plaignirent à l'aumônier de la compagnie d'être réveillés, eux aussi, par Kennedy. Le prêtre, Maurice Sheely, demanda des explications à Joe, lequel répliqua : « N'ont-ils pas une âme ? Ne souhaitez-vous pas leur salut ? » Quand l'aumônier lui eut conseillé de modérer son zèle, Kennedy sourit : « L'ennui avec vous, mon père, c'est que vous êtes antisémite. »

Joe finit parmi les dix derniers de sa classe, chez les cadets. Certes, beaucoup avaient été éliminés en cours de route par la rigueur de l'entraînement ; et l'annotation finale mentionnait malgré tout qu'il avait « l'étoffe d'un bon officier ». Lors de la cérémonie de clôture du stage, l'Ambassadeur se rendit à Jacksonville où il était censé faire un discours à la promotion, mais il était si ému qu'il ne put terminer et c'est avec un orgueil muet qu'il épingla les ailes sur la poitrine de Joe Junior.

Celui-ci fut affecté à Banana River, en Floride ; il s'était en effet porté volontaire pour être instructeur ; il espérait ainsi accumuler suffisamment d'heures de vol pour recevoir son propre commandement. Il téléphonait souvent à la maison et surveillait de loin ses frères et sœurs — tout spécialement celui qui venait, comme toujours, sur ses talons.

Jack s'était octroyé un bref intermède à l'Ecole supérieure de Commerce (la fameuse Business School) de Stanford, à l'automne de 1940. Mais il s'intéressait bien plus à la « belle vie » qu'aux bilans des sociétés. « Pas encore habitué aux étudiantes, écrivait-il à Lem, mais je les prends dans ma foulée. Espère en isoler une du troupeau et la marquer avant longtemps. Progresse avec précaution pour ne pas être connu comme la Bête de l'Est »[23]. Un mois plus tard, après une visite à Hollywood où il s'était entretenu avec Spencer Tracy et Clark Gable, lors d'une réception, Jack écrivait à nouveau, mais cette fois concluait sa missive sur une note plus sérieuse : « Cette mobilisation me cause bien du souci. L'armée ne va jamais vouloir de moi et (si je n'y vais pas) ça fera très mauvais effet »[24].

Il quitta Stanford après le début de l'année et rentra pour suivre un régime qui était supposé le remettre en bonne condition physique. A la fin de l'été, à force de harceler son père pour se faire admettre dans un service armé, il avait obtenu que l'Ambassadeur finisse par écrire à l'amiral Alan Kirk, qu'il avait connu comme attaché naval à Londres[25]. Kirk était le chef du Service de renseignements de la Marine (Office of Naval Intelligence : ONI) et il s'était arrangé pour que l'Amirauté accepte les conclusions des examens physiques conduits par de simples médecins de chevet. En septembre, Jack fut déclaré bon pour le service, enrôlé et affecté à l'ONI. (L'Ambassadeur avait aussi plaidé la cause de Lem

Billings qui avait du mal à se faire incorporer en raison de sa mauvaise vue, et l'avait fait entrer à l'American Field Service — le célèbre corps des ambulanciers civils sur le champ de bataille*.)

Joe-le-jeune se sentit irrité contre son père, en constatant que celui-ci n'avait pas soustrait le puîné à l'armée malgré l'état de son dos. Et il fut encore plus ennuyé en voyant que Jack obtenait le grade d'enseigne avant lui. Mais, à ce moment-là, Jack ne représentait une menace pour personne. Malade, mince comme un fil, il n'était à l'ONI qu'un garçon de bureau chargé de recevoir et de transmettre des renseignements dont personne n'avait cure et qui révélaient la concentration alarmante d'une force navale japonaise dans le Pacifique, à la veille de l'attaque contre Pearl Harbor. Pendant le week-end, Lem venait lui rendre fréquemment visite dans son appartement et Jack traînait son ami jusqu'à la pelouse du monument de Washington, le dimanche après-midi, pour se joindre aux joueurs de « touch football ». Lem détestait ces sorties, car il lui fallait retirer ses lunettes pour jouer et il n'y voyait plus assez pour attraper les passes qui formaient tout l'intérêt du jeu[27]. Mais Jack insistait et la maladresse de Lem devant des étrangers était une source d'embarras constant pour celui-ci et de frictions entre les deux garçons.

Kick se trouvait également à Washington. Elle était en conflit avec elle-même depuis son retour d'Angleterre, deux ans plus tôt ; elle avait joué avec l'idée de s'inscrire à Sarah Lawrence, mais s'était finalement décidée pour Finch, un petit collège universitaire, où elle disait à qui voulait l'entendre qu'elle était là pour « tuer le temps » avant de pouvoir repartir pour Londres. Elle donnait des thés au bénéfice du Secours de Guerre britannique, assistait à des matches de polo avec son ancien flirt, Peter Grace, et sortait avec les amis de ses frères qu'elle trouvait « dépourvus de maturité, à un point effrayant » quand elle les comparait aux jeunes nobles anglais avec lesquels elle avait marivaudé à l'étranger[28].

Au printemps de 1940, Kick avait reçu ce qu'elle appelait des « lettres sombres » de Billy Hartington qui servait maintenant dans le Corps expéditionnaire britannique sur la ligne Maginot. Elle lui tricotait une écharpe juste au moment où les Allemands refoulèrent son unité. En juin, elle pressa presque hystériquement son père de vérifier si le jeune homme se trouvait parmi les troupes évacuées de Dunkerque. Soulagée d'apprendre que tel était le cas, elle tenta de persuader ses parents de la laisser retourner en Angleterre, mais ils s'y refusèrent. Elle prit son mal en patience. Le printemps suivant, elle écrivait à l'un de ses amis anglais : « Nous vivons à une époque troublante ; il n'y a rien ou si peu de chose qui soit sûr ; je suppose que cela paraît bizarre de me voir m'exprimer ainsi, alors que nous

* Jack écrivit à Lem, à propos de la recommandation de son père. « Cher Dilemme, ...tu devrais être flatté parce qu'il n'a pas fait ce genre de choses récemment. Comme j'imagine que tu as reçu copie de la lettre, puis-je te signaler le paragraphe quatre, ligne six, qui commence par : " Il serait superflu d'insister et de mentionner ses qualités particulières. " C'est surtout le mot " particulières " qui m'intéresse. A quoi peut-il donc faire allusion ? A ton habitude de relever le menton, à ton culte paranoïaque du bronzage ou peut-être à cette expression si particulière que l'on voit sur ton visage quand tu commences à inhaler le médicament pour ton asthme ? »[26].

n'avons pas encore commencé à subir les horreurs et les incertitudes de la vraie guerre. Mais je pense parfois que n'importe quoi, ou presque, vaut mieux que cette existence suspendue entre guerre et paix »[29].

A la fin de l'été 1941, son père avait demandé à Arthur Krock de lui trouver du travail dans un journal isolationniste, le *Washington Times-Herald,* pour qu'elle ait au moins l'impression de se trouver mêlée aux événements. Kick fut embauchée et quitta la maison paternelle, comme on le vit plus tard, pour de bon.

Les autres employés du journal s'attendaient à voir arriver une jeune mondaine décorative, comme le *Times-Herald* en engageait de temps à autre pour se procurer du personnel à bas prix. Mais Kick les mit tous immédiatement dans sa poche. Grâce aux relations de son père, elle était constamment réclamée dans les cercles diplomatiques et politiques — c'était la stagiaire la plus demandée de toute la ville ; elle n'en avait pas moins cette innocence charismatique des Kennedy[30] ; ses collègues se rappellent comment elle détournait les yeux quand, au cours d'un reportage, elle avait reconnu une personnalité amie de sa famille qui aurait pu s'approcher pour lui parler, et gêner le travail de l'équipe. Parfois, on l'avait surprise sur le pas de la porte, en train de fourrer son manteau de vison dans un sac en papier pour le dissimuler avant d'entrer au bureau, si elle l'avait porté au cours d'une réception.

Après avoir travaillé, pendant quelques semaines, comme assistante du directeur de la rédaction, Frank Waldrop, elle commença à collaborer avec un jeune journaliste de trente et un ans, John White, chargé des « portraits » dans une rubrique intitulée « Auriez-vous déjà rencontré... ? » Ce fut le début d'une étroite amitié — méticuleusement racontée dans le journal intime de White — avec des nuances empruntées aux « comédies américaines » qu'ils allaient souvent voir ensemble au cinéma ; Kick assumait alors le rôle acerbe de Jean Arthur, traitant White de « vieil homme chauve, irritable et rabougri » et celui-ci lui répliquait du tac au tac : « Irlandoche analphabète et obtuse »[31].

White vivait avec sa sœur Patsy et l'enfant de celle-ci ; Kick allait les voir souvent. Elle était attirée par l'atmosphère familiale de la maison et aussi parce que, selon son expression, ils étaient « libres penseurs ». White s'en souvient : « Elle s'asseyait et parlait de n'importe quoi. Elle aimait parler. Elle était comme Jack à cet égard — elle manifestait une curiosité insatiable pour les êtres. C'était comme si tous deux, elle et son frère, comprenaient combien, dans leur jeunesse, ils avaient été isolés du commun des mortels, et tentaient de rattraper le temps perdu en cherchant à savoir comment réagissaient les gens qui ne se trouvaient pas être membres de la famille Kennedy »[32]. White rapporte, dans son journal intime, comment Kathleen essayait sur lui les opinions admises dans le monde de ses parents ; elle présentait leurs vues sur le mode badin, comme s'il s'agissait des besoins de la discussion, alors qu'elle cherchait vraiment à savoir ce qu'il en pensait. « KK m'affirme que tout contrôle des naissances relève de l'assassinat. Je lui réponds que la formulation de cette thèse n'est qu'une technique utilisée par l'Eglise catholique pour maintenir ses effectifs »[33]. Leurs relations étaient empreintes d'une certaine innocence dans un autre domaine également; citons encore White : « Elle adorait les caresses; je ne crois pas qu'elle ait été gâtée de ce point de vue-là quand elle était petite; mais il ne fallait pas confondre le pelotage avec les relations sexuelles qu'elle appelait " la chose que les prêtres disent de ne pas faire ". Je me souviens d'un soir où je lui frottais le dos, et où elle était toute somnolente; elle me regarda soudain comme si elle se trouvait sur le point de pleurer et me dit : " Ecoute, il y a une chose que tu dois savoir de moi; je suis comme Jack, incapable de ressentir une affection profonde ". Ce fut l'une des rares fois où j'eus l'impression qu'elle me livrait une partie d'elle-même. »

Jack avait toujours été attiré par l'honnêteté et l'indépendance d'esprit de Kick. A Washington, il fut séduit par Inga Arvad, l'une des collègues de sa sœur au *Times-Herald*. C'était une Danoise, haute en couleurs, qui nc passait pas inaperçue et dont le passé n'était pas innocent. Inga n'était pas beaucoup plus âgée que Jack mais se situait à des années-lumières de lui. Dans sa jeunesse, elle était allée en Allemagne pour étudier la montée du fascisme, de première main. Se faisant passer pour la correspondante d'un journal de Copenhague, elle avait interviewé Goering et circulé pendant un temps dans les hautes sphères du parti nazi; elle avait même fait une apparition aux Jeux Olympiques de 1936 aux côtés du Führer qui avait vu en elle « le parfait exemple de la beauté nordique »[34]. Depuis lors, il y avait eu beaucoup d'hommes dans sa vie, y compris un mari absent — l'as hongrois de la Première Guerre mondiale, le pilote Paul Fejos — et, plus récemment, un mystérieux homme d'affaires suédois nommé Axel Wenner-Gren, que les services de renseignements alliés soupçonnaient d'espionnage. Au moment où elle avait été engagée au *Times-Herald* (comme Kick, avec l'aide d'Arthur Krock qui l'avait rencontrée à un cours de l'école de journalisme de l'université Columbia[35]), elle était tenue par le FBI pour une espionne possible au service des Allemands, et placée sous surveillance.

L'Ambassadeur en savait sûrement à son sujet autant que le directeur du FBI, J. Edgar Hoover. En effet, comme le disait plus tard Lem Billings : « Mr Kennedy se tenait au courant de tout ce que faisaient ses enfants, particulièrement les garçons. S'il sentait qu'ils lui cachaient quelque chose, s'il avait un indice mais ne connaissait pas l'entière vérité, il prétendait tout savoir et commençait à faire son enquête; le plus souvent, il parvenait à percer l'affaire à jour »[36]. Il ne se fiait d'ailleurs pas entièrement à ses dons psychologiques : « Après deux ou trois rendez-vous, raconte White, Kathleen s'assit un soir pour me révéler sur moi-même des choses que j'avais oubliées. Elle me dit que quelqu'un avait parlé de nous à son père et que celui-ci avait mis l'un de ses agents irlandais à nos trousses. Il avait conclu que j'étais " sans intérêt mais sans danger ". Elle me dit qu'il en avait fait autant pour Jack. » En conséquence, Jack et Inga d'une part, John et Kick de l'autre, faisaient mine de sortir à quatre pour que Joe Kennedy n'ait pas peur de voir la femme-mystère enlever son fils; mais ils arrêtaient bientôt la voiture, de sorte que Jack et Inga puissent s'en aller de leur côté en taxi.

L'Ambassadeur avait de bonnes raisons pour se faire du souci. Inga était la première passion de Jack et ce sentiment le jeta dans un conflit ouvert avec sa famille. Lors d'un week-end des deux amoureux à Palm Beach, épisode qu'Inga Arvad décrivit plus tard en détail, Joe Kennedy tenta alternativement de sermonner son fils et de séduire la jeune femme pour son propre compte[37]. Finalement, les supérieurs de Jack à l'ONI se sentirent assez inquiets pour transférer le garçon à Charleston, en Caroline du Sud, où il était chargé de faire des cours aux ouvriers d'usine sur la façon de défendre les installations et leurs propres personnes en cas d'attaque ennemie ; c'était un poste qu'il désigna dans ses lettres à Lem et à d'autres amis comme « la Sibérie ».

Son travail au service de la défense nationale l'avait fait réfléchir à des sujets qu'il avait abordés auparavant dans *Pourquoi l'Angleterre s'était endormie.* En février 1942, il écrivait à Billings : « Je me demande ce qui arrive à ce pays. Dans mes jours les plus sombres, je n'ai jamais envisagé la moindre possibilité d'une défaite. Mais ignorer les revers militaires que nous subissons — et c'est ce que tout le monde semble faire —, les ignorer et ne prêter attention qu'à la fureur déchaînée par l'affectation d'un danseur et d'un acteur de cinéma (Melvyn Douglas) à la défense civile, ce qui ne signifie fichtrement rien, gaspiller toute cette indignation du public à propos de ce petit événement, tandis qu'il y a autour de nous tant d'exemples d'inefficacité qui peuvent nous couler, voilà qui justifierait une entrée en scène de Néron, car il y aurait beaucoup de violoneux irresponsables pour accompagner, avec lui, sur leurs crincrins, l'incendie de Rome... Il peut paraître bizarre de dire qu'il faudra des morts en quantité pour nous réveiller, mais je crois vraiment que rien d'autre n'y parviendra jamais »[38]. La lettre s'étendait également sur les forces puissantes qui se trouvaient à l'œuvre, en temps de guerre : « Je ne crois pas que personne le comprenne, mais le seul rempart qui se dresse entre nous et la défaite de notre croisade chrétienne contre le paganisme, c'est une potée de Chinetoques qui n'ont jamais entendu parler de Dieu et une potée de Russes qui ont entendu parler de Lui mais n'en veulent pas. Je suppose que nous ne pouvons nous montrer trop difficiles par les temps qui courent. Quand tu seras en Afrique, fais ami-ami avec tous ceux que tu rencontreras, qu'ils soient bruns, noirs ou jaunes. Dans *Le Déclin de l'Occident,* M. Spengler, après avoir soigneusement étudié les vagues successives de la civilisation, a prophétisé que les quelques siècles à venir appartiendraient à la race jaune. Après que les Japs auront unifié l'Asie, il semble que la “vague du futur ” de Lindbergh aura certainement des tons jaunâtres. »

Au début du printemps, Lem fit halte à Charleston[39], à son retour de Nashville où il était allé assister au mariage de son frère ; il trouva Jack déçu et malheureux mais plongé dans la méthode d'éducation physique de Charles Atlas, pour se préparer à l'opération qu'il allait subir en avril et qui remédierait peut-être à « l'instabilité » chronique de sa colonne vertébrale dont il souffrait depuis l'enfance. De retour à Baltimore, Lem apprit que l'American Field Service se disposait à l'envoyer en Afrique ; il trouva aussi une lettre de Jack qui l'attendait ; elle commençait ainsi : « Cher Lemmer, j'ai terminé le cours d'ATLAS et pense que je suis sur la voie de la SANTE, de la FORCE, et de la PUISSANCE PERSONNELLE, quoi que puisse être cette

Puissance Personnelle. Je peux me rendre compte qu'avec le temps, je serai Puissant, Gracieux et Magnétique »[40].

Jack attachait une note à sa lettre : « Je n'ai pas vu Inga mais je crois qu'elle est en route pour Reno. Il serait certainement cocasse que je me marie pendant que tu te promèneras en Allemagne. » La perspective de telles cocasseries n'amusait guère l'Ambassadeur qui savait que Jack et Inga continuaient de se voir. Lors d'un voyage de la jeune femme à Charleston, le FBI plaça des micros dans sa chambre d'hôtel, sur ordre du ministre de la Justice, Francis Biddle, avec l'approbation de Roosevelt lui-même. On entendit ainsi Jack, sans méfiance, parler de son travail, parmi les bruits de copulation[41].

Finalement, Joe Kennedy tira quelques ficelles de plus, auprès de James Forrestal, son ancien collègue de Wall Street, devenu ministre de la Marine, et obtint que Jack fût transféré des Services de renseignements au personnel navigant[42]. En juillet 1942, Jack se présenta donc à l'école des midships de l'université Northwestern. Lem, cependant, simple ambulancier dans l'American Field Service, partait avec un convoi secret, à destination du Caire, avant de se retrouver sur les champs de bataille du désert, face aux forces du général Rommel en Egypte. « Comme tu ne le sais probablement pas, lui écrivit Jack, Inga-Binga s'est mariée, mais pas avec moi. Elle voulait manifestement quitter Washington pour aller à New York, aussi a-t-elle épousé un gars qu'elle connaissait depuis des années, qui l'aimait mais qu'elle n'aimait pas. Je pense qu'il aurait été plus intelligent pour elle de prendre le train qui va de Washington à New York — il y en a plusieurs par jour. De toute façon, elle est partie — et cela laisse la situation en blanc »[43].

Jack commença alors à s'appliquer pour de bon ; il n'avait pas changé depuis le temps de Choate où il faisait alterner les périodes de chahut et les phases de réussite scolaire. Quand l'amiral John Harlee fit une apparition à l'école dans le but de recruter des volontaires pour les vedettes lance-torpilles, dites patrouilleurs torpilleurs, ou « PT », il était prêt à s'intéresser tout spécialement aux jeunes gens de la haute société qui avaient eu l'occasion de faire du bateau[44]. Or, ces embarcations petites et rapides — l'équivalent naval de la cavalerie —, étaient auréolées d'une légende romantique depuis qu'elles avaient participé au sauvetage de Mac Arthur, à Corregidor, en 1941, et à d'autres actions de risque-tout, au début de la guerre. Ceux qui rejoignaient le corps d'élite de Harlee n'avaient pas besoin de gravir patiemment les échelons de la hiérarchie comme sur un gros bateau de guerre ; ils recevaient rapidement un commandement et on les jetait aussitôt dans le feu de l'action. Jack comprit qu'il y avait là pour lui la possibilité de s'extraire de ses complications sentimentales avec Inga et d'échapper, du même coup, aux galonnés de la marine qui le tenaient pour un « fouilleur de fange » plus encore que ne l'avaient fait les surveillants de Choate. Il se porta donc volontaire. (« Les conditions sont draconiennes, écrivit-il à Lem. Il faut être jeune, bien portant et célibataire. Comme je suis jeune et célibataire, j'essaie de me faire admettre... Jusqu'à présent, les pertes (dans les PT) sont de dix morts pour un survivant »[45].) Le 1er octobre, il se présentait à l'école de formation des PT, à Melville, dans le Rhode Island.

Dans la baie de Narragansett, où il avait disputé tant de régates avec ses frères et sœurs, il entreprit de s'initier aux missions de torpillage. Il y rencontra Paul « Red » Fay, Jim Reed et d'autres, qui allaient devenir ses amis pour la vie. Pour qu'il s'y plaise et ne recommence pas à courir après Inga, son père s'arrangea pour faire transférer avec lui Torby MacDonald, qui s'ennuyait dans un emploi de bureau. Jack se lia également avec un brillant intellectuel de Yale, nommé Chuck Spalding, qui sut découvrir en Jack un aspect que les autres ne voyaient pas : des dons littéraires et une aptitude à la réflexion. Tous deux étaient anglophiles — avec, chez Jack, selon Spalding, des nuances œdipiennes, compte tenu de l'attitude de l'Ambassadeur. Ils lisaient tous deux des livres tels que la vie de Cecil Melbourne et *Pilgrim's Way* de John Buchan. Spalding allait devenir une sorte de spécialiste, maître ès-Jack Kennedy, fasciné par ce qui différenciait celui-ci des autres membres de la famille. « Le vieillard n'était pas capable de respecter la neutralité des autres vis-à-vis de lui ; à ses yeux, les êtres se rangeaient en deux catégories : laquais ou ennemis. Mais Jack s'intéressait à tous... à une seule condition : qu'ils fussent intéressants »[46].

Jack fit si bien qu'après la fin des cours, quand Fay, Torby et les autres furent affectés à des unités combattantes, il resta à Melville, comme instructeur, à son corps défendant, non sans avoir plaidé sa cause auprès de l'amiral Harlee qui raconta plus tard : « Il insista pour être envoyé outre-mer, dans une escadre de combat... il déployait beaucoup de zèle et d'impatience pour rejoindre la zone de guerre... »[47], mais peut-être à cause de son état de santé défectueux, il fut laissé à l'arrière jusqu'à ce que son père intervienne sur sa demande et obtienne du sénateur du Massachusetts, David Walsh, qu'il le fasse expédier dans une unité combattante du Pacifique-Sud. « Me voilà en route pour la guerre, écrivit-il à Lem, lors d'une escale à San Francisco, où il devait toucher son équipement. Le travail que l'on fait à bord de ces bateaux est vraiment ce qu'il y a de mieux dans la marine »[48].

Alors que Joe-le-jeune était coincé dans une escadrille de Mariner PMP de reconnaissance, stationnée à Porto-Rico, où les seuls signes de la guerre, au cours de ses patrouilles, étaient les traces de mazout laissées par les bateaux marchands torpillés, victimes des sous-marins allemands, Jack s'en allait-en-guerre, par suite d'un étrange enchaînement de circonstances qui auraient pu le conduire à la honte et au déshonneur mais qui lui avaient offert une chance de se racheter. Une fois de plus, il avait distancé son aîné par un coup d'éclat. Rose, qui ne comprenait pas toujours ce qui se passait dans la famille, s'en rendit compte elle-même : « C'était la première fois que Jack avait pris, si clairement, un tel avantage ; j'oserais dire qu'il s'en réjouit et que Joe Jr en fut ulcéré »[49].

Pendant que le pays mobilisait et que les Kennedy se dispersaient ainsi, Rose écrivait des lettres circulaires à ses « Chers Enfants » et postait neuf copies carbone de ces missives prolixes qui résumaient les faits et gestes de chacun[50]. Elle y exposait les problèmes que Joe Junior et Jack rencontraient dans le service et leurs frictions quotidiennes avec la discipline, plus que les dangers encourus par eux ; elle parlait du fils de Lord Halifax et des autres amis de Kick, à Washington. Eunice était à Stanford où « elle appréciait les cours... et le contact avec des idées nouvelles ». Pat avait terminé ses examens de fin d'études au lycée et envisageait de prendre un appartement à New York. Bobby avait « beaucoup amélioré son goût pour la lecture », et Jean élargissait « ses ambitions et ses relations ». Teddy se plaisait à servir la messe et ne trébuchait plus sous le dais. (« Les efforts qu'il déploie au service de Terpsichore commencent à être payants et je ne l'ai pas vu tomber du tout, la dernière fois. ») Rose elle-même avait terminé ses cours de secourisme ; toujours à l'affût des personnalités riches et célèbres, elle avait vu Gloria Vanderbilt passer sa lune de miel à Palm Beach : « elle est juste comme sur ses photos. »

Joe Kennedy ne figurait guère dans ces comptes rendus domestiques. Banni des feux de la rampe, il ne ressentait même plus le besoin de respecter la plus élémentaire prudence, comme lorsqu'il était ambassadeur. Pour sa famille, c'était, une fois de plus, une figure nébuleuse, employant son temps de son côté, toujours à mi-chemin entre deux de ses diverses résidences et agissant exactement à sa guise. Généralement, il n'y avait pas de place pour Rose dans ses projets. Tom Schriber, grand ami de Joe Junior, continuait d'aller parfois à Palm Beach et entendait souvent Joe téléphoner à Rose pour lui demander de ne pas venir, sous prétexte qu'il était accaparé par des amis[51]. Il achetait au marché noir du nylon ou autres marchandises rares et en inondait ses filles. Il avait acquis une importante participation au champ de courses de Hialeah, et on l'y voyait souvent dans sa loge, prenant des paris à deux dollars et utilisant les services de Joe Timilty ou d'autres copains de Boston pour escorter les jeunes femmes qu'il fréquentait sur le moment. A New York, on remarquait sa présence au Stork Club, à El Morocco, et en d'autres endroits favoris de la « Café Society » ; un journaliste qui fit le compte des nombreuses occasions où il avait figuré dans la rubrique des potins, découvrit qu'il n'avait été vu qu'une seule fois en compagnie de sa femme.

Les ennuis de Jack à Washington avaient attiré l'attention de Kennedy sur le FBI. Faute de pouvoir entrer au gouvernement, il s'était enrôlé chez J. Edgar Hoover comme « Contact pour Service Spécial » auprès du Bureau de Hyannis. L'agent qui transmit à Washington la nouvelle de ce recrutement ne s'y trompait pas : « En raison de son passé de diplomate et de ses innombrables relations dans les cercles diplomatiques, il a ses entrées dans ce milieu et il est disposé à user de ces atouts au profit du Service... Dans l'industrie cinématographique, il compte beaucoup d'amis juifs et pense que ceux-ci lui fourniront, sur demande, des informations relatives à la pénétration communiste à Hollywood... ou à tout individu suspect de sympathie à l'égard des communistes »[52].

Comme toujours quand il avait du temps disponible, Kennedy entreprit de gagner de l'argent. C'était la seule entreprise qui ne prêtât pas à controverse. Mais ses objectifs n'étaient plus les mêmes. L'avidité de ses jeunes années avait fait place au désir de mettre en sûreté l'immense fortune qu'il avait accumulée et qui, selon lui, serait menacée par les bouleversements sociaux issus de la guerre de Roosevelt. C'est dans un esprit défensif qu'il commença à spéculer sur les terrains peu après l'entrée en guerre des Etats-Unis.

Il en vint ainsi à posséder d'énormes domaines en Floride et en Amérique latine, outre des concessions pétrolières au Texas ; mais l'essentiel de ses investissements immobiliers consistait en ensembles résidentiels et commerciaux à Manhattan [53]. Il s'était tourné vers ce marché dès le début de 1941, quand il avait transféré son domicile officiel de New York en Floride où les autorités locales ne percevaient ni impôts sur le revenu, ni droits de succession. Son ami le cardinal Spellman l'avait mis en contact avec John Reynolds, agent immobilier de l'archidiocèse de New York, pour lui faciliter la vente de sa maison de Bronxville. Reynolds convainquit Kennedy que le prix des terrains à New York était trop bas pour ne pas donner bientôt lieu à une hausse de grande envergure et tous deux entamèrent une campagne hardie d'achats qui allait faire de Kennedy l'un des plus grands propriétaires de la ville [54].

L'Ambassadeur investit des millions de dollars dans le marché immobilier. Déterminé, comme toujours, à en avoir le plus possible pour son argent, il devint l'un des pionniers d'un procédé qui consistait à ne verser comptant que la somme la plus faible possible, puis à payer le reste avec les loyers et à revendre au prix fort au bout de quelques années, avec un bénéfice plusieurs fois supérieur au capital initialement engagé. En 1941, il avait acquis, pour un million de dollars, un immeuble de la Sixième Avenue, en ne versant que 200 000 dollars comptant. Après l'avoir gardé quelques années, il le revendit pour un million et demi de dollars. Il fit l'acquisition d'un immeuble de 1,9 million de dollars, à l'angle de la 59e rue et de Lexington Avenue, avec 100 000 dollars comptant, et le revendit pour 5 500 000 dollars. Quand il se rendit compte de l'étendue de son domaine, Kennedy se mit à augmenter brutalement ses loyers, doublant ou triplant leur montant sans aucune considération pour la situation du locataire en temps de guerre. Le clou de ses investissements immobiliers fut l'achat de la « Merchandise Mart » de Chicago, le plus grand immeuble de bureaux connu à l'époque, qu'il paya 12,5 millions de dollars à Marshall Field [55]. Ce dernier avait dépensé trente millions pour le faire construire. Après avoir rénové le bâtiment et loué les bureaux, d'abord à l'administration, puis à des firmes privées, l'Ambassadeur finit par toucher, en loyers annuels, plus qu'il n'avait payé à l'origine. Au total, selon les estimations de Reynolds, les spéculations immobilières de Kennedy pendant la guerre avaient rapporté plus de cent millions de dollars à celui-ci. En voulant mettre son argent à l'abri, il avait presque doublé sa fortune.

Pourtant, le pôle d'intérêt de la famille, ce n'était plus l'ancien ambassadeur de 55 ans, mais ses enfants. Les plus jeunes étaient encore en sûreté à la maison, mais les trois aînés, ceux qui l'avaient toujours préoccupé le plus, étaient exposés à tous les maux. Joe-le-jeune patrouillait au-dessus du littoral atlantique et se démenait pour obtenir une affectation qui lui permettrait d'entrer en action. Kick cherchait le moyen de retourner en Angleterre. Jack était en route pour la zone des combats dans le Pacifique.

C'est à ce moment que Jack s'émancipa de sa famille et prit du recul par rapport à son père, voire aux rêves de celui-ci. Sur le transport de troupes qui l'emmenait de San Francisco aux îles Salomon, le garçon passa beaucoup de temps en conversation avec un autre lieutenant des PT, aussi maigre que lui, nommé Jim Reed. Il décrivait à celui-ci comment son père savait entrer dans le vif du sujet avec un geste tranchant de la main... Reed était présent quand un jour, un Bostonien de bonne souche sauta sur Jack à brûle-pourpoint pour lui dire d'un air condescendant : « Ton père m'a étonné, Jack, à la radio. » Jack demanda pourquoi et l'autre de répondre : « Eh bien, je m'attendais à ce qu'il eût cet affreux accent des Irlandais de Boston, mais ce n'était pas le cas. Il parle assez bien. » Jack était furieux : « Il était sur le point de lui taper dessus, et Joe Junior l'aurait fait », déclare Reed[56].

Alors que Joe Jr se montrait un peu pète-sec dans son avion, exigeant de ses hommes toutes les marques extérieures de respect auxquelles a droit un supérieur, Jack, en prenant le commandement de la vedette *PT 109* dans l'île de Tulagi, près de Guadalcanal, à la fin d'avril 1943, était bien plus décontracté ; il se sentait acteur autant que directeur de la pièce, et peu enclin par conséquent à se prendre au sérieux comme son frère. Il ne se sentait pas davantage gardien de l'honneur de la famille ; il s'éloignait du foyer, pour aller à la rencontre de lui-même et non pas, comme son aîné, pour illustrer le nom des Kennedy. Les lettres qu'il envoyait alors à ses parents montrent qu'il n'aurait pas été impossible de faire de lui un écrivain. Il ne s'agissait plus de faire impression par sa puissance d'analyse, ni de mettre en forme des idées adaptées à la ligne des Kennedy, mais de décrire la réalité de la guerre telle qu'il commençait à la vivre. Le 6 mai, il écrivait à Lem Billings pour lui faire part d'une attaque aérienne des Japonais, le jour où son transport de troupes était arrivé aux Salomon : « Au cours d'un répit dans la bataille, un Japonais s'est trouvé parachuté dans la mer. Nous allions le repêcher, car il flottait sur l'eau, mais nous n'étions pas à vingt mètres quand le voilà qui sort un revolver de son gilet de sauvetage et tire deux coups en direction de notre pont. J'étais en train de rendre grâces au Seigneur tout en faisant passer les munitions, mais cela m'a ralenti un brin — l'idée de ce gars, assis dans l'eau et attaquant à lui seul tout un navire. Chacun s'est mis à lui tirer dessus avec toutes les armes disponibles mais sans même viser, sous le coup de la surprise. L'eau bouillonnait autour de lui. Finalement un vieux soldat, juste à côté de moi, a pris un fusil et lui a fait sauter la cervelle. Le Japonais a lancé les bras en l'air, plongé en avant et il a coulé. Et nous on a garé notre cul dare-dare »[57].

Une fois loin des autres Kennedy, Jack commença à remettre en question quelques éléments de l'orthodoxie familiale, notamment la religion qui avait pour sa mère une telle importance spirituelle et pour son père une telle signification sociale. Un autre catholique qui servait avec lui dans le Pacifique-Sud évoquait plus tard les longues discussions au cours desquelles Jack exprimait son scepticisme et concluait qu'il tirerait « tout ça au clair » avec l'un des directeurs spirituels de la famille, l'évêque Fulton Sheen, quand il rentrerait de la guerre[58].

Le temps de la libération était également venu pour Kick. Elle avait entendu dire, par son amie Dinah Bridge, que Billy Hartington s'était fiancé à Sally Norton, nièce de Lord Mountbatten[59]. Kick était convaincue que seule son absence avait pu l'y décider et qu'il changerait d'avis si elle retournait à Londres. Vers la fin de mars, elle abandonna son travail au *Times-Herald* pour suivre les cours de la Croix rouge, ce qui devait, selon elle, la ramener en Angleterre. Le 17 juin, jour où Jack montait en ligne avec son patrouilleur contre les Japonais, elle embarquait à bord du *Queen Mary* en uniforme d'hiver, avec un masque à gaz, une musette, une trousse de secours d'urgence et un casque en fer-blanc. Elles étaient 160 infirmières parmi des milliers de soldats.

La traversée fut dangereuse et difficile[60]; le sommeil de Kick était interrompu toutes les demi-heures par un brusque changement de cap du bateau qui zigzaguait pour éviter les sous-marins allemands. Après avoir débarqué à Greenock, en Ecosse, toutes les infirmières prirent le train pour Londres où Kick rencontra ses amis David et Sissy Ormsby-Gore et s'installa chez eux à Hampstead en attendant son affectation. Elle profita de ce répit pour renouer avec de vieux amis de sa famille, comme les Astor, mais elle n'était revenue que pour une seule personne, Billy Hartington, qui arriva bientôt d'Alton où était sa base pour l'inviter au club des Four Hundred. Kick trouva Billy « plus vieux et plus ducal » mais, pour le reste, toujours le même : « différent de tout ce que j'avais jamais connu », dit-elle[61]. Le 14 juillet elle écrivait à sa mère : « Billy et moi sommes sortis ensemble pour la première fois samedi dernier. Il est vraiment amusant de voir tous les gens se parler à l'oreille dès que nous arrivons quelque part. On prend des paris pour savoir quand nous allons annoncer nos fiançailles. Il y en a pour penser que je céderai. Ils sont loin du compte... »[62].

En réalité, c'était un attachement bien plus profond qu'elle ne le laissait croire à ses parents. Dans une lettre à Lord Beaverbrook, sur du papier à en-tête de la Croix rouge, elle annulait un engagement à dîner parce qu'elle avait la possibilité de passer le week-end avec « Bill » et sa famille, dans une de leurs résidences, hors de Londres[63]. Avec Jack, elle pouvait se montrer à la fois plus directe et plus ironique au sujet de son dilemme qu'elle ne l'était avec sa mère : « Bien sûr, je sais qu'il ne pourra jamais céder sur la question de la religion et il sait que je n'en ferai rien non plus. Tout cela est assez compliqué parce qu'il est très, très attaché à moi et tant que je serai là il ne se mariera jamais... C'est vraiment dommage parce que je crois que je ferais une très bonne duchesse de Devonshire, après la guerre, et comme j'aurais un château en Irlande, un autre en Ecosse, un troisième dans le Yorkshire et un quatrième dans le Sussex, je pourrais prendre soin de mes frères navigateurs quand ils seront vieux... »[64]. Elle terminait sur ces mots : « Prends bien soin de toi, Johnny. Au moment où cette lettre te parviendra, il sera encore arrivé bien des choses. » En fait, avant que la lettre fût parvenue à destination, Jack était porté manquant, présumé mort et, dans un certain sens, avait connu une nouvelle naissance.

En août, les services de renseignements avaient signalé que quatre destroyers japonais traversaient le détroit de Brackett; quatorze patrouilleurs se portèrent à leur rencontre pour intercepter l'armada de navires de guerre et de transport, en route pour ravitailler la forteresse japonaise de l'île de Vila. A deux heures trente du matin, après avoir manqué le contact avec les Japonais, le *PT 109*, gouverné par Jack, regagnait sa base de Rendova quand une énorme masse apparut à babord ; c'était le destroyer japonais *Amigari*, et quelques secondes plus tard, avant que Kennedy ait pu changer de cap, il coupait la vedette en deux.

Au moment de l'impact, Jack pensa, avec un détachement caractéristique : « Ainsi, voilà ce que l'on ressent quand on est tué »[65]. Il ne l'était pas, mais deux de ses hommes avaient perdu la vie et trois autres se trouvaient grièvement blessés. Il nagea vers l'un d'entre eux, « Pappy » McMahon, et le ramena vers l'épave à laquelle tous les survivants se raccrochèrent jusqu'à l'aube. Quand les restes du *PT 109* commencèrent à sombrer[66], ils se dirigèrent tous vers une petite île distante de cinq kilomètres ; Kennedy nageait la brasse en remorquant, grâce à une corde serrée entre ses dents, McMahon accroché à un morceau de bois. Après avoir été jetés sur la plage, Jack et ses hommes prirent un peu de repos. Ce soir-là, il se déshabilla et nagea, nu, dans le détroit, avec un revolver de 38 pour attirer l'attention de sauveteurs éventuels. Il ne fit demi-tour qu'à l'aube, mais, trop épuisé pour lutter contre de forts tourbillons, comme on le sut plus tard, il s'abandonna à son sort, convaincu que le courant l'entraînerait au large ; il se retrouva, au contraire, sain et sauf sur le rivage.

Les rescapés craignaient de se heurter à des soldats japonais sur la petite île, mais ils ne trouvèrent qu'une cachette contenant des biscuits salés et des sucreries. Il y eut une autre expédition à la nage, tout aussi épuisante que la première, en quête de secours, mais sans succès. Puis deux indigènes arrivèrent en canoë et Jack grava sur une noix de coco un message qu'il leur demanda de porter à un poste d'observation australien, à quelques îles de là : INDIGENE CONNAIT POSITION IL PEUT GUIDER 11 SURVIVANTS BESOIN PETITE BARQUE KENNEDY. Enfin, le sixième jour après le début de leur épreuve, une embarcation indigène vint chercher Kennedy et son équipage pour les conduire à un rendez-vous avec un PT de secours. En embarquant, les hommes chantaient un cantique : « Jésus m'aime, cela je le sais, la Bible me l'a enseigné »[67].

A Hyannis, comme Joey Gargan, le cousin et camarade de jeu de Teddy, l'a raconté, rien ne permettait de voir que quelque chose allait de travers[68]. L'Ambassadeur réveillait les garçons chaque matin et les emmenait faire du cheval aux écuries d'Oysterville. Un jour où il était parti sans eux, il revint avec une expression bizarre. Pressé de questions, il raconta qu'il venait juste d'entendre, sur la radio de bord de sa Cadillac, que Jack était sain et sauf, de sorte que, sous le coup de l'émotion, il était sorti de la route. Il avoua plus tard avoir su depuis trois jours que Jack était porté disparu ; il ne l'avait dit à personne, pas même à Rose. Sa joie et son soulagement étaient d'autant plus grands qu'il savait, dans son for intérieur, avoir envoyé Jack au combat pour l'éloigner d'Inga Arvad.

Par la suite, la presse allait faire de l'aventure du *PT 109* un équivalent moderne de la traversée du Delaware par George Washington. Mais sur le moment, on voyait les choses différemment. Barney Ross, l'un des survivants, craignait au début que l'affaire fût considérée comme un « désastre »[69]. On murmurait qu'en entendant parler du naufrage, MacArthur avait maugréé que Kennedy devait passer en cour martiale[70]. Dans une lettre, Kennedy traite l'affaire avec une certaine désinvolture : « Nous avons passé des moments difficiles pendant ces deux derniers mois. Perdu notre bateau, coupé en deux par un Japonais, et perdu deux de nos gars. Passé de sales moments sur une île jap... »[71]. Mais s'il subsistait quelques incertitudes sur la façon dont l'accident était arrivé et sur la compétence nautique du commandant (d'aucuns doutaient qu'une vedette aussi facile à manœuvrer aurait pu être atteinte si l'équipage s'était montré plus vigilant[72]), la conduite de Jack, après la collision, n'avait jamais prêté à la moindre critique ; c'était exactement le genre d'histoire de bravoure et de survie que la presse recherchait alors. Le *New York Times* publia le récit à la une ; les journaux de Boston ne furent pas en reste et ajoutèrent même des dessins pour reconstituer en images ce qu'avaient pu être ces sept jours de calvaire.

Jack se contenta d'une attitude de virile modestie dans ses déclarations à la presse, au sujet du *PT 109*, et affirma que le seul intérêt de l'affaire était que « chacun s'était montré à la hauteur des circonstances ». Il fut très embarrassé par la façon dont l'Ambassadeur réclama, immédiatement et sans vergogne, que son fils fût décoré[73].

Mais cette sortie à la nage qu'il avait effectuée nu dans le détroit de Blackett, avait été pour lui comme un second baptême ; il y avait un ton nouveau de confiance en lui-même dans ses lettres à la famille. Ainsi, après s'être suffisamment rétabli pour prendre le commandement d'un autre patrouilleur, il écrivait : « Quand je lis que nous ferons la guerre aux Japonais pendant des années s'il le faut, et sacrifierons des centaines de milliers d'hommes en cas de besoin, j'ai toujours envie de savoir qui a tenu de tels propos ; mais c'est rarement quelqu'un d'ici. Les gens sont si habitués à entendre parler de milliards de dollars et de millions de soldats que des milliers de morts ne leur paraissent pas autre chose que des gouttes d'eau dans un baquet. Mais si ces milliers d'hommes sont aussi attachés à la vie que les dix que j'ai vus, on ferait bien de mesurer très, très soigneusement la portée de ce que l'on dit... »[74]. Le 6 septembre, quand le clan Kennedy et les amis se réunirent pour célébrer l'anniversaire du père, l'héroïsme de Jack était le sujet de toutes les conversations[75]. A un moment, un homme politique de Boston proposa un toast : « A l'ambassadeur Joe Kennedy, père du héros, de notre héros, le lieutenant John F. Kennedy, de la Marine des Etats-Unis ». Joe Jr, alors en permission, mais qui était réduit à des vols d'observation sans grande importance, au large de San Juan, leva son verre, comme un homme, avec les autres, et ne cessa de sourire pendant toute la soirée. Mais cette nuit-là, Joe Timilty, le vieux copain de son père, qui partageait sa chambre pour le week-end, l'entendit pleurer dans le noir. En un élan qui révélait les tensions inséparables de sa qualité d'aîné, Joe Junior s'assit sur le lit, oublieux de la présence de Timilty, fermant et ouvrant les poings avec rage en murmurant : « Bon Dieu ! Je vais leur faire voir »[76]. Trois semaines plus tard, il était en route pour l'Angleterre où il allait se soumettre enfin à l'épreuve du feu[77].

L'escadrille qu'il rejoignit était stationnée sur la côte de Cornouailles, et formait une petite enclave de la marine américaine, dans une base de l'armée de l'air. Patrouiller sur des PBY 4 au-dessus du golfe de Gascogne n'était pas aussi glorieux qu'il l'avait espéré. Les gros appareils volaient au ras des vagues pendant huit heures d'affilée dans l'espoir — mathématiquement fort mince — de repérer un sous-marin en surface. Kennedy ne vit rien de tel pendant les premières semaines de sa nouvelle affectation. La seule fois où il aurait pu se rapprocher de la bataille, ce fut lorsque son appareil se trouva en vue d'avions ennemis et dut se cacher sans gloire dans les nuages pour éviter un engagement.

Il en vint à attendre impatiemment ses brèves virées à Londres. Il y rencontrait d'autres fils d'Américains célèbres : Elliott Roosevelt et William Randolph Hearst Jr, de même que la haute société londonienne. Il voyait souvent Kick, devenue la favorite des cantines de la Croix rouge, où on la surnommait « la fille au vélo » depuis la publication de photos qui la montraient pédalant en uniforme pour se rendre à son travail. De même qu'elle avait présenté Jack à Inga, Kick présenta Joe Jr à Pat Wilson[78], beauté australienne dont les cheveux noir corbeau encadraient des yeux d'un bleu-Kennedy; le premier mariage de Pat avec le comte de Jersey s'était terminé par un divorce (après avoir été tenu pour « l'union rêvée » de l'année). Elle s'était remariée à un banquier, Robin Wilson, de douze ans plus âgé, et qui se trouvait alors à l'étranger, comme officier de l'armée britannique. Joe tomba amoureux d'elle; ce fut la première aventure sérieuse de sa vie. Ils passèrent des week-ends ensemble dans la campagne anglaise et il acheta une bicyclette Raleigh pour aller de sa base à la ville voisine où il pouvait lui téléphoner.

Cet amour le faisait participer, en quelque sorte, à l'ambiance particulière de Londres en ce début de 1944 ; ce n'était plus la bravoure joyeuse qui avait marqué la bataille d'Angleterre mais quelque chose de plus serein, avec un sentiment particulier du malheur à venir et du prix redoutable qu'exigerait l'invasion imminente de l'Allemagne nazie. Kick avait l'impression que son frère et elle-même se trouvaient dans l'œil du cyclone. « Joe était un peu fatigué à la fin de sa permission, écrivait-elle après un week-end frénétique, mais je suppose que tout le monde en est là. Chacun veut accumuler le plus de plaisir possible dans le laps de temps le plus court »[79].

Le fait que Joe eût une liaison avec une femme mariée rendait le garçon d'autant plus compréhensif à l'égard du dilemme de sa sœur. Les forces qui pesaient sur elle et sur Billy étaient inexorables : comme héritier du premier des Pairs protestants du Royaume, Bill ne pouvait tolérer que ses enfants fussent élevés dans la religion catholique; en tant que catholique, Kick ne pouvait se marier dans une église protestante. Rose se montrait irréductible : la religion était le seul domaine de son existence où elle ne pouvait admettre de compromis, c'était une question de Salut éternel. Joe et tout le reste du monde en général trouvaient que le mariage répondait aux besoins du cœur et cherchaient une issue, mais le problème semblait insoluble.

Juste après la fin de la première année, il y avait eu une lueur d'espoir quand Bill s'était présenté aux élections législatives partielles dans la circonscription du West Derbyshire. S'il était élu, il quitterait l'armée, dans laquelle il avait servi depuis Dunkerque et même avant, et serait également forcé de renoncer à ses titres pour siéger aux Communes ; ainsi serait partiellement comblé le fossé religieux qui le séparait de Kick. Celle-ci s'évertua donc à expédier à des milliers d'électeurs des prospectus proclamant qu'une voix pour Hartington était une voix pour Churchill, tandis que Bill faisait son apparition dans les réunions électorales, très grand et un peu voûté, avec ses manières aristocratiques, parlant dans un micro tendu par son valet de chambre. Sans renoncer à ses privilèges de classe, il s'adressait aux foules déjà impatientes de changer la société, pour leur parler de reconstruction économique, d'élargissement de la sécurité sociale et d'autres bouleversements nécessaires qui surviendraient dans la période d'après-guerre. Mais après le scrutin, il apparut que son adversaire socialiste l'avait emporté avec cinq mille voix d'avance. Bill retourna à son régiment ; il était toujours duc de Devonshire.

Constatant l'importance prise par Kick dans la vie de leur fils, les Cavendish avaient un peu tempéré leur opposition à cette union. Mais les Kennedy étaient d'autant plus intraitables. Dans les lettres de plus en plus véhémentes que l'on échangea entre Londres et Palm Beach cet hiver-là, jusque bien avant dans le printemps de 1944, Kick plaida sa cause devant Rose, Eunice et Bobby, les trois membres les plus religieux du clan. Seul, Joe Junior était de son côté ; il l'appelait plusieurs fois par semaine, la réconfortait, et écrivait à la famille pour demander que l'on comprenne son dilemme. Jack qui avait été le principal confident de Kick était bien moins impliqué dans ce mélodrame familial. (« En ce qui concerne la promotion de Kick au rang de duchesse, avait-il écrit à Lem sept mois plus tôt, ce serait plutôt bien, car je crois que j'en retirerais un titre ou un autre »[80].)

Déjà, la guerre était finie pour lui ; il avait rendu son commandement en pleurant pour rentrer au foyer en congé de maladie, maigre et paludique, tourmenté de nouveau par sa colonne vertébrale, dont il attribuerait plus tard le dommage aux matches de football américain de Harvard ou à son passage dans la marine, alternativement. Sur le chemin du retour, il avait fait escale à Hollywood pour y rencontrer Inga Arvad, qui essayait maintenant de s'introduire dans les studios de cinéma (il avait découvert qu'elle s'était bien refroidie à son égard, et réciproquement). Puis il s'était rendu à la fameuse Clinique Mayo avant de faire le tour des boîtes de nuit new-yorkaises, où il se retrouvait en concurrence avec son aîné qui lui avait écrit : « Je sais que tu seras déçu d'apprendre qu'avant de partir (pour l'Angleterre) j'ai réussi à disperser ma première écurie tant et si bien qu'il te sera impossible de la retrouver »[81]. Jack ne manqua pourtant pas de succès, après avoir ajouté à son charme naturel le double prestige de l'écrivain et de l'ancien combattant. (L'une des confidences qu'il ne manqua pas de faire aux filles avec lesquelles il sortait et qui l'interrogeaient sur son épreuve héroïque, concernait la raison pour laquelle il avait nagé le plus possible sur le dos, tandis qu'il explorait, nu, le détroit de Blackett : en pensant aux requins, disait-il, il avait craint pour ses testicules[82].) C'est ce mélange d'autodérision et de souffrances qui incita John Hersey à s'intéresser à l'histoire du *PT 109*. L'écrivain, maintenant marié à Frances Ann Cannon, commença à en rédiger le récit pour le magazine *Life*. Il s'avéra que le texte était trop long et trop personnalisé pour cette publication, aussi parut-il au début de juin dans le *New Yorker* où il suscita beaucoup d'intérêt, avant d'être porté à l'attention du très grand public quand l'Ambassadeur convainquit Paul Palmer, rédacteur en chef du *Reader's Digest*, de le réimprimer de son côté[83].

Au moment où paraissait l'article de Hersey, l'Ambassadeur écrivait dans une lettre à Beaverbrook : « Joe Jr vient de se porter volontaire pour prolonger d'un mois son séjour en Angleterre avant d'être renvoyé en Amérique. Il aura ainsi effectué quarante missions. Bien que le nombre des pertes soit élevé dans son escadrille, j'espère encore que nous le reverrons le premier juillet et je prie pour qu'il en soit ainsi »[84]. Eperonné par l'idée que son puîné faisait maintenant l'objet d'articles admiratifs dans la presse, Joe-le-jeune vola pendant toute la journée du débarquement en Normandie, dans le cadre de l'immense effort réalisé par les pilotes américains et britanniques pour couvrir la Manche, constamment en alerte, à l'affût des snorkels en usage sur les sous-marins allemands acharnés à détruire les navires à la traîne, derrière le gros de la flotte d'invasion. Mais même dans l'accomplissement de sa mission, il semblait encore comme hanté. Ses compagnons notèrent en lui une sorte de désespoir, au feu de l'action[85]. En une occasion, et au mépris des ordres reçus, il vola si près des fortifications allemandes, au-dessus de l'île de Guernesey, que l'appareil fut couturé d'impacts et que cette témérité inutile provoqua des murmures parmi les membres de l'équipage. Comme s'il cherchait à traduire ses tourments d'une façon ou d'une autre, il devint un joueur presque fanatique au cours de ses permissions à Londres. L'un de ses amis anglais, Frank Moore O'Ferrall, en a témoigné : « Peu importait de quoi il s'agissait — cartes, chevaux, même des cancrelats courant sur les murs, tout lui était bon pour jouer et parier. » Certain jour, les deux hommes étaient allés aux courses de Salisbury ; Joe avait perdu constamment jusqu'à la sixième course où il paria à dix contre un, sur un tocard nommé « Clever Joe » (Joe le Futé) et gagna[86].

Kick et Billy étaient eux aussi plongés dans cette atmosphère d'incertitude envers l'avenir. En voyant qu'approchait le jour du débarquement, ils avaient décidé de brusquer les événements. Dans un pacte officieux, ils étaient convenus d'une ligne de conduite : si l'aristocratie anglaise restait ce qu'elle était malgré les bouleversements probables de l'après-guerre et si le titre de duc gardait toute sa valeur, les enfants seraient élevés dans la religion protestante ; si au contraire le système de classes existant était modifié de telle façon que les titres aient moins d'importance, les enfants seraient baptisés selon le rite catholique[87]. Il y eut des salves de télégrammes hystériques de la part de Rose, et des négociations de dernière minute en forme de baroud d'honneur, auxquelles fut mêlé le cardinal Spellman lui-même (« Archie Spell » était son nom de code dans les câbles échangés entre Hyannis et Londres, comme s'il se fût agi de courriers diplomatiques) ; on fit intervenir également un jésuite anglais qui avait guidé Evelyn Waugh au moment de sa conversion (selon lui, le seul espoir de salut de Kathleen était que Bill mourût avant elle), et l'archevêque Godfrey, légat du pape en Angleterre, voire, à travers lui, le pape en personne. Après l'échec de toute cette diplomatie religieuse, Kathleen et Billy se préparèrent à leur mariage civil.

Celui-ci eut lieu sous le coup d'une excommunication, le 6 mai 1944, dans le petit bâtiment de briques rouges qui abritait les bureaux de l'état-civil de Chelsea[88]. La presse britannique s'était demandé si la famille Kennedy y assisterait mais seul Joe Jr, en uniforme, était aux côtés de sa sœur. Lady Astor, dont l'aversion pour le catholicisme était légendaire, vint également apporter son soutien à Kick, car elle trouvait l'élément féminin de la famille Kennedy trop dépourvu de bonté dans sa réprobation. Les Cavendish étaient présents, de même que la marquise de Salisbury. Le témoin de Billy était son compagnon d'armes, le duc de Rutland. Kick était vêtue de crêpe rose avec une veste de vison et une broche en diamants. Le riz étant rationné, les assistants jetèrent des pétales de roses sur les jeunes mariés.

Kick n'oublia jamais le courage dont avait fait preuve son frère Joe en représentant la famille à ses côtés. « Quand il comprit que j'avais pris ma décision, il m'apporta son soutien, écrivit-elle plus tard. Il se conduisit en tout comme un frère parfait, faisant pour sa sœur tout ce qu'il croyait pouvoir faire, selon son propre jugement, avec l'espoir qu'en fin de compte cela tournerait au mieux pour la famille »[89]. Après la cérémonie, les nouveaux époux découpèrent un gâteau sans glaçage, confectionné grâce aux tickets de rationnement offerts par les invités, et partirent passer leur lune de miel à Compton Place, l'une des résidences du duc, à Eastbourne.

Le mariage déchaîna une sorte de scandale parmi les amis catholiques irlandais de la famille, en Amérique. L'une de leurs relations raconte : « Ma propre mère fut horrifiée. “ Quelle croix la pauvre Rose ne doit-elle pas porter ! Quelle femme courageuse ! Une chose pareille ! ” »[90]. Rose savait ce qui allait se passer, aussi, deux semaines avant la cérémonie, avait-elle demandé à se faire hospitaliser au New England Baptist Hospital pour une prétendue « opération chirurgicale mineure » afin que la presse ne puisse la joindre. Elle dit aux amis qui lui apportaient la mauvaise nouvelle : « Je suis heureuse de l'apprendre par vous, cela me donne le temps de me préparer ; les reporters sont sans doute déjà derrière la porte »[91]. En fait les journalistes avaient bien pris position devant l'hôpital, mais ils n'obtinrent qu'un communiqué selon lequel : « Mrs Kennedy était trop souffrante pour parler du mariage »[92].

Si Joe Kennedy avait présenté un front uni avec son épouse éplorée, il avouait, en privé, être bien moins fâché de cette union. Il ouvrit même un compte séparé pour Kick « afin qu'elle ne dépendît pas financièrement des Cavendish » et lui envoya secrètement ses félicitations : « Rappelle-toi que tu es toujours et à jamais, pour moi, ce que j'ai de plus cher »[93]. Le romantisme irlandais, qui faisait surface en lui aux moments les plus inattendus, se trouvait exalté par l'acte de défi qu'il admirait chez sa fille. Après que l'émoi se fût un peu dissipé, il écrivait à Beaverbrook : « Je me résigne à admettre maintenant que l'Angleterre m'a pris une de mes filles. Elle était la prunelle de mes yeux et j'en ressens durement la perte en pensant que je ne l'aurai plus pour toujours à mes côtés. Mais je suis sûr qu'elle sera merveilleusement heureuse et je peux vous assurer que l'Angleterre a conquis une fille de prix »[94].

Jack, dans une lettre à Lem, écrite à Palm Beach, ironisait sur le fait que son ami en était réduit à porter (moralement) le flambeau de l'hyménée au mariage de sa sœur. « Ce matin m'est parvenu ton hurlement plaintif de n'avoir pas été inclus dans les projets matrimoniaux de Kathleen. Il me paraît évident que tu lui en veux moins de se marier que de ne pas t'en avoir averti. Accepte ça dans la foulée, et comme l'a si bien dit sœur Eunice, au plus profond de son juste courroux catholique : " C'est une chose horrible, mais on sera bien content quand on ira lui rendre visite après la guerre, de sorte que mieux vaut se faire une raison ". Au cours des dîners de famille, au Cap, quand tu t'abstiendras de passer les petits pains à Hartington, on comprendra ce que tu ressens »[95].

Après le voyage de noces, Billy rejoignit son unité en France et Kick s'embarqua pour l'Amérique afin de réparer les dégâts auprès de ses parents. Bobby, alors âgé de dix-huit ans, était dans la réserve navale de Harvard et « suppliait qu'on l'autorisât à s'engager dans l'aéronavale », comme l'écrivait son père à un ami, mais l'Ambassadeur refusait d'exposer un Kennedy de plus au danger[96]. Le tour supplémentaire de Joe Jr était terminé et le garçon avait renoncé à tout espoir de voir la guerre lui fournir l'occasion dont il avait besoin pour rétablir sa supériorité sur Jack ; il avait même déjà empaqueté ses effets en vue du voyage de retour, quand il entendit parler d'une mission très secrète et extrêmement dangereuse pour laquelle on cherchait des pilotes expérimentés. Sans savoir exactement de quoi il retournait, il se porta aussitôt volontaire.

Le projet *top secret*, désigné en code sous le nom d'Aphrodite, concernait les fusées V-1 dont l'utilisation représentait le dernier sursaut de l'Allemagne agonisante[97]. Les services de renseignement alliés avaient identifié ce qu'ils croyaient être les rampes de lancement de ces bombes volantes qui pleuvaient sur l'Angleterre avec des effets dévastateurs ; il s'agissait de mystérieux bunkers, souvent photographiés, situés dans les territoires occupés par les Allemands de l'autre côté de la Manche. Depuis la fin de 1942, pendant des mois avant que les premières bombes vrombissantes eussent frappé Londres, l'aviation alliée les avait attaqués et déversé sur eux 36 000 tonnes de bombes ; elle avait perdu dans l'affaire 154 appareils et 774 hommes, mais les bunkers restaient intacts. Ignorants des succès, pourtant bien établis, des bombardements en piqué effectués par les Américains contre la flotte japonaise dans le Pacifique, les stratèges aériens avaient imaginé un remède désespéré pour cette situation désespérée : ils fabriqueraient leur propre bombe volante — un bombardier bourré d'explosifs dont le pilote prendrait l'air pour se faire éjecter, bien entendu, en temps utile, une fois qu'un navire aurait assumé le guidage de l'appareil pour le diriger vers la cible grâce à une caméra de télévision logée dans le nez de l'avion.

Joe Junior plaida si bien sa cause qu'il fut choisi pour cette mission. Pendant les trois semaines suivantes, il s'entraîna secrètement à Dunkeswell, dans une campagne lointaine de l'East Anglia. Il pratiqua la manœuvre sur un bombardier chargé de dix tonnes de sable, tandis que le PBY 4 destiné à la mission était modifié pour pouvoir emporter une charge explosive supérieure à tout ce que l'on avait largué jusqu'alors. Kennedy se perfectionna dans les techniques de décollage et dans les manœuvres qui lui permettraient de transférer le guidage de l'avion au navire — transfert qu'il signalerait par l'envoi du message codé « Spade Flush » (quinte de pique). Une semaine avant le jour fixé pour la mission, quatre B-17 de l'Armée de l'Air furent envoyés séparément en mission Aphrodite, mais ils ne parvinrent même pas à proximité de la cible ni les uns ni les autres. Le projet n'en fut pas moins poursuivi par la Marine ; ses dangers désormais avérés ne le rendaient que plus séduisant aux yeux de Kennedy; celui-ci annonça joyeusement à son compagnon de jeu de hasard, Frank Moore O'Ferrall (aux courses d'Ascott), qu'il avait fait un gros pari avec seulement cinquante chances sur cent de le gagner[98].

Le 11 août, la nuit précédant le décollage de son appareil, baptisé « Zootsuit Black » (approximativement : « Noir zazou »), Kennedy se promena nerveusement autour des baraquements, ennuyé de voir qu'il n'était pas autorisé à sauter sur sa bicyclette pour aller jusqu'à la prochaine cabine téléphonique prendre congé de Pat Wilson. Il regrettait, disait-il, d'avoir jamais demandé cette mission ; mais quand l'officier électronicien, Earl Olsen, le prit à part pour lui faire savoir qu'il n'était pas sûr de ses circuits et avait besoin d'un peu de temps pour les modifier, Joe n'était pas d'humeur à l'écouter : « J'apprécie ce que vous êtes en train de faire, mais je n'ai pas voix au chapitre là-dessus. Je suis seulement volontaire pour faire décoller l'avion »[99]. Olsen le pressa de demander un ajournement jusqu'à la remise en état du système électrique. Kennedy répéta qu'il s'était déjà porté volontaire. « Sûr que vous êtes volontaire, répondit Olsen, mais vous pouvez aussi vous dédire, non ? Vous allez risquer votre peau pour rien. » Olsen tenta de le convaincre de voir l'officier commandant, pour demander l'annulation de l'opération. « Non, dit Kennedy, je ne crois pas que je le ferai. Je pense que je vais décoller. » Il y avait peut-être un instinct de mort à l'œuvre dans son entêtement, comme certains de ses camarades d'escadrille le pensèrent plus tard, mais il y avait aussi une certaine foi dans sa propre invulnérabilité.

Des casquettes galonnées firent venir des soldats (c'était des Noirs) pour charger les dix tonnes de TNT ; l'avion formerait alors la plus grosse bombe connue, et elle serait capable de tout dévaster, avait-on calculé, dans un rayon de plusieurs kilomètres. Juste avant le décollage, Joe Jr appela la femme de William Randolph Hearst Jr, Loretta, pour lui dire, avec peut-être une secrète allusion à des divergences de vues entre son père et lui à propos du mariage de Kick : « Je vais passer à l'action, et si je ne reviens pas, dites à mon père que — malgré nos différends — je l'aime beaucoup »[100]. Au moment où il montait dans le cockpit de Zootsuit Black, un autre pilote lui demanda si sa police d'assurance-vie était en règle ; Joe répondit avec le fameux sourire des Kennedy : « Dans ma famille, personne n'a besoin d'une assurance. » Peu avant six heures du soir, il fit décoller le lourd appareil.

Le 13 août était un dimanche. Tous les Kennedy se trouvaient réunis à

Hyannis, non seulement parce que c'était l'été, mais parce que Kick, désormais marquise de Hartington, était de retour après un an d'absence. Ce matin-là, il semblait que la famille avait finalement réussi à sortir intacte de la guerre. Jack était en voie de rétablissement et l'article de Hersey avait fait de lui une gloire nationale. Joe-le-jeune serait bientôt de retour. Après le déjeuner, Rose lisait le journal tandis que l'Ambassadeur faisait sa sieste quotidienne et les plus jeunes baissaient la voix pour ne pas le déranger. Deux prêtres apparurent sur le pas de la porte et demandèrent à parler à Mr Kennedy. Rose les invita à attendre son réveil mais ils répondirent qu'il y avait urgence et que Joe était porté disparu. Prise de peur et en plein désarroi, Rose courut au premier étage prévenir son mari ; celui-ci sauta à bas du lit et descendit en espérant encore que ce serait comme pour Jack, et que l'esprit inventif des Kennedy permettrait à Joe de s'en tirer. Mais les prêtres lui révélèrent les détails qu'ils avaient cachés à Rose. Vingt-huit minutes après le décollage, et juste après que le signal « Spade Flush » eut indiqué que le guidage de l'avion était maintenant confié au navire, il y avait eu un silence soudain puis on avait vu une boule de feu et il s'était produit une explosion si violente que les avions de l'escorte avaient été endommagés et contraints d'atterrir [101]. Il n'y avait aucun espoir. Joe Jr avait été tué.

Après le départ des prêtres, l'Ambassadeur sortit sur la véranda, abattu et livide, pour dire aux enfants : « Je voudrais que vous soyez particulièrement gentils avec votre mère. » Il les exhorta à se montrer braves comme leur frère l'aurait souhaité, et à participer à la régate prévue pour l'après-midi. Tous y prirent part sauf Jack. Promu soudain à la primogéniture, il déambula seul sur la plage, frêle et infirme, tandis que son père montait au premier étage et s'enfermait à clef dans sa chambre.

DEUXIÈME PARTIE

LE REMPLAÇANT

Je cite alors l'âge à comparoir
Pour remettre son héritage à la jeunesse.

Robert BROWNING.

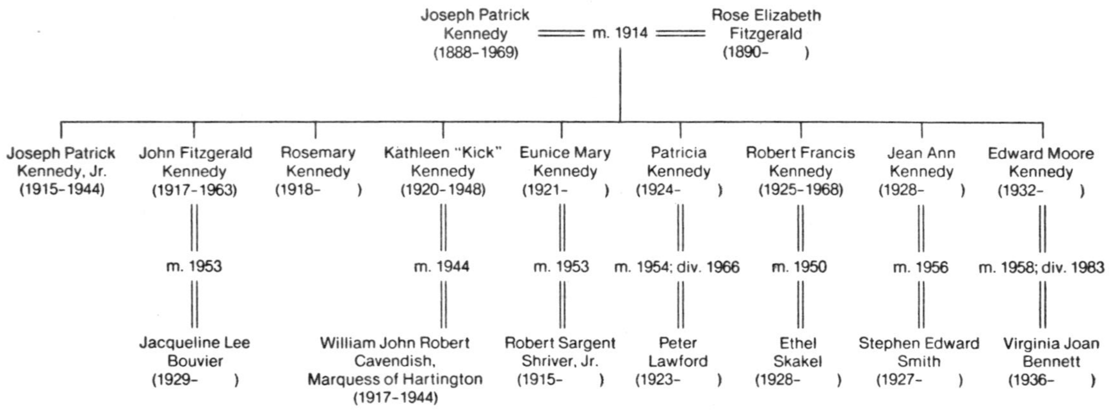
Joseph Patrick Kennedy (1888-1969)
m. 1914
Rose Elizabeth Fitzgerald (1890-)
Joseph Patrick Kennedy, Jr. (1915-1944)
John Fitzgerald Kennedy (1917-1963)
m. 1953
Jacqueline Lee Bouvier (1929-)
Rosemary Kennedy (1918-)
Kathleen "Kick" Kennedy (1920-1948)
m. 1944
William John Robert Cavendish, Marquess of Hartington (1917-1944)
Eunice Mary Kennedy (1921-)
m. 1953
Robert Sargent Shriver, Jr. (1915-)
Patricia Kennedy (1924-)
m. 1954; div. 1966
Peter Lawford (1923-)
Robert Francis Kennedy (1925-1968)
m. 1950
Ethel Skakel (1928-)
Jean Ann Kennedy (1928-)
m. 1956
Stephen Edward Smith (1927-)
Edward Moore Kennedy (1932-)
m. 1958; div. 1983
Virginia Joan Bennett (1936-)

1

Le jour de la fête du Travail, le *Labor Day,* que l'on célèbre traditionnellement aux Etats-Unis le premier lundi de septembre, avait toujours été considéré avec une faveur spéciale chez les Kennedy. C'était le bouquet final, après le long été de Hyannis, la dernière occasion d'être tous ensemble avant que chaque enfant retourne, de son côté, à son école. C'était un signe de ponctuation dans le cours de l'année, l'un de ces moments qui rendent sensibles le passage du temps et les changements que celui-ci introduit dans l'existence — moins un jour férié, en vérité, qu'un moment de transition. Ce fut particulièrement vrai en 1944, quand la famille se réunit pour la première fois, après la diaspora causée par la guerre.

Jack avait invité quelques-uns de ses compagnons des PT avec leurs femmes — Red Fay, Barney Ross, Jim et Jewel Reed, Lennie et Kate Thom. Les nouveaux venus découvrirent bien vite que les Kennedy, quand ils étaient réunis, concentraient leur attention les uns sur les autres[1]. Les frères et sœurs taquinaient Kick à propos de son nouveau titre de noblesse, l'appelaient « Votre Seigneurie » quand ils la croisaient dans le vestibule[2], avec un grand déploiement de révérences et de marques de respect. Pendant l'un des déjeuners, Jack, qui cachait sa jaunisse paludique sous un soigneux bronzage de saison, fit une plaisanterie sur l'opportunité, pour Eunice, de s'enrôler dans les WAC, le personnel féminin de l'Armée ; et comme elle s'en défendait, il passa l'après-midi à lui en chanter les avantages[3]. Bobby, qui cherchait désespérément à s'engager dans un service armé, harcelait Jack pour lui extorquer des récits de guerre[4]. Quand l'un des non-Kennedy présents fit une remarque sur l'isolationnisme de Lindbergh et le discrédit qui en était résulté pour lui, à propos d'un livre d'Anne Morrow Lindbergh que Kick était en train de lire, celle-ci interpréta le propos comme une critique indirecte envers l'attitude politique de son père et se lança dans une défense passionnée de la croisade de l'Ambassadeur[5].

Pour une étrangère, telle Jewel Reed, c'était comme visiter une tribu exotique avec son propre folklore, ses coutumes particulières et ses vues intimes sur le monde. Elle en conclut qu'il fallait des talents de cryptographe pour démêler la signification de leur langage privé. Mais c'est là que se trouvait le paradoxe : si les membres de la famille communiquaient entre eux au moyen d'un code secret, ils n'étaient pas plus intimes pour autant ; bien au contraire, ils semblaient s'en trouver plus isolés les uns des autres. Comme le disait l'un de leurs directeurs spirituels, « la question la plus difficile que l'on pouvait poser à un Kennedy était : " Comment allez-vous ? " ; ils ne pouvaient venir à bout des ramifications de la réponse »[6]. Les frères et sœurs se manifestaient mutuellement leur affection par des plaisanteries acérées à propos de leurs faiblesses bien connues — la maigreur d'épouvantail de Jack, les hanches mal tournées de Kick, la petitesse de Bobby — et mettaient ces défauts en valeur. Le père et la mère semblaient aussi loin l'un de l'autre que de leurs enfants. Jewel et son mari avaient entendu parler du fameux « moment du repas » chez les Kennedy et s'attendaient à ce que l'on se conduisît autour de la table comme à un colloque de sciences politiques. Mais l'Ambassadeur, qui avait limité la consommation d'alcool de ses invités à un seul cocktail avant le dîner, au lieu de parler de la guerre ou d'autres questions d'intérêt national, se contenta de plaisanter sans conviction avec ses enfants à propos de leurs prouesses sportives de la journée[7]. Rose était assise au bas bout de la table, et intervenait à contretemps dans la conversation, avec des questions qui en interrompaient le cours, avant de retomber dans le silence[8]. A la fin du repas, elle sortit un poudrier, se repoudra, rafraîchit son rouge à lèvres et attendit visiblement que tout le monde ait remarqué son manège, compris son intention de quitter la table, puis se soit levé pour la regarder traverser la salle à manger... Ce rite rappela à Jewel les politesses creuses que l'on exigeait des étudiantes, à Smith College, envers les soi-disant « mères », chargées des pensionnaires.

Le dimanche soir, Jack et ses amis veillèrent fort tard. Voyant qu'ils avaient emprunté des bouteilles au bar bien fourni mais peu utilisé de l'Ambassadeur, Bobby avait dit précipitamment : « Si papa s'en rend compte, il sera fou furieux »[9]. Kick le rembarra sèchement : « Tu déranges nos invités ; maintenant tu disparais ; d'accord ? » Après le départ de Bobby, les amis s'assirent sur la pelouse, en faisant circuler la bouteille, puis Jack se mit à faire chanter tout le monde. Barney Ross, l'un des anciens du *PT 109*, était en train d'exécuter une remarquable interprétation de « Alexander's Ragtime Band » avec les gestes appropriés, tandis que les autres frappaient dans leurs mains[10], lorsque la fenêtre au-dessus d'eux s'ouvrit avec fracas, à la volée : l'Ambassadeur sortit la tête pour hurler : « Jack, tes amis et toi vous n'avez donc aucun respect pour la mort de ton frère ! »[11]. Avant que nul ne pût répondre, il avait bruyamment refermé la fenêtre. C'est alors que Jewel et les autres durent admettre ce que personne n'avait mentionné : que la mort de Joe Jr avait été secrètement présente à l'esprit de tous, pendant ce week-end, comme un énorme iceberg dont rien n'affleure, pas même la pointe pour servir d'avertissement. C'était le premier Labor Day célébré en son absence ; sa mort avait donné à la fête un caractère de cérémonial, qu'elle n'aurait pas eu sans cela, et transformé les interminables parties de golf, de tennis et de bateau en une sorte de rite, de Jeux funéraires, pour le héros disparu.

Quand ses amis lui posèrent des questions à propos de son frère, Jack tenta de les éluder, à la manière des vieux soldats : « C'était une question de statistiques. Il faisait partie du nombre »[12]. Mais il y avait bien plus que cela ; Joe avait fondé le kennedysme ; sa mort avait entraîné une embardée métaphysique et suscité des questions, à propos de leur grand dessein collectif, dont la réponse n'avait jamais été formulée auparavant. Jack n'était pas loin du compte lorsque, quelques semaines plus tard, il composa l'introduction de *As We Remember Joe* (Joe, tel qu'en notre mémoire), un livre fait de souvenirs puisés auprès de la famille et des amis, et qu'il mettait en forme afin de le donner à ses parents pour Noël. Il y parlait de son frère comme si celui-ci eût été un prince de la Renaissance dont la disparition prématurée jetait un doute sur le sens de la vie et la continuité des êtres : « Son succès en ce monde était si assuré, si inéluctable, que sa mort semble avoir modifié l'ordre naturel des choses »[13].

Incapable d'admettre son chagrin, plus encore de le partager, chacun des membres de la famille pleurait de son côté, enfermé dans sa solitude. Pendant des semaines, Rose déambula sur la plage comme un petit oiseau noir, se retirant chaque soir dans son bureau pour répondre aux lettres de condoléances, sur le papier bordé de noir qu'elle utiliserait pendant toute la durée du deuil prescrit. Bobby persistait à chercher l'occasion de venger son frère sur le champ de bataille. Kick continuait de pleurer chaque fois que l'on faisait allusion à Joe Jr. Elle écrivit à un ami qui avait téléphoné de Londres pour savoir ce qu'il fallait faire des effets personnels de son frère, de sa machine à écrire et de son tourne-disque[14] : « Je suis désolée d'avoir craqué hier soir. Cela ne facilite pas les choses. Je ne sais pas si j'aurai jamais envie de me servir de cette fameuse machine à écrire, mais elle me rappellera toujours mon grand bavard de frère. Je ne peux pas encore y croire. Il m'est difficile d'écrire. Je ne suis pas triste pour Joe mais pour vous... et pour tous ceux qui l'ont connu car, peu importe combien il criait, discutait, etc., c'était le meilleur garçon de la Terre... »

Mais c'était Joe Kennedy qui était le plus atteint. Il passait ses soirées dans sa chambre à écouter les Ouvertures de Wagner sur son phonographe. « Pendant longtemps, il conserva sur le visage l'expression de celui qui a eu une vision terrifiante et ne peut en détacher son esprit », selon Lem Billings[15]. Les courants d'air qui circulaient autour de la maison d'Hyannis le faisaient frissonner et il évoquait alors, en marmonnant, des superstitions irlandaises au sujet de sorcières de mauvais augure. Il avait toujours été fier d'avoir acquis une certaine culture, et avait mis à l'obtenir le même acharnement qu'à faire fortune ; mais il y avait un fond d'innocence en lui — le plaisir qu'il éprouvait à constater ses propres progrès dans l'art de vivre, sa certitude d'être béni par la chance des Irlandais et de pouvoir gagner, au jeu risqué qu'il avait choisi, sans même avancer de réel enjeu. Le monde politique ne lui avait pas cédé, mais à part cela, il avait toujours obtenu ce qu'il voulait, étonné de voir que c'était si facile. Il était effondré maintenant, en voyant que ses ambitions les moins discutables, les moins empreintes de malice — les espoirs qu'il formait pour Joe-le-jeune —, lui étaient soudain refusées. Il était stupéfait de constater qu'il lui avait fallu signer cette dernière traite, d'un montant si élevé, pour payer ses rêves, à cette période de sa vie.

« C'était mon fils aîné et j'avais passé bien du temps à faire ce que je croyais être des plans pour son avenir », répondait-il pathétiquement à une lettre de condoléances de Grace Tully, la secrétaire de la Maison-Blanche [16]. Et quand le vieil ami et ancien camarade de chambre de Joe Jr, Robert Downes, fit une visite à Hyannis après avoir appris la nouvelle, il fut frappé de constater comme l'Ambassadeur était soudain devenu vulnérable. Presque aussitôt après l'avoir vu, Joe Kennedy fondit en larmes : « Je regrette d'avoir été absent si souvent pendant son enfance et son adolescence, sanglota-t-il, je ne l'ai pas connu autant que je l'aurais pu, je l'ai trompé » [17].

Une fois emporté dans une tragédie, il est difficile de s'en libérer. Quelques jours après le Labor Day, quand les amis de Jack furent partis et que celui-ci eût été admis, comme malade externe, à l'hôpital Chelsea de la Marine, à Boston, le reste de la famille rentra à New York [18]. Rose s'installa dans son appartement du Plaza, et Joe dans le sien au Waldorf. Les enfants allaient et venaient entre l'un et l'autre. Un jour, il y eut un appel de Londres pour la marquise de Hartington. Une voix qui lui parvenait à travers l'Atlantique lui apportait des nouvelles de son mari Billy. Il avait rassemblé ses hommes pour un ultime assaut contre des positions allemandes et criait « En avant les gars » quand la balle d'un tireur isolé s'était enfoncée dans sa poitrine [19]. Une fois de plus, les Kennedy voulurent croire à une erreur mais, par un coup de téléphone, la famille Cavendish confirma la nouvelle et demanda à Kick de rentrer en Angleterre.

Joe appela les vieux amis de Kick, John et Patsy White, à Washington : « Je vous déteste toujours autant, dit-il à Patsy, mais elle a besoin de vous, venez à son aide » [20]. En arrivant à New York, Patsy trouva Kathleen pâle et malade; elle semblait toute petite et très seule, enfermée dans son dynamisme qui faisait merveille quand tout allait bien mais n'était d'aucun secours dans ces temps de deuil.

« Vous a-t-on donné des somnifères ? » lui demanda-t-elle.

« Non, répondit Kick en secouant la tête tristement. Ma mère se contente de m'emmener à la messe et de me dire que Dieu ne nous envoie pas de croix plus lourde que nous ne pouvons en porter. » Elle poursuivit, comme hébétée : « Ce qui m'étonnait chez Billy, c'était qu'il m'aimait tant. J'avais l'impression qu'il avait besoin de moi. Je sentais vraiment que je pouvais le rendre heureux. » Elle dit à Patsy White que son plus grand regret était de ne pas se trouver enceinte.

Le gouvernement britannique envoya un avion chercher Kathleen [21]. Quand elle atterrit à Chatsworth, elle prit les sœurs de Billy dans ses bras et leur dit qu'elle était heureuse d'être de retour « chez elle ». Elle se rendit en Belgique sur la tombe de Billy puis rentra en Angleterre auprès de sa belle-famille. Elle passait son temps en conversations avec les amis de son mari défunt et en préparatifs pour renvoyer en Amérique les effets de son frère mort. Elle fit, devant un ami, quelques commentaires amers sur les tourments que Billy et elle avaient endurés à propos de la religion future de leurs enfants... qui ne naîtraient jamais : « Je pense que Dieu a réglé l'affaire à sa façon, n'est-ce pas ? »[22]. La sœur de Billy, Elizabeth, déclara par la suite, au sujet de Kathleen : « De toute ma vie, je n'ai jamais vu quelqu'un d'aussi malheureux. Il me fallait dormir dans sa chambre nuit après nuit. Sa mère avait cherché à la convaincre que ce mariage avait été un péché, de sorte que non contente de pleurer un époux, elle s'inquiétait pour le salut de son âme »[23].

Aux Etats-Unis, Joseph Kennedy tanguait sous l'effet de la catastrophe qu'il avait toujours redoutée : « Pour quelqu'un qui avait toujours essayé d'éviter la guerre à votre pays comme au mien, écrivait-il à Lord Beaverbrook, j'ai eu ma dose ; Joe est mort ; Billy Hartington est mort ; Jack est dans un hôpital militaire. J'ai subi ce que je craignais pour tous les pères et mères du monde entier. Assis en ce moment pour vous écrire, avec le cynisme naturel que nous partageons envers tant de choses, je me demande si cette guerre aura servi à quoi que ce soit en ce monde... »[24]. Quand le candidat à la vice-présidence, Harry Truman, vint à Boston pour lever des fonds électoraux, Joe s'arrangea pour l'isoler dans un coin et lui dire : « Harry, comment pouvez-vous faire campagne pour ce salaud d'invalide qui a tué mon fils Joe ? »[25].

Les blessures morales subies par Joe Kennedy au cours des derniers mois de la guerre le marquèrent pour la vie. Bien des années plus tard, quand des interviewers l'interrogèrent au sujet de son fils aîné, il craqua, se mit à pleurer, tenta de se ressaisir et finalement écarta la question : « Je dis une prière pour lui chaque soir », confia-t-il à l'un d'eux, son ami Bob Considine. « Joe fait encore et pour toujours partie de ma vie »[26]. Il continua à porter le deuil de son fils comme s'il s'était agi d'une partie de lui-même. Mais pour le restant de sa vie, il n'abandonnerait ni ne modifierait la teneur de ses rêves : ce qui avait été une association entre lui et Joe se transformerait en une entreprise collective de toute la famille Kennedy centrée sur la personne de Jack.

Dès que la nouvelle était arrivée d'Angleterre, il était apparu, de toute évidence, à l'esprit de Jack qu'il lui incomberait de réaliser le destin de son frère. Au cours du week-end du Labor Day, trois semaines à peine après la mort de Joe, il avait déjà senti les pressions qui s'exerçaient sur lui. A un moment, en voyant son père traverser la pelouse, à quelque distance, il avait dit à son ami Red Fay : « Mon Dieu, voici venir le Vieux ! Le voici en train de préparer le prochain coup ! C'est à moi qu'il pense maintenant ! C'est mon tour. Il va falloir que je m'y mette »[27].

Fay et ses autres copains de la marine avec lesquels Jack avait parlé d'avenir au cours de folles conversations dans le Pacifique, pensaient qu'il avait pris plaisir à cette rivalité avec son grand frère, et apprécié de jouer le rôle du moins fort, dont on n'attendait pas grand-chose et dont les réussites étaient d'autant plus éclatantes. Il avait apprécié également la souplesse dont il disposait, dans la mesure où Joe acceptait d'être le paratonnerre des ambitions paternelles. Jack avait même indiqué qu'il accepterait volontiers de jouer le rôle de brillant second dans la vie politique de Joe pour pouvoir continuer à jouir de cette liberté.

Il avait pourtant envisagé deux métiers, celui de journaliste et celui de professeur, bien que, selon ses amis, il se serait senti également heureux en menant la vie d'un dilettante épris de culture générale[28]. Mais, maintenant, l'avenir de son frère était soudain devenu le sien. « Je sens les regards de Pappy sur ma nuque », devait-il dire à Fay, pendant les fêtes de Noël. « Quand la guerre sera finie et que tu auras retrouvé le soleil de ta Californie... je serai ici avec mon père qui cherchera le moyen de transformer la perte d'un PT et une maladie de la colonne vertébrale en avantages politiques. Je peux te le dire, Papa est déjà prêt, et il ne peut pas comprendre comment le petit Johnny n'a pas déjà mis tous les gaz »[29].

Ce n'est pas qu'il manquait de confiance en soi. Au contraire, il sentait qu'il pourrait faire mieux que son frère en politique, comme cela avait été le cas dans d'autres domaines. Mais il y a une différence entre la victoire que l'on obtient et celle qui vous est dévolue par forfait. Certes, il s'était fort bien défendu dans la partie qui, toute sa vie, l'avait opposé à son frère, mais Joe était désormais hors d'atteinte, sa supériorité se trouvait scellée à jamais dans le cœur de leur père, et la promesse qu'il n'avait pas eu le temps de tenir formait le noyau d'une iconographie des Kennedy, en voie de formation.

Jack savait que le père était fier de son deuxième fils et de ses réalisations qui avaient ajouté au lustre de la famille, mais il savait aussi que ses propres qualités — l'ironie, la discrétion, le détachement — étaient étrangères à l'Ambassadeur. Celui-ci n'avait pas celé que, selon lui, le cadet souffrait d'un défaut, peut-être fatal, de « sociabilité et de dynamisme » — qualités qui devaient, il en était convaincu, assurer le succès de Joe-le-jeune en politique. Jack sentait le piège : s'il réussissait, ce serait comme remplaçant de son frère ; s'il échouait, c'est à lui-même que l'échec serait attribué.

« Je suis comme le boxeur qui s'entraîne contre une ombre, en sachant que l'ombre sera toujours victorieuse », disait-il à Lem Billings[30]. Il n'en dit jamais plus long sur ce sujet. Il passa une grande partie de l'automne 1944 à traiter sa colonne vertébrale à l'hôpital naval et à discuter avec le fantôme exigeant de son frère. Il organisa une campagne contre l'entraîneur de football américain de Harvard, Richard Harlow, qui avait refusé sa chance à Joe Junior en ne le faisant pas jouer contre Yale, en dernière année[31] ; il travailla également à *Joe, tel qu'en notre mémoire*[32]. Mais la campagne contre Harlow fit long feu et le père ouvrit et referma le livre sans lire l'élégant chant funèbre qui formait l'introduction[33] (et pourtant il en avait coûté 5 000 dollars à Jack pour faire imprimer l'ouvrage à compte d'auteur).

C'était une famille où seule l'action pouvait abolir le complexe de culpabilité des survivants. Le surveillant général de Choate, George St John, ne se trompait pas en écrivant au père à propos de Jack : « Il n'oubliera jamais, j'en suis sûr, qu'il doit vivre la vie de Joe en plus de la sienne »[34].

Sa préoccupation dominante avait trait à sa santé. A l'automne de 1944, il avait subi une nouvelle opération de la colonne, qui avait été, écrivait-il à Lem, un « désastre »[35]. Il était faible et épuisé — non seulement à cause de la douleur et du paludisme, mais aussi de la mystérieuse maladie qui l'avait affecté par intermittence depuis son jeune âge. Après Noël, il s'en fut dans l'Arizona come il l'avait fait en 1936 (quand il avait eu une crise en Angleterre), pour se rétablir en attendant la reddition des pays de l'Axe.

Pat Lannan, également en visite au même ranch pour touristes, près de Phoenix, se lia avec Jack après avoir été impressionné par la façon dont le garçon dévalait une colline à tombeau ouvert, quand ils se promenaient à cheval ensemble[36]. Lannan était, comme le vieux Joe Kennedy, fils de ses œuvres (il deviendrait plus tard président de l'ITT) et il avait remarqué comme tant d'autres combien la présence paternelle semblait planer au-dessus de la tête de Jack. L'Ambassadeur appelait souvent pour savoir comment son fils se sentait. Quand il apprit que la nourriture était quelconque, il lui fit envoyer de Boston un paquet de steaks et de côtelettes ; après avoir constaté que Jack s'intéressait à ce que serait la situation sociale de l'après-guerre, il lui adressa une caisse de livres sur le sujet. « On m'engraisse le corps et l'esprit », observa Jack avec un humour grinçant, impliquant par là que c'était en vue de quelque sacrifice[37]. Quand Lannan l'interrogea sur ce qu'il pensait faire dans la vie, Jack répondit qu'il envisageait quelque « activité publique »[38]. Lannan tenta d'obtenir une réponse plus spécifique en demandant s'il entendait par là une carrière politique, mais Jack refusa d'employer le terme et répéta qu'il voyait son avenir dans une « activité publique ».

Jack, de retour de l'Arizona, subit de nouveaux examens à la clinique Mayo mais en quête d'une activité qui élargirait son expérience et ses perspectives, il se fit envoyer, avec l'aide de son père, comme correspondant de la presse Hearst à la conférence de San Francisco où fut fondée l'Organisation des Nations Unies. Ses chroniques, diffusées par l'agence du groupe, furent publiées avec sa photo et une notice biographique rappelant son héroïsme dans le Pacifique ; elles n'étaient pas particulièrement inspirées pour autant ; l'une d'entre elles comparait la conférence à un match de football américain au cours duquel Molotov porterait le ballon tandis que Stettinius, Eden et les autres tenteraient de le plaquer d'un bout à l'autre du terrain[39]. Mais tous les gens importants se trouvaient à San Francisco et même si la conférence se transforma en un long toast à la fin de la guerre, il y prit un grand plaisir. Arthur Krock nous a conservé une image célèbre de Jack, étendu sur son lit, en smoking, un cocktail dans une main, le téléphone dans l'autre et dictant un message pour son rédacteur en chef : « Dites-lui que Kennedy n'enverra pas d'article ce soir »[40].

Son ami Chuck Spalding qui travaillait maintenant à Hollywood comme assistant de Gary Cooper, vint lui rendre visite à San Francisco. Tous deux, ils s'arrangèrent pour rencontrer le frère de Lord David Cecil, l'un des héros de Jack, auteur de la fameuse biographie de Melbourne[41]. Or il s'avéra que ce frère, membre de la délégation britannique à la conférence, avait un énorme défaut de la mâchoire qui éveilla le sadisme de Jack. « L'une des spécialités de la région, dit-il au diplomate, dans le restaurant où il l'avait invité, est une variété particulière d'asperges, et c'est aussi la spécialité de ce restaurant ; ce serait une honte si vous n'y goûtiez pas. » Cecil commanda les asperges et eut le plus grand mal à les absorber en raison de l'anomalie de ses mâchoires, de sorte qu'il finit par rejeter la tête en arrière pour glisser les tiges une par une dans sa bouche. Spalding se rappelle que « Jack riait tant qu'il en tomba presque de sa chaise. »

Comme la conférence tirait à sa fin, les deux amis descendirent à Hollywood pour ce que Kennedy appelait une « partie de chasse ». Inga Arvad était encore là et cherchait toujours à faire carrière dans le cinéma ; il en allait de même pour la nouvelle flamme de Jack, l'actrice Gene Tierney [42]. Mais il y avait autre chose à Hollywood que des starlettes et d'interminables réceptions. Si l'on en croyait une opinion souvent exprimée par Joe Kennedy : quand le New Deal aurait achevé la destruction des vieilles hiérarchies sociales déjà minées par la Dépression, Hollywood, avec sa faculté de fabriquer des situations du soir au matin, fournirait l'aristocratie des temps futurs. Spalding constata que Jack était fasciné, non pas seulement par le toc et le clinquant hollywoodiens, mais par la façon dont le *sex-appeal,* l'attrait sexuel, plus encore que la sexualité elle-même, pouvait devenir une source de puissance; il voulait savoir comment des gens ordinaires pouvaient en arriver à s'identifier aux extraordinaires personnages de celluloïd que l'on avait fabriqués pour eux.

Les deux jeunes hommes firent le tour des boîtes de nuit où l'on se cognait dans Cooper, Clark Gable et toutes les stars. « Le mot " charisme " n'était pas encore à la mode en ce temps-là, mais Jack s'intéressait vivement à ce magnétisme envoûtant que possédaient les vedettes de l'écran [43]. Qu'était-ce exactement ? Comment pouvait-on l'acquérir ? Quelle influence *cela* exerçait-il sur la vie privée du " porteur " ? Comment ce dernier pouvait-il s'en servir à son profit ? Jack était intarissable sur le sujet. »

Cet été-là, il s'en fut en Angleterre pour un mois, en qualité de journaliste, à l'occasion des élections, avant de faire une tournée de deux semaines en Allemagne avec le secrétaire à la Marine, Forrestal, grâce à l'intervention de son père. Jack fut l'un des très rares correspondants américains à prédire la défaite de Churchill et la victoire du parti travailliste de Clement Attlee, mais il passa une grande partie de son temps à parcourir Londres en tous sens, dans la petite voiture que Kick avait achetée pour pouvoir rouler malgré la pénurie de carburant ; il se fit introduire dans les cercles mondains de sa sœur. Il se fit un point d'honneur de courtiser Pat Wilson, la beauté australienne dont son frère avait été amoureux. Elle était veuve maintenant ; son mari était mort au combat peu après Joe. Quand Jack commença à sortir avec elle dans les boîtes de nuit londoniennes, il était difficile de dire s'il s'agissait d'un geste platonique de fidélité envers la mémoire du disparu, ou la poursuite de la rivalité sexuelle qui avait opposé les deux frères quand Joe était vivant [44].

Si Jack jouait au Prince Hal, dans ses derniers débordements, son père se souciait de faire en sorte que cette période de dissipation servît de prélude aux affaires sérieuses : les élections de 1946. Joe Kennedy n'ignorait pas qu'il serait au centre des controverses, pendant la campagne électorale. En privé, il continuait de se montrer amer envers ceux qu'il accusait d'avoir brisé sa carrière politique (quand FDR mourut en avril 1945, il avait écrit à sa fille que c'était « une grande chance pour le pays »)[45]. Mais avec la campagne électorale de Jack en vue, l'Ambassadeur prit des mesures pour que son image, auprès du public, n'évoquât pas les rancœurs et les litiges du passé. Au printemps de 1945, il avait fait une donation de 10 000 dollars à la Guilde de Sainte Apolline, après s'être assuré que la presse en parlerait, et il raconta aux journalistes comment, alors qu'il était un petit homme d'affaires besogneux, il avait fait vœu de donner la moitié de sa fortune à la même institution si son fils Jack, alors âgé de trois ans, guérissait de la scarlatine[46]. Il annonça à son de trompe qu'il investissait un demi million de dollars dans l'économie du Massachusetts, mais sans préciser que, loin d'être de l'argent frais, cette somme provenait de la vente de ses dernières actions de la Columbia Trust[47]. Il y avait aussi un satisfaisant parallélisme dans l'affaire : la banque qui lui avait mis le pied à l'étrier jouerait ainsi un rôle dans la carrière de son fils.

Kennedy obtint du gouverneur Maurice Tobin d'être nommé membre de la commission chargée d'étudier les perspectives de l'économie du Massachusetts dans l'après-guerre, ce qui lui permit de passer le printemps et l'été de 1945 à sillonner l'Etat dans sa Chrysler bleu nuit[48]. (Il déclara plus tard, en plaisantant à moitié, que la seule autre faveur qu'il eût jamais demandée au gouverneur était de faire en sorte que le mandat de Fitz-gâteau comme commissaire du Port de Boston ne soit pas renouvelé[49].) Cette nomination avait une grande valeur pour Kennedy qui pouvait ainsi bénéficier d'un statut semi-officiel et se replonger dans la politique du Massachusetts. Au cours de ses déplacements, il eut ainsi toute faculté de s'entretenir avec les hommes politiques locaux, les dirigeants des chambres de commerce, et les responsables syndicaux. Il nota « qui était qui » dans les collectivités locales et au sein des instances gouvernementales de l'Etat — pour faire savoir à chacun que les Kennedy étaient de retour, prêts à renouer les liens tranchés vingt-cinq ans plus tôt quand la famille avait fui l'étroitesse d'esprit du Massachusetts en matière d'appartenance sociale et religieuse.

Après cette initiation-éclair à la situation politique locale, l'Ambassadeur commença de donner son avis sur certains aspects de la politique nationale. Sa position n'était plus celle d'un paria en lutte contre le consensus national, mais plutôt celle d'un vieil homme d'Etat qui aiderait à façonner le monde de l'après-guerre. Quand, vers la fin de 1945, l'ancien professeur de son fils, Harold Laski, devenu président du parti socialiste anglais, prétendit que le capitalisme était mort, Kennedy se déchaîna contre lui, un peu comme s'il avait été le champion attitré de l'Oncle Sam : « Comment Laski peut-il avoir le toupet d'affirmer que le capitalisme est mort, alors que l'empire britannique a été sauvé deux fois en trente ans par les Etats-Unis capitalistes ? Je connais ce Laski. C'est un impudent apôtre de l'anarchie, qui a passé sa vie à faire l'aller-retour entre Moscou et Londres »[50]. Quelques mois plus tard, il attaquait cette fois le gouvernement Truman dans *Life*, pour lui reprocher de combiner « l'accommodement, l'incertitude et l'équivoque » dans ses rapports avec les Russes — il savait que ses propos flatteraient les oreilles des Catholiques bostoniens, fortement conservateurs et préoccupés de voir l'expansion du « communisme russe sans Dieu » depuis la conférence de Yalta où, pendant la guerre, Roosevelt avait rencontré Churchill et Staline[51].

Pendant que son père se mettait ainsi en vedette, Jack se faisait officiellement domicilier à l'Hôtel Bellevue (prononcé *bella view* par les autochtones[52]), où vivait Fitz-gâteau, et acceptait des invitations à prendre la parole. « L'une d'entre elles est pour le Waldorf-Astoria, le 4 octobre, écrivait-il en août à Lem Billings, enfin admis dans la marine. Les autres orateurs sont (Bernard) Baruch, (Thomas) Dewey et (le secrétaire d'Etat) Byrnes... je prononce aussi d'autres allocutions, et suis assistant du Président du Fond Communautaire de Boston. Comme tu peux le voir, je me prépare à jeter à tout moment un gant quelque peu effrayé dans l'arène politique. J'espère que tu reviendras, vite et souvent, pour voter »[53]. En novembre, il se trouvait de nouveau à l'hôpital, mais au début de l'année 1946, sa campagne de discours avait bien démarré. Coordonnées par une agence de relations publiques que son père avait choisie, les allocutions de Jack se ramenaient à des causeries sans façons, sur ce qu'il avait vu pendant la guerre et à la conférence de San Francisco, puis pendant les élections en Grande-Bretagne. Il parlait d'une voix haut perchée, mal assurée. Au cours de cet épuisant périple, il devint si décharné que le col de sa chemise bâillait et que la veste de son complet gris pendait sur lui comme si elle était d'une taille trop grande. L'un des Rotariens de Hyannis devait affirmer à son sujet qu'il ressemblait à « un petit garçon qui a mis le costume de son papa »[54]. Il ne savait pas combien il disait vrai, au propre comme au figuré.

Alors que le père et le fils remettaient le nom de Kennedy à l'honneur dans l'esprit du public, le saint esprit de Joe vint à leur rescousse. Au cours des derniers mois de la guerre, l'Ambassadeur avait redoublé d'efforts pour faire décerner la médaille d'Honneur du Congrès au martyr de la famille[55], bien qu'il dût se contenter, finalement, de la Navy Cross, la Croix de la Marine, qui fut remise à Rose au cours d'une cérémonie largement annoncée et commentée par la presse au mois de juin. Parallèlement, l'Ambassadeur avait obtenu de son ami Forrestal qu'un nouveau destroyer porte le nom du fils disparu[56] ; de sorte qu'à la fin juillet le *Joseph P. Kennedy Jr* fut lancé, au chantier naval de Bethlehem ; la marraine du navire était Jean, la petite sœur et filleule de Joe Jr. Trois mois plus tard encore, sur les instances de l'Ambassadeur, le secret du raid fatal fut finalement levé et l'histoire en fut livrée au public[57]. Le jour où le récit figura dans le bulletin de nouvelles de Washington, l'Ambassadeur alla l'écouter tout seul dans le studio d'une station locale de radio, les yeux fermés, le visage impassible ; puis il s'en alla tout seul prendre un taxi pour rentrer chez lui[58].

En observant cette cascade de références au nom de Kennedy, le magazine *Time* parvint à la conclusion logique que l'Ambassadeur cherchait à retrouver quelque poste haut placé, à Washington[59]. En fait, il avait envisagé cette possibilité et l'avait écartée, peu après que le vice-président Truman eut remplacé FDR : « Je me demande sérieusement si je ne devrais pas faire savoir (à Truman) que je suis prêt à l'aider dans toute la mesure de mes moyens, avait-il écrit à Kathleen. Mais s'il était disposé à me donner un poste, il vaudrait peut-être mieux en faire profiter Jack et demander qu'il soit nommé ambassadeur à l'étranger, secrétaire d'Etat adjoint ou secrétaire ajdoint à la Marine »[60]. C'était la carrière de Jack qui importait désormais. La seule question était de savoir comment et quand le lancer : l'Ambassadeur hésitait, pour les débuts de son fils, entre le poste de vice-gouverneur du Massachusetts et un mandat de député à Washington. Il prit vite son parti quand l'ancien tombeur de son beau-père, le vieux James Curley, renonça à son siège au Congrès pour se présenter une fois encore à la mairie de Boston. Or il se trouvait que le Onzième District ainsi vacant, amalgamait justement le secteur d'East Boston, où avait régné P. J., et le quartier nord anciennement quadrillé par les « chers bons » de Fitzie ; les Kennedy y étaient chez eux. Lors d'une réunion de famille à Palm Beach, l'Ambassadeur déclara aux siens que c'était vraiment l'occasion ou jamais. « Nous allons nous y mettre tous ensemble », dit-il tandis que son regard faisait le tour de la pièce[61]. Jetant, à la dérobée, un coup d'œil sur son frère, si frêle, si mal en point, Eunice demanda : « Papa, tu crois vraiment que Jack pourrait être député ? » L'Ambassadeur sourit : « Rappelle-toi ça : ce qui compte, ce n'est pas ce que tu es, mais ce que les gens croient que tu es. »

Comme Joseph McCarthy, qui était en train de fabriquer sa propre légende de « mitrailleur arrière » (c'était son poste de combat) dans les cercles politiques du Wisconsin, l'Ambassadeur voyait bien que les élections de 1946 seraient arbitrées par les hommes et les femmes dont la guerre avait précipité l'entrée dans la vie. Quoi que les gens puissent penser de son fils, par ailleurs, Kennedy voulait être sûr que tout le monde le tiendrait pour un héros du temps de guerre. Une fois qu'il eut annoncé sa candidature, vers la fin d'avril, et entamé sa campagne officielle, Jack commença, encore et encore, chacun de ses discours par le récit de l'épopée du *PT 109,* pour en faire l'exemple de l'esprit combatif des Américains et exposer ensuite les difficultés à vaincre dans le monde de l'après-guerre. Au lieu de s'en lasser, le public se mit à réclamer l'histoire et à l'intégrer aux légendes locales.

L'Ambassadeur avait obtenu que le nom de Joe Jr fût donné à une section de l'Association des Anciens Combattants[62], de sorte que parmi les premiers à répandre les louanges de Jack, nombreux furent les jeunes gens membres de cette organisation. En fait, la plupart des partisans actifs de Jack étaient de jeunes anciens combattants — y compris ses amis, Torby MacDonald, Billings, Fay, Reed et Spalding, de même que de jeunes activistes du Onzième District comme Dave Powers et Billy Sutton. Ils se répandirent dans les circonscriptions que Jack devrait conquérir, pour donner à sa candidature une teinte d'idéalisme à toute épreuve. Mais le dernier mot appartenait toujours à l'Ambassadeur. C'était lui qui, du haut de ses appartements, au Ritz[63], agissait en coulisse avec l'aide de ses compères habituels. Mark Dalton, ancien combattant de la Marine, à peine sorti de la faculté de Droit et engagé d'abord pour écrire les discours de Jack, puis pour diriger la campagne, se rappelle être allé prendre constamment ses ordres dans le « saint des saints » de Joe Kennedy : « Il était assis dans sa chambre d'hôtel, un peu dans l'obscurité[64]. Près de lui se tenaient généralement Joe Timilty, ancien commissaire de la ville pour les affaires de police, et l'archevêque Cushing. Il se trouvait ainsi entouré par les puissances religieuse et séculière, toutes deux subordonnées à son autorité. Je me rappelle le jour où il était entré dans une colère noire contre Cushing et hurlait : " Pour qui diable se prend-il ? S'il veut ce petit chapeau rouge de cardinal, il ferait mieux de se mettre au pas, parce que j'ai plus d'amis que lui à Rome ". C'était une rude chose à avaler pour un jeune catholique comme moi. Allez voir Mr Kennedy, en ce temps-là, c'était comme rendre visite à Dieu le Père. »

Ce qui avait l'allure d'une campagne menée par des citoyens politisés, n'était en réalité que le dernier écho de l'ancienne politique des clubs, incluse dans l'héritage irlando-bostonien de Jack. L'Ambassadeur donna carte blanche à Joe Kane (un cousin du côté de sa mère), l'un des derniers grands praticiens de la vieille école politicienne de Boston[65]. Alors âgé de soixante-six ans, petit et trapu, Kane avait débuté comme protégé de Martin Lomasney et avait acquis la réputation d'être le « Petit Malin » de la politique bostonienne[66]. (C'était lui qui, lors d'une campagne célèbre, avait fait modifier une lettre dans le slogan de Curley peint sur tous les murs de la ville, de sorte que *Boston Needs Curley* — Boston a besoin de Curley — était devenu *Boston Feeds Curley :* Boston engraisse Curley[67].) C'est Kane qui eut l'idée de confier, en apparence, la campagne à de jeunes anciens combattants et toujours lui qui fabriqua le slogan de Jack : « La nouvelle génération vous offre un candidat ». Quand un conseiller municipal très populaire, Joseph Russo, entra en lice contre Jack dans les primaires, Kane découvrit un autre Joseph Russo et l'inscrivit lui aussi sur la liste afin de créer un effet de confusion et diviser les voix du « vrai » Russo. Tandis que Jack rabâchait son discours sur le *PT 109,* à travers toute la ville, Kane se donnait beaucoup de mal pour nouer des alliances, circonscription par circonscription, qui finirent par former un vaste réseau englobant les HLM du Quartier nord aussi bien que les turnes des intellectuels autour de Cambridge. Lem Billings, qui vivait par intermittence avec Jack au Bellevue, déclara par la suite que l'appartement du candidat ressemblait à un hall de gare irlando-bostonien. « Quand Jack et moi finissions par aller nous coucher, il y avait encore ce bruit de conversation et cette odeur de cigares qui nous parvenaient de la pièce voisine où les politiciens irlandais discutaient de stratégie. Et au réveil, nous les retrouvions tels que nous les avions laissés, fumant et discutant toujours »[68].

Un autre monument du passé, Fitz-gâteau en personne, se trouva mis, lui aussi, dans le coup. A quatre-vingt-trois ans, Fitzie était devenu un peu « excentrique », comme le disait Jack avec circonspection[69]. Il emmenait Teddy au zoo ou aux matches des Red Sox, en préparant ses entrées comme s'il était en pleine campagne électorale. Il allait régulièrement à la plage où il enterrait son corps dans le sable sous prétexte que c'était le moyen de lui faire absorber le fer et le bromure indispensables à la vie. Il se désignait désormais lui-même comme « le plus grand maire que Boston ait jamais eu » et faisait des discours à la moindre occasion, comme lorsqu'il avait exhorté les Bostoniens à porter des caleçons longs sous prétexte d'encourager l'industrie textile. Quand il entendit dire qu'Edwin O'Connor réunissait une documentation pour son livre *Le dernier Hourrah*, « gâteau » se fit un devoir de le rencontrer. « Venez avec moi, jeune homme, lui dit-il, je vais vous montrer la maison où je suis né »[70]. Il conduisit O'Connor dans un appartement du Quartier nord, dont les occupants — une famille italienne — étaient en train de dîner. Il entra, salua de la main et dit : « Bonsoir, Mrs Genaro, je vais juste montrer mon lieu de naissance à ce jeune homme. Ne faites pas attention à moi. » Puis il entraîna O'Connor dans toutes les pièces, tandis qu'il le bombardait de ses souvenirs, par salves rapides.

Fitzie était parfois mobilisé pour conduire Jack à des réunions électorales où le nom de Fitzgerald pouvait avoir son prix. (Dans l'une de ces occasions, il avait entonné d'emblée son hymne personnel, « Sweet Adeline », et fait le tour des thèmes de la campagne jusqu'à ce que Jack le tire par ses basques pour lui dire : « Grand-papa, rappelle-toi, c'est *moi* le candidat »[71].) Le jour où il descendit à l'appartement de son petit-fils, au Bellevue, pour lui prodiguer ses conseils, il se mit à raconter des histoires du bon vieux temps et rit tellement de ses plaisanteries éventées qu'il fut plié en deux par une quinte de toux. Un beau soir, il s'était tranquillement introduit dans une réunion où l'on discutait de stratégie électorale, de sorte que Joe Kane qui avait été son ennemi acharné dans le passé, dit à Jack : « Jetez ce vieux salaud dehors. » Le petit-fils protesta mais l'autre tint bon : « C'est lui ou moi. » Jack mit alors son bras autour des épaules de son grand-père et le reconduisit vers la porte en disant : « Désolé, Grand-papa... »[72].

« Avec ces deux noms, Kennedy et Fitzgerald, comment pouvait-il perdre ? » proféra plus tard Jim Curley à propos de Jack. Et pourtant, quand John Fitzgerald Kennedy (on lui donnerait désormais, de plus en plus, son véritable nom) était ainsi entré pour la première fois dans la compétition électorale, sa victoire était loin de se trouver assurée. Il était constamment accusé d'être « parachuté » dans un Etat où il n'avait de domicile que fictif. A un moment ou un autre, chacun de ses opposants avait dit qu'il ne faisait pas le poids ; qu'il ramenait une longue guerre à une escarmouche ; qu'il n'était bostonien que par tradition familiale ; qu'il se servait, à toutes fins utiles, de l'argent de son père. Jack n'était pas moins cruel envers lui-même. Il savait que, selon ses parents, Joe aurait fait mieux. Peut-être savait-il que son père avait confié à un ami : « Avec l'argent que je dépense, je pourrais même faire élire mon chauffeur »[73]. Mais il continuait de foncer en dépit de tout, s'imposant un emploi du temps sans merci, qui aurait épuisé les plus résistants. « Il se présentait parce qu'il le fallait, déclara Lem Billings, mais aussi parce qu'il pensait être un jour capable de se situer *lui-même* dans ce cocktail de devoirs, d'espérances et de tout le reste »[74].

La firme de relations publiques, choisie par son père pour orchestrer sa campagne, lui fournit quelque cinq cents discours et Jack se contraignit à les prononcer tous, sur le ton raide et impassible qu'il avait adopté. Pourtant, à l'occasion, un rayon lumineux passait au travers, indication légère de la personnalité qu'il s'efforçait de cultiver — petit bout de territoire qu'il tentait de revendiquer pour sien dans le vaste domaine que l'on avait mis en forme pour lui et qu'il avait reçu tout fait. Parfois c'était un trait d'humour grinçant : « Je crois que je suis le seul, ici, à ne pas avoir gravi péniblement les échelons », observait-il lors d'une réunion contradictoire avec l'ensemble des candidats, au cours de laquelle ses adversaires avaient insisté sur le fait qu'ils venaient tous du peuple[75]. Parfois, il savait saisir une occasion. A la fin d'un discours devant les mères décorées de la *Gold Star*, l'Etoile d'or des femmes qui avaient perdu un fils à la guerre, il fit une pause et prononça avec quelque hésitation : « Je sais ce que ressentent les mères comme vous, parce que ma mère, elle aussi, a reçu l'Etoile d'or »[76]. C'était parfois une sorte d'éclat étrange qui parait ainsi sa raideur et son tourment.

Son programme n'avait rien d'original. En politique intérieure, il mettait l'accent sur l'emploi, le logement et autres sujets qui préoccupaient les anciens combattants. En politique étrangère, il répétait les avertissements de son père sur l'apparition d'un monde convulsé par « la lutte entre le capitalisme et le collectivisme ». S'il ne se montrait pas particulièrement impressionnant lorsqu'il se trouvait devant un vaste auditoire, il était d'une grande efficacité en présence de groupes restreints. C'est là que se manifestait pleinement « son agressive timidité »[77], selon l'expression de Dave Powers, un garçon que Jack avait recruté lui-même (il était originaire de la partie du Onzième qui empiétait sur Charlestown). Quand il s'adressait à ses auditeurs, il s'intéressait à tous les aspects de leur vie quotidienne avec une curiosité non feinte ; comment ils gagnaient leur vie, à quoi ressemblait leur existence familiale, quelles étaient leurs ambitions et comment ils pensaient les satisfaire. C'était sa façon à lui de manifester cette sincérité que tant de politiciens cherchent à contrefaire — d'autant plus qu'il y trouvait la possibilité de voir le monde tel qu'il est et dont, selon lui, son éducation l'avait isolé.

Comme le raconte Jim Reed[78] : « Jack se passionnait très vite pour les êtres et les idées. On peut trouver cela presque paradoxal étant donné l'attention qu'il portait à sa propre situation, mais tel était probablement le trait le plus accusé de sa personnalité ; ce fut peut-être ce qui le sauva lors de cette première campagne électorale de 1946. Il venait chez nous pour dîner, par exemple, et se laissait entraîner dans la conversation au point d'oublier tout le reste. Un soir, pendant que l'on en était au potage, il sortit un bonbon de sa poche et se mit à le mastiquer sans cesser de parler. Des choses comme celles-là arrivaient souvent au cours de la campagne de 46. Quand il se rendait sur un lieu de travail et se mettait à discuter avec les ouvriers, il se trouvait très vite si absorbé qu'il fallait lui rappeler de partir. »

Selon Lem, il aurait pu prendre plaisir à la campagne en d'autres circonstances[79], mais il éprouvait constamment de terribles douleurs. Quand il était assis, il avait parfois du mal à se lever. Il lui fallait alors commencer par essayer de redresser le buste, comme pour chercher une position expérimentale qui lui conviendrait provisoirement, avant de se mettre debout. Il y avait des cernes sombres sous ses paupières. Ceux qui l'entouraient constataient qu'il portait à la fois le lourd cadavre de son frère mort et le poids de son propre corps récalcitrant. Quand les reporters de *Look* vinrent l'interviewer, il leur dit qu'il s'efforçait seulement de faire « le travail que Joe aurait fait »[80]. Un jour, au beau milieu d'une journée très chargée, il surprit Mark Dalton, qui trouvait son catholicisme fort tiède, en insistant pour se précipiter dans une église. Il en ressortit peu après, la mine contrite en disant : « J'ai juste allumé un cierge pour mon frère »[81]. Billy Sutton, grand amuseur public, dans la veine irlando-bostonienne, et agent électoral expérimenté, que Kane avait embauché pour la campagne, fut surpris de voir Jack lui tendre un jour une cravate et lui dire : « Elle était à Joe ; j'aimerais que vous la portiez parce que, si vous l'aviez connu, vous seriez devenu très ami avec lui »[82]. Un avocat de Cambridge, John Droney, invité au Bellevue pour y rencontrer Jack et participer éventuellement à la campagne, fut dégoûté par toute la bande des vieux politicards empestant le cigare et prit congé. Jack, incroyablement décharné, avec le teint jaune des paludiques, courut après lui dans le couloir pour lui dire qu'il avait lui-même des doutes sur la vie politique et ne faisait campagne qu'en lieu et place de son frère tué à la guerre — parce que ses parents l'avaient jugé le mieux placé pour prendre la relève[83]. Quand Droney déclara qu'il n'était pas encore convaincu, Jack le regarda tristement et dit : « Parfois nous sommes tous obligés de faire des choses que nous n'avons pas envie de faire. »

Si la campagne était une tragédie personnelle pour John F. Kennedy, elle mettait également en cause le reste de la famille. Eunice et Pat assistaient à des réceptions de quartier et faisaient du porte à porte. Bobby offrit également ses services. Avec son profil de faucon, hérité de sa mère, ses yeux profondément enfoncés dans leurs orbites, il avait court-circuité son père auprès de Forrestal pour être libéré de ses cours d'élève-officier à Harvard et s'engager comme simple matelot à bord du *Joseph P. Kennedy Jr.*[84]. (Sa seule traversée fut un voyage à la base de Guantanamo, dans l'île de Cuba, au début de 1946.) Comprenant que la mort de son frère pourrait lui offrir l'occasion d'occuper enfin une place au sein de la famille, il avait écrit à son père : « Je voudrais, papa, que tu m'écrives une lettre, comme tu faisais avec Joe et Jack, pour me dire ce que tu penses des différents événements politiques et de la guerre, parce que je voudrais être moi aussi capable de mieux comprendre ce qui se passe »[85].

L'envie manifestée par Bobby de se rendre utile compliquait pourtant les choses. « C'est très gentil de la part de Bobby de vouloir m'aider, disait Jack à Red Fay, mais je n'imagine pas qu'avec sa mine de garçon sérieux et ses silences, il puisse insuffler une vigueur nouvelle dans nos rangs »[86]. Chargé de mettre Bobby en humeur plus luronne et plus compatible avec les besoins d'une campagne électorale, Fay emmena le garçon voir un vaudeville ; au milieu d'une scène, alors qu'il était lui-même plié en deux par le rire, il jeta un regard en direction de Bobby ; celui-ci contemplait fixement les acteurs sans un sourire. Par la suite, Bobby fut affecté à trois circonscriptions ouvrières de Cambridge et « fit campagne comme si sa vie et celle de Jack en dépendaient »[87].

S'ils étaient efficaces, chacun individuellement, les Kennedy formaient, à eux tous, une somme qui représentait plus que la simple addition de ses composantes. Comme la campagne tirait à sa fin, toutes les femmes enregistrées comme démocrates dans le district reçurent une invitation, gravée, à venir prendre le thé avec la famille Kennedy. Les vieux routiers de la politique locale tiquèrent devant cette innovation mais, au jour dit, deux mille femmes firent la queue devant l'hôtel Commander de Cambridge, nombre d'entre elles en robes du soir louées pour la circonstance, et attendirent patiemment leur tour de serrer la main des Kennedy alignés derrière Jack et ses parents [88]. La fabuleuse ascension de la famille était assez récente pour que l'on y vît un conte de fées accessible aux classes moyennes ; pourtant les Kennedy étaient allés si haut, dans des conditions si extraordinaires, qu'ils faisaient figure d'aristocratie à eux seuls.

Vers la fin de la campagne, Joe Kennedy avait abattu tous les obstacles qui auraient pu s'opposer à l'investiture de Jack comme candidat officiel du parti démocrate, lors des élections primaires. C'était là, en effet, que se jouerait l'élection finale, dans un district où le candidat républicain n'avait jamais eu aucune chance de vaincre — d'où l'acharnement de cette lutte fratricide entre tous les candidats démocrates. Quand les informations convergentes indiquèrent enfin que Jack obtiendrait, lors de ces élections primaires, plus de voix à lui seul que tous ses adversaires réunis, l'Ambassadeur commanda à l'équipe du *New York Daily News* l'un de ses célèbres sondages pour avoir confirmation de la nouvelle. Il utilisa ses relations avec les producteurs des Actualités filmées, chez Pathé, pour que Jack apparût sur les écrans de Boston et de la région, en pleine action, quelques jours avant la date des primaires. En outre, il fit parvenir à chaque électeur inscrit, un tirage à part de l'article de John Hersey sur le *PT 109*, tel qu'il avait été publié dans le *Reader's Digest*.

Joe Kennedy savait donc d'avance que l'élection du 18 juin se traduirait par un raz de marée. Pourtant, quelle que dût être l'ampleur de la victoire, il put toucher du doigt la fragilité de son triomphe. La veille, en effet, Jack défilait à la tête de sa section d'anciens combattants, lors de la fameuse parade de Bunker Hill (organisée chaque année pour l'anniversaire de la glorieuse bataille du même nom, livrée par les Insurgents aux Anglais, au début de la guerre d'Indépendance) ; à sa suite venaient les membres de la section 5880 — baptisée Joseph P. Kennedy Jr. —, qui marchaient derrière lui comme si toute la nouvelle génération avait envahi le Onzième District ; mais sur la fin de ce parcours de quelque huit kilomètres, Jack était à bout de forces. A peine avait-il dépassé la tribune officielle qu'il s'évanouit ; il fut transporté au domicile voisin d'un homme politique, Robert Lee, qui déclara plus tard : « Il était devenu jaune et bleu ; j'eus l'impression de voir un homme probablement frappé par une crise cardiaque » [89]. On s'empressa de le dévêtir ; il se trouvait encore en sous-vêtements et l'on était en train de l'éponger quand apparut Joe Kennedy qui se mit à fouiller dans les poches de son fils en demandant si on lui avait donné ses pilules, sans préciser de quelles pilules il s'agissait.

La nuit suivante, au moment où les premiers résultats montraient que Jack avait remporté, à lui seul, près de la moitié des suffrages, le vainqueur s'éclipsa discrètement avec Fitz-gâteau, pour aller voir les Marx Brothers dans *Une nuit à Casablanca* [90]. Comme le dépouillement avançait, l'Ambassadeur, oubliant qu'il avait prétendu pouvoir faire élire son chauffeur, savoura l'exploit qu'il avait accompli en assurant la victoire à un jeune homme de vingt-neuf ans, inexpérimenté et malade. « J'aurais dit qu'il y avait une chance sur cinq mille, pour que cela arrive », confia-t-il à un ami en secouant la tête d'un air encore incrédule [91].

Ce succès valut à Jack les honneurs de la première page dans le *New York Times* et un important article dans le magazine *Time*. Etant donné la confortable majorité détenue par les démocrates dans le Onzième District, l'investiture équivalait à l'élection. Le scrutin définitif qui aurait lieu en novembre ne serait plus pour John Fitzgerald Kennedy qu'une formalité. Pourtant ce dernier, loin d'y voir une réussite personnelle, ne considérait son élection que comme un hommage funèbre rendu à son frère. Le 12 août, pour le deuxième anniversaire de la mort de Joe, l'Ambassadeur annonça la création de la Fondation Joseph P. Kennedy. Le président en était Jack qui fit sur-le-champ un don de 650 000 dollars à l'archevêque Cushing pour la construction d'un hôpital consacré aux enfants handicapés[92]. Quand il mit sur pied son secrétariat de député à Washington, il plaça l'équipe sous la direction de Ted Reardon, à qui Joe Jr avait promis cette fonction lorsqu'ils étaient camarades de chambre à Harvard et faisaient des plans pour leur avenir[93]. Le 11 novembre 1946, fête de l'armistice, Jack, qui venait de triompher sans aucun mal, comme prévu, de son adversaire républicain, aux élections générales, prononça un nouveau discours devant les Anciens Combattants. Quand il en arriva à la citation : « il n'est pas plus grand amour que celui de l'homme qui donne sa vie pour son frère », il craqua ; les larmes l'empêchèrent de terminer[94].

2

Quand le nouveau Congrès se réunit en janvier, Jack était bronzé par le soleil de la Floride, après avoir pris plusieurs semaines de repos à Palm Beach. Son nom lui garantissait qu'il attirerait l'attention plus que tout autre nouveau venu à la Chambre, et son père avait entouré sa promotion d'un lustre supplémentaire en le faisant inclure parmi les « Dix Hommes Exceptionnels » de l'année, dont la liste était dressée tous les douze mois par les Jeunes Chambres de Commerce [1]. Jack, plus intéressé par d'autres jeunes hommes exceptionnels, ceux du 80e Congrès, passa ses premières journées dans la capitale à observer ses rivaux ; parmi eux, se distinguait un jeune Californien, « la vedette du spectacle », dont « l'allure sémillante » retint l'attention de Billy Sutton, l'assistant de Jack [2]. C'était Richard Nixon. Après l'avoir rencontré au Club national de la presse, Jack nota avec admiration que la victoire de Nixon sur un homme de gauche aussi connu que le député sortant Jerry Voorhis équivalait à l'élimination d'un dirigeant comme John McCormack, le doyen des représentants du Massachusetts. Il rejoignit Nixon à la Commission de l'Education et du Travail ; avec George Smathers, député de Floride, ils parièrent amicalement à qui serait le plus vite sénateur.

Jack loua une maison de trois étages à Georgetown, où il installa Margaret Ambrose, une géante irlandaise qui avait servi de cuisinière aux Kennedy depuis de longues années, et son aide de camp, Sutton, qu'il présentait malicieusement aux étrangers comme « l'un des Sutton de Boston » [3]. Comme plus tard Dave Powers, Sutton était l'un de ces hommes à tout faire irlando-bostoniens, qui jouaient auprès de Jack le rôle de Sancho Pança que ses prédécesseurs avaient tenu pour le compte de l'Ambassadeur. L'une des qualités de Dave Powers, que Jack trouvait curieuse, était son aptitude à se rappeler presque toutes les statistiques sportives. Sutton, lui, avait un talent d'imitation exceptionnel ; pendant les premiers jours de sa nouvelle vie à Washington, Jack lui demanda, en manière de plaisanterie, de téléphoner à quelques-uns de ses collègues en imitant l'accent déclamatoire de Vito

Marcantonio, député connu pour ses idées de gauche, et il se tordait de rire en voyant le succès de sa farce[4].

Quand un autre membre de la Chambre dit que Jack ressemblait à un étudiant de première année, il ne faisait pas seulement allusion à la jeunesse de celui-ci ; le nouveau législateur s'habillait n'importe comment et siégeait souvent en pantalons kaki tout froissés avec une vieille veste de seersucker et des cravates couvertes de taches de sauce. Son logis était un capharnaüm, avec des tapis sens dessus dessous, des vêtements sur le dossier des chaises, et des sous-vêtements féminins dans les creux des sofas. (Le journaliste Joseph Alsop, ennemi de l'Ambassadeur mais qui nourrissait de secrètes sympathies pour Jack, avait un jour découvert sur la nappe un hamburger à moitié rongé et entièrement moisi, dissimulé sous une pile de livres[5].) L'une de ses petites amies du moment, Jane Blodgett, raconte : « Jack était tout à fait sans façon. Il pouvait aller dîner indifféremment au Club 21 ou dans un restaurant populaire comme Howard Johnson, sans y attacher aucune importance. S'il allait dans un Howard Johnson quelconque, il mangeait d'aussi bon cœur son hamburger arrosé de milkshake que s'il faisait bonne chère au Club 21 »[6].

Quelques-uns des amis de Jack étaient séduits par ce mépris spontané des apparences. D'autres l'attribuaient au désir de prolonger outre mesure son adolescence, comme s'il était resté coincé dans son rôle de fils, bien après le moment où il aurait dû entrer dans l'âge adulte. Sa secrétaire d'alors, Mary Davis, était indignée de le voir, à longueur de journée, faire des passes à Ted Reardon avec un ballon ovale, dans le bureau, pour ensuite la surcharger de travail pendant le week-end[7]. Il embarrassait tout le monde par son refus d'avoir de l'argent sur lui et par sa manie d'emprunter constamment de la menue monnaie dont il avait toujours besoin sur-le-champ et qu'il ne rendait jamais[8]. Certains considéraient ces inconvénients comme le prix à payer pour des invitations à Hyannis et à Palm Beach. D'autres, y compris Smathers, finirent par présenter des notes de frais au bureau des Kennedy à New York pour se faire rembourser le prix des déjeuners ou des taxis et même les deniers du culte acquittés pour le compte de Jack[9]. Tirant une sorte de synthèse hégélienne de l'histoire de sa propre famille, l'Ambassadeur avait clairement indiqué qu'il ne voulait pas voir ses enfants se lancer dans les affaires, pas plus que sa propre mère ne l'avait laissé s'immiscer dans la politique bostonienne. Mais il était ennuyé de voir l'ignorance naïve dont ils faisaient montre en matière d'argent. Il finit par prier Smathers de faire la leçon à Jack et de lui expliquer « les choses de la vie », c'est-à-dire la façon dont les gens se comportent vis-à-vis de leurs finances[10]. Mais, comme le dit plaisamment un autre ami : « c'était comme tenter de discuter les problèmes sexuels avec une nonne »[11]. L'Ambassadeur était présent, par hasard, quand Jack expliqua à l'un de ses assistants qu'un salaire annuel de 5 000 dollars était « plus que suffisant » pour faire vivre une famille et poursuivre simultanément des études de droit. Après être resté silencieusement assis pendant quelques minutes, le père finit par exploser : « Bon Dieu, Jack, comment peux-tu dire des choses pareilles ? Sais-tu que tu dépenses 50 000 dollars par an rien que pour ton argent de poche ? »[12].

En partie parce que l'Ambassadeur était préoccupé par la santé et les habitudes de Jack, Eunice vint s'installer, elle aussi, dans la maison de Georgetown, après que son père eut obtenu pour elle un emploi de secrétaire générale au sein d'une commission du ministère de la Justice, chargée d'enquêter sur la délinquance juvénile [13]. Contrairement à ses jeunes sœurs, Pat et Jean, qui s'intéressaient surtout à la mode et aux vedettes de cinéma, Eunice avait toujours voulu devenir membre de cette sorte de club restreint que semblaient former Joe Jr, Jack et Kick, unis par un entrelacs d'espoirs et de réalisations. Après avoir terminé ses études à Stanford [14], elle avait fait du travail social à Harlem, puis s'était penchée, pour le compte du département d'Etat, sur les problèmes posés par les prisonniers de guerre américains revenus d'Allemagne. Avec son visage criblé de taches de rousseur et sa large bouche bien fendue, elle tenait, comme Jack, des Kennedy plutôt que des Fitzgerald. Elle était, elle aussi, exposée à des maladies épuisantes qu'elle avait combattues avec vigueur. Comme Jack, elle avait tendance à négliger les apparences et c'est sans doute à elle que pensait surtout l'Ambassadeur quand il demandait à l'actrice Gene Tierney (avec qui Jack poursuivait maintenant son roman d'amour par lettres) de bien vouloir donner à ses filles quelques leçons de maintien corporel. Mais ce que l'Ambassadeur admirait chez Eunice, c'était l'élan dont celle-ci faisait montre et il lui avait adressé ce compliment suprême : « Si cette fille était née avec des couilles, elle aurait fait un sacré politicien ! » [15].

Eunice introduisit un autre esprit dans la maison de Georgetown. Certes, elle avait souvent joué dans la famille le rôle de chef de la « brigade des acclamations », mais elle possédait également un sens de l'humour insaisissable et imprévisible (en certaine occasion, elle s'était rendue à une soirée donnée par Jack, déguisée en nonne enceinte [16]) et avait entraîné toutes sortes de gens dans l'orbite des Kennedy. L'une de ses recrues était Joseph McCarthy, avec qui elle était sortie quelques fois [17]. McCarthy se vanta par la suite d'avoir connu Jack pendant la guerre, aux îles Salomon, d'avoir navigué à bord du *PT 109*, et même d'avoir été autorisé à essayer les mitrailleuses de la vedette [18]. Jack n'en avait conservé aucun souvenir ; mais il aimait le sénateur du Wisconsin pour son humour grossier et son irrévérence envers l'autorité [19] ; en outre, il appréciait les barbecues que McCarthy donnait sur la pelouse, derrière sa maison. Jack était moins attiré par Sargent Shriver [20]. Il se rappelait vaguement l'avoir rencontré à l'école catholique de Canterbury qu'il avait brièvement fréquentée, et il savait que Shriver — dont la famille, originaire du Maryland, était fort bien vue en société, mais ruinée par la Dépression — était allé à Yale avec une bourse d'études. Quelqu'un comme lui, qui s'était proclamé « chrétien, aristotélicien, optimiste et américain » [21], quand il avait été nommé rédacteur en chef du journal de Yale, ne pouvait intéresser Jack, bien qu'il eût de quoi plaire à Eunice.

Shriver travaillait comme assistant du rédacteur en chef de *Newsweek* quand elle le rencontra lors d'un dîner au St Regis [22] avec Peter Hoguet, un ami commun à qui Sargent avait déjà confié son désir de devenir le « bras droit » d'un grand homme d'affaires. Hoguet le présenta à Eunice comme

« un gars qui aimerait travailler pour votre père » et la jeune fille s'y prêta. L'Ambassadeur lui demanda d'abord conseil pour savoir si les lettres envoyées d'Europe par Joe Jr pourraient être publiées. Quand Shriver lui eut fait savoir qu'à son avis elles n'étaient pas publiables, Kennedy l'engagea pour surveiller son empire immobilier et aider Eunice dans ses recherches sur la délinquance juvénile. Tout en sachant qu'il risquait de passer pour un coureur de dot, l'honnête et séduisant Shriver entreprit de faire la cour à celle-ci « avec un acharnement féroce », selon le mot d'un de ses amis[23], encore que Eunice mît ses sentiments à rude épreuve en l'appelant souvent par téléphone à trois ou quatre heures du matin, pour bavarder un brin, au cours de ses nombreuses crises d'insomnie[24].

Dans le cadre de son travail avec les délinquants, Eunice amenait de petits truands et autres jeunes brutes déguster le poulet frit de Margaret, ce qui faisait fuir Jack, lequel s'arrangeait alors pour avoir de pressantes obligations ailleurs. « Nous voulons faire de vous des enfants heureux », disait Eunice à ses protégés tandis qu'ils s'empiffraient. « Les enfants heureux deviennent des femmes et des hommes heureux »[25]. Parfois elle invitait aussi des enfants arriérés. Pour Billy Sutton, il était évident qu'il s'agissait d'un acte de contrition tout personnel, lié à la maladie de Rosemary dont Eunice restait plus proche que n'importe quel autre membre de la famille. Elle ne mentionnait jamais le nom de sa sœur, pas plus que Jack d'ailleurs, sauf en une seule occasion où il dit, tout à trac, de façon énigmatique : « Il y aura sans doute toujours une Rosemary »[26].

Une fois que Jack eut pris ses fonctions, son père et lui se trouvèrent en demeure de faire mutuellement face à leurs excentricités respectives, d'une manière qui n'aurait pas eu lieu d'être si Joe Jr était resté vivant et leur avait servi de principal intermédiaire. Ils se ressemblaient, plus qu'ils ne voulaient l'un et l'autre l'admettre, et comme tous les semblables ils se repoussaient souvent l'un l'autre. Il n'y en avait pas moins une certaine compréhension instinctive entre eux. Tous deux comprenaient, par exemple, sans avoir jamais abordé le sujet, qu'ils avaient besoin de se faire l'un à l'autre des sacrifices systématiques pour que la carrière de Jack pût prendre son essor.

Pour le garçon, cela s'appliquait à son état de santé. Nier que ses maux fussent sérieux était déjà devenu chez lui, au moment où il fut élu, une habitude ancrée dans sa nature. Depuis l'enfance, il s'était lancé dans une entreprise très étudiée de dissimulation, pour affirmer qu'il était aussi vigoureux que le reste de la famille. Aux approches de la trentaine, il était habitué à mater sa mystérieuse infirmité, en l'examinant d'un œil critique, et en usant d'une distanciation ironique vis-à-vis d'elle, comme il le faisait envers tous les éléments insolites de son environnement. Ses amis, même les plus proches, ne l'avaient jamais entendu se plaindre. Ils avaient appris à éviter le sujet, même quand ils le voyaient manifestement souffrir. Phyllis MacDonald fit une gaffe à ce propos, un jour où son mari et elle accompagnaient Jack à un match de football, lors de son premier mandat au Congrès. Voyant Kennedy gravir péniblement les marches du stade, vers la tribune d'honneur, Phyllis chuchota à son mari : « Pour l'amour du ciel, prends-le par le coude ; aide-le ». Torby la fit taire : « Chut ! Pas un mot là-dessus ! »[27].

Pour Joe Kennedy, le sacrifice était celui de ses propres ambitions ; après avoir travaillé dur pour se réhabiliter, il trouvait toujours un attrait presque irrésistible aux feux de la rampe. En 1948, Truman le nomma membre de la Commission pour la Réorganisation de l'Administration fédérale, dirigée par Herbert Hoover. Il aurait pu obtenir également d'autres fonctions à Washington, mais il comprit qu'il avait eu beau œuvrer à se créer une nouvelle personnalité, après la guerre, son nom n'en évoquerait pas moins, insidieusement, un partisan de l'accommodement (on appelait cela désormais « l'apaisement ») isolationniste et antisémite*, un homme qui, dans sa jeunesse, avait mystérieusement fait fortune et satisfait ses appétits sans même se soucier de sauver les apparences. Il comprenait que, mis à part les problèmes de santé de Jack, c'est lui qui serait le principal obstacle à surmonter pour son fils. Il fit donc son choix, plus douloureux pour lui que pour tout autre : il resterait dans l'ombre. Il avait loué les services de James Landis, ancien doyen de la faculté de Droit de Harvard, qui avait été son adversaire au temps du New Deal, pour l'aider à rédiger son autobiographie[29]. Mais quand il montra un brouillon de l'ouvrage à son vieil ami Arthur Krock, celui-ci fut contraint de lui dire que « même si une petite partie du manuscrit était lisible, intéressante et apportait des éléments nouveaux, tout le reste ne formait qu'une ennuyeuse répétition de faits bien connus du public »[30]. Krock conseillait à Kennedy de passer « franchement » aux aveux sur la façon dont il avait vécu. Si tel était le cas, le livre pourrait devenir fascinant — le récit quasiment picaresque de l'ascension d'une famille d'immigrants. Mais la carrière de Jack aurait trop souffert de la révélation de la vérité. L'Ambassadeur comprit qu'il ne lui restait plus qu'à se tenir en coulisse et se satisfaire de contribuer à modeler Jack, à peu près comme il s'était façonné lui-même.

Il avait commencé à mettre ses affaires en ordre aussitôt que Jack avait été élu, presque comme s'il allait lui-même à Washington. Il avait vendu le commerce de spiritueux qui lui avait valu, certes, des bénéfices considérables mais aussi des insinuations sur ses rapports avec la pègre[31]. Il céda un quart de ses droits de propriété sur la Merchandise Mart à Rose et un autre quart à ses enfants survivants pour assurer leurs besoins pendant le restant de leurs jours[32]. Un troisième quart fut dévolu à la Fondation Joseph P. Kennedy Jr, dont les contributions charitables aux archevêchés de New York et de Washington favoriseraient les progrès de la carrière politique de Jack. Il ne retint qu'un seul quart pour lui-même. A New York, il transforma ce qui avait toujours été son théâtre d'opérations personnel[33] en un quartier général, avec une demi-douzaine de nouveaux employés,

* En 1949, le département d'Etat publia un document de 1 280 pages contenant une série de messages diplomatiques allemands, demeurés secrets jusque-là. On y pouvait lire les câbles transmis par von Dirksen au sujet de ses conversations avec Kennedy à Londres. Le titre du *Boston Globe :* « Un Nazi déclare : Kennedy est pro-allemand et antisémite », résumait bien la réaction du public devant ces textes[28]. Le démenti de Kennedy, « C'est tout de la frime en ce qui me concerne », ne dissipa guère cette impression.

installés dans un appartement du vieil hôtel Marguery, sur Park Avenue, sous la raison sociale : Joseph P. Kennedy Enterprises. Cette firme s'occuperait de pourvoir aux dépenses des enfants Kennedy et jouerait le rôle de centre de communications. (Rose inondait le personnel de notes comme celle-ci : « Prière d'informer Pat que le rouge sera à la mode cette année »[34].) Mais sa fonction première était de gérer l'argent de la famille. L'Ambassadeur avait investi dans le pétrole et le gaz naturel, pour bénéficier d'avantages fiscaux[35] ; mais il s'était dérobé quand Tex Thornton lui avait offert de figurer parmi les fondateurs de ce qui devait devenir les Litton Industries — un investissement fabuleusement rentable — ; en effet, il estimait que la carrière de Jack pourrait souffrir de conflits d'intérêts en raison des contrats de la nouvelle société avec le ministère de la Défense[36]. Il avait également rejeté la possibilité d'acquérir la majorité des parts dans les compagnies d'aviation Eastern et National, la société Brooklyn Dodgers et autres qui se trouvaient en difficulté dans la conjoncture de l'après-guerre[37].

Une fortune de cette taille ne pouvait que faire boule de neige sur sa propre lancée. Peu après que les Kennedy Enterprises eurent occupé leurs nouveaux bureaux, au 235, Park Avenue, en 1950, le magazine *Fortune* évaluait son actif à plus de 400 millions de dollars[38]. L'Ambassadeur résuma son attitude de la façon suivante : « Il faudra continuer à tenir un peu la boutique, mais il n'est plus besoin de gagner davantage d'argent »[39]. Kennedy était l'un des rares détenteurs de liquidités aussi importantes que les siennes (James Landis prétendait qu'il ne connaissait pas beaucoup d'hommes riches capables, comme l'Ambassadeur, de signer un chèque de dix millions de dollars sans avoir à vendre quelque chose auparavant.) Et cette fortune s'était muée en trésor de guerre électoral, de même que son bureau était devenu le siège d'un état-major politique.

L'Ambassadeur bombardait constamment Jack de conseils, de notes d'information, de consultations unilatérales[40]. Il lui indiquait qui prendre comme conseillers, sur quels problèmes se pencher, quelles alliances nouer. Non content d'être le père, le trésorier et le principal électeur de son fils, il cherchait à consolider son influence par d'autres moyens : peu après avoir pris ses fonctions auprès de Jack, en qualité de « fondé de pouvoirs », Ted Reardon reçut un appel de Palm Beach : « C'était Mr Kennedy ; après quelques plaisanteries il en vint aux affaires sérieuses ; il me demanda d'être son oreille, au bureau, et de lui rapporter exactement les faits et gestes de Jack ; il me donna à entendre que la récompense en vaudrait la peine ; il se montra très insistant ; j'eus du mal à trouver le moyen de refuser tout en restant poli »[41].

Au début de la carrière de Jack, Kay Halle eut l'occasion d'assister à une conversation privée entre le père et le fils lors d'une garden-party, à Washington : le premier indiquait au second comment voter à propos d'un projet de loi en instance devant la Chambre ; finalement Jack dut rétorquer un peu vertement : « Ecoute, papa, tu as tes idées en politique, et j'ai les miennes. Je voterai exactement comme je crois devoir le faire sur cette question »[42]. La scène était d'autant plus mémorable qu'elle était inhabituelle. La plupart du temps, l'attitude de Jack vis-à-vis de son père était faite de résignation plus que de défi. « Je crois que papa a décidé de jouer au ventriloque, aussi ne me reste-t-il plus, je pense, que le rôle de la marionnette », confiait Jack à Lem[43].

Dans certains domaines, il tentait de se conformer à l'idéal qu'il avait défendu au cours de sa campagne électorale pour montrer ce que la nouvelle génération pouvait apporter à la politique nationale. Il tint ses promesses quant à un problème pressant comme celui de l'habitat, en prenant fait et cause pour le projet de loi spécial Wagner-Ellender-Taft qui permettrait la construction de quinze millions de logements à prix modérés pendant les dix années à venir. Or les banques et les promoteurs immobiliers s'intéressaient bien davantage à un autre marché — en plein essor —, celui des maisons individuelles destinées aux classes moyennes et aisées ; aussi s'opposaient-ils au projet. Jack se fit l'avocat des anciens combattants qui vivaient avec leur famille dans des « baraques » militaires récupérées après la guerre : « Tout ancien combattant qui a vu le matériel américain affluer sur les plages normandes ; qui a vu, dans les îles du Pacifique, déblayer les emplacements où des aéroports surgissaient en quatre ou cinq jours ; qui a vu, d'une part, le gaspillage illimité entraîné par la guerre et, d'autre part, la productivité apparemment sans limites qui permettait d'y faire face... est-il étonnant que cet ancien combattant soit incapable de comprendre pourquoi il n'a pas de toit ? »[44]. Et lorsque l'une des associations d'anciens combattants, l'American Legion, s'opposa au projet de loi, pour des raisons complexes qui lui étaient propres, Kennedy (membre de l'association rivale des Vétérans des Guerres Etrangères) n'hésita pas à s'en prendre à cette vénérable institution, au cours d'une joute verbale où le ton monta jusqu'au moment où il assena à ses adversaires : « Les dirigeants de l'American Legion n'ont pas émis une seule idée utile au pays depuis 1918 ! »[45].

Il prit lui-même ses distances vis-à-vis de la vieille garde à propos de l'affaire James Curley. Le pauvre « Trèfle-Pourpre » devenu vieux avait bien été réélu à la mairie de Boston en 1946 mais, depuis lors, il avait été convaincu de fraude postale à propos de certains contrats du temps de guerre, et envoyé à la prison fédérale de Danbury. Curley était âgé et malade, aussi le chef de file des parlementaires du Massachusetts, John McCormack, faisait-il circuler une pétition demandant une remise de peine. Jack fut le seul membre de la délégation du Massachusetts à ne pas la signer[46]. Des personnages aussi considérables que son propre père ou l'archevêque Cushing eurent beau insister, rien n'y fit ; Mark Dalton et d'autres jeunes partisans de Jack lui avaient en effet montré que l'occasion était trop belle, pour lui, de prouver que la nouvelle génération avait bien un chef à offrir au pays.

Il y avait aussi une certaine marge entre Jack et son père, en matière de politique étrangère. Joe Kennedy se méfiait des idées de Truman sur l'aide à fournir à la Grèce et à la Turquie pour aider ces pays à lutter contre le communisme. L'Ambassadeur formulait son déplaisir dans le langage du contribuable (les Etats-Unis déjà aux prises avec leur propre relance ne pouvaient assumer d'obligations à l'étranger), mais il s'agissait bien évidemment d'une mise à jour de son isolationnisme passé. Son idée était de préserver la puissance de l'Amérique et de ne pas se soucier du régime politique pratiqué ailleurs. Il l'exprima clairement dans un discours prononcé à la faculté de Droit de l'université de Virginie, grâce à Bobby qui s'y était inscrit après avoir terminé son premier cycle d'études supérieures à Harvard : « Si certaines parties de l'Europe ou de l'Asie veulent devenir communistes ou subir un coup d'état communiste, nous ne pouvons les en empêcher. Nous devrions plutôt nous assurer de notre force, ne pas nous laisser grignoter ici et là dans des batailles perdues d'avance... Mieux vaut ne pas nous mêler des affaires des autres et n'avoir maille à partir avec personne, sauf en cas de menace pour nos foyers ou notre commerce »[47].

Jack, au contraire, avait rejoint le camp des internationalistes et prônait la « doctrine Truman », comme on l'appelait dans les milieux officiels. Le 1er avril 1947, il prononçait son premier discours de politique étrangère et prenait directement position contre son père : « Si l'Europe ou l'Asie risquaient de tomber sous la coupe d'une seule grande puissance militaire, il nous faudrait reprendre les armes ; et nous nous opposerions âprement, j'en suis convaincu, à ce que les peuples meurtris d'Europe et d'Asie s'abandonnent à l'idéologie chloroformante du totalitarisme rouge »[48]. Il se prononçait en faveur de la reconstitution de l'Europe par le biais du Plan Marshall, avec autant de ferveur que l'Ambassadeur en mettait à s'y opposer sous prétexte que « l'écrasante contribution ainsi prélevée sur nos ressources affecterait sérieusement le bien-être de notre pays. »

Pourtant, en dépit de ces éclairs d'indépendance, les vues de Jack sur le monde étaient conformes à celles de son père. A l'instar de l'Ambassadeur, il était conservateur sur le chapitre du budget et aurait fort bien pu être assimilé aux « Démocrates de Taft »* en raison de la similitude évidente entre ses vues et celles du Républicain de l'Ohio. Il était favorable aux dispositions antisyndicales contenues dans le projet de loi Taft-Hartley et, selon George Reedy, correspondant de l'agence de presse UPI (et plus tard attaché de presse de la Maison-Blanche), il avait envisagé de voter en faveur du projet (ce qui aurait représenté un suicide politique pour n'importe quel Démocrate du Nord) jusqu'à ce que John McCormack l'en eût dissuadé[50] ; en temps opportun, Jack rendit public un manifeste individuel qui jetait l'anathème sur les deux parties — syndicat et patronat.

Quant à la « menace communiste » dans le pays, son attitude était, si possible, encore plus dure que celle de son père à cet égard. Au cours d'une série d'audiences consacrées à la révision des lois du travail, la Commission du Travail et de l'Education, à la Chambre, se saisit de la question de l'infiltration communiste dans le mouvement syndical. Jack eut les honneurs des gros titres dans la presse, à cette occasion, en raison de l'habileté incisive avec laquelle il interrogeait les témoins (tant et si bien que nombre de ses collègues le prirent pour un homme de loi) et à cause de l'érudition dont il

* Bien des années plus tard, il avouerait à David Ormsby-Gore, alors ambassadeur de Grande-Bretagne à Washington : « J'avais adopté les vues de mon père en matière d'économie, parce que je croyais qu'il en savait long sur ce chapitre. Mais quand je relis les discours que j'ai prononcés en la matière, vers la fin des années 40, je suis absolument horrifié. Je ne souscrirais plus aujourd'hui à rien de ce que je disais alors »[49].

faisait preuve en citant les vues de Lénine sur le devoir impérieux pour les communistes de s'infiltrer, par n'importe quel stratagème, dans les syndicats afin d'y mener à bien le travail du parti[51]. Jack brandit vigoureusement l'étendard de l'anticommunisme lorsqu'il interrogea Harold Christoffel, de la section 248 du syndicat de l'Automobile (United Auto Workers). La question à l'ordre du jour était la grève de 1941 contre Allis-Chalmers, dont Jack prétendait qu'elle avait été organisée sur les ordres de Moscou pour faire obstacle aux préparatifs militaires des Etats-Unis. Après avoir acculé le témoin par sa connaissance du pacte germano-soviétique de 1939, conclu entre Hitler et Staline, Jack cita un autre témoin, un communiste repenti du nom de Louis Budenz — l'un des premiers à faire profession de dénoncer ses anciens camarades —, pour l'entendre dire que la grève chez Allis-Chalmers était bien censée porter un coup à la Défense nationale américaine. Là-dessus, il introduisit une motion tendant à faire accuser Christoffel de parjure. Entre deux audiences, il s'en fut dans un faubourg de Pittsburgh débattre des mérites de la loi Taft-Hatley avec Richard Nixon. Dans le train qui les ramenait à Washington, les deux hommes s'entretinrent affablement de la menace communiste.

Comme les vacances d'été approchaient, Jack rentra chez lui pour célébrer son trentième anniversaire. Mark Dalton se rappelle avoir éprouvé un sentiment étrange au moment des toasts; chacun en effet faisait assaut d'ingéniosité pour trouver le plus juste mélange de mots corrosifs et de protestations affectueuses, dans la bonne tradition des Kennedy, quand l'Ambassadeur se souvint de demander à Teddy s'il n'avait rien à dire; le gamin de quatorze ans remit carrément les choses dans l'ordre — cet ordre absurde qui avait pris pour Jack la place du réel —, il leva son verre d'eau et dit : « Je voudrais porter un toast à notre frère qui n'est pas là »[52].

Peu après, Jack partait pour l'Europe dans le cadre d'une mission parlementaire d'information qui commença par une escale en Irlande où il avait formé le projet de rencontrer Kick. « Elle était devenue tout à fait anglaise », comme il l'écrivit à Lem Billings[53]. Après son retour à Londres, en 1944, elle avait repris du service dans la Croix rouge pour occuper ses journées[54] et tenter de se guérir du double choc qu'avaient représenté pour elle la disparition de Joe, puis celle de Billy Hartington. Elle avait écrit à sa famille et à ses amis des lettres mélancoliques, comme celle qu'elle adressait le 1er avril 1945 à Frank Waldrop du *Times-Herald :* « Pour le moment je joue les maîtresses de maison au club des infirmières de Londres. Travail très plaisant. Je compte rester ici jusqu'à l'été, de toute façon. Il me paraît difficile de croire que la guerre sera bientôt finie. J'en suis heureuse, reconnaissante, mais je ne crois pas que personne se sente terriblement joyeux. Et vous ? »[55].

Après que la guerre se fut terminée en Europe, au mois de mai 1945, elle avait fait plusieurs retraites au couvent de Kendal, dans le nord de l'Angleterre, non seulement pour apaiser son sentiment de culpabilité, mais aussi pour se réconcilier avec l'Eglise qui l'avait excommuniée au moment de son mariage[56]. Progressivement, elle redevenait elle-même. Pendant l'un des rares beaux jours ensoleillés que connut l'Angleterre, au moment où le chagrin de la jeune femme semblait enfin s'apaiser, son amie Jane Kenyon-Slaney l'entendit demander avec un sourire triste : « Vous ne pensez pas que Billy serait fâché si je mettais une robe vraiment gaie, n'est-ce pas ? Il fait si beau ! »[57].

Quand le jour V marqua la fin de la Seconde Guerre mondiale, au mois d'août 1945, elle avait renoncé à son travail d'infirmière, acheté une maison à Smith Square et faisait des plans pour aller voir sa famille[58].

La réunion, au début de l'année 1946, avait commencé dans la joie, mais Kick sentit bientôt une distance s'introduire entre elle et les autres, en particulier du côté de sa mère ; elle était arrivée au moment de la campagne électorale de Jack et elle sentait qu'elle était tenue à l'écart, dissimulée aux regards, au même titre que Rosemary ; on craignait que le souvenir de son mariage ne causât, chez les Catholiques, une réaction défavorable à Jack. Elle alla donc loger au Chatham Hotel de New York, et se mit à sortir avec l'un des membres de la « café society », un avocat, gentleman-jockey à ses heures, nommé Winston Frost, qu'elle avait connu avant la guerre. Mais quand son père l'apprit par ses nombreux informateurs, il intervint pour l'en dissuader, de peur qu'elle ne fît du tort à Jack. L'Ambassadeur révéla à sa fille que Frost était un play-boy ; il rémunéra le chroniqueur Walter Winchell pour que celui-ci lui fournît des détails, puis harcela Kathleen de coups de téléphone irrités, décriant la personnalité de Frost et prétendant même qu'il était entretenu par une autre femme. Les assauts incessants de son père firent comprendre à Kick qu'elle avait bien changé entre-temps. Une attitude qu'elle aurait trouvée amusante avant son mariage lui paraissait désormais intolérablement abusive. Elle prit son billet pour rentrer..

De retour en Angleterre, elle entama une phase de découvertes personnelles, un peu comme son père l'avait fait lorsque celui-ci avait rompu avec Boston pour s'en aller explorer le vaste monde. De même que Joe Kennedy s'était révolté contre l'idée qu'il partageait un destin collectif par le fait de sa naissance dans une famille irlandaise de Boston, de même Kathleen refusait d'admettre qu'elle devait participer aux efforts collectifs des Kennedy pour faire une place à la famille sur la scène politique américaine. Puisque Jack s'était chargé du fardeau, elle était libre de suivre sa propre voie. Si elle utilisa son titre de marquise de Hartington, ce ne fut pas seulement parce que cela marquait son rang dans la société, mais aussi, comme elle le fit remarquer d'un ton badin à un ami : « Il est plutôt agréable de ne plus avoir besoin d'être une Kennedy ; Dieu sait qu'il y en a assez comme ça ! »[59].

Sa vie mondaine, dans l'Angleterre de l'avant-guerre, avait tourné à l'intérieur d'un petit cercle qui se suffisait à lui-même et dont les membres étaient plus ou moins apparentés, même de très loin — les Astor, les Ormsby-Gore, les Ogilvy, les Cavendish. Mais le protocole était en voie de disparition comme tout le reste des vieilles manières. Vivant seule avec une gouvernante dans sa maison de Smith Square, elle fit comme bon lui semblait — sortit avec des célibataires de son âge et se lança dans le monde[60]. Elle dîna avec Churchill et Lord Beaverbrook, et sa résidence se transforma en unc sorte de salon fréquenté par des gens célèbres comme

Anthony Eden, George Bernard Shaw et Evelyn Waugh[61]. Le choix des hommes avec qui elle sortait manifestait également son indépendance d'esprit — Richard Wood, le fils de Lord Halifax (un protestant), ou Seymour Berry, riche aristocrate de soixante-dix ans avec une réputation de bravache, qui la couvrait de diamants. Mais le seul qui comptait pour elle, confia-t-elle à Jack lors de leurs retrouvailles, était le huitième comte de Fitzwilliam, qu'elle avait rencontré au Bal des Commandos, organisé en l'honneur de cette unité créée par Churchill en 1940.

Peter Fitzwilliam, dont les ancêtres remontaient à Guillaume le Conquérant[62], s'était illustré pendant la guerre, et avait mérité la Distinguished Service Cross pour avoir mené à bien des missions secrètes en mer du Nord. « Aucun homme que j'aie rencontré ne m'a jamais fait perdre complètement la tête »[63], avait-elle écrit pendant la guerre à son amie Jane Kenyon-Slaney. Fitzwilliam y était parvenu. C'était un amateur de chevaux, élégamment aristocratique, séduisant, protestant — et marié. Au Bal des Commandos, il avait accablé Kick d'attentions, malgré la présence de sa femme Olive, particulièrement fêtée ce soir-là comme présidente du Fond au bénéfice duquel la manifestation avait lieu[64]. Kick portait une robe rose pâle, avec des clips d'aigues-marines et de diamants. « Peter et elle s'étaient regardés pendant un long moment et, l'instant d'après, ils étaient ensemble », raconte un témoin[65]; et un autre d'ajouter : « Ce fut un coup de foudre, un sentiment authentique, illicite, passionné, envoûtant ; on avait l'impression qu'elle avait découvert une chose qu'elle n'avait jamais imaginé connaître dans sa vie entière »[66].

Les Fitzwilliam n'avaient pas le rang social des Cavendish, mais ils étaient presque aussi riches[67]. Leur domaine ancestral était Milton, près de Petersborough; ils avaient également acquis par mariage la fameuse propriété de Wentworth Woodhouse, dans le Yorkshire. Le château, bâti sur une terre de dix mille hectares, y compris quelques-unes des mines de charbon les plus riches du royaume, était sans doute la plus grande résidence privée d'Europe, avec ses 365 chambres, une pour chaque jour de l'année. Il y avait aussi un beau domaine irlandais, celui de Coollatin, dans le comté de Wicklow, qui avait été jadis si étendu que l'on pouvait chevaucher, disait-on, jusqu'à Dublin sans quitter la propriété.

Bon cavalier et très joueur, Fitzwilliam était président de l'Association des Propriétaires d'écuries de course, et possédait l'un des plus beaux haras de toute l'Angleterre. C'était aussi une sorte de viveur, partagé entre les cercles aristocratiques et les éléments douteux de la nuit londonienne[68]. Harry Sporborg, son ami intime et conseiller financier, déclarait : « Peter a tout le charme du monde, à un point vraiment assez dangereux »[69]. L'amie de Kick, Jane Kenyon-Slaney, le trouvait « semblable à Joseph Kennedy lui-même, mûr, expérimenté, le vrai mâle sauvage échappé du troupeau ; peut-être, en dernière analyse, était-ce là les qualités requises pour que Kick tombât profondément amoureuse »[70].

A son arrivée en Irlande, Jack rencontra sa sœur à Lismore, la magnifique propriété du duc de Devonshire, dans le comté de Waterford, qui avait servi jadis de résidence à Sir Walter Raleigh[71]. Le domaine avait été donné aux

Cavendish comme partie du butin pris sur les Irlandais. Jack était pourvu d'une lettre d'introduction de la tante Loretta qui avait fait le voyage avec P. J. dans les années vingt; aussi se rendit-il aussitôt au village de New Ross, en quête des « Kennedy d'origine », comme il les appelait[72]. Son imagination fut saisie par la vue du petit village et de la maison ancestrale, aux murs blanchis à la chaux et au toit de chaume, avec les animaux domestiques pressés autour de la porte de devant. Quand il rentra à Lismore et voulut en parler à sa sœur, elle se mit à rire et posa une question qui montrait combien elle était devenue anglaise : « Avaient-ils une salle de bains ? »[73].

Jack gagna Londres pour prendre un avion qui lui permettrait de rejoindre la délégation parlementaire sur le continent. Mais, avant de pouvoir quitter l'Angleterre, il fut victime d'une syncope accompagnée d'une crise de nausées aiguë et d'une chute de tension. Il fut admis aussitôt à la London Clinic où l'on diagnostiqua enfin la cause des désordres : la maladie d'Addison, une affection due au mauvais fonctionnement des glandes surrénales et qui empêche le corps de combattre les infections[74]. Le mal s'était sans doute développé insidieusement depuis de longues années et avait entraîné toutes les maladies de jeunesse qui avaient mis la vie du garçon en danger. La « crise addisonnienne » avait été longue à venir; désormais il n'était plus question d'en nier les ramifications possibles. Pamela Churchill, si liée avec Jack qu'elle était allée le chercher à Lismore et avait fait avec lui le voyage de retour à Londres, se rappelle avoir été prévenue par le médecin de l'Hôpital : « Votre ami américain n'en a plus pour un an à vivre. »

Comme toujours, les Kennedy envisagèrent la nouvelle comme une affaire de presse autant que comme une question médicale. « Le député John F. Kennedy fait savoir aujourd'hui qu'il se sent beaucoup mieux après la crise de malaria qui l'a retenu pendant un mois à l'hôpital. Il projette de rentrer en Amérique cette semaine », disait le communiqué diffusé par son secrétariat[75]. Il rentra en effet, mais ce fut dans la cabine-hôpital du *Queen Mary* et, selon un ami de la famille, Frank Waldrop, il était si malade qu'à l'arrivée du bateau à New York, un prêtre monta à bord lui donner l'extrême-onction tandis qu'on l'emmenait sur une civière[76]. Pendant les quelques mois qui suivirent, Jack admit devant quelques amis très intimes la gravité de la maladie (sans l'appeler par son nom, il déclara à l'un d'eux qu'il s'agissait d'une « sorte de leucémie ambulante »[77]), mais son secrétariat maintint que c'était une simple récurrence de la malaria contractée dans le Pacifique — impliquant même qu'il serait antipatriotique d'aller chercher plus loin[78]. Jack se rétablit en passant des heures sur la plage et sous les lampes à bronzer pour dissimuler la pigmentation brunâtre — caractéristique de la maladie d'Addison — sous le hâle d'un homme éclatant de santé. Le diagnostic de sa maladie alla rejoindre les autres squelettes qui commençaient à encombrer sérieusement son placard : la vie privée de son père, la maladie de Rosemary, et maintenant la liaison de Kick avec un homme marié.

Jack garda le secret de sa sœur jusqu'au moment où elle vint rendre visite à la famille au début de l'année 1948, en compagnie de sa belle-sœur Elisabeth Cavendish, pour annoncer son intention d'épouser Peter Fitzwilliam[79]. (Le fait que la femme de celui-ci fût une alcoolique notoire contribua à soulager Kick de son sentiment de culpabilité[80], mais les conseillers juridiques de la famille Fitzwilliam persistaient à dire qu'un divorce était hors de question.) Kick passa les premières semaines de son séjour à Palm Beach sans se résoudre à lever le lièvre[81]. Quand elle alla voir son frère, à Washington, il affecta le scepticisme quant à l'amour et au mariage mais se montra plein d'une sollicitude inhabituelle envers elle. Un jour où elle était supposée prendre avec lui un petit avion pour se rendre en Virginie pour le week-end, il dit à Ted Reardon : « La météo semble un peu incertaine ; ce n'est pas grave pour quelqu'un dont l'espérance de vie n'est pas supérieure à la mienne, mais il faut convaincre ma sœur de prendre le train avec vous »[82].

De Washington, Kick se rendit à New York où elle confia son dilemme à l'une de ses amies, Charlotte McDonnell (désormais Charlotte Harris) ; celle-ci raconte : « Ma première réaction fut : après avoir fait le pire qu'elle pouvait faire en épousant Billy, sacré bonsoir, voilà ce dont elle est encore capable ! »[83]. Mais Charlotte fut plus encore frappée par la différence d'attitude de Kick envers ses deux romans d'amour : « Pour Billy, je pense que c'était une décision délibérée. Mais pas pour Fitzwilliam. Cette fois c'était de la passion. C'était de l'hystérie. C'était " Je dois le faire ! Je dois y aller ! " Si elle ne pouvait l'épouser, elle était prête à s'enfuir avec lui. Tout bonnement, elle ne se souciait plus des conséquences »[84].

Une semaine avant la date fixée pour le départ, alors qu'elle était en Amérique depuis deux mois, Kick finit par révéler son secret. La famille était réunie à Sulphur Springs, en Virginie occidentale, pour la réouverture de l'Hôtel Greenbrier, propriété d'un ami des Kennedy[85]. Tandis que le thé était servi aux deux cents invités, dans la grande salle de bal de la résidence construite dans le style d'*Autant en emporte le vent,* Kick se débarrassa des chroniqueurs mondains avides de savoir s'il était vrai qu'on l'avait vue avec l'homme le plus riche d'Irlande ; puis, au cours d'un moment de calme, le dernier soir du week-end, elle parla à ses parents. Ce fut Rose qui prit l'offensive pour lui rappeler qu'en épousant un homme divorcé elle s'écartait des sacrements pour toujours. En un élan de colère que Kick avait craint mais sans y croire, sa mère la menaça de la renier, de ne plus jamais la revoir si elle mettait son projet à exécution. Comme Kathleen pleurait, Rose ajouta, dans l'un de ces gestes déplacés dont elle avait le secret, qu'elle demanderait à son père de lui couper les vivres.

Kick fut profondément choquée. La mesquinerie de sa mère ne la gênerait guère matériellement (comme veuve de Billy, elle avait une fortune personnelle) mais elle révélait une certaine conception du rôle de la femme. Elle n'était pas troublée non plus par la question religieuse. Ce qui la faisait souffrir c'était d'être exclue de cette « vraie mère Eglise » — selon le mot de Lem[86] — qu'était la famille elle-même. De retour à Washington, elle alla passer le week-end chez ses vieux amis John et Patsy White. Incapable de dormir, elle se rendit dans la chambre de Patsy et s'allongea à côté de celle-ci. « Je ne sais pas quoi faire, dit-elle. Eunice m'a ménagé un rendez-vous avec l'évêque Sheen et je ne veux pas y aller. Quel bien peut-il en sortir ? Je ne vais pas changer d'avis au sujet de Peter. Cela ne fera qu'ajouter à la tension que je ressens »[87]. Elles parlèrent ainsi pendant deux heures. Kathleen avait été rendue nerveuse par les pressions émanant de la famille et contrariée d'être, à vingt-huit ans, si vulnérable. « Que faire ? » finit-elle par demander.

Patsy White hésita un moment : « A ta place, j'appellerais l'évêque pour décommander le rendez-vous. »

« Tu as raison. Après tout c'est de ma vie à moi qu'il s'agit. Il n'y a pas de raison de me laisser infliger tout ce catéchisme, une fois de plus. Je rentre en Angleterre et je ferai ce que je dois faire pour garder Peter. »

La veille de son départ, Kick déjeuna avec Tom Schriber au Club 21. « Elle semblait radieuse, remarqua le vieil ami de Joe Jr, pleine de vie, pleine de ressort, prête à partir. Elle avait rayé sa mère de sa vie mais pas son père. Elle me dit : “ Je voudrais obtenir le consentement de papa. Il compte pour moi. Mais je me marierai, qu'il y consente ou pas ” »[88].

Pendant ce temps, l'Ambassadeur recherchait une formule de compromis. Tandis que Kick rentrait à Londres, il tirait des plans pour faire un détour par le Vatican, en marge d'un voyage d'information organisé par le Congrès au sujet du plan Marshall. Il espérait obtenir quelque sorte de dispense qui permettrait de célébrer le mariage sans remettre en cause l'appartenance de sa fille à l'Église catholique*.

Peu après que Kick fut rentrée chez elle, à Smith Square, Rose fit son apparition[90]. Au cours d'une scène qui, selon un témoin, laissa sa fille tremblante et en larmes, elle brandit la condamnation du divorce par l'Eglise, exigea que Kick renonçât à tout projet de mariage et rentrât à la maison ou fût bannie à jamais de la famille. La véhémence de cette algarade maternelle persuada Kick de chercher un appui du côté de son père qui passerait à Paris le week-end du 15 mai. Elle avait déjà projeté, avec Fitzwilliam, une escapade à Cannes pour le week-end de la Pentecôte[91]. Ils décidèrent donc de faire escale à Paris pour déjeuner au Ritz avec l'Ambassadeur de sorte qu'il puisse faire la connaissance de Fitzwilliam. Kick demanda à Jane Kenyon-Slaney de la rejoindre à Paris avec son nouveau mari, Max Aiken, le propre fils de Lord Beaverbrook ; ils assisteraient au déjeuner pour lui apporter leur « soutien moral »[92].

Le mercredi 12 mai, Kick et Fitzwilliam firent halte à Milton pour une réunion entre cousins[93]. On y parla de s'installer dans le domaine irlandais des Fitzwilliam, et de la rencontre avec l'Ambassadeur. « Je ferai de mon mieux pour tenter d'amener le vieux à composition, dit Fitzwilliam. Si c'est vraiment une question de religion, je lui bâtirai une sacrée église, au cas où ça pourrait lui faire plaisir »[94]. Le lendemain, ils montèrent dans un De Havilland Dove — un avion à huit places — qui devait les emmener en France ; ils profitèrent de l'escale technique, au Bourget, pour descendre en ville et rencontrer des amis à Paris[95]. Quand ils revinrent à l'aéroport, le temps s'était gâté. Le pilote leur demanda instamment d'attendre la fin de

* Le 23 mars, Kennedy câblait à Beaverbrook qu'il projetait d'aller voir le Pape au cours de son voyage à l'étranger, mais espérait être en mesure de rencontrer son vieil ami ensuite. Le 31 mars, il câblait de nouveau pour préciser que leurs retrouvailles dépendraient de « ce qui se passerait en Italie »[89]

l'orage, mais Fitzwilliam, devant la perspective de passer deux jours seul avec Kick à Cannes, se montra inflexible.

Vers la fin de l'après-midi, alors que l'appareil descendait le long de la vallée du Rhône, il lui fallut lutter contre des courants d'air traîtres et des rafales de pluie[96]. Un fort vent de Sud-Est les dévia de leur route. Quand ils passèrent au-dessus de Valence, ils se dirigeaient droit vers le cœur de la tempête. Soudain, le Dove, pris dans des courants contraires, se mit à tournoyer follement. Quelques minutes plus tard, il s'écrasait à flanc de montagne, près de la petite ville de Privas. L'explosion fut si forte qu'elle réveilla les villageois dans la vallée. Ceux-ci atteignirent l'épave le lendemain matin. Le cadavre broyé de Fitzwilliam était coincé sous son fauteuil. Kick se trouvait encore attachée sur le siège arrière, où elle était allée s'asseoir, sans doute pour équilibrer l'avion. Son corps était disloqué, ses jambes brisées, son visage défiguré par une plaie béante au côté; ses souliers lui avaient été arrachés par le choc. Les victimes furent placées sur la charrette d'un fermier et ramenées au village.

La nouvelle parvint d'abord au bureau de Jack, au Congrès, d'où elle fut communiquée par téléphone au domicile de celui-ci, à Georgetown; le député était allongé sur un divan, en train d'écouter l'enregistrement d'une comédie musicale, *Finian's Rainbow* (L'arc-en-ciel de Finian); Billy Sutton décrocha l'appareil et ce fut lui qui apprit au frère la mort de sa sœur[97]. « En est-on sûr ? » demanda Jack, et il continua d'écouter le disque. Le fonctionnaire qui avait appelé répondit que l'information n'avait pas été confirmée. « Dites-lui de rappeler quand on sera fixé dans un sens ou dans un autre », dit Jack, sans ôter le disque. Quelques minutes plus tard, un nouvel appel vint confirmer que le corps de Kathleen avait été définitivement identifié. Le phonographe jouait l'air de « How Are Things in Glockamora » ; Jack regarda Sutton et dit : « Cette Ella Lagin a vraiment une jolie voix », puis il se retourna et se mit à pleurer.

L'Ambassadeur était allé identifier le corps[98]. Il se débrouilla également pour prendre contact avec les journaux de Boston et, selon l'article qui fut publié en première page le lendemain, Kick avait accepté, par le plus grand des hasards, une invitation à monter dans cet avion pour ne pas manquer un rendez-vous urgent en France. Après avoir ainsi sauvé les apparences, il accompagna le corps de Kathleen en Angleterre où, sur la demande des Cavendish, elle serait inhumée dans leur cimetière de famille à Chatsworth. Les parents de Billy se chargèrent de veiller à tous les détails, y compris au paiement du curé que, dans son trouble, l'Ambassadeur avait oublié de régler[99]. Kick était sa fille favorite. La Duchesse rédigea l'épitaphe : « ELLE RÉPANDAIT LA JOIE/ELLE A TROUVÉ LA JOIE. » Alastair Forbes fut frappé par le caractère tragique de la scène — et il n'était pas le seul à avoir remarqué « le visage torturé du vieux Joe Kennedy, solitaire, méprisé, rejeté par tous, derrière le cercueil de sa fille, entouré par des centaines de Britanniques qui l'avaient aimée et maintenant la pleuraient »[100]. Inflexible jusqu'au bout, Rose avait refusé de venir et fit envoyer par Jean des faire-part qui choquèrent les amis de Kathleen quand ils comprirent qu'il s'agissait d'une messe pour les âmes du Purgatoire[101].

Aux Etats-Unis, John White, le premier et le plus innocent des amours de Kick, rédigea l'article nécrologique qui parut, encadré de noir, dans le journal qui leur avait permis de se rencontrer. « Il est étrange, pénible, de s'asseoir à ce bureau, d'écrire sur cette machine (son ancien bureau, son ancienne machine) pour taper ce mot glacé, ce dernier mot : Goodbye... Il semble qu'il s'est passé si peu de temps depuis que vous êtes arrivée au *Times-Herald*. Brillante, jolie, alerte, pleine de vie et d'un enthousiasme toujours bouillonnant, avide, avide de tout apprendre... Kathleen, petite Kathleen, où vous en êtes-vous allée ? »[102].

Quelques semaines après son retour au pays, Joe Kennedy écrivit à Beaverbrook qui était devenu son confident, au cours de cette tragédie : « La mort soudaine de Joe-le-jeune, puis celle de Kathleen, en trois ans, ont laissé sur moi une marque que je trouve très difficile d'effacer... »[103]. Pour les femmes de la famille, il ne s'agissait pas d'une tragédie séculière mais d'une moralité religieuse ou, comme Kick l'avait dit elle-même après la mort de Hartington, une occasion, pour Dieu, de régler les choses à Sa façon. Quand elle eut l'occasion de rencontrer John White, lors d'une réception, quelques mois plus tard, Eunice se déchaîna contre lui et sa sœur ; ils avaient, selon elle, détaché Kathleen de l'Eglise, et se trouvaient responsables, par conséquent, de sa mort[104]. Lem Billings, qui n'avait jamais cessé d'aimer Kick, fut choqué par l'attitude de Rose. « Elle voyait dans cet accident d'avion le doigt de Dieu »[105].

Bien qu'il ne le montrât pas, Jack fut sans doute plus affecté par la mort de Kick que tous les autres membres de la famille. Au cours de sa période de formation, il avait toujours considéré Joe Jr et Kathleen comme les étoiles de son firmament, des êtres bénis, dotés d'un physique, d'une santé, d'une personnalité qui rendaient probable la brillante réussite de chacun. La mort de Joe pouvait être attribuée aux « statistiques » ; mais Kick avait perdu la vie par amour et Jack cachait en lui un romantique refoulé — une partie de lui-même désormais ravagée — qui avait toujours été impressionné par la volonté de sa sœur de prendre des risques au nom de ses sentiments. S'il avait formé avec eux deux un triangle magique, il n'en restait que le côté le plus faible — et ce côté c'était lui-même. Cela devait le conduire à des conclusions décourageantes sur la nature des choses et il les exprimerait plus tard sous une forme qui semblait contenir une leçon indirecte pour lui-même : « Kathleen et Joe voyaient tout venir à eux. C'est ce qui rendit leur infortune d'autant plus terrible. S'il arrive malheur à un membre de la famille déjà mal loti de toute façon, dont la santé est menacée, qui est frappé d'une maladie chronique ou de quelque affection de ce genre, c'est une chose. Mais voir sombrer un être qui vit sur la crête de la vague, c'est un choc »[106].

Au cours des quelques années suivantes, les pensées et les propos de Jack semblèrent presque obsessionnellement occupés par la mort, aux dires de ses amis. Il déclara sans ambages à Joe Alsop qu'il ne pensait pas vivre au-delà de quarante-cinq ans[107]. Ted Reardon se rappelle qu'en rentrant à pied, avec Jack, après une séance à la Chambre, par un bel après-midi de printemps, il vit son compagnon s'immobiliser brusquement pour lui demander : « Dis-moi, Teddy boy, quelle est la meilleure façon de mourir ? » Reardon s'arrêta à son tour auprès du grand bassin, entouré de cerisiers en fleurs, et lui fit remarquer que la journée ne semblait pas se prêter à ce genre de question. Mais Jack s'entêta jusqu'au moment où Reardon tenta de mettre un point final à la conversation en prétendant que la meilleure façon était de mourir de vieillesse. « Tu as diablement tort », rétorqua Jack avec un regard de triomphe, en reprenant sa marche : « A la guerre. C'est la meilleure façon de mourir. La meilleure de toutes. Mourir à la guerre »[108].

George Smathers, qui avait vu Jack « profondément préoccupé par la mort vers la fin des années quarante et au début des années cinquante », se rappelle que le sujet fut évoqué au cours d'une partie de pêche[109]. « Il me demanda si, à mon avis, mieux valait mourir de froid, par noyade ou par balle. Ma réponse ne dut pas le satisfaire, me semble-t-il, car il se mit à examiner la question lui-même avec le soin que l'on accorde généralement aux problèmes philosophiques. En raison de l'expérience acquise par lui, avec son patrouilleur, il pensait qu'il fallait écarter la noyade. Il trouvait que la mort par le froid prenait trop de temps. Il n'avait pas non plus une très grande envie d'être tué par balle. Mais il parla de poison avec une sorte d'espoir. C'était, semblait-il, sa solution préférée. Après avoir ainsi longuement examiné les meilleures façons de mourir, il se pencha vers moi pour me dire : " En fait, il faut vivre chaque jour comme si ce devait être le dernier. C'est ce que je fais " »[110].

Il faut remarquer ici que s'il se considérait déjà comme un malade à sa dernière extrémité, il n'en était pas pour autant lugubre, morbide ou larmoyant. Obsédé par l'idée de la mort, il n'en était que plus lucide et sociable. Selon Chuck Spalding, sa conviction de devoir vivre chaque jour comme si c'était le dernier, donnait à toutes ses journées une intensité et une importance toutes particulières. « Il introduisait quelque chose de spécial dans le passage du temps — pour lui, bien sûr, dans la mesure où il semblait toujours entendre le bruit du sable tombant dans le sablier, mais également pour ceux qui se trouvaient avec lui. La mort était omniprésente. Elle avait pris Joe et Kick; maintenant c'était lui qu'elle attendait. Aussi, dans quelque situation qu'il se trouvât, il tentait de flamber haut et clair; il essayait de tirer le maximum de la vie. Au bout d'un certain temps, il n'avait même plus besoin de s'y efforcer. Il avait quelque chose d'unique : un sentiment aigu de sa propre existence; il n'y a pas d'autre façon de le dire »[111].

Mais si cette qualité faisait de Jack un compagnon apprécié, elle le rendait également moins ardent à conserver son siège au Congrès pour le fantôme de son frère. Eugene McCarthy, député du Minnesota, qui fut le collègue de Jack au cours de son second mandat, se rappelle l'avoir vu entrer d'un pas nonchalant dans l'hémicycle, les mains dans les poches, en marmonnant sans s'adresser à personne en particulier : « Si vous ne voulez pas travailler pour gagner votre vie, c'est un métier qui en vaut un autre »[112]. C'était une attitude qui devait devenir caractéristique chez lui. Après avoir perdu l'attrait de la nouveauté, son activité de député n'était plus à ses yeux qu'une façon de passer le temps en attendant que s'accomplisse la sentence indéterminée prononcée contre lui... Il semblait « perdu », aux dires de sa première secrétaire, Mary Davis : « Je ne crois pas qu'il savait vraiment s'il voulait faire de la politique, ni s'il continuerait d'en faire, ni ce que la politique ferait de lui »[113].

Sa ligne politique était celle que l'on pouvait attendre d'un fils Kennedy, malgré son esprit progressiste en matière de logement et son ralliement à la doctrine Truman, vis-à-vis de l'Europe. Il était conservateur pour tout le reste ; il se montrait favorable à un amendement de la Constitution qui limiterait à deux mandats la durée d'exercice de la Présidence ; considérait que Roosevelt avait « bradé » les intérêts américains à Yalta[114], reprochait au gouvernement Truman d'avoir « perdu » la Chine. (« Notre politique chinoise a récolté la tempête ; ce que nos soldats avaient sauvegardé, nos diplomates et notre Président l'ont dilapidé... »[115].) En novembre 1950, il était à l'Ecole supérieure d'Administration de Harvard, pour soutenir l'adoption de la loi McCarran (votée malgré le veto présidentiel) qui obligeait les communistes à se faire inscrire comme tels sur un registre fédéral. Il disait même qu'il « pourrait y avoir quelque chose de vrai »[116] dans les allégations de Joseph McCarthy sur les « infiltrations » de communistes dans des postes élevés — attaques qui commençaient à faire les gros titres des journaux. Il admettait qu'il s'était senti heureux (bien que membre du parti démocrate) de voir le républicain Richard Nixon l'emporter sur la démocrate (présumée de gauche) Helen Gahagan Douglas, lors des élections sénatoriales de Californie ; il prétendait en effet qu'il aurait été « difficile de travailler avec elle ».

Ce qui frappait les observateurs, ce n'était pas tant les opinions de Kennedy que le fait de le voir les avancer avec une totale indifférence, sans passion ni conviction. C'était les idées d'un passant. William O. Douglas, Juge à la Cour Suprême et ami de la famille, disait : « Je crois que le temps lui pesait... Je le voyais à Palm Beach ou à Hyannis ou à Washington, et il semblait toujours se tenir à l'écart de tout grand courant politique, de toute action, de toute idée d'innovation ou de réforme — rien... il était, en quelque sorte, à la dérive »[117].

Peut-être parce qu'il sentait tout ce qui avait été refoulé dans la famille, et combien il serait dangereux pour un Kennedy que fût examiné le contenu de sa vie, Jack se prononça toujours contre ce qu'il appelait « la psychologie »[118] ; mais ses amis n'avaient pas besoin d'interroger un psychiatre pour comprendre où était désormais le mal. La mort de son frère et de sa sœur l'éprouvait terriblement : il était très malade, une bonne partie du temps*, encore que le vrai problème fût celui que posait son père.

* Le plus préoccupant, c'était sa colonne vertébrale ; elle le faisait parfois souffrir au point qu'il avait du mal à marcher. La maladie d'Addison rendait périlleuse toute nouvelle intervention chirurgicale. La carence était tenue tant bien que mal en échec grâce à un nouveau remède, des pastilles de DOCA — acétate de désoxycorticosterone — que l'on implantait en pleine chair, au dos de la cuisse, et qui diffusaient des hormones dans tout l'organisme. Les Kennedy avaient constitué des dépôts secrets de DOCA, pour les cas d'urgence, dans des coffres-forts, à travers tous les Etats-Unis. Mais si ce recours facilitait la vie quotidienne, il ne réduisait ni l'infection ni le danger mortel où se trouvait le malade[119].

Bien qu'il fût déjà avancé dans la soixantaine, un âge où bien des hommes commencent à amorcer un retrait, Joe Kennedy continuait d'occuper la plus grande partie de l'espace psychique de la famille, créant sans cesse pour les autres de nouvelles obligations à son égard, sans abandonner en échange une bribe de son pouvoir, donnant trop pour que personne pût rien faire sans lui, définissant les règles du jeu et décidant de leur application. Bien qu'il se fût efforcé, toute sa vie, d'échapper à ses origines irlandaises, il était devenu semblable à la figure que Conrad Arensberg a décrite dans son étude classique sur la vie rurale en Irlande : « Le père et mari est habituellement le propriétaire et le directeur de l'entreprise. La ferme et ses revenus lui appartiennent. ... Ses fils, même largement adultes, travaillent sous l'œil de leur père et doivent en référer à lui pour toutes les décisions à prendre... La subordination des fils ne diminue pas avec le temps, c'est une constante... Etre "un fils ", dans cette situation, est une condition sociale plutôt que physiologique... On peut rester " un fils " toute sa vie, tant que le vieux n'est pas mort »[120].

Mais si Joe Kennedy faisait ainsi un retour vers la tradition patriarcale irlandaise, il était également très proche du mythe freudien du père primitif qui interdit à ses fils l'entrée dans le monde adulte par la seule force de ses propres appétits. Ses exploits sexuels avaient toujours soulevé un immense intérêt chez Jack et ses amis de jeunesse comme Lem, lorsque ceux-ci avaient eu l'occasion d'observer la vie intime de la famille par le trou de la serrure. En mûrissant, Jack continuait de raconter des histoires de vestiaire sur les aventures de son père, bien qu'il essayât de les attribuer maintenant à la concupiscence comique d'un barbon de Molière. (Il avait raconté à un intime qu'une amie de ses sœurs avait été réveillée, en pleine nuit, à Hyannis, par la présence de l'Ambassadeur, à côté de son lit, en train de retirer déjà sa robe de chambre et de murmurer : « Ce sera quelque chose dont tu te souviendras toute ta vie »[121].) Bien des invitées étaient frappées par le ton espiègle sur lequel Jack leur conseillait, quand elles allaient se coucher : « Fermez donc votre porte à clef ! L'Ambassadeur aime bien rôder tard dans la nuit »[122].

Mais, d'un autre point de vue, ils savaient tous que ce n'était pas drôle. La femme d'un ami de Jack, Ed McLaughlin, futur lieutenant-gouverneur du Massachusetts, lui avait raconté qu'elle avait été appelée dans les appartements de Joe Kennedy, au Waldorf, sous un prétexte futile et qu'elle avait dû se battre physiquement avec lui pour se dégager, après quoi elle l'avait entendu hurler pendant qu'elle s'enfuyait : « Votre mari n'est qu'un petit politicien de quatre sous et je peux ruiner sa carrière ! »[123]. Parfois il utilisait les services de Joe Timilty ou de quelque autre acolyte comme couverture, quand il se trouvait avec une femme en public, mais il négligeait souvent de sauver les apparences, au moins dans sa propre maison. Pendant plusieurs mois, vers la fin des années 40, il avait donné l'hospitalité, à Palm Beach, à une jeune personne nommée Edie, qu'il faisait participer aux repas et à d'autres activités familiales, en prétendant, devant des étrangers, que c'était une amie de ses filles[124].

Rose continuait à faire comme si de rien n'était, feignant de considérer que son ménage était normal et heureux, fermant les yeux sur les infidélités et les insultes. (Parfois, il semblait que la coupe allait déborder. Jewel Reed se souvient d'une surprise-partie organisée pour l'anniversaire de Rose à qui chacun avait apporté un cadeau soigneusement choisi, sauf son mari qui, à la dernière minute, empaqueta précipitamment une boîte de balles de golf pour avoir quelque chose à lui donner. « Pendant un instant, une expression de souffrance passa sur son visage »[125].) S'il y avait quelque chose d'héroïque dans sa détermination de tout vouloir ignorer, l'entreprise elle-même la diminuait d'autant. « Jack aimait sa mère et il avait tenté de prendre son parti contre le vieux, racontait Lem Billings. Mais, d'un autre côté, elle avait été habituée à être maltraitée depuis si longtemps qu'elle s'était en quelque sorte vidée de tout son contenu. Je pense que ce facteur a influé sur les idées de Jack au sujet des femmes et de ce que pouvaient être les rapports entre les deux sexes »[126]. L'une de ses amies qui lui annonçait ses fiançailles avec enthousiasme fut surprise de l'entendre répondre d'un ton maussade : « Vous voulez vraiment vous marier ? Il y a tant de mariages malheureux »[127]. Il avait dit, en certaine occasion, à une femme avec qui il parlait de sa famille : « Ma mère c'est zéro »[128].

Les liaisons de Jack étaient moins une affirmation de soi qu'une quête de sa propre personnalité — un pincement existentiel destiné à lui prouver qu'il avait bien quelque réalité. Mais pour lui, comme pour l'Ambassadeur, c'était surtout une question de nombres et il parvenait à des totaux impressionnants. Joe Jr s'était intéressé aux starlettes et aux choristes ; avec Jack, il s'agissait d'hôtesses de l'air et de secrétaires. Elles faisaient leur apparition presque toutes les nuits dans la maison de Georgetown (surtout après que Eunice eut déménagé en 1948) avec une telle profusion que Jack ne se fatiguait plus à apprendre leurs noms, se contentant de les appeler « chérie » ou « mon petit », le lendemain matin[129]. Elles arrivaient généralement tard dans la nuit et repartaient tôt le matin, reconduites sans cérémonie à leur bureau ou à leur aéroport par Billy Sutton. (L'une d'elles a raconté : « Il était aussi comminatoire que Mussolini : “ Le dos au mur, signora, si vous avez cinq minutes ” — quelque chose comme ça. Ce n'était pas un homme tendre ni attendrissant. En fait, il avait été malade si longtemps, qu'il avait peur qu'on le touche, pour ainsi dire »[130].) Pour celles qui parvenaient à être autre chose qu'une passade, il pouvait y avoir un éventuel voyage à Hyannis pendant que la famille était à Palm Beach. L'une de ces amies, à peine âgée de dix-neuf ans quand elle avait connu Jack, fut surprise de le voir fureter dans la maison vide, comme un intrus, jetant un regard inquisiteur dans la chambre de son père, fouillant les tiroirs de celui-ci et manipulant des objets posés çà et là comme s'il ne les avait jamais vus[131]. Il était allé dans le garage s'asseoir au volant de la Cadillac paternelle, ouvrant et fermant le toit comme un gamin dépourvu de permis de conduire et qui n'ose sortir la voiture jusqu'à la route. « En fait, Jack n'était pas à l'aise s'il n'y avait à proximité Torby MacDonald ou quelque autre garçon avec qui échanger des plaisanteries machistes. Il était gentil, spirituel, amusant et même plein d'attentions à sa manière, ajoute encore cette ancienne amie, mais il dégageait plus de lumière que de chaleur. Il voulait *avoir fait* l'amour plus que le *faire*. Ce n'était pas le plaisir qui l'intéressait »[132]

Comme son père, il était capable de traiter les femmes avec une extrême grossièreté. Bobby Baker, l'assistant du sénateur Lyndon Johnson, avait rencontré une fois Jack dans la salle à manger du Congrès, en compagnie d'un ami nommé Bill Thompson et d'une femme superbe. Thompson l'avait hêlé, manifestement à la demande de Jack, pour lui dire : « Bobby, regarde-moi cette jolie poulette ; elle fait les meilleures pipes des Etats-Unis ». Baker avait regardé, avec gêne, la femme qui souriait impassiblement tandis que Kennedy était plié en deux par le rire. « T'en fais pas, Bobby, dit finalement Jack, elle est allemande et ne comprend pas un mot d'anglais. Mais ce que dit Bill est rigoureusement exact »[133].

Pourtant, il y avait toujours en lui, dans ces occasions, comme en politique, une sorte d'ambiguïté : on eût dit qu'il faisait entendre la voix de son père et se contentait de remuer les lèvres. Jewel Reed avait été frappée par la façon dont Jack venait parfois chercher son mari pour l'emmener à une réception donnée par des gens de théâtre, après la représentation, ou l'inviter à une excursion aux Bermudes, sans faire le moindre cas de l'épouse elle-même : « Il n'avait aucune idée de ce que pouvait être la vie d'un ménage ordinaire »[134]. Et Lem d'ajouter : « Les femmes ne lui servaient qu'à prouver sa virilité, il le savait, ce qui ne manquait pas de le déprimer parfois. Je pense qu'il voulait croire à l'amour, à la fidélité et à tout le reste, mais ce qu'il avait vu chez lui ne lui avait pas laissé beaucoup d'espoir sur ce plan, aussi vagabondait-il, en quelque sorte »[135]. Chuck Spalding trouvait significatif que Jack fût fasciné par Byron[136] : « Il avait tout lu à son sujet et connaissait la plupart de ses œuvres. Il y avait entre leurs deux personnages beaucoup de similitudes. Byron était, lui aussi, tiraillé entre l'ironie et le romantisme, voulait rendre le monde meilleur, était affecté d'une infirmité — un pied bot —, se trouvait hanté par l'idée de sa mort prochaine et plus encore par les femmes. A cet égard, Jack était principalement un byronien. Il était avide de la gent féminine et, sachant que cet appétit était mal placé, il était en même temps écœuré par les femmes. Tout cela était plus philosophique que physique »*.

L'une des femmes que Jack avait courtisées sans jamais la conquérir et qui devint par la suite un auteur connu, a déclaré : « Ce qui comptait pour lui, c'était le plaisir de la chasse. Je crois qu'il était secrètement déçu quand une femme lui cédait car cela le confirmait dans le mépris qu'il avait des femmes. Cela signifiait aussi qu'il lui fallait en assiéger une autre. J'étais l'une des rares femmes avec qui il pouvait vraiment parler. Comme Freud, il lui fallait savoir ce que les femmes désiraient réellement, ce genre de choses. Mais il s'intéressait aussi à des détails matériels — ce qui donnait du plaisir aux femmes, ce que celles-ci recherchaient dans le mariage, comment elles aimaient qu'on leur fasse la cour. Pendant une de ces conversations, je lui

* Bien des années plus tard, Jack Kennedy avait invité à la Maison-Blanche Lady Diana Cooper, une amie de sa période londonienne. A propos d'Eunice, Diana avait dit qu'elle la trouvait belle. « De quelle façon ? » avait demandé Jack. Et Lady Diana de répondre par le mot de Byron sur son amie Caroline Lamb : « Elle a une allure sauvagement originale ». « Est-elle également folle, mauvaise et dangereuse à connaître ? » avait répliqué Jack en citant, lui aussi, une opinion de Byron sur Lady Caroline[137].

demandai pourquoi il se conduisait ainsi — pourquoi il se comportait comme son père, pourquoi il évitait d'entretenir de véritables relations avec les femmes, tout en courant le risque de se voir impliqué dans un scandale au moment où il tentait de faire carrière. Il réfléchit un moment avant de répondre ; finalement, il haussa les épaules et dit : “ Je ne sais pas ; je crois que je ne peux pas m'en empêcher. ” Il y avait une expression de tristesse sur son visage. On aurait dit un petit garçon qui a envie de pleurer »[138].

3

Fitz-gâteau mourut en octobre 1950. Il était le dernier des grands « patrons », des grands « boss », de la politique bostonienne — à l'exception de Curley, déjà mourant lui aussi. Sa disparition marquait non seulement la fin d'une époque haute en couleur, mais également celle d'un style politique. (L'un des vieux ennemis de Fitzgerald encore vivants — il n'y en avait plus guère — répondit à ceux qui s'étonnaient de sa présence à l'enterrement : « Je voulais vérifier que ce fils de pute était bien mort ».) Pour Jack, le décès de son grand-père suscitait bien des questions, quant à l'héritage spirituel qui retombait sur lui — un peu comme une décharge d'électricité statique : si le monde de Fitz-gâteau était mort, quand le monde nouveau, son monde à lui, finirait-il de naître ?

Quand il s'était présenté aux élections de 1948, aucun adversaire ne s'était manifesté et il avait eu affaire à une opposition purement symbolique deux ans plus tard. Il aurait donc pu se faire réélire indéfiniment, mais le règlement de la Chambre l'avait rebuté dès son arrivée à Washington. Le réseau tissé par les anciens et le système de promotion à l'ancienneté au sein des commissions lui semblaient oppressants ; pire encore était le relatif anonymat dans lequel travaillaient les députés. « Nous ne sommes que des vers de terre, gémissait-il ; personne ne s'intéresse à nous dans le pays »[1]. Il avait joué avec l'idée de chercher un autre poste important depuis le moment même où il avait été élu pour la première fois. Maintenant, il avait décidé que 1952 serait son année. Il ne savait pas encore quel mandat il allait postuler — simplement qu'il entrerait dans la course — une course qui l'éloignerait de la mort prochaine sur laquelle il devait regagner le terrain perdu, et le rapprocherait de l'apothéose qui le libérerait de la matrice visqueuse de la famille avec toutes ses obligations. Son désespoir était implicitement contenu dans une remarque lapidaire recueillie par Lem : « Je pense que je dois monter ou sortir »[2].

Sans se soucier des handicaps que représentaient sa jeunesse et son inexpérience, pour ne pas parler de son passé récent et peu glorieux à la Chambre, il commença à passer ses week-ends dans le Massachusetts après sa victoire de 1950, sillonnant l'Etat dans la limousine de son père, s'accordant à peine quelques heures de sommeil, roulé en boule sur le siège arrière de la voiture, déjeunant de casse-croûte graisseux achetés sur le bord de la route, entre deux allocutions devant des associations civiques... Au bout de quelques semaines de ce régime, ses amis se rendirent compte du prix que Jack allait payer un tel effort. George Smathers, qui savait, comme tout le monde, combien sa santé était précaire, tenta de le persuader de s'abstenir. « Je lui dis : " Pour l'amour du Christ, Jack, attends d'être mieux portant. Tu ne peux pas faire ça maintenant. Tu vas en crever. Pourquoi y a-t-il urgence, au nom du Ciel ? " Il me regarda et répondit : " Je ne peux pas attendre. C'est *maintenant* que je dois le faire ! " »[3].

La première des choses à faire était d'étendre sa réputation. L'horizon politique de son défunt grand-père s'était limité à la ville de Boston. Pour Jack, ce serait le monde entier. Le domaine où il se sentait le plus fort était celui des relations internationales. C'était également, à ses yeux, le terrain où les Kennedy avaient choisi de se situer. Aussi, au début de 1951, alors même que la session du Congrès était en cours, il partit pour l'Europe en voyage d'information. Son père ferait en sorte que sa tournée de six semaines reçût le maximum de publicité dans les journaux du Massachusetts. Il visita tous les points chauds de l'Ancien Continent — l'Allemagne de l'Ouest, l'Espagne et la Yougoslavie, où il eut avec le maréchal Tito une entrevue dont la presse rendit largement compte et au cours de laquelle son interlocuteur soulagea l'inquiétude générale sur l'imminence d'une invasion soviétique. Jack fit aussi le tour des nouvelles installations de l'OTAN (Organisation du Traité de l'Atlantique Nord, de création récente). Il fut même reçu par le pape au cours d'une audience soigneusement programmée pour la presse dominicale de Boston.

De retour aux Etats-Unis, il fit à la radio un rapport sur son voyage dont les conclusions étaient qu'il fallait considérer l'Europe occidentale comme la première ligne de défense des Etats-Unis ; mais il ajoutait que la contribution de l'Amérique à l'OTAN devait être calculée en fonction des forces fournies par les Européens eux-mêmes, selon une proportion qui obligerait les Alliés à porter une partie du fardeau du réarmement. Tirant, quelques jours plus tard, la leçon de son voyage, devant la commission des Affaires étrangères du sénat, il contredit les déclarations du gouvernement Truman : selon lui, il était improbable que les Russes se hasarderaient à provoquer un affrontement : « Pourquoi prendraient-ils des risques ? Staline est vieux et les hommes âgés sont traditionnellement prudents »[4].

Ensuite, il se mit en devoir de préparer un autre voyage ; il s'agissait cette fois d'Israël et de l'Extrême-Orient ; Pat et même Bobby (sur les instances de son père) l'accompagneraient. De son propre aveu, Jack ne connaissait pas vraiment bien son jeune frère. Eloigné de la famille pendant toute la durée de la guerre, il n'avait pas assisté à la tragédie personnelle qui avait fait de Bobby le membre le plus vibrant de la maisonnée et le plus loyal aux dieux du foyer. Il ignorait notamment que le trait le plus saillant de son caractère était une volonté de fer, confinant au masochisme. Sur ce point, son ami Chuck Spalding, toujours intuitif, avait fait preuve de plus de pénétration :

« Bobby se sentait faible. Il pensait qu'il lui fallait s'endurcir et se débarrasser de cette vulnérabilité dont tout le monde faisait des gorges chaudes depuis qu'il était petit. C'était pour lui le seul moyen de se tailler une place dans la famille. Il y travailla sans relâche, avec une persévérance farouche. Il finit tout bonnement par se refaire une autre personnalité. Tant et si bien qu'à la fin il aurait pu enfoncer un mur »[5].

Quand il était rentré à Harvard après avoir servi sur le destroyer baptisé du nom de son frère disparu, Bobby avait fait sur les terrains de football américain une carrière que l'on pouvait tenir pour une victoire de la volonté ; il avait joué avec des fractures à la jambe, des épaules luxées ou autres blessures, et avait tellement impressionné les entraîneurs que ceux-ci lui avaient accordé le droit à la « lettre » bien qu'il fût un joueur médiocre. Ses mauvais résultats à Harvard l'avaient contraint de s'inscrire à la faculté de Droit de l'université de Virginie où il avait obtenu son diplôme grâce à ce que l'un de ses professeurs qualifia de « persévérance acharnée ». (Le zénith de sa carrière universitaire fut un mémoire sur la conférence de Yalta, qui reflétait les vues nouvelles de Joseph Kennedy après la guerre[6].) La nature de cette bataille incessante finit par apparaître clairement aux yeux de son père : « Il se lance dans une lutte où il se heurte à la difficulté de suivre les traces de ses deux brillants aînés. C'est là une dure épreuve et il l'aborde vaillamment », avait-il écrit à Beaverbrook[7].

Parfois la difficulté donnait lieu à des explosions qui révélaient combien la bataille était loin d'être gagnée. John Magnuson, qui se trouvait à Harvard avec Bobby, se rappelle le jour où il s'était rendu à la brasserie Cronin's pour y célébrer son propre anniversaire ; à l'autre bout du long bar était Bobby avec son camarade de classe, Kenny O'Donnell, et d'autres amis, pour fêter *son* anniversaire à lui, et il avait insisté pour payer la tournée à tout le monde, à l'insu de Magnuson naturellement. Ce dernier raconte : « Mes amis avaient entonné l'air de " Joyeux anniversaire " en mon honneur et ils en étaient au traditionnel " Joyeux anniversaire cher John... " quand soudain un gars surgit par derrière pour me casser une bouteille de bière sur la tête. C'était Bobby Kennedy »[8]. Magnuson fut conduit à l'hôpital où on lui fit deux points de suture ; quelques jours plus tard, O'Donnell vint lui présenter des excuses au nom de Bobby « parce qu'il n'était pas dans sa nature de faire des excuses ».

L'entraîneur des nageurs de Harvard, qui avait eu les deux frères dans son équipe, se souvient de Jack pour ce qu'il appelait sa « flottabilité » alors que, tout au contraire, Bobby était « lourd dans l'eau et aurait facilement coulé »[9]. C'était là une bonne métaphore pour qui aurait voulu illustrer les différences entre les deux garçons. La sensibilité de Jack le portait au badinage et à la littérature ; celle de Bobby était lourde d'une moralité un peu fruste. Bobby recherchait les responsabilités autant que Jack les fuyait. Et tandis que Jack se signalait par le nombre et la brièveté de ses aventures sexuelles, Bobby courtisait sérieusement Ethel Skakel, une amie de sa sœur Jean au Manhattanville College.

Il y avait quelques similitudes entre les Kennedy et les Skakel : l'une et l'autre familles étaient nombreuses, actives, riches et catholiques[10]. George

Skakel Sr était même, plus que Joe Kennedy, un homme qui avait fait son chemin tout seul, un self-made man ; il avait débuté comme employé des chemins de fer, à huit dollars par semaine et avait fini par édifier l'une des plus grandes entreprises privées des Etats-Unis, la Great Lakes Carbon Corporation, avant de s'installer à Greenwich, dans le Connecticut. La mère d'Ethel, Ann Brannack Skakel, était une femme massive de 90 kilos qui dépassait son mari de quelques centimètres, aussi dévote que Rose et que l'on voyait tous les jours à la messe de sept heures à l'église Sainte-Mary, sur Greenwich Avenue. Tous les enfants d'Ann Skakel accompagnaient leur mère depuis qu'ils avaient quatre ans et incluaient dans leurs oraisons une prière spéciale pour leur père, résolument fidèle à son protestantisme hollandais. La discipline n'était pas non plus la même dans les deux familles et les frères d'Ethel pouvaient sans craindre les réprimandes terroriser le voisinage en tirant avec des carabines à air comprimé, du haut des fenêtres du dernier étage, notamment sur les garçons qui venaient rendre visite à leurs sœurs.

Ethel était le sixième des sept enfants Skakel ; elle était, selon le mot d'un professeur de français, un « paquet de nerfs » [11]. L'annuaire de son collège, *The Tower,* la décrivait comme dotée de deux traits de caractère essentiels : une énergie débridée et une espièglerie irrépressible : « Ethel : une voix rauque au débit précipité ; un éclat, un carillon, un hurlement de rire ; l'éclair d'un pan de chemise ; un ébouriffement de cheveux bruns *. Avec un visage parfois empreint de la plus grande candeur et, l'instant d'après, pétillant de malicieuses intentions » [13].

Depuis qu'elle l'avait vu pour la première fois, lors de vacances de neige, au Mont Tremblant, au Canada, organisées à l'instigation de Jean, Ethel avait fixé son regard sur Bobby. Au début, celui-ci préférait la sœur aînée, la sage Patricia, mais avec le temps il en vint à considérer les mérites d'Ethel et à faire le long voyage de Charlottesville à Greenwich pour la voir pendant le week-end. Le processus chimique, si l'on peut dire, était clair : elle avait, elle aussi, envisagé d'entrer dans les ordres au cours de son adolescence ; comme lui, elle avait appris à soutenir farouchement une concurrence loyale et divisait le monde entre les « bons » et les « mauvais ». Dans d'autres domaines importants ils étaient différents — elle était aussi sûre d'avoir raison qu'il était irrésolu (« J'aime des films comme *Pacifique Sud,* disait-elle, des comédies musicales comme *My Fair Lady,* des livres comme *The King Must Die.* Je ne me sens pas à l'aise quand je suis avec des intellectuels » [14]), aussi effervescente qu'il était morose. Elle était comme son complément naturel et, en un certain sens, lui permettait de s'achever. Les observateurs étaient touchés de voir avec quelle compréhension elle traitait

* L'une des plaisanteries légendaires et traditionnelles des fils Skakel consistait à convier les enfants des invités à faire le tour de la propriété dans une vieille camionnette au chassis de bois qu'ils avaient récupérée à l'Exposition universelle de New York en 1939. Une fois tout le monde à bord, ils poussaient le véhicule sur une pente, derrière la maison, pour exécuter un brusque virage au bord d'une pièce d'eau, au bas de la déclivité, précipitant tout le monde dans le bassin. Après quoi ils hissaient de nouveau l'engin jusqu'en haut de la descente dans l'attente des prochaines victimes [12].

sa timidité, bien qu'elle ne fût pas le moins du monde timide ; et comment elle s'interrompait au moment de raconter une histoire, pour lui dire : « Bobby, c'est *toi* qui racontes... » rien que pour le faire participer à la conversation [15].

Le 17 juin 1950, devant les deux familles assemblées et quelques-uns des camarades d'équipe de Bobby à Harvard — servant de garçons d'honneur —, ils furent mariés à l'église Sainte-Mary. Rose était venue d'Hyannis pour la cérémonie. L'Ambassadeur arriva de New York en voiture avec sa sœur Loretta [16]. La messe, commencée tard, fut brièvement égayée par une plaisanterie de George Skakel Jr, qui assis sur son banc, derrière Lem, fit rouler quelques sous dans l'allée et pria le géant de les ramasser. Mais quand Lem se fut baissé pour lui rendre ce service, George l'envoya s'étaler devant l'autel, d'un vigoureux coup de pied dans les fesses [17]. Après le mariage, il y eut une somptueuse réception dans la propriété des Skakel. A vingt-cinq ans, Bobby était le seul garçon de la famille à s'être marié. Il serait bientôt le premier à avoir des enfants ; le premier-né, une fille, reçut le nom de Kathleen, et le second, un garçon, celui de Joe. Il ne s'autorisa à donner son propre nom qu'à l'enfant suivant.

Jack avait entamé, en octobre 1951, le voyage qui devait le conduire en Israël et au Japon, en se demandant, avec Lem, si « Bobby lui ferait mal au cul » [18] en cours de route ; mais à mesure que se déroulait le voyage, d'un pays à l'autre, rempli de conversations avec des dirigeants tels que le Premier ministre israélien David Ben Gourion, ou le général américain Matthew Ridgway, il vit son frère d'un œil neuf et en vint à apprécier ses efforts constants pour mettre les problèmes dans leur juste perspective. Le journal de route tenu par Bobby et les lettres de celui-ci montrent combien les deux Kennedy furent affectés par la découverte du monde sous-développé. En Europe, la guerre froide était dans une impasse, mais l'Extrême-Orient semblait offrir un champ de bataille beaucoup plus mouvant au conflit entre le communisme et le Monde libre, surtout depuis que tant de pays se libéraient jour après jour du colonialisme et se trouvaient mis en demeure de faire des choix fatidiques pour leur avenir. Ce qui frappa Bobby au cours d'un dîner avec Nehru, outre l'extrême attention qu'il dispensa à Pat, ce fut l'affirmation du Premier ministre indien, selon qui le communisme présentait de l'attrait pour les nouvelles nations parce qu'il se confondait avec des idées « pour lesquelles cela valait la peine de mourir ». En consignant l'épisode dans son journal, Bobby ajoutait : « Devons donner la même auréole à la démocratie ; mais nous n'avons que le statu quo à offrir et les cocos peuvent proposer un changement » [19].

Jack aurait pu formuler la chose en termes moins manichéens, mais il était du même avis. (Le voyage avait fait « une impression très, très considérable » sur son frère, déclara Bobby par la suite [20] ; et Walt Rostow, au temps où il fut conseiller de Kennedy pour la politique étrangère, parla de ce voyage comme de « l'expérience qui avait formé » le futur Président [21].) L'étape de Saigon fut la plus mémorable. Ils furent logés à la résidence de l'ambassadeur des Etats-Unis, d'où ils pouvaient voir dans la nuit les éclairs lancés par les batteries du Viet Minh, tout autour de la ville. Jack eut de longues conversations avec un officier consulaire, Edmund Gullion, sur la guerre que les Français semblaient incapables de gagner et sur le colonialisme lui-même. Gullion le mit en garde contre les fausses comparaisons entre l'Indochine et la Corée, dans la mesure où l'ennemi contre lequel les Français se trouvaient en lutte, était le nationalisme plus que la subversion communiste : là gisait le lièvre dont leurs forces ne viendraient pas à bout[22]. Comme Jack écoutait intensément, tapotant ses dents de devant avec son index, comme chaque fois qu'il voulait se concentrer, Gullion comprit que le jeune député se sentait instinctivement (sinon idéologiquement) favorable au monde sous-développé dans sa révolte quasiment œdipienne contre une autorité de type paternel inaccessible à toute concession. Au moment où Jack quittait Saigon, il demanda quelle leçon pourrait être tirée du conflit indochinois, et la réponse de Gullion fut succincte : il n'y aurait plus de colonies vingt ans plus tard[23].

Tandis que Bobby envoyait à son père des lettres hostiles à toute aide américaine aux Français, et affirmant que, si un plébiscite était organisé honnêtement, soixante-dix pour cent de la population voterait pour Ho Chi Minh (« A cause du soutien que nous apportons aux Français, nous devenons à notre tour impopulaires. Notre erreur est de ne pas insister pour que les Français introduisent des réformes bien définies à l'égard des indigènes comme condition à toute aide de notre part. Au train où vont les choses, nous sommes de plus en plus engagés dans ce conflit, au point que nous ne pourrons plus revenir en arrière pour nous en tirer »[24]), Jack s'arrangea pour obtenir un entretien qui tourna à l'aigre avec le général de Lattre de Tassigny[25], après quoi celui-ci envoya une note au département d'Etat pour se plaindre de ce que les Kennedy cherchaient à miner la politique française.

Le voyage en Extrême-Orient se termina au Japon, où Jack tomba malade par suite d'une infection qui lui valut « plus de quarante de fièvre » et fit craindre pour sa vie une fois de plus. Mais la présence de Bobby semblait lui donner des forces et il était sur pied quand il revint chez lui. Il fit un nouvel exposé à la radio sur les connaissances qu'il avait acquises au cours de son voyage : « les feux du nationalisme, après avoir si longtemps couvé sous la cendre, ont été attisés et ils flambent de nouveau » ; et aussi : « on ne peut lutter contre le communisme par la seule force des armes »[26]. Bien que cela ne fût pas apparent sur le moment, les deux frères, non contents de s'être retrouvés l'un l'autre, avaient mis le doigt sur un problème qui les obséderait l'un et l'autre plus tard.

Restait le point de savoir quel serait le mandat que Jack solliciterait pour monter d'un cran dans la hiérarchie des élus. La réponse à cette question dépendait largement du gouverneur Paul Dever, l'enfant prodige de la politique du Massachusetts, à cette époque. A la tête de l'organisation du parti démocrate pour l'ensemble de l'Etat, Dever était en mesure de décider qui se représenterait aux élections et qui tenterait de déloger le sénateur républicain Henry Cabot Lodge Jr. Comme le gouverneur continuait de temporiser au début de l'année électorale 1952, Jack se mit de plus en plus violemment en colère et finit par lui téléphoner : « Maintenant, Paul, lui dit-il, il faut que tu te décides. Pour moi c'est pareil. Si tu veux te présenter au sénat, je me présente comme gouverneur ; si tu veux rester gouverneur, je me présente au sénat. Veux-tu choisir et me faire connaître ta décision ? »[27].

En fait, Jack considérait le palais du gouverneur comme « un endroit où l'on s'asseyait derrière un bureau pour signer des contrats relatifs à l'entretien des égouts »[28], alors qu'au sénat se faisait la politique étrangère de la nation... Il espérait bien que Dever ne serait pas disposé à prendre le risque d'affronter l'une des lumières du parti républicain, comme Lodge, au cours d'élections qui promettaient d'être globalement défavorables aux Démocrates. Quand le gouverneur l'appela finalement, le 6 avril, pour lui annoncer, comme prévu, qu'il préférait chercher à se faire réélire, Jack raccrocha l'appareil en souriant et dit à l'un de ses assistants : « Nous avons la bataille que nous voulions »[29].

Même ainsi, il avait dû sous-estimer, au début, la difficulté de l'entreprise. Fitzgerald et Kennedy étaient peut-être des mots magiques à Boston, mais Lodge était une marque de fabrique bien connue dans toute l'étendue de l'Etat, voire dans toute la Nouvelle-Angleterre. Lodge était issu d'une dynastie politique bien plus ancienne et plus distinguée que celle des Kennedy et malgré le mépris prolétarien de Curley pour « le petit garçon au sang bleu », ce dernier présentait un attrait indiscutable, ne fût-ce que celui du snobisme, pour les classes moyennes, même pour les Irlandais très mobiles, qui avaient célébré leur sortie du ghetto de grand-papa en flirtant avec le parti républicain. Les Républicains, surtout un Brahmine comme Lodge, étaient respectables en soi. Les Démocrates, en particulier du gibier de potence, comme cet Irlandais de Curley, ne l'étaient pas.

Lodge ne détestait pas les Kennedy. Joe avait versé des fonds pour sa campagne contre le candidat de Roosevelt, Joseph Casey, en 1942, et quand des bruits se mirent à circuler à propos d'une éventuelle candidature de Jack pour 1952, Lodge fit savoir à l'Ambassadeur, par un intermédiaire, de ne pas gaspiller son argent. Cette démarche pourtant dictée par de bonnes intentions rendait le défi presque irrésistible pour Jack, d'autant plus qu'il s'y mêlait des considérations historiques — Fitz-gâteau avait été battu par le grand-père de Lodge en 1916, alors que le même siège de sénateur était en jeu. Interrogé par un journaliste à ce propos, Joseph Kennedy se contenta de grommeler : « Tout ce que j'ai entendu dire, quand j'étais petit, c'est que le grand-père Lodge avait participé à l'achat d'un vitrail pour l'église de la Porte du Ciel, à Boston-Sud »[30].

L'organisation de la campagne de 1952 fut toute différente de ce qu'avait été l'entreprise qui avait envoyé Jack à la Chambre, six ans plus tôt. La question des anciens combattants n'était plus d'actualité et d'ailleurs ceux qui avaient aidé Jack en 1946 s'étaient dispersés.

Lem Billings avait décroché un poste de responsabilité à Baltimore, dans le département publicitaire d'une firme pharmaceutique, appelée Emerson Drug Company[31] (où il inventa et contribua à commercialiser les fameux « Fizzies ») ; Chuck Spalding était retourné à Hollywood où il s'efforçait d'adapter des livres à l'écran; Red Fay était entré dans l'affaire familiale de construction, à San Francisco; et Jim Reed constituait la clientèle de son cabinet juridique. Joe Kane et les vieux politicards de Boston qui avaient survécu à Fitz-gâteau étaient de plus en plus déphasés, surtout pour une campagne menée à l'échelle de tout l'Etat. Et comme Paul Dever monopolisait les ressources du parti démocrate du Massachusetts pour sa propre réélection, force était de constituer un appareil de remplacement.

Ce fut donc en 1952 que le noyau de la fameuse « machine Kennedy » fut mis en place par des fidèles qui considéraient la famille comme un parti politique en soi et savaient que la politique de l'après-guerre serait moins un art qu'une science. L'un d'entre eux était Kenny O'Donnell, l'ami de Bobby à Harvard, un garçon à la dent dure, rapide comme le vif-argent et ancien capitaine de l'équipe de football américain de l'université[32]. Bobby l'avait persuadé d'abandonner son emploi dans une fabrique de papier pour se joindre à Mark Dalton avant même que Jack ait choisi la fonction qu'il allait postuler. Un autre membre de l'équipe était Larry O'Brien; il avait l'âge de Jack; c'était une version rajeunie de l'agent électoral irlandais du bon vieux temps, bien introduit dans tout le Massachusetts. Les deux hommes allaient devenir une sorte de tandem du type « Alphonse et Gaston », dont l'un verrait toujours le bon côté des choses et l'autre le mauvais côté. En outre, on pouvait compter sur Sargent Shriver, en congé des Kennedy Enterprises, et sur James Landis qui avait quitté Washington après vingt ans de bons et loyaux services au sein des diverses administrations démocrates, si pauvre qu'il était pratiquement pensionné par l'Ambassadeur : ses titres universitaires et son action en faveur du New Deal en faisaient un émissaire idéal pour répandre la bonne parole, au sujet de Jack, auprès des intellectuels de Cambridge que l'on avait, jusqu'à présent, un peu négligés. Landis réalisa une étude de la situation économique du Massachusetts et remarqua que l'industrie clef, celle des textiles, se déplaçait progressivement vers les Etats du Sud, où la main-d'œuvre était moins coûteuse; cela fournit un bon prétexte aux premières attaques contre Lodge et inspira le slogan de Jack : « Il fera davantage pour le Massachusetts ».

Mais le membre le plus important de l'équipe était, comme toujours, Joe Kennedy lui-même; comme le disait Eunice, celui-ci « avait réfléchi, interrogé et fait des plans depuis deux ans »[33]; il était l'un des rares politiciens, dans tout l'Etat, qui croyait à la victoire de son fils sur « Lodge et sa clique ». Certes, on créa un comité ad hoc pour la campagne, mais l'Ambassadeur fit clairement comprendre à chacun que c'était son affaire[34]. Il prit un appartement au 84, Beacon Street, pour pouvoir se trouver au cœur de la bataille et il insista pour que fussent soumises à son approbation les dépenses, la publicité et les décisions de nature politique ou philosophique. Il causa tant d'agitation à lui seul, que la campagne commença dans le chaos et faillit en être paralysée; Jack s'en rendait compte mais n'y pouvait pas grand-chose. Quand Mark Dalton, qui avait servi de directeur bénévole pour les campagnes du député depuis 1946, fut humilié publiquement par l'Ambassadeur[35], il s'adressa à Jack pour se voir confirmer la confiance de celui-ci; mais le candidat se contenta de hausser les épaules, en signe d'impuissance[36], comme pour dire : « Tu ne crois quand même pas que c'est moi qui commande ici ? ». Dalton démissionna. Quand l'Ambassadeur découvrit une annonce préparée par le bureau de Boston et qui disait « McCarthy et les communistes : deux erreurs », il les accusa à grands cris d'être de mauvais Américains[37] ; Jack, qui surgit par hasard sur les lieux, tourna aussitôt les talons et s'en fut.

Comme le moral baissait et les troupes menaçaient de se mutiner, Kenny sentit que seul un autre Kennedy pouvait intervenir ; il appela donc Bobby à la rescousse en lui signifiant que la campagne allait se terminer par « un désastre absolument catastrophique » s'il ne s'en mêlait pas. Bobby répondit qu'il allait « faire encore plus de gâchis »[38] ; il avait pris un bon départ, disait-il, au département de la Justice, à New York, où son père lui avait procuré un emploi[39], dans le service des Affaires intérieures, et désirait y rester ; en outre il ne connaissait rien à la politique électorale. O'Donnell insista, lui décrivit la perspective d'une humiliante défaite pour la famille si les choses continuaient d'aller à vau-l'eau[40]. Finalement Bobby capitula et accepta de partir pour Boston.

Presque aussitôt, la situation, lourde de catastrophes, se mit à évoluer. Comme le dit Ted Reardon, « c'était la première occasion pour Bobby de montrer à la famille ce qu'il savait faire, et il se défonça »[41]. Ses motivations étaient manifestement si peu égoïstes — contrairement à celles de son père — et son énergie était si contagieuse, que quelques jours après son arrivée les militants, quand ils faisaient allusion à la situation antérieure et au changement intervenu depuis lors, parlaient de ce qui se passait « avant la révolution » et de ce qui était arrivé « après la révolution »[42]. En accord avec Larry O'Brien, Bobby imagina un système où les « secrétaires » de Jack travailleraient dans chaque circonscription comme une « organisation fantôme » en marge de la machine officielle du parti démocrate. Il sillonna l'Etat en tous sens, comme si la campagne électorale était une « mission », évitant toute publicité pour lui-même dans la mesure du possible, mais surmontant son trac pour prononcer, en cas de besoin, de brefs discours bégayants en faveur de son frère. (L'une des premières fois où il se trouva en face d'un auditoire, il se contenta de bredouiller : « Mon frère Jack n'a pas pu venir. Ma mère n'a pas pu venir. Ma sœur Eunice n'a pas pu venir. Ma sœur Pat n'a pas pu venir. Ma sœur Jean n'a pas pu venir. Mais si mon frère Jack avait été là, il vous aurait dit que le dossier de Lodge est très mauvais. Merci »[43].)

O'Donnell avait vu juste. Peu après l'arrivée de Bobby, l'Ambassadeur se retira en coulisse, son milieu préféré. On ne le verrait plus que de façon épisodique, comme le jour où il s'installa au balcon d'une salle, alors que Jack débattait publiquement avec Lodge sur la scène, et griffonna furieusement, sans arrêt, des notes qu'il faisait porter à son fils, au fur et à mesure, par deux messagers[44]. Mais généralement son action ne se faisait sentir que de façon indirecte, quand se produisait quelque événement politique que rien d'autre ne pouvait expliquer. Il en fut ainsi par exemple quand John Fox, le directeur du *Boston Post*, l'une des feuilles conservatrices de la ville, commença à attaquer Lodge dans une série d'éditoriaux, pour, finalement, apporter son soutien à Jack par un article de première page. On allait apprendre par la suite que le *Post*, en difficultés, avait reçu un prêt substantiel des Kennedy Enterprises[45].

L'Ambassadeur continuerait ainsi à fournir l'argent nécessaire. Tip O'Neill, qui fut longtemps membre de l'assemblée parlementaire de l'Etat avant de prendre le siège laissé vacant par Jack dans le Onzième District, a déclaré : « Depuis 1952, chaque fois que les démocrates désignaient un candidat au poste de gouverneur du Massachusetts, la personnalité choisie commençait par aller voir Joe Kennedy à New York et s'en revenait avec quelque 50 000 ou 60 000 dollars dans sa valise »[46]. Au début de chaque campagne, tous les membres de la famille Kennedy recevaient une lettre du bureau responsable de la gestion de leurs fonds : « Bonjour, vous venez de fournir une contribution électorale à... »[47]. Mais si, pour sa part, l'Ambassadeur conservait en main la branche financière, Bobby, de plus en plus, dirigerait la branche politique de l'organisation familiale. Joe Kennedy avait été réduit à tout faire lui-même lors de sa carrière politique avortée — il lui avait fallu être à la fois le candidat et son propre homme de main. Quand Bobby fit irruption dans la campagne contre Lodge, il se chargea de la basse besogne pour laisser à son frère — selon le mot de Jack lui-même — « sa virginité ». Bobby avait compris que le problème à résoudre pour Jack en tant que pragmatique était de ne pas passer pour opportuniste. Il fit donc en sorte de prendre sur lui tout ce que supposait le qualificatif, notamment les batailles quotidiennes pour les ressources et le terrain ; il y gagna les adjectifs qui seraient désormais accolés à son nom : « corrosif, méchant, effronté ». John Powers, député à l'assemblée de l'Etat, se rappelle encore la fois où il vit Bobby sauter sur ses pieds, en pleine réunion électorale, et pointer un doigt accusateur vers certain candidat à une fonction subalterne qui se servait — pensait-il — du nom de Jack à des fins personnelles, en criant : « Je ne veux pas que mon frère puisse être mis dans le même sac que tous ces politiciens ! »[48]. L'autre hurla à son tour : « Dites donc, il a mis son nom sur le bulletin comme nous tous. Pour qui diable vous prenez-vous, vous autres ? », avant d'essayer d'empoigner Bobby par-dessus la table. Il avait fallu séparer les deux hommes. Il arriva quelque chose de semblable lorsque le gouverneur Dever constata que sa propre campagne prenait mauvaise tournure et demanda qu'une réunion fût organisée pour envisager une fusion entre l'appareil officiel du parti et celui de Kennedy — déjà débordé. « Ne cède pas, avait dit Jack à Bobby, mais ne me mêle pas à cette histoire »[49]. Le choc fut si brutal que Dever abrégea la séance et téléphona à l'Ambassadeur après le départ de Bobby : « Je sais que vous êtes un homme important et tout ça. Mais je vous préviens, et je sais ce que je dis : gardez votre gamin pour vous et que je ne le revoie plus ! »[50].

Le fait que Bobby ait accepté le rôle de factotum politique de la famille le rendit plus cher aux yeux de Jack que ne l'avaient fait toutes ses qualités réunies. Tommy O'Hearn, un cousin éloigné des Kennedy, chargé de la campagne d'affiches, en 1952, se rappelle l'après-midi au cours duquel Jack l'avait pris à partie avec toute la fureur froide dont il était capable quand il n'était pas en public, après avoir été pris de court par une accusation de

Lodge, selon qui ses affiches n'étaient pas imprimées dans le Massachusetts, ni par des travailleurs syndiqués. « Voyez dans quel bon Dieu de pétrin vous m'avez mis, avait tonné Jack, c'est le genre de négligence qui va nous coûter gros ! » O'Hearn avait répondu : « Vous n'avez qu'à crier après votre salaud de frère, c'est lui qui m'a dit de faire comme ça pour lui permettre d'économiser quelques sous à votre père. » Jack fit le geste de fendre l'air avec le plat de la main : « Oh merde, tout le monde tape sur Bobby ; j'en ai sacrément marre et ça me rend malade. Bobby est le seul qui ne me lance pas des poignards dans le dos, le seul sur qui je puisse compter quand j'en ai besoin... »[51].

Avant le démarrage de la campagne, Ted Reardon avait passé des semaines à travailler sur ce que l'on appela par la suite le « livre noir » ou le « missel Lodge »[52], qui permettait de concentrer les attaques de Kennedy sur le fait que son adversaire était un politicien « suiveur » — un « moi-aussi », comme on disait aux USA — dont le « truc » consistait à se dire d'accord avec tous ses interlocuteurs et dont toutes les prises de position sur les problèmes clef ménageaient la chèvre et le chou*.

Cette liste fut baptisée « Lodges Dodges » (le mot *dodges* signifie « trucs »), ce qui fournissait accessoirement une bonne formule à l'attaquant. Une grande partie de la campagne fut consacrée à ce que Lodge avait fait ou aurait dû faire quant à l'industrie textile, au canal maritime du Saint-Laurent et autres problèmes importants pour l'Etat du Massachusetts ou la région. Une autre offensive lancée contre Lodge se fondait sur le manque de chaleur de son anticommunisme, tout particulièrement en Extrême-Orient. Cette manœuvre était destinée à attirer vers Kennedy certains républicains peu enclins à pardonner au sénateur d'avoir contribué à faire investir Dwight Eisenhower comme candidat du parti républicain à la présidence plutôt que le sénateur Robert Taft. (« Kennedy s'est montré plus proche que Lodge des positions adoptées par Taft, écrivait Reardon. En vérité, Lodge a préconisé plus que tout autre la politique étrangère bipartite depuis 1947 »[54].) L'utilisation adroite faite par Kennedy du problème qui avait valu au sénateur Joseph McCarthy la « une » des journaux, prouvait combien le plan avait été astucieusement conçu.

L'Ambassadeur lui-même ne nourrissait aucune arrière-pensée désagréable à propos de McCarthy. Depuis que Eunice les avait présentés l'un à l'autre quelques années auparavant, il avait branché le sénateur sur le circuit qui lui permettait de rester régulièrement informé de tout ce qui se passait ; il le consultait fréquemment ou même lui prodiguait ses conseils à l'occasion. (Roy Cohn, l'un des assistants de McCarthy, était présent lors d'un de ces

* Readon entamait le catalogue des « trucs » de l'adversaire, dans son « livre noir », par ces mots : « Bien que Lodge se dise progressiste, son passé de législateur est lourd de tentatives de harcèlement destinées à vider de leur contenu les mesures sociales. En ce qui concerne les relations extérieures, son isolationnisme d'avant-guerre a fait place à son internationalisme actuel. Et bien qu'il ait, depuis lors, paradé à la pointe de la politique étrangère du gouvernement, il n'a pas voulu assumer sa part des erreurs commises, tout en acceptant d'être applaudi pour les succès remportés par cette politique... »[53].

appels ; il raconte que son patron écouta d'abord son interlocuteur pour comprendre de qui il s'agissait, puis, posant la main sur le récepteur, demanda que l'on vérifiât le montant de la contribution de l'Ambassadeur à son trésor de guerre pour savoir si cela valait la peine de prêter attention à ce qu'il disait[55].) Jack était moins enthousiaste ; pourtant, lors d'une réunion du Spee Club, au début de 1952, quand l'un des orateurs félicita le collège de Harvard pour n'avoir jamais produit des Alger Hiss ou des Joseph McCarthy, Jack se dressa avec indignation : « Comment osez-vous accoler le nom d'un grand patriote à celui d'un traître ! »[56]. (En fait, Alger Hiss, convaincu de parjure et condamné à une lourde peine de prison, pour n'avoir pas révélé à la Commission des Activités antiaméricaines les relations qu'il avait entretenues avec des communistes longtemps auparavant, était passé par la faculté de Droit de Harvard.) Mais quand il ne se trouvait pas en public, Jack disait à ses amis que McCarthy n'était rien qu' « un minable Irlandais de plus, à peine sorti de sa cabane »[57], dont les agissements allaient rendre la vie difficile à tous les hommes politiques. Comprenant que McCarthy, comme le " bébé de poix " de la légende, allait salir tous ceux qui y touchaient, il sut garder ses distances vis-à-vis de lui.

Quand le candidat démocrate à la présidence, Adlai Stevenson, fut sur le point d'entamer sa campagne dans le Massachusetts, Sargent Shriver lui fit parvenir une note pour lui recommander de bien souligner que Jack avait soutenu le programme de Truman, quant au salaire minimum, à l'amélioration de l'habitat, et autres mesures sociales — mais de s'abstenir de toute attaque contre Joe McCarthy, tout en mentionnant que Kennedy avait obtenu la première condamnation pour parjure, au cours des procédures anticommunistes, dans l'affaire Christoffel. (« Dans notre région, l'anticommunisme fait toujours recette... »[58].) Un peu plus tard, quand il fut évident que McCarthy faisait un tort considérable aux candidats démocrates, le Comité national du parti demanda à Jack de participer à une émission où serait dénoncé le McCarthysme ; il refusa. McCarthy le paya de retour, en quelque sorte : invité à participer à la campagne de Lodge, il accepta à condition de ne pas attaquer les Kennedy ; Lodge repoussa cette condition avec un mépris tout patricien : « Je ne lui ai certainement pas demandé de venir pour se contenter de me défendre »[59].

L'élection sénatoriale du Massachusetts enflamma les imaginations dans tout le pays : c'était en effet une sorte de vendetta entre deux clans fameux. Lodge faisait campagne en français, avec sa femme, parmi les populations francophones à la frontière du Canada ; son aristocratique belle-sœur s'adressait en italien aux Italo-Américains pour réclamer leurs suffrages. Les Kennedy, pour leur part, descendaient en masse dans l'arène ; les femmes de la famille s'exhibaient en jupes évasées où se trouvaient brodés les mots « Votez pour John F. Kennedy ». Ethel Kennedy donna naissance à son second enfant juste après avoir prononcé une harangue à Falls River, presque au moment où les électeurs allaient se rendre aux urnes. L'archevêque Cushing baptisa le nouveau-né Joseph Kennedy III, au cours d'une cérémonie qui reçut une publicité bien organisée.

Comme l'Ambassadeur était suspect, notamment parmi les communautés juives, en raison des vues qu'il avait exprimées avant la guerre[60], ce fut Rose qui représenta le couple parental, bien qu'il lui arrivât de se montrer froide et distante. (Une fois, la femme de Larry O'Brien devait la conduire à l'aéroport où elle allait prendre l'avion pour se rendre à une réunion électorale. Après qu'Elva O'Brien l'eut attendue longtemps devant son hôtel, Rose apparut enfin et s'installa sur le siège arrière afin de couper court à toute tentative de conversation en disant :« Excusez-moi, mais je suis très fatiguée et je n'ai pas envie de parler »[61].) Mais elle avait un instinct infaillible en politique. Lors d'un message publicitaire matinal, intitulé « Café avec les Kennedy », où elle figurait avec ses filles, elle bavarda de façon engageante, évoqua la jeunesse de Jack, sortit ses fameuses cartes où elle avait noté si longtemps tous les détails concernant ses enfants, et répondit aux téléspectateurs qui l'interrogeaient en PCV sur la difficulté d'élever une famille nombreuse et turbulente. Comme le disait Kenny O'Donnell : « elle avait un don pour dire ce qu'il fallait, au bon moment, et en faisant vibrer chaque fois la corde sensible ». Mais le pouvoir ne s'était pas déplacé pour autant au sein de la famille. Un agent de publicité chargé de messages télévisés répétait un jour avec Rose dans le salon des Kennedy; celle-ci parlait des excursions familiales dans le Maine où Jack avait cueilli des airelles, quand il était petit. L'Ambassadeur était assis dans un coin, apparemment plongé dans un livre. Mais quand le publicitaire le rencontra sur le pas de la porte du quartier général des Kennedy, le lendemain, le vieil homme murmura d'une voix basse mais parfaitement claire : « *Pas* question d'airelles »[62].

Dans le passé, un candidat irlandais avait coutume d'exhiber sa famille pour faire étalage de sa piété et de sa stabilité. Mais les Kennedy faisaient mieux : ils prouvaient la réalité du rêve américain. Si les Lodge étaient en mesure de faire voir comment l'Histoire pouvait sélectionner une famille entre toutes, les Kennedy avaient de quoi montrer comment une famille peut se saisir de l'Histoire. Quand ils faisaient leur apparition à l'occasion des thés qu'ils avaient inaugurés en 1946, et qui fournissaient à Jack l'une des armes les plus puissantes de son arsenal, des milliers de personnes venaient les regarder bouche bée. Lodge avait dit avec condescendance : « Je suis sûr que ce sont de gentilles petites réceptions et qu'elles ne font pas grossir », mais les Kennedy avaient dans leur allure quelque chose qu'il ne pourrait jamais égaler[63].

Un autre avantage des thés était qu'ils permettaient de rassembler beaucoup de monde en une seule fois, de sorte que Jack pouvait y faire son apparition, s'appuyer contre le mur pendant deux heures, puis avoir des entretiens avec les hommes politiques du cru, sans être obligé de courir les routes en s'arrêtant un peu partout. Il souffrait beaucoup, en cet automne de 1952, surtout après avoir malmené sa colonne vertébrale en se laissant glisser le long d'un mât de pompiers, pour amuser les électeurs à Springfield. Il lui fallait souvent utiliser des béquilles qu'il confiait à ses assistants avant de se montrer en public, afin de paraître alerte et juvénile en entrant dans une salle.

Le fantôme de son frère l'accompagnait toujours. La veille du jour des élections, des millions d'exemplaires d'un tabloïde de propagande furent distribués à travers tout l'Etat[64]. On y voyait des dessins représentant le lieutenant Kennedy en train de sauver quelques membres de l'équipage du *PT 109,* mais il y avait également, sur une page, le portrait de Joe-le-jeune sous le titre « John réalise le rêve de son frère Joe, tué en plein vol au-dessus de la Manche. » Le vieil ami de Joe, Ted Reardon, pensait que la réussite de Jack en 1952 dépassait tout ce dont son frère aîné aurait été capable : « Joe savait y faire mais il n'avait pas la finesse de Jack, tant s'en fallait. Si Joe pensait que l'on cherchait à se servir de lui, il disait : " Laisse tomber, Charlie " et c'était fini. Jack, au contraire, avait l'étoffe d'un politicien, n'éconduisait jamais personne et tirait parti de toutes les situations. Joe n'aurait probablement pas résisté à Lodge. Il n'aurait certainement pas su dominer la situation comme Jack »[65]. Mais Jack ne le voyait pas encore ainsi. Il lui arrivait de s'arracher aux exigences de la campagne, pour se plonger dans un bain chaud, en pleurant parfois de fatigue et de frustration. Son père, pour le faire tenir jusqu'au bout, lui serinait que s'il battait Lodge il n'y aurait plus de limite à son ascension. Un ami l'entendit dire à son fils : « Je vais dresser des plans pour te faire élire président. Ce ne sera pas plus difficile pour toi d'arriver à la présidence que de battre Lodge. Ça te donnera beaucoup de travail, mais il te suffira d'avoir vingt hommes à toi dans tout le pays pour obtenir l'investiture — les vingt hommes clef qui domineront la convention... »[66].

Stevenson fut débordé par Eisenhower dans le Massachusetts, comme dans tous les Etats-Unis. Paul Dever fut dépouillé de son poste de gouverneur par Christian Herter. Jack réussit à survivre en battant Lodge avec 51 % des suffrages. Tard dans la nuit des élections, quand les résultats partiels commencèrent à montrer clairement qu'il l'avait emporté (Rose dit : « Les Fitzgerald ont enfin égalisé, avec les Lodge »[67]), Jack posta un guetteur pour observer le quartier général de l'ennemi, en haut de la rue où il avait également installé son propre poste de commandement. Quand il apprit que son adversaire montait dans sa limousine, le vainqueur crut qu'il venait le féliciter et reconnaître sa propre défaite, selon l'usage américain. Il demanda donc à tout le monde de se montrer poli, de faire preuve d'esprit sportif et d'applaudir aimablement à l'entrée du vaincu. La limousine approcha mais accéléra et disparut sans s'arrêter. « Le salaud ! grommela Jack. Peut-on imaginer une chose pareille ? »[68].

Il avait promis de chanter « Sweet Adeline » en cas de victoire, et il s'exécuta, non sans avoir mis un certain temps à se décider[69]. C'était en partie une façon de reconnaître ses propres origines, c'était également le signe qu'il avait vengé la défaite de son grand-père devant un autre Lodge, à une époque révolue. Mais c'était aussi une plaisanterie car les luttes de classes et les rivalités ethniques du passé étaient désormais lettre morte. Après avoir été battu par un autre Lodge, Fitz-gâteau avait fustigé son vainqueur en ces termes : « Il n'a pour modèles et pour amis que les *barons-brigands* »[70], faisant par là allusion à une comparaison, alors fort en vogue, entre les féodaux pillards, du Moyen Age, et les dinosaures du capitalisme *.

* *Robber Barons* était le titre d'un livre fameux de Matthew Josephson. (N.d.T.)

Mais Jack avait rencontré et battu son adversaire sur son propre terrain. Les Cabot et les Lodge, disait-on, ne parlaient qu'entre eux ou à Dieu ; ils ne savaient donc pas s'adresser aux électeurs à la façon des Kennedy. Dever reconnut que Jack avait conquis une terre nouvelle quand il dit avec une grincheuse admiration : « c'est le premier brahmine irlandais »[71].

4

Lors du bal traditionnel, donné pour l'inauguration du premier mandat du président Eisenhower, en janvier 1953, Jack fit son apparition en compagnie de Jacqueline Bouvier. Le journaliste Charles Bartlett a revendiqué l'honneur de les avoir présentés l'un à l'autre en 1952, mais Dinah Bridge, une amie de la famille qui résidait avec Bobby et Ethel peu après la naissance de leur premier enfant, en 1951, fut témoin de la première rencontre entre les jeunes gens. « Nous étions tous assis autour de la table du petit déjeuner, avec Jack et Jean. Et une ravissante fille apparut dans l'encadrement de la porte d'entrée, en tenue de cheval ; elle venait chercher Jean qui allait monter avec elle. Peu après, la nuit suivante peut-être, elle fut invitée à souper et, pour ainsi dire, l'affaire était sur les rails... »[1]. Ils jouèrent aux « Catégories » et à d'autres jeux de vocabulaire où Jack excellait et il fut ennuyé et intrigué de voir qu'elle était plus forte que lui. Lem Billings, qui en savait le plus sur leurs relations, pensait qu'il avait été très symbolique de les voir commencer par des jeux : « Depuis le début, il y avait eu entre eux un rapport ludique. Jackie était une bonne partenaire pour lui : c'était l'une des choses que Jack appréciait. Mais cela posait aussi un problème plus grave : lequel des deux gagnerait la partie ? »[2].

Jackie était très différente de toutes les filles que Jack avait connues — elle était plus intelligente, plus mondaine et, selon les termes de Lem, « elle avait davantage de classe ». Il y avait quelque chose dans son allure — un air détaché et grave en même temps — qui excitait la méchanceté des autres femmes. Comme les membres d'un salon du XVIIIe siècle, elles échangeaient des ragots sur la façon dont elle avait dû discipliner sa chevelure rebelle et sur le soin qu'elle mettait à acheter ses souliers pour tenter de dissimuler qu'elle avait de grands pieds. « Elle avait les yeux si écartés, prétendait une femme qui se disait son amie, que l'on s'étonnait de les voir regarder tous deux la même chose »[3]. Les hommes étaient d'un avis tout différent. Ce n'était pas son apparence qui leur semblait la plus frappante, bien qu'elle tirât le plus grand parti de son physique, mais sa manière d'être ; naïve en apparence, dépourvue d'aplomb, elle était pourtant capable d'asséner des vérités brutales. Malgré une circonspection de grande dame, ses propos étaient souvent imprégnés d'implications lourdement sexuelles. Elle possédait un sens redoutable de l'ironie qu'elle dissimulait le plus souvent et que Jack trouvait particulièrement captivant : « Il voyait en elle un esprit semblable au sien, disait Lem ; je crois qu'il avait compris à quel point ils étaient pareils tous les deux... L'un et l'autre avaient traversé des circonstances qui n'étaient pas des plus favorables quand ils étaient jeunes et avaient appris à *faire leur chemin* tout seuls »[4].

Les Bouvier avaient immigré un peu plus tôt que les Kennedy et ils étaient arrivés en Amérique par des voies un peu plus détournées[5]. Le premier d'entre eux, Michel, était un ami du frère de Napoléon, Joseph, roi d'Espagne ; il avait fait son apparition à Philadelphie trente ans avant la Grande Famine. Cet ébéniste avait fait fortune en spéculant sur les terrains et, après s'être heurté à un préjugé anticatholique — comme Pat Kennedy, en rupture avec son comté de Wexford —, il avait installé sa famille dans la ville de New York, plus tolérante et plus cosmopolite. Cette famille s'allia avec les Drexel, par mariage, et, par là, avec les Morgan. Leur ascension leur permit de figurer sur le « Bottin » mondain de 1880, juste au moment où les Kennedy commençaient à diversifier leurs activités, en ajoutant au commerce de l'alcool des ambitions politiques. A l'époque de la naissance de Jackie, en 1929, les Bouvier formaient une vaste tribu, dont les branches collatérales guerroyaient entre elles et dont les générations successives se trouvaient liées par l'interminable comédie de l'argent, où les cigales et les fourmis se donnaient la réplique.

Ce que Jack et Jackie avaient en commun ce n'était pas tant des histoires de famille en soi, que des problèmes paternels : leur père respectif avait exercé une influence cruciale sur leurs existences à l'un et à l'autre... La similitude entre les deux hommes n'avait rien à voir avec le sens des affaires : John V. Bouvier III avait réduit un héritage de 750 000 dollars à une fortune de 100 000 dollars seulement après une vie de mauvais placements. Ce n'était pas non plus une question de volonté ; Bouvier n'était motivé par rien d'aussi fort que le désir contradictoire de Kennedy d'exploiter et de renier ses origines. La ressemblance gisait dans le fait que l'un et l'autre avaient entraîné leurs enfants dans leurs tragédies personnelles et avaient inculqué à ceux-ci une certaine conception de la nature humaine selon laquelle chacun « est » ce qu'il « paraît être » aux yeux des autres ou ce qu'il parvient à faire croire qu'il est.

Avec des cheveux séparés par une raie médiane, tirée comme au cordeau, un visage brun, fleuri et aimable, une pochette de soie en guise de « pavillon noir », Bouvier s'était taillé une réputation de pirate d'amour, bourreau des cœurs, écumant les réceptions mondaines, de Manhattan à Hampton. Son teint basané et ses allures de Clark Gable, lui avaient valu des surnoms divers liés à ses prouesses amoureuses — le Cheik Noir, l'Orchidée Noire, ou, de façon moins exotique, la Matraque noire. Avant et même pendant son mariage avec Janet Lee, fille d'un *self made man* millionnaire, il avait toujours passé pour un Don Juan. Ce que les femmes trouvaient irrésistible en lui, ce n'était pas seulement ses allures de vedette, mais aussi les charmes de sa compagnie. « Bouvier avait une qualité rare parmi les coureurs de jupons, a avoué l'une de ses conquêtes ; il ne considérait pas les femmes comme des objets de collection, sans plus ; il aimait vraiment leur compagnie, leurs façons d'être, le côté *social* de la vie féminine »[6].

Ses filles, Jacqueline et Lee, que Bouvier continua de dominer même après son divorce, avaient grandi dans les idées de leur père, encore qu'inversées : la compagnie des hommes leur avait toujours paru préférable à celle des femmes ; la lutte des sexes était pour elles le seul drame qui valût la peine de vivre. Même après que son ancienne épouse eut trouvé un nouveau mari — Hugh Auchincloss —, héritier d'immenses intérêts dans la Standard Oil et si riche qu'il possédait deux domaines (l'un à McLean en Virginie et l'autre à Newport), Bouvier était resté l'élément dominant dans la vie de ses filles, veillant à les gâter et à former leur esprit, subvenant à leurs besoins avec une générosité excessive compte tenu du rétrécissement de ses moyens, et modelant leurs sensibilités, comme leurs vues d'avenir.

Plus tard, Jackie devait dire de sa cadette : « Lee était la plus jolie, aussi me fallait-il être la plus intelligente »[7]. Son père l'avait envoyée à l'école chez Miss Porter, puis chez Miss Chapin où elle consignait dans l'annuaire des élèves qu'elle n'avait *pas* l'intention de devenir « une femme d'intérieur » ; elle parlait à ses camarades des succès féminins de son géniteur ; dans sa bouche, le récit pitoyable et larmoyant de sa mère devenait un conte lascif, quand elle racontait comment son père avait entamé son premier adultère, quarante-huit heures après le mariage, en plein voyage de noces. Les autres filles se bousculaient pour voir la Matraque venir chercher sa fille en fin de semaine.

Sous sa férule, la petite fille boudeuse que l'on voit sur une photo, en culottes d'amazone, sur son cheval Danseuse, devint la jeune femme que Cholly Knickerbocker baptisa « la reine des débutantes de l'année ». Pendant les deux ans qu'elle passa à Vassar, l'un des collèges universitaires féminins les plus huppés des Etats-Unis, elle se tint pour inachevée : « une petite fille potelée, aux doigts tachés d'encre, occupée à travailler la moitié de la nuit »[8]. Elle passa sa troisième année à Paris où elle enquêta sur les origines de la famille[9], puis rentra aux Etats-Unis pour y obtenir une licence à l'université George Washington, dans la capitale, en 1951. Elle se permit même de refuser un prix fort convoité, le Prix de Paris, attribué par le magazine *Vogue*, de peur, dit-elle, de « ne jamais plus revenir au pays » si elle retournait en France[10].

« Oncle Hugh-die », comme elle appelait son beau-père, était ami de l'universel Arthur Krock qui aida Jackie à obtenir son premier emploi au *Times-Herald* de Washington, comme reporter-photographe, à l'instar d'Inga Arvad et de Kathleen Kennedy dans leur temps. Elle avait débuté en 1952, à 42,50 dollars par semaine, armée d'un gros appareil de photo pour prendre des instantanés divers dont les légendes, en forme de questions fictives, portaient la marque de son esprit. Pour des portraits d'enfants . « Pourquoi les rennes du Père Noël ne descendent pas avec lui par la cheminée ? » Sous des photos d'animaux dans la salle d'attente d'un vétérinaire : « Qu'est-ce qui ne va pas ? » Nombre de ces fausses questions avaient trait à ce que la Matraque lui avait décrit comme la « gentille guerre » entre les sexes. Par exemple : « Noël Coward a dit que les femmes avaient besoin d'être frappées régulièrement comme des gongs. Etes-vous d'accord ? » Ou bien : « Churchill a dit qu'un mariage a de plus fortes chances de survivre si les époux ne prennent pas ensemble leur petit déjeuner. Qu'en pensez-vous ? »[11].

« Le grand talent de Jackie, avait dit l'une de ses amies, était sa faculté de donner de la gravité aux choses les plus futiles »[12]. Le fiancé de Lee, Michael Canfield, promenait un jour les deux sœurs en barque sur un lac ; tandis qu'il ramait, il voyait ses passagères chuchoter avec animation à la proue. Il pensa qu'il s'agissait d'une affaire de la plus haute importance, peut-être d'une crise familiale, causée par la conduite indigne de leur père. Quelques jours plus tard, il découvrit qu'elles avaient parlé de gants[13]. L'un des amis de Jackie définit celle-ci comme « le genre de femme qui, lorsqu'elle vient vous chercher à l'aéroport, vous confie le volant, en estimant que l'homme est fait pour conduire et la femme pour être conduite »[14].

En 1952, Jackie était fiancée à un agent de change, un certain John Husted, malgré la violente opposition de sa mère qui y voyait une mésalliance — tant sur le plan social que sur le plan matériel. Husted avait pu se faire une idée de l'indépendance d'esprit de sa fiancée, sous une apparence de vulnérabilité, lorsqu'il l'invita chez lui et que sa propre mère offrit à Jackie le portrait du futur mari, en guise de souvenir. « Non merci, répondit-elle, si je veux une photo de lui, je peux la prendre moi-même »[15]. Husted, qui travaillait à New York, comprit que ses amours étaient condamnées quand les lettres de Washington se firent plus rares et plus bâclées, surtout quand il lut au bas de l'une d'entre elles : « Ne prête aucune attention aux ragots que tu pourrais entendre à propos de Jack Kennedy et de moi. Cela ne signifie absolument rien »[16].

Jackie interviewa Jack pour le *Times-Herald* et lui demanda comment les sénateurs se comportaient vis-à-vis des adolescents qui leur servaient de messagers[17]. Elle traduisit pour lui des rapports français sur la guerre d'Indochine[18]. Mais elle était troublée par le caractère « spasmodique » de la cour qu'il lui faisait et par les bruits qui couraient sur ses liaisons avec d'autres femmes. Pourtant un comportement cynique en amour évoquait pour elle celui de son propre père et n'était pas pour lui déplaire. Plus difficile à accepter que Jack lui-même était la famille Kennedy. Le premier week-end qu'elle avait passé à Hyannis lui avait paru ressembler à un voyage à l'étranger. Ce n'était pas tant la hauteur narcissique de Rose, ni les vigoureuses fautes de goût de l'Ambassadeur qui la gênèrent le plus, mais le langage codé des sœurs Kennedy, avec leurs plaisanteries maison et leur façon de se comporter à son égard, qu'elle compara plus tard à un bizutage pour dortoir de filles. Quand elle avait fait son apparition pour le dîner, habillée avec un peu plus de recherche que les autres, elles avaient commencé à lui rendre la vie difficile — comme elles le faisaient entre elles. Elles la baptisèrent « la Débutante » et ridiculisèrent « sa voix de bébé »[19]. La charge était menée par Ethel qui se vantait toujours d'être « plus

Kennedy que vous »[20]. Quand Jackie avoua ingénuement avoir voulu devenir danseuse classique, Ethel jeta un long regard sur les chaussures de l'invitée avant de remarquer : « Avec des pieds comme ça ! Plutôt footballeuse, ma petite ! »[21]. Jackie se mordit la langue, mais après le week-end elle fit à sa sœur Lee une description brutale de la vie à Hyannis, y compris un compte rendu de la façon violente dont les Kennedy jouaient entre eux à des jeux qui leur permettaient de « s'empoigner comme des gorilles »[22].

Lors du bal inaugural d'Eisenhower, Lem Billings, voyant combien Jackie était différente des autres femmes avec lesquelles Jack était sorti pendant des années, la prit dans un coin pour tenter de la mettre en garde. En termes généraux, il lui décrivit la maladie de Jack et ses aventures, soulignant les dangers qu'elle courrait en se laissant séduire par un homme de douze ans son aîné, et « installé dans ses habitudes »[23]. Plus tard, Jackie déclara sans égards à Lem qu'il aurait mieux fait de décrire son ami sous des dehors moins dangereux au cours de leur tête-à-tête. Mais cela n'aurait probablement rien changé. « Elle ne se sentait pas attirée sexuellement par un homme s'il n'était pas aussi dangereux que la Matraque. » Chuck Spalding avait observé à ce sujet que « c'était une situation manifestement freudienne[24]. Nous en parlions tous — même Jack qui n'appréciait pas particulièrement Freud mais trouvait à Jackie " le complexe du père ". Ce qui était surprenant c'était de voir que Jackie, si intelligente à tant d'égards, ne paraissait absolument pas s'en rendre compte. »

Elle avait dit à une amie : « Tout ce que je veux c'est me marier avec Jack »[25]. Sa sœur Lee avait obtenu l'annulation de son mariage avec Michael Canfield et épousé le prince Stanislas Radziwill, ce qui l'introduisait dans la haute société londonienne avec un titre de princesse. Mais Jack était, d'une certaine façon, une meilleure prise — le célibataire le plus convoité des Etats-Unis. Au printemps de 1953, il était évident que l'idylle était allée plus loin qu'aucune des aventures précédentes de Jack, depuis la guerre. Lem Billings s'attendait à une demande en mariage, bien qu'il lui fût difficile d'imaginer Jack en train de poser la question. « Je ne le voyais vraiment pas dire " Je t'aime " à quelqu'un et lui demander de l'épouser. C'était le genre de choses qu'il aurait voulu voir se produire sans avoir besoin d'en parler »[26]. Jack résolut le problème à sa façon ; il attendit que Jackie fût envoyée à Londres par le *Times-Herald* pour un reportage sur le couronnement de la reine Elizabeth, et il fit sa demande par télégramme.

Bouvier la Matraque reconnut en son futur gendre une âme sœur dès leur première rencontre. (« Ils parlèrent de sports, de politique et de femmes, déclara Jackie par la suite, tout ce qui intéresse les hommes à sang chaud »[27].) Pour Janet Auchincloss, ce fut une tout autre histoire. « Elle a tendance à croire que je ne suis pas assez bien pour sa fille », écrivit Jack à Red Fay, en soulignant qu'il lui faudrait tirer des plans particuliers à ce sujet[28]. Il se rendit avec sa mère à Hammersmith Farm, le domaine des Auchincloss, à Newport, et emmena Jackie en promenade tandis que Rose et Janet marchandaient âprement les termes du mariage prévu pour le mois de septembre. Quand la situation devint un peu trop tendue, l'Ambassadeur arriva de Hyannis en avion pour prendre en main la guerre diplomatique avec Mrs Auchincloss. « Je me revois, sur l'aéroport, debout derrière ma mère, tandis qu'il sortait de l'appareil, la main dans la poche, le sourire aux lèvres, et je pensais en le voyant descendre l'échelle, " Maman tu n'as aucune chance ", bien que je fusse de son côté à elle. » L'Ambassadeur savait ce que signifiait une occasion d'ascension sociale : le mariage aurait lieu à Hammersmith Farm, mais ce serait l'affaire des Kennedy.

Jack ajourna l'annonce des fiançailles jusqu'à ce que le *Saturday Evening Post* eût réalisé et publié un reportage sur son charisme matrimonial, intitulé « Un jeune et joyeux célibataire au Sénat »[29]. Puis les Kennedy se mirent en devoir de faire du mariage l'événement mondain de l'année. Pour enterrer sa vie de garçon, Jack réunit tous ses vieux amis célibataires et Bobby, le garçon d'honneur, se donna honnêtement beaucoup de mal pour prononcer un toast. Malicieusement, Jack en profita pour se mettre à l'unisson avec sa prétentieuse belle-famille en demandant à chacun de jeter dans la cheminée les coûteuses coupes en cristal dans lesquelles ils avaient bu « selon une vieille coutume des Auchincloss »[30]. Les Bouvier se plaignirent de l'esprit de clan qui régna lors de la cérémonie organisée par Joe Kennedy : en effet, l'archevêque Cushing présida à tout comme un curé de village dans une noce irlandaise, bien que Janet Auchincloss fût épiscopalienne et remariée à un presbytérien ; l'organiste venue de Boston s'appelait Mrs Maloney ; et même le gâteau de mariage avait été confectionné par un pâtissier irlandais de Quincy. Mais ce fut Bouvier, le père de Jackie, qui fournit l'élément mélodramatique de la journée : il s'enivra si bien dans son appartement, à l'hôtel de Newport où il était descendu, qu'il ne put conduire la mariée à l'autel au moment voulu[31].

Au cours de leur lune de miel, à Acapulco, Jackie écrivit pour son mari un poème dans le style de Stephen Vincent Benét :

Il bâtira des empires
Et il aura des fils
D'autres s'effondrent
Quand il poursuit sa course
Il trouvera l'amour
Sans trouver la paix
Car il lui faut chercher
La Toison d'or
Et tout ce qui l'attend
C'est la mer et le vent[32].

Mais, si elle éprouvait envers lui des sentiments romanesques et romantiques, il était par contre très réaliste à son égard à elle. Quand elle écrivit pour le jeune Teddy, à Harvard, une dissertation sur un sujet d'histoire de l'art, le devoir obtint un A assorti d'un commentaire flatteur : « Finement perçu » ; mais Jack prononça devant un ami un jugement plus sévère : « Pas de perception du tout ; juste de la sensiblerie »[33]. Quand elle lui montra un manuscrit très intime sur l'amour et le mariage qu'elle avait rédigé pour sa jeune demi-sœur, il se contenta de le feuilleter rapidement et de lui offrir, comme l'aurait fait l'Ambassadeur, de le faire publier[34]. Elle put se faire une idée plus précise encore de ce qui l'attendait, lors de son premier Noël à Palm Beach ; elle avait offert à Jack une très belle boîte de peinture en espérant qu'ils passeraient tous les deux des moments mémorables, dans le vent, à peindre et à lire des poèmes. Mais presque immédiatement *tous* les Kennedy se saisirent de la boîte, vidant les tubes de couleur sur des palettes improvisées, écrasant les pinceaux, rivalisant à qui ferait le meilleur tableau. « Cela dura de neuf heures du matin à neuf heures du soir, racontait Lem ; ils avaient commencé à peindre dehors, mais avec la tombée de la nuit, tout le monde se regroupa à l'intérieur en répandant de la peinture partout ; Rose faillit piquer une crise de nerfs et leur ordonna d'aller continuer dans les salles de bains ; et les voilà tous, qui sur le siège des wc, qui sur le bord d'une baignoire, continuant de peindre sauvagement, pendant que Jackie les regardait faire avec *cette* expression sur son visage... »[35].

Après s'être méfiée de lui, au début, Jackie se rapprocha de l'Ambassadeur en qui elle retrouvait une partie du charme de son propre père. Tous deux s'asseyaient souvent sur la pelouse de Hyannis, pour papoter à propos des grands et des puissants de ce monde, tandis que le reste des Kennedy jouaient au « touch football ». Mais ses relations avec Rose — qu'elle appelait froidement « Belle-mère » en français — se détériorèrent rapidement. En certaine occasion, à Palm Beach, agacée par la tendance de Jackie à dormir tard dans la matinée, Rose demanda à sa secrétaire, Mary Gallagher, de vérifier si sa bru allait bientôt descendre : « Vous pourrez lui rappeler que nous avons invité des gens importants pour le déjeuner et qu'il serait aimable de sa part de se joindre à nous »[36]. Quand elle reçut le message, Jackie répondit en imitant malicieusement la voix haut perchée et les façons puritaines de Rose ; puis elle se fit un devoir de rester dans sa chambre tant que les invités importants ne furent pas arrivés et repartis.

Elle se défendait également de son mieux contre Jack, étudiait ses points faibles et les explorait avec art. « Les bouderies le rendaient fou, disait Lem qui avait misé là-dessus lui-même depuis leurs querelles juvéniles. Il ne pouvait supporter les tensions, et il s'efforçait de rétablir la concorde par tous les moyens, au point de s'en rendre littéralement malade. Jackie s'en était aperçue presque immédiatement et jouait magistralement de ses bouderies »[37]. Elle s'amusait aussi à piquer son amour-propre, avec esprit. Elle en eut notamment l'occasion, au début de leur mariage, alors qu'ils étaient en vacances sur la Côte d'Azur : ils avaient été invités sur le yacht d'Aristote Onassis où l'idole de Jack, Winston Churchill, se trouvait être l'hôte d'honneur ; Jack, qui s'était mis sur son trente et un, redoublait de zèle, dans l'espoir de faire bonne impression, mais l'ancien Premier ministre était « dans les vapes » au point de « ne plus reconnaître personne », selon le mot d'un témoin. En quittant le yacht, Jackie jeta un regard sur la jaquette de cérémonie de son mari et dit : « Il t'a peut-être pris pour un serveur, Jack »[38].

Il y avait aussi d'autres motifs de menus agacements. Jackie dépensait allègrement, et Jack, qui tentait de pallier sa propre naïveté en matière d'argent par une certaine pingrerie, commença à se faire du souci en voyant arriver les factures. Elle persistait à déranger son cadre de vie autant que ses sentiments. Quand ils achetèrent, en Virginie, une propriété appelée Hickory Hill, avec une maison de style georgien, à trois étages, qui avait appartenu à un Juge de la Cour suprême, Robert Jackson, Jackie s'y attaqua comme elle l'avait fait pour leur premier appartement de Georgetown, modifia la décoration et changea trois fois en trois mois le papier mural de la cuisine, de sorte que Jack se plaignait de se sentir, dans son propre foyer, « comme un voyageur en transit ».

Ils étaient pourtant bien assortis. « Ils se ressemblaient tellement, disait Lem, même par leurs noms, Jack et Jackie ; c'était les deux moitiés d'un seul tout. C'était tous deux des *acteurs* et je crois que chacun appréciait la prestation de l'autre. C'était incroyable de les voir quand ils donnaient une réception. Par exemple, Jackie pouvait s'asseoir à côté d'un vieux bonhomme qui aurait à peine hoché la tête de toute la soirée, et lui poser une question si indiscrète que les yeux du vieux paraissaient soudain lui sortir de la tête de sorte que, pendant tout le reste de la conversation, il semblait lié à elle par quelque secret intime. Jack était exactement pareil. Tous deux avaient le chic pour vous faire sentir qu'il n'y avait pas un endroit sur la terre où vous auriez préféré être, au lieu de rester là, à parler intimement avec eux »[39]. Pourtant Anita Fay a remarqué que les femmes ne se sentaient pas à l'aise avec elle, non seulement à cause de ces dons — que Truman Capote allait comparer plus tard à ceux d'une geisha — mais aussi à cause de la profonde attention qu'elle portait à elle-même : « Sur les instantanés, il arrive toujours que l'un ou l'autre d'entre nous soit photographié avec une écharpe de guingois, ou une expression idiote ou n'importe quoi de ce genre, mais pas Jackie ; chez elle, sa coiffure comme le reste, tout était toujours parfait. Depuis le jour même où je l'ai rencontrée pour la première fois, j'ai senti que j'étais en présence d'une très grande actrice »[40].

Elle pouvait également jouer les épouses exemplaires, se tenir modestement derrière Jack au cours de l'émission « De vous à moi », pendant que son mari parlait de Joe Jr et lisait « J'ai un rendez-vous avec la mort », d'Alan Seger, le célèbre poète-aviateur américain tué en combat aérien pendant la Première Guerre mondiale. Comme ses frères et sœurs, Jack était un vrai sauvage, une sorte de Huron, pour les bonnes manières et Jackie s'efforça de les lui inculquer, de lui apprendre à s'habiller, d'élargir ses goûts artistiques et d'améliorer son comportement en société. Elle tenta de corriger certains de ses « solécismes en conduite », comme son habitude de quitter la pièce quand la conversation de ses invités commençait à l'ennuyer, pour aller se coucher sans même prendre congé. « Jack savait l'apprécier, dit Chuck Spalding. Son visage s'éclairait dès qu'elle faisait son apparition. On pouvait lire ses sentiments dans ses yeux ; il la suivait tout autour de la pièce pour voir ce qu'elle allait faire. Jackie *l'intéressait,* ce qui n'était pas le cas de beaucoup de femmes. Malheureusement, ce n'était pas suffisant. Il y a bien des façons de traiter une femme, mais à ses yeux, il n'y avait qu'une manière de traiter une épouse — celle dont son père avait usé avec sa mère »[41].

Jackie pensait qu'elle avait toujours su comment les choses se passeraient. Peu après son mariage, elle avait parlé de la « violente » indépendance de Jack et ajouté : « Je ne crois pas qu'il y ait des maris fidèles. Les hommes sont un tel mélange de bon et de mauvais »[42]. Mais elle n'était pas préparée à ce qu'il se montrât coureur de façon aussi flagrante. Il lui arriva de se retrouver toute seule, perdue, dans des réceptions, après qu'il se fut éclipsé avec une inconnue qui avait accroché son regard[43]. Elle dut supporter la pitié cruelle des autres femmes de son cercle. Depuis qu'il avait été élu sénateur, il était devenu, bien plus qu'avant, une personnalité officielle, de sorte qu'il ne lui fallait plus faire d'efforts pour rencontrer des femmes. Il « chassait » en compagnie d'un autre libertin de son espèce, son collègue George Smathers, et les deux complices s'arrangeaient pour rencontrer des jeunes femmes dans une garçonnière de Carroll Arms, sur le Potomac. (« Jack prenait plaisir à y retrouver deux jeunes secrétaires, selon le témoignage de Smathers ; il aimait bien être en groupe »[44].) Et Jackie entendait parler de tout cela.

« Jack s'entêtait à nous répéter qu'elle n'avait pas le moindre soupçon, mais il était évident qu'elle savait tout, a dit Jim Reed. Il était si discipliné en tant de domaines — après tout, la discipline était le secret de sa réussite —, mais quand il s'agissait des femmes, c'était un autre homme ; on aurait dit le docteur Jekyll et Mr Hyde »[45]. Et un autre ami d'ajouter : « Après un an de mariage, Jackie errait déjà deci delà, comme la survivante d'une catastrophe aérienne »[46]. Le mariage était si peu compatible avec la personnalité de Jack que certains cyniques, enclins à attribuer des arrière-pensées à tous les Kennedy et à tout propos, virent dans cette union une tentative de Jack pour jeter un manteau de respectabilité sur son libertinage et se procurer l'environnement familial indispensable, en Amérique, pour qui veut accéder aux plus hautes fonctions. Il y avait quelque vérité là-dedans, mais le fait, pour Jack, de devenir un époux et (si possible) un père, revêtait d'autres significations. C'était une façon de reconnaître qu'il se trouvait coincé entre deux phases de sa vie, une tentative pour contracter un engagement ferme sur une base qui lui permettrait de passer à l'étape suivante. Le fantôme de Joe Jr continuait de le narguer, à l'arrière-plan de tout ce qu'il entreprenait. (Peu après être entré au sénat, Jack rencontra Werner von Braun et surprit ce grand spécialiste des fusées en lui expliquant par le menu la mort de son frère pour lui prouver que celui-ci avait été associé à une expérience prématurée dans le domaine des missiles guidés[47].) Mais il sentait que sa victoire sur Lodge, contrairement à son succès précédent, était vraiment le résultat de ses propres efforts. N'étant jamais entré en conflit ouvert avec son père, pour établir entre eux des rapports plus équitables, il lui fallait obtenir son indépendance par des voies détournées et une guérilla de tous les instants.

Un geste lourd d'implications symboliques et de conséquences pratiques pour l'avenir fut le choix qu'il fit d'un nouvel assistant en la personne de Theodore Sorensen[48]. Avec un visage carré, des cheveux en brosse, un épiderme criblé de cicatrices laissées par une crise d'acné juvénile, et des yeux rétrécis par le reflet de ses épaisses lunettes, Sorensen était, à vingt-quatre ans, un jeune juriste ambitieux, attiré à Washington par l'espoir d'entrer dans l'administration à un échelon élevé. Il était aussi différent que possible d'un garçon comme Ted Reardon, par ses origines comme par sa philosophie. Son père avait été ministre de la Justice dans l'Etat du Nebraska, où il avait mené une véritable croisade ; avocat du vote des femmes, il avait également milité sur le « navire de la paix » de Henry Ford, et c'était un ami et partisan du sénateur progressiste du Nebraska, George Norris. Sorensen était lui-même une sorte de pragmatique de gauche, en quête d'un emploi qui lui permettrait d'influer sur la politique du gouvernement.

Sa première entrevue avec Kennedy fut quelque peu tendue [49]. Il critiqua le manque de fermeté de son interlocuteur, face au McCarthysme, ses attaques contre Owen Lattimore et autres vieux spécialistes de la Chine, au nom de l'anticommunisme, ainsi que d'autres prises de position du jeune sénateur. Il exprima clairement que s'il s'était porté candidat au poste proposé, ce n'était pas en raison d'une identité de vues avec son futur employeur, mais pour avoir un pied à l'étrier. Jack répondit en essayant presque de se justifier et en alléguant qu'il se situait plus à gauche que ses antécédents ne le faisaient croire. « Vous remarquerez qu'en entrant au Congrès, je sortais tout juste du foyer paternel » [50]. Sorensen pensa qu'il avait peu de chances d'obtenir le poste. Outre les divergences philosophiques qui s'interposaient entre Jack et lui, il y avait le problème de l'Ambassadeur. « Jack n'engagera personne que son père ne lui ait dit de recruter » [51], lui avait indiqué un ami ; et Joe Kennedy n'avait jamais, en quinze ans, engagé quelqu'un qui ne fût pas catholique, à l'exception de Jim Landis. Mais Jack embaucha pourtant Sorensen. C'était la première fois qu'il choisissait un collaborateur en dehors de l'univers confiné de la politique familiale.

Sorensen n'était pas quelqu'un à qui l'on pouvait faire des passes avec un ballon ovale dans le bureau, mais son énergie était sans limites et il n'avait pratiquement pas de vie privée. Il soumettait bientôt des articles, sous la signature de Jack, à des revues telles que *Atlantic, The New Republic* et la *Saturday Review* [52]. Il ne demandait pas mieux que de traiter n'importe quel sujet, sous le nom de Kennedy, et la liste de titres qu'il proposa à un rédacteur en chef est significative à cet égard : « La retraite à 65 ans ? » ; « Un sénateur citadin se penche sur les problèmes agricoles » ; « Où en sont nos pêcheries ? ».

Sorensen s'assimila à Jack, un peu comme Boswell s'était confondu avec le Dr Johnson. Habitué à se servir du *Bartlett's*, comme ouvrage de référence, il savait situer exactement les allusions historiques que Jack considérait comme kennedyesques ; sa prose agile tombait aisément dans le style fleuri, quasi churchillien, qui répondait parfaitement aux idées de Jack sur la rhétorique officielle. Sorensen parvint même à imiter Jack, de façon si remarquable qu'il pouvait se faire passer pour son patron, quand celui-ci était trop occupé pour répondre personnellement au téléphone [53]. Les membres de l'équipe qui aimaient bien l'aimable Reardon s'inquiétèrent de le voir éclipsé par le nouveau venu [54], qui écrivait bientôt les notes les plus importantes, répondait au téléphone, et transmettait les instructions du chef. Mais si Sorensen prenait les commandes, c'était avec l'appui de Jack. L'Ambassadeur s'en était rendu compte immédiatement. Quand il rencontra

Sorensen pour la première fois, à Hyannis, à l'automne de 1953, il le dévisagea puis proféra : « Vous ne pourriez pas écrire de discours pour moi ; vous êtes trop à gauche. Mais écrire pour Jack, c'est autre chose »[55].

Peu après avoir commencé à travailler avec lui, Jack demanda à Sorensen quel ministère il aimerait occuper dans un gouvernement s'il en avait l'occasion. « Le ministère de la Justice, celui du Travail, ou encore celui de la Santé, de l'Education et des Affaires sociales », répondit Sorensen, qui s'intéressait surtout aux domaines privilégiés de la gauche classique. « Je n'en aurais que faire, dit Kennedy ; pour moi ce serait le département d'Etat ou celui de la Défense »[56]. Depuis son voyage de 1951 en Extrême-Orient, la tournure que prendraient les choses dans le monde, particulièrement dans le tiers monde, avait continué de requérir son attention, et c'était même devenu pour lui une affaire personnelle. William O. Douglas, juge à la Cour suprême, avait entrepris son propre voyage d'information au Vietnam en 1952 et il avait rencontré à Saigon un homme politique appelé Ngo Dinh Diem[57]. Quand celui-ci se rendit aux Etats-Unis, au printemps de 1953, Douglas organisa pour lui un déjeuner avec Jack qui en sortit convaincu de la possibilité d'une solution autochtone, au Vietnam, différente du colonialisme français et du communisme vietminh. Cette année-là, Kennedy s'opposa à une demande du gouvernement Eisenhower concernant un crédit de 400 millions de dollars en faveur d'une aide militaire à la France ; selon lui, les fonds ne pouvaient être accordés que s'ils servaient « à aider par tous les moyens disponibles (le peuple du Vietnam) à obtenir la liberté et l'indépendance » qu'il appelait de ses vœux[58]. Plutôt que d'aider la France à mener à bien des opérations militaires, Jack voulait faire servir l'argent américain à la formation de groupes autochtones, capables de diriger le pays après l'indépendance et de lutter contre le communisme pour leur propre compte. Trois mois avant que le sagace secrétaire d'Etat d'Eisenhower, John Foster Dulles, eut formulé sa « théorie des dominos », John Kennedy affirmait que si les communistes prenaient le pouvoir au Vietnam, cela mettrait en danger la Birmanie, la Thaïlande et d'autres Etats indépendants[59]. Mais il n'avait pas les mêmes vues que le gouvernement sur les moyens à employer pour rétablir la sécurité dans cette partie du monde. Certes, la menace de représailles nucléaires pouvait empêcher les Soviétiques d'envahir l'Europe occidentale, mais elle ne suffirait pas à mettre fin à une guérilla, assortie de soulèvements locaux et de tentatives de subversion. Une aide irréfléchie à la France ne saurait figer ce qui paraissait être le cours de l'Histoire. Le 30 juin 1953, Jack déclarait que « la guerre ne pourrait être gagnée, sauf si un grand nombre de Vietnamiens étaient arrachés à leur neutralité morose ou à leur opposition manifeste... (et) assurés d'obtenir l'indépendance complète à l'issue du conflit »[60].

Lorsque la garnison française de Dien Bien Phu fut assiégée par des forces vietminh considérables, au printemps de 1954, et que des pressions croissantes s'exercèrent en faveur d'une intervention des forces américaines dans cette bataille finale, Jack prononça, au sénat, un important discours sur l'Indochine, le 6 avril. Il passa en revue les prévisions optimistes et irréalistes qui avaient été formulées au cours des deux années précédentes et avaient masqué la vérité au peuple américain sur cette guerre. En partie à cause de son anglophilie et du fait que les Britanniques avaient, selon lui, liquidé leurs positions en Inde « de façon civilisée », il était hostile à la perpétuation de la domination coloniale française en Indochine : « Déverser nos ressources, notre matériel et nos hommes dans les jungles indochinoises sans avoir au moins un lointain espoir de victoire serait une entreprise dangereusement futile et vouée à l'échec... Je suis franchement convaincu qu'aucune aide américaine, peu importe son ampleur, ne peut venir à bout d'un ennemi présent à la fois partout et nulle part... » D'après lui, ce qu'il fallait pour neutraliser une agression communiste, c'était « une armée autochtone efficace, capable de lutter contre les forces autochtones de l'ennemi »[61].

En même temps qu'il prenait l'initiative d'un débat sur le colonialisme français, il critiquait l'intention du gouvernement Eisenhower de réduire les dépenses militaires. Il insistait pour que les forces armées américaines conservent « une marge de supériorité évidente ». Utilisant les ressources oratoires de Sorensen — qui rédigeait ses textes —, il décrivait le conflit entre l'Est et l'Ouest en des termes qui pouvaient rivaliser avec les visions apocalyptiques du secrétaire d'Etat, John Foster Dulles : « Nous sommes en vérité le dernier espoir de l'humanité. Si nous ne nous dressons pas maintenant contre l'ennemi — contre toute idée de neutralisme, de résignation, d'isolationnisme, et d'indifférence —, nous serons perdants et toutes les nations libres de la Terre tomberont les unes après les autres jusqu'au moment où sera lancé l'assaut final contre la grande citadelle — les Etats-Unis. »

Jusqu'à un certain point, cette éloquence était une concession à l'esprit du temps, mais elle reflétait aussi le romantisme refoulé de Jack, le besoin d'audace qu'il n'avait pas encore su exprimer et auquel Sorensen prêtait maintenant une voix, ainsi qu'une certaine vision du monde — et pas seulement de l'Europe — comme théâtre planétaire d'un affrontement avec le communisme ; cette idée était en gestation dans son esprit, au moins depuis son voyage de 1951 en Extrême-Orient, mais, cette fois, elle prenait une forme concrète. La première conséquence de son internationalisme militant, à cette époque de sa vie, pour son existence personnelle, fut l'aggravation de son conflit avec son père. Certains de ses amis eurent l'impression qu'il cherchait à prendre ses distances vis-à-vis de l'Ambassadeur, au moins dans l'esprit du public et pour des raisons tactiques, quand il affirmait : « Il y a des sujets dont nous ne discutons plus jamais ensemble. » Mais son ami Chuck Spalding déclarait : « C'était vrai. Ils étaient en complet désaccord. Le vieux n'était pas du tout satisfait de certaines positions prises par Jack en matière de politique étrangère après son entrée au sénat. Ils évitèrent complètement d'aborder ces problèmes pendant au moins un an... Il y avait une réelle tension entre eux à ce sujet »[62].

Dans ces domaines d'une importance cruciale, Joe Kennedy se mua de mentor en tortionnaire pour son fils, ce qui prouvait la complexité des liens dans lesquels Jack se trouvait encore pris. Red Fay était présent lors d'une rencontre avec des responsables de la presse Hearst, peu après la victoire de

Jack sur Lodge. L'Ambassadeur, toujours présent dans de telles occasions, accaparait l'attention générale par l'exposé détaillé de ses vues conservatrices et isolationnistes. Jack commença par écouter tandis que l'on pouvait lire sur son visage une expression de gêne de plus en plus marquée. Soudain il se mit debout et quitta la pièce. Fay le rattrapa dans une chambre voisine : « Mon Dieu, Jack, que se passe-t-il ? Pourquoi faire une chose pareille ? » Jack haussa les épaules : « Ecoute, j'avais le choix entre trois solutions : rester là sans rien dire ce qui pouvait passer pour un signe d'acquiescement ; contredire mon père devant les journalistes ; ou m'en aller »[63].

Mais il semblait qu'il ne pourrait se sortir de ses ennuis. Son état de santé, notamment, empirait. Vers le milieu de l'année 1954, son dos lui faisait si mal qu'il restait parfois à sa place, au sénat, à écouter des discours mortellement ennuyeux, pour ne pas faire l'effort de se lever et de regagner son bureau comme nombre de ses collègues, entre deux appels nominaux. Il avait du mal à marcher même avec des béquilles. Son poids était passé de 80 à 63 kilos. (« Ne vous inquiétez pas, disait Eunice à des amis alarmés ; ce n'est rien de grave ; c'est à cause de la cuisine de Jackie »[64].) La question commençait à se poser de savoir pendant combien de temps il pourrait continuer à dissimuler la gravité de son état. Les reporters se mettaient à recevoir des questions de leurs rédacteurs en chef, à propos de la santé de Kennedy. Etait-ce sérieux ? Lui faudrait-il abandonner la politique ? Un journaliste de Boston, Ernest Warren, s'adressa à Ted Reardon pour lui demander d'apaiser les rumeurs en publiant un bilan de santé digne de foi. « Non, dit Reardon, en hochant tristement la tête, le vieux Joe ne veut pas en entendre parler pour le moment ; nous ne pouvons pas faire ça »[65]. »

Jack voulait subir une opération qui permettrait aux chirurgiens de souder les disques en voie de dégénérescence ; les médecins n'osaient s'y résoudre à cause de la maladie d'Addison, qui mettrait alors la vie du patient en danger. Finalement Jack envoya un appel désespéré au Dr Philip Wilson, de l'Hôpital de New York, pour les opérations chirurgicales spéciales. « Je préfère mourir plutôt que de traîner ces sacrées béquilles pour le restant de mes jours »[66]. Wilson lui répondit qu'en raison d'une insuffisance d'adrénaline il n'avait que cinquante chances sur cent de s'en tirer. Jack décida de prendre le risque qu'il comprenait parfaitement. Comme il le confia à Larry O'Brien, au moment d'entrer à l'hôpital : « Cette fois, j'en crève ou je guéris »[67].

Quelques-uns des observateurs qui suivaient Kennedy de près, pensèrent qu'il se faisait opérer pour éviter de prendre position sur le vote de censure du sénat contre Joseph McCarthy : les excès inquisitoriaux de ce dernier, dans sa « chasse aux sorcières communistes », avaient en effet pris de telles proportions que ses collègues se trouvaient réduits à cette mesure extrême pour y mettre un terme. C'était évidemment pour Jack l'une des circonstances difficiles de sa vie, où il se sentait particulièrement empêtré dans ses liens familiaux. Après la victoire de son fils sur Lodge, Joe Kennedy était allé voir le sénateur du Wisconsin, pour lui demander une nouvelle faveur :

la désignation de Bobby comme conseil juridique principal de la sous-commission d'enquête... * !

Jack avait été furieux en apprenant la nouvelle; il s'était lancé, devant Reardon, dans une tirade furieuse qui se termina par un hochement de tête assorti d'un commentaire désabusé : « Le diable l'emporte, on ne peut pas venir à bout du vieux ! »[69].

Bobby avait été déçu d'apprendre qu'il ne serait pas conseil principal mais subordonné au nouvel enfant-prodige de McCarthy, Roy Cohn — un garçon qui, en sa qualité de substitut du procureur, avait contribué à faire condamner Ethel et Julius Rosenberg, accusés d'espionnage et soupçonnés d'avoir livré des secrets atomiques aux Soviétiques. Roy avait vingt-cinq ans, soit dix-huit mois de moins que Bobby. Celui-ci fut d'abord chargé de mener une enquête sur un prétendu noyautage du département d'Etat par les homosexuels[70]. Après quoi on lui confia une étude sur les relations commerciales entre la Chine communiste et les Alliés européens des Etats-Unis, notamment l'Angleterre, au moment où les troupes chinoises étaient aux prises avec l'armée américaine en Corée. Jack avait dit que cela revenait à faire « commerce du sang » des soldats américains; Bobby poursuivit son enquête comme s'il s'agissait d'une vendetta familiale; il finit par adresser une lettre indignée au président Eisenhower, qu'il fit remettre par porteur à la Maison-Blanche. Quand le vice-président Nixon eut fait savoir à McCarthy que de telles accusations se retourneraient contre le gouvernement et seraient pain béni pour les Démocrates, la lettre fut « retirée » avant d'avoir fait officiellement l'objet d'un accusé de réception. L'incident était humiliant et embarrassant pour Bobby qui parut désemparé quand il fut interrogé par les journalistes; il ne put que leur demander piteusement : « Qui donc m'a vu me mêler de cette affaire ? »[71].

Chemin faisant, son animosité envers Roy Cohn tournait à la comédie des frères ennemis et entraîna sa démission, en juillet 1953, peu après que la minorité démocrate, au sein de la sous-commission, eut « quitté la salle » pour protester contre l'attribution à McCarthy du droit exclusif d'embaucher et de renvoyer les membres du secrétariat. Pendant quelques mois, il occupa un petit poste que son père lui avait procuré auprès du comité Hoover; ce fut pour lui une période de frustration et d'insatisfaction intenses. Selon Lem Billings : « Il avait le sentiment de ne pas savoir où il allait. Il en voulait à tout le monde et s'emportait à tout propos. Des tas de gens le prenaient pour un con »[72]. Au cours d'un incident fameux, alors qu'il jouait au « touch football » sur le campus de Georgetown, il se bagarra avec un étudiant qui avait quinze kilos de plus que lui; l'affaire tourna à la « rixe sanglante ». Pour tenter d'oublier ses ennuis, il accompagna le juge William O. Douglas dans un voyage en Union soviétique où son comportement se révéla carrément paranoïaque : il s'abstint pratiquement de toute

* Bobby avait été engagé par Francis D. (« Frip ») Flanagan, conseil général de la sous-commission McCarthy. Une semaine plus tard, Flanagan recevait un appel téléphonique. « Salut Frip ! Ici Joe Kennedy. Je sais que Bobby va travailler pour vous et je voulais vous dire, Bon Dieu, que vous n'aurez pas d'ennui avec lui. Si quelque chose ne va pas, vous n'avez qu'à m'appelez sur ma ligne privée. Voici mon numéro... »[68].

nourriture russe et, une fois malade, refusa également de consulter un « docteur communiste »[73].

En janvier 1954, quand les sénateurs démocrates reprirent leur place au sein de la sous-commission et offrirent à Bobby de le prendre comme conseiller de la minorité, il accepta. Alors que McCarthy se lançait dans ce qui allait être sa dernière croisade, dont la cible était, cette fois, l'armée américaine, Bobby reprit rapidement sa guerre contre Roy Cohn qui aboutit à un hideux affrontement, dans les coulisses de la salle d'audience où avait lieu le défilé des témoins contre l'armée, quand Cohn menaça d' « avoir la peau » du sénateur démocrate Henry Jackson, puis menaça également Bobby qui était venu à la rescousse. « Je n'ai pas besoin d'un " avertissement ", Cohn, explosa Bobby; n'essayez pas de vous en tirer comme ça! Vous avez voulu vous en prendre à l'armée, aux sénateurs démocrates, et maintenant c'est à moi... » Les témoins durent séparer les deux hommes[74]. La réaction hostile du public à propos de la procédure entamée par McCarthy contre l'armée encouragea le sénat à voter une motion de censure contre lui, ce qui ne laissait pas de présenter un dilemme pour Jack : « Comment pouvais-je requérir un vote de censure pour des faits qu'il a commis pendant que mon propre frère faisait partie de ses collaborateurs ? », demandait-il plus tard à Kenny O'Donnell, en récapitulant cet épisode[75]. En outre, son père continuait d'être l'un des plus chauds partisans du sénateur du Wisconsin. Ecrivant à Jack une lettre de Paris où il était allé recevoir la Croix de Guerre attribuée à titre posthume à Joe Jr, l'Ambassadeur niait que McCarthy eût terni le prestige des Etats-Unis à l'étranger comme le prétendaient les adversaires de l'accusé. « Le public ne s'y intéresse pas le moins du monde et toute l'agitation n'est entretenue ici comme en Amérique que par le même petit groupe. En ce qui concerne les tensions entre la France et les Etats-Unis, dont on nous a tellement parlé, c'est de la blague »[76]. De retour en Amérique, l'Ambassadeur répéta la même chose aux journalistes au cours d'une de ces conférences de presse improvisées que Jack et ses collaborateurs avaient appris à redouter. « J'ai rencontré des gens qui s'indignaient parce que McCarthy avait traité le général Marshall de traître. J'ai pourtant découvert que ceux-là mêmes étaient prêts à admettre que Marshall était en grande partie responsable de la perte de la Chine, et n'avait certainement pas été l'un de nos plus grands secrétaires d'Etat. »

L'Ambassadeur sympathisait avec les conservateurs mccarthystes (descendants en droite ligne des isolationnistes d'avant-guerre) quand ils attaquaient la politique « conciliante » des Démocrates envers les communistes (on appelait cela une politique d' « apaisement »). Au printemps de 1954, leurs clameurs se concentrèrent sur un projet d'amendement à la Constitution (l'amendement Bricker) destiné à limiter les pouvoirs du Président, en matière de traités; c'était une façon symbolique d'attaquer la prétendue braderie de l'Europe de l'Est, consentie par Roosevelt, à Yalta. Jack était hostile à cet amendement, mais Bobby, dont le mémoire de fin d'études, à la faculté de Droit, concluait que Roosevelt avait « perdu la paix » à Yalta, envoya au *New York Times* une lettre où il maintenait cette thèse[77]. (Il s'attira une réponse de son futur biographe Arthur Schlesinger Jr pour qui cette lettre était « un étonnant mélange d'erreurs et de falsifications »[78].)

Pour Jack, le McCarthysme, plus qu'une question strictement politique, était surtout une affaire de famille dont il lui fallait se dépêtrer. S'il ne fit pas preuve de courage — comme le lui reprochèrent Eleanor Roosevelt et bien d'autres —, ce fut par crainte d'affronter son père et non le sénateur du Wisconsin. Jack avait observé avec anxiété les manœuvres parlementaires des partisans et des adversaires de la motion de censure. Il cherchait à prendre une position qui lui épargnerait un conflit avec l'Ambassadeur. Quand il comprit qu'il serait peut-être impossible de finasser plus longtemps, il demanda à Sorensen de préparer un discours sur l'affaire, mais même dans ce texte, finalement abandonné, il ne portait qu'un coup d'épée dans l'eau contre McCarthy et réservait ses attaques à l'ennemi de Bobby, Roy Cohn, et au compère de celui-ci, David Schine[79]. Jack avait fini par considérer le chasseur de sorcières comme une sorte de porte-malheur. Kenneth Birkhead, qui faisait une enquête sur McCarthy pour le compte du Comité national du parti démocrate, trouva en John Kennedy un client passionné pour le produit de ses recherches : « Il avait pris l'habitude de rester en contact avec moi et de me poser des tas de questions. Il me demandait souvent de venir le rejoindre pour parler de McCarthy ; s'il y avait une nouvelle accusation contre l'homme, il me demandait si cela correspondait bien à ce que je savais... je ne crois pas qu'il y ait eu un autre sénateur qui ait consacré une si grande partie de son temps à m'interroger sur mon travail »[80].

C'est donc avec un sentiment de soulagement que Jack fut admis à l'hôpital, le 10 octobre, alors que le débat sur la motion de censure allait entrer dans sa phase la plus ardente.

L'un de ses amis se souvient d'avoir considéré l'aspect de sa chambre, à l'hôpital, comme un signe de régression mentale[81] : c'était la « carrée » d'un étudiant, avec un poster représentant Marilyn Monroe en short bleu, les jambes largement écartées, mais épinglé la tête en bas, les pieds en l'air ; une poupée Howdy Doody dans le lit, à côté du malade, et un bocal de poissons rouges près de l'oreiller. Il recevait la visite de jeunes femmes qu'il appelait ses « cousines ». Plusieurs fois par jour, Jackie venait s'asseoir sur le lit pour lui raconter les potins qu'elle avait recueillis depuis son dernier passage, grignoter les restes du repas sur le plateau, et examiner les infirmières pour savoir lesquelles avaient déjà attiré le regard de son mari.

Priscilla Johnson, qui faisait des recherches à Harvard et venait le voir de temps en temps, fut frappée de noter avec quelle vigueur il refusait la maladie. « Il était couché sur le ventre, l'oreille collée au téléphone pour se tenir informé des derniers ragots, tandis que les médecins lui appliquaient tous ces horribles traitements. Le personnel de l'hôpital n'en revenait pas »[82]. Elle lui avait apporté un livre d'Isaiah Berlin, intitulé *The Hedgehog and the Fox* (« Le hérisson et le renard »), ainsi que d'autres volumes, et il l'avait réveillée à trois heures du matin pour lui dire en plaisantant combien il trouvait cette lecture difficile. « Jack était un lecteur vorace, ajoute-t-elle, mais il n'était vraiment pas féru d'idées abstraites. Il avait un sens très précis de ce qui était utile et de ce qui ne l'était pas. C'était ce qui guidait ses efforts. »

L'opération de la colonne vertébrale qui eut lieu le 21 octobre fut dramatique et se déroula exactement comme l'avaient craint les médecins. Jack avait insisté pour que les deux phases de l'intervention soient terminées en une seule fois. Il prenait plus de risques pour sa vie que pour sa carrière. La maladie d'Addison avait diminué sa résistance, comme l'avaient redouté les praticiens ; il se produisit donc une infection et le malade entra dans le coma. Son père était inconsolable ; « Jack est mourant », articula-t-il en pénétrant dans le bureau d'Arthur Krock avant de se laisser tomber sur un canapé et de se mettre à pleurer ; son ami ne l'avait pas vu aussi bouleversé depuis la mort de Joe Jr [83]. Une fois de plus, Jack reçut l'extrême-onction. Sa secrétaire Evelyn Lincoln et certains de ses autres collaborateurs obtinrent de l'hôpital des communiqués contradictoires, à peu près d'heure en heure ; certains bulletins de santé indiquaient que Jack avait repris connaissance ; d'autres disaient que, par suite d'une rechute, le malade était en train de sombrer dans la mort [84]. Finalement, il commença à reprendre le dessus et à remonter lentement la pente.

Il était encore en train de recouvrer quelques forces, à l'hôpital, quand vint le moment du vote sur la motion de censure — adoptée à une large majorité, le 12 décembre. Jack fut le seul Démocrate à s'abstenir, mais le fidèle Sorensen fit savoir qu'il prenait tous les torts à sa charge et qu'il aurait dû voter en lieu et place de son patron*.

Mais il était évident, pour tous les amis de la famille, que Kennedy avait tiré le plus grand parti politique de son état de santé. Pendant sa convalescence, il avait dit à Chuck Spalding qu'il s'attendait à être harcelé par les journalistes, à ce propos, lors de sa sortie de l'hôpital. « Sais-tu ce que je vais faire ? Je vais désigner mon dos et me contenter de hurler " Aïe aïe aïe ! " puis je vais tirer le drap sur ma tête en espérant que l'on pourra m'emporter rapidement » [87].

Finalement, il ne fut autorisé à sortir que juste avant Noël. Il était affaibli et amaigri ; il avait dans le dos une plaie ouverte et suppurante où pointaient des particules osseuses. L'une des ailes de la maison de Palm Beach se trouva convertie en une sorte de service hospitalier. Jack, étendu au soleil, demandait à Lem d'observer la plaie : « Est-elle toujours à vif ? Est-ce qu'elle suinte toujours ? Est-ce qu'elle sent mauvais ? » [88]. Les semaines passaient et il ne constatait pas l'amélioration tant attendue. Il n'était pas sûr de pouvoir marcher de nouveau, même avec une canne ou des béquilles. Certes il était encore en vie, mais il semblait avoir perdu son pari. Le stoïcisme qui lui avait permis d'aller de l'avant depuis son enfance paraissait sur le point de l'abandonner. Pourtant seuls ses intimes voyaient qu'il était

* Dans son *Kennedy*, publié en 1965, Sorensen écrit : « C'est sur moi que retombait la responsabilité de faire enregistrer ou non son vote. Je savais que s'il avait été présent il aurait voté la censure comme tous les autres Démocrates » [85]. Mais en 1977, au cours d'un entretien avec l'historien Herbert Parmet qui préparait un ouvrage intitulé *Jack*, Sorensen déclara : (« Kennedy) était suffisamment lucide, à l'hôpital, pour m'envoyer des instructions sur ce qu'il fallait faire. A mon avis, c'est délibérément qu'il s'abstint de prendre contact avec moi... » [86].

en train de sombrer dans le désespoir. Lem raconta par la suite : « Ce fut une période terrible ; il était amer, son moral était bas, et nous étions à deux doigts de le perdre. Pas seulement de le voir mourir, mais de voir *sa personne* se désintégrer »[89].

En février de l'année suivante, une nouvelle infection se déclara, puis il fallut une autre opération pour ôter une plaque d'acier qui avait été implantée dans son corps et regreffer des morceaux d'os encore flottants. (Jackie demanda à Grace Kelly de se déguiser en infirmière pour donner à manger au malade, mais Jack ne s'en rendit même pas compte et ne la reconnut pas ; la belle actrice sortit de la chambre en disant : « Je dois avoir perdu une partie de mon pouvoir »[90].)

Pourtant, peu à peu, après cette intervention, Jack commença à se rétablir. Il ressentait encore des douleurs fulgurantes dans le dos ; son rayon d'action était si limité que pour s'adresser à quelqu'un il lui fallait tourner tout le corps ; pour chaque pas en avant, sa santé semblait faire deux pas en arrière ; lorsqu'en mai il put enfin retrouver son bureau, au sénat, il voulut faire étalage de sa vigueur auprès d'un visiteur, en se balançant énergiquement sur un fauteuil à bascule que Jackie lui avait acheté, tant et si bien qu'il fit culbuter le fauteuil et atterrit sur le dos.

Les opérations chirurgicales appartenant désormais au passé, les nuages qui assombrissaient son avenir depuis si longtemps commencèrent à se dissiper. Pour la première fois il entrevoyait la possibilité d'une guérison, alors que toute sa vie n'avait été qu'une longue maladie. Le Dr Janet Travell, pharmacologue à New York, lui prescrivit des injections de novocaïne qui rendirent supportables ses douleurs dorsales. Elle lui ordonna également des pilules de cortisone, disponibles depuis peu et préférables aux implantations de stéroïdes pour le traitement de la maladie d'Addison[91].

Le plus gros pari qu'il eût jamais fait semblait gagné, mais il lui avait fallu passer par une mort et une nouvelle naissance symboliques pour empocher la mise. Bien qu'il ne laissât jamais tomber le masque en public, ses amis se rendirent compte de la différence. D'après Lem Billings : « Jack ne parla plus autant de la mort, désormais ; il avait grandi dans l'idée qu'il était condamné ; maintenant les choses avaient changé : au lieu de penser qu'il était perdu, il trouvait qu'il avait de la chance »[92].

Durant sa longue convalescence à Palm Beach, il s'était occupé d'un projet dont il avait entamé la réalisation plusieurs mois auparavant. Peut-être pour s'encourager lui-même à prendre une position plus audacieuse dans l'affaire McCarthy, il avait commencé à établir une liste de sénateurs qui s'étaient montrés fidèles à leurs principes dans des circonstances difficiles. La liste avait donné naissance à une ébauche de livre. L'infatigable Sorensen, qui avait consulté des universitaires amis, y compris l'historien James McGregor Burns, pour savoir quels seraient les personnages historiques à étudier, suggéra de leur adjoindre le sénateur Norris. Arthur Krock avait recommandé de retenir le nom de Robert Taft. Le sommaire allait bientôt inclure John Quincy Adams, qui avait été contraint d'abandonner son siège de sénateur pour avoir soutenu la politique de Jefferson, Daniel Webster, dont les espoirs de parvenir à la présidence furent anéantis par son ralliement au Compromis de 1850, dicté par le souci de sauvegarder l'unité de la nation, Thomas Hart Benton, Sam Houston et d'autres encore. Tous ressemblaient au propre père de l'auteur par leur foi en leurs idées — sinon par la nature de celles-ci, encore que la plupart fussent, comme l'Ambassadeur, des conservateurs dont la carrière s'était brisée sur les écueils d'une grande Cause[93].

Profiles in Courage (en édition française : *Le courage dans la politique*) était achevé au moment où Jack reprit ses activités sénatoriales; l'ouvrage fut publié la même année. Il répondait manifestement à un besoin d'orientation spirituelle de la part du peuple américain, proclamait la vitalité de la démocratie et de ceux qui la dirigeaient, à un moment où la menace communiste dans le monde faisait peser des doutes sur la pérennité du système politique américain. *Profiles* reçut un accueil enthousiaste de la part d'un vaste public — amateurs d'Histoire ou simples citoyens en quête d'un rajeunissement social. L'auteur se vit applaudir par la critique et comparer à Lord Cecil, qu'il admirait tant comme homme d'Etat et homme de lettres. Le livre fut un best-seller (on en vendit 125 000 exemplaires dans l'édition courante en deux ans) et Jack dépensa astucieusement le produit de ses droits d'auteur en annonces publicitaires, utiles à sa renommée comme à la diffusion de l'ouvrage[94]. C'était la troisième fois que la littérature jouait un rôle important dans sa vie. *Pourquoi l'Angleterre s'était endormie* lui avait acquis la considération de sa propre famille; l'article de John Hersey avait fait de lui un héros du temps de guerre; et maintenant *Le courage* prouvait qu'il était autre chose qu'un politicien ordinaire*.

L'accueil reçu par le volume et le succès personnel de Jack au cours d'émissions télévisées comme « De vous à moi » (Person to Person) firent de lui une sorte de célébrité au sein du parti démocrate; c'est en cette qualité qu'il fut invité à servir de narrateur pour le film *The Pursuit of Happiness* (dont le titre était tiré de la Constitution américaine, où figure expressément le droit à « La recherche du bonheur »); cette bande avait été produite par Dore Schary, pour l'ouverture de la convention démocrate de 1956. Il en vint à considérer cette convention comme une excellente occasion à saisir et s'employa à prendre position en prévision des avantages qu'il pourrait en tirer. Après avoir annoncé qu'il soutiendrait la candidature de Stevenson, il se lança dans une bataille assez trouble pour arracher la direction de la délégation du Massachusetts aux membres de l'appareil, hostiles à son candidat. Ce fut une de ces amères luttes intestines, si caractéristiques de la

* Drew Pearson et quelques autres lancèrent le bruit que Jack n'était pas le véritable auteur de l'ouvrage et Joe Kennedy demanda à son vieil ami J. Edgar Hoover, patron du FBI, d'identifier le « groupe de new-yorkais » coupables d'insinuer que le gros du travail avait été réalisé par Sorensen[95]; il obtint même une rétractation de la chaîne de télévision ABC qui avait diffusé les accusations de Pearson. Jack insista pour que ses notes holographes fussent soumises aux critiques et demanda à son collègue Richard Neuberger de l'Oregon, le plus lettré des sénateurs, d'examiner le manuscrit dans le but d'établir l'identité de l'auteur[96]. Selon James McGregor Burns, Jack fut irrité de voir que Sorensen ne mettait pas assez d'ardeur à démentir qu'il avait écrit le livre, de sorte que les relations entre les deux hommes furent un peu tendues pour un temps[97]. Blair Clark, vieil ami de Jack, fut surpris de voir la réaction particulièrement furieuse de celui-ci quand il le menaça, en plaisantant, de se faire passer pour le « véritable auteur » de *Pourquoi l'Angleterre...*[98].

politique bostonienne et qu'il avait toujours voulu éviter : des rencontres qui tournaient presque à l'empoignade entre bandes rivales, des manœuvres destinées à empêcher les troupes de l'adversaire de pénétrer dans la salle de réunion, des intrigues sans fin dans des salles littéralement remplies de fumée. Son père l'avait averti de « ne pas descendre dans le caniveau avec les partisans de Curley » ; mais pour Jack, se rendre maître de l'appareil était une façon d'affirmer son indépendance et de revendiquer son héritage en se montrant capable de jouer le jeu brutal où ses grands-pères étaient passés maîtres.

Il avait compris également qu'il pourrait se voir écarter non seulement de la présidence, mais même de la vice-présidence — son ultime objectif — pour des raisons religieuses. Il dépêcha donc Sorensen sur le terrain, faire une « tournée des popotes » du parti, pour prouver aux dirigeants, statistiques en main, que la présence d'un catholique sur la liste démocrate permettrait de mettre un terme à l'hémorragie des suffrages dont souffrait le parti depuis que les minorités avaient commencé à voter pour les Républicains en 1952.

En route pour la Côte d'Azur, où il allait passer ses vacances annuelles, Joe Kennedy, qui prévoyait la débâcle de Stevenson si celui-ci affrontait Eisenhower une fois encore, conseilla la prudence : « Si tu es investi comme candidat à la vice-présidence, ce sera à cause de ta religion et non parce que l'on te jugera digne de la fonction »[99]. Jack demanda à Sargent Shriver d'écrire à son père : « (Stevenson a été assuré)... que tu soutenais ton fils à cent pour cent, et que tu mettrais tout ce que tu possèdes à sa disposition pour les besoins de la campagne, même si, par malheur, tu pouvais douter de l'opportunité de sa décision »[100].

Jack arriva à Chicago avec Jackie, enceinte de huit mois, pour l'ouverture de la convention, le 13 août, heureux d'avoir enfin son mot à dire sur sa propre carrière politique. Le commentaire qu'il avait enregistré pour accompagner le film de Schary fut un tel succès qu'il fut désigné pour faire le discours d'investiture de Stevenson. Il s'y attela immédiatement avec Sorensen — dans l'intention d'écrire un texte plus proche de ses propres idées que celui dont les partisans de Stevenson avaient chargé Arthur Schlesinger Jr. Avec ce discours, Jack prenait rang pour figurer aux côtés de Stevenson sur la liste du parti démocrate, avant même les sénateurs Hubert Humphrey et Estes Kefauver qui briguaient également l'investiture comme candidats à la vice-présidence. Cela posait un dilemme à Stevenson ; il préférait personnellement Hubert Humphrey, mais il estimait qu'il ne pouvait désobliger les autres. Dans un geste qui lui valut le mépris de Jack, il s'en remit donc directement à la convention, à onze heures, la veille du jour où il devait être lui-même investi. C'était aller à l'encontre de la tradition qui laissait au candidat à la présidence, après son investiture, le choix de son co-équipier.

Or Jack avait compté sur ses propres moyens de pression pour se faire désigner par Stevenson, selon le calendrier normal et l'usage établi. Il ne lui restait plus que douze heures pour s'organiser en vue d'un affrontement public. Bobby se jeta aussitôt dans la bagarre, après avoir commencé par téléphoner à l'Ambassadeur — toujours en France. Les répliques acerbes du vieil homme résonnèrent dans toute la pièce tandis que Bobby écartait l'écouteur de son oreille en ouvrant des yeux ronds. Quand la communication transatlantique fut coupée avant que son père eut fini d'énumérer les raisons pour lesquelles les deux frères étaient idiots d'oblitérer ainsi l'avenir de Jack, Bobby s'empressa de raccrocher et ne tenta pas de reprendre la conversation. Il se contenta de dire : « Ouille ! Il est fou de rage ! »[101].

Comme il fallait s'y attendre, le déplaisir de l'Ambassadeur n'était quand même pas plus fort que son esprit de famille. Il tenta donc de tirer quelques ficelles, à distance, et de rallier quelques vieux piliers du parti, comme Jimmy Byrnes[102]. Jack se débattit tant qu'il put pour se procurer des appuis, au cours d'une série ininterrompue de réunions nocturnes jusqu'au lendemain matin. Son excitation était telle qu'en le ramenant en voiture à son hôtel, à l'aube, un ami l'entendit scander à voix basse : « Allez ! Allez ! Allez ! », comme s'il s'encourageait lui-même, en se frappant la cuisse avec le poing, en cadence. Bobby fit alterner les flatteries et les menaces auprès de délégations dont il ne savait pratiquement rien. Quand Jackie se hasarda, le lendemain matin, au quartier général de son mari, celui-ci la regarda d'un air hagard avant de lui demander : « Est-ce que tu ne connais personne au Nevada ? »[103].

Quand le vote commença, les deux frères avaient réussi à prendre leurs dispositions pour faire front, face au puissant appareil de Kefauver, bien rodé par les élections primaires du printemps précédent. Dès le deuxième tour, quelques Etats (surtout ceux du Sud) commencèrent à voter pour Kennedy[104] : au total, il avait 618 voix, et quand le Kentucky lui accorda ses trente suffrages, cela lui en faisait 648 ; il ne lui manquait plus que trente-huit voix pour l'emporter. Il avait commencé à s'habiller pour aller remercier l'assemblée, quand le sénateur du Tennessee, Albert Gore, qui s'était présenté seulement pour la forme, s'empara du micro en hurlant qu'il se désistait en faveur de Kefauver. Cela amorça un mouvement de reflux. En voyant l'ampleur croissante des défections, Bobby courut de délégation en délégation, les larmes aux yeux, suppliant chacun de tenir bon ; en vain. Au moment où l'effervescence retomba, Kefauver avait reçu l'investiture du parti comme candidat à la vice-présidence.

Après un aimable appel à l'unité, Jack s'envola pour New York avec Jackie, laissa celle-ci prendre du repos à Hammersmith Farm et s'accorda, quant à lui, des vacances en Europe. Il était encore sous le coup de son échec et complètement déprimé quand il s'arrêta chez son père, sur la Côte d'Azur. L'écrivain britannique Douglas Home l'accompagnait lors de son arrivée ; il jeta un regard sur la maison de location, remarqua l'opulence des lieux, les courbettes de la domesticité, et déclara ironiquement : « Eh bien, je vois que ton papa traverse de nouveau des temps difficiles, cette année »[105]. Quelques jours plus tard, Jack prenait un bain de soleil quand l'ancien beau-frère de Jackie, Michael Canfield — le premier mari de Lee —, vint lui demander pourquoi il tenait tant à être président. Sans ouvrir les yeux, Jack répondit : « Je pense que je n'ai pas le choix »[106].

Il quitta la Côte, muni de la bénédiction paternelle — « Dieu est toujours avec toi et tu peux encore devenir président si tu le veux et si tu travailles dur »[107] — et s'en fut rejoindre George Smathers pour une croisière en yacht, autour de la Méditerranée[108]. Le périple tourna à la bacchanale. Plusieurs jeunes femmes montaient ou descendaient à chaque port. « Il y en avait une, a raconté l'un des membres du groupe, très belle mais pas trop intelligente, qui semblait ne pas avoir de nom, parlait d'elle-même à la troisième personne et se désignait sous l'interjection de " Pooh ". (C'était aussi un personnage de comédie musicale.) Elle fascinait Jack qui, encore profondément meurtri en arrivant en Europe, avait presque entièrement oublié son échec quelques jours plus tard »[109]. Ils étaient constamment en mer ; c'est donc à bord que lui parvint un télégramme lui annonçant que Jackie avait accouché d'un enfant mort-né, une fille ; mais le « malheureux père » ne parut guère pressé de regagner son foyer pour autant. Finalement, trois jours après avoir appris la tragédie, il prit l'avion pour rentrer, cédant aux instances de Smathers qui le pressait de raccommoder son ménage en lambeaux s'il avait toujours envie de faire carrière dans la politique à un échelon élevé[110]. Quand Jackie quitta l'hôpital, ce fut pour se réfugier à Hammersmith Farm, chez les Auchincloss, et non pas au domicile conjugal. Au cours des quelques semaines suivantes, les deux époux ne se virent guère ; la nouvelle de leur séparation se répandit au point que Drew Pearson en fit publiquement état ; Joseph Kennedy dut jouer les intermédiaires pour négocier un compromis et sauver le ménage.

Jack et Bobby se mirent alors en campagne, d'un bout à l'autre du pays, pour le compte de Stevenson. Jack prononça quelque cent cinquante discours dans plus d'une douzaine d'Etats clefs, mais toujours selon les besoins de son propre calendrier, sans se soucier des récriminations de l'équipe de Stevenson qui aurait préféré le voir mobiliser les voix de la classe ouvrière catholique, chez lui, dans le Massachusetts. En fait, le mépris que professait maintenant Jack pour la veulerie et l'indécision du candidat officiel de son parti ne fit que grandir au cours de cette campagne sans passion. Bobby qui, sur les instances de son père, accompagnait Stevenson dans le train privé de celui-ci, pour observer de près comment on menait une campagne à l'échelon national, remplissait de remarques cruelles tout un carnet de notes, sur la mollesse du candidat et sa tendance à gaspiller un temps précieux en discussions inutiles ; par exemple, sur la différence entre fusion et fission nucléaires. Finalement, dans un mouvement de dégoût, il écrivit sur Stevenson le jugement le plus défavorable que pût porter un Kennedy — « ce n'était pas du tout un homme d'action » — et il vota pour Eisenhower[111].

L'année 1956 avait été cruciale pour Jack. Certes il n'avait pas encore acquis son indépendance mais il était déjà animé par son ambition personnelle plutôt que par celle de son père. Il agissait parce qu'il le voulait ainsi et non plus parce qu'il y était contraint. Il avait secoué de ses épaules le fardeau spirituel qu'il avait porté depuis son entrée dans la vie publique, et on le vit bien dans un commentaire qu'il fit quand le tandem Stevenson-Kefauver fut écrasé lors des élections de novembre. Evoquant délibérément la mort de son frère — qu'il évitait généralement de mentionner —, il déclara : « Si Joe était resté en vie, il serait entré dans la politique comme moi, il aurait été élu comme moi à la chambre et au sénat ; et, comme moi également, il se serait porté candidat à l'investiture pour la vice-présidence ; mais contrairement à moi il n'aurait pas été battu ; Joe aurait gagné... » Dans le passé, il avait pu nourrir des sentiments de ce genre, et s'en tenir là. Mais maintenant il voyait les choses d'un autre œil ; il savait en quoi il était différent du fantôme qui l'avait hanté pendant toutes ces années — et en quoi il était peut-être meilleur que celui-ci — car il ajouta : « ... alors, Stevenson et lui auraient été battus par Eisenhower ; aujourd'hui sa carrière politique se trouverait en miettes et il serait en train d'essayer d'en ramasser les morceaux »[112].

5

Joe Kennedy semblait étrangement semblable à lui-même en approchant de son soixante-dixième anniversaire. La chevelure rousse avait blanchi et le haut du crâne était dégarni mais il avait toujours le visage ouvert et criblé de taches de rousseur, de sorte qu'aux dires d'un ami il ressemblait à « un jeune homme de vingt ans, prématurément vieilli »[1]. Pourtant l'ardeur arrogante de la jeunesse, qui l'avait accompagné pendant toute sa vie, avait fini par céder la place à la dignité pleine de réserve d'un patriarche autocratique. Il sentait les appels d'une mort qui avait frappé ses enfants mais l'avait encore épargné. En 1955, il s'était plaint à Beaverbrook « de maux d'estomac de nature assez suspecte »[2] et, l'automne suivant, s'était rendu en France pour une série d'opérations chirurgicales qu'il souhaitait cacher à la presse[3]. Il n'y avait pas de tumeurs malignes, comme il semblait l'avoir craint, mais il continua de grogner contre la trahison de son corps. Fatigue, névrite, arythmie cardiaque n'étaient que des symptômes ; le grand âge en était la cause et il devait bien l'admettre.

Plus disciplinée et plus stoïque, Rose semblait trouver moins pénible de voir couler le temps. Son mari paraissait toujours inquiet de savoir comment transmettre le flambeau à la génération suivante. Mais pour elle, la clef de la survie supposait le rétrécissement volontaire de son champ de vision, le refus d'enregistrer une grande partie de ce qui se passait autour d'elle, et un effort pour se concentrer sur de menus détails[4]. Elle continuait de diriger sa vie grâce à de petites notes qu'elle épinglait sur son corsage, et remplissait ainsi son emploi du temps, à la maison, les bigoudis sur la tête et du papier collant sur le front pour aplanir les rides, exigeant d'être appelée « Madame » par son personnel domestique — d'ailleurs en perpétuel renouvellement. Sereine et tenace, quand elle voulait rafraîchir la mémoire de ses enfants ou leur donner un conseil, elle continuait parfois de communiquer avec eux par écrit, au moyen de petits messages laconiques, qui formaient un objet de plaisanterie pour toute la famille. Au beau milieu d'une enquête capitale sur les agissements de Jimmy Hoffa, le chef du syndicat des Camionneurs, Bobby s'était vu adresser le message suivant : « J'ai pensé tout à coup à tes chaussons, l'autre nuit. Veux-tu demander à ta secrétaire de les faire ressemeler... sans ça ils seront si usés qu'on ne pourra plus les réparer et ils coûtent très cher »[5]. Elle demandait — et obtenait — une certaine déférence de la part de ses enfants, en particulier des filles, qui composaient de petits poèmes en son honneur pour la Fête des Mères, dans le genre de ceux-ci :

D'autres mères ont des qualités
Mais sur la nôtre on peut compter...

Ou bien :

Grandma Moses fait des dessins
Maman fait concurrence aux saints.

C'était toujours une voyageuse impénitente et elle mettait un point d'honneur à se rendre à Paris chaque année pour les collections de printemps. Elle arrivait en mai, prenait une petite chambre d'hôtel et passait les matinées à courir les maisons de couture ; l'après-midi était consacrée à des visites touristiques, comme au couvent de la rue St Honoré par exemple, où elle signa sur le livre d'or : « Comtesse Rose Kennedy » — le pape Pie XII lui avait en effet accordé ce titre de noblesse pontifical[6].

Joe venait la rejoindre chaque été, pour quelques semaines, au Cap d'Antibes où il nageait à l'Eden Roc et faisait du golf à Biot. Mais c'était, comme le disait Rose, un « homme d'intérieur », plus à l'aise sous un toit qu'au grand air. Sentant que le temps lui était compté, il insistait plus que jamais sur la ponctualité et la régularité, allant jusqu'à installer des horloges électriques partout, à Hyannis et à Palm Beach, pour que nul n'eût plus d'excuse s'il arrivait en retard à table. Il se préoccupait de son poids mais s'il se mettait parfois au régime et se nourrissait alors de Metrecal, il lui arrivait tout aussi souvent de faire venir, de chez Sherry, à New York, des glaces commandées tout spécialement pour lui, et des chocolats qu'il cachait dans ses tiroirs ou dans d'autres lieux secrets. Son emploi du temps était invariable. Il se levait à sept heures et (quand il était au Cap Cod) montait à cheval jusqu'à huit heures ; ensuite petit déjeuner et travail jusqu'au déjeuner ; l'après-midi, sieste et natation ; dîner et ciné ; il se mettait au lit à dix heures. Quand des amis le voyaient prendre un bain de soleil, dans l'enclos de Palm Beach, le corps couvert de beurre de cacao, entièrement nu, sauf pour un chapeau de planteur à larges bords, il avait toujours un téléphone à la main. Ainsi que l'affirmait Morton Downey : « Le téléphone était son instrument, comme, pour d'autres, un Stradivarius »[7].

Du haut de sa loge, sur le champ de course d'Hialeah, il risquait parfois deux dollars sur un cheval[8] ; mais il jouait avec ses copains, jusqu'à dix mille dollars la partie, sur le terrain de golf de Palm Beach[9], tout en veillant à ce que personne ne perde une trop grosse somme ; par contre, quand il réussissait à localiser un étranger, « il tapait rudement bien sur la balle », selon le témoignage de George Smathers. Au Cap, il sortait sur son puissant canot, le *Marlin*, pour observer les régates que disputaient les membres de la famille. Il louait autant de voitures qu'il le fallait pour que tous les siens puissent partir en caravane assister au match annuel de football américain entre Harvard et Yale, précédés par des motards de la police, toutes sirènes hurlantes, non pas pour arriver plus tôt, mais à cause de Jack, qui, dans la voiture suivante, serait si embarrassé par tout ce train, qu'il se tasserait sur son siège et se cacherait le visage [10]. Quand il était à New York, il prenait ses repas dans un restaurant sélect, le Pavillon, où une table lui était réservée chaque jour, jusqu'à une heure et demie avant le début du service. Lui-même et les autres membres de la famille commençaient toujours par examiner la carte pour voir quelles nouvelles friandises le chef Henri Soulé avait préparées, mais finissaient généralement par commander quelque plat traditionnel du Cap Cod, en sauce ou à la crème. Il en allait de même pour les desserts ; après un regard sur le plateau, ils se contentaient de glace à la vanille nappée de sauce au chocolat. Mais même dans ces occasions innocentes, l'esprit des Kennedy ne manquait pas de se manifester. Un jour où la famille célébrait quelque anniversaire, Soulé avait commis l'erreur de ne pas avoir préparé de gâteau au chocolat. « Vous m'avez mis dans l'embarras », lui dit Kennedy en partant ; et de menacer : « Je ne suis pas obligé d'aller chez vous » [11]. Pour donner plus de poids à cet avertissement, il s'en fut dîner, pendant quelque temps, à La Caravelle, le principal concurrent du Pavillon.

Les espoirs qu'il avait formés pour Jack (après 1960, il prétendrait qu'il s'agissait d'un « plan ») se réalisaient plus vite qu'il ne s'y attendait. En janvier 1957, une enquête d'opinion de l'Institut Gallup faisait apparaître que si l'on excluait le nom de Stevenson, 41 pour cent des électeurs démocrates souhaitaient voir Kefauver défendre les couleurs du parti lors de la prochaine élection présidentielle, tandis que 33 pour cent préféraient Kennedy [12]. En mars, après que *Profiles in Courage* eut reçu le prix Pulitzer, l'ordre était inversé : 45 pour cent se prononçaient en faveur de Jack et 33 pour cent en faveur de Kefauver. Un peu plus tard, au cours de ce même printemps 1957, Jack fut invité à figurer au Conseil d'administration de Harvard ; c'était un signe plus net encore d'un phénomène qui semblait « faire boule de neige avec lui-même ». L'Ambassadeur ne s'y trompa guère : « Si un catholique irlandais peut être élu administrateur de Harvard, il est capable de remporter n'importe quelle élection » [13].

Mais comme si le principe de Newton s'appliquait à la politique, au fur et à mesure que Jack prenait de l'importance, son père s'estompait dans l'esprit du public. Après avoir travaillé sans relâche pendant trente ans à devenir une personnalité américaine de premier plan, Joe Kennedy semblait avoir disparu du soir au matin. Ses intimes avaient compris qu'il avait entamé sa représentation d'adieu bien longtemps auparavant, quand il avait commencé d'agir, en coulisses, pour le compte de Jack. Lorsque Morton Downey lui avait demandé, une certaine fois, pourquoi il ne disait pas à ses enfants ce qu'il faisait pour eux, il avait répondu : « Je ne veux pas qu'ils héritent de mes ennemis ; il est déjà assez dur pour eux d'hériter de mes amis » [14]. Il poursuivait son chemin dans l'ombre, courtisant les chefs du parti et les personnalités influentes dont certaines avaient choisi, tout comme lui, de travailler dans l'anonymat, pour une raison ou pour une autre. Dans la mesure où il se mêlait des affaires publiques, il préférait l'incognito. Eisenhower l'avait nommé, en 1954, membre du « Bureau consultatif présidentiel pour les activités de renseignements à l'étranger ». Kennedy assistait aux réunions puis, connaissant la crainte presque pathologique de J. Edgar Hoover, chef du FBI, de voir la CIA piétiner ses plates-bandes, il invitait celui-ci à déjeuner pour lui raconter ce qui s'était dit [15]. Pour tout le monde il était « l'Ambassadeur », bien que rares fussent ceux qui se rappelaient, ou avaient jamais su, dans quel pays il avait exercé des fonctions diplomatiques ; c'était comme s'il était le représentant d'une nation petite mais puissante, celle des Kennedy.

Cette nation s'était agrandie avec les années, et sa population s'était enrichie de belles-familles et de petits-enfants, mais au cœur même de ce peuple se trouvait toujours la famille d'origine, « le clan » comme l'avait appelée Joe-le-Jeune, dont les membres ne quittaient jamais vraiment le foyer, même lorsqu'ils voyageaient au loin.

Eunice avait poursuivi ses activités « sociales » ; elle avait même, en certaine occasion, été faire une enquête sur place dans une maison de redressement pour femmes, en Virginie Occidentale, pour juger des conditions de vie des détenues [16]. Mais elle avait tenu à rester partiellement disponible de sorte que ses emplois successifs relevaient plutôt du bénévolat. En 1953, elle s'était mariée. Elle avait eu beaucoup d'amis au fil des ans, mais Sargent Shriver avait été le plus durable d'entre eux. Il avait d'abord travaillé avec elle à Washington, après la guerre, puis il avait été envoyé par l'Ambassadeur à Chicago pour superviser la Merchandise Mart d'où la famille tirait l'essentiel de ses revenus. Shriver occupait l'appartement que Joe Kennedy louait à l'année dans un hôtel, mais il lui fallait loger temporairement ailleurs quand un autre membre de la famille était en ville. Quand il eut compris, après sept ans de cour, que ses sorties avec Eunice ne le mèneraient à rien, il commença à s'intéresser à d'autres femmes ; or, apprenant qu'il projetait d'épouser l'une d'entre elles, Eunice revint précipitamment d'Europe où elle se trouvait, et déclara à un témoin : « S'il se marie, ce sera avec moi ! » [17]. Le mariage fut considéré par les chroniqueurs mondains comme « un rêve pour midinette » ; la réception fut « aussi tapageuse que l'on pouvait s'y attendre de la part des Kennedy ». Le toast porté par Eunice à son nouvel époux était révélateur : « Toute ma vie j'ai cherché un homme comme mon père ; Sargent est celui qui lui ressemble le plus » [18].

Elle devint vite « Eunie » pour tout le monde ; c'était une femme gaie, active sinon survoltée, attrayante bien que déparée par une bouche trop grande, encore élargie par une lourde couche de rouge à lèvres, presque clownesque. Il devint « Sarge » — un soldat du rang, chez les Kennedy, bon à tout, en politique comme en affaires. Il se lia avec le maire de Chicago, Richard Daley, et se fit élire au Bureau municipal de l'Education. Elle se faisait rééducatrice, à la Maison du Bon Pasteur, pour ramener au bercail les enfants perdus. Elle gardait le contact avec Rosemary, devenue énorme et de plus en plus égarée, dans son asile du Wisconsin tenu par des religieuses [19]. En 1954, elle eut un premier enfant que Sarge et elle appelèrent Bobby, et l'année suivante leur première fille, Maria.

Si Eunice avait hérité des préoccupations religieuses de Rose, Pat ressemblait davantage à sa mère par sa personnalité ; elle possédait un visage de mannequin, extrêmement frappant, une chevelure auburn, et une grande vivacité ; elle s'était intéressée aux vedettes de cinéma depuis le temps où son père rapportait de Hollywood des photos dédicacées. Après avoir obtenu une licence au collège universitaire de Manhattanville (encore un établissement appartenant au Sacré Cœur), elle avait travaillé pendant quelque temps pour la chaîne NBC à New York, et l'avait quittée en 1951 pour devenir assistante de production dans l'émission « L'Heure de Kate Smith ».

En 1949, Pat avait rencontré l'acteur Peter Lawford chez Gary Cooper, lors d'un voyage à Hollywood[20]. Il l'avait emmenée visiter les studios de la MGM, où il travaillait sous contrat depuis qu'il avait été découvert et où il avait fait carrière dans des rôles d'ingénus masculins. (« Attendez d'avoir quelques rides, l'avait averti Gary Grant, et votre fortune sera faite... »[21].) Ils s'étaient revus en 1952 lors de la convention du parti républicain où son père l'avait expédiée en raison de son intérêt pour Robert Taft et où Lawford était l'invité de Henry Ford[22]. Ils avaient commencé à sortir ensemble quand Pat dut se rendre à Hollywood pour les besoins d'une production télévisuelle. L'idylle se heurta à l'écueil de la religion, comme toujours (Peter était protestant), et à l'opposition de l'Ambassadeur. Par la suite, celui-ci aimait raconter la réponse qu'il avait faite, mi-figue mi-raisin, à la demande en mariage de son futur gendre, quand celui-ci eut finalement accepté de se convertir au catholicisme : « S'il y a une chose que je déteste, c'est l'idée de donner ma fille à un acteur ; mais s'il est une chose que je déteste plus encore, c'est l'idée que cet acteur soit anglais »[23].

Pat avait entrepris de faire le tour du monde pour s'éloigner de Lawford. A Tokyo elle comprit soudain que rien n'y ferait et rentra par le premier avion. Le mariage eut lieu en juin 1954 ; il y eut des vedettes et des fans, des politiciens et même des Altesses royales. Les jeunes mariés s'installèrent à Malibu dans une maison qui avait appartenu à Louis B. Mayer[24]. Il y avait une piscine, une cabine de projection, dont l'entrée était dissimulée par une peinture, et un vaste écran de cinéma qui s'escamotait automatiquement, dans la salle de séjour. Les marbres à eux seuls valaient 75 000 dollars. Le couple forma une compagnie de production, la Kenlaw Production Company[25], et après que Joe Kennedy eut parlé à Arthur Krim, le patron des Artistes Associés, on commença la mise en œuvre des deux séries de Lawford, « Dear Phoebe » (Chère Phoebe) et « The Thin Man » (l'homme maigre). Un premier enfant, Christophe, naquit en 1955, et fut suivi par deux filles, Sydney et Victoria.

Jean n'avait pas fait de projets plus précis que ceux de Pat. Après avoir obtenu, elle aussi, son diplôme à Manhattanville, elle s'était installée à Chicago pour travailler au service des Relations publiques de la Mart. Elle était ensuite retournée à New York pour aider le Père James Keller, fondateur des « Christophers » — une organisation qui s'était donné pour but de lutter contre le communisme et la corruption. Elle avait alors rencontré Stephen Smith, l'un des dirigeants d'une entreprise new-yorkaise de transport fondée par son grand-père, William Cleary — immigrant irlandais qui avait travaillé comme terrassier sur le chantier du canal de l'Erie, avant d'acheter, à force d'économies, un remorqueur qui allait devenir le premier bâtiment d'une petite flotte de péniches pour le transport de pierres et de sable vers les chantiers de construction le long de l'Hudson. C'était une famille riche et bien introduite dans la politique ; un autre grand-père avait exercé trois mandats comme député au parlement de l'Etat de New York[26].

Excellent athlète, bien que petit de taille, Smith était licencié en philosophie de l'université de Georgetown, mais il était foncièrement pragmatique ; « un mélange de dur-à-cuir et de Freddie Bartholomew », avait dit de lui l'un de ses amis, en raison de ses bonnes manières et de sa dureté. L'Ambassadeur pouvait avoir des doutes au sujet de Lawford et considérait (en privé) Shriver comme un « mou », mais il reconnaissait en Smith quelqu'un de son espèce et il fut heureux de le voir épouser Jean en 1956. Ce fut une cérémonie intime, présidée par le cardinal Spellman. Jean déclara par la suite : « Papa m'avait donné le choix entre un grand mariage et un petit cadeau ou un petit mariage et un gros cadeau. » Elle avait choisi la seconde solution : une grosse broche de diamants.

Teddy était à la traîne de ses frères et sœurs en tout. Il avait suivi Bobby à Milton, où il avait été surnommé « Ed sourire » ; il était l'ami de tous, mais n'avait pas d'ami intime, comme Ted Reardon, Lem Billings ou Dave Hacket l'avaient été pour Joe Jr, Jack et Bobby. Il était celui à qui l'on pensait à retardement, de même qu'il avait été le produit retardataire du couple parental[27]. Mais le fait d'être le dernier-né avait des avantages ; Teddy n'avait pas besoin de chercher à s'assurer une situation et il était l'objet d'une attention constante, notamment de la part de Joe pour qui il évoquait Joe-le-jeune. Selon Lawford, « Teddy était la lumière de ses vieux jours. Le garçon avait atteint sa majorité à un moment où le chef de famille était souvent souffrant, de sorte que tout le monde marchait sur la pointe des pieds autour de lui ; mais quand Teddy arrivait de n'importe où, le visage de son père s'illuminait et son moral remontait »[28].

Teddy avait de l'allant, avec une tendance à se montrer bon garçon et un certain talent pour les grimaces. Mais, d'une certaine façon, il était incapable de se soustraire au rôle de petit frère. A la fin de sa première année, à Harvard, l'un de ses amis se présenta à sa place à l'examen d'espagnol[29]. Quand cette grossière supercherie fut découverte, les deux fraudeurs, Teddy et son complice (un jeune boursier), furent renvoyés l'un et l'autre. Comme s'il voulait montrer qu'il pouvait s'émanciper, il s'engagea dans l'armée sur un coup de tête en signant un engagement de quatre ans — qu'il croyait être de deux ans seulement[30]. Son père, furieux de le voir menacé d'être envoyé en Corée, lui hurla : « Est-ce que n'es même pas capable de lire ce que tu signes ? »[31]. Il téléphona ensuite au bureau de recrutement, ramena l'engagement à deux ans, et obtint que Teddy reçût une affectation en Europe. De retour en 1956, il put rentrer à Harvard, passa ses examens et se distingua même sur le terrain de football américain où il marqua le point de la victoire dans le match contre Yale. Cela aurait pu passer pour une revanche de la famille, après la façon irritante dont la carrière sportive de

Joe Jr s'était terminée ; mais l'Ambassadeur ne prêtait plus attention à de tels symboles. Avant une partie décisive, il avait dit à un ami : « Je serai content d'aller voir Teddy jouer et j'aimerais que Harvard l'emporte, mais ce qui m'intéresse surtout c'est de le voir quitter le terrain sans blessures sérieuses... trop d'entre eux ont eu des ennuis physiques »[32].

Après avoir obtenu son diplôme, Teddy s'inscrivit à la faculté de Droit de l'université de Virginie où, depuis que Bobby y avait fait des études, les Kennedy trouvaient honorable d'aller, à défaut de pouvoir rester à Harvard après la licence*.

Il s'y heurta à bien des difficultés. « Sa seule ambition était de passer ses examens sans dommage », d'après le témoignage de John Tunney, le futur sénateur de Californie qui avait été son condisciple en Virginie. « Il lui aurait fallu beaucoup de discipline et il n'en avait guère en ce temps-là »[33]. Il mérita même un nouveau surnom, « Cadillac Eddie », car il conduisait avec tant d'imprudence que la police de Charlottesville était sur le qui-vive à cause de lui. En outre, à toutes les réceptions auxquelles il assistait, il s'enivrait comme un véritable Irlandais. Il commença à sortir avec Joan Bennett, une jolie blonde que sa sœur Jean avait connue à Manhattanville. Quand l'idylle parut s'orienter vers le mariage, Rose appela son amie, Mère O'Byrne, à Manhattanville pour s'enquérir de la conduite, des notes et de la moralité de Joan[34].

Avec le mariage de Ted, en 1958, la famille fut désormais au complet. Sur les portraits officiels on peut voir un groupe extraordinairement séduisant, où les couples sont toujours séparés, chaque conjoint posant à côté d'un membre de la famille (par naissance ou par alliance) autre que son partenaire conjugal, comme pour marquer délibérément que tous étaient liés par des nœuds plus forts que ceux du mariage. Ces photos dégagent une nostalgie poignante — on y devine une communauté de dessein et une joie d'être ensemble qui avaient été, jadis, l'apanage de la famille américaine mais que l'Amérique de l'après-guerre ne connaissait plus.

Certes, cette image idéale cachait un sentiment constant de rivalité. Entre les brus, c'était à qui ferait le plus d'enfants et s'adapterait le plus vite à l'esprit de compétition des Kennedy. Ethel était la plus forte sur l'un et l'autre terrains. Après avoir perdu son bébé en 1956, Jackie poussa même Jack à vendre sa propriété de Hickory House à Bobby, comme si elle admettait l'idée de ne jamais être en mesure de pourvoir chaque chambre d'un occupant, aussi efficacement qu'Ethel qui avait déjà sept enfants après huit ans de mariage, et ne comptait pas s'en tenir là. Jackie ne s'en laissait pas pour autant démonter par sa belle-sœur qu'elle décrivit un jour comme une « personne capable de mettre une housse sur un fauteuil Louis Quinze, qu'elle attribuerait sans doute à un certain " Louie Cans " »[35]. Joan n'avait pas cette sorte de moyens de défense ; peu après son mariage avec Ted, elle était apparue, pour faire du bateau, en maillot de bains imprimé, en tissu

* Selon le système universitaire américain, la licence ne permet pas une spécialisation et ne représente qu'un diplôme de culture générale (appelé d'ailleurs baccalauréat). C'est seulement après l'avoir obtenu que l'étudiant est autorisé à s'inscrire dans une Faculté (Droit, Médecine, etc.) dont il sort avec une nouvelle licence, une maîtrise ou un doctorat. (N.d.T.)

léopard ; Ethel — débraillée comme les autres — avait alors laissé tomber nonchalamment : « Vraiment, Joan, tu t'attendais à ce qu'il y ait des photographes ? »[36].

Entre les maris des filles, c'était à qui remplirait les rôles à pourvoir. Lawford était à distance, sur les lointains champs de bataille de la Californie, de sorte que seul Smith rivalisait avec Shriver. Ce dernier avait participé aux projets de la famille depuis plus longtemps, mais il avait toujours été considéré comme un « Boy-Scout », selon les termes mêmes de Jack, en raison de son goût pour la théologie catholique et sa tendance à moraliser un peu trop[37] ; il y avait également en lui un brin d'ambition personnelle considéré comme suspect. Sa réussite à la tête du Bureau municipal de l'Education, à Chicago, l'avait fait considérer comme un candidat possible au poste de gouverneur de l'Illinois (espoir qui s'évanouit quand il lui fut enjoint de s'installer à Washington pour aider Jack à mettre sur pied sa campagne présidentielle). Steve Smith, pour sa part, était « cool », selon l'expression favorite de Jack — un modèle de surface lisse. Contrairement à Shriver, il appartenait lui aussi à une famille riche, et pouvait se permettre une plus grande indépendance. C'est ainsi qu'il était considéré comme « venu de l'intérieur », face à Sarge qui faisait toujours figure d'élément « extérieur »[38].

Mais, à eux tous, et à un degré remarquable, ils étaient bien ce qu'ils paraissaient être : *la famille*. Bobby avait acheté la maison voisine de celle des parents, à Hyannis, et Jack celle d'à côté ; les Smith s'étaient installés à un jet de pierre, en face dans l'allée, et les Shriver à dix minutes de marche par la plage ; Teddy et Joan, à dix minutes de là, dans l'île de la Squaw. Ils passaient ensemble les vacances et les jours de congé. Lors d'une réunion de ce genre, après avoir observé tout le groupe familial, avec les gendres et les brus, et leur troupeau d'enfants en pleine expansion, Joe Kennedy avait proféré : « C'est le club le plus fermé du monde »[39].

C'était pour Jack qu'ils travaillaient tous. Mais le phénomène familial le plus spectaculaire était l'accession de Bobby, jadis le membre le plus insignifiant de la famille, à un rôle de premier plan ; c'était lui qui, selon son père, « maintiendrait l'unité de la famille à l'avenir ». Bobby n'avait pas la chaleur instinctive de Teddy, mais il n'avait pas non plus, face à la tribu des Kennedy, le besoin d'évasion de Jack. C'était également le seul qui pût être sensible à des émotions profondes. Méditatif, passionné, capable de sentiments intenses, il était plus irlandais que les autres. Le poète Robert Lowell, après l'avoir rencontré, s'était exclamé : « Mon Dieu, comme il est inadapté ! »[40].

Après les élections de 1956, il avait repris sa place à la Sous-Commission d'Enquête, où il figurait depuis que les élections intermédiaires de 1954 avaient remis en selle les Démocrates qui l'avaient nommé au Conseil général de la nouvelle majorité. Ce poste l'avait amené à s'opposer de plus en plus à Joe McCarthy. Leur désaccord en était arrivé à son point culminant quand il avait désigné un journaliste, Bob Greene, pour faire partie d'un groupe d'enquêtes et de recherches ; Joe McCarthy s'était opposé à la nomination sous prétexte que Greene était « anticatholique » et avait été « mis en accusation » par la Sous-Commission — propos qu'il réitéra devant le sénat [41]. Clark Mollenhoff, correspondant du *Des Moines Register* à Washington, était dans le bureau de Bobby quand le sénateur du Wisconsin appela celui-ci par téléphone. Après avoir défendu Greene et fait de vains efforts pour convaincre McCarthy de ne pas insister, Bobby raccrocha brutalement le récepteur en s'exclamant : « Ce McCarthy, c'est de la merde ! » [42].

Pourtant il ne tourna jamais le dos au vieil ami de sa famille, même quand le sénateur sombra dans l'alcool après avoir vu sa puissance brisée. (En 1955, Bobby abandonna dignement une cérémonie donnée en l'honneur des « Dix jeunes gens exceptionnels de l'année » — parmi lesquels la Chambre de Commerce américaine l'avait inclus — simplement parce que l'un des orateurs était Edward R. Murrow, au lendemain de la célèbre diatribe radiodiffusée de celui-ci contre McCarthy [43].) Bobby expliqua plus tard son affection pour le « chasseur de sorcières » à sa façon : « J'aimais son caractère bien qu'il eût parfois de trop gros sabots. C'était un personnage extrêmement compliqué... il était à la fois sensible et insensible... il pouvait se sentir en proie à un sentiment de culpabilité et souffrir profondément après avoir causé du tort à quelqu'un... Il voulait si désespérément se faire aimer... » [44]. Bobby aurait pu tout aussi bien se décrire lui-même en ces termes.

La Sous-Commission avait enquêté sur le gaspillage et la fraude dans les commandes du gouvernement en matière de fournitures d'uniformes pour l'armée. Mais Bobby cherchait une affaire vraiment importante dont il pourrait s'occuper. Il entreprit de s'intéresser aux relations du vice-président Richard Nixon avec un politicien douteux nommé Murray Chotiner [45], mais le président de la Sous-Commission, John McClellan, s'y était opposé, estimant que l'on pourrait y voir une dangereuse affaire de parti, au cours de cette période pré-électorale*.

Clark Mollenhoff l'avait harcelé depuis plus d'un an pour le convaincre d'enquêter sur le racket pratiqué dans les syndicats ; il lui avait communiqué ses propres informations sur la pénétration de la pègre au sein du syndicat des Camionneurs et lui avait promis de le mettre en contact avec d'autres journalistes déjà documentés sur le sujet, à travers tous les Etats-Unis. Bobby tenta d'esquiver l'affaire en prétendant que la Sous-Commission n'avait aucun droit de regard dans ce domaine. Mais Mollenhoff se faisait de plus en plus insistant, insinuait que Bobby avait peur, lui rappelait que son devoir était d'agir, et soulignait qu'en 1951 l'enquête du sénat sur la « criminalité organisée » avait valu une notoriété nationale à Estes Kefauver et à quelques autres.

* Avant cette affaire, il y avait eu celle des « conflits d'intérêts » qui avait secoué le gouvernement Eisenhower depuis ses débuts. L'un de ces « conflits » concernait le secrétaire à l'armée de l'Air, Harold Talbott ; celui-ci avait comparé ses activités financières à celles de Joe Kennedy qui, pendant les années trente, avait poursuivi son commerce de spiritueux tout en travaillant pour le gouvernement Roosevelt. Cette affirmation valut à Bobby une note indignée de son père, alors en vacances sur la Côte d'Azur : « Tout d'abord, j'avais importé du Haig and Haig, bien avant de travailler pour le gouvernement, et ce qui est plus important encore, nous n'avons jamais fait des affaires avec le gouvernement ni avec personne qui fît des affaires avec le gouvernement. Cela fait une grande différence, j'imagine » [46].

Mollenhoff était revenu à la charge avant la convention de 1956. « Qui a jamais entendu parler de Dave Beck et de Jimmy Hoffa ? » avait répondu Bobby avec exaspération[47]. « Si vous faites votre travail correctement, tout le monde en entendra parler et vous aussi »[48], avait rétorqué l'autre. Après la convention, Mollenhoff finit par le coincer : « Bon Dieu, est-ce que vous me croyez maintenant ? Kefauver a fait son enquête il y a cinq ans et cela lui a donné assez de force pour flanquer une tape sur les cornes de votre frère. » Cette fois Bobby répondit : « Nous pourrions en parler, tous les deux »[49].

Tout en prenant sur son temps de travail à la Sous-Commission pour observer comment Adlai Stevenson courait au désastre, Bobby demanda à Mollenhoff de le mettre en rapport avec Ed Guthman, du *Seattle Times*, qui enquêtait à propos de Dave Beck[50]. Il s'arrangea pour aller sur la côte du Pacifique pour rencontrer Guthman et s'enquérir des faits et gestes des dirigeants des Camionneurs. Cette expérience lui ouvrit les yeux. Quand il rentra à Washington, il avait la tête pleine d'histoires de chantage et de violences. L'une des anecdotes qui l'avaient particulièrement frappé était celle d'un dirigeant syndicaliste rival qui avait voulu ignorer les menaces des Camionneurs et continuer de travailler dans la région de San Diego : il avait été roué de coups au point de perdre connaissance et s'était réveillé à l'hôpital, le lendemain, avec des douleurs abdominales intolérables provoquées par l'introduction d'un concombre dans son rectum ; au cours de sa convalescence, il avait reçu un message l'avertissant que s'il persistait dans son entreprise, la prochaine fois ce serait un melon d'eau... Tout aussi horrifiants pour Bobby étaient les récits sur les abus de confiance dont les syndiqués étaient victimes de la part des chefs du syndicat et de Dave Beck en particulier[51].

Après avoir entendu le rapport de Bobby, McClellan consentit à créer une commission bipartite spéciale pour enquêter sur les pratiques malhonnêtes du patronat et des syndicats. L'obstacle le plus important que dut surmonter Bobby ne vint pas de l'administration sénatoriale ni de Jack qui faisait lui-même partie de cette commission, mais de leur père. (Selon Billings : « Le vieux trouvait la chose dangereuse... ce n'était ni le genre d'affaire ni le genre de gens auxquels il était sage de s'intéresser. Il trouvait Bobby terriblement naïf »[52].) La discussion tourna à l'aigre ; elle eut lieu à Hyannis, au moment de Noël — « la pire que l'on ait jamais vue », d'après Jean[53]. Bobby refusa de céder. Joe Kennedy s'adressa alors à William O. Douglas qui avait été le mentor de Bobby depuis leur voyage en Russie. Mais après avoir parlé avec ce dernier, Douglas fit savoir à l'Ambassadeur que son fils serait intraitable : « C'est une occasion trop importante pour ne pas la saisir », avait-il dit[54].

La commission McClellan commença ses travaux en janvier 1957. Joe McCarthy, de plus en plus pathétique et impuissant, était l'un des membres de l'ancienne Sous-Commission qui en faisaient partie. Quatre sénateurs, y compris Jack, représentaient la commission du Travail. Bobby commença à embaucher du personnel dont les membres les plus importants comprenaient des amis comme Kenny O'Donnell, des enquêteurs comme Carmine Bellino et un ancien agent du FBI, Walter Sheridan, ainsi que des journalistes comme Guthman, Pierre Salinger du *San Francisco Chronicle*, et John Seigenthaler du *Tennessean*, qui avaient déjà écrit des articles sur les Camionneurs. L'équipe finirait par compter plus d'une centaine de membres — c'était la plus importante que l'on eût jamais vue au Capitole.

Le premier objectif était d'abattre Beck lui-même[55] ; arrogant et cabotin, le président des Camionneurs avait grandi avec son syndicat au cours des deux décennies qu'il lui avait fallu pour transformer une petite organisation de livreurs urbains en une gigantesque puissance, dont l'empire s'étendait à tout le commerce inter-Etats. Beck commença par marchander ; il se déclara personnellement hostile aux abus et promit de faire le ménage « en temps utile ». Quand Bobby refusa de laisser aller les choses, il prit « des vacances » à l'étranger. En son absence, Bobby et ses assistants passèrent les registres des Camionneurs au peigne fin, remplirent les lacunes, et découvrirent que « le Roi de l'Essieu », comme les courtisans de Beck appelaient leur patron, avait utilisé les fonds syndicaux pour se faire construire une maison de 185 000 dollars, avec une piscine pour son fils, détourné 85 000 dollars de plus pour divers achats personnels et avait escroqué au total 320 000 dollars au syndicat.

Beck rentra aux Etats-Unis en mars et comparut à la barre des témoins. Il haletait, de grosses taches de transpiration apparaissaient sous ses aisselles quand il agitait les bras : Bobby reconnut qu'il faisait presque pitié[56]. Mais lors de l'audience suivante, à la mi-mai, le « témoin » invoqua 140 fois le « cinquième amendement » à la Constitution — qui autorise tout citoyen américain à refuser de témoigner s'il peut en résulter un préjudice pour lui-même[57]. Bobby avoua à Jack que sa pitié avait été mal placée : « Il était déjà mort bien que toujours debout. Il ne fallait plus qu'une pichenette pour faire tomber son cadavre »[58]. La chute de Beck ne marquait pourtant pas la fin, mais seulement le prologue de l'enquête.

Le bénéficiaire de cette partie de l'opération avait été le vice-président des Camionneurs, Jimmy Hoffa ; tout en soutenant Beck, mais en le manipulant, Hoffa avait joué un rôle semblable à celui qu'avait assumé Bobby vis-à-vis de Jack — faisant en coulisses le sale travail pour permettre à Beck de rester à l'écart des associations de malfaiteurs avec lesquelles le syndicat avait partie liée, non sans le consentement tacite du président. Hoffa avait décidé de se servir de la Commission McClellan pour se débarrasser de Beck et prendre le pouvoir lui-même. Mais Bobby avait deviné son plan depuis le début ou presque. Le 13 février, un avocat nommé John Cye Cheasty demanda un rendez-vous à Bobby pour lui révéler que Hoffa lui avait avancé 1 000 dollars et promis 2 000 dollars par mois s'il parvenait à se faire embaucher par la commission afin de renseigner son « employeur » sur ce qui s'y passait. Après avoir consulté J. Edgar Hoover, Bobby engagea l'avocat comme agent double. L'après-midi du 19 février, Cheasty rencontra Hoffa à Washington et lui fournit les noms de quelques témoins cités à comparaître devant la commission ; des agents du FBI observaient et filmaient la conversation grâce à des caméras cachées. Ce soir-là, chez l'avocat des Camionneurs, Eddie Cheyfit, Bobby eut son premier face-à-face avec l'homme dont il allait devenir la némésis.

Trapu et costaud, Hoffa donnait une impression d'authenticité et de force physique, que Bobby eût admirée en toute autre circonstance [59]. A quatorze ans, il avait quitté l'école pour travailler dans un entrepôt ; à dix-sept ans, il avait connu sa première grève et avait été passé à tabac par des « jaunes ». Dans sa jeunesse il avait été le protégé de Farrell Dobbs, le syndicaliste trotskyste qui avait joué un rôle capital dans le changement d'orientation du syndicat des Camionneurs, en incorporant les routiers à son groupe de simples livreurs. Mais le seul aspect des théories marxistes de Dobbs qui avait produit son effet sur Hoffa, était que le système capitaliste, comme la nature selon Darwin, se ramenait à une lutte pour la vie dont l'issue dépendait de la puissance plus que de la morale. Les rapports de Hoffa avec le milieu s'étaient élargis au cours des années quarante, alors qu'il était l'un des dirigeants du syndicat à Detroit et envoyait ses bandes de « fiers à bras » se battre avec les membres de l'organisation rivale, le CIO, pour se poser en syndicat représentatif des routiers ; au cours de ces bagarres il lui avait fallu en appeler à des dirigeants locaux pour garder et élargir le terrain conquis ; cela l'avait conduit à un pacte faustien selon lequel la pègre l'aiderait à accéder au pouvoir, en échange de quoi elle aurait accès aux fonds syndicaux pour ses propres besoins de financement ; ces fonds étaient bientôt plus importants que ceux de n'importe quelle autre organisation syndicale américaine. Kefauver avait, pour la première fois, attiré l'attention du public sur Hoffa lors de son enquête de 1951. Par la suite, le syndicaliste avait à nouveau senti sur lui la lumière des projecteurs quand une sous-commission du sénat avait dénoncé publiquement, au cours d'une enquête sur le racket à Detroit, « une conspiration malfaisante dont le but était d'extorquer, par la force ou par des pressions économiques, des millions de dollars, non seulement aux membres de syndicats qui en ont les moyens, mais encore à des hommes d'affaire indépendants, voire au gouvernement fédéral lui-même » [60].

Hoffa considérait Bobby comme « un gars sacrément gâté » [61], un gosse de riches qui était « né avec une cuillère d'argent dans la bouche ». Bobby tenait Hoffa pour l'image du Mal en ce bas monde, de la convoitise et de la rapacité inhérentes à la nature humaine. Quelques observateurs ne manquèrent pas de remarquer qu'à l'allure près, on pouvait trouver bien des ressemblances entre Hoffa et l'Ambassadeur. Tous deux avaient toujours su ce qu'ils voulaient et avaient fait ce qu'il fallait pour l'obtenir. Ils se ressemblaient aussi par leur habitude de rendre un hommage platonique à la piété. (L'un de ses acolytes avait dit un jour : « Il était parfois écœurant d'entendre Hoffa parler de sa " vie de famille " et il y avait de quoi avoir la nausée quand il s'en vantait » [62].) A force de recueillir des anecdotes sur son ennemi, sur ses espoirs et ses hypocrisies, Bobby finit par connaître Hoffa mieux peut-être que le leader syndicaliste ne se connaissait lui-même ; en effet, il avait percé à jour bien des secrets ; il avait notamment appris qui était la mère du fils adoptif de Hoffa, Charles O'Brien : elle s'appelait Sylvia Pagano, entretenait des liens avec la pègre et avait été la maîtresse de Hoffa qui continuait à la voir même depuis qu'il s'était marié [63].

Au cours de cette première entrevue, la question des rapports entre pères et fils était dans l'air. Les propos de tables tournèrent autour de Dave Beck. Dans la voiture qui les avait amenés, Cheyfitz et Hoffa avaient parlé de la façon dont Beck avait élevé son fils « comme une mère poule », l'avait exagérément gâté et avait fini par causer sa perte. Bobby approuva cette conclusion. A ce moment, il connaissait déjà bien des crimes de Dave Beck. Mais, comme il l'écrivit par la suite, « son pire péché avait été l'éducation qu'il avait donnée à son fils »[64]. Un autre sujet de conversation — peut-être lié au premier — fut celui des « durs » : « Je fais aux autres ce qu'ils voulaient me faire, mais en pire »[65], dit Hoffa à Bobby, en profitant de ce qu'ils étaient seuls pour quelques instants. « Peut-être devrais-je porter un gilet pare-balles », rétorqua son interlocuteur[66]. Il usa de la même ironie quand Ethel l'appela chez Cheyfitz pour l'informer d'un accident de voiture survenu juste devant leur maison : « Je suis encore en vie, dit-il, mais si tu entends une grande explosion c'est que je serai probablement passé dans l'autre monde »[67].

Hoffa affirma plus tard que Bobby avait voulu jouer au bras de fer avec lui, après le dîner[68]. La chose est douteuse, mais il est certain qu'il y avait un climat de provocation physique entre eux, d'après ce qu'en dit Bobby lui-même : « Quand un adulte passe toute la soirée à affirmer qu'il est un " dur ", il me faut en conclure que c'est un bravache dissimulé derrière une façade »[69]. Hoffa décrivit la rencontre en termes similaires, mais, selon lui, Bobby était un homme qui s'était toujours vanté d'être un dur, un costaud, un ancien joueur de football américain ou de je-ne-sais-quoi à Harvard »[70]. Ce qui irrita particulièrement Bobby, ce fut le rapport que lui fit son agent double, Cheasty, quant à la réaction de Hoffa après l'entretien ; celui-ci avait déclaré qu'il lui suffirait de tenir bon pendant quatre ou cinq semaines car « Bobby souhaiterait passer ses vacances au Cap Cod avec sa famille »[71]. Hoffa commença également à faire circuler des bruits sur son adversaire, prétendant que celui-ci s'était habillé en fille dans sa jeunesse et qu'il avait été homosexuel.

Trois semaines après le dîner, Hoover appela Bobby pour lui faire savoir que Hoffa venait d'être arrêté à Washington pour corruption de fonctionnaire, au moment où Cheasty lui remettait certains documents appartenant à la Commission. Bobby accourut pour le voir écrouer. Après un silence embarrassant, les deux hommes échangèrent des propos anodins sur l'entretien de la forme physique et sur le nombre de tractions que l'un et l'autre étaient capables de faire. Hoffa était confiant quant à l'issue de l'affaire, mais Bobby ne l'était pas moins. Il déclara aux journalistes, quelques jours plus tard, que le dossier du procureur était sans faille. Interrogé sur ce qu'il ferait si Hoffa n'était pas inculpé, il répondit : « Je me jetterai du haut du Capitole »[72].

Ethel assista au procès pendant tout le mois de juillet et en rendait compte à Bobby qui, pendant ce temps, conduisait les auditions de témoins dans une autre affaire, celle du syndicat des ouvriers du textile. Depuis le début, l'avocat de Hoffa, Edward Bennett Williams, déborda le procureur du gouvernement. Il utilisa son droit de récuser les membres du jury pour en éliminer la plupart des Blancs de sorte qu'il n'en resta plus que quatre aux côtés de huit Noirs. Ensuite il s'appliqua à dépeindre Cheasty comme un raciste et Hoffa comme un ami des gens de couleur, au point de faire comparaître le célèbre champion de boxe noir, Joe Louis, qui étreignit Hoffa, juste avant la fin du procès*.

Bobby était au beau milieu d'une audition, dans les locaux du sénat, quand il apprit l'acquittement de Hoffa. Williams déclara qu'il lui enverrait un parachute en prévision du saut dans le vide...

Mais Bobby n'allait pas lâcher prise. Le 20 août, Hoffa comparut pour la première fois devant la commission, après s'être emporté contre Salinger en recevant sa convocation : « Vous pouvez dire de ma part à Bobby Kennedy qu'il ne se servira pas de mon cadavre pour faire élire son frère à la présidence »[74]. Bobby retint Hoffa quatre jours à la barre. Celui-ci se fit provocant, l'appela « Bob » et se permit même de l'admonester en le voyant poser ses pieds sur une chaise : « Otez vos pieds de là, vous ne savez pas que vous salissez un bien de l'Etat ? »[75].

Bobby insista sur ses rapports avec le milieu. Hoffa, sachant que la centrale syndicale AFL-CIO avait récemment adopté une résolution contre les dirigeants syndicaux qui invoquaient le Cinquième amendement, se défendit en invoquant des trous de mémoire. Certaines de ses réponses furent de vrais défis à la logique. Ainsi, interrogé sur les liens entre le syndicat des Camionneurs et des associations de malfaiteurs, il répondit : « Pour autant que je m'en souvienne, et j'ai beau fouiller dans ma mémoire, je ne me rappelle pas »[76].

Comme les questions de Bobby se succédaient sans relâche, l'arrogance de Hoffa disparut. Loin de continuer à sourire, il commença à fixer sur Bobby un regard sinistre. Bobby lui-même dut l'avertir, avant la fin des audiences, de changer de ton avec le secrétariat de la commission. Il écrivit dans son journal : « Lui ai dit que je ne voulais pas le voir parler aux enquêteurs comme il le faisait. Que s'il voulait manifester sa haine à quelqu'un, il n'avait qu'à s'en prendre à moi, ce qu'il a admis »[77]. Quand on lui demanda quel effet cela lui faisait de n'avoir déposé Beck que pour voir Hoffa à la tête des Camionneurs, il répondit : « Cela me fait l'effet d'avoir contracté une dette envers la société. »

McClellan releva quarante-huit chefs d'accusation contre Hoffa dans le dossier, y compris des rackets, des fraudes électorales et autres abus. George Meany, président de l'AFL-CIO, déclara qu'il expulserait la Fraternité des Camionneurs (c'était le nom officiel du syndicat) si Hoffa était élu président, lors de la convention suivante. En outre, Hoffa avait été inculpé par le jury d'une chambre de mise en accusation dans l'Etat de New York, pour parjure et usage illicite de tables d'écoutes. Au moment où prenait fin la première reprise de ce duel, Bobby sentit qu'il avait enfin trouvé un terrain où il pourrait se tailler un solide succès personnel. Il faisait l'objet d'articles dans

* Quelques semaines plus tard, un membre du secrétariat de la Commission, Walter Sheridan — ancien agent du FBI —, eut un entretien avec Louis qui refusa de lui donner un autographe pour Bobby (bien qu'il en signât un pour le fils de celui-ci, Joe Kennedy III). Sheridan apprit alors que l'ancien champion était appointé par une firme de camionneurs de Chicago et que le fond de retraite du syndicat lui avait consenti un prêt[73].

la presse nationale, son portrait figurait sur la couverture des magazines et quand les Russes infligèrent un traumatisme aux Américains en envoyant le premier satellite artificiel, Spoutnik, dans l'espace, Lyndon Johnson proposa, au cours d'une allocution, que quelqu'un comme Bobby Kennedy fût chargé d'une enquête sur le retard pris par les Etats-Unis dans ce domaine. Bobby écrivit dans son journal : « Suis assez content de moi »[78].

Les Républicains, au sein de la commission McClellan, avaient pris les attaques de Bobby contre les Camionneurs, pour une menace envers leur propre parti, avec lequel les suspects entretenaient certains liens. En quête d'un contrepoids, ils portèrent naturellement leur attention sur le syndicat de l'Automobile (United Auto Workers), bête noire des conservateurs en raison du passé politique de son président, Walter Reuther, et de son frère Victor, tous deux anciens socialistes. Avant de mourir en mai 1957, McCarthy avait affirmé qu'une enquête sérieuse sur Reuther ferait paraître Dave Beck et Jimmy Hoffa « blancs comme neige » par comparaison. Hoffa lui-même avait tenté d'échauffer les esprits en désignant le président de l'UAW comme « le chef de l'Amérique soviétique ». Jack et les autres Démocrates de la commission McClellan avaient finalement accepté d'étendre l'enquête au syndicat de l'Automobile et tandis que Bobby travaillait à mettre au point le dossier des Camionneurs, un enquêteur fut désigné, avec l'accord des Républicains, pour aller inspecter la manufacture de plomberie appartenant à la compagnie Kohler, à Sheboygan, dans le Wisconsin, où se poursuivait une longue grève marquée par des violences.

Vers la fin de 1957, l'enquête sur l'affaire Kohler n'avait pratiquement rien révélé de plus que le contenu du dossier tenu à jour par le Bureau national des relations syndicales : l'histoire d'une grève de quatre ans pendant laquelle les deux parties s'étaient rendues coupables des pires excès. Le sénateur Barry Goldwater, qui avait repris des mains de McCarthy la hache de guerre contre l'UAW, souleva la question du voyage effectué par les frères Reuther en Russie, en 1934, alors qu'ils étaient de jeunes socialistes, et les accusa d'être les ennemis du capitalisme. Contrairement aux Camionneurs, l'UAW demanda à être entendue par la commission. Bobby se rendit lui-même à Sheboygan pour avoir des informations de première main sur la grève[79]. Tout en notant le ressentiment qui régnait de part et d'autre (il lui avait fait penser au conflit implacable entre les Juifs et les Arabes qu'il avait rencontrés lors de son voyage au Moyen-Orient), ses sympathies allaient au syndicat. Il fut choqué par la précarité des conditions de travail à l'usine Kohler et par la hargne irraisonnée de la direction. De retour à Washington, il cita les deux parties à témoigner pour exposer leur point de vue devant la commission.

Au cours des audiences qui suivirent, Goldwater prit à partie un responsable de l'UAW qui avait admis un trotskyste en 1944; cela impliquait, selon le sénateur, que le recours à la violence, cher aux communistes, faisait partie des méthodes du syndicat. Jack intervint alors pour dire : « Mon frère s'appelait Joseph comme Staline, mais cela ne signifie pas qu'ils aient eu quoi que ce soit de commun »[80]. Dans son rôle de conseiller principal, Bobby fut aussi impitoyable avec Lyman Conger, l'avocat de Kohler, qu'il l'avait été avec Hoffa ; il l'amena même à admettre que les ouvriers devaient prendre leur heure de déjeuner par tranches de deux minutes, sans cesser de charger les pièces de plomberie dans les hauts fourneaux. Quand les dirigeants de l'UAW eurent été appelés à la barre et eurent témoigné avec dignité, McClellan mit rapidement fin à cette phase de la procédure.

Selon le système manichéen de Bobby, Reuther était l'envers de Hoffa, et l'UAW un « bon » syndicat, autant que celui des Camionneurs était « mauvais ». Il était également frappé par la symétrie entre les deux frères Reuther et les deux frères Kennedy, au service du bien public, chacun à sa façon. Il y avait du vrai dans sa façon de voir les choses, mais il existait également un aspect de la question qu'il préférait ignorer ; selon Clark Mollenhoff, « il y avait bel et bien, à Toledo, certaines malhonnêtetés que Reuther tolérait et qui auraient dû faire l'objet d'une enquête ; mais elles furent passées sous silence »[81].

Après avoir ainsi protégé Reuther, Bobby saisit l'occasion de faire de la politique. Les dirigeants de l'UAW avaient été frappés de voir l'importance accordée par Bobby à leur action en faveur de certains candidats, au montant de leur contribution électorale, au nombre de bénévoles qu'ils pouvaient mobiliser dans chaque circonscription ; mais s'il se conduisait en expert comptable en ce domaine, et sollicitait d'autre part l'avis du syndicat sur la législation préparée par Jack comme un prolongement « positif » de l'action entreprise par la commission McClellan, il finit par mettre cartes sur table : à l'issue d'un dîner avec le secrétaire général de Reuther, Jack Conway, il formula l'espoir que l'UAW, favorable à Kefauver en 1956, soutiendrait son frère en 1960 : « Nous ne voulons pas vous voir, cette fois, dans l'autre camp »[82].

Son travail au sein de la commission McClellan fournissait donc bien des occasions à Bobby d'agir pour le compte de Jack ; mais il y trouvait également un autre avantage ; comme le disait Lem Billings qui avait observé le développement du garçon tout au long de ses deux années de travail pour la commission : « Pour la première fois de sa vie, il était heureux. Il avait été en proie à bien des frustrations dans sa jeunesse ; il avait eu lieu d'enrager plus souvent qu'à son tour, s'était vu réduit à préserver l'acquis et à préparer l'avenir pour le compte de Jack, sans souci de sa propre carrière ; je crois qu'il avait trouvé sa voie au cours de l'enquête sur Hoffa »[83]. Il y avait toujours en lui des réserves intactes d'innocence. Un jour où il était allé dans le Kentucky enquêter sur une section locale des Camionneurs, un interlocuteur ignorant de la saga des Kennedy lui demanda où était Joe Jr ; Bobby répondit sans hésiter : « Au ciel »[84]. Mais pour la première fois il avait conscience de réclamer sa part de l'univers. La façon dont il avait traqué Hoffa n'était pas sans point commun avec le harcèlement auquel s'était livré Nixon contre Alger Hiss — c'était une quête de sa propre identité, un moyen d'exorciser ses démons personnels, une manière de traduire une théorie métaphysique en une pratique quotidienne profitable. Il est difficile de savoir quelle était la part d'humour dans une réflexion prononcée par lui devant John Bartlow Martin, au cours d'une interview publiée par le *Saturday Evening Post :* « Hoffa a été mon premier amour »[85].

En juillet 1958, eut lieu une nouvelle série d'audiences concernant le chef des Camionneurs. Depuis sa dernière comparution, Hoffa était devenu président du syndicat, lequel avait donc été exclu de la fédération AFL-CIO, comme prévu. Entre-temps, il avait réussi à bloquer la décision du jury, quand il avait été jugé à New York pour parjure et utilisation illicite de tables d'écoutes (il avait fait en sorte que certains des jurés ne puissent s'entendre avec les autres sur le verdict). Mais la gravité de ses relations avec la pègre avait été illustrée par les révélations enregistrées quand la police réussit son célèbre coup de filet des Appalaches, où les agents avaient interrompu une réunion au sommet du « syndicat du crime »; assistaient en effet, à cette conférence, Joe Bonanno, Vito Genovese, Carlo Gambino et autres membres de la pègre liés aux Camionneurs par l'intermédiaire d'Anthony Provenzano et autres proches de Hoffa.

Quand Hoffa comparut à nouveau, ce fut, comme le dirent les journaux, pour « un combat visqueux ». Parfois il semblait qu'il allait avoir le dessous quand Bobby le pressait de questions. Mais le lendemain il revenait plus faraud et confiant que jamais et Bobby avait le sentiment d'aller au-devant d'une défaite. Il comprenait combien Hoffa était malfaisant par rapport à un Dave Beck qui ne voulait que s'enrichir. Hoffa était comme le péché originel : un agent de corruption qui contaminait tout; l'auteur de méfaits qui allaient de l'extorsion de fonds aux voies de fait, en passant par l'escroquerie. Devant la collection de mines patibulaires qui défilaient à la barre, Bobby redevenait l'enfant qui envisageait naguère d'entrer en religion : « Ils sont mielleux, souvent bilieux et gras; ou bien maigres, froids et durs. Ils ont des visages impassibles et des regards glacés de gangsters. Ils ont les mêmes vêtements coûteux, le même diamant au doigt, le même parfum écœurant et fort »[86].

Parmi eux se trouvait Antonio Corrallo (dit Tony Duck — Tony l'esquive), qui avait esquivé nombre d'inculpations pour vol et trafic de stupéfiants avant que Hoffa le mît à la tête de cinq sections syndicales à New York; Johnny Dioguardi, trois fois inculpé de racket syndical, qui avait fait jeter de l'acide dans les yeux du journaliste Victor Riesel, spécialisé dans la rubrique syndicale; Joey Glimco, de la section 777 de Chicago, arrêté trente-six fois, dont deux fois dans des affaires d'assassinat; Momo Salvatore (Sam) Giancana, l'un des amis personnels de Hoffa et l'un des chefs de la pègre à Chicago, que Bobby allait retrouver plus tard sur son chemin; Anthony Provenzano (dit Tony Pro) de la famille des Genovese, qui dirigeait la section 560 du New Jersey pour le compte de Hoffa et qui deviendrait le suspect numéro un, après l'assassinat de celui-ci.

Comme chacun approchait de la barre, Hoffa levait cinq doigts pour lui rappeler d'invoquer le Cinquième amendement. Cela conduisait à des échanges de propos comme celui-ci[87] :

Kennedy : Avez-vous jamais fait quoi que ce soit pour recruter des syndiqués ? Pas la moindre chose ?

Glimco : Je refuse respectueusement de répondre...

Kennedy : Vous étiez l'un des principaux partisans de M. Hoffa, et il est l'un de vos plus fermes soutiens. Est-ce en raison de votre passé ?

Glimco : Je refuse respectueusement de répondre...

Kennedy : Vous pouvez envoyer vos hommes de main terroriser les témoins, de pauvres chefs de petites entreprises ou de malheureux syndiqués sans défense, mais vous ne pouvez répondre à aucune question, devant cette commission, n'est-ce pas, Mr Glimco ?

Le fait de se trouver aux prises avec de tels hommes faisait surgir des questions relatives au pouvoir et à la puissance qui avaient toujours été présentes à l'esprit de Bobby. Quand il interrogea Giancana, un ancien tueur qui avait hérité du manteau d'Al Capone comme chef du « syndicat du crime » à Chicago, le malfaiteur se mit à minauder en invoquant le Cinquième amendement ; Bobby le foudroya du regard : « Je croyais que seules les petites filles se trémoussaient ainsi, Mr Giancana »[88]. En une autre occasion, Joe Gallo, soupçonné d'avoir tiré sur Albert Anastasia lors d'un célèbre règlement de compte entre gangs ennemis, se présenta au bureau de Bobby et, fidèle à son surnom, Crazy Joe (Joe-le-fou), commença à frétiller dans l'antichambre, en proclamant que si quelqu'un descendait Bobby en sa présence, il lui faudrait en assumer la responsabilité. Bobby sortit de son cabinet de travail et lui jeta un regard sévère : « Ainsi c'est vous, Joe Gallo, le roi des juke boxes ; vous n'avez pas l'air d'un dur comme je croyais ; j'aimerais bien me battre moi-même avec vous »[89].

Son frère Ted séchait parfois ses cours à la faculté de Droit de l'université de Virginie pour aller observer les auditions des témoins. Rose, Eunice et Jean assistaient également à certaines audiences, de même que Jackie à l'occasion. Ethel n'en manquait pas une seule. Quand elle passait en voiture devant le siège du syndicat des Camionneurs, avec ses enfants, ils avaient l'habitude de réciter un vrai catéchisme : « Qu'est-ce que c'est, ça ? » demandait-elle. « Le syndicat des Camionneurs », répondaient les petits. « Qu'est-ce que l'on y fait ? », poursuivait-elle. « Des heures supplémentaires pour empêcher Jimmy Hoffa d'aller en prison... », répliquait l'un d'eux. « Et quoi encore ? »... « en prison où il devrait être », concluait le chœur[90].

Mais en fin de compte, malgré les 1 500 témoins et les 20 000 pages de procès verbaux, le combat entre Bobby et Jimmy Hoffa se termina par un match nul. Bobby n'avait guère trouvé d'appui du côté du FBI, si occupé, selon lui, par la lutte contre le communisme qu'il était incapable d'agir contre la « criminalité organisée ». Les sénateurs républicains membres de la commission ne mettaient pas non plus d'empressement à l'aider, ce qui transformait en question politique une affaire de droit commun. Il encourut également l'hostilité de William G. Hundley, chef de la section des organisations criminelles au ministère de la Justice, qui refusa de signer les mises en accusation que lui demandait Bobby en alléguant que, dans son zèle de croisé, celui-ci avait souvent violé les droits de la défense, comme le prétendaient les tenants des libertés civiques, hostiles, d'une façon générale, aux commissions d'enquête. « J'avais compris que [Bobby et ses collaborateurs] ne savaient pas bien ce qu'était une procédure pénale », rappelle Hundley[91]. (Quand il refusa les inculpations, Bobby explosa : « Ainsi vous admettez qu'il y a délit et vous prétendez ne pas pouvoir inculper les délinquants ; j'en ai mal à l'estomac. » Et Hundley de répliquer : « Je ne suis pas responsable de vos sucs gastriques »[92].) Finalement, comme Hoffa, toujours narquois et provocant, le lui fit remarquer, le travail de la commission n'avait rien changé à la situation : il était toujours aux commandes de son syndicat et même plus fermement assuré d'y rester ; et Bobby « pouvait toujours courir pour faire élire son frère à la présidence ».

Comme le mandat de la commission McClellan expirait, au printemps de 1959, Bobby entreprit d'écrire sa propre version de ce qui s'était passé. Il était bien décidé à éviter que l'on pût dire, comme pour *Profiles*, qu'il avait fait rédiger le livre par un autre. (« Il était au travail dès le matin, la plume à la main, un bloc de papier jaune devant lui, résolu à écrire le livre lui-même »[93], a déclaré John Seigenthaler qui l'avait aidé à mettre au point le manuscrit.) Quand il l'eut terminé, *The Enemy Within* (L'Ennemi de l'Intérieur)* avait un ton de chasseur de gangsters qui correspondait bien au caractère de l'auteur. Quand un pays produit un Jimmy Hoffa, concluait Bobby, il lui faut « la ferme volonté de combattre le mal et le désir de servir le bien », ou c'en est fait de lui[94].

* Traduction française : *Ma lutte contre la corruption* (Ed. Robert Laffont).

6

Lem Billings n'avait jamais oublié le moment où il avait compris exactement quel genre de transformation avait subie son plus cher, son plus vieil ami. C'était en 1957, et il se trouvait chez les Kennedy, à Palm Beach. Jack était toujours en tête des candidats à la Présidence, chez les Démocrates, selon l'indice de popularité publié par Gallup. Son comportement à Los Angeles en 1956 et son prix Pulitzer avaient fait de lui la personnalité la plus en vue et le conférencier le plus recherché de son parti ; mais pour Lem, comme pour Jack lui-même, c'était là un élément extérieur, quelque chose qui n'avait rien à voir avec leur amitié. Ce soir-là, ils étaient assis à table, en train de se disputer et d'échanger des insultes comme ils le faisaient depuis leur enfance. Finalement, Lem évoqua l'une des moins glorieuses conquêtes de Jack et tous deux se mirent à rire. L'Ambassadeur qui avait écouté en silence, avec un déplaisir croissant, jeta violemment sa fourchette sur la table.

« C'est la dernière fois que vous vous exprimez ainsi ! » Il fixa sur Lem un regard qui n'avait rien perdu de son pouvoir de pénétration. « Il y a des choses que vous ne pouvez plus évoquer, des affaires personnelles. Il faut les oublier. Oubliez le “ Jack ” que vous avez connu. Oubliez tout ce que vous savez de sa vie privée. Oubliez qu'il a jamais existé. Désormais surveillez vos paroles. Le jour vient, et il arrive vite, où il ne sera plus “ Jack ” ni pour vous ni pour aucun de nous, mais “ Monsieur le Président ”. Et rien, dans vos paroles ou dans vos actes, ne doit faire obstacle à cela ! »[1].

Lem demeura stupéfait pendant un moment ; puis il regarda Jack. D'abord, celui-ci eut la même expression de triomphe espiègle qu'il arborait, au cours de leur enfance, quand il parvenait à mettre quelqu'un « dans le bain » tout en se débrouillant pour se tirer d'affaire lui-même. Puis il fit mine de hausser les épaules comme pour dire : « Je n'y comprends pas plus que toi. »

En vérité, son ascension avait été rapide et sa transformation spectaculaire : le jeune et cynique député, obsédé par la mort, s'était mué en candidat à la Présidence, comme par un coup de baguette magique. D'aucuns y voyaient le résultat des machinations paternelles et l'effet de l'immense fortune des Kennedy. Jack lui-même, désormais doté d'une espérance de longévité normale pour la première fois depuis sa prime jeunesse, pouvait se croire gratifié d'un don inattendu par les fées irlandaises. Certes, la chance et la fortune avaient joué un rôle dans son succès, mais plus encore sa décision d'assumer enfin sa destinée; ceux qui évoquaient la façon dont il était devenu le digne fils de son père, dans sa recherche obstinée du pouvoir, négligeaient une vérité plus profonde, à savoir qu'il était également l'héritier de deux grands-pères — politiciens consommés l'un et l'autre.

Il manifesta tout son talent dans la façon dont il traita la question de la réforme des syndicats. C'était un sujet explosif et potentiellement dangereux où les progressistes et les conservateurs s'étaient pareillement brûlé les doigts. Quand Bobby avait, pour la première fois, soulevé l'idée d'une commission d'enquête sur les rackets syndicaux, Jack, prudent par nature, s'était montré réservé. Peu après que Bobby eut commencé à recruter des collaborateurs, l'aîné avait rencontré Clark Mollenhoff, dans un ascenseur du Capitole, et lui avait dit : « Franchement, je ressens quelque appréhension à ce sujet, en ce qui concerne mes relations avec les syndicats. Mais Bobby dit que cela lui tient tellement à cœur... »[2]. Pourtant, peu après le début de l'enquête, il avait vu clairement les avantages potentiels qu'il pourrait obtenir dans cette affaire. Il allait tirer le plus grand parti de la croisade de Bobby, mais les défenseurs des libertés civiques lui épargneraient les critiques qu'ils adressaient aux méthodes utilisées par son frère contre Hoffa. Jack avait également compris par quelle alchimie il pourrait transformer concrètement en or électoral les vils matériaux que Bobby déterrait. Sa future alliance avec l'UAW faisait partie de la formule cabalistique; s'y ajoutait la mise au point d'un important projet de loi portant le nom de Kennedy*.

A l'automne de 1957, alors qu'il siégeait à la commission McClellan, Jack entama des auditions connexes dans le cadre de la sous-commission du Travail dont il était le président; il s'agissait, cette fois, d'examiner le moyen de porter remède à la situation que son frère avait mise en lumière. Il convoqua des chefs d'entreprises et les avocats de grosses sociétés, pour recueillir leurs témoignages; il fit ressortir que si la corruption avait pu gangrener des syndicats comme celui des Camionneurs, c'était en partie grâce à la tolérance des entreprises elles-mêmes, ou pis encore, parce que certaines compagnies avaient eu recours aux membres d'associations de

* Un avantage moins évident mais capital qui en découlait avait été souligné par Clark Mollenhoff en ces termes : « Avant le début des audiences, c'était le père Kennedy qui détenait l'exclusivité des principales relations avec la presse[3]. Mais les auditions de témoins allaient donner aux deux frères accès à toutes les salles de rédaction américaines où il existait des reporters. Bobby ne se contenta pas d'entretenir des rapports avec ces derniers mais se lia également avec leurs rédacteurs en chef, à Seattle, Portland, Scranton, Des Moines, Los Angeles, Nashville, New York, Chicago et d'autres villes. Le *Chicago Tribune*, par exemple, n'avait jamais eu l'occasion de dire beaucoup de bien de Jack jusqu'alors; mais par le fait que les Kennedy étaient étroitement associés à une enquête sur les Camionneurs — souhaitée de si longue date —, le journal se trouva amené à faire paraître des articles favorables aux deux frères. La carrière de Jack prit vraiment son essor grâce à l'action de la commission. »

malfaiteurs, comme Johnny Dioguardi, l'ami de Hoffa, pour faire échec à des actions syndicales légitimes. Il convoqua également des dirigeants syndicaux comme George Meany, le chef de la centrale AFL-CIO. Celui-ci était hostile, par principe, à toute loi qui réglementerait l'activité des syndicats ; en outre, il n'avait guère confiance, personnellement, en Kennedy. Mais il en vint à manifester un respect bourru pour les efforts de ce dernier, à la tête de la sous-commission, et il offrit même les services de son conseil juridique, Arthur Goldberg, pour aider Archibald Cox, que Jack avait fait venir de Harvard, dans la mise au point d'une vaste réforme de la législation du Travail.

Quand le projet de loi Kennedy-Ives fut présenté au Congrès, en juin 1958, il avait l'appui de presque tous les dirigeants syndicaux des Etats-Unis (à l'exception de Jimmy Hoffa, bien entendu). La nouvelle loi sauvegarderait l'indépendance financière des syndicats, et interdirait la perversion des procédures démocratiques au sein des organisations ouvrières. Elle amenderait également certaines dispositions de la loi Taft-Hartley que les syndicalistes trouvaient trop pesantes. Le texte fut approuvé par le sénat à une majorité de quatre-vingt-huit voix contre une, mais le gouvernement Eisenhower ne se souciait guère de se voir entraîné dans une réforme syndicale de cette envergure juste avant les élections intermédiaires de l'automne 1958, de sorte qu'il usa de manœuvres parlementaires et de tactiques dilatoires pour que le projet s'enlisât à la Chambre, où il se trouvait encore bloqué à la fin de la session[4]. « Hoffa peut se réjouir de sa chance, commenta Jack aigrement. Les syndicalistes honnêtes et l'opinion publique déploreront que la politique ait empêché, pour cette année, la mise en œuvre des recommandations formulées par la commission McClellan »[5]. Mais s'il n'avait pas obtenu l'adoption d'une loi qui marquerait une date dans l'Histoire et porterait son nom (une variante du projet fut finalement adoptée sous le nom de Loi Landrum-Griffith), il avait obtenu un résultat important pour lui, en persuadant les syndicats de ne plus le considérer ni comme un « poids léger » de la politique ni comme un ennemi.

S'étant ainsi assuré une position privilégiée dans le domaine qui figurait en tête des préoccupations du jour, en matière de politique intérieure, Jack continua de s'intéresser à la politique extérieure. Le président de la majorité démocrate au sénat, Lyndon B. Johnson, lui avait attribué, un peu à la légère, en 1957, un siège au sein de la Commission des Affaires étrangères *

* Cette nomination pouvait paraître un peu « légère » parce que Lyndon B. Johnson, en faisant cet étonnant cadeau à Jack, semblait renforcer encore la position d'un rival, candidat à l'investiture du parti pour les élections présidentielles de 1960 ! Mais, selon Johnson lui-même, Joe lui avait littéralement « empoisonné » l'existence au sujet de ce siège depuis l'élection de Jack au sénat. Jim Rowe, ancien assistant de FDR, et futur collaborateur de LBJ, se trouvait au ranch de ce dernier en 1957, quand survint un appel de Hyannis qui éclaire un peu les relations entre les deux hommes. « Ecoutez, Lyndon, avait dit l'Ambassadeur, au cours d'une réunion, les Kennedy ont décidé de soutenir votre candidature si vous décidez de vous présenter en 1960 »[6]. Quand Johnson eut déclaré qu'il était encore trop tôt pour se décider, l'Ambassadeur poursuivit : « Bon, si vous n'êtes pas candidat, peut-être que Jack se présentera. » Ce dernier se servit de son siège à des fins stratégiques mais ne participa guère activement aux travaux de la commission. Le président de celle-ci, J. William Fulbright, ne peut se rappeler l'y avoir vu. « Il était toujours en campagne électorale », a-t-il dit par la suite.

— l'un des postes les plus convoités de la Chambre Haute. Jack en profita pour développer ses vues sur la flambée du nationalisme dans le monde.

L'un des sujets qui continuaient à occuper l'opinion publique et son propre esprit, était le Vietnam. Jack figurait parmi les fondateurs des « Amis américains du Vietnam »[7], association qui comprenait Max Lerner, Arthur Schlesinger Jr et d'autres progressistes favorables à l'Etat *de facto* du Sud Vietnam, dont le gouvernement avait fait savoir qu'il ne respecterait pas les dispositions des accords de Genève de 1954, relatifs à l'organisation d'élections générales en vue de la réunification du pays. « Ce que nous devons offrir [au Sud Vietnam], avait dit Jack devant l'Association, c'est une révolution — sociale et politique — très supérieure à tout ce que les communistes peuvent lui proposer »[8]. Comme membre de la commission des Affaires étrangères, il s'intéressa également à l'Algérie ; dans un discours au sénat, qui reçut une énorme publicité, il demanda à Eisenhower de reconnaître que la guerre d'Algérie représentait une menace pour toutes les nations occidentales, bien que le gouvernement français continuât de la considérer comme une affaire intérieure. Selon Kennedy, les Etats-Unis auraient dû user de leur influence pour obtenir qu'un règlement ouvre la voie à l'indépendance politique de l'Algérie[9].

Ces vues allaient déclencher un débat, non seulement dans la presse américaine, à grand renfort d'éditoriaux, mais aussi en Europe. Le ministre français chargé des Affaires algériennes manifesta sa colère en invitant Jack à venir visiter les prisons et les camps d'internement que le sénateur avait décrits comme inhumains. Hervé Alphand, ambassadeur de France aux Etats-Unis, demanda au secrétaire d'Etat, John Foster Dulles, de condamner les vues de Kennedy. Et Adlai Stevenson, de passage à Paris, déclara que le discours avait même porté atteinte à l'unité de l'OTAN[10]. Jack reconnut qu'il ne tenait pas à passer pour le « sénateur de l'Algérie », mais il ne se rétracta pas, malgré le feu roulant des critiques. Invité à écrire un article pour la fameuse revue *Foreign Affairs*, il aborda de nouveau le sujet de la « lutte contre l'impérialisme » et accusa le gouvernement Eisenhower de n'avoir pas su apprécier à leur juste valeur « les forces du nationalisme qui sont en train de redessiner la carte géopolitique de la Terre »[11].

La recette qu'il proposait, pour traiter avec les nationalistes du Tiers Monde, revenait à considérer le nationalisme comme une solution de remplacement face au communisme. Certes, en préconisant cette formule, il avait momentanément perturbé l'équilibre politique au sein de l'Alliance occidentale, mais ce n'était qu'un aspect d'une vision plus large dont il ferait bientôt l'un de ses principaux thèmes de réflexion. Bien mieux qu'aucun de ses rivaux politiques, il avait compris la perplexité des Américains devant ce qui semblait être un déclin précipité des nations les plus puissantes de l'avant-guerre ; l'incertitude de ses compatriotes sur les meilleurs moyens de lutter contre le communisme ; la crainte (due au Spoutnik) de voir les Etats-Unis se laisser distancer dans le domaine de la technologie ; l'angoisse, enfin, du lendemain pour une nation qui avait peut-être épuisé ses ressources matérielles et spirituelles. Il avait déjà répondu à cet état d'esprit dans son livre sur *Le courage dans la politique*, en réaffirmant la vitalité de la nation et de ses institutions. Il y répondit, d'une autre façon, en proclamant que les Etats-Unis se trouvaient victimes d'un dangereux *missile gap,* autrement dit, d'un retard dans le domaine des fusées.

Le sujet s'inscrivait bien dans la situation politique du moment. Joseph Alsop, le général James Gavin et autres personnalités que Kennedy admirait, en avaient parlé dès 1956. Nelson Rockefeller avait fait de l'état de préparation de l'armée américaine, l'un des thèmes de réflexion les plus importants et les plus controversés proposés au « Cercle d'études des Frères Rockefeller » dont l'influence était considérable[12]. Le rapport Gaither de la Fondation Ford avait présenté des conclusions alarmantes : les Etats-Unis étaient vulnérables aux fusées soviétiques à longue portée.

Au début, Jack avait considéré les allégations sur le « missile gap » comme le fait d'industriels de la Nouvelle-Angleterre qui prêchaient pour leur paroisse et voulaient obtenir des crédits militaires plus importants au moment où leur région était durement frappée par le chômage. Presque comme Joe McCarthy, qui ne s'était pas bien rendu compte, tout d'abord, qu'il avait touché une corde sensible lors de son discours de Wheeling sur les dangers du noyautage communiste dans les plus hautes sphères de la société et de l'Etat, Jack comprit bientôt, à la réflexion, que la question soulevée revêtait une grande importance symbolique. Elle permettait d'évoquer en raccourci toute une série de craintes latentes au sujet de la puissance américaine. C'était également une façon de s'en prendre aux Républicains sans attaquer la figure quasi totémique d'Eisenhower. Lors du déjeuner traditionnel des Démocrates à la mémoire des présidents Jefferson et Jackson, en 1957, Jack avait dénoncé le gouvernement pour avoir dissimulé « que nous avons pris un retard de plusieurs années peut-être, en matière de moteurs de fusées, de nouveaux carburants, d'engins à réaction, de radar et d'énergie nucléaire à usage industriel »[13]. Dans un article publié au mois de décembre par le *New York Times,* il critiquait la doctrine Dulles sur les représailles massives, pour son manque de flexibilité. L'article avait été écrit par Sorensen dans le cadre d'une production littéraire domestique qui fournissait à Jack l'occasion de signer des études dans diverses publications. Selon l'auteur de ce texte, Dulles voulait en revenir à la vieille conception de la « Forteresse Amérique »; les Soviétiques ne pourraient y voir qu'une incitation à « poursuivre leur marche en avant, grâce à leur " diplomatie du Spoutnik " fondée sur l'intimidation et le recours à des guerres périphériques »[14]. Jack commençait à considérer l'érosion de l'influence occidentale dans le Tiers Monde, et la fin apparente de la suprématie militaire américaine, vis-à-vis des Russes, comme la répétition du grand drame international de sa jeunesse, au moment où l'Europe déchirée par les tensions politiques avait été conduite à la guerre; or, il avait conclu, dans sa thèse, qu'une politique de concessions était « le résultat inévitable » des « lenteurs enregistrées dans le domaine du réarmement ».

Dans un discours prononcé devant le sénat, sur le retard des Etats-Unis en matière de fusées, le 14 août 1958, il compara la perte de la supériorité nucléaire des Etats-Unis à l'abandon de Calais par les Anglais au XVIe siècle, alors que la place était leur dernière tête de pont sur le continent[15]. « Ne voyons-nous pas, dit-il, que pendant les années à venir, si le " missile gap " se perpétue, nous serons menacés d'un péril mortel, comme nous n'en avons jamais connu de pareil ? » Et de citer l'apostrophe de Winston Churchill : « Au combat, donc, et au travail ! A chacun son rôle, chacun à son poste ! » Après le discours, le sénateur Stuart Symington, sautant sur l'allusion, demanda si la situation des Etats-Unis pouvait être comparée à « celle des Britanniques vers la fin des années trente ? » Jack répondit : « Le sénateur a parfaitement raison. »

Mais en même temps que les Etats-Unis devraient reprendre aux Russes la tête de la course aux armements, ils devraient également « exporter les idées révolutionnaires de la Déclaration d'Indépendance et guider les mouvements nationalistes au lieu de les contrecarrer, dans leur lutte contre tous les impérialismes, qu'ils soient de l'Est ou de l'Ouest »[16].

C'était un ensemble d'idées qui allaient donner forme à sa conception spécifique du monde : en politique intérieure, un assaut de « compétence » (mot qu'il fit expressément reprendre par son biographe James McGregor Burns) et en politique étrangère une vigoureuse offensive contre l'idéologie communiste. Face aux extrémismes de gauche ou de droite, il professait un « extrémisme du statu quo », qui ne visait pas à changer le monde, mais reposait sur une idée de la puissance, affirmée avec une tranquillité convaincante, de sorte que les intellectuels de gauche qui s'étaient jusque-là tenus à distance respectueuse de lui, commencèrent à se rapprocher du camp Kennedy[17]. Vers 1958, Sorensen avait réussi à recruter une équipe d'universitaires parmi lesquels on comptait Schlesinger, John Kenneth Galbraith, Walt Rostow, Archibald Cox, Paul Samuelson, et d'autres que l'on pouvait considérer comme des « têtes de pont » sur un très vaste front. Les lacunes de son dossier, comme sa dérobade face au McCarthysme, pouvaient se révéler gênantes ; il en allait de même dans le domaine des droits civiques où il ne s'était pas fait remarquer par son audace lors du vote de la loi de 1957[18] ; mais il avait la réputation d'être un idéaliste plutôt qu'un cœur sensible ; et les opinions qu'il avait exprimées sur des problèmes relatifs au rang de l'Amérique dans le monde rendaient populaire sa personnalité, et sa candidature inévitable. Bien que Joseph Alsop ne souscrivît pas à une telle formule, les progressistes avaient tendance à dire : « Jack Kennedy est un Stevenson, avec les couilles en plus. »

« Vers 1958, tous ceux qui s'étaient montrés si " bêcheurs " envers les Kennedy se ralliaient à eux, dit Lem Billings, et nous considérions que c'était là un beau coup de notre part, de les avoir gagnés à notre camp. Mais leur présence changea bien des choses : les week-ends au cap ne furent plus aussi amusants qu'autrefois »[19]. Ce commentaire rend bien compte de l'état d'esprit de la famille. Tous ces intellectuels de gauche étaient comme les brahmines de Boston qui avaient rejeté jadis les Kennedy, mais s'étaient rapprochés d'eux, après leur ambassade à Londres, non sans flagornerie — pour leur faire « de la lèche », comme disait Lem. (En fait, Arthur Schlesinger Jr avait attaqué l'Ambassadeur avec quelque virulence, en 1947, en raison de ses idées sur la guerre froide — où il avait cru voir « une justification de la lâcheté au nom de la morale la plus élevée »[20] — de même que cinq ans plus tard il avait réfuté les critiques de Bobby sur l'accord de Yalta, publiées par le *New York Times;* il les avait qualifiées de « mélange étonnant d'erreurs et de falsifications ».) Le fait que ces hommes de gauche aient déserté le camp de Stevenson pour se rallier aux Kennedy rendait leur adhésion d'autant plus délectable. La réputation de grand penseur dont bénéficiait Adlai avait toujours ennuyé Jack ; celui-ci faisait remarquer à ses amis qu'il lisait lui-même plus de livres en une semaine que son rival en un an. (Il était aussi irrité de voir ce dernier exercer un tel attrait sur les femmes, alors qu'il le tenait pour légèrement efféminé ; entre amis, il allait même jusqu'à le considérer comme un éventuel « transfuge ».) Pourtant il ne voulait pas être tenu lui-même pour une « grosse tête », une « tête d'œuf » comme on disait alors, en raison de la forme ovoïde du crâne de Stevenson. Il aurait voulu être le Fortinbras de cet Hamlet ; il eût été comblé s'il avait pu lire ce que Schlesinger écrivait à ce propos dans son journal intime en comparant les deux hommes : « S. est plus riche, plus réfléchi, plus créateur, mais il est resté trop longtemps éloigné du pouvoir : il me donne une étrange impression d'irréalité... J'ai du mal à définir cette réaction — peut-être S. se montre-t-il trop distrait, trop exclusivement intéressé par les mots, les phrases ? Je ne sais. Par contraste, K. donne l'impression de considérer l'action et le pouvoir avec calme, mesure et intelligence. Je crois que son gouvernement s'embarrasserait moins de sentimentalité et de fidélité aux idéaux du passé... »[21].

Au moment où Jack se préparait à lancer une vigoureuse offensive en vue d'obtenir l'investiture de son parti, le sénateur de Pennsylvanie, Joseph Clark, se montra curieux de savoir comment le candidat se comporterait vis-à-vis de questions où la religion jouait un certain rôle : il lui demanda donc s'il serait capable de prendre une attitude « moderne » dans le domaine de la contraception, à l'échelle internationale. Jack répondit : « Je serai aussi audacieux que j'oserai l'être »[22]. La formule aurait presque pu devenir sa devise politique. Jack était un pragmatique qui cherchait à savoir jusqu'où il pouvait aller, sans se laisser prendre à formuler un engagement qui servirait à le piéger plus tard. De même qu'il avait horreur de porter un chapeau parce que cela, pensait-il, ne « seyait » pas à sa personnalité — bien que le couvre-chef fît alors partie de l'uniforme de tout homme politique —, il prenait soin de ne pas adopter de programme qui ne lui « allât » pas, en matière de philosophie politique. Certes, il s'était libéré de l'esprit conservateur que son père avait prétendu lui imposer, mais il n'était pas encore très éloigné de l'attitude dont il avait fait preuve, peu après son élection au sénat, en révélant à un journaliste qu'il avait reçu des lettres indignées de certains électeurs, pour n'être pas « vraiment » de gauche : « J'aurais aimé leur répondre que je ne suis pas à gauche du tout »[23]. Il était moins soucieux en effet d'appartenance que de « sensibilité » politique : « Je suis un réaliste », avait-il déclaré à ce même journaliste qui le pressait de se définir.

En un certain sens, aucune étiquette ne lui convenait. C'était un Protée qui réagissait devant l'événement en fonction des circonstances. Il avait été fasciné de voir comment on faisait de lui un produit de consommation — notamment lorsque des articles abondamment illustrés avaient été publiés dans des journaux féminins et autres organes de la presse populaire, où il figurait aux côtés de Jackie et de leur nouveau bébé, la petite Caroline. Comme l'avait dit l'écrivain Norman Mailer : « C'était l'arrivée de Superman au supermarché »[24]. Jack formait désormais une somme supérieure à la simple addition de ses composantes. Plus qu'aucune autre personnalité de l'heure, il avait compris que ce processus était la condition nécessaire de la vie politique. Il avait été habitué, dès l'enfance, à l'idée qu'il fallait établir une distinction entre sa vie privée et sa vie publique. Au cours de sa brève carrière, il avait fait sien le credo de son père : ce qui comptait, ce n'était pas ce qu'étaient les gens, mais ce que l'on croyait qu'ils étaient.

Jack avait pu, naguère, se poser des questions au sujet de sa transformation involontaire en héros, après l'épisode ambigu du *PT 109*, mais maintenant la noix de coco sur laquelle il avait gravé son message de détresse trônait dans son bureau sénatorial. Il avait également conservé une partie du manuscrit de *Profiles* et le montrait de temps à autre pour prouver que c'était bien lui, et non pas Sorensen, qui avait écrit le livre. James McGregor Burns, l'un des intellectuels qu'il avait cherché à séduire avec le plus de persévérance, put se rendre compte, par lui-même, de cette mythomanie quand il accepta de rédiger la première biographie de Kennedy*.

Autorisé à consulter largement les dossiers du candidat ainsi que Jack lui-même, le fameux professeur présenta son manuscrit à l'intéressé pour donner à celui-ci l'occasion d'y jeter un coup d'œil rapide — croyait-il. Il fut stupéfait quand Sorensen et Kennedy trouvèrent le livre « catastrophique » et demandèrent des modifications, non seulement en ce qui concernait les « affaires de famille » (un propos de Jack au sujet de Joe Jr qu'il avait qualifié de « pugnace » et de « brutal » au cours d'un entretien ; une allusion à Peter Fitzwilliam et à sa liaison avec Kick), mais sur d'autres points également[26]. Ils étaient préoccupés de voir Burns parler du « détachement » de Jack, et de la façon dont l'historien exposait l'affaire McCarthy. Après une série de lettres qui ne donnèrent pas satisfaction à Kennedy, Burns fut convoqué au Waldorf pour un entretien paroxystique qui se déroula dans le salon de l'hôtel et dura cinq heures. Sorensen y attaqua férocement le manuscrit, menaçant parfois de faire appeler Jack dans sa chambre, à l'étage ; l'auteur reçut ensuite une lettre charmante mais attristée de Jackie et même un appel de l'Ambassadeur, « aimable mais insistant », toujours à propos des modifications à introduire dans le texte[27]. En fin de compte, le livre — qui inspira plusieurs autres biographes et devint *la* source des ouvrages postérieurs — avait exactement le ton que Kennedy voulait lui donner.

* Vers la fin de l'année 1958, Sorensen avait tenté de convaincre Burns de travailler dans les bureaux de Jack[25]. Il n'est personne pour qui j'aimerais autant travailler, ni dont l'avenir politique m'intéresse davantage, avait-il répondu. Mais ses engagements universitaires l'obligeaient à chercher « une formule plus souple ». Finalement, sa contribution à la carrière du futur président se révéla être la rédaction d'une biographie. C'était une excellente solution pour Kennedy qui se trouva donc pourvu de cette histoire de sa propre vie, écrite par un universitaire éminent, au moment où il entamait sa campagne présidentielle — d'autant plus que le livre de Burns sur Roosevelt avait bien failli avoir le prix Pulitzer, l'année où les jurés lui avaient finalement préféré *Profiles*, mais de très peu.

Lem avait raison de dire que Jack entra dans son rôle « comme un élève du Conservatoire »[28]. Les vedettes de Hollywood l'avaient toujours fasciné, comme la pègre attirait Bobby : elles personnifiaient tout ce qu'il était et ce qu'il voulait être ; elles possédaient des qualités qu'il souhaitait acquérir. Son père comprenait cela mieux que quiconque. Le mot « charisme » n'était pas encore à la mode ; le vocabulaire qui permettrait de définir les rapports entre « les médias et le message », entre les « images » bonnes ou mauvaises d'une personnalité, n'avait pas encore été inventé, mais Joe Kennedy voyait bien que son fils avait acquis un « attrait universel » et que les autres hommes politiques étaient loin de compte dans ce domaine. « Jack est la plus grande attraction des Etats-Unis », avait-il déclaré à un journaliste à la veille de l'entrée en lice de son fils. « Si vous voulez qu'un livre se vende bien, mettez sa photo sur la jaquette. Comment se fait-il que *Life* ou *Redbook* battent leurs records de tirage quand ils publient son portrait en couverture ? Si vous annoncez qu'il assistera à un gala, il y aura plus de monde que jamais. Même Jimmy Stewart ou Gary Grant ne peuvent attirer des foules pareilles pour un dîner organisé au profit du parti »[29].

Adlai Stevenson était préoccupé par l'importance croissante prise, en politique, par les professionnels de la publicité, capables de fabriquer une réputation (ou, comme on commençait à le dire, « une image ») ; il attribuait sa défaite de 1956 à son refus de se laisser « vendre comme une boîte de Corn Flakes ». Les Kennedy n'avaient pas de tels scrupules, mais ils auraient pu répondre que les démarcheurs de Stevenson n'avaient pas un « bon » produit à colporter. L'Ambassadeur applaudissait à l'intervention de Hollywood et des firmes de relations publiques de Madison Avenue, dans le processus politique. Puisque Jack était devenu un produit de consommation, on le vendrait, disait-il, « comme une marque de lessive »[30].

Bobby se joignit à ces grandes manœuvres vers la fin de 1959, après avoir terminé *L'ennemi de l'intérieur*. Il était inquiet de voir que l'on n'avait pas progressé davantage ; aussi demanda-t-il avec impatience, lors d'une réunion organisée à Palm Beach en décembre : « Alors, Jack, où en est ta campagne ? Quels sont les plans ? »[31]. Et comme Jack tardait à répondre, il insista : « Jack, comment peux-tu espérer réussir ta campagne si tu ne commences pas tout de suite ? Si tu perds un jour maintenant, tu ne pourras pas le retrouver à l'arrivée. Il est ridicule d'en être encore là aujourd'hui. » D'une façon qui en disait long sur les rapports entre les deux frères, Jack se tourna vers son ami Red Fay et, imitant le débit saccadé de Bobby, demanda : « Cela te plairait-il d'entendre cette voix résonner dans tes oreilles pendant les six prochains mois ? » Puis, s'adressant à son frère : « Très bien, Bobby ; nous avons été capables de faire quelques petites choses en ton absence, mais nous sommes heureux de pouvoir compter sur ton concours et nous avons l'intention de faire largement appel à toi »[32].

En fait, sa campagne avait été lancée dès 1958, quand il avait été réélu sénateur à une écrasante majorité, et elle n'avait pas vraiment cessé depuis lors. Steve Smith, qui avait reçu son baptême électoral, cette année-là, en même temps que Teddy, s'était installé dans un petit bureau de l'immeuble

Esso, à New York, où il avait commencé à réunir un fichier de 40 000 noms : il y faisait figurer toutes les personnes qui avaient manifesté leur intérêt pour la candidature de Jack à la Présidence. En même temps, il s'initiait à la programmation d'une tournée électorale du candidat, à bord de l'avion Convair, baptisé *Caroline*, acheté par l'Ambassadeur en vue des mois de voyages à venir.

Le jour où Jack annonça sa candidature, le 2 janvier 1960, un autre Démocrate et non des moindres, Hubert Humphrey, lui avait déjà lancé le gant, par avance ; on considérait généralement d'ailleurs qu'il « roulait » pour Lyndon Johnson ; celui-ci avait en effet tout intérêt à susciter des candidatures de ce genre — celle de Stuart Symington en était un deuxième exemple — appuyées sur un fort électorat régional, pour conduire le débat d'investiture dans une impasse, à son propre profit ; dans l'intervalle, espérait-il, Jack aurait trébuché sur les deux obstacles que lui valaient sa jeunesse et sa religion, aux yeux des électeurs. Cette stratégie rappelait aux Kennedy les efforts déployés par les élites bostoniennes pour réduire les Irlandais à un rang inférieur ; aussi la saison des élections primaires se présentait-elle pour eux moins comme une épreuve que comme une guerre sainte.

La première compétition eut lieu dans le Wisconsin. Humphrey et Jack y avaient fait campagne avec un égal acharnement. Bobby avait joué le rôle d'éminence grise de son frère[33] et montré autant de ténacité à faire le procès de Humphrey qu'il en avait mis à traquer Jimmy Hoffa ; il avait maigri d'une livre par semaine au cours de ces dures journées de labeur, sous les gelées printannières du Middle West. Un jour, avec Chuck Spalding, chargé de la circonscription d'Eau Claire (dont le nom rappelait bien les origines françaises et catholiques de cette région), il se trouva bloqué par les neiges, dans un train, à quinze kilomètres du lieu d'un meeting ; Bobby, dont on attendait la présence à cette réunion, sauta du wagon et, malgré un temps affreux, effectua le reste du trajet à pied. Jack ne le cédait en rien à son frère. Il se contentait de quelques heures de sommeil, pour arriver, en temps utile, à l'ouverture d'une usine ; parcourant des kilomètres pour faire son apparition dans un café, où il rencontrerait une douzaine d'électeurs à peine. Sa confiance ne faiblit jamais. Chuck Spalding était avec lui le jour où il descendait une rue en serrant les mains des passants, lorsqu'une vieille femme lui dit : « C'est trop tôt, mon garçon, bien trop tôt. » Jack lui sourit en secouant la tête : « Non, c'est le moment, pour moi. Pour moi, c'est maintenant ! »[34].

Issu d'un Etat limitrophe et considéré comme le « troisième sénateur » du Wisconsin, Humphrey aurait dû l'emporter. Il fut battu, et dès lors sa candidature était condamnée. Mais Jack n'avait pas remporté la victoire convaincante dont il avait besoin pour prouver que son magnétisme s'exerçait au-delà des frontières de la Nouvelle-Angleterre ; il avait en effet perdu dans les régions à forte majorité protestante et ses succès étaient surtout marquants dans les districts conservateurs et catholiques. Humphrey avait d'ailleurs soulevé la question religieuse de façon elliptique et accusé Kennedy de ne pas être un vrai Démocrate mais le candidat des transfuges du parti républicain. Quand le commentateur-vedette de la télévision, Walter Cronkite, interviewa Jack, le soir des élections, il lui demanda s'il estimait avoir été handicapé par sa religion, ce qui souleva la colère de Bobby; accusant la CBS d'avoir violé sa promesse de ne pas aborder le problème, il déclara à Cronkite que jamais il n'aurait plus la moindre chance de parler à son frère[35].

Si Humphrey avait abandonné la partie après les primaires du Wisconsin, cela aurait pu faire du tort à Kennedy qui avait besoin de suspens pour tenir le public en haleine et se faire écouter. Mais au lieu de se retirer, son adversaire entreprit un effort désespéré en Virginie Occidentale, ce qui fournit à Jack l'affrontement spectaculaire qu'il lui fallait. Sur place, le personnage de Kennedy fit l'objet d'une adroite reconstitution télévisuelle : un montage de films publicitaires le présentait d'abord en héros de la dernière guerre, dont les exploits étaient célébrés sur fond de PT au sillage phosphorescent; puis en intellectuel, lauréat d'un prix Pulitzer; enfin en père de famille, avec la petite Caroline sur les genoux. Humphrey, pour sa part, posait au candidat populiste, aux prises avec la puissance financière de son adversaire. Mais le fait d'être riche n'était pas pour Kennedy aussi désavantageux que le supposait son concurrent. Le juge Douglas raconta plus tard qu'il avait vu Jack serrer les mains des travailleurs et répondre à leurs questions sur le carreau d'une mine, lorsque l'un des mineurs lui avait demandé : « C'est vrai que votre père est l'un des hommes les plus riches des Etats-Unis ? » Jack avait répondu que c'était en effet probablement le cas. « C'est vrai que vous n'avez jamais manqué de rien et que vous avez toujours eu tout ce qu'il vous fallait ? » Jack admit à contrecœur que c'était à peu près exact. « C'est vrai que vous n'avez jamais travaillé de vos mains ? » Jack avait opiné du bonnet. « Eh bien, avait conclu le mineur, je peux vous dire que vous n'avez rien perdu »[36].

Son appartenance religieuse soulevait un autre problème. C'était la face cachée de la campagne et elle devint perceptible lorsque Humphrey choisit pour hymne personnel un cantique dont la signification était claire bien qu'implicite; il était intitulé : « Rendez-moi ma religion des temps anciens ». L'ironie de la chose était que Jack eût à répondre à de telles provocations, alors qu'il se montrait plus que tiède à l'égard des sacrements. Jackie mettait bien le doigt sur ce paradoxe quand elle disait[37] : « Il est tellement injuste de voir les gens s'en prendre à Jack parce qu'il est catholique; c'est un si mauvais catholique; s'il s'agissait de Bobby, je comprendrais... *.

* Un journaliste du *Washington Post*, Peter Lisagor, qui participait à l'émission « Face au public », eut l'occasion d'observer la réaction personnelle de Jackie quand on en vint aux accusations de Humphrey en matière de fortune et de religion : il était « simplement en train de lancer [ces accusations] une par une à Jack qui les rejetait au fur et à mesure... » quand il remarqua les regards meurtriers que lui jetait Jackie, présente elle aussi dans le studio. Après l'émission, Lisagor alla donc vers elle et lui demanda pourquoi elle paraissait offensée. « C'est, répondit-elle, parce que vos questions étaient absolument horribles; mais, d'autre part, Jack dit que vous êtes très gentil; je suis seulement un peu tendue parce que je me sens tellement impliquée dans cette campagne. » La réponse amusa Lisagor et les autres journalistes; en effet, ils avaient souvent commenté entre eux la façon dont elle se désintéressait, bien au contraire,

Mais, dans un certain sens, la Virginie Occidentale offrait un champ de bataille privilégié pour Jack ; s'il perdait, il pourrait attribuer sa défaite à la bigoterie protestante des « artisans du clair de lune », comme on appelait les distillateurs clandestins, c'est-à-dire toute la paysannerie locale. S'il l'emportait dans un pays aussi strictement attaché à la religion réformée, il aurait fait la preuve que son catholicisme n'était plus pour son avenir un handicap sérieux.

Un jour où la question avait été soulevée devant lui, Jack s'y attaqua avec agressivité : « Personne ne m'a demandé si j'étais catholique quand je me suis engagé dans la marine américaine, dit-il ; personne n'a demandé à mon frère s'il était catholique quand il est monté à bord d'un bombardier américain pour sa dernière mission de combat »[40]. Peut-être parce qu'il s'agissait de politique bien plus que de croyances, c'est à propos de la question religieuse que Jack fit ses interventions les plus brillantes. Il en fut ainsi notamment quand, à la veille d'une primaire, on lui demanda pour la centième fois, pour une station de télévision, ce qu'il pensait de la séparation de l'Eglise et de l'Etat. Jack regarda fixement la caméra et se livra à ce que Theodore White, le chroniqueur de la campagne, considéra comme la plus brillante improvisation qu'il eût jamais entendue de la part de n'importe quel candidat aux élections[41]. Et il conclut : « Si un Président trahit le serment qu'il a prêté d'appliquer la Constitution, il ne commet pas seulement un crime contre celle-ci, pour lequel le Congrès peut et doit le démettre de ses fonctions, mais il pèche également contre son Dieu. »

Après cela, il devint évident que le catholicisme ne serait pas l'écueil sur lequel Jack sombrerait. Humphrey commençait à se sentir, selon ses propres termes, comme un petit commerçant indépendant en lutte contre une chaîne de supermarchés. Mais si son adversaire avait plus de moyens financiers que lui, il avait également plus de ressources humaines... voire familiales. Teddy s'occupait de la propagande électorale de son frère dans les Rocheuses. Rose et ses filles avaient envahi la Virginie Occidentale et faisaient sentir partout la présence des Kennedy. Le patriarche n'était visible nulle part mais demeurait l'axe autour duquel tournaient tous les siens. Humphrey en faisait des gorges chaudes et disait que « Papa Joe » était prêt à acheter « n'importe quoi à son fils chéri, même un succès électoral ».

L'ambassadeur s'activait à sa manière[42]. Teddy raconta par la suite comment Jack, après avoir annoncé sa candidature, avait regardé sur le calendrier de sa tournée électorale quelles étaient les primaires pour lesquelles il lui faudrait faire campagne, avant de dire à son père : « Ainsi, c'est *toi* qui te charges de l'Illinois, du New Jersey, de la Pennsylvanie et de l'Etat de New York ! »[43]. C'était rigoureusement exact.

Bien longtemps avant les primaires de la Virginie Occidentale, le vieil

---

des efforts de son mari[38]. Elle n'en avait pas moins son utilité. Les collaborateurs de Kennedy avaient vainement tenté de rallier à leur cause le théologien Reinhold Niebuhr, jusqu'au soir où Jackie se trouva assise à côté de lui, lors d'un dîner offert par le parti libéral de New York. Ils eurent une conversation animée toute la soirée, après quoi Niebuhr déclara : « Elle a lu chacun de mes livres » ; dès lors, il se conduisit en partisan de Kennedy[39].

homme avait déjà fait tout ce qu'il était en son pouvoir de faire — non seulement signer des chèques, mais également tirer des lapins de quelques chapeaux. L'ancien sénateur Burton K. Wheeler, qui s'était présenté comme candidat à la vice-présidence avec La Follette, en 1924, sur la liste de l'éphémère parti progressiste, avait été surpris de recevoir un appel de l'Ambassadeur, peu avant les primaires du Wiscontin. Celle-ci lui demandait de bien vouloir attester qu'il avait reçu la contribution de Joe Kennedy à cette campagne de 1924, pour que les anciens Progressistes aient une raison de voter pour Jack[44]. Mais son rôle spécifique avait été de contacter les chefs du parti et les personnalités les plus influentes, les « boss », les « patrons » des grands Etats industriels, et de traiter avec eux, en sa qualité de « boss » des Kennedy. Il se rapprocha ainsi d'Eugene Keogh, l'un des parlementaires les plus puissants de l'Etat de New York, qui déclara par la suite : « Il savait instinctivement quelles étaient les personnalités importantes dans les coulisses. Dès 1958, il était resté en relations téléphoniques avec elles, pour leur présenter le dossier de Jack, expliquer et interpréter les faits et gestes de son fils, gagner ces " boss " à sa cause »[45]. D'après une anecdote que rapporte Tip O'Neill, Joe avait appris que pour aborder le « boss » de Philadelphie, Billy Green, il fallait passer par un fonctionnaire de l'Etat de Pennsylvanie appelé Joe Clark (sans aucun rapport avec le sénateur du même nom) : « Quarante-huit heures plus tard, ce Clark était invité au Waldorf et un avion venait le chercher. Il fut traité avec tous les égards »[46]. Joe Kennedy s'occupait également du « patron » le plus important peut-être des Etats-Unis : J. Edgar Hoover, qui détenait encore un dossier sur les fredaines de Jack avec Inga Arvad, pendant la guerre. Au siège du FBI, parvenaient régulièrement des missives flatteuses de Hyannis (où Joe était encore à moitié agent secret « spécial »). C'est ainsi que l'Ambassadeur avait fait parvenir à son « chef », en 1959, une lettre de félicitations pour l'article que celui-ci venait de publier dans le *Reader's Digest*, sous le titre « Illusions communistes et Réalités démocratiques » ; il mentionnait qu'il avait attiré l'attention de Sorensen sur ce texte où « se trouvaient plusieurs pensées que Jack aurait intérêt à utiliser, au cours de ses tournées électorales dans le pays, car bien des gens auxquels il s'adresse partagent entièrement vos idées mais n'ont pas l'imagination nécessaire pour les mettre en pratique »[47].

La principale contribution de l'Ambassadeur aux primaires de la Virginie Occidentale, fut de suggérer que l'on fît appel à Franklin D. Roosevelt Jr ; celui-ci portait un nom magique et ressemblait physiquement à son père ; en faisant revivre le passé avec Kennedy, d'un bout à l'autre de l'Etat, il associait leurs deux noms jusqu'au fin fond de collines et de vallées perdues où le New Deal avait encore une valeur sacrée. (Avec son sens caractéristique des détails, Joe avait insisté pour qu'une « lettre ouverte aux électeurs », signée de Roosevelt Jr et endossant la candidature de Kennedy, fût postée à Hyde Park même ; ainsi les destinataires auraient-ils l'impression que le défunt Président était sorti de sa tombe pour les presser de voter pour Jack[48].) Un journaliste de Virginie Occidentale, Charles Peter, a souligné que l'utilisation du jeune Roosevelt avait été un coup de maître : « Dans un certain sens... c'était presque le fils de Dieu descendu sur Terre pour dire que l'on pouvait sans inconvénient élire un catholique ; que c'était permis ; qu'il n'y avait rien de terrible là-dedans. L'intervention de FDR Junior avait donné la possibilité de voter pour Kennedy à bien des gens qui ne l'auraient jamais envisagé auparavant »[49]. Quand la campagne se durcit, Bobby obtint de Roosevelt qu'il ne se contentât pas d'un rôle symbolique mais émit des communiqués accusant Humphrey (déclaré inapte au service armé en raison de son état de santé, pendant la guerre) d'avoir été un « déserteur ».

Finalement, grâce à la combinaison de toutes ces ressources, matérielles et intellectuelles, Kennedy remporta une victoire irrésistible en Virginie Occidentale. Ce n'était pas seulement une preuve des potentialités du candidat, mais également le vrai passage du flambeau, d'une génération de Kennedy à l'autre. Alors qu'il prenait à Palm Beach un repos bien gagné, Chuck Spalding se trouva un jour étendu au bord de la piscine à côté de l'Ambassadeur, quand Jack fit son apparition : « Regardez-le, dit son père avec une sorte de respect qu'il manifestait rarement. Comment fait-il ? J'en aurais été incapable. Pas l'ombre d'une chance »[50]. Un peu plus tard, la situation se trouva inversée ; Spalding bavardait avec Jack quand l'Ambassadeur attira leur regard. « C'est étonnant, dit Jack, en observant son père. Tout le monde en dit pis que pendre ; mais on oublie qu'il en a fait, à lui tout seul, au cours de sa vie, plus que trois ou quatre d'entre nous réunis »[51].

7

Humphrey n'existait plus en tant que candidat. Personne ne tenta de prendre sa place. Aussi, au fur et à mesure que, dans les différents Etats, les Démocrates désignaient la délégation qui les représenterait à la convention nationale du parti, chargée d'accorder l'investiture à un candidat pour la Présidence, les délégués recevaient mandat de voter pour Kennedy. Dans certains Etats pourtant, la délégation restait « non engagée », c'est-à-dire libre de se décider en fonction des circonstances, au dernier moment, et l'on comptait également quelques délégués favorables à des candidatures locales éventuelles.

Vers la fin du mois de juin, Jack se trouvait dans le bureau d'Eugene Keogh, à Washington, pour y rencontrer Billy Green que le vieux Joe avait tenté de circonvenir depuis des mois. Après l'entretien, Jack appela son père qui passait ses vacances sur le lac Tahoe, pour lui dire que Green venait de lui promettre l'appui ferme de la délégation « non engagée » de la Pennsylvanie. « Bon, dit le vieil homme, maintenant nous tenons notre majorité »[1]. Quelques jours plus tard, Bobby qui, en compagnie de Kenny O'Donnell, continuait de courtiser les délégués pennsylvaniens, téléphona à son frère pour lui apprendre ce qu'il croyait être une grande nouvelle. Jack répondit qu'il était déjà au courant. « Pourquoi ne pas m'avoir averti ? » demanda Bobby. « Parce que toi et Kenny vous êtes trop bavards », répliqua Jack[2].

Bobby continuait pourtant à se faire du souci. Il était inquiet du rôle que pourrait jouer la candidature semi-officielle de Lyndon Johnson et de l'attitude imprévisible que pourrait adopter Adlai Stevenson[3]. Ce dernier ne comptait pas parmi les partisans les plus enthousiastes de Kennedy. (« Ce jeune homme ne dit jamais " s'il vous plaît ", avait-il grommelé un jour ; il ne dit pas non plus " merci " ; il ne demande rien, il exige. ») Or, l'ancien candidat faisait encore l'objet d'un culte sentimental, tout spécialement de la part de l'aile gauche du parti, dont la personnalité dominante était Eleanor Roosevelt. Elle avait rompu des lances avec Jack depuis des années ; prétendait qu'il avait montré son « profil » plus que son « courage », notamment dans l'affaire McCarthy et à propos des droits civiques ; qu'il était la créature de son père et chargé de réaliser à retardement les ambitions de celui-ci ; enfin qu'il n'avait jamais répondu de façon satisfaisante aux questions posées par son appartenance au catholicisme. Après avoir eu avec elle, en prévision de la convention, une nouvelle et vaine rencontre, qui tourna au vinaigre, Jack fit un commentaire caustique — mais paradoxal si l'on songe au rôle crucial que James avait joué en Virginie-Occidentale : « Elle détestait mon père parce qu'elle ne pouvait supporter de voir les enfants Kennedy réussir tellement mieux que les siens »[4].

Selon Bobby, les partisans de Stevenson n'étaient que des pions dans le jeu de Johnson. Leur candidat ne pouvait l'emporter, mais ils espéraient provoquer un ballottage au premier tour, de sorte que les voix de Jack commenceraient à s'éparpiller au second tour, ce qui permettrait au Texan d'entrer dans la danse. Or, les rapports entre celui-ci et les Kennedy étaient en train de s'aigrir de plus en plus. Le journaliste Hugh Sidey, qui publiait les « profils » de tous les principaux candidats dans le magazine *Life*, avait relevé que si Humphrey et Symington se montraient corrects dans leurs commentaires à propos de Jack, Johnson avait une attitude plus vicieuse[5]. Le sénateur du Texas avait raconté tout au long que l'Ambassadeur l'avait supplié de nommer son fils membre de la commission des Affaires étrangères ; que Jack avait souvent manqué à l'appel ; qu'il était atteint d'une maladie secrète et sans doute incurable. Johnson avait abordé les mêmes thèmes au cours de réunions d'information avec Peter Lisagor. Lors d'un voyage en avion avec le journaliste, il avait qualifié Jack de « petit bonhomme décharné et rachitique »[6] ; il avait même esquissé comiquement un cercle avec le pouce et l'index pour indiquer la taille des chevilles du jeune homme. De plus, il avait prétendu que si Jack était élu, ce serait son père qui dirigerait le pays et Bobby le ministère du Travail. Celui-ci avait eu vent de la conversation et il harcela Lisagor sans relâche, jusqu'à lui extorquer tous les détails de l'affaire ; après quoi, en le quittant, il prit un air solennel pour dire : « Je savais qu'il haïssait Jack, mais je ne savais pas qu'il le haïssait tant »[7].

Le conflit entre les partisans de Jack et ceux de Johnson était devenu la principale raison d'être de la convention de Los Angeles quand celle-ci s'ouvrit le 11 juillet 1960. Alors que le lieutenant de Johnson, John Connally, entamait une campagne de rumeurs au sujet de la santé de Jack[8], le sénateur lui-même dénonçait l'Ambassadeur aux délégations, comme « l'homme qui avait tenu le parapluie de Chamberlain »[9]. Pour le chef de la Majorité, tout cela pouvait fort bien n'être qu'un aspect du jeu politique, mais pas pour Bobby. Quand l'assistant de Johnson, Bobby Baker, se trouva nez à nez avec lui au Biltmore, et remarqua sur le ton de la plaisanterie que Teddy avait rudement exagéré en déclarant Johnson mal remis de sa crise cardiaque, Bobby explosa : « Vous avez du toupet ! Lyndon Johnson a comparé mon père à un nazi... et John Connaly ne cesse de mentir en prétendant que mon frère se meurt de la maladie d'Addison. Vous autres, les gens de Johnson, êtes en train de mener une campagne sacrément dégoûtante et on vous rendra la pareille au moment voulu »[10].

Les yeux cernés, n'ayant plus que la peau sur les os, Bobby réunissait les coordinateurs de la campagne chaque matin, à huit heures, pour faire le point de la convention et organiser le travail de la journée. L'un d'eux a raconté que le deuxième jour, « Bob était monté sur un tabouret et avait déclaré très sèchement avoir appris que certains d'entre nous étaient allés à Disneyland la veille : " Si l'un de vous trouve plus important d'aller à Disneyland que de faire investir le candidat du parti à la Présidence des Etats-Unis, il doit s'en aller tout de suite ! " »[11].

Tandis que son frère restait tendu, sur la brèche, Jack était tout à son aise. Il eut un débat avec Johnson devant la délégation du Texas, malgré les réticences de Bobby et l'opinion de son père, pour qui cette manœuvre était malavisée. (Le journaliste John Seigenthaler était avec l'Ambassadeur quand Jean Kennedy Smith passa par là et demanda à son père ce qu'il pensait du débat. Quand celui-ci répondit que c'était une stupidité, elle rétorqua : « Mais, papa, comment Jack pouvait-il se dérober ? Cet homme nous avait défié d'y aller »[12].) Deux jours plus tard, Jack était au beau milieu d'un repas avec son père, à la luxueuse résidence de Hearst, que Joe avait louée à Marion Davies pour en faire le quartier général de la famille, à Los Angeles, pendant la convention, quand le sénateur du Minnesota, Eugene McCarthy, lança un fervent appel à la nomination de Stevenson, ce qui provoqua la plus vive émotion chez les délégués. « Ne t'inquiète pas, papa, dit tranquillement Jack ; Stevenson a tout sauf les voix »[13].

Quand commença l'appel nominal des délégations, par ordre alphabétique, les choses allèrent encore mieux que Jack ne l'avait espéré. Au moment où le dernier Etat de la liste, le Wyoming, fut appelé à se prononcer, Teddy, qui avait travaillé dans les Rocheuses pendant toute la durée des primaires, joua des coudes pour se rapprocher du président de la délégation et lui crier : « Vous avez l'occasion d'investir le futur Président des Etats-Unis, c'est une chose qu'il n'oubliera jamais »[14]. Le Wyoming apporta ses quinze voix à Jack qui se trouva ainsi investi dès le premier tour. Peu après, un journaliste qui avait suivi la campagne assista à l'un des rares moments d'intimité entre Jack et Bobby, dans un espace interdit au public, juste à côté du hall de la convention. « C'était la première fois qu'ils se revoyaient après la victoire... ils se dirigèrent vers une encoignure ; Bob baissait la tête, comme toujours. Je me rappelle que leur seul signe visible d'émotion fut le geste de Bobby frappant plusieurs fois la paume de sa main gauche avec son poing droit, et un vague sourire sur le visage de Jack, suprême témoignage de satisfaction »[15]. Jack appela Jackie qui suivait les événements à la télévision, à Hyannis, puis il se présenta enfin devant les délégués et l'orchestre se mit à jouer « Toora-Loora-Loora ».

La veille du vote, Jack avait demandé à O'Neill de prendre contact avec les partisans de Johnson pour leur faire une proposition de paix à titre de ballon d'essai, et leur demander de cesser un combat qui risquait de diviser le parti. Le plus proche conseiller de Johnson, Sam Rayburn, président de la Chambre, fit savoir à O'Neill qu'il serait disposé à entamer des discussions ; le message fut transmis à Jack qui se trouvait au restaurant Chasen's où avait lieu un dîner au profit du syndicat des métallos, United Steelworkers [16]. Jack déclara à O'Neill qu'il serait ravi d'avoir Johnson pour coéquipier, mais qu'il ne voulait pas faire une proposition dans ce sens si elle devait être rejetée, et qu'il téléphonerait à Rayburn le soir même ; apparemment il n'en avertit personne d'autre et ne fit même pas part à Bobby de ses intentions.

Une fois que Kennedy eut été investi, on pouvait penser qu'il allait vraisemblablement choisir le sénateur Stuart Symington pour lui servir de second. Celui-ci avait en effet reçu l'appui décidé des syndicats et s'était vu proposer plus ou moins la vice-présidence au cours de conversations antérieures entre Jack et Clark Clifford. A tel point que deux journalistes proches du camp Kennedy, Charles Bartlett et John Seigenthaler, avaient annoncé qu'il en serait ainsi. Joe Alsop, le directeur du *Washington Post*, Philip Graham, et même l'Ambassadeur, avaient néanmoins poursuivi leurs efforts en faveur de Johnson ; Jack les avait écoutés sans rien dire.

La nuit qui suivit son investiture, il se décida dans ce sens et en avertit Bobby le lendemain matin, avant son rendez-vous avec le Texan. Bobby fut traumatisé ; les autres étaient livides. Kenny O'Donnell fit irruption dans les appartements de Jack en criant à la trahison. Jack pâlit à son tour et poussa O'Donnell dans la salle de bains, le seul endroit où il pouvait s'isoler. « J'ai quarante-trois ans, lui dit-il, et je suis le candidat le mieux portant de tous ; je n'ai pas l'intention de mourir à la Maison-Blanche. La vice-présidence ne signifie rien dans ces conditions » [17]. Et d'expliquer que s'il était élu il n'avait nulle envie de l'être à une infime majorité, sans compter qu'il ne lui serait pas possible de gouverner si le président du sénat lui était hostile, or Johnson continuerait d'occuper ce poste. Cela ne permettait pas d'expliquer de façon plausible l'offre qui avait été faite à Johnson, mais O'Donnell ne demandait qu'à se laisser convaincre.

Comme la consternation se répandait parmi ses partisans, à l'idée de voir Johnson figurer sur la liste démocrate comme candidat à la vice-présidence, Jack commença à faire machine arrière ; il expliqua qu'il avait formulé cette offre pour sauvegarder l'unité du parti en espérant qu'elle serait rejetée. Bobby se rendit alors dans l'appartement de Johnson pour dire à celui-ci que des éléments favorables aux syndicats et l'aile gauche du parti pourraient manifester leur hostilité à son investiture en déclenchant une bataille au cours de la séance. Apparemment convaincu que son frère lui avait donné carte blanche [18], il proposa à Johnson la présidence du Comité national du parti. Il s'attira de Rayburn cette seule réponse : « Merde » [19]. Et John Connally lui demanda ironiquement : « C'est vous le candidat, ou c'est votre frère ? » Phil Graham appela alors Jack pour lui faire savoir que son frère pressait Johnson de se retirer. Le candidat répondit froidement : « Bobby n'est pas au courant et ne sait pas ce qu'il en est. » Il confirma que son choix s'était porté sur Johnson * [20].

C'est Bobby qui fut rendu responsable de l'imbroglio. Après qu'il eut quitté l'appartement, Johnson le traita de « petit merdeux » [22]. Ce soir-là,

* Le coup de téléphone de Graham est mentionné dans une note préparée par celui-ci, au sujet de ces événements confus. Bobby raconte l'affaire de façon différente [21] et prétend, par exemple, que Johnson se mit à pleurer quand il lui demanda de se retirer pour permettre de

quand un riche pétrolier texan, H. L. Hunt, et sa femme lui rendirent visite, ils furent accueillis par les pleurs de Mrs Johnson (que l'on appelait Lady Bird — Coccinelle — à cause du second nom de son mari : Lyndon Byrd Johnson), encore sous le coup de cette humiliation. « Je ne voulais pas qu'il accepte »[23], leur dit-elle, tandis que son mari hurlait dans la chambre voisine parce que l'un de ses assistants lui demandait de démentir l'affirmation d'un journaliste, selon laquelle il n'avait été choisi que sur ses instances les plus pressantes : « Dieu me damne si je démens quoi que ce soit ! C'est à ce fils de pute de le faire ! » Il faisait allusion à Bobby[24].

Le désarroi n'était pas moins grand à la résidence de Marion Davies que dans les appartements de Johnson[25]. Comme devait le déclarer un ami de Jack, Charles Bartlett : « Jack n'avait pas le moral ; Bobby était au bord du désespoir. » Les enfants de Bobby qui barbotaient et s'aspergeaient dans la fontaine de la cour mettaient la seule note de gaieté dans le décor. Etendu en travers d'un siège de voiture, Bobby, inconsolable, dictait les mesures nécessaires à l'investiture de Johnson. Jack feuilletait les pages du *New York Times* ouvert sur la malle arrière du véhicule. Bobby répétait tristement : « Hier, c'était le plus beau jour de ma vie ; aujourd'hui, c'est le plus affreux »[26]. C'est alors que l'Ambassadeur fit son apparition ; irréductiblement optimiste, il descendit la cour, dans sa robe de chambre en velours : « Ne t'en fais pas, dit-il à son fils, dans quinze jours ils diront que tu n'as jamais rien fait de plus intelligent »[27].

Peu après que Johnson eut obtenu l'investiture, au premier tour de scrutin, Joe Kennedy partit pour New York, laissant à Rose le soin de représenter la famille, lors du discours de remerciement de Jack. Quant à lui, il suivit la cérémonie à la télévision, chez Henry Luce. Au moment où Stevenson, le gouverneur du Minnesota Orville Freeman, Humphrey et d'autres dignitaires du parti précédaient son fils à la tribune pour lancer les appels traditionnels à l'unité, Kennedy faisait des commentaires mordants à propos de chacun. « Il n'avait aucun respect pour tous ces gens de gauche, raconte Henry Luce III ; il les considérait comme une bande d'idiots à qui il venait de jouer un tour énorme »[28].

Un mois après la convention démocrate de Los Angeles, la convention républicaine accordait son investiture à Richard Nixon. Désormais la campagne décisive pour les élections générales allait commencer. Elle s'ouvrit, selon la tradition, le jour du Labor Day, fête américaine du Travail, le premier lundi de septembre.

Jack avait un certain retard sur son adversaire, en raison de la publicité que celui-ci avait reçue, lors de la convention de son parti : les sondages de

---

démêler l'imbroglio. Mais il semble bien que Bobby se soit surtout soucié d'écarter l'idée que son frère et lui se fussent violemment affrontés dans une affaire aussi importante, ou que Jack se fût servi de lui. Il revint abondamment sur ce sujet par la suite. Longtemps après que Jack et Graham eussent tous deux disparu, il déclarait encore à la veuve du second (qui avait fourni la note à T. H. White) : « Il ne nous connaissait pas assez bien ; mon frère et moi n'aurions jamais pu être divisés ainsi. »

Gallup donnaient l'avantage à Nixon avec 53 % des voix contre 47 % à Kennedy. L'amitié qui avait existé entre les deux hommes, lorsqu'ils siégeaient l'un et l'autre à la Chambre, s'était évanouie. Jack disait maintenant à ses amis qu'il avait le devoir, devant le pays, d'empêcher l'accession de Nixon à la Présidence. Il commença à insister fortement sur les thèmes qu'il avait fait siens. Aux foules de plus en plus enthousiastes qui venaient l'écouter, il disait qu'il fallait « remettre le pays en marche », formule inventée par son conseiller Walt Rostow et dont il allait faire son slogan[29]. Il proclamait en outre que le monde ne pouvait continuer d'être « à moitié libre, à moitié esclave » ; avec cette expression, il se plaçait délibérément dans la lignée de Lincoln qui était devenu son modèle et dont il voulait s'approprier l'imagerie. Sachant que Nixon devait justifier la gestion des huit années précédentes mais ne possédait pas la personnalité rassurante et inattaquable d'Eisenhower (dont il avait pourtant été le vice-président, au cours de ses deux mandats successifs), Kennedy fonda sa campagne sur un vigoureux appel aux brillantes perspectives de la nouvelle décennie, après les incertitudes et la grisaille qui avaient marqué la fin des années cinquante. Il fut aidé dans cet effort par le prestige de vedettes hollywoodiennes, amies de Peter Lawford — Frank Sinatra en tête, qui entretenait des relations étroites avec le beau-frère de Jack et l'avait introduit dans sa coterie, que l'on appelait le « Rat Pack » (la bande de rats). Interrogé sur les points communs qui pouvaient exister entre le chanteur et sa belle-famille, Lawford avait répondu : « Les Kennedy s'intéressent à l'art vivant et Sinatra est le plus vivant de tous les arts. »

Le tournant de la campagne se produisit lorsque les adversaires se retrouvèrent face à face au cours du premier débat télévisé qui les opposa à la fin de septembre[30]. (Il devait y en avoir quatre.) Nixon l'avait abordé en vieil habitué, qui avait sauvé sa vice-présidence et même sa carrière politique grâce aux petits écrans, lors de sa mémorable intervention de 1956*.

Mais la télévision et son public avaient changé entre-temps ; ils avaient mûri et n'étaient plus aussi vulnérables à un sentimentalisme de mauvais aloi. Toujours en tête, d'après les sondages, Nixon avait l'intention de se présenter comme le héros du fameux « débat dans la cuisine » avec Khrouchtchev**, l'ancien combattant de la guerre froide qui avait été hué par les communistes à Caracas, l'homme d'Etat expérimenté dont les connaissances feraient ressortir mieux encore l'immaturité de son adversaire. A mesure que progressait le débat, Nixon faisait de plus en plus penser au champion des joutes oratoires qu'il avait été en terminale, au lycée de Whittier ; ceux qui ne possédaient pas de récepteur de télévision et suivaient

* Il avait étalé, à cette occasion, ses comptes personnels, devant les téléspectateurs, pour se justifier d'une accusation de fraude, et proclamé son attachement à son chien Checkers — d'où le nom sous lequel son allocution était restée gravée dans toutes les mémoires : « le discours de Checkers », modèle de recours au sentimentalisme des foules. (N.d.T.)

** Nixon, en sa qualité de vice-président des Etats-Unis, avait inauguré, en compagnie du président soviétique Khrouchtchev, une exposition américaine à Moscou, où figuraient nombre de gadgets inconnus des Russes ; c'est en traversant la « cuisine modèle » ainsi exposée, que Nixon avait fait ressortir brillamment les avantages du mode de vie occidental devant le dirigeant soviétique médusé. (N.d.T.)

la rencontre à la radio trouvaient sa voix profonde plus convaincante que le ton nasillard de Kennedy, et le donnaient gagnant. Mais les téléspectateurs étaient d'un avis diamétralement opposé. Certes, Jack était nerveux ; ses mains s'accrochaient au pupitre pour ne pas trembler ; mais son visage restait impassible, sauf pour un petit sourire ironique quand Nixon s'embrouillait dans certaines de ses réponses. A la fin de l'épreuve, il apparut que Jack avait donné l'impression d'être net et précis, « cool », pour reprendre une de ses expressions favorites. Si FDR avait été la figure même de l'âge de la radio, avec sa voix sonore et chaleureuse, Jack, avec ses bonnes manières imperturbables, était le personnage que réclamait l'ère de la télévision. Face au public, il restait en parfaite possession de ses moyens ; tandis que Nixon — nerveux, suant, anguleux — jouait son rôle de politicien d'une façon qui aurait paru rassurante, au naturel, mais qui devenait inquiétante sur l'écran. Ce fut un triomphe pour Jack : soixante-dix millions d'Américains avaient fait *l'expérience* de le voir de près et cette expérience avait révélé le magnétisme que l'Ambassadeur avait décelé en lui — un magnétisme comparable à celui d'une vedette. A partir de ce moment, les foules se précipitèrent pour le voir, à chacune de ses étapes pendant tout le reste de la campagne. On lui arrachait ses boutons de manchettes ; il rentrait avec les mains et les avant-bras en sang*.

Pourtant, s'il semblait incarner l'idéal du candidat, la réalité le rattrapait parfois. Un journaliste n'a jamais oublié le gigantesque camionneur qui coursa le prétendant, dans sa propre voiture, pendant plusieurs jours de suite, en lui reprochant à grands cris, à chaque étape, entre autres péchés, d'être un briseur de syndicats. Finalement, un jour où il était à portée de voix, Jack le foudroya du regard en proférant : « Fous le camp, toi, Gros Lard ! »[32].

Quand Charles Levin, rédacteur en chef d'un petit journal local de Nouvelle-Angleterre, le *New Bedford Times*, tourna le bouton de son récepteur de télévision, après le débat, le téléphone sonna. C'était Joe Kennedy. Il faisait son propre sondage auprès des personnes qu'il tenait pour influentes auprès de l'opinion[33]. Galvanisé par la campagne, il avait du mal à se cantonner dans son rôle effacé. En octobre, quand il lui parut que Jack ne remontait pas assez vite, d'après les sondages, il prit l'initiative de convoquer une réunion du comité directeur de la campagne, que Jack annula aussitôt. Le jour où il prit part à une discussion sur la tactique à adopter et insista pour que l'on mît davantage l'accent sur le problème de l'inflation, Jack lui rappela qu'il avait passé la main : « Ecoute, tu t'occupes du financement et moi je m'occupe des problèmes politiques »[34]. L'Ambassadeur formait d'ailleurs, en soi, l'un des problèmes politiques latents, qui ne

* Jack resta très soucieux de l'image qu'il donnait de lui-même pendant toutes ses tournées ; il sentait qu'il lui fallait éviter le penchant de Nixon pour les instantanés où il était surpris dans une attitude ridicule. Un photographe de *Look*, Stanley Tretick, se rappelle que Jack refusait de se laisser photographier avec un chapeau amusant ou lorsqu'il était en train de manger, surtout après avoir vu un portrait de Nixon en train de dévorer un doigt de *poi* au cours d'une tournée électorale à Hawaii[31]. Après cela, si Jack achetait deux hot dogs, il se glissait sur le siège de sa voiture pour les ingurgiter hors de portée des photographes.

fut pas évoqué au cours de la campagne. Un bel esprit du parti républicain ne s'y était pas mépris quand il avait composé ces vers de mirliton :

Bobby met Jack en valeur
Et Teddy cache l'Ambassadeur[35].

Jack ne le savait que trop. Red Fay assistait à l'une des interviews de Hugh Sidey avec le candidat démocrate. On évoqua l'influence de l'Ambassadeur sur ses enfants et Sidey se tourna vers Fay pour lui demander ce qu'il en pensait. Celui-ci commençait à répondre honnêtement que cette influence avait été capitale, selon lui, quand il vit Jack lui faire un signe discret en passant son index sur sa gorge. La phrase de Red tourna court. Une fois le journaliste parti, Jack fit des reproches à son ami : « Si je ne t'avais pas fait signe, Sidey aurait titré " Voter pour Jack c'est voter pour le vieux Joe ". C'est exactement le genre d'information que *Time* voudrait exploiter — pour prétendre que je suis une marionnette dans les mains de papa ; que ce n'est pas moi le candidat, mais mon père ; que Joe Kennedy a enfin trouvé le moyen d'obtenir les seuls pouvoirs dont il ait été écarté... »[36].

Bien qu'il fût réduit à rester dans l'ombre, le vieil homme n'en continuait pas moins à s'occuper des affaires un peu particulières qui lui paraissaient importantes. Ainsi, soucieux de guérir les blessures ouvertes par Bobby au cours de son enquête sur le racket dans les syndicats, il rencontra FDR Junior dans un ranch de Californie, où il fut décidé de recourir aux bons offices de Frank Sinatra pour organiser une rencontre avec l'un des responsables des Camionneurs, Harold Gibbons. Quand celui-ci se présenta à Palm Beach, l'Ambassadeur était en maillot de bain, au bord de sa piscine. « Eh bien, Mr Gibbons, dit-il, je ne crois pas que ce soit la guerre entre les Kennedy et Hoffa. Je n'entends presque plus prononcer son nom dans la maison »[37]. Pour tenter d'arranger les choses sans faire montre de faiblesse, il ajouta, comme s'il pensait tout haut, qu'aucun de ses enfants, à l'exception peut-être de Bobby, n'avait jamais appris à haïr. Puis il adressa à Gibbons l'un de ses fameux regards glacés, pour montrer qu'il souhaitait bien une réconciliation, mais sans abandonner sa position de force, et dit : « Mais moi, quand je déteste un fils de pute quelconque, c'est pour la vie. »

Quand l'un des pasteurs protestants les plus éminents, Norman Vincent Peale, mit en doute la possibilité, pour un Catholique, de distinguer entre son devoir de Président et sa soumission au Pape, Jack répondit par un discours digne et mesuré que les observateurs tinrent pour l'un des meilleurs de la campagne ; mais son père avait déjà manifesté ses sentiments à sa manière : « Je trouve qu'il faut du toupet pour parler de la liberté dans le monde, écrivait-il à son confident favori, Lord Beaverbrook, quand on traite ainsi les Catholiques chez nous. Il me semble plus important que jamais de nous y opposer par tous les moyens dont nous disposons et c'est ce que nous allons faire »[38]. Pourtant, au même moment ou presque, il se plaignait, auprès du cardinal Cushing, de ce que certains évêques n'appuyaient pas Jack autant qu'ils le pouvaient pour lui assurer les voix des Catholiques et obtenir une large participation de ceux-ci[39]. (Quand un sondage Harris eut montré que les Catholiques irlandais étaient proportionnellement moins nombreux que les Juifs à soutenir Jack, l'Ambassadeur fulmina : « Je crois que je devrais me faire juif ».) Il était particulièrement furieux contre le cardinal Spellman à qui il avait fourni des sommes importantes pour son archidiocèse de New York. Quand Spellman accueillit Nixon à l'aéroport, peu avant les élections, et descendit la cinquième avenue dans la voiture du candidat républicain, au cours d'une parade électorale, Joe Kennedy cessa de lui adresser la parole[40].

Une autre victime des élections fut sa vieille amitié avec Arthur Krock, qui ne cessait de se plaindre du programme démocrate depuis la convention. Le 20 octobre, l'Ambassadeur l'avait appelé pour demander au journaliste d'abandonner la « morosité »[41] dont il faisait montre à propos de la campagne — de cesser notamment ses critiques contre la position trop avancée prise par le parti en matière de droits civiques et contre son manque d'énergie face à l'inflation. Si le candidat n'avait pas été son fils, l'Ambassadeur aurait partagé ces réserves, mais il espérait que l'amitié aurait raison de toutes les considérations politiques. Krock plaida pour lui-même et pour le journalisme dans une lettre[42] qui lui valut une réponse écrite de Kennedy, où celui-ci mettait fin, de façon expéditive, à trente ans d'amitié : « Ce que je vous avais demandé, c'était de cesser d'écrire ces articles fumeux... et de chercher à voir les aspects favorables de Jack, comme vous les voyez chez vos autres amis personnels... Je constate, d'après votre lettre, que vous en faites une affaire d'Etat. Je ne comprends pas un mot de tout ce que vous me dites »[43].

Comme l'Ambassadeur sillonnait l'Etat de New York et quelques autres, à la tête de ce qui semblait être un état-major de campagne unipersonnel, certains des amis de Jack s'inquiétaient des dommages éventuels que le vieil homme pourrait causer. Mais Jack répondit à ceux qui lui en parlaient : « Je ne peux pas donner des ordres à mon père. C'est un vieillard, et il n'a jamais été aussi heureux de sa vie en pensant m'aider. Croyez-vous que je puisse y faire quelque chose, ou que je le veuille ? »[44].

Il était difficile de voir une différence entre les prises de position des deux candidats. (Finalement, il fallut que Schlesinger publiât une brochure intitulée « Kennedy ou Nixon — Quelle différence ? ») Les bombardements sporadiques de la Chine communiste contre les îlots côtiers de Quemoy et de Matsu avaient soulevé une certaine fureur, au moment du second débat télévisé, puis étaient retombés dans l'oubli. On avait cru que le problème de Cuba allait faire surface quand Richard Goodwin, stratège et polémiste, eut fait savoir, vers la mi-octobre, que les « combattants de la liberté » cubains ne recevaient « aucune aide » de la part du gouvernement Eisenhower, alors que, d'après ses recherches, Cuba représentait pour les Etats-Unis une menace pire que celle de Khrouchtchev[45]. Goodwin ne savait pas que le chef de la CIA, Allen Dulles, avait fait connaître à Kennedy, peu après la convention, un plan d'invasion de Cuba, en cours de préparation. Kennedy fut ennuyé par l'annonce de Goodwin et demanda à Stevenson, qui faisait alors campagne pour le candidat démocrate, « de prendre de la hauteur et de renvoyer l'affaire cubaine devant l'Organisation des Etats américains »[46]. Nixon avait été encore plus ennuyé ; il était parfaitement averti du complot destiné à déstabiliser le régime de Castro et avait même insisté pour qu'il fût mené à bien avant les élections pour en tirer avantage ; mais il lui fallait maintenant critiquer la position de Kennedy, reprocher à celui-ci de manquer de tout sens de ses responsabilités, et faire le procès d'une invasion à laquelle il était favorable.

Tous les Kennedy se trouvaient mobilisés. Un vieux politicien qui les avait invités à une réunion électorale en fut stupéfait : « Ils foncèrent sur le meeting comme une escouade de Marines en mission de commando. » Ethel et Eunice firent campagne au Texas (mais refusèrent obstinément de porter des chapeaux de cow-boys comme le leur demandait Lady Bird). Teddy continuait de travailler dans les Etats de l'Ouest et de jouer les casse-cou, comme il l'avait fait pendant la saison des primaires, en montant des chevaux sauvages et en pratiquant le saut à skis. Rose, Pat et Jean faisaient la tournée des clubs de femmes dans tous les Etats-Unis. Derrière tout le monde, il y avait Bobby, qui menait ses gens (et lui-même) sans pitié, au point que même les plus fidèles partisans des Kennedy commençaient à murmurer : « Little Brother vous regarde » — allusion au fameux roman de George Orwell, *1984*, où c'est le dictateur Big Brother qui « vous regarde »*.

Paradoxalement, Nixon ressemblait de plus en plus à un misérable Irlandais à peine sorti de sa cahute, Jack avait de plus en plus l'air d'un homme politique élégant, le premier brahmane catholique irlandais. Il se sentait parfaitement dans son élément. Chuck Spalding l'accompagnait au moment où ses discours commencèrent de n'être plus seulement accueillis par les applaudissements polis de la foule, mais par des manifestations presque hystériques. Jack lui jeta un regard et murmura : « Est-il possible de voir quelque chose de pareil ? Est-ce que l'on peut en demander davantage ? A partir de maintenant on ira en roue libre »[48].

En dernier ressort, les élections peuvent fort bien s'être jouées sur un seul geste. Vers la fin d'octobre, le grand défenseur de l'égalité raciale, le pasteur Martin Luther King, avait été arrêté pour avoir dirigé une manifestation pacifique à Atlanta, et condamné de façon expéditive à quatre mois de travaux forcés ; il fut donc écroué au bagne de l'Etat de Georgie d'où, selon ses fidèles, il risquait de ne pas sortir vivant. Les conseillers de Nixon pressèrent celui-ci de faire une déclaration à ce sujet, mais il s'y refusa. Jack observa lui aussi le silence, du moins en public, mais il téléphona à l'épouse du pasteur, Coretta King, pour lui proposer son appui et Bobby intervint auprès du juge ; King fut relâché. Son père, qui s'était prononcé jusque-là en faveur de Nixon, changea de camp en affirmant qu'il aurait voté pour le Diable lui-même si celui-ci avait séché les larmes sur les joues de sa belle-

* Bobby était le paratonnerre de son frère, mais il ne tolérait pas que l'on critiquât les autres membres de la famille. Un correspondant de *Time*, Robert Ajemian, se rappelle avoir été interrogé par le jeune homme sur ce qu'il pensait des sœurs Kennedy en matière de campagne électorale ; il trouvait « Eunice un peu indigeste », avait-il dit, et « Pat un peu trop irrévérencieuse », mais Bobby l'avait interrompu en lui jetant : « Si vous continuez, je quitte la table ! »[47].

fille. (D'après Jack, c'était « une déclaration diablement bigote » ; mais il avait ajouté : « Bon, nous avons tous un père, n'est-ce pas ? »[49].) Le geste de Kennedy ne lui avait pas été dicté par sa seule conscience. Le dernier dimanche avant les élections, des brochures distribuées à la porte de toutes les églises fréquentées par des Noirs, d'un bout à l'autre du pays, décrivaient son intervention en faveur de King. Or il apparut, après coup, que les voix des Noirs avaient décidé de sa victoire dans les Etats clefs comme l'Illinois et le Texas.

Le matin des élections, Jack se trouvait au 122 Bowdoin Street, à Boston, l'adresse qu'il avait conservée depuis qu'il s'était présenté pour la première fois au Congrès. Il alla voter au bureau correspondant, puis s'envola pour Hyannis rejoindre le reste de la famille. Il passa la journée à sommeiller et à se promener, bavarda avec Cornelius Ryan, l'auteur du *Jour le plus long* et compara son attente à celle des soldats alliés, la veille du débarquement sur les plages normandes[50]. A 19 h 15, l'ordinateur IBM, encore assez primitif[51], utilisé par la CBS pour ses estimations, annonçait une victoire de Nixon, avec une marge d'erreur de un pour cent. Jack alluma un panatela, l'un de ces cigares qu'il fumait seulement quand il était suprêmement sûr de lui, et déclara que l'ordinateur était cinglé. Moins d'une heure après, la station lui donnait raison et révisait ses estimations : elle annonçait que Kennedy obtiendrait 51 pour cent des suffrages. A mesure que la nuit avançait, Bobby appelait sans arrêt les Etats clef, le Michigan, l'Ohio, la Californie, l'Illinois, le Texas[52]. Quand Jack alla se coucher, à 4 heures du matin, Bobby continua de monter la garde, en attendant le moment de savoir quel Etat donnerait à son frère la majorité ; finalement ce fut le Michigan, à 5 h 45.

Jack se leva à 9 heures, le lendemain matin, et sortit faire un tour sur la plage, désormais escorté par les agents du Service secret, qui n'hésitaient pas autant que Nixon à enregistrer le résultat du scrutin. Il fit halte chez Bobby à 11 heures, et apprit que Eisenhower lui avait envoyé un télégramme. Finalement, on annonça que l'attaché de presse de Nixon, Herb Klein, était prêt à admettre la défaite. Jack s'assit et se pencha vers l'écran de télévision. Quand Klein eut fini de parler, il se donna une tape sur le genou et dit : « Très bien. Allons-y »[53].

Il y avait une caravane de voitures devant la porte, pour emmener le président-élu qui allait tenir une conférence de presse à l'Arsenal de Hyannis. Toute la foule des amis et des parents s'entassa dans les autos qui étaient sur le point de démarrer quand Pat remarqua l'absence de son père. Il se tenait tout seul, dans l'ombre du porche, avec un air de satisfaction sur le visage. Jack sortit de la voiture pour retourner le chercher ; il insista pour le convaincre de venir écouter son allocution[54]. C'était le moment dont tous deux, chacun à sa manière, avaient rêvé.

8

Deux jours après l'élection, Jack réunit ses collaborateurs chez Bobby pour commencer à préparer la passation des pouvoirs. Sorensen, O'Donnell et Salinger furent affectés à la Maison-Blanche et se virent attribuer des responsabilités dans la période de transition. Sargent Shriver fut chargé d'établir des listes de candidats aux plus hautes fonctions, au sein du futur gouvernement ; Larry O'Brien ferait de même pour les postes un peu moins importants. Puis Jack s'en alla prendre des vacances à Palm Beach auprès de son père, après avoir déposé Jackie et Caroline à Washington, au passage.

Il lui fut difficile de s'habituer à la présence des hommes du Service secret. Les mesures de sécurité n'étaient pas inutiles, comme il le reconnut lui-même quand ces mêmes agents arrêtèrent un habitant de Palm Beach — perturbé par ce qu'il croyait être une élection « achetée » — qui avait bourré sa voiture de dynamite pour la jeter sur la limousine des Kennedy quand Jack et l'Ambassadeur se rendraient à la messe [1]. Mais la sécurité supposait une surveillance autant qu'une protection ; Jack comprit bien vite qu'il lui serait impossible de maintenir la distinction entre sa vie privée et son existence publique. Au cours de ces premières journées à Palm Beach, il tenta d'obtenir que les gardes du Service secret, disséminés autour de la propriété de son père, échangent leur uniforme — complet sombre et lunettes noires — contre une tenue un peu moins voyante [2]. Tout ce qu'il put obtenir ce fut de les voir revêtir uniformément une chemise de sport, mais ils conservèrent leurs verres réfléchissants. Un jour, sous le coup d'une impulsion, il courut vers la mer, plongea et s'en alla nager au large pour leur échapper. Le lendemain, un cotre des garde-côtes patrouillait non loin de la plage. Jack eut un geste d'agacement envers le navire et maugréa : « Est-ce qu'ils s'attendent à voir Castro envahir Palm Beach ? »[3].

Craignant que l'étroitesse de la marge entre les deux candidats, quant au nombre total des voix obtenues par chacun, et les rumeurs relatives à des irrégularités dans les bureaux de vote à Chicago, ne fassent mettre en doute la légitimité du nouveau gouvernement, l'Ambassadeur organisa une rencontre entre Jack et son vieil ami, J. Edgar Hoover, chef du FBI et symbole du parti républicain. A son tour, celui-ci appela Richard Nixon pour le convaincre d'accepter une visite de politesse du nouvel élu. Jack se rendit donc en hélicoptère à Key Biscayne, pour un court entretien dont Nixon fit presque tous les frais. Au retour, Jack secoua la tête et dit à Kenny O'Donnell : « Cela vaut mieux pour tout le monde qu'il n'ait pas été élu »[4].

Peu après, toujours pendant cette même première semaine, il alla d'un coup d'aile au Texas pour passer une nuit dans le ranch de Johnson. Ce dernier insista pour que Jack, O'Donnell, Torbert MacDonald et d'autres membres de la suite présidentielle soient debout à cinq heures du matin pour aller tirer le cerf. Satisfaisant de mauvaise grâce à ce rite initiatique, il fallut à Jack trois coups pour abattre sa bête ; le futur Vice-Président voulut à toute force faire naturaliser l'animal qu'il offrit plus tard à son hôte, en souvenir de cette visite, pour décorer le Bureau Ovale — lieu de travail traditionnellement réservé au Président, à la Maison-Blanche.

Après avoir passé à Palm Beach une semaine occupée par des conversations sur la composition du futur gouvernement, Jack s'envola pour Washington afin de passer avec Jackie et Caroline, à Georgetown, la fête familiale du Thanksgiving Day — la journée d'actions de grâce. Il rentrait en Floride à bord de la *Caroline,* quand l'opérateur-radio lui fit savoir que Jackie avait commencé à ressentir les douleurs de l'accouchement et avait été expédiée d'urgence à l'hôpital. Se rappelant son absence lors de la fausse couche précédente, qui avait failli ruiner son ménage, Jack murmura : « Décidément, je ne suis jamais là quand elle a besoin de moi »[5]. Lorsque la *Caroline* eut atterri à Palm Beach, il prit un DC-6, plus rapide, et retourna aussitôt à Washington. Il apprit en cours de route que Jackie avait donné naissance à un petit garçon. Il avait fallu pratiquer une césarienne. Lorsque les chiffres traditionnels sur l'état du nouveau-né furent retransmis par l'intercom, les journalistes, qui désormais suivaient l'élu partout, éclatèrent en applaudissements. Celui-ci, un panatela aux lèvres, s'inclina cérémonieusement, puis il se rassit pour reprendre ses consultations sur les membres de son gouvernement.

Au cours des quelques semaines suivantes, il parcourut en avion plusieurs milliers de kilomètres, le long du couloir aérien qui relie Hyannis, Washington et Palm Beach. En Floride, il se tenait constamment auprès de son père, jouait au golf avec lui, se promenait en sa compagnie. C'était comme si le long exil qui avait repoussé Joe Kennedy à l'arrière-plan pendant la campagne s'était terminé lorsque Jack était revenu le chercher. Quand l'un des journalistes demanda à l'Ambassadeur si c'était par hasard qu'il était redevenu tellement visible après s'être virtuellement caché pendant un an, l'Ambassadeur lui jeta un regard méprisant : « Il n'y a pas de hasard en politique. Je peux me montrer quand je veux avec mon fils, maintenant »[6].

Le vieil homme ne cherchait pas à s'immiscer dans les préparatifs qui allaient bon train, à toute heure du jour, à Palm Beach ; mais il assistait souvent aux réunions, hasardant parfois un mot ou deux, mais demeurant généralement en retrait, pour examiner les visiteurs, jauger leurs avis et observer Jack comme un critique dramatique assiste à une représentation théâtrale. Chuck Spalding était à ses côtés quand il suivit, le 9 décembre, le reportage télévisé de la visite de courtoisie faite par l'élu au président Eisenhower. L'Ambassadeur, en regardant le poste, s'adressait à Spalding mais également à son fils et interpellait l'image sur l'écran comme s'il s'agissait d'un athlète au cours d'une compétition sportive : « Là ! Comme ça... vas-y ! il a de plus en plus l'air d'un Président ! »[7].

Jack pensait beaucoup, lui aussi, à l'image qu'il donnerait de sa future présidence et au sentiment qui en résulterait — Que voulait-il faire de sa fonction ? Comment se l'approprier et maîtriser les devoirs de sa charge ? Schlesinger et quelques autres intellectuels de son entourage commençaient déjà à lui appliquer le qualificatif « chic » d'*existentialiste,* mais il était foncièrement pragmatique dans sa façon de faire, moins préoccupé de mettre au point une doctrine personnelle éblouissante pour orienter son action future, que de déterminer l'apparence qu'il se donnerait lui-même — au sens le plus littéral du terme — quoi qu'il fît.

L'idée la plus convaincante du rôle qui serait le sien lui avait été fournie par un historien de l'université Columbia, Richard Neustadt, spécialisé dans l'étude de la Présidence ; Jack lui avait demandé, ainsi qu'à Clark Clifford, de le conseiller sur la façon d'assurer la transition. Neustadt lui avait transmis des notes sur des points spécifiques (le Conseil national de sécurité, par exemple, devrait être réorganisé et devenir un instrument de planification politique pour permettre au Président de passer outre à l'inertie du département d'Etat, plutôt que de servir simplement à filtrer des idées, comme au temps d'Eisenhower)[8]. Mais ce fut à travers son livre, récemment paru, *Les Pouvoirs de la Maison-Blanche* (trad. Seghers, coll. Vent d'Ouest) qu'il exerça sur Jack la plus grande influence. Un jour à peine après l'élection, à bord de la *Caroline,* Neustadt avait tendu l'ouvrage à Jack en lui recommandant d'en lire deux chapitres. Tout fier d'avoir suivi des cours de lecture rapide qui lui permettaient, se vantait-il, d'absorber douze cents mots par minute, Jack déclara qu'il lirait tout le volume*.

Ce qu'il y trouva, ce fut quelque chose comme l'équivalent moderne des conseils contenus dans *Le Prince* de Machiavel : la justification des moyens qui lui permettraient de court-circuiter les services ministériels routiniers, et la façon dont un Président peut donner de lui-même une image héroïque pour renforcer sa position auprès de l'électorat. Les grands Présidents, selon Neustadt[10], sont ceux qui calculent constamment les effets de leurs gestes et se créent des situations dont ils retireront des avantages en politique intérieure ; ce sont des artistes dont le moyen d'expression est le pouvoir ; des acteurs qui apprennent à utiliser la dramaturgie de la plus haute fonction de l'Etat ; et par-dessus tout, des politiciens qui mènent une campagne électorale permanente en utilisant la présidence comme tréteaux. Opposant les personnalités contrastées de Roosevelt et d'Eisenhower, quant à l'usage qu'ils avaient fait de la fonction présidentielle — au désavantage du second —, Neustadt impliquait que la recherche du pouvoir n'est pas « dange-

* Il avait suivi pendant quatre semaines, à Baltimore, un cours de lecture rapide organisé pour les cadres supérieurs de la firme Emerson Drug ; Lem Billings l'avait invité à y assister avec Bobby (alors conseil juridique en chef de la commission McClellan[9]).

reuse » mais naturelle et révélatrice d'un bon équilibre affectif. FDR, selon l'auteur, étudiait avec enthousiasme les ressorts du pouvoir « par envie d'exercer sa domination, projetait ce désir dans sa fonction, et remplissait celle-ci avec toute l'apparence de se l'être appropriée »[11]. Ike avait des sentiments mélangés sur la nature du pouvoir, de sorte que « sa confiance en lui était à son comble quand il pouvait être sûr de ne tirer aucun avantage personnel de la réalisation de ses objectifs ». Roosevelt gardait toutes ses options ouvertes et augmentait d'autant les occasions d'exercer son influence personnelle. Eisenhower s'était entouré de barrières protectrices qui limitaient ses initiatives personnelles.

« C'est un bouquin passionnant »[12], avait dit Jack à Neustadt après en avoir terminé la lecture, ce qui assurait d'emblée à ce spécialiste des sciences politiques une position révérencielle pendant les premiers jours du nouveau gouvernement. En fait, Jack se trouva plutôt ennuyé de constater le succès de l'ouvrage. Quand on mentionna devant lui le chiffre des ventes, il répondit : « Ouais, c'est un livre que nous poussons »[13]. Mais il resta imbu de la conclusion selon laquelle le Président n'est pas seulement l'incarnation d'un pouvoir exécutif, mais également un homme politique susceptible de mettre sa fonction au service d'un effort perspicace pour se tailler sa propre image aux yeux du public.

Jack demanda à Neustadt de préparer deux autres notes pour lui, sur l'usage que FDR avait fait du bureau du Budget, et sur la manière dont il avait dirigé l'équipe de la Maison-Blanche[14]. L'héritage de Roosevelt ainsi que la comparaison entre la présidence de celui-ci et celle d'Eisenhower étaient toujours présents à son esprit — partant, à celui de ses plus proches collaborateurs. Déjà McGregor Burns, spécialisé dans l'étude de Roosevelt, avait considéré FDR comme le chef suprême, un Président capable de remodeler l'opinion publique par sa seule action à la tête de l'Etat. Quant à Arthur Schlesinger jr, autre spécialiste du New Deal, il avait développé la thèse de son historien de père, selon qui l'Histoire politique des Etats-Unis était faite d'une alternance de périodes marquées par une grande énergie créatrice (celle du gouvernement Roosevelt par exemple) et de périodes de calme et de retranchement ; aussi, dans une note post-électorale, Schlesinger avait-il indiqué à Jack que « la phase suivante serait essentiellement caractérisée par la vigueur avec laquelle la nation serait dirigée. »

Selon l'un des amis de l'élu, étroitement associé à la phase de transition : « Dès le début, Jack avait été attiré par les personnages mythiques. Il aimait se considérer comme une version aérodynamique de FDR. Le seul ennui, c'était que la réputation de Roosevelt avait été bâtie sur quelques coups d'audace. Jack aurait bien voulu donner de lui-même une image héroïque, mais il était foncièrement prudent dans sa façon d'envisager l'exercice de son mandat présidentiel »[15]. Il avait demandé spécifiquement à Sorensen de glisser un passage dans le discours inaugural que celui-ci rédigeait alors, pour souligner qu'il n'avait pas l'intention de répéter l'exploit spectaculaire des Cent Jours de Roosevelt[16]. La théorie sur laquelle il s'efforçait de travailler supposait une augmentation lente et graduelle de son pouvoir, qui culminerait lors de sa réélection triomphale en 1964. Ses premières nominations, au grand désarroi d'O'Donnell et d'autres encore, consistèrent à maintenir J. Edgar Hoover à la tête du FBI et Allen Dulles à la direction de la CIA.

Il avait signifié à O'Donnell qu'il passerait outre aux avis de Schlesinger, Galbraith et autres hommes de gauche issus de Harvard qui, pensait-il, voulaient faire de Washington un repaire d'ADA « aux regards farouches »[17]*.

De la même façon, il avait la ferme intention de négliger ceux qui, comme O'Donnell et O'Brien, auraient voulu faire venir à Washington tant de catholiques irlandais que, selon les termes même de Jack, il aurait fallu créer un chapitre des Chevaliers de Christophe Colomb à la Maison-Blanche. Plutôt que de recruter ses collaborateurs dans l'une ou l'autre de ces deux « mafias », Jack préféra consulter les personnalités dont les avis avaient toujours compté pour lui, Joe Alsop, Philip Graham et, bien sûr, son père. Il écouta le banquier John J. McCloy, prêta l'oreille à l'ancien secrétaire d'Etat Dean Acheson avec qui il avait toujours eu des relations sereines, et d'autres encore qui représentaient l'élite pensante du pays. « De bien des façons, a dit Lem Billings, Jack se sentait un peu parvenu, un Catholique irlandais qui regardait au-dessus de lui, du côté des Brahmines, pour savoir comment se conduire »[19].

Le plus influent de tous les Brahmines était Robert Lovett. Ce banquier républicain avait eu la vedette au temps de Roosevelt et occupé les fonctions de secrétaire à la Défense dans le gouvernement Truman. On l'avait surnommé « Monsieur Sécurité nationale », et Jack aurait bien voulu le nommer secrétaire d'Etat ou lui confier le ministère de la Défense, mais l'intéressé dut décliner cette offre en raison de ses ennuis de santé. Il suggéra, en revanche, le nom d'un doyen de Harvard, McGeorge Bundy, pour le département d'Etat ; mais si Jack était impressionné par les qualités du candidat, il le jugeait trop jeune pour un tel poste. Il le nomma néanmoins au Conseil national de sécurité. Après avoir écarté Stevenson parce qu'il n'était pas bon qu'un ministre eût son propre électorat, il se décida finalement pour un autre candidat proposé par Lovett, le « patron » de la Fondation Rockefeller : Dean Rusk.

Lovett avait également mentionné le nom de Robert McNamara, directeur de la compagnie Ford, comme ministre éventuel. McNamara s'était distingué, pendant la Deuxième Guerre mondiale, parmi les collaborateurs de Lovett, pour l'efficacité et la précision qu'il avait introduites dans les enquêtes menées par l'armée de l'Air, sur les effets des bombardements aériens. Sargent Shriver, chargé de réunir des renseignements sur lui, avait été également frappé par le fait qu'il ne s'agissait pas d'un simple chef

* Il avait confié à O'Donnell[18] que s'il avait engagé Schlesinger à la Maison-Blanche, c'était pour « tenir la main » à Adlai Stevenson et recevoir les réclamations des gens de gauche promis à une déconvenue probable dans les années à venir. Il avait également déclaré que si Schlesinger avait l'intention d'écrire l'histoire du gouvernement Kennedy, comme cela était probable, mieux valait qu'il fût du côté des « complices ». [Le sigle ADA : *Americans for Democratic Action* — Américains pour l'Action démocratique, ou Comité d'Action démocratique — désignait un groupe de professeurs et autres « intellectuels de gauche », c'est-à-dire situés à l'aile gauche du parti démocrate. N.d.T.].

d'entreprise comme les autres. Après avoir été un enfant prodige (consacré comme tel par les concours scolaires de la télévision), McNamara avait choisi de vivre à Ann Arbor, la banlieue universitaire de Detroit, plutôt que dans un quartier chic de la ville. Il s'occupait des affaires publiques de l'endroit et s'intéressait au mouvement des idées. (En fait, il lisait *Le Phénomène humain*, lors d'un rendez-vous préliminaire avec Shriver, de sorte que celui-ci, lui-même féru de théologie populaire, avait demandé avec enthousiasme : « Combien de patrons de l'industrie automobile, combien de ministres américains, lisent Teilhard de Chardin ? »[20].) Au cours de leur première entrevue, Jack interrogea soigneusement McNamara, curieux comme toujours de comprendre les êtres dont l'existence avait été si différente de la sienne. McNamara le prit à son tour au dépourvu en lui demandant si *Le Courage* avait été écrit sans le concours d'un coauteur[21]. Une fois ce point éclairci, Jack sonda les sentiments de son interlocuteur sur le secrétariat au Trésor, mais sans succès ; il finit par lui attribuer le ministère de la Défense, qu'il pensait devoir être au cœur de violents débats sous son gouvernement.

Parmi les ministères restant à pourvoir, l'un des plus en vue était celui des Finances. Kennedy avait l'œil sur Douglas Dillon, membre éminent du parti républicain et secrétaire d'Etat adjoint dans le gouvernement Eisenhower. Il était issu d'une illustre famille de financiers qui possédait la banque d'investissements Dillon Read. Galbraith et les autres économistes de gauche n'étaient guère enthousiasmés par ce choix, non plus que l'Ambassadeur, toujours méfiant envers Wall Street. Mais Jack avait besoin d'un homme capable de rassurer le monde de la finance : Dillon convenait parfaitement, de ce point de vue ; il fut donc enrôlé lui aussi.

Tout en formant son cabinet, Jack n'oubliait pas de créer des postes qui lui permettraient de conserver ses amis auprès de lui. Spalding avait refusé un emploi au ministère de la Défense, en alléguant que leur amitié serait mise à l'épreuve s'il acceptait de participer au gouvernement. Mais Red Fay accepta de devenir vice-ministre de la Marine et Jim Reed d'entrer au Trésor. Jack envisagea de confier à Lem Billings des responsabilités au ministère du Commerce, à celui des Postes, et dans le Corps des Volontaires de la Paix, mais ne parvint pas à trouver un emploi qui convînt à la seule qualité exceptionnelle de Lem : celle de meilleur ami du Président.

Vers la mi-décembre, le seul poste important à pourvoir restait celui de ministre de la Justice (Attorney General) et la seule personne encore à caser était Bobby. Il avait été le candidat de la famille pour ce portefeuille, au moins depuis le Noël précédent, lorsque Jack était sur le point de rendre publique sa candidature et que tout le monde faisait des plaisanteries sur les récompenses et les punitions que l'on distribuerait après la victoire « Il faudra nommer Bobby ministre de la Justice, avait ironisé Eunice ; ainsi, il pourra jeter en prison tous les gens que papa n'aime pas ; on devra construire de nouvelles maisons d'arrêt »[22].

Jack lui avait offert le poste aussitôt après les élections, mais Bobby était en proie à un conflit : d'une part, il souhaitait se trouver au cœur des affaires, mais d'autre part, il voulait faire carrière à titre personnel sans demeurer une sorte d'appendice de son frère ; aussi avait-il refusé. Il voulait également éviter de donner lieu à une accusation de népotisme et soulignait qu'après avoir « pourchassé les méchants depuis trois ans »[23], il ne voulait pas continuer de faire ce métier jusqu'à la fin de ses jours. Une autre possibilité envisagée pour Bobby avait été de lui confier le ministère de la Défense. Jack avait d'abord proposé à Lovett de le nommer à ce poste pour un an seulement, avec Bobby comme adjoint et remplaçant éventuel. Il avait été également question de le mettre à la tête du personnel de la Maison-Blanche où les clans respectifs d'O'Donnell et de Sorensen se faisaient déjà la guerre. Mais Bobby craignait de se retrouver alors sous la dépendance absolue de Jack. « Je voulais faire quelque chose pour mon compte, déclara-t-il plus tard, avoir ma propre sphère de responsabilité, un peu à l'écart [de Jack], pour ne pas travailler directement sous ses ordres ni m'entendre dire par lui ce que je devais faire chaque jour »[24]. Jack lui avait également offert de lui transmettre son propre siège sénatorial, désormais vacant — et pour cause —, mais Bobby avait déclaré avec indignation que s'il accédait au sénat ce serait après avoir été élu, de sorte que Jack se fit remplacer par son ancien camarade de chambre à Harvard, Ben Smith, étant entendu que celui-ci garderait la place pour Teddy*.

Alors que le cabinet était en formation, Bobby avait évoqué la possibilité de se mettre à son compte, de voyager, d'écrire et peut-être de chercher, un jour, à se faire élire gouverneur du Massachusetts. Le juge Douglas avec qui il avait discuté de son avenir, peu après les élections, avait admis que ce serait peut-être la meilleure voie à suivre, pour un homme comme lui[26]. Mais Joe Kennedy était demeuré inflexible : Bobby devait suivre Jack à Washington**.

« Il pensait que le Président devait avoir à ses côtés l'un de ses proches, voire quelqu'un qui avait été très près de lui depuis longtemps, et il insistait pour que j'accepte ce poste, déclara Bobby par la suite ; nous avons eu de grandes discussions à ce sujet, en famille, deux de mes sœurs, Jack, Teddy et mon père »[28].

A sept heures du matin, le 14 décembre, Bobby fendit la foule des journalistes déjà rassemblés devant la maison de Georgetown, pour une dernière conférence au sommet avec son frère. La nuit précédente, Jack lui avait encore téléphoné pour le presser d'accepter le ministère de la Justice. Une fois de plus, Bobby s'était dérobé mais son aîné s'était contenté de lui

* Jack avait d'abord eu l'intention de céder son siège à un autre vieil ami de Harvard, Torbert MacDonald. « Jack avait demandé à Torb : " Quand je serai Président, qu'est-ce que tu veux que je fasse pour toi ? " », rappelle sa veuve. MacDonald était l'homme politique du Massachusetts qui possédait le plus grand magnétisme après Jack et il avait, lui aussi, refusé de chercher à se faire élire gouverneur de l'Etat. Mais il avait répondu à son ami qu'il aimerait bénéficier du siège laissé vacant au sénat par l'élection de Jack à la Maison-Blanche. Celui-ci avait accepté, mais « Mr Kennedy avait mis son veto ». Lors des fêtes d'intronisation du nouveau Président, Mrs MacDonald vit Jack à l'occasion d'un dîner officiel : « Il n'était pas plutôt entré qu'il me dit : " Je suis désolé pour ce siège au sénat." Ce fut très pénible »[25].

** Clark Clifford, l'un des conseillers de Jack pour la période de transition, s'était montré hostile à toute participation de Bobby au gouvernement, et Jack l'avait même envoyé convaincre l'Ambassadeur. Joe Kennedy avait écouté poliment le plaidoyer de Clifford avant de répondre : « Merci beaucoup. J'apprécie vos bonnes intentions. Maintenant changeons de sujet parce que Bobby sera ministre de la Justice »[27].

répondre : « Ne dis rien maintenant ; je veux prendre le petit déjeuner avec toi demain matin »[29]. Pourtant, dans l'esprit de Bobby, l'affaire était réglée. Après avoir raccroché le récepteur, il avait secoué la tête et dit à Ethel : « Mon père en mourra. »

Il s'était fait accompagner par son ami John Seigenthaler, comme s'il avait besoin d'un appui pour fortifier sa résolution. Pendant que Provi, la femme de chambre noire, s'agitait bruyamment dans la cuisine, les trois hommes prirent place dans le living-room, pour parler des récents événements. Jack avait été particulièrement amusé d'apprendre que Rusk, dont l'absence de finesse était déjà notoire, avait appelé Stevenson la veille pour le convaincre d'accepter, comme un devoir patriotique, de devenir ambassadeur aux Nations Unies, alors que l'ancien candidat était encore furieux d'avoir été évincé du département d'Etat.

Finalement Bobby regarda Jack et dit : « Bien Johnny, et moi ? »[30]. Jack commença à réciter toute la litanie de ses arguments, en regardant Seigenthaler mais en s'adressant manifestement à son frère, dont il invoqua l'insularité irlandaise rémanente : « J'ai besoin de quelqu'un sur qui pouvoir compter totalement et absolument — qui me dira sincèrement quel est mon intérêt. Il n'y a aucun membre du cabinet à qui je puisse me fier ainsi. » Il se tourna alors vers Bobby pour lui expliquer combien étaient délicats les problèmes qui attendaient le nouveau gouvernement et évoquer les qualités de fermeté et de loyauté dont devrait faire montre le nouveau ministre de la Justice ; seul Bobby, selon lui, possédait ces qualités... Je peux évidemment t'appeler par téléphone, mais j'ai besoin de quelqu'un qui soit là, toujours prêt à venir me parler. Je n'ai personne. Il n'y a personne. » Là-dessus, Jack se leva et demanda à Seigenthaler s'il voulait encore des œufs, avant de disparaître dans la cuisine. Aucun étranger n'avait jamais assisté, et n'assisterait plus jamais par la suite, à une déclaration aussi proche d'un aveu d'affection entre les deux frères.

Comprenant que la question était tranchée par le fait que Jack avait franchement reconnu avoir besoin de Bobby, Seigenthaler joua avec sa tasse de café pendant un moment, puis il dit : « Bon, je crois que nous ferions mieux de partir »[31]. Bobby répondit avec une nuance de désespoir dans la voix : « Non, attends, j'ai encore quelques arguments à faire valoir. » A ce moment, Jack revint de la cuisine, avec un sourire triomphant ; il savait qu'il avait gagné : « Voilà ce qu'il en est, messieurs. Garons nos couilles et allons-y »*.

Comme ils se préparaient à rencontrer les journalistes pour leur faire cette annonce qui allait sûrement mettre le feu aux poudres (moins contre Jack pour avoir nommé son frère, que contre Bobby pour l'avoir accepté), Jack se moqua gentiment de la chevelure ébouriffée de son cadet, ce qui mit fin au moment d'émotion qu'il avait fait naître.

Bobby déclara par la suite que cette désignation révélait chez son frère

* Cette allusion aux « couilles », associée à la nomination de Bobby, n'était pas nouvelle. Deux jours plus tôt, pressé par son frère d'accepter le poste, Bobby lui avait répondu : « Si tu annonces que tu m'as nommé ministre de la Justice, ils vont nous faire sauter les couilles... » Jack avait répliqué : « Toi, tu t'accroches à tes couilles et moi je fais l'annonce »[32].

« un culot de cambrioleur »[33]. Jack avait, en fait, assuré une position importante à un membre de la famille, mais il était également vrai qu'il s'était introduit par effraction dans la vie privée de Bobby et dérobé l'indépendance de celui-ci ; il avait, par la même occasion, rivé pour toujours le cadet au sort de son grand frère. Tout cela était en quelque sorte impliqué dans le cadeau de Noël que Jackie et le futur Président offrirent à Bobby ; c'était un exemplaire de *L'ennemi de l'intérieur*, relié en veau et sur lequel Jackie avait écrit avec son élégance habituelle : « A Bobby qui sait rendre possible ce qui est impossible. » Jack, dédaigneux de ce genre de sentimentalisme, avait utilisé le ton taquin qui était de mise dans la *lingua familiae :* « Pour Bobby — le frère de l'intérieur — qui sait rendre difficile ce qui est facile »[34].

Jack voulait faire de sa cérémonie d'intronisation un événement qui marquerait de façon spectaculaire la rupture avec le passé — rupture qu'il avait promise à ses électeurs. Il avait demandé un poème à Robert Frost, dont un vers — « encore bien des kilomètres avant d'aller dormir » — lui avait servi à prendre congé de centaines d'auditoires pendant la campagne. Le texte de Frost, espéraient-ils tous deux, ouvrirait « un âge d'or pour la poésie et le pouvoir ». Marian Anderson chanterait l'hymne national. Frank Sinatra et sa suite de vedettes ajouteraient un lustre particulier aux galas organisés avant et après la prestation de serment.

La pièce maîtresse des cérémonies serait le Discours inaugural lui-même ; il ne contiendrait pas les platitudes et les mômeries habituelles, mais énumererait les objectifs que Jack se proposait d'atteindre : ce serait un appel aux armes et une invitation à pénétrer dans une ère nouvelle. Jack avait recommandé à Sorensen d'étudier le fameux « Discours de Gettysburg » avant de se mettre à écrire, pour en découvrir « le secret »[35]. (C'était la courte allocution prononcée par Lincoln, où se trouvait la célèbre définition de la démocratie : « du peuple, par le peuple, pour le peuple ».) La conclusion de Sorensen fut celle d'un technicien, à savoir que « Lincoln n'avait jamais utilisé deux ou trois mots, là où un seul suffisait ». A mesure que la rédaction du discours progressait, de brouillon en brouillon, l'allocution se transformait de plus en plus en anthologie des propos tenus par Jack au cours de l'année précédente, et en nouvelle mouture des discours qui l'avaient fait élire. Les problèmes internes étaient passés sous silence parce que le Président voyait dans leur complexité un trop grand risque de « division » entre les Américains. Quant à la politique étrangère, on se donnait beaucoup de mal pour faire comprendre à Moscou que le pouvoir était passé des mains d'un vieillard infirme, à celles de jeunes hommes capables, fort peu intimidés par les responsabilités gouvernementales ; il fallait en outre faire savoir au pays que, dans les temps à venir, aucun sacrifice ne devrait paraître excessif.

Trois jours avant l'intronisation, Jack prit l'avion à Palm Beach pour rentrer à Washington avec le discours en poche ; il le relut une dernière fois et rangea l'original dans un tiroir, à bord de la *Caroline*. Il fit observer à son entourage, avec un sourire de pythonisse, qu'un des premiers brouillons du discours inaugural prononcé par Roosevelt avait été récemment découvert et vendu aux enchères publiques pour 200 000 dollars[36].

La veille de la prestation de serment, Jack alla revoir Eisenhower à la Maison-Blanche[37]. La première visite avait été de politesse. Cette fois, il s'agissait de la véritable passation des pouvoirs. Le Président sortant lui fit savoir que seule une reconnaissance officielle de la Chine pourrait l'inciter à critiquer le nouveau gouvernement et à prendre la tête d'un mouvement populaire contre lui. Il ne s'attarda pas sur le problème de Cuba mais insista sur celui du Laos ; ce serait, prévoyait-il, le premier nid de frelons que son successeur trouverait sur sa route et qui l'obligerait peut-être même à envoyer des troupes américaines sur place. Jack était tout disposé à se montrer narquois envers Eisenhower. Toute son attitude, depuis un an, avait consisté à impliquer que, par son inaction, le gouvernement laissait les problèmes croître et s'envenimer. Après la rencontre, il demanda à l'un de ses collaborateurs : « Comment peut-il regarder en face pareil désastre avec une telle tranquillité ? »[38]. Eisenhower était, comme l'Ambassadeur lui-même, une sorte de personnage historique, un homme qui avait écrit une page d'histoire ; mais, curieusement, il n'avait jamais cherché à s'ériger en héros national, ce que Jack trouvait fascinant en lui. (Le lendemain, dans la Lincoln au toit transparent qui les emmenait au Capitole pour la cérémonie, Jack évoqua le débarquement et découvrit avec surprise que Eisenhower n'avait jamais lu *Le jour le plus long*. Plutôt que de se lancer dans des considérations sur le grand dessein de cette journée épique, l'homme qui avait commandé toute l'opération attribua le succès des Alliés à la supériorité de leurs météorologues[39].)

Comme Jack quittait la Maison-Blanche, après cette visite, une violente tempête éclata sur la capitale qu'elle recouvrit de vingt-cinq centimètres de neige, et fit disparaître la teinture verte que les jardiniers avaient répandue sur les pelouses, autour du monument de Washington, pour donner un petit air printanier à la cérémonie du lendemain. Quelque trois mille hommes manièrent fébrilement la pelle toute la nuit pour dégager les allées les plus fréquentées. La journée suivante fut froide mais le ciel était dégagé. Au moment où les employés de la voirie utilisaient les lance-flammes de l'armée pour faire fondre le reste de la neige dans les rues et sur les trottoirs, Joseph Kennedy enfilait l'habit qu'il avait porté pour aller présenter ses lettres de créance au roi d'Angleterre, vingt-deux ans plus tôt. (Rose, pour sa part, en vue du bal officiel donné à l'occasion de l'intronisation de son fils, apportait quelques légères modifications à la tenue qu'elle avait arborée pour être présentée à la Cour.) Quelques jours plus tôt, Joe s'était entretenu de l'avenir des Kennedy avec Hugh Sidey. Il voyait fort lucidement que son fils, toujours si habile à brouiller ses traces et si fier d'être difficile à connaître, allait se trouver noyé dans la mythologie nationale. « Jack n'appartient plus à sa famille, déclara-t-il. Il appartient au pays. » Il mentionna que c'était la dernière chance, pour l'Amérique, de saisir « l'anneau d'airain » ; cette fois, c'était « marche ou crève ». Et il conclut d'un air sombre : « Jack est un gars qui donnera sa vie pour son pays »[40].

Rose et lui étaient assis tout près de leur fils quand celui-ci prêta serment sur la vieille Bible (catholique) de la famille Fitzgerald. La différence était frappante entre ce qu'il était devenu et le jeune paludique décharné, obsédé par la mort, qui avait fait son entrée dans la politique, quinze ans auparavant, encore diminué par l'ombre gigantesque de son frère aîné. Il avait désormais le visage plein, en partie à cause des remèdes, mais en partie également à cause d'un embonpoint qui s'était emparé de lui depuis qu'il était « à son compte ». Quand il exhorta ses compatriotes à se montrer à la hauteur du « long combat crépusculaire » que l'Amérique livrait « à l'heure de son plus grand péril », son discours contrastait crûment avec le message d'adieu adressé par Eisenhower au pays, un peu plus tôt, et où le vieux général, loin d'insister sur les dangers extérieurs, mettait les Américains en garde contre la concentration du pouvoir économique et militaire, chez eux. Mais seul le patriarche des Kennedy pouvait vraiment évoquer les « combats » que son fils avait dû lui-même livrer et les « périls » qu'il avait surmontés contre toute attente.

Une fois le flambeau transmis, Joe alla assister au déjeuner qu'il avait fait organiser pour la famille, à l'hôtel Mayflower. Il y trouva des centaines de personnes — dont la plupart lui étaient inconnues — qui tournaient autour d'une table, grande comme un court de tennis, dans la salle à manger réservée habituellement aux buffets. « Qui sont tous ces gens ? » demanda-t-il à la future secrétaire préposée aux réceptions de la Maison-Blanche, Tish Baldridge, qu'il avait chargée d'organiser le déjeuner. « Mais, ils sont de votre famille, Monsieur l'Ambassadeur », lui fut-il répondu. « Pas du tout, ce sont des resquilleurs et je veux savoir exactement pourquoi vous les avez invités. » Tish insista ; il n'y avait que les Kennedy et leur belle-famille, y compris les Fitzgerald, les Bouvier et les Auchincloss. L'Ambassadeur s'approcha de quelques-uns d'entre eux pour leur demander leurs noms, après quoi, il retourna grommeler des excuses auprès de Tish. « Ils sont bien *tous* de la famille, dit-il, mais c'est la dernière fois que nous les invitons tous ensemble, si j'ai mon mot à dire là-dessus »[41].

Comme il fendait la foule, en quête de quelques vrais Kennedy, il s'entendit demander à plusieurs reprises s'il se sentait différent en ce jour. Il maintint que ce n'était pas le cas. Pourtant ce qui était arrivé consacrait son triomphe presque autant que celui de Jack — c'était le résultat d'une collaboration qui s'était partiellement déroulée dans les profondeurs du subconscient chez l'un comme chez l'autre. Les choses n'avaient pas tourné comme il s'y était attendu. C'était le second de ses fils, si mal loti à l'origine, la doublure de son frère, qui était parvenu au sommet. Pourtant le résultat était atteint, même si les circonstances avaient été imprévues, grâce à des facteurs dont l'élu avait hérité et qu'il avait spectaculairement utilisés. Au moment où Jack annonçait au monde qu'une nouvelle génération prenait le pouvoir en Amérique, des feux de joie s'allumaient en Irlande, devant cette même baraque en pierre, à New Ross, d'où le premier Kennedy, Patrick Joseph — le grand-père de Joe —, était parti pour l'Amérique cent onze ans plus tôt. Dans l'esprit de l'Ambassadeur, il avait fallu quatre générations pour que la famille parvînt à destination, et celui qui avait accompli la dernière étape était le plus et le moins kennedyesque du lot.

Parvenir à la Maison-Blanche, c'était comme toucher au port une nouvelle fois — découvrir l'Amérique. Après avoir déjeuné en compagnie de tous ces étrangers qui formaient sa famille, l'Ambassadeur rentra se reposer dans sa chambre. Jack finissait de voir passer sous ses yeux la parade apparemment interminable qui marquait l'inauguration de son mandat, avant de se préparer à entrer dans le tourbillon des galas prévus pour la soirée — dernière bouffée des parfums subtils de la haute société qu'il respirerait avant de se mettre au travail. S'il était le premier catholique irlandais à accéder au rang de brahmine, il n'en faisait pas moins partie du clan des immigrants. Et le reste de la famille n'avait pas attendu la fin des cérémonies pour prendre d'assaut la Maison-Blanche, dans un car de touristes affrété pour la circonstance. Ils erraient dans les couloirs, se chuchotaient leurs impressions, se montraient du doigt ceci ou cela, touchaient à tout. Lem Billings et Eunice faussèrent compagnie aux autres pour monter à l'étage. Ils furent les premiers à trouver la chambre de Lincoln et sautèrent à tour de rôle sur le lit en se trémoussant comme des enfants, se photographiant mutuellement, étendus sur la courtepointe. Puis la sœur favorite de Jack dévisagea le meilleur ami de celui-ci : « Tu sais à quoi tout cela me fait penser ? », demanda-t-elle, « à cette scène d'*Autant en emporte le vent*, où Scarlett et les vieux serviteurs noirs de la famille retournent à Tara après la guerre. Je me sens comme la vieille mammy qui jette un regard autour d'elle et dit : “ Voilà-t-y pas qu'on est riches maintenant ! ” »[42].

TROISIÈME PARTIE

LES FRÈRES AMIS

Il y a deux sortes de tragédies dans la vie. L'une consiste à ne pas obtenir ce que l'on désire. L'autre consiste à l'obtenir.

Oscar WILDE.

- Joseph Patrick Kennedy, Jr. (1915–1944)
- John Fitzgerald Kennedy (1917–1963)
  - m. 1953 Jacqueline Lee Bouvier (1929–)
    - Caroline Bouvier Kennedy (1957–)
    - John Fitzgerald Kennedy, Jr. (1960–)
    - Patrick Bouvier Kennedy (1963–1963)
- Rosemary Kennedy (1918–)
- Kathleen "Kick" Kennedy (1920–1948)
  - m. 1944 William John Robert Cavendish, Marquess of Hartington (1917–1944)
- Eunice Mary Kennedy (1921–)
  - m. 1953 Robert Sargent Shriver, Jr. (1915–)
    - Robert Sargent Shriver III (1954–)
    - Maria Owings Shriver (1955–)
    - Timothy Perry Shriver (1959–)
    - Mark Kennedy Shriver (1964–)
    - Anthony Paul Shriver (1965–)
- Patricia Kennedy (1924–)
  - m. 1954; div. 1966 Peter Lawford (1923–)
    - Christopher Lawford (1955–)
    - Sydney Maleia Lawford (1956–)
    - Victoria Lawford (1958–)
    - Robin Lawford (1961–)
- Robert Francis Kennedy (1925–1968)
  - m. 1950 Ethel Skakel (1928–)
    - Kathleen Hartington Kennedy (1951–)
    - Joseph Patrick Kennedy II (1952–)
    - Robert Francis Kennedy, Jr. (1954–)
    - David Anthony Kennedy (1955–1984)
    - Mary Courtney Kennedy (1956–)
    - Michael LeMoyne Kennedy (1958–)
    - Mary Kerry Kennedy (1959–)
    - Christopher George Kennedy (1963–)
    - Matthew Maxwell Taylor Kennedy (1965–)
    - Douglas Harriman Kennedy (1967–)
    - Rory Elizabeth Katherine Kennedy (1968–)
- Jean Ann Kennedy (1928–)
  - m. 1956 Stephen Edward Smith (1927–)
    - Stephen Edward Smith, Jr. (1957–)
    - William Kennedy Smith (1960–)
    - Amanda Mary Smith (1967–)
    - Kym Maria Smith (1972–)
- Edward Moore Kennedy (1932–)
  - m. 1958; div. 1983 Virginia Joan Bennett (1936–)
    - Kara Anne Kennedy (1960–)
    - Edward Moore Kennedy, Jr. (1961–)
    - Patrick Joseph Kennedy (1967–)

1

Le premier jour de sa présidence, Jack Kennedy appela John Kenneth Galbraith pour lui demander de venir prendre le petit déjeuner avec lui et discuter de la balance des paiements. Quand l'économiste fit son apparition, Jack pensa qu'ils devraient faire d'abord le tour du propriétaire avant de s'occuper des affaires sérieuses. « Je n'ai visité que les pièces d'apparat, dit-il, et je veux tout voir, les toilettes, l'office, tout. » Il guida Galbraith de chambre en chambre, non sans se livrer à des commentaires acides sur ses prédécesseurs, tout en faisant étalage de sa science toute fraîche des antiquités (acquise au contact de Jackie et de Lem Billings) pour critiquer le mobilier. Il alla même jusqu'à se mettre à quatre pattes pour inspecter l'intérieur d'un buffet, avant de conclure avec incrédulité : « Regarde, Ken, non seulement il n'est pas authentique mais ce n'est même pas une bonne copie ! »[1].

Dès le début, Jack était décidé à meubler sa présidence d'initiatives authentiques et originales. Dans son désir de « laisser toutes les options ouvertes », expression qu'il avait trouvée dans le livre de Richard Neustadt et qu'il allait citer souvent au cours des premières semaines de son mandat, il évita de s'engager sur un programme politique précis. Mais son programme psychologique était clair : il voulait laisser son empreinte sur l'Histoire de son temps et, comme il l'admettait franchement — sinon ironiquement — devant Lem et quelques autres, atteindre à la « grandeur »[2]. Sa méthode n'était pas tant de se montrer à la hauteur des problèmes dont il avait hérité — un mélange hétéroclite de difficultés, allant de la stagnation économique à l'agitation en faveur des droits civiques — que d'identifier les crises dignes de la personnalité qu'il souhaitait se tailler. Son intention de faire monter les enjeux, face au pays et à sa propre fonction, apparaissait clairement dans le message traditionnel sur l'état de l'Union, qu'il lut devant le Congrès réuni en séance plénière, une semaine après avoir pris ses fonctions : « Avant la fin de mon mandat, il nous faudra faire la preuve qu'une nation conçue comme la nôtre est capable de durer, et montrer ce qu'elle est capable d'endurer. Chaque jour les crises se multiplient. Chaque jour les solutions sont plus difficiles à trouver. Chaque jour nous rapproche de l'heure du plus grand péril... »[3].

Il était arrivé à Washington, ignorant des règles du jeu politique. Et alors même qu'il souhaitait se voir reconnaître pour l'un des meilleurs joueurs (c'était « son côté " immigrant " soucieux de se voir accepter par la bonne société », comme disait Jackie), il n'était pas disposé à bâtir patiemment des coalitions parlementaires ni à plaider en faveur d'un consensus. Lui et les hommes qu'il avait amenés avec lui (« les jeunes officiers subalternes de la Deuxième guerre mondiale sont enfin au pouvoir » — comme le disait gentiment la femme de Walt Rostow[4]) regardaient la bureaucratie ministérielle avec autant de suspicion qu'ils en avaient montrée vis-à-vis des galonnés bien planqués loin du front. Ils voulaient créer un style de gouvernement nerveux et efficace, mais souple et décontracté. En quête d'une métaphore pour définir l'ambiance du nouveau gouvernement, Rostow avait dit que c'était celle d'une grande famille[5] ; Lem Billings avait affiné le concept en prétendant y voir le reflet de la famille Kennedy, dans laquelle il avait été introduit trente ans plus tôt : un tourbillon chaotique chargé d'énergie créatrice, où chacun court-circuitait tout le monde et tous se disputaient l'attention de Jack, comme les frères et sœurs Kennedy rivalisaient naguère pour obtenir celle de l'Ambassadeur[6].

Le département d'Etat était l'un de ces symboles institutionnels contre lesquels partaient en guerre Jack et la jeune garde qu'il avait amenée avec lui à Washington. C'était une bête géante, tapie dans un repaire brumeux, protégée par son inertie et ses procédures rituelles. Au cours d'une conversation avec son ami le sénateur George Smathers, peu après son intronisation, Jack grommela à propos de ce monstre : « Sais-tu combien d'employés ils ont ? Des milliers ! Et combien je peux en nommer ? Quelques centaines. Sacré Nom ! Ils ont un gouvernement à eux, là-bas. Et je n'aurai pas les moyens de changer leur façon de penser... »[7]. Un député venu pour affaires entendit les mêmes propos dans le Bureau ovale : « Je sais comment ils sont, au département d'Etat, dit le Président quand le sujet vint sur le tapis ; ils ne sont pas vraiment bizarres, mais... eh bien, ils sont un peu comme Adlai »[8].

L'institution qui lui semblait devoir faire contrepoids à tant de torpeur et de lourdeur était la CIA. Certes, Joseph Kennedy qui l'avait vue de près, comme membre du Bureau consultatif d'Eisenhower pour les activités de renseignement à l'étranger, avait très mauvaise opinion d'elle : « Je connais ce machin et je n'en donnerais pas cent dollars par semaine »[9]. Mais Jack avait lui-même un tempérament d'agent double, dans la mesure où il travaillait surtout pour lui-même, sous couvert du plus respectable dévouement à l'Etat, et il trouvait agréable l'absence de protocole, de phraséologie et même de morale au sein de l'organisation. Il aimait son élan et son efficacité ; et il avait dit à Bundy au début de son quadriennat : « Peu me chaut ce qu'ils sont, mais quand je veux obtenir quelque chose rapidement, c'est aux gens de la CIA que je m'adresse »[10].

Jack raillait la ferveur religieuse avec laquelle John Foster Dulles avait poursuivi la guerre froide ; le cadre moral dans lequel le ministre d'Eisenhower avait eu foi, avait ossifié la diplomatie américaine et laissé l'initiative internationale aux Soviétiques. Pourtant, Kennedy n'était pas moins ardent que Dulles à combattre les communistes. Les Etats-Unis n'avaient pas seulement une confortable avance dans le domaine économique, ils détenaient également une supériorité militaire, comme l'avait découvert Robert McNamara dès les premières semaines qu'il avait passées au ministère de la défense, lorsque ses recherches eurent prouvé que le « missile gap », le retard en matière de fusées, relevait de la fiction [11]. (Le général Maxwell Taylor, qui allait bientôt devenir l'une des principales figures du gouvernement, n'avait jamais oublié comment Jack avait interrompu un jour une discussion, pour promener son regard autour de la salle avec un sourire triste, avant de remarquer : « Après tout, qui a jamais cru au missile gap ? » [12].) Pourtant, au cours de sa campagne, il s'était engagé à renforcer la puissance militaire de son pays ; il prit donc des initiatives dans deux domaines où l'URSS détenait une avance. L'un d'eux était l'espace *. L'autre, plus critique encore, était le Tiers Monde, où la pénétration soviétique se révélait profonde dans des pays comme le Laos, le Congo et Cuba.

Peu après avoir pris ses fonctions, Jack avait distribué aux membres du Conseil national de sécurité et à ceux du grand Etat-major un discours de Khrouchtchev dans lequel le Premier ministre soviétique annonçait que le communisme l'emporterait sans recourir à une nouvelle guerre conventionnelle, mais grâce à une série de guerres de libération nationale fomentées dans le Tiers Monde [14]. Depuis le temps où il était sénateur, Jack pensait que le grand drame international de l'après-guerre se jouerait autour de la décolonisation. Rostow, que Jack considérait comme « son Marx », lui avait fourni les bases d'un nouveau mondialisme : « Si au cours des prochaines décennies les Etats-Unis tournent le dos aux bouleversements révolutionnaires imminents dans les pays sous-développés, pour se consacrer à leurs tâches et à leurs obligations intérieures, la société américaine perdra quelques-unes de ses qualités spirituelles fondamentales qui, tout au long de notre Histoire, ont été liées au sentiment que nous avions d'être chargés d'une mission mondiale. » Pourtant, des figures telles que Ho Chi Minh, Castro, Sukarno et autres, que Rostow qualifiait de Révolutionnaires romantiques, fascinaient Jack, pour des raisons plus profondes que les nécessités de la guerre froide et le conflit avec l'Union Soviétique. Il constatait que de tels hommes s'étaient emparés de l'imagination du monde entier et avaient ravi l'attention du public aux chefs des nations européennes. C'était eux qui faisaient l'Histoire : « Il semblait les considérer — à l'instar de ses ascendants face aux Brahmines de Boston — comme les membres d'un club très fermé auquel les Irlandais n'avaient pas accès », déclara Adlai Stevenson à un ami. Il voulait avoir la dignité de Harold Macmillan tout en suscitant des flambées de passion comme Castro » [15].

* Jack avait écrit à Werner von Braun en avril pour savoir s'il existait un moyen spectaculaire de reprendre la tête dans la course à l'espace : « Avons-nous une chance de les battre, en mettant un laboratoire en orbite ou en envoyant un engin habité faire le tour de la Lune ? N'y a-t-il pas un programme spatial qui promette des résultats spectaculaires et où nous pourrions prendre l'avantage ? » [13].

Deux initiatives précoces du nouveau gouvernement furent la création du Corps des Volontaires de la Paix (Peace Corps) et une tentative pour aider l'Amérique latine, par le biais d'une « Alliance pour le Progrès ». L'une et l'autre visaient à faire entrer les Etats-Unis dans la bataille idéologique, à égalité avec les autres combattants, plutôt que de cantonner l'Amérique dans un combat défensif d'arrière-garde, comme au temps d'Eisenhower. (« Transformons une fois de plus notre hémisphère occidental en un vaste creuset d'idées et d'efforts révolutionnaires », avait dit Jack en annonçant l'Alliance[16].) Et pourtant la situation révolutionnaire du Tiers Monde continua de présenter des dangers plutôt que des chances à saisir. En février, Jack mit une discussion à l'ordre du jour du Conseil national de Sécurité : « Nous devons élaborer une doctrine et une politique en matière de lutte contre la guerre de guérilla, et en entreprendre très vite l'application dans des cas concrets »[17]. Quand un journaliste lui demanda, au cours d'une interview, quelles étaient ses impressions après ses cinq premières semaines à la Maison-Blanche, Jack lui indiqua qu'il avait lu Mao Tse-toung, Che Guevara et d'autres stratèges de la révolution pour tenter de comprendre la mentalité des guérilleros ; il avoua avec embarras que l'un des livres placés sur son étagère était *La guerre de guérilla et l'armée républicaine irlandaise*. « Comment venir à bout de la guérilla ? » lui demanda-t-il à brûle-pourpoint[18].

L'une des réponses possibles à cette question se présenta d'elle-même quand Rostow apporta à Jack la copie d'un rapport du mystérieux général Edward Lansdale. Architecte de la fameuse campagne contre les insurgés Huks aux Philippines, et observateur militaire à Saigon (où ses activités cachées lui avaient valu d'être le prototype d'*Un Américain bien tranquille* de Graham Greene), Lansdale, que sa légende romantique avait plutôt desservi auprès des militaires, faisait un tableau assez sombre de la situation au Vietnam, où il avait vu les six cents conseillers militaires d'Eisenhower tenter d'utiliser les méthodes traditionnelles pour instruire l'armée de Ngo Dinh Diem. Selon Lansdale, il ne fallait pas se contenter de « tuer des guérilleros ». Il était nécessaire de mettre sur pied une force antiguérilla qui combattrait avec les paysans en cas d'attaque, parlerait leur langage, vivrait sur le pays et proposerait aux populations l'adoption d'un régime démocratique. Le peuple ne devrait pas être contraint d'accepter une solution imposée ; il faudrait, au départ, gagner les esprits et les cœurs[19].

Après avoir lu ce rapport, Jack demanda à Rostow de vérifier où l'on en était dans ce domaine[20]. Quand il fut averti de l'existence des Forces spéciales de l'Armée, à Fort Bragg, il ordonna que cette unité de mille hommes fût immédiatement élargie, passa outre à la résistance des galonnés supérieurs du Pentagone, peu favorables à toute troupe d'élite, et ordonna la création de nouveaux centres de préparation au combat. Il choisit personnellement l'équipement et l'armement des nouvelles unités et fit même remplacer les bottes d'infanterie par des chaussures de basket aux semelles renforcées d'acier capables de résister à la pointe d'un bambou taillé.

Depuis le moment où il avait été élu, Jack avait nié la pertinence de toute comparaison entre les débuts de son gouvernement et les Cent Jours de

Roosevelt[21]. Le feu d'artifice législatif de ce dernier, indiquait-il avec insistance, n'avait été rendu possible qu'en raison de la crise engendrée par la Dépression économique; cette circonstance avait alors convaincu les Américains d'accepter avec abnégation des sacrifices qu'ils n'étaient pas prêts à supporter en 1960. Pourtant, à l'issue des dix premières semaines que Kennedy avait passées à la Maison-Blanche, il y avait un sentiment d'attente, au moins dans les rapports du nouveau gouvernement avec le reste du monde; chacun sentait que tout était prêt et retenait son souffle. Dans son numéro du 3 avril, la *New Republic* citait une déclaration de McGeorge Bundy : « Nous sommes actuellement comme les basketteurs des Harlem Globetrotters en plein match; une passe en avant, une passe en arrière, sur le côté, sous le panier, *avant* de marquer... » En fait, la partie au cours de laquelle entreraient en jeu tous les éléments qui sous-tendaient les vues planétaires de Kennedy (la mobilité de la CIA, la conjuration de l'ombre soviétique, le romantisme de la guerre de guérilla) était sur le point de débuter. Elle ne se jouerait pas au Laos, contrairement aux prévisions d'Eisenhower et des « milieux bien informés », mais à Cuba.

L'homme clé de l'action qui allait se dérouler dans la Baie des Cochons était le vice-directeur de la CIA, Richard Bissell[22]. Avant la Deuxième Guerre mondiale, celui-ci avait enseigné à Yale et compté Bundy et Rostow parmi ses étudiants les plus brillants. Par la suite, il s'était trouvé auréolé d'une légende au sein de l'Agence pour avoir mené à bien d'importantes opérations secrètes; c'était lui qui avait été le cerveau du coup d'état contre le gouvernement d'Arbenz au Guatemala, en 1954; lui encore qui avait supervisé les vols des avions-espions U-2 au-dessus de l'URSS. Bissell avait parfaitement compris le romantisme en chambre qui animait le nouveau gouvernement et il avait touché exactement la bonne corde, en se présentant non sans cynisme à l'équipe de la « Nouvelle Frontière »* : « Je suis votre requin-mangeur d'hommes », leur avait-il dit[23]. Jack s'était laissé impressionner au point d'envisager de mettre Bissell à la tête de la CIA, pour remplacer un Allen Dulles vieillissant.

Le principe du plan de Bissell pour Cuba — le débarquement de guérilleros anticastristes dans l'île, où ils pourraient faire leur jonction avec les opposants au régime — avait été approuvé par Eisenhower vers le milieu de 1960. Ayant ainsi obtenu un mandat très souple de la Maison-Blanche, Bissell avait élargi sa conception originale de sorte que, le 27 novembre 1960, quand il exposa son plan à Jack, à Palm Beach, peu après les élections, il disposait d'une armée de 1 500 rebelles, appuyée par

* L'expression « Nouvelle Frontière » qui fut le slogan du gouvernement Kennedy a été si mal comprise qu'il convient de l'expliquer. N'a-t-on pas entendu en effet des commentateurs déclarer que la « New Frontier » de la Terre était l'espace ! ! En fait, si Kennedy a voulu frapper une expression qui serait l'équivalent du « New Deal » de Roosevelt, il est allé chercher l'un des mots les plus populaires de la mythologie américaine, « *Frontier* », qui désignait tout simplement le Far West. Tout Américain, même le moins cultivé, comprenait, par association d'idées, que les membres du nouveau gouvernement se comparaient à des pionniers en route pour l'équivalent moral de la conquête de l'Ouest. (N.d.T.)

des escadrilles de B-26 (surplus de la dernière guerre) ; une escadre américaine assurerait leur sécurité pendant le débarquement[24].

Au cours des premiers mois du gouvernement Kennedy, le plan continua de prendre forme. Inquiet à l'idée d'un échec éventuel, mais savourant d'avance la douceur du succès, Jack était profondément partagé. Il insista pour que les militaires examinent le projet, mais n'intervint pas lorsque les experts de la CIA se contentèrent d'informer verbalement l'Etat-major au lieu de lui fournir des plans détaillés. Il s'opposa à ce que l'opération eût lieu dans la baie de Trinidad, où selon lui elle aurait dû prendre l'envergure d'un débarquement de la Seconde Guerre mondiale pour réussir[25], mais il n'appliqua pas les mêmes critères quand Bissell lui proposa de se rabattre sur la Baie des Cochons. Le plan avait tout pour le séduire : le secret, le romantisme, l'audace. Il lui semblait, en outre, qu'il faisait un pari sûr : l'enjeu était gros et le risque limité. Il n'en continua pas moins à tergiverser, à discuter sur des points de détail et à différer l'exécution. Quand il reçut une note de Schlesinger, hostile au projet, il prit une attitude prudente : « Vous savez que je me suis réservé le droit de tout annuler jusqu'à la veille du débarquement ; jusque-là, je m'efforce de rendre la chose aussi raisonnable que possible. Nous pouvons attendre pour voir venir »[26].

Ces hésitations finirent par exaspérer Bissell. Selon le témoignage d'un autre vice-directeur de la CIA, Robert Amory : « Il ne cessait de dire à Kennedy : “ Vous ne pouvez vous contenter de dire *mañana* dans un cas pareil. Vous pouvez tout annuler mais vous allez avoir un problème de liquidation à régler. Qu'allez-vous faire de ces quinze cents hommes ? Ils se livreront à des actes de folie à Central Park ou quelque chose comme ça ” »[27].

Mais si Jack était prudent, il supportait mal la prudence des autres qu'il tenait pour un manque de virilité. Quand Sorensen voulut en savoir plus long au sujet de l'opération, Jack l'interrompit sèchement : « Tout le monde a les boules quand il s'agit de ça »[28]. Pourtant, à la mi-mars encore, longtemps après qu'il eut donné le « feu vert », il continuait de se montrer irrésolu. Un jour où il rencontrait Dean Rusk à la Maison-Blanche à propos d'autre chose, il l'entraîna vers la Roseraie pour lui parler en confidence. « Etes-vous au courant de la proposition cubaine ? » lui demanda-t-il. « Je ne savais même pas qu'il y en avait une », répondit le secrétaire d'Etat[29]. Après que Kennedy lui eut tracé les grandes lignes du projet de Bissell, Rusk, épouvanté par l'amateurisme du plan, demanda au Président s'il était sérieux. « Je ne sais pas si je suis sérieux ou non, mais voilà le projet, j'y ai beaucoup réfléchi et *il* est sérieux », répondit le Président. Rusk le quitta avec l'impression que le « projet », même s'il se réalisait, ne serait pas un événement d'une grande portée. Quand Chester Bowles, son adjoint, eut vent de ce qui se tramait et tenta de prêcher la prudence à son tour, Rusk minimisa sa signification. Pour avoir une idée de l'ampleur de l'opération, Bowles demanda s'il y aurait de quoi « faire la Une » du *New York Times*. « Je ne le pense pas », répondit Rusk[30].

Bobby ne fut mis au courant que cinq ou six jours avant l'invasion, quand Bissell se rendit au ministère de la Justice pour lui en faire l'exposé[31].

Pourtant certains des plus proches amis de Jack savaient déjà tout. Une semaine avant le jour fixé, Chuck Spalding se trouvait à Glen Ora, le domaine virginien que Jack avait choisi pour en faire la résidence familiale où il pouvait échapper aux pressions de la Maison-Blanche. Peut-être parce que Spalding, plus que tout autre de ses amis, partageait sa passion pour les livres des historiens, Jack lui apprit ce qui se préparait, afin qu'il pût observer l'Histoire en train de se faire [32].

Huit jours plus tard, le dimanche 17 avril, Jack se trouvait de nouveau à Glen Ora avec Jackie et Lem quand les premiers bombardiers rebelles prirent l'air sur une base secrète, au Nicaragua. Dans son désir de donner à l'entreprise le moins de relief possible, il avait ordonné à Bissell par téléphone de réduire de seize à six le nombre des appareils rebelles engagés [33]. De sorte qu'au moment où les six B-26 revinrent, six seulement des 55 appareils de l'armée cubaine avaient été détruits. D'autres parties du plan commençaient déjà à présenter des failles. Les journalistes américains n'avaient pas été dupes de l'histoire du « déserteur cubain » qui était censé avoir atterri en Floride (sur un avion préalablement maquillé aux couleurs de Cuba) et que la presse identifia rapidement comme l'un des émigrés cubains de Miami ; ce contretemps ne manqua pas d'embarrasser Adlai Stevenson, lequel, avec une innocence non feinte, avait invoqué l'incident devant l'ONU, pour bien prouver que les Etats-Unis n'intervenaient en rien dans les affaires cubaines et rejeter les accusations de Cuba à cet égard. Pour compléter l'imbroglio, le gouvernement provisoire en exil, que la CIA projetait de transporter à Cuba aussitôt après le succès du débarquement, se plaignait si violemment d'être tenu à l'écart des opérations qu'il avait fallu l'isoler, dans un lieu perdu, quelque part en Floride.

Malgré ces péripéties, Jack téléphona à Bissell pour lui dire d'aller de l'avant et de faire prendre la mer à l'armée des émigrés. Cependant, lorsque Rusk l'appela à Glen Ora pour lui dire qu'il redoutait de fâcheuses complications à l'ONU, Jack prit à l'improviste une autre décision désastreuse : il annula le deuxième raid aérien qui était censé couvrir le débarquement des envahisseurs.

Le lundi matin, quand la Brigade des émigrés, numéro 2506, commença de débarquer à la Baie des Cochons, des instructeurs à bord des jets soviétiques de Castro piquèrent sur les péniches de débarquement, en coulèrent deux et détruisirent les réserves de munition ainsi que la plupart des appareils de communication. Les hommes qui avaient réussi à débarquer furent aussitôt cloués au sol par les miliciens de Castro. Voyant que l'affaire tournait mal et s'ébruitait, Jack rentra à la Maison-Blanche et appela son père ; ce ne fut que la première d'une série de communications téléphoniques entre Washington et Palm Beach, qui se multiplièrent à mesure que les nouvelles devenaient de plus en plus mauvaises [34]. (Après l'une de ces conversations entre le père et le fils, Rose demanda à son mari comment il se sentait et l'Ambassadeur répondit qu'il était comme « s'il allait mourir ».) Jack téléphona également à Williamsburg, en Virginie, où Bobby devait prendre la parole : « Je ne crois pas que les choses marchent comme elles devraient », dit-il[35]. Bobby comprit, au son de sa voix, à quel point tout allait mal. Il prit aussitôt l'avion pour rentrer à Washington.

Jusqu'alors, Bobby était resté un peu à l'écart des événements; sa principale préoccupation, comme ministre de la Justice, avait été de réunir une équipe que son vieux détracteur, le professeur Alexander Bickel, de la faculté de Droit de Yale, se vit contraint d'appeler « la plus brillante que ce département ait rassemblée depuis longtemps »[36]. Et il avait repris sa vieille occupation, qu'il décrivait lui-même ironiquement comme « la chasse aux méchants ». Il avait déjà transformé le service chargé de la « criminalité organisée » en une unité d'élite, au sein même du ministère[37]. Il avait fait pression sur J. Edgar Hoover, toujours récalcitrant, pour que le FBI s'occupât moins des communistes et davantage de la pègre et avait même obtenu qu'il partageât ses renseignements avec le Bureau des Stupéfiants et d'autres organismes également affectés à la lutte contre la délinquance.

Tandis que le reste du gouvernement établissait encore des calendriers et élaborait de grands projets, Bobby s'était déjà lancé dans des initiatives qu'il tenait pour hautement prioritaires — l'établissement d'une liste des principaux chefs des associations de malfaiteurs, qu'il se proposait de prendre pour cibles, et la préparation d'une série d'enquêtes d'une ampleur sans précédent[38]. Il avait commencé par choisir quarante noms dans les dossiers de la commission McClellan — Johnny Roselli, Johnny Dioguardi, Sam Giancana et d'autres qu'il avait pris à partie lorsqu'ils étaient à la barre des témoins, et traités de « lâches abondamment parfumés et soigneusement manucurés ». Sur la même liste figurait également en bonne place Carlos Marcello, le « parrain » sicilien qui dirigeait les opérations de la bande dans le Sud des Etats-Unis et ramassait plus de un milliard de dollars grâce à ses tripots, ses réseaux de prostitution et autres rackets. Marcello avait partagé avec Santos Trafficante et Meyer Lansky les profits de la pègre à Cuba avant l'ère castriste, et l'on disait qu'il avait donné à Hoffa un sac contenant 500 000 dollars pour contribuer à financer la campagne de Nixon[39].

Après avoir déterré une vieille interdiction de séjour prononcée contre Marcello et demeurée sans effet, Bobby entama des poursuites. C'était une sorte d'avertissement symbolique adressé aux patrons de la pègre afin de leur faire avoir ce qui les attendait dans les mois à venir. Le 4 avril, des agents fédéraux arrêtaient Marcello et l'emmenaient, menottes aux poignets, à l'aéroport international Moisant, à la Nouvelle-Orléans, où l'attendait un avion de la Police des Frontières, moteurs en marche[40]. Il fut embarqué immédiatement et sans bagages, puis transporté au Guatemala où il avait naguère suborné des fonctionnaires pour obtenir la nationalité américaine. Le Guatemala l'expulsa au Salvador où il fut emprisonné pendant un bref laps de temps avant d'être conduit à cinquante kilomètres à l'intérieur de la jungle et abandonné sur place, en costume de soie et souliers de croco.

Mais maintenant que Jack était en difficultés, la vendetta contre la pègre devrait attendre. De retour dans la capitale et voyant son frère saisi par la panique, la première réaction de Bobby fut de *faire* quelque chose sur place, dans la Baie des Cochons, pour couper le mal à la racine et, selon son expression favorite : « renverser la situation ». Mais il était trop tard. Castro contre-attaquait déjà et les forces de débarquement, à court de munitions, furent immobilisées sur la plage. Les conseillers examinèrent les deux seules solutions possibles — faire intervenir les Etats-Unis avec toute leur puissance ou maintenir la fiction de la non-intervention. Bobby allégua d'une voix angoissée que l'Amérique serait considérée par Moscou comme « un tigre de papier » si rien n'était fait. Il finit par se montrer si agité que Rostow dut l'entraîner hors de la salle de conférence et lui dire, pour le rassurer, qu'il y aurait bien d'autres occasions de prouver la force de l'Amérique, « à Berlin, dans le Sud-Est asiatique et ailleurs »[41].

Ce soir-là, lors de la réception annuelle du Congrès, Jack évita avec désinvolture de paraître préoccupé. Seul Bobby donna des signes d'inquiétude. « On est dans la merde, dit-il à Smathers qui dansait avec Jackie ; on n'aurait pas pu croire que les choses tourneraient aussi mal »[42]. Après la réception, à minuit, il regagna la conférence qui n'avait pas connu d'interruption depuis vingt-quatre heures. Les nouvelles de la Baie des Cochons étaient de plus en plus désespérées. Bissell se tordait nerveusement les mains et gardait les yeux baissés derrière ses grosses lunettes. Il demanda à Jack de sauver la mission en autorisant les jets du porte-avions *Essex* à détruire les appareils de Castro et attaquer les blindés cubains. Kennedy refusa. L'amiral Arleigh Burke affirma que l'un des destroyers de la force de soutien, à proximité du rivage, devrait être autorisé à bombarder la plage pour donner un répit aux troupes de débarquement encerclées. Jack répondit sèchement : « Burke, je ne veux pas que les Etats-Unis soient mêlés à cette affaire ! »[43]. Elevant la voix à son tour, l'amiral répliqua : « Au diable, Monsieur le Président ; mais nous y *sommes* mêlés ! » Le général Lyman Lemnitzer remarqua que le moment était venu d'envisager ce que Bissell avait toujours présenté comme « l'option guérilla », à savoir la possibilité, pour les envahisseurs, d'abandonner l'opération sur une large échelle et de « se fondre dans la montagne » pour faire leur jonction avec d'autres éléments hostiles au régime castriste[44]. Bissell, tout déconfit, fit observer à ceux qui ne s'en étaient pas aperçu, quelle était la situation géographique de la Baie des Cochons : les montagnes se trouvaient à soixante-quinze kilomètres de la plage et séparées de celle-ci par des marécages infranchissables.

Bobby ruminait son désespoir, un peu à l'écart, en répétant : « Il faut faire quelque chose, il faut faire quelque chose »[45]. Mais il était clair, pour lui comme pour les autres, que la Brigade 2506 était perdue. Après la fin de la conférence, il resta seul avec son frère, s'approcha de lui, les larmes aux yeux, mit les deux mains sur les épaules du Président et dit : « Ils ne peuvent pas te faire ça ! »[46].

En public, Jack se conduisit en véritable homme d'Etat et accepta la responsabilité de la débâcle. Mais dans l'intimité, il se montra complètement défait. Le week-end suivant, à Glen Ora, Lem le vit jeter au feu le numéro de *Time* pour ne pas avoir à le lire[47]. Son vieil ami l'entendit dire qu'il n'y avait pas de métier plus désagréable que celui de Président : LBJ pourrait bien prendre la suite en 1964 si ça lui faisait plaisir ! Lem, qui avait abandonné son emploi pour pouvoir se consacrer entièrement à son vieux camarade, tenta de lui remonter le moral en changeant de sujet et de lui parler de la bibliothèque Kennedy alors en projet. Jack haussa les épaules et demanda qui voudrait jamais ériger un monument à un gouvernement responsable d'une telle tragédie. L'affaire de la Baie des Cochons s'était déjà imprimée dans sa pensée comme une métaphore. Quelques mois plus tard, quand Robert Donovan l'interviewa pour son livre sur le *PT 109* (*Le président Kennedy marin,* trad. France-Empire), Jack lui dit, en pensant aux derniers événements : « C'était encore plus merdique qu'à Cuba »[48].

L'une des conclusions qu'il tira de l'aventure de la Baie des Cochons concernait la vulnérabilité de la Présidence. A la suite du désastre, il appela Schlesinger, l'un des rares adversaires de l'opération, pour lui demander si l'on avait constitué un dossier complet sur la question. L'historien lui rappela que le Président avait lui-même déclaré, dès son entrée en fonctions, ne pas souhaiter le voir consigner les affaires quotidiennes de la Maison-Blanche. « Non, dit cette fois Kennedy, allez-y. Vous pouvez être sacrément sûr que la CIA a constitué son dossier et que l'Etat-major a le sien. Mieux vaut nous assurer que nous avons le nôtre ici »[49]. Une leçon plus profonde avait trait à Bobby. « J'aurais dû le mettre dans le coup depuis le tout début », dit-il à Lem, et il ajouta qu'il allait faire de Bobby son représentant personnel dans les lieux obscurs de son gouvernement, où il estimait avoir été trahi à l'occasion du fiasco cubain[50]. Ce fut, selon Lem Billings, un moment crucial. « Jusqu'alors, Jack avait plus ou moins négligé les raisons avancées par son père pour que Bobby fasse partie du cabinet. Il y voyait surtout l'effet d'un sentiment tribal irlandais. Mais, maintenant, il comprenait combien le vieil homme avait vu clair. En cas d'accident, les membres de la famille *étaient* les seules personnes sur qui l'on pouvait compter. Bobby *était* le seul à qui il pouvait se fier pour faire preuve d'un dévouement absolu. Jack ne l'admit jamais ouvertement, mais dès ce moment, l'action présidentielle de Kennedy devint le produit d'une sorte de collaboration entre les deux frères. »

Le rôle de paladin de son aîné convenait parfaitement à Bobby. « Il aurait attiré sur lui la foudre pour la détourner de Jack, déclara plus tard son ami Seigenthaler. Peu lui importait d'être considéré comme un grand ministre de la Justice. Tout ce qui comptait pour lui c'était la présidence de son frère »[51]. Au cours des premières semaines du gouvernement Kennedy, il avait cherché à protéger Jack contre un certain nombre de propositions discutables, issues du ministère de la Justice, notamment en matière d'écoutes sous contrôle judiciaire ; il avait déclaré à son adjoint, Ramsey Clark, à propos d'un projet de loi sur ce point, qu'un tel texte contenait en germe un « échec politique »[52], et qu'il préférait en assumer personnellement toute la responsabilité plutôt que de voir les défenseurs des droits civiques s'en prendre à son frère. Mais le mandat élargi qu'il avait reçu après l'affaire cubaine cristallisa ses sentiments diffus et l'autorisa à devenir l'Ange Exterminateur de son aîné. Son courroux se déchaîna d'abord contre ceux qui étaient les plus proches, notamment Chester Bowles, dont une note où il manifestait son hostilité envers l'opération de la Baie des Cochons avait fait l'objet d'une indiscrétion au bénéfice du chroniqueur James Reston. Au cours d'une entrevue orageuse, Bobby marcha sur le vieil homme, pointa son doigt sur la poitrine de celui-ci, et sans égard pour ce vénérable membre de l'aile gauche du parti, qui avait été l'un des premiers partisans de Stevenson à se rallier publiquement à Jack, il lui cria : « Pour ce qui est du gouvernement actuel, vous feriez mieux de la boucler et de vous rappeler que vous étiez *pour* la Baie des Cochons ! »[53]. Bowles lui fournit presque l'occasion de pallier la faiblesse et l'indécision de Jack, au cours d'une réunion du Conseil national de Sécurité consacrée aux suites de l'affaire de la Baie des Cochons. Il avait en effet présenté un rapport où il était dit que toute réaction hâtive risquerait d'augmenter encore l'ampleur du désastre. Bobby, assis dans un coin de la pièce où il avait l'habitude de se tenir, le prit aigrement à partie : « Tout ça ne vaut rien. Qu'est-ce que nous devons faire à propos de Cuba ? Vous ne nous le dites pas. » Pendant plusieurs minutes, il continua de stigmatiser « la mollesse » de Bowles, qu'il appela finalement « une honte » ; le mot tomba sur la discussion comme un fer à repasser[54].

Jack demanda à son frère de s'occuper de la CIA, qui avait beaucoup moins de charme pour lui depuis l'affaire de la Baie des Cochons[55]. Estimant qu'une telle délégation de pouvoirs aggraverait les accusations de népotisme prononcées contre lui, Bobby préféra devenir le représentant personnel du Président auprès de l'Agence. Il accepta également de jouer un rôle dans la commission chargée d'autopsier l'affaire cubaine. Pendant tout le printemps, il semblait être partout à la fois : il arrivait tôt le matin au quartier général de la CIA à Langley Field ; quelques heures plus tard, il se rendait en ville pour passer le reste de la journée dans une pièce sans fenêtres au Pentagone, pour étudier le fiasco cubain ; finalement, vers cinq heures du soir, il allait au ministère de la Justice, entamer sa journée de travail.

Le Groupe d'études sur Cuba, comme on l'appela, était le centre de son activité[56]. En faisaient également partie Dulles et l'amiral Arleigh Burke, de l'Etat-major général. Son président était Maxwell Taylor, dont le livre *The Uncertain Trumpet* (La trompette incertaine), avait fait une forte impression sur Jack au cours de la campagne présidentielle, de sorte que le Président s'était promis d'attendre l'occasion de proposer au général en retraite une fonction à sa mesure, pour l'attirer de nouveau vers la vie publique. Comme son frère, Bobby fut séduit par les connaissances linguistiques de Taylor — versé dans plusieurs idiomes obscurs —, par sa compétence en matière d'Histoire militaire, de la Grèce antique à nos jours, et par la façon dont il pouvait exposer à l'improviste la politique étrangère des principaux pays d'Europe. Il était plus impressionné encore par les exploits de Taylor qui avait été parachuté derrière les lignes allemandes à la tête de ses commandos, les fameux « Braves Bâtards de Bastogne ». Par la suite, Bobby donna son nom à l'un de ses fils — son neuvième enfant, en 1965. Peu après leur rencontre, Taylor lui rendit ce qui semblait être pour lui l'hommage suprême : « Vous êtes le genre de gars qu'on aurait aimé avoir sous la main pour tenir une tranchée ou prendre une colline »[57].

Taylor se rappelait, plus tard, qu'en arrivant à Washington, il avait trouvé le gouvernement « en état de choc, et non seulement secoué par un désastre politique et militaire (mais encore) mal informé sur ce qui s'était vraiment passé »[58]. D'avril à mai, le Groupe d'études passa au crible tous les renseignements existants, reconstitua la façon dont les décisions avaient été prises, et interrogea participants et survivants. Taylor était en mesure de répondre aux militaires et de situer les événements dans un cadre rationnel, mais Bobby était le moteur de l'enquête ; avec lui la procédure devenait une affaire personnelle et il introduisait un élément affectif dans toutes les révélations. Parmi les témoins qui furent appelés à comparaître, se trouvaient Armando Lopez-Estrada et Roberto San Roman (frère du chef de la Brigade 2506, Pepe San Roman) ; l'un et l'autre avaient été parmi les quelques émigrés évacués sur la plage. Tous deux furent frappés par l'ardeur et la sympathie de Bobby. « Il me demanda si je voulais continuer à travailler contre le régime castriste, raconte Lopez-Estrada. Bien sûr, je lui répondis affirmativement tout de suite. » Le lendemain de leur comparution, Bobby fit en sorte que les deux hommes fussent invités à la Maison-Blanche pour un entretien avec le Président, puis à une réception à Hickory Hill. L'atmosphère familiale entretenue chez Bobby contribua à guérir leurs blessures : « Nous en avions vraiment besoin, affirma San Roman, à propos du soutien moral que leur avait apporté l'Attorney général, car nous étions moralement détruits. »

Les critiques formulées par le Groupe d'études concernaient le fonctionnement matériel du plan de Bissell — une volonté têtue d'ignorer les réalités du terrain, une incapacité à garder le secret, un désir quasiment paranoïaque de réserver à la CIA la direction des opérations ; la question de son opportunité ne se posait pas : on tenait pour acquis le bien-fondé de toute action destinée à renverser Castro. « Il ne peut y avoir de relations de bon voisinage, à long terme, entre Castro et nous », affirmait le rapport final du groupe[59] ; l'épisode de la Baie des Cochons n'était, de toute évidence, que la première manche d'une longue partie.

Mais le fiasco cubain avait fait l'effet d'une pierre jetée dans une pièce d'eau : les vagues se propagent jusqu'aux rivages opposés. Selon Bobby : « Nous aurions envoyé une force importante au Laos, sans l'affaire de Cuba »[60]. Jack lui-même examina les problèmes de logistique, pour une éventuelle intervention au Laos, avec un soin qu'il n'y aurait pas mis avant le débarquement dans la Baie des Cochons[61]. Bien que, le 27 avril encore, ses conseillers militaires lui eussent recommandé d'intervenir au Laos, il préféra une campagne antiguérilla sans fanfare, à une confrontation entre les superpuissances ; à ses yeux, désormais, mieux valait mener une action contre les insurgés du Pathet Lao que contre leurs parrains soviétiques. Pourtant il ne voulait pas que la leçon de Cuba entraînât un retrait général des Etats-Unis dans le Sud-Est asiatique. Tout en s'efforçant d'obtenir un cessez-le-feu préalablement à toute négociation qui neutraliserait le Laos et mettrait en place un gouvernement de coalition, il dit à Dean Rusk : « S'il nous faut faire la guerre dans le Sud-Est asiatique, mieux vaut que ce soit au Vietnam. Au moins les Vietnamiens sont des gens résolus et ils se battront. Il y a, au Sud-Vietnam, un million de réfugiés qui ont fui le communisme. Le Vietnam, voilà le bon endroit »[62].

Craignant que Diem ne s'effrayât devant ses efforts diplomatiques en vue d'un désengagement au Laos, il ordonna d'affecter cent instructeurs de plus à l'armée sud-vietnamienne et d'envoyer sur place plus de quatre cents hommes des forces spéciales. Il demanda également à Lyndon Johnson d'y faire une visite au mois de mai, histoire de montrer le pavillon. Mais le Vice-Président se déroba avec tant de persévérance que Kennedy dut finalement le mettre en demeure d'obtempérer : « Lyndon, il faut que vous y alliez ! » L'autre répliqua avec une grimace : « Monsieur le Président, je ne voudrais pas que vous vous trouviez dans l'embarras si l'on me faisait sauter la cervelle, à Saigon »[63]. Jack put enfin le convaincre d'entreprendre le voyage en faisant figurer parmi les personnages officiels de sa suite Jean Kennedy-Smith et Steve Smith, en guise d'otages.

Kennedy s'arrangea donc pour faire comprendre à tout un chacun que l'indécision dont il avait fait montre dans l'affaire de la Baie des Cochons ne se traduirait pas par un amoindrissement de ses engagements ailleurs. (Dans un second message sur l'état de l'Union, le 24 mai[64], il avait demandé des crédits pour le recrutement de douze mille nouveaux Marines, un accroissement des moyens dont disposait l'Amérique pour faire face aux guerres de guérilla, et un triplement des fonds destinés à la défense civile, par rapport au budget d'Eisenhower*.) C'est alors que le Premier ministre soviétique, Khrouchtchev, accepta inopinément l'invitation qui lui avait été faite, peu après l'intronisation de Jack, de rencontrer le Président américain pour une conférence au sommet. La plupart des conseillers de Kennedy étaient opposés à ce qu'une telle rencontre eût lieu si tôt après le débarquement à la Baie des Cochons, mais Jack y voyait la possibilité d'effacer d'un seul trait les pertes qu'il avait essuyées à Cuba. De plus, la diplomatie personnelle était à ses yeux l'essence de l'art de gouverner — un affrontement entre deux volontés individuelles, un choc entre deux personnalités, un drame joué par deux hommes en train de modeler l'avenir, dans des conditions comparables à celles dont faisaient état les biographies des grands hommes qui avaient toujours enflammé son imagination.

La réunion étant prévue pour le mois de juin, à Vienne, Jack entreprit de réduire ses autres obligations au strict minimum pour pouvoir passer le plus de temps possible avec George Kennan, Charles Bohlen, Averell Harriman et autres grands connaisseurs de l'Union Soviétique. Tout le reste passa au second plan. Au cours d'une rencontre avec Nixon, organisée pour enterrer l'affaire de la Baie des Cochons (l'une des nombreuses réunions qu'il organisa astucieusement avec des dirigeants républicains pour souligner que les deux partis avaient une égale responsabilité dans le désastre), il avait dit : « Il est profondément vrai que la politique étrangère est la seule affaire vraiment importante dont le Président doive se charger, n'est-ce pas ? Je veux dire que tout le monde se fout de savoir si le salaire horaire minimum est de 1,15 ou de 1,30 dollar, devant des événements de cette envergure »[65]. Comme la rencontre au sommet se rapprochait, « les Voyageurs de la

* C'était là une procédure exceptionnelle ; la tradition veut que le Président présente un message par an sur l'état de l'Union. (N.d.T.)

Liberté » (une branche des mouvements pour la défense des droits civiques) commencèrent à déclencher des troubles parmi les populations blanches du Sud — où ils incitaient les Noirs à s'asseoir avec eux sur les sièges réservés aux Blancs et vice versa, dans les localités où la ségrégation était encore en vigueur pour les transports publics. Jack appela Harris Wofford, le spécialiste du gouvernement en matière de droits civiques, pour lui hurler avec rage : « Arrêtez tout ! Sortez-moi vos copains de ces bus ! »[66], avant de lui expliquer qu'il ne voulait pas se voir mettre dans l'embarras devant les Russes.

Le 28 mai, il s'arrêta à Hyannis, plié en deux par la douleur, après avoir de nouveau endommagé sa colonne vertébrale en plantant un chêne rouge à Ottawa, lors d'une cérémonie destinée à célébrer l'amitié entre les Etats-Unis et le Canada[67]. Il était accompagné par l'omniprésent Lem Billings. (Comme Bernard West, le maître d'hôtel de la Maison-Blanche, le fit remarquer, Lem était si souvent invité qu'il laissait ses affaires personnelles en permanence dans l'une des six chambres d'amis de la résidence présidentielle ; Jack haussa les épaules et répondit : « Il est l'hôte de ma maison depuis le jour de mon mariage »[68].) Lem représentait pour Jack la continuité, une constante dans la succession rapide de changements dont sa vie avait été faite. Tous deux jouaient encore au backgammon, à dix dollars la partie, et se disputaient violemment pour chaque point litigieux. Ils regardaient ensemble à la télévision, le dimanche, les émissions telles que « L'Heure de vérité » ou « Le Club de la presse »[69]. Jack avait présenté Lem au capitaine du yacht présidentiel comme « l'enseigne Billings », au chancelier Adenauer comme « le député Billings », et à l'astronaute Alan Shepard comme « le général Billings du Pentagone ». Lem avait bien failli se faire abattre par les agents du Service secret au moment où il escaladait la clôture, à Hyannis, pour faire une blague à Jack.

En arrivant à la « base » des Kennedy, Jack et Lem découvrirent que Rose était déjà partie pour la France qui devait être leur première étape, selon le programme du voyage. (« Jack ne voulait pas d'elle en Europe, mais il n'y pouvait pas grand-chose car Mrs Kennedy était fermement décidée à participer à tout », raconte Lem Billings[70].) Laissé seul avec une domesticité réduite, l'Ambassadeur avait découpé des photos de femmes assez suggestives et les avait éparpillées partout dans la chambre de Jack, sur les oreillers, les commodes et les lavabos[71]. Il était resté debout plus tard que d'habitude, en attendant le Président et sa suite, mais comme personne ne pouvait lui dire à quelle heure ils arriveraient, il était parti se coucher en manifestant sa contrariété[72].

Le lendemain, Jack sortit de bonne heure, pour aller fêter son anniversaire en prenant la parole devant les Démocrates du Massachusetts, à l'arsenal de Boston ; il termina son discours par une allusion à son voyage : « J'y vais en qualité de chef de la nation la plus révolutionnaire du monde »[73]. Le lendemain après-midi, il faisait de la voile avec son père et son ami dans les eaux du Cap ; pendant un moment de calme, il demanda à Lem (qui avait commencé à lui faire collectionner les petits objets de fantaisie que fabriquaient les marins d'antan) ce qu'il devrait donner à

L'ARCHITECTE DE LEURS VIES

Patrick Joseph
Kennedy

Mary Augusta Hickey
Kennedy

John Francis Fitzgerald
("Honey Fitz")

Mary Josephine
Hannon Fitzgerald

Joseph Patrick
Kennedy

Rose Elizabeth
Fitzgerald Kennedy

Joseph Patrick
Kennedy, Jr.

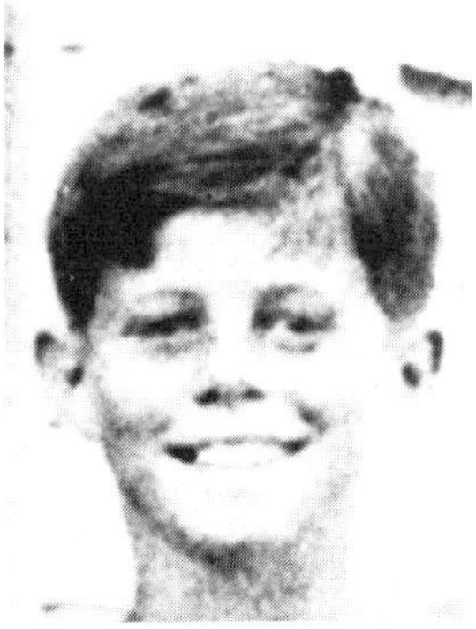

John Fitzgerald
Kennedy

Rosemary Kennedy

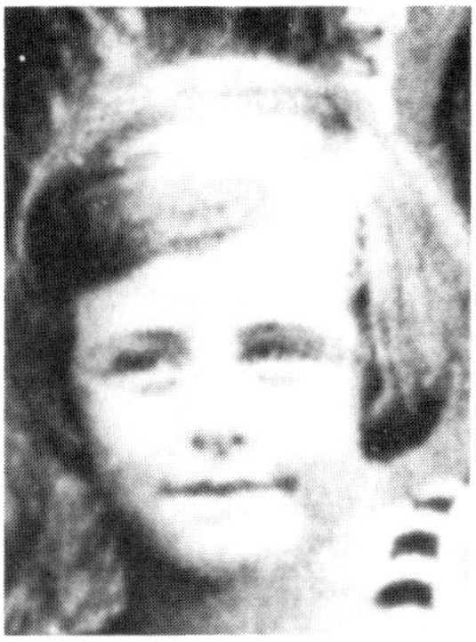

Kathleen Kennedy
("Kick")

Eunice Mary Kennedy

Patricia Kennedy

Robert Francis
Kennedy

Jean Ann Kennedy

Edward Moore
Kennedy

Joseph Patrick
Kennedy

Rose Elizabeth
Fitzgerald Kennedy

Gloria Swanson

LE REMPLAÇANT

Joseph Patrick Kennedy, Jr.

John Fitzgerald Kennedy

Inga Arvad

K. LeMoyne Billings

Rosemary Kennedy

Kathleen Kennedy ("Kick")

William John Robert Cavendish, Marquess of Hartington

Lord Peter Fitzwilliam

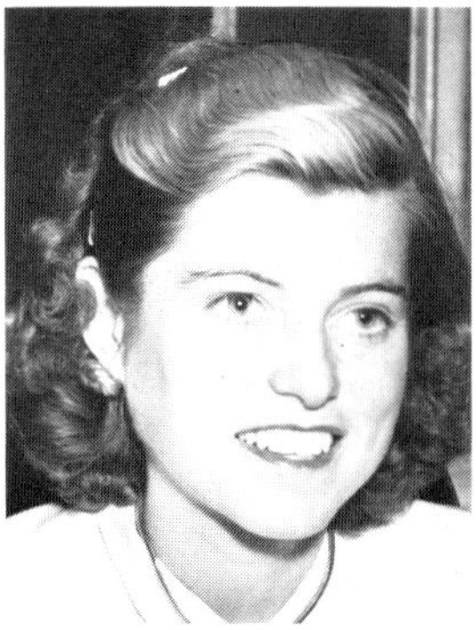

Eunice Mary Kennedy Shriver

Robert Sargent Shriver, Jr.

Patricia Kennedy Lawford

Peter Lawford

Jean Ann Kennedy Smith

Stephen Edward Smith

Robert Francis Kennedy

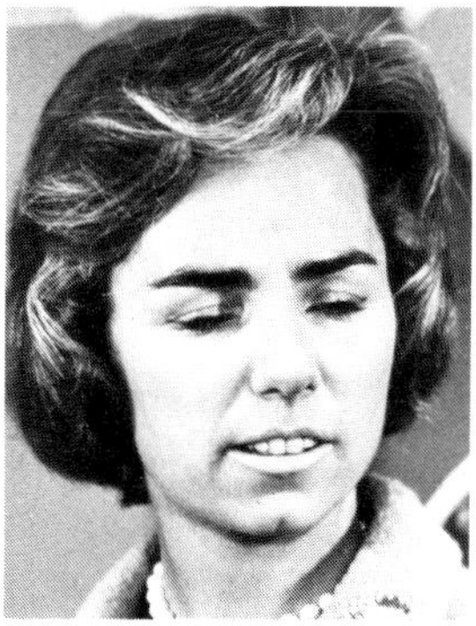

Ethel Skakel Kennedy

Edward Moore Kennedy

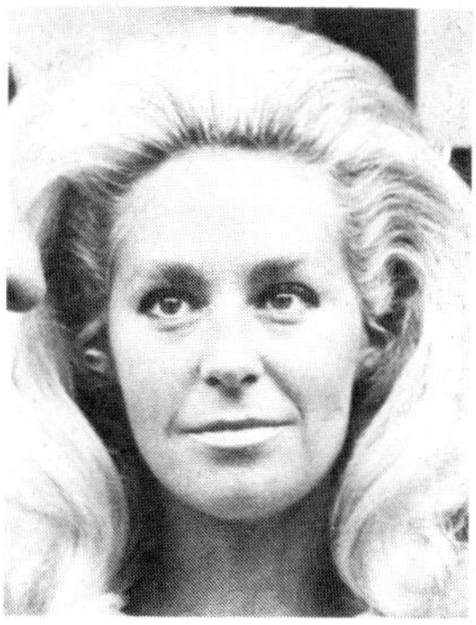

Virginia Joan Bennett Kennedy

LES FRÈRES AMIS

John Fitzgerald Kennedy

Jacqueline Lee Bouvier Kennedy

K. LeMoyne Billings

Eunice Mary Kennedy Shriver

Robert Sargent Shriver, Jr.

Edward Moore Kennedy

Jacqueline Lee Bouvier Kennedy

Joseph Patrick Kennedy

Rose Elizabeth Fitzgerald Kennedy

LES ENFANTS PERDUS

K. LeMoyne Billings

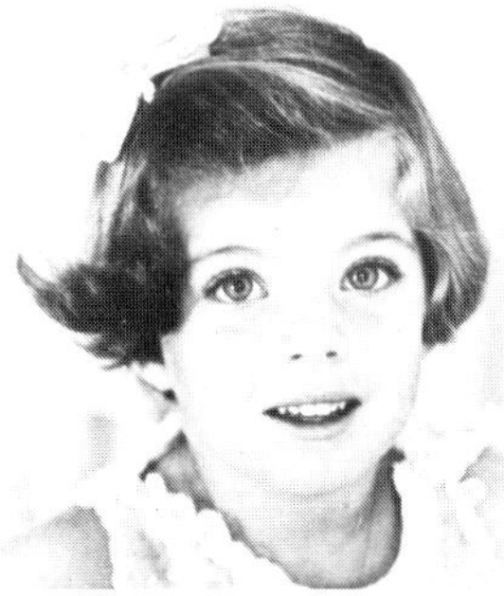
Caroline Bouvier
Kennedy

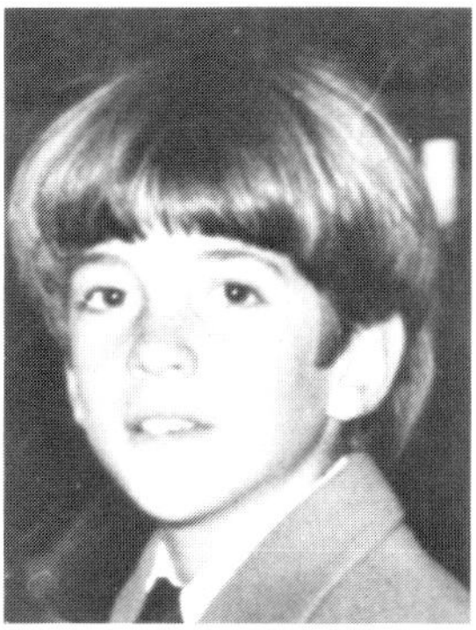
John Fitzgerald
Kennedy

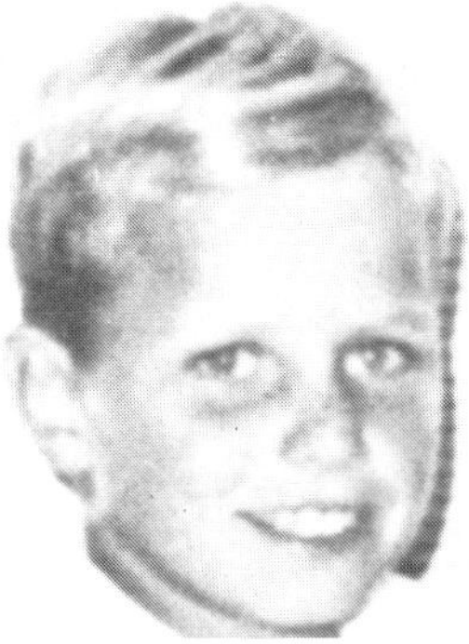
Joseph Patrick
Kennedy, II

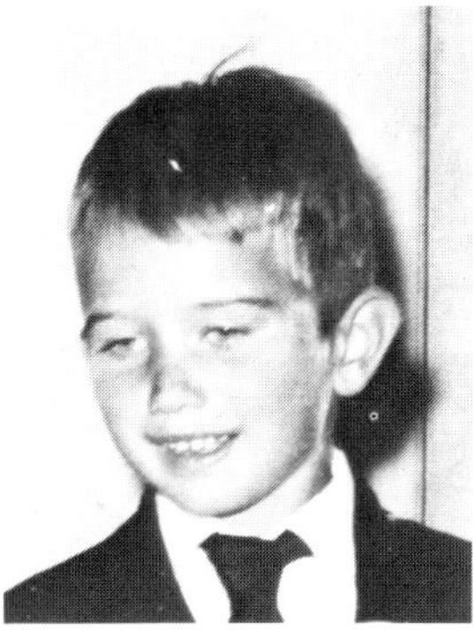
Robert Francis
Kennedy, Jr.

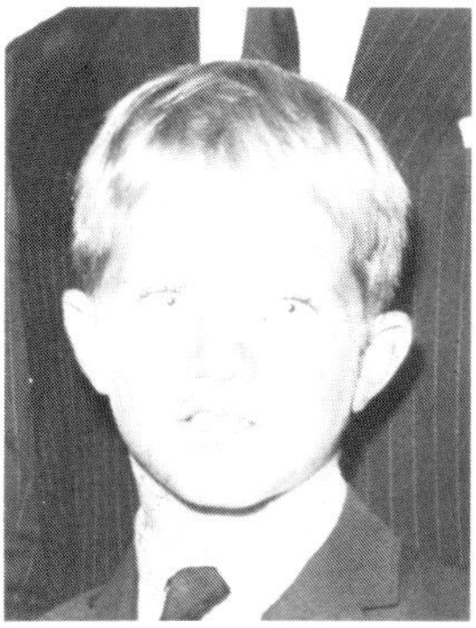
David Anthony
Kennedy

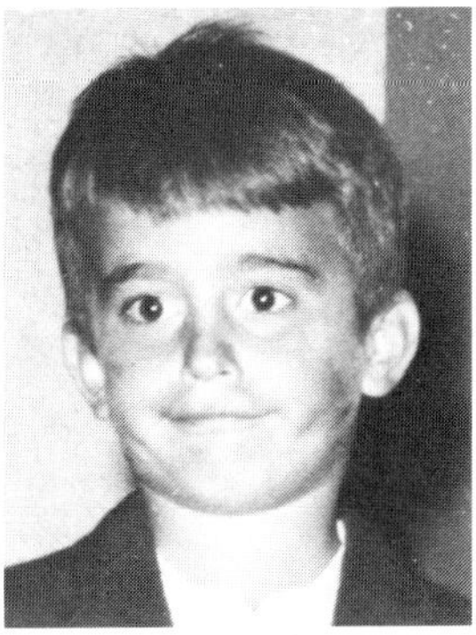
Robert Sargent
Shriver, III

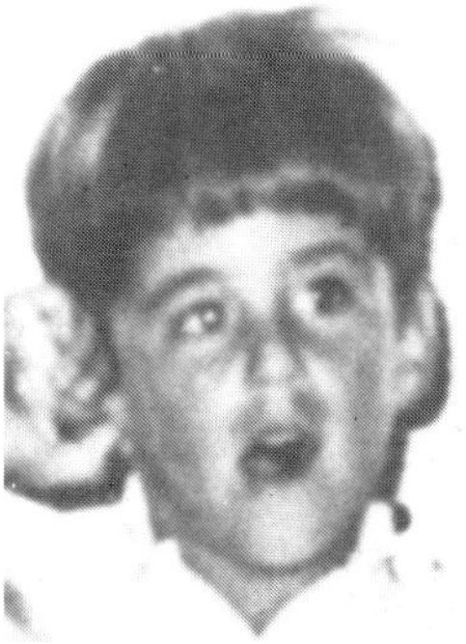
Christopher Kennedy
Lawford

Caroline Bouvier
Kennedy

John Fitzgerald
Kennedy, Jr.

Joseph Patrick
Kennedy, II

Robert Francis
Kennedy, Jr.

David Anthony
Kennedy

Robert Sargent
Shriver, III

Kim Kelly

Pam Kelly

Edward Moore
Kennedy, Jr.

Christopher Kennedy
Lawford

Khrouchtchev, au cours de l'échange rituel de cadeaux[74]. Lem haussa les épaules, mais Jack lui demanda : « Pourquoi pas ce modèle réduit du *Constitution ?* » Il avait voulu acheter, quelques semaines plus tôt, cette remarquable maquette du célèbre navire de guerre américain qui s'était illustré de 1797 à 1830 avant de finir ses jours comme musée, dans le port de Baltimore. Seul le prix (500 dollars) l'avait empêché de faire cette acquisition, mais il avait malicieusement déclaré à Lem : « Peut-être que papa me l'achèterait pour mon anniversaire », en sachant bien que le propos serait rapporté par son ami à l'Ambassadeur[75]. Il avait apprécié le cadeau quand son père le lui avait envoyé à la Maison-Blanche, mais il venait de décider de l'emporter à Vienne car, comme il le dit à Lem, « c'était un symbole de la jeune république américaine, pleine de force, de jeunesse et d'amour de la liberté — juste le genre de message que je veux faire parvenir à la Russie ».

Cet après-midi-là, en sortant sur le perron pour prendre l'hélicoptère qui allait l'emmener à l'aéroport d'Idlewild (aujourd'hui aéroport Kennedy), il fouilla dans ses poches et regarda son père avec embarras : « Oh papa, je n'ai pas un sou de monnaie »[76]. L'Ambassadeur envoya quelqu'un chercher un paquet de gros billets, que Jack prit avec le sourire en s'en allant : « Je te les rendrai papa. » Le vieil homme le regarda descendre les marches et marmonna : « Ce serait bien la première fois. »

Quand ils arrivèrent à l'aéroport d'Orly, le président français, Charles de Gaulle, les attendait, gigantesque et redoutable. Rose était là également, pour examiner Jackie de la tête aux pieds d'un œil critique, avant de dire « Vous êtes très bien, ma chère »[77]. Elle-même était stupéfiante, dans un tailleur vert dessiné par Oleg Cassini qu'elle avait choisi comme couturier officiel (« Je ne veux porter que des originaux, lui avait-elle écrit peu avant l'intronisation de son fils. Et pas question de voir une grosse petite bonne femme sautiller autour de moi dans la même tenue »[78].) Le cortège se rendit au Quai d'Orsay devant une foule nombreuse, venue jeter un coup d'œil sur le président américain et sa femme d'ascendance française.

Au cours de leur réunion, l'après-midi même, De Gaulle déclara immédiatement à Kennedy que la France ne participerait pas à une action militaire au Laos. Cela au cours d'une ferme mise en garde contre ce qu'il considérait comme les dangers potentiels d'un engagement dans le Sud-Est asiatique. « Pour vous, l'intervention dans cette région sera un engrenage sans fin... je vous prédis que vous allez vous enliser pas à pas dans un bourbier militaire et politique sans fond, malgré les pertes et les dépenses que vous pourrez y prodiguer »[79].

Alors que Jack se trouvait à Paris, la question d'une intervention se posa de façon spectaculaire quand le président de la République Dominicaine, Rafael Trujillo, fut assassiné — ce qui plongea le pays dans une crise profonde. Soutenu par les gens de la CIA qu'il avait appris désormais à connaître, Bobby pensait qu'il était nécessaire d'y envoyer une force américaine. Chester Bowles, secrétaire d'Etat par intérim, en l'absence de

Rusk, y était violemment opposé. (« Nous venions de subir un échec dans la Baie des Cochons, dit-il plus tard, et je ne voulais pas en essuyer un autre »[80].) Bobby fit pression sur lui de telle manière que finalement Bowles dut appeler Jack à Paris : « Est-ce moi qui remplace le secrétaire d'Etat ou est-ce votre frère ? » demanda-t-il[81]. Quand Jack l'eut rassuré sur ce point, Bowles rétorqua : « Pourriez-vous téléphoner à votre frère pour le lui dire ? »*.

L'étape parisienne du voyage avait été un succès spectaculaire, spécialement pour la soirée d'adieu, lors du grand bal donné en l'honneur de Jack et de Jackie, dans la Galerie des Glaces, à Versailles, soirée qui se termina par un feu d'artifice digne de Louis XIV.

L'atmosphère était très différente à Vienne, où la tension n'avait cessé de croître depuis l'arrivée de Khrouchtchev, un jour plus tôt.

Après une brève entrée en matière, le Premier soviétique et le Président américain avaient entamé une conférence de onze heures, qui ne s'était interrompue ni pour les deux repas de la journée ni pendant une promenade en forêt avec leurs interprètes respectifs. On aborda tous les sujets, la Chine et le Sud-Est asiatique comme le Moyen-Orient. En certaine occasion on parla de guerre et Khrouchtchev reprit sa théorie selon laquelle il y en avait de trois sortes : les guerres conventionnelles, les guerres nucléaires et les guerres de libération nationale ; si les deux premières catégories pouvaient paraître obsolètes ou désormais dépourvues de signification, la troisième comprenait ce que le Soviétique qualifia de « guerres saintes » aussi inéluctables que l'Histoire elle-même[83].

Charles (« Chip ») Bohlen, diplomate chevronné et expert en soviétologie, qui était présent en qualité de conseiller du Président, déclara par la suite : « Je dirais que la seule faute commise par Kennedy fut de se laisser entraîner dans une discussion idéologique par Khrouchtchev... »[84]. Lorsque celui-ci déclara que la Russie était un pays révolutionnaire et ne pouvait se soustraire au devoir d'aider les nations en guerre pour leur libération, Jack tenta de répliquer sur le plan dogmatique en se perdant dans des citations de Lénine et autres théoriciens soviétiques. « Il me sembla, dit Bohlen, qu'il s'était un peu égaré dans les profondeurs... »

L'acrimonie subsista le lendemain. Kennedy et Khrouchtchev se mirent pourtant d'accord sur le Laos. (Michael Forrestal, membre du Conseil national de Sécurité, et d'autres observateurs, pensèrent que la liquidation de ce problème était le seul bon résultat de cette rencontre au sommet[85].) L'affaire de Cuba ne fut évoquée qu'en passant, mais pesa lourd sur la discussion. Comme Jack n'avait pas osé envoyer de troupes dans l'île, par

* Cette confrontation et le reste d'animosité qui subsistait depuis l'affaire de Cuba devaient entraîner la condamnation de Bowles... Bobby et Jack tentèrent de l'éliminer au cours de l'été, mais les représentants de l'aile gauche au sein du gouvernement — le « Chet Set » — protestèrent si bien que la chose se révéla impossible. Bobby ne prit sa revanche que vers la fin de l'automne, au cours de ce que l'on appela « le massacre du Thanksgiving », quand Bowles fut remplacé par George Ball et reçut le titre largement protocolaire d'Ambassadeur itinérant. « Le Président se décida un beau jour et le limogea avant même qu'il s'en soit rendu compte », raconta Bobby avec une évidente satisfaction[82]. [Le « Chet Set » était ainsi nommé à cause du journaliste autour duquel le groupe évoluait, « Chet » Huntley (N.d.T.).]

souci de l'opinion mondiale, Khrouchtchev (qui avait utilisé l'armée soviétique en Hongrie) avait tendance à le prendre pour un jeune homme qui ne savait pas ce qu'il voulait et que l'on pouvait bousculer. Quand on en vint au problème de Berlin, le Premier soviétique déclara qu'il allait fixer un dernier délai pour un arrangement sur la ville divisée, après quoi, faute de résultat, il signerait un traité de paix séparé avec l'Allemagne de l'Est et laisserait les puissances occidentales régler avec ce régime (qu'elles ne reconnaissaient pas) la question de l'accès à la ville. Jack répondit que les Etats-Unis étaient prêts à prendre « n'importe quel risque » pour défendre Berlin. A partir de ce moment, d'après un témoin, « la conversation prit fort mauvaise tournure; on tapa sur la table et on parla de faire partir des fusées »[86].

A la fin des entretiens, Jack donna à Khrouchtchev le modèle réduit du *Constitution* que Lem était allé chercher lui-même. Il fut heureux d'avoir sacrifié son cadeau d'anniversaire quand le Premier soviétique lui offrit un service à café en argent, en provenance de Tchécoslovaquie. D'après Lem, « Jack y voyait le symbole de la mise à sac d'un peuple captif, et considérait qu'il avait au moins marqué un point dans l'échange des cadeaux, bien qu'il eût encaissé des coups à d'autres moments de la rencontre »[87].

Traiter avec Khrouchtchev, lui déclara également Jack, c'était « comme avec papa; toujours donner et ne rien prendre »[88]. Faisant escale à Londres pour mettre Macmillan au courant, il se sentit plus encore hanté par l'analogie entre l'attitude de son père et celle du Soviétique, ainsi que par la comparaison entre la conférence de Vienne et celle de Munich qui avait joué un si grand rôle dans le destin de la famille Kennedy. Invité chez Lee, la sœur de Jackie, et son mari le prince Stanislas Radziwill, il se dirigea vers le journaliste Joe Alsop « avec l'air d'un homme torturé » et affirma à son intransigeant ami : « Joe, je veux vous dire que je ne céderai pas aux Russes, quoi qu'il arrive; je ne céderai pas »[89]. Plus tard, dans une conversation avec James Reston, du *Times,* et cherchant toujours à éviter de paraître avoir fait preuve de faiblesse, Jack déclara qu'il avait l'intention d'accroître le budget militaire et d'envoyer une division de plus en Allemagne pour montrer sa détermination au sujet de Berlin. Il déclara également que si la conférence de Vienne avait mis l'affaire du Laos sous le boisseau, le véritable affrontement n'aurait pas lieu à Berlin mais bien dans le Sud-Est asiatique. « Il nous faut trouver le moyen d'assurer la crédibilité de notre puissance. Il me semble que le Vietnam serait un bon endroit pour cela »[90].

De retour au pays, Jack s'adressa aux Américains et posa la question des rapports avec les Soviétiques en évoquant la possibilité d'un choix éventuel entre l'humiliation et l'holocauste. Il demanda que l'on doublât le nombre des recrues, augmenta de trois milliards de dollars les prévisions de dépenses militaires, et prépara l'adoption d'un programme accéléré de défense civile en mettant l'accent sur la construction d'abris publics et privés, Maxwell Taylor lui avait suggéré une phrase de son allocution : « J'entends dire que Berlin-Ouest est militairement indéfendable. Bastogne l'était aussi. En fait, Stalingrad l'était également. N'importe quel endroit dangereux est défendable, si des hommes — des hommes courageux — en ont décidé ainsi »[91].

Au début du mois d'août, alors que six mille réfugiés affluaient chaque jour à Berlin-Ouest, les Allemands de l'Est commencèrent à construire un mur qui coupait la ville en deux. Les premiers mots de Jack, dès qu'il apprit la nouvelle en plein milieu de la nuit, furent : « Appelez mon frère ! »[92]. Bobby et lui discutèrent jusqu'à l'aube sur ce qu'il convenait de faire. Le lendemain, il ordonna de faire entrer un convoi de blindés dans la ville par l'autoroute. Ce n'était pas une démonstration de force aussi massive que le souhaitaient Dean Acheson et d'autres, mais elle comportait déjà un certain risque. Bobby déclara par la suite : « Le Président pensait, et moi aussi, que la guerre était toute proche à ce moment-là »[93]. Mais le mur résolut le problème de Berlin : une fois la population dûment emprisonnée à l'intérieur de ses frontières, l'Allemagne de l'Est était moins pressée de se faire reconnaître et le traité de paix avec les Soviétiques fut ajourné.

Jack et Bobby eurent tous deux l'impression d'être piégés dans un enchaînement de difficultés internationales qui avaient commencé à Cuba et qui ne prendraient pas fin tant que l'on n'aurait pas résolu le problème cubain. Quand les retombées de l'affaire de la Baie des Cochons et de la rencontre de Vienne finirent par se dissiper, Bobby se mit en devoir d'« avoir Castro », selon l'expression de Chester Bowles. Libéré des contraintes du groupe d'études sur Cuba, il se servit de son titre de représentant personnel du Président auprès de la CIA pour exiger une action contre Castro. Un vice-directeur de l'Agence, Robert Amory, a déclaré que Bobby avait fait sentir sa présence de façon obsédante au cours de cet été 1961, « s'efforçant d'obtenir que l'on fît davantage, que l'on se dotât de plus amples moyens et que l'on se montrât plus agressif... »[94]. Au début de l'automne, alors que l'affaire de Berlin commençait à s'estomper, Bissell s'entendit dire, au cours d'un entretien avec les deux frères, de « se magner le cul, à Cuba »[95]. Le harcèlement sporadique auquel il s'était livré contre Castro depuis l'échec de la Baie des Cochons ne leur suffisait plus.

Bobby apprit qu'Eward Lansdale était rentré d'un nouveau voyage au Vietnam et l'enrôla dans l'entreprise contre Cuba. Après un premier examen de la situation, Lansdale vit bien que Bobby considérait l'échec précédent « comme un affront qu'il fallait laver assez rapidement »[96] ; il suggéra que le meilleur moyen de déposer le chef cubain était d'agir de l'intérieur et non de l'extérieur. Après en avoir discuté avec Bobby, Jack se rangea à cet avis et donna l'ordre ultra-secret « d'utiliser tous les moyens disponibles... pour aider les Cubains à renverser le régime communiste »[97]. C'était comme si les frères Kennedy avait décidé de rééditer l'expédition de la Baie des Cochons, mais de la mener à bien, cette fois, et d'en faire leur affaire à eux, sans le concours de personne. Lansdale fut nommé chef des opérations pour une guerre secrète contre La Havane, désignée sous le nom de code « Opération Mangouste » ; celle-ci serait supervisée par une commission chargée d'en surveiller la mise en œuvre et appelée Groupe spécial (élargi), dirigée par Maxwell Taylor et Bobby. Lors d'une réunion avec les principaux membres de cette commission, dans son bureau, le ministre de la Justice, dont Castro était devenu la bête noire, au même titre que Hoffa, fit clairement savoir que « la solution du problème cubain revêtait une priorité absolue pour le gouvernement américain » ; il ordonna que l'on n'épargnât « ni le temps, ni l'effort, ni l'argent, ni les hommes » pour y parvenir[98].

2

A l'automne de 1961, alors que commençaient à s'estomper ses deux échecs diplomatiques — celui de la Baie des Cochons et celui de Vienne —, Jack, conservant Bobby à ses côtés, pour jouer son rôle habituel d'alter ego, fut en mesure de concentrer son attention sur les symboles de la Présidence, avec la ferme intention de s'approprier la fonction grâce à son talent inégalable pour la manipulation des images. Il fut le premier Président à comprendre toutes les possibilités de la télévision pour sa publicité personnelle et à savoir l'utiliser comme un prolongement ou même un succédané de sa politique. Il transforma les conférences de presse en divertissements spirituels et mondains, qui empruntaient quelques procédés aux feuilletons télévisés les mieux agencés. Mais ses efforts dans ce domaine s'étendirent finalement à toute la presse et influencèrent partout la façon dont on pouvait parler des Kennedy ou les dépeindre.

Une des particularités de Kennedy dont les journalistes et leurs rédacteurs en chef furent vite avertis, fut son extrême vigilance pour tout ce qui concernait la presse. Gilbert Harrison, rédacteur en chef de la *New Republic*, qui avait supprimé un reportage sur la Baie des Cochons — peu avant la tentative de débarquement — à la demande de Jack et sur l'intervention de Schlesinger, fut étonné de voir avec quel soin Jack examinait le contenu de chaque numéro [1] ; le Président allait même jusqu'à téléphoner à un critique littéraire pour le féliciter d'avoir donné une analyse favorable d'un livre. Il manifestait tout aussi bien sa colère. Le correspondant de *Newsweek* à la Maison-Blanche, Ben Bradlee, l'une de ses relations personnelles, se trouva banni du cercle présidentiel pendant plusieurs semaines, à la suite d'une remarque assez innocente qu'il avait faite à propos de Kennedy, lors d'une interview sur la répartition du pouvoir à Washington [2].

Jack était presque obsédé par *Time*, qu'il tenait pour la quintessence des publications américaines, et il était bien décidé à en obtenir les faveurs. Chaque semaine, dès le dimanche soir, il se faisait livrer le premier exemplaire par l'imprimeur [3] ; souvent, le lundi matin, il téléphonait déjà au bureau du magazine à Washington, pour se plaindre d'un article qu'il jugeait défavorable. Parfois il appelait directement Henry Luce lui-même, qu'il considérait avec un mélange de crainte et d'ennui comme une réplique de son père, un homme obstiné qui s'était fait lui-même*.

Il brocardait le correspondant de *Time* à la Maison-Blanche, Hugh Sidey, à propos de la façon dont son magazine traitait le gouvernement. L'un des incidents les plus mémorables dans cet ordre d'idées eut lieu le jour où l'astronaute John Glenn fut lancé dans l'espace. Sidey était là, pour rendre compte de la joie qui régnait dans la Roseraie de la Maison-Blanche où avait lieu une réception ad hoc, pendant que le vol se déroulait. En ce moment épique, pourtant, Jack ne se préoccupait que d'une seule chose : une courte note publiée par *Time* sur les reportages photographiques consacrés aux Kennedy par un nombre croissant de publications. Il y était dit, par erreur, que Jack avait posé, en certaine occasion, pour la couverture du *Gentleman's Quarterly*, un magazine de mode ; cela avait déclenché la fureur du Président. Après avoir lu le passage à haute voix, sur un ton sarcastique, devant Sorensen et Pierre Salinger, il déclara à Sidey : « Je commence à en avoir plein le dos de vos histoires ; j'en suis malade ; c'est un mensonge... un Président qui poserait pour le *Gentleman's Quarterly* aurait perdu la raison. » Sans prêter l'oreille aux excuses empressées de Sidey, il poursuivit ses récriminations : « Les gens ne se rappellent qu'une seule chose de vous. Pour moi, Arthur Godfrey est l'homme de la Tour**. Les gens vont se souvenir de moi comme du Président qui a posé pour la couverture du *Gentleman's Quarterly*. » On l'avertit alors que l'engin de Glenn avait amerri dans de bonnes conditions et que l'astronaute lui-même était au téléphone. Jack saisit le combiné sans quitter Sidey du regard et dit au journaliste : « Bon, restez là et tâchez de noter *ça* correctement... » Après avoir adressé d'éloquentes félicitations à son interlocuteur, il posa l'appareil et reprit ses invectives contre *Time*[5].

Jacqueline Kennedy, pour sa part, était obsédée par le désir de donner à la présidence un style élégant. Elle avait été malheureuse, au cours des premières journées qu'elle avait passées à la Maison-Blanche, parce qu'elle se sentait, disait-elle, comme une mouche sur la vitre de la Présidence ; ou, comme elle le déclara à un chauffeur de la famille, parce qu'elle se sentait enfermée dans un bocal à poissons rouges, avec tous les poissons à l'extérieur[6]. Le pouvoir avait quand même des avantages : ainsi, elle avait envoyé, un jour, l'avion présidentiel à Palm Beach pour aller chercher un enregistrement de Chubby Checker qu'elle avait oublié en rentrant de week-end[7]. Mais jouer le rôle de la femme du Président pouvait être ennuyeux,

* Au cours d'une de leurs rencontres, Jack se plaignait de la façon déloyale dont on parlait de lui dans *Time*. Quand Luce parut nier la chose, Jack s'en remit nommément à Hugh Sidey : « Voilà un homme impartial ; laissez-le vous raconter... Est-ce que l'homme de la rue pense que *Time* est loyal envers moi ? » Sidey commença par abonder dans son sens, mais après avoir jeté un regard sur Luce, se dépêcha d'ajouter : « Mais Washington est une ville démocrate, de sorte que l'homme de la rue est probablement de parti pris... » Le visage de Luce s'éclaira : « C'est vrai ; à Phoenix où je vais maintenant — à Phoenix et à New York — on pense que nous sommes très gentils avec vous »[4].

** Vedette de TV et de radio, Godfrey est connu pour avoir frôlé une tour avec son avion particulier. (N.d.T.)

avec tout ce que l'on attendait d'elle en fait de décorum et de protocole. « Il y a une chose que je ne veux pas, c'est être appelée *First Lady* (Première Dame — sous-entendu : des Etats-Unis); c'est un nom pour cheval de course. Peut-on demander aux standardistes et à tout le monde de dire " Mrs Kennedy " et pas " la Première Dame " en parlant de moi ? »

Au grand déplaisir de Jack, Jackie s'était montrée très sauvage jusque-là ; elle avait refusé de figurer dans les manifestations politiques ou de participer à la campagne destinée à lever des fonds électoraux. Outre le fait qu'elle n'avait pas envie de voir envahir sa vie privée, elle était irritée par le grégarisme des Kennedy à la Maison-Blanche, le sentiment de propriété et le provincialisme avec lesquels ils avaient pris possession de la résidence présidentielle. Quand Jackie invitait des personnalités littéraires, elle risquait de provoquer des incidents comme celui que rappelle John Hersey : lors d'un dîner, il était assis à côté de Pat Kennedy-Lawford, qui ne cessait de regarder le carton où était inscrit son nom et finit par dire : « Il y quelque chose de moche à votre sujet. Est-ce que vous n'étiez pas pour Nixon ? » L'écrivain lui assura que, bien au contraire, il avait toujours été démocrate. Ainsi, il n'avait pas voté pour Nixon ? insista-t-elle. Non, en fait il avait soutenu Stevenson jusqu'à la convention. A ces mots, elle lui jeta un regard glacial : « Ah, je savais bien qu'il y avait quelque chose de moche à votre sujet »[8]. Quant à Eunice, la sœur la plus en vue pendant les premiers jours de la « Nouvelle Frontière », elle avait marché droit sur Nehru, lors d'un cocktail, à un moment où le Premier ministre indien se montrait particulièrement intraitable, et après l'avoir scruté du haut en bas, elle avait dit en manière de plaisanterie : « Comme ça, voilà à quoi vous ressemblez, espèce de vieux coquin ! »[9].

Mais après le voyage à Paris, Jackie avait été galvanisée par la perspective de donner un style nouveau et de la grandeur à « cette horrible Maison-Blanche » — le style Bouvier, et non pas le genre Kennedy. Quelques-uns des changements étaient mineurs; elle exigea que l'orchestre des Marines jouât sans arrêt au cours des soirées de la Maison-Blanche, au lieu de rester planté là entre deux morceaux comme « une bande de chasseurs d'hôtel en deuil ». Elle avait remarqué que les lumières crues des lustres, au plafond de la salle à manger, creusaient des ombres sur le visage des femmes; elle fit donc disposer des chandeliers dont les flammes diffusaient une lueur pastel; elle établissait également des plans de restauration à plus long terme qui feraient de la Maison-Blanche le cadre idéal pour cette ère où « la poésie et le pouvoir » seraient alliés, comme l'avait prédit Robert Frost, lors des cérémonies inaugurales. Elle obtint de ses riches amis le don de cent soixante peintures ainsi que la promesse de subventions pour les travaux. Elle ne négligea aucun détail. Ainsi elle paya 12 500 dollars pour faire décoller à la vapeur, dans une maison historique du Maryland, un papier mural ancien qui vint orner les murs du Salon diplomatique[10].

Dans une certaine mesure, cette entreprise allait dans le sens des efforts entrepris par Jack pour prendre ses distances avec l'époque précédente. (« Le rose Mamie Eisenhower » était, pour Jackie, la couleur qui symbolisait le plus mauvais goût.) Mais Jackie était sensible, comme son mari, au charme de l'Histoire, et ses efforts de restauration tendaient également à donner sa particularité à « l'ère Kennedy », dans la continuité d'une longue tradition américaine. « Quand les Eisenhower étaient ici, ils aimaient le moderne, les objets nets, les couleurs brillantes et des choses comme ça », déclarait l'un des décorateurs associés aux initiatives de Jackie. « Mais Mrs Kennedy n'aimait pas le neuf, elle souhaitait que tout donnât l'impression d'avoir servi... d'avoir accompagné des vies humaines. Si jamais elle achetait un meuble neuf, il nous fallait le patiner, le vieillir pour qu'il eût l'air d'avoir été utilisé. La peinture, sur les murs, devait être étendue en lourdes couches, comme si elle était ancienne. Dans la salle à manger d'apparat, elle voulait simuler, sur les panneaux de bois, des craquelures comme il y en a dans les vieux châteaux, en France. Après les avoir peints, nous devions y faire des marques au crayon, à cet effet »[11].

Un vieil ami de collège de Jack, Blair Clark, devenu producteur à la télévision, chez CBS, eut l'idée d'une émission au cours de laquelle Jackie convierait toute l'Amérique à faire le tour de la Maison-Blanche. Norman Mailer compara sa prestation à celle d'une speakerine étroitement moulée dans son pull-over pour présenter d'une voix suave les prévisions météorologiques, sur les ondes d'une station locale ; mais l'émission en fit une vedette de plein droit. Cela lui permit de transformer des manifestations culturelles en événements politiques, de remplir la Maison-Blanche de lauréats du prix Nobel et de chanteuses d'opéra comme Roberta Peters et Grace Bumbry. Après qu'elle eut persuadé Pablo Casals de renoncer à son vœu de ne pas jouer dans un pays qui avait soutenu Franco, le *New York Times* déclara à propos du concert que « la Maison-Blanche avait voulu se montrer digne de ses responsabilités et arrivait enfin à l'âge adulte »[12].

En dépit de ce nouveau vernis superficiel, à la Maison-Blanche, la vie de la Première Famille avait repris ses rythmes bien établis. Jackie s'évadait souvent à Glen Ora avec les enfants. Pendant ses absences, Jack était libre de reprendre sa vie cachée ; le Service secret fournissait des prétextes aux rendez-vous galants qui avaient lieu derrière les portes closes des appartements privés. Jack était bien approvisionné en starlettes et en vedettes par Frank Sinatra et ses amis de Hollywood[13]. Il entretenait des relations plus durables avec certaines femmes, comme Judith Campbell, une beauté brune que Teddy et lui avaient rencontrée au cours de la campagne de 1960, ou Mary Meyer, la belle-sœur de Ben Bradlee, qui initia Jack à la marijuana et plaisantait avec lui, dans un lit de la Maison-Blanche, sur ce qui arriverait s'il était drogué au moment d'appuyer sur le bouton de la bombe atomique[14]. Pour des aventures de moindre importance, il y avait toujours des filles disponibles, comme les deux secrétaires blondes que Jack et ses amis avaient surnommées « Amusette » et « Bagatelle »[15] et que Jackie appelait de façon plus méprisante « les chiennes de la Maison-Blanche ». Elle en savait plus long qu'il ne pensait sur ces va-et-vient mais les prenait avec une certaine hauteur, comme le jour où elle lui tendit dédaigneusement une culotte qu'elle avait découverte dans sa taie d'oreiller, en disant : « Tu trouveras bien à qui elle appartient, ce n'est pas ma taille »[16].

Etant donné la vie privée de Jack, et ses rapports hors du commun avec

Jackie, la Maison-Blanche ne pouvait servir de foyer à la famille Kennedy ; aussi Hickory Hill devint-il le centre de ralliement pour les pionniers de la Nouvelle Frontière. Avec ses gazons en pente douce, ses noyers blancs (hickorys) trois fois centenaires, et ses essaims d'enfants et d'animaux, la maison avait certaines des qualités du camp Kennedy à Hyannis, trente ans plus tôt. Un visiteur pouvait se trouver hélé par la petite Kerry âgée de cinq ans (la fille de Bobby, née en 1959), perchée sur une tonnelle : « Tu me dis chiche que je saute du toit ? » ; ou surpris par le jeune David, âgé de huit ans, se balançant comme Tarzan au bout d'une corde en hurlant : « Je suis Bat-Ma-a-n ! » Bobby encourageait la compétition et l'incessante activité qui lui semblaient être les traits distinctifs des Kennedy. Ethel, dont la propre famille était toujours en mouvement elle aussi, lui apportait son concours zélé. Elle faisait partie d'un groupe de conductrices volontaires pour le ramassage scolaire et quand c'était son tour de conduire les enfants, elle les occupait, pendant le trajet, en organisant des concours de connaissances sur les événements d'actualité. « Quand on pouvait parler du Président ou du ministre de la Justice, rappelle un des enfants, on obtenait toujours un A plus ; mais si c'était quelqu'un d'autre, on avait un B, même si on savait tout très bien »[17].

Les enfants, ceux de Bobby et leurs cousins, pour qui Hickory Hill était un second foyer, organisaient des charades et récitaient des vers, pour les anniversaires et d'autres occasions[18]. Une fois où Kennedy était en visite chez son frère, il trouva les gamins déguisés pour jouer des sketches patriotiques, tirés du passé. L'un d'eux avait trait au *PT 109* et s'accompagnait d'un poème :

En 43, ils cherchaient l'ennemi,
Les treize et leur chef Kennedy...

Hickory Hill était aussi l'endroit où se cimentait l'amitié entre les hommes de la Nouvelle Frontière. Bobby laissait Schlesinger y organiser des séminaires auxquels assistaient des gens aussi importants que l'historien Isaiah Berlin — venu pour replacer les événements de l'ère Kennedy dans un contexte plus large. (Jack, qui y voyait « un esprit d'autoperfectionnement » que Bobby avait hérité de sa mère, adorait entendre raconter ce qui s'était passé lors de ces réunions, surtout quand il s'agissait de prises de bec intellectuelles entre ses sœurs, imbues de bigoterie familiale, et les « profonds penseurs » amenés par Schlesinger.) Ethel était une hôtesse un peu loufoque qui pratiquait les « blagues vécues » des Skakel dont on a vu plus haut quelques échantillons[19]. N'avait-elle pas, à l'occasion, invité l'orchestre de Lester Lanin pour faire danser tout le monde, ou fait venir Harry Belafonte pour apprendre le twist aux participants ? Elle décorait sa table avec des grenouilles vivantes, le jour de la Saint-Patrick ; au cours de frénétiques parties de cache-cache, elle dissimulait dans les placards les membres les plus distingués du cabinet, en compagnie de jolies secrétaires ; elle convia, un soir, Robert Frost à dîner et distribua à tous les commensaux un crayon et du papier pour organiser un concours de poésie ; Bobby et elle s'amusaient à pousser fonctionnaires et dignitaires dans la piscine (Salinger, une fois dans l'eau, en smoking, tenta de conserver son cigare allumé; Schlesinger chût avec ses grosses lunettes et sa gravité professorale; McNamara en sortit avec la chevelure aussi lisse qu'avant son bain forcé.) C'était comme un rite initiatique, indispensable à qui voulait adhérer au clan Kennedy.

Les parents restaient à l'écart de tout cela. Mais Rose s'était arrangée pour se tailler un rôle à part, comme une sorte de reine-mère, s'efforçant à grand-peine de figurer sur la liste des Dix Femmes les mieux habillées, publiant des homélies dans les magazines sur la difficulté d'élever une famille nombreuse, et prenant un plaisir presque puéril à jouer les maîtresses de maison en lieu et place de sa bru, quand Jackie avait décidé de se soustraire à quelque corvée mondaine. Il y avait même chez elle, un penchant pour une certaine drôlerie, comme Jack put le constater après la conférence de Vienne. Il avait découvert qu'elle avait envoyé à Khrouchtchev, avec une demande de dédicace, une photo où il figurait en compagnie de Jack. Celui-ci la mit donc en garde contre ce genre d'initiatives car, selon lui, en s'adressant pour son propre compte à des chefs d'Etat, elle pourrait provoquer des complications internationales. Elle lui écrivit en retour un petit mot où elle montrait qu'elle pouvait, elle aussi, manier l'humour des Kennedy : « Cher Jack, merci de m'avoir mise en garde à propos des chefs d'Etat, parce que j'étais sur le point d'écrire à Castro. Affectueusement. Maman »[20].

Pour Joe, la transition avait été plus difficile. Les accusations qui pesaient sur lui étaient encore assez fortes pour lui interdire de se montrer en public avec son fils. (Même ses rares apparitions mondaines à la Maison-Blanche n'étaient pas annoncées officiellement.) Il prenait plaisir à observer les symboles de la Présidence : la présence d'un véhicule chargé des transmissions, à Hyannis, et le drapeau flottant sur la propriété pour indiquer que Jack s'y trouvait; l'atterrissage spectaculaire de l'hélicoptère présidentiel qui amenait son fils; mais il ne savait pas très bien quel rôle il jouait dans tout cela. Dès les premières semaines de la présidence de Jack, il avait chargé Steve Smith de lui faire savoir si ses fils « voulaient de lui »[21]. Jack lui rendait fréquemment visite mais lui demandait rarement son avis en politique. (« Le vieil homme trouvait que de telles visites étaient " superflues ", devait déclarer par la suite un collaborateur de Jack à la Maison-Blanche, Fred Dutton. Il souffrait de voir que Jack et Bobby ne lui demandaient pas des tas de conseils »[22].) Il se traînait ainsi à l'arrière-plan de la Nouvelle Frontière, prenant quelques initiatives pour son compte personnel. L'un des présentateurs de la télévision, Chet Huntely, s'habitua à ce que l'Ambassadeur l'appelât « chaque soir ou presque après l'émission, pour dire " C'était superbe " ou pour exprimer violemment son mécontentement, à propos de n'importe quoi »[23]. Joe utilisa ce qu'il avait conservé de relations à Hollywood pour négocier une adaptation cinématographique du livre de Donovan sur le *PT 109,* intitulé *Le président Kennedy marin;* il en fit autant pour *Ma lutte contre la corruption*[24].

L'âge se faisait sentir en lui. Il avait des maux de tête et des douleurs dans le bras gauche. Il ne voulait pas admettre qu'il ne s'agissait plus seulement des névralgies chroniques qui l'avaient affecté depuis tant d'années. Il y avait un regain d'ironie dans sa correspondance avec ses amis. Il terminait ainsi une lettre à Beaverbrook : « Prenez bien soin de vous ; il n'en reste plus tellement comme nous aujourd'hui »[25].

Il lui restait encore une tâche à remplir, dans son programme : trouver une situation à Teddy. Son dernier fils était son « rayon de soleil », disait-il souvent[26] ; il souriait avec fierté quand le jeune homme entrait dans la pièce et saisissait sa mère par-derrière pour la faire virevolter en criant : « Comment va ma petite amie aujourd'hui ? »[27], avant de demander à son père : « Salut, Papa, tu t'es amusé ? » Jack et Bobby en étaient arrivés à la conclusion qu'il n'était pas prudent pour eux de se laisser photographier en compagnie de leur père quand cela n'était pas absolument nécessaire. Joe comprenait la raison de telles précautions, mais il en aimait d'autant plus Teddy qui se moquait de toute cette sagesse politique.

Ce dernier, après avoir servi de coordinateur, pendant la campagne de son frère, dans les Rocheuses, avait pensé faire carrière lui-même dans la région, peut-être à la tête d'un petit journal local. Mais cette velléité d'indépendance lui avait valu un vigoureux rappel à l'ordre et à la destinée familiale ; son ami Claude Hooten a dit par la suite : « Il pensait que sa place dans le monde pouvait être ailleurs, mais son père lui avait rappelé que sa base d'opérations était le Massachusetts, où se trouvaient sa famille, ses amis. A quoi bon aller ailleurs, et pour se prouver quoi ? »[28]. Aussi Teddy était-il rentré au foyer et avait-il accepté de travailler comme adjoint du procureur de district dans le comté de Suffolk. Il était entendu qu'il s'agissait d'un simple tremplin, mais l'on ne savait pas encore pour quelle fonction future. A force d'entendre des bruits au sujet de son trop fameux employé (on le disait candidat au poste de ministre de la justice de l'Etat, ou de lieutenant gouverneur ou encore de sénateur), le patron de Ted, Garret Byrne, décida d'appeler l'Ambassadeur. Quand il demanda à celui-ci ce que son fils avait en tête, la voix rauque, au bout du fil, déclara : « Bon. Vous voulez la vérité ? La voilà : il se présente au sénat des Etats-Unis. Maintenant passez-le-moi. » Après que le vieil homme eût longuement parlé à son fils, et que Ted eût raccroché, Byrne le dévisagea et dit : « Maintenant vous savez à quelles élections vous vous présentez »[29].

Bobby déclara par la suite que son père, voyant Ted « travailler si dur pendant la campagne et se sacrifier pour son aîné », lui reconnaissait « le droit de se faire élire, maintenant que nous étions pourvus, Jack et moi »[30]. Jack était plus direct. A propos de la décision de son père, il déclara à un homme politique du Massachusetts, John Powers : « Je n'ai pas envie de le voir se présenter. Bobby n'en a pas plus envie que moi. Mais s'il se présente, nous ne voulons pas le laisser perdre les élections... »[31]. Steve Smith fut donc expédié à Boston pour préparer la campagne. Cela lui servirait d'apprentissage sur le tas, pour les hautes responsabilités qu'il était supposé assumer lors de la future campagne de 1964, où se jouerait la réélection de Jack. Ce n'était pas une entreprise facile pour Steve, surtout après que le *Boston Globe* eut découvert l'expulsion de Teddy, pour fraude aux examens, de Harvard, bien des années auparavant. Bob Healy, l'auteur de l'article, fut convoqué à Washington, pour un entretien avec Jack dans le Bureau Ovale, en présence d'O'Donnell, de Sorensen, de Bundy et d'autres encore, dans l'espoir que le *Globe* renoncerait à la publication. Après que Healy se fût montré inébranlable, malgré une longue et vaine discussion, Jack regarda Bundy avec irritation : « Nous avons plus de foutus ennuis avec cette affaire qu'avec celle de la Baie des Cochons »[32]. Son conseiller pour les questions de Sécurité nationale hocha la tête : « Oui et sans plus de résultat »*.

Joe fut intraitable. Il fit savoir à ses deux aînés qu'il pouvait disposer à sa guise du siège sénatorial, qu'il l'avait pour ainsi dire acheté et payé[34]. Et que si Jack l'avait confié à son ami Ben Smith, après avoir été élu Président, c'était pour le conserver au bénéfice de Teddy. Quand ce dernier se mit en campagne, l'Ambassadeur veilla au moindre détail et fit savoir que tous les membres de la famille, y compris les aînés, étaient censés jouer leur rôle dans l'élection. Le 4 décembre 1961, son assistant, James Fayne, écrivit à Jack que le directeur d'un journal rural, un certain Richard Steele, était vexé de ne pas recevoir de réponse de la Maison-Blanche, après avoir écrit plusieurs lettres au Président : « Mr Kennedy, précisait Fayne, veut être sûr que chacun comprend l'importance de Mr Steele pour l'élection de Teddy »[35].

Mais au milieu de décembre, alors que l'Ambassadeur jouait au golf avec sa nièce, Ann Gargan, il se sentit soudain sur le point de s'évanouir. Il s'assit d'abord par terre puis se traîna jusqu'à un banc. Quand il se leva enfin pour regagner la voiture, il titubait comme s'il était ivre. De retour à la maison de Palm Beach, il se mit au lit immédiatement. Lorsque Rose fut informée de ce qui se passait, elle alla voir son mari, lui trouva un teint de cendre et remarqua qu'il avait la plus grande difficulté à se mouvoir ; mais, déclara-t-elle, elle était sûre qu'il n'avait rien. « Je ne peux que prier pour lui », fit-elle savoir aux domestiques[36] avant d'aller faire sa partie de golf, comme prévu. Quelques heures plus tard, on appela enfin une ambulance. En fait, Joe avait été victime d'une attaque sévère ; il fut hospitalisé à St Mary ; sur la porte de la chambre voisine de la sienne on pouvait lire que « ce lit avait été fondé *à la mémoire de Joseph P. Kennedy Jr.* »

« Il s'en fallait d'un souffle qu'il ne mourût », selon Lem[37], quand Jack et Bobby arrivèrent dans l'avion présidentiel *Air Force One*. Les médecins avertirent la famille : cet homme vigoureux, à la virilité si affirmée, serait désormais prisonnier d'un corps qui ne fonctionnerait plus, même s'il en réchappait... Il y avait encore la possibilité de débrancher l'appareil qui le maintenait en vie, mais Bobby s'y opposa en disant qu'il « fallait le laisser se battre contre la mort ». Au cours des semaines suivantes, son état se stabilisa, mais il était presque entièrement paralysé du côté droit et incapable de parler de façon intelligible. Complètement aphasique, il émettait des sons dépourvus de signification mais qu'il croyait compréhensibles. Le seul mot qu'il prononçait encore était « non » ; encore le transformait-il en une longue

* Evoquant l'épisode du renvoi, avec Ben Bradlee, Jack se montra le digne fils de son père. « Je ne comprends pas ces protestants anglo-saxons, dit-il. Ils vous condamnent pour avoir regardé, par-dessus votre épaule, la copie du voisin ; mais ils admettent que l'on vole les actionnaires et les banques »[33].

plainte dont les nuances exprimaient toute une gamme de sentiments et de pensées.

Quand il quitta l'hôpital, Eunice demanda à Leo Racine, son assistant de longue date, d'aller le voir régulièrement pour l'informer de l'état des affaires. « Cette conversation à sens unique était horrible, devait déclarer Racine par la suite ; je ne savais jamais jusqu'à quel point il comprenait ce que je disais. Mais un jour, assis près de lui, je lui montrai une notice nécrologique dans le journal local : la femme de son vieil ami Eddie Moore était décédée. Il leva les yeux et se mit à pleurer ; c'est comme ça que je sus qu'il avait compris »[38].

Tout immobilisé qu'il fût, l'Ambassadeur voulait encore jouer un rôle dans la campagne sénatoriale de son fils. Quand Eddie McCormack, le principal adversaire de Teddy, lors des primaires, lança une attaque personnelle à laquelle le jeune Kennedy voulait répondre, Jack lui conseilla de n'en rien faire et de s'en tenir aux problèmes de l'heure ; l'Ambassadeur, assis dans un fauteuil roulant, à proximité, hocha énergiquement la tête en signe d'approbation. Mais comme il ne pouvait plus parler, on cessa de le consulter.

Il bavait du côté droit de la bouche. La contraction de la main droite donnait aux doigts l'apparence d'une serre. Ses petits-enfants, effrayés à sa vue, s'enfuyaient en pleurant. Il fut conduit au service de rééducation de l'Institut Rusk et, dans un moment pathétique, parvint à se traîner, un jour, sur un mètre ou deux en direction de Jack qui applaudissait, les larmes aux yeux...[39]. Il aurait fallu l'hospitaliser à l'Institut pour le soumettre aux soins compliqués et douloureux qui lui auraient permis de retrouver quelque usage des muscles et de la voix ; mais personne dans la famille n'osait provoquer sa colère en tâchant de l'y contraindre. Laissé à lui-même, il glissa dans une invalidité permanente. (« Regardez la vérité en face, déclara un ami de la famille : il était bien plus facile à vivre, dans cet état »[40].) Rose acheta un vêtement de deuil, en vue des obsèques ; elle l'emporterait désormais dans sa valise quand elle accompagnerait son mari entre Hyannis et Palm Beach. Dans un geste d'auto-affirmation, qui semblait délibérément calculé comme une revanche, après tout ce qu'elle avait enduré pendant si longtemps, elle fit même un aveu à des amis aussi proches et anciens que Lord Beaverbrook : elle faisait lire par un tiers les lettres qu'ils envoyaient à son mari ; ainsi pouvait-on censurer tout ce qui risquerait d'agiter celui-ci[41]. L'un de ses infirmiers déclara ultérieurement que c'étaient les visites de Rose qui agitaient particulièrement le malade. « Jusqu'alors, il avait été l'Etre Suprême dans la maison, mais désormais, après l'attaque, il y avait un petit sourire sur les lèvres de l'épouse, comme si elle pensait : “ Te voilà bien avancé maintenant ! ” »[42].

En voyant ainsi abattu l'homme qui avait été pour lui comme un père, Lem se rappela qu'un jour ils dînaient ensemble au Pavillon quand le vieux Bernard Baruch avait fait son apparition, soutenu par un infirmier, traînant les pieds et se parlant à lui-même. Impressionné par ce spectacle, Kennedy avait dit alors : « Je ne veux pas devenir comme ça — jamais ! »[43] et maintenant il était dans un état pire encore, paralysé et incapable de prendre soin de lui-même, sans parler de veiller sur ses fils. Ce qui lui était arrivé fit trembler tous les Kennedy au milieu de leur triomphe. « L'attaque de l'Oncle Joe nous donna le sentiment d'être soudain devenus vulnérables, dit l'une de ses nièces. Il n'était plus là pour nous protéger »[44]

L'Ambassadeur étant devenu impotent, Jack s'appuya sur Bobby plus encore qu'auparavant. Douglas Dillon ne fut pas le seul à remarquer que la relation était inversée entre les deux frères ; désormais c'était Jack qui se tournait vers Bobby comme vers un aîné. (« Il a un idéal moral élevé », répondit-il, presque avec envie, à un interlocuteur qui lui demandait pourquoi Bobby était un être à part. « Une éthique personnelle très stricte... »[45].) Il y avait entre eux une nouvelle sorte d'intimité, presque un langage spécial. Cela allait plus loin que le staccato des phrases et l'allongement des voyelles qui révélaient l'éducation reçue dans le Massachusetts ; c'était un idiome privé, une façon elliptique de s'exprimer, une manière de se comprendre par intuition. Lem devait dire, plus tard : « Il était étrange d'entendre une de leurs conversations ; aucun d'eux ne finissait jamais une phrase. Ils étaient sur la même longueur d'ondes au point qu'ils se coupaient mutuellement la parole pour terminer chacun la pensée de l'autre. Cela faisait un tel contraste avec les pénibles silences d'antan »[46].

Ce qui était bizarre, dans cette intimité, c'était qu'elle ne s'étendait pas au cercle de leurs relations ou de la famille. Ethel, exubérante autant que féconde, mettait Jackie mal à l'aise : « Elle fait des petits comme une lapine, c'est ignoble », confiait-elle à une de ses relations. Un dessin qu'elle avait fait un jour pour Ethel montrait bien ce qu'elle pensait de l'inélégant chaos de Hickory Hill[47]. On y voyait des enfants partout, aux fenêtres, sur le toit, par terre ; l'ancienne cuisinière partait, avec ses valises, par la porte de derrière tandis que la nouvelle arrivait par la porte de devant ; Ethel elle-même y figurait aussi sous un aspect cocasse et débraillé. Pour sa part, Bobby était toujours sous tension, ce qui ne favorisait guère la décontraction dont Jack avait besoin. Red Fay qui, avec sa femme Anita, voyait bien plus souvent Jack et Jackie que ne le faisaient Bobby et Ethel, se rappelle que ces derniers avaient un désir presque pathétique de savoir ce qui s'était passé pendant le week-end chez le Président : « Qui était là ? Qu'avait-on dit ? Comment les invités étaient-ils habillés ? »[48].

Pour que son frère restât à sa place, Jack n'avait pas renoncé aux taquineries corrosives qui avaient toujours fait partie de la *lingua familiae* des Kennedy. A un moment, par exemple, où la réputation de Bobby était en hausse au sein du gouvernement, Jack répondait parfois à des appels téléphoniques du ministère de la Justice en prodiguant au récepteur des marques ironiques de respect, pour l'édification des personnes présentes dans le Bureau Ovale, à qui il confiait, après avoir écarté l'appareil de sa bouche : « Je crois que c'est l'Homme-le-plus-Important-de-Washington-après-moi qui est au bout du fil »[49]. Chuck Spalding se trouvait avec les deux frères un jour où Bobby semblait morose et préoccupé. « Ne t'en fais pas pour Bobby, lui dit Jack en désignant son frère d'un geste, il doit être tout retourné à cause de Martin Luther King et de ses moricauds aujourd'hui »[50]. Pourtant tout le monde savait, dans l'entourage de la Maison-Blanche, quelle était l'importance du rôle joué par Bobby. Lyndon Johnson notait, non sans acrimonie : « Chaque fois qu'il y a une conférence, ce n'est pas la peine de se demander qui est le conseiller le plus écouté. Ce n'est ni McNamara, ni l'Etat-major, ni personne de ce genre. Bobby est le premier à entrer ; le dernier à sortir de la pièce ; c'est Bobby qu'il écoute »[51].

Toujours protéiforme, Jack disparaissait rapidement derrière l'image de sa fonction. Pour lui, la Présidence était une sorte de masque. Pour ses prédécesseurs, l'effort de séparer leur vie privée de leur vie publique avait entraîné en eux-mêmes une tension psychologique considérable. Il n'en allait pas ainsi pour Jack : la césure se faisait tout naturellement. Dans ce sens, son accès à la Présidence représentait bien l'aboutissement d'une vie de travail. Bientôt son vrai moi n'apparaîtrait plus que par éclairs ; les témoins ont recueilli quelques instantanés, pris sur le vif :

— Le Président accueille un groupe d'enfants infirmes qui visitent la Maison-Blanche dans leurs chaises roulantes, en dehors des heures réservées aux touristes. Bien que son apparition ne soit pas prévue, il va d'un enfant à l'autre, se penche sur chacun, adresse la parole à tous et écoute leurs réflexions malgré les horribles difficultés d'élocution de certains. Après avoir parlé avec l'un d'eux, il se précipite dans son bureau, revient avec sa vieille casquette d'enseigne qu'il portait sur le *PT 109,* et la pose sur la tête du gamin puis s'en va, non sans expliquer à un spectateur : « Son père était dans les PT lui aussi, et il est mort depuis »[52].

— Il prend part à l'un des séminaires organisés à Hickory Hill et écoute attentivement un historien de Princeton, David Donald, en tapotant fébrilement ses dents de devant. Donald parle de la période dite de la « Reconstruction », après la guerre de Sécession, dans le Sud des Etats-Unis. Au cours de la phase des « questions et réponses » qui fait suite à l'exposé, Jack aborde le problème de la « grandeur ». Qu'est-ce qui sépare un grand Président d'un Président médiocre ? Comment un Président accède-t-il à la grandeur ? Qu'en est-il de Lincoln ? Aurait-il été tenu pour un grand Président s'il n'avait pas été assassiné ? La question était si délicate que Donald tenta de l'éluder. Mais Jack continua à le presser de questions, en toute honnêteté, sur Lincoln et l'assassinat et à lui demander dans quel ordre il classerait les Présidents[53].

— Lors d'un week-end avec son vieil ami Jim Reed, il regarde sur un écran de télévision la retransmission d'un discours qu'il a prononcé à l'étranger. Il commence alors à acclamer l'orateur, se moque de lui à l'occasion, fait remarquer à son ami les mots mal prononcés et les gestes mal venus, « exactement comme s'il s'agissait de quelqu'un d'autre », dit Reed[54].

— Il se baigne avec son ami Red Fay dans la piscine de la Maison-Blanche et s'irrite quand Fay mentionne qu'Arthur Schlesinger se vante d'avoir été le seul, parmi les familiers du Président, à s'opposer à l'équipée de la Baie des Cochons. « Artie pense qu'il va écrire l'histoire de mon gouvernement, mais s'il n'y prend garde il finira par écrire une histoire du mobilier de la Maison-Blanche, ni plus ni moins »[55].

Mais alors que la personnalité de Kennedy devenait de plus en plus volatile et disparaissait derrière la mythologie de la présidence, Bobby évoluait en sens contraire et acquérait de jour en jour plus de réalité. Le visage de Jack s'était modifié de façon spectaculaire avec les années, il était devenu arrondi, voire bouffi — partiellement peut-être à cause du traitement, à base de stéroïdes, qu'il était obligé de suivre. Il lui arrivait de désigner ses propres traits quand il se regardait dans un miroir, et de dire : « Ce n'est pas moi »[56]. Au contraire, le visage de Bobby n'avait pas beaucoup changé avec le temps, sauf que ses traits propres s'étaient accentués. Le regard de ses yeux était capable de transpercer quelqu'un, selon le mot d'une de ses amies ; son nez ressemblait à un bec de rapace, sa mâchoire était agressivement proéminente : c'était le petit soldat de la famille, toujours en sentinelle.

« Les histoires de Bobby », petite anthologie de grossièretés en tous genres, couraient les salons de Washington, de cocktail en cocktail. On racontait comment, lors d'un dîner à Hickory Hill, il avait demandé à Averell Hariman s'il avait reçu sa note sur les restrictions imposées aux diplomates des pays de l'Est quant à leurs déplacements. Quand le célèbre négociateur eut répondu qu'il l'avait vue et pensait s'atteler bientôt à la question, Bobby tapa sur la table et lui ordonna sur le ton qu'il aurait employé vis-à-vis d'un stagiaire de vingt-cinq ans : « N'oubliez pas de vous en occuper dès que vous arriverez au bureau demain matin »[57]. On racontait également comment il avait entamé une procédure contre le vieux complice des aventures galantes de son père, Igor Cassini, pour avoir omis de se faire inscrire comme agent de relations publiques de la République Dominicaine ; Jim Landis, un ancien collaborateur de l'Ambassadeur, l'un des plus fidèles serviteurs de la famille, qui avait même écrit des discours pour Jack, se trouvait également poursuivi pour avoir négligé de remplir sa déclaration d'impôts. « *Little Brother* vous regarde » devint une plaisanterie classique et un mot de passe parmi tous ceux qui en avaient assez du ministre de la Justice.

Mais Bobby n'avait cure de ce que l'on disait à son propos. Il avait pris sur lui la responsabilité d'assurer le succès ou d'assumer l'échec de la Nouvelle Frontière. Aussi, vers le printemps 1961, tentait-il de couvrir tout ce vaste territoire. Outre qu'il devait faire face aux crises permanentes comme celle des Droits civiques, il lui fallait pourvoir aux multiples problèmes quotidiens, tels que le conflit des aciéries au cours duquel il envoya des agents du FBI, au milieu de la nuit, porter une sommation aux dirigeants coupables de défier son frère en matière de hausse des prix. Et il y avait encore le rôle qu'il jouait officieusement mais de façon de plus en plus obsessionnelle, comme général en chef de la guerre secrète contre Castro.

Roswell Gilpatric, membre lui aussi du Groupe spécial (élargi), déclara par la suite que Bobby était le « moteur » de l'opération Mangouste[58]. Inlassablement, il assistait aux réunions pour se plaindre des plans : « Nous devrions y aller carrément et mieux faire »[59]. Il appelait Richard Helms qui avait remplacé l'infortuné Bissell, pour savoir si les projets de sabotage et de subversion progressaient (Richard le taciturne finit par s'en plaindre à l'avocat de la CIA, Lawrence Houston : « Bon Dieu, ces Kennedy exercent vraiment des pressions sur moi au sujet de Castro »[60].) L'un des plans de Lansdale qui flattait l'imagination de Bobby prévoyait un sabotage des mines de cuivre de Matahambre. Il ne cessait de téléphoner pour savoir où l'affaire en était : « Les agents avaient-ils débarqué ? Avaient-ils atteint les mines ? Les avaient-ils détruites ? »[61].

D'après le plan original de Lansdale, l'opération Mangouste devait être d'envergure limitée et l'un de ses objectifs était de tenir en lisière l'appétit de pouvoir de la CIA. Mais, au printemps, Mangouste avait progressivement pris de l'ampleur. Le quartier général du Groupe d'action W à Miami, chargé de mettre en œuvre les plans établis par le Groupe spécial (élargi), était en passe de devenir la base la plus vaste de la CIA dans le monde ; les cinq cents agents spéciaux qui y travaillaient avaient sous leurs ordres trois mille Cubains ; tout cela coûtait cent millions de dollars par an. Bobby y faisait de fréquentes visites pour aiguillonner les uns et les autres. Plus d'une fois, il entra en conflit avec William Harvey, un homme corpulent et paranoïaque, que la CIA avait placé à la tête du Groupe W, et qui faisait figure de personnage légendaire au sein de l'Agence. (L'un de ces affrontements eut lieu au quartier général de Miami, quand Bobby, après avoir lu des messages secrets sur le télétype, eut déchiré un bout de la feuille et tenté de l'emporter ; c'est alors que Harvey lui hurla : « Hé, où allez-vous avec ça ? » Quand Bobby continua d'avancer vers la porte, Harvey fonça pour lui bloquer le passage et lui arracha le papier des mains[62].)

Mais, pour cloisonné que leur effort ait pu paraître à ceux qui cherchaient à organiser des attaques clandestines contre Cuba, ils n'agissaient pas dans un vacuum. Dès le début de 1962, Jack mettait sur pied un autre groupe spécial, anti-insurrectionnel, qui était supposé prendre en main la lutte contre la guérilla dans le Sud-Est asiatique et autres régions où les Etats-Unis avaient des intérêts à défendre. L'objectif était d'empêcher les chefs de la guérilla de prendre le pouvoir, comme Castro l'avait fait à Cuba. Là encore, la direction du groupe incombait à Taylor et Bobby en était le membre le plus enthousiaste*.

Certains membres du gouvernement pensaient que tout ce verbiage autour de la contre-insurrection n'était pour Jack que badinage intellectuel. Chez Bobby c'était devenu une sorte de manie, une extension planétaire de cette « chasse aux méchants »[64] qu'il avait pratiquée antérieurement. Il avait placé un béret vert sur son bureau et faisait venir des soldats des Forces spéciales à Hyannis, pendant le week-end, pour des exercices d'entraînement. Sargent Shriver, bien moins séduit que lui par les futurs exploits clandestins de ces risque-tout, n'y voyait que « des occasions de se balancer

* Parfois cet enthousiasme le faisait entrer en conflit, pour une raison ou une autre, avec Taylor. Quand ce Groupe spécial, désigné sous le sigle CI (Contre-Insurrection), fut presque établi, Bobby demanda qu'Arthur Goldberg fît partie de la Commission. Taylor s'y opposa obstinément. Bobby obtint que d'autres membres élisent Goldberg ; Taylor fit litière de leur vote. Bobby dit alors : « Eh bien merde ! l'homme le plus puissant du monde après mon frère a encore perdu une bataille ! » et il partit en claquant la porte si fort que les vitres en tremblèrent[63].

dans les arbres et d'escalader des clôtures » ; il interdisait même à ses enfants d'y assister[65].

Au début de 1962, Bobby se trouvait faire escale à Saigon au cours d'un voyage en Extrême-Orient ; il y déclara : « C'est une guerre d'un genre nouveau qui se déroule ici, mais une guerre au vrai sens du terme. Une guerre qui ne met pas aux prises de gros bataillons mais qui suppose le recours secret à la terreur, l'assassinat, l'embuscade, l'infiltration... Je crois que les Etats-Unis feront le nécessaire pour repousser l'agression avec le sang, la sueur et les larmes de nos propres concitoyens... »[66]. Ceux qui, au sein du gouvernement, s'amusaient de son enthousiasme, commençaient à l'appeler « Monsieur CI ». Tout à coup, il se mit à parler des problèmes que Khrouchtchev rencontrait avec les « cocos chinois ». Il proclamait que des hommes comme Taylor et Roger Hilsman, le directeur des services de renseignements au département d'Etat, qui avait combattu derrière les lignes en Birmanie, étaient des « guérilleros », oublieux de la distinction qui existe entre ceux-ci et les commandos. Cette obsession de la contre-insurrection qu'avait contribué à implanter chez Bobby la création du Groupe spécial, ne tarda pas à paraître ridicule à bien des gens, comme le raconte Robert Amory, membre de la CIA et ancien combattant de la Seconde Guerre mondiale : « L'extrémité à laquelle pouvait conduire l'insistance d'un va-t-en guerre comme Bobby, fut l'ordre donné par le chef de l'Etat-major général à toutes les écoles militaires de consacrer vingt pour cent de leur enseignement à la contre-insurrection. Cela s'appliqua à l'école de comptabilité et à celle des cuistots, comme aux autres, de sorte que l'on y apprenait à piéger les machines à écrire et à cacher des grenades dans les tartes aux pommes »[67].

Il était absolument extraordinaire de voir la façon dont Bobby évoluait entre les commissions et les agences gouvernementales — notamment en qualité d'éminence grise de son frère, pour veiller à éviter de nouveaux désastres, mais également pour fouailler les exécutants chargés de mener à bien les plus sombres desseins du gouvernement. Le lien du sang était le facteur décisif de cette situation exceptionnelle. Seul le frère du Président pouvait avoir harcelé les bureaucrates des services de renseignements comme il l'avait fait. Seul un frère pouvait avoir ignoré le principe de l'équilibre des pouvoirs, dans le saint des saints de la Maison-Blanche, pour atteindre les objectifs que Jack et lui-même avaient en tête. Mais si cette parenté était son grand avantage, c'était aussi la croix que Bobby devait porter, car plus il se dévouait à la cause de son frère, plus il voyait les faiblesses de ce dernier. Il ne le comprit jamais aussi bien que le 27 février 1962, quand il reçut une note de J. Edgar Hoover, à propos d'une enquête du FBI[68] : les informations recueillies révélaient que Judith Campbell, avec qui Jack avait une liaison depuis 1960, était également la maîtresse de Sam Giancana, le *capo* de la mafia de Chicago*.

* Judith Campbell avait été présentée à Jack par Frank Sinatra, à Las Vegas, en février 1960 ; elle lui avait aussitôt donné rendez-vous pour déjeuner le lendemain. Teddy, qui se

Cette mésaventure ne pouvait qu'accentuer le caractère puritain de Bobby. Pendant sa jeunesse, il avait été le paladin de sa mère, jugeant les infidélités de son géniteur avec les yeux maternels ; plus tard, il avait vite compris qu'il était différent des autres hommes de la famille. Fidèle à son épouse avec ostentation, il avait été celui qui tentait de ramener les autres Kennedy dans le droit chemin. C'est lui qui fut désigné pour aller parler à Steve Smith, quand le bruit de ses fredaines manqua de briser son mariage avec Jean. Il se chargea de la même mission auprès de Peter Lawford quand des rumeurs similaires circulèrent sur son compte. Il fut profondément choqué d'apprendre que l'écrivain Gore Vidal ne se cachait pas d'être bisexuel. (Il alla même ôter les mains du romancier posées sur les épaules de Jackie avec qui celui-ci dansait lors d'une réception à la Maison-Blanche[70].) Il ne tolérait pas que l'on fasse directement allusion aux maîtresses de Jack devant lui. Mais quand il entendit dire que son frère cherchait à s'introduire auprès d'une jeune Allemande, Ellen Romesch, il fit faire une enquête sur elle, découvrit qu'elle avait eu une liaison avec un attaché d'ambassade soviétique et la fit rapidement expulser[71]. Une amie de la famille, Mary Gimbel, se rappelle le jour où les frères Kennedy se préparaient à se faire photographier : « Jack et Teddy avaient mis les mains sur les épaules de Bobby et crié, comme en plaisantant : " Tous les trois ! " Bobby s'était dégagé et avait dit d'un ton léger mais avec le désir de montrer qu'il se sentait différent des autres à certains égards : " Non, *vous deux !* " »[72].

La révélation de la collusion entre Giancana et Judith ne fut pas seulement pour lui un effondrement moral ; c'était également un désastre politique. L'affaire était assez grave pour que Jack se trouvât de nouveau sous la coupe de Hoover. (Bobby déclara ultérieurement que le directeur du FBI lui avait envoyé des notes, presque chaque mois[73], « sur des gens que je connaissais ou des membres de la famille, ou à propos d'allégations me concernant, pour me faire sentir qu'il avait la situation bien en main ».) Mais il y avait désormais quelque chose de plus grave : les hommes que lui-même haïssait le plus, les chefs du syndicat du crime, avaient prise sur son frère et sur la présidence même.

Il y avait, en outre, un « fil rouge » qui unissait les différents éléments de la situation : la liaison de Jack avec Judith, et les tentatives (lourdes de désastres latents) pour assassiner Fidel Castro — tentatives dont les préparatifs remontaient au mois d'août 1960, c'est-à-dire au moment où Bissell mettait également en chantier des plans d'invasion de Cuba. Quelques-uns de ces complots semblaient avoir été inventés par des auteurs de gags cinématographiques : utilisation de dépilatoires destinés à dépouiller le leader cubain de sa barbe légendaire, partant de son *machismo ;* contamination d'un des célèbres cigares de Castro avec des germes de

---

trouvait présent, ce soir-là, avait dansé avec elle et tenté de la convaincre de partir avec lui pour Denver, le jour suivant, avec une insistance qu'elle avait trouvée « puérilement passionnée ». Jack l'avait confirmée dans son opinion en lui disant que son jeune frère n'était probablement pas celui qui réaliserait la destinée de la famille[69].

botulisme pouvant causer la mort, etc. Mais il y avait un côté beaucoup plus sérieux dans ces affaires, à savoir la décision de la CIA d'utiliser, pour atteindre ses objectifs, les services de la pègre, lésée elle aussi par la révolution castriste. L'intermédiaire avait été un ancien agent du FBI, passé au service de Howard Hughes, Robert Maheu, qui fut recruté spécialement par la CIA pour l'occasion. Maheu se lia, à Las Vegas, avec un truand nommé John Roselli, qui l'introduisit à son tour auprès de Giancana, associé de Santos Trafficante, l'ancien chef de la *Cosa Nostra* à La Havane. Peu avant l'aventure de la Baie des Cochons, une tentative avait été faite pour glisser du poison en pilules dans la nourriture de Castro, après quoi les projets d'assassinat furent abandonnés. L'implication de la pègre dans les complots ne fut découverte que par hasard : Giancana avait demandé à Maheu de faire poser des écoutes, à Las Vegas, dans la chambre d'hôtel du comédien Dan Rowan qu'il soupçonnait de dormir avec une de ses maîtresses, la chanteuse Phyllis McGuire — et le FBI avait découvert la présence des micros !

En mai, Bobby reçut un rapport d'ensemble sur cette situation. Selon Lawrence Houston et le colonel Sheffield Edwards, tous deux de la CIA, Bobby déclara avec véhémence que si l'Agence devait reprendre des contacts avec des gangsters, il voulait en être le premier informé, mais ne fit aucun commentaire sur l'opération elle-même. Si Bobby donna l'impression d'être plus furieux que surpris, c'est parce qu'il avait été mis au courant un an plus tôt, le 22 mai 1961, par une note de Hoover. Pourtant, « si vous aviez vu ses yeux lancer des reflets d'acier, ses mâchoires se serrer et le ton de sa voix s'assourdir tout en devenant plus distinct, il y avait de quoi se sentir malheureux », raconte Houston[74]. Le 8 avril avait eu lieu une nouvelle rencontre entre un agent de la CIA et Roselli, au cours de laquelle celui-ci reçut de nouvelles pilules empoisonnées[75]. Selon William Harvey, c'était le colonel Edwards qui avait établi lui-même le contact avec Roselli en avril[76].

Cette suite d'événements est spectaculaire mais trop embrouillée pour que l'on sache vraiment qui a donné les ordres d'assassinat. Personne n'a jamais prétendu que Jack ou Bobby l'aient fait officiellement. Pourtant Richard Helms a fait remarquer par la suite qu'il n'était pas besoin d'un ordre en bonne et due forme[77]. Une insinuation devait suffire, comme lorsque Henry Ier murmure, à propos de son adversaire Thomas Beckett : « Personne ne me délivrera-t-il donc de ce prêtre encombrant ? »

En tout cas, l'idée de l'assassinat était sans aucun doute dans l'air. En janvier 1961, Bissell avait créé un groupe dit « *Executive Action* ». Et il avait dit à Harvey que la Maison-Blanche lui avait demandé par deux fois de mettre sur pied un dispositif d'assassinat de ce genre[78] — propos qu'il avait confirmés dans un témoignage officiel puis niés après une conversation avec Rostow et Bundy. Dès le mois de novembre 1961, le Président avait invité l'expert du *New York Times* pour l'Amérique latine, Tad Szulc, dans le Bureau Ovale ; officiellement, c'était pour lui proposer un emploi dans le gouvernement, mais en fait pour avoir avec lui une conversation un peu spéciale : « Si j'ordonnais l'assassinat de Castro, qu'en penseriez-vous ? »

avait demandé le Président à brûle-pourpoint. Szulc avait répondu qu'il était contre ce genre de choses et le Président avait répliqué qu'il partageait l'avis de son interlocuteur. « Il déclara qu'il avait voulu me mettre à l'épreuve et qu'il était d'accord avec moi, parce que les Etats-Unis, pour des raisons morales évidentes, ne devaient pas être parties à un assassinat »[79]. Szulc se demanda par la suite si cette conversation avait un rapport avec le fait qu'il avait eu vent d'un plan avorté, selon lequel les services secrets de l'armée américaine avaient fait pénétrer clandestinement à Cuba un groupe de tireurs d'élite, sélectionnés parmi les émigrés cubains, à partir de la base de Guantanamo, pour tuer Fidel et son frère Raoul[80].

Le 10 août 1962 encore, lorsque le Groupe spécial (élargi) se réunit dans le bureau de Dean Rusk pour discuter de l'Opération Mangouste, McNamara évoqua de nouveau la question de l'assassinat de Castro ; Ed Murrow, alors directeur de l'Agence américaine d'Information et de Relations culturelles (USIA), s'y opposa de façon catégorique et il ne fut pas le seul. Comme l'écrivait l'irascible Harvey dans une note sur la réunion : « De toute évidence, l'opinion générale, après une intervention de Mr Ed Murrow, fut que ce sujet n'avait jamais figuré officiellement au dossier »[81]. Trois jours plus tard, Lansdale rédigeait un nouveau projet Mangouste et demandait à Harvey de préparer des notes sur différents sujets : « Renseignements, Politique (y compris la liquidation de certains dirigeants), Economie (sabotage, fraudes limitées), et Actions paramilitaires »[82]. Harvey explosa devant un tel manque de discrétion et fit remarquer à Lansdale « l'impossibilité et la stupidité de faire figurer ces divers points par écrit dans un tel document » ; il affirma que la CIA « se refuserait à rédiger une étude de ce genre et ne participerait à aucune réunion officielle au cours de laquelle on en discuterait »[83].

Du fait que la relation triangulaire entre Giancana, Judith et JFK menaçait de permettre la divulgation de tels complots, il devenait désormais vital pour Bobby de faire quelque chose. Faute de pouvoir vraiment inculper Giancana, il ordonna de le harceler vingt-quatre heures sur vingt-quatre[84]. Les hommes du FBI garaient leurs voitures en permanence devant la maison du caïd ; ils le suivaient partout si étroitement, même sur le terrain de golf, qu'il se plaignit d'avoir manqué vingt coups à cause d'eux. Quand il s'adressa finalement à un tribunal pour avoir un peu de répit, le ministère de la Justice ordonna au procureur fédéral chargé de l'affaire de refuser d'interroger le plaignant. Ce fut à ce moment que Bobby lui-même rompit toutes relations avec l'ami et associé de Giancana, Frank Sinatra. (Red Fay l'entendit dire à son frère : « Johnny, tu ne peux pas rester en bons termes avec ce gars-là »[85].) La rupture intervint au cours d'un voyage présidentiel en Californie. En prévision de la publicité que lui vaudrait le fait d'accueillir le Président chez lui, Sinatra avait fait construire un héliport dans sa retraite de Palm Springs, établi un central téléphonique et édifié des logements pour les hommes du Service secret et la suite présidentielle. Cette visite, pensait-il, le récompenserait des services qu'il avait rendus pendant la campagne électorale de 1960 et même après. Peter Lawford fut chargé de lui faire savoir que non seulement Jack ne se rendrait pas chez lui, mais encore que le Président logerait chez son rival, le chanteur (républicain!) Bing Crosby[86].

L'affaire Giancana-Campbell avait temporairement ralenti la préparation de l'opération Mangouste. Lors d'une réunion du Groupe spécial (élargi), le 20 février, un calendrier comprenant six phases et préparé par Lansdale avait été approuvé ; il supposait des agressions contre les cadres du régime, y compris les dirigeants-clés. La dernière phase du plan était « la révolte ouverte contre Castro et le renversement de celui-ci »[87]. Une semaine plus tard, Bobby avait reçu la note fatale de Hoover. Quelques jours après, lors d'une nouvelle réunion du groupe, l'ambitieux plan de Lansdale avait été mis de côté en faveur d'une simple « opération de renseignements ». Vers le milieu de l'été, lorsque Jack eut rompu avec Judith et que Giancana eut été réduit à la défensive par Bobby, l'opération Mangouste revint sur le tapis dans une nouvelle flambée d'activité.

Le 10 août, le Groupe spécial (élargi) se réunit, ce qui donna lieu à la gaffe de McNamara concernant l'assassinat, et l'infatigable Lansdale proposa à ses collègues un nouveau plan qu'il appela le « Cours accéléré B », qui supposait le recours à toutes les sortes de pression possibles pour renverser Castro[88]. Dix jours plus tard, après quelques discussions internes, John McCone, qui avait remplacé Allen Dulles à la tête de la CIA, déclara préférer un plan qui « séparerait Castro des communistes à l'ancienne mode » ; Taylor avertit le Président que le groupe préférait une action plus agressive. Le 23 août, le Conseil national de Sécurité émit le mémorandum 181 où il était dit que la série d'opérations prévues dans le cadre du plan B de l'opération Mangouste devaient être entreprises le plus vite possible[89]. Le 30 août, le Groupe ordonna à la CIA de soumettre une liste des objectifs éventuels à saboter. Plutôt que de laisser les saboteurs libres d'agir à leur guise, le Groupe se réserva le droit d'exercer sur eux une surveillance étroite. L'un des dirigeants du Groupe W fut choqué d'être obligé de soumettre « des plans détaillés... à en avoir la nausée... mentionnant même la pente de la plage et la composition du sable, dans bien des cas. Chaque élément isolé devait y figurer avec la plus grande minutie, y compris tous ses facteurs : nature de l'événement, horaire, armement employé, etc. Le détail complet de tout ce que nous entreprendrions »[90].

Mais, comme ce fut souvent le cas pour les initiatives prises dans le cadre de la Nouvelle Frontière, le résultat fut à l'opposé de ce que Bobby et les autres intéressés escomptaient. Les Russes, inquiets de voir se développer cette guerre secrète — secrète seulement aux Etats-Unis — destinée à renverser Castro, commencèrent à intensifier de façon spectaculaire l'aide qu'ils apportaient à leur protégé. Au début d'octobre, il y avait à Cuba 20 000 soldats soviétiques, avec 150 jets, 350 tanks, 1 000 pièces d'artillerie de campagne et 700 canons antiaériens[91]. Un sénateur (républicain) de New York, Kenneth Keating, sur le vu d'informations provenant de l'intérieur des services secrets, commença à harceler le gouvernement à propos de l'accumulation d'armes conventionnelles à Cuba et plus encore au sujet de mystérieuses caisses de grandes dimensions débarquées dans le port de La

Havane ; selon lui, ces caisses contenaient des missiles russes ; ce qui obligea le gouvernement à démentir cette information *.

Telle que Keating la présentait, l'agression soviétique pouvait paraître d'autant plus dangereuse qu'elle ne semblait répondre à aucune provocation, aux yeux d'un public non averti qui ignorait tout de la guerre secrète entamée contre Castro. De toute façon, l'affaire obligea Bobby, en sa qualité de général de cette guerre secrète, à pénétrer dans l'arène diplomatique. Depuis que le gouvernement était en place, il avait rencontré régulièrement un pittoresque agent du KGB, Georgi Bolshakov, qui lui permettait de communiquer directement avec Khrouchtchev. Mais ce qui s'était limité à des rapports protocolaires prenait soudain une importance cruciale, car c'est par le truchement de Bolshakov que Bobby informa Moscou des intentions américaines au sujet des missiles[93].

Le 4 septembre, court-circuitant le département d'Etat, d'une façon qui montrait l'ampleur de son rôle, le ministre de la Justice rencontrait l'ambassadeur soviétique, Anatole Dobrynine, sous prétexte de parler d'une interdiction des essais nucléaires. Aussitôt qu'il en eut terminé sur ce point, Bobby demanda à son interlocuteur quelles sortes d'armements les Soviétiques étaient en train d'envoyer à Cuba. Dobrynine prétendit avoir été chargé par Khrouchtchev de garantir au Président qu'il s'agissait de missiles purement défensifs. Il n'y avait parmi eux aucun missile « offensif » sol-sol[94]. Bobby transmit cette assurance à Jack et suggéra que le Président fît une déclaration pour « proclamer sans équivoque que les Etats-Unis ne toléreraient pas l'introduction de missiles offensifs sol-sol, ni d'ailleurs aucun armement offensif quelconque, à Cuba »[95]. Il participa alors à la rédaction de cet avertissement que Jack prononça pour tenter de signaler aux Russes sa détermination, et pour faire baisser la pression que Keating s'appliquait à faire monter avec une intensité accrue.

Le gouvernement ne pouvait reconnaître officiellement que les préparatifs de l'opération Mangouste avaient partiellement provoqué la mise en place de nouvelles armes soviétiques à Cuba. Et il répugnait à utiliser d'autres moyens que Mangouste, précisément, pour y remédier. Le 9 septembre, le

* Joseph Alsop avait invité Jack à dîner le jour où celui-ci avait reçu l'information relative aux missiles. Le journaliste avait remarqué que le Président était d'humeur sombre et méditative pendant toute la soirée. Avant le dîner, selon Alsop, Jack avait entraîné dans le jardin Charles E. Bohlen, le nouvel ambassadeur des Etats-Unis en France, qui n'avait pas encore rejoint son poste ; il voulait le persuader de différer son départ pour Paris. En effet, il souhaitait conserver à Washington quelque temps encore ce grand connaisseur des réalités soviétiques, pour le faire participer aux travaux du groupe consultatif qu'il était en train de former pour l'aider à résoudre le problème des missiles dans les jours à venir. Au cours de la soirée, la conversation fut de celles que Jack affectionnait : il y fut question du rôle du hasard dans l'Histoire et des chances de voir se produire un événement décisif à tout moment. Le ministre de la Défense, Robert McNamara, avait travaillé à établir, un peu auparavant, une formule mathématique pour évaluer dans quelle mesure la prolifération des armes nucléaires, si l'on y consentait, entraînerait un renversement des probabilités de guerre atomique. Sans faire allusion à Cuba ni à l'U.R.S.S., Jack commença à parler de la Chine où une telle prolifération était déjà en cours : « Certes le calcul des probabilités indique qu'avant dix ans nous serons contraints de livrer une guerre atomique à la Chine. Mais il ne faut pas prêter attention aux probabilités. Ce qui compte c'est qu'une grande puissance ne peut céder si elle veut demeurer une grande puissance »[92].

Groupe spécial (élargi), qui se réunissait maintenant avec une plus grande régularité, examina le point de savoir s'il « convenait d'envisager des attaques et un harcèlement des personnels soviétiques à Cuba »[96]. Trois jours plus tard, au cours d'une autre réunion, le sujet fut évoqué à nouveau : « On examinera la possibilité d'attaquer physiquement les personnels issus du Bloc soviétique, à Cuba, ou de provoquer de telles attaques »[97]. Un mois plus tard, alors que Bobby avait remplacé Maxwell Taylor à la tête du Groupe, il fit savoir à ses membres que Jack se préoccupait de savoir « où en étaient les progrès de l'opération Mangouste » et exigeait que l'on entreprît des activités massives en application du plan Lansdale[98]. Le 14 octobre, quatre jours après que Keating eût allégué qu'une demi-douzaine de rampes de lancement destinées à des missiles de portée intermédiaire étaient en cours de construction à Cuba, le Groupe décida « qu'il convenait de faire tous les efforts d'imagination possibles pour mettre au point des moyens de se débarrasser du régime castriste »[99].

Mais les avions de reconnaissance U-2 eurent bientôt confirmé que des rampes de lancement destinées à des missiles de portée intermédiaire — donc « offensifs » — étaient en cours de construction. Khrouchtchev avait probablement tenté un coup de poker et pensé qu'à l'occasion de la « guerre secrète » il pourrait modifier l'équilibre nucléaire en sa faveur. Le problème dépassait maintenant, de toute évidence, le cadre de l'opération Mangouste et la compétence du Groupe spécial (même élargi). Une nouvelle cellule de hauts fonctionnaires et de conseillers présidentiels, y compris Bundy, Dillon, Sorensen et quelques autres, commença de se réunir à titre d'Etat-major de crise — baptisé « Ex-Com » (*Executive Commission*). La présence d'un agent politique, Kenny O'Donnell, au sein de la cellule, indiquait que Jack et Bobby étaient conscients de l'impact éventuel de l'affaire des fusées sur les élections intermédiaires prévues pour le début du mois de novembre suivant*.

Ex-Com recommanda d'emblée la possibilité d'un bombardement aérien qui détruirait les rampes de lancement. Bobby passa alors à Jack une note ainsi rédigée : « Je sais maintenant comment se sentait Tojo après avoir décidé le bombardement de Pearl Harbor »[100]. L'après-midi même, il rencontrait le chef de la CIA, Richard Helms, pour lui faire savoir que « le Président était totalement mécontent de l'opération Mangouste »[101].

On prétendit que si le ministre de la Justice dirigeait Ex-Com, en lieu et place du Président, c'était pour permettre à celui-ci de poursuivre ses occupations sans forcer la main à ses conseillers ; mais cette explication ne convainquit guère ceux qui savaient à quel point Cuba était devenu la chasse gardée de Bobby. Fort de sa qualité de frère et de principal inspirateur politique du Président, Bobby transmit les messages dans les deux sens, entre Ex-Com et la Maison-Blanche, avec une désinvolture que Dean Acheson, l'un des « Sages » appelés à participer aux discussions, considéra

* Ces élections, dites « intermédiaires », permettent de renouveler notamment un tiers du sénat et la totalité de la Chambre des Représentants, ainsi que de nombreux élus locaux deux ans après (c'est-à-dire aussi deux ans avant) une élection présidentielle, qui a lieu tous les quatre ans. (N.d.T.)

comme une « désespérante violation des règles traditionnelles en matière de définition d'une politique » [102]. Bien que Taylor, McCone, Dillon et d'autres encore fussent d'accord avec Acheson contre Bobby, celui-ci, conscient d'avoir attiré la menace sur la Présidence de son frère par son action anti-castriste, se battit ardemment pour renverser la décision et substituer un blocus maritime au raid de bombardement destiné à éliminer les fusées. Ses arguments étaient de nature plus subjective que stratégique. La distinction entre missiles « offensifs » et « défensifs » ne pouvait convaincre que si l'on savait à quel point Castro avait raison de vouloir se défendre. (Tout au long de cette semaine de crise, le chef du Groupe W de la CIA, Harvey, déclara brutalement à Bobby et à Jack que tout était de leur faute, et qu'ils n'auraient jamais dû faire savoir à Khrouchtchev leur intention de tolérer la présence de missiles « défensifs » à Cuba ; cet éclat lui coûta son commandement [103].) La comparaison de Bobby entre le bombardement éventuel de Cuba et celui de Pearl Harbor, fut évoquée également au sein de la cellule Ex-Com où Acheson la trouva dénuée de sens et la réduisit à néant : Cuba se trouvait à cent kilomètres des Etats-Unis et non à cinq mille ; les Russes avaient menti à répétition au sujet de leurs rampes de lancement ; loin de perpétrer une attaque-surprise, les Etats-Unis se contentaient de mettre à exécution des menaces formulées dans nombre de déclarations publiques et dans des conversations privées avec les diplomates soviétiques [104].

Mais le fait qu'il avait manifestement reçu un mandat de représentation, émis par Jack, permit à Bobby d'emporter la décision. Ex-Com se rallia à l'idée du blocus ou « quarantaine », comme on l'appela, en souvenir de la politique hémisphérique de Roosevelt pendant la Seconde Guerre mondiale. Cette solution permettait d'éviter de « tirer les premiers » et situait tout affrontement éventuel à un niveau élevé. Pourtant les frères Kennedy sentaient bien que le blocus pourrait passer aux yeux de beaucoup pour une solution de compromis ; il leur fallait trouver un bouc émissaire sur qui faire retomber l'accusation de « mollesse ». Adlai Stevenson était la victime rêvée pour cela [105]. Encore furieux d'avoir été manipulé dans l'affaire de la Baie des Cochons, l'ambassadeur des Etats-Unis auprès des Nations Unies avait commencé par refuser de présenter au Conseil de Sécurité de l'ONU les photos prises par les U-2, qui prouvaient l'existence des rampes de lancement, de peur que ces documents aient été truqués, comme l'avion du prétendu « déserteur cubain » lors de la crise précédente. (Michael Forrestal avait été frappé de constater que, depuis lors, Stevenson n'appelait plus le Président que « Kennedy » [106].) Jack profita de la situation pour ridiculiser la proposition faite par Adlai d'échanger les missiles russes à Cuba contre les missiles américains en Turquie, plutôt que de proclamer un blocus. (« Adlai voulait un nouveau Munich », déclara Jack à Charles Bartlett, chargé de préparer un article sur l'affaire des missiles, en collaboration avec Stewart Alsop, pour le compte du *Saturday Evening Post* qui publia cette remarque assassine [107].) « Il n'est pas assez costaud ni assez combatif pour nous représenter dans une circonstance pareille à l'ONU », avait dit Bobby à son frère [108]. Quand Stevenson revint devant le Conseil de Sécurité pour une prestation spectaculaire au cours de laquelle il accusa Zorine, le représentant soviétique, d'avoir menti, le Président assista au spectacle devant son écran de télévision et remarqua laconiquement : « Je ne savais pas qu'Adlai était capable de ça ; dommage qu'il ne l'ait pas montré pendant la campagne de 1956 »[109].

Le 22 octobre, Jack fit lui-même son apparition devant les caméras pour prononcer un brillant discours où il fit une fois de plus allusion à la période qui fournissait à la famille Kennedy son principal point de référence : « Les années trente nous ont enseigné une bonne leçon : toute conduite agressive, si elle ne fait pas l'objet d'une réaction, finit par conduire à la guerre... Notre objectif consiste donc à empêcher que ces missiles puissent être utilisés contre notre pays ou n'importe quel autre... »[110]. Deux jours plus tard, McNamara donnait ordre aux unités nucléaires de charger leurs armes et aux sous-marins Polaris d'entamer leur long voyage vers les côtes de l'URSS ; des navires soviétiques approchaient en effet de la zone soumise à la « quarantaine ». Bobby était aux côtés de Jack, observant les signes de tension sur le visage de son frère et comptant les minutes comme lors de certaines crises passées. (« Inexplicablement, je me rappelais les moments où il avait été malade à en mourir ; la perte de son premier-né ; la fois où nous avons appris la mort de notre frère aîné... »[111].) Quand l'escadre américaine intercepta les péniches soviétiques et les prit à l'abordage au moment où elles entraient dans la zone interdite, le premier destroyer qui se trouva au contact était le *Joseph P. Kennedy Jr.* C'était comme si toute la nation participait à un « mystère de la rédemption » avec la famille Kennedy.

Au cours des quelques journées qui suivirent, à mesure que les risques de guerre diminuaient — Acheson n'était pas seul à penser qu'on l'avait « frôlée de très près »[112] —, Jack reconnut que le mérite de la victoire revenait à son frère. Seul un soir à la Maison-Blanche avec Dave Powers, en train de manger du poulet réchauffé, il récapitula les phases de la crise, non sans critiquer le comportement de Taylor, Dillon, Acheson et autres figures de proue de la cellule Ex-Com : il évoqua le moment où les Etats-Unis avaient choisi de parler haut à Dobrynine ; la décision de répondre à la première lettre de Khrouchtchev, où il offrait de retirer ses missiles ; le refus de répondre à la seconde missive plus arrogante que la précédente ; enfin il conclut simplement : « Dieu merci, il y avait Bobby »[113].

Ce dernier assistait à un concours hippique avec sa fille Kathleen quand Rusk l'appela pour lui faire savoir que les Russes avaient officiellement accepté les conditions posées. Ce soir-là il retourna à la Maison-Blanche pour une nouvelle conférence avec son frère. Cette fois, ce n'était plus pour attendre une éventuelle apocalypse mais pour célébrer la victoire. Devant Bobby qui partageait son triomphe, Jack appela Truman et Eisenhower pour leur apprendre la nouvelle. Un peu plus tard, quand Bobby se préparait à rentrer à Hickory Hill, Jack lui dit, en une allusion lapidaire à Lincoln et à leur récente victoire : « C'est ce soir que je devrais aller au théâtre. » Et Bobby de répondre en riant : « Si tu y vas, je te suis »*[114].

* Lincoln fut tué (par un acteur fanatisé) dans le théâtre où il s'était rendu, au soir de la victoire, après la Guerre de Sécession. On se rappellera que le président Kennedy avait déjà posé à un historien la question de savoir si la grandeur de Lincoln tenait au fait qu'il ait été assassiné. Son interlocuteur avait évité de répondre. (N.d.T.)

3

La crise des missiles cubains n'était peut-être pas ce que Walt Rostow appela avec quelque grandiloquence le « Gettysburg de la guerre froide » : l'affaire pouvait difficilement être comparée à la grande bataille qui avait marqué le tournant de la Guerre de Sécession et assuré la victoire du Nord sur le Sud, au prix d'un effroyable carnage; mais le face-à-face avait marqué l'un des moments culminants de la présidence de Kennedy, effacé l'humiliation de la Baie des Cochons et l'échec de Vienne, fourni à Jack une victoire psychologique et diplomatique dans la mesure où — comme l'écrivit le chroniqueur Joseph Kraft — il lui avait permis « d'affirmer enfin sa virilité devant les Russes »[1]. En ce moment privilégié, l'intention et le résultat avaient coïncidé comme ils ne le feraient jamais plus sous le même Président; cela avait été le triomphe à l'aune duquel l'Histoire mesurerait l'homme. Rétrospectivement, la crise des missiles cubains apparaîtrait comme le dénouement bien amené d'une pièce soigneusement construite : l'instant où le destin et le personnage se rejoignent au carrefour de l'intrigue pour rendre inévitable la suite des événements.

Situé comme il l'était, aux avant-postes du gouvernement Kennedy, Bobby semblait pressentir les problèmes à venir bien mieux que Jack. Au moment où le Président abordait la troisième année de son mandat, son cadet travaillait dur pour éliminer les crises en suspens, craignant toujours, comme il le disait à John Seigenthaler, de « perdre du terrain »[2]. Après la clarté et la simplicité qui avaient caractérisé la crise des missiles, chaque problème lui paraissait embrouillé et complexe, chaque remède aussi redoutable sinon pire que le mal.

A la fin de 1962, Bobby s'acharnait fiévreusement à remettre de l'ordre dans le puzzle des affaires cubaines. Avec l'aide du cardinal Cushing et d'autres personnalités, il élabora un programme d'aide médicale et alimentaire qui devait servir de rançon aux membres de l'armée des émigrés toujours détenus dans les prisons castristes et leur permettre de rentrer aux Etats-Unis avant les fêtes de fin d'année. Quand Jack décida de se rendre au stade de l'Orange Bowl, à Miami, pour adresser la parole aux anciens combattants de la Brigade 2506, O'Donnell et d'autres lui firent remarquer que cette initiative présentait un risque politique, mais Bobby, parlant pour lui-même autant que pour son frère, allégua que le voyage lui permettrait de se débarrasser du sentiment de « culpabilité » qu'il avait conservé depuis l'équipée de la Baie des Cochons[3]. La présence de Jackie mit le comble à l'émotion, lors de cette rencontre, quand elle prononça en espagnol un discours où elle fit allusion à son fils : « Il est encore trop jeune pour comprendre ce qui est arrivé, mais je veillerai à lui parler de votre courage, quand il aura grandi. Mon souhait, mon espoir, c'est qu'il devienne un homme au moins à moitié aussi brave que les membres de la Brigade 2506 »[4]. Quand les soldats de l'armée des émigrés firent don de leur drapeau à Jack, celui-ci déclara : « Je peux vous assurer que ce drapeau sera rendu à la Brigade dans un Cuba libéré ! »[5]. Les Cubains répondirent en scandant leur cri de guerre : « *Guerra ! Guerra ! Guerra !* »

Pourtant, au moment même où on leur insufflait l'espoir, on devait leur ôter les moyens de réaliser cet espoir. L'Opération Mangouste fut décommandée ; le Groupe W et le monolithe de la CIA à Miami furent démantelés ; le Groupe spécial (élargi) dissous. On mit un frein aux activités des émigrés et les fonds qui étaient alloués au Conseil révolutionnaire cubain en exil furent supprimés. Le chef des émigrés, Miro Cardona, alla à Washington demander à Bobby de ne pas tourner le dos aux forces anticastristes ; il quitta la capitale rempli d'amertume par ce qu'il considérait comme une braderie, accusant les frères Kennedy de « rompre les promesses faites et les accords conclus » en vue d'une seconde invasion[6]. Le spectre que Bissell avait évoqué devant Jack, pour le forcer à aller de l'avant, tout au début, dans l'aventure de la Baie des Cochons, était en train de se matérialiser deux ans plus tard*.

Les communautés cubaines de Miami et de la Nouvelle-Orléans, naguère bastions du kennedysme, étaient désormais des foyers d'opposition. Il en était de même pour les Etats du Sud. En 1960, Bobby avait utilisé ses relations avec McClellan et d'autres ténors du sénat pour gagner les électeurs de la région à son frère. Trois ans plus tard, toute cette zone se distinguait par sa haine du gouvernement. Dans un certain sens, les

* Les hésitations continuèrent de caractériser les efforts des services secrets et de la diplomatie américaine au sujet de Cuba. Le 28 mai, Bobby déclara aux membres du « Groupe permanent pour la politique cubaine » (qui avait, comme dans un jeu de chaises musicales administratif, pris la place du Groupe spécial) que « les Etats-Unis devaient faire quelque chose, même sans être convaincus que leurs efforts permettraient d'abattre Castro »[7]. Deux semaines plus tard, un nouveau programme de sabotage fut mis en route ; il différait de l'Opération Mangouste en ceci qu'il avait seulement pour but de « nourrir l'esprit de résistance » à Cuba, plutôt que de viser au renversement du gouvernement castriste. Vers la mi-octobre, quelque vingt-cinq opérations de sabotage avaient été approuvées et Desmond Fitzgerald, de la CIA, qui avait remplacé William Harvey, avait recruté un agent cubain, disposé à faire une dernière tentative pour assassiner Castro. En octobre, se faisant passer pour le représentant personnel de Bobby, Fitzgerald rencontra cet agent (désigné sous le nom de code AM/LASH) pour parler du complot. Presque au même moment, Jack insistait auprès d'un diplomate, William Attwood, et du journaliste français Jean Daniel, qui avaient l'un et l'autre des liens officieux avec le gouvernement de La Havane, pour qu'ils tentent d'ouvrir des voies de communication susceptibles de conduire à un dialogue et éventuellement à une détente entre les Etats-Unis et Cuba.

critiques qu'on lui adressait étaient imméritées; les frères Kennedy, si actifs dans le domaine de la politique étrangère, étaient bien plus passifs en matière de droits civiques; ils cherchaient à pratiquer une politique conservatrice envers les aspirations des Noirs[8]. Le père Theodore Hesburgh, chef de la commission des Droits civiques, déclara ultérieurement à leur sujet : « Leur attitude consistait à ne rien faire tant qu'ils n'y étaient pas absolument contraints »[9]. Ils avaient tendance à considérer le problème des droits civiques comme un ennui qui surgissait toujours au moment le moins opportun : les « voyageurs de la liberté » s'étaient manifestés pendant la rencontre au sommet de Vienne; au début de la crise des missiles, ce fut l'inscription d'un Noir, James Meredith, à l'université du Mississippi, qui fit deux morts et vingt-huit blessés pendant que se rassemblaient des foules de Blancs en colère au cri de « A bas, les Kennedy ! ».

Après les élections intermédiaires de 1962, Jack signa une ordonnance interdisant la ségrégation en matière de logement — d'un « trait de plume » qu'il avait promis depuis sa campagne de 1960[10]. (Le texte était applicable à toutes les constructions garanties, aidées ou subventionnées par le gouvernement fédéral.) Trois mois plus tard, en février 1963, il promulguait une loi, plus générale, sur les droits civiques. Mais les dirigeants noirs avaient compris qu'il leur faudrait forcer le succès. En avril, le pasteur Martin Luther King avait pris l'initiative d'organiser une série de manifestations à Birmingham, dans l'Alabama, malgré les efforts de Bobby pour le persuader d'ajourner l'opération. Ainsi le monde put-il voir des protestataires non-violents attaqués par des chiens policiers et refoulés avec des lances à incendie. Le frère du pasteur eut sa maison dynamitée; le motel où King avait établi son quartier-général subit le même sort. Un attentat à la bombe, dans une église de Birmingham fréquentée par des Noirs, tua quatre petites filles. Etant donné la prudence manifestée par les frères Kennedy dans l'affaire Meredith à l'université du Mississippi, George Wallace, récemment élu gouverneur de l'Alabama, crut qu'il pourrait défier le ministre de la Justice lors de l'inscription de deux jeunes femmes noires à l'université de son Etat. Toutes deux furent finalement admises mais Wallace devint le centre de ralliement de la résistance sudiste blanche à la déségrégation. A Jackson, dans le Mississippi voisin, un militant noir, Medgar Evers, fut abattu près de son domicile; c'était l'un des dirigeants de l'Association pour le Progrès des Gens de couleur (NAACP — *National Association for the Advancement of Colored People*, l'une des plus anciennes et des plus respectables associations de ce type, critiquée d'ailleurs par les activistes pour sa modération). Bobby fut l'objet d'une haine toute particulière, malgré ses efforts de temporisation. Le maire sortant de Birmingham déclara : « J'espère que chaque goutte de sang versé lui restera dans la gorge et qu'il en mourra étouffé »[11].

La question des droits civiques était l'un de ces dilemmes moraux tout à fait étrangers à la façon de penser de Jack, imprégnée de pragmatisme. C'est ce que découvrit Theodore Hesburgh quand il se rendit à la Maison-

Blanche pour tenter d'accélérer la réponse à une exigence formulée par la commission des Droits civiques : la proclamation de la déségrégation dans la Garde nationale de l'Alabama (la milice de l'Etat) jusque-là réservée aux Blancs. Le Président lui répondit à sa grande déception qu'il serait peut-être obligé de mobiliser cette milice, en raison de la tension à Berlin, et que le moment n'était pas propice à ce qu'on lui demandait de faire[12]. Un historien de Princeton, David Donald, constata avec surprise, après quelques conversations avec le Président, que celui-ci soutenait encore des opinions désuètes sur la période de la Reconstruction du Sud, après la Guerre de Sécession : selon ces thèses, les excès des Noirs après l'abolition de l'esclavage avaient été tels qu'ils justifiaient les craintes manifestées par les Blancs envers la déségrégation. Et quand le Président apprit que des diplomates africains auraient du mal à se faire servir dans des restaurants, le long de la route de Baltimore, numéro 40, Jack convoqua le chef du protocole de la Maison-Blanche, Angier Biddle Duke, pour lui dire : « Ne peut-on leur demander de prendre l'avion ? »[13].

Bobby avait tenté de faire plaisir aux parlementaires sudistes en nommant des juges fédéraux connus pour leurs opinions conservatrices en matière de droits civiques. (Dans son effort pour promouvoir la désignation de Harold Cox — un juriste du Mississippi qui avait, un jour, traité les Noirs de « chimpanzés » —, le sénateur de l'Etat, James Eastland, avait déclaré à Bobby, qui envisageait également la nomination d'un juge noir, Thurgood Marshall, à la cour d'appel[14] : « Dites à votre frère que s'il me donne Cox, j'accepterai son nègre »[15].) Bobby admettait franchement que la question des droits civiques « ne l'empêchait pas de dormir »[16] mais, sentimentalement, il était bien plus réceptif que son frère sur ce point. Le 7 juin 1963, il avait rencontré Lena Horne, Harry Belafonte, James Baldwin et d'autres célébrités et contestataires noirs, dans l'appartement de son père, à Park Avenue. Ce fut une rencontre dont le sociologue noir Kenneth Clark se souvenait comme d'un « assaut verbal des plus violents et des plus passionnés » auxquels il eût jamais assisté[17]. L'un des participants, Jerome Smith, militant du Congrès pour l'Egalité Raciale, qui avait été passé à tabac et emprisonné dans le Sud, montra à Bobby jusqu'où pouvait aller la rage des Noirs en prétendant avoir la nausée à l'idée de se trouver dans la même pièce qu'un Kennedy ; il affirma que non seulement il ne consentirait jamais à prendre les armes pour les Etats-Unis mais qu'il envisagerait même de les lever contre son pays. Bobby en fut profondément secoué, bien qu'il eût tenté de récuser plus tard Smith et — tout spécialement — les célébrités noires qui avaient soutenu celui-ci, en les comparant (de façon peut-être révélatrice, selon certains proches amis des Kennedy) « aux enfants de riches familles blanches... affligés de problèmes d'identité... très difficiles à vivre sur le plan émotionnel... et par cela même portés à des extrémités »[18]. Quand Jack se présenta devant les caméras de la télévision, quatre jours plus tard, pour annoncer un nouveau projet de loi sur les droits civiques, Bobby fut la seule personnalité importante du gouvernement à le soutenir. De plus, il se voyait en passe de devenir le symbole haï d'une réforme dont il commençait à peine à s'occuper. « C'est frère Bobby, dans son bureau de ministre de la Justice, et non pas tant le président Jack, que l'on accuse », déclarait un journaliste après avoir observé les réactions des Sudistes[19].

Au milieu de ces vicissitudes diverses, relatives à Cuba, aux droits civiques, et aux autres questions inscrites au programme de la Nouvelle Frontière, subsistait encore le problème de la pègre. En décembre 1962, quand il avait appris que les prisonniers cubains allaient être libérés, Bobby s'était tourné vers l'un de ses collaborateurs et lui avait dit : « Maintenant, il faut pincer Hoffa »[20]. Sa haine envers la criminalité organisée était pour lui une sorte de constante métaphysique, le seul de ses soucis qui ne souffrît aucune ambiguïté, contrairement à toutes ses autres préoccupations. Passant un jour en voiture avec ses enfants devant le quartier général des Camionneurs, il dit, en voyant l'arbre de Noël disposé dans le hall d'entrée : « Regardez ce sapin, c'est un mauvais arbre de Noël, acheté avec de l'argent volé aux travailleurs. C'est un mauvais arbre »[21]. Un jour, alors qu'il parlait avec son ministre adjoint, William Orrick, de la façon dont on pourrait arracher à Hoffa une déposition qui servirait à le faire condamner, Bobby accepta de se livrer avec son collaborateur à une sorte de répétition, où il jouerait le rôle de son adversaire. Mais quand Orrick commença par lui demander de décliner son « identité », il fut frappé de voir que Bobby avait le plus grand mal à articuler ces simples mots : « James R. Hoffa »[22].

La brigade chargée de « pincer Hoffa », conduite par Walter Sheridan, comprenait seize juristes et plus de deux fois autant d'enquêteurs ; elle appartenait techniquement à la section de la Criminalité organisée, au département de la Justice, mais c'était en réalité une unité d'élite qui ne répondait que devant Bobby lui-même. (Le chef de la section de la Criminalité organisée, Edward Silberling, s'en plaignit plus tard : « Ça me faisait mal au cul... La moitié des missions de ma section relevaient de la brigade Hoffa... et je n'avais aucun droit de regard sur elle... »[23]) Contrairement aux autres divisions du ministère de la Justice, la compétence de celle-ci ne s'étendait pas à une catégorie de délits, mais à un seul homme. Bobby avait déclaré qu'il souhaitait voir les institutions lui fournir un instrument à la fois souple et « imaginatif ». La brigade anti-Hoffa était pour lui un outil personnel, soumis à sa volonté, comme l'avait été l'Opération Mangouste.

A l'automne 1962, il y avait trois affaires que Bobby se proposait d'utiliser contre Hoffa. L'une d'elles concernait une société, créée en 1948, la Test Fleet Corporation spécialisée dans le leasing de camions ; la femme de Hoffa était l'un des fondateurs de la firme ; et le ministère de la Justice prétendait que Hoffa s'en était servi pour se faire verser des fonds par un employeur, bien que cette pratique fût interdite par la loi Taft-Hartley. Bobby avait suivi quotidiennement les progrès de cette enquête, même pendant les treize journées de la crise des missiles, et poussait vigoureusement à la roue, malgré le manque d'enthousiasme d'Archibald Cox et d'autres membres de l'équipe, notamment Ramsey Clark, qui trouvaient le dossier « diablement mince » et faisaient valoir auprès de Bobby les inconvénients d'aller trop loin dans cette affaire[24]. (« Les questions de procédure et les garanties judiciaires ne l'intéressaient pas, déclara Clark. Il n'en avait aucune notion, d'une façon générale, et certainement moins encore quand il s'agissait de Hoffa »[25].)

Au beau milieu de l'affaire de la Test Fleet, qui se terminerait par un procès raté, l'un des dirigeants du Syndicat des Camionneurs à la Nouvelle-Orléans, E. G. Partin, prit contact avec le préposé de Bobby, Walter Sheridan, pour lui faire savoir que l'affaire allait être réglée de la façon la plus simple, par la subornation des jurés[26]. Partin se soumit avec succès à l'épreuve du détecteur de mensonge. Mieux encore, il autorisa les enquêteurs fédéraux à écouter une conversation qu'il eut avec Hoffa au sujet d'explosifs, apparemment destinés à être utilisés contre Bobby. Selon une première hypothèse, une bombe serait posée à Hickory Hill : si Bobby et « tous ses sales mômes » en réchappaient, ils n'en seraient pas moins brûlés dans l'incendie qui suivrait l'explosion. Une deuxième hypothèse que Hoffa avait mentionnée, selon Partin, consistait à utiliser les services d'un tireur isolé, sans lien vérifiable avec les Camionneurs ; l'homme serait armé d'un puissant fusil à lunette, et abattrait Bobby, de préférence quelque part dans le Sud où les soupçons retomberaient sur les racistes blancs. Partin mentionna même que Hoffa conservait dans son bureau un fusil de calibre 270, qu'il désignait parfois d'un geste, quand on évoquait la personne du ministre de la Justice, en disant : « Il faut que je m'occupe de ce fils de pute ; je dois me débarrasser de Bobby Kennedy »[27].

Le bureau du président des Camionneurs n'était pas le seul endroit où l'on évoquait de telles possibilités. L'action sans précédent de Bobby contre la criminalité organisée avait déjà entraîné l'inculpation de douzaines de chefs de la pègre (dont beaucoup étaient en cheville avec Hoffa) — Anthony Giacalone, Carlos Marcello, Anthony Provenzano, Joey Glimco, et bien d'autres. Avant même l'arrivée de Jack à la Maison-Blanche, les révélations faites par Joe Valachi, du fond de sa prison, avaient apporté une aide considérable aux enquêteurs, et leur avaient confirmé l'existence d'une « Mafia » — renseignement qui avait incité le ministère de la Justice à agir avec célérité contre la criminalité organisée. Mais en 1960, seuls trente-cinq truands avaient été inculpés ; en 1963, 288 d'entre eux furent traînés devant la Justice et le nombre des inculpations doubla en cours d'année.

Les propos des accusés devenaient de plus en plus violents à l'adresse de Bobby. Johnny Roselli, impliqué dans les projets d'assassinat élaborés par la CIA, ne disait-il pas : « Moi je suis en train d'aider le gouvernement, d'aider le pays, et voilà-t-il pas que ce petit fils de pute vient me casser les couilles. Ce salaud peut faire ce qu'il veut, il ne peut rien contre moi... ; j'ai des amis importants en haut lieu, à Washington, et ils vont lui couper le jus »[28].

Le FBI enregistra une conversation entre Angelo Bruno, le chef de la « famille » de Philadelphie, et son associé William Weisberg, au cours de laquelle celui-ci disait : « Avec Kennedy, un gars devrait prendre un couteau... et trouer la peau de cet emmerdeur... Faut tuer cet emmerdeur »[29]. Santos Trafficante, associé avec Lansky pour l'exploitation des casinos cubains, avant Castro, et pourvoyeur de fonds (tirés des caisses de retraite des Camionneurs) auprès des caïds de la pègre, essayait de convaincre le chef des émigrés cubains, José Aleman, des torts de Bobby envers « Jimmy Hoffa, un véritable travailleur, un ami des gars en salopette... Rappelez-vous ce que je vous dis : ce Kennedy s'est fourré dans un pétrin et il aura bien mérité ce qui va lui arriver »[30]. Au même moment ou presque, Carlos Marcello, toujours obsédé par son « enlèvement » au début de l'ère Kennedy, et encore aux prises avec la Justice au sujet de son interdiction de séjour, mit trois de ses complices au courant de ses épreuves personnelles, à la Nouvelle-Orléans où il était revenu illégalement après son séjour au Salvador; puis il conclut : « Ne vous inquiétez pas pour ce fils de pute ; on va s'en occuper du petit Bobby ! »[31]. Il compara alors le Président à un chien dont le ministre de la Justice serait la queue : « Si vous lui coupez la queue, le chien continuera de vous mordre ; mais si vous lui coupez la tête, le chien sera mort pour de bon. »

Si les démons que pourchassait Bobby étaient plus mauvais qu'il ne se plaisait à le dire, les espoirs qu'avait suscités Jack étaient plus difficiles à satisfaire qu'il ne l'avouait et — dans un certain sens — encore plus dangereux. En proclamant, dès le début de son mandat, que l'Amérique ne pourrait pas seulement rivaliser avec les Soviétiques dans le Tiers Monde, mais également l'emporter sur eux, Jack avait coupé l'herbe sous les pieds des extrémistes de droite et excité les passions par son éloquence. Mais sa politique était moins caractérisée par la hardiesse du discours que par les hésitations inhérentes à sa personnalité. C'est ce qui était arrivé avec Cuba, quand il avait alimenté les espérances de la droite, lors de l'équipée de la Baie des Cochons, pour ensuite faire marche arrière en annulant les raids aériens et en s'abstenant de soutenir les envahisseurs jusqu'au bout. Il avait fait de même en accueillant avec enthousiasme les rescapés de la brigade 2506, mais en leur ôtant tout moyen d'action. Il avait contraint les Soviétiques à rembarquer leurs missiles mais les avait autorisés à rester à Cuba. Il avait poursuivi les actions de sabotage contre le régime castriste, mais avait tenté simultanément d'ouvrir, en privé, des voies de communication diplomatiques avec Castro. Le même syndrome se manifestait en bien d'autres occasions. Le 10 juin 1963, à la veille de signer un traité d'interdiction des essais nucléaires avec les Russes, il avait prononcé un discours très important à l'American University de Washington pour proposer la détente et la coexistence sur la base du statu quo — ce qui revenait à légitimer la domination soviétique sur l'Europe de l'Est. (« Réexaminons notre attitude envers l'Union soviétique... Il nous faut prendre le monde tel qu'il est et non tel qu'il aurait pu être si l'Histoire de ces dix-huit dernières années avait été autre »[32].) Pourtant, deux semaines plus tard, devant le mur de Berlin, il lança sa retentissante formule « *Ich bin ein Berliner* » (Je suis un Berlinois !), lors d'une allocution qui, selon ses conseillers, risquait de compromettre tous les résultats obtenus par le discours précédent. (« D'aucuns prétendent que le communisme va dans le sens de l'Histoire. Qu'ils viennent donc à Berlin ! D'autres disent que nous pouvons travailler avec les Communistes. Qu'ils viennent donc à Berlin ! »[33].)

Ces initiatives révélaient une incohérence foncière plus qu'une simple indécision ; elles relevaient de l'opportunisme plus que du pragmatisme. On ne le vit jamais aussi bien que dans la politique vietnamienne du gouvernement Kennedy, à propos de l'ultime tragédie qui marqua la présidence de Jack. Bien qu'il fût méfiant envers la mentalité des militaires et averti de leur tendance à falsifier les faits dans un sens qui favoriserait une intensification de leurs activités, Jack avait donné au Pentagone la haute main sur les affaires du Vietnam. Quelque seize mille soldats avaient déjà été envoyés dans la zone des combats. Les militaires demandaient maintenant à y expédier des avions, du napalm, des défoliants et le droit de faire feu à volonté dans certains secteurs ; Jack s'était tout d'abord opposé à chacune de leurs exigences mais avait fini par céder devant leur insistance. Son objectif était de chercher à rester maître des opérations, à en limiter l'ampleur, sans avoir à révoquer en doute les présomptions sur lesquelles le conflit était fondé, tout en manifestant, dans l'intimité, quelque scepticisme à propos de certaines prémisses qu'il approuvait en public *.

Au printemps de 1963, la théorie de Lansdale selon laquelle il suffirait de « gagner les esprits et les cœurs » s'était traduite par le bouclage de millions de paysans dans des « villages stratégiques »[35]. Elle avait également servi à mettre en place un régime de plus en plus répressif, grâce auquel le beau-frère du président Diem, Ngo Dinh Nhu, avait lancé les hommes de sa police secrète (formés par des instructeurs américains) contre des opposants politiques qui n'avaient rien à voir avec le communisme. Quand les dirigeants bouddhistes commencèrent à organiser des manifestations de masse contre le gouvernement catholique de Diem, une vague de doutes balaya le gouvernement américain. Jack déclara à son ami Charles Bartlett, au cours d'une conversation privée : « Nous devons regarder la vérité en face : il y a cent chances contre une pour que l'on nous chasse du Vietnam avec de grands coups de pied au cul »[36]. Mais il fit en sorte de dissimuler au public la détérioration de la situation, en faisant pression sur la presse. (Il tenta même de faire rappeler le correspondant du *New York Times* à Saigon, David Alberstam, coupable d'envoyer des dépêches pessimistes sur l'état des affaires.) Certes il avait proclamé, lors de sa conférence de presse du mois de mai, qu'il était prêt à retirer les

* C'est à cette époque qu'un travail d'analyse, en matière de défense, fut confié par le gouvernement à un certain Daniel Ellsberg (qui communiquerait au *New York Times*, bien plus tard, sous la présidence de Nixon, ce que l'on appellerait alors « les Papiers du Pentagone », avec la volonté de déclencher délibérément une grave affaire d'Etat). Ce Daniel Ellsberg se trouva déjeuner un jour avec Jackie et lui demanda si Jack connaissait bien les travaux de Paul Mus, un auteur français qui avait brillamment analysé les raisons pour lesquelles la France avait perdu la guerre d'Indochine. Jackie répondit affirmativement et ajouta qu'elle en avait même traduit de longs extraits pour son mari quand il était encore sénateur. Ellsberg s'étonna alors de voir que Jack, après avoir eu connaissance d'un tel avertissement, n'avait pas résisté aux pressions qui l'incitaient à s'engager de plus en plus profondément au Vietnam. Jackie avait alors haussé les épaules en disant : « Vous devez bien comprendre que mon mari est un homme faible »[34].

troupes américaines aussitôt que le Sud-Vietnam le demanderait, mais quand Nhu eut déclaré que les Américains feraient peut-être mieux de rapatrier leurs soldats et de laisser Hanoi et Saigon régler directement le conflit par la voie diplomatique, le Président laissa sa politique évoluer : en fait la Maison-Blanche commençait à envisager le remplacement du gouvernement Diem par une autre équipe entièrement favorable à l'intervention américaine.

Le dérapage commença le 28 mai quand les moines bouddhistes protestèrent contre l'ordonnance de Diem leur interdisant de faire flotter leurs bannières de cérémonie le jour anniversaire de la naissance de Bouddha. La police secrète de Nhu ouvrit le feu dans les pagodes de Hué et tua plusieurs fidèles. En juin, des moines se faisaient déjà brûler vifs en signe de protestation ; Madame Nhu fit savoir qu'elle était prête à fournir la moutarde pour le « barbecue ». La situation se dégrada dès lors très rapidement et entraîna un schisme au sein du gouvernement américain [37]. D'un côté, Harriman, Roger Hilsman et d'autres membres de la gauche du parti étaient convaincus qu'il fallait abandonner Diem si l'on voulait gagner cette guerre ; ils préconisaient même que les Américains apportent leur appui à un coup d'état destiné à renverser le président vietnamien. S'y opposaient Rusk, Taylor et quelques autres. Taylor notamment considérait que le fait d'envisager un coup d'état était le signe d'une « absence totale du sens des responsabilités » chez ceux qui évoquaient cette possibilité ; un putsch affaiblirait l'effort de guerre et de surcroît aucun gouvernement de remplacement ne serait aussi efficace que celui de Diem dans la lutte contre le communisme, ce qui exigerait une intervention accrue de la part des Etats-Unis. Jack essaya de louvoyer entre les deux factions. Après avoir constaté que le dilemme pourrait entraîner des conséquences dans le domaine de la politique intérieure, il envoya Henry Cabot Lodge comme ambassadeur à Saigon, pour être sûr que les Républicains auraient leur part de responsabilité dans la décision quelle qu'elle fût [38].

Alors que grondait l'indignation, Jack tenta de rassurer indirectement Diem, en déclarant, lors d'une conférence de presse : « Pour les Etats-Unis, se retirer équivaudrait à donner le signal de l'effondrement, non seulement au Sud-Vietnam mais encore dans tout le Sud-Est asiatique. Nous allons donc y maintenir notre présence » [39]. Diem promit de faire régner chez lui un nouvel esprit d'harmonie. Mais le 21 août, la police secrète de Nhu frappa de nouveau à l'intérieur des pagodes et se livra à des arrestations massives. Ayant eu vent des sentiments de certains généraux qui voulaient savoir quelle serait l'attitude des Etats-Unis en cas de révolution de palais, Harriman et son groupe préparèrent un câble pour Lodge, le 24 août : on l'y informait que les Etats-Unis ne sauraient tolérer plus longtemps les agissements de Nhu et que Diem devait se voir offrir la possibilité de « se débarrasser de son beau-frère » ; mais que si Diem s'y refusait « nous serions obligés d'en conclure que lui-même ne pourrait rester à l'abri des conséquences ». Cela équivalait à appuyer une tentative de coup d'Etat. Taylor et les partisans de l'autre voie étaient absents de

Washington pour le week-end, tout comme le Président, d'ailleurs. Celui-ci reçut le projet de câble à Hyannis ; et après ce que d'aucuns tinrent pour une lecture trop précipitée, Jack fit transmettre le texte à Saigon[40].

Quand Taylor et les autres rentrèrent après le week-end, ils laissèrent échapper leur fureur en constatant qu'une démarche aussi grave avait été faite sans qu'ils fussent consultés, alors qu'elle pouvait entraîner un accroissement soudain et énorme de l'intervention américaine au Vietnam. La discussion qui eut lieu comporta un échange de propos comme on n'en avait encore jamais entendus de pareils au sein du cabinet. « Mon Dieu, dit Jack à Charles Bartlett, mon gouvernement est en train d'éclater »[41]. Bobby, incapable de mettre tout le monde d'accord sur un compromis comme il l'avait fait pendant la crise des missiles, écrivit que ce fut « la seule fois où le gouvernement se trouva scindé en deux camps, de façon aussi inquiétante »[42].

Une nouvelle fois, Jack avait l'occasion de trancher. Il aurait pu soutenir Diem contre les Bouddhistes ou les généraux contre Diem. Mais il agit comme pour le débarquement dans la Baie des Cochons : le câble du 29 août semblait fournir une tiède approbation à l'idée d'un coup d'Etat, mais en réservant au Président le droit de changer d'avis. Lodge, qui était acquis au point de vue de Harriman, n'en répondit pas moins par un avertissement : « Pour réussir, l'affaire doit être entièrement montée par des Vietnamiens, et se nourrir de son propre élan, ce qui signifie que nous n'aurions peut-être plus notre mot à dire et que la décision pourrait incomber aux généraux »[43].

Le temps passa et la décision ne vint pas. Faute de troupes suffisantes, et méfiants de la réaction de Washington, les généraux vietnamiens avaient ajourné leur action, ce qui donnait à Jack et à ses conseillers le temps de réexaminer leur position. Comme Nhu répétait avec insistance que le gouvernement Diem pourrait conclure directement avec Ho Chi Minh une paix séparée, ce qui écarterait les Etats-Unis du jeu, la perspective de quitter l'Indochine sur un match nul ne manquait pas d'attrait[44]. Mais Jack restait irrésolu et le fossé se creusait au sein du gouvernement. Le 6 septembre, il appela Bobby qui jeta le poids de ses conseils dans la balance en faveur de ceux qui en avaient assez de Diem. Il exigea même des sanctions brutales : « Si nous sommes convaincus de perdre la guerre à cause de Diem, pourquoi ne pas agir tout de suite ? »[45].

Le 9 septembre, interviewé par la télévision, Jack réaffirma son attachement à la « théorie des dominos » selon laquelle la chute du Vietnam entraînerait celle de tout le Sud-Est asiatique. « Ce qui me préoccupe c'est que les Américains n'aiment pas ce qui se passe là-bas et n'aiment pas non plus le gouvernement de Saigon ; ils seront donc tentés de conclure qu'il nous faut quitter les lieux. Cela seul fait déjà le jeu des communistes. Je pense qu'il nous faut rester sur place »[46]. Il envoya Taylor et McNamara en mission d'information, pour tenter de parvenir à un consensus. A leur retour, les deux émissaires recommandèrent une série de sanctions contre Diem, y compris le retrait éventuel d'un millier de « conseillers » américains et une diminution de l'aide économique, ce qui, selon le mot de McNamara, « entraînerait une réconciliation avec Diem ou le renversement de celui-ci »[47]. La recommandation fut acceptée et cette politique mise en œuvre, bien que Jack tentât de limiter ses engagements en câblant à Lodge le 6 octobre : « Encore que nous ne voulions pas fomenter un coup d'état, nous ne voulons pas non plus donner l'impression que les Etats-Unis redoutent tout changement de gouvernement »[48]. La nuance était imperceptible, dans la pratique.

Au début d'octobre, Saigon était en effervescence, bouillonnant de rumeurs au sujet du coup d'Etat imminent. Les services de la CIA informèrent le directeur de l'agence, McCone, de leurs contacts avec les généraux vietnamiens ; ils mentionnaient que certains étaient favorables à un assassinat pur et simple du chef de l'Etat, de ses plus jeunes frères et de son beau-frère, Nhu. McCone répondit : « Nous ne pouvons certainement pas nous trouver en mesure de stimuler, approuver ou soutenir des assassins ; mais, d'un autre côté, nous ne sommes pas chargés de détourner une telle menace, dont nous n'avons d'ailleurs qu'une connaissance fragmentaire »[49]. Bobby déclara ultérieurement qu'il avait voulu prévenir Diem de ce qui se tramait, mais qu'il s'était senti « les mains liées »[50].

Le coup d'État eut lieu le 2 novembre. Diem et Nhu furent assassinés. Taylor était présent quand Jack reçut le câble qui l'informait de leur mort. « [Le Président] se dressa d'un bond et se précipita hors de la pièce, avec un visage bouleversé et une expression de désarroi que je ne lui avais jamais vus. » Il avait l'air totalement désespéré. Lem ne l'avait pas trouvé si déprimé depuis l'affaire de la Baie des Cochons[51]. Un autre de ses amis qui le rencontra à la Maison-Blanche peu après l'assassinat, pâle et nerveux, tenta de le consoler en lui disant que les deux frères abattus avaient vécu en tyrans. Il secoua tristement la tête : « Non, ils se trouvaient en difficulté ; ils ont fait tout ce qu'ils ont pu pour leur pays »[52].

A l'automne de 1963, le crédit du gouvernement était encore grand, grâce à l'affaire des missiles et à la signature du traité d'interdiction des essais nucléaires, mais d'aucuns commençaient à dire que le Président avait tendance à se fourrer dans des coins — spécialement au Vietnam — dont il lui serait difficile de trouver la sortie. La popularité personnelle de Jack demeurait grande, mais des doutes commençaient à s'accumuler sur la façon dont les Kennedy dirigeaient la vie de la nation ; dans certains secteurs de l'opinion, on constatait un phénomène de rejet. Aucun Président n'avait jamais bénéficié de relations plus cordiales, mieux protégées, avec la presse américaine, mais même parmi les journalistes on signalait un début de désenchantement. Trois fois en quatre jours, un correspondant de la CBS, George Herman, entendit Jack expliquer aux reporters attachés à sa personne qu'il n'était pas soutenu par une vague de compréhension, dans le public, comme l'avait été Roosevelt ; il attribuait la raison de ce phénomène au fait que « au temps de FDR, les problèmes étaient clairs, mais ils étaient devenus si compliqués que le pays ne s'y retrouvait plus »[53]. Après avoir accompagné Jack dans ses déplacements pendant un certain temps, le reporter du *Chicago Daily News*, Peter Lisagor, en était arrivé à cette conclusion que, selon le Président, la presse « se faisait une idée étroite, étriquée, de sa vision — plus intellectuelle, plus grandiose — du monde et des Etats-Unis »[54]. Le vieil ami de son père, Arthur Krock, lança une attaque très applaudie contre la façon dont l'information était traitée par le gouvernement ; il accusait celui-ci de « manipulations directes et délibérées... mises en œuvre avec plus d'audace et de cynisme que sous n'importe quel gouvernement précédent »[55]. Un autre champion du *Times*, Hanson Baldwin, dénonça « des cas étonnants de propagande, de pression, de mainmise, de manipulation, de distorsion et de répression dans le domaine de l'information »[56].

Bobby était si affecté par cette hostilité croissante et par sa responsabilité personnelle dans l'affaire, qu'il avait envisagé de démissionner. Il déclara ultérieurement : « Je pensais que j'étais désormais une source d'ennuis... la campagne contre les Kennedy devenait si aigre et si malintentionnée... on disait tant de choses, particulièrement contre la famille... »[57]. Le 20 novembre, il y eut une petite réception pour son trente-huitième anniversaire, au ministère de la justice. Bobby monta sur un bureau et fit quelques remarques d'une ironie acerbe à propos de l'aide qu'il avait apportée à son frère, de sa lutte contre Hoffa, des droits civiques, des écoutes clandestines, et de sujets similaires qui attiraient la foudre sur le gouvernement. Seigenthaler et d'autres assistants pensèrent en écoutant ce petit discours, qu'après avoir été la clé de voûte du gouvernement, Bobby pourrait bien avoir quitté celui-ci avant le 1er janvier.

Jack, cependant, était étrangement optimiste. Toujours habile à amuser son entourage, il lui paraissait désormais également émouvant. Ceux qui avaient suivi les péripéties de son existence et connaissaient la fragilité de son succès, avaient les larmes aux yeux quand il récitait les vers de « September Song » à la fin d'une soirée[58]. Il avait été terriblement affecté par la perte de son petit garçon, Patrick Bouvier, au mois d'août, et il avait été le dernier à quitter l'église après la messe d'enterrement présidée par le cardinal Cushing ; nul ne se souvenait l'avoir jamais vu autant pleurer ni manifester tant de chagrin. Il s'était accroché au petit cercueil avec un air si égaré que le cardinal avait dû le rappeler à l'ordre en lui murmurant : « Allons, Jack, partons d'ici. Dieu est bon »[59]. Il se remit à penser à sa propre mort et à en parler, comme cela fut le cas, un après-midi, peu après l'enterrement de Patrick, alors qu'il était parti faire du bateau avec Bartlett et Lem Billings. Le vent était tombé et le bateau dérivait mollement ; Jack, après avoir longuement contemplé l'eau par-dessus le bastingage, demanda soudain : « Comment croyez-vous que sera Lyndon, si j'étais tué ? »[60]. Il revint sur ce sujet quelques semaines plus tard, alors qu'il se baignait avec Torby MacDonald, dans la piscine de Palm Beach. Ils parlaient de la façon dont leur père respectif avait été frappé d'invalidité par des attaques, et de l'horreur que chacun avait antérieurement manifestée devant l'éventualité d'un tel coup du sort. Torby demanda alors à Jack comment il souhaiterait lui-même mourir. Après avoir réfléchi un moment, celui-ci répondit :

« Oh, d'un coup de fusil ; on ne se rend pas compte de ce qui arrive ; un coup de fusil, c'est parfait »[61].

Pourtant il était en meilleures conditions que jamais. Les stéroïdes qu'il avait pris avaient arrondi son visage au point qu'il se plaignait maintenant d'avoir à perdre du poids, mais le remède semblait être venu à bout de la maladie d'Addison, pour tout de bon. Sa colonne vertébrale allait mieux, elle aussi, depuis que Janet Travell, son médecin précédent, avait été remplacée par le médecin de la Maison-Blanche, George Bulkey. Ce dernier avait appelé en renfort une équipe d'orthopédistes qui avaient recommandé un régime d'exercices physiques rigoureux en lieu et place des injections de procaïne. Vers l'automne, ce nouveau traitement avait eu des effets si satisfaisants, selon Bulkey, que Jack était « en passe d'accomplir des exploits dignes d'un gymnaste professionnel et s'en trouvait fort satisfait »[62].

Il commençait également à se sentir à l'aise dans son rôle de père de famille. Il était affectueux avec son père, qui attendait sur le perron dans sa chaise roulante, à Hyannis, le vendredi après-midi, l'arrivée de l'hélicoptère présidentiel[63]. L'Ambassadeur déclinant n'était plus une menace pour personne, mais au contraire un être que l'on pouvait enfin commencer à aimer. Jack restait longtemps assis à côté de lui, désormais, à lui décrire les problèmes de la présidence pour tenter de lui faire partager le mandat que tous deux avaient obtenu avec tant de peine ensemble. Ses relations avec Jackie semblaient, elles aussi, atteindre une phase de calme. Un ami qui connaissait sa vie sentimentale agitée, se rappelle avoir reçu, vers cette époque, un coup de téléphone de Jack qui lui avait dit : « Il y a deux filles nues dans la pièce et moi je lis le *Wall Street Journal*. Est-ce que cela veut dire que je vieillis ? »[64]. L'ami estimait que le ménage avait franchi la passe dangereuse et commençait à acquérir une certaine maturité. « C'était mieux qu'un simple " arrangement ". Jack en était arrivé au point où il appréciait réellement Jackie — à la fois comme personne et comme atout politique ».

En outre Jack se plaisait avec ses enfants. Il était cyniquement conscient de leur utilité pour ses relations publiques, comme l'avaient découvert les photographes. Stanley Tetrick, de *Life*, par exemple, se lançait avec Jack dans des conspirations byzantines pour déjouer le fanatisme bien connu avec lequel Jackie défendait sa vie privée contre toute intrusion, et obtenir des photos des petits Kennedy. (« Il va falloir que nous déguerpissions très vite, lui disait Jack avec nervosité, au cours d'une séance de pose. Les choses vont se compliquer si Jackie fait un tour par ici »[65].) Mais il y avait également une grande part de sentiment dans ses relations avec ses enfants. Le maître d'hôtel de la Maison-Blanche, J. B. West, se rappelle avoir vu Jack descendre de ses appartements privés, par l'ascenseur, avec John-John qui hurlait : « Je veux aller avec toi ! » ; finalement le Président avait haussé les épaules en disant : « D'accord, on va aller travailler ! » et avait laissé le bambin jouer par terre dans le Bureau Ovale[66]. Il en allait de même avec Caroline qu'il aimait exhiber. Lors de promenades en mer, sur le yacht présidentiel, il racontait à sa fille les aventures d'une certaine

Baleine Blanche — pour passer le temps et l'occuper. Cette Baleine Blanche, qui suivait toujours le bateau mais restait invisible, était selon Jack friande de chaussettes. Lem se rappelle que Franklin D. Roosevelt Junior était à bord, au début du chapitre suivant : la Baleine Blanche était affamée et Jack demanda à Caroline d'obtenir que l'invité retirât ses chaussettes et les jetât par-dessus le bastingage. FDR Jr s'exécuta ; c'était une allusion comique et indirecte à la scène au cours de laquelle, vingt-cinq ans plus tôt, le président Roosevelt avait demandé à Joe Kennedy de mettre bas la culotte. « Nous savions tous qu'au moment où Jack commençait à raconter à Caroline ses histoires de baleine, il était temps de s'en aller à l'autre bout du bateau », ajoutait Lem[67].

Pour frustré qu'il fût par les exigences du pouvoir, Jack continuait d'aimer le travail politique inhérent à l'exercice de la présidence. Il échafaudait sans cesse des hypothèses sur ses rivaux éventuels pour les élections de 1964 : le gouverneur du Michigan, Michael Romney, l'intriguait par son apparente absence de tout vice ; Barry Goldwater lui semblait plus facile à battre[68]. Il envisageait toutes sortes de changements possibles au sein du cabinet ; il se débarrasserait de Rusk en l'envoyant aux Nations unies et le remplacerait par McNamara au département d'Etat ; il persuaderait Bobby de rester au gouvernement et le nommerait vice-secrétaire d'Etat avec la haute main sur l'Alliance pour le Progrès, c'est-à-dire les relations avec l'Amérique latine[69] ; il envisageait même un avenir plus éloigné et demanda à Charles Bartlett pendant un séjour à Camp David (la « résidence secondaire » des Présidents) si le candidat démocrate aux élections de 1968 serait Lyndon Johnson ou Bobby. Il donna à Bartlett l'impression de ne pas être « particulièrement ravi » par la perspective de voir son frère lui succéder ; tout en reconnaissant ce qu'il devait à Bobby, il n'aimait pas l'idée de voir sa présidence comparée à celle d'un autre Kennedy. Bartlett en conclut que « cela semblait le préoccuper »[70].

Il savait que le ministre de la Justice et ses amis étaient hostiles à Johnson et parlaient de s'en débarrasser. Afin d'améliorer les rapports entre eux, le Vice-Président avait dit à Bobby : « Je sais pourquoi vous m'en voulez, c'est à cause des réflexions que l'on m'a attribuées, à propos de votre papa, lors de la convention ; je n'ai vraiment rien dit de pareil »[71]. Bobby demanda à Seigenthaler de fouiller dans les extraits de presse et d'interroger les journalistes pour prouver que Johnson avait bien mis en cause la politique d'accommodement de Joe Kennedy. Souvent exaspéré par le Vice-Président, Jack n'en était pas moins amusé par les grossières excentricités de Johnson et par son comportement d'autodidacte. Il colportait des histoires sur son compte comme s'il s'agissait de témoignages folkloriques sur une Amérique en voie de disparition. (Une anecdote qu'il aimait particulièrement raconter avait trait au moment où John Glenn était sur le point de partir pour son vol historique dans l'espace ; pendant le compte à rebours, Johnson avait murmuré, comme pour lui-même, dans un coin du Bureau Ovale : « Si au moins c'était un Nègre ! »[72].) Jack tenait Johnson pour un être attaché à ce monde, comme il l'était lui-même, et il écoutait toujours avec avidité les ragots qui couraient sur les exploits sexuels de son Vice-Président*.

Il allait même au-devant des craintes ressenties par LBJ qui avait peur d'être éliminé de l'équipe lors des élections de 64, au point de dire à l'un des collaborateurs du Vice-Président : « Je suis vraiment désolé pour Lyndon. Je sais qu'il n'est pas heureux d'être Vice-Président. C'est le bout merdeux du bâton, le pire des plus foutus boulots que je puisse imaginer... Je voudrais que vous alliez lui dire combien je l'apprécie. Je sais que son rôle n'est pas facile et je compatis à ses difficultés. Essayez de lui dire qu'il n'a rien à craindre que la crainte »**[74].

Prévoyant que son futur adversaire lors de l'élection suivante serait Barry Goldwater, sénateur du Nouveau-Mexique, il voulait conserver le Texan Johnson à ses côtés, pour faire contrepoids auprès des électeurs du Sud-Ouest. Il décida même de faire un voyage à Dallas pour racommoder le gouverneur John Connally, protégé par LBJ, et le sénateur Ralph Yarborough. Adlai Stevenson et le sénateur Fulbright, qui avaient reçu un accueil désagréable de la part de la foule, à Dallas, et constaté l'intensité des sentiments hostiles au gouvernement dans cette région, l'avaient mis en garde contre la ville[75]. Mais comme Jack le dit à Bobby, au cours d'une de leurs dernières conversations, ces frictions rendaient le voyage d'autant plus excitant et intéressant.

Bobby était chez lui à Hickory Hill, le 22 novembre 1963, quand il reçut un appel de J. Edgar Hoover. Le procureur fédéral de New York, Robert Morgenthau, qu'il avait convié à déjeuner pour parler de la campagne contre la criminalité organisée, le vit mettre la main devant sa bouche avec un air horrifié ; Bobby lui dit : « On a tiré sur Jack. C'est peut-être mortel »[76]. Il courut au premier étage pour essayer de joindre Dallas sur une autre ligne ; il apprit quelles étaient les blessures de Connally et on lui confirma que Jackie était indemne. Une demi-heure plus tard, il redescendit, très pâle sous l'effet du choc et dit : « Il est mort. » Puis il sortit avec Ed Guthman. « Je pensais bien qu'ils finiraient par avoir l'un de nous deux, dit-il ; Jack, après tout ce qu'il avait enduré, ne s'en souciait jamais... mais je croyais que ce serait moi »[77].

Bobby demeura à Washington pour commencer à régler les détails de l'enterrement et envoya Teddy à Hyannis. Leur mère était déjà au courant ; elle faisait les cent pas à l'intérieur de « l'enceinte », tandis que tout le pays pouvait voir l'image de Jackie, avec ses vêtements éclaboussés de sang, celle de Lyndon Johnson prêtant serment à bord de l'avion présidentiel *Air Force One*, qui le ramenait à Washington. Quand Rose vit

* Johnson le lui rendait bien. Bobby Baker se rappelait, plus tard, qu'après s'être acquitté d'une commission quelconque dans le Bureau Ovale, il avait trouvé plusieurs messages de Johnson qui demandait à le voir. « Aussitôt qu'il m'eut trouvé, LBJ se pencha vers moi pour me murmurer : " Dites-moi, est-ce que ce vieux Jack a encore beaucoup de minettes ? " »[73].

** Rappel d'une phrase célèbre prononcée par Roosevelt lors de son arrivée au pouvoir, dans un pays en pleine crise, en 1933 : « Nous n'avons rien à craindre que la crainte ». (N.d.T.)

passer son neveu Joey Gargan, elle l'arrêta au vol pour lui dire : « Joey, tu devrais lire davantage. Lis Marlborough, Fox et Burke, comme Jack »[78]. L'Ambassadeur ne savait encore rien. Les domestiques lui avaient dit que le poste de télévision était en panne, pour qu'il ne regarde pas les informations[79]. Ted s'en tint là, lui aussi, mais le vieil homme fit un geste muet vers la prise de courant. Ted la brancha alors, mais subrepticement il avait déconnecté l'appareil ; puis il quitta la pièce. Enfin il revint avec Eunice qui tenta d'expliquer à leur père ce qui était arrivé : « Papa, papa, il y a eu un accident. Mais Jack est bien. Jack a eu un accident, papa. Oh papa, Jack est mort. Il est mort mais il est au ciel. Oh mon Dieu, papa, Jack est bien, n'est-ce pas ? »[80].

Quand Rose et les autres partirent pour l'enterrement, ils ne l'emmenèrent pas avec eux. Joe Kennedy parvint à s'habiller tant bien que mal et fit comprendre à sa nièce, Ann Gargan, qu'il voulait aller à l'aéroport[81]. Mais la *Caroline* avait déjà décollé quand il y arriva. On le ramena dans sa chambre et on le mit au lit où il s'enfouit sous les couvertures. Le lendemain, il participa au deuil officiel et assista aux funérailles nationales par l'intermédiaire de la télévision... Peu après, Jackie alla le voir et apporta le drapeau dans lequel le cercueil de Jack avait été enveloppé pendant que son corps était veillé au Capitole. Pendant le sommeil de Joe, Ann Gargan entra dans la pièce et, prenant le drapeau pour une couverture, elle étendit l'emblème sur le lit. Au milieu de la nuit, l'Ambassadeur s'éveilla ; pendant un moment il pensa qu'il était mort et recevait lui aussi un hommage national. Il hurla si fort qu'il réveilla tout le monde dans la maison[82].

4

Joe Kennedy eut les yeux humides pendant tout l'hiver 1963-64, ce que Rose attribua avec insistance à une insuffisance musculaire[1]. A part elle, tout le monde pensait que c'était l'effet du chagrin. Il restait assis sous le pâle soleil de Palm Beach, effondré dans son fauteuil roulant, avec une couverture autour de ses jambes atrophiées. L'un de ses assistants déclara à ce propos : « Depuis l'assassinat, tout lui était égal ; il avait renoncé, en quelque sorte. Il ne fut plus jamais le même »[2].

Rose passait de longues heures à fouiller dans le grenier, tant à Hyannis qu'à Palm Beach, pour trier les affaires de Jack au cas où un musée demanderait à posséder quelques reliques[3]. Elle faisait penser à un fantôme qui hanterait les étages supérieurs de la maison tard dans la nuit. Incapable de dormir, elle n'osait demander un somnifère aux infirmiers de son mari, de peur de ne pas se réveiller à temps pour la messe matinale du lendemain.

« Toute la famille ressemblait à une bande de rescapés, après un naufrage », dit Lem par la suite ; « je ne crois pas que, sans Bobby, ils auraient pu passer le cap »[4]. Bobby était le rocher auquel tous s'accrochaient. C'est lui qui avait insisté pour dire que tout était bien ; lui qui avait exigé que chacun mît un terme au deuil familial et poursuivît sa propre vie. « Il semblait être partout à la fois. Il avait toujours un bras autour des épaules d'un ami ou d'un membre de la famille, en train de lui dire que tout allait bien et qu'il était temps d'aller de l'avant »[5].

Mais s'il en était capable pour les autres, il ne l'était pas pour lui-même. Il restait enseveli dans un chagrin qui semblait ne devoir jamais finir, apparemment pétrifié dans le geste qu'il avait fait, au moment du plus grand chagrin, quand il avait placé dans le cercueil de son frère l'insigne du *PT 109* en épingle de cravate, un rosaire d'argent et une mèche de ses propres cheveux. « De quoi ai-je l'air ? » avait-il demandé à John Seigenthaler, quelques semaines après les funérailles. L'ayant dévisagé, avec ses yeux enfoncés dans leurs orbites, la mâchoire allongée comme dans un tableau pathétique de Modigliani, Seigenthaler avait répondu :

« Un air effroyable »[6]. Bobby n'avait pas répondu directement mais avait balbutié en regardant dans le vague : « Je ne peux pas dormir, je ne peux pas dormir. » Seigenthaler se demandait s'il parviendrait jamais à s'en sortir : « Il était tout bonnement inconsolable. Il souffrait sans cesse comme un malade en proie à une rage de dents dont il ne peut se défaire. C'était affreux à voir. »

Bobby ne prononça jamais le mot « assassinat », ni le mot « mort », ni même le nom de « Dallas » ; il disait : « les événements du 22 novembre »[7]. Ses sœurs et même Teddy — tout spécialement lui — trouvaient quelque réconfort dans l'iconographie familiale et plaçaient des photos de Jack partout, chacun dans son foyer. Mais Bobby ne pouvait supporter ces rappels en images ; quand il allait chez des amis, il retournait même les magazines qui publiaient le portrait de son frère en couverture[8]. C'était comme si un lien plus intime encore que celui de la fraternité avait été coupé par les balles de l'assassin. « Sûr que j'ai perdu un frère, disait-il à Richard Goodwin, un jour où il s'efforçait de paraître brave. D'autres perdent leur femme »[9]. Alors que le reste de la famille évoquait courageusement le bon temps et s'efforçait de noyer le chagrin dans une longue semaine de deuil, il semblait hanté par ses souvenirs. Les agents du Service secret, de garde à Hickory Hill, s'étaient habitués à observer les lumières qui s'allumaient et s'éteignaient alternativement toute la nuit dans la chambre de Bobby ; ou à voir celui-ci sortir, à trois ou quatre heures du matin, par une nuit d'hiver glaciale, dans sa petite voiture décapotable, le toit ouvert, pour ne rentrer qu'au lever du soleil, le temps de prendre une douche et de se changer avant de partir au ministère, comme s'il était en transe.

Au fil des semaines, il restait enfermé dans une souffrance qui dépassait tout ce dont le croyaient capables ceux qui l'avaient jugé « unidimensionnel » ; jusque-là, il avait paru être plus grand que son petit format ne le justifiait ; désormais, il semblait frêle, plus petit qu'il n'était en réalité, comme s'il avait été victime de quelque contraction somatique. La journaliste Mary McGrory, proche des Kennedy depuis des années, rencontra Bobby le jour de la Saint-Patrick, quatre mois après l'assassinat. Epouvantée par son aspect, elle tenta de l'apaiser quelque peu en lui parlant de l'avenir, « avec des propos du genre : “ Bon, vous êtes jeune, vous allez faire de grandes choses, connaître des succès... ”, mais avant que j'aie eu fini de parler il avait émis une longue plainte et enfoui sa tête dans mon épaule »[10]. Peu de temps après la mort de Jack, Bobby et son vieux camarade d'école David Hackett durent assister à d'autres funérailles, celles d'un de leurs amis, tué dans un accident d'avion. Après la cérémonie, Bobby dit amèrement : « Hackett et moi avons maintenant tant d'expérience de ces choses-là que nous allons ouvrir une entreprise de pompes funèbres. Nous choisirons les hymnes et les textes les plus simples et les cercueils les moins coûteux pour permettre à la veuve d'économiser son argent. Vous savez que l'on vous vole toujours sur la bière. Nous choisirons les passages de la Bible et nous ferons tout ce qu'il faut pour que l'enterrement soit bon marché mais intéressant. C'est un nouveau service que nous sommes en mesure d'offrir à nos amis »[11].

Plus encore que les autres membres de la famille, c'est dans l'action que Bobby tentait généralement d'oublier ses problèmes. Il passait à l'épreuve suivante, fonçait vers le prochain obstacle. Sa vie avait été une sorte d'assaut permanent. Il s'était forcé un passage à travers ses propres inhibitions, transformant ses obsessions en bases de départ pour l'action. Les théories l'impatientaient autant que les grandes phrases. Sa question favorite était : « Et maintenant qu'allons-nous *faire ?* » Or, pour la première fois, il se trouvait dans une situation où il affrontait le problème de *l'être,* que *l'action* ne pouvait résoudre. Incapable de modifier physiquement l'atmosphère de deuil dans laquelle il vivait, il se tourna presque désespérément vers la littérature dans un effort pour tenter de prendre contact avec le monde des idées et des sentiments — de se poser des questions sur la vie —, démarche que l'éthique des Kennedy avait toujours considérée comme un obstacle, voire une faiblesse. Ses amis, habitués à entendre sa voix saccadée leur exposer ses intuitions en matière de stratégie politique, l'entendaient maintenant parler de philosophie, des causes premières et des fins ultimes. Il lisait Camus. Jackie, en rentrant de Dallas, lui avait exposé exactement ce qui s'était passé le 22 novembre, dans les plus douloureux détails, épreuve qui avait cimenté leur intimité de plus en plus étroite. Elle lui fit don de *The Greek Way* d'Edith Hamilton, qu'il lut avec une torturante avidité, gribouillant des notes dans les marges, soulignant les phrases importantes, cornant des pages [12]. Il fut particulièrement frappé par ces vers d'Eschyle : « O Dieux, votre loi est d'enseigner par la souffrance... / et même dans notre sommeil la douleur qui n'oublie pas / tombe goutte à goutte sur notre cœur » *. Et ces paroles d'Hérodote : « Toute arrogance récoltera une riche moisson de larmes. Les Dieux imposent à l'homme un lourd tribut pour son orgueilleuse présomption » [13].

Comme l'avaient noté ses amis, cette activité intellectuelle était peut-être marquée par l'ingénuité qui caractérise la première rencontre d'un étudiant débutant avec les grandes idées, mais pour Bobby c'était une quête bien réelle, féroce, et parfois affolée, de connaissances intérieures. Ses assistants, au ministère de la Justice, croyaient qu'il avait pris l'habitude de baisser le nez au cours de certaines réunions, jusqu'au moment où ils découvrirent qu'il lisait un livre sur ses genoux [14]. Un jour, il se présenta chez une amie avec un volume sous le bras ; c'était une histoire de la littérature universelle. Bobby entreprit de lui lire un passage sur Gérard de Nerval. Il y était dit que le poète promenait souvent en laisse une langouste parce qu'elle « connaissait les secrets des profondeurs » [15], comme il l'expliquait à ceux qui l'interrogeaient sur les raisons de ce comportement.

Il s'était emparé d'anciens vêtements de Jack, comme s'ils avaient eu valeur de talismans : un vieux chandail de cachemire ; un manteau de tweed qu'il demandait constamment à ses assistants de retrouver, faute de

* Curieusement, au moment de la démission de Nixon aux abois, dix ans plus tard, Henry Kissinger devait soudain se remémorer ces vers d'Eschyle que lui avait enseignés Bobby... (N.d.T.) Henry Kissinger, *Les Années orageuses,* p. 1459.

savoir où il l'avait mis ; une veste de marin, datant de l'époque des patrouilleurs, qu'il avait récupérée un jour en plongeant dans une mer agitée par des vents de 75 km/heure, quand elle était tombée à l'eau au cours d'une partie de pêche. Ses amis avaient l'impression qu'il se comportait en petit garçon impatient de grandir au point de remplir les habits de son aîné, mais ils comprenaient fort bien que ces vêtements étaient pour lui autant de cilices, destinés à lui rappeler qu'il " n'était pas digne... "[16].

Certains de ses proches croyaient reconnaître en lui tous les traits classiques du complexe de culpabilité des survivants. Si tel était le cas, cette culpabilité provenait, chez lui, d'une zone plus profonde du subconscient que chez les survivants habituels, car, comme la langouste de Nerval, il connaissait les secrets des profondeurs. Il savait ce qui s'était passé sous les apparences, au sein du gouvernement ; il n'ignorait pas le rôle qu'il avait joué lui-même. S'il était obsédé par la tragédie grecque, c'était parce qu'il tirait de la mort de Jack des principes universels, mais également parce qu'il y trouvait une image de la situation où il s'était trouvé au cours des trois années précédentes — situation marquée par un aveuglement moral et un sentiment tragique, de caractère œdipien (mais moins proche de Sophocle que de Freud), étant donné le contexte familial d'ambition et d'orgueil qu'avaient connu les Kennedy. C'était Bobby qui avait mené le gouvernement vers de périlleux écueils, défiant les Dieux de la pègre souterraine, se saisissant du feu qui avait finalement fait flamber la haine contre son frère et lui. Il l'avait fait, en partie au moins, pour servir son frère et la Présidence, mais il était allé au-delà de ce qu'exigeait le devoir ou la nécessité, utilisant son statut privilégié de frère du Président pour justifier un voyage presque pervers au bout de lui-même.

Lorsque Jack était encore vivant, tout se justifiait. Maintenant qu'il était mort, tout était remis en question. Ses actes avaient-ils créé le climat propice à un assassinat ? Son zèle avait-il contribué à engendrer cet enchaînement de circonstances qui devaient mener à la mort de Jack ? « La CIA a-t-elle tué mon frère ? » demanda-t-il un jour à John McCone, d'une voix oppressée, peu après l'assassinat[17]. La réponse de McCone fut négative, mais Bobby en savait autant et parfois plus que le directeur de la CIA, sur les activités du groupe « *Executive Action* », les complots, la guerre secrète contre Castro et le mariage cauchemardesque entre la pègre et les services de renseignements. Bobby évita délibérément la commission Warren que Johnson avait établie pour faire la lumière sur l'assassinat et lever les doutes sur la responsabilité de Harvey Oswald, comme auteur unique de l'attentat. Or ce dédain pour la commission fut interprété par certains comme le signe que le sujet était trop pénible pour lui ; mais d'autres y virent la preuve qu'il ne voulait pas faire poser trop de questions de peur des réponses qu'il pourrait obtenir »[18]*.

* Bien qu'il prétendît n'avoir jamais lu le rapport de la commission Warren, Bobby continua de soulever furtivement la question de l'assassinat. Quand le procureur du dictrict de la Nouvelle-Orléans, Jim Garrison, rendit public ce qu'il croyait bien être le véritable

Et toujours au milieu de sa peine, comme pour exaspérer celle-ci, il se sentait harcelé par la question de sa propre identité. Ramsey Clark, qui l'observait avec chagrin poursuivre péniblement sa route après l'assassinat, pensa qu'une partie des regrets de Bobby venait du fait qu'il se sentait soudain, presque absurdement, libre : « Sa destinée avait tellement été liée à celle de Jack que la mort de celui-ci était comme celle d'un autre lui-même ; la perspective de devoir continuer était d'autant plus terrifiante qu'elle se présentait comme un nouveau départ à zéro »[20].

Une fois de plus, et conformément aux étranges lois de l'équilibre qui régissaient la famille Kennedy, la mort d'un frère offrait au survivant une occasion inattendue et redoutable de s'affirmer, une chance à laquelle il ne s'était jamais attendu et que, dans un certain sens, il refusait de saisir. Comme après la disparition de Joe Junior, vingt ans plus tôt, pour se réaliser soi-même il fallait reprendre le fardeau des promesses non tenues par un Kennedy mort. Tel était le prix à payer. Dans l'esprit de Bobby, cela se traduisait par « le travail inachevé » du Président, un « Héritage » de programmes mis en chantier mais encore en projet. Cette idée aurait certainement paru étrangère à Jack qui concevait la présidence comme un élément de sa destinée personnelle. Par une ironie du sort que Bobby ne pouvait percevoir, le « travail » avait été bel et bien achevé lors de l'apothéose nationale qui avait suivi le crime de Dallas et qui avait fait du Président assassiné le héros d'une chanson de geste, ce qu'il avait toujours secrètement souhaité devenir. D'une certaine façon, c'était l'élan de Bobby qui avait été brisé à mi-course, dans son rôle de flic de la Nouvelle Frontière, de « gardien de son frère » ; et il se trouvait cruellement placé devant l'obligation qu'il n'avait jamais vraiment assumée, de se définir en tant qu'individu. A sa façon caractéristique, il tenta de trouver la solution en se proposant pour alimenter la flamme des Kennedy : il réaliserait les promesses laissées en suspens par la disparition du Président.

Etant donné le point de départ, la mise en œuvre de l'Héritage comporterait une forte dose de réformisme. Quelques semaines après l'assassinat, au cours d'un voyage en Extrême-Orient, dont la préparation était trop avancée pour qu'il pût l'annuler, il déclara aux étudiants gauchistes de l'université de Wajeda, au Japon : « Le président Kennedy était bien plus que le chef d'un Etat ; il était à la tête de la jeunesse du monde entier. Il s'efforçait de lutter contre la faim, la maladie et la pauvreté tout autour du globe. Vous et moi qui sommes jeunes avons désormais le devoir de poursuivre la lutte »[21]. Ces thèmes — jeunesse, idéalisme, dévouement — s'enfleraient démesurément à l'avenir, chaque fois qu'il parlerait de Jack et citerait ses discours avec le zèle apostolique du prophète d'une nouvelle foi. L'idéal qu'il avait créé se trouvait exempt des compromissions qui avaient joué un tel rôle dans le succès de Jack ; il était animé d'un esprit de croisade propre à la gauche, dont le Président s'était

---

complot, Bobby lui envoya Walter Sheridan. Il demanda un jour à l'attaché de presse Frank Mankiewicz s'il croyait que Garrison « savait quelque chose ». « Non, répliqua Mankiewicz, mais je crois qu'il y a quelque chose. » Bobby hocha la tête : « Moi aussi. Suivez l'affaire »[19].

toujours méfié. Bobby, en sa qualité de moraliste familial, présentait son frère comme il aurait voulu que celui-ci eût été. En se donnant cet idéal, il s'assignait du même coup sa propre tâche : parachever l'ouvrage entrepris et se montrer digne du mythe qu'il était en train de créer.

Jackie, elle aussi, était absorbée par son souci d'être digne de l'Héritage, mais dans son esprit il s'agissait plutôt de construire des édifices et d'ériger des monuments à la gloire d'un épisode historique — le temps de la Nouvelle Frontière —, alors que les projecteurs du monde entier étaient encore braqués sur eux tous. Il était important, dit-elle au journaliste Théodore White, de rappeler au monde que ce temps avait existé : « C'était comme le royaume du roi Arthur et de ses chevaliers »[22]. Ce genre d'image irritait Bobby. Il savait ce que Jackie avait en tête : la grâce et l'esprit de *Camelot,* la comédie musicale de Lerner et Lowe; mais il comprenait peut-être aussi que le parallèle pourrait également faire penser au personnage de Thomas Mallory dont l'idéal, trahi par les appétits charnels et le besoin de puissance, débouchait finalement sur la mort et la désolation. L'ironie du sort voulait qu'il fût lui-même le parfait Lancelot, plein d'ascétisme et d'intensité, en lutte contre ses démons, anxieux d'entamer sa quête du Graal, mais inquiet de ne pas être assez pur pour l'atteindre.

Lem Billings et les autres amis de Jack qui reportèrent bientôt leur attachement sur Bobby — chez qui il se trouva aussi profondément ancré — pensaient que, dans une certaine mesure, celui-ci fut sauvé de son chagrin par la présence de LBJ. Il avait toujours eu besoin de projeter vers l'extérieur son sentiment du mal, et d'incarner celui-ci dans des personnages réels : Castro, Hoffa et quelques autres avaient joué ce rôle dans le passé. Maintenant, dans sa « nuit obscure de l'âme », Bobby considérait le nouveau Président comme un objet immuable dans un monde changeant. Johnson avait toujours été un ennemi; maintenant, il était encore davantage : l'opposé de tout ce que, selon Bobby, son frère avait représenté, « l'anti-Héritage ». Il était l'usurpateur du rêve, le symbole de tout ce qui, soudain, s'en était tragiquement allé, le satyre dont la présence faisait briller d'autant plus le souvenir d'Hypérion perdu.

Depuis le 22 novembre, le frère du Président assassiné avait bien des raisons de se faire du souci. Tout d'abord, il avait relevé l'insistance avec laquelle LBJ avait tenu à prêter serment dans l'avion présidentiel *Air Force One;* selon Bobby, c'était là l'effet d'un calcul : ainsi, techniquement, son frère mort ne rentrerait pas en Président à Washington. Il était également choqué par la hâte inélégante avec laquelle Johnson s'emparait des symboles du pouvoir. Il collectionnait et conservait ses motifs de récrimination : par exemple ce qu'il considéra comme un ultimatum adressé à Evelyn Lincoln, la secrétaire de Jack, à qui LBJ avait intimé l'ordre de ranger son bureau et de vider les lieux le lendemain même de la prestation de serment. Rencontrant le nouveau Président dans le Bureau Ovale où il était entré pour prendre les affaires personnelles de Jack, Bobby lui avait demandé : « Vous ne pouviez pas attendre ? »[23].

Le journaliste Rowland Evans se rappelle avoir passé des soirées à Hickory Hill, avec Bobby, durant cette période : « Il m'inondait d'histoires qui montraient quel fils de pute était ce Johnson. Comment celui-ci utilisait des personnels militaires pour reboiser son ranch, et des choses comme ça. Il n'était qu'amertume et frustration ; ils avaient construit un merveilleux édifice, et juste quand ils l'avaient terminé, ils avaient dû donner les clefs à un autre »[24]. Quand Bobby rencontra Joseph Alsop, il l'accusa amèrement d'avoir « livré la Présidence à Johnson », allusion au rôle joué par le chroniqueur dans le choix d'un candidat à la Vice-Présidence, en 1960.

Si la réaction de Bobby, face à Johnson, tenait de la haine irrationnelle qui couve entre frères ennemis, comme certains initiés le pensaient, LBJ partageait ce sentiment, dans une certaine mesure[25]. Il savait qu'il avait été tourné en ridicule par ceux qu'il appelait « la bande à Bobby » ; ceux-ci avaient fait assaut de sarcasmes sur le manque de classe du Vice-Président et le désignaient, avec Lady Bird, sous les sobriquets de « Oncle Pain-de-maïs et sa petite Côte-de-porc » (l'expression était de Jack). Il était de notoriété publique que, quinze jours avant l'assassinat, les amis de Bobby avaient apporté à celui-ci une statuette vaudou à l'effigie de LBJ, qui avait été la source de moqueries sans fin et que tout le monde s'amusait à percer avec des aiguilles[26].

Pourtant, Jackie — au moins elle — considérait que LBJ s'était comporté avec une « générosité d'esprit » exemplaire, après l'assassinat[27]. Il ne fallait pas oublier que, sous les douloureux symboles du veuvage, se cachait la fragile rescapée d'un attentat ; elle avait raconté à Charles Bartlett, quelques semaines après l'entrée de LBJ en fonctions : « Bobby m'a obligée à mettre mes habits de deuil et à aller dans le Bureau Ovale pour lui [LBJ] présenter toute une série d'exigences... et il a tout accepté »[28]. L'une des demandes concernait la reconduction de la Commission pour la Conservation de la Maison-Blanche. Une autre consistait à faire donner au Cap Canaveral, le nom de Cap Kennedy. Jackie avait abordé ce point avec nervosité en s'attendant à ce qu'il réponde : « Cela, ma chère, c'est impossible. » Au contraire, il avait téléphoné aussitôt, devant elle, au gouverneur de la Floride, LeRoy Collins, et l'avait convaincu non seulement d'accepter le changement de nom mais encore de présenter un projet de loi à cet effet devant le parlement de l'Etat[29].

Or, au moment où LBJ demandait, non sans insistance, aux personnalités nommées par Jack de rester à leur poste, Bobby essayait de cimenter ses propres liens avec eux et de les enrôler dans sa famille politique. Deux semaines après les funérailles, au cours d'une conversation avec Schlesinger et Richard Goodwin * dans son bureau, Bobby avait déjà commencé à esquisser ce que serait « l'Héritage » de Jack :

* Selon un collaborateur de Bobby, Ralph Dugan, « Schlesinger déclara la guerre à LBJ le jour même où Bobby en parla »[30]. Goodwin, pour sa part, avait vu sa carrière renflouée par le nouveau Président. Après avoir perdu la partie, au cours d'une lutte d'influences avec Sorensen, il avait dû quitter la Maison-Blanche pour passer au département d'Etat ; il y entra en conflit avec Rusk qui le croyait impatient de diriger le service de l'Amérique latine. Jack le

« Il y a, à Washington, une bonne centaine d'hommes dévoués aux idées pour lesquelles nous sommes tous venus ici; et ils sont actuellement dispersés à travers les différents services du gouvernement. Nous devons rester étroitement unis et ne pas nous laisser éjecter un par un... Mon frère n'a eu que le temps de démarrer, et il reste tant à faire — pour les Noirs, les chômeurs, les enfants des écoles, et tous ceux qui n'ont pas leur juste part des bienfaits de notre société. Voilà ce qui compte. Le nouveau gars ne comprend pas ça. Il sait tout sur la politique et rien sur les êtres humains... »[32]. Bundy, McNamara et autres grands commis qui restaient aux affaires, à cause de leur sentiment du devoir national, furent considérés comme des traîtres, ou peu s'en fallait. Bobby les accusa amèrement d'être des serviteurs à gages pour qui tout se ramenait à « le roi est mort vive le roi »[33].

Lorsque Bobby assista au premier conseil des ministres de Johnson, il paraissait si dolent que même un vieux partisan des Kennedy, comme Orville Freeman, en fut choqué : « Son comportement, depuis le moment où il était entré dans la pièce et avait pris sa place autour de la table, était... eh bien, il était très clair qu'il ne pouvait guère supporter de voir Lyndon Johnson assis dans le fauteuil de son frère »[34]. Contraint, et manquant lui-même de confiance en soi, Johnson tenta de gagner la confiance de Bobby, d'autant plus qu'il était conscient d'avoir, malgré tout ce qui le séparait d'abord de Jack, établi un contact affectif avec celui-ci, avant sa mort[35]. Mais Bobby, non content de rejeter ces offres, en fut offensé. Il devait déclarer ultérieurement : « Johnson disait à Kenny [O'Donnell] et à Larry [O'Brien] qu'il pensait que je le détestais; il leur demandait ce qu'il pourrait faire pour m'amener à l'aimer... En réalité, je n'avais cure de me lier avec lui ; à mes yeux, il y avait des tas de choses qui se réalisaient dans la foulée de ce que le président Kennedy avait fait, et c'est à Johnson que l'on en attribuait le mérite; et lui, il ne disait pas assez fort que c'était au président Kennedy qu'on le devait »[36].

Alimenté par les partisans respectifs des deux hommes, le conflit s'envenima au point de prendre des aspects paranoïaques. Chacune des parties se butait. Au bout de quelques semaines, Hickory Hill et le Bureau Ovale s'observaient comme des gouvernements hostiles. L'étincelle se produisit lorsqu'un fanatique de Kennedy, Paul Corbin, eut pris sur lui de faire campagne dans le New Hampshire pour que Bobby fût désigné par voie de pétitions comme candidat du parti à la vice-présidence en 1964. En février, LBJ convoqua son ministre de la Justice à la Maison-Blanche pour lui en parler ; ce fut une conversation « aigre et méchante, sur le ton le plus mauvais » que Bobby eût jamais entendu[37] ; au bout de quelques minutes il sortit en fureur du bureau présidentiel.

Il tenta alors de se terrer dans son propre ministère, en ignorant la

---

trouvait ambitieux et avait demandé à ses assistants : « Dégottez-lui un poste, mais pas trop important »[31]. Goodwin s'était donc retrouvé dans le Corps des Volontaires de la Paix où il écrivait des discours pour Sargent Shriver; finalement, c'était un collaborateur de LBJ, Jack Valenti, qui avait réussi à le tirer de cette obscurité.

Maison-Blanche dans toute la mesure du possible. En janvier, Hoffa (qui s'était délecté en apprenant l'assassinat et avait alors déclaré : « Bobby Kennedy n'est plus qu'un avocat comme les autres maintenant »[38]) avait été jugé et condamné à huit ans de prison pour avoir tenté de corrompre le jury dans l'affaire de la Test Fleet ; il écopa de cinq années de prison supplémentaires à Chicago pour malversation des fonds de retraite du syndicat. On déboucha les bouteilles de champagne au ministère de la Justice, mais Bobby, conscient désormais des forces que sa longue traque de Jimmy Hoffa avait déchaînées, déclara tristement : « Il n'y a rien à célébrer »[39]. Il lui fut impossible de travailler désormais « comme avant », parce que son action au poste de ministre de la Justice et de Procureur général n'avait servi qu'à une seule et vaste fin : le succès du mandat présidentiel de son frère.

Vers la fin du printemps 1964, Bobby se plaignait à un journaliste qui l'interviewait : « Je conserve quelque influence parce que je reste en contact avec Averell Harriman et que j'appartiens à la Commission du contre-espionnage... mais c'est infinitésimal par rapport à ce que j'avais auparavant »[40]. Les preuves de l'effritement de son pouvoir étaient visibles partout, mais plus spectaculairement encore qu'ailleurs dans les relations avec Cuba. Au printemps de 1964, Bobby faisait un récit verbal des événements pour les archives de ce qui deviendrait la Bibliothèque Présidentielle de son frère ; il déplorait, à cette occasion, que le dispositif de harcèlement dont avait été victime Castro avant la mort de Jack eût été laissé à l'abandon en raison de la pusillanimité et de l'inefficacité de LBJ. « Nous avions fait un gros effort en août, septembre et octobre. L'organisation était meilleure qu'elle n'avait jamais été et elle commençait à produire des effets... mais chaque fois que Desmond Fitzgerald prépare un projet... personne ne veut assumer la responsabilité de l'approuver — ils en ont peur... »[41].

Vers la fin de juin, apprenant que Henry Cabot Lodge avait l'intention de démissionner de son poste d'ambassadeur au Sud-Vietnam, Bobby envoya à LBJ une note qui rendit perplexes ses partisans ; il offrait de remplacer le partant à Saigon[42]. Au même moment il envisageait de monter directement à l'assaut de l'exécutif. Le général MacArthur, l'un de ses héros, avait instamment demandé à Bobby de chercher à se faire élire vice-président en 1964. Vieux et infirme, obsédé par sa propre maladie, MacArthur prédisait que Johnson n'irait pas jusqu'au bout d'un quadriennat en raison de l'état de son cœur. Aussi, en se présentant comme son substitut, Bobby pouvait-il regagner par un retour de fortune ce qu'un coup du sort avait fait perdre. Bobby répliqua que même s'il parvenait à exercer sur LBJ une pression assez forte pour obtenir d'être investi comme candidat à la Vice-Présidence, il n'aurait « aucune influence notable » comme Vice-Président. Il préférait encore démissionner de son ministère et chercher à se faire élire sénateur de l'Etat de New York. Examinant cette possibilité, il déclarait : « Dès lors, je ne suis pas un sénateur quelconque, mais je représente New York, et je suis le chef de l'aile Kennedy du parti démocrate »[43]. Son frère Ted, ses sœurs et Steve Smith, tous étaient d'accord avec lui. Mais Sorensen, Schlesinger et ses autres conseillers le pressaient de rester à son poste et de se battre pour s'assurer que le candidat à la vice-présidence appartiendrait au moins à l'aile gauche du parti. « Je ne peux pas continuer à glander ici, disait Bobby à ses amis, il faut que je descende dans l'arène et que je me fasse élire »[44]. Mais Kenny O'Donnell, en particulier, lui rappelait qu'il avait un devoir envers la mémoire de Jack. « OK, grommela Bobby. Bon Dieu, je reste. »

Mais le problème de la destinée — la sienne et celle de la famille Kennedy — était toujours présent dans son esprit. Le 19 juin, alors que ses partisans continuaient de faire campagne pour qu'il accédât à la vice-présidence ou, à défaut, que ce fût quelqu'un comme Hubert Humphrey, il se produisit un événement qui remit une fois de plus en question, de façon spectaculaire, la destinée des Kennedy. Teddy revenait de Washington où il avait voté avec tout le sénat (toujours sous l'effet du souvenir de Jack) la loi historique sur les droits civiques. Le temps était si mauvais que le pilote de la *Caroline* avait refusé de décoller pour Springfield (Massachusetts) où Teddy devait recevoir l'investiture du parti pour sa réélection de novembre. Résolu à partir coûte que coûte, Teddy loua donc un avion léger qui s'écrasa dans un verger au moment où le pilote cherchait à atterrir sans aucune visibilité. Celui-ci fut tué, de même que l'ami de Teddy, Ed Moss, qui l'accompagnait. Le sénateur s'en tira avec un poumon perforé et plusieurs vertèbres écrasées.

Bobby rendit visite à son frère sur son lit d'hôpital, constata que la colonne vertébrale n'était pas endommagée de façon irrémédiable, puis alla se promener dans la chaleur de la nuit avec Walter Sheridan. Après un moment, il s'étendit sur l'herbe et regarda sombrement vers le ciel obscur. « Il y a quelqu'un, là-haut, qui ne nous aime pas », marmonna-t-il ; et il ajouta d'une voix étranglée : « Ça a été une année à faire frémir. Pas vrai ? »[45]. Mais même dans cette circonstance, la politique reprenait le dessus, et du même souffle, il demandait à Sheridan s'il devait se faire élire au sénat ou à la vice-présidence. Le lendemain, alors qu'il répondait aux questions des journalistes, l'un d'eux lui demanda si, eu égard à la propension de la famille à la tragédie, les Kennedy ne feraient pas mieux de quitter la scène. « Les Kennedy ont l'intention de poursuivre leur vie publique », déclara-t-il fermement. Puis, comme s'il avait eu une arrière-pensée, il ajouta : « La chance, il faut la mériter ; et la malchance, la supporter »[46].

Pendant ce temps, LBJ continuait de passer la vice-présidence sous le nez de chacun comme une carotte. Pendant un certain temps il avait concentré son attention sur Sargent Shriver ; il élargissait ainsi le fossé qu'il avait creusé en faisant accepter au beau-frère des Kennedy le poste de directeur du Bureau des Chances économiques — bureau que Bobby tenait pour partie intégrante des programmes de Jack, dans sa « guerre contre la pauvreté », dont le gouvernement Johnson se faisait attribuer le mérite comme toujours. Puis, à la veille de la convention, le Président, pour porter un coup manifestement dirigé contre Bobby, déclara qu'il ne choisirait pas son vice-président au sein du cabinet. Il avait prévenu Bobby d'avance, et il prit par la suite un plaisir sadique à imiter la réaction de son ministre de la Justice — un spasme convulsif de la pomme d'Adam qui, selon Stewart Alsop, faisait ressembler Bobby « à une sorte de demi-idiot frappé de stupeur »[47]. Deux jours après, Bobby annonça qu'il serait candidat au sénat. Pour ne pas prendre de risques, LBJ s'assura que ce gêneur ne paraîtrait pas devant la convention avant que les candidats à la Présidence et à la Vice-Présidence eussent été investis. C'était une sage décision : quand Bobby parut, l'émotion fut telle qu'elle se traduisit par un ouragan d'applaudissements virant bientôt au pandémonium — manifestation spontanée qui montrait bien le pouvoir du nom de Kennedy.

Adlai Stevenson et autres candidats potentiels au siège sénatorial de l'Etat de New York reçurent ce que l'ambassadeur aux Nations Unies appela avec des brûlures d'estomac « des appels onctueux » de Steve Smith destinés à les écarter de la course et à les mobiliser en faveur de Bobby[48]. (« L'avidité des Kennedy me rend littéralement malade », nota Stevenson, en faisant allusion à la politique plutôt qu'à l'argent[49].) Mais aucune personnalité de quelque importance ne se présenta face à Bobby qui obtint l'investiture sans difficulté. Il lui fallait maintenant vaincre son vieil adversaire, le candidat républicain Kenneth Keating, qu'il avait déjà trouvé sur son chemin lors de la crise des missiles.

Il partait avec une large avance (ce qu'un journaliste appela « les voix de la sympathie et du remords »). Mais, dès le début, sa campagne manqua de mordant et d'assurance. Bobby essayait bien d'imiter les gestes tranchants de son frère et la cadence ascendante qui avaient fait de Jack un orateur efficace, malgré son accent traînant du Massachusetts ; mais il avait une élocution hésitante et ses mains tremblaient tant quand il lisait ses discours, d'une voix monocorde, qu'il lui fallait les dissimuler sous le pupitre. Tout se passait comme si, après avoir accepté de jouer les seconds rôles pendant si longtemps, il ne supportait pas d'être exposé aux feux de la rampe. Mais son trac avait également des origines métaphysiques ; les choix politiques qu'il avait faits jusque-là, pour durs ou cruels qu'ils aient pu être, se trouvaient justifiés par sa fidélité envers son frère. Les mêmes agissements paraissaient maintenant non plus désintéressés mais égoïstes. Ramsey Clark, qui l'avait accompagné au début de sa campagne, avait eu « le vif sentiment que Bobby se sentait propulsé par une force extérieure à lui-même et ne continuait pas tant d'avancer par sa propre volonté que poussé par les avis des uns et des autres »[50].

En même temps, le rôle qu'il avait si souvent accepté de jouer dans le passé — celui du méchant, chargé de la basse besogne — lui était maintenant reproché. La nostalgie qu'éveillait sa candidature, au commencement, fut vite battue en brèche par des attaques contre le « mauvais Bobby » qui avait menacé, poursuivi, harcelé ses adversaires et posé des tables d'écoute pour mieux les épier, pendant des années. Il semblait parfois que le mot « impitoyable » fît partie intégrante de son nom. Après l'avoir traité de candidat « parachuté et dénué de principes », Gore Vidal et d'autres membres de l'aile gauche du parti formèrent un comité des

« Démocrates favorables à Keating ». Dans le même temps, l'aile droite du parti faisait circuler un pamphlet intitulé « L'étrange mort de Marilyn Monroe », où Bobby était accusé d'avoir eu une liaison avec l'actrice et de l'avoir fait exécuter par des agents communistes à sa solde, quand elle avait menacé de dévoiler ses accommodements avec le régime castriste. Il était également hanté par le fantôme de Jack — si spirituel, si vif, si magnifié dans toutes les mémoires, que son frère en était rapetissé d'autant. (« Ils votent pour *lui* », avait-il dit tristement à Ed Guthman, après un discours où la foule avait applaudi frénétiquement le nom de son frère chaque fois qu'il y faisait allusion ou citait une de ses phrases[51].) Et il n'avait pas, auprès de lui, un Bobby pour veiller à ses intérêts. A un moment, alors que les sondages révélaient une chute de sa popularité, il appela Steve Smith qui était censé diriger sa campagne, pour lui dire doucement : « Steve, je voulais seulement te dire que les choses ne se passaient pas comme ça quand je dirigeais la campagne de mon frère »[52].

Keating était une cible difficile, avec son air d'oncle angélique et son solide passé d'homme de gauche. Craignant de justifier sa réputation d'être brutal et impitoyable, Bobby se voyait contraint de traiter son adversaire avec mansuétude. Tout au long de septembre, il vit s'effriter son avance, au point qu'il commençait à prendre du retard sur son opposant. Il se vit même réduit à s'accrocher aux basques de Johnson, l'homme qu'il haïssait tant, geste si désespéré qu'il fit dire à Richard Nixon que Bobby perdrait et de beaucoup. C'est alors que Keating commit la faute d'accuser Bobby, devant un public juif, d'avoir conclu un arrangement avec un « cartel nazi » parce que le ministère de la Justice avait réglé les réclamations d'une firme de produits chimiques appelée General Aniline, dont les biens avaient été saisis pendant la guerre sous prétexte qu'elle entretenait des relations avec le Troisième Reich. C'était une tentative à peine déguisée pour associer Bobby aux vues antisémites exprimées par son père pendant la guerre — ne l'avait-on pas traité de « digne fils de son père » ? Bobby eut enfin l'occasion de répliquer violemment ; il déclara indécent d'insinuer qu'il avait conclu un accord avec d'anciens nazis, après avoir perdu un frère et un beau-frère à la guerre. La controverse à propos de la General Aniline fit long feu, mais elle avait permis à Bobby de prendre l'offensive pour la première fois depuis le début de la campagne.

Pour Lem Billings, le moment précis où Bobby découvrit ce qu'il était, n'eut rien à voir avec un discours ou une prise de position mais avec une décision publicitaire. Lem travaillait alors dans une firme de publicité à New York, et Bobby l'avait consulté à propos de son ultime émission de télévision, l'émission de la dernière minute. Ils essayèrent d'abord de mettre en scène des conversations du candidat avec l'homme de la rue qui lui poserait des questions sur les problèmes de l'Etat de New York. « Bobby se montra exécrable parce qu'il savait que son interlocuteur se moquait de tout ce qu'il pourrait dire », selon Lem. Ils changèrent alors leur fusil d'épaule et au lieu de filmer des scènes préparées à l'avance, ils fouillèrent parmi les bandes d'actualité qui montraient Bobby en pleine action, dans des endroits comme l'université Columbia où il avait donné la réplique à des étudiants pour la plupart très hostiles. « Il était sensationnel. Il crevait l'écran pour vous sauter au visage », disait encore Lem[53]. Jack se sentait à l'aise quand il était au repos. Bobby, au contraire, était plus naturel quand il se battait ; il trouvait son centre de gravité dans le mouvement. Ce fut le premier pas vers une découverte de sa propre personnalité politique.

Pourtant, quand il sut qu'il avait gagné l'élection sénatoriale, cela n'allégea pas son fardeau. Certes, il ne l'avait emporté qu'avec 700 000 voix d'avance ; il n'y avait pas de quoi pavoiser, car dans ce même Etat de New York, Johnson avait obtenu, pour sa part, trois millions de voix de plus que le candidat républicain Goldwater. Aussi, dans le communiqué de victoire qu'il adressa à la presse, Bobby mit-il autant de retenue que de tristesse. « Si mon frère était encore vivant, dit-il, je ne serais pas ici. Je l'aurais préféré »[54]. Deux semaines plus tard, lors du premier anniversaire de l'assassinat, John Seigenthaler était à Hickory Hill, lorsque Bobby, sombre et préoccupé, mit la veste d'aviateur de son frère, frappée du sceau présidentiel, et lui dit : « Allons faire un tour, j'ai besoin de me confesser. » Sur le chemin de l'église, il regardait d'un air morose, par la fenêtre de la portière. Soudain il dit à son compagnon : « Arrêtons-nous à Arlington pour voir la tombe de Johnny. » Quand ils y arrivèrent, la grille était fermée ; ils l'escaladèrent. Une sentinelle les vit et avança vers eux d'un air menaçant. « Je suis Mr Kennedy », hurla Bobby. Ils allèrent jusqu'à la tombe sur laquelle il s'agenouilla pour prier. Pendant qu'ils revenaient vers la voiture, une expression d'étonnement passa sur son visage : « J'ai eu une conversation avec lui, deux jours avant que ça arrive. Il m'avait appelé pour me souhaiter un joyeux anniversaire. Le fait est que je ne parviens pas à me rappeler ce qu'il m'a dit. J'essaye, j'essaye, et je ne peux pas me rappeler. J'ai fouillé partout dans ma mémoire. J'aurais dû demander à quelqu'un de noter ce qu'il me disait »[55].

L'idée de la mort de Jack ne le quittait pas. Mais, malgré son ardeur à lire et à penser, il restait foncièrement un Kennedy et, comme tel, cherchait instinctivement son salut dans l'action. En mars 1965, peu après qu'il eut occupé son siège au sénat, il eut l'occasion de *faire* quelque chose, quand le gouvernement canadien eut annoncé que l'on avait découvert un sommet inexploré, de plus de 4 500 mètres, dans la chaîne de Saint Elias, au Yukon, et qu'il avait décidé de le nommer Mont Kennedy en hommage au Président assassiné. Bobby décida qu'il participerait à la première ascension.

Le 22 mars, un hélicoptère de l'armée de l'air canadienne l'emmenait au camp de base, où se trouvait déjà l'expédition conduite par un alpiniste américain, Jim Whittaker, que Jack avait décoré pour sa participation à une ascension de l'Everest en 1963. Bobby portait un paquetage de 22 kilos, dont sortait le drapeau des Kennedy (trois heaumes d'or sur fond noir, que des héraldistes irlandais avaient dessiné pour l'Ambassadeur) roulé autour de sa hampe qui pointait comme une antenne.

Il avait redouté cette montagne escarpée et glaciale, flanquée de vertigineux précipices de granit et de glace, et s'était demandé — en ne plaisantant qu'à moitié — s'il en reviendrait vivant [56]. A un moment, au cours de la lente ascension, il glissa dans une crevasse et ne fut sauvé d'une chute fatale que par la corde qui l'attachait aux autres grimpeurs. A l'approche du sommet, ses traits étaient tirés par la souffrance et il aspirait avidement l'air raréfié. Whittaker et les autres s'arrêtèrent pour le laisser parvenir seul au sommet. Il s'y traîna, se mit à cheval sur la cime et se signa. Puis il planta le drapeau. Il avait apporté une poignée d'épingles de cravate avec l'insigne du *PT 109* pour les distribuer à ses enfants après son retour (« après qu'elles auraient été " bénies " », selon le mot de Lem [57]) ; il en sortit une, creusa un trou profond avec son piolet et l'y enterra. Tandis que les autres entamaient la descente, il fut le dernier à quitter le sommet ; après quelques pas, il se retourna encore et fit un ultime geste d'adieu. C'était comme s'il prenait congé du sentiment de culpabilité et d'angoisse que son frère lui avait légué ; pourtant, dans un sens allégorique, il lui faudrait encore escalader bien souvent le Mont Kennedy.

5

Bobby prêta serment au sénat en même temps que Teddy; en effet, celui-ci avait terminé son premier mandat de six ans et entamait le deuxième. (Il l'avait obtenu avec une marge de voix plusieurs fois supérieure à celle dont Bobby pouvait se prévaloir, comme il le rappela souvent à son aîné.) Lors de la cérémonie, les deux hommes ne semblaient guère venir de la même famille. Teddy était costaud, presque ourson, bien à l'aise dans sa peau, extrêmement sociable. Bobby était petit et timide, malgré ses efforts pour devenir un personnage public. Ce qu'ils avaient en commun c'était que, des quatre fils Kennedy, ils avaient été considérés, l'un et l'autre, comme les moins aptes à réussir.

Teddy souffrait toujours des suites de son accident d'avion et se trouvait marqué par sa longue convalescence ; il portait un corset pour soutenir son dos et s'appuyait lourdement sur une canne à pommeau doré. A trente-trois ans c'était déjà un parlementaire chevronné qui trouvait à son goût « son train de sénateur », le rituel sénatorial et la structure fortement articulée de la Chambre Haute. Au cours des deux années précédentes, il avait subi un véritable apprentissage, appris à se frayer un chemin à travers le maquis du protocole, et à veiller à sa propre carrière politique comme aux intérêts de son Etat d'origine — notamment en matière de législation sur la pêche et le transport aérien. Alors que Jack et Bobby n'avaient en tête que l'Histoire, Teddy avait considéré le sénat comme sa propre « nouvelle frontière » — un espace suffisant pour lui permettre de croître, aux dimensions de son avenir — lequel, comme il le disait à ses collaborateurs, demanderait forcément du temps pour se réaliser, peut-être des décennies plutôt que des années. Son heureux naturel et son travail acharné lui avaient valu le respect bougon de ses pairs, assez enclins — au début — à partager l'avis d'un bel esprit du Massachusetts qui avait proposé, lors de la première campagne électorale de Teddy, la création d'une Fondation Edward M. Kennedy, destinée à aider les jeunes gens riches et dépourvus de mérites, désireux de commencer directement leur carrière par en haut.

Mais l'arrivée de Bobby modifia les perspectives de Teddy. Ce dernier se trouva aux prises avec son vieux problème que Rose avait un jour résumé en ces termes : « Quand on a des frères et sœurs plus âgés, c'est eux qui prennent le plus d'importance dans la famille, occupent les meilleures chambres, choisissent en priorité leur bateau et tout le reste... »[1]. Maintenant son frère avait la priorité du choix pour tout ce qui concernait l'avenir politique de la famille. « Il faut que je cède la place d'honneur à Bobby, à partir de maintenant », déclara-t-il à ses collaborateurs en leur expliquant le changement de la situation[2].

L'un pour l'autre, ils étaient « Eddie » et « Robbie », liés d'affection et unis par leur loyauté sans faille envers toute la famille, dans laquelle aucun étranger ne pourrait jamais introduire un coin. Mais il n'y avait aucun doute sur le point de savoir lequel des deux était aux commandes. Quand *Newsweek* décida de consacrer la couverture d'un numéro aux deux premiers frères qui, en cent ans, eussent siégé ensemble au sénat, Teddy accepta de poser pour le photographe; mais Bobby, sous le fallacieux prétexte de ne pas avoir le temps, demanda que le magazine choisît un document d'archives... à la condition que, sur l'image, il parût plus grand que son frère[3]. Quand tous deux prenaient la *Caroline* pour aller passer le week-end à Hyannis, c'était Bobby qui s'asseyait automatiquement sur « le fauteuil du Président » — c'est-à-dire celui qu'avait toujours occupé Jack; Teddy ne l'utilisait que si son frère n'était pas dans l'avion[4]. Quand Robert Docking, gouverneur du Kansas et vieil ami politique de la famille, donna un dîner de gala pour célébrer la durée de sa présence à la tête de son Etat, Bobby envoya Teddy le représenter; il expédiait par la même occasion un long télégramme dans lequel il se déclarait désolé de ne pas accourir en personne, et recommandait que l'on veillât bien à ce que son « petit frère » rentrât directement à la maison après le dîner. On ne pouvait mieux manier l'aiguillon acéré qui servait à maintenir la discipline familiale[5].

Au sénat, les deux frères avaient bien délimité chacun leurs plates-bandes, sur lesquelles veillait leur équipe respective, chacune surveillant d'un œil critique ce que faisait *l'autre* Kennedy. Le chef de cabinet de Teddy, à cette époque, Dave Burke, se rappelle que Bobby avait plongé droit au cœur des affaires sénatoriales, et se montrait fort efficace dans les discussions en commission... spécialement au cours des audiences publiques et dans les situations difficiles[6]. Mais au cours des séances plénières, il n'était jamais aussi sérieux et respectueux des procédures qu'Edward Kennedy. « Bobby était souvent pressé et mal préparé, selon Burke; alors que Teddy avait profité de sa longue convalescence, après son accident, pour prendre des leçons particulières avec des professeurs de Harvard, et savait toujours de quoi il retournait. » Cette différence devint un objet de plaisanterie permanente entre les deux frères. Burke se rappelle que « si le président ou un autre sénateur demandait, par exemple, à Bobby d'expliquer ce qu'il avait en tête, celui-ci répondait quelque chose comme : “ Je n'en ai pas la moindre idée, mais je sais que l'idée est bonne, donc il faut l'adopter de toute façon. ” Il s'embrouillait, se mettait à bredouiller, et les membres de son équipe attrapaient des dépressions nerveuses.

Edward Kennedy lui faisait alors passer une petite note où il disait : " Peu me chaut ce que pensent les autres. Moi, je te comprends, Bobby. "... ce qui lui coupait son élan au beau milieu de son exposé »[7].

Et pourtant, malgré l'esprit de famille qui les unissait, Bobby était parfois une source d'embarras pour Teddy. En certaine occasion mémorable (ou, selon les collaborateurs de Teddy, tristement exemplaire), Bobby s'impatienta au cours de témoignages recueillis en commission, se leva, jeta une rame de papier en l'air et sortit avant même que les feuilles eussent touché le sol, laissant Teddy rouge de confusion. Selon un de ses anciens collègues : « Etant donné ce qu'il était, Bobby gagnait à tous coups, mais d'une façon très subtile, on avait parfois l'impression que c'était Teddy qui ramassait les enjeux »[8].

Après l'élection, il y avait eu une redistribution des cartes, car un certain nombre de collaborateurs fidèles de Jack avaient décidé de suivre leur voie propre. (D'aucuns, comme Pierre Salinger et O'Donnell, qui avaient leur propre sentiment sur l'Héritage, se présentèrent — sans succès — à des élections.) Mais, même dispersés, ils formèrent une sorte de milice, prête à prendre les armes et à accourir au moindre signal pour se jeter dans la bataille en faveur des Kennedy. Bobby se trouva néanmoins réduit à constituer sa propre équipe (ce qui lui coûta 100 000 dollars par an, de ses propres deniers, en sus de son allocation de sénateur). Ses deux principales recrues furent Peter Edelman et Adam Walinsky, tous deux diplômés de la faculté de Droit de Yale et transfuges du ministère de la Justice[9]. L'un et l'autre étaient favorables à la « Nouvelle Politique », défendue par une coalition de militants des droits civiques et d'étudiants activistes; ils souhaitaient pousser Bobby vers les objectifs et le discours de ces jeunes contestataires. (Comme le fit remarquer plus tard Fred Dutton, un assistant des Kennedy, les deux nouveaux venus allaient jouer ensemble le rôle dévolu à Sorensen auprès de Jack : l'un écrivant les textes de Bobby, l'autre établissant ses plans stratégiques.) Dans le feu des idées et des engagements auquel il était soumis, Bobby en vint à considérer son siège de sénateur comme une tribune et lui-même comme un tribun. Sa technique consisterait désormais à attacher aux textes d'autrui des amendements controversés, plutôt qu'à rédiger patiemment des projets de loi ; à défendre les intérêts du peuple au cours d'audiences fracassantes, plutôt qu'au moyen de manœuvres en coulisses; à renforcer plutôt qu'à atténuer sa réputation d'être un sénateur pas ordinaire.

Peu après son élection, Bobby entama une série de voyages à l'étranger, destinés à rappeler à Johnson qu'il bénéficiait d'un statut unique en son genre : celui de Prince d'Outremer. Ses déplacements avaient l'éclat de visites présidentielles, mais ils servaient également à recueillir une documentation de première main sur l'état des populations et à étayer des témoignages de moralité. En novembre 1965, lors d'une tournée en Amérique latine, il rejeta la suggestion du département d'Etat qui souhaitait confier au voyageur une mission diplomatique appropriée, pour suivre un itinéraire propice à des rencontres de son choix ; c'est ainsi qu'il discuta avec des intellectuels dissidents, au Pérou, sur l'importance du rôle joué par les Rockefeller dans la politique étrangère des Etats-Unis ; défia les étudiants chiliens, plus pressés de le bombarder avec des œufs que de discuter de l'avenir de l'hémisphère occidental ; et défendit l'Amérique face aux Marxistes argentins. Partout, il brandissait le souvenir de son frère — au milieu des mineurs chiliens, jusqu'au fond de leurs galeries périlleuses, ou parmi les populations défavorisées tout au long de sa route. Pour l'anniversaire de l'assassinat, il se trouvait au Brésil, dans un petit centre communautaire perdu, baptisé du nom de Jack. Comme les enfants se rassemblaient timidement autour de lui, il leur adressa un petit discours : « Le Président aimait beaucoup l'école. Je voudrais vous demander de faire quelque chose pour lui : n'abandonnez pas vos études ; poursuivez-les aussi longtemps que vous pourrez. Et ensuite travaillez pour votre ville et pour le Brésil »[10].

Quelques mois plus tard, il était en Afrique du Sud. Quand le Premier ministre, Verwoerd, refusa de le recevoir, il alla rendre visite à Alan Paton, l'auteur controversé de *Pleure, ô pays bien-aimé*. Il voyagea en brousse pour y rencontrer Albert Luthuli, le chef zoulou lauréat du prix Nobel de la paix, interdit de séjour sur une certaine partie du territoire. Il fit une visite impromptue chez un homme politique de gauche, Ian Robertson, banni lui aussi. (Bobby lui demanda s'il y avait des écoutes clandestines dans la maison ; Robertson surpris lui répondit que c'était probable ; aussitôt, Bobby sauta en l'air et se laissa retomber aussi lourdement que possible sur le plancher ; il expliqua alors à son hôte que les micros seraient mis hors d'usage par les vibrations pendant une quinzaine de minutes. « Comment le savez-vous ? » demanda Robertson. « J'ai été ministre de la Justice pendant un certain temps », répliqua Bobby[11].) Il prononça une conférence sur l'injustice devant des étudiants sud-africains de race blanche, et aborda même à cette occasion le sujet tabou — celui du problème racial : « Mon frère pensait que chacun de nous peut s'efforcer de modifier une toute petite partie des événements, dit-il à Johannesburg, et que l'Histoire de notre génération sera, en définitive, l'addition de ces efforts »[12].

De retour aux Etats-Unis, il poursuivit ses explorations, s'efforçant de transformer lentement sa conception idéale et sentimentale de l'Héritage Kennedy en une série de préoccupations spécifiques. Au cours de l'été 1965, les émeutes de Watts, à Los Angeles, avaient secoué le pays et attiré l'attention de tous sur les conditions de vie dans les ghettos noirs urbains ; aussi, en février 1966, Bobby entreprit-il de faire une promenade largement annoncée et commentée, dans le quartier noir de Bedford-Stuyvesant, à Brooklyn. Dans l'ensemble, il souscrivait aux doctrines orthodoxes de la gauche sur la pauvreté (qui formaient d'ailleurs l'ossature des programmes sociaux alors ébauchés par Lyndon Johnson sous l'étiquette de la « Grande Société » *), à ceci près, cependant, que le sens moral

* Le projet de « Great Society » de Lyndon Johnson prenait la place de la « Nouvelle Frontière » (y compris la « guerre contre la pauvreté ») de John Kennedy. Il était fondé sur une idée alors très nouvelle mais appelée à un grand avenir : les problèmes de quantité, disait

de Bobby lui faisait préférer la fourniture d'emplois à des allocations diverses. Lors de sa promenade à Bedford-Stuyvesant, la vue des épaves de voitures rouillées, voire des tas de détritus, dans les rues sales du ghetto, bordées de squelettes d'édifices en ruines où vivait une population résignée à sa défaite, lui parut « incompréhensible » ; il la compara aux « pires spectacles qu'il avait trouvés en Amérique latine ». Quand il dénonça cet état de choses, les activistes du quartier l'accusèrent d'être l'un de ces politiciens en quête de documentation pour ses dossiers, et que l'on ne reverrait plus dans le coin dès que les caméras de la télévision auraient retransmis le témoignage de son indignation. Comme lors de sa rencontre avec James Baldwin et autres Noirs, en 1963, Bobby enragea en entendant ces propos. « Au lieu d'être ici, je pourrais rester tranquillement à Palm Beach à fumer le cigare »[13], maugréa-t-il dans la voiture qui le ramenait à Manhattan. Mais au cours des mois suivants, il travailla à rassembler une coalition d'hommes d'affaires (de race blanche) conscients du danger, et d'anciens grands commis du gouvernement Kennedy, comme le financier Douglas Dillon ; Roswell Kirkpatrick ; le président d'IBM, Thomas Watson ; et l'ancien collaborateur de Roosevelt au temps du New Deal, David Lilienthal. Tous ensemble ils fondèrent deux sociétés chargées de faire affluer à Bedford-Stuyvesant l'argent des fondations et le capital des industriels, avec pour objectif la création d'emplois et la rénovation du quartier. A l'origine de cette entreprise se trouvait la Commission de la jeunesse délinquante, dirigée au ministère de la Justice par l'ancien condisciple de Bobby, David Hackett, qui avait partagé sa chambre à Milton. Celui-ci était parti de l'idée qu'il fallait combattre la pauvreté par une action ponctuelle et locale, en utilisant de l'argent fourni par l'Etat mais sans intervention du gouvernement[14]. Quand la nouvelle compagnie « Bedford-Stuyvesant Development and Services Corporation » se mit à croître et à prospérer, un jeune Noir impliqué dans le projet exprimait l'opinion générale quand il affirmait : « Kennedy, il ne se contente pas d'ouvrir sa gueule. Il crache aussi du fric. »

Peu après que Bobby eut découvert Bedford-Stuyvesant, Walter Reuther, le président de la grande centrale syndicale AFL-CIO, lui suggéra de faire réaliser une enquête sur les circonstances dans lesquelles se déroulait la grève des ouvriers agricoles dans les vignobles de la grande vallée de Californie centrale. Bobby était d'autant mieux placé pour ce faire, qu'il dirigeait au sénat la sous-commission chargée des ouvriers migrateurs, laquelle avait commencé à enquêter sur les conditions de travail des employés saisonniers dans les Appalaches.

Bobby ne savait pas grand-chose de ce qui se passait dans ce domaine en Californie. Il accepta néanmoins à contrecœur de s'en occuper, mais dans

---

en substance Johnson, ayant été pratiquement résolus dans la société américaine, il était temps de se préoccuper des problèmes de qualité (qualité de la vie) ; les programmes mis en chantier comprenaient toute une série de mesures à long terme concernant notamment la lutte contre la pollution, l'élimination complète des poches de pauvreté subsistant aux Etats-Unis, etc. (N.d.T.)

l'avion il jeta avec irritation à Edelman : « Je me demande pourquoi j'y vais »[15]. Quand il rencontra finalement le chef du syndicat des ouvriers agricoles, César Chavez, un homme aussi volontaire, aussi catholique et aussi avisé, en politique, que lui-même, il convint que cela valait le voyage. Il sentait que Chavez, partisan résolu de la non-violence, était une version mexicano-américaine de Martin Luther King — mais dépourvu des appétits sexuels du pasteur dont Bobby avait connaissance grâce à ses tables d'écoute et qui l'empêchaient de se lier avec le dirigeant noir. En outre, la situation des ouvriers migrateurs était moralement claire, alors que celle des Noirs dans les ghettos ne l'était pas. « C'est un combat typiquement américain », disait-il aux travailleurs. Quand les responsables du maintien de l'ordre dans le comté de Kern eurent admis, devant la sous-commission, qu'ils avaient emprisonné des grévistes sans autre forme de procès, Bobby leur jeta le regard glacial qu'il avait hérité de son père et leur conseilla froidement de profiter de la pause du déjeuner pour lire la Constitution.

Après ce voyage, il entraîna les membres de la sous-commission dans le nord de l'Etat de New York pour y inspecter les camps de travailleurs migrants, prenant à partie les employeurs en les accusant de « sortir tout droit de Steinbeck ». Ensuite, il prit conscience du sort des Indiens de l'Etat de New York et de tous les Peaux-Rouges en général. Il forma une sous-commission pour l'éducation des Indiens, et alla visiter la réserve des Pieds-Noirs, à Fort Hall, dans l'Idaho, où il découvrit un taux inadmissible de délinquance, d'alcoolisme et de suicides chez les adolescents. En faisant le tour de la réserve, il découvrit que des familles logeaient dans des cabanes ou des fourgons désaffectés et déclara qu'il était criminel de laisser les « Premiers Américains » vivre dans de telles conditions.

En 1967, il alla dans le Sud avec les membres de la sous-commission de la Pauvreté, formée par la commission sénatoriale du Travail. Ce qu'il découvrit au cours des auditions organisées sur le tas, dans la région dite du Delta, au Mississippi, coupait court à toute rhétorique comme à toute manœuvre politique en matière de droits civiques : des odeurs nauséabondes s'échappaient des huttes en papier goudronné; des enfants à l'abdomen boursouflé et au regard mort ressemblaient davantage à de petits Africains victimes de la famine qu'à des Américains. Bobby ne se contenta pas de regarder ces cases effroyables, il y pénétra ; il s'assit sur des lits d'où fuyaient les rats et s'entretint avec les mères dont les pitoyables enfants grimpaient sur ses genoux.

Ce fut encore un voyage qui fit date pour lui, dans cette autre Amérique dont il avait commencé à connaître l'existence pendant la campagne présidentielle de Jack en 1960. Mais, à cette époque, il s'agissait de considérations purement politiques, de « problèmes » qu'il fallait dramatiser pour intéresser l'électeur. Maintenant c'était tout autre chose. S'il s'y mêlait des pensées politiques, elles n'avaient rien à voir avec la puissance électorale de ces déclassés. Ou plutôt, en montrant qu'il était capable de parler à ces pauvres hères, Bobby donnait à penser à un électorat bien plus vaste — inquiet de voir les villes se désagréger et l'autorité traditionnelle perdre sa légitimité — que l'Héritage Kennedy possédait les qualités requises pour servir à recoller les morceaux de la société, et que lui-même serait l'homme d'Etat capable de faire tenir le tout ensemble. Quelle que fût la part de calcul dans ses expéditions à l'intérieur du dernier cercle de l'enfer en Amérique, il s'y mêlait un élément personnel dont aucune explication politique ne pouvait rendre compte. Les souffrances dont il avait été témoin avaient touché Bobby dès qu'il les avait touchées lui-même. Un journaliste noir qui l'accompagnait au Mississippi et l'avait vu s'asseoir dans une pièce fétide pour caresser un enfant couvert d'ulcères, déclara : « Ce qui m'a frappé, ce n'est pas qu'il l'ait fait, mais que je ne l'aurais pas fait moi-même ; je ne serais pas entré dans cette pièce, je n'aurais pas touché ce bébé ; ma chair se révulsait, mais cela ne semblait pas le gêner »[16]. Un indien de Fort Hall disait : « Des tas de Blancs viennent ici de Washington et repartent tout émus. Mais ils pleurent des larmes de crocodile. Dans les yeux du sénateur Kennedy, il y avait de vraies larmes »[17].

Il allait d'un groupe de déshérités à l'autre, comme un détective obsédé, en quête d'indices, alors qu'il sait devoir trouver la clef du mystère en lui-même. Quelles étaient ses responsabilités envers tous ces gens ? Quel était le rapport entre leur existence et l'Héritage de son frère mort ? Une fois de plus, c'était comme s'il tentait de provoquer et d'apaiser les Dieux d'un seul et même geste. Car son message de plus en plus évangélique sur l'Amérique irritait tout autant d'Américains qu'il en convertissait. Chaque mois, parvenaient dans son bureau, au sénat, des douzaines d'appels menaçants émanant de personnes à l'esprit dérangé, que ne galvanisait pas seulement la tragique grandeur du destin des Kennedy, mais également le rôle de sauveur et d'imprécateur que Bobby s'était assigné en ces temps apocalyptiques. Et pourtant, malgré la recrudescence des menaces, il refusait de s'entourer des précautions que ses conseillers le suppliaient de prendre. La carosserie de sa voiture n'était pas blindée lors des parades motorisées auxquelles il participait, et il n'y avait pas de gardes du corps en civil pour s'interposer entre lui et les foules possédées qui se précipitaient pour le toucher et se l'arracher.

Il semblait chercher à prendre le plus de risques possibles et en finir. (« Un peu plus tôt, un peu plus tard », marmonna-t-il lors d'un défilé après qu'une pétarade soudaine, semblable à une salve, l'eût fait tressauter et blêmir[18]. Il ne s'agissait que d'une voiture suiveuse en mal d'échappement.) Quand le danger ne venait pas à lui, il le recherchait, comme dans l'ascension du Mont Kennedy. Cet épisode avait été le premier d'une longue série de défis à la mort. Lors d'un voyage en Amérique latine, il s'était enfoncé à la pagaie, dans la jungle, sur une rivière infestée de piranhas, à bord d'un tronc d'arbre creusé par les indigènes en guise de canot. Surpris par le brouillard, il avait tant tardé à rentrer que ses compagnons commençaient à abandonner tout espoir de le retrouver : il était tout fier d'avoir triomphé des eaux. Lors d'un safari avec Ethel, il était descendu de sa Land Rover, pour regarder de près un rhinocéros, debout au bord de la route. Bien qu'il sentît fixé sur lui un regard myope, il avait continué d'avancer jusqu'à cinq mètres de l'animal qui lui tourna le dos et partit au trot; il avait alors adressé un sourire à Ethel avec le sentiment d'avoir eu le dessus sur la bête[19]. Dans une autre occasion, il naviguait sur les eaux du Cap, quand il fut averti par radio de la chute faite par sa fille Kathleen lors d'un concours hippique; comme la mer était trop grosse pour que le bateau pût accoster, il plongea et entreprit de regagner la rive à la nage[20].

A Noël et à Pâques, il y avait des voyages à la montagne pour les sports d'hiver, au cours desquels Bobby, skieur moins expert que certains de ses enfants, affrontait les pentes les plus rudes, les sauts les plus risqués, les pistes encombrées d'arbres, de rochers et d'autres obstacles invisibles du sommet[21]. Et au début de 1965, il y eut des expéditions fluviales d'une difficulté croissante[22]. Il emmenait toute la famille avec lui mais se réservait toujours pour lui-même quelque exploit spécialement ardu. C'est ainsi qu'un jour il quitta le radeau pour monter dans un kayak (c'était la première fois qu'il utilisait ce genre d'embarcation) et franchir sur cet esquif les dix derniers kilomètres d'eaux écumantes qui sont l'attraction de la Salmon River. Il en tirait d'habitude quelque profit pour ses relations publiques : la petite armée de journalistes qui le suivait partout était alignée sur la rive pour voir l'ultime rapide le cracher avec son kayak dans un remous. Pourtant ces coups d'audace étaient suffisamment authentiques pour que Lem Billings, présent lors d'une telle aventure, fût saisi d'inquiétude. « C'était comme s'il se désignait lui-même à la mort pour lui dire : " Okay, chiche que tu ne viens pas me prendre " »[23].

En même temps qu'il poussait l'Héritage vers les sommets, il rêvait, comme si c'était la première fois, à ce que serait sa vie s'il brisait la chrysalide familiale. « Si je n'étais pas sénateur des Etats-Unis, je préférerais travailler à Bedford-Stuyvesant plus que n'importe où ailleurs », déclara-t-il lors d'une réunion consacrée au problème de la pauvreté, à New York[24]. « J'aimerais être Indien de naissance », affirmait-il à un collègue, le sénateur Fred Harris, qui avait épousé une Comanche[25]. « Si je n'étais pas né riche, je serais probablement un révolutionnaire », confiait-il à la journaliste anglaise Margaret Laing, avec qui il examinait le cas de Che Guevara[26]. « Je suis jaloux de vous parce que vous avez grandi dans un ghetto; j'aurais souhaité avoir vécu cette expérience », prétendait-il devant Jack Newfield[27].

En fait, il avait commencé à renier le personnage monochrome et monomaniaque qu'il avait été sous le gouvernement précédent et même avant; il était en train de forger un nouveau Bobby en utilisant les matériaux psychologiques de son ancienne personnalité — passionnée, dure et inquiète, exaspérée de voir le menuet politique que l'on dansait sur la musique des injustices sociales. Alors que Jack avait attiré les Brahmines de l'intelligentsia, comme Schlesinger et Galbraith, Bobby plaisait aux journalistes ardents, présents aux combats de rues, comme Newfield, Pete Hamili et Jimmy Breslin. Jack s'était dissimulé derrière son humour froid. La méthode de Bobby consistait à se rendre accessible en ironisant sur sa propre personne, sur sa réputation antérieure d'opportunisme et de brutalité ; cela n'allait pas sans tensions intérieures, mais au moins il prenait ainsi ses distances avec ce qu'il avait été, et anéantissait son ancien moi. Tout en interprétant sa tragédie personnelle, à travers ses découvertes politiques, il devint le seul Kennedy dont les chambres secrètes étaient ouvertes au public et en même temps l'énigme favorite que les écrivains les plus divers — de Norman Mailer à Gore Vidal, en passant par Robert Frost — s'appliquaient à élucider. L'adjectif « existentiel » lui était de plus en plus fréquemment accolé.

Si telle était sa supériorité sur les autres personnalités publiques, cela n'allait pas sans présenter un dilemme. Il pouvait être considéré comme un homme d'une complexité digne de la gent littéraire, mais ce n'en était pas moins un homme politique qui devait agir dans une arène où la démarche existentielle comptait pour peu de chose. Les compromis qui, chez tout autre, faisaient partie du métier, faisaient chez lui figure de trahisons — eu égard, sans doute, aux idéaux qu'il prétendait servir, mais aussi par rapport à la personnalité dont il était en train de se doter.

La vie politique de New York était l'un de ces domaines où il échoua constamment. Il avait tenté de prendre en main l'appareil du parti démocrate new-yorkais après les élections de 1964, en espérant pouvoir se l'assujettir comme l'avait fait Teddy pour celui du Massachusetts. Quand le parti résista, il le récusa, le traita de « zoo » et se lava les mains de sa détérioration[28]. Sa collaboratrice, Barbara Coleman, se rappelle l'avoir vu « périr d'ennui » lors des inévitables réunions politiques auxquelles il devait assister dans l'intérieur des terres. « Il se laissait entièrement absorber par d'autres pensées, de sorte qu'il se rendait à une manifestation sans avoir préparé ce qu'il allait dire, et sans s'y être même intéressé ; puis, cinq minutes avant de prendre la parole, il commençait à comprendre où il était, à transpirer et à se faire du souci »[29]. Il continuait à parler avec ses conseillers de former une vaste coalition où entreraient des démocrates réformateurs et les membres de l'aile gauche du parti pour briser l'emprise de l'appareil ; mais ses attaques nonchalantes, lors des guerres civiles qui opposaient entre eux les politiciens démocrates de l'Etat, l'amenaient à prendre parti pour des candidats sans espoir et qu'il tournait même secrètement en dérision[30] : Abe Beame, l'adversaire de John Lindsay pour la mairie de New York en 1965, ou Frank O'Connor opposé à Nelson Rockefeller pour le poste de gouverneur en 1966.

Mais s'il minaudait devant des écrivains intéressés par son empoignade avec les problèmes complexes de la société américaine, il se montrait moins aimable envers ceux qui envahissaient le domaine interdit de la vie familiale. Quand Red Fay, le vieil ami de Jack, lui révéla son intention de terminer un livre anecdotique sur le Président qu'il avait d'ailleurs entamé avec le concours de Jack, Bobby tenta de le persuader de s'en tenir à ses propres activités comme vice-ministre de la Marine dans le gouvernement Kennedy, et d'oublier le côté anecdotique du livre. Comme sa nomination avait été le geste le plus flagrant d'amitié personnelle de Jack, dans ce domaine, Red pouvait difficilement parler de l'exercice de ses fonctions officielles ; il poursuivit donc son projet et rédigea un recueil des « propos de table » de Jack, intitulé *Le plaisir de votre compagnie*[31]. Jackie reprocha à Fay son « humour de vestiaire »[32], mais Bobby blêmit en voyant le portrait qu'il faisait de son frère, non pas tant parce qu'il manquait de respect envers la mémoire du disparu, mais parce que le héros n'en sortait pas grandi. Il demanda à Fay de couper les deux tiers du manuscrit[33]. Quand celui-ci eut éliminé 360 feuillets et refusé d'en faire davantage. Bobby l'accusa de vouloir « gagner de l'argent sur le dos des Kennedy ». Il menaça d'empêcher la publication du livre, ce qui ruina de façon presque irrémédiable une amitié de vingt ans[34].

Il n'intenta pas de procès à Fay, mais il en fit un à William Manchester[35] que Jackie avait choisi pour écrire une version « officielle » de l'assassinat, moins d'un mois après les faits*.

Quand enfin Manchester apporta le manuscrit de *Mort d'un Président*, elle s'affola sur la foi de ce que d'autres lui en contèrent — elle ne lut jamais le livre dans son intégralité ; plus tard elle devait dire de l'ouvrage et des problèmes qu'il entraîna, que c'était « la pire chose de (sa) vie »[37]. Elle accusa Manchester d'avoir abusé d'un moment où « les digues étaient ouvertes ». (« J'avais parlé inlassablement de questions personnelles. Puis cet homme était parti et... il avait mis tant de choses dans ce livre, des choses qui ne regardaient que moi, qui étaient seulement l'expression de mon chagrin... et Caroline que je ne voulais pas voir figurer là-dedans... »)

Bobby se précipita à la rescousse, intenta un procès à Manchester pour lui interdire de publier les « bonnes feuilles » du livre dans *Look ;* ses représentants voulurent faire croire qu'il prenait fait et cause pour sa belle-sœur et qu'il voulait seulement défendre son sentiment de la décence et du bon goût. Mais comme Manchester le prouva par la suite, « Bobby et ses conseillers politiques pensèrent que certains passages pourraient être utilisés contre lui s'il briguait un jour la Présidence, comme chacun s'y attendait »[38]. Les passages qui préoccupaient Jackie étaient affaire de « bon goût » : la description de Jack se promenant en caleçon avant de se mettre au lit ; celle de Jackie elle-même, cherchant ses rides dans son miroir ; la difficulté d'ôter son alliance au cadavre de Jack[39]. Les morceaux qui inquiétaient Bobby avaient trait à ses relations acides avec LBJ après l'assassinat[40]. A sa demande, Seigenthaler récrivit le compte rendu du premier conseil des ministres du gouvernement Johnson pour qu'il parût avoir été entièrement amical. Pendant plusieurs journées de manœuvres intenses, Manchester fut soumis au bombardement de toute la grosse artillerie que l'on put trouver dans l'arsenal des Kennedy — Seigenthaler, Richard Goodwin, Burke Marshall, tous le pressaient de consentir aux centaines de corrections exigées par Bobby ou d'abandonner l'ouvrage.

* Ayant appris que Jim Bishop, qu'elle considérait comme un simple auteur populaire, voulait rédiger un livre sur le drame — et il n'était pas le seul —, elle résolut de s'assurer un droit de regard sur ce qui serait écrit. Après avoir désigné Manchester, elle chercha à dissuader Bishop de poursuivre son projet, au cours d'un échange de lettres de plus en plus acerbe qui se termina par cet avis péremptoire : « Je n'ai pas l'intention de vous dire quoi que ce soit à propos des événements de Dallas et aucune des personnes concernées n'en parlera avec vous »[36].

Finalement ce fut Bobby lui-même qui vint tambouriner à la porte de la chambre d'hôtel où Manchester s'était réfugié pour échapper à toutes ces pressions, hurlant à l'auteur de le laisser entrer et de trouver un accommodement. L'incident qui figura à la première page des journaux s'apaisa de lui-même après que Manchester eut apporté quelques modifications à son manuscrit, de sorte que Jackie et Bobby retirèrent leur plainte. Mais il en resta un arrière-goût désagréable. Une enquête d'opinion révéla que sur les 69 % d'Américains qui déclaraient avoir entendu parler de « l'affaire Manchester », 20 % affirmaient que l'épisode avait diminué leur estime pour Bobby[41].

Mais Bobby souffrait surtout de ne pas être en mesure de faire ce que l'on attendait de lui quant à la guerre du Vietnam. Il regardait à juste titre cette guerre comme une redoutable menace contre la trame sociale de la nation, mais aussi comme une force maligne qui ruinerait en définitive les programmes socio-économiques de la Grande Société, dont le succès était d'une importance vitale pour les déshérités et les minorités dont il s'était fait le défenseur particulier. Mais ses prises de position sur le Vietnam étaient soumises à un va-et-vient, dicté par les événements, sinon par l'opportunisme, dans la mesure où il souhaitait désespérément éviter de rendre publique sa rupture avec Johnson, qu'il avait consommée en son for intérieur depuis des années.

Au cours de ses premiers mois de sénateur, alors que la nation venait à peine de prendre conscience de l'existence du problème vietnamien, il réitéra l'engagement contracté au temps de la Nouvelle Frontière : « Les Etats-Unis se sont engagés à aider le Vietnam. Je suis d'avis qu'il faut honorer notre parole et prendre toutes les mesures nécessaires pour cela »[42]. En juillet 1965, eurent lieu les premières grandes manifestations contre la guerre ; Bobby accepta de prononcer alors un discours qu'Adam Walinsky avait écrit pour lui et qui contenait des critiques modérées de la politique américaine. Mais lorsque le texte communiqué d'avance à la presse commença de déclencher des polémiques, Bobby en fit retrancher les passages les plus délicats (par exemple : « dans une guerre révolutionnaire, ce n'est pas par l'escalade que l'on obtient la victoire mais par la désescalade »[43]).

Les collaborateurs de Bobby n'eurent pas grand mal à le convertir à leurs vues antibellicistes. Pourtant ses déclarations publiques restaient bien en retrait par rapport à ses convictions intimes. En novembre 1965, alors que certains étudiants affrontaient le feu de la critique en offrant de faire parvenir du sang aux hôpitaux du Nord-Vietnam, Bobby déclara, lors d'une conférence de presse : « Je serais heureux d'en donner à tous ceux qui en ont besoin »[44]. Accablé par la controverse qui s'ensuivit et au cours de laquelle Barry Goldwater prétendit voir « presque une trahison » dans une telle affirmation, Bobby tenta de se faire oublier pendant plusieurs semaines et ne se joignit même pas à quinze autres sénateurs démocrates qui avaient demandé au président Johnson de prolonger la trêve de Noël.

Le 19 février 1966, il fit une nouvelle tentative, en déclarant aux journalistes que le Vietcong devrait avoir « sa part de pouvoir et de responsabilité »[45] au Sud-Vietnam. Il fut pris à partie par McGeorge Bundy et d'autres représentants du pouvoir pour avoir évoqué le spectre d'un gouvernement de coalition à Saigon[46] (le vice-président Humphrey le railla même de vouloir introduire le loup dans la bergerie). Il s'ensuivit que Bobby garda le silence jusqu'à la fin de l'année, alors que les bombardements s'intensifiaient et que 150 000 soldats américains de plus étaient envoyés honorer les engagements des Etats-Unis. Pour Jack Newfield qui le pressait, comme tant d'autres, d'intervenir et d'attacher le prestige de son nom à la cause antibelliciste, Bobby répondit pitoyablement : « La dernière fois que je me suis manifesté, je n'ai exercé aucune influence sur la politique américaine et je me suis fait du tort. Je crains qu'en parlant je ne pousse Johnson à faire le contraire de ce que je propose, par simple dépit »[47].

Certes, il y avait là une répugnance personnelle à faire le pas décisif qui révélerait au public sa haine latente de LBJ ; mais il y avait aussi une hésitation, de caractère politique, à soumettre l'Héritage de Kennedy à un examen trop approfondi, sur le chapitre du Vietnam. Kenny O'Donnell a pu prétendre par la suite que Jack attendait seulement sa réélection pour liquider les engagements contractés vis-à-vis du Sud-Vietnam, et d'autant plus que ceux-ci avaient rapidement pris une plus grande ampleur sous son gouvernement, mais Bobby savait mieux que quiconque de quoi il retournait. Au printemps de 1964, alors que John Bartlow Martin recueillait auprès de lui l'une de ces interviews enregistrées qui feraient partie de la Bibliothèque John Fitzgerald Kennedy, Bobby avait déclaré : « Le Président pensait que notre présence au Vietnam obéissait à des raisons profondes et convaincantes; et qu'il nous fallait gagner cette guerre »[48]. Martin lui avait alors demandé si un retrait avait jamais été envisagé et Bobby avait répondu catégoriquement : « Non ». La responsabilité de Kennedy paraissait d'autant plus flagrante que les artisans de l'escalade, sous le gouvernement Johnson, étaient justement le fait des hommes de la Nouvelle Frontière — Bundy, Rostow, McNamara. Il y avait également le fait que l'ancien mentor de Bobby, Maxwell Taylor, était devenu ambassadeur à Saigon en 1964; or celui-ci, revenant aux conclusions qu'il avait formulées lors de son premier voyage d'information en 1961, avec Walt Rostow, avait immédiatement fait des pieds et des mains pour obtenir l'intervention des bombardiers américains; il avait recommandé des raids aériens, par deux fois, à Johnson qui lui avait opposé un refus; encore le Président n'avait-il cédé à une troisième demande que sur les instances de Bundy, impressionné par une attaque terroriste à laquelle il avait assisté par hasard à Saigon.

Ainsi Bobby était-il prisonnier du passé, presque autant que LBJ lui-même. Même si Edelman, Walinsky et d'autres membres de son équipe comptaient parmi les premiers et les plus bruyants adversaires de la guerre — et même si sa propre réaction instinctive était de s'y opposer —, Bobby devait patienter assez longtemps pour que le conflit fût considéré comme « la guerre de Johnson » et non celle de Kennedy. En attendant, il tentait de se situer du côté des contestataires, par un jeu de symboles politiques ; il imitait en cela Teddy qui s'intéressait au problème des réfugiés vietnamiens plutôt que de s'opposer directement à la guerre elle-même. Bobby concentra donc son attention sur la question de la liberté d'expression en Amérique et sur le droit à la parole dont devaient bénéficier les antibellicistes. Interrogé sur la guerre en tant que telle, il se montrait évasif : « Ce sont des problèmes très complexes qui ne trouveront pas facilement leur solution »[49].

Le 28 janvier 1967, pendant un arrêt des bombardements sur le Nord-Vietnam, il prit la parole devant l'Oxford Union, en Angleterre, et n'exprima que des réserves voilées à propos des raids aériens. Deux jours plus tard, il se trouvait en France, où De Gaulle lui réitéra les avertissements qu'il avait prodigués à Jack cinq ans plus tôt, au sujet de toute intervention dans le Sud-Est asiatique. Bobby rencontra également un fonctionnaire français du ministère des Affaires étrangères, Etienne Manach, qui lui communiqua un renseignement : la mission de Hanoi à Paris avait indiqué que des négociations pourraient s'ouvrir si les bombardements prenaient fin. De retour à Washington, muni de ce « ballon d'essai », Bobby demanda audience au Président[50]. Or un câble de l'Ambassade des Etats-Unis à Paris avait déjà appris toute l'affaire au département d'Etat, et une fuite avait permis à *Newsweek* d'y faire allusion. Estimant à tort que Bobby était à l'origine de l'indiscrétion, Johnson refusa d'examiner le message dont celui-ci était porteur, et se livra à des attaques personnelles contre lui : « Je vous détruirai tous, vous et chacun de vos amis pacifistes. Vous serez tous politiquement morts dans six mois »[51]. Une fois de plus, Bobby sortit dignement du Bureau Ovale, selon le magazine *Time*, en traitant le Président de fils de pute[52]. Une semaine plus tard, Johnson ordonnait la reprise des bombardements et Bobby décidait enfin de rompre ouvertement avec lui.

Walinsky et Edelman ne cachèrent pas leur enthousiasme. D'autres, plus préoccupés par l'avenir de l'Héritage — notamment McNamara, Sorensen et Ted Kennedy —, ne pavoisaient guère, estimant que Bobby allait faire du tort au pays et à sa propre carrière. Mais il n'en persévéra pas moins. Il se ménagea, de façon révélatrice, des entretiens avec plusieurs opposants à la guerre, représentant les tendances les plus variées — tels que Norman Cousins, de la *Saturday Review*, l'extrémiste Tom Hayden, John Kenneth Galbraith et l'activiste antibelliciste Al Lowenstein. Dans un discours du 2 mars 1967, il admit ses torts et ceux de son frère : « Trois présidents ont pris des mesures à propos du Vietnam. J'ai été impliqué dans ces décisions ; je peux témoigner du fait que s'il faut rechercher des erreurs ou attribuer des responsabilités, il y en aura assez pour tout le monde, y compris moi-même »[53]. Puis, après avoir évoqué les horreurs de la guerre, il en revint à l'essentiel de sa proposition : après l'arrêt des bombardements, « tous les éléments politiques » au Sud-Vietnam devraient décider ensemble du gouvernement et de la ligne de leur pays.

Dans les quelques jours suivants, les membres du gouvernement et leurs partisans dans la presse dénoncèrent ce plan (le *Reporter*, naguère situé à la gauche du parti démocrate, alla jusqu'à accuser la famille Kennedy de

« nourrir son propre Bonapartisme et de vouloir accaparer le pouvoir de façon permanente »[54]). Bobby reconnut tristement que son discours avait apporté trop peu et venait trop tard. Mais s'il ne contribua guère à la solution du conflit, il libéra l'orateur de son ambivalence, à ce propos. Il avait permis aux Kennedy de se décharger — symboliquement tout au moins — du fardeau du Vietnam et de le faire passer sur les épaules de Johnson.

Vers le milieu de 1967, Bobby semblait assis entre deux chaises, toujours attiré par les précipices psychologiques, mais instinctivement porté à se retenir avant de faire le dernier pas; galvanisé par la vision d'un royaume de pureté et d'action, mais incapable de franchir le mur de la prudence et de la lenteur conseillées par la sagesse... Appliquant l'équivalent électoral de la troisième loi de Newton, il avait introduit les déshérités dans l'orbite politique et semblait sur le point de mettre au point une nouvelle coalition, tout en travaillant à améliorer ses relations avec les « boss » du parti démocrate; au moment où il découvrait un monde inexploré, celui des pauvres et de certaines minorités aux Etats-Unis, il demeurait en retrait quant à la question du Vietnam — pourtant intimement liée à la persistance de ce monde.

Cependant le fait demeure que Bobby, plus que n'importe quelle autre figure de la politique américaine, inspirait le sentiment qu'il existait dans le pays des forces latentes, un potentiel inemployé, « une capacité de croissance », pour user d'une expression-clé, chère à ses partisans. Les yeux creux, les cheveux en désordre, l'extrémité grise de ses mèches poivre et sel bouclant sur son col de chemise, les chaussettes en tire-bouchon autour de ses chevilles (« On dirait un de ces sacrés Beatniks », protestait son collègue sénateur Thruston Morton[55]), il semblait emporté par une danse rituelle, au rythme chaotique et violent des années soixante, avide de tenir son rang dans un univers tourbillonnant comme une toupie emballée, misant sur son aptitude à exprimer et à contenir quelque peu ses périlleuses contradictions. Il s'était érigé en porte-parole d'une Amérique à laquelle il semblait pourtant ne pas appartenir entièrement — c'était le dernier grand Puritain d'Irlande, comme son frère avait été le premier Brahmine irlandais. Robert Lowell avait bien saisi cet aspect de sa personnalité en le qualifiant de « pur Celte » dans l'un de ses poèmes et en posant cette question capitale : « Y eut-il jamais pire abandonné ? »[56].

6

Au moment de l'élection de Jack, un portrait de famille officiel avait montré tous les Kennedy rassemblés, sans étiquette, autour de l'Ambassadeur ; le nouveau Président, debout derrière son père ; les gendres et les belles-filles, dispersés aux côtés des Kennedy d'origine ; maris et femmes posant séparés les uns des autres, comme pour montrer combien l'unité du clan était plus profonde et plus solide que les simples liens du mariage. S'il avait fallu refaire un tel portrait en 1967, on y aurait décelé des manques — pas seulement l'absence de certains visages, mais également un nouveau sentiment d'incertitude sur les relations des uns avec les autres et sur ce que cela signifiait d'être un Kennedy.

Comme les balles qui avaient atteint Jack continuaient de ricocher sur les membres de la famille, le ménage Lawford avait été le premier et le plus durement touché. Le couple avait toujours été un peu branlant en raison de l'ascendant que Joseph Kennedy continuait d'exercer sur ses filles. (« J'avais toujours pensé que son amour pour son père passait avant son amour pour moi », disait encore Peter Lawford, à propos de sa femme, bien des années après [1].) Quand Bobby s'était efforcé de rompre la relation triangulaire entre son frère, Judith Campbell et Giancana, il avait confié à Lawford la mission de dire à Sinatra que tous les ponts avec les Kennedy étaient rompus. Mais en réalité, le mariage s'était, lui aussi, rompu de ce fait. Comme le révèle Red Fay, « Frank ne voulut même plus adresser la parole à Peter, après ça. Pat tenta d'arranger les choses, mais sans succès. La carrière de Lawford partit à vau l'eau. Le couple aussi » [2]. Le feuilleton télévisé, *Chère Phoebé,* que Peter et Pat avaient coproduit fut déprogrammé. Puis il y eut l'alcool et les autres femmes. Dans les derniers mois de sa vie, Jack appelait souvent Santa Monica, de la Maison-Blanche, pour convaincre Pat de différer la rupture jusqu'aux élections de 1964. Mais le jour de l'assassinat, elle avait dit à ses enfants : « Maintenant, on s'en va. » Et elle commença à faire leurs valises [3]. Elle retourna à New York et à l'orbite des Kennedy. C'était désormais une « blessée de guerre, sans grand espoir de guérison », comme le dit un témoin au service de la famille[4].

Les autres ménages avaient traversé, eux aussi, des turbulences. Dans le tourbillon sexuel de la Nouvelle Frontière, Steve Smith avait sauvegardé quand même son union avec Jean, peut-être parce qu'ils se trouvaient plus proches du centre de gravité des Kennedy que les Lawford. Avec Sargent Shriver, c'était une question de carrière. LBJ lui avait offert l'occasion de faire cavalier seul et de revenir au temps où sa trajectoire avait été interrompue malgré lui, en 1964, alors qu'il faisait déjà figure de personnalité politique importante à Chicago et qu'il lui avait fallu tout sacrifier à l'élection de Jack. Avec le soutien d'Eunice, il avait depuis lors dirigé les programmes de lutte contre la pauvreté et servi de caution au projet de Grande Société formulé par Johnson[5]. Bobby estimait que Shriver s'était offert en otage au Président et les relations entre les deux hommes étaient plutôt fraîches.

Pendant ce temps, Jackie avait pris ses distances avec le reste de la famille. Elle se rendait toujours à Palm Beach pour Noël et à Hyannis pendant l'été. Elle demeurait personnellement proche de Bobby, qui l'avait soutenue, notamment lors de l'affaire Manchester, mais elle avait fait clairement comprendre qu'elle souhaitait demeurer à l'écart des feux de la publicité qui entouraient la famille partout où allait celle-ci. Elle voulait également élever ses enfants sans les rendre esclaves de l'éthique particulière des Kennedy.

Mais de tous les changements survenus à la suite de l'assassinat, le plus spectaculaire avait été celui de l'Ambassadeur. Jusqu'au bout, Jack avait insisté pour faire semblant de croire que l'invalidité causée par l'attaque cérébrale était passagère et que son père restait aux commandes. Mais entre-temps, le vieillard s'était recroquevillé sur son fauteuil roulant et avait renoncé à tout effort de rééducation des membres ou de la voix[6]. D'une certaine façon, c'était toujours le redoutable patriarche du temps passé : quand les parents de sa femme, les Fitzgerald qu'il haïssait, venaient en visite à Palm Beach, ils devaient garder la chambre jusqu'à ce qu'on le mît au lit — pour qu'il ne se rendît pas compte de leur présence[7]. Mais, quant à sa participation à la destinée des siens, il ne comptait guère plus qu'un vieux meuble de famille.

Bobby avait cherché à l'intéresser à sa carrière ; de même que Jack en son temps, il envisageait la réussite comme une affaire de clan : un pas de plus vers la destinée des Kennedy, concoctée depuis le fin fond de sa jeunesse. Au cours de sa campagne sénatoriale, en 1964, il avait demandé aux infirmiers d'amener son père à New York pour lui demander éventuellement son avis et l'associer à ses efforts. Complètement désorienté, le vieil homme n'avait répondu aux questions de son fils que par des balbutiements incompréhensibles. « Je changerai tout, papa, lui criait Bobby. Tu sais, je changerai les choses. Des millions de gens ont besoin d'aide. Mon Dieu, ils ont besoin d'aide »[8]. Mais son sentiment passionné de culpabilité, et son besoin d'expiation, ne touchaient aucunement son père. Le fossé ne fit que s'élargir entre eux avec l'affaire du Mont

Kennedy. L'Ambassadeur était entré en fureur et avait hurlé « Naaaaa » en voyant, à la télévision, Bobby dans sa tenue de montagne; il avait déchiré et jeté par terre les articles consacrés par la presse à l'ascension. D'après Lem, « Bobby ne savait pas que son père essayait d'arrêter l'horlogerie de la machine infernale, ce défi lancé par les Kennedy aux Dieux. Ils ne devaient jamais se comprendre l'un et l'autre là-dessus »[9].

Bobby était encore anxieux de recevoir la bénédiction paternelle, mais il comprenait également que le vieillard s'était mué en une sorte de sphynx qui ne s'exprimerait plus que par énigmes. Il prit la direction du clan, comme l'Ambassadeur l'avait prédit un jour, pour conserver aux Kennedy leur cohésion, leur donner le sentiment de leur différence, et leur remémorer leur vocation[10]. Il était celui qui rappelle aux autres les anniversaires, les baptêmes, les confirmations. C'est lui qui empêcha Pat de sombrer dans l'alcool et de consommer des pilules en quantités dangereuses, comme elle avait commencé de le faire. C'est lui qui mena les enfants de Jackie à leur première communion. Lui encore qui servit de modèle aux gamins, de plus en plus nombreux, de la nouvelle génération — vingt-sept en 1967 — et leur enseigna à être des Kennedy.

Si tous considéraient le temps de la Présidence de Jack comme l'âge d'or, ils vivaient tous leur kennedysme à travers la réalité de Bobby plus qu'à travers le souvenir du Président. Bobby faisait participer ses neveux et nièces, de même que ses propres enfants, à son rituel personnel; il les emmenait tous skier ou faire du bateau, lors d'excursions qui leur permettaient d'entendre Jim Whittaker parler de l'Everest, John Glenn raconter le premier voyage d'un Américain dans l'espace, ou Lem évoquer l'enfance d'un président. (A certains moments, ils amarraient les radeaux et partaient tous ensemble à l'assaut d'une falaise tandis que Bobby conduisait la charge en récitant l'appel aux armes tiré de *Henry V*[11], l'un des textes préférés de Jack.) Chacun avait sa place sur le terrain, au cours des matches de football américain[12], à Hickory Hill, auxquels participaient parfois Sonny Jurgensen ou quelque autre vedette professionnelle de l'équipe des *Redskins* de Washington, mais qui portaient toujours la marque de Bobby — peu avare de décisions arbitraires, comme celle de repousser les lignes ou de prolonger les périodes, quand cela convenait à son équipe[13] ! Les plus petits, le long de la touche, encourageaient les joueurs en scandant l'hymne de l'équipe paternelle[14], avec un parti pris flagrant. N'avait-il pas proclamé : « Il n'y a rien dans la vie américaine qui puisse mieux préparer des garçons à la vie que le football américain, si ce n'est la guerre »[15] ? Mais surtout, les jeunes Kennedy avaient appris, lors de ces jeux, à discerner qui dirigeait vraiment la famille. Comme le rappelle Bobby Shriver, le fils aîné d'Eunice : « Si vous manquiez une de ses passes (il était toujours le capitaine), vous aviez plutôt envie de partir au galop; alors il vous jetait un regard foudroyant et vous reveniez au milieu du terrain et il vous disait : " Je vais te faire une nouvelle passe et tu ferais mieux de l'attraper ! " »[16].

Il était tout à la fois fils, père, oncle, père adoptif, époux et même parfois époux adoptif. (Il passait tant de temps à s'occuper de Jackie et de ses enfants que l'on en jasait.) De même qu'il avait annexé le centre de la famille, de même voulait-il faire de ses enfants les vrais Kennedy de demain. Il les avait habitués à se sentir chez eux au ministère de la Justice où on les trouvait d'ailleurs plutôt envahissants[17]. Tout spécialement depuis que leur père avait pris la direction de la famille après la mort de Jack, ils avaient conscience d'occuper un rang particulier. Quand John-John ne venait pas faire du football avec eux ou ne se joignait pas à leurs autres jeux, ils le traitaient de « fils à sa maman » et l'accusaient de ne pas être « un vrai Kennedy »[18]. Dans la camionnette qui les emmenait à quelque séance d'athlétisme, ils faisaient parfois asseoir leurs cousins sur les banquettes arrière sous prétexte qu'ils n'étaient « pas des Kennedy, mais seulement des Shriver (ou des Smith ou des Lawford) »[19].

Pour ceux qui avaient observé l'évolution de la famille au cours de deux générations, Hickory Hill ressemblait étrangement à ce qu'avait été Bronxville trente ans plus tôt. Il y avait des souvenirs accrochés au mur[20] : pas des autographes du Roi, de la Reine et de FDR, comme en avait sollicités Joe Kennedy, mais des citations de Jack et des reliques de la Nouvelle Frontière — ce « bref moment de lumière » —, comme cette feuille de papier jaune, si typique des bureaux administratifs américains, couverte de l'écriture de JFK et protégée par un sous-verre — avec cette indication : « Notes prises par le président Kennedy lors de son dernier conseil des ministres, le 29 octobre 1963. » (C'était un cadeau personnel de Jackie à Bobby.) Il y avait également des photos des enfants avec des légendes moins sérieuses mais tout aussi significatives ; celle de son fils David, sur la pelouse de la Maison-Blanche, portait ces mots : « Un futur Président inspecte sa résidence » ; et une autre, où Jack se trouvait en compagnie de Bobby Jr dans un avion : « Un Président prend conseil de chacun. » Il y avait aussi des jeux à n'en plus finir avec Bobby qui poussait même les plus petits sur les balançoires en les exhortant déjà à aller « un tout petit peu plus haut ». C'était un univers débraillé, adapté à la vie des enfants[21] qui s'acharnaient sur le mobilier et s'arrangeaient pour casser des vases étrusques et autres présents coûteux que Bobby et Ethel échangeaient pour Noël.

Un jour où Bobby bavardait avec un ami, l'un de ses enfants vint lui annoncer joyeusement qu'il avait terminé cinquième dans une régate, et quitta la pièce. Bobby sourit et remarqua : « Si l'un de nous avait fait ça, on l'aurait envoyé au lit sans dîner »[22]. Il se tenait pour un révisionniste, ce qui lui permettait, pensait-il, d'améliorer le legs du passé. Il cajolait ses enfants comme son propre père ne l'avait jamais fait*.

Il était fidèle à sa famille d'une façon tout à fait étrangère à Joe. Pourtant il avait contrefait avec une fidélité surprenante le milieu que son père avait créé pour les siens. Il avait dix enfants et une épouse si pieuse qu'elle en était dévote. (William Manchester, au cours d'une visite un peu tendue à

* Lem Billings déclarait : « Bobby aimait plus ouvertement ses enfants que Joseph Kennedy ne l'avait fait. Il les touchait tout le temps. Cela peut sembler peu de chose mais chez les Kennedy il n'en était rien. Mr Kennedy ne les avait jamais beaucoup touchés quand ils étaient petits, et Jack était comme lui : il n'aimait pas toucher ni qu'on le touche »[23].

Hickory Hill, avait été surpris de l'entendre protester parce que l'on n'avait pas fourni à ses enfants, dans une école catholique, une interprétation littérale du Déluge et de l'Arche de Noé[24]. Dans une autre occasion, Ethel s'était trouvée près du président de la Cour suprême, Earl Warren, dans un avion. Après avoir constaté que la Cour examinait la question de la prière à l'école, elle se mit à lui prêcher la bonne parole : « Vous ne pouvez pas empêcher Dieu d'entrer dans les salles de classe ; Dieu est partout. ») Bobby lui-même était le détenteur de l'autorité morale. Il avait même tenté de transformer la table du dîner en un lieu d'études, comme cela avait été le cas chez son père[25]. Il lui arrivait d'y évoquer l'art de la guerre et de décrire la bataille de Bunker Hill, celle de Waterloo ou toute autre, aussi célèbre. Il annonçait souvent à l'avance le sujet de la discussion pour que les enfants puissent s'y préparer et parfois leur demandait d'apprendre par cœur un poème tel que « Gunga Din » ou « Casey at the Bat »*.

Même la dynamique interne de la famille qu'il avait fondée semblait contribuer à faire de sa maisonnée la réplique du foyer où il était né. Son fils aîné, Joe III, avait reçu en partage le fardeau de la dynastie. « Tu es l'aîné de tous les mâles de ta génération », lui avait écrit son père, du ministère de la Justice, le jour des funérailles de Jack. « Il t'incombe désormais une responsabilité spéciale et particulière que tu assumeras, je le sais. Rappelle-toi tout ce que Jack a mis en chantier — sois bon envers ceux qui ont eu moins de chance que toi — et aime notre pays »[26].

Lent et costaud, gardien de l'ordre familial comme l'avait été Joe Jr, son homonyme défunt, c'était Joe qui aidait ses petits frères à lacer leurs souliers, les peignait avant de les emmener à la messe, et leur distribuait des taloches à l'occasion. « C'était en lui que Bobby et Ethel cherchaient à découvrir des dons pour la politique, racontait Lem par la suite. C'était sur lui qu'ils comptaient pour maintenir la tradition »[27].

Le suivant, Robert Jr, avait l'esprit plus agile ; il était grand et leste, asticotait son aîné avec ses reparties, mais il avait le dessous dans leurs empoignades[28]. Joe prenait un air malheureux, à table, au cours des interrogatoires paternels, se mettait à bégayer quand Bobby demandait par exemple : « Qui est Ho Chi-Minh ? », avant de crier en désespoir de cause : « L'empereur de Chine ? », tandis que Bobby Jr, moqueur, se préparait à répondre pour lui[29]. La nuit, le cadet écoutait à travers la cloison les leçons particulières qu'une gouvernante donnait à Joe pour lui permettre d'améliorer ses résultats scolaires. Quand le grand tentait d'épeler un mot comme *where,* et l'orthographiait *w-e-i-r* ou *w-a-r-e,* le petit frère finissait par hurler *w-h-e-r-e* de l'autre côté du mur et attendait stoïquement que Joe fît son apparition pour le secouer[30].

Lem Billings fut le premier à distinguer une symétrie entre les deux paires de frères, à une génération de distance : « Ce garçon est juste comme Jack », fit-il observer à Bobby[31]. Nul n'oublia le jour où Lem, qui évitait généralement les enfants, passa plusieurs heures dans la chambre de Bobby Jr pour l'entendre parler de sa collection d'animaux et de ses autres

* Poème folklorique à la gloire d'un joueur mythique de baseball. (N.d.T.)

préoccupations, après quoi il sortit en disant : « C'est le petit garçon le plus fûté que j'aie vu. » Jack lui-même était amusé par l'enfant qui faisait assaut d'esprit avec lui (comme Jack en raffolait) : le gamin s'était présenté, un jour à la Maison-Blanche avec une salamandre qu'il avait pêchée dans la piscine de Hickory Hill. « Où veux-tu que je la mette ? » avait demandé le Président. « Dans le Salon du Poisson » (Fish Room), avait répondu Bobby Jr, en jouant sur le nom de la pièce ainsi désignée en l'honneur d'un diplomate new-yorkais du XIXᵉ siècle appelé Fish (Poisson). « Remets-la plutôt dans la piscine », lui avait conseillé Jack en riant [32].

Le troisième garçon, David, ressemblait beaucoup à son père au même âge. Il était timide, fragile, attachant quand on lui avait permis de surmonter ses inhibitions. Bobby le taquinait à cause de ses faiblesses — son goût de « fille » pour les fleurs sauvages, ses pleurnicheries, le « cheveu » qu'il avait sur la langue (« Dis : " les chemises de l'archiduchesse ", ordonnait Bobby, qui grimaçait comiquement quand le garçon prononçait : " les semises de l'arsidusesse " » [33]). Mais Bobby avait aussi un grand faible pour lui, en se rappelant avoir été lui-même le mouton noir d'une portée antérieure. Quand il voyait David se faire malmener, il le prenait à part pour lui dire : « Ne te laisse pas bousculer. Apprends à rendre les coups et à avoir le dessus. » Il l'avait emmené chez le directeur sportif qui s'occupait de tous les enfants et avait demandé que l'on donnât des leçons de boxe au gamin. Mais en même temps qu'il cherchait à endurcir ainsi son troisième fils, il le cajolait tout particulièrement et tentait de le protéger [34], comme s'il voulait lui éviter de se sentir perdu dans le remue-ménage des Kennedy, comme il en avait eu lui-même le sentiment dans sa jeunesse.

La présence des enfants rendait plus pressantes les questions qu'il se posait sur son propre avenir. Un jour où, avec Lem, il les regardait jouer dans le patio de Hickory Hill, en cet été de 1967, il dit en secouant la tête : « Ils vont hériter d'un drôle de monde, hein ? Je ne peux m'empêcher de me demander si je fais tout ce que je peux pour éviter que tout ne parte à la dérive » [35].

La question devint plus lancinante encore au cours de l'automne, quand le stratège des antibellicistes, Allard Lowenstein, commença à chercher un candidat à la présidence qui ferait campagne contre Johnson et la guerre du Vietnam. Bobby aurait pu se sentir appelé à prêcher le nouvel évangile. (Walinsky a déclaré à ce propos : « Il pensait que nous vivions une époque démentielle et empoisonnée et il se croyait le seul à pouvoir renverser la vapeur, prendre les choses en main, arrêter la guerre et remettre de l'ordre dans le chaos des villes » [36].) Mais, au lieu de passer à la pratique et de franchir le Rubicon, il écoutait les avis d'hommes comme Schlesinger, selon lesquels il représentait « un bien trop précieux pour être gaspillé en pure perte » [37]. Aussi repoussa-t-il les avances de Lowenstein.

Quand le sénateur Eugene McCarthy décida de relever le gant, Bobby réagit de façon ironique : « Je ne peux y croire. Ce n'est pas le genre d'homme à faire ça. Et s'il se présente, il ne prononcera de discours que pour le montant de ses honoraires... »[38]. Mais la décision de McCarthy lui donnait le sentiment métaphysique d'avoir perdu sa place-dans-le-monde. Comme devait le déclarer George McGovern, autre sénateur proche du mouvement anti-Johnson de Lowenstein : « A mon avis, Bobby n'avait jamais pu imaginer, dans ses suppositions les plus folles, que McCarthy se déciderait... D'après moi, il a dû penser : " Mon Dieu, c'était à moi de le faire " »[39]. Il ne tenta pourtant pas d'aider McCarthy, malgré son opposition de plus en plus décidée à la guerre — en novembre, quand les étudiantes du collège Marymount se déclarèrent à mains levées en faveur de l'intervention américaine au Vietnam, Bobby se sentit tellement frustré qu'il leur demanda si elles comprenaient bien que les Etats-Unis se conduisaient là-bas comme l'avaient fait les Nazis en Europe[40]. Mais en décembre, il conseilla à McCarthy de se tenir à l'écart du Massachusetts (le fief des Kennedy) où ses propres sondages indiquaient la présence d'un fort pourcentage d'électeurs antibellicistes et de concentrer son effort sur le New Hampshire où leur proportion était faible[41]. L'un des griefs qu'il nourrissait envers McCarthy remontait à 1960 : « Il pensait qu'il aurait dû être le premier Président catholique des Etats-Unis, juste parce qu'il était plus calé que mon frère sur Saint Thomas d'Aquin... Il n'avait lancé son appel en faveur de Stevenson, à Los Angeles, que pour aider Johnson »[42]*.

Ce fut le début d'une nouvelle période d'hésitation, comme lors de ses tergiversations à propos du Vietnam. Il était soumis à des pressions de la part de ceux qui croyaient « au royaume du roi Arthur », voire au Second Avènement; les tenants de la Nouvelle Politique se mettaient de la partie, y compris des membres de sa propre équipe comme Walinsky et Edelman, qui avaient compris — contrairement aux autres — combien Johnson était vulnérable, et prédisaient que l'année 1968 verrait la fin des conventions « manipulées par les appareils ». Godwin s'en mêlait à son tour, de même qu'un Schlesinger repenti, craignant de voir Bobby dilapider le capital moral de l'Héritage Kennedy, faute de passer à l'action avant 1972. D'un avis opposé étaient les membres de son *brain trust* issus du cercle intime de Jack : O'Donnell et Sorensen (celui-ci revenu à sa profession de juriste). L'un et l'autre trouvaient le risque trop grand. Steve Smith était de leur avis et pensait qu'en entrant en lice, Bobby ferait le jeu de Nixon. Qui plus est, Teddy se rangeait à leurs côtés : « Je ne suis pas sûr de ce qu'aurait conseillé Jack, répondit-il à la question de savoir ce qu'en aurait naguère décidé la famille. Mais je sais bien ce qu'aurait dit papa :

* En certaine occasion, Jack avait tourné McCarthy en dérision devant Joseph Alsop; celui-ci racontait comment il avait rencontré dans un avion, en 1960, le sénateur du Minnesota et comment ce dernier avait commencé à lui débiter des histoires contre les Kennedy... pour s'arrêter court quand le journaliste s'était déclaré ami et partisan de Jack et avait refusé d'en entendre davantage; après quoi, Eugene s'était plongé dans son missel d'un air boudeur. Jack lui avait alors cité un mot de P. J. : « Mon grand-père avait coutume de dire : " Méfiez-vous d'un politicien catholique qui lit son missel dans le tramway " »[43].

“N’y va pas ” »[44]. Il ne croyait pas que Bobby pût l’emporter. Mais il estimait surtout qu’un insuccès de son frère pourrait ruiner ses propres espoirs à long terme*.

Au début de l’année suivante, pourtant, la discussion semblait devoir rester purement académique alors que McCarthy commençait à peiner sans grand espoir dans les neiges du New Hampshire, soutenu seulement par une poignée d’étudiants qui formaient sa « Croisade des Innocents ». Au même moment, Bobby et Ethel dînaient chez Benno Schmidt, l’un des hommes d’affaires impliqués dans la restauration de Bedford-Stuyvesant, quand la conversation roula sur une éventuelle candidature de Bobby. Benno pensait qu’il ne serait pas bon pour son invité d’aller provoquer Johnson. « Je suis d’accord avec vous, lui répondit Bobby. Si je me présente, je ne ferai que prouver surabondamment ce que disent de moi les gens qui ne m’aiment pas. » Toujours prête à encourager son champion, Ethel intervint : « Bobby, ôte-toi cette idée de la tête. Tu parles toujours comme si les gens ne t’aimaient pas. » Bobby sourit avec indulgence : « Je ne sais pas, Ethel ; dans mes moments de dépression, je pense qu’il y en a qui ne m’aiment pas »[46]. Un peu plus tard, il revint sur le sujet qui l’obsédait et déclara à Schmidt que s’il se présentait, sa décision serait interprétée comme un lapsus freudien : « On va penser, d’abord, que j’en avais toujours eu l’intention ; ensuite, que je me suis servi de l’affaire du Vietnam comme d’un tremplin ; que je n’ai jamais pu encaisser Johnson ; que je suis un sale petit f. d. p. ambitieux et égoïste qui n’en peut plus d’attendre pour faire main basse sur la Maison-Blanche. »

Mais, quelques semaines plus tard, l’offensive du Têt amenait les combattants du Vietcong jusqu’au cœur de Saigon et prouvait de façon spectaculaire combien la situation militaire était mauvaise. Tout à coup, les milieux d’affaires et les conservateurs en général se mettaient à réexaminer la nécessité de la guerre. Et voilà que le défi de McCarthy, si dérisoire en apparence, prenait une importance toute nouvelle quand le candidat émergea des neiges du New Hampshire avec un nombre de voix suffisant pour ne plus faire figure de politicien excentrique et hargneux mais pour se muer au contraire en un personnage d’une intégrité glaciale, un héros de la résistance à la guerre, le chef d’un mouvement que Bobby avait toujours voulu conduire. Il n’avait pas voulu écouter Edelman, Walinsky et les autres « moralistes » de son équipe, mais quand O’Donnell, O’Brien et quelques « professionnels » de leur espèce commencèrent à changer de camp, Bobby entreprit de réévaluer sa position[47].

Certains sondages d’opinion indiquaient que, s’il se présentait, il l’emporterait. Jesse Unruh, le « patron » des démocrates de la Californie, qui n’avait cessé d’en appeler à sa candidature, lui téléphona à Palm Beach pour lui faire part d’un de ces sondages. Bobby lui répondit : « Espèce de

* Le vieil ami de Bobby, Dave Hackett, émit plus tard ce commentaire sur l’équipe de Teddy : « Ils croyaient que si Bobby se présentait cela pourrait faire du tort à leur propre candidat, et je dis “ candidat ” car, à mon avis, ils avaient l’ambition d’en faire un Président… et pensaient que (Bobby) allait brouiller les cartes… faire rider la surface de l’eau »[45].

fils de pute, pourquoi avoir besoin de me dire ça ? »[48]. Le 2 mars, Unruh et quelques autres responsables tinrent un conseil de guerre décisif à Hickory Hill, au milieu du tourbillon habituel d'enfants et d'animaux[49]. Burke Marshall et Steve Smith plaidèrent pour le « non », avec le concours plus persuasif encore de Sorensen. Ethel et les enfants étaient pour le « oui ». Ethel jeta un regard aigu sur Sorensen après l'une de ses exhortations à ne rien faire : « Comment, Ted ? Après toutes ces belles phrases que vous avez rédigées pour le Président Kennedy ! » La question fondamentale, d'après les souvenirs d'un témoin, était la suivante : Etant donné le chaos qui déchirait le pays, pour quelle meilleure occasion Bobby devait-il donc se garder en réserve ? A un moment crucial de la discussion, les enfants déroulèrent du haut d'une fenêtre un calicot sur lequel ils avaient écrit « Kennedy pour Président », et mirent sur le tourne-disque, à pleine sonorité, l'air d' « Un impossible rêve », tiré de *L'Homme de la Manche*. Tout le monde comprit que la campagne à venir avait trouvé son hymne, même si le candidat n'avait pas encore pris définitivement position.

Bobby maintint encore un temps l'équivoque. Quelques jours avant les primaires du New Hampshire, il était allé apporter son soutien moral à César Chavez, qui poursuivait une grève de la faim en Californie, et il avait dit alors à un ami : « Qu'est-ce que j'ai à perdre à part l'argent de papa ? »[50]. Mais le lendemain de l'étonnante performance de McCarthy qui avait obtenu plus de 40 % des suffrages, lors de ces primaires, il écrivait à l'un de ses amis, le journaliste londonien Anthony Lewis : « Le pays se trouve plongé dans de telles difficultés, et promis à tant d'autres encore, que l'on en est presque réduit au désespoir. Mais quand je prends conscience de la situation, je me demande ce qu'il me faudrait faire... » Il concluait sa lettre en disant à Lewis qu'au printemps suivant il serait en pleine campagne électorale, en Californie, ou bien en voyage à Londres, il ne savait pas encore à quel choix s'arrêter[51].

Bobby se trouva mis en demeure de renoncer à ses atermoiements par l'exploit inattendu de McCarthy qui, avec 42 % des voix, avait obtenu vingt délégués sur vingt-quatre au sein de la délégation envoyée par le New Hampshire à la future convention du parti. Le jour même où il avait écrit à Lewis, se tint un autre conseil de guerre. Même ceux qui lui avaient recommandé de s'abstenir voyaient maintenant qu'il ne pouvait se permettre d'attendre jusqu'en 1972. Comme le déclarait l'un d'entre eux : « Il semblait que l'amour de Bobby pour la politique et même son amour de la vie se trouvaient usés par son irrésolution. » Une nouvelle et ultime réunion fut convoquée pour le surlendemain. Mais l'issue ne faisait plus de doute. En voyant Bobby se faire interviewer par Walter Cronkite, chez Steve Smith, Teddy explosa : « Pourquoi diable nous réunir, s'il a déjà pris sa décision ? »[52].

Le lendemain, dans un dernier effort désespéré pour gagner du temps, Bobby demanda un entretien à Clark Clifford, le ministre de la Défense, qu'il surnommait « Attila » dans l'intimité. Il s'y présenta avec Sorensen et, d'emblée, déclara qu'à son avis, les Etats-Unis devaient mettre fin à leur intervention au Vietnam. Il ajouta que s'il entrait dans la course à la

Présidence ce serait uniquement à cause de la guerre. Il proposait que la Maison-Blanche nommât une commission d'enquête dont les conclusions seraient sans appel. Il avait apporté une liste de personnalités qui pourraient faire partie de cette commission, y compris lui-même[53]. Johnson considéra cette proposition comme un « ultimatum inacceptable » qui permettrait à Bobby de l'humilier sans même se présenter aux élections. Il refusa.

Le 15 mars, ayant vu se fermer sa dernière porte de sortie, Bobby était prêt. Il envoya son stratège, Fred Dutton, prévenir Teddy de ses intentions. Bien que le messager se fût fait une règle inviolable de ne jamais s'interposer entre deux Kennedy, il remplit sa mission. Il trouva Teddy résigné mais toujours sceptique[54]. (« La cure thérapeutique de Bobby va coûter huit millions de dollars à la famille », marmonna-t-il[55].)

Teddy accepta d'aller dans le Wisconsin proposer à McCarthy une alliance temporaire : il se partagerait avec Bobby les primaires restantes afin d'interdire toute victoire aux partisans de Johnson et de Humphrey.

Pendant ce temps, Sorensen et Walinsky travaillaient chacun séparément à des projets de discours annonçant la candidature de Bobby. Dans l'atmosphère de chaos qui allait marquer toute la campagne, Bobby tenta d'harmoniser les deux brouillons, mais ils différaient trop l'un de l'autre, par le ton comme par le contenu, et aucun des deux auteurs ne voulait céder sur une seule phrase. A une heure du matin, il y renonça, recommanda à ses conseillers de se mettre d'accord sans lui et alla se coucher. Schlesinger, qui avait finalement pris le chemin d'une chambre d'enfant pour tenter d'y faire un somme, fut réveillé à l'aube par un Bobby en pyjama qui lui apprit l'échec de la mission de Teddy auprès de McCarthy et lui demanda que faire. Schlesinger lui proposa de soutenir McCarthy et de prendre sa place au moment où celui-ci révélerait ses insuffisances. Bobby lui adressa un regard dédaigneux : « Les Kennedy ne font pas ces choses-là »[56]. Quelques heures plus tard, il choisissait le texte de Sorensen ; c'était, pensèrent les témoins, parce que l'auteur avait écrit les discours de Jack ; en effet certaines phrases ne cadraient pas avec la personnalité que Bobby avait fini par acquérir ; il en allait ainsi de la péroraison : « Ce qui est en jeu, ce n'est pas seulement la direction de notre parti, ni celle de notre pays ; c'est le droit d'assumer la direction morale de notre planète »[57]. Bobby annonça sa candidature dans le salon du sénat où Jack avait lui-même annoncé la sienne. Mais on était loin des temps euphoriques de la campagne antérieure. Un triste sentiment de nécessité avait remplacé le bouillant esprit d'aventure de jadis.

Il n'y eut pas non plus d'euphorie chez les Kennedy quand Bobby fit part de sa décision à ses parents. L'Ambassadeur était triste ; non seulement parce que son fils voulait affronter l'appareil du parti, mais aussi parce qu'il s'exposait lui-même au danger. Il se contenta d'aller se coucher. Bobby monta le rejoindre dans sa chambre pour lui parler : « Tâche de comprendre, papa. Je crois que je fais ce que je dois faire »[58].

Le 31 mars, trois jours avant ce qui, selon les sondages, allait être une défaite écrasante pour Johnson dans le Wisconsin, le Président annonça qu'il ne chercherait pas à se faire réélire en 1968. La croisade que Bobby avait commencé à envisager contre l'Usurpateur et la guerre de l'Usurpateur changeait soudain de sens et devenait plus difficile.

L'organisation de la campagne qui allait conduire Bobby à travers les élections primaires ne ressemblait guère à la mécanique bien huilée qu'il avait mise sur pied pour Jack en 1960. A l'époque, il avait eu plus d'un an pour monter la machine, dans une atmosphère de tranquillité sociale relative; il avait donc pu sélectionner ses objectifs avec soin, et les atteindre après avoir consacré à chacun le maximum d'efforts possible sur une longue période. En 1968, les troupes de Kennedy surgirent sur le terrain dans une atmosphère de confusion et d'alarme. Elles étaient désavantagées par leur propre précipitation, l'incohérence de leurs projets et par le fait que, dans leur camp, le seul bon organisateur d'une campagne était le candidat lui-même. Teddy tenta d'assumer sa part des responsabilités. Un journaliste se rappelle qu'il avait aussitôt pris l'avion pour le Wisconsin dans le but de rassembler un état-major sur place. Après avoir réuni les principales personnalités favorables à son frère, il leur avait posé toutes les questions de rigueur : combien d'étudiants à l'université? combien d'anciens bénévoles de 1960 encore récupérables? et ainsi de suite. Mais une fois en possession des réponses, il ne paraissait pas très bien savoir quoi en faire. En quittant la réunion, le gouverneur Patrick Lucey, pourtant partisan de Kennedy, avait maugréé : « L'ennui pour Bobby, c'est qu'il n'a pas de Bobby »[59]. Et un autre participant d'ajouter : « Si Bobby avait dirigé cette campagne, il aurait commencé par mettre tout ce monde-là dehors pour repartir à zéro. »

La famille était mobilisée comme d'habitude, mais on n'en était plus aux beaux jours où se levait l'astre de Jack et où tout le monde avait l'impression de monter, coude à coude, à l'assaut du pouvoir. « Ce qui manquait c'était la joie, déclarait un journaliste qui avait suivi les prestations des sœurs de Bobby. On avait le triste sentiment de les voir chercher à récupérer leur bien. » Joe Kennedy suivait la campagne à distance, en pleine confusion mentale et ne comprenant qu'à moitié ce qui se passait. Rose jouait, certes, son rôle, mais parfois l'on se demandait ce qu'elle représentait et venait faire là-dedans. Au cours des primaires de l'Indiana, dont le résultat était crucial, et qui avaient exigé le recrutement de centaines de salariés au prix de 3 millions de dollars[60], elle avait accepté d'être interviewée par Walter Cronkite avec ses deux fils survivants. Fred Dutton se trouvait avec Bobby quand celui-ci prit l'ascenseur pour aller chercher Teddy à l'étage au-dessous; puis tous trois reprirent l'ascenseur pour descendre encore d'un étage et attendre, comme toujours, que Rose fût prête. Quand ils se trouvèrent enfin réunis dans l'ascenseur pour se rendre au studio, Bobby tenta de préparer leur présentation : « Je crois que je devrais commencer par dire... » Rose lui coupa froidement la parole : « Ecoute, c'est *moi* qui suis interviewée »[61].

Les Shriver n'étaient pas effectivement présents, car LBJ avait nommé Sargent ambassadeur en France. Mais Jackie, quant à elle, avait surmonté sa répugnance pour la vie publique à seule fin de faire campagne pour Bobby. Mais même là, il y avait du tirage. Un soir où tout marchait bien, elle s'était exclamée : « Ce serait merveilleux si nous retournions à la Maison-Blanche ! »[62]. Ethel était avertie des rumeurs qui avaient couru sur sa belle-sœur et son mari, après l'assassinat (« On n'y peut rien, avait-elle dit alors. Il passe beaucoup de temps avec la veuve ; et après ? »[63]). Elle lui jeta un regard glacial : « Que voulez-vous dire par *nous ?* », puis sortit de la pièce ; Bobby haussa les épaules et la suivit, laissant Jackie toute seule.

La campagne devint une étrange entreprise individuelle, une série de moments *ad hoc*, pour Bobby. Le « mauvais Bobby » voulut tenter de faire voter par le parlement du Massachusetts une mesure qui rendrait inopérante la victoire antérieure de McCarthy aux primaires, mais Teddy s'y opposa. Le « bon Bobby » pénétra dans le ghetto noir d'Indianapolis le soir où Martin Luther King fut assassiné, pour y parler de la violence et du contrat social, en un discours improvisé que bien des auditeurs trouvèrent le meilleur qu'ils aient jamais entendu.

Ses apparitions publiques se transformèrent en « provocations à l'hystérie », selon le mot d'un journaliste. Les foules se jetaient sur sa voiture, lui arrachaient ses boutons de manchettes, lui mettaient les mains en sang, s'accrochaient à un symbolisme complexe en cherchant à toucher le mythe Kennedy lui-même, ou sa personnification chargée d'une valeur quasi totémique. L'entourage du candidat s'inquiétait. En fait, Bobby semblait étrangement fataliste ; on eût dit parfois qu'il faisait signe à quelque personnage dément, caché dans la marée populaire, pour l'abattre. A mesure que la campagne avançait, il se trouva même des journalistes pour le mettre en garde. « S'ils veulent m'avoir, ils m'auront comme ils ont eu Jack », avait-il répondu[64]. Le sociologue Leonard Duhl, qui s'était joint à l'équipe de Bobby, écrivit une note pour signaler que les prophètes de malheur — rôle que jouait Bobby dans ses vitupérations contre le racisme, la guerre et autres maux — étaient généralement rendus responsables des événements lorsque leurs prophéties se réalisaient. Bobby se contenta de prendre plaisamment Duhl par la peau du cou : « N'ayez pas peur, dit-il ; tout ira bien »[65].

Selon Lem, « Bobby sentait peser sur lui l'ombre de Jack. Il voulait lui échapper mais cela seul lui donnait un sentiment de culpabilité ; son désir même de s'en affranchir lui paraissait un acte de déloyauté »[66]. Mais comme la campagne tirait à sa fin, il semblait de plus en plus sûr de lui. L'Indiana devait être pour lui l'équivalent de ce qu'avait représenté la Virginie Occidentale pour Jack en 1960, l'endroit où il faudrait prouver ce qu'il valait, où il fallait vaincre à tout prix. Il alla de quartier en quartier, s'adressant à chacun de sa voix saccadée qui forçait l'attention, si différente de la froideur étudiée de Jack, mais qui faisait paraître sa présence d'autant plus troublante, par comparaison. Il parla de la « pauvreté cachée » à des autochtones soupçonneux, et du même souffle les entretint du maintien de l'ordre dans les villes. Si McCarthy faisait figure de philosophe, Bobby était un évangéliste. Au lendemain de l'assassinat du pasteur King, il parla de ces instruments de violence « plus lents mais aussi meurtriers que le revolver ou l'explosif nocturne : l'injustice des institutions, l'indifférence, la négligence, la détérioration progressive de la situation. Telle est la forme de violence qui affecte les déshérités, qui empoisonne les relations entre les hommes, sous prétexte que leur peau n'est pas de la même couleur... »[67]. A un moment où il allait être emporté par une foule avide, il se tourna vers l'un de ses collaborateurs : « Tout ça pour un homme que l'on dit " impitoyable " ? Qu'est-ce que ce serait si j'étais " bon " ! »[68].

Quand le *New York Times* trouva que la victoire de l'Indiana n'était « pas probante », Bobby dit à Newfield : « Si j'étais vraiment impitoyable, je trouverais un moyen de rendre au *Times* la monnaie de sa pièce. » Il connut pourtant de nouvelles victoires, dans l'Etat de New York et dans le Nebraska, mais se cassa le nez dans l'Oregon où il n'y avait pas de chômage, pas de minorités raciales et qui connaissait une relative tranquillité dans le domaine social. (« Reconnaissons-le, dit Bobby dans l'un de ses commentaires les plus révélateurs : c'est auprès des gens qui ont des problèmes que j'ai le plus de succès. ») Incapable de déceler dans l'Oregon les problèmes qui faisaient son succès ailleurs, il fut battu par McCarthy (c'était la première défaite électorale d'un Kennedy, au cours d'une primaire). Il rentra à Hyannis pour prendre un bref repos avant l'affrontement final avec les partisans de McCarthy en Californie. Il passa de longues heures avec son père — le corps complètement recroquevillé désormais ; la peau fine comme un voile ; la main en forme de serre, agitée d'un perpétuel tremblement. Le jour de son départ, il se pencha sur le fauteuil roulant pour lui dire : « Papa, je vais en Californie pour quelques jours ; la bataille sera rude ; je vais la gagner pour toi »[69].

Il parcourut l'Etat en tous sens, travaillant le terrain comme s'il s'agissait d'une circonscription du vieux Boston, démesurément grandie. Avec ses nombreuses minorités noires ou mexicaines, et certains secteurs de l'électorat blanc situés à gauche, c'était un champ de bataille que l'on aurait dit taillé sur mesure pour lui. Mais la fidélité manifestée par certains militants antibellicistes envers McCarthy lui faisait du tort. Il se vit contraint de quémander le débat public qu'il avait refusé à son adversaire dans l'Oregon[70]. Les observateurs pensaient que McCarthy, plus cultivé et meilleur orateur, le ridiculiserait, mais Bobby non content de lui tenir tête parvint à rallier nombre d'indécis, selon les sondages.

Le jour des primaires, il passa la journée dans la propriété du réalisateur John Frankenheimer, à Malibu. Ils parlèrent de *Sept jours en mai*, un film de ce cinéaste que Jack avait particulièrement apprécié. Vers midi, Bobby alla se baigner dans l'océan avec ses enfants. Il vit David, âgé de treize ans, sur le point d'être emporté par une lame de fond avec sa planche à surf et nagea à sa rescousse. Plus tard, Frankenheimer le conduisit en voiture à son quartier général, à l'hôtel Ambassador où il attendrait les résultats.

Il apprit bientôt qu'il l'avait emporté avec une marge considérable dans le Dakota du Sud qui organisait également ses primaires en cette journée du 5 juin. Mais au début de la soirée, les premiers résultats venus de la Californie ne permettaient pas de départager les deux adversaires. Finalement, vers minuit, les estimations indiquèrent une nette victoire de

Bobby. McCarthy était désormais hors de combat. Dès lors, Humphrey restait le seul candidat à vaincre. Bobby dit à Goodwin : « Ma seule chance c'est de courser Hubert à grands coups de pieds au cul, d'un bout à l'autre du pays. Peut-être qu'il se lassera »[71]. Kenny O'Donnell, son vieux condisciple de Harvard, qui savait mieux que personne d'où il revenait, l'appela de Washington. Bobby interrompit une conférence avec Teddy, Steve Smith, Sorensen et Goodwin pour prendre le téléphone. Il dit : « Tu sais, Ken, finalement je crois que je suis sorti de l'ombre de mon frère. Maintenant au moins je me sens comme si je m'appartenais. Pendant toutes ces années je n'avais pas l'impression que c'était moi, mais Jack, qui agissait »[72].

Il descendit l'escalier et rendit public son bulletin de victoire. Après quoi, il fit un détour par les cuisines pour se rendre à une conférence de presse. Parmi les employés de l'hôtel il y avait un homme armé d'un revolver.

S'il avait eu le temps de prononcer quelques dernières paroles, il aurait fort bien pu prendre à son compte les mots d'Ajax, l'un de ces héros grecs qui avaient tant occupé son esprit, au cours de ces dernières années si fugitives : « De la lumière, de la lumière, rien que pour mourir en pleine lumière ! »

QUATRIÈME PARTIE

LES ENFANTS PERDUS

Le monde entier est notre hôpital.
T. S. Eliot, *Quatre Quartettes*.

1

Quand il y repensa par la suite, Chris Lawford fut frappé de constater combien ce samedi après-midi avait ressemblé à tant d'autres qu'il avait passés chez son oncle Bobby — un tourbillon d'activités, de rires et de discussions jaillissant de façon presque volcanique des groupes d'invités, tandis que des enfants et des chiens cherchaient à se frayer un chemin à contre-courant, au cours de jeux apparemment ininterrompus et selon des itinéraires capricieux, parmi les grappes d'adultes [1]. A moitié adopté par la famille de Robert Kennedy depuis le divorce acrimonieux de ses parents, cinq ans plus tôt, Chris avait connu bien des réceptions du même genre à Hickory Hill. Comme toujours, Robert McNamara, John Glenn, Lem Billings et autres habitués circulaient dans la foule. Comme toujours, il y avait des invités projetés avec un grand cri dans la piscine, dont ils ressortaient complètement trempés, dans tous leurs atours dégouttant d'eau, et pointant un doigt vengeur vers celui ou celle qui les avait poussés. Et comme toujours régnait le sentiment que les choses étaient et resteraient à jamais comme elles devaient être, en ce lieu que Chris avait fini par considérer comme le centre de l'univers.

Ses cousins et lui-même avaient été laissés en liberté toute la journée, comme d'habitude en pareille occurrence ; ils avaient joué aux gendarmes et aux voleurs, comme son oncle Bobby l'avait fait avant eux, disait-il, avec ses frères et sœurs, quand ils étaient petits. Chris, petit bonhomme rondelet de treize ans, qui avait du mal à tenir sa place dans les compétitions athlétiques incessantes de la famille, s'était arrangé pour ne pas être attrapé depuis un bon moment. Il s'était d'abord caché dans les écuries, près des grands hickories trois fois centenaires qui avaient donné leur nom à la propriété, puis dans la remise à outils. Mais depuis une demi-heure il semblait que personne ne le cherchait plus. Il sortit de sa cachette et remarqua que les invités commençaient à s'en aller. Il revint prudemment vers la maison en tâchant de repérer ses cousins Bobby Junior et David avec qui il s'entendait le mieux. En vain. Il finit par découvrir Ina, la femme de chambre costaricienne, et lui demanda où se trouvaient les autres. Elle lui jeta un étrange regard et répondit, avec un accent plus chantant que d'habitude : « Vous n'avez pas compris qu'ils ont enterré leur père aujourd'hui ? Alors ils sont tristes et ils sont allés se coucher. »

A ce moment, Chris comprit combien tante Ethel avait réussi, depuis que *c'était arrivé*, à maintenir l'illusion que rien n'avait vraiment changé ; que Bobby était au ciel, heureux d'avoir retrouvé Jack, en attendant la réunion finale de toute la famille. Il s'assit dans l'herbe, en proie à un tel sentiment d'abandon qu'il se sentait presque physiquement malade ; pour la première fois, il ressentait la perte de son oncle qu'il n'avait pas eu le temps de mesurer réellement depuis le moment où il avait appris l'attentat.

Comme bien d'autres membres de la famille, Chris avait été galvanisé par les idées de Bobby. Juste avant les primaires de Californie, il avait traversé un moment d'illumination, une sorte d'épiphanie, au moment où, avec sa mère, il se rendait à l'église de Park Avenue qu'ils fréquentaient régulièrement. Debout sur les marches, avant d'entrer, il s'était arrêté, saisi soudain par le sentiment qu'ils avaient tort d'aller à la messe des riches au lieu de consacrer leur vie aux pauvres et aux déshérités, comme le prêchait Bobby. Sa mère avait discuté avec lui, elle avait même haussé progressivement le ton au point que les autres paroissiens avaient tourné la tête vers eux. Mais il avait refusé tout compromis. Jamais, avait-il déclaré, il ne remettrait les pieds dans cette église.

Assis sur la pelouse de Hickory Hill, il tentait de remettre de l'ordre dans les événements de ces derniers jours, tout en comprenant qu'ils ne formeraient jamais pour lui une histoire cohérente, que ce serait toujours dans son esprit une mosaïque de rumeurs et d'impressions.

Son cousin, Bobby Junior, lui avait dit, au cours des funérailles, qu'il était allé se coucher, ce soir-là, peu après avoir appris que son père avait gagné les primaires de Californie ; il s'était levé tôt le lendemain matin pour lire les détails de la victoire dans le *Washington Post* où il avait découvert les gros titres annonçant l'attentat ; il était resté assis pendant une heure dans le living-room, à brûler le journal, page par page, dans la cheminée. Joe, l'aîné des garçons de sa génération, avec ses seize ans, se trouvait dans son pensionnat quand l'oncle Teddy l'avait appelé pour lui dire qu'il y avait eu des coups de feu mais qu'il ne devait pas se faire de souci parce que les choses n'étaient pas aussi graves qu'elles en avaient l'air[2]. Quand Joe était arrivé à Los Angeles et avait découvert son père sous une tente à oxygène, le visage qu'il connaissait si bien, noirci et déformé par la balle qui l'avait frappé derrière la tête, il avait aussitôt compris que c'était plus sérieux qu'on ne le lui avait dit. Et lorsque la mort avait finalement fait son œuvre, la salle d'opérations, à l'hôpital du Bon Samaritain, était devenue ce que Joe, pour essayer d'expliquer la chose à Chris et à ceux qui n'y étaient pas, avait appelé « une scène d'enfer » pleine de médecins et d'infirmières qui pleuraient et criaient et d'adultes tellement anéantis qu'il lui avait fallu annoncer lui-même à ses frères et sœurs que finalement leur père n'avait pas pu s'en tirer[3].

Quand le corps avait été ramené à la maison, ceux dont Chris se sentait le plus proche dans la famille — les fils aînés de Bobby, c'est-à-dire Joe,

Bobby Junior et David — avaient servi une messe de Requiem à Saint-Patrick. Puis toute la famille avait pris le train funéraire qui avait serpenté lentement jusqu'au cimetière d'Arlington. John-John — comme ils appelaient parfois familièrement le fils du président assassiné — avait été frappé par la relation possible entre cette nouvelle tragédie et l'autre, dont il se souvenait si bien ; à un moment, il avait demandé à son cousin Christopher Kennedy, âgé de cinq ans, le fils de Bobby, si son père continuerait d'aller à son bureau au sénat. « Oh, oui, avait répondu Christopher, il est au ciel le matin et il va au bureau l'après-midi. »

David, treize ans, qui était resté seul dans une chambre d'hôtel, à Los Angeles, pour regarder son père lire son bulletin de victoire à la télévision quand l'attentat avait eu lieu [4], paraissait se mouvoir dans un brouillard. Pendant une grande partie du trajet, jusqu'à Arlington, il avait penché la tête hors de la portière pour sentir le vent sur son visage. Une fois, au moment où ils entraient dans un tunnel, Phil Kirby, son meilleur ami du temps d'Hyannis, qu'Ethel avait appelé pour tenir compagnie au garçon [5], avait remarqué que David ne voyait pas une poutrelle d'acier qu'allait frôler le wagon, et l'avait violemment tiré en arrière, sans quoi il aurait été décapité. Les deux garçons étaient de nouveau penchés au-dehors quand un train roulant sur une voie parallèle heurta un groupe de badauds, à l'intérieur d'un passage à niveau ; il y eut deux morts, l'un d'entre eux coupé en deux sous les roues. David était comme hypnotisé par ce spectacle sanglant ; un agent du Service secret dut l'en arracher pour le faire rasseoir dans le compartiment.

Le moment paroxystique du voyage en train, au moins pour Chris et les autres enfants, vint quand Joe, vêtu d'un costume rayé de son père et escorté par Ethel, parcourut les couloirs pour serrer les mains des assistants en répétant : « Je suis Joe Kennedy, merci d'être venu », de façon si pondérée qu'Ethel devait dire fébrilement, après l'épreuve : « Il a *ça* dans le sang, il l'a » [6]. Pas besoin d'explication ; *ça*, c'était le gène, la marque du destin, le don pour la politique dont tous les petits Kennedy parlaient déjà entre eux et dont la nature les faisait rêver.

Au moment où les derniers invités quittaient Hickory Hill et où les ombres commençaient à envahir l'herbe, Chris Lawford réfléchissait à tous les événements de ces dernières journées et cherchait à leur donner un sens. Il se sentait seul et, même pire, désarmé. Quand l'oncle Bobby était de ce monde, se dit-il à lui-même, nous savions ce que nous étions. Maintenant qu'il est parti, qu'allons-nous devenir ? Que va-t-il nous arriver ?

Ces questions hantaient également l'esprit de bien d'autres. Ils étaient vingt-sept, et ils seraient bientôt vingt-huit, comme l'indiquait la grossesse déjà avancée d'Ethel. Quand ils étaient tous ensemble, on eût dit le résultat d'une remarquable expérience génétique : — les différentes espèces d'un genre particulièrement plein de charme : les cinq petits Shriver, avec leur beauté brune, le regard sensible de leur père et la mâchoire agressive de leur mère ; Stevie et Willie Smith aux visages arrondis, dont l'impassibilité semblait calquée sur celle des masques qui avaient fait la fortune de leur géniteur dans sa famille ; Chris et ses trois sœurs, tous marqués par la séduction frappante de Peter Lawford, et la vulnérabilité angoissée de l'acteur ; et puis, parmi les porteurs du nom de Kennedy : les héritiers de Bobby, dotés de la forte charpente et de la haute taille des Skakel ; les blonds rejetons de Teddy, à la surprenante fragilité ; Caroline et John-John dont le maintien princier était sans égal au milieu du groupe.

Tout le pays avait vu ces visages photogéniques, dans le vent, aux différentes étapes de leur évolution, et avait assisté à leur transformation progressive, comme s'ils avaient été observés à intervalles réguliers en laboratoire. C'était « les enfants de toute l'Amérique », comme l'avait fait remarquer un journaliste. Pourtant, bien qu'ils eussent passé toute leur vie sous les feux des projecteurs, ils possédaient une curieuse innocence. Ils étaient amusés par l'importance que les étrangers attachaient au fait « d'être des Kennedy ». Ils jetaient des regards curieux aux touristes qui les épiaient à travers les haies de Hyannis. Ils ramassaient du sable sur la plage publique et le vendaient à un dollar le sachet sous le nom de « sable Kennedy ». Ils se tenaient devant l'entrée de la propriété pour répondre aux « questions sur les Kennedy » (Que prend Jackie pour son petit déjeuner ? Où les Kennedy font-ils leurs achats ?) à 1 Franc la question[7]. S'étant entendu demander ce que cela « signifiait » d'être un Kennedy, David, le fils de Bobby, avait répondu : « Ça signifie qu'on est exactement comme tout le monde mais mieux »[8].

Pourtant, comme pour les générations antérieures, ce qui comptait vraiment à leurs yeux c'était l'opinion des membres de la famille. Ils se mesuraient entre eux, à la nage ou à la voile, et réussissaient si bien que les autorités du port d'Hyannis avaient dû les écarter de certaines compétitions, chaque saison, pour laisser aux autres concurrents une chance de gagner quelques rubans. Leurs rivalités, au sein de leur propre groupe, étaient bien plus intenses encore, bien plus symboliques de ce qui serait, pensaient-ils, leur propre lutte pour la vie. Chacun d'eux était toujours à l'affût d'une occasion de marquer un point sur un concurrent familial, toujours avide d'améliorer son rang, espérant toujours qu'un frère ou un cousin plus âgé ou plus capable aurait une défaillance, et toujours conscients, par-dessus tout, d'être observés, jugés par des parents, anxieux eux-mêmes de découvrir qui avait le *don*. Si la maison de Beals Street, où quelques Kennedy de la génération précédente étaient nés, avait contenu d'énigmatiques potentialités, le Domaine d'Hyannis, où la nouvelle génération se réunissait chaque été, était un terrain d'entraînement pour ceux qui rêvaient de restaurer la grandeur familiale de naguère. Comme devait le dire plus tard Chris Lawford : « Nous étions tous, et chacun d'entre nous, élevés pour accéder à la Présidence »[9].

Quelques-uns des plus âgés se remémoraient ce que les adultes appelaient « ce bref moment étincelant » : les incursions à la Maison-Blanche ; l'atterrissage de l'hélicoptère présidentiel, chaque vendredi soir ; l'arrivée de l'oncle Jack qui, après s'être débarrassé de sa suite, les emmenait tous en ville et leur donnait à chacun un dollar à dépenser à la confiserie. Quelques-uns d'entre eux en conservaient un souvenir plus intime. Pour Joe, c'était la fois où il avait été invité à la Maison-Blanche pour assister à la projection du film sur le *PT 109*. (« Merci de m'avoir invité au film, écrivait-il à son oncle de Président, après coup ; je me suis bien amusé... j'ai pensé que tu avais été très brave. J'espère que je serai aussi brave que toi quand je serai grand... » [10].) Pour Chris, victime comme les autres des brimades de Joe, c'était la fois où, pourchassé à travers tout le Domaine, il était allé se réfugier auprès du Président occupé à examiner le contenu d'une serviette pleine de papiers, sous la véranda, pour haleter : « Joe me court après. Tu peux me cacher ? » « Oui, avait répondu Jack sans lever les yeux, va dans le grenier. » Et il n'avait pas révélé la cachette à Joe [11]. Mais il n'avait pas non plus empêché Joe de donner un coup de poing dans l'estomac de Chris quand celui-ci était enfin sorti du grenier.

Mais si Jack symbolisait à leurs yeux ce que la famille avait été — ils l'appelaient entre eux « le Président », comme s'il n'y en avait jamais eu d'autre en Amérique —, Bobby avait représenté ce qu'ils voulaient devenir. C'était celui qui faisait son apparition dans une pièce où l'un d'eux était allongé sur un divan en train de lire une bande dessinée, pour dire : « Laisse tomber cette stupidité tout de suite, et va *faire* quelque chose dehors » [12]. C'était celui qui assistait aux baptêmes et aux confirmations, aux distributions de prix et aux remises de diplômes. Quand grand-mère Rose répétait sa citation favorite de saint Luc : « A celui qui a beaucoup reçu, il sera beaucoup demandé », ils n'y accordaient pas plus d'attention qu'aux autres homélies dont elle truffait sa conversation. Mais Bobby traduisait la maxime en des termes qu'ils pouvaient tous comprendre : « L'Amérique s'est montrée généreuse envers les Kennedy. Nous avons une dette de gratitude envers notre pays et nous devons le servir » [13]. Il présentait l'image d'une personnalité énergique et complète, qui leur demandait toujours de se surpasser, d'être meilleurs que ce qu'ils croyaient être, qui les faisait participer aux jeux et, du même coup, à la destinée de la famille ; celui qui les empêchait de se contenter d'être une collection pittoresque de rejetons de célébrités. En raison de la maladie de leur grand-père, Bobby était le seul chef de famille qu'ils avaient jamais connu. Qu'ils fussent des Lawford, des Shriver, des Smith ou des Kennedy, ils n'avaient jamais pensé à leur avenir qu'en fonction de lui. Ils avaient travaillé dans ses bureaux, participé à ses campagnes électorales, parfois même contribué à l'accomplissement de ses tâches officielles. Il avait été celui qui avait défini leur kennedysme, et maintenant qu'il était mort, toutes les définitions se trouvaient remises en question.

Sarge Shriver et Steve Smith ne possédaient pas l'autorité morale qu'il leur aurait fallu pour prendre sa place. Teddy était trop absorbé par les conséquences politiques de l'attentat pour se montrer disponible envers les enfants. Rose errait solitaire sur la plage, avec un sourire crispé, en répétant : « Dieu ne nous impose jamais plus que nous ne pouvons supporter » [14]. Seul Joseph Kennedy semblait comprendre leur angoisse. « Parfois grand-papa nous regardait comme s'il avait quelque chose à nous dire, rappelle Chris Lawford. Ses lèvres remuaient presque convulsivement, comme si les mots voulaient s'en échapper. Mais son regard s'embrumait à nouveau ; il se laissait retomber sur son fauteuil roulant et son infirmier l'emmenait »[15].

C'est ainsi qu'en 1968 ils connurent le premier « été de leur mécontentement ». Jusqu'alors, ils avaient contribué, chacun séparément, à cimenter l'union de la famille par les relations qu'ils maintenaient les uns avec les autres (Chris avec David ; Michael, le fils de Bobby, avec Stevie Smith ; Kara, la fille de Teddy, avec Vicki Lawford). Maintenant, ils avaient l'impression d'appartenir à des catégories réductrices et désignées comme telles : « les Petits », « les Filles », « les Grands ».

Les Filles avaient passé une grande partie de l'été à la messe, escortées par des domestiques, à prier avec ferveur pour l'âme de Bobby. Les Petits avaient participé à leurs activités habituelles, dans le style des colonies de vacances, sous la direction de l'animateur que Bobby engageait toujours pour eux. Il y avait eu des leçons de natation, de tennis, d'équitation. Mais le cœur n'y était plus. Les Grands avaient pratiqué leur version particulière du football américain (dénaturé par des conventions familières telles que : « celle-là compte pour du beurre »). Ils avaient tous ressenti l'impression de se contracter, de se recroqueviller au-dedans d'eux-mêmes. « C'était si différent de la mort de Jack, déclara par la suite Bobby, le fils aîné d'Eunice ; à ce moment-là, on avait serré les coudes ; l'oncle Bobby y avait veillé ; d'une certaine façon on s'était senti plus Kennedy que jamais ; fiers de ce que Jack avait été, déterminés à refaire ce qu'il avait fait ; mais quand l'oncle Bobby est mort, on a seulement eu l'impression que tout se désagrégeait »[16].

Le choc le plus dur avait été celui qui avait frappé les enfants de Bobby lui-même ; sans doute parce que le magnétisme paternel avait fait d'eux le centre du clan. L'anniversaire de David, le 15 juin, fut marqué à Hickory Hill par une petite fête sans joie, au cours de laquelle Bobby Junior eut l'idée géniale de mettre du laxatif dans le lait de chacun[17]. Déjà l'effort héroïque d'Ethel pour refuser d'admettre la vérité, depuis le jour des funérailles, avait commencé à faiblir. La tension était grande au foyer. Les Petits et les Filles étaient encore à l'abri des humeurs sombres de leur mère. Pas les Grands. Sur le point de devenir eux-mêmes des hommes, ils semblaient poser à Ethel de douloureuses questions sur le sort des mâles de la famille. Elle leur infligeait constamment des punitions arbitraires, comme si elle leur reprochait de lui rappeler son époux disparu. Elle avait déclaré à Joe qu'il serait désormais l'homme de la maison et l'avait autorisé à prendre, à table, la place de son père[18]. Mais le jour où il donna une taloche à sa petite sœur Kerry qui faisait trop de bruit, elle lui infligea un châtiment puéril en le condamnant à monter et descendre cent fois l'escalier. (Ensuite, Joe sortit dans la cour et, dans un élan de tendresse, fit une ronde avec ses jeunes frères et sœurs, pour chanter avec eux l'air préféré de leur père, « l'Hymne au combat de la République »[19].) Et pendant ce temps, Ethel criait « Sortez d'ici » à David et à Bobby Jr, comme si la maison même, pleine de souvenirs des triomphes familiaux, était un sanctuaire qu'ils profanaient par leur présence[20].

Peu après l'anniversaire de Teddy, Ethel et les enfants avaient pris l'avion pour le Connecticut où ils avaient loué un bateau pour faire une croisière de Mystic à Hyannis Port. Pendant toute la traversée, Ethel oscilla entre une tristesse lugubre et une gaieté fébrile. Une fois, elle entraîna Bobby Junior et David dans l'entrepont où elle les battit avec une brosse à cheveux ; ils n'avaient jamais été frappés de la sorte, pour autant qu'ils aient pu s'en souvenir, et n'avaient pas réussi à retenir leurs larmes malgré leur volonté adolescente de se montrer plus forts que leur mère. « Je ne peux plus le supporter, avait-elle dit en arrivant au port ; vous autres, les garçons, je préfère que vous partiez d'ici »[21]. Ainsi commença une diaspora qui se poursuivrait pendant les années à venir, un va-et-vient qui symboliserait les liens ambigus entre la nouvelle génération et l'Héritage des Kennedy.

Joe et son copain Chuck McDermott furent envoyés en Espagne où ils devaient séjourner chez les Guardiola, une grande famille espagnole, recommandée à Teddy par l'ambassade des Etats-Unis à Madrid. Pendant les quelques premiers jours, Joe erra deci delà comme une personne déplacée[22]. Il possédait certes le fameux sourire des Kennedy, que l'on avait tant remarqué dans le train funéraire de son père, mais c'était une expression fugitive et mal assurée, généralement accompagnée par un froncement du front plein de perplexité. Il était large d'épaules mais lent (« un fonceur », pensait McDermott, « dans une famille où l'on appréciait surtout, au contraire, la tactique et la vivacité »). Son année scolaire, à l'académie Milton, avait été mauvaise, une fois encore[23]. En retard dès le début, il avait encore perdu du terrain au cours de ses études. Le fait d'être un Kennedy l'exposait à se trouver sans cesse mis à l'épreuve. Les filles lui demandaient des « déclarations », non pas tant pour y répondre favorablement que pour obtenir un autographe promis, croyaient-elles, à une certaine valeur historique. Les garçons faisaient son lit en portefeuille ou allaient même vomir sur son oreiller. Joe avait attendu impatiemment la campagne présidentielle pour se libérer de ses tourments. Son père avait déjà essayé de le mettre au courant et avait même, au cours de leur dernière expédition en radeau, pris le temps de l'emmener en tête à tête dans la réserve des Navajos pour lui expliquer le triste sort des Indiens en Amérique. Il l'avait présenté à ses principaux collaborateurs et admis à des réunions d'importance secondaire. Il avait promis à Joe de le prendre à plein temps avec lui, pendant les vacances. « Cela avait été un grand événement pour lui, déclarait McDermott. Il en avait oublié ses ennuis. Mais maintenant ces beaux projets s'étaient évanouis et il lui fallait rester ce qu'il était »[24].

Les Guardiola élevaient des taureaux de combat pour toutes les arènes d'Espagne. Joe et McDermott eurent tout loisir d'observer les toréadors « essayer » les bêtes à l'entraînement. Joe tenta même de toréer une vache et reçut un coup de corne sans gravité. Ils allèrent voir El Cordobés à Séville et eurent l'honneur d'être invités dans la chambre du matador pendant qu'il revêtait l' « habit de lumière » avant de se rendre dans l'arène. Comme ils le quittaient, Joe, toujours avare de ses paroles comme s'il eût fait vœu de silence, déclara à McDermott : « Il va probablement se faire tuer. » El Cordobés combattit fort bien et reçut même en récompense l'oreille du taureau qu'il porta à la loge des Guardiola pour la remettre à l'héritier des Kennedy. Celui-ci la jeta dans une poubelle en quittant l'arène.

McDermott et lui-même passèrent la fin de l'été à faire de la moto. Certain jour, après avoir découvert une maison temporairement inhabitée, Joe monta jusqu'au premier étage avec son engin en prétendant qu'il avait toujours eu envie de faire ce genre de chose.

De temps à autre, il écrivait à sa famille, sans manquer de demander des nouvelles de Bobby Junior. Son frère était brun, efflanqué, énigmatique, solitaire par goût plutôt que par nécessité, car contrairement à Joe il n'avait pas besoin de se donner du mal pour se faire des amis. La famille le considérait un peu comme les faucons qu'il élevait — dissimulant ses desseins sous le chaperon, mais dégageant un sentiment de danger. Même son goût pour les « plaisanteries vécues », qu'il avait hérité des Skakel, présentait un côté bizarre, voire inquiétant. Quand leur voisin de Hyannis, Philip Kirby, fut invité à se joindre aux frères Kennedy pour servir une messe à la mémoire de leur père, il avait indiqué au prêtre qu'il ignorait presque tout de la liturgie et n'était pas sûr de savoir quand agiter la clochette. L'officiant lui avait répondu qu'il le lui signalerait en lui touchant l'épaule. Au début du service, Philip sentit un attouchement et sonna un coup avant de comprendre aussitôt que ce n'était pas le moment. Bouleversé jusqu'aux larmes d'avoir commis une telle bévue dans une circonstance aussi grave que la mort du père de ses amis, il avait tourné la tête pour voir qui l'avait ainsi touché... et découvrir un sourire de triomphe sur les lèvres de Bobby Junior[25].

Dès son jeune âge, ce dernier s'était intéressé aux animaux ; il avait eu des lézards d'abord, puis des serpents et enfin des faucons[26]. Pour son treizième anniversaire, son père avait commandé à des naturalistes du zoo du Bronx un grand terrarium — où il pouvait même pénétrer parmi ses reptiles — et avait encouragé son goût de la fauconnerie. Pourtant Bobby Senior avait mentionné qu'il était gêné par l'idée d'élever des pigeons à seule fin de les donner en pâture aux rapaces ; il avait donc passé avec son fils un accord typique de la mentalité des Kennedy : si un oiseau parvenait à échapper au faucon deux fois de suite, il lui était fait grâce et il n'avait plus à affronter les prédateurs.

Frappé par la vaste curiosité de son fils, Bobby faisait observer que Junior était « juste comme le Président »[27]. Lem l'avait déjà remarqué et pris le gamin sous sa protection. Quand le caractère d'Ethel devint de plus en plus difficile, au cours des semaines qui suivirent l'assassinat, Lem s'offrit à conduire le garçon en Afrique pour le safari-photo que lui avait promis son père peu avant sa mort[28]. Aussi, pendant que Joe assistait à des corridas en Espagne, Lem et Bobby sillonnaient la plaine du Serengeti. Bobby apprit à rester accroupi dans les hautes herbes du veld ou à marcher vers les bêtes, caméra au poing. Il affirmait aux

Africains qu'il voulait devenir vétérinaire. Il tenait avec Lem un journal de route que son mentor prétendait digne d'être publié par un magazine, pour une forte somme.

David était très conscient de l'avantage que son frère avait pris sur lui, en s'assurant la sollicitude d'un adulte, entièrement dévoué à lui seul, pour l'aider à surmonter la tragédie. « Lem aurait pu choisir n'importe lequel d'entre nous, déclara-t-il plus tard. Je me souviens du jour où c'est arrivé. Lem est venu et ils sont partis se promener ensemble. Je me suis dit à moi-même : Bobby a de la chance. J'aurais bien aimé avoir quelqu'un moi aussi »[29]. Si la mort de Bobby avait affecté David plus durement que les autres, c'était parce qu'il avait toujours existé un lien spécial entre son père et lui. Chacun d'eux avait été le mouton noir de sa portée respective — pris en sandwich au milieu de nombreux frères et sœurs. En outre, David avait toujours été une sorte de chouchou-de-ses-parents, avec son visage ouvert, pointillé de taches de rousseur, et sa chevelure blonde rebelle, que son père et sa mère avaient l'habitude d'ébouriffer en passant, comme s'ils touchaient du doigt quelque talisman. (« Si un jour nous sommes ruinés, disait Ethel, nous ferons de David une vedette de cinéma et nous vivrons tous à ses crochets »[30].) Il avait été le seul de la famille à ne pas manifester d'enthousiasme à l'idée de voir son père briguer la Présidence[31]. Pendant les semaines qui avaient suivi l'annonce officielle, il avait été hanté par des cauchemars récurrents au cours desquels il voyait son père agoniser. Désespéré par ces signes prémonitoires et privé de la présence attentive de Bobby pendant la campagne, il avait déjà eu des ennuis pour avoir jeté des pierres sur les voitures qui passaient devant Hickory Hill. Le candidat avait pris le temps d'écrire, à bord de son avion, une note qui semblait adressée à son fils tout autant qu'à la presse : « Il regrette profondément ce qui est arrivé et présente ses excuses à tous les intéressés. Je voudrais ajouter que c'est un excellent garçon qui a toujours donné de grandes satisfactions à sa famille »[32].

Le jour des primaires de Californie, il avait rejoint son père à Los Angeles. Tous deux étaient allés se baigner dans les vagues de Malibu et il avait été fauché par une lame de fond ; il s'était senti emporté par le flot quand Bobby l'avait saisi non sans s'écorcher la tête sur les rochers en plongeant pour attraper le bras glissant du gamin. Avec le romantisme de l'adolescence, David s'était dit que son père lui avait sauvé la vie et qu'il chercherait l'occasion de lui rendre la pareille un jour futur[33]. Ce soir-là, il était devant le poste de télévision, dans sa chambre de l'hôtel Ambassador, quand il avait vu les images prises par les caméras à main des opérateurs jouant des coudes pour s'assurer la meilleure vue du martyr étendu et sanglant, quelques étages plus bas, dans les cuisines de l'établissement. L'une de ses pensées fut qu'il ne pourrait plus jamais s'acquitter de sa dette.

Après avoir casé Joe et Bobby pour l'été, Ethel expédia David en Autriche en compagnie de Chris Lawford[34]. Ils avaient pris pension à Meyerhoff, un camp de tennis et de ski dirigé par Bill Talbert, l'ancien as de la raquette. Ils passaient la matinée sur les glaciers et l'après-midi sur les courts. C'est alors qu'il découvrit les Grateful Dead* et la sexualité : « Une fille de dix-sept ans, au camp, comprit qui j'étais et sauta sur moi. J'étais à peine entré dans la puberté. Chris me conseilla de sortir avec elle et d'essayer d'en tâter. C'est ce que je fis. Aussitôt, elle défaisait ma braguette et baissait mon pantalon en gémissant qu'elle regrettait tant que mon père soit mort »[35].

Pendant le reste de leur séjour en Autriche, Chris et lui se glissaient hors de leur chambre, la nuit, avec des sacs de couchage, pour se rendre dans les dortoirs des filles et profiter de la fascination morbide, voire du sentiment de culpabilité qu'elles éprouvaient pour la mort de Bobby. Ils savaient que c'était mal, mais ils sentaient aussi que cela faisait partie d'un grand bouleversement, au fond de leur être, envers tout ce qui avait trait aux Kennedy. « C'était comme quand on regarde un énorme ballon se dégonfler, déclara Chris bien plus tard. Rien n'avait plus de sens »[36]. Lui qui était un remarquable joueur de tennis découvrit que peu lui importait de gagner ou de perdre. « J'étais sur le court et je me disais “ au diable tout ça ” en plein milieu d'une partie, et je m'en allais. Avant la mort d'oncle Bobby, je n'aurais jamais osé le faire. Ce n'était même pas pensable. Il ne fallait jamais abandonner, jamais cesser de vouloir gagner. Mais ces sentiments n'avaient plus guère de signification désormais. David et moi avions conclu ensemble qu'il n'y avait plus aucune raison de chercher à être de bons garçons ; autant devenir de mauvais garçons. »

Quand David rentra au foyer, la situation avait évolué vers un désordre perpétuel[37]. Ethel avait toujours eu du mal à garder ses domestiques, même aux meilleurs moments de sa vie. Au cours de l'été, plusieurs d'entre eux avaient rendu leur tablier. Le plus jeune des frères, Michael, âgé de dix ans, celui qui avait le plus de ressort, avait pris l'habitude de répondre au téléphone en annonçant : « Ici la pagaille. » Ethel s'était mise à faire de la musique si fort, à Hyannis, que les voisins, dérangés par le bruit, avaient dû appeler la police pour lui imposer le silence, bien que le Domaine fût isolé du reste de l'agglomération par plusieurs hectares. Enceinte de sept mois, elle bondissait sur les courts de tennis chaque jour, tout en s'inquiétant de ce qu'il pourrait advenir de son bébé qu'elle avait fini par considérer obscurément comme un symbole de la volonté des Kennedy. Au cours des matches de double qui l'opposaient, elle et Jim Whittaker, à Andy Williams et Art Buchwald, elle s'emportait tellement quand elle ratait une balle, qu'elle s'agenouillait et se cognait la tête contre le sol du court[38].

L'été prenait fin et des flots d'amis venaient rendre visite à la famille — Dave Hackett, Rosey Grier, Rafer Johnson et John Glenn figuraient parmi les plus assidus ; David attendait que quelqu'un voulût bien évoquer avec lui la mort de son père. Au cours d'une accalmie dans les activités incessantes de sa mère, il la coinça dans la cuisine pour lui demander d'en parler avec lui. Elle se dégagea en jouant des coudes et lui jeta : « Ce n'est pas un sujet que j'ai envie d'aborder »[39].

* Groupe de musiciens « rock », de San Francisco. (N.d.T.)

Ses frères étaient de retour mais chacun vivait pour soi. Joe courait les routes dans les voitures d'amis plus âgés. Bobby Junior passait le plus clair de son temps dans les bois avec Morgan Le Fay, un faucon à queue rouge qu'il avait capturé et dressé quelques années plus tôt. Ils se rencontraient tous sur le terrain de football américain, mais les parties se muaient désespérément en affrontements freudiens ; Joe guettait l'occasion de les plaquer au sol et les autres attendaient l'inévitable moment où il se déboîterait le genou. Quand cela se produisait enfin, Joe se tordait de douleur tandis que Bobby se moquait de lui : « Alors, notre petite sœur s'est fait mal au genou ? »[40]. Ces scènes étaient si déplaisantes que Mary Schreibert, une amie de leur sœur Kathleen, hurla une fois à Bobby : « Comment peux-tu espérer devenir Président si tu parles si mal à ton frère ? »[41].

David était souvent avec son ami Philip Kirby, tandis que Bobby fréquentait des garçons moins jeunes que lui, notamment un autre voisin, John Kelley. Un après-midi, alors qu'ils étaient tous ensemble, Kelley demanda à Bobby ce qu'il avait fait du LSD qu'il lui avait vendu[42]. Bobby essaya de changer de sujet et devant l'insistance de son ami prétendit avoir donné la drogue à son perroquet. Plus tard, dans le garage des Kelley où les garçons aimaient se retrouver, après que David se fut indigné de voir Bobby lui cacher quelque chose, ce dernier étala un peu de mescaline sur un morceau de bois et défia son frère d'en prendre. Kirby, qui avait vu David relever maint défi pour se prouver sa témérité, le supplia de ne pas y toucher[43]. Mais Bobby continua de provoquer son frère et après quelque hésitation David avala la mescaline. Alors qu'il était en proie à des hallucinations, il lui sembla que la haie sur laquelle s'appuyait Bobby était hérissée de feuilles acérées ; il pria son frère de s'en écarter pour ne pas être blessé ; mais Bobby se mit à rire et s'enfonça plus profondément encore dans le feuillage tandis que son cadet croyait voir des épines s'enfoncer dans le corps de l'imprudent : « Tu es en train de mourir, sanglotait-il, comme papa ! » Bobby sourit et se coucha sur le sol, la langue pendante et les yeux exorbités, en feignant de mourir pour de bon[44].

Sans être capables de l'exprimer en ces termes, les garçons se sentaient franchir des limites qu'ils ne s'étaient jamais attendus à outrepasser : les frontières entre le bien et le mal que Bobby Kennedy lui-même avait tracées. Et ils se trouvaient désormais de l'autre côté, sur la rive opposée, comme pour mieux contempler son souvenir. Peu importerait maintenant l'âge qu'ils atteindraient ; Bobby serait toujours pour eux « papa », comme si le sens de ce mot avait été coulé dans l'ambre au moment de sa mort — un moment qui évoquerait pour eux la morale et la vertu antique. Peu après l'assassinat, toute la famille faisait de la voile quand le chien, Freckles, glissa par-dessus bord ; les quatre garçons plongèrent pour le sauver. « Papa l'aurait fait »[45], expliquèrent-ils à une de leurs tantes qui leur demandait pourquoi ils avaient risqué leur vie pour une bête. « Papa croyait que la compétition tirait de nous le meilleur de nous-mêmes », répondait souvent Joe quand on lui demandait la raison des jeux féroces auxquels ils se livraient en famille. Bien des années plus tard, Bobby, alors âgé de près de trente ans, décrivait le code de son père en ces termes : « Papa aimait la lutte mais il ne s'attaquait jamais à plus petit que lui. Il était d'une honnêteté absolue. Il n'avait jamais connu d'autre femme que maman avant ou après son mariage. Il était d'une moralité totale »[46].

Papa : la personnification d'un amour qu'ils ne rencontreraient jamais plus et d'un ordre moral comme ils n'en connaîtraient jamais de pareil.

Comme la pire année de leur jeune existence s'achevait, ils décidèrent de faire une surprise à leur mère pour Noël : un recueil de lettres où ils parleraient de leur père. David y avait écrit : « Papa était très drôle à l'église et nous nous sentions gênés parce qu'il chantait très fort. Il n'avait pas une très belle voix. On ne jouera plus au football avec papa et on n'ira plus se baigner avec lui, mais c'était le meilleur père qui est (*sic*) jamais existé. Je préfère l'avoir eu pour père pendant le temps qu'il est resté avec nous, plutôt qu'un autre père pendant un million d'années »[47].

2

Teddy avait eu un avant-goût de ce qui l'attendait désormais, alors qu'il descendait dans l'ascenseur du Bon Samaritain, vers la salle d'autopsie ; à côté de lui se trouvait la table roulante où l'on avait attaché le cadavre de son frère. Le monte-charge s'arrêta et Al Lowenstein, au comble de l'agitation, se joignit à lui pour exploser aussitôt : « Maintenant que Bobby n'est plus, vous êtes tout ce qui nous reste. Il vous faut prendre le commandement ! »[1]. Rassemblant tout le calme dont il ferait si souvent montre dans les jours à venir, Teddy assura Lowenstein qu'il « prendrait la relève ». Mais peu après, au cours d'une conversation avec son collaborateur Dun Gifford, il avouait combien son emprise sur les événements était précaire. « Je ne peux pas tout lâcher. Si je lâche, Ethel va lâcher, ma mère va lâcher, et toutes mes sœurs vont lâcher... »[2]. C'était ça le problème : dans cet instant fatidique, il s'était transformé en pilier d'un château de cartes ; le bébé de la famille en était devenu le chef. Le dernier-né était maintenant le dernier des Kennedy. « Au moment de la mort de Bobby, ç'avait été comme dans un match de tennis : toutes les têtes s'étaient tournées vers Teddy et il n'y était pas préparé », pensa son ami le journaliste Jim Weighart[3].

Sa première réaction fut de s'effacer. Tout d'abord, il semblait naturel qu'il voulût se retirer au Cap, théâtre des jours heureux de la famille, pour y affronter son nouveau chagrin en arpentant tout seul la plage, ou en sortant la yole *Mira,* ou parfois la *Victura* de Jack pour la journée. Mais les jours passaient et il semblait incapable de s'y retrouver, dans les suites de la tragédie. Comme il appartenait à une famille où l'on ne vivait que de comparaisons, il s'accusait de ne pas avoir autant de peine qu'en avait ressenti Bobby à la mort de Jack. Sachant que son bureau recevait deux mille cinq cents lettres par jour, dont une dizaine pleines de haine et une ou deux suffisamment venimeuses pour mériter l'attention du FBI, il craignait pour lui-même et se le reprochait également. Devant ses amis, il tentait de surmonter ses appréhensions avec panache — « Si quelqu'un doit me faire sauter la cervelle, tout ce que je demande c'est d'avoir le temps de cogner dessus d'abord »[4] —, mais l'ambiguïté de ses sentiments s'exprimait mieux encore dans le commentaire qu'il jeta à un reporter de l'Agence Associated Press en faction devant l'embarcadère où il avait attaché son bateau : « Je n'ai pas peur de mourir. Je suis trop jeune pour ça. »

Sa peur n'était pas seulement physique mais métaphysique. Le poids écrasant de l'Héritage Kennedy s'était soudain posé sur lui, non seulement amplifié au-delà de toute dimension politique par la mort de Bobby, mais encore au-delà de toute échelle humaine. Rose avait donné une idée de son envergure apocalyptique lorsque Teddy s'était joint à elle et à son père, le premier week-end après les funérailles, sous le morne soleil de Palm Beach, pour remercier le pays de sa débordante sympathie : « Nous honorerons sa mémoire, non par d'inutiles manifestations de deuil ni par de vains regrets du passé, mais avec une ferme et indomptable résolution tournée vers le futur : la volonté de soulager la faim des indigents qui subsistent dans notre société, de venir en aide aux plus défavorisés et à ces masses désemparées, incapables d'exprimer leur plainte, pour lesquelles il nourrissait un sentiment si profond »[5].

Il ne suffisait plus désormais de se montrer personnellement ambitieux comme Joseph Kennedy ou Jack l'avaient été. Un Kennedy devait maintenant prouver son droit à la direction des affaires en assumant toute la philosophie de la gauche américaine et sa conception traditionnelle du progrès social. Il n'était plus question de présenter l'Héritage comme une œuvre en voie de réalisation, que tout légataire pourrait remodeler comme l'avait fait Bobby, à sa propre image ; c'était un produit fini, le chef-d'œuvre du disparu ; en tant que tel, nul ne pourrait rien y ajouter mais seulement en retrancher quelque chose.

Teddy répondit à toutes les pressions comme il l'avait fait jusque-là, quand sa personnalité propre était entrée en conflit avec l'image des Kennedy : en revendiquant son droit à la jeunesse, par-delà toute obligation, tout sens de ses responsabilités. Il faisait de la voile presque chaque jour, sans souci de Joan ou de ses enfants ; il jetait l'ancre devant l'île de Gene Tunney, ou chez les Dillon, ou encore chez Thomas Watson, qui possédaient des résidences secondaires sur la côte. Comme il vagabondait ainsi sans répit, d'un ancrage à l'autre, tout le monde remarquait les poches qui se creusaient sous ses yeux, la barbe mal rasée sur ses joues, et l'on murmurait qu'il ressemblait de plus en plus à un vieux marin poursuivi par quelque malédiction. Il buvait sec, également[6], et son comportement oscillait entre sa gaieté naturelle et une dangereuse insouciance. Un jour, il avait pris le canot à moteur de son père, le *Marlin*, et traversé le port de Martha's Vineyard à toute vitesse au risque de faire chavirer les petites embarcations prises dans son sillage, sous les yeux des spectateurs stupéfaits de voir qu'il n'avait tué personne ni coupé en deux aucun autre bateau[7]. Peu après, il avait invité un petit contingent de Bérets Verts à Hyannis et après les avoir vus escalader avec des cordes la maison de son père, puis redescendre en rappel, il les avait emmenés dans une taverne voisine ; ils avaient tous bu au point d'avaler un pichet de whisky d'une seule lampée, en fracassant les gobelets contre le mur au cri de : « Personne ne boira plus dans ce verre ! »[8].

Mais il retournait toujours à son bateau. Comme le disait l'un de ses amis : « Au propre comme au figuré, il larguait les amarres ; il était complètement à la dérive, perdu en mer »[9].

Il pouvait bien chercher à fuir, mais il ne pouvait pas se cacher. L'année 1968 était toujours celle des élections, et un sondage Harris, au milieu de l'été, avait révélé que la présence d'un Kennedy sur la liste démocrate apporterait cinq millions de voix supplémentaires à ce parti si dangereusement déchiré — de quoi assurer sa victoire[10]. En août, Teddy se trouvait à l'ancre, sur la côte du Maine, quand on lui fit savoir qu'il y avait un important appel téléphonique pour lui. Il gagna la rive à la rame, grâce à son dinghy, et prit la communication dans une cabine publique perchée sur un promontoire rocheux. C'était le maire de Chicago, Richard Daley[11]. Devant la double perspective de voir la convention tomber dans le chaos et investir des candidats sans relief, il évoqua la possibilité d'un appel spontané des délégués à Teddy. Celui-ci répéta qu'il n'accepterait pas la seconde place (celle de vice-président). Daley répondit qu'il ne renoncerait pas pour autant. De retour à bord de son bateau, Teddy paraissait presque amusé. Il murmura plus pour lui-même que pour quiconque : « Qu'est-ce que tout cela signifie ? »

Peu avant l'ouverture de la convention, il prononça son premier discours politique depuis la mort de Bobby. On y trouvait un appel du pied : « Comme mes frères avant moi, je ramasse l'étendard dans la poussière... »[12]. Il envoya Steve Smith à Chicago faire le compte des voix. Douze cents délégués se prononcèrent d'emblée en sa faveur ; il ne s'en fallait plus que de 112 pour obtenir l'investiture. Les troupes étaient mobilisées, prêtes à reporter sur Teddy les voix de Bobby et celles d'Eugene McCarthy qui ne pourrait en aucun cas présenter un danger pour Humphrey. Mais il ne put se décider à se battre pour s'imposer. Il déclara à ses collaborateurs que c'était « l'année de Bobby » et qu'il ne voulait pas devoir son succès à la mort de son frère[13]. La vérité, selon Dun Gifford, c'était qu'il « savait avoir toujours été poussé trop rapidement en avant, et ne pas être prêt à prendre la tête de la famille à aucun égard »[14]. Mais il était conscient de laisser passer la chance. Quelques jours plus tard, il observait la façon dont Humphrey recevait l'investiture à Chicago, dans une ville en pleine émeute et sous la protection de la police — mauvais prélude à une campagne où le candidat démocrate allait devoir affronter Richard Nixon. Il dit alors à l'un de ses collaborateurs qui lui avait recommandé d'attendre, sous prétexte qu'il obtiendrait l'investiture quatre ans plus tard ou quand il le voudrait : « Un jour, je me retrouverai peut-être à Coos Bay, dans l'Oregon, ou dans un endroit similaire, et j'aurai gâché ma chance d'être nommé, et je vous rappellerai ce que nous avions décidé ici-même »[15].

L'un des bateaux auxquels Teddy avait rendu visite au cours de cet été 1968 était le yacht *Christina* d'Onassis. Comme tous ceux qui montaient à bord, il avait été frappé par l'opulence exotique du navire ; il y avait des tableaux du Greco sur les murs, des robinets en or dans les salles de bains ; et les tabourets de cuir, au bar, étaient recouverts de peaux de testicules de baleine. Il fut obligé de reconnaître la séduction des filles grecques aux yeux noirs qui peuplaient le bâtiment sans y exercer semblait-il de fonctions bien définies. Pourtant, ce n'était pas seulement par plaisir qu'il y était allé, mais pour négocier avec Onassis ; celui-ci avait fait le voyage pour rencontrer Caroline et John-John afin de les préparer à la nouvelle qui serait bientôt annoncée : celle de son mariage avec leur mère.

Cette union avait fait l'objet de palabres au sein de la famille depuis le printemps précédent, quand Jackie avait téléphoné de Grèce à Bobby pour lui annoncer qu'Onassis avait fait sa demande. Après avoir recouvré ses esprits, une fois passé l'effet du premier choc, Bobby avait risqué une timide plaisanterie : « Pour l'amour de Dieu, Jackie, tu vas me faire perdre au moins cinq Etats »[16]. Comme Bobby le comprenait fort bien, Onassis n'avait rien à voir avec tous ceux qui avaient jusqu'alors courtisé sa belle-sœur, à New York, durant un veuvage prétendument chaste — des hommes qu'une relation décrivait comme « très mariés, très âgés ou très suspects »[17]. Il était également différent de ses vrais prétendants comme David Ormsby-Gore, Lord Harlech, qui l'avait accompagnée à Angkor Vat en 1967 ; Harlech était un patricien, un vieil ami des Kennedy ; en cas de mariage, il serait un consort plus qu'un époux. Onassis était trop riche, trop méditerranéen, et trop mêlé à la politique d'extrême droite. Ethel et Joan, dont les maris seraient les plus touchés par ce mariage, avaient demandé à Jackie de revenir sur sa décision. Le cardinal Cushing, son directeur spirituel, avait fait de même. Elle avait donc accepté d'attendre au moins jusqu'aux élections.

La mort de Bobby avait modifié la situation. « Je déteste ce pays, avait craché Jackie devant une amie stupéfaite, je méprise l'Amérique et je ne veux pas que mes enfants continuent d'y vivre. S'ils se mettent à tuer des Kennedy, mes gosses seront les premiers visés... Je veux partir d'ici »[18]. Elle considérait aussi son union avec Onassis comme une libération de ce qu'elle avait appelé une « oppression obsessionnelle » à l'égard d'elle-même et de ses enfants ; c'était aussi une gifle à ceux — Kennedy ou autres — qui avaient tenté de faire d'elle une « sainte veuve » parce que cela leur convenait. (« Je suis ravie de voir tous ces politiciens trébucher sur le nom tortueux d'Ari », avait-elle confié à une autre amie[19].) Par-dessus tout, c'était une façon d'humilier sa belle-famille qui, surtout au début, lui avait rendu la vie si difficile. Comme le disait le vieil ami de Jack, George Smathers : « Les femmes de la famille Kennedy avaient toujours fait sonner leur argent et étalé leur puissance devant elle ; Jackie avait trouvé le moyen de leur jeter au visage : " OK, maintenant c'est moi qui suis en mesure de vous acheter tout ce que vous avez, et même de le revendre ; qu'en dites-vous ? " »[20].

Quand la nouvelle des fiançailles fut rendue publique, on put enregistrer toute une gamme de réactions ; depuis celle d'une mère de famille, dans le

Kansas, qui pleurait devant les caméras de télévision : « C'est comme si Jack était assassiné une seconde fois », jusqu'à celle du journal suédois qui titrait « Jackie, comment pouvez-vous ? » Quand certaines personnes haut placées au Vatican insinuèrent que l'épousée « violerait sciemment les lois de l'Eglise » et n'aurait plus droit aux sacrements, le cardinal Cushing, désireux maintenant de limiter les dégâts, menaça de démissionner si l'Eglise poussait trop loin l'affaire [21].

Malgré la clameur, le 10 octobre, dans l'île de Scorpios, le simple anneau d'or que Jack avait passé au doigt de Jackie fut remplacé par une bague couronnée d'un gros rubis entouré de diamants de un carat chacun, le tout valant 1 200 000 dollars. Le monde réagit comme si la Première Vestale s'était vendue à un satyre grec. Rose refusa d'assister au mariage et envoya Pat et Jean la représenter. Teddy fit amèrement remarquer à Lem Billings qu'à tous les fardeaux chargés sur ses épaules venait s'ajouter celui de Jackie [22].

A l'automne il était de retour au sénat où il reprenait un rôle actif. Il semblait solidement ancré dans le symbolisme familial : il travaillait sur le vieux bureau de son père ; derrière lui, se trouvait l'un des drapeaux qui avaient orné le Salon Ovale au temps de Jack ; au mur était encadrée la lettre que celui-ci avait écrite à Rose pour la naissance de Teddy lui-même, en 1932. (« Chère Mère, c'est la veille des examens, donc je t'écrirai plutôt mercredi. Beaucoup de tendresses, Jack. *P-S*. Est-ce que je peux être le parrain du bébé ? ») Ses collaborateurs s'attendaient à le voir s'avancer sur le devant de la scène pour s'affirmer comme le nouveau Kennedy. Mais il hésitait, comme s'il redoutait cette perspective. Quand un journaliste lui demanda de définir sa propre philosophie politique, il réfléchit un moment avant d'énumérer les points les plus orthodoxes du programme de la gauche, pour conclure maladroitement. « C'est là une partie des programmes auxquels s'intéressait Robert Kennedy » [23]. C'était une prestation curieusement plate et une attitude obstinément passive ; il 'y tint pourtant, au cours des semaines suivantes. Comme le notait l'un de ses observateurs : « Bobby avait été tué en plein vol, de sorte que l'Héritage avait été confié à l'appareil de pilotage automatique ; Teddy n'avait hérité que de l'avion. »

Alors que le pays était livré aux bouillonnements de l'agitation sociale et aux manifestations antibellicistes — les deux maux auxquels, justement, Bobby se proposait de remédier pendant les dernières semaines de son existence —, Teddy semblait en quête d'une cachette politique où se dissimuler. Dans un certain sens, il se trouvait atteint par le regain de scepticisme dont le pays était la proie ; bien des Américains tiraient une conclusion désabusée de l'assassinat de ses frères : selon eux, il ne serait plus désormais possible, comme au cours de la décennie dominée par Jack et Bobby, de croire que les bonnes manières faisaient les bons gouvernements ; que les belles pensées embellissaient la société ; ni même que la valeur d'un homme pouvait modifier le cours des événements. Mais il doutait aussi de ses propres capacités. Comme un témoin de longue date le déclarait : « Il avait toujours été le petit frère gâté, à qui tout avait été donné d'avance et dont on n'attendait pas grand-chose. Désormais il ne pourrait plus se contenter de ce rôle plaisant et il le savait »[24].

Au cours de ses vacances de Noël, à Palm Beach, il avait pu mesurer le mécontentement de ses collègues de gauche envers le secrétaire général (le *Whip :* littéralement « le fouet ») du groupe parlementaire démocrate au sénat — Russell Long. Il entama sur-le-champ une campagne téléphonique auprès des autres sénateurs pour se faire attribuer le poste. Ce qui intrigua les pontes de la politique, ce ne fut pas l'issue de l'affaire — qui ne faisait aucun doute — mais la raison pour laquelle une personnalité d'envergure nationale, comme lui, briguait des fonctions aussi bureaucratiques (recenser les voix, s'assurer qu'un nombre suffisant de Démocrates prenaient part aux votes pour former une majorité, et d'une façon générale servir de factotum au chef du groupe parlementaire, Mike Mansfield). Mais, comme le dit un de ses collaborateurs : « C'était pourtant la solution rêvée, pour lui. Il avait recherché et obtenu le seul poste qui, au sénat, lui permettrait de retrouver le rôle du petit frère qu'il aurait risqué de perdre »[25].

Pourtant les pressions auxquelles il était soumis ne pouvaient pas être allégées par des modifications mineures de sa situation; aussi, quand commença l'année 1969, son comportement devint-il de plus en plus incohérent. Revenant au personnage du « Cadillac Eddie » de sa jeunesse, il buvait plus raide et conduisait plus vite qu'il ne l'avait fait depuis des années. Son ménage en souffrait, de même que sa réputation au sénat. Edward Muskie, son rival pour la direction du parti, admit que Teddy pourrait obtenir l'investiture en 1972 sur simple demande, mais s'inquiétait, à titre privé, de son nouveau penchant pour l'alcool et les voitures rapides[26]. Joan, qui s'était trouvée abandonnée au cours des vagabondages erratiques de son mari, l'été précédent, commençait à se montrer égarée et hébétée quand elle assistait à des manifestations officielles.

Comme le printemps approchait, Teddy commença à prendre des mesures pour s'approprier symboliquement l'électorat de Bobby. Il avait organisé un voyage dans l'Ouest pour y rencontrer Cesar Chavez et ses travailleurs agricoles; de même il avait décidé de tenir la promesse faite par son frère d'emmener en Alaska la sous-commission chargée de l'éducation des Indiens, pour une enquête sur place[27]. Après trois journées épuisantes consacrées à des auditions, d'un bout à l'autre de l'Etat, il ne lui restait plus qu'à prendre la route du retour. Mais dès qu'il fut sur l'aéroport d'Anchorage, il commença à se relâcher avec une effrayante célérité[28]. Avant même de monter à bord de l'avion de ligne qui allait le conduire, avec sa suite, à Seattle pour y prendre une correspondance, il avait commencé à boire avec un reporter de la télévision, Cassie Mackin. Il continua à s'imbiber pendant le vol. Après avoir changé d'appareil, il sortit un flacon de poche, en argent, qui avait appartenu à Bobby et entreprit de biberonner. La plupart des autres passagers dormaient déjà mais Teddy parlait toujours très fort, et arpentait les couloirs de l'avion en scandant « Pou-voir es-ki-mo ! »[29]. Il parlait de façon presque incohérente de son père, de ses frères morts, Joe et Jack, comme si la famille était le sombre miroir où il cherchait à retrouver ses traits indistincts. Surtout, il parlait de Bobby et répétait sans arrêt : « Ils vont me déloger le cul, en me tirant dessus, comme ils ont fait pour Bobby »[30]. Un témoin le convainquit gentiment de regagner sa place ; mais alors qu'il paraissait calmé, il jeta un oreiller à une hôtesse, ou hurla « Hé Cassie ! » en lançant un petit pain au reporter[31] ; nombre de journalistes retinrent leur souffle en le voyant balancer une tasse de café bouillant au-dessus d'une mère terrifiée et de son nouveau-né, au mépris des turbulences.

Quand l'avion atterrit à Washington, bien des journalistes qui avaient été témoins de ce bizarre incident envoyèrent des notes à leurs rédacteurs en chef. John Lindsay, de *Newsweek*, écrivit que, selon lui, Kennedy « se trouvait dans un tel état de tension qu'un accident ne pourrait manquer de se produire »[32]. Rien de tout cela ne fut publié ; la presse avait en quelque sorte délivré un sauf-conduit aux Kennedy, en ce qui concernait leur vie privée, et l'on s'en tenait là. L'affaire n'eut pas de suite. Pour un temps, il sembla que Teddy avait été victime d'un moment d'aberration isolé, et qu'il reprendrait ses esprits, après tout. Mais le 18 juillet, l'accident attendu depuis plus d'un an se produisit : Teddy jeta sa vieille Oldsmobile 1967 du haut du pont de Chappaquiddick, et sa passagère, Mary Jo Kopechne, fut noyée.

On ne pourra jamais faire le tri entre ce qui s'est vraiment passé à Chappaquiddick et le contenu des articles à sensation publiés après l'événement[33]. Même si l'on s'en tient pourtant à son propre récit, la conduite de Teddy avait été marquée par une insouciance presque criminelle. Au lieu d'alerter la police et de réclamer des secours, il était rentré à la villa de location où la fête continuait avec les « chauffeuses » — c'est-à-dire les secrétaires qui avaient exercé des fonctions importantes au cours de la campagne présidentielle de Bobby. Une fois là, il avait demandé à son cousin Joey Gargan de l'accompagner sur les lieux de l'accident et de plonger avec lui jusqu'à la voiture immergée. Après avoir constaté la vanité de leurs efforts, il avait encore différé le moment d'avertir les autorités et préféré se jeter à l'eau pour franchir à la nage la distance qui le séparait d'Edgartown, changer de vêtements et faire une apparition à 2 h 30 du matin dans le hall de son motel, comme s'il voulait se préparer un alibi. Il était alors rentré dans sa chambre pour donner dix-sept coups de téléphone — dont aucun à la police. Le lendemain matin, il s'était levé, avait commenté avec d'autres clients les régates prévues pour la journée et pris enfin le ferry pour retourner à Chappaquiddick où il avait appris la découverte du corps. C'est alors seulement qu'il était allé faire son rapport à qui de droit.

Ce fut un moment crucial pour la saga des Kennedy. Pendant tout le temps où se constituait l'Héritage, une sorte de contre-légende avait fait obscurément son chemin ; gonflée de doutes et de suspicions, elle ne demandait qu'à percer au grand jour.

Ainsi, la légende prétendait voir en Joe Kennedy un grand citoyen, qui avait prouvé la réalité du « rêve américain » et la valeur du *melting pot* — du creuset où venaient se fondre les immigrants de toutes origines — ; mais la contre-légende prétendait qu'il avait été un trafiquant d'alcool au temps de la Prohibition, presque un hors-la-loi, qui devait son ascension à des moyens illicites. Si, selon la légende, la vie de Jack avait illustré le triomphe spectaculaire de la discipline et de la grâce sur la maladie et la souffrance, la contre-légende ne voyait dans son personnage qu'un libertin dont le succès était dû à une fortune familiale mal acquise. La légende présentait Bobby comme la victime d'une passion morale qui le distinguait de tout autre homme d'Etat américain ; la contre-légende le tenait pour le manipulateur de forces sinistres, dont l'apparente conversion finale masquait l'ambition sans scrupule qui avai toujours été son unique credo.

La contre-légende soutenait que l'ascension des Kennedy vers les cimes avait exigé le mépris de toutes les règles, la perversion de toutes les mœurs, une désinvolture et une arrogance caractéristiques envers les lois qui liaient le commun des mortels. L'épisode de Chappaquiddick et ses conséquences semblaient donner créance à cette version des faits. La famille considérée comme victime de tant de complots était maintenant accusée d'en avoir fomenté elle-même.

La semaine s'écoula sans que Teddy fasse aucune déclaration, bien que la presse du monde entier eût envoyé ses représentants à Edgartown pour recueillir ses explications. Dans l'intervalle, les meilleurs hommes de loi du Massachusetts, y compris des spécialistes de la législation sur les automobiles, arrivaient par avion à Hyannis. Tous les vieux amis des Kennedy étaient accourus, eux aussi ; il y avait le sombre McNamara, hué par ceux qui l'accusaient irrévérencieusement d'être « l'homme de la Baie des Cochons et du Vietnam » ; Burke Marshall, qui était devenu une sorte de conseiller de la famille, depuis que Bobby l'avait découvert ; Richard Goodwin, Ted Sorensen, Lem Billings et bien d'autres. La question n'était pas de savoir quoi dire mais de décider jusqu'où l'on pouvait aller. Goodwin était d'avis de crever l'abcès et de rendre même public le rapport de police[34]. D'autres pensaient qu'il fallait se résigner à admettre la réalité : l'accident avait aussi tué tout espoir pour Teddy d'accéder aux plus hautes responsabilités. (L'un des brouillons qui circulaient à Hyannis comprenait la phrase suivante : « Je ne suivrai pas les traces de mes frères, je ne briguerai jamais la Présidence »[35], mais les sœurs Kennedy s'y opposèrent si bruyamment que le passage fut supprimé.) La déclaration fut finalement rédigée par Sorensen vers qui Teddy s'était tourné en ce moment de crise, comme Bobby s'était adressé à lui quand il avait fait acte de candidature à la Présidence. Sa version de l'accident mettait à dure épreuve la crédulité du public. Mais le ton héroïque du discours était encore plus déplacé que son contenu. Dans une envolée manifestement destinée à évoquer la façon dont Jack avait gagné la côte à la nage, avec ses hommes, après la perte du *PT 109*, Teddy déclarait avoir « plongé dans les tourbillons violents et boueux »[36] pour tenter de sauver la noyée. Il se demandait ensuite « si une malédiction n'était pas suspendue au-dessus des Kennedy » *.

Si cette prestation était censée rappeler au pays les épreuves de la famille, elle manqua son but ; elle fit ressortir au contraire la différence qu'il y avait entre Teddy et ses frères et souligna la gravité de la rupture que l'accident de Chappaquiddick avait consommée avec le passé. Dans son ranch de Johnson City, après avoir vu la retransmission télévisée de la déclaration de Teddy, LBJ grogna : « On voit bien que Bobby n'est plus là »[38].

Chris Lawford, qui se trouvait en Californie avec sa mère et ses sœurs au moment de l'accident, se rappelle comment il en avait été informé : « Personne ne nous avait soufflé mot de ce qui s'était passé. Il y avait eu des conversations téléphoniques à voix basse, puis ma mère avait fait sa valise et nous avait dit qu'il lui fallait rentrer au Cap. C'était toujours comme ça que nous apprenions qu'il s'était passé quelque chose — quelqu'un arrivait tout à coup ou quelqu'un partait tout à coup »[39].

L'accident n'avait pas affecté Chris ni ses cousins outre mesure, sauf bien entendu les enfants de Teddy. Ils y avaient vu la confirmation de ce qu'ils savaient déjà : combien était mensongère la publicité faite autour de leur oncle dans la presse, où on le décrivait comme l'Héritier — celui qui avait assumé solennellement les responsabilités de la famille, dans la plus pure tradition de Robert Kennedy ; ils savaient que c'était non seulement un mensonge, mais un mensonge qui portait la marque de fabrique des Kennedy. Certes, Teddy avait conduit Joe en Espagne ; il avait aussi assisté à l'accouchement d'Ethel qui avait dû subir une césarienne pour donner naissance à Rory, le nouveau bébé ; mais il n'avait jamais joui du moindre prestige à leurs yeux. « Nous éprouvions beaucoup de rancune envers lui, déclara plus tard Chris Lawford. Il ne le méritait probablement pas. La seule raison était qu'il se trouvait bien incapable de prendre la place d'oncle Bobby et n'essayait même pas »[40].

Le contraste entre les deux hommes était devenu péniblement manifeste au début de l'été, quand Teddy, avant de se rendre à Chappaquiddick, avait organisé une sortie en radeau, pour perpétuer la tradition instaurée par Bobby. Il avait choisi de descendre des tronçons de la Green River, dans l'Utah et au Colorado, théâtre de l'une des plus belles équipées de son frère. L'année scolaire avait été désastreuse pour les aînés des garçons qui s'étaient sentis complètement à la dérive et avaient en outre tâté de la drogue dont les contestataires répandaient abondamment l'usage. Ils attendaient de l'expédition une sorte de guérison miraculeuse de tous leurs maux, un retour à la normale des Kennedy. Mais Teddy était trop absorbé par ses propres préoccupations pour se soucier des leurs. Il transforma le voyage en une sorte de cocktail party flottante, centrée sur lui-même, Joan,

* Après avoir rédigé le texte, Sorensen lui-même semble avoir éprouvé quelques scrupules à ce sujet. Dans son *Kennedy* (trad. française, Ed. Gallimard, Paris 1966), dont il corrigeait alors les épreuves, il supprima quelques phrases favorables à Teddy, ce qui entraîna un refroidissement entre les deux hommes[37].

Ethel, les Whittaker et quelques autres invités étrangers à la famille[41]. Au temps de Bobby, nul ne faisait de telles distinctions entre les enfants et les adultes. Bien qu'ils eussent été encore plus jeunes à l'époque, les petits s'étaient lancés à la conquête du fleuve à égalité avec les grands. Maintenant tout était changé. Selon Chris, les adultes « voulaient qu'on les laisse savourer leurs daiquiris glacés au fil du courant et qu'on leur fiche la paix »[42]. Une fois, les enfants tentèrent de modifier les conditions du voyage en abordant le radeau des parents pour engager une bataille à coups d'éclaboussures, comme ils le faisaient avec Bobby. Mais les adultes n'en avaient cure. Ils ordonnèrent aigrement aux assaillants de cesser leur jeu et, faute de se faire obéir, laissèrent Whittaker, un redoutable colosse de 1,85 m, jeter de force David et Bobby Jr dans les eaux écumantes.

« Nous étions tous bouleversés, raconte Chris. Nous ne voulions plus rien avoir à faire avec eux désormais. Pendant le reste du voyage, nous prenions nos sacs de couchage, chaque soir, pour chercher l'endroit le plus inaccessible où camper. Nous restions assis dans le noir à parler de ce qu'était devenue la famille, à accuser ce trou-du-cul de Teddy d'en être responsable, et à dire que les choses ne se passaient pas comme ça, du vivant de Bobby. Nous avions l'impression que personne ne se souciait plus assez de nous pour se rappeler que nous étions de la famille »[43]. Quand éclata l'affaire de Chappaquiddick, les petits-enfants Kennedy avaient déjà leur opinion toute faite sur la question.

Au printemps, Ethel avait eu son portrait en couverture de *Time* et avait été désignée par un sondage Gallup comme la femme la plus admirée des Etats-Unis. Mais si elle passait, dans la presse, pour une veuve qui savait faire face à sa tragédie avec courage et dignité, ses proches la trouvaient de plus en plus capricieuse et détachée. Ses visiteurs étaient terrifiés par l'agressivité féroce de ses plaisanteries envers ses aînés[44]. Elle les poussait volontiers dans la piscine mais s'emportait quand ils en faisaient autant envers leurs cadets. Un jour où Mary Gimbel se trouvait en visite à Hickory Hill, elle avait été stupéfaite du ton sur lequel Ethel s'était adressée au petit Christopher âgé de six ans, qui s'était fait mal au genou en tombant et commençait à pleurer : « Debout ! Tu sais comment te conduire ! Maintenant file et tiens-toi bien ! »[45]. L'une des petites amies de Bobby Jr, que celui-ci invitait fréquemment chez lui, a révélé : « Je n'ai jamais assisté à une conversation normale entre Ethel et Bobby. Elle me terrifiait. Je n'avais jamais rencontré une telle hostilité jusque-là »[46].

Joe essayait tout bonnement d'éviter sa mère. A dix-sept ans, il avait désastreusement terminé l'année scolaire à Milton. Ses notes n'étaient jamais tombées aussi bas, il fréquentait un groupe d'élèves qui se tenaient pour des marginaux et passaient une grande partie de leur temps à glander dans le cimetière, en face de l'école, en fumant de la marijuana et en disant du mal des professeurs et de l'administration[47].

En raison de ses difficultés antérieures, il avait emménagé chez le Surveillant général, Tom Cleveland, qui avait décelé la source de ses problèmes : une profonde incertitude sur la nature de sa condition, en tant que membre de la famille Kennedy — « Dans un sens, il appréciait le prestige que lui valait cette condition et il en abusait un peu. D'un autre côté, cela le rendait fou »[48]. John, le fils de Cleveland, qui partageait sa chambre avec Joe, cette année-là, trouvait que son compagnon possédait une étrange collection de manies — son attachement jaloux à ce qui lui appartenait ; sa peur du silence qui le poussait à faire hurler la radio en permanence, même quand il dormait ; la sensation d'étouffement qu'il ressentait au point de faire fonctionner sans arrêt un ventilateur et de dormir avec la fenêtre ouverte, même par des nuits si froides que l'eau gelait dans son verre, sur la table de chevet[49]. John Cleveland attribuait tout cela au « sentiment de n'avoir personne sur qui s'appuyer ». « Il semblait penser que son devoir était de surmonter le choc causé par la mort de son père. Mais il n'y parvenait pas. Son tempérament violent lui donnait toujours l'air d'être sur le point d'exploser, de faire craquer les coutures »[50].

Cette année-là, quand Joe rentra à Hyannis, il s'installa dans une chambre au-dessus du garage annexe. Il y amenait des filles, bien que son « immoralité sexuelle » rendît sa mère presque folle. Mais même ses succès féminins ne l'apaisaient pas. Un jour où il faisait des grimaces autour de Rita Dallas, l'infirmière de son grand-père, il lui dit tristement : « Je peux avoir toutes les filles que je veux parce que je m'appelle Kennedy, et ça ne me plaît pas du tout. Mais je crois que je ferais mieux de m'y habituer. Quand on est un Kennedy, c'est pour la vie »[51].

Pourtant Joe était maintenant en âge de conduire une voiture et avait le moyen d'échapper à sa mère. Ce n'était pas le cas de ses cadets. Pour eux, les séjours à Hyannis étaient devenus autant de plongées dans la contre-légende des Kennedy ; ces immersions étaient puériles dans leurs manifestations mais étrangement adultes dans leurs implications : Chris Lawford voyait dans cette inquiétante combinaison un reflet du sentiment exposé par William Golding dans *Sa Majesté des mouches.*

Tout avait commencé assez innocemment deux ans plus tôt. Bobby Junior et David avaient pris l'habitude de se glisser hors de leur lit, dans le noir, d'escalader la fenêtre et de sauter sur le sol. Ils allaient d'abord chez les Shriver, chercher Bobby Shriver et Chris qui habitait souvent avec lui. Puis les quatre garçons se rendaient dans un ancien puisard abandonné, au bas de la route, où ils retrouvaient John Kelley, Phil et Paul Kirby et quelques autres. Se désignant eux-mêmes comme les « Hyannis Port Terrors » — les HPT —, ils partaient à bicyclette semer en effet « la terreur à Hyannis Port » — lâcher des pétards sous les roues des voitures, détacher les bateaux à l'ancre dans le port pour que la marée les jette sur la plage pendant la nuit, et commettre d'autres méfaits du même genre qui feraient sonner les téléphones du Domaine toute la journée du lendemain[52].

Mais au cours de l'été 1969, le groupe des HPT avait changé de caractère ; son mauvais génie était Bobby Junior (que l'on appelait désormais Bobby), malgré ses quinze ans. Avec sa haute taille, ses yeux bleus insolents, son visage secret, son allure dégingandée, il s'habillait de noir et promenait un faucon sur son poing ganté. Au mois de mars, après avoir sciemment défié, pendant des mois, les règlements et l'administration de Millbrook, l'établissement privé de Poughkeepsie où il faisait ses études depuis deux ans, il en avait été expulsé. Il avait commencé par prévenir sa mère qui avait refusé d'intervenir ; Lem, par contre, s'était emporté contre Ethel, en lui reprochant de « faire l'autruche »[53], et s'était arrangé pour que Bobby fût invité à passer quelques semaines en Colombie, dans une *finca* de 15 000 hectares, appartenant à l'un de ses vieux amis de Princeton[54]. Le jeune homme y avait vécu avec les ouvriers agricoles, travaillant la terre lui-même et s'enfonçant dans la forêt vierge, pendant ses heures de liberté, pour y capturer des iguanes et des singes hurleurs.

Il était maintenant de retour au Cap, engagé dans une liaison ardente avec Kim, l'une des filles Kelley à qui il donnait souvent rendez-vous dans la « maison du Président », comme on appelait encore le refuge de Jack dans le Domaine. Quand il lui fut interdit d'y pénétrer, il utilisa la « maison de poupées », un petit édifice construit jadis par son grand-père pour ses propres filles, et entièrement garni de meubles d'enfants, y compris un petit lit, à une échelle réduite. Quand Ethel eut ostracisé Kim et tous les petits Kelly[55], Bobby attendit la nuit pour s'introduire par la fenêtre dans la chambre à coucher de son amie, après avoir escaladé un arbre[56]. Quand Ethel l'apprit, elle entra dans une telle fureur qu'elle bannit son fils lui-même du foyer. (« Si tu ne peux pas respecter les règles de ma maison, va-t'en ailleurs ! »[57].) Après quoi il s'installa sous une tente dans l'arrière-cour d'un autre membre des HPT, fit sa cuisine sur un réchaud à butane, en prélevant parfois dans les réfrigérateurs des alentours les aliments dont il avait besoin, comme s'il considérait que les Kennedy avaient le droit de percevoir une dîme sur le voisinage[58].

Contrairement à Joe, Bobby n'avait placé aucune espérance dans l'avenir, qui aurait pu lui fournir quelque raison de vivre, pour lointain et ardu que fût l'objectif à atteindre. Il n'avait pas non plus, comme David, une foi dans l'humanité, que des tiers puissent ébranler. Quand des amis de la famille, au cours de cocktail parties, s'approchaient de lui et de ses frères pour leur dire combien on était heureux de les voir, et se répandaient en grandes protestations d'affection, pour cinq minutes, David se sentait déprimé par tant d'hypocrisie[59] ; mais Bobby se contentait de ricaner : « Ne faites pas semblant de me comprendre si vous ne prenez pas de LSD », et les quittait là-dessus[60].

Avant qu'il ait pris la direction des HPT, les agressions du groupe contre les paisibles résidents de la calme bourgade témoignaient d'un esprit allègrement anarchique. L'un des garnements, par exemple, pouvait arrêter la circulation en se traînant sur des béquilles pour traverser la rue, puis soudain s'arrêter, jeter ses cannes et partir en gambadant au cri de « Miracle ! Miracle ! »[61]. Il y avait désormais une intention plus délibérément nihiliste dans leurs farces. Ils s'élançaient par exemple sur la chaussée, au milieu d'un embouteillage et l'un d'eux se laissait spectaculairement tomber tandis qu'un complice frappait bruyamment le pare-chocs d'une voiture; là-dessus, Bobby se mettait à hurler en désignant le « corps » : « Ils ont tué encore un Kennedy! Ils ont tué encore un Kennedy ! » [62]. Les passants accouraient, le visage défait et les yeux parfois pleins de larmes; Bobby leur riait alors au nez, relevait la « victime » et s'éclipsait. Quand quelque ami de la famille lui demandait de ne pas compromettre ainsi les rapports des Kennedy avec les habitants de Hyannis Port, Bobby répliquait : « Qu'ils aillent se faire foutre ! Ils ont commencé par vouloir empêcher grand-papa d'acheter un terrain et n'ont jamais accepté notre présence, pour commencer ! Nous n'avons jamais obtenu une voix par ici » [63].

Il avait rapporté d'Afrique, l'été précédent, un crâne humain dont il avait fait une sorte de totem pour les HPT après y avoir gravé cette devise « Tu ne moucharderas point » [64]. Il s'était procuré une carte aérienne de la région et s'en servait pour organiser leurs expéditions. Il avait même fait acheter des walkies-talkies capables de capter les messages de la police et attribué aux membres du groupe des noms de code tels que « Palourde-requin » ou plus simplement « Cuir ». Comme s'il était poussé par quelque fantaisie jungienne, puisée dans les guerres de libération livrées par ses ancêtres, et transmise avec l'inconscient collectif de la famille par le truchement de son père et de son oncle, il habillait les HPT en noir et leur barbouillait le visage au charbon avant de partir en expédition avec eux dans la nuit. Les HPT fabriquaient des cocktails Molotov [65] et parlaient de se lancer dans une « guerre de libération » contre la ville, mais la seule cible qu'ils aient jamais visée était le brise-lames que le grand-père Kennedy avait fait construire à Hyannis. Tandis que leur imagination se nourrissait d'émeutes et de révoltes, leurs agissements restaient plutôt du domaine de l'espièglerie. Ils avaient inventé le « comiclator » : une gigantesque fronde en caoutchouc, faite de plusieurs tuyaux de trois mètres chacun, assemblés avec du sparadrap, qui leur permettait de bombarder les voitures — tout spécialement les véhicules de la police — avec des ballons remplis d'eau, du haut d'une colline [66]. Ils bloquaient la circulation en prétendant aider Bobby — toujours vainqueur dans les « concours de culot » [67], comme les appelait Chris Lawford — à retrouver un verre de contact qu'il disait avoir perdu sur la chaussée, tandis qu'un comparse fourrait une pomme de terre dans le tuyau d'échappement d'une voiture ainsi bloquée, pour provoquer une déflagration. Les agents surgirent un jour pendant qu'ils se livraient à ce jeu ; tout le monde parvint à s'enfuir sauf Bobby Shriver. Voyant son cousin entre les griffes d'un policier, Bobby sortit de sa cachette et s'avança d'un air de défi. « Qu'est-ce que vous cachez là ? » demanda l'agent, en remarquant que Bobby avait la main dans son blouson. « Un faucon, répondit le galopin, et il est dressé à tuer les flics. » « Menteur ! » fit le policier. Mais Bobby continua d'avancer vers lui et, quand ils ne furent plus qu'à quelques centimètres l'un de l'autre, il sortit soudain son faucon et jeta le bec du rapace au visage du policier qui bondit en arrière, la main au revolver [68].

Le prestige et l'exemple de Bobby aidant, l'usage du LSD et des « beautés noires » (les amphétamines) s'inscrivit dans le rituel des HPT [69].

Un samedi soir où plusieurs d'entre eux se trouvaient à moitié drogués, ils décidèrent qu'il était temps de s'emparer de la ville. Ils subtilisèrent un drap double dans la commode d'Ethel, y tracèrent les mots : « Les HPT ont pris le pouvoir ! » pour en faire un drapeau, puis ils entreprirent d'escalader avec des grapins la flèche de l'église presbytérienne de St Andrews, vénérable monument dressé au-dessus de la cité, sur une petite élévation, au milieu du terrain de golf. Tout d'abord le croc retomba sur la tête de Tom Frick, l'un des HPT, et le mit provisoirement hors de combat. A la deuxième tentative, la prise tint bon et Bobby parvint à fixer le drapeau sur le toit du clocher. Le lendemain matin, les autorités paroissiales durent prendre des échelles pour décrocher l'emblème avant le début du service. En découvrant le monogramme d'Ethel sur le drap, ils allèrent tout droit au Domaine.

Déjà sur la défensive en raison de l'affaire de Chappaquiddick, les parents tinrent conseil ; la façon dont tempêta Ethel, folle de colère, fit date dans les annales. A l'issue d'une longue discussion, il fut décidé de renoncer aux réunions estivales qui avaient tant contribué à forger l'unité de la famille. On ne se retrouverait plus à Hyannis que pour le week-end du Labor Day, la première semaine de septembre. Il était devenu dangereux pour tout le monde de se rassembler au grand complet...

Avec le remariage de Jackie et l'accident de Teddy, cela semblait indiquer encore une fois que l'entreprise dynastique, si péniblement édifiée par trois générations, commençait à s'effilocher et à se défaire. Comme pour résumer ce sentiment d'usure et de désintégration, la santé précaire de l'Ambassadeur s'était mise à décliner. Certes, pour la nouvelle génération, il avait été malade depuis aussi longtemps que l'on se souvenait de l'avoir connu, mais il n'en avait pas moins représenté une puissance symbolique pour ses petits-enfants. Les filles allaient parfois, la nuit, lui servir l'une de ses collations favorites de crackers Ritz, et prenaient bien soin d'essuyer les miettes sur ses lèvres, comme si c'était un nourrisson ; et ses yeux leur souriaient [70]. Les Grands venaient regarder en sa compagnie les matches de football américain des Red Sox : ils n'avaient pas besoin de parler, recherchant seulement la présence de cette puissance légendaire, en espérant voir les ambiguïtés qui pesaient sur eux se dissiper, en quelque sorte, à son contact [71].

Mais depuis la mort de Bobby, il ne sortait plus de son égarement que par périodes. (Au printemps de 1969, quand l'ancien président Eisenhower passa de vie à trépas, le vieux Kennedy contempla ses obsèques à la télévision avec un air de profonde affliction, en faisant comprendre par gestes qu'il croyait assister aux funérailles de Teddy, assassiné lui aussi et enterré sans qu'on en eût averti son père.) Les arrêts du cœur qui l'avaient affligé depuis sa première attaque et durant toutes ses années de maladie, commençaient à se multiplier, déclenchant la sirène que les médecins avaient installée à cet effet dans sa chambre, et mettant tout le monde en branle dans le Domaine. D'une certaine façon, la mort de Bobby avait été le dernier choc qu'il avait ressenti. Il avait accepté l'affaire de Chappaquiddick avec résignation. Son infirmière personnelle, Rita Dallas, était présente le jour où Teddy lui avait dit : « Papa, j'ai un ennui. Il y a eu un accident et tu vas entendre toutes sortes de choses à mon sujet désormais. Des choses terribles... »[72]. Il avait poursuivi son récit tandis que son père lui serrait faiblement la main et la pressait contre sa poitrine faute de pouvoir s'exprimer autrement. Joseph Kennedy ne regarda pas non plus la retransmission télévisée des explications données par son fils, mais il souriait tristement quand Teddy entra dans sa chambre, après coup, pour lui dire piteusement : « Papa, j'ai fait ce que j'ai pu. Je suis désolé. »

Le vieil homme avait cessé de s'alimenter, cet automne-là[73]. Il se frottait les yeux avec sa main valide, ce qui le faisait larmoyer et cligner des paupières. Un médecin appelé en consultation découvrit qu'il était en train de devenir aveugle. Puis ses cordes vocales cessèrent de fonctionner et il fut même incapable de prononcer les quelques sons intelligibles qui lui permettaient de communiquer avec autrui. Il restait couché, à user son reste de vie. Il avait été si puissant et si efficace que la famille ne pouvait accepter aisément de voir, dans ce qui lui arrivait, le simple effet d'un processus purement organique, mais croyait à une sorte de châtiment. Comme le dit Chris Lawford : « J'en arrivais à me demander ce que mon grand-père avait fait pour que Dieu lui inflige une chose pareille »[74].

En novembre ce n'était plus qu'une question de temps. Quelques jours avant l'anniversaire de la mort de Jack, les docteurs conseillèrent d'appeler ses proches. En Grèce, Jackie prit aussitôt l'avion et arriva le lendemain même. Elle s'enferma aussitôt avec le mourant pendant plusieurs heures, en monologuant devant lui, d'une voix apaisante. Ethel accourut de Hickory Hill, en proie à une fièvre si violente que les médecins du vieillard la mirent au lit immédiatement. Les Shriver arrivèrent de France. Eunice demeura debout à contempler l'agonie de son père, mais Sarge en fut incapable ; il tomba à genoux au chevet du lit et se mit à pleurer. « Grand-papa, je veux te dire combien je t'aime et te remercier de tout ce que tu as fait pour moi. Sans toi, aucun d'entre nous ne serait rien »[75].

La dernière nuit, Teddy la passa dans un sac de couchage auprès de son père ; Jackie resta également dans la chambre, somnolant par moments dans son fauteuil, une couverture enroulée autour de ses jambes. A l'aube, la sirène retentit pour la dernière fois. Les Smith, les Shriver, Joan et Ethel accoururent. Après un dernier regard, la belle-famille se retira et les enfants — Eunice, Pat, Jean et Teddy, les survivants — entourèrent le lit d'un écran protecteur. Rose fut amenée au dernier moment. Elle s'agenouilla près de lui avec son rosaire qu'elle approcha des lèvres de l'agonisant, puis l'enroula autour des doigts de celui-ci. La mère et les enfants avaient à peine fini de réciter le Notre Père qu'il s'éteignit[76].

Pour la presse, la mort de Joe n'était qu'un post-scriptum ajouté à la saga qu'il avait commencé d'écrire dans son jeune âge, quand il avait décidé de forcer les étroites limites imposées aux ambitions des Irlandais de Boston, pour explorer les secteurs interdits de la vie américaine. Pour la famille, c'était comme si l'Histoire elle-même s'arrêtait. Sa nièce Mary Lou, la fille de sa sœur Loretta, dit : « Malgré sa maladie, il donnait des forces à chacun d'entre nous. Quand nous avons appris sa mort, c'était comme si le monde avait basculé »[77]. Lem Billings, pour sa part, pensait à ses petits-enfants : « S'il avait vécu aussi longtemps que Mrs Kennedy et avait conservé autant de santé que celle-ci, tout aurait été différent pour la jeune génération. Il s'en serait occupé et l'aurait remise sur les rails. Dieu sait qu'elle en avait besoin ! »[78].

3

Lem tenta de reprendre à son compte les rôles de père et de grand-père auprès de Bobby Junior ; pour les autres petits-enfants de la famille il était le Témoin. Contrairement à tous ceux qui avaient gravité autour de la famille, et il y en avait eu de toutes sortes — des adulateurs aux conseillers —, Lem était, selon les mots mêmes d'Eunice, « aussi près d'un Kennedy qu'on pouvait l'être, sans en être un »[1]. Le statut particulier dont il bénéficiait avait été validé par une photo dédicacée de Joseph Kennedy qu'il conservait chez lui depuis quarante ans et où l'on pouvait lire : « Le moment est venu de vous dire que tous les enfants Kennedy, de Joe Junior au plus jeune, sont très fiers de vous avoir pour ami, car d'année en année vous leur avez apporté ce que peu d'êtres ont réellement reçu : une véritable amitié. Je suis heureux que nous vous ayons *tous* connu »[2].

En effet, Lem avait été présent depuis ce que l'on considérait dans la famille comme des temps presque préhistoriques. Il avait été le rival de Joe Junior sur le terrain de football ; le prétendant de Kick ; le chauffeur de Fitz-gâteau ; le meilleur ami de Jack. Il avait été particulièrement proche des Kennedy après les années cinquante, quand la firme publicitaire pour laquelle il travaillait depuis des années avait fait faillite[3]. Il avait dérivé vers une sorte de semi-retraite en se contentant d'acheter et de revendre de vieilles demeures new-yorkaises qu'il restaurait entre-temps — avec les maigres capitaux qu'il avait économisés et quelques fonds investis par les Kennedy dans l'affaire. Mais sa principale occupation était d'approfondir son amitié avec Jack. Il était resté proche de sa propre famille et se montrait fier de son ascendance patricienne, mais il maintenait une cloison étanche entre les Billings et les Kennedy[4] — avec qui il vivait la partie la plus fascinante de son existence. Jack lui avait offert des fonctions à la direction des Postes, au ministère du Commerce ou chez les Volontaires de la Paix, mais Lem avait préféré faire la mouche du coche et passer tant de week-ends à Washington qu'il pouvait répondre à ceux qui s'inquiétaient de le voir célibataire : « Si je m'étais marié, je n'aurais jamais pu avoir ma propre chambre à la Maison-Blanche »[5].

Après l'assassinat du Président, son rôle était devenu plus important que jamais : c'était le rappel vivant de Jack, voire du passé enfui qui formait leur commun héritage. Il participait activement à la création du Kennedy Center[6] — ce splendide foyer culturel, destiné à devenir l'un des plus beaux édifices modernes de Washington, et le noyau de la vie artistique dans la capitale. En raison de sa compétence bien connue en matière d'esthétique, il représentait la famille au sein des organismes qui présidaient à la réalisation de ce monument et d'autres encore, à la mémoire du Président défunt. (Il avait fait rejeter les propositions visant à rebaptiser du nom de John Fitzgerald Kennedy la plus grande artère de Washington, Pennsylvania Avenue, où se trouve la Maison-Blanche, en alléguant fort justement que mieux valait associer le nom du Président à un seul lieu public de la capitale[7] : le Kennedy Center.) Il avait joué un rôle similaire au cours des luttes épiques livrées autour de la Bibliothèque présidentielle de JFK, avec toute l'autorité que lui donnaient ses nombreuses conversations avec Jack sur ce point, au cours de ses mille jours à la Maison-Blanche. (JFK accordait en effet la plus grande importance à la façon dont serait constituée la bibliothèque où, selon la coutume, on rassemblerait tous les documents concernant sa présidence.)

Il aurait souhaité pouvoir transférer sur Jackie et ses enfants toute la loyale amitié qu'il avait prodiguée à Jack. Il était touché par l'attitude des deux semi-orphelins, notamment par la façon déconcertante dont John-John demandait à tout venant : « Voulez-vous écouter mon père ? » avant de faire entendre l'enregistrement d'un discours de Jack qu'il conservait près de son tourne-disque[8]. Sans parler de l'ardeur obsessionnelle avec laquelle Caroline, plus marquée encore par le souvenir de son père, collectionnait les timbres, les pièces de monnaie et autres objets rehaussés par le portrait de Jack. Elle avait choisi le nom de « Joan », lors de sa confirmation, à cause de Jeanne d'Arc, dont elle disait, devant ses amis : « Elle a été assassinée comme papa »[9]. Lem s'arrangeait pour les voir de temps à autre, dans l'appartement de leur mère, à New York ; mais son affection n'était pas payée de retour, en raison de l'obstination maniaque avec laquelle Jackie protégeait sa vie privée, et aussi à cause de son caractère possessif à l'égard de ses enfants. Lem envoyait parfois à John-John, qui en était amateur, des souvenirs du temps de la marine à voile (« Il en sait plus sur les baleines que Bobby sur les faucons », écrivait Jackie au donateur, avec un esprit de compétition marqué au coin des Kennedy[10]). Quand Caroline avait eu quelques difficultés, à l'école, il avait offert à la fillette l'insigne du Club des « Fouilleurs de Fange » que Jack et lui avaient fondé à Choate[11]. Il avait emmené les enfants, à la demande de Jackie, voir la version cinématographique de *Henry V* (celle de Laurence Olivier), quand le film fut projeté au cinéma Paramount de New York[12]. Mais les possibilités de les voir se firent rares après le mariage de Jackie avec Onassis.

Etant donné ces circonstances, Lem avait gravité de plus en plus autour de Hickory Hill, où il sentait bien que s'était transféré le foyer des Kennedy. Bobby avait compris, pour sa part, à quel point l'assassinat de son frère avait fait de ce vieil ami une personne déplacée, et il l'avait adopté. Avec sa taille énorme et son allure d'ours, ses clignements d'yeux derrière ses épaisses lunettes, et les aboiements qui lui tenaient lieu de rire, Lem était devenu un habitué de la maison; d'une sensibilité presque féminine sous ses airs de bravache, il était le mémorialiste du temps jadis, racontait des histoires que Bobby et Ethel eux-mêmes avaient oubliées, et jouait tout à la fois les rôles d'animateur, de parrain universel, voire de « pleureuse » — sur qui l'on pouvait toujours compter.

Dans le chaos qui avait suivi la mort de Bobby, Lem avait perçu, mieux que personne, les besoins des enfants abandonnés par le disparu. Mais au lieu de se partager entre eux tous, il avait préféré en choisir un, Bobby Junior, en qui il avait si clairement perçu un reflet de l'imagination et de l'intelligence dont Jack faisait déjà preuve quand il avait rencontré celui-ci, dans leur enfance. Le voyage en Afrique, au cours de l'été 1968, avait resserré leurs liens. Lem avait retiré de la fréquentation de Bobby un peu du plaisir qu'il avait eu à accompagner Jack au cours de leur tour d'Europe, trente ans plus tôt. Mais il ne s'agissait pas seulement de nostalgie. Il avait vu et saisi la possibilité de révéler à un Kennedy tout le contenu de son héritage, d'empêcher que la leçon fût perdue et de préparer le garçon à la vie publique. Tout au long du voyage, ils avaient parlé de politique et de fonctions officielles. Lem avait obtenu de cet adolescent de quatorze ans qu'il tienne un carnet de route, où apparaissaient parfois, comme des éclairs, les traits de son ironie mordante (après avoir jeté un ballon de football à une lionne qui l'avait lacéré à belles dents, il écrivait : « De toute façon, le ballon appartenait à mon cousin Bobby Shriver »[13]) ou de son esprit aigu (« Certains animaux sont plus intelligents que d'autres, et les plus intelligents sont les plus dangereux »[14], notait-il en des termes qu'il aurait presque pu déduire de sa propre introspection). Lem avait pris des photos de son jeune compagnon, torse nu dans les hautes herbes du bush, traquant les bêtes avec une expression tendue mais parfois ironique. Au retour, il avait proposé les photos et le carnet à des magazines new-yorkais et avait si bien fait monter les enchères qu'il avait tiré de *Life* 25 000 dollars pour le tout[15].

Cette expédition n'avait pas seulement fourni à Bobby une tête de pont dans le monde des adultes — ce qui faisait défaut à ses frères et sœurs — mais elle l'avait placé à la tête des membres de sa génération. Même ceux qui avaient encore leur père l'enviaient. Lem incarnait la continuité. Il représentait également la tradition. Son appartement était un paradis de collectionneur : on y trouvait des Dufy et des Chagall; des antiquités issues du folklore américain; des lettres de Washington, Jefferson, Lincoln et autres héros nationaux — sans compter la meilleure collection de kennedyana[16]. Il possédait d'épais albums de photos, pleins d'instantanés de la génération antérieure; des paquets de lettres de Kick et de Jack, dont les plus anciennes étaient datées des années trente; des reliques capables de communiquer une impression presque tactile de ce qu'avait signifié l'appartenance à une telle famille au cours de ses années de formation[17]. L'ambiance qui régnait chez Lem n'avait rien à voir avec l'atmosphère compassée engendrée par les photos de Hickory Hill — froide et quasiment solennelle. Chez Lem, il y avait surtout la présence chaleureuse du maître de céans, conteur expert, qui savait faire revivre les héros de son mythe comme par une holographie verbale. (« Quand vous l'écoutiez, raconte un ami de Bobby Junior, tous ces personnages devenaient des êtres si réels que vous auriez pu aussi bien voir entrer Kick et Jack, bras dessus bras dessous, en conversation animée, avec de grands éclats de rire »[18].) Pour la génération des jeunes Kennedy, aller chez Lem, c'était comme pénétrer dans la caverne de Merlin l'Enchanteur. Pour Bobby Junior, c'était vite devenu bien plus encore : une préparation indirecte pour le jour où il tirerait l'épée de la pierre, le jour où il revendiquerait l'Héritage des Kennedy et renouerait la tradition.

Mais pour le moment, Lem avait fort à faire rien que pour lui maintenir la tête hors de l'eau. Le garçon s'était inscrit à Pomfret, une école privée très fermée, dans le Connecticut, où il s'était bientôt trouvé, une fois de plus, en difficultés[19]. Comme l'année antérieure à Millbrook, il n'avait passé chez lui aucun de ses six week-ends de liberté et Ethel n'était pas allée le voir[20]. Le seul lien affectif qu'il avait conservé avec la génération antérieure des Kennedy semblait bien être les attentions de Lem, qui n'était pas de la famille.

Ce dernier lui rendait souvent visite. Tous deux faisaient de grandes promenades dans la campagne environnante — l'énorme adulte et l'adolescent dégingandé, côte à côte, se désignant mutuellement un arbre ou identifiant le chant d'un oiseau, tandis qu'ils parlaient de zoologie. Lem tentait d'affermir le sentiment précaire que Bobby avait de son identité, en lui expliquant que ses révoltes et ses incertitudes faisaient partie du développement normal d'un Kennedy. Il lui parlait du Club des Fouilleurs de Fange, à Choate ; des ennuis que Jack avait causés dans cette école ; de la façon dont son père avait été convoqué par le surveillant général pour en parler. « C'était comme si j'assistais à la jeunesse du Président, se rappelle Bobby ; Lem me parlait également de mon propre père ; c'était la première fois que quelqu'un prenait vraiment la peine de le faire. Nous nous promenions en discutant d'autre chose, et il disait : “ Ça me rappelle ce que nous avions fait, Jack et moi, avec ton père quand nous avions dix-sept ans et qu'il en avait dix... ” »[21]. Si ces conversations étaient libératrices parce qu'elles donnaient vie aux icônes des disparus, elles apportaient subtilement à Bobby Junior un encouragement à poursuivre sa route.

C'était, dans un sens, une façon de préparer la suite de ce que la presse avait appelé « l'odyssée inachevée » de son père. Mais dans la mesure où ce dernier avait déjà arpenté avec autorité les « sentiers de lumière », Bobby cherchait les coins sombres où son géniteur n'avait jamais pénétré. Peu après s'être inscrit à Pomfret, il avait fait de l'auto-stop sur le cap et avait été pris à bord d'une voiture par un jeune chômeur de vingt ans, domicilié dans les parages, Doug Spooner, qui allait devenir son ami intime et le compagnon de ses errances. « Il ressemblait à un enfant solitaire, dit Spooner, en évoquant cette première rencontre. Au début, il ne parlait pas beaucoup. Puis il parut se détendre quelque peu. Il me dit que sa mère l'avait jeté dehors et qu'il lui fallait un endroit où aller. J'avais une cabane sur la péninsule et je lui dis qu'il pouvait s'y installer pour un temps »[22]. Spooner offrait à Bobby l'image d'un garçon qui vivait d'expédients, dans un monde où les relations de sa famille n'existaient pas. Golfeur émérite, il vivait partiellement des enjeux qu'il extorquait aux hommes d'affaires locaux et aux vacanciers avec qui il jouait. « On est joueur aussi, dans ma famille, lui avait dit Bobby d'un air énigmatique, mais notre jeu à nous s'appelle la roulette Kennedy. »

Au cours des semaines suivantes, les deux nouveaux amis avaient sillonné la région de Boston en quête d'occasions à saisir. Ils se rendirent une fois dans l'un des bas-quartiers de Cambridge pour jouer au basketball avec des Noirs. Comme on parlait de *pool* (sorte de « billard japonais »), Spooner, sans révéler qu'il était orfèvre en la matière, accepta d'aller faire une partie en neuf coups dans un bar voisin, à 50 *cents* la manche. Sous les yeux de Bobby, il laissa son adversaire gagner en faisant monter, chaque fois, les enjeux, jusqu'au moment où l'on en était à dix dollars. Il commença alors à s'appliquer et gagna deux cents dollars en quelques minutes. C'est Spooner qui raconte : « L'autre prétendit naturellement ne pas avoir d'argent sur lui, mais nous proposa à Bobby et à moi d'aller chez lui, un peu plus tard, nous faire rembourser en marijuana. A l'heure dite, nous étions devant une maison bien délabrée à l'adresse qu'il nous avait indiquée. Comme personne ne répondait, j'étais prêt à partir, mais il y avait de la lumière et nous savions bien que le mec était dedans, ça fait que Bobby s'est mis à taper, à hurler des injures et à dire au gars que s'il avait peur d'ouvrir, il n'avait qu'à glisser l'argent sous la porte. Au point que le battant s'est ouvert à la volée et que le type est sorti comme une flèche, avec une machette de 1 mètre à la main. J'ai fait un bond en arrière, mais Bobby n'a pas bougé, bien que l'autre lui ait balancé sa machette de toutes ses forces. J'ai pensé : " Encore un Kennedy assassiné ". Mais, à la dernière seconde, le mec a fait dévier l'arme d'un tour de poignet et frappé Bobby avec le plat au lieu du tranchant. Du coup, on s'est sauvé, et drôlement vite ! »[23].

En juillet, Bobby était au Cap[24]. Pour éviter sa mère, il demanda asile à Kim Kelley et John, le frère de celle-ci. Une lettre écrite par lui à Mrs Kelley présente ceci de remarquable qu'il attribue à John ses propres sentiments vis-à-vis de sa famille et introduit des allusions cachées au poème favori de son père — « Ulysse », de Tennyson —, voire aux exhortations morales de celui-ci ; elle est ainsi rédigée : « John et moi, nous sommes assis dans la vieille voiture que vous avez abandonnée, et nous nous demandons ce que nous allons faire. Il est 21 heures et nous partons pour notre destination présente. Nous nous sentons rejetés à cause de votre apparente attitude d'aller nous faire fiche (*sic*) quand nous vous avons annoncé notre départ, hier soir. Nous ne savons pas à quoi attribuer votre réaction négative, mais John pense que c'est parce que vous ne vous intéressez pas à lui... Il faut que je l'accompagne pour prendre soin de lui. Il y a de l'aventure dans l'air et la haute mer est pleine d'énigmes pour un esprit insatisfait »[25].

Bobby et Kelley se réfugièrent auprès d'anciens membres des HPT, désormais proscrits (parmi eux, se trouvait Bobby Shriver qui avait tenté de suivre le rythme de ses cousins plus âgés en tâtant de la marijuana à Exeter, l'année précédente[26]). L'un des membres du groupe était un chauffeur de taxi barbu, nommé Andy Moes, à peine âgé de plus de vingt ans, qui les promenait gratuitement autour du Cap et les avait même emmenés à Boston assister à un match des Red Sox[27]. Un jour, ils étaient tous assis sur la barrière des Kelley, quand Moes apparut pour leur demander de la marijuana : « Il pleurnichait après un *joint* parce qu'il devait voir sa petite amie et qu'il avait besoin de se mettre en forme, se rappelle Bobby Shriver; finalement, il me proposa dix dollars. Je dis " Merde ! Dix dollars pour un *joint !* Je marche ! " »[28]. Peu après, le faucon favori de Bobby Kennedy, Morgan Le Fay, s'égara et il fut repéré dans un arbre à Cohasset, distant de quelque 75 kilomètres. Moes offrit une fois encore d'y conduire Bobby en échange d'un *joint* qu'ils fumèrent ensemble pendant le trajet[29].

Quelques jours plus tard, on frappa à la porte des Shriver, chez qui Ethel et les enfants étaient invités, ce soir-là, à dîner. Il y avait, devant l'entrée, plusieurs agents et une voiture de police. La famille apprit que Moes était un inspecteur du Bureau des Stupéfiants, et que les deux Bobby (Shriver et Kennedy) étaient accusés de posséder de la *cannabis sativa*[30]. (Bobby Shriver déclara avec indignation à ses parents : « Nous n'avons jamais eu de *cannabis sativa.* Et d'abord, qu'est-ce que c'est que la *cannabis sativa ?* »[31]).

Dans le chaos qui suivit, Ethel coursa Bobby qui s'enfuit par la porte de derrière, le rattrapa dans le jardin et le jeta dans les buissons en criant : « Tu as traîné le nom de la famille dans la boue ! »[32]. Lors du procès où les garçons furent placés sous surveillance judiciaire pour un an, elle garda les lèvres pincées et un visage fermé en traversant, avec Teddy, la foule des journalistes et des opérateurs de la télévision — près d'une centaine — accourus sur les lieux[33].

Après l'audience, elle donna libre cours à sa rage : « Je ne peux rien faire de toi, hurla-t-elle à Bobby, tu ne m'écoutes pas ! Tu ne fais plus partie de la famille ! »[34]. En désespoir de cause, elle fit appel à un ami de son mari, le psychiatre Robert Coles, de Harvard, pour lui confier son fils[35]. Coles essaya d'invoquer les craintes bien enracinées dans la famille à l'égard des « essoreurs de cerveaux » et des effets parfois paralysants d'une tentative d'affirmation de soi; il mit Bobby en garde contre la confusion mentale qui menaçait toute sa génération, et l'exhorta à se tourner, comme son père, vers le monde extérieur.

Rempli de honte, Bobby prit 600 dollars qu'il avait à la caisse d'épargne, acheta une Ford d'occasion et partit vers l'Ouest sans prévenir personne de sa destination[36]. En arrivant à Los Angeles, il revendit la voiture pour 200 dollars, et commença à circuler en passager clandestin à bord des trains de marchandise, dormant dans des fourgons avec les clochards et les vagabonds. Une fois, dans l'intention de se rendre à San Francisco, il se glissa sur une plate-forme roulante, entre des voitures, pour découvrir deux jours plus tard qu'il allait dans la direction opposée... en route pour San Antonio. « Je n'avais aucun contact avec la maison, raconte-t-il ; tous les quinze jours environ je téléphonais à Lem. Je voyageais avec des chemineaux. Ça faisait du bien. J'aurais pu devenir comme eux au lieu d'être un Kennedy »[37]. Il passa plusieurs jours à Berkeley, mendia quelques dollars sur le trottoir et s'en servit pour acheter de la drogue.

Pendant ce temps, à Hyannis, Ethel et ses enfants étaient de plus en plus coupés du reste de la famille[38]. Steve avait instamment demandé à ses deux fils d'éviter leurs cousins et commença à dessiner les plans d'une maison à Bridgehampton pour les vacances. Une évolution similaire se produisit chez les Shriver. Plus contemplatif que sa belle-famille, Sarge s'était toujours senti mal à l'aise dans un système éthique qui, selon lui, sacrifiait le sentiment à l'action. (Le jour où l'un de ses fils s'était entendu rappeler, après être tombé : « Un Kennedy ne pleure pas », il l'avait pris dans ses bras et lui avait dit : « Okay ! Toi tu peux pleurer, tu es un Shriver »[39].) Mais cette fois l'enjeu était très important. Il prit son aîné à part, lui expliqua que les cousins étaient tous à un carrefour et devaient faire leur choix. « Il me montra que cette fois ce n'était plus une affaire de HPT, dit plus tard Bobby Shriver. C'était la drogue, les ennuis avec la police, le casier judiciaire et peut-être, un jour, la prison. Je compris quelles pouvaient être les conséquences et que je ferais mieux de trouver le moyen d'aller de l'avant et de penser à ma vie à moi. J'eus également le sentiment que la famille de Bobby Kennedy était devenue dangereuse. » Bobby Shriver se trouva « extrait » du groupe, selon le terme de Chris Lawford, et il n'en fit plus jamais vraiment partie[40].

Si Bobby était grandement responsable des âpres affrontements qui avaient lieu chez Ethel, David en fut accusé comme par réflexe. « Elle avait presque pris pour principe de m'accuser, disait-il. Selon elle, peu importait que j'aie fait quelque chose ou non, je le ferais tôt ou tard de sorte qu'elle pouvait aussi bien me punir d'avance. Je m'en souviens très clairement : ce fut le moment de ma vie où tout commença à tourner contre moi »[41].

Son seul ami, dans la famille, était Chris Lawford, plus orphelin encore que lui car sa mère, sous la pression des événements, avait décidé d'aller vivre à Paris avec ses fillettes, et de le laisser en pension aux Etats-Unis[42]. (« Je ne veux plus rien avoir à faire avec cette famille, pendant un bout de temps, lui avait dit Pat en partant. Je vais en France remettre ma propre vie sur pied, loin de tous les Kennedy »[43].) Sachant Bobby sur les routes, David et Chris, âgés tous deux de quinze ans, décidèrent de se rendre à New York en auto-stop[44]. Ils arrivèrent, sales et en haillons, sans un sou en poche et se mirent à errer dans la ville pendant des heures avant de se réfugier à la gare de Grand Central où ils entreprirent de demander l'aumône aux banlieusards. « C'était merveilleux de se sentir comme tout le monde, de n'être plus des Kennedy, dit David. On se faisait pas mal d'argent. A un moment, on gagnait l'équivalent d'un salaire de 40 dollars l'heure »[45]. Avec ce pécule, ils allèrent à Central Park acheter de la drogue. L'héroïne valait deux dollars le sachet sur la « Butte aux Drogués »[46], ils en achetèrent et en reniflèrent pour la première fois. Après quoi ils se mirent en quête de filles et les emmenèrent dans l'ancien appartement de Pat, désormais vide, sur la Cinquième Avenue. Bientôt le bruit se répandit qu'on y faisait la fête et la maison se remplit de garnements noirs et de hippies blancs. David alla dormir ; quand il se réveilla au milieu de la nuit, il trouva des pochards et des cyclistes en train de se faire frire des œufs dans la cuisine. Quand les voisins menacèrent d'appeler la police, il parvint à convaincre tout le monde de déguerpir [47].

Quand ils rentrèrent à Hyannis, quelques jours plus tard, Ethel n'eut pas l'air d'avoir remarqué qu'ils étaient jamais partis. David fut traité avec tant d'indifférence par sa mère pendant la fin de l'été, qu'il alla souvent dormir sur une couverture dans les buissons de la haie, derrière la maison [48]. Comme la rentrée approchait, il se fit transférer à Middlesex, l'école de Chris, bien que cela l'obligeât à redoubler sa seconde, mais Chris était devenu tout ce qui lui restait de sa parentèle [49].

David avait toujours été le risque-tout de la famille (son ami d'enfance, Phil Kirby, se rappelle que les aînés allaient jusqu'au bout du brise-lames construit par leur grand-père, tout glissant d'algues et particulièrement traître à un endroit où la maçonnerie avait été endommagée par une tempête, bien des années auparavant ; ils mettaient David au défi de les suivre et, bien que la digue fût balayée par des vagues de trois mètres, fort capables de l'engloutir, il suivait les grands, et triomphait de l'épreuve avec un sourire victorieux [50]). Maintenant, il s'essayait à la drogue. Il s'était taillé une petite réputation, à Middlesex, pour la façon dont il fumait religieusement une cigarette de marijuana avec son café du matin et prenait du LSD une fois au moins par semaine [51]. A l'instar de Bobby Junior qui avait été le premier à expérimenter les effets de la drogue, David et Chris laissaient pousser leurs cheveux jusqu'aux épaules, et s'introduisirent dans la faction rebelle de l'école, celle des « hippies » qui construisaient des huttes dans la forêt voisine et en venaient aux mains avec les « néo-fascistes », partisans de l'autorité, qui lançaient des raids contre eux pour manifester leur hostilité à leur mode de vie tribal [52].

David n'avait pas eu beaucoup de nouvelles de sa mère au cours de l'année scolaire [53] ; pourtant, à la fin du printemps, il fut informé qu'elle avait organisé pour lui et l'un de ses condisciples un séjour d'été dans la réserve des Pieds-Noirs, au Montana. (« Mon père s'était intéressé aux Indiens. Elle espérait manifestement que ce séjour chez les déshérités éveillerait ma conscience sociale héréditaire » [54].) David participa à des assemblées tribales et reçut le nom de Colombe Jaune à cause de ses cheveux blonds et en souvenir du message de paix lancé par son père. Pour son camarade et pour lui, l'événement de l'été (celui de ses seize ans) ce fut la découverte d'un champ de marijuana, au cours d'une excursion. Ils en récoltèrent et mirent les feuilles à sécher dans le grenier du couple indien qui les hébergeait. Mais ils n'eurent pas la patience d'attendre et, une nuit, ils se glissèrent dans la cuisine, au rez-de-chaussée, pour se faire une infusion de *cannabis*. Ils réveillèrent l'Indienne qui vint voir ce qui se passait. « Elle était là, à nous regarder avec une expression étrange sur le visage, comme si elle se demandait “ Qu'est-ce que le fils de Robert Kennedy peut bien fabriquer avec du thé à la marijuana dans ma cuisine ? ” »[55].

A Pomfret, Bobby avait insisté pour loger dans un dortoir entièrement occupé par des Noirs et négligea son travail scolaire pour lire Franz Fanon, Eldridge Cleaver, H. Rap Brown, et autres auteurs noirs dont les furieuses invectives contre les Blancs lui plaisaient[56]. Comme toujours, il avait du mal à respecter le règlement. (« Comme nous tous, Bobby avait grandi dans l'idée qu'un Kennedy pouvait faire pratiquement tout ce qu'il voulait, dit Chris ; d'un côté, ça avait l'avantage de nous permettre des choses dont les autres n'osaient même pas rêver ; d'un autre côté, c'était mauvais, parce que nous n'avions plus aucune idée de ce qui en valait la peine et de ce qui n'en valait pas la chandelle »[57].) Bobby avait fait venir sa petite amie Kim[58] ; il la cachait dans sa chambre, la nuit ; le jour, elle se dissimulait dans un sous-sol où il avait installé un chauffe-plat, ce qui lui évitait de s'habiller pour prendre ses repas au réfectoire. Vers la fin de l'année, il fut renvoyé de l'établissement. C'était la troisième fois en quatre ans.

Cet été-là, alors que David était chez les Pieds-Noirs, Bobby eut de nouveau des ennuis avec la police[59]. Il était dans une voiture à Hyannis avec Kim, en train de manger un cornet de glace, quand il fut interpellé par l'un des contractuels que la municipalité engageait pendant la belle saison, justement parce que la présence des Kennedy attirait beaucoup de touristes. Aux dires de Bobby, le flic s'était penché, avait regardé Kim d'un air méprisant et demandé : « Qu'est-ce que c'est que cette chose que vous avez dans la voiture ? »[60]. Bobby avait craché sa glace à la figure de l'agent et avait été arrêté sur-le-champ[61]. Traduit devant un juge pour « refus de circuler »[62], il s'était contenté de répéter à plusieurs reprises, d'une voix morne : « L'agent est en train de mentir », pendant le témoignage du gardien de la paix[63]. Il fut néanmoins déclaré coupable, passa une nuit en prison et quitta Hyannis avec Kim pour chercher refuge dans l'appartement de Lem à New York, où il passa le reste de l'été.

En septembre, Lem l'inscrivit en terminale à Palfrey, une école de Watertown, dans le Massachusetts et il prit des arrangements pour que Bobby vécût en dehors du campus, avec la famille Brode[64]. « Quand Bobby se présenta chez nous pour la première fois, raconte Mrs “ Joey ” Brode, on aurait dit un oiseau avec une aile cassée. Il était terriblement maigre et ses gestes semblaient manquer de coordination. Il était beau mais avec quelque chose de flottant ; il était trop grand, trop décharné. Par contre, son regard était d'une telle profondeur, d'une telle intensité que l'on oubliait son allure d'Ichabod Crane* et que l'on pensait : “ Mon Dieu, il y a une âme dans ce corps d'oiseau ” »[65]. Après avoir bavardé quelques instants avec lui dans la cuisine, elle lui offrit un morceau de

* Ichabod Crane : personnage d'un conte populaire de Washington Irving ; c'est un puritain à l'allure d'épouvantail. (N.d.T.)

gâteau au café qu'elle venait de faire elle-même. Il dévora tout le gâteau. Elle comprit que sa faim n'était pas seulement physique : il avait besoin d'une nourriture préparée à la maison, besoin d'aliments affectifs.

Au cours de l'année scolaire, elle fut frappée par le soin que Lem prenait de lui, par la façon dont il s'occupait de ses finances et l'appelait presque quotidiennement de New York. « Ils étaient tout le temps au téléphone. Lem semblait être le seul adulte qui s'occupait de lui. Ethel ne téléphona jamais et n'alla jamais le voir, alors que Lem venait souvent. Cette affection était touchante. C'était comme si Lem voulait préserver un héritage en protégeant ce garçon. Mais il y avait là plus que de la nostalgie, plus qu'une manière de revivre son amitié passée avec Jack. C'était un véritable amour paternel. Bobby était le fils que Lem n'avait jamais eu »[66].

Lem éprouvait également un orgueil paternel en voyant l'adolescent donner progressivement un sens à sa vie. Il ne s'inquiéta jamais d'avoir mal placé son affection en lui, de s'être trompé en le considérant comme le Kennedy qui finirait par se distinguer parmi ceux de sa génération. Mais il s'inquiétait à l'idée qu'il pourrait lui arriver quelque chose avant qu'il sortît du cocon. Un ami de Lem, Bucky McAdoo, a déclaré : « Nous étions assis dans son appartement et le téléphone sonnait. Lem pâlissait en apprenant que Bobby avait été surpris en train de se droguer, ou quelque chose du même genre »[67]. Fred Billings, le frère de Lem, disait : « Bobby lui faisait traverser des moments pénibles. Lem n'avait jamais eu une grande expérience des enfants avant de tomber sur cette horde sauvage de petits Kennedy. Il avait souvent les larmes aux yeux, à force de frustration et de désespoir »[68].

Mais, sous la patiente tutelle de Lem, Bobby commença à abandonner le personnage de nihiliste qu'il avait adopté après la mort de son père, pour aspirer à un rôle plus héroïque, plus conforme aux ambitions d'un garçon désireux de devenir le chef indiscuté de sa génération. Au cours de son année à Palfrey, Bobby avait rencontré un étudiant de Brandeis nommé Andy Karsch ; il se lia aussitôt d'amitié avec lui. « Il était très soucieux de m'impressionner. Le jour où je l'avais connu, il avait mis des sortes de crampons et avait escaladé un très grand arbre. Plus tard, un jour qu'il était venu me voir, il avait prétendu pouvoir déchirer en deux morceaux un gros livre de poche (c'était *De la Démocratie en Amérique,* de Tocqueville). Je lui dis qu'il n'y parviendrait pas. Il paria. Et le voilà qui s'escrime sur le livre jusqu'à en devenir violet. Il ne le déchira pas en deux, mais le livre avait l'air d'avoir été lacéré par quelque fauve »[69].

L'une des raisons pour lesquelles Bobby courtisait Karsch, c'était que celui-ci avait fait partie de la sélection nationale de sa catégorie, au temps où il était capitaine de l'équipe de football américain de son lycée. Aussitôt que Karsch et lui furent suffisamment liés, Bobby constitua une équipe et lança un défi à Joe, alors inscrit dans une école privée locale, appelée Manter School. Grâce à Karsch, l'équipe de Bobby l'emporta sur celle que dirigeait Joe. Après sa victoire, Bobby exultait en voyant son frère rentrer tête basse au vestiaire.

« Vers la fin de l'année, raconte Joey Brode, Bobby avait enfin récupéré.

Il avait appris à exercer ce genre de " charisme " que son frère aîné n'avait pas. Les plus jeunes des Kennedy, frères et cousins, venaient à Cambridge et se trouvaient tout désemparés si Bobby n'était pas là pour se mettre à leur tête »[70]. Ses principaux disciples étaient David et Chris dont l'allégeance à Bobby — plutôt qu'à Joe — était maintenant bien établie. Chris l'avait imité en se faisant renvoyer, lui aussi, de Middlesex pour usage de drogue et David avait suivi le mouvement pour avoir voulu jouer, comme lui, au risque-tout. Andy Karsch raconte un épisode qu'il n'a jamais oublié : ils jouaient tous à se lancer des boules de neige près de Harvard Square, quand l'une des pelotes était allée cogner une voiture qui passait ; le conducteur parvint à arrêter son véhicule sur le pavé glissant. Un colosse en jaillit (ils devaient apprendre par la suite que c'était un fameux joueur de l'équipe de football américain du Boston College) et marcha sur eux. « Il hurlait que nous étions des irresponsables et nous battions en retraite tandis qu'il avançait vers nous. Tout à coup, David, avec ses 55 kilos, se jette sur lui et lui flanque un coup de poing en pleine figure. Nous étions tous pétrifiés, incapables de bouger. David lança un regard à Bobby avec un rire muet, comme pour dire : " J'espère que tu es fier de moi maintenant ". Le géant est resté là une minute avec une expression de stupéfaction totale sur le visage, puis il a secoué la tête d'un air incrédule ; il est retourné à sa voiture et il est parti »[71].

Bobby avait vendu à David une livre de marijuana que celui-ci avait emportée à Middlesex et cachée dans sa valise, où elle lui fut volée. Bobby fit alors son apparition à l'école, vêtu de façon criarde, avec un bandeau autour de la tête, pour dire aux étudiants qu'il était « l'égorgeur des trafiquants de drogue » et qu'il était venu identifier le voleur de son client. Il découvrit l'auteur du larcin et le terrifia tant et si bien que celui-ci alla tout révéler à la direction de l'école. David, interrogé, déclara ne pas connaître le nom de son pourvoyeur. Mais quelqu'un tomba sur un portrait de Bobby dans un vieux numéro de *Time* et reconnut « l'égorgeur ». David fut renvoyé temporairement[72].

Pour séparer les deux frères, Ethel envoya David en Californie pour l'été, récolter les laitues dans les champs avec les travailleurs agricoles de Cesar Chavez. (« Ton père disait que c'était l'un des hommes les plus intègres qu'il avait jamais rencontrés ; peut-être cela te fera-t-il du bien de le voir », dit-elle à son fils[73].) David ne vit pratiquement pas Chavez ni même aucun héros chicano, pendant tout le temps où il conduisit une benne à ordures pour deux dollars l'heure, au siège du syndicat, à La Paz. Après avoir rempli son devoir chez les UFW (United Farm Workers : syndicat des travailleurs agricoles), il rejoignit Chris qui était venu voir son père à Los Angeles. « Je frappai à la porte et Peter Lawford vint m'ouvrir. Je ne l'avais pas vu depuis des années et la première chose qu'il fit après avoir dit " hello " fut de me tendre une pipe de hasch »[74].

A l'automne de 1972, Bobby entra à Harvard, convaincu par ses heures de conversation avec Lem, que le seul moyen de conquérir son héritage était de se donner d'emblée une identité conforme au mythe des Kennedy, plutôt que de gravir péniblement les échelons. Il commença à réunir des partisans, comme l'avait fait Jack, en jouant de ce magnétisme que Lem lui avait si bien décrit, dans le plus petit détail. Parmi ceux qui gravitaient autour de lui se trouvait Peter Kaplan. Celui-ci était son contraire en tout point : il était juif, intellectuel, prudent, littéraire. Pour Bobby, Kaplan représentait le monde des idées ; en revanche, il symbolisait lui-même pour son ami une sorte de noble sauvagerie. « Il cherchait à entrer dans une équipe de première année, et il avait vraiment réussi à se mettre en forme, à doter d'une certaine force physique son corps efflanqué. Il avait une sorte d'allure sauvage comme Mowgli dans *Le Livre de la Jungle.* Il était absolument chez lui, en pleine nature. Au cours de la Semaine des Visites, il était rentré dans sa chambre, au troisième étage, en escaladant un arbre au lieu de prendre l'escalier comme tout le monde. Un peu plus tard, quand nous partagions la même chambre, je rentrai un jour à temps pour le voir jouer avec un grand serpent à sonnette, encore pourvu de tous ses crocs. Il avait dressé le serpent à s'enrouler autour d'un bâton de ski pour manger dans sa main. Le bruit se répandit et des tas de gens venaient assister à ce spectacle. Finalement les autorités universitaires lui demandèrent de se débarrasser de l'animal »[75].

Kaplan pensait que Bobby avait adopté une « attitude de défi et de rodomontade dans le genre de Douglas Fairbanks », en partie à cause des histoires qu'il avait entendu raconter sur la morgue des gens de Harvard à l'égard des Irlandais au temps de son grand-père, mais aussi en partie parce qu'il croyait ainsi se montrer à la hauteur des martyrs de la génération antérieure. C'est pourquoi le sommet de sa carrière de casse-cou se trouva atteint le jour de ce que ses amis appelèrent « le saut de Bhutto », ainsi nommé parce que l'affaire avait commencé par un pari entre Bobby et Mir Bhutto, fils du président du Pakistan Ali Bhutto. Kaplan raconte la chose en ces termes : « La chambre de Bobby se trouvait au sixième étage du building appelé Hurlbut, à côté d'un autre bâtiment nommé Pennypacker, situé en dehors du territoire de Harvard, mais à trois ou quatre mètres de là. Bobby avait parié avec Bhutto qu'il sauterait d'une fenêtre à l'autre. Beaucoup d'étudiants avaient entendu parler de ça, et une grande foule s'était rassemblée, le nez en l'air, sous les fenêtres en question, comme si l'on guettait l'apparition de Superman. La distance n'était peut-être pas énorme, mais elle paraissait deux fois plus grande qu'elle n'était, et si Bobby avait raté son coup il se serait certainement tué. Soudain Bobby bondit au-dessus de la foule et réussit l'exploit. Tout le monde en était bouche bée et hochait la tête d'un air incrédule »[76].

Mais si certains y voyaient un geste héroïque, d'autres donnaient à la prouesse une signification plus profonde. Un autre ami de Harvard qui étudia plus tard la kinésithérapie pour devenir masseur, déclare : « C'était comme un patient qui veut se faire masser mais dont le corps est devenu si insensible qu'il faut lui faire “ mal ” pour qu'il sente quelque chose. Je pense que c'était là le cas de Bobby ; il faisait souvent des choses pour se prouver qu'il existait vraiment — une sorte de pincement existentialiste sur le bras »[77].

Après sa première année, Bobby alla skier au Chili, pendant l'été, avec Karsch et Kim Kelley qui se cassa la jambe et dut rentrer toute seule[78]. A Portillo, ils rencontrèrent un jeune journaliste du *New York Times*, Harvey Fleetwood[79]. Un jour où ils avaient décidé de grimper à skis, jusqu'au Christ des Andes, la statue qui marque la frontière entre le Chili et le Pérou, ils avaient mis des peaux de phoque sous leurs skis et avaient progressé en canard jusqu'au sommet. C'est alors qu'ils avaient entendu des coups de feu et vu plusieurs douzaines de balles ricocher sur les rochers ou s'enfoncer dans la neige autour d'eux. (Ils devaient apprendre plus tard que c'était des gardes chiliens qui tiraient sur eux à travers la frontière.) L'instant d'après, ils descendaient tous le plus vite possible dans l'épaisse couche de neige poudreuse. Bobby hurlait d'exaltation.

Lem colla dans le livre de presse de Bobby l'article que Fleetwood publia dans le *Times* sur cet incident[80]. Il convainquit le journaliste d'écrire avec lui un article sous la signature de Bobby, à propos de ce qu'il avait vu et entendu au Chili, après la chute d'Allende. Quand l'article eut été accepté par l'*Atlantic Monthly,* Lem flanqua une tape sur l'épaule de Bobby : « C'est comme ça que Jack a commencé — en écrivant »[81].

4

Si les enfants de la famille se trouvaient, bon gré mal gré, faire partie d'un mythe complexe et déroutant — un combat freudien dans les plaines du royaume imaginaire de la Table Ronde —, les adultes n'étaient pas mieux lotis. Ils s'étaient mis en devoir d'escalader, de façon plus sérieuse mais non moins métaphorique, leur « Mont Kennedy » respectif. Teddy avait commencé à pousser son rocher de Sisyphe lors de sa campagne électorale de 1970 ; il avait été réélu sénateur à une large majorité, mais il avait dû promettre à ses électeurs de ne pas briguer la présidence en 1972. Steve Smith, pendant ce temps, avait fait savoir qu'il serait intéressé par le poste de gouverneur de l'Etat de New York, et pendant quelque temps avait rencontré les chefs du parti démocrate et prononcé des discours un peu partout dans l'Etat [1]. Mais son style elliptique qui le rendait si efficace en coulisses ne lui permettait guère de revêtir une personnalité agréable au public ; il s'était donc résigné à conserver son rôle de « faiseur de roi ». Aussi avait-il pris partiellement en main la malencontreuse campagne d'Arthur Goldberg pour le poste de gouverneur, flanqué de Ted Sorensen et d'Adam Walinsky, respectivement candidats aux postes de sénateur et de ministre de la Justice de New York. Tous trois furent nettement battus ; apparemment, la « magie des Kennedy » que Smith avait toujours été supposé posséder ne marchait que si le candidat était lui-même un Kennedy.

Sarge Shriver était promis à une révélation du même ordre. Uni à l'irrépressible Eunice, il avait été tenu pour un éventuel remplaçant de Teddy, à la tête de la hiérarchie politique de la famille. En 1968, Hubert Humphrey avait lancé quelques ballons d'essai à propos d'une éventuelle candidature de Sarge à la vice-présidence, mais Teddy y avait immédiatement mis son veto.

Tandis qu'il était ambassadeur en France, Shriver avait poussé sa propre pointe un peu plus loin, et tenté de se constituer un bon dossier qui pourrait représenter un capital politique à son retour. Il avait fait du travail utile dans le domaine de ce que l'on appelait la diplomatie « de personne à personne » ; il avait conversé avec des mineurs en Alsace, déjeuné joyeusement avec des ouvriers du textile à Lyon, mais il avait moins bien réussi dans ses fonctions officielles. (Les diplomates de carrière grinçaient des dents en le voyant s'adresser à leurs homologues français, au cours de dîners à l'Ambassade, pour leur demander dans son français écorché ce qu'ils pensaient *vraiment* de De Gaulle[2].) Aussi, bien qu'il eût fait comprendre à divers patrons du parti démocrate, dans le Maryland, qu'il serait volontiers candidat au poste de gouverneur de cet Etat, lors de son retour aux Etats-Unis au début de 1970, on ne fit jamais appel à lui. Par la suite, il fit une tournée de conférences dans tout le pays pour soutenir les candidats démocrates au Congrès et, en 1972, assista à la convention du parti — où il passait un peu pour un succédané de Kennedy —, dans l'espoir de se voir offrir l'investiture comme candidat à la vice-présidence. Mais la convention ayant investi un sénateur contestataire, George McGovern, comme candidat officiel à la présidence, celui-ci commença par se montrer plein de dédain envers Shriver qu'il avait placé très bas sur la liste de ses préférences. (« *Shriver!* Qui veut d'un homme comme lui ? Toutes ces rumeurs à son sujet n'émanent que de lui-même... », avait-il déclaré avec une rudesse inhabituelle, quand le nom avait été prononcé de divers côtés[3].) Or, le choix qu'il avait indiqué d'abord, celui de Thomas Eagleton, le sénateur du Missouri, fit long feu quand on apprit que celui-ci avait souffert de troubles nerveux. McGovern se tourna donc enfin vers Shriver, mais l'offre — entourée de ces connotations désagréables — arrivait trop tard et ressemblait fort à un lot de consolation, destiné à récompenser la « lanterne rouge ». Sarge refusa. Il n'en tenta pas moins de mobiliser un peu de l'enthousiasme du camp Kennedy au cours de la campagne contre Nixon, mais, selon le mot d'un journaliste, il ne cacha pas sa « triste satisfaction » devant la rapide déconfiture du candidat officiel.

Le fait que les adultes semblaient en proie à un blocage exerçait une pression subtile sur la jeune génération. RFK avait souvent dit à ses enfants et à leurs cousins que la politique était « une façon de donner aux autres, une façon de sortir de soi-même »[4]. Il voulait indiquer par là que tel devait être l'idéal d'un homme d'Etat — la plus noble des professions, comme Jack aimait à le dire —, un idéal qui excluait à la fois l'égoïsme et la paresse. Mais sa maxime pouvait recevoir une autre interprétation, à savoir que la vie publique évitait à l'homme d'action de regarder au-dedans de soi-même ; qu'elle lui fournissait un raccourci pour arriver au but sans se laisser empêtrer dans les tourbillons affectifs des affaires de famille. C'était un attrait de plus, pour les jeunes Kennedy, indépendamment du fait que la politique était devenue une sorte d'entreprise familiale dont les héritiers se disputaient la possession.

Alors que Bobby Junior avait maintenant solidement pris le commandement de la jeune génération, son frère Joe était toujours considéré par les adultes (sauf par Lem) comme le candidat le mieux placé parmi les siens, pour faire carrière dans la politique. Il y avait été initié en travaillant comme éclaireur pour Teddy en 1970, dans le Massachusetts. L'expérience lui avait pourtant coûté cher. La direction de l'école (il était alors à Milton) lui avait refusé le droit de s'absenter, en raison de la faiblesse de ses notes, de sorte qu'il avait quitté l'établissement et perdu une année scolaire. Mais il se trouvait intégré à la vie politique de la famille (alors que ses frères et cousins ne l'étaient pas) au titre de sa primogéniture, en qualité d'héritier dynastique : il était l'aîné des garçons, celui qui avait serré la main des partisans de son père dans le train funéraire, celui qui ne pouvait se réfugier dans l'anonymat pour se soustraire, temporairement peut-être, à la lourde condition des Kennedy, comme l'avaient fait les autres — Bobby Junior, Chris et David en mendiant sur la voie publique ; Bobby Shriver en ouvrant un petit commerce de traiteur sous le nom de « Bobby Cotton »[5] ; Stevie Smith en capitalisant sur son nom passe-partout. Joe était celui qui devait faire des discours et se montrer lors des cérémonies officielles ; celui qui devait être là quand le stade de Washington fut rebaptisé du nom de son père ; celui qui devait accompagner sa mère sur la tombe du disparu, pour l'anniversaire de l'assassinat. Quand il termina enfin ses études secondaires, en 1971, il fut celui qui allait travailler à la toute nouvelle Fondation RFK, recevoir les candidats aux bourses, et visiter les réserves indiennes ou les poches de pauvreté dans le secteur dit du Delta, sur le Mississippi, ou en d'autres lieux attachés au souvenir de son père, comme s'il était un émissaire d'outre-tombe.

Il lui était difficile de circonscrire un élément de réalité dans toute la symbolique qui l'enveloppait. « Je suis comme une bille qui roule de-ci, de-là, à chaque secousse, dans un fourgon », dit-il un jour à un ami avec qui il parlait, sous le sceau du secret, des difficultés d'être prince héritier[6]. Il souffrait aussi de voir son brillant puîné, Bobby, libéré de toute obligation, le surpasser en audace et en authenticité. Aussi Joe continua-t-il de s'embourber. Les aspects coléreux et violents de son caractère, déjà présents du vivant de son père, prirent une intensité nouvelle. Robert Coles, qui était progressivement devenu une sorte de conseiller familial pour la troisième génération de Kennedy, fut appelé en consultation, pour « travailler sur Joe » (comme on disait dans la famille)[7].

Pour éviter toute comparaison avec ses frères et cousins, Joe s'inscrivit au MIT (le célèbre Institut de Technologie du Massachusetts) plutôt qu'à la non moins fameuse université Harvard, à l'automne de 1972[8]. Mais l'atmosphère intellectuelle y était trop raréfiée pour lui, de sorte qu'il passa une grande partie de son temps à consulter un confrère de Robert Coles, le psychiatre du MIT, Joseph Brenner. Il n'était pas l'objet de véritables soins ; Brenner, comme Coles, tentait seulement de mettre un peu d'ordre dans les mouvements brusques, rapides et désordonnés de Joe, mal adapté au monde extérieur. La situation était délicate. Le garçon se trouvait habitué à être traité comme un Kennedy, mais en même temps il s'insurgeait si la déférence qu'on lui témoignait devenait trop évidente. Quand le professeur chargé du seul cours que le jeune homme avait suivi décida de lui donner un B pour qu'il ne perdît pas le moral, Brenner le félicita au cours d'une de leurs séances ; mais Joe se mit à hurler que tout le monde voulait forcer les membres de sa famille à accepter un « traitement de faveur ».

Vers la fin de 1972, Brenner appela son amie Diane Clemens, professeur d'Histoire à Berkekey et ancienne coordinatrice de la campagne électorale de JFK, en 1960, pour se confier à elle et lui demander d'aider le jeune héritier des Kennedy à surmonter les problèmes de sa vingtième année. Peu après, elle reçut un appel de Robert Coles qui lui téléphonait en présence de Joe ; apparemment, ce dernier acceptait de se rendre à Berkeley pour y faire des études et s'éloigner de la scène où se poursuivait le spectacle permanent de la tragédie familiale. Finalement, Joe prit lui-même l'appareil pour lui dire : « Je déteste les universitaires, je déteste les universités. Il n'existe probablement aucune raison pour que j'aille à Berkeley »[9]. Diane, pensant qu'il la mettait à l'épreuve, répondit simplement : « Qui s'en soucie ? Si vous ne voulez pas venir, ne venez pas. » Après avoir été l'objet de tant d'égards, Joe trouva cette attitude rafraîchissante. Bientôt Diane Clemens apprenait qu'il avait décidé de se rendre à Berkeley, après tout.

Quelques jours après son arrivée, il emménagea chez Diane elle-même qui possédait une maison sur la colline. On lui demanda de faire partie de la commission des Régents, chargée de recruter des professeurs pour la faculté de Droit, et d'assister aux réunions d'anciens étudiants influents ; tout le monde était manifestement désireux d'utiliser son nom et sa présence pour les collectes de fonds auprès des mécènes. Il décida d'ignorer ces avances et se contenta de passer son temps dans sa chambre, à regarder la télévision et à guetter le retour de Diane pour entamer avec elle d'interminables conversations dans sa cuisine, tandis qu'elle préparait le dîner. Elle a raconté ses souvenirs en ces termes : « Comme tous les Kennedy, j'imagine, il était toujours à la recherche de ses limites — pas seulement les limites de ce que l'on pouvait faire, mais aussi de ce que l'on pouvait dire ou penser. Un jour, par exemple, il avait commencé à se vanter, de façon déplaisante, de ne jamais avoir lu un livre de bout en bout et de ne pas avoir l'intention de le faire jamais. Je lui dis que c'était stupide. Ce qui l'offensa profondément. Le lendemain, il m'apportait le livre de son oncle Teddy sur les dispensaires et dit : “ Vous voyez ? Mon oncle a écrit un livre ! Nous ne sommes pas tous illettrés dans la famille. ” Je lui demandai s'il l'avait lu ; il me décocha son sourire éclatant et secoua négativement la tête »[10].

Joe s'était inscrit à deux cours mais on ne le voyait que rarement sur le campus. Il empruntait parfois la voiture de Diane pour de mystérieuses visites à la communauté chicano, de l'autre côté de la baie, mais le plus souvent il restait dans sa chambre, occupé à téléphoner sur la ligne privée qu'il s'était fait installer. Les appels étaient tous destinés à ses cousins et à ses amis dans le Massachusetts (« Opérations de renseignements », pensait Diane).

Au cours d'une de leurs conversations nocturnes dans la cuisine, Joe lui annonça d'un air désespéré et d'une voix mélodramatique : « Je suis fini ! Je suis fini ! Cette fois c'est la fin de tout ! » Sachant qu'il s'attendait à se voir demander de quoi il retournait, Diane Clemens l'interrogea patiemment sur ce qui n'allait pas. Petit à petit, il lui dit tout. Bobby avait réussi à entrer dans l'équipe de rameurs de première année, à Harvard, et se débrouillait fort bien. Aussi Joe était-il allé voir l'entraîneur de l'université de Californie, pour lui demander de l'admettre dans une équipe de Berkeley. Il avait eu droit à un essai privé sur les eaux de l'estuaire et s'y était si mal pris qu'il avait fait chavirer le léger esquif ; il était tombé à l'eau, avec l'entraîneur lui-même. « Je suis fini ! » continuait-il de gémir, en se cachant le visage dans ses mains [11].

Joe parlait de son grand-père et de ses faits et gestes au cours de la première partie de son existence, alors qu'il était en train de « devenir » un Kennedy. Il était intrigué par les rumeurs persistantes selon lesquelles il avait été lié au syndicat du crime et au trafic illicite d'alcool. Au cours de ses conversations avec Diane, il se demandait pourquoi et comment le vieil homme avait alors noué de telles alliances. Il laissait clairement deviner qu'il aurait aimé devenir, lui aussi, un personnage romantiquement diabolique et amasser une énorme fortune, non pas tant par goût de l'argent que pour accomplir un exploit capable de lui assurer sans conteste la première place au sein de la famille. Il avoua que ses voyages de l'autre côté de la baie avaient un but précis : il avait fait la connaissance d'un chicano débrouillard, nommé Raúl, et tous deux projetaient d'acheter un bateau pour faire la contrebande de la drogue en provenance d'Amérique centrale. « Cette fadaise semblait avoir pris une certaine importance à ses yeux, selon Diane Clemens ; le projet lui paraissait être en prise directe sur la réalité. Il disait toujours : " C'est en dehors de l'université que je peux acquérir la meilleure formation. Nous autres, Kennedy, nous sommes gens de terrain, c'est là que nous fonctionnons le mieux " » [12].

Ethel lui téléphonait rarement. Quand elle le faisait, elle ne se servait jamais de l'automatique mais passait par l'opératrice et demandait une communication personnelle. Diane pensait que c'était pour éviter de lui parler à elle ! Quand Joe avoua à sa mère qu'il avait abandonné l'université, elle obtint, par l'intermédiaire de Teddy, que le maire de San Francisco, Joseph Alioto, lui offrît un poste de 750 dollars par mois au département municipal de la Santé publique, comme coordinateur des programmes subventionnés par des fonds fédéraux [13]. Joe fit des déclarations à la presse, au sujet des réductions budgétaires dont étaient victimes les déshérités, et prétendit que, par sa seule présence, un Kennedy restaurerait l'intégrité du programme : « Je pensais qu'en raison du travail accompli par mon oncle et mon père, je pourrais m'en occuper et que les intéressés feraient peut-être davantage confiance à quelqu'un comme moi » [14]. Il démissionna pourtant au bout de trois semaines car, selon un de ses collègues : « Il savait que l'on se servait de lui et il n'aimait pas ça. Il espérait qu'on le chargerait de travaux importants, or on s'était contenté de le coller dans un coin pour l'exhiber quand on avait besoin de donner du lustre au service. »

Diane était frappée par son comportement erratique [15]. Elle observa en outre que ses émotions avaient des effets quasiment pneumatiques sur son aspect corporel ; quand il était en proie à quelque trouble, son corps semblait enfler sous le coup de la colère ou de l'angoisse. Il avait d'autres bizarreries : ainsi, elle n'avait mis aucune restriction à ses allées et venues, ni à sa liberté de recevoir qui il voulait, mais il persistait à faire entrer par la fenêtre les filles qui venaient le voir dans sa chambre, au rez-de-chaussée, plutôt que de les faire passer par la porte, bien qu'il eût son entrée particulière. La fille de Diane, âgée de onze ans, avait établi avec lui des relations qui tenaient du marivaudage juvénile et se plaisait à le harceler ; or, un certain après-midi, elle avait par espièglerie verrouillé la porte de la chambre de Joe qui communiquait avec le reste de la maison ; au lieu d'utiliser tranquillement son entrée privée, ouverte sur le jardin, le garçon, irrité de l'entendre ricaner derrière le battant clos, entreprit d'enfoncer l'huis et surgit en hurlant : « Je vais te tuer ! » Il pourchassa la fillette à travers la maison jusqu'à ce qu'elle se réfugiât, toute tremblante, dans le grenier. Quand Diane rentra, il s'était calmé et se trouvait presque en larmes : « Il faut que je vous parle, lui dit-il ; il s'est passé une chose terrible. J'ai fait quelque chose d'affreux. »

Cependant, pour contrit qu'il parût après coup, la moindre contrariété semblait lui faire perdre la tête. Au cours d'une de leurs conversations rituelles, dans la cuisine, Diane avait mentionné le scandale du Watergate, qui prenait une ampleur de plus en plus considérable. Elle avait dit : « Mon Dieu, c'est si déprimant de voir ça. On a envie de prendre un fusil et de se mettre à tirer sur tous ces gens. » Joe, au comble de l'agitation, se dressa d'un bond et s'avança vers elle en pointant un doigt menaçant : « Ne dites pas ça ! Ne dites plus jamais ça ! Vous comprenez ? Plus de fusils ! Plus de coups de feu ! » [16].

Une fois, il disparut pendant deux jours. Diane n'y avait pas prêté grande attention jusqu'au moment où elle vit arriver Raúl et sa femme, brandissant un billet qu'ils avaient reçu par la poste : « Moi, Joe Kennedy, je lègue tout ce que je possède à Raúl et à Linda. Cela comprend mon poste de télévision, ma voiture et mes autres biens. Ces personnes ont été bonnes pour moi » [17]. Diane chercha à prendre contact avec Robert Coles, mais il était en voyage. Finalement, elle appela son ami Joseph Brenner qui promit d'alerter les Kennedy. « Je n'oublierai jamais ça », dit Diane en évoquant les instructions qui lui furent communiquées par la famille : « On me demandait de poursuivre mes recherches mais de ne prévenir la police en aucun cas » [18]. Elle prit sa voiture et passa une grande partie de la nuit à parcourir les coins où elle pensait pouvoir le trouver ; elle patrouilla même le long des autoroutes en quête de traces d'accident. Le lendemain matin, elle reçut un appel de Raúl. Quand celui-ci était allé prendre son travail de docker, il avait trouvé Joe endormi près du quai, au soleil. « Il avait déjà oublié sa lettre, conclut Raúl ; il m'a dit que les jours se suivent et ne se ressemblent pas. »

Au début du printemps, il se plaignit de ce que Steve Smith l'empêchait d'avoir librement accès à son argent, ce qui donna lieu à des négociations complexes avec les bureaux de la famille à New York. Il acheta une camionnette Toyota, et dit à Diane qu'il allait « faire un petit voyage ». Quand il rentra, une semaine plus tard, la voiture neuve était transformée en épave — le pare-brise fêlé, le toit cabossé, les pare-chocs enfoncés. Il déclara qu'il avait sillonné l'Oregon et l'Etat de Washington, s'était endormi au volant et avait fait basculer le véhicule dans le fossé, le long de l'autoroute.

Quelques jours plus tard, alors qu'il roulait à Berkeley, tard dans la nuit, il était entré en collision avec une voiture conduite par un garçon de seize ans[19]. Il dut être placé en observation à l'hôpital. Quand il en sortit, il jugea qu'il était temps pour lui de rentrer à Boston. Diane voulut le convaincre d'attendre qu'il fût en meilleure condition physique et morale, mais il prit le conseil pour une provocation et répondit : « Je pars et personne ne pourra m'en empêcher ! »[20]. Elle l'aida à charger la piteuse camionnette qui semblait maintenant avoir servi pendant de longues années ; il se radoucit, l'embrassa sur la joue, balbutia des remerciements et mit le moteur en marche. En le regardant partir, Diane se dit : j'espère que ce garçon reprendra ses esprits avant de faire du mal à quelqu'un.

Les autres cousins étaient comme Joe : chacun essayait de prendre ses distances avec la famille et revenait toujours au point de départ, comme soumis à une sorte de gravitation dont la force serait irrésistible.

Pour sa part, Chris Lawford ne portait pas le nom magique et il savait qu'il lui serait plus difficile de faire la carrière politique dont ils rêvaient tous. Il pensait que, peut-être, la moitié Lawford de son identité lui offrirait une issue, de sorte qu'après avoir terminé ses études secondaires et quitté le lycée, il se rendit en Californie, au mois de janvier 1973, vivre auprès de son père et travailler dans l'industrie cinématographique[21].

Grand et mince — les rondeurs de sa prime adolescence étaient reléguées au rang de souvenirs —, il avait la chevelure noire et brillante de son père ainsi que le beau visage de celui-ci. Mais malgré son « allure de star » que ne manquèrent pas de remarquer les chroniqueurs mondains, il préférait le travail du producteur à celui de l'acteur. Ayant obtenu d'être embauché par Universal Studios, il fit la tournée des responsables les plus importants de la maison pour leur rappeler indirectement que son aïeul avait été l'une des grandes figures de la profession à ses débuts, et que lui-même avait toute la puissance des Kennedy derrière lui.

Bien qu'il n'eût que dix-huit ans, il devint l'un des intimes d'Elizabeth Taylor — amie de longue date de son père — et l'accompagna, pendant plusieurs semaines, dans le tourbillon des mondanités hollywoodiennes. Il se rendit avec elle à Disneyland en hélicoptère, et à maintes réceptions dans sa limousine. Quand un ami de la star, l'acteur Roddy MacDowell, résolut d'organiser une rencontre au sommet entre les deux « grandes déesses de la sexualité », Liz et Mae West, ce fut Chris qui fut désigné pour être le chevalier servant de Taylor[22]. MacDowell ouvrit la porte et les introduisit dans son living-room où Mae les attendait déjà, debout, étroitement serrée dans une robe longue, d'or et d'argent, et flanquée par deux jeunes hommes athlétiques. Après cinq minutes de bavardage, Liz souffla à Chris : « Christopher, fichons le camp d'ici » et ils partirent[23].

Les relations entre le jeune garçon et la vedette prirent fin un soir où Chris l'avait accompagnée à une soirée donnée par un marchand de voitures millionnaire, Henry Wynberg. Chris était beaucoup plus jeune que la plupart des invités et il ne se sentait pas du tout dans son élément. Aussi, quand Wynberg lui dit qu'il pourrait raccompagner lui-même Liz Taylor et l'incita à partir avec qui bon lui semblerait, Chris demanda à la vedette si cela lui convenait. Or, après l'y avoir autorisé, Liz changea d'avis et lui reprocha son départ : « J'ai couru après votre voiture, pendant que vous démarriez, en vous hurlant de vous arrêter, j'ai même abîmé mes talons dans l'allée, mais vous étiez apparemment trop absorbé pour m'entendre »[24].

Ce ne fut pourtant pas avec des vedettes ou des starlettes, ni même avec les studios, que Chris connut son plus grand échec à Hollywood : ce fut avec son père. Celui-ci restait traumatisé, professionnellement et personnellement, par les suites de l'affaire Sinatra, et banni des milieux cinématographiques par la rancune inexpiable de son ancien ami, incapable d'oublier la façon dont il avait été snobé par les Kennedy. Mais, d'autre part, il était également ostracisé par son ancienne belle-famille[25]. Aussi avait-il été dans l'impossibilité de remettre sa vie sur ses rails. Chris fit de son mieux pour renouer avec son père les liens de jadis, tranchés lorsque sa mère avait quitté le foyer conjugal — la moitié Kennedy de sa personne s'efforçant de faire amende honorable auprès de sa moitié Lawford. « Peter et moi, restions toute la nuit à nous droguer ensemble, et à parler des problèmes de la famille, rappelle Chris ; on aurait dit que nous nous étions enfin rapprochés l'un de l'autre. Nous nous disions que nous nous aimions, nous nous serrions l'un contre l'autre et tout ça... Mais le lendemain tout était à refaire. Il me criait après et il grinçait des dents si je l'appelais " papa " au lieu de " Peter " »[26].

Après l'une de ces nuits de camaraderie fugitive, inspirée par la drogue, Chris résolut de dire à son père combien il se sentait désorienté, de même que ses cousins, tous également perdus dans le monde, sans la conduite d'un adulte. « J'ai besoin de toi, papa », commença-t-il et il se mit à pleurer. « J'ai besoin que tu sois mon père, au moins pour un petit moment. Ma vie est un foutoir et si je retourne dans l'Est ce sera pire »[27]. Lawford le regarda avec ennui. « Tu as encore pris quelque chose, ou quoi ? Fiche-moi le camp d'ici ! »[28].

Chris retourna dans l'Est et s'inscrivit à Tufts College, une excellente institution d'enseignement supérieur près de Boston. Il renoua ses relations avec David, mais Bobby, de plus en plus sûr de lui, sentit que Chris était désemparé et commença à l'inviter chez Lem, à New York. Certes il était facile de comprendre que c'était moins par désir de le sauver que pour commencer à recruter des disciples, mais il y avait quand même là une planche de salut. Désormais, Chris pourrait, lui aussi, bénéficier de la remarquable aptitude de Lem à ressusciter la saga des Kennedy et à faire de la nouvelle génération la dépositaire et non la victime de l'Héritage. Lem pansa les blessures que Chris rapportait de Hollywood en lui racontant l'idylle romantique de ses parents et comment ils s'étaient aimés au début, et pourquoi leur rupture était due à des événements indépendants de leur volonté. Chris fut autorisé à prendre « la chambre de Bobby » quand ce dernier n'était pas à New York. Dans un geste qui semblait symbolique, Lem commença de constituer un album sur Chris, comme il en avait déjà plusieurs sur Bobby.

Le fait que Chris fît désormais partie d'un triangle avec Lem et Bobby signifiait que David allait se sentir, plus que jamais, seul au monde. Il avait été autorisé à réintégrer Middlesex à condition qu'il ne résiderait plus sur le campus. Il avait pris une chambre dans une famille, à Concord, et, sachant que c'était sa dernière chance, essaya de s'appliquer. Mais la vie scolaire et l'existence même devenaient de plus en plus difficiles pour lui, surtout après le retour de Chris qu'il avait pourtant attendu avec tant d'impatience et qui l'avait aussitôt abandonné. En rentrant de Berkeley, Joe sentit le désespoir croissant de son jeune frère et tenta, en passant, de jouer vis-à-vis de lui le rôle d'un père. Mais comme le dit David : « Joe avait ses propres problèmes et ne pouvait penser à moi plus de quelques minutes à la fois. La vie de la famille avait atteint un point où désormais c'était chacun pour soi »[29].

Quand revint l'été, Ethel organisa un nouveau voyage pour David, afin de l'occuper et de le tenir à distance de la maison. Cette fois, il ne s'agissait plus de lui offrir de se racheter par des activités de caractère social mais de lui procurer un travail manuel dans un domaine appelé Caribou Ranch, près de Boulder, au Colorado.

Juste avant de quitter le Cap, David eut une conversation avec Pam Kelley, la petite sœur de Kim qui avait joué un si grand rôle dans la vie de Bobby. C'était une fille décidée, avec des lunettes sans monture et de longs cheveux blonds. Elle lui avoua avoir, elle aussi, des heurts avec ses parents et demanda à l'accompagner, dans sa voiture, avec une amie. Il accepta.

Pendant tout le voyage d'Est en Ouest à travers le pays, David tenta de convaincre l'amie de dormir avec lui mais n'y parvint pas et elle finit par prendre l'avion pour rentrer chez elle. Aussi dormit-il avec Pam. Elle raconte ainsi l'aventure : « Je lui dis que j'avais eu une année terrible ; que j'avais l'impression de n'être aimée par personne. Avec ce sourire angélique et douloureux qu'il avait, il me dit que c'était pareil pour lui. De sorte que nous avons décidé de nous aimer »[30]. Pam le connaissait depuis toujours ; elle avait assisté à tout ce qui était arrivé ; elle avait vu combien il avait été affecté par la mort de son père ; comment il avait tenté d'imiter Bobby Junior sans avoir le talent de celui-ci pour la mise en scène, et la façon dont il avait été traumatisé par sa solitude au milieu de sa famille : « Il n'avait pas la résistance morale ni la vigueur physique des autres ; David avait toujours été le plus vulnérable »[31].

Ethel découvrit qu'ils étaient ensemble dans le Colorado et ne décoléra plus. (« Elle se répandit en récriminations à propos de ces filles Kelley qui séduisaient toujours ses garçons, dit Pam amèrement ; il y avait de quoi rire »[32].) Ils ne purent donc rester ensemble au ranch, de sorte qu'elle en fut réduite à dormir dans la voiture et à regarder toute la journée, du haut d'une colline, David pelleter du fumier de volaille. Après le travail, il l'emmenait à Boulder boire une bière et faire une partie de billard japonais dans un bistrot fréquenté par des travailleurs manuels.

Après plusieurs semaines de ce régime, ils décidèrent de rentrer. Sur la route, ils prirent à bord un jeune autostoppeur et l'emmenèrent avec eux jusqu'à Saint-Louis. Au moment de les quitter, leur passager les invita à faire un détour par la Nouvelle-Orléans où vivaient ses parents. Ce fut pour eux comme une lune de miel : « Le garçon avait prévenu sa famille de notre arrivée et sa mère avait tout préparé pour nous recevoir, raconte Pam. Mais elle avait pensé nous mettre dans deux chambres séparées. Quand Bobby lui demanda si nous pouvions dormir dans la même chambre, elle nous laissa faire. Nous avons passé là une semaine merveilleuse. Ils avaient une piscine, nous servaient du vin au dîner chaque soir, et nous donnaient des pièces de dix *cents* pour le tram »[33].

Tout changea quand ils rentrèrent à Hyannis. Ils s'arrêtèrent d'abord chez les Kelley où Pam déposa ses affaires ; puis ils allèrent chez Ethel. Ils s'installèrent pour la nuit dans la petite maison de poupées, sur la pelouse de derrière. « C'était un samedi soir, dit encore Pam. Nous avons dormi dans ce lit miniature ; le lendemain matin, David s'est levé et il a déclaré qu'il devait aller à la messe de onze heures. Je lui ai dit : " Qu'est-ce que je suis censée faire, moi ? Rester dans cette maison minuscule à t'attendre ? Pas question. Je vais me glisser dehors et te retrouver quelque part pour déjeuner. " David s'est mis à paniquer. Il m'a demandé de rester là, sans bouger, parce que sa mère se mettrait en fureur si elle savait que j'étais avec lui. Et il est parti. J'avais commencé à avoir mes règles cette nuit-là. La petite chambre toute blanche était à moitié rouge — les draps, le matelas et tout le reste de la literie miniature... J'en ai fait un petit ballot tout ensanglanté et j'ai décampé. J'avais peur d'Ethel qui était toujours hystérique, même quand elle n'était pas en colère. Je pensais que si elle m'attrapait, elle me pendrait au mât du Domaine où l'on hissait le drapeau »[34].

Un peu plus tard, elle retrouvait David. Il avait reçu un appel de son frère Joe qui avait eu des conversations sérieuses avec sa mère et Teddy après son retour de Berkeley, et promis de s'assagir. Il avait été accepté par l'université du Massachusetts pour la rentrée et il s'était installé à Nantucket, dans une maison de location, avec des amis, pour la dernière nouba de l'été. Ce jour-là, il avait invité David à le rejoindre pour la journée et à amener Pam avec lui. Celle-ci raconte : « Il était en extase. Enfin quelqu'un de la famille se souciait de lui ! »[35].

Ils passèrent le dimanche à Nantucket, à faire du bateau avec Joe et ses amis. Le soir, tout le monde fit la cuisine sur la plage pour dîner. Le lendemain matin, ils allèrent se baigner une dernière fois avant de prendre le ferry du retour. Joe réquisitionna la jeep d'un ami pour les conduire à la jetée.

« Il éprouva le besoin de faire son SuperKennedy ! déclara David par la suite. Toujours ce trop-plein d'énergie démentielle ! Je suppose que Teddy s'était senti comme ça avant d'arriver sur le pont de Chappaquiddick »[36]. Pam Kelley se rappelle les détails de l'équipée : « Nous étions pratiquement debout dans la jeep. Joe coupait à travers bois, s'amusait à tourner en rond. Nous hurlions, nous riions, nous faisions les fous. Il y avait une aire de repos de l'autre côté de l'autoroute et Joe entreprit de couper carrément la chaussée. Je pense qu'il n'avait pas vu arriver une voiture, droit sur nous, avant la dernière seconde. Il donna un grand coup de volant, heurta le terre-plein avec la roue droite, cassa le train avant et tout le monde fut éjecté. On a pu résister à une ou deux secousses en s'accrochant à la barre mais après il a fallu lâcher. David et moi, nous étions juste ensemble... dans les airs. Je me rappelle un plongeon et le visage de David. Puis le choc contre le sol. Quand j'ai essayé de me relever, je ne pouvais plus bouger »[37].

Joe fut traduit en justice ; le juge de Nantucket — un ancien condisciple de feu son oncle Joe-le-Jeune — suspendit le permis de conduire du coupable[38]. Quand Pam Kelley sortit du brouillard où l'avaient maintenue les calmants qu'on lui avait administrés contre la douleur, il lui fallut comprendre lucidement qu'elle resterait paralysée. La première personne qu'elle reconnut à son réveil, ce fut Ethel. Celle qui avait été son ennemie s'était transformée en un ange de dévouement, gazouillait d'une voix douce, s'affairait autour du lit, arrangeait la chambre, disposait des fleurs dans les vases, mettait du thé froid sur la table de chevet. Elle amena Rose qui apporta à la blessée des biscuits au chocolat de sa propre fabrication. Elle fit également venir Teddy, tout bronzé et sentant encore le sel après avoir fait de la voile. Chaque soir, elle faisait projeter un film par un opérateur, dans la chambre de Pam. « Tout le monde accourait, même les infirmières. Pendant qu'ils regardaient, je m'éclipsais dans mon fauteuil roulant que j'essayais d'apprendre à manœuvrer et j'allais dans le hall fumer une cigarette. Ils ne s'apercevaient même pas de mon départ »[39].

David était dans le même hôpital, avec des vertèbres cassées. Immobilisé dans un appareil de traction, il lisait un livre de Hunter Thompson, *Fear and Loathing : On the Campaign Trail 1972* (« La Crainte et le Dégoût : la campagne électorale de 1972 »)[40], grâce à des verres prismatiques semblables à ceux qu'avait utilisés Teddy quand il s'était lui-même fracturé la colonne vertébrale. Il savait que les blessures de Pam étaient plus graves que les siennes. Mais quand une amie lui révéla que la jeune fille ne pourrait plus recommencer à marcher, il se mit à hurler. Il s'arrangea pour sortir de son lit et se traîna avec raideur jusqu'à la chambre de son amie. Dès qu'il la vit, il lui cria : « Cette foutue copine à toi, tu ne sais pas les saloperies qu'elle m'a dites ? »[41]. Pam leva les yeux vers lui, étonnée de découvrir que sa famille, dont les avocats négociaient avec elle et ses parents une indemnité de un million de dollars, ne l'avait pas mis au courant : « C'est la vérité », dit-elle.

Même après que David eut quitté l'hôpital, il continua de rendre visite à Pam qui devait se soumettre à une rééducation physique. Celle-ci a raconté : « Il venait me voir... et dire aux médecins qu'il ressentait des douleurs intenses dans le dos et le cou, qu'il lui fallait être hospitalisé de nouveau »[42]. Il s'asseyait auprès du lit de la blessée et tentait de lui faire croire que ses blessures n'étaient pas aussi graves que le prétendaient les médecins, qu'elle guérirait de sa paralysie, qu'ils reprendraient leur aventure là où ils l'avaient interrompue, aussitôt que Pam sortirait de l'hôpital. Parfois, il lui téléphonait et l'entraînait dans des discussions à ce sujet. « C'en était venu au point où je dus lui dire : " Ecoute, David, je comprends quels sont tes problèmes, mais il faut que je raccroche maintenant. " Quelques minutes après, le téléphone sonnait et je l'entendais hurler de rage : " Tu n'es qu'une connasse ! " — après quoi il raccrochait violemment. »

« On trouve enfin une personne à aimer, et on la perd. Quelle merde ! »[43], déclarait plus tard David à propos de Pam. Mais le problème était plus complexe. A l'hôpital, on lui avait donné de la morphine. Cela lui parut meilleur que toutes les drogues qu'il avait prises jusque-là. « C'était formidable ; vraiment formidable. Je me laissais glisser dans le sommeil ; quand je me réveillais, je pensais que j'avais dormi huit heures et que c'était le moment de la piqûre suivante. Puis je regardais ma montre et je voyais qu'il s'était passé une heure et demie seulement. Je me mettais à hurler d'impatience pour qu'ils se dépêchent »[44].

Tout à fait privé de soutien dans la famille et en dehors de celle-ci, David chercha de nouvelles frontières, plus ténébreuses encore, à franchir. Les drogues lui ouvraient le chemin. La morphine qu'il avait prise à l'hôpital le conduisit aux piqûres d'héroïne quand il fut sorti. Il en avait déjà tâté avec Chris à Central Park, et Chris en prenait désormais avec Bobby[45]. « J'avalais des Percodans et me shootais à l'héroïne. Avec l'héroïne vous ne sentez plus rien. Vous pouvez perdre votre petite amie, votre père, tout, le même jour, et vous ne sentez absolument rien »[46]. Il prenait de l'héroïne en solitaire parce que Chris et Bobby l'avaient exclus. « Ils allaient chez Lem et ne m'invitaient jamais. Je me disais qu'ils devaient se sentir drôlement bien, tous ensemble, et je prenais de l'héroïne tout seul dans mon coin. »

Il se piqua pendant toute son année de terminale, à Middlesex où il était retourné à l'automne, après l'accident, tout en se considérant comme un « simple amateur » qui pouvait cesser de se droguer à tout moment[47]. Au début du semestre de printemps, il décida de se rendre à Nashville pour son mémoire de fin d'études secondaires, parce que son père y avait remporté une grande victoire sur Hoffa, et parce que John Seigenthaler, désormais directeur du journal de Nashville, le *Tennessean,* lui avait proposé un emploi de reporter à mi-temps. Quand il arriva chez les Seigenthaler, il paraissait hâve et fort mal en point. Au cours de la conversation, le vieil ami de son père lui avait montré un album de photos prises bien longtemps auparavant, au temps où Bobby était venu prononcer un discours dans le gymnase de l'école et avait amené David avec lui. « David se regarda dans ces images comme s'il s'agissait d'une étrange sorte de miroir, dit Seigenthaler ; il les contempla une demi-douzaine de fois au moins, comme fasciné, et me posa d'innombrables questions. Il y avait chez lui un désir terrible de connaître son père, de le connaître vraiment ; mais également un désir intense de savoir ce que lui-même avait été au temps de ces photos... et n'était plus »[48].

John Warnecke, le fils de l'architecte de San Francisco qui avait dessiné le tombeau de JFK à Arlington, se trouvait également à Nashville. Par une ironie du sort, Seigenthaler l'avait invité, lui aussi, parce qu'il avait eu son propre accès de toxicomanie après l'assassinat de RFK pour qui il avait travaillé au cours de la campagne électorale de 1968 : « David était un gamin des plus décharnés, des plus chétifs, une masse de pans de chemise et rien dedans, raconte Warnecke. Il se shootait, c'était clair comme le jour pour quiconque s'y connaissait un peu en drogues. Dans une ville où il n'y avait que des douches dans les maisons, je possédais la seule baignoire de Nashville ; je l'avais fait venir de la région de la Baie. J'invite donc David à prendre un bain chaud. Quand il ôte sa veste, voilà un lot de petites seringues et des paquets de poudre blanche qui tombent de ses poches. Nous avons parlé. Il m'a dit que sa famille le traitait très mal. Ses frères faisaient la même chose que lui et c'était toujours sur lui que retombait la fureur d'Ethel. Il était clair qu'il se croyait et qu'il était réellement ce que l'on appelle dans la psychothérapie de groupe « le malade désigné » — celui dont la maladie permet aux autres de se sentir en bonne santé, par comparaison »[49].

Après que David eut commencé à somnoler lors des conférences de presse auxquelles il assistait pour le compte du journal, Seigenthaler l'affecta au bureau du *Tennessean* à Washington. C'était le milieu de l'été. Ethel et les plus jeunes étaient déjà partis pour le Cap Cod. Richard Goodwin, tout occupé à créer un bureau de *Rolling Stone* dans la capitale, gardait la maison qu'il avait apparemment transformée en quartier général d'une fête permanente. En rentrant au foyer, David tomba donc en pleine foire, avec un immense portrait de JFK en gros plan sur la pelouse, de jolies filles en bikini qui s'éclaboussaient dans la piscine et un jukebox qui braillait du rock[50]. Un jeune député, préoccupé à l'idée d'avoir à se prononcer bientôt sur la révocation de Richard Nixon, se promenait en slip de bain, autour de la piscine, une cigarette de marijuana à la bouche, et demandait à la ronde : « Faut-il voter la révocation, oui ou non ? », tandis que le chœur des fêtards scandait sur l'air des lampions : « Ré-vo-quez ! Ré-vo-quez ! »[51].

Après le départ de la foule, David resta seul avec Goodwin et un journaliste de *Rolling Stone*, Hunter Thompson. Celui-ci déclara qu'il avait besoin d'un peu de LSD et demanda à David s'il voulait se joindre à lui. Un peu plus tard, il déclara à Goodwin dans le plus pur style « bête et méchant » : « Ce gosse va drôlement bien jusqu'au bord du précipice. Le seul ennui c'est que je ne sais pas s'il en reviendra »[52].

5

Comme l'été de 1974 approchait, Bobby Junior et Lem avaient commencé à parler d'une nouvelle expédition fluviale qui symboliserait leur entreprise commune, dans laquelle Bobby était désormais embarqué. Le sujet n'avait plus été abordé depuis le fiasco de l'initiative de Teddy en 1969. Mais cette fois, Bobby avait en tête quelque chose de bien différent — un voyage qui serait à la fois une reprise de la tradition instaurée par son père en des temps meilleurs, et un progrès par rapport à cette tradition. Ce serait une équipée qu'il dirigerait lui-même, comme RFK avait régné sur les voyages antérieurs. Lem mentionna le nom de l'Apurímac, un fleuve sauvage dont les eaux figuraient parmi les sources de l'Amazone ; Bobby alla se renseigner à la bibliothèque Widener de Harvard et revint au comble de l'enthousiasme : l'Apurímac était encore indompté, voire pratiquement inexploré. Ils décidèrent presque aussitôt de le descendre.

Le fait que l'Apurímac était encore vierge cadrait bien avec le genre de symbole que Bobby caressait. Il avait déclaré à Lem vouloir aller dans « l'œil du cyclone »[1], parcourir des routes qu'aucun Kennedy n'avait foulées avant lui, pour se doter d'une personnalité aux dimensions épiques qui lui permettrait d'égaler bientôt son père et son oncle : « Je ne peux pas refaire ce qu'ils ont fait, disait-il ; il me faut prendre des raccourcis. » Pour ceux qui lui signalaient les difficultés et les risques, il avait une réponse toute prête : « Si l'on connaît ses limites, on ne les atteint même pas. Se surpasser, découvrir des mondes nouveaux, voilà ce que nous a enseigné mon père »[2].

A l'origine, c'était Lem qui avait dirigé cette quête d'identité de Bobby, mais la situation s'était inversée imperceptiblement au fil des ans — et maintenant il suivait son ancien disciple. Ses relations avec Bobby avaient commencé comme celles de Falstaff et de Hal ; Lem avait cherché à tenter Bobby pour l'arracher au nihilisme et lui faire accepter l'idée que la puissance faisait partie de son héritage. Il avait si bien réussi que Bobby était prêt maintenant à prendre une sérieuse option sur la renommée. Mais ce dernier l'avait induit en tentation à son tour, en lui offrant une autre sorte de puissance : celle de la drogue qui jouait le rôle de « bureau des objets perdus » pour les Kennedy de sa génération[3].

Cela avait commencé par la marijuana. Lem en avait fumé pour prouver sa sincérité et montrer à Bobby qu'il n'était pas comme les autres amis de la famille qui affectaient de vouloir comprendre ce que ressentaient les jeunes, après l'assassinat de RFK, mais ne s'y essayaient même pas sérieusement. Après il y avait eu le LSD. Une relation, rencontrée à Aspen, se rappelle une scène survenue pendant l'un des pèlerinages annuels d'Ethel et des enfants dans la station de skis, à Noël : « Bobby et quelques-uns des autres enfants tournaient autour de ce grand gars, Billings, beaucoup plus âgé qu'eux. Ils prenaient tous du LSD, Billings aussi, devant tout le monde. Il se tint tranquille pendant un moment, puis commença à blablater sur les vertus du LSD pour ouvrir l'esprit, sur la façon dont il vous faisait redécouvrir la jeunesse et vice-versa. " Nous sommes tous Un ! se mit-il à crier de sa voix haut perchée. Le Monde est Un ! " Chacun avait eu un certain sourire ; c'était l'une de ces rengaines inspirées par les hallucinogènes, que l'on croyait emportées par le vent des années soixante »[4].

Mais il ne s'agissait pas seulement d'une simple distraction. Bobby était devenu le grand maître de la drogue pour ceux de sa génération et il était descendu, marche après marche, dans le monde souterrain des stupéfiants, entraînant Lem sur ses pas. Bobby avait apporté de la « poudre d'ange » à l'appartement et Lem en avait pris. Il avait essayé la coca et Lem en fit autant, bien qu'il eût des problèmes cardiaques à en perdre le souffle. Un ami de Bobby avait assisté à une scène typique, dans l'appartement, l'une des premières fois où Lem avait reçu une injection de cocaïne : « Lem était couché sur son lit et se plaignait de ne rien ressentir ; " Je ne sens rien, Bobby, disait-il ; je ne sens rien, donne-m'en encore " »[5].

Lem se shootait aussi à l'héroïne, pour accompagner Bobby dans cette ultime zone interdite. Parfois ils allaient à Harlem ensemble pour « marquer », comme ils disaient. L'un de leurs amis raconte : « Il y eut une fois où Bobby se fit échauder par une sorte d'artiste de trottoir. Il y avait des gens d'allure dangereuse tout autour mais Bobby commença à hurler et à cogner dans la porte. Lem le tirait en arrière et quand les trafiquants noirs se mirent à nos trousses, tout le monde prit ses jambes à son cou, Lem et Bobby en tête, riant comme des fous »[6].

Le risque et l'émotion faisaient partie du plaisir de « marquer ». Le terme même suggérait l'idée d'une sorte de compétition, comme s'il s'agissait d'un sport pervers.

Bobby avait besoin d'être le meilleur en tout. (A peu près au même moment, Chris et lui fréquentaient la même fille ; ayant découvert qu'elle trouvait son cousin plus habile que lui au cunnilingus, Bobby n'eut de cesse qu'elle lui donnât une nouvelle chance de prouver ses talents et reconnût sa supériorité[7].) L'une des sources de son pouvoir ténébreux était qu'il « savait y faire » avec la drogue et « tenait le coup » mieux que les autres. Phoebe Sheldon, qui avait connu Bobby à Cambridge, se rappelle que Joe se joignait parfois à leurs séances. « Joe devenait vite très agité. Il avait des fourmis... Il voulait sortir et personne ne souhaitait l'accompagner de peur qu'il ne fasse une bêtise sous l'effet de la drogue, comme conduire une voiture ou se mettre à jouer au football et se casser une cheville — ce qui lui était arrivé une fois déjà. Aussi Joe continuait-il à faire les cent pas, de plus en plus nerveusement, jusqu'au moment où il finissait par partir tout seul. Alors Bobby avait un petit sourire et disait : " Joe devrait cesser de se droguer. Il est déjà allé trop loin. " Le sens de ces mots était clair : " Il ne peut pas *tenir le coup* comme moi " »[8].

L'un des anciens condisciples de Lem à Princeton, Fancis McAdoo, fut frappé de voir combien son vieil ami avait changé en pénétrant plus avant dans l'univers moral de Bobby. Jadis méticuleux et même tatillon en matière de tenue vestimentaire, toujours intransigeant sur la netteté de sa mise, avec un air de sortir de chez Brooks Brothers, Lem avait commencé à s'habiller de façon négligée, à porter les cheveux longs, et à s'exprimer en argot. « On ne l'aurait pas reconnu dans la rue, dit McAdoo. Il avait l'air d'un hippie. Il essayait de vivre comme le petit Bobby et brûlait la chandelle par les deux bouts. C'était toujours Bobby par-ci, Bobby par-là. Il y avait de quoi s'étonner. J'avais l'impression de ne plus le connaître »[9].

La conquête de l'Apurímac devait être la consécration de ce nouvel état de choses dans les rapports entre Lem et Bobby[10]. Le groupe d'explorateurs qu'ils avaient constitué comprenait, outre David et Chris, un vieux camarade de Bobby, Doug Spooner, son ancien compagnon d'équipée au Cap, ainsi que le journaliste Harvey Fleetwood. (Bobby l'avait invité pour être le chroniqueur de l'exploit et lui servir d'Arthur Schlesinger.) Il fut décidé que Bobby et Fleetwood partiraient en éclaireurs. Ils s'envolèrent donc pour Lima et gagnèrent ensuite par la route la ville d'Arequipa, à quelque huit cents kilomètres de là. Fleetwood conduisait leur voiture de location quand ils abordèrent les hauts plateaux. A un moment où la visibilité était mauvaise, sur une voie mal pavée, il heurta un enfant, un petit paysan qui avait voulu traverser en courant. « J'étais vraiment secoué, dit Fleetwood, mais Bobby réagit avec calme et une parfaite maîtrise de soi, probablement pour être digne de l'idéal des Kennedy — le style d'abord, même sous la pression de l'adversité. Il avait tout juste vingt ans, sept ans de moins que moi, mais il prit la situation en main. Il sauta de la voiture, donna les premiers soins à l'enfant, mit une attelle à sa jambe cassée, le porta dans la voiture et prit le volant pour retourner à la ville la plus proche où il fit admettre la petite victime à l'hôpital. Quand il découvrit que l'établissement ne possédait pas d'anesthésiques contre la douleur, il alla en acheter lui-même à la pharmacie locale. Avant de repartir, nous avions tenu à recevoir l'assurance que l'enfant se rétablirait parfaitement »[11].

Le rendez-vous définitif avec le reste du groupe avait été fixé dans la ville montagnarde d'Ayacucho, où les autres avaient été déposés par un avion spécialement affrété à Lima. A partir d'Ayacucho il y avait encore une randonnée de vingt-quatre heures à travers la « haute jungle » des contreforts andins, jusqu'au village de San Francisco, la dernière agglomération connue, aux origines mêmes du fleuve. Des porcs fouillaient dans les rues une boue mêlée d'ordures et d'excréments humains. Des Indiens de petite taille chargeaient dans des camions les feuilles de coca et les racines de barbasco qu'ils avaient apportées dans leurs canots.

Fleetwood, qui comptait observer Bobby de très près pendant tout le voyage, était fasciné par son comportement, véritablement empreint d'une grandeur hors du commun ; il fut frappé par son mépris des difficultés, son indifférence notamment aux questions alimentaires. « Pendant notre séjour au village de San Francisco, dit-il, Bobby mangea de tout et n'importe quoi, malgré une grave crise de dysenterie. Il avait pris de l'élixir parégorique, sous forme de comprimés, mais proclamait que le seul remède efficace, dans son cas, était une teinture d'opium qu'il avait emportée. Il continua pourtant d'ingérer d'étranges aliments — encore l'un de ses coups d'épate. Une fois, chez un paysan, on nous servit un rat bouilli pour le dîner. Non content d'en manger, avec l'un de ses mystérieux sourires, il sortit un œil de la tête du rat et l'avala également. Après avoir extrait l'autre œil, il l'offrit à Lem. Celui-ci secoua la tête puis, en haussant les épaules, il jeta l'œil dans sa propre bouche »[12].

Quelque trois cents Indiens étaient happés, chaque année, par le courant et se fracassaient contre les rochers, dans les rapides. Un couple avait tenté l'aventure pour le *National Geographic*[13], d'autres avaient connu des échecs plus ou moins tragiques. Quand Fleetwood vit le fleuve et comprit qu'il faudrait une semaine pour joindre un médecin s'il arrivait quelque chose, il sentit son ardeur se refroidir ; mais les autres l'asticotèrent tellement qu'il surmonta ses appréhensions. Bobby insista pour leur faire renoncer à toute aide technologique qui aurait facilité le voyage et fabriquer deux radeaux avec des troncs de balsa qu'ils couperaient eux-mêmes et assembleraient grâce à des fibres locales. Après plusieurs jours de travail, ils étaient prêts à partir. On mit à bord des radeaux les provisions qu'ils avaient apportées — des boîtes de conserve, quelques outils, une pharmacie bien pourvue de morphine — prescrite par la mère de Fleetwood qui était médecin — et divers articles achetés sur place, des poulets vivants et trois bâtons de dynamite. David se comportait en spectateur, regardant travailler les autres et se livrant à des commentaires sarcastiques : « Voilà mon grand frère au cœur de ses ténèbres personnelles »[14].

Bobby avait rencontré un Indien appelé Epifenio qu'il avait engagé comme guide avec son beau-frère — un borgne, nommé Camilo. Juste avant de partir, Bobby défia les autres de se joindre à lui pour traverser le fleuve à la nage. Spooner accepta de faire une tentative, mais il lui fallut revenir après avoir couvert le tiers du trajet. Bobby continua. Deux fois, il fut aspiré par le courant, pour réapparaître plus loin, après que ses amis aient commencé à le croire noyé. Finalement, il parvint à se traîner sur la rive opposée[15]. Après avoir ainsi passé l'épreuve rituelle qui le confirmait dans son rôle de chef de l'expédition, il montra qu'il était à la hauteur des circonstances quand Lem fit une chute dans une ravine et se déchira la jambe. Grâce aux connaissances acquises lorsqu'il envisageait encore de devenir vétérinaire, il fit au blessé douze points de suture pour recoudre la plaie. Puis ils s'embarquèrent.

Malades de la dysenterie et d'autres affections diverses, ils ressemblèrent bientôt aux passagers du radeau de la Méduse. Le journal de Harvey Fleetwood porte ces mots, après deux jours seulement de navigation : « Arrêt à l'établissement franciscain de Cativirini... Refait le pansement de Lem. Mis antiseptiques sur ma coupure. Donné des calmants à Chris pour sa cheville qu'il a endommagée de nouveau. Les *Campas* (Indiens de l'endroit) ne croient pas aux bons esprits, seulement aux mauvais. Ont peur et vos (*sic*) morts... Bobby malade. Plaies de Lem infectées. David mal à la gorge... »[16].

Ils mangeaient les conserves en boîte qu'ils avaient emportées avec eux et les poulets qu'ils transportaient dans une cage sur le radeau. (Fleetwood raconte : « Bobby en prenait un dans le tas, le tenait par la tête et lui cassait le cou pour le tuer, comme si c'était un bout de bois »[17].) La nuit, ils s'échouaient sur une plage et cherchaient une élévation pour dormir à l'abri des caïmans (semblables à des alligators), des serpents venimeux, et des hordes de rats d'eau, aussi gros que des chats. Parfois, ils rencontraient des Indiens ; ils échangèrent leurs chemises de Harvard contre des arcs et des flèches avec lesquels Bobby tuait des singes dans les arbres, pour les manger après les avoir fait rôtir. Ils obtinrent aussi des feuilles de coca qu'ils mâchaient, après avoir utilisé une trop grande partie de leur provision de morphine pour le simple plaisir de se droguer.

Bobby assumait fort bien son rôle de chef, et sa conduite ne fit que renforcer son autorité. Un jour, il se livra à un exploit qui leur coupa le souffle à tous, en sautant d'un radeau sur l'autre, au beau milieu d'un rapide périlleux. Par contraste, David était presque délibérément antihéroïque. Il avait apporté *The Making of the President 1968* (« La victoire de Nixon en 1968 ») et une demi-douzaine de livres qu'il lut sans discontinuer pendant tout le voyage. Il sortait parcimonieusement, un par un, les cartons de cigarettes qu'il avait emportés, pour les échanger contre sa part de corvées. (« Il était le contraire de son frère, dit Chris Lawford. Bobby faisait tout ; David ne voulait *rien* faire »[18].)

Le journal de Fleetwood raconte la façon dont s'était organisée leur vie sur le fleuve. « Pris un poisson-chat de 80 kilos hier soir. Une grosse femelle... Le lendemain nous avons traîné le poisson, au bout de la ligne, derrière le radeau en le tirant de temps en temps vers nous pour vérifier qu'il était encore vivant. Parfois c'était lui qui semblait nous tirer. Mais à la fin de la journée, il paraissait fatigué et le lendemain matin il était mort, avec un trou béant, fait par les piranhas, sur le côté. Toute la journée nous avons continué à traîner la bête à moitié dévorée qui attirait des poissons plus petits, que nous pouvions souvent tuer à la machette. Nous avons bien dîné ce soir-là... »[19].

Vers le milieu du voyage, ils avaient rencontré une série de rapides en « montagnes russes » où les deux radeaux se brisèrent. Bien que tout le monde ait pu gagner la rive, les conserves furent perdues. Ils n'avaient pu sauver que les poulets vivants, la pharmacie et la dynamite. Pendant que certains de leurs compagnons coupaient et assemblaient d'autres troncs de balsa, Bobby, Lem et Chris fabriquèrent un petit radeau pour partir en reconnaissance. Ils avaient amarré leur embarcation sur la rive pour chercher à déterrer les racines d'une plante semblable à un yucca, qu'ils croyaient éventuellement comestible, quand une bande d'Indiens entreprit de les attaquer à coups de flèches. L'une d'elles atteignit la cantine, près de la jambe de Lem. Ce dernier commença à hurler. Bobby fouilla dans ses affaires pour chercher l'arc et les flèches qu'il s'était procurés un peu plus tôt, mais il les avait oubliés au camp. Chris mit la main sur un bâton de dynamite ; il le brandit : « Lawford le tenait en l'air et me disait de me presser, raconta Bobby par la suite ; nous pouvions entendre les Indiens se rapprocher à travers les buissons, je mis en place le détonateur. Quand l'Indien qui nous tirait dessus sortit à découvert au bord du fleuve, j'allumai le dispositif. Lawford tint le bâton jusqu'au moment où la mèche fut presque consumée et le lança. Il tomba dans l'eau tout près de l'Indien et explosa en projetant des gerbes jusqu'à dix mètres en l'air. Toute la bande prit le large »[20].

Les guides, Epifenio et Camilo, avaient emporté de l'alcool et ils étaient toujours ivres. Epifenio s'amusait à faire enrager Lem qui avait besoin de lui pour se mouvoir à cause de sa jambe blessée. Fleetwood évoque un souvenir : « Epifenio s'étendait sur le radeau, saisissait son pénis et urinait en arc de cercle dans sa propre bouche. Lem hurlait : " Empêche-le de faire ça, Bobby, empêche-le ! " »[21]. Vers la fin du voyage, Bobby promit à Epifenio de lui faire cadeau des tentes et du matériel qui leur restait encore après leurs nombreux malheurs. Camilo en fut mortellement jaloux. Dans une crise d'ivresse, il chargea Bobby, machette au poing, lui porta un coup dans le dos et se préparait à lui donner le coup de grâce dans la gorge quand Chris Lawford bondit sur lui par-derrière et le jeta au tapis.

Malades et en loques, ils atteignirent finalement l'Atalaya qu'ils s'étaient fixé pour destination... Ils obtinrent que le propriétaire d'un avion léger les conduisît à San Ramo. De là ils atteignirent Lima après un nouveau voyage de onze heures en autocar, en passant par un col juché à quelque cinq mille mètres. Alors que tout le monde suffoquait dans l'air raréfié et se plaignait de névralgies, Bobby, estimant qu'il avait froid, ressentit le besoin de mettre un chandail ; il ouvrit la fenêtre, et bien que le car se traînât, à cet instant, sur une route de montagne fort étroite, il alla chercher le vêtement dans son sac, arrimé sur le toit du véhicule[22].

Lors de son retour à Harvard, cet automne-là, Bobby atteignait au faîte de ses pouvoirs. La méfiance, à moitié inexprimée, que les Kennedy ressentaient envers les mots, et que son camarade de chambre, Peter Kaplan, avait remarquée deux ans plus tôt, quand tous deux étaient en première année d'université, avait cédé la place à ce que le même observateur appelle « une facilité de parole presque effrayante »[23]. Son aspect d'oiseau décharné qui avait frappé Joey Brode, quand Bobby était en terminale, avait également disparu. Il avait maintenant un physique impressionnant — sa haute taille de 1,85 m, sa large carrure, son air avenant et son regard aigu ajoutaient à l'impression de force brutale qui émanait de lui. Il avait appris à effectuer une série de tours spectaculaires : ainsi, après avoir bu une demi-bouteille de bière, il savait frapper le goulot avec la paume de la main, si fort que le culot de la bouteille se détachait ; ou bien il prenait l'un de ses pieds dans une main et se servait de la « corde » ainsi formée pour sauter par-dessus avec sa jambe libre. Ceux qui le voyaient faire se demandaient quelle serait sa prochaine prouesse. Il y avait en lui une sorte de pouvoir magique latent ; on eût dit que des particules d'énergie crépitaient au bout de ses doigts, comme des étincelles allumées par quelque démence... [24].

Plus que jamais, Lem était obsédé par le parallèle entre Bobby Junior et Jack [25]. Après leur retour d'Amérique latine, il avait comparé les exploits du premier sur l'Apurímac aux aventures du second dans les îles Salomon au temps du *PT 109*. Des lapsus de plus en plus fréquents le faisaient appeler Bobby du nom de « Jack ». Il avait sermonné Andy Karsch en certaine occasion, pour n'avoir pas voulu accompagner Bobby dans quelque voyage : « J'avais l'habitude de faire ça pour Jack, tu dois le faire pour Bobby. Il aura besoin d'avoir un " meilleur ami " » [26]. Lem passait aussi beaucoup de temps à parler de Bobby avec Chris ; celui-ci raconte : « Il avait rempli plusieurs albums de documents relatifs à Bobby : des lettres, des photos et ainsi de suite. Il en avait entamé un sur moi, avec quelques photos, des coupures de presse sur mes relations avec Elizabeth Taylor, des choses de ce genre. Il m'avait fait clairement comprendre le rôle que je devais tenir : être pour Bobby Junior ce que l'oncle Bobby avait été pour Jack — le parent à toute épreuve ; celui qui sacrifierait n'importe quoi ; celui qui assurerait l'accomplissement de la destinée » [27].

Avec un détachement clinique, Lem comparait le magnétisme sexuel de Bobby à celui de Jack, pour conclure à l'avantage du premier. (« Jack avait tout le charme du monde, d'accord ; mais il ne possédait pas la qualité d'attention que Bobby accordait aux femmes » [28].) Il autorisait Bobby à amener ses amies dans son appartement, parfois deux en même temps, ce qui permettait au garçon d'aller de l'une à l'autre dans un déploiement olympien de virilité. Presque asexué lui-même, Lem s'intéressait à la sexualité par procuration, à cause de Bobby ; il acceptait de participer aux petites conspirations amoureuses de son protégé, ce qui l'impliquait indirectement dans les activités sexuelles de ce dernier. Dans l'un des albums, on trouve une fausse lettre rédigée par Bobby et adressée à son mentor — qui rappelle le ton de la correspondance échangée entre Jack et Lem au temps de leur jeunesse à tous deux [29] :

Cher monsieur Billings,

Il se pourrait faire, je ne l'ignore pas, que ma démarche vous soit quelque peu importune, mais je vous saurais gré de partager avec moi le faix de mon déshonneur. Seul le Seigneur sait quel est le poids que je porte. En raison des événements du week-end et de la situation particulièrement délicate qui s'est ainsi créée entre Bobby Kennedy et moi-même, je ne saurais plus longtemps vivre dans votre maison. Oh ! Combien il m'en coûte de l'écrire ! Mon père m'avait fait promettre de ne jamais fumer d'herbe et il pensait qu'en me laissant résider chez vous, il me confiait aux soins d'un gardien vigilant. Hélas, il ignorait que sous les meilleures apparences peut se dissimuler une fétide immoralité. Aussi pris-je la drogue et laissai-je Bobby me prendre. Ce que je ressens pour Bobby ne tire pas à conséquence ; c'est un bon garçon et il a profité de son pouvoir sur les femmes. Mais il s'agit là de libertés que je ne peux permettre ni supporter d'avoir permises. Vous avez été bon pour moi, monsieur Billings, mais je crains que vous n'ayez manigancé vous-même tout cela et il m'en faut rendre compte à mon père. Bien sûr, pour ne pas faire de tort à Bobby, je serai dans l'obligation de lui dire que c'est vous qui m'avez compromise. J'espère que vous me comprenez. Si vous le souhaitez, vous pourrez me joindre ce soir au numéro que j'indique ici. Après quoi il sera impossible de m'atteindre car je compte me réfugier au couvent de l'église Saint-Antoine. Adieu à jamais.

Anna Marie.

Mais les femmes posaient à Lem un problème potentiel d'un ordre bien plus sérieux : celui du « bon » mariage que Bobby devrait faire. Il lui faudrait épouser, selon Lem, une femme comme Jackie : riche, bien née, jolie, cosmopolite, intelligente. Duff Pacifico, une belle fille, mi-indienne, d'allure exotique, qui était la principale petite amie de Bobby à cette époque, se rappelle avoir assisté à des conversations entre les deux hommes, chez Lem, au sujet de ce mariage : ils discutaient longuement de la cérémonie[30]. Elle avait déjà eu affaire à l'agressive Ethel. (« *Sud* Pacifico, vous dites ? Voilà un nom original ! » avait-elle lancé, quand Bobby la lui avait présentée[31]. Un peu plus tard, alors qu'ils étaient tous assis dehors, dans l'air frais de l'hiver, et que le nez de Duff s'était mis à couler légèrement, Ethel s'était levée et l'avait mouchée avec un Kleenex.) Maintenant, Duff devait écouter Bobby et Lem discuter d'un futur mariage dans ses plus petits détails, y compris la liste des invités ; seul manquait le nom de la mariée. « Lem ne cessait de répéter à Bobby que la principale qualité d'une fiancée était sa fortune, et je n'en avais aucune. Il le disait devant moi, et bientôt, voyant que je m'étais sentie blessée, il me présentait des excuses mais non sans préciser : “ Je ne voulais pas vous faire de mal ; mais je voulais dire que Bobby doit penser à son avenir. La fortune des Kennedy n'est plus ce qu'elle était, vous savez. Il faudra qu'il choisisse une femme riche s'il veut devenir Président ” »[32].

Les propos de Lem excitaient l'ambition de Bobby. Il s'entretenait pendant des heures avec Peter Kaplan qui connaissait bien, pour avoir lu maints livres sur l'histoire des années trente, les accusations formulées contre Joseph P. Kennedy, en raison de son antisémitisme et de sa politique d'accommodement avec Hitler[33]. Ses cousins, guidés par une curiosité identique, avaient entamé des recherches universitaires sur le passé des Kennedy. (Bobby Shriver avait écrit son mémoire de fin d'études, à Yale, sur « les décisions financières cruciales » qui avaient permis à son grand-père de faire fortune[34] ; Maria Shriver avait rédigé le sien sur la campagne de Jack, lors des élections primaires, en Virginie Occidentale[35].) Mais les conversations de Bobby avec Kaplan et un autre ami de Harvard, Eric Breindel, sur les rapports entre les Kennedy et Joseph McCarthy, n'avaient rien d'universitaire[36] ; c'était une recherche d'information de la part d'un candidat soucieux de savoir ce qui pourrait lui nuire un jour, si certains sujets étaient évoqués au cours d'une conférence de presse. C'est vers cette époque qu'une amie de sa sœur Kathleen, à force d'entendre parler de la candidature de Bobby à la présidence, lui demanda s'il s'agissait de simples propos en l'air ou s'il croyait vraiment qu'il devrait ou pourrait tenter sa chance. Il la dévisagea intensément pendant un instant avant de répondre : « Je crois que c'est ma destinée »[37].

Sous la vigilante surveillance de Lem, il commença à se montrer en public. Le 24 octobre 1974, il fit une apparition à la Convention des Jeunesses Catholiques, réunie au Texas. Il y prit la parole sur le thème « Où est l'idéalisme de la jeunesse, aujourd'hui ? »[38]. Plusieurs sénateurs y virent un antidote à la vague de cynisme engendrée par le scandale du Watergate et lurent le discours en séance pour le faire insérer dans le *Congressional Record* (le journal du parlement). Quelques semaines plus tard, il était en Afrique, dans la réserve Amboseli, au Kenya, pour participer à l'émission télévisée « The American Sportsman ». Nu jusqu'à la ceinture, il traqua les bêtes avec les guerriers masaïs et spécula sur les idées de Rousseau à propos du « bon sauvage ». (Loin de la caméra, il but avec les Masaïs leur mélange traditionnel de lait et de sang de vache.) Le *New York Daily News* annonçait l'émission sous le titre : « RFK Jr : tel père tel fils »; une bonne partie de l'article était consacrée à la liste déjà longue des aventures du jeune homme[39].

En outre, vers la même date, Bobby se trouva mêlé à la campagne électorale de Peter Shapiro, candidat à l'assemblée législative de l'Etat de New York. (Peter était un ancien rédacteur en chef de la revue de Harvard, *Crimson*.) Bobby fut chargé d'une circonscription ouvrière où abondaient les Noirs et les Hispaniques. Parcourant son secteur en costume rayé et bottes de daim, il contribua à faire gagner Shapiro qui remporta une victoire difficile[40].

Pour étayer ses ambitions, il s'employait à mettre en forme ses vues personnelles sur le monde. Elles étaient partiellement puisées dans les œuvres d'Edwin O. Wilson, professeur de sociobiologie à Harvard[41]. Si Bobby, aux dires de ses amis, était attiré par les idées de Wilson, c'était en raison du rôle capital que celui-ci attribuait aux gènes et à la volonté de réussir; s'y ajoutait une forte méfiance envers l'introspection — cette crainte de la vie intérieure que partageaient tous les Kennedy, la peur de voir une exploration de leur domaine affectif révéler certains aspects de la tragédie familiale, qui, à leur tour, leur raviraient le goût de l'action. Dans le cas de Bobby, cette prédisposition était renforcée par les conseils qu'il prétendait avoir reçus de Robert Coles : ne pas s'en faire; aller de l'avant et laisser sa marque sur le monde; résoudre les difficultés par l'action[42]. Averti de l'importance que les idées de Coles avaient revêtue pour son père, dans la découverte des problèmes liés à la race et à la pauvreté, il ne demandait qu'à se laisser influencer par le psychiatre, à titre professionnel ou privé. C'est en grande partie à cause de l'intérêt manifesté par Coles pour le Sud et la littérature sudiste, que

Bobby s'en fut dans l'Alabama en quête d'un sujet pour son mémoire de fin d'études[43].

La première personne qu'il rencontra fut le gouverneur Wallace, qui commençait à organiser sa campagne présidentielle de 1976, la dernière et la moins heureuse de toutes ses tentatives du même genre. Peter Kaplan qui accompagnait Bobby fut frappé par l'ironie de l'Histoire : le garçon de haute taille et tout en muscles, qui venait voir le gouverneur malade et paralysé par la balle d'un assassin, était le fils du ministre de la Justice assassiné, qui avait tant combattu cet allègre champion de la ségrégation, douze ans plus tôt. « Wallace nous reçut dans son cabinet. Il était affreux de le voir ainsi derrière son bureau dans son fauteuil roulant ; mais l'on comprenait qu'il se trouvait lié à Bobby par un sentiment particulier. Après l'attentat où il avait été si grièvement blessé, Ethel était allée lui rendre visite et l'avait invité à s'installer à Hickory Hill. Il n'avait pas accepté l'invitation ; il ne l'avait pas non plus oubliée. Il se crut obligé d'expliquer sa politique à Bobby pour tenter de se réconcilier avec les Kennedy »[44]. Bien que Bobby fût avide de toutes les expériences, il sentit lui-même « la bizarrerie » de la situation quand l'ancien adversaire de son père tenta de justifier sa philosophie politique aux yeux de son jeune auditeur[45].

Bobby et Kaplan louèrent une maison à Montgomery, la capitale de l'Alabama. Quand on sut qu'un Kennedy s'était installé en ville, il reçut des menaces de mort ; des voitures pleines d'individus vociférants passaient en vrombissant sous ses fenêtres, la nuit. Les anciens militants des droits civiques organisèrent immédiatement des tours de garde devant sa porte, mais il était évident que les temps avaient changé. Ainsi, quand Bobby alla visiter la chambre des députés de l'Etat, raconte Kaplan, « l'atmosphère de routine et d'ennui qui y régnait fit place d'abord à une tension soudaine à notre arrivée. Mais deux députés, parmi les plus progressistes, vinrent nous saluer et aussitôt il se trouva entouré par une foule de gens qui lui serraient les mains et lui donnaient de grandes tapes dans le dos. C'était comme s'il s'était produit un déclic. Je l'avais déjà vu dans des situations où il lui fallait faire preuve de sens politique et il avait toujours réagi avec intelligence mais non sans quelque raideur ; cette fois, il commença à afficher le fameux sourire des Kennedy et à serrer des mains à la ronde, comme je ne l'avais jamais vu faire auparavant. Il se conduisait désormais en candidat. »

Bobby se mit à graviter autour de Frank Johnson, un juge fédéral progressiste qui avait souvent eu maille à partir avec Wallace et les ségrégationnistes au cours des années soixante[46]. Il y eut de soudaines et profondes affinités entre eux. Bobby savait que son père avait été un admirateur du juge (bien qu'il n'eût jamais nommé des juges fédéraux de l'envergure de Johnson pendant son passage à la tête du ministère de la Justice). Le fils du juge venait justement de se suicider. Bobby entreprit d'interroger Johnson de façon approfondie pour rédiger son mémoire sur la manière dont le juge avait usé de son influence et des pouvoirs de sa charge pour obtenir une réforme du système pénitentiaire de l'Alabama ainsi que des conceptions relatives à la santé mentale — dans le cadre de son combat solitaire contre Wallace et les ségrégationnistes. Il avait projeté de ne séjourner en Alabama que quelques semaines, il y passa la plus grande partie du semestre à discuter avec Johnson et l'entourage de celui-ci.

Au cours d'une de ses visites rituelles à Lem, à New York, il mit son ami au courant de ses travaux. Lem lui déclara que s'il savait jouer sa carte, le mémoire pourrait être publié comme l'avait été, en son temps, l'étude de Jack sur la conférence de Munich. Mais alors même qu'ils tiraient des plans sur la façon dont cette œuvre contribuerait à lancer le jeune homme dans la politique, ils « marquaient » et se shootaient. Un de leurs amis leur fit observer qu'il semblait dément de parler de drogues et de la présidence d'une même haleine. « Non, répondit Lem, vous ne connaissez pas Bobby ; il possède cette incroyable aptitude des Kennedy à rendre possible l'impossible. Il y arrivera. Attendez et vous verrez. *Il sait y faire* »[47].

6

Non seulement pour Bobby et Lem, mais également pour tous les autres, la Présidence continuait de scintiller à l'horizon comme un glorieux mirage. Il y avait eu d'autres grandes dynasties politiques aux Etats-Unis, mais aucune n'avait manifesté une telle révérence envers la Maison-Blanche. Au temps de leur propre saga, étalée sur plusieurs générations, les Adams * avaient considéré la Présidence avec une sorte d'angoisse et de doute paralysants. Chez les Roosevelt, c'était un jeu de contrepoints entre l'ambition individuelle et un idéal patricien du type « Noblesse oblige » **.

Pour les Kennedy, au contraire, la politique et la conquête de la Présidence elle-même — symbole de réussite personnelle et d'ascension sociale collective — faisaient partie d'un folklore familial inscrit dans le code génétique de chacun, comme un tropisme aussi obsédant que la recherche de la couronne pour un héros de Shakespeare. Rien ne pouvait en diminuer l'attrait à leurs yeux. Les étrangers s'étonnaient de voir l'arrière-ban des enfants, dont certains n'avaient pas plus de dix ou onze ans, parler de la Présidence. Mais il semblait également que rien ne la mettrait de nouveau à leur portée. Après l'affaire du Watergate, par exemple, les temps auraient pu être propices à des nostalgies kennedystes, mais des enquêtes étaient en cours sur les abus de pouvoir commis par les uns ou les autres ; déclenchées par les scandales, elles avaient permis à la

* John Adams, 1735-1826, l'un des chefs de la « Révolution américaine » (guerre d'Indépendance), fut président des Etats-Unis de 1797 à 1801.

Son fils, John Quincy Adams, 1767-1848, occupa la Maison-Blanche après une élection contestée, de 1825 à 1829.

Le fils de celui-ci, Charles Francis Adams, 1807-1886, fut l'un des plus grands hommes d'Etat américains au temps de la guerre de Sécession.

Son fils, Henry Adams, homme politique et homme de lettres, 1838-1918, a laissé notamment un ouvrage célèbre sur l'éducation privilégiée qu'il a reçue. (N.d.T.)

** Theodore (Teddy) Roosevelt, 1858-1919, fut président de 1901 à 1909 et tenta vainement de se faire réélire par la suite.

Son cousin Franklin Delano Roosevelt (FDR), 1882-1945, occupa la Maison-Blanche de 1933 à 1945. Il avait épousé une nièce de Teddy Roosevelt, Eleanor Roosevelt, qui fit elle-même une brillante carrière politique par la suite. (N.d.T.)

commission conduite par le sénateur Church de remonter jusqu'à la guerre secrète contre Castro et à l'opération Mangouste, sans parler d'une série d'autres problèmes tels que la participation de la pègre à des tentatives d'assassinats politiques, ou la vie privée de Jack, qui rendaient la famille vulnérable aux entreprises dévastatrices des nouveaux historiens dits « révisionnistes ». Sam Giancana était mort, victime de la guerre des gangs, abattu à son propre domicile d'Oak Park, dans l'Illinois, avant de pouvoir témoigner. Mais Judith Campbell, devenue Mrs Exner, était encore en vie. Elle fut d'abord identifiée par la commission Church, au cours des auditions de témoins, et désignée comme « une amie très proche » de Jack. Mais il y eut des fuites et son nom fut livré à la presse par certains Républicains soucieux d'éviter que l'affaire fût « enterrée ». Le nom d'Exner apparut dans les colonnes du *Washington Post ;* et le *Chicago Tribune* parvint à faire admettre par l'ancienne secrétaire de Jack, Evelyn Lincoln, que Judith téléphonait fréquemment à la Maison-Blanche.

Quand elle se décida enfin à parler, Judith Campbell Exner ne révéla pas grand-chose sur les aventures sexuelles de Jack. Lors de sa conférence de presse de décembre 1975, elle avait déclaré : « Pour moi, il était Jack Kennedy et non pas le Président »[1]. Mais elle avait permis au public américain de faire irruption, pour la première fois, dans la chambre à coucher de ce Président. Ses aveux suscitèrent un flot de révélations, dans la presse, à propos de Jack et de ses conquêtes — sujet tabou quand il était vivant. Parmi les stars dont les noms furent prononcés figuraient Jayne Mansfield, Angie Dickinson, Kim Novak et bien d'autres. Marilyn Monroe fut citée à titre posthume par le chroniqueur Earl Wilson, pour avoir dit, après avoir rencontré Jack : « Je crois que j'ai fait du bien à son dos. » On publia une liste détaillée des endroits où il consommait ses liaisons : l'hôtel Carlyle, la piscine de la Maison-Blanche, la maison de Peter Lawford, le compartiment privé de l'avion présidentiel *Air Force One*.

Quelques fidèles formèrent le carré. Dave Powers, par exemple, déclara aux journalistes : « La seule Campbell que je connaisse est une marque de boîtes de soupe en conserve »[2]. Au sein de la famille, régnait la perplexité. L'un des meilleurs amis de Sargent Shriver faisait de la voile avec lui, au moment où s'étendaient les dommages causés par l'affaire Exner, et lui demanda comment réagissait la famille devant ces accusations. Shriver répondit avec toute la lourdeur qui le rendait si pénible à supporter pour les Kennedy : « Eh bien, Eunice m'a récemment demandé s'il pouvait y avoir du vrai dans tout ça. Elle était troublée, ça se comprend. Je lui ai dit : " Eh bien, nous fréquentions beaucoup Jack à Georgetown, quand il a été élu député pour la première fois, et nous savons bien qu'il n'était pas d'une pureté sans tache avant son mariage. Ce qu'il a fait après son mariage, nous n'en savons rien. Tu pourrais peut-être demander à Ted. " Quelques jours après, elle m'a dit qu'elle se sentait rassurée : elle avait parlé à Ted et celui-ci lui avait garanti que toutes les rumeurs étaient fausses »[3].

Si la famille se refusa à tout commentaire sur la vie privée de Jack, elle tenta de combattre les allégations relatives à sa gestion. Ainsi, David

Eisenhower avait écrit un article dans le *Wall Street Journal* pour dénoncer les critiques excessives formulées par la commission Church (à majorité démocrate) contre le gouvernement de son grand-père, à propos de sa participation à l'assassinat du chef rebelle Patrice Lumumba, au Congo — et l'indulgence, également excessive selon lui, dont la commission faisait preuve au sujet des tentatives d'assassinat de Castro par les Kennedy[4]. Le bureau de Teddy pressa Bobby de répondre[5]. C'est ce qu'il fit, en paladin de la famille, dans une réplique qui donna forme au débat ; point et contrepoint furent reproduits par plusieurs publications, y compris le *Saturday Evening Post*. « Je voudrais dire au jeune Mr Eisenhower, concluait Bobby, que le devoir de notre génération est de rechercher les traces laissées par des hommes comme son grand-père — non point pour étaler leurs fautes à la lumière du jour, mais plutôt pour découvrir la raison de leur grandeur... Il nous faut retrouver le carrefour où nous avons perdu la bonne route... C'est là seulement que nous pourrons entreprendre la tâche que mon père aimait à définir dans les termes mêmes du poète grec, Eschyle : " Dompter la sauvagerie de l'homme et rendre sa douceur à la vie en ce monde " »[6].

Ce remue-ménage survenait, par malchance, juste au moment où Teddy avait envisagé de faire enfin le geste si longtemps différé. Quelques dévots du kennedysme s'étaient même surpassés en affirmant que l'affaire de Chappaquiddick avait fait de lui un homme meilleur. (Arthur Schlesinger s'était particulièrement signalé dans ce domaine ; n'avait-il pas proclamé que l'accident « avait coulé du fer dans l'âme d'Edward Kennedy »[7] ?) Si le scandale lui avait — par force — apporté un répit dans la Quête de l'Héritage, Ted avait mis le temps à profit pour se tailler une personnalité politique, ce dont il ne s'était encore jamais soucié[8] : il avait adopté, pour l'essentiel, la philosophie progressiste des démocrates de gauche, que Bobby avait élevée au rang d'orthodoxie kennedyste ; mais avec Teddy, l'accent s'était un peu déplacé de la morale vers la légalité. Cela dit, il avait été un véritable tourbillon d'activités, depuis le début des années soixante-dix ; il avait introduit près de deux cents projets de loi et amendements de son cru, et en avait patronné deux fois plus parmi ceux que présentaient également d'autres sénateurs. Il avait pris des positions importantes en divers domaines : limitation de la vente des armes de poing ; réforme fiscale ; financement des campagnes électorales. Enfin, il avait entamé sa longue bataille personnelle en faveur de l'adoption d'un système d'assurance-maladie dans le cadre de la sécurité sociale américaine, comme il en existait depuis longtemps en Europe*. Il avait en outre reçu la responsabilité de la commission judiciaire.

Mais si son bilan était favorable au sénat, il n'en allait pas de même dans un autre domaine. Sa vie conjugale avait beaucoup souffert du scandale de Chappaquiddick et des révélations apportées par la commission Church. Un mois après l'accident, Joan avait fait une nouvelle fausse couche — la troisième ; c'était la dernière tentative du couple pour continuer d'avoir des

* Dix ans plus tard, l'issue finale de cette bataille demeure encore incertaine. (N.d.T.)

enfants. (« Après ça, déclara-t-elle par la suite, j'ai estimé que nous avions suffisamment essayé »[9].) Le ménage avait rapidement viré à la catastrophe. D'aucuns attribuaient le désastre au libertinage du mari, d'autres à l'éthylisme de la femme. Un journaliste, ami de Teddy, était sur le point de quitter Hyannis, quand le sénateur lui demanda s'il ne souhaitait pas voir Joan. La réponse ayant été évidemment positive, Teddy l'emmena derrière la maison et désigna l'une des voitures de la famille où sa femme gisait ivre morte sur le siège arrière. Manifestement, c'était le résultat d'une « cuite » de deux ou trois jours et non pas d'un après-midi d'ébriété[10].

Mais il y avait pis encore. Vers la fin de 1973, Teddy Junior, âgé de douze ans, atteint d'un cancer des os, avait été amputé d'une jambe en décembre. (Rose faisait les cent pas devant la porte du bloc opératoire en répétant : « Il ne faut pas se laisser abattre ; il ne faut pas se laisser abattre », litanie qui se changea progressivement en « Je ne dois jamais m'avouer vaincue »[11].) Après l'amputation, il y eut un traitement épuisant de chimiothérapie ; pendant les séances, Teddy tenait la main de son fils et bavardait avec lui ou lui faisait projeter des films, pour l'aider à lutter contre les nausées et les douleurs causées par des aiguilles bien différentes de celles qu'utilisaient au même instant ses cousins. Mais, s'il lui fallait s'occuper davantage de « TK » (c'était le surnom du garçon), Teddy consacrait moins de temps aux deux autres. Patrick, le plus jeune, était asthmatique et devait prendre des stéroïdes, et parfois respirer de l'oxygène. Kara, l'aînée, âgée de quatorze ans, était boulotte et manquait de confiance en soi ; elle avait d'abord craint d' « attraper » le cancer de son frère, tâté de la marijuana et du haschisch, et commencé à faire des fugues ; quand elle quittait la maison, elle cherchait refuge dans le voisinage d'où l'on appelait ses parents pour qu'ils viennent la reprendre.

En butte à tous ces problèmes, et ne sachant jusqu'où irait le zèle des révisionnistes quant à l'Héritage des Kennedy, Ted renonça par avance à briguer l'investiture de son parti en 1976[12]. Sargent Shriver prit sa place presque instantanément et annonça son intention de se présenter, dans un discours où il évoquait les heures glorieuses du gouvernement Kennedy avant de conclure : « Et j'ai l'intention de revendiquer cet héritage... »[13].

D'une certaine façon, les Shriver étaient les mieux placés pour fournir à la famille un nouveau centre de gravité, sur le plan moral[14]. Certes, les idées d'Eunice étaient souvent dictées par les préceptes religieux étroits qui avaient toujours gouverné son existence. Mais il y avait également dans son attitude une réelle générosité. Sa maison était la seule où les jeunes Kennedy, livrés à la drogue et au désarroi, avaient pu trouver un havre. Elle continuait d'aller chercher sa sœur Rosemary, toujours en maison de repos, au Wisconsin, pour l'amener passer quelques jours en famille dans le Maryland[15]. (Rosemary, qui aimait y faire de la natation, était apparue aux yeux de Timmy — le fils d'Eunice — comme une petite fille de soixante-cinq ans, avec ses taches de rousseur, son sourire perpétuel et ses cheveux coiffés en bandeaux.) Eunice avait joué un rôle capital dans la création des Jeux Olympiques Spéciaux pour handicapés : peut-être avait-elle manifesté ainsi, inconsciemment, un rejet de la philosophie de gagneurs que leur père avait inculquée à la famille et dont Rosemary avait été la victime. Chaque année, elle invitait cinquante ou soixante enfants retardés à Timber Lawn, la vaste demeure qu'elle louait pour l'été — on appelait l'endroit « Camp Shriver » ; Eunice assistait chaque matin avec les gamins qu'elle pouvait rassembler (y compris les siens) à la cérémonie des Couleurs, et faisait hisser la bannière étoilée aux accents de l'hymne national [16].

Rien de tout cela ne devait être d'un grand secours à son mari. Celui-ci avait mal jugé le nouvel état d'esprit, en ce qui concernait la famille Kennedy. Lorsqu'il brava vaillamment, sur des skis de fond, les premières neiges du New Hampshire au début de sa campagne, les auditoires réunis pour l'écouter maugréèrent en l'entendant invoquer l'esprit du Roi Arthur et de ses chevaliers. L'un de ses partisans locaux commit même un lapsus révélateur en l'appelant par deux fois « Eunice » dans son discours de présentation [17].

Il s'était également trompé en croyant pouvoir compter sur le soutien de la famille. Avant des émissions telles que « L'Heure de vérité » ou « Le Club de la presse », Eunice l'avait instamment poussé à prendre conseil de son frère : « Tu devrais consacrer du temps à Teddy; il sait comment traiter ce genre de choses » [18]. Après que Sarge eut à se reprocher quelques contre-performances, elle lui disait encore : « Tu aurais dû demander conseil à Ted ; il t'aurait dit comment faire. » En réalité, Ted ne tenait pas du tout à ce que la candidature de son beau-frère aboutît. Il avait garanti à Eunice que, tout en restant officiellement neutre, il appuierait les efforts de Sarge, en coulisses. Mais Paul Tsongas, alors jeune député du Massachusetts, donne à penser qu'il n'en était rien : en effet, il avait d'abord décidé d'apporter son appui à Shriver, sous les ordres de qui il avait servi, au temps des Volontaires de la Paix ; mais il avait changé d'avis, un jour où il avait pris l'avion avec Tip O'Neill et Teddy, en entendant ce dernier ridiculiser son beau-frère : « Pauvre Sarge, j'espère qu'il ne restera pas trop longtemps dans la course, parce que cela minerait la santé de ma sœur Eunice » [19]. Bobby Shriver devait déclarer ultérieurement, non sans amertume : « Teddy n'avait foutrement rien fait pour mon père en 1976 » [20].

Celui-ci concentrait ses efforts sur le renouvellement de son mandat de sénateur du Massachusetts. Comme s'il voulait lier à sa propre fortune politique les membres de la jeune génération, il avait mis Joe à la tête de son état-major [21] — l'élection étant acquise d'avance — et encouragé tous les cousins à faire campagne pour son compte. Pourtant on sentait s'évaporer dans la famille le sentiment d'une destinée politique commune. Pat Lawford continuait de passer une grande partie de l'année à Paris, où elle fréquentait le couturier Jean-Louis Scherrer [22]. Les Smith délaissaient désormais Hyannis, au profit de leur nouvelle propriété de Bridgehampton [23]. Rose n'était plus qu'une sorte de spectre, dont la seule fonction, dans la famille, semblait être celle de chef du protocole. Dans une note typique, adressée à Bobby Junior qui l'avait remerciée de quelque présent, elle disait : « Le fait que tu m'aies écrit m'a plu car c'est là une bonne habitude à prendre... Ton grand-papa y avait attaché de l'importance pendant toute sa vie et nous avons toujours été très attentifs à ce genre de politesse... »[24].

Jackie était rentrée aux Etats-Unis après l'échec de son mariage avec Onassis[25], alors que le milliardaire — déjà atteint par une myasténie fatale — avait pris pour avocat un vieil ennemi des Kennedy, Roy Cohn, en vue d'une procédure de divorce que la mort allait rendre vaine. Mais elle ne gravitait plus dans l'orbite des Kennedy, sauf pour les cérémonies officielles. Ses enfants, contrairement à leurs cousins, étaient intellectuels, introvertis et réservés. Caroline n'avait pas seulement la même horreur que sa mère pour la publicité (elle sortait des salles de spectacle avant l'entracte par crainte d'être reconnue) mais aussi l'espièglerie des Bouvier. (Elle avait dit à une amie, en parlant de sa mère : « Personne ne croirait possible d'avoir une telle *voix !* »[26].) Le petit John s'était entendu avec Onassis mieux que sa sœur. Il avait été ravi quand son beau-père l'avait emmené à la pêche et lui avait donné un billet de cent dollars pour acheter des appâts. Mais il semblait plus Bouvier que Kennedy et possédait le même sens de l'humour que sa mère. (Un jour qu'il se promenait avec elle, il lui avait demandé d'acheter quelque pacotille à un vendeur à la sauvette ; quand elle avait refusé sous prétexte que le prix était excessif, il avait hurlé : « Tu es la femme la plus riche du monde et tu prétends que ça coûte trop cher ! »[27].)

Seule Ethel continuait de fréquenter assidûment Hyannis. Veuve joyeuse et excentrique, elle passait son temps à des occupations telles que la fabrication de cartes de vœux personnalisées pour les envoyer à ses amis le jour de la Saint-Valentin. Lem en reçut une sur laquelle on pouvait voir la propre photo d'Ethel sur les genoux d'une femme noire qu'elle avait déguisée en Père Noël ; la légende portait ces mots : « Les violettes sont bleues, les arbres sont roux/ sans Kounta Kinte, je serais vous »*[28].

Quand on lui avait demandé si elle pensait épouser le chanteur Andy Williams ou l'un des autres hommes avec qui elle s'était épisodiquement liée, elle avait répondu très sérieusement : « Oh non ! Comment pourrais-je faire une chose pareille alors que Bobby me regarde du haut du ciel ? Ce serait un adultère »[29].

Pour Noël 1976, Teddy fit imprimer, à compte d'auteur, l'un de ces livres-souvenir, hors commerce, à l'usage de la famille, comme il en avait circulé plusieurs depuis que Jack avait publié de la même façon *Joe tel qu'en notre mémoire,* quelque trente ans plus tôt. Il était intitulé *Les mots que Jack aimait* et comprenait maintes anecdotes sur la passion de Jack pour la lecture, ainsi que des extraits de ses livres préférés. Teddy lui-même avait ajouté en guise de postface : « Ce sont là des souvenirs très chers. Certains pourraient nous mettre la larme à l'œil... Ces treize dernières années ont si vite passé. Tant de choses ont changé. Pourtant la valeur de ces mots demeure — pour nous aider à naviguer par gros temps ; pour nous rappeler

* Kounta Kinte est l'ancêtre d'une lignée d'esclaves noirs dans le célèbre roman *Racines* d'Alex Haley. (N.d.T.)

ce que Jack représente pour chacun de nous, en tant que fils et frère, mari et père ; pour nous ramener aux beaux jours où son énergie, son esprit et son éclat s'étaient conjugués pour donner naissance à cette glorieuse aventure que jamais nous n'achèverons ni n'oublierons jamais »[30]. Il était clair, aux yeux de tout lecteur, que le dernier des Kennedy tentait de ressaisir son beau rêve de présidence, une ultime fois. Et pourtant seuls ressortaient les mots : « jamais nous n'achèverons ». Il semblait que c'était là comme un lapsus freudien : au moment où Teddy prétendait rallier la famille autour de lui avant le dernier coup de dés pour la présidence, il semblait prévenir chacun de ne pas trop espérer en l'avenir.

Chris Lawford était celui qui commençait à voir de plus en plus clairement le dangereux paradoxe à double tranchant inhérent au rêve présidentiel. Ce songe qui avait soudé la famille, tendait à priver maintenant chacun de toute personnalité individuelle. « La présidence fait partie de notre univers, devait-il affirmer plus tard, et nous ne pouvons y échapper. Nous ne pouvons nous en libérer suffisamment pour envisager de consacrer notre existence à autre chose... »[31]. Selon lui, cet idéal les avait infantilisés plus qu'il ne leur avait apporté une maturité ; il les avait maintenus dans un esprit millénariste et l'attente du second avènement ; il avait fait de ses cousins et de lui-même des enfants perdus, réduits à vivre politiquement au pays d'un reviens-t'en dont les habitants ne grandissaient jamais.

Mais Chris n'était qu'à demi Kennedy lui-même[32], et avait du mal à se situer au sein de la famille (sauf dans les conceptions de Lem qui le tenait pour le « Bobby » de Bobby quand la métamorphose de ce dernier en « Jack » serait totalement achevée). Il avait été si affecté par les révélations de la Commission Church et par l'incapacité où se trouvaient ses aînés de mener à bien la restauration tant attendue du kennedysme, qu'il finissait par se demander si les Kennedy étaient vraiment appelés à une « destinée manifeste » dans le cadre de la société américaine (de la même façon que les Etats-Unis étaient voués à une « destinée manifeste » dans le monde selon les mots de Theodore Roosevelt). Le dilemme, selon lui, était qu'aucun membre de sa génération n'était en mesure de prendre une initiative tant que Teddy ne le ferait pas — or Teddy, pour diverses raisons, se trouvait paralysé. Il ne restait donc plus qu'à attendre et à jouer avec des rêves héroïques, apparemment étrangers à la réalité. Dans son esprit, il comparait la situation de tous les petits-enfants de Joe à celle de certains personnages qui, dans le théâtre de l'absurde, sont voués à l'attente et à l'ennui.

Pire encore, bien qu'il ne voulût pas se l'avouer à lui-même, Chris en avait assez de l'idée que la famille se faisait de la politique. En partie pour éviter de participer à la campagne de Teddy en 1976, il avait demandé un congé à Tufts, pour aller s'inscrire à l'université de Georgetown à Washington. C'est là qu'il était tombé dans la mouvance du père Berrigan et autres jésuites de gauche dont la foi en une moralisation de la politique était à l'opposé de ce qu'il commençait à percevoir dans sa famille : le culte maniaque du pouvoir pour le pouvoir. Il participa à la campagne de Ramsey Clark qui lui semblait incarner les idées de l'oncle Bobby, selon lesquelles « chaque homme peut modifier la tournure des événements ». Aux dires de Chris : « Jusque-là, tout ce que je faisais avait quelque chose à voir avec les Kennedy. Je le faisais parce que je m'y sentais obligé envers la famille, dans le cadre d'une entreprise conjointe de tous les Kennedy. Ma participation à la campagne de Ramsey Clark avait pour moi un caractère d'obligation morale et non plus familiale. J'y trouvais plus de satisfaction qu'à toutes mes activités antérieures parce que j'y voyais des raisons valables et non pas seulement un geste que l'on attendait de moi »[33]. L'ennui c'est que Clark n'obtint que dix pour cent des voix.

Pour RFK, l'idée qu'un seul homme pouvait changer la face du monde, supposait un idéal selon lequel l'individu se dévouait au bien commun. Pour Chris et ses cousins, les grands principes étaient englués dans le narcissisme qui faisait également partie de l'Héritage. Chris envisagea de travailler parmi les indigents du ghetto de Baltimore, ou de se livrer à d'autres entreprises conformes aux idées exprimées par l'oncle Bobby vers la fin de sa vie, mais il comprit bien vite qu'il ne se satisferait pas d'une action anonyme sans résultat immédiat et sans les connotations apocalyptiques du kennedysme. Il retourna donc à New York et à ses relations privilégiées avec Lem et Bobby — la seule chose qui contenait, pour lui, un facteur affectif. Mais même en cela, sa marginalité était manifeste : il était « presque » un Kennedy — « presque » le meilleur ami de Lem : « Parfois, quand nous étions seuls ensemble, nous nous trouvions très proches l'un de l'autre ; Lem me disait : “ Ah si seulement je t'avais rencontré avant d'adopter Bobby ! ” Mais Bobby rentrait de sa dernière aventure et je me retrouvais réduit à jouer les seconds violons. Je voyais bien que Lem compterait toujours plus pour moi que je ne compterais pour lui »[34].

Au début de l'année 1978, Chris entra dans une boîte new-yorkaise qui affichait une chanteuse de rock, Jennifer Jacobson. Bien qu'il eût vécu depuis plusieurs années avec une autre femme, il fut envoûté par Jennifer[35]. Il l'emmena chez lui ce soir-là et ils passèrent ensemble les six mois suivants. Ce fut une période au cours de laquelle il tenta d'accompagner Bobby et Lem dans les abîmes des drogues dures. L'une des raisons pour lesquelles il était si fortement attiré par Jennifer était qu'elle ne nourrissait aucun sentiment de culpabilité envers les Kennedy, ni même aucun romantisme ; elle voyait son compagnon sous un éclairage entièrement nouveau pour lui. « Comme tous les petits Kennedy, dit-elle, il était à la fois incroyablement mûr et terriblement naïf. Je n'ai jamais rencontré une telle combinaison d'innocence et d'expérience »[36].

Jennifer avait immédiatement compris que Chris et Bobby étaient des drogués — peut-être pas irrémédiablement voués à se faire des piqûres d'héroïne pour vivre, encore que ce fût leur *nec plus ultra*, mais dépendants des stupéfiants en général : « Christopher et Bobby aimaient l'héroïne, mais à défaut ils se contentaient de Valium, de Percodans ou de tout ce qui leur tombait sous la main. Ils étaient obsédés par la drogue. Elle satisfaisait leur besoin désespéré d'évasion. La plupart de ceux qui, comme nous, prennent de la drogue, veulent oublier qu'ils existent. Quoi qu'ils aient pu dire, ces deux-là se droguaient pour oublier l'existence de tous leurs aïeux. Chris était intrépide quand il pénétrait dans le ghetto. Il se promenait dans Harlem avec une raquette de tennis sur l'épaule et demandait ce qu'il voulait. J'avais déjà pris de la drogue avant de le connaître, mais ce que nous faisions tendait à entourer l'acte d'un halo de danger et d'aventure. Nous nous appliquions à défier le destin de toutes les façons possibles »[37].

Il y avait donc, une fois de plus, comme toujours, la présence de Bobby et de Lem dans la vie de Chris, et des scènes de plus en plus dénuées de réalité dans l'appartement[38]. Jennifer pensait que Lem était violemment antiféministe, tout en admettant que les Kennedy avaient un besoin crucial des femmes et plus encore de sentir que certaines femmes avaient un besoin crucial d'eux-mêmes. « Il s'ingéniait à s'interposer entre Bobby ou Chris et les femmes que ceux-ci fréquentaient. Ainsi, quand il voyait souffrir une fille à cause des infidélités de l'un ou l'autre des garçons, il se rapprochait d'elle ; il lui disait : " Ne t'en fais pas ; je vais lui en toucher un mot ; je vais arranger ça. " Puis il allait vers Bobby ou Chris pour lui dire : " Cette fille abuse de toi. Il faut t'en débarrasser. Elle ne te vaut rien " »[39].

Naguère, l'appartement était l'endroit rêvé pour y nouer des intrigues sentimentales. Désormais c'était l'endroit rêvé pour se droguer. « Chris m'y emmenait, raconte Jennifer, et Bobby amenait la personne avec qui il se trouvait à ce moment-là. Il y avait toujours une phase de conversation sans importance. On était tous assis en attendant de voir qui commencerait et avec quoi. Puis c'était, au contraire, à qui le ferait le premier. Des aiguilles sanguinolentes faisaient leur apparition. Des portes claquaient. Lem sortait en peignoir et en short, pour hurler « Bobby, viens tout de suite ! » et rentrait dans la salle de bains pour recevoir sa piqûre. Les filles étaient censées rester là à attendre et se contenter des restes de drogue. C'était une scène typiquement machiste. Feu à volonté ; piqûres à volonté. A qui prendrait le plus de drogue ; le plus de filles »[40].

Chris tentait de soutenir la comparaison avec Lem et Bobby, mais en vain. Il devenait de plus en plus dépendant de l'héroïne, de moins en moins capable de « savoir y faire ». Il était malade et découragé pendant des périodes de plus en plus longues. Jennifer, qui se faisait du souci pour lui, l'aida à s'inscrire, sous un faux nom, pour une cure de Méthadone. Mais ce produit qui était censé combattre l'accoutumance chez les héroïnomanes, le plongea dans des hallucinations cauchemardesques tout en l'affaiblissant physiquement. En outre, son poids passa de quatre-vingts à cent kilos. Il attrapa même une pneumonie. Jennifer crut le voir mourir[41]. Désespérée, elle appela Robert Coles, mais celui-ci confirma que Chris devait prendre la décision de se tirer d'affaire lui-même. Ne sachant plus à quel saint se vouer, elle appela Pat Lawford qui accourut en taxi et emmena son fils à l'hôpital. De là, il fut transféré à l'Institut McLean, un établissement hospitalier du Massachusetts spécialisé dans le traitement des personnes mentalement et affectivement perturbées ; parmi ses patients les plus distingués on comptait des écrivains comme Robert Lowell et Sylvia Plath.

Jennifer alla le voir et découvrit qu'il partageait sa chambre avec un autre drogué et un schizophrène apparemment incurable. « Il est venu me voir à la porte et nous avons pu parler un peu. La première chose qu'il m'a demandée a été de trouver le moyen de lui procurer de la drogue »[42].

Bien qu'il se fût éloigné de Chris, David se trouvait embarqué dans une galère identique, pour une croisière qui l'amènerait, lui aussi, aux portes de la mort. Après son passage au *Tennessean* de Nashville, il avait réussi à se faire admettre à Harvard. Les autres étudiants s'habituèrent à son aspect débraillé — il portait en permanence des chemises déchirées et des jeans sales. « Je ne l'ai jamais vu sans un flacon d'alcool de malt Colt 45 dans une main et une cigarette dans l'autre, à n'importe quelle heure de la journée, raconte une femme qui vivait à l'étage au-dessus du sien, à Winthrop House. Il semblait fragile, presque squelettique et terriblement pâle — le contraire du prototype d'un Kennedy, rompu au " touch football ", habile à la voile et familier des plages »[43].

Il voyait souvent un reporter du *Boston Globe*, Tom Oliphant, qu'il avait rencontré l'été précédent alors qu'il travaillait lui-même comme journaliste. Tom raconte : « Il venait me montrer ses dissertations, dans mon appartement, à Cambridge. Il parlait généralement de ses cours ou de ses activités universitaires. Parfois il se contentait de s'asseoir sans rien dire. Il écrivait remarquablement bien et ses dissertations étaient vraiment extraordinaires. Il n'aimait pas particulièrement les livres mais il avait des vues originales et parfois brillantes. De toute évidence, il souffrait de troubles psychologiques profonds »[44].

L'un des problèmes de David était de soutenir l'éclat du passage météorique de Bobby à Harvard[45]. Il n'avait pas non plus résolu la question de son insertion dans la famille elle-même. Toujours d'humeur difficile, désynchronisé par rapport aux autres, il était celui qui remet toujours en cause les illusions obstinément entretenues par autrui. Tel était devenu son rôle. On s'en rendait bien compte lors des réunions traditionnelles, telles que le voyage rituel de toute la famille à Aspen pour Noël[46]. Joe louait son propre appartement. Bobby s'affairait auprès de ses frères et sœurs plus jeunes, consolidant ainsi sa situation de chef de clan. (Un jour, un skieur avait fait tomber accidentellement Ethel, et Bobby, suivi de son cadet Michael, s'était élancé sur les traces du maladroit ; ils finirent par le rattraper, le firent tomber et le rouèrent de coups de poing et de coups de pied. Ethel, rayonnante, les appela « ses Dobermans ».) David passait le temps des vacances vautré sur le divan du living-room, comme s'il voulait rappeler à tout le monde ses souffrances et son esseulement. Il se faisait même apporter ses repas par une femme de chambre pour ne pas avoir à se lever ni à interrompre ses lectures. Plus il s'obstinait à se faire le symbole de tout ce qui n'allait plus, chez ceux de sa génération — sujet tabou entre tous —, plus Ethel s'emportait contre lui. « Elle fonçait parfois sur lui, raconte un témoin. Un jour où elle avait égaré deux cents dollars, elle se jeta sur David en l'accusant de les avoir pris. Il lui répondit qu'il n'avait cure de deux cents dollars. C'était ridicule. Pourquoi les aurait-il pris alors qu'il ne manquait pas d'argent ? Elle refusa vicieusement d'entendre raison et de le laisser tranquille »[47].

Mais généralement le problème était inversé : il souffrait de voir que nul ne se souciait de lui. Bob Rafelson, le cinéaste, autre habitué d'Aspen, se rappelle avoir vu David s'accrocher désespérément à Hunter Thompson, le journaliste de *Rolling Stone,* dans ses allées et venues, avec l'air d'un noyé qui vient de remonter pour la dernière fois à la surface : « Bobby vint me voir, un soir, raconte Rafelson ; il était au mieux de sa forme, écrivait un livre sur un juge de l'Alabama, se livrait à son petit numéro de macho, prenait de la drogue, parlait de fauconnerie et de politique. J'orientai la conversation vers la situation de son frère David, et lui dis que ce dernier me semblait être horriblement malade et se trouver sur le point de craquer. Bobby y réfléchit pendant une minute et dit que oui, que quelqu'un devrait soustraire David à la mauvaise influence de Hunter. Et il changea de sujet. L'état de David ne semblait pas figurer au premier rang de ses préoccupations, ni de celles de personne, d'ailleurs »[48].

En 1976, alors que ses cousins faisaient campagne pour Shriver (lors de la tentative infructueuse de celui-ci pour accéder à la Maison-Blanche) ou pour Teddy, en quête de sa réélection au sénat, David était en plein milieu d'une crise ininterrompue de toxicomanie[49]. Après quarante jours de ce régime, il était pratiquement comateux et en proie à une fièvre aiguë quand il fut découvert par Peter Kaplan et Eric Breindel qui étaient venus le voir dans sa chambre. Ils l'emmenèrent au Massachusetts General Hospital[50] où les médecins diagnostiquèrent une endocardite infectieuse — une inflammation du système circulatoire pouvant provoquer la mort et causée par l'utilisation de seringues malpropres[51].

« Au début, raconte David, il y eut le déluge habituel de sollicitude. Nous autres Kennedy, nous ne nous soucions pas beaucoup des événements au jour le jour, mais nous faisons front en cas de crise. Ma mère était là, Teddy, Joe aussi ; il y avait quelqu'un avec moi presque vingt-quatre heures sur vingt-quatre »[52]. Ils restaient assis près du lit dans la pénombre de la chambre. On téléphona au champion de boxe Muhammad Ali qui envoya l'un de ses peignoirs avec ses vœux de prompte guérison. Art Buchwald vint faire rire le malade. Mais quand il sembla qu'il s'en tirerait, les attentions commencèrent à se tarir.

Il resta hospitalisé pendant six semaines. Puis, comme l'été approchait, la famille prépara pour lui un nouveau voyage. « Ils disaient que je devais m'occuper pour ne plus penser à certaines choses, raconte David ; en réalité ils avaient envie de se débarrasser de moi pour que je cesse de leur faire des ennuis »[53]. Le vieil ami de Bobby à Harvard, Mir Bhutto, invita David et Doug Spooner à visiter le Pakistan[54]. Peu après leur arrivée, ils furent conviés à une chasse au sanglier par le général Zia (celui qui allait bientôt renverser le Président Ali Bhutto et le faire exécuter). « Nous étions dans des hélicoptères, en qualité de membres d'honneur des Rangers pakistanais, avec des fusils M-16, dit Spooner. Il nous fallut toute une journée et la moitié de la nuit pour tuer enfin un sanglier. Alors que nous étions dans les montagnes de Peshawar, pour contempler la passe de

Khyber, Khadafi arriva en visite officielle au Pakistan et Bhutto pensa qu'il serait bon de lui faire rencontrer un Kennedy. Il envoya donc le dirigeant libyen à Peshawar, lui aussi, de sorte que nous puissions nous voir, ce qui donna lieu à une brève conversation entre nous. L'entourage de Khadafi était extrêmement nerveux. Chacun se précipitait pour prévenir les moindres désirs du chef. Finalement, tout le monde rentra. Nous étions dans le second avion, derrière celui de Khadafi, avec un tas de gens autour de nous. L'un d'eux vint demander à David ce qu'il avait pensé de son patron. David lui adressa un sourire de drogué et répondit : " Je pense que c'est un gars plutôt imprévisible. " Là-dessus tous les Libyens, à bord de l'avion, partirent d'un rire hystérique »[55].

De retour aux Etats-Unis, David sombra de plus en plus profondément dans un monde de cauchemar — un monde qui semblait être l'envers de l'univers normal des Kennedy. Il quitta Harvard et se consacra presque exclusivement à l'héroïne. Il passait une bonne partie de son temps dans le ghetto de Roxbury. (« Mon père s'intéressait aux Noirs, pour certaines raisons et moi pour d'autres — parce qu'ils me fournissaient de la drogue », dit-il par la suite[56].) Un jour, un trafiquant noir lui donna rendez-vous dans des toilettes publiques pour conclure une transaction. Quand David s'y rendit, l'homme se jeta sur lui, le ligota et tenta de le poignarder. David bondit en arrière, de sorte que le couteau ne lui fit qu'une estafilade sur le ventre, et il réussit à s'échapper[57]. Par la suite, quand la blessure se fut cicatrisée, il se montra déçu de ne pas porter de traces plus spectaculaires de l'incident : « Je voulais imiter le héros de James Cain dans *The Gambler* (Le flambeur). J'avais vu le film bien souvent. J'aimais la dernière scène où Caan a poussé les choses si loin que le Noir lui taillade le visage, après quoi il va se regarder dans la glace et sourit. Je pouvais comprendre des choses comme ça »[58].

Quand il avait quitté l'hôpital après son endocardite, sa famille l'avait emmené chez un psychiatre, Lee Macht, un « enfant prodige » de trente-neuf ans, chef du service de psychiatrie à l'hôpital de Cambridge, après avoir été commissaire au département de la Santé mentale du Massachusetts. Après le coup de couteau de Roxbury, Macht s'inquiéta de voir son patient attiré irrésistiblement par le risque et consentit à lui prescrire du Percodans pour l'empêcher de fréquenter des endroits dangereux. Mais la réaction de David fut de se droguer de plus belle. En avril 1978, il fit l'acquisition de trente grammes de cocaïne qu'il projetait de revendre. En fait, il se rendit chez une amie et commença à se piquer en mélangeant la coca avec du Dilaudis, un succédané de la morphine. Quand l'effet de la cocaïne était en train de se dissiper, le Dilaudis prenait le relais. L'amie étant entrée dans la chambre de David pendant le sommeil de celui-ci, fut incapable de le réveiller. Elle appela Spooner qui diagnostiqua une overdose et expédia son copain à l'hôpital, où il fut ramené à la vie[59] Tandis qu'il était en convalescence chez Spooner, David fut convoqué par le groupe qu'il avait commencé à appeler le « Comité-chargé-de-tenir David-à-l'écart » : il y avait là Teddy, Steve Smith, Richard Goodwin, Robert Coles, son frère Joe et sa sœur aînée Kathleen[60]. Ils réussirent à le convaincre de prendre Kathleen pour tuteur et l'envoyèrent ensuite à l'Institut McLean où Chris avait été admis un peu plus tôt pour les mêmes raisons.

« C'était le Ritz au-dehors, et la fosse à serpents au-dedans, raconte David. La première chose que je vis, ce fut un gars à quatre pattes en train d'aboyer comme un chien... Littéralement... Je compris que j'étais mal parti »[61]. Il s'arrangea pour téléphoner à Kathleen. Elle vint lui rendre visite et se mit à pleurer en voyant l'environnement. Elle promit de le faire sortir dans l'après-midi même, mais ne se montra pas pendant trois jours et quand elle revint ce fut pour lui dire : « Les autres me demandent de ne pas te croire ; ils prétendent que tu es capable de dire n'importe quoi pour sortir d'ici »[62]. Quand David lui demanda pendant combien de temps il resterait enfermé, elle répondit qu'elle n'en savait rien.

Trois semaines plus tard, il en sortit et fut envoyé en Angleterre, dans le Sussex, pour y être traité par le Dr Margaret Patterson, une chirurgienne écossaise, qui prétendait avoir inventé ce qu'elle appelait la « thérapie neuro-électrique »[63]. L'un de ses plus célèbres patients, le guitariste Peter Townshend, avait garanti l'efficacité du traitement qui supposait le port d'une sorte de casque du type walkman, d'où sortaient des signaux dirigés vers le cerveau ; selon le Dr Patterson, ces émissions étaient censées guérir le malade de sa dépendance envers la drogue. David porta donc le casque ; mais il était logé dans une famille d'évangélistes en proie à des extases religieuses pendant lesquelles ils s'exprimaient dans des langues incompréhensibles[64] ; de sorte que l'expérience prit parfaitement place dans le contexte surréaliste que David avait fini par considérer comme sa propre réalité. Sa famille voulait le voir rester en Angleterre, mais au bout de deux mois il rentra une fois de plus.

Il recommença à errer. Un jour, son frère Bobby et lui-même rencontrèrent la starlette Rachel Ward que David considéra jusqu'au bout comme « la plus belle fille du monde »[65]. Ils l'emmenèrent danser ; or, à la grande fureur de Bobby, et à la non moins grande surprise de David, elle décida de passer la nuit avec ce dernier. Ce fut pour lui une passion intense. Le premier grand amour de sa vie depuis l'accident dont avait été victime Pam Kelley. « Nous étions heureux[66]. Elle abordait tout juste sa carrière artistique. Je me rappelle qu'un jour nous étions allés voir *The Invasion of the Body Snatchers* (L'invasion des voleurs de corps) ; à un moment, elle laissa échapper un cri à vous glacer le sang. Je lui demandai : “ Tu t'exerces ? ” Mais à un autre moment tout aussi terrifiant ce fut à moi de hurler et des gars devant nous me demandèrent de me taire. »

Il se montra terriblement jaloux le soir où il trouva Philippe Junot (récemment marié à la princesse Caroline de Monaco) dans l'appartement de Rachel qu'il venait chercher. Tous trois allèrent à une discothèque, le Xenon, bien que David eût une jambe dans le plâtre après s'être cassé la cheville en voulant jouer au « touch football » avec ses plus jeunes frères. Quand ils s'assirent à une table, David vit Junot mettre son bras autour des épaules de Rachel et lui fit lâcher prise d'un coup sec. Junot, rompu aux arts martiaux, bondit sur son rival et après une brève empoignade le jeta au sol avec un saignement de nez.

« Rachel voulait que nous prenions un appartement pour vivre ensemble. Mais je savais que j'étais trop foutu pour faire ça. J'étais revenu à la drogue. Elle n'avait pas idée de ce que j'étais en train de devenir. Je ne sais pas si elle avait jamais prêté attention à toutes ces petites marques que j'avais sur les bras quand j'étais déshabillé. Je pense qu'elle les attribuait à quelque étrange éruption héréditaire. Nous n'en avons jamais parlé. J'ajoutais à l'héroïne — cinq fois la dose mortelle pour une personne qui n'aurait pas été habituée — quarante Percodans par jour. J'allais à Boston par la navette et Macht me donnait cinq ordonnances de quarante Percodans chacune. Je les présentais dans cinq pharmacies différentes, à plusieurs endroits de la ville et rentrais à New York le soir même avec deux cents pilules. Tel était le rite hebdomadaire »[67].

Un certain mercredi, sa température avait recommencé à s'élever et il comprit qu'il avait attrapé une nouvelle endocardite. Il appela Macht pour se faire admettre une fois encore au Massachusetts General Hospital, mais avant de prendre l'avion pour Boston, il décida de se rendre une dernière fois à Harlem. C'était un bon client, un habitué, et sa BMW cuivrée était bien connue dans certains coins. Comme il prétendait s'appeler James (à cause du personnage de Caan, dans *Le flambeur*) et qu'il y avait plusieurs Noirs du même nom dans le commerce de la drogue, les trafiquants l'avaient baptisé James-le-Blanc[68]. Mais cette fois, il rencontra des difficultés. Alors qu'il cherchait un fournisseur dans un hôtel minable et délabré, le Shelton Plaza, il fut interpellé par un colosse noir qui lui demanda son argent et ensuite bloqua la porte pour l'empêcher de sortir en hurlant, de façon pour le moins illogique : « Sors d'ici ! Mets pas les pieds ici, espèce de faux jeton ! » En voyant l'homme le frapper plusieurs fois au visage, une femme se glissa dehors et appela la police. « J'aurais dû dire que ce n'était rien et partir, raconte David, mais je n'étais pas dans mon état normal, de sorte que je me mis à agir de façon suspecte et à dire au flic que je ne voulais pas être mêlé à tout ça. Naturellement je fus arrêté et le lendemain tous les journaux en parlaient : David remet ça ! »[69]. On trouva les ordonnances de Percodans dans la boîte à gants de sa voiture, ce qui déclencha une procédure destinée à priver Macht de son droit d'exercer.

Tandis que Steve Smith usait d'un euphémisme bien digne de la famille, pour dire aux journalistes que David souffrait d'une « affection comparable à une sorte de toxicomanie »[70], le malade était dirigé sur l'hôpital général du Massachusetts où il était soumis à un traitement par la Méthadone destiné à le guérir de l'héroïne. Cette fois, l'endocardite n'entraîna pas un excès de sollicitude familiale. La seule personne proche de David qui lui rendit visite fut Rachel Ward. Quand elle arriva, ils fermèrent la porte à clef et firent l'amour. Les jours suivants, il erra dans les couloirs de l'hôpital. L'une des personnes dont il fit la connaissance était une jeune femme atteinte d'un cancer fatal. Après avoir bavardé plusieurs fois avec elle, il s'arrangea pour se procurer une bouteille de champagne grâce à un ami et l'apporta dans la chambre de la jeune cancéreuse. Ils la burent et firent l'amour. Elle mourut peu après[71].

Tandis que David était à l'hôpital, il reçut une autre visite du Comité-chargé-de-tenir-David-à-l'écart. Cette fois, on lui demandait de consentir à se mettre de lui-même sous tutelle à vie. Il refusa de signer les papiers mais, craignant de voir sa famille le faire interner de nouveau à McLean, il accepta de prendre un tuteur pour six mois. Un juge vint régulariser la procédure au chevet de son lit. « J'étais sous perfusion, avec des aiguilles dans les veines. Je leur dis de me laisser tranquille et que je ne voulais plus entendre parler de toute cette paperasse juridique. J'ajoutai que, d'un point de vue objectif, je trouvais intéressant de constater qu'il me fallait être crevard pour les voir se soucier un peu de moi »[72].

La dégringolade de Chris et de David semblait faire ressortir d'autant mieux l'équilibre de Bobby. On aurait bien dit, en vérité, qu'il « savait y faire » et « tenir le coup » — comme il le prétendait — alors qu'il se droguait lui-même plus que ses compagnons. Apparemment, la toxicomanie ne freinait pas sa course au succès et il n'avait même jamais été contraint de reconnaître, fût-ce dans l'intimité, qu'il était un « drogué » — terme qu'il utilisait pour stigmatiser les deux autres. Il avait terminé son mémoire de fin d'études et, avec l'aide de Lem, en avait fait un livre. Il avait également présenté sa candidature à une bourse Rhodes, demande que Lem avait appuyée d'une lettre de recommandation pleine d'éloquence. (« Je l'ai vu s'affirmer, non sans excès, avec cette force brute que les jeunes gens reçoivent si souvent en partage... et je l'ai vu apprendre à se conduire avec plus de réserve. Depuis que je le connais, il est devenu adulte et c'est même aujourd'hui un être d'une qualité impressionnante... J'ai maintenant près de soixante ans et j'ai vu de près beaucoup de grands hommes. J'ai fait la guerre, connu le monde de la politique et celui des affaires, et je sais quelles sont les qualités qui permettent à des hommes forts de devenir des dirigeants forts. Bobby possède ces qualités... »[73].) Suivant en cela l'exemple de ses oncles Joe Junior et Jack, Bobby s'était inscrit à la London School of Economics (Ecole de Sciences économiques de Londres) qui, dans l'esprit de la famille, fournissait la formation indispensable à un futur grand homme.

Le moment était venu pour lui de se lancer. Le moment où le sentiment d'attente qui l'avait entouré comme un halo depuis plusieurs années déboucherait sur la carrière bien réelle dont Lem et lui avaient tant parlé. Mais alors qu'il faisait les premiers pas dans cette carrière, rien ne sembla plus fonctionner comme on était en droit de l'espérer. Loin de devenir un best-seller comme le livre de Jack, celui de Bobby, intitulé *Judge Frank M. Johnson Jr : A Biography* (Biographie du Juge Frank M. Johnson Jr), fut sauvagement mis à mal par la critique. (« L'ouvrage comporte des lacunes inexcusables dans une biographie, écrivait le *New York Times*, même si l'on tient compte du fait qu'il s'agissait, au départ, d'un mémoire présenté à Harvard »[74].) Le comité des Bourses Rhodes rejeta purement et simplement la demande du candidat. Le séjour de Bobby à l'Ecole des

Sciences Eco, à Londres, ne dura que quelques semaines, le temps de voir échouer une tiède tentative de sa part pour se faire admettre à l'Institut des Etudes stratégiques (le jeune homme semblait surtout se soucier d'explorer la haute société londonienne et de visiter le berceau des Kennedy dans le comté de Wexford, en Irlande, pour se droguer sur les lieux où avaient vécu ses ancêtres[75].)

Ce qui aggravait l'absence de succès tangible chez Bobby, c'était que son frère Joe avait fini par trouver, pour sa part, la meilleure façon d'être un Kennedy — de sorte que leur longue rivalité tournait à la fable du lièvre et de la tortue. La stabilisation de Joe remontait à 1976, lorsqu'il avait dirigé la campagne de Teddy. Certes, le résultat des élections était acquis d'avance, mais le fait de se voir confier des responsabilités lui avait donné l'impression de participer pour de bon à des événements et à un succès que ses cousins, pour la plupart, n'avaient pas eu l'occasion de connaître[76]. Cela faisait partie d'un changement général de sa personnalité. Comme le disait son vieil ami Chuck McDermott : « Il était juste parvenu à un moment où il voulait faire quelque chose de sa vie, et trouvait cela plus important que de se rendre dingue tous les soirs »[77].

Il avait alors tenté de trouver du travail à Washington auprès de l'Administration des Services Communautaires (ASC) ; en effet les collaborateurs du président du parti démocrate (Robert Strauss), au sein du Comité national de ce parti, avaient estimé que la présence d'un Kennedy donnerait « beaucoup de crédibilité » à l'ASC. Mais, avec la sincérité agressive qui le caractérisait, Joe ne tarda pas à expliquer à sa directrice, Grace Olivera, comment elle devait — selon lui — exercer ses fonctions et à lui rabâcher les idées de son père sur les rapports entre la pauvreté et le pouvoir. (« Il avait commencé par mettre en doute mon dévouement à la cause des déshérités. Il semblait totalement imperméable à l'idée qu'il avait vingt-six ans et moi quarante-huit, qu'il était un jeune homme fortuné alors que j'étais une femme, appartenais à une minorité ethnique et avais connu la pauvreté »[78].) Après avoir passé un an à Washington, il démissionna pour rentrer à Boston. On avait essayé de le pousser à se présenter au Congrès, d'autant plus que son vieil ami Torby MacDonald venait de mourir et que le siège de celui-ci était vacant. Mais Joe venait d'acquérir une prudence toute neuve et elle lui conseillait de s'abstenir. Il préféra s'employer à la création d'une entreprise originale dont Richard Goodwin l'aida à trouver la formule : la Citizens Energy Corporation (Compagnie Populaire d'Energie)[79]. Dans son esprit, ce serait un moyen — politiquement exemplaire — de résoudre la crise de l'énergie. La compagnie achèterait du brut au Venezuela, le ferait raffiner dans les Caraïbes, commercialiserait le gaz et les sous-produits au prix du marché et emploierait les bénéfices à l'importation de fuel domestique qu'elle revendrait aux personnes âgées et aux indigents, dans tout le Massachussetts, avec un rabais de 40 %. La création de la compagnie était à la fois une façon de se lancer dans les affaires comme le premier Joseph Kennedy l'avait fait, et d'entamer une carrière politique.

Contrairement à Bobby, Joe avait également découvert le prix à payer pour réussir dans la politique : un renoncement à la mythologie héroïque de la famille, voire l'adoption d'une attitude quasiment antihéroïque, du point de vue des Kennedy. « Je suis différent de Bobby, déclarait-il à ses amis. Je ne peux pas me parachuter d'en haut, à l'intérieur de mon nom. Il me faut travailler pour gravir les échelons »[80]. Il comprenait également qu'il lui faudrait renoncer à toute participation au monde ténébreux qui séduisait tellement son frère. A peu près à l'époque où il mettait en route la Citizens Energy, il se fiançait à Sheila Rauch, une jeune femme de la haute société de Philadelphie, avec qui il était sorti depuis qu'il était au lycée. Andy Karsch avait vu Joe au mariage d'un ami commun, Tim Haydock, où il y avait de la drogue et de jolies femmes seules en veux-tu en voilà. « Moi, je reprends la navette et je rentre, lui avait dit Joe d'une voix angoissée. Il faut que je sorte d'ici. Tout ce que je vois qui en vaille la peine ne peut m'attirer que des ennuis »[81].

C'était exactement ce genre de discrimination que ne savait faire Bobby : cette analyse du rapport qualité/prix appliquée au monde où il était né et où les émotions coûtaient cher. Le cadet possédait tout le magnétisme des Kennedy, tout leur attrait ; il avait le don d'attacher les autres à sa destinée ; mais il fermait les yeux, presque délibérément, sur ce qu'il était en train de faire de sa vie. De plus en plus, ses amis lui disaient qu'il lui faudrait procéder à une sorte d'examen de conscience afin de savoir ce qu'il lui en coûterait de céder ainsi aux forces dont il était la proie. Il répondait : « Si vous avez un problème, vous devez apprendre à vivre avec. Bob Coles m'a toujours dit que les psychiatres c'est de la merde. L'introspection et moi ça fait deux. Tout ce que je veux c'est me débrouiller avec le monde tel qu'il est. La vie que nous menons, nous autres Kennedy, n'a rien de naturel et il faut bien que cela tire à conséquence. On doit faire avec ce qu'on a. Si l'on vous coupe une jambe, vous apprendrez à marcher sans. C'est ce que fait TK. Faut pas rester à couver ses problèmes. Faut se lever et que ça bouge »[82].

L'ennui c'est que, pour lui, si « ça bougeait », c'était de plus en plus aux dépens des autres. Il avait commencé par rompre tout contact avec Chris et David qu'il traitait de « drogués ». Il avait écarté son amie Duff Pacifico, dont il avait été plus proche que de n'importe quelle autre femme, au profit de Rebecca Fraser, la fille d'un homme d'Etat britannique, Sir Hugh Fraser, vieil ami de la famille. Duff avait appris l'existence de Rebecca par un entrefilet publié dans la presse new-yorkaise, un jour où elle attendait le métro. Elle avait été si troublée qu'elle avait appelé Bobby à Londres immédiatement, par le téléphone public de la station où elle se trouvait[83]. Il avait nié et avait même invité Duff à se joindre à lui et à Lem, après son retour, pour un voyage à Haïti. L'excursion donna d'ailleurs lieu à l'une de ces expériences typiques de Bobby : celui-ci se complaisait dans les bas-fonds haïtiens où il tenait le rôle du « charmeur de rats d'Hameln » dans le conte célèbre, en attirant derrière lui, le long des plages, des hordes de garnements du cru qui imitaient ses sauts périlleux et s'entassaient dans sa voiture de louage. Lem renâclait devant leur saleté et leur odeur mais ne les emmenait pas moins dîner dans de bons restaurants où Bobby payait pour tout le monde[84]. Pourtant, quand les trois voyageurs rentrèrent à New York, Rebecca Fraser était là et Duff reçut son congé.

Le plus atteint fut Lem. Il avait suivi Bobby dans le monde de la drogue et ne put jamais vraiment en trouver la sortie. Il passait désormais le plus clair de son temps, tout seul, mal rasé, en peignoir de bain, à attendre Bobby, dans son élégant appartement, au milieu de ses collections historiques qui avaient paru former, naguère, le décor rêvé pour l'apprentissage d'un futur président des Etats-Unis, mais semblaient maintenant privées de sens et simplement hors de saison. Il avait commencé par être le mentor de Bobby et avait fini par devenir son suiveur le plus docile. L'épopée qu'il avait essayé de monter par la seule puissance de sa volonté — faire de son protégé un nouveau Jack qui ressusciterait le passé et ramènerait la présidence dans le camp de ses bien-aimés Kennedy — resterait purement imaginaire. Parfois, il lui semblait que son rêve lui avait été dicté par les fumées de la drogue, sans rapport aucun avec les possibilités réelles de ses héros ni avec la réalité de l'univers environnant. « J'avais raison de penser que Bobby était un autre Jack, persistait à proclamer Lem, devant un ami, pour tenter de sauver la crédibilité de ses songes ; mais je n'avais pas compris combien le monde avait changé. Jack avait eu de la chance : il n'avait pas été déjà précédé, là où il allait, par des tas de Kennedy. Partout où un garçon comme Bobby portait ses pas, d'autres avaient laissé des empreintes plus profondes que les siennes »[85].

7

La Bibliothèque John F. Kennedy fut inaugurée le 21 octobre 1979, par l'une de ces froides journées d'automne qui, pour la plupart des habitants de la Nouvelle-Angleterre, font irrésistiblement penser à des matches de football américain ; pour les Kennedy, ce temps évoquait des souvenirs de campagnes électorales. Quand l'édifice fascinant, de verre et de béton, empreint d'un esprit héroïque, qu'avait imaginé l'architecte I. M. Pei, fut dévoilé aux yeux du public, il apparut vraiment comme un symbole du kennedysme. Face à l'océan, comme les demeures que Jack avait aimées, le bâtiment avait quelque chose de nautique; il ne demandait qu'à naviguer [1].

Comme tant d'autres choses relatives à la famille, la création de la bibliothèque avait suscité une belle controverse. Peu avant sa mort, Jack avait décidé que tous les papiers et dossiers relatifs à son gouvernement seraient déposés en un lieu qu'il avait choisi, avec Lem, près de la Business School de Harvard. Mais après l'assassinat, Jackie avait décrété que le monument serait mieux qu'une bibliothèque présidentielle de plus, comme elle le dit à Nathan Pusey, le président de Harvard. De sorte que l'emplacement finalement retenu était assez éloigné de Cambridge, sur une langue de terre nommée Columbia Point, un site solitaire, battu par le vent, épique pour tout dire.

La liste de ceux qui se réunirent pour participer à l'inauguration sonnait comme le *Who's Who* du parti démocrate ; il y avait tous les survivants — chevaliers de la « cour du roi Arthur » et rescapés de « l'Impossible Rêve », ces deux mondes des reviens-t'en, désormais presque fantomatiques, glacés par le grand froid qui avait suivi l'époque surchauffée des années soixante. La saveur particulière de l'air, en cette matinée-là, venait du fait que Teddy était sur le point d'annoncer enfin sa candidature : or, si le détenteur de l'Héritage laissé par une époque défunte allait sortir de cette sorte d'exil intérieur qu'il s'était imposé durant tant d'années, l'homme qu'il allait affronter, le président Jimmy Carter, était venu lui aussi, se frayant un chemin à travers les membres de la vieille garde et serrant les mains de tous, sauf de Jackie qui parut choquée quand il l'eut embrassée sur la joue.

Les Kennedy présents avaient bien changé au cours des vingt années écoulées depuis le début de la campagne présidentielle de Jack ; ils n'étaient pas seulement vieillis mais ils paraissaient plus tristes. De la génération qui prenait le monde d'assaut au cours des années trente et qui formait déjà une tribu distinguée en soi, seuls Teddy et ses sœurs Eunice, Pat et Jean étaient là. La génération suivante avait pris la place. Mais ces petits-enfants de Joseph P. Kennedy avaient grandi au cours de la décennie qui avait suivi l'assassinat de RFK et il n'y avait plus personne pour figurer au centre d'une photo de famille comme l'avait fait le vieux Joe, quand leurs pères et mères avaient posé pour le premier portrait de groupe, personne pour leur communiquer cette sensation quasi électrique qu'ils avaient devant eux d'immenses potentialités, comme leurs aînés l'avaient perçue à leur âge.

Caroline fut la première à prendre la parole. Elle était jolie et douce. Elle aurait pu devenir « la petite fiancée de l'Amérique » si elle avait été plus disponible au cours de son adolescence, mais c'est en touriste, voire en étrangère, qu'elle semblait maintenant visiter le mythe des Kennedy. Caroline présenta son frère John dont tout le monde se souvenait comme d'un petit orphelin de trois ans, en manteau bleu, saluant au passage la dépouille mortelle de son père. C'était maintenant un beau jeune homme, mais avec quelque chose d'exotique comme sa sœur. Les proches de la famille savaient que si Caroline avait cultivé le souvenir de son père, tel n'était pas le cas de John. Elle avait continué à collectionner les memorabilia de Jack même pendant que sa mère était mariée avec Onassis, tandis que John, au cours de ses années d'études supérieures au collège universitaire de Brown, s'était attaché à se documenter sur son père plus qu'à défendre son image. Après avoir participé à un séminaire sur le Vietnam, il avait étudié le rôle de Jack dans l'affaire, avec autant de détachement que s'il s'agissait d'un autre Président. Il avait obtenu de sa mère qu'elle demande à son ami Peter Davis de venir projeter en classe son film documentaire *Hearts and Minds* (Les esprits et les cœurs). Après un voyage en Afrique du Sud, il avait dit à ses cousins, au cours d'une de leurs rares rencontres : « Je n'ai pas l'intention de dire ou d'écrire quoi que ce soit avant de savoir dans quelle direction je veux orienter ma vie. Mais je pense que, dans tous les cas, je vais probablement travailler avec les Noirs »[2]. Bobby Junior lui avait alors décoché un petit sourire méprisant avant de dire : « Mon père se souciait des Noirs plus que le tien »[3].

Tandis que le soleil se montrait et disparaissait derrière les nuages, et que le vent faisait claquer les voiles de la *Victura,* le bateau de son père — destiné à figurer de façon permanente dans la Bibliothèque —, John F. Kennedy Jr lut le poème de Stephen Spender : « Je ne cesse de penser à ceux qui connurent la vraie grandeur ». Puis Joseph P. Kennedy II (comme Joe se faisait désormais appeler) lut un discours qu'il avait intitulé : « La tâche inachevée de Robert Kennedy »[4].

Comme tous ses frères et sœurs, Joe avait été indigné par le fait que le film sur Jack, projeté pendant l'inauguration, devait durer quarante-cinq minutes alors que la bande consacrée à son père serait trois fois plus courte. Lorsque les organisateurs, trouvant le spectacle trop long, avaient décidé de réduire chaque film de cinq minutes, Joe avait explosé et déclaré qu'il ne participerait pas aux cérémonies. Il n'avait cédé que sur les instances de Teddy[5]; mais son discours n'était guère en harmonie avec la nostalgie discrète et la politique de sous-entendus qui semblaient avoir été de rigueur jusque-là. Après être resté un moment silencieux, tandis que le vent balayait ses cheveux, il lança abruptement : « En ce moment où je me tiens devant vous, je pense à mon père et à tout ce qui fut l'œuvre de sa vie... » Puis, après une pause et après avoir jeté un regard hostile vers Carter et sa suite, il s'en prit aux puissances de l'Argent, du Pétrole, des Charbonnages. En guise de péroraison, il dénonça bruyamment l'absence de tout courage moral, en pointant directement un doigt accusateur vers le Président. Teddy grimaça et enfouit son visage dans ses mains, mais les petits-enfants se levèrent d'un seul élan pour applaudir et crier leur approbation si fort qu'un observateur devait noter : « C'est Robert et non pas Jack le grand Kennedy des temps présents et futurs, dans cette famille... »

Mais, pour le moment, c'était Teddy qui essayait enfin de tirer l'épée de la pierre. L'affrontement avec Jimmy Carter était devenu inévitable quelques mois plus tôt, quand le Président en exercice avait tenté de relever l'indice de sa popularité en prononçant un malencontreux discours sur « la crise de confiance » de l'Amérique. Si tous les sondages d'opinion indiquaient jusqu'alors une érosion du soutien que lui avaient accordé les électeurs, ce fut bien pis après cette intervention : toutes les enquêtes confirmaient qu'il n'avait plus aucune chance d'être réélu. Elles révélaient également que 53 % de l'électorat démocrate lui préférait Teddy, contre 16 %. Pendant tout l'été 1979, l'héritier des Kennedy avait fait l'objet de sollicitations de la part des responsables du parti, terrifiés à l'idée de l'hécatombe électorale dont seraient victimes leurs divers candidats, à tous les échelons, si c'était Carter qui les menait au combat en 1980... Le président du parti démocrate de l'Iowa, Tom Whitney, avait déclaré : « Le cœur des Démocrates de l'Iowa appartient à Teddy. Il n'a qu'à le demander... »[6]. Or cet Etat — où le candidat du parti n'était pas désigné par des élections primaires mais par des *caucus* (assemblées de notables) — serait le premier à se prononcer et donnerait le ton...

Mais Tom Whitney était allé un peu vite en besogne. L'enthousiasme suscité par la perspective d'une renaissance des Kennedy était contrebalancé par le souvenir persistant de l'affaire de Chappaquiddick. Plus de dix ans avaient passé mais, comme l'accident n'avait jamais fait l'objet d'explications satisfaisantes, il continuait à susciter un violent sentiment de malaise chez les électeurs. Teddy était également handicapé par un problème connexe : celui de sa femme. Joan s'était montrée bouffie, négligée, vieillie, pendant la campagne sénatoriale de son mari en 1976. Tout le monde avait pu constater qu'elle buvait trop. Aussi l'année suivante le couple s'était-il défait quand elle avait quitté Washington pour aller vivre seule dans un appartement à Boston, où elle consultait un psychiatre trois fois par semaine et suivait les cours du conservatoire de musique Leslie. En 1978, elle avait publié dans *McCall's* des « confessions » sur son éthylisme : « J'avais essayé d'en parler, mais j'en étais trop gênée pour le faire. Ted était également gêné. Tout le monde l'était, mais personne ne se trouvait vraiment disposé à en parler »[7].

Il y avait également un autre facteur qui jouait contre la candidature de Teddy : on accusait celui-ci de diviser le parti. En 1968, il avait été parmi ceux qui critiquaient Bobby de se dresser contre LBJ, en alléguant qu'un bon Démocrate ne devait pas mettre en cause la réélection du Président (démocrate) en exercice ; et pourtant, à cette époque révolue, la prolongation de la guerre du Vietnam et la situation chaotique des ghettos noirs, dans tous les Etats-Unis, justifiaient une intervention, sur le double plan moral et politique. En 1979, il n'existait pas de raisons aussi péremptoires, de sorte que tout nouveau candidat pouvait être taxé d'opportunisme et de déloyauté. Teddy n'en décida pas moins de se présenter.

Le candidat et son entourage pesèrent-ils, à cette occasion, le pour et le contre ? S'ils le firent, ce ne put être que sur une balance truquée, comme le pensèrent — mais un peu tard — tous ceux qui avaient participé à cette campagne dès l'origine. En effet, quand Teddy annonça sa candidature, le 6 novembre, deux semaines après l'inauguration de la Bibliothèque JFK, il obéissait moins à des raisons objectives d'ordre politique, qu'au sentiment d'avoir déjà trop attendu. Il avait attendu de longues années après qu'il aurait pu recevoir l'investiture en 1968 ; attendu encore dix ans pour faire pénitence après l'accident de Chappaquiddick ; attendu le moment où l'Héritage était sur le point de lui échapper complètement...

C'était un peu comme s'il pensait que la décision si abondamment discutée et si longtemps différée était une fin en soi et résoudrait tous les problèmes en suspens. Bien au contraire, il avait eu une petite idée des difficultés qui l'attendaient, au cours de l'interview qu'il avait accordée à la CBS quelques jours avant d'annoncer sa candidature[8]. L'interviewer, Roger Mudd, était pourtant un vieil ami des Kennedy, et il avait entamé l'émission sous le signe de la cordialité ; mais tout à coup il avait évoqué les principaux points faibles de Teddy : l'affaire de Chappaquiddick, le problème de Joan, la division du parti. Comme les réponses du candidat devenaient de plus en plus incohérentes, Mudd lui demanda en quoi sa présidence serait différente de celle de Carter. La réponse fut de nature à cristalliser brutalement tous les doutes qui pouvaient subsister dans l'esprit de chacun : « Eh bien, c'est, hum, vous savez, il faut faire face aux différents problèmes que, ah, nous devons surmonter — je veux dire que nous pouvons, que nous devons traiter chacune des questions dont nous parlons, qu'il s'agisse de l'économie ou qu'il s'agisse du domaine de l'énergie... »[9].

Pourtant, on avait cru que le simple fait de se présenter suffirait. Dans l'euphorie qui entoura le début de la campagne, et malgré l'échec de l'interview de Mudd, l'attaché de presse de Teddy, Tom Southwick (il avait vingt-sept ans), déclara aux journalistes que, d'après ses propres recherches, il serait le plus jeune porte-parole qui eût jamais exercé ces fonctions à la Maison-Blanche [10]. Et Stephen Smith, le chef d'état-major de la campagne, passa bien du temps à se demander, au cours des premières semaines, comment et quand demander à Carter de se retirer purement et simplement de la course.

Il fut décidé de mettre en relief l'image de Teddy plutôt que d'insister sur les problèmes de l'heure [11]. « Leadership » [au sens de « ascendant mobilisateur », N.d.T.] devint le maître-mot de la campagne à ses débuts. Doris Kearns Goodwin et James MacGregor Burns, qui avaient tous deux publié des travaux universitaires sur la vertu du *leadership*, furent engagés pour accompagner Teddy et écrire ses discours. Smith retint également le cinéaste Charles Guggenheim, auteur de documentaires sur Jack et Bobby (dans le style du « cinéma vérité ») où les deux frères apparaissaient dans l'accomplissement des devoirs de leur lourde charge ; le réalisateur en ferait un troisième, du même genre, sur Teddy. Ceux qui s'étaient attendu à voir celui-ci renouer le fil, là où la mort de RFK l'avait brisé, et se colleter avec les « questions fondamentales », se sentirent désappointés par la modération du candidat, au début de la campagne*.

Ils craignaient qu'en donnant la primauté à ses vertus « mobilisatrices » Teddy n'eût frappé une médaille dont le revers était les « vertus morales ». Et en vérité, si Carter n'avait guère la compétence et l'esprit de décision que ses affiches semblaient implicitement lui attribuer, au moins pouvait-on dire que l'on n'avait trouvé aucune jeune femme morte dans sa voiture et que sa concupiscence, pour autant qu'il l'eût confessée à *Playboy*, était demeurée jusque-là enfermée dans le secret de son cœur.

Le véritable problème, en ce début de campagne, n'était autre que Teddy lui-même. Il se montrait curieusement détaché, dépourvu de ce que les politiciens professionnels auraient appelé « des tripes » ; il n'avait pas de « cœur au ventre ». Bien qu'il fût considéré comme l'un des orateurs les plus efficaces, en matière de politique intérieure, il se montra incapable d'exalter les passions au cours de ses premières tournées électorales. Sa voix puissante faisait vibrer les murs mais pas les cœurs ; elle emplissait les salles, pas l'esprit de l'auditoire. Parfois même, il semblait désorienté, « à côté de la plaque » [13] ; et cela ressortait d'autant mieux que, la nostalgie aidant, on se souvenait de la compétence, de la sûreté dont ses frères avaient fait preuve. Le correspondant du *Washington Post*, T.R. Reed, qui suivait attentivement chacun de ses pas, crut déceler ce qui n'allait pas, au cours d'un bref voyage du candidat en Californie, et il résuma son impression en ces termes : « Un reporter de la télévision lui avait demandé ce qu'il ferait par rapport à ce que Carter n'avait pu ou n'avait su faire [14].

* Ronnie Eldridge, qui avait soutenu RFK à New York, fut troublée, dès le début de la campagne, par l'attitude de Peter Edelman, le conseiller de Teddy pour les questions d'actualité. Celui-ci était allé la voir pour discuter de la stratégie à adopter. Quand elle mentionna le nom de Bella Abzug, militante féministe et ancien député au Congrès, la réaction de Peter Edelman ne lui laissa plus aucun espoir : toute l'équipe de Teddy considérerait qu'une femme comme Bella était bien trop à gauche et trop controversée ; « Il me dit : " Bella ! Vous plaisantez, c'est la dernière personne dont nous rechercherons le soutien ! " » [12].

C'était exactement le genre de question qu'il fallait exploiter à fond pour réussir. La prestation de Teddy fut excellente ; il souligna que Carter était incapable de s'assurer la bonne volonté des députés, de comprendre le Congrès et même de saisir ce que la Présidence représentait pour chaque Américain, etc., etc. A ce moment, le producteur surgit en hurlant " Coupez " parce que les techniciens avaient salopé l'enregistrement. Il fallut donc tout reprendre depuis le début : l'interviewer posa exactement la même question, mais, cette fois, la réponse de Teddy fut complètement diffuse, incohérente, presque dépourvue de sens. »

Après avoir assisté à un épisode du même genre à la télévision, une journaliste du *Globe* de Boston, Ellen Goodman, écrivait : « Je me sentais gênée. J'avais envie de changer de chaîne. Sa voix était contrainte, son ton déplacé, son regard glacé... Tout était raté. Une phrase me trottait dans la tête : ce gars ne souhaite pas vraiment être élu »[15].

Au moment où se réunit le *caucus* de l'Iowa, Teddy était déjà acculé dans son coin, non seulement par ses propres prestations — dont les hauts et les bas étaient de nature à susciter une certaine perplexité — mais aussi par les événements internationaux qui forment l'imprévu de chaque campagne électorale. Trois jours avant l'annonce de sa candidature, les révolutionnaires iraniens avaient pris des Américains en otages à l'ambassade des Etats-Unis, à Téhéran. Jusque-là, Teddy avait toujours eu de la chance dans ce domaine : l'affaire de Chappaquiddick avait été chassée de la première page des journaux par la marche d'un Américain sur la Lune ; sa contre-performance face à Roger Mudd avait eu lieu le soir de la première projection des *Dents de la Mer* sur le petit écran ; mais alors qu'il avait maintenant besoin de gros titres à la une, il se voyait relégué au second rang, dans les journaux télévisés ou dans la presse écrite[16]. Il n'obtint même pas un éditorial avant le mois de décembre, et il commit alors ce qui fut généralement considéré comme une gaffe en affirmant que l'ancien shah d'Iran n'aurait pas dû être admis aux Etats-Unis où il lui fallait suivre un traitement médical. Puis, le 28 décembre, ce fut l'entrée des chars russes en Afghanistan, ce qui transforma le gouvernement Carter en cabinet de crise et permit au Président d'esquiver le débat proposé par Teddy en prétextant qu'il lui fallait rester à la barre, à Washington. (« Et qu'il aille se faire foutre, ce *sale gosse de riche !* » avait dit l'un des principaux conseillers de la Maison-Blanche[17]*.)

Aussi le *caucus* de l'Iowa, quine semblait devoir être qu'une brève étape au cours d'un long voyage, allait-il revêtir une importance que ne justifiait pas une décision prise par quarante mille notables du parti démocrate dans un Etat de l'Ouest.

Quand la campagne était encore à l'état de projet, la direction des opérations dans l'Iowa avait été confiée à Joe. Il avait fait un bon travail

* L'expression employée en anglais, *Fat Rich Kid,* est importante car elle fait mouche ; bientôt elle deviendra le surnom que les ennemis de Teddy lui donneront comme on le verra par la suite. Elle est inspirée par une expression traditionnelle, *Fat Cat* (chat gras), qui sert à désigner dédaigneusement les mécènes et autres riches bailleurs de fonds (« pleins aux as » et souvent abusifs). (N.d.T.)

d'organisation dans l'Etat et pris la parole dans les petites villes, tout en récoltant nombre d'informations utiles et bien assimilées sur les responsables du cru et la situation locale[18]. Comme le remarquait son plus vieil ami, Chuck McDermott : « Quelque part, en cours de route, Joe avait acquis le don de traverser une foule et de laisser derrière lui un sillage d'émoi sans adresser la parole plus qu'il ne fallait à qui que ce fût. C'était la preuve qu'il savait se considérer comme une marchandise politique — en combinant son magnétisme avec une économie de moyens comme seuls savent le faire les politiciens-nés »[19].

Pourtant, à mesure que grandissaient les difficultés de Teddy et que l'Iowa prenait une importance croissante, l'autorité de Joe était minée par de jeunes professionnels comme Carl Wagner, qui avait travaillé pour McGovern et Udall et dirigeait maintenant l'état-major de campagne de Ted à Washington. McDermott était en voiture avec Joe qui devait assister à une manifestation où il prendrait la parole, quand ils apprirent par la radio de bord que Carter avait esquivé le débat avec Teddy et entendirent le commentaire fait devant le micro par Paul Tully, l'un des hommes de Wagner, sur place[20]. Il confia à McDermott que la campagne se trouvait compromise par ces hommes qui ne voulaient pas « laisser la famille tenir les rênes, dans le style traditionnel des Kennedy » ; après quoi il arrêta la voiture devant un téléphone public et appela Wagner pour lui signifier vertement qu'il était le seul porte-parole autorisé dans l'Iowa ; il ne souhaitait pas ennuyer Teddy avec cette affaire mais appela également Steve Smith qui lui en voulait encore, depuis le discours de la Bibliothèque, et le prit de haut. De retour dans la voiture, Joe expliqua amèrement à son ami : « Si mon père était encore là, il aurait appelé ce Tully pour lui signifier : " Ecoutez ; ceci est une affaire de famille ; laissez donc parler la famille " »[21].

Une semaine environ avant le jour fatidique, la situation commença à mal tourner. La question se posa de savoir qui ferait la déclaration officielle après l'élection devant les journalistes — c'est-à-dire, très probablement, qui reconnaîtrait la défaite. Joe eut une conversation violente avec Wagner (déjà ils en étaient presque venus aux mains précédemment) et lui dit : « Ecoutez, vous et vos gars vous avez voulu diriger les opérations depuis quelques semaines ; maintenant c'est à vous de faire la déclaration. » Wagner insista pour que ce fût Joe. « Pas question, Carl, répliqua ce dernier, vous avez tellement voulu vous mêler de tout que c'est bien à vous de parler. Vous disiez que vous n'aviez que faire des déclarations des Kennedy, hein ? »[22].

Deux jours avant les *caucus* de l'Iowa, Joe dirigeait une réunion électorale avec McDermott, à Des Moines, quand il fut demandé par l'interphone. C'était Teddy qui l'appelait du haut de son avion. McDermott les entendit échanger d'abord des plaisanteries cryptiques puis il vit le visage de Joe se fermer. « Okay, mon vieux, je le ferai pour toi. Mais ces gars se sont vraiment foutus de moi... de moi et du reste de la famille »[23]. Après la défaite, Joe se rendit à l'hôtel Savoy et avala la couleuvre. Ce serait la dernière fois qu'il rendrait un service de ce genre à son oncle.

La perte de l'Iowa était un coup très dur ; non seulement parce qu'elle était inattendue, ni même parce qu'elle réduisait à néant les idées que Teddy et son équipe avaient entretenues depuis dix ans — à savoir qu'un Kennedy obtiendrait l'investiture sur simple demande — mais parce que la défaite déclencha une crise d'identité, lourde d'implications profondes pour l'avenir immédiat : Ted pouvait certes expliquer à tout le monde que l'investiture était une partie en quinze points et que l'on n'en était qu'à la première manche, mais il se savait en difficulté. Il avait toujours tenu pour certain qu'il lui suffirait de se laisser glisser sur la surface des choses, sans devoir jamais adopter vraiment une attitude politique très nette. Mais maintenant on le pressait de se déclarer. Steve Smith lui conseillait de s'enfoncer dans la voie qu'il avait implicitement choisie, à savoir de se montrer très progressiste en matière de politique intérieure, mais en donnant satisfaction aux courants conservateurs qui traversaient le pays, en prenant une position dure en politique étrangère. Bob Shrum, un autre de ceux que Joe traitait avec ironie de « techniciens », pensait que Teddy devait reprendre à son compte tout le message de Bobby. Ce fut lui qui l'emporta. Le 25 janvier, Teddy prononça, à l'université de Georgetown, l'un des discours les plus impressionnants de la campagne : c'était à la fois un programme et une défense des théories progressistes — d'autant plus frappante que ces théories soutenues naguère par la gauche du parti démocrate étaient désormais passées de mode. Un chroniqueur peu suspect de sympathie à l'égard des Kennedy, William Safire, écrivit avec admiration que c'était un plaisir de voir « un homme assagi, débarrasser son cerveau des idées qui l'embrumaient, pour se dresser et — par la seule force intellectuelle et affective d'une déclaration de principe — donner vie à sa campagne comme à son personnage politique lui-même »[24]. Dans les tristes jours qui suivirent, alors qu'il perdait les primaires les unes après les autres, Teddy s'accrocha de plus en plus fermement aux perspectives qu'il avait dessinées à Georgetown ; on eût presque dit qu'il se sentait le héros d'une fable vécue : il avait voulu sortir de son terrier ; il avait été rossé ; moralité : il revenait s'abriter symboliquement sous le toit familial. A ceux qui lui reprochaient d'être trop à gauche, il répondait : « Peu importe ce qui peut m'arriver cette année ; tel est mon héritage, l'héritage de ma famille ; et ce devrait être l'héritage du parti »[25].

Cet héritage pourtant présentait aussi un autre aspect : il ne comprenait pas seulement ce que Jack et surtout Bobby avaient dit ou fait, mais également ce qui leur était arrivé. Alors que ses frères avaient pu prendre des bains de foule et soumettre directement le public au fameux magnétisme des Kennedy, Teddy en était privé. Il était isolé des électeurs par le fait même qu'il était un Kennedy (son Kennedysme ne l'isolait pas moins de sa propre personnalité). S'il allait par exemple à Newark, qui déjà en temps normal avait l'air d'une ville en état de siège, c'était dans une voiture blindée, suivie par une camionnette pleine d'agents du Service secret armés de mitraillettes Uzi. Sa sécurité était assurée par cinq cercles concentriques de tireurs d'élite et de spécialistes de la lutte contre les fous de la gâchette. Il avait plus de gardes du corps que le Président lui-même :

trois équipes de cinquante-quatre anges gardiens chacune (soit cent soixante-deux personnes au total) se relayaient pour assurer les « trois huit » autour de lui[26].

Dans un certain sens, la campagne avait commencé comme une « veille d'exécution capitale », selon les commentaires mêmes de la presse. Le dernier des Kennedy serait-il assassiné à son tour ? Telle était la question muette qui planait au-dessus de tous. Au fil des années, les morts survenues dans la famille avaient cessé d'être considérées comme des tragédies aveugles affectant une maison poursuivie par le destin — c'était devenu le symbole du droit des Kennedy à gouverner l'Etat. L'impression dominante était que Teddy devait tomber sous les coups d'un assassin pour aller rejoindre les exigeants fantômes de ses frères. Il y avait toujours des journalistes en train de rôder autour du candidat — en plus de l'équipe de garde affectée à sa personne — pour le cas où se produirait l'impensable. « Teddy était de plus en plus mal vu par la presse à mesure que le temps passait sans qu'il fût assassiné », a dit un journaliste par la suite : cela prouvait presque, une fois de plus, qu'il n'était pas à la hauteur de la tradition familiale, que c'était un raté.

Au début, c'était avec un mélange de circonspection et de jovialité que les représentants de la presse étaient montés pour la première fois à bord de l'avion affrété par Teddy pour les besoins de sa campagne[27]. Au cours d'une petite tournée préliminaire, dans l'Iowa, les journalistes avaient même salué le candidat en faisant la haie dans la salle à manger préparée pour le petit déjeuner, tout en scandant le « Salut au Chef » sur les couverts et la vaisselle. Mais les correspondants de presse étaient sur leurs gardes, à l'idée qu'ils pourraient être victimes du charme des Kennedy, comme leurs prédécesseurs l'avaient été. Et ils étaient fermement décidés à éviter la répétition de cet aspect de l'Histoire. Teddy le leur épargna lui-même : « Il prenait ses repas seul, passait beaucoup de temps dans la solitude, et ne se montrait pas d'un accès facile, dit Walter Isaacson, du magazine *Time*. Quand il cherchait à se montrer sociable, il avait un regard glacé qui démentait la chaleur de son attitude et interdisait toute intimité réelle »[28]. Mais les reporters s'étaient également armés de cynisme. L'une de leurs lectures favorites, qu'ils commentaient abondamment, était un article paru dans le *Washington Monthly*, et intitulé : « Kennedy : question de femmes ou question pour les femmes ? » C'était une attaque montée par les féministes contre Teddy, à propos de ses prétendues liaisons avec des mondaines comme Amanda Burden, des sportives comme la skieuse Suzy Chaffee, voire l'épouse du Premier ministre canadien Margaret Trudeau, entre autres... L'auteur parvenait à la conclusion que c'était là un mode de vie « révélateur d'un arrêt prématuré du développement, d'une intempérance narcissique, d'une hypertrophie infantile du moi, avide de nourritures sans cesse renouvelées »[29]. Au cours d'une brève tournée en Californie méridionale, les journalistes avaient appris (grâce à des appareils Radio Shacks qu'ils s'étaient procurés pour intercepter les communications du Service secret) que Teddy s'apprêtait à rendre visite à un ancien collègue, son ami le sénateur John Tunney ; tout le monde s'y précipita dans l'espoir de voir le candidat arriver avec une femme[30]. Au cours du même voyage, Teddy voulut prononcer quelques mots en espagnol, devant une association américano-mexicaine, mais il ne fit que s'exprimer dans un baragouin comique ; c'est alors qu'une journaliste murmura d'une voix parfaitement audible devant ses confrères narquois : « Il fallait s'y attendre : c'était en *espagnol* qu'il avait triché à Harvard ! »[31].

Vers le milieu de la campagne, les correspondants de presse avaient adopté envers lui un ton d'irrévérence grossière qui trahissait leurs sentiments à l'égard de sa candidature. Ils avaient remarqué, par exemple, que Teddy et Joan ne pouvaient presque pas se supporter. Il y avait maintes supputations, dans l'avion du candidat, sur le point de savoir s'ils échangeraient finalement un baiser ou un geste tendre. Quand Teddy se trouva un jour contraint de poser un bref bécot sur la joue de sa femme, un cameraman de la télévision avait filmé le geste. Le film fut projeté plusieurs fois au ralenti sur la visionneuse de l'avion avec un commentaire ironique imité des reportages de la NASA : « Le voici. Il s'approche. Il met son bras autour d'elle. Attention, mesdames et messieurs, ça y est presque. Voilà ! Un baiser ! Nous avons un baiser ! La confirmation vient de nous parvenir : c'était bien un baiser ! »[32].

Ils se régalaient de ses lapsus. On en fit des gorges chaudes quand il prononça « des femes farmiliales » dans l'Iowa, ou « je suis un combat difficile » un peu plus loin. Ils organisaient des émissions radiophoniques, imaginaires mais allusives, sur l'intercom de l'appareil. Quelqu'un fredonnait par exemple, dans le micro, l'indicatif d'une émission telle que *Pays idyllique ;* Tom Oliphant, dans le rôle du narrateur fictif, racontait sur le ton approprié : « Voici, chers auditeurs, la triste histoire d'une vedette pleine d'avenir qui ruina sa vie le jour où elle pénétra dans le *Pays éthylique...* », etc.[33]. Rick Burke, l'assistant administratif de Teddy, arrivait en courant leur dire que le sénateur était furieux. Les journalistes n'en avaient cure. Ils appelaient Teddy : « FRK » (en reprenant l'expression « *Fat Rich Kid* » utilisée à son égard par un conseiller de Carter, comme on l'a vu plus haut). Ils ne se privaient pas de demander à Burke : « Où ton FRK nous emmène-t-il ce matin, Ricky ? »[34].

Personne ne semblait avoir remarqué que les initiales FRK étaient celles de Bobby (Robert Francis Kennedy : RFK) avec deux lettres inversées, de même que la campagne de Teddy ressemblait à mainte entreprise similaire du passé — mais inversée.

Si Teddy était de plus en plus profondément atteint, jour après jour, il en allait de même pour la famille. A partir du moment où Joe se trouva évincé de l'Iowa par les « techniciens » de Washington, rien ne subsista plus de la joyeuse entreprise familiale que les campagnes des Kennedy avaient toujours été. Parce que Teddy était son « frère préféré » — le plus proche d'elle par l'âge et l'allure —, Jean Smith s'était vu attribuer dans cette campagne une importance qu'elle n'avait jamais eue dans aucune autre. Mais elle était pour le candidat un élément stabilisateur, d'un point de vue affectif, plus qu'un conseiller. La participation de Pat Lawford se ramenait pour l'essentiel à accompagner Teddy quand Jean ne pouvait le faire, ce qui donnait à penser au public que Teddy avait toujours besoin d'être chaperonné par une femme adulte, soucieuse de ses responsabilités [35]. Eunice, pour sa part, avait pris l'ennuyeuse habitude de le traiter en « petit frère » [36], et Peter Edelman se rappelle le jour où elle le pressait — une fois de trop — d'adopter une attitude hostile à l'avortement et à l'amendement constitutionnel sur l'égalité des sexes pour s'entendre répliquer sèchement : « Eunice, j'ai voté d'une certaine façon pendant dix ans, et ce n'est pas maintenant que je vais changer » [37].

Sarge était lui aussi laissé pour compte, sans savoir exactement où et comment se situer. (« Vous autres, les gars de Bobby, est-ce que vous continuez à le détester ? » demanda, un jour, l'un de ses collaborateurs à Peter Edelman. « Il semble convaincu que c'est le cas » [38].) Mais l'indication la plus évidente de la détérioration de la machine familiale fut l'éviction de Steve Smith. Après la débâcle de l'Iowa, Carl Wagner et les autres membres de l'équipe « technique » mirent ouvertement en cause les lacunes de Steve et alléguèrent que faute d'avoir dirigé une campagne depuis douze ans, il n'était pas au courant des changements intervenus entre-temps, notamment en matière de médias et de sondages. Selon eux, cette ignorance faisait du tort à Teddy. Aussi Smith s'effaça-t-il au profit de Wagner et de ses hommes [39]. Cela ne l'empêcha pas d'inventer des stratagèmes ingénieux pour tourner la loi sur la limitation des subsides accordés à tout candidat ; c'est ainsi qu'il obtint de plusieurs artistes, comme Andy Warhol ou Andrew Wyeth, le don de tableaux qui seraient vendus aux enchères pour financer la campagne. Mais il avait cessé d'être la mystérieuse éminence grise à qui l'on attribuait l'invincibilité des Kennedy.

Les petits-enfants durent accepter également leur part des pots cassés. Ils s'étaient lancés dans la campagne avec enthousiasme ; plusieurs d'entre eux avaient même participé à une réunion familiale à Hickory Hill, où ils avaient reçu les instructions d'Ethel, de Pat, de Jean et de certains membres de l'équipe de Teddy [40]. (Ils apprirent ainsi que si on leur posait des questions sur l'affaire de Chappaquiddick ou sur les problèmes « caractériels » de Teddy, il leur fallait répondre : « Le sénateur s'est déjà expliqué là-dessus. Moi je suis ici pour vous parler de lui, comme père et comme oncle.) Au début, il y eut comme un air de fête autour de leur entreprise — l'accession immédiate à la notoriété, la présence des agents du Service secret, un tourbillon d'activités frénétiques. Mais quand les choses se mirent à aller de travers, ils en subirent également le contrecoup. C'était particulièrement vrai pour les propres enfants de Teddy, plus protégés mais plus vulnérables que les autres. La jeune Kara, âgée de dix-neuf ans, s'était rendue dans une église de Philadelphie où elle espérait être reçue à bras ouverts, juste pour entendre le pasteur se livrer à une violente attaque contre son père et conclure sa diatribe par ces mots : « Il n'est pas digne d'être président » [41]. Elle avait vainement tenté de prendre la parole pour défendre Teddy avant d'éclater en sanglots et de s'enfuir. Elle eut l'occasion de comprendre mieux encore ce qui l'attendait, un jour où elle distribuait des tracts dans une rue de New York, quand un homme s'approcha d'elle pour lui glisser dans l'oreille : « Vous savez que votre père a tué une jeune femme de votre âge, n'est-ce pas ? »[42].

Les aînés des garçons avaient tout particulièrement espéré que la campagne leur permettrait de conjurer l'ambiguïté qui avait été leur lot et de ramener la Présidence entre les mains de la famille. Chris, qui s'était vaillamment battu pour refaire surface et était avide de prouver ce qu'il valait dans l'action, se porta volontaire dès l'annonce faite par Teddy. Il avait renoncé à s'inscrire dans une faculté de Droit — vieux projet déjà longtemps différé — pour participer à la campagne de son oncle[43]. Il téléphona, écrivit, envoya des messages à Teddy et à Steve Smith, mais rien ne vint. Il explique : « C'était le bon vieux système des Kennedy : faire comme si de rien n'était. Au début, je ne pouvais imaginer les raisons de leur silence. Mais bientôt je me suis rappelé que Teddy avait fait une apparition au chevet de David que j'étais allé voir quand il avait eu son endocardite. En sortant, il m'avait dit : J'espère qu'aucun de vous ne connaît ce Barry Landau qui a procuré de la cocaïne à Hamilton Jordan, au Studio 54. En fait, je le connaissais. C'était un ami de Lorna Luft, la fille de Judy Garland avec qui j'avais été élevé. Stevie Smith et d'autres cousins le connaissaient tout comme moi. Après cet avertissement de Teddy, Steve Smith m'avait convoqué au quartier général de la campagne, à Washington, pour me dire : " Ecoute, Chris, cette affaire Landau pourrait vraiment faire du bruit et il faut que je sache si l'on va nommer un procureur spécial pour s'en occuper, avant de t'enrôler dans la campagne. " Je lui répondis que, dans ce cas, il devrait convoquer les trois quarts de la famille pour leur dire la même chose »[44].

Chris avait donc entrepris de faire campagne en franc-tireur, dans le Massachusetts et le New Hampshire, de sa propre initiative, à l'automne de 1979. Il y fit la preuve de sa maturité politique et de son magnétisme de vedette, tant et si bien que Steve Smith, reconnaissant qu'il pourrait se montrer utile, après tout, l'envoya dans l'Iowa où il fit du bon travail, bien que la situation fût devenue désespérée. Pourtant, au lieu de resserrer l'unité de la famille, comme il croyait que les campagnes précédentes l'avaient fait, l'expérience exacerba la rivalité entre les cousins et il en fit les frais. Il avait toujours pensé qu'ils étaient plus attentifs à la façon dont ils se mesuraient les uns aux autres qu'à l'efficacité de l'action commune. Chacun passait son temps à observer le voisin par-dessus son épaule, et à tenter de le désarçonner si possible. Il en eut un bon exemple, encore que dans une occasion mineure, au début du printemps, lors des fiançailles de sa cousine Courtney avec un producteur de la chaîne de télévision ABC, nommé Jeff Ruhe. Epuisé par le manque de sommeil — la campagne ne lui avait pas laissé de répit et il n'avait pas dormi depuis plusieurs jours —, Chris fit pourtant acte de présence au moment des toasts qui donnaient toujours lieu à une compétition subtile entre les membres de la famille. Désespéré de ne rien trouver à dire, il demanda conseil à Bobby qui venait justement de prononcer un petit discours très bien troussé en l'honneur de sa sœur. Bobby le prit donc à part et lui fit remarquer que les serveurs fournis par le traiteur avaient un air vaguement arabe. Il lui donna donc un sujet de toast et lui conseilla de conclure par ces mots : « Les serveurs sont tous des musulmans chiites déguisés et quiconque ne versera pas son obole au trésor de guerre de Teddy sera retenu en otage ici-même. » Chris suivit le conseil, mais un silence de mort accueillit sa petite allocution : on venait en effet de remarquer que l'affaire des otages avait été l'un des facteurs de l'échec de Teddy. Quand le silence fut enfin rompu, Chris put remarquer que Bobby n'était pas le dernier à le brocarder[45].

Pour Chris, la campagne prit fin à Aspen, pendant les vacances de Noël, quand il fut surpris en train d'essayer de se procurer du Darvon avec une fausse ordonnance, dans une pharmacie, pour continuer à combattre son besoin d'héroïne. Steve lui dit d'attendre que les remous se fussent apaisés avant de reprendre sa place au sein de l'équipe. Il laissa tout tomber[46].

Pendant ce temps, Bobby avait reçu la responsabilité de l'Alabama. La raison alléguée était qu'il avait conservé des liens avec les conservateurs groupés autour de Wallace, et les progressistes amis de Frank Johnson. Mais comme l'Alabama était mitoyen avec la Georgie de Carter et que les sondages n'y donnaient pas plus de 15 % des voix à Teddy, il comprit que l'on cherchait surtout à se débarrasser de lui[47].

Néanmoins le séjour en Alabama fut pour lui, comme toujours, l'occasion de nouvelles aventures frénétiques. Il avait adopté, pour la circonstance, l'aspect d'un jeune Sudiste de comédie — les pantalons accrochés bas sur les hanches, les bottes en peau de serpent couvertes de poussière — capable de cracher à l'occasion un jet de Skoal dans une bouteille de Coke vide. Au printemps 1980, il vivait donc une version sudiste de la double existence qu'il avait menée depuis plusieurs années. L'un de ses deux personnages faisait campagne sous des dehors évangéliques dans les églises noires et en d'autres lieux appropriés. (Un historien de son entourage l'ayant entendu affirmer dans l'une de ses allocutions : « Les Noirs sont moins bien partagés aujourd'hui qu'ils ne l'ont jamais été au cours de leur Histoire », objecta qu'il serait plus exact de dire : « au cours des dix dernières années ». Bobby répondit allègrement : « C'est vrai. Mais je me fais toujours applaudir quand je prononce cette phrase; aussi ai-je l'intention de continuer »[48].) Cela n'empêchait pas l'autre personnage qui alternait en lui avec le premier, de se livrer aux exploits sauvages dont il était coutumier. Bobby s'était lié avec Harris McGough, concessionnaire de Cadillac et ancien combattant de la guerre du Vietnam, qui se vantait d'avoir tué à lui seul vingt-quatre Vietcongs; Harris conservait chez lui tout un arsenal, y compris des arcs avec des flèches équipées de lames de rasoir, des revolvers camouflés en stylos et des mitraillettes. La demeure de McGough, à Montgomery, devint le lieu idéal pour les excès de Bobby. Se vantant d'avoir eu une compagne dans son lit, chaque nuit depuis deux ans, il se livra à une chasse obsessionnelle à la femme, entre deux discours, bien qu'il fût toujours officiellement lié à Rebecca Fraser. Avec McGough et quelques amis, ils se défoulaient en roulant, la nuit, à deux voitures sur l'autoroute, tous feux éteints, à cent cinquante km/heure, tout en se passant d'un véhicule à l'autre un joint de marijuana.

Bobby se trouvait, en fait, coincé dans le personnage héroïque qu'il s'était fabriqué pour survivre au chaos de son adolescence — toujours en proie au besoin de franchir un pas de plus que les autres, afin de bien s'affirmer comme le Kennedy qui « réussirait » un jour. Contrairement à son frère Joe, il était incapable de considérer la politique comme une série patiente de petits pas en avant. Sous la conduite de Lem, il avait en effet été candidat à la Présidence depuis l'âge de seize ans et il s'était toujours accroché à cette ambition même depuis que son existence était devenue de plus en plus sauvagement débridée. A un moment de la campagne de Teddy, il rentra à New York pour assister à un conseil de guerre et amena avec lui l'un des « collaborateurs » qu'il avait recrutés en Alabama. Ils rencontrèrent un vieil ami, Andy Karsch, qui travaillait maintenant comme consultant, en matière de médias, pour le compte du candidat. Le « collaborateur » déclara à Karsch qu'ils avaient cherché une bonne circonscription où Bobby pût se présenter comme candidat au Congrès et s'étaient presque décidés pour Staten Island[49]. Karsch qui, comme tous ses amis, n'ignorait rien du fait que Bobby se droguait et considérait le jeune homme comme un mort en sursis, en train d'user sa « huitième vie », laissa exploser sa colère : « Cela devient stupide à la fin, cette histoire de destinée manifeste ; Teddy est en train de vous prouver, à vous tous, que tout ça c'est du passé ; mais apparemment personne ne veut comprendre la leçon. Vous autres, vous jouez à la politique comme les petites filles jouent à la poupée »[50].

Seul David était exempt de ces ambitions et de ces illusions. Après son arrestation à Harlem, le Comité-chargé-de-tenir-David-à-l'écart qui exerçait sur lui un droit de tutelle pour six mois, lui avait donné le choix : ou bien il retournait à McLean, ou bien il suivait un programme de désintoxication à Sacramento, sous la direction d'un spécialiste nommé Don Juhl. « Naturellement, raconte David, je choisis la seconde solution. Juhl me dit qu'il y avait trois règles à ne jamais enfreindre : faire du jogging tous les matins ; ne plus jamais dire “ se foutre en l'air et crever ” ; ne plus prendre de drogues. Si je violais l'une de ces trois règles, cela me coûterait un mois de présence supplémentaire et 20 000 dollars de mon propre argent »[51].

Aucun membre de la famille ne vint le voir. Il vivait dans un duplex avec Juhl et sa femme, soumis à ce qu'il appela amèrement par la suite, un « traitement par l'humiliation » — formule inventée et mise en pratique à Synanon, avec recours aux attaques personnelles et aux insinuations, destinées à provoquer des « réactions viscérales » et une modification du comportement[52]. (« Que se passe-t-il David ? demandait par exemple Juhl, en le voyant descendre vêtu d'un chandail à manches longues par temps chaud. Est-ce que tu as peur de relever tes manches et de montrer les traces de piqûres sur tes bras ? »[53].) David était de plus en plus révolté contre sa famille. Jusqu'à présent il n'avait accusé que lui-même de son malheur ; maintenant il commençait à blâmer les autres. « Je pensais qu'ils auraient tous dû intervenir plus tôt : ma mère, bien qu'elle ne fût vraiment pas compétente en la matière ; mais surtout Teddy, Steve Smith et le reste, qui cherchaient toujours le moyen d'éviter à Bobby, Joe et Chris d'avoir des ennuis, alors qu'ils me laissaient tomber. Quand ils ont fini par se soucier de moi, c'était pour m'empêcher d'avoir une crise d'overdose au milieu de la rue, ce qui aurait gêné le déroulement de la campagne de Teddy, plutôt qu'autre chose »[54].

Le 15 avril 1980, David cessa d'être sous tutelle et il s'appliqua, selon ses propres termes, à « se coller une bonne dépression nerveuse »[55]. Il s'enferma dans sa chambre de Sacramento avec un récepteur de télévision en noir et blanc, pour observer avidement la déconfiture de Teddy, de même qu'il avait assisté, jadis, à l'assassinat de son père. Il s'alimentait rarement et subsistait pendant plusieurs jours avec quelques tranches de fromage pasteurisé et une bouteille de Pepsi[56]. Il commença à avoir des hallucinations : « Je pensais que j'appartenais à la Mafia ; que j'étais le chef Suprême des Ultimes Tueurs Shibumi ; je me prenais pour Harvey Lee Oswald ; j'imaginais que j'avais tué mon père ; puis je croyais que mon père voulait me tuer et tentait de me noyer dans le ressac de Malibu »[57]. Quand sa petite amie Nancy Narleski vint le voir, il lui dit que Teddy était sûrement à l'origine du meurtre d'Al Lowenstein et tuerait encore d'autres gens si on ne le mettait pas hors d'état de nuire.

Quand David avait des moments de lucidité, Nancy et lui mettaient en scène des cérémonies burlesques pour la remise du prix « Je-ne-me-droguerai-plus » à divers membres de la famille qui avaient pris cet engagement. Mais il y avait des moments où David semblait si malade qu'elle avait peur de le voir mourir. Dans l'une de ces occasions, elle s'affola suffisamment pour contacter Barbara Kirby, une amie d'enfance de David, à Hyannis, qui téléphona à son tour à Joe et lui dit avoir appris que David était sérieusement en danger[58]. Joe appela Nancy pour hurler dans l'appareil : « N'appelez plus jamais les Kirby ! Tout est en règle. Il y a des tas de choses que vous ne pouvez pas comprendre. Il s'agit d'affaires sérieuses, alors foutez le camp ! Oubliez jusqu'à l'existence de David ! » Elle lui demanda si c'était une menace, il répondit : « Vous pouvez prendre ça comme vous voulez » et raccrocha brutalement[59].

David resta exilé[60]. Cherchant désespérément à renouer avec le passé, il appela son ancienne petite amie Pam Kelley, pour lui demander de venir le rejoindre en Californie. Elle accepta de prendre l'avion. C'est alors qu'il lui dit, à la fin de la conversation : « Et laisse ton fauteuil roulant chez toi ! » Elle comprit par là qu'il était profondément perturbé. « Je ne peux pas quitter mon fauteuil roulant, David, répliqua-t-elle, il fait partie de moi et je fais partie de lui »[61].

David continua d'errer autour de Sacramento, n'échappant à la drogue que pour se réfugier dans la boisson[62]. La famille continuait de faire peser une présence quasi funeste aux frontières de sa propre existence. Il avait sollicité un emploi dans la construction. Son futur patron lui ayant demandé s'il était prêt à « mettre le paquet et à se défoncer », il répondit par la négative[63]. Il obtint pourtant d'être embauché grâce à l'intervention de Frank Gifford, dont la fille Vicki était fiancée à son jeune frère Michael. Un jour, David se trouvait sur les berges du Sacramento, en train de boire avec ses copains et de feuilleter les pages du magazine *High Times* quand il tomba sur la photo de sa tante Rosemary, dans un article relatif à la lobotomie. « Elle avait des souliers blancs, tout neufs, et souriait. Une pensée me vint à l'esprit : si mon grand-père avait vécu, la même chose aurait pu m'arriver, comme à elle. Elle était une source d'ennuis, comme moi; elle faisait obstacle à la réussite de la famille, comme moi. En regardant cette photo, je me mis à haïr mon grand-père et tous les autres pour lui avoir fait ce qu'ils lui avaient fait et pour me faire ce qu'ils me faisaient »[64].

Quand la presse eut annoncé que son permis de conduire lui avait été retiré pour conduite en état d'ivresse, la population découvrit qui il était. Un journaliste du *Sacramento Bee* vint l'interviewer pour la chronique mondaine du journal... « Pendant la plus grande partie de l'entretien, écrivait-il, Kennedy est resté assis — nerveux, inquiet, avec une expression de perplexité sur le visage —, répétant patiemment pour bien se faire comprendre : " Je suis un gars tout à fait ordinaire. Ma vie ressemble beaucoup à celle de n'importe qui, sauf que je porte un nom célèbre "... Quand on lui demande ce que sa mère aurait aimé le voir devenir, un sourire amusé se dessine sur son visage et il répond d'un air espiègle : " Président " »[65].

Tandis que se poursuivait le calvaire de Teddy, celui-ci avait commencé à parler de son avenir avec quelques journalistes encore suffisamment attentifs pour l'écouter — les autres étaient devenus trop sceptiques pour faire cas de lui. La question ne consistait plus, depuis longtemps, à se demander s'il obtiendrait ou non l'investiture; il était clair désormais qu'il ne pouvait plus y compter. Le problème était de savoir ce qu'il pourrait encore faire après la défaite. Tom Oliphant raconte : « Il répétait que la Présidence n'était probablement plus à sa portée, pour diverses raisons politiques et personnelles, mais que cela ne l'empêcherait pas de poursuivre sa carrière de façon satisfaisante. Il évoquait la possibilité de rester au sénat comme sénateur non inscrit, à l'instar de George Norris. Il se montrait nostalgique, évoquait des épisodes anciens de la vie de sa famille, parlait tout particulièrement de son père pour montrer combien celui-ci avait été un homme extraordinaire, et ajoutait : " S'il ne me reste pas d'autre solution, je pourrai toujours me retirer de la vie publique et me consacrer à écrire un livre sur lui " »[66]. Il paraissait sentir combien sa destinée serait différente de celle de ses frères. Ils ne vieilliraient pas, eux; leur visage ne prendrait pas une ride; au fil des ans ils seraient de plus en plus jeunes, de plus en plus vivants; leurs actes apparaîtraient sous un jour de plus en plus héroïques. Lui, il avait tiré le lot le plus ambigu, celui du survivant, et il devrait se contenter de la durée d'une vie normale.

La nuit qui précéda les primaires de New York, il y eut une conférence familiale à l'hôtel New York Hilton[67]. Joe était là; Bobby était venu de l'Alabama; Eunice et Jean étaient également présentes. Mais c'était tout ce qui restait de la fameuse machine électorale des Kennedy. Teddy leur demanda ce qu'il convenait de faire. Bobby répondit que la question n'était même plus de savoir quand viendrait le moment de se retirer, mais de trouver le moyen de le faire et de se rallier à Carter. Joe n'était pas de cet avis : « Pourquoi diable se rallier à Carter ? Il faut s'accrocher. » Après avoir écouté également les avis de ses sœurs, Teddy eut un sourire forcé et demanda : « Bon, et maintenant quelle est la bonne nouvelle ? » Ce fut le mot de la fin.

Au cours des dernières semaines de la campagne, Teddy paraissait hagard ; son visage était pâle ; mais un certain calme s'était emparé de lui comme s'il se soumettait à un supplice rituel. Il continua de s'acharner, encaissant coup sur coup, et revenant au combat comme pour en demander encore. Il ne pouvait même plus se consoler en pensant à ses victoires de New York et du Connecticut, car les sondages réalisés à la sortie des bureaux de vote montraient que ses électeurs avaient surtout manifesté leur hostilité envers Carter et que quatre sur dix d'entre eux ne voteraient pas pour lui lors des élections générales de novembre s'il obtenait l'investiture du parti. La seule de ses annonces publicitaires qui remporta un franc succès fut l'attaque lancée contre le président-candidat Carter par Carroll O'Connor (l'Archie Bunker de la télé) ; il n'en allait guère de même quand c'était Teddy qui apparaissait personnellement sur le petit écran : son image, en soi, était devenue anathème. En fin de compte, il avait perdu vingt-quatre élections primaires sur trente-quatre et vingt *caucus* sur vingt-cinq. L'écrivain Garry Wills n'avait pas tort d'affirmer que c'était la fin « de l'ère des Kennedy, dans la vie politique américaine »[68].

Pour malmené qu'il eût été, Teddy se présenta pourtant, clopin-clopant, à la Convention. Il n'avait pas vaincu mais il s'était battu jusqu'au bout. Devant les délégués, il matraqua Carter dans un discours qui fut son seul triomphe et qu'il envoya, en souvenir, à ses derniers fidèles sous la forme d'un disque longue-durée, après la victoire de Reagan sur Carter en novembre[69]. Interrogé sur le point de savoir ce que sa longue épreuve lui avait enseigné, Teddy réfléchit un moment avant de répondre : « Eh bien, j'ai appris à perdre, et pour un Kennedy, c'est dur. »

Lem fut l'un de ceux que la défaite de Teddy déprima le plus profondément. Il avait toujours partagé les vues de Jack sur son « petit frère » et considéré celui-ci comme un gamin. Au début, il avait été troublé par la décision de Ted de se présenter, car il savait qu'une telle initiative allait déclencher, une fois de plus, une avalanche de ragots sur les aventures féminines du Président, ou sur les relations de Bobby avec Marilyn Monroe. (« Mon Dieu, pourquoi fallait-il qu'il fasse ça ? avait-il grogné. A cause de lui, on va de nouveau traîner la famille dans la boue. Je ne sais pas ce que feront les autres, mais moi, cette fois, je n'en suis pas »[70].) Plus tard, il reprocha à Teddy de n'avoir risqué dans l'affaire, selon ses propres termes, « qu'une seule fesse », et d'avoir ainsi jeté un doute sur la vitalité politique de la famille.

Une nouvelle vague de jeunes Kennedy était en train de découvrir Lem[71] — Caroline qui s'affichait dans les cercles artistiques new-yorkais avec plusieurs galants ; Timothy Shriver, qui était devenu le filleul de Lem quand Jack avait été tué ; et tous les enfants d'âge intermédiaire, Courtney, Kerry et Michael. Comme Bobby vivait de plus en plus sa vie de son côté, Lem avait encouragé les cadets à utiliser son appartement new-yorkais comme lieu de rencontre. Il appelait cela : « rallier les troupes après la défaite de Teddy ». De leur côté, ils considéraient que c'était leur tour de connaître cet homme quasi légendaire dans les annales des Kennedy.

L'un des avantages de Lem pour les jeunes, c'était qu'il leur servait aussi de bureau de renseignements et de centrale téléphonique, tout à la fois. Il appelait les principaux membres de la famille chaque jour, et collationnait les dernières nouvelles de leurs déplacements ainsi que les derniers potins. En outre, il était une source inépuisable de conseils et d'informations. Comme le disait Michael, « il savait toujours ce qu'il convenait de faire : quel cadeau offrir en chaque occasion, ou comment se conduire dans le monde — tout ce que les parents enseignent généralement à leurs enfants et que les nôtres avaient négligé de nous apprendre »[72].

Ce nouveau bataillon n'avait pas été en proie à des émotions aussi intenses que celles de Bobby, Joe, Chris Lawford et David. (Christopher Kennedy, l'un des « petits » de RFK, a expliqué : « Nos vies n'ont pas été portées aux mêmes extrémités. Elles n'ont été ni aussi difficiles ni aussi passionnantes que celles de nos aînés. Nous n'avons pas eu les mêmes problèmes »[73].) Mais ils avaient la jeunesse, et l'avenir leur appartenait. De sorte que Lem retrouvait avec eux les bons moments trépidants qu'il ne pouvait plus connaître avec Bobby et les amis de celui-ci, tous au bord de la trentaine et trop occupés à rendre compatibles la drogue et le travail. Lem emmenait maintenant ces jeunes gens de vingt ans prendre un pot au bar du Plaza — le Traders Vic's — où il absorbait huit ou neuf Scorpions, sa boisson favorite[74]. Il les régalait d'anecdotes sur les Kennedy et ils le raccompagnaient chez lui où ils restaient jusqu'à trois ou quatre heures du matin à feuilleter des albums pleins de photos et de coupures de presse. Pourtant ce n'était plus la même chose. Certes, ils étaient intéressés par Lem, mais ils n'avaient pas besoin de lui, comme Bobby et Chris naguère. Leurs parents s'étaient quand même un peu occupés d'eux, pour chaotique que leur vie ait pu être. Lors de l'assassinat de Robert Kennedy, ils avaient été partiellement protégés par leur grande jeunesse contre le choc métaphysique qui avait fait vaciller leurs aînés; ils n'avaient pas les immenses besoins de ceux-ci ; ils avaient également des vues différentes sur Lem qui faisait à leurs yeux figure de curiosité sinon d'antiquité. « C'était amusant d'être avec lui, dit Timmy Shriver, mais dans un certain sens c'était triste. Triste, à cause de ce qui était arrivé à mes oncles — nous pouvions comprendre quelle tragédie cela avait représenté, en voyant combien son existence en avait été bouleversée. Triste aussi, parce qu'il avait cru pouvoir faire en sorte que tout recommence comme avant et qu'il n'y était pas arrivé »[75].

Il avait perdu de vue ses vieux amis et même cessé tout rapport avec sa propre famille, renonçant ainsi aux quelques contacts extérieurs qui lui avaient assuré un semblant d'indépendance vis-à-vis des Kennedy. Maintenant il n'avait plus qu'eux. Il téléphonait à Eunice chaque jour : « Nous sommes les seuls survivants d'une époque révolue », lui disait-il pour essayer de l'entraîner dans de longues réminiscences à propos de Joe Junior, de Kick et de Jack[76]. Il devenait anormalement sensible au moindre manque d'égard, ou prétendu tel. Pour le vingt-cinquième anniversaire du mariage de Sarge et d'Eunice, il fut placé à gauche de la maîtresse de maison. Il tint pour un affront de ne pas être assis à la place d'honneur et passa le reste de la soirée à demander à la ronde, d'une voix avinée : « Pourquoi est-ce que je n'étais pas à sa droite ? »[77]. Un soir, Caroline, très pressée, appela sans se nommer un ami qui se trouvait chez Lem. Celui-ci reconnut sa voix et piqua une belle colère : « Comment ! Tu téléphones chez moi et quand je décroche tu ne prends même pas le temps de me dire bonjour ! » Elle tenta de discuter avec lui pour le calmer, mais finalement il coupa la communication[78].

Pourtant les plus grands soucis de Lem venaient de Bobby. C'était comme si les espoirs et les ambitions qu'il avait placés dans son plus cher protégé s'étaient fanés sous l'effet d'une longue sécheresse — à mesure que le magnétisme et les promesses des premières années s'ensablaient sans avoir porté leurs fruits. Bobby était sur le point de terminer enfin ses études de Droit mais il n'avait pas progressé d'un pouce vers la carrière politique dont il avait rêvé avec Lem, depuis que celui-ci l'avait adopté douze ans plus tôt. Il avait avec son ancien mentor des disputes terribles, comme des querelles d'amoureux, suivies de réconciliations mélodramatiques après des bouderies qui pouvaient durer plusieurs semaines. Dans l'intervalle, il arrivait à Lem d'appeler Duff Pacifico qu'il considérait maintenant comme la meilleure amie que Bobby eût jamais connue, celle qui avait presque réussi à le stabiliser. « Nous avions de longues conversations, dit Duff. Il en pleurait presque. Il me demandait si, à mon avis, Bobby avait de l'affection pour lui, si Bobby le considérait vraiment comme son meilleur ami »[79].

Il avait maintenant le souffle court et des accès de vertige ; son cœur était éprouvé par dix années d'intempérance, au cours desquelles il avait abusé de la drogue comme de la boisson et s'était épuisé à suivre le rythme de garçons qui avaient quarante ans de moins que lui[80]. Il avait de l'asthme et devait utiliser un inhalateur. Ses propos, au sujet de la mort, avaient toujours pris l'aspect de plaisanteries traditionnelles, avec Bobby, Chris Lawford et leurs amis. (Au cours d'expéditions fluviales qui avaient suivi la descente de l'Apurímac, il avait insisté pour emporter un « sac à viande » de sorte que ses jeunes compagnons aient le moyen de ramener son cadavre au cas où il mourrait en route[81].) Mais désormais ces conversations prenaient un tour plus sérieux et plus morbide[82]. Il s'était rendu à Pittsburgh avec Bobby et un vieil ami de celui-ci, Timmy Haydock, qu'il avait aidé à entrer à la faculté de Médecine. Pendant qu'ils s'y trouvaient, il emmena Haydock au cimetière pour lui montrer l'emplacement qu'il s'était fait réserver dans le coin de terre où étaient ensevelis les membres de sa famille. Il s'étendit même sur le sol pour vérifier que son grand corps pouvait y tenir. Il s'assit ensuite sur l'herbe pour contempler un étang paisible où nageaient des volatiles aquatiques. « Je serai là, pour l'éternité, à regarder les canards », dit-il[83]. Puis, après un moment de silence, il ajouta : « Le pire, c'est de porter le cercueil. On sue, on transpire. J'ai porté le cercueil de nombreux Kennedy. Je sais de quoi je parle. Mon Dieu, ce que je vais vous faire suer, les gars ! »

Il modifiait son testament de semaine en semaine. Il avait fait de Bobby son légataire universel. Puis il l'avait déshérité. Ensuite il avait encore changé d'avis et, dans un codicile, lui avait légué l'appartement mais avait laissé ses collections à sa sœur[84].

Le 25 mai 1981, il avait invité Michael et sa jeune épouse Vicki. Harvey Fleetwood était là, lui aussi. Bobby était censé venir de Charlottesville, mais il se décommanda à la dernière minute. « Lem en était très affecté, dit Fleetwood. Ils avaient longuement discuté par téléphone pour savoir s'ils passeraient ou non l'été à Haïti. Mais ils n'avaient pas abordé le véritable sujet — c'est-à-dire les mille choses qui avaient trait à la fin du rêve des Kennedy. Ce soir-là, Lem s'enivra beaucoup. Il me dit : " Il faudra prendre soin de Bobby ". Je lui répondis de ne pas s'en faire parce que Bobby avait un million d'amis. " Non, tu es l'une des rares personnes qui se soucient vraiment de lui ", dit-il. Je lui affirmai que tout cela n'avait aucun sens car il serait là encore longtemps pour prendre soin de Bobby, comme il l'avait toujours fait dans le passé. Il secoua la tête et se mit à pleurer. " Non. J'ai commis une terrible erreur. J'ai pris de la drogue avec lui. C'était une erreur terrible. Je n'ai pas fait ce qu'il fallait " »[85].

Le lendemain soir, son état d'esprit était meilleur. Il emmena dix des plus jeunes Kennedy au cinéma pour voir le film *Outlands*. Il était plein d'enthousiasme, parlait de la façon dont il allait aider Michael et Vicki à dresser les plans de leur nouvelle maison en Virginie, comme il avait aidé Steve et Jean Smith à dessiner la leur à Bridgehampton. Il parlait à haute voix pendant le film. Michael évoque cette soirée : « C'était à mourir de rire. Il prétendait ne pas comprendre ce qui se passait sur l'écran. Il demandait tout le temps : " Pourquoi est-ce qu'il fait ça ? " ou " Qu'est-ce qu'il dit ? " et " De quoi s'agit-il, dans tout ça ? " Ensuite, nous l'avions raccompagné à son appartement pour bavarder. On avait passé une bonne soirée »[86].

Le lendemain, après une autre conversation avec Bobby, il était de nouveau déprimé. Il appela Duff et lui demanda : « Est-ce que j'ai gâché ma vie, avec ces Kennedy ? Est-ce qu'ils m'apprécient vraiment ? »[87]. Il téléphona également à Harvey Fleetwood ; il sanglotait dans l'appareil : « Je suis en train de décrocher toutes les photos des Kennedy. Je ne veux plus les voir »[88].

Il mourut cette nuit-là, pendant son sommeil. Le rapport d'autopsie attribuait le décès à un arrêt du cœur, ce qui n'empêcha pas Ethel de demander à l'un des plus proches amis de Bobby s'il ne s'agissait pas d'une overdose[89]. Les funérailles eurent lieu à l'église épiscopalienne la plus proche de l'appartement, juste au coin de la rue. Pour les Kennedy c'était un peu comme la mort du passé. Le passage secret qu'ils avaient toujours utilisé pour communiquer avec leur ancienne gloire était fermé à jamais.

Dans son éloge funèbre, Bobby, auprès de qui il avait si longtemps joué le rôle de Prince Hal, compara Lem à Falstaff : « Il souffrait pour chacun de nous... d'une souffrance que nul autre n'avait le courage d'assumer... Je ne sais pas comment nous pourrons nous passer de lui... »[90]. C'est Eunice qui eut le dernier mot : « Je suis sûre qu'il est déjà en train de tout préparer là-haut, pour que le ciel soit prêt à nous accueillir, avec juste les bons meubles d'époque, les rideaux assortis, les tapis, les tableaux et tout ce qu'il faut pour nous faire fête, une grande fête. Hier c'était le jour anniversaire de la naissance de Jack. Lem était son meilleur ami. Et je sais qu'il veut que je le dise ici. Je suis sûre que le Bon Dieu sait que le paradis c'est Jésus et Jack et Bobby et Lem réunis dans l'amour les uns des autres »[91].

Comme ils quittaient l'église, quelqu'un se rappela une phrase que Lem avait prononcée quelques années plus tôt, alors qu'il était d'humeur joyeuse : « Après que je serai parti, il n'y aura plus de Kennedy. »

ÉPILOGUE

La fête du Thanksgiving (la journée d'actions de grâce, le quatrième jeudi de novembre) avait toujours été une occasion de réjouissances chez les Kennedy; il y avait des tas d'enfants qui couraient partout dans la grande maison de l'Ambassadeur, à Hyannis, des mets en abondance, des jeux et des charades après le repas traditionnel[1]. Mais en 1982, l'ampleur des festivités avait été curieusement réduite, comme pour rappeler à tous combien leurs rangs s'étaient éclaircis, combien s'étaient relâchés les liens qui les unissaient, combien s'était détériorée leur situation dans le monde. Pat Lawford et Steve Smith étaient là avec leurs plus jeunes enfants. Teddy était venu avec ses trois rejetons. Rose était présente bien entendu ; âgée de quatre-vingt-treize ans, elle portait un élégant chandail bleu à col roulé, orné de perles, et des boucles d'oreilles en or, en forme de coquilles Saint-Jacques.

Plusieurs collaborateurs de Teddy étaient arrivés de Washington la veille, avec des graphiques et les résultats de divers sondages. Ils avaient affirmé de façon pressante qu'il était grand temps de préparer les élections de 1984 ; ils voulaient avoir l'assurance qu'ils pouvaient mettre les choses en train au plus tôt pour ne pas être de nouveau noyés dans l'agitation qui leur avait fait tant de tort en 1980. Les raisons pour lesquelles ils demandaient à Teddy de se présenter à nouveau étaient persuasives. Le crédit de Reagan diminuait. Teddy était, de loin, le Démocrate le mieux placé. Le parti avait besoin de l'autorité morale qu'il avait acquise à la fin de son combat solitaire de 1980 et qu'il venait de prouver lors de sa réélection comme sénateur du Massachusetts, quelques semaines plus tôt.

Mais la politique était bannie pour toute la journée. Au repas, Rose, fragile comme un oiseau, picorant dans son assiette, dirigeait intensément son regard affaibli vers celui qui parlait, tandis que Teddy, tout à côté d'elle, lui décrivait qui était là, précisait qui disait quoi. Il refusait d'admettre que, certains jours, « elle n'était plus elle-même ». Comme ses propres enfants étaient présents et qu'il s'agissait d'un moment important, voire inoubliable pour eux, il cherchait à pousser sa mère à « être tout à fait là » pendant le repas.

Les adultes parlaient sur le ton saccadé des Kennedy, achevant chacun la phrase de l'autre, imitant la voix d'un tiers, échangeant des potins à propos des absents, évitant toute allusion à la politique. Vers la fin du repas, l'attention se porta sur les enfants qui avaient écouté respectueusement, et pendant une demi-heure on les interrogea sur ce qu'ils pensaient de la conversation qu'ils avaient entendue — c'était une façon rituelle d'établir un lien entre les générations, une tradition qui remontait à un passé plus lointain que leurs plus anciens souvenirs.

Teddy donna le signal de la fin du repas en se laissant aller contre le dossier de sa chaise et en allumant l'un de ces petits cigares qu'il fumait à l'instar de ses frères. Rose demanda, de sa voix frêle : « Est-ce que tout le monde a assez mangé ? Est-ce que personne ne veut plus rien ? » Teddy répondit que tout le monde avait eu son content. Elle demanda encore, comme si elle n'avait pas entendu : « Est-ce que quelqu'un veut encore de la glace ? » « Non merci, mère, répondit Pat Lawford en élevant un peu la voix. Nous sommes tous vraiment rassasiés. » Teddy se leva alors, une coupe de champagne à la main, demanda quelques instants de silence, baissa les yeux vers sa mère et lui déclara, dans les termes un peu guindés qui convenaient à un toast, combien tous l'aimaient, combien ils appréciaient son hospitalité et il ajouta qu'elle avait toujours su réussir les meilleurs repas de Thanksgiving de tout le Massachusetts. Puis, tandis qu'elle souriait, toute rayonnante de plaisir, il lui demanda si elle ne voulait pas porter elle-même un toast.

Se dressant avec son aide, elle prit alors la parole. Elle n'avait plus l'air hésitant, distrait, qu'elle avait montré pendant le repas. Elle parla de sa famille, de son passé, de sa vie. « Je voudrais que vous vous rappeliez tous, les uns et les autres, que vous n'êtes pas seulement des Kennedy mais également des Fitzgerald. Les Fitzgerald appartiennent à une très vieille famille irlandaise. Il existe un jardin public qui porte leur nom, aux abords de Dublin. Les Fitzgerald sont venus en Amérique en quête de liberté, avant même l'arrivée des Kennedy. Ils ont fait fortune avant les Kennedy. Quand les Catholiques irlandais n'avaient personne pour parler en leur nom, ce sont des Fitzgerald qui l'ont fait... »[2].

Elle parla de son éducation — des écoles qu'elle avait fréquentées en Europe, de l'importance que l'on accordait, dans sa famille, à ce que chacun apprenne une langue étrangère, comme le français, pour pouvoir continuer à prier dans cette langue en cas de persécutions. Elle parla de sa propre mère qui était d'un naturel timide mais s'était efforcée de rester aux côtés de son mari pendant tout le temps où il avait exercé les fonctions de maire. Puis, changeant de ton, elle demanda d'une voix d'animatrice : « Et qui fut le plus grand maire de Boston ? » Pris de court pendant un instant, Teddy et les autres rugirent : « Fitz-gâteau ! » Rose sourit et approuva du bonnet. Puis elle continua à parler des Fitzgerald et de leur sens exemplaire du devoir civique ; elle raconta comment Sir Thomas Lipton lui avait fait la cour en certaine circonstance, comment elle avait rencontré son futur mari, Mr Kennedy. Se tournant vers son fils, elle demanda : « Et est-ce que ton père a jamais gagné un sou, Teddy ? » Quand les rires se furent apaisés, elle reprit son ton racoleur pour lancer : « Et qui était la plus jolie fille de Boston ? » des acclamations lui répondirent : « Toi, c'était toi ! »

« Au début, Mr Kennedy me plaisait, mais je n'étais pas amoureuse de lui, poursuivit Rose. Pourtant j'ai fini par l'aimer beaucoup. Beaucoup. » Elle fit une pause comme pour chercher ce qu'elle allait ajouter. Les autres applaudirent. Elle semblait sur le point de continuer, de leur raconter la suite de l'incroyable histoire des Kennedy dont elle avait vécu les commencements, mais elle parut avoir perdu le fil. Elle resta là, toute souriante jusqu'à ce qu'une expression d'égarement se fût posée sur son visage. Après un moment, elle regarda Teddy : « Je suis si heureuse quand tu es là, mon chéri. » Teddy désigna d'un geste ses enfants et leurs cousins : « Et tous les enfants aussi, mère. » Rose hocha la tête : « Oui, et tous les enfants aussi. Vous pouvez tous venir chez moi quand vous voulez. Je suis si heureuse quand vous êtes là. » Puis elle se mit au piano et joua sans fautes, en chantant d'une voix tremblotante « Toora-Loora », puis « My Wild Irish Rose » et enfin « Sweet Adeline ».

Le lendemain, la politique reprit ses droits. Au cours d'un déjeuner au sommet, Teddy fut rejoint par ses trois fils, par Steve Smith et un assortiment de petits-enfants de Joseph Kennedy ; il y avait également Dotson Rader qui préparait une étude sur la famille, pour *Parade,* ce qui l'obligeait à beaucoup voyager pour recueillir des témoignages. Teddy lui demanda son avis. Rader cita l'opinion des personnes interviewées par lui, au cours de ses voyages, et conseilla à Teddy de se présenter à nouveau, en raison de ce qu'il appela la « fusion existante » entre les Kennedy et l'Histoire des Etats-Unis. Teddy le remercia et commença d'examiner les raisons pour lesquelles il pourrait gagner en 1984, tandis que Steve Smith jouait l'avocat du diable et démantelait ses arguments au fur et à mesure. Aucun des jeunes ne prit la parole, bien que chacun sût que Kara, TK et surtout le petit Patrick âgé de seize ans, avaient — chacun séparément — dit à leur père pourquoi ils étaient hostiles à ce que celui-ci se mît une fois encore en campagne. Tout en poursuivant son plaidoyer, Teddy regardait autour de la table comme pour voir si quelqu'un d'autre soutenait sa thèse et lui adresserait un coup d'œil complice. Personne ne répondit à son appel. Chacun gardait les yeux baissés sur la nappe. Finalement, après que tous les arguments eurent été énoncés, Steve Smith demanda : « Si l'on votait ? Qui est pour ? » Mais à part Dotson Rader qui était un étranger, aucune main ne se leva. Smith haussa les épaules : « Voilà qui est clair. » Quelques instants plus tard, comme pour faciliter la transition vers des sujets moins douloureux, il leva son verre de vin et porta un toast à son beau-frère, pour lui réitérer combien tous l'admiraient et appréciaient son action, tandis que le regard de Teddy se perdait dans le vague[3].

Dans les deux heures qui suivirent, tout le monde était parti, en taxis ou dans des voitures de l'aéroport, pour prendre l'avion et rentrer chacun chez soi. Il ne resta plus que Teddy et Rader. Le premier bavarda un instant avec le second à propos de l'article pour *Parade*, puis remplit deux verres et demanda à son interlocuteur de rester encore un peu. Comme les ombres du soir commençaient à envahir la pièce, Teddy se mit à parler avec une précision et une lucidité que Rader trouva tout à fait particulières. Il passa en revue la politique étrangère, le désarmement, les syndicats et les syndicalistes, la santé publique, le besoin de rendre viables les entreprises désuètes, et la façon de rééquiper le pays en vue de l'ère post-industrielle. Pendant qu'il écoutait attentivement, Rader comprit soudain qu'il était en train d'entendre, à titre privé, le « Message présidentiel sur l'état de l'Union »... qui ne serait jamais prononcé.

Quelques-uns des petits-enfants qui n'avaient jamais encore connu les feux de la rampe au sein de la famille commençaient maintenant à parler de faire carrière dans la politique. Kathleen, par exemple, la fille aînée de RFK, qui avait passé dix ans de sa vie à élever ses deux bambins avec le soin et l'attention dont, comme elle le disait parfois, ses cousins et elle-même n'avaient pas bénéficié, avait dirigé la campagne de Teddy, pour sa réélection au sénat en 1982. Elle avait ensuite demandé à ses frères s'ils s'intéressaient à sa carrière au cas où elle irait s'installer dans le Maryland pour briguer un poste au Congrès. Son frère David, qui avait choisi d'être l'archisceptique de la famille, lui avait dit qu'elle était folle de croire que l'on pouvait trouver aussi facilement une implantation politique. « Papa l'avait bien fait ! », se défendit-elle ; mais David lui rétorqua : « Est-ce que tu te prends pour Robert F. Kennedy ? »[4].

Une réponse similaire attendait Stevie Smith quand il fit savoir qu'il aimerait remplir auprès de ses cousins le rôle qu'avait joué son père vis-à-vis de leurs parents — gérant des affaires familiales et maître d'œuvre des campagnes électorales. Chris Lawford ironisa : « Un chef politique pour la prochaine génération ? Bonne idée, sauf qu'il n'y a plus de troupes à commander... »[5].

Bobby Shriver, qui avait déçu sa mère en lui révélant qu'il préférait gagner de l'argent plutôt que de chercher à entrer dans la politique, résuma ainsi l'opinion générale : « Nous devons mesurer nos capacités à l'aune de nos parents. Grand-papa était complètement branché. Il avait son propre domaine : le Massachusetts et toute la côte Est. Il était à la fois consultant politique, comité d'action et conseiller en relations publiques, tout ça en une seule personne. Son unique client était la famille. Il était fanatiquement résolu à réussir. Mais personne désormais n'est plus disposé à penser que l'élection d'un Kennedy, à n'importe quelle fonction, est une question de vie ou de mort. Même si certains le croyaient, ils ne pourraient pas l'obtenir pour autant. Voilà ce qui a changé et nous ferions mieux de l'admettre »[6].

Joe, le plus âgé et le plus sérieux, avait épousé Sheila Rauch, et ils avaient eu des jumeaux au début de 1983. L'un avait été appelé Matthew et l'autre Joseph P. Kennedy III. Son affaire, la Citizens Energy Corporation, marchait bien ; il était pourtant moins passionnant de diriger une entreprise qui exigeait une attention constante, que de la considérer comme un symbole politique, comme au début. Il n'avait que trente ans mais était souvent l'objet de spéculations dans les milieux politiques du Massachusetts. On avait parlé de lui depuis 1976, à propos de postes divers : ceux de trésorier, de maire, de vice-gouverneur, de député. Ses cousins enviaient sa stabilité mais le tenaient pour aussi dépassé que Teddy. « Joe avait accepté les anciens usages, disait Chris Lawford. Il trace son sillon, et cherche à dégeler les ambitions qui gisent, glacées, au cœur de la famille. Il finira probablement par se présenter à une élection quelconque, mais quand il aura été élu, ce ne sera pas ce qu'il avait espéré, et aucun d'entre nous ne s'en souciera »[7].

Chris lui-même continuait de vivre aux frontières de la famille ; sa perception des choses avait été affinée par sa vulnérabilité et ses souffrances ; il comprenait que sa situation ne changerait plus jamais. Par une ironie du sort, en septembre 1980, juste après que Teddy eut lancé son chant du cygne à la convention démocrate, il avait été trouvé en possession d'héroïne et arrêté. C'était dans le ghetto de Roxbury où il se contentait, ce jour-là, d'accompagner un ami[8]. Pour éviter une inculpation et une éventuelle condamnation à une peine de prison ferme, il avait accepté de se soumettre à une cure de Neltraxon — un antidote des stupéfiants qui bloquait les effets des opiacés — et à une psychothérapie[9]. Le seul adulte qui le soutenait encore dans la famille était Eunice, accourue en avion pour l'aider à se tirer d'affaire ; et elle concluait : « Nous autres Kennedy, nous sommes si sacrément efficaces quand nous nous mêlons de résoudre les problèmes des autres, et si nuls quand il s'agit de nos propres affaires »[10].

Les étudiants de la faculté de Droit de Boston, où Chris s'était finalement inscrit, insistèrent auprès de l'administration pour que des mesures disciplinaires ne fussent pas adoptées contre lui. Il reprit donc ses études et se remit à la tâche, apparemment interminable, de recoller les morceaux de son existence. Mais cette fois, peut-être parce qu'il se sentait enfin libéré (pour des raisons inattendues et peut-être insaisissables, liées à l'échec de Teddy), il parvint à se maintenir sur la bonne voie. En 1983, il terminait ses études de Droit, ce qui fit taire momentanément les critiques de la famille à son égard. Mais, à ses propres yeux, cela ne résolvait nullement son dilemme. « J'ai fait mon Droit pour entrer dans la politique, dit-il, parce que c'est un tremplin, etc., mais, apparemment, c'en est fini de la politique pour nous, de sorte que je me trouve devant l'éternelle question : et maintenant que faire ? Parfois je me dis que mieux vaudrait tout lâcher, ne plus donner signe de vie à Teddy, Steve Smith, Joe ni à aucun des autres. Mais je sais que je ne pourrais pas le faire. C'est ma famille. Pourtant je ne pourrais plus jamais penser à eux — à nous — comme avant. Dans mon idée, tout ce que faisait la famille était inspiré par le désir de servir le pays. Maintenant, je me demande ce qui a bien pu inciter mon grand-père à pousser les siens en avant avec tant d'opiniâtreté pour nous plonger tous, en fin de compte, dans cette tragédie »[11].

David, considéré depuis longtemps comme l'acteur le plus dramatique, le plus flamboyant, de ce grand spectacle familial, était revenu de Sacramento, mais sous condition, au début de l'année 1981. En mars, il avait assisté au mariage de son frère Michael avec Vicki Gifford ; à cette occasion, Chris et les autres s'étaient étonnés de le voir si mal en point, si peu équilibré. Il prononçait des phrases telles que : « Je suis mauvais ; Dieu me punit »[12]. Pendant les vacances de Noël précédentes, à Aspen, il avait de nouveau été victime d'une overdose pour avoir abusé des somnifères de sa mère, et les autres avaient eu du mal à le réveiller au moment de l'échange des cadeaux. Il s'était finalement levé et avait pu marcher jusqu'à l'arbre, mais une fois là, il s'était soudain trouvé incapable de bouger. Bobby, qui se tenait derrière lui, avait déclaré avec un détachement clinique : « C'est étrange, la façon dont tu te tiens ; on dirait Jésus-Christ sur la Croix »[13].

Chacun s'attendait plus ou moins à ce que David finisse par se suicider[14]. Tel serait le prochain grand drame des Kennedy. Mais il continuait de s'arranger pour survivre à ses épreuves, l'une après l'autre ; sa conviction d'être le seul membre de la famille à vivre sans illusions lui donnait des forces. Il fut de nouveau admis à Harvard, mais sous condition. Il déclara à ses amis qu'il s'était inscrit à deux cours, celui d'archéologie (« un mort vivant chez les momies », disait-il) et celui d'anthropologie (« pour passer des songes aux singes », ajoutait-il en faisant allusion à ses paradis artificiels d'hier)[15]. Quand il eut réussi à franchir victorieusement sa période probatoire, il fut autorisé à prendre normalement ses inscriptions en 1983. Parallèlement, il était traité par un psychiatre et, pour la première fois, s'abstenait d'exercer à l'encontre de la thérapeutique l'ironie réservée par les membres de la famille à toute introspection. (« Mon psy avait commencé par me poser des questions au sujet de mon père et je lui avais parlé des photos pendues au mur, mais après en avoir discuté et avoir éliminé cet aspect de la question, je commençai à comprendre d'où venait tout le mal dont je souffrais »[16].)

Tout en s'efforçant de terminer ses études et de rester à l'écart de la drogue, David utilisait sa condition de paria pour examiner lucidement la situation générale, de l'extérieur. « Mon oncle et mon père avaient coutume de citer cet Anglais pour qui la politique était le plus noble des métiers. Pour moi, la politique c'est une fumisterie. C'est la principale chose, peut-être la seule, que j'aie apprise dans ma vie. L'Amérique a besoin que les Kennedy la laissent un peu tranquille et vice versa »[17].

Quand David s'exprimait en ces termes devant Bobby, celui-ci se contentait de sourire en disant : « Propos de drogué ». Et David de répliquer : « Tu es aussi drogué que moi, seulement toi, tu n'as pas encore voulu l'admettre »[18].

Après la mort de Lem, Bobby s'était installé dans l'appartement qui lui avait été légué et avait emprunté de l'argent sur sa rente pour racheter les collections qui ne faisaient pas partie du legs. Il annonça ses fiançailles avec Emily Black, avec qui il faisait ses études de Droit à l'université de Virginie, et l'épousa en mars 1982. Il obtint son diplôme en juin et un poste de procureur adjoint auprès d'un tribunal de district à New York, où Emily trouva un emploi dans les services de l'assistance judiciaire. Ils eurent de nouveau droit à l'attention de la presse quand la jeune femme fut agressée et refusa de porter plainte malgré l'avis contraire de Bobby. A l'automne de la même année, les journalistes trouvèrent encore une bonne occasion de parler de lui, mais cette fois à titre personnel, quand il échoua à son examen d'entrée au barreau.

S'il avait toujours réussi à dominer les diverses contradictions de son existence, ce talent, dont il était si fier, commençait à lui faire défaut. Alors même qu'il occupait ses fonctions de procureur adjoint, il poursuivait ses incursions habituelles à Harlem, sauf qu'il se coiffait d'un bonnet de marin, enfoncé jusqu'aux yeux, pour ne pas être reconnu ; il se dirigeait rapidement vers les rendez-vous de drogués qui lui étaient familiers, concluait rapidement son affaire et repartait aussitôt vers le monde respectable qui était désormais le sien. Mais avec la mort de Lem, il avait perdu le principal soutien affectif qui lui avait toujours permis de « tenir le coup », ce courant de fantaisie qui avait toujours porté ses espoirs et d'où il tirait sa force. On murmurait maintenant dans le bureau du procureur qu'il « somnolait » à l'audience et qu'il négligeait ses dossiers.

Le 16 mai, son vieil ami de Harvard, Eric Breindel, devenu entre-temps le protégé du sénateur Daniel Patrick Moynihan et employé à la commission sénatoriale chargée de surveiller l'action des services de renseignement, fut arrêté alors qu'il achetait de l'héroïne à Washington, en compagnie d'un procureur, ami des Kennedy, Winston Proude. (Ce dernier avait suscité l'indignation d'Ethel en se montrant amical envers son fils Christopher, et en l'emmenant voir le film *Cruising*[19]. Ethel se vanta même, auprès d'un ami intime de Bobby, d'avoir dénoncé Proude[20], mais celui-ci — qui tenta de se suicider après le scandale[21] — maintint toujours que son arrestation n'était pas due à cette délation.)

Au cours de l'enquête, les autorités s'inquiétèrent de savoir si Breindel n'avait pas divulgué des secrets d'Etat auxquels ses fonctions lui donnaient accès ; elles s'efforcèrent également d'obtenir des informations sur l'ampleur prise par la toxicomanie dans les milieux officiels. Craignant que le coup de filet ne l'atteignît, Bobby commença par engager un avocat[22], son comportement devint erratique ; il fallut aller à son secours, par deux fois, au cours de l'été, alors qu'il faisait de la voile. Enfin, le 3 août 1983, à bord d'un avion de la Republic Airlines, en vol vers Rapid City, dans le Sud Dakota, la porte des lavabos s'ouvrit violemment et un passager vit soudain Bobby, assis en chaussettes sur le siège, appelant à l'aide. On l'étendit en travers de fauteuils vacants, sous une couverture, tandis qu'il continuait de tenir des propos incohérents. Il était très pâle ; son pouls ne battait que faiblement ; de grosses gouttes de sueur perlaient sur son front ; aussi le pilote demanda-t-il par radio une ambulance à l'arrivée[23].

Au moment de l'atterrissage, il se sentait mieux ; aussi tenta-t-il de filer avec son sac et de gagner la voiture qui était venue le chercher. Mais les policiers qui avaient accompagné l'ambulance voulurent savoir qui il était. Il prétendit d'abord se nommer Bobby Francis[24], avant de décliner sa véritable identité. Pendant les trois heures suivantes, il demeura dans une salle d'interrogatoire, à lire un ouvrage sur le Moyen Age, en refusant de répondre aux questions. On le laissa finalement partir, mais le sac fut saisi.

Deux jours plus tard, un juge donna l'ordre d'ouvrir le sac en question et l'on y trouva un gramme d'héroïne.

Après avoir plaidé coupable, Bobby s'entendit assigner deux ans de « service social » — à titre probatoire. Mais sa peine était plus sévère, en réalité, que s'il avait été condamné en bonne et due forme pour son délit. Comme le dit son frère David après avoir appris l'arrestation : « Il était le meilleur et le plus brillant d'entre nous. Aucun doute là-dessus. Si les choses avaient tourné différemment, il aurait pu réussir. Etant donné les circontances, c'était fichu. Même ainsi, Bobby était notre dernière illusion »[25]. Et Chris Lawford d'ajouter : « Si vous envisagez l'histoire des Kennedy comme un tout, depuis les débuts de grand-papa jusqu'à ce qui vient d'arriver à Bobby, vous verrez qu'il s'agit d'une affaire de karma : ceux qui avaient brisé les règles ont finalement été brisés par elles »[26].

Même pendant les mois qui suivirent son arrestation, Bobby continua d'occuper le devant de la scène. Tout le monde parlait des progrès qu'il faisait au centre de désintoxication où il tentait de prouver son repentir ; de la grossesse de sa femme Emily ; de l'ironie du sort qui lui avait fait réussir son examen d'entrée au barreau juste avant l'affaire. Monopolisant l'attention de sa génération de Kennedy — dans l'épreuve comme dans le succès —, Bobby continuait d'éclipser tout le monde et notamment le fait que son frère David perdait du terrain, dans ses tentatives pour trouver sa voie au sein de la famille et en dehors de celle-ci.

La première réaction de David à la nouvelle de l'arrestation avait été la jubilation. Il avait l'impression que justice était enfin rendue : il n'avait cessé, pensait-il, de payer pour les autres ; maintenant c'était le tour de son aîné. Il espérait également que les tribulations de celui-ci et la sympathie qu'elles suscitaient entraîneraient une plus grande compréhension à son propre égard. Ce fut le contraire qui se produisit. La pénitence de Bobby se révéla aussi spectaculaire que la faute : il avait passé finalement ses examens malgré la drogue, subi cinq mois de cure en état d'abstinence totale — ni drogue ni alcool — et adopté un mode de vie des plus rangés. Au lieu de rejoindre David au banc des réprouvés, Bobby s'était montré, une fois encore, différent des autres. David se retrouva plus isolé que jamais au sein de la famille. Etant donné que ses échecs avaient été aussi voyants que spectaculaires, il fut tenu pour indirectement responsable de ce qui était arrivé à Bobby ; on le tenait, plus que jamais, pour l'épée de Damoclès suspendue au-dessus de la famille. Selon un ami, « même dans les meilleurs moments, David semblait toujours se raccrocher du bout des doigts au-dessus de l'abîme ; et maintenant on pouvait voir le bout des doigts commencer à lâcher prise. Il constatait qu'il n'avait plus sa place parmi les siens. Un autre en aurait conclu qu'il fallait laisser tomber ces gens-là. Mais d'après David, s'il n'était plus le bienvenu dans la famille, il n'avait plus sa place nulle part. » Nerveux, incapable de rester en place, sans parler de se concentrer, il abandonna son travail à temps partiel, comme lecteur de manuscrits non sollicités, pour le compte du magazine *Atlantic*, et quitta Harvard pour la seconde et dernière fois. Depuis sa cure de désintoxication à Sacramento, il buvait trop. Il en parlait comme d'un troc, donnant-donnant, « drogue contre alcool ». Mais maintenant il avait également recommencé à se droguer. Quelques amis lui ayant demandé ce qu'il faisait, il avait répondu distraitement : « Qui sait ? »

La famille se trouvait embarrassée par ses besoins, et lasse de son psychodrame. Désespérant de pouvoir jamais lui porter secours, elle se contenta d'essayer de le neutraliser. Son droit d'accès à son argent fut limité. Il affirma à ses amis qu'il devait subsister avec 1 500 dollars par mois. Il avait alors une liaison avec Paula Sculley, une jolie photographe qu'il avait rencontrée trois ans plus tôt lors d'une réception de Noël, organisée par la famille, à Aspen. L'une des raisons pour lesquelles il vivait avec elle, était justement qu'elle passait pour avoir sur lui une influence bienfaisante, dans l'esprit des Kennedy. Etant donné que le mariage avait contribué à stabiliser Joe et, dans une moindre mesure, Bobby, l'entourage faisait pression sur lui pour qu'il l'épouse. Le fait que la famille aimait Paula la rendait à ses yeux d'autant plus séduisante, mais en même temps un peu suspecte.

Dans son désir d'évasion, il avait renoué avec son ancienne amie, Nancy Narleski, qui était toujours anathème chez les Kennedy en raison des protestations qu'elle avait fait entendre pour la façon dont il avait été traité lors de son séjour à Sacramento. Il passait des heures à parler avec elle par téléphone, parfois dans un style à moitié incohérent, rêvant de s'évader en sa compagnie, d'échapper aux Kennedy, de se réfugier à Hawaii. « Il était soumis à une pression terrible par les membres de sa famille, rapporte la jeune femme. Ils le terrorisaient. Ils le rendaient responsable de tout ce qui était arrivé à Bobby. Ils lui disaient qu'il avait donné le mauvais exemple à son frère. David ne se souciait même pas de répondre que c'était *lui* qui avait été dévoyé par Bobby. Il se contentait d'accepter leur schéma et culpabilisait. Un soir, ses frères l'avaient appelé pour l'accuser de trahison et lui dire qu'il n'était pas digne de porter le nom de Kennedy. Il pleurait en me le racontant. »

Nancy était sur le point de recevoir une certaine somme, à la suite d'une affaire d'assurance. Elle était consciente de l'état de désespoir et d'égarement où il se trouvait ; la situation lui faisait penser à ce qui s'était passé à Sacramento, la fois où elle avait cru le voir mourir. « Tiens bon jusqu'au moment où j'aurai touché mon argent, lui disait-elle ; ensuite nous laisserons tomber tout ça et nous irons à Maui. » David faisait avec elle des projets d'évasion mais elle craignait qu'il ne fût jamais capable de les mettre à exécution : « Il ne pouvait vraiment pas concevoir de se couper d'eux, de se trouver au loin, livré à lui-même. Sa vraie drogue c'était les Kennedy. »

Au cours du week-end de Pâques, toute la famille se réunit à Palm Beach, en partie parce que Teddy et ses sœurs craignaient que ce ne fût la dernière occasion de se rassembler autour de Rose, âgée maintenant de quatre-vingt treize ans, de plus en plus fragile et affaiblie. Certains des cousins étaient absents, mais David revint spécialement de Minneapolis où il suivait une cure de désintoxication sous le nom de « David Kilroy ».

Comme il y avait trop de Kennedy pour se loger tous dans la maison familiale, il prit une chambre dans un hôtel voisin, le Brazilian Court. Au cours de son séjour, il but sans arrêt et finalement trouva la bonne filière pour se procurer de la drogue sur place.

Le matin du 25 avril, la réceptionniste de l'hôtel reçut un appel d'une certaine « Mrs Kennedy de Boston » qui lui demanda des nouvelles de David ; selon cette personne, le jeune homme était censé rentrer à Boston la veille mais ne se trouvait pas à bord de l'avion. La réceptionniste consentit à aller vérifier dans la chambre. Sur la porte, il y avait la pancarte « Ne pas déranger » ; elle frappa néanmoins plusieurs fois et, faute de réponse, ouvrit et passa la tête pour voir... Les deux lits étaient défaits ; des vêtements étaient éparpillés dans toute la pièce ; David gisait sur le sol, la tête appuyée contre la table de nuit. Aussitôt qu'elle eut touché son corps cireux et déjà froid, elle comprit qu'il était mort. Les journaux du soir publièrent la photo du cadavre emporté dans un sac sur une civière roulante. Le lendemain, la presse consacra à l'événement autant de place qu'à la mort d'un chef d'Etat.

Les Kennedy ramenèrent David à Hickory Hill, où eut lieu la messe, avant de l'enterrer près de son grand-père, dans la concession familiale au cimetière de Brookline. S'il avait été là pour le voir, David, qui s'était cuirassé d'ironie, pour protéger sa douloureuse vulnérabilité, aurait relevé que toute la famille lui rendait, en la circonstance, l'hommage qu'elle lui avait refusé de son vivant, quand il en aurait eu besoin. Il aurait souri d'entendre l'oncle Teddy déclarer à la presse que son neveu avait trouvé dans la mort une paix qu'il avait vainement cherchée toute sa vie — et se serait demandé si de tels propos ne révélaient pas quelque soulagement chez celui qui les tenait. Il se serait amusé de l'insistance avec laquelle on évoquait une « malédiction » des Kennedy, comme si les événements n'avaient rien à voir avec ce que sont et ce que font les individus.

Ses amis qui l'avaient apprécié pour sa propre personnalité et non pour celle du Kennedy qu'il s'était tant efforcé de devenir, se désolaient de voir l'échec des tentatives que David avait faites pour redevenir lui-même, après avoir été parfois si près de réussir. Finalement, il n'avait pas été capable de se libérer du sentiment que la famille avait de sa destinée et de ses possibilités. Peut-être avait-il été victime d'une sorte de relation symbiotique qui faisait payer la survie de l'un par la mort de l'autre.

Comme sa famille, ses amis s'étaient demandé à un moment ou un autre s'il ne finirait pas par se suicider ; mais sa disparition n'en provoquait pas moins un choc dans le for intérieur de tous. Comme l'exprimait Nancy Narleski : « Je continue à me demander : “ Pourquoi ? Pourquoi David ? Pourquoi à ce moment-là ? ” La seule réponse que je puisse trouver, c'est que son père l'avait regardé du haut du ciel et qu'il lui avait dit, en voyant la vie d'enfer que tous ces gens lui faisaient supporter : “ Viens. Tu as assez souffert. Il est temps que tu sois ici, avec moi. ” »

NOTE BIBLIOGRAPHIQUE

Les auteurs qui abordent le sujet des Kennedy ne peuvent manquer d'être frappés par le rôle que jouent les livres dans leur geste familiale. L'une des plus mémorables images que nous conservons de Jack nous le montre sous l'aspect d'un jeune diplômé de Harvard, quelque peu efflanqué, s'asseyant n'importe où dans la maison de Hyannis, pour dédicacer avec insouciance des exemplaires de *Why England Slept*, un livre qui s'était miraculeusement frayé un chemin jusqu'à la liste des best-sellers et avait procuré à l'auteur un certain avantage dans sa longue lutte avec son frère Joe. Un autre épisode littéraire spectaculaire s'était produit lorsque Joseph P. Kennedy était revenu de Londres, quelques années plus tard, sa carrière brisée, en espérant que les malles pleines de papiers accumulés par lui au cours de son ambassade en Angleterre pourraient former la matière d'un livre dont il attendait à la fois une justification de son action et la restauration de ses ambitions politiques. Cette quête de soi, entreprise par le moyen de la littérature, était pourtant aussi vaine que celle de Jack était assurée : malgré les années qu'il allait consacrer à ce projet, malgré tous les concours qu'il pourrait se procurer, et les longs manuscrits qu'il rédigerait de son écriture pointue, l'Ambassadeur devrait finalement admettre que tout l'intérêt de sa biographie ne ressortissait pas à la politique mais à son expérience personnelle, dont mieux valait tout bonnement éviter de parler. Vers le milieu des années 50, ce fut le tour de Bobby, qui écrivait *The Enemy Within* sur les blocs de papier jaune fournis par l'administration américaine à ses fonctionnaires, bien résolu à terminer le livre tout seul, pour ne pas prêter le flanc à l'accusation d'avoir utilisé un « nègre » — comme Jack après la publication de *Profiles in Courage*.

La présidence et l'assassinat de Jack firent que la nation américaine s'enivra du roman et de la tragédie des Kennedy, de sorte que les livres et les articles écrits sur la famille firent l'objet d'une production industrielle au sein de l'édition américaine. Pourtant les sentiments des Kennedy eux-mêmes dans ce domaine n'étaient pas sans mélange. Si de tels livres suscitaient chez eux un réflexe révérenciel parce qu'ils étaient intimement mêlés à leur propre quête d'identité, ils n'en formaient pas moins un objet de dérision, car les mots — tout comme l'identité des personnages — prêtaient à trop de manipulations faciles. Certes, le sentiment d'admiration de l'arriviste pour le livre, en tant que produit manufacturé, incitait Joe Kennedy à dire, pour l'édification de Jack, que rien ne valait le fait de voir son nom écrit en caractères d'imprimerie, pour lancer un jeune homme dans le monde ;

mais bientôt cette admiration devait se transformer en une sorte de mépris, devant les flots de commentaires qui, très vite, entourèrent la famille et menacèrent de la noyer. Les livres, semblait-il, n'échappaient pas plus que tout le reste à la domination de l'argent. Ecrivains et historiens pourraient d'abord se laisser séduire avant d'être violentés ; le magnétisme caractéristique des Kennedy était tel que les auteurs accepteraient de bon gré de donner, puis de ratifier une version flatteuse de la réalité, qui propagerait le mythe des Kennedy, désormais chargé d'un dynamisme auto-entretenu.

A mesure que la destinée des Kennedy devenait plus spectaculaire et que les enjeux montaient, la famille comprenait que les seuls livres auxquels on pouvait se fier étaient ceux qu'elle engendrait elle-même : tel était le cas de *As We Remember Joe,* le recueil de souvenirs consacré par Jack à son frère mort au combat ; *The Fruitful Bough,* l'hommage rendu par Teddy à son père ; et d'autres volumes hors commerce, imprimés à compte d'auteur pour perpétuer la mémoire des disparus. Ce n'était pas l'authenticité que visaient pareils ouvrages dont le seul but était de fournir aux survivants un jeu de mythes familiers, un substitut littéraire de la véridique histoire des Kennedy — sonde que l'on pourrait mettre en orbite au firmament vers lequel tendait toute la famille.

Quant aux livres écrits par des tiers, la renonciation de Joe Kennedy à sa propre autobiographie — l'une des plus grandes histoires mises sous le boisseau — devait servir inévitablement de précédent à d'autres exemples d'autocensure. La famille se préoccupait de diffuser ses propres informations au sujet d'elle-même bien avant que le gouvernement Kennedy fût accusé de manipuler l'information à sa convenance. L'arriération mentale de Rosemary, la maladie presque fatale de Jack, les amours flamboyantes de Kick avec Peter Fitzwilliam — toutes ces facettes du passé étaient autant de menaces pour l'avenir et l'on ne pouvait y faire face qu'en gommant certains épisodes sinon en les récrivant différemment. Aussi, au cours des années pendant lesquelles la vie de Jack était menacée par les terrifiants accès de la maladie d'Addison, les chroniqueurs étaient-ils réduits à écrire que ce jeune et brillant député, dont le futur semblait si prometteur, était seulement en proie aux crises récurrentes d'un paludisme contracté pendant la guerre. Au moment où ses chances d'accession à la présidence devenaient de plus en plus réelles, les livres qui commencèrent à se multiplier au sujet de la famille, présentaient de Rosemary l'image d'une « fille timide et réservée » qui avait choisi de consacrer son existence aux enfants arriérés. La vie de Kick, après la mort de Billy Hartington, allait même être préservée comme dans un bocal, de sorte que la jeune femme semblait elle-même avoir pris place parmi les « morts sacrés », dont la disparition prématurée justifiait obscurément l'ambition de plus en plus démesurée des Kennedy. Après l'assassinat de Jack, quand il s'agit de protéger l'Héritage, il parut utile d'étouffer certains faits potentiellement dangereux, mais également certains livres comme ceux de Red Fay ou de William Manchester.

Plus les Kennedy favorisaient une littérature apologétique qui donnait d'eux-mêmes une image favorable, plus tendait à se constituer naturellement un courant d'opinion inverse, chez certains auteurs. Cette double polarisation engendre bien des difficultés pour l'historien. Aucune coterie ne s'est montrée, plus que les Kennedy, authentiquement émouvante, voire romanesque, dans son affirmation de soi, ni dans sa volonté politique. Mais aucune n'a édifié sa propre légende si méthodiquement, à grand renfort de mythes et de malentendus délibérés. Aucune n'a été encensée par tant de sycophantes protecteurs — gent d'études ou gent de presse — qui ont associé si intimement leur propre fortune à celle de la famille, que leurs livres sont autant d'autobiographies déguisées. D'autre part, nulle coterie n'a été plus vilipendée par les esprits malins de la littérature, pamphlétaires et tireurs à la ligne, prompts à exploiter les sentiments pervers ou paranoïaques suscités par la situation unique des Kennedy dans la société américaine.

En raison du soin maniaque avec lequel les Kennedy ont brossé eux-mêmes leur propre image, et de la place inouïe occupée par eux dans l'Histoire de leur pays, la famille est devenue le champ d'une bataille manichéenne où la première victime a été la vérité historique. Ecrire un texte sur les Kennedy se transforme aisément en exercice de symbolisme appliqué, ou en vaine tentative pour attraper les ombres qui glissent sur le mur de la caverne.

La Bibliothèque John Fitzgerald Kennedy devrait être l'endroit où le biographe commencerait logiquement à jeter les bases empiriques de son entreprise. Les préposés y sont d'une amabilité sans faille et ne demandent qu'à se montrer utiles. Mais après y avoir travaillé, il est difficile de ne pas conclure que toutes les collections concourent à donner de Jack une image héroïque, tout comme le splendide bâtiment qui les abrite. Malgré certaines omissions significatives, dictées par des raisons de sécurité nationale, toute la collection des documents de la Maison-Blanche (Présidential Papers) permet d'étudier à fond la politique du gouvernement Kennedy... mais il ne s'y trouve aucun papier personnel qui permettrait d'examiner la personnalité de Jack lui-même. Sa correspondance privée avec les membres de sa famille fait partie du fonds Joseph P. Kennedy — l'un des plus importants qu'abrite la Biblio-thèque JFK, mais considéré comme un « dépôt gracieux » (en attendant que la famille le lègue en bonne et due forme à l'institution) et protégé comme tel contre les recherches des érudits. Une documentation apparemment alléchante figure dans les quelque 1 200 « histoires orales » rassemblées sous forme d'enregistrements, à la Bibliothèque, et dont 800 environ sont accessibles au public. Or si nombre de ces documents apportent des révélations pénétrantes, dont nous nous sommes largement servi dans ce livre, la plus grande partie des histoires orales couvrent un champ étroit, et se contentent d'effleurer délicatement les sujets les plus critiques de la vie privée de Jack, tels que sa santé ou ses relations avec son père et les autres membres de la famille. Qui plus est, la plupart de ces entretiens ont été réalisés pendant les six premiers mois qui ont suivi l'assassinat, de sorte que, selon les termes mêmes d'un des archivistes, « l'esprit de tous les participants était manifestement obscurci par un sentiment de culpabilité, et incapable d'objectivité ». L'origine de cet effort fait pour établir une Histoire orale se trouve dans un désir exprimé par Arthur Schlesinger : celui-ci souhaitait voir les membres du groupe de la Nouvelle Frontière s'interviewer les uns les autres, alors même qu'ils étaient encore aux affaires, pour que fussent rassemblés les matériaux utiles aux historiens futurs. Or cette conception initiale n'a pas manqué d'influer sur la mise en œuvre du projet. Dans la mesure où les amis et collaborateurs de Kennedy ne font que s'entretenir entre eux, les documents qui en résultent revêtent un caractère de complicité fraternelle.

Pour écrire le présent ouvrage, il nous a donc fallu constituer nos propres archives, comme l'ont fait d'autres auteurs avant nous, notamment Berton Hersh, Clay et Joan Blair, Richard Whalen, etc. C'est pourquoi nous nous sommes entretenus avec plus de trois cents personnes pendant les quatre ans qu'a duré notre travail, pour rassembler notre propre collection d'Histoires orales. Chemin faisant, nous avons eu la chance de rencontrer Mary Lou McCarthy, la nièce de Joseph P. Kennedy (issue de sa sœur Loretta), ainsi que Kerry, la fille de Mary Lou. Loretta Kennedy Connelly avait assumé déjà, en son temps, le rôle d'historiographe de la famille ; elle nous a ainsi conservé l'image de sa mère Mary

Hickey Kennedy et de son père P. J., ainsi que les papiers de celui-ci ; Mary Lou et Kerry McCarthy avaient pris le relais de Loretta dans ce domaine. Si les documents préservés par les Connelly (Connelly Papers) nous permettent de jeter un regard privilégié sur les premières années de la saga, les archives privées de LeMoyne Billings nous apportent une vue des Kennedy au cours de la période la plus proche de nous. Jusqu'à sa mort récente, Lem Billings avait joué le rôle d'Ishmaël dans ce récit [comme le personnage de Melville ainsi désigné dans *Moby Dick*. N.d.T.], celui du témoin qui, après avoir tout vu, est le dernier à survivre pour raconter ce qui s'est passé. Ses volumineux dossiers contiennent une collection, unique en son genre, de lettres écrites par Jack au cours de ses années de formation, qui montrent le développement de son humour, de son ironie, ainsi que de son immense curiosité intellectuelle ; concurremment avec d'autres éléments d'appréciation, elles aident le lecteur à comprendre combien cet homme est le produit fini d'une volonté obstinée et persévérante. Etant donné que les papiers privés de Jack se trouvent sous la bonne garde de la famille, et ont même été « assainis », selon l'opinion de certains membres de cette famille avec lesquels nous nous sommes entretenus, les lettres conservées par Lem Billings peuvent bien être les seuls échantillons non expurgés de l'abondante correspondance de Jack dont on aura connaissance avant longtemps.

Au moment de mettre en train notre travail de recherche et de reconstitution, nous nous sommes également efforcés d'obtenir que les membres de la famille participent utilement à notre entreprise. Nous pensions que le projet était de nature à leur plaire. Contrairement à tant d'auteurs qui prennent l'histoire à mi-parcours et veulent se frayer un chemin dans la luxuriance des controverses centrées sur les mythes des Kennedy, nous voulions étudier l'ensemble de la destinée familiale, dans la plus grande clarté, prendre cette histoire comme un tout, depuis ses origines américaines jusqu'à nos jours. Pourtant nous nous sommes aussitôt heurtés à cet étrange mélange de compréhension et de suspicion qui a toujours caractérisé les relations des Kennedy avec la littérature et les auteurs. Certes les membres de la famille connaissaient et appréciaient notre livre sur *Les Rockefeller,* mais ils avaient leur propre programme en la matière. Une autre histoire était en chantier, confiée à un conseiller de Ted Kennedy, précisément chargé d'écrire les discours de celui-ci au cours de sa campagne présidentielle de 1980. Quant à nous, nous n'y avions vu aucun inconvénient : l'histoire des Kennedy formait un domaine assez vaste pour abriter deux études sur la succession des générations ; mais les aînés des Kennedy, hantés par les méthodes en usage dans le monde politique, considéraient qu'une pluralité d'auteurs devait être traitée comme une pluralité de candidats au sein du même parti, lors d'une élection : par éliminations... Il y eut bien des discussions sur la personne à qui ils apporteraient leur soutien, mais l'issue finale ne fit jamais aucun doute. Ultérieurement, à propos du refus de la famille de coopérer avec nous, Stevie Smith devait affirmer à un ami qui était intervenu en notre faveur : « Il faut comprendre leur raisonnement : ils considèrent cet historien comme un de leurs hommes de poche, sur qui ils peuvent compter. » « Homme de poche » (comme : argent de poche) : l'expression est choquante mais elle exprime fort bien l'attitude des Kennedy envers les écrivains qu'ils croient à leur solde.

Mais alors que Teddy, Stevie Smith et les autres chefs du clan se réservaient à leur propre candidat, plusieurs membres de la jeune génération s'étaient intéressés à notre projet. Dans un sens, ils étaient la queue de la comète dont l'éclat avait été aveuglant, mais ils étaient aussi le résumé de ce qui nous apparaissait de plus en plus comme un processus complet — des personnages qui se trouvaient carrément *à l'intérieur* de l'Histoire des Kennedy mais n'en faisaient pas partie. Dans le but de servir sa propre fortune politique en assurant la pérennité de la tradition familiale et en renforçant sa position de patriarche parmi les siens, Teddy leur avait demandé de se mettre à la disposition des auteurs de deux autres livres. Pourtant, s'ils avaient apporté leur coopération à l'un et à l'autre, ce n'avait été que du bout des lèvres, car ils ne voyaient dans leurs futurs ouvrages qu'un exemple supplémentaire de littérature « achetée ». Mais, pour notre part, nous n'avions pas voulu aborder banalement ces jeunes gens comme les « héritiers d'une couronne perdue » ; c'est sans doute pourquoi ils acceptèrent de nous parler d'eux-mêmes avec une franchise inattendue. On eût dit qu'ils considéraient notre livre comme un moyen d'apprendre à se connaître et de comprendre comment la destinée qui leur avait offert de si belles perspectives leur avait refusé les moyens d'en tirer parti.

L'histoire qu'ils nous ont contée est celle de leur long et périlleux voyage à travers un monde de ténèbres en quête d'un Héritage qui formait l'obsession de leur vie — comme de la vie politique du pays tout entier. Ce n'était pas seulement la conclusion logique de la saga des Kennedy, mais également un abrégé de cette épopée, la partie qui résume le tout, de la façon la plus spectaculaire. Leurs souffrances et leurs égarements projettent une lumière nouvelle sur le projet dynastique de Joseph P. Kennedy. Leurs révélations nous offrent, pour la première fois à notre connaissance, l'occasion de voir la famille *de l'intérieur*.

A mesure que nous connaissions mieux les Kennedy de cette génération, que nous écoutions leurs troublantes confessions et que, dans certains cas, nous assistions à leur comportement autodestructeur, nous sentions qu'il nous fallait tenter de reprendre contact avec leurs aînés. Nous avons donc téléphoné à plusieurs reprises au bureau de Steve Smith pour lui demander quand il nous serait possible de le rencontrer ou de parler à Teddy. Lors de notre dernier appel téléphonique, au début de la campagne électorale de 1980 pour l'investiture du parti démocrate, Smith nous demanda une fois encore quel était le « sujet » de notre livre. Notre réponse, toujours la même, fut que nous cherchions, dans l'ensemble, à étudier le lien entre les générations, ou l'absence de lien à l'intérieur de la famille, et que nous voulions tout spécialement parler de la génération actuelle. « Bonne idée, déclara hâtivement Smith, et je vous souhaite beaucoup de chance dans votre travail. Vraiment. Mais écoutez-moi : nous sommes en plein dans une nouvelle campagne électorale, nous autres. Nous n'avons, tout bonnement, pas le temps de nous occuper de ces choses-là. »

Bien entendu, tel était exactement le problème. Il y aurait toujours une nouvelle élection ; les préoccupations individuelles relatives aux personnes dont la vie était liée à l'Héritage céderaient toujours le pas aux impératifs politiques du moment. Se présenter aux élections était devenu une façon de fuir les problèmes qu'avait engendrés le fait d'avoir été élu.

Cette affirmation n'a sans doute jamais été aussi justifiée que dans le cas de David. Bien qu'il eût été considéré comme le plus atteint des jeunes Kennedy, dès le début de ses difficultés, son recours à la drogue et ses égarements étaient vite devenus un problème politique plus qu'un drame personnel, une affaire « publique », une question qui exigeait l'adoption de mesures destinées à « limiter les dégâts » dans la presse. En d'autres termes, il était traité comme un handicap électoral, un risque potentiel de mise en cause pour la moralité de la famille. C'est pourquoi ses proches l'avaient si aisément tenu pour un corps étranger, un paria à exclure, l'exception qui confirme la règle. Comme ses frères et ses cousins, il nous avait parlé très longuement, et avec une grande spontanéité, pendant que nous écrivions ce livre. Il n'était certes pas le seul à nous décrire franchement ce qu'il en coûtait de devenir un Kennedy et les immenses problèmes subjectifs qui en résultaient. Mais il était le seul qui avait servi de bouc émissaire au reste de la famille. A l'automne 1983, David nous avait confié amèrement que les siens faisaient pression sur lui pour qu'il consulte un éminent homme de loi de Boston afin de savoir s'il pouvait « rétracter » ce qu'il nous avait dit au cours de conversations étalées sur plusieurs mois. Au printemps de 1984, quand des extraits de ce livre commencèrent à paraître dans un magazine, David se vit aigrement reprocher d'avoir rompu le pacte familial. Ses proches utilisèrent même à son égard le mot de « trahison », un terme plus chargé de résonances politiques que de considérations humaines. Certes David s'en voulait de prêter attention à leur censure, mais comme il nous le dit au cours de notre dernier entretien, quelques semaines avant sa mort : « Ils ont leur propre conception de la réalité, qui n'est pas la mienne mais qui influe sur moi. »

P. C. et D. H., Nevada City-Berkeley,
30 avril 1984.

NOTES

PROLOGUE (pp. 11-14)

[1] Les détails de la visite à Windsor se trouvent dans : Rose Kennedy, *Times to Remember,* New York, 1974, pp. 220 et s.
[2] Voir « Mr Kennedy, the Chairman », *Fortune,* septembre 1937, p. 138.
[3] Entretien des auteurs avec Joseph Kingsbury Smith, 27 mars 1980. Kennedy employait fréquemment cette phrase.

PREMIÈRE PARTIE

CHAPITRE 1 (pp. 17-28)

[1] Entretiens des auteurs avec Lem Billings, 28 janvier 1980, 15 janvier, 17 mars 1981.
[2] Joseph Dineen, *The Kennedy Family,* New York, 1959, p. 23.
[3] Cecil Woodham-Smith, *The Great Hunger,* New York, 1962, p. 238.
[4] Oscar Handlin, *Boston Immigrants 1790-1860,* Cambridge, Mass., 1941, p. 94.
[5] Robert E. Kennedy, *The Irish Experience,* Berkeley, Calif., 1973, p. 51.
[6] Cité par John Henry Cutler, *Honey Fitz,* New York, 1962, p. 23.
[7] Les détails sur la vie de la famille Kennedy, à ses débuts, sont tirés de : « P. J. The First Senator Kennedy », écrit par Kerry McCarthy, arrière-petite-fille de P. J. Kennedy. Le manuscrit de Kerry McCarthy est fondé sur des entretiens de l'auteur avec les membres survivants de la famille, aux Etats-Unis et en Irlande, ainsi que sur des lettres et documents en possession de la famille McCarthy. Kerry McCarthy et sa mère, Mary Lou, nous ont aimablement autorisés à examiner et à citer le manuscrit ainsi que la collection de documents assemblée originellement par la mère de Mary Lou (fille de P. J. Kennedy), Loretta Kennedy Connelly. Cette collection sera désormais désignée ici sous la référence : Connelly Papers.
[8] Pour l'espérance de vie des Irlandais, voir : Handlin, p. 115.
[9] Pour la boutique de Bridget Kennedy, voir : Richard Whalen, *The Founding Father,* New York, 1966 (paperback), p. 23.
[10] Pour les conditions de résidence des Irlandais, voir : Marjorie Fallows, *Irish Americans,* New Jersey, 1979, p. 38.
[11] Pour les organisations politiques irlandaises, voir : Francis Russell, *The Great Interlude,* New York, 1964, pp. 165 et s.
[12] Dineen, p. 27. Voir aussi Leslie Ainley, *Boston Mahatma : A Biography of Martin Lomasney,* Boston, 1949.
[13] Cutler, *Honey Fitz,* p. 46.
[14] Dineen, p. 28.
[15] Pour des détails sur les affaires de Kennedy : Manuscrit de Kerry McCarthy; entretiens des auteurs avec Mary Lou McCarthy, 22 mars, 22 et 23 mai 1982; entretiens des auteurs avec Helen Barron (filleule de Kate Hickey, la sœur de Mary Augusta), 20 février, 2 mars 1981. Mrs Barron a déclaré : « Mon père travaillait très dur pour Mr Kennedy. Il ouvrait et fermait la boutique pour lui. Il est mort en 1912 de la perforation d'un ulcère qu'il avait attrapé à force de s'en faire. »

[16] Au sujet de la famille Hickey : certains détails proviennent des photos qui se trouvent dans les Connelly Papers ; voir aussi le manuscrit de Kerry McCarthy. (« La maison des Kennedy était l'une des plus modestes de la rue où vivaient pourtant certaines des célébrités les plus notoires de la ville... Le héros de toutes ces familles était l'un des plus grands hommes de Boston, Patrick A. Collins, devenu plus tard maire de Boston. Mais le grand P. A. fut surtout honoré par ses concitoyens pour avoir été nommé Consul général à Londres, par le président Cleveland, au cours de son second mandat. « Pensez donc, disaient les voisins, P. A. à Londres ! » L'un des premiers souvenirs de Joseph Kennedy concerne la révérence et le respect presque sacrés avec lesquels on prononçait le nom de Collins, dans la famille. » *Boston Post,* 12 décembre 1937.

[17] *Journal of Senate,* Commonwealth of Massachusetts, 1892, pp. 10, 90.

[18] Pour la bataille avec Lomasney, voir : Joseph P. McCarthy, *The Remarkable Kennedys,* New York, 1960, p. 37.

[19] La lettre se trouve dans le classeur de P. J., Connelly Papers.

[20] Ibid.

[21] MS de Kerry McCarthy.

[22] Voir Cutler, *Honey Fitz,* pp. 39 ss.

[23] Ibid., p. 57.

[24] Ibid., p. 64.

[25] Ibid., p. 96.

CHAPITRE 2 (pp. 29-44)

[1] MS de Kerry McCarthy.

[2] Ibid.

[3] William J. Duncliffe, *The Life and Times of Joseph P. Kennedy,* New York, 1965, p. 3. Mary Augusta devint elle-même plus prudente encore après qu'un second fils, Francis, eut succombé à la diphtérie à l'âge de deux ans. Entretien des auteurs avec Mary Lou McCarthy.

[4] Loretta a raconté l'anecdote dans le *Boston Post* du 12 décembre 1937, p. 1.

[5] Entretiens des auteurs avec Marnee Devine (fille de Margaret), 23 mars 1982. Entretiens des auteurs avec Mary Lou McCarthy et Helen Barron.

[6] Entretien des auteurs avec Marnee Devine. « On les appelait ses " yeux Hickey ". Même au temps de ma mère, quand elle s'asseyait au bout de la table, on en riait, parce qu'elle n'avait pas besoin de parler, il lui suffisait de nous jeter un regard pour nous signifier que nous nous tenions mal. Les Hickey étaient connus pour leur façon de regarder les gens. »

[7] Duncliffe, p. 25. Sa relation avec sa mère demeura toujours un élément important dans la vie affective de Joseph Kennedy. Bien des années plus tard, si l'on en croit le témoignage d'un intime comme Arthur Krock, Kennedy obtint une dispense spéciale du cardinal Spellman pour utiliser le living-room de sa maison de Palm Beach pour une messe de requiem, « pour le repos de l'âme de ma mère », que Spellman accepta de servir lui-même. Krock, *Memoirs,* New York, 1968 (paperback), p. 329.

[8] Entretiens des auteurs avec Mary Lou McCarthy et Marnee Devine. Voir aussi MS de Kerry McCarthy.

[9] Joseph P. McCarthy, « Jack Kennedy — Here to the Presidency », *Look,* 27 octobre 1956, p. 91.

[10] MS de Kerry McCarthy. Entretien des auteurs avec Mary Lou McCarthy.

[11] MS de Kerry McCarthy.

[12] Duncliffe, p. 25.

[13] MS de Kerry McCarthy.

[14] Duncliffe, p. 34.

[15] Mary Augusta avait encouragé Loretta à suivre des cours à l'école normale de l'université Columbia, à New York, « en un temps où les filles irlandaises étaient tenues plutôt serré », dit Mary Lou McCarthy. Celle-ci estime qu'Augusta agissait par ambition mais aussi pour que Joe n'ait pas à subvenir aux besoins de ses sœurs.

[16] Cité par James M. Burns, *Edward Kennedy and the Camelot Legacy,* New York, 1976, p. 22. Marnee Devine déclare : « Mary Augusta était vraiment celle qui décidait de tout... d'envoyer l'oncle Joe à l'Ecole Latine et plus tard à Harvard. »

[17] Cité par John Henry Cutler, *Cardinal Cushing of Boston,* New York, 1970.

[18] Entretien des auteurs avec Mary Lou McCarthy.

[19] Entretien confidentiel des auteurs, 20 décembre 1981.

[20] *Boston Evening American,* 13 décembre 1937, p. 1. Voir aussi : Whalen, p. 36.

[21] *Fortune,* septembre 1937.

[22] Whalen, p. 39. Voir aussi : *Boston Globe,* 12 décembre 1939.

[23] Rose Kennedy, p. 65.

[24] *Fortune,* septembre 1937.

[25] Russell, p. 183.

[26] Cutler, *Honey Fitz*, p. 173.
[27] Russell, p. 176.
[28] « Fitzgerald donnait souvent dix dollars à l'un de ses partisans avant de prononcer un discours, en lui recommandant : " Okay, quand je finis, tu hurles : — Hey, John F., tu voudrais pas nous chanter 'Sweet Adeline' ? " ». Voir : « Patsy » Mulkern, Oral History, John F. Kennedy Library.
[29] Pour les écoles du Sacré Cœur, voir : Stephen Birmingham, *Real Lace*, New York, 1973 (paperback), p. 222. Egalement, entretien des auteurs avec Mary Lou McCarthy.
[30] Voir Rose Kennedy, p. 31.
[31] Ibid., p. 37.
[32] Gail Cameron, *Rose*, New York, 1972 (paperback), p. 66.
[33] Voir Rose Kennedy, p. 59.
[34] Cette anecdote provient d'un livre de souvenirs sur Joseph P. Kennedy, *The Fruitful Bough : A Tribute to Joseph P. Kennedy*, recueil présenté par Edward M. Kennedy, imprimé à compte d'auteur, hors commerce, 1965, p. 36.
[35] Voir Cutler, *Honey Fitz*, pp. 190 et s.
[36] Rose Kennedy, p. 67.
[37] Entretien des auteurs avec Dina Romano, 18 juillet 1980. Mrs Romano, immigrante italienne, avait été la première domestique engagée par Rose Kennedy.
[38] *New York Times*, 1er juillet 1934, p. 1. Voir également Ernest K. Lindley, « Will Kennedy Run for President ? » *Liberty*, 21 mai 1938.
[39] Dineen, p. 35.
[40] Rose Kennedy, p. 85.
[41] Duncliffe, p. 52.
[42] MS de Kerry McCarthy.
[43] « Dans la longue histoire de la Nouvelle-Angleterre, lit-on dans la plainte de Tague, cette affaire, perpétrée contre la volonté de la majorité du peuple, se signale comme l'un des cas de fraude électorale les plus patents. » Contestants Brief, Contested Election Case of Peter F. Tague versus John F. Fitzgerald, 66 th Congress. Tague avait battu Fitzgerald avec une marge d'environ 7 contre 5, dans cinq des six bureaux de vote de la Dixième Circonscription. Mais quant au bureau de vote numéro Cinq, dirigé par Lomasney, Fitzgerald l'avait emporté dans une proportion de 5 contre 1. Ibid.
[44] Duncliffe, p. 49.
[45] MS de Kerry McCarthy, et Connelly Papers.
[46] Ibid. et ibid.
[47] Voir Whalen, pp. 59 et s.
[48] Joseph P. Kennedy, « Shielding the Sheep », *Saturday Evening Post*, 18 janvier 1936.
[49] Whalen, p. 71.
[50] Ibid., pp. 72 et s.
[51] Dennis Eisenberg et al., *Meyer Lansky : Mogul of the Mob*, New York, 1979, pp. 109 et s.
[52] *New York Times*, 27 juillet 1973, p. 37.
[53] Voir Whalen, p. 94.
[54] Entretien des auteurs avec Timothy Matthews, 18 décembre 1981.

CHAPITRE 3 (pp. 45-55)

[1] Cité par Whalen, p. 94.
[2] Au sujet de l'arrivée des Kennedy à Bronxville : entretiens des auteurs avec quelques voisins des Kennedy — Paul Morgan, 22 novembre 1980 ; Betty Young, 24 novembre 1980 ; et Nancy Hill, 25 novembre 1980.
[3] Gloria Swanson, *Swanson on Swanson*, New York, 1980, p. 339.
[4] *Bough*, textes rassemblés et présentés par Edward M. Kennedy, p. 29.
[5] Whalen, p. 80.
[6] JPK et le Prince de Galles, cf. *Boston Post*, 26 décembre 1937. L'anecdote a été rapportée sous une forme légèrement différente par l'avocat de Kennedy, Bart Brickley, cf. Whalen, p. 77.
[7] Cité par Whalen, p. 77.
[8] *Boston Sunday American*, 12 décembre 1937, p. 38.
[9] JPK et le Film Booking Office : voir Whalen, pp. 80 et ss.
[10] Pour le séminaire de la Harvard Business School, voir *The Story of the Films*, textes rassemblés et présentés par Joseph P. Kennedy, Chicago, 1927. Entretien des auteurs avec Arthur Poole, 23 août 1979. Poole, futur collaborateur de Kennedy avait assisté au séminaire et demandé un emploi à JPK à l'issue de celui-ci.
[11] Cité par Birmingham, p. 177. Voir également l'entretien des auteurs avec Anne Kelley, 30 septembre 1980.
[12] John Corry, *The Golden Clan*, New York, 1977, p. 73. Voir également les entretiens des auteurs avec Anne Kelley et John Murray Cuddihy, 20 novembre 1980.
[13] Blair Clark, l'ami de John F. Kennedy, qui a rapporté cette réflexion si souvent

citée, prétend que Rose avait dit en réalité : « Quand est-ce que les gens *bien* de Boston admettront les Catholiques ? » Entretien des auteurs avec Blair Clark, 3 mars 1981.

[14] Les détails sur la façon dont Rose concevait son rôle maternel proviennent de l'entretien des auteurs avec Mary Lou McCarthy. Voir aussi Cameron, pp. 103 et ss, et Rose Kennedy, pp. 91 et ss.

[15] L'attitude de Rose envers l'argent reflétait celle de Joseph P. Kennedy. Bien plus tard, comme on lui demandait dans quelle mesure sa carrière d'homme d'affaires était le produit d'une collaboration avec Rose, il avait répondu : « Je n'ai jamais discuté de questions d'argent avec ma femme ou ma famille et je ne le ferai jamais ! » Voir Eleanor Harris, « The Senator Is in a Big Hurry », *Saturday Evening Post*, août 1957, p. 119.

[16] Entretien des auteurs avec le général Robert Montague, président de la fondation Joseph P. Kennedy Jr., 30 novembre 1981.

[17] Entretien des auteurs avec Arthur Poole.

[18] Entretiens des auteurs avec Harvey Klemmer, 6, 8, 13, 19 avril 1980 ; 23 juin et 20 novembre 1980. Klemmer avait commencé à travailler avec Kennedy au sein de la Commission de la Marine et avait appartenu à ses collaborateurs personnels, notamment pour écrire ses discours, pendant les six années suivantes.

[19] Sur la fusion de la RCA : entretiens des auteurs avec Arthur Poole. Kennedy avait nommé Poole vice-président et directeur de Pathé que racheta la RKO. Voir aussi Whalen, pp. 88 et ss.

[20] Swanson, pp. 351-357.

[21] Ibid., pp. 368 et ss.

[22] *Boston Evening American*, 16 décembre 1937, p. 1.

[23] Sur le séjour de Gloria Swanson à Hyannis, voir Leo Damore, *The Cape Cod Years of John Fitzgerald Kennedy*, New Jersey, 1967, p. 21.

[24] Sur la rencontre de Rose et de Gloria Swanson pendant les années soixante : Rose Kennedy, p. 192.

[25] Swanson, p. 394.

[26] Afin de tenter de sauver le projet, Kennedy fit venir Eddie Goulding pour remplacer von Stroheim, mais sans succès. Phil Berg, l'agent de Goulding, a déclaré : « J'allai à la Pathé pour voir le film. Il était tout bonnement épouvantable. » Entretien des auteurs avec Phil Berg, 24 juillet 1979.

[27] Gloria Swanson prétend ne plus l'avoir revu par la suite, mais Harvey Klemmer et d'autres témoins ont déclaré que les deux anciens amants se sont rencontrés occasionnellement. Certaines personnes ont même raconté qu'il arrivait à Kennedy de téléphoner à la vedette devant un visiteur quand il voulait impressionner celui-ci..

[28] Entretien des auteurs avec Phil Berg.

[29] Entretien des auteurs avec Helen Barron. Voir aussi certaines des photos contenues dans les Connelly Papers.

CHAPITRE 4 (pp. 56-84)

[1] Entretien des auteurs avec Paul Morgan, 22 novembre 1980.

[2] Entretien des auteurs avec Harvey Klemmer.

[3] Entretien des auteurs avec Morton Downey, 9 juillet 1980. Kennedy et Downey s'étaient rencontrés en 1928 quand le ténor chantait avec l'orchestre de Paul Whiteman à Chicago. Kennedy l'appelait « le plus grand chanteur qui ait existé depuis McCormack » ; il avait contribué à financer des spectacles dont Downey faisait partie, l'invitait souvent chez lui et l'avait admis parmi ses amis les plus intimes. Selon un autre confident, plus tardif, de Kennedy, l'agent immobilier John Reynolds, une partie de l'attrait que présentait Downey pour JPK tenait au fait que le ténor connaissait et lui présentait de séduisantes artistes de variétés. Cf. entretien des auteurs avec John Reynolds, 13 mars 1980.

[4] Entretien confidentiel des auteurs, 12 février 1981.

[5] Hank Searls, *The Lost Prince : Young Joe, The Forgotten Kennedy*, New York, 1917 (paperback), p. 49.

[6] Rose Kennedy, p. 57.

[7] Entretien des auteurs avec Mary Lou Kennedy. La façon dont JPK se tenait au courant impressionnait tout le monde et surtout ses enfants. Bobby devait dire plus tard de son père : « Pendant toute ma jeunesse, je me rappelle l'avoir entendu converser avec d'importantes personnalités du monde des affaires, du théâtre, de la politique, et avoir remarqué qu'il dominait toujours son interlocuteur — qu'il en savait plus et l'exprimait mieux que l'autre » (*Bough*, p. 210). Pourtant il fut toujours évident que ces séances, autour de la table, visaient un savoir pratique et non pas théorique,

qu'elles étaient destinées aux membres de la famille et non pas aux étrangers. L'un des amis de lycée de Jack, Ralph (Rip) Horton, déclara par la suite : « Pour stupide qu'une question pût paraître... il s'efforçait d'y répondre en détail. Mais s'il était interrogé par un étranger comme moi... il se contentait de l'expédier brièvement comme s'il ne voulait pas être importuné... seule lui importait l'éducation de ses propres enfants. » Ralph Horton, Histoire orale, Bibliothèque JFK.

8 Entretien des auteurs avec Charlotte McDonnell Harris, 4 mars 1983.

9 Entretiens des auteurs avec Timothy J. Reardon Jr., 10 et 13 juin 1982.

10 Entretien des auteurs avec Anne Kelley.

11 Cité par Arthur Schlesinger, Jr., *Robert Kennedy and His Time*, Boston, 1978, p. 6.

12 Entretien des auteurs avec Lem Billings.

13 Entretien des auteurs avec Sancy Newman, 28 février 1980 : « L'après-midi, Rose demandait toujours aux enfants de quitter ses appartements privés ; elle disait avec la ponctualité d'une horloge : " S'il vous plaît, les enfants, je vais me reposer. " » Sancy Newman habitait le voisinage, au Cap Cod ; c'était une amie de Kathleen, pendant leur enfance commune.

14 Nancy Gager Clinch, *The Kennedy Neurosis*, New York, 1973, p. 77.

15 Entretien des auteurs avec Mary Lou McCarthy.

16 *Bough*, p. 218.

17 « Les enfants étaient en pension la plupart du temps. » Entretien des auteurs avec Paul Morgan. Voir aussi un autre témoignage : « Parfois Jack était en retard alors que nous avions rendez-vous. Aussi venait-il d'abord me chercher, puis me ramenait chez lui pour s'habiller. Il n'y avait jamais personne. Je demandais : " Où sont-ils passés ? " Certains étaient à Palm Beach, ou n'importe où. Ce n'était pas un endroit réconfortant ; ça ne ressemblait pas à un vrai foyer. On ne savait jamais où étaient les uns ou les autres sauf quand il y avait une réception. » Entretien des auteurs avec Betty Young, 24 novembre 1980.

18 Entretien des auteurs avec Robert Downes, 24 avril 1980.

19 Searls, p. 40.

20 Joe-le-jeune chez les Fitzgerald : « Un jour, il s'était fait une entorse et portait un plâtre à la cheville, mais il conduisait quand même la voiture de sorte qu'il était allé au Bellevue chercher son grand-père, le vieux John F., pour aller voir l'arrivée du Marathon de Boston. La voiture comportait un siège arrière où je pris place... Il y avait beaucoup de policiers à cheval qui bloquaient la circulation, et Joe dit : " On ne va pas pouvoir passer, Grand-papa " et John F. lui dit : " Vas-y, avance. " Joe avance et manque de renverser un grand flic irlandais qui s'amène et commence à demander : " Quèque vous croyez que vous êtes en train de faire ? " par la fenêtre de Joe et il regarde à l'intérieur et John F. lui dit quelque chose de sa voie aiguë, et il dit : " Pardon Votre Honneur " et il fait écarter tout le monde pour nous laisser passer de sorte que finalement nous avons pratiquement reçu le vainqueur dans nos bras. » Entretien des auteurs avec Ted Reardon.

21 « Des fois, quand nous n'avions rien à faire, il me disait : " Tommy, allons chez toi. Peut-être que ton père pourrait nous faire frire du bacon et des œufs et nous pourrions nous asseoir à table et bavarder un peu avec lui. " » Entretien des auteurs avec Tom Bilodeau, 18 mai 1980. Bilodeau était l'un des camarades de chambre de Joe Junior à Harvard.

22 Entretien des auteurs avec Ted Reardon.

23 Entretien des auteurs avec Charles Houghton, 10 avril 1980. Houghton était un autre des camarades de chambre de Joe à Harvard.

24 Entretien des auteurs avec Tom Bilodeau.

25 Ibid.

26 Entretien des auteurs avec Ted Reardon.

27 Searls, p. 58.

28 Voir Rose Kennedy, pp. 119 et ss. Voir aussi entretiens des auteurs avec Lem Billings.

29 Rose Kennedy, p. 202.

30 Kay Halle, Histoire orale, Bibliothèque JFK.

31 Entretien des auteurs avec Paul Morgan.

32 L'un des trois frères Bundy, McGeorge, était apparemment très précoce. Son condisciple, James Storrow Jr., se rappelle qu'il s'asseyait au fond de la classe. Quand le professeur s'adressait à lui, il disait : « Je suis un garçon très astucieux. » Entretien de Storrow avec Herbert Parmet qui a communiqué aimablement ses dossiers

aux auteurs. Les frères Kennedy jouaient également au « touch football » dans une équipe de Brookline appelée les Spitpots, avec Cyrus Vance et Buzzi Bavasi. Entretien des auteurs avec Buzzi Bavasi, 21 novembre 1980.

[33] JFK à JPK, dans les Papiers personnels de JFK (JFK Personal Files), Bibliothèque JFK.

[34] Entretien avec Lem Billings.

[35] Entretien des auteurs avec Betty Young.

[36] Sur les antécédents de Lem Billings : entretiens des auteurs avec Frederick Billings, 2 novembre 1981, et avec Francis H. McAdoo, 22 octobre 1981. Voir également les documents et les coupures de presse dans les archives personnelles de Lem Billings désignées ci-après comme les Billings Papers.

[37] Entretien des auteurs avec Lem Billings.

[38] JFK à LB, 23 juin 1933. Billings Papers.

[39] Entretien des auteurs avec Lem Billings.

[40] Ibid.

[41] Entretiens des auteurs avec Peter Kaplan, 16 et 24 janvier, 1er mars et 18 mars, 13 mai, 25 septembre 1981 ; 28 février, 9 avril 1983.

[42] Entretien des auteurs avec Peter Kaplan.

[43] JFK à LB, 6 mars 1936. Billings Papers.

[44] JFK à LB 27 janvier 1936. Billings Papers.

[45] JFK à LB, 13 avril 1936. Billings Papers.

[46] JFK à LB, 15 décembre 1936. Ibid. Au fil des ans, Lem devint l'invité que l'on voyait le plus fréquemment chez les Kennedy, particulièrement pendant les vacances. Eunice Kennedy Shriver raconta plus tard : « Une année, pour Noël, ma mère avait dit : " Nous n'avons plus de place pour aucun invité, cette année. Il n'y aura que la famille. Nous ne voulons pas avoir un tas de gens à demeure. " Mon frère lui envoya un télégramme juste avant Noël pour lui dire qu'il avait un merveilleux cadeau pour elle. Il arriva le 24 décembre et le cadeau c'était Lem... Nous nous arrangions toujours pour nous assurer qu'il viendrait. » Entretien des auteurs avec Eunice Kennedy Shriver, 1er décembre 1981.

[47] « Rip » Horton qui formait un parfait trio avec Jack et Lem à Choate, déclara à Clay et à Joan Blair que tous trois étaient allés à Harlem où ils avaient trouvé des prostituées pour trois dollars chacune. Quand ils rentrèrent à l'appartement des Horton, ils étaient tous trois convaincus d'avoir attrapé des maladies vénériennes, aussi allèrent-ils à l'hôpital le plus proche demander des pommades et des onguents et réveillèrent-ils un médecin au milieu de la nuit pour se faire soigner. Clay and Joan Blair, *The Search for JFK*, New York, 1977 (paperback), p. 26.

[48] JFK à LB, 20 janvier 1937. Billings Papers.

[49] Entretien des auteurs avec Lem Billings.

[50] « Joe Junior faisait partie de l'équipe de football américain à Choate et il était l'un des membres les plus marquants du comité des élèves. Le frère aîné de Lem avait été l'un des élèves les plus célèbres de l'institution — capitaine de l'équipe de football américain et capitaine de sa classe. A mon avis, Jack et LeMoyne avaient l'impression que leurs mérites n'étaient pas reconnus parce qu'ils ne pouvaient rivaliser avec leurs frères. C'est pourquoi ils essayèrent de se distinguer autrement et prirent d'autres moyens pour montrer ce qu'ils savaient faire... ; Jack excitait Joe en l'appelant " le Don Juan de Bronxville " et autres aménités du même genre pour le faire sortir de ses gonds. Une fois, Joe avait le portrait d'une fille qu'il aimait particulièrement et Jack peignit une paire de moustaches sur la photo. » Entretien des auteurs avec Tom Schriber, 20 avril 1981. Schriber était un condisciple de Joe à Choate ; il devint un ami de toute la famille Kennedy.

[51] St John avait fait de Choate une institution fermée et conservatrice. La demande d'admission qu'avait dû remplir Rose contenait des questions telles que celles-ci : « Le garçon a-t-il du sang hébraïque ? » Les amis de Jack tels que « Rip » Horton estiment que sa révolte, à l'école, peut avoir été causée par des relents d'anticatholicisme. St John avait décrété que l'on se réunirait à la chapelle, une fois par jour ; les catholiques comme Jack s'y rendaient mais écoutaient en silence les autres élèves se joindre aux prières, puis ils se glissaient dehors pour aller à la messe, en ville.

[52] Entretien des auteurs avec Lem Billings.

[53] Cité par Schlesinger, *RFK*, p. 15.

D'après le fils de St John, celui-ci aurait dit en certaine occasion (en paraphrasant une boutade de Teddy Roosevelt à propos de sa fille Alice) : « Je peux m'occuper de l'école, ou je peux m'occuper de Jack Kennedy, mais je ne peux pas m'occuper des deux à la fois. » L'animosité de Jack envers Choate se manifestait encore, bien des années plus tard, dans une lettre à Lem Billings : « J'ai reçu une missive particulièrement écœurante de Choate, me demandant de recommander un garçon " qui maintiendra la tradition... " Jusqu'à présent je n'ai pas encore trouvé la formule qui convient pour y répondre avec suffisamment d'ironie, mais j'y pense beaucoup. » JFK à LB, 3 mai 1939, Billings Papers.

[54] JFK à JPK, 9 décembre 1931. JFK Personal Files, Bibliothèque JFK.

[55] « Rip » Horton, qui avait aidé Jack à truquer les élections, fut désigné comme l'élève « le plus généreux ». Pour le remercier de sa complicité, Jack lui donna une photo dédicacée en ces termes : « Au Boss Tweed, de la part d'Honest Abe, avec l'espoir que nous serons dans la même cellule à Sing Sing » [N.d.T. : *Boss Tweed* = patron politique véreux ; *Honest Abe* = Abe-l'intègre, surnom du président Lincoln ; Sing Sing = célèbre pénitencier fédéral.] Horton, Histoire orale, JFK Library.

[56] JFK à LB, s. d. Billings Papers.

[57] JFK à LB, 27 janvier 1936. Ibid.

[58] Searls, pp. 80-81.

[59] JFK à LB, 25 mai 1936. Billings Papers.

[60] Entretien des auteurs avec Paul Morgan. Voir également l'entretien des auteurs avec Nancy Hill Morgan, 25 novembre 1980.

[61] Entretien des auteurs avec Ann Kelley, 30 septembre 1980. Ann avait grandi avec les enfants Kennedy.

[62] Entretien des auteurs avec Tom Schriber. Proche ami des jeunes Kennedy, Tom se voyait parfois demander d'accompagner Rosemary à des réunions dansantes.

[63] Après l'une de ces soirées, Joseph Kennedy écrivait à Jack : « Rosemary a passé des moments merveilleux et n'a vraiment besoin que de quelques attentions du même genre pour trouver la vie digne d'être vécue. » Cité par Rose Kennedy, p. 214.

[64] Swanson, p. 379.

[65] Cité par Rose Kennedy, p. 157.

[66] Dinah (Brand) Bridge, Histoire orale, Bibliothèque JFK.

[67] Luella R. Hennessey, « Bringing Up the Kennedys », *Good Housekeeping*, août 1961.

[68] « De même qu'il y avait deux tables, il y avait deux menus ; l'un pour Eunice, Jack et Jean qui avaient besoin de grossir, et un autre pour Joe Junior, Rosemary, Pat et Teddy qui cherchaient à perdre du poids. Kick n'avait pas de problèmes de cet ordre. Le service était accompagné de taquineries anatomiques, des deux côtés. » Entretien des auteurs avec Mary Lou McCarthy.

[69] Ibid.

[70] Entretien des auteurs avec Lem Billings.

[71] Entretien des auteurs avec Ann Kelley. La maladie d'Eunice — la maladie d'Addison — est confirmée par son fils Timothy Shriver. Entretiens des auteurs avec Timothy Shriver, 9 juin 1980, 30 octobre 1981.

[72] Entretien des auteurs avec Charlotte McDonnell Harris.

[73] Edward Kennedy décrivait plus tard le cadre de son enfance comme une sorte de matriarcat : « C'était comme si j'avais eu toute une armée de mères autour de moi. Il semblait que je ne pouvais jamais rien faire de bien, selon mes frères, mais que je ne pouvais jamais rien faire de mal, selon mes sœurs. » Cité par Clinch, p. 325.

[74] Entretien des auteurs avec Lem Billings.

[75] Entretien des auteurs avec Mary Lou McCarthy.

[76] Rose Kennedy, p. 116.

[77] L'incident est rapporté par Pat, la sœur de Bobby, dans *Bough*, p. 216.

[78] Entretiens des auteurs avec Mary Gimbel, 11 juillet 1980, 15, 17 et 19 mars 1981.

[79] Schlesinger, *RFK*, p. 23.

[80] Whalen, p. 106.

[81] Voir *Fortune*, septembre 1937.

[82] Joseph P. Kennedy, *I'm for Roosevelt*, New York, 1936, p. 3.

[83] Entretien des auteurs avec Morton Downey.

[84] Cité par Joseph P. McCarthy, *The Remarkable Kennedys*, p. 58.

[85] Kay Halle, Histoire orale, Bibliothèque JFK.

[86] Cité par Whalen, p. 130.

[87] Elliot Roosevelt et James Brought, *A Rendezvous with Destiny*, New York, 1975, p. 55.

[88] Joseph P. McCarthy, *The Remarkable Kennedys*, p. 60. Jimmy Roosevelt lui-même dément avoir voulu tirer un profit quelconque de cette affaire. (Entretien des auteurs avec Jimmy Roosevelt, 11 décembre 1979.) Mais selon Michael Beschloss, des « témoins proches de la famille Roosevelt » lui ont affirmé que le jeune Roosevelt était supposé obtenir un quart de l'affaire et alla jusqu'à prendre contact avec un éminent avocat de Washington pour « rupture de contrat » quand la promesse ne fut pas honorée. Beschloss, *Kennedy and Roosevelt, The Uneasy Alliance*, New York, 1980, p. 292.

[89] Ces estimations, quant au commerce des spiritueux, proviennent des dossiers du FBI sur Joseph Kennedy, consultés par les auteurs en vertu de la Loi sur la liberté de l'information (Freedom of Information Act).

[90] Cité par Schlesinger, *RFK*, p. 9.

[91] *Newsweek*, 7 juillet 1934.

[92] *New Republic*, 11 juillet 1934.

[93] Raymond Moley, *After Seven Years*, New York, 1939, p. 288.

[94] *Boston Post*, 12 décembre 1937.

[95] En 1941, Kennedy écrivait à Krock pour lui indiquer les grandes lignes d'un entretien qu'il avait eu avec C. L. Sulzberger, au cours duquel il avait dit au directeur du *Times* combien il était déçu de voir que Krock n'avait pas été nommé rédacteur en chef du journal : « Sulzberger parut assez troublé par ma remarque et se dépêcha d'expliquer... que nul ne contestait vos capacités, que vous étiez un remarquable journaliste, mais que selon lui, on lui aurait fait grief de nommer un Juif au poste de rédacteur en chef, étant donné que le journal était déjà entre les mains des Juifs. » JPK à AK, 10 octobre 1941. Krock Papers, Princeton University Library.

[96] Cité par Joseph P. McCarthy, *The Remarkable Kennedys*, p. 66.

[97] Cité par Beschloss, p. 110.

[98] Arthur Schlesinger Jr. écrit que « le processus d'investissement du capital appartenait alors entièrement au domaine du hasard et des paris ». Ce fut la SEC qui, sous Kennedy, « parvint à faire reposer le tout sur une base factuelle authentique, grâce à une divulgation constante et détaillée de l'information ». (*The Coming of the New Deal*, Boston, 1959.)

[99] Grace Tully, *FDR : My Boss*, New York, 1949, p. 157.

[100] Entretien des auteurs avec Tommy Corcoran, 17 février 1981.

[101] Krock, p. 310. (Au lieu de « merdier », Krock avait laissé pudiquement un blanc, mais il avait révélé à des amis quel était le mot manquant. »)

[102] Roosevelt and Brough, p. 55.

[103] *Bough*, p. 85.

[104] Cité par Schlesinger, *RFK*, p. 10.

[105] JPK à AK, 25 juin 1936, Krock Papers.

[106] Jim Farley, *Jim Farley's Story*, New York, 1948, p. 115.

[107] *Time*, 22 novembre 1937. Kennedy avait fait bien plus que l'on n'aurait cru, pour remédier à la pagaille de la Commission Maritime. Entre autres, il avait liquidé, pour 750 000 dollars, des réclamations présentées contre le gouvernement, représentant un total de 73 millions de dollars. *Boston Globe*, 12 décembre 1939.

[108] Entretien des auteurs avec Lem Billings.

[109] James Roosevelt, *My Parents : A Differing View*, Chicago, 1976 (paperback), pp. 208-210.

[110] Jimmy Roosevelt déclare : « C'était seulement un moyen pour s'amuser de Joe. La seule idée d'envoyer un Irlandais de Boston à la cour Saint James ravissait mon père. » Entretien des auteurs avec James Roosevelt.

[111] Entretien des auteurs avec Mary Lou McCarthy.

CHAPITRE 5 (pp. 85-118)

[1] Entretiens des auteurs avec Harvey Klemmer, 4, 8, 13 et 19 avril, 23 juin et 20 novembre 1980.

[2] Ibid.

[3] JPK à James Roosevelt, 3 mars 1938. Cordell Hull Papers, Library of Congress. Cité par David E. Koskoff, *Joseph P. Kennedy, A Life and Times*, New Jersey, 1974, p. 121.

[4] *Time*, 14 mars 1938.

[5] Joseph P. McCarthy, *The Remarkable Kennedys*, p. 71.

[6] Entretien des auteurs avec Paige Huidekoper, 16 février 1980. Huidekoper était l'un des collaborateurs de Kennedy à l'ambassade.

[7] Entretien des auteurs avec Lem Billings.

[8] Cité par David Michaelis, *The Best of Friends*, New York, 1983, p. 160. Voir également Rose Kennedy, pp. 226 et ss.

[9] Entretien des auteurs avec Martine Bunnerby, 11 septembre 1981. Mrs Bunnerby avait fréquenté l'école du Sacré-Cœur au temps où s'y trouvaient les filles Kennedy.

[10] « Nine Young US Ambassadors », *Parents Magazine*, septembre 1939.

[11] Entretien des auteurs avec Fiona Gore, comtesse d'Aran, 30 octobre 1982.

[12] E. Wider Spaulding, *Ambassadors Ordinary and Extraordinary*, Washington, 1961, pp. 218-219.

[13] Entretien des auteurs avec Jane Kenyon-Slaney Compton, 3 novembre 1982. Mrs Compton était une des meilleures amies de Kathleen Kennedy à Londres.

[14] L'amitié de Joseph Kennedy avec Lord Beaverbrook avait commencé le jour où l'Ambassadeur avait écrit au magnat anglais de la presse pour se plaindre d'un article paru dans un journal appartenant à ce dernier. Cette amitié se poursuivit sans interruption malgré quelques divergences d'opinion et donna lieu à une correspondance volumineuse. (Les archives de Beaverbrook se trouvent à la Bibliothèque de la Chambre des Lords.) Pour expliquer cette étrange relation, A. P. J. Taylor a déclaré : « Joseph Kennedy était un millionnaire et Beaverbrook ne se sentait à l'aise qu'avec des millionnaires. » Entretien des auteurs avec A. P. J. Taylor, 23 octobre 1980.

[15] Charles Callan Tansill, *Back Door to War*, Chicago, 1952, p. 432.

[16] JPK à Lippmann, 28 mars 1938. Lippmann Papers, Bibliothèque de l'université Yale.

[17] Charles A. Lindbergh, *The Wartime Journals of Charles Lindbergh*, New York, 1970, p. 26.

[18] *Documents on German Foreign Policy, 1918-1945*, Washington, State Department (diverses dates), I, p. 368.

[19] Entretien des auteurs avec Harvey Klemmer.

[20] *New York Times*, 23 juin 1938.

[21] *Chicago Tribune*, 23 juin 1938.

[22] Cité par Harold Ickes, *The Secret Diaries of Harold L. Ickes*, II, New York, 1954, pp. 415-416. L'impossibilité d'obtenir un diplôme *honoris causa* mit le comble au sentiment de frustration de Kennedy envers son *alma mater*. En 1937, lors du vingt-cinquième anniversaire de sa promotion, l'Ambassadeur avait prononcé un discours en faveur du New Deal, accueilli par un joyeux chahut, ce qui blessa son amour-propre. La même année, l'entraîneur de l'équipe de football américain, à Harvard, Dick Harlow, l'avait rendu furieux en refusant de sélectionner Joe Junior pour le match contre Yale privant ainsi le jeune homme du droit d'arborer la lettre H sur son blouson.

[23] Entretien des auteurs avec Tom Bilodeau, 18 avril 1980.

[24] Entretien des auteurs avec James Rousmaniere, 30 novembre 1979. Rousmaniere avait été le camarade de chambre de Jack à Harvard.

[25] Entretien des auteurs avec Ted Reardon.

[26] Ibid.

[27] Searls, p. 64.

[28] Entretien des auteurs avec Tom Schriber.

[29] Searls, p. 68.

[30] *Bough*, pp. 217-218.

[31] Entretien des auteurs avec Mary Lou McCarthy.

[32] Cité par Ickes, p. 415.

[33] Entretien des auteurs avec William Randolph Hearst Jr, 7 mai 1980.

[34] Entretien des auteurs avec Tom Bilodeau.

[35] Payson Wild, Histoire orale, Bibliothèque JFK.

[36] Tom Bilodeau raconte une anecdote au sujet des tentatives faites par Joe pour être sélectionné dans l'équipe de football américain de Harvard avant le match contre Yale, en 1937 : « L'année précédente, la même chose était arrivée à Jack, lors du match des étudiants de première année contre Yale. C'était la même histoire — peu importaient les exploits accomplis durant le reste de l'année, il fallait avoir participé à ce match pour avoir le droit de porter la lettre H sur le blouson. La partie était presque finie et Jack n'avait pas été appelé à entrer sur le terrain ; il alla donc taper sur l'épaule de l'entraîneur pour lui dire : " Pourquoi ne pas me faire entrer maintenant ? " et s'entendre répondre : " Qui diable êtes-vous ? " » Entretien des auteurs avec Tom Bilodeau.

[37] JFK à LB, 20 janvier 1937. Billings Papers.

[38] JFK à LB, 13 mars 1937. Ibid.

[39] JFK à LB, 13 mars 1937. Ibid.

[40] JFK à LB, 13 janvier 1937. Ibid.

[41] JFK à LB, 3 mars 1937. Ibid.

[42] JFK à LB, février 1938. Ibid.

[43] Entretien des auteurs avec Timothy Reardon.

[44] Lem Billings raconte un incident similaire : « Nous faisions de la voile à Nantucket sur le *Victura*. C'était une sorte de course. Joe était à la barre et maintenait le bateau face au vent. Je ne pouvais y croire, tant il faisait froid, un temps affreux — je n'avais jamais eu aussi froid de ma vie. J'en avais assez de ses manières et il ne faisait pas le moindre cas des autres, à mon avis. » Entretien des auteurs avec Lem Billings.

[45] A propos de l'accession de Jack au Spee : « Il avait été accepté comme candidat au Porcellian, le club le plus huppé, mais n'avait pas été élu. Il s'était donc senti heureux d'entrer au Spee. Il avait tenté d'y faire admettre son ami Torbert McDonald, mais sans succès. Un seul catholique irlandais, c'était bien assez pour ce club. » Entretien des auteurs avec James Rousmaniere.

[46] Rose Kennedy, p. 257.

[47] Entretien des auteurs avec Charlotte McDonnell Harris.

[48] Entretien des auteurs avec Ann Kelley, 30 septembre 1980.

[49] Entretien des auteurs avec James Rousmaniere.

[50] Cité par James M. Burns, *John F. Kennedy*, New York, 1961, p. 32.

[51] Entretien des auteurs avec James Rousmaniere.

[52] Rose Kennedy, p. 233.

[53] JFK à LB, août 1938. Billings Papers.

[54] Entretiens des auteurs avec Fiona Gore, Jean Lloyd, 30 octobre 1982 ; David Ormsby-Gore, 27 octobre 1982 ; Jocelyn Ambro, 27 octobre 1982 ; Fiona Gore et Jean Lloyd étaient les cousines de Billy. Ormsby-Gore, plus tard lord Harlech, était son cousin et son meilleur ami ; Hambro était l'un de ses condisciples.

[55] Entretien des auteurs avec Lady Anne Cavendish Tree, 28 octobre 1982.

[56] Entretien des auteurs avec Fiona Gore.

[57] Ibid.

[58] Voir Barbara Tuchman, *The Proud Tower*, New York, 1966, pp. 3 et ss.

[59] Entretien des auteurs avec Fiona Gore.

[60] Cité par Koskoff, p. 158. Roosevelt, troublé par le discours, paraphrasa en ces termes, devant le secrétaire au Trésor, Morgenthau, les paragraphes censurés : « Je ne comprends vraiment pas pourquoi n'importe qui ferait la guerre pour sauver les Tchèques. » *The Morgenthau Diaries : Years of Crisis, 1928-1938*, présenté par John Morton Blum, Boston, 1959, p. 518.

[61] *Morgenthau Diaries*, p. 518.

[62] Ickes, p. 420.

[63] *Morgenthau Diaries*, p. 518.

[64] Lindbergh, p. 71.

[65] Cité par Telford Taylor, *Munich*, New York, 1980, p. 849.

[66] Le câble Lindbergh disait entre autres : « Indubitablement, la flotte aérienne allemande est plus forte que celle d'aucun autre pays au monde... Je suis convaincu que les forces aériennes alle mandes sont plus puissantes que les forces combinées de tous les autres Etats européens... Pour la première fois de l'Histoire, une nation a le pouvoir de détruire ou d'épargner les grandes villes d'Europe. » Voir *Foreign Relations of the United States, 1938*, I, pp. 72-73.

[67] JPK à AK, 26 septembre 1938, Krock Papers.

[68] Cité par Beschloss, p. 179.

[69] JPK à AK, 28 mars 1938. Krock Papers.

[70] *New York Times*, 24 novembre 1938 ; Kennedy tenta aussi de faire retirer de l'affiche le film de Frank Capra, *Mr Smith Goes to Washington*. Il écrivait en effet à Harry Cohn, de la Columbia Pictures, le 17 novembre 1939 : « A l'étranger, ce film ne peut que confirmer l'impression erronée selon laquelle les Etats-Unis sont avides, corrompus et sans lois... Les temps sont incertains, l'avenir est sombre, pour ne pas dire plus. Il nous faut être prudents. » Copie dans les Krock Papers.

[71] *German Documents*, I, 635.

[72] Commentaire du diplomate George Messersmith. Cité par Koskoff, p. 160.

[73] Burns, *JFK*, p. 37.

[74] The *Public Papers and Addresses of Franklin D. Roosevelt*, réunis par Samuel I. Rosenman, année 1938, New York, 1941, pp. 563-564.

[75] Cité par Beschloss, p. 179.

[76] L'antisémitisme de Kennedy, que ses fils et lui-même démentirent plus tard avec vigueur, était réel mais reflétait l'idéologie du « creuset américain » dont il avait cherché à s'évader pendant toute sa vie. Son ami Morton Downey raconte une anecdote à ce sujet. « Un jour, Roosevelt avait envoyé

Henry Morgenthau à Hyannis, pour y rencontrer Kennedy qui avait invité le futur ministre des Finances à déjeuner au Wianno Club. Le lendemain, quelqu'un lui avait téléphoné pour lui dire qu'il était allé un peu trop loin en introduisant un Juif dans le club. Kennedy l'avait éconduit. Il me dit alors : " Ce gars représente le Président des Etats-Unis, et on a le culot de me faire une remarque ; pouvez-vous imaginer une chose pareille ? " Kennedy ne remit plus jamais les pieds dans ce club. » (Entretien des auteurs avec Morton Downey.) Pourtant, quelques années plus tard, un homme politique anglais, Hugh Fraser, rendait visite à Jack en Floride, et tous deux firent avec Joe Kennedy un tour en voiture, le long de la mer. « L'Ambassadeur me dit, en désignant un club de golf, au passage : " Il y en a quelques-uns, dans ce club. " Je lui demandai : " Que voulez-vous dire ? " Il répondit : " Des Juifs, ne soyez pas stupide ! " » (Entretien des auteurs avec Sir Hugh Fraser, 2 novembre 1982.) Un fidèle collaborateur de Joe Kennedy, Harvey Klemmer, a déclaré : « Joe n'a jamais dit rien de bien sur les Juifs. Il les maudissait, les traitait de " Youpins " et autres noms du même genre. Ses acolytes le régalaient d'histoires juives. »

[77] Searls, p. 110.

[78] Beschloss, p. 181.

[79] Whalen, p. 251.

[80] Searls, p. 116.

[81] Ibid.

[82] Antonio Garrigues à Robert F. Kennedy, 28 septembre 1962. Robert Kennedy Personal Files, Bibliothèque JFK. Voir aussi Garrigues, Histoire orale, Bibliothèque JFK.

[83] Entretien des auteurs avec Ted Reardon.

[84] *Atlantic Monthly,* avril 1939.

[85] Entretien des auteurs avec Tom Schriber.

[86] *New York Times,* 14 mars 1939.

[87] JFK à LB, 23 mars 1939. Billings Papers.

[88] JFK à LB, 3 mai 1939. Ibid.

[89] JFK à LB, s.d., mai 1939. Ibid.

[90] JFK à JPK, s.d. (1939). Ibid.

[91] Cité par Lynn McTaggart, *Kathleen Kennedy : Her Life and Times,* New York 1983, p. 64.

[92] Entretien des auteurs avec Charles Houghton. Ancien condisciple de Joe Jr., Houghton avait travaillé pendant un été à l'ambassade des Etats-Unis à Londres : il estime que les tractations de Kennedy avec Haig and Haig étaient « de mauvais goût » et que le poste d'ambassadeur semblait représenter parfois pour lui « un simple moyen de faire des affaires ».

[93] En ce qui concerne les accusations de Masaryk, cf. Beschloss, p. 241.

[94] Entretien des auteurs avec James Rowe, 16 janvier 1981. Rowe, collaborateur de FDR, avait accompagné l'une de ces missions à Londres en juillet 1939.

[95] Ce commentaire se trouve dans une autobiographie inédite de Joseph Kennedy, commandée pour son compte à James Landis, après la guerre, mais abandonnée en raison des effets néfastes que la publication aurait pu avoir sur la carrière de Jack. Une version de ce manuscrit se trouve dans les Landis Papers, à la Bibliothèque du Congrès, à Washington (Library of Congress).

[96] Entretien des auteurs avec Fiona Gore.

[97] Whalen, p. 263.

[98] Cité par Joseph Alsop et Robert Kinter, *American White Paper,* New York, 1940, p. 68.

[99] *Foreign Relations of the United States, 1939,* I, pp. 421-424.

[100] Cité par Beschloss, pp. 191-192.

[101] *Foreign Relations of the United States, 1939,* I, p. 424.

[102] Cité par Harold Nicolson, *Diaries and Letters, 1930-1939,* présenté par Nigel Nicolson, Londres, 1966, p. 403.

[103] Marguerite Higgins, « Rose Fitzgerald Kennedy », *McCall's,* mai 1961.

[104] Cité par Rose Kennedy, p. 258.

[105] Rose Kennedy, p. 157.

[106] *New York Times,* 11 décembre 1939.

[107] Whalen, p. 278.

[108] Cité par Searls, p. 138.

[109] Jay Pierrepont Moffat, *The Moffat Papers : Selections from the Diplomatic Journals of Jay Pierrepont Moffat,* Cambridge, Massachusetts, 1956, p. 297.

[110] Entretien des auteurs avec Joseph Kingsbury Smith, 27 mars 1980.

[111] George Bilainkin, *Diary of a Diplomatic Correspondent,* London, 1942, p. 61.

[112] Cité par Koskoff, p. 239.

[113] Adolph Berle, *Navigating the Rapids,* New York, 1973, p. 312.

[114] Krock, p. 317.

[115] Cité par Searls, p. 146.

[116] Bilainkin, p. 194. Kennedy ne varia jamais à propos de la conférence de Munich. En 1950 encore, il déclarait : « Cela nous

valut un répit que je trouvai alors fort bienvenu et je n'ai pas changé d'avis. » *Vital Speeches,* 1er janvier 1951, pp. 107 et ss. (En fait, le répit avait été bien plus utile à l'Allemagne qu'à l'Angleterre, ce que Jack Kennedy démontre de façon convaincante dans *Why England Slept.*)

[117] A la page 51 de sa thèse, Jack écrivait : « A la lumière du conflit actuel, nous avons lieu de nous étonner de l'aveuglement des dirigeants anglais et de l'Angleterre tout entière, face aux arguments de Churchill. »

[118] Il avait également demandé à Harvey Klemmer (qui était devenu le principal rédacteur de ses discours à Londres) d'y jeter un coup d'œil. « J'y travaillai pendant deux semaines, jour et nuit, et le remis à quatre heures du matin, le jour où Eddie Moore devait aller à New York pour le donner à l'éditeur. Quand je l'avais reçu, c'était du charabia, un défi à la grammaire. Il y avait des phrases sans sujets ou sans verbes. C'était vraiment un travail dégoûtant, fait, en grande partie, de coupures de journaux et de magazines collés bout à bout. Je le mis entièrement en forme et ajoutai une petite péroraison à la fin. » Entretien des auteurs avec Harvey Klemmer.

[119] Cité par Burns, p. 44.

[120] Searls, p. 140.

[121] JPK à AK, 22 avril 1940, Krock Papers.

[122] Bilainkin, p. 135.

[123] Koskoff, p. 258. Quelques jours plus tard, il essayait d'utiliser un ton plus léger dans un câble à Roosevelt en se comparant à « ce gars noir, au cours de la dernière guerre : ... quand les bombes commencèrent à tomber autour de lui, il se mit à gémir : " Seigneur, me v'là terriblement embêté. Vous feriez mieux d' m'envoyer un de vos Anges pour m'aider. " Et badaboum, voilà un obus qui éclate tout près de lui, et il se met à trembler : " Mon p'tit Bon Dieu, v'là que les choses empirent. Vaudrait mieux m'expédier plutôt un de vos Saints. " Et bingbangbadaboum, cette fois c'est un chapelet d'obus qui l'encadre, et le négro qui se met à crier : 'O Seigneur, s'il Vous plaît, dépêchez-vous ;' et c'est pas la peine de m'envoyer Votre Fils, venez Vous-même, parce que c'est un boulot d'homme ! " » Cité par Koskoff, p. 259.

[124] Entretien des auteurs avec Harvey Klemmer.

[125] Ibid. William Randolph Hearst Jr. raconte : « Je me rappelle avoir entendu dire qu'il quittait la ville dès que le bombardement devenait un peu plus violent. » Entretien des auteurs avec William Randolph Hearst Jr.

[126] Clare Boothe, *Europe in the Spring,* New York, 1940, p. 200.

[127] Beschloss, p. 16.

[128] Damore, p. 57.

[129] Entretien des auteurs avec Harvey Klemmer.

[130] Cité par Beschloss, p. 271.

[131] Lyndon Johnson était aux côtés de FDR pendant cette conversation et la raconta ensuite à Krock. Voir Krock, p. 339.

[132] Beschloss, p. 216.

[133] Cette scène est décrite par James Byrnes dans *All in One Lifetime,* New York, 1958, p. 126.

[134] *New York Times,* 30 octobre 1940.

[135] Tommy Corcoran, qui était à la tête de l'organisation des « Républicains favorables à Roosevelt » au cours de la troisième campagne présidentielle de FDR, déclare qu'il était important pour le Président d'obtenir le soutien de Kennedy : « Cet appui était précieux et peut-être même crucial, à New York, par exemple, où se trouvaient tant d'Italiens, d'Allemands et d'Irlandais obsédés par la peur de la guerre. Pour eux, l'aval accordé par Kennedy à Roosevelt était capital. » Entretien des auteurs avec Tommy Corcoran.

[136] L'histoire de l'interview du *Globe* se trouve rapportée en détail par Lyons, dans *Newspaper Story : One Hundred Years of the Boston Globe,* Cambridge, Massachusetts, 1971. Kennedy avait tenté de donner l'impression qu'il s'agissait d'un lapsus mal interprété, sans aucun rapport avec ses véritables convictions. Mais Joseph Criden, membre du Nieman Journalistic Fellowship Program, après avoir examiné les circonstances de l'interview, conclut que Lyons n'avait pas violé les règles de la profession, opinion que Krock transmit à Kennedy. (Criden à Krock, 11 novembre 1940 ; Krock à JPK, 12 novembre 1940. Krock Papers.) En outre, à peu près au même moment, Kennedy avait eu une conversation avec un diplomate nommé Breckenridge Long, qui résuma en ces termes les vues de l'Ambassadeur sur la suite des événements : « Il pense qu'il nous faudra adopter un régime fasciste ou quelque chose de similaire, ici aux Etats-Unis, si nous voulons survivre dans un monde où la puissance est à la fois concen-

trée et centralisée. » *The War Diary of Breckenridge Long,* Lincoln, Nebraska, 1966, p. 146.

[137] JPK à Beaverbrook, 13 novembre 1940. Beaverbrook Papers.

[138] Lors d'un arrêt à Wyntoon, la résidence de William Randolph Hearst, près de Mount Shasta, Kennedy eut une conversation avec le gendre de FDR, John Boettinger, qui avertit le Président : « Après notre conversation avec Joe, Anna et moi sommes considérablement préoccupés par ce que nous tenons pour ses inclinations fascistes. » Cité par Beschloss, p. 228.

[139] La réaction d'Eleanor Roosevelt fut rapportée par Gore Vidal dans la *New York Review of Books,* 18 novembre 1971, p. 8. Voir un récit complet de l'incident *in* Beschloss, p. 299.

[140] Beschloss, p. 216.

[141] Landis, manuscrit, Landis Papers.

[142] Cité par Koskoff, p. 309.

[143] Searls, p. 155.

[144] Ibid.

[145] *The London Journal of General Raymond E. Lee, 1940-41,* présenté par J. Leutze, Boston, 1971, p. 208.

[146] Schlesinger, *RFK,* p. 40.

[147] Gene Schoor, *Young John Kennedy,* New York, 1963, p. 155.

[148] JFK à Tom Schriber, s.d. Une copie de cette lettre a été communiquée par Mr Schriber aux auteurs.

[149] John Hersey, interviewé par Herbert Parmet, 8 décembre 1976. Mr Parmet a donné aux auteurs accès à sa documentation.

[150] Entretien des auteurs avec Charles Spalding.

CHAPITRE 6 (pp. 119-144)

[1] Entretien des auteurs avec Charlotte McDonnell Harris. La description du développement de Rosemary est fondée sur les entretiens des auteurs avec Tom Schriber, Ann Kelley, Lem Billings, Paige Huidekoper, ainsi qu'avec Herbert J. Kramer de la Joseph P. Kennedy Jr. Foundation, 9 juin 1982.

[2] Entretiens des auteurs avec George Taylor, 12 et 21 mai 1980. Taylor était le valet de chambre de Joe Jr. et de Jack — entre autres riches étudiants de Harvard —, puis travailla à Hyannis comme chauffeur de Joseph Kennedy.

[3] Entretiens des auteurs avec John White, 6 décembre 1979, 9 et 10 mars 1982.

[4] Etudes sur la lobotomie : l'un des textes de base — en ce temps-là — était *Psychosurgery* de Walter Freeman et James Watts (Springfield, Illinois, 1942). Ces auteurs écrivent : « La séparation partielle des lobes frontaux, du reste du cerveau, produit une réduction de l'excessive et pénible attention accordée par le malade à soi-même, l'abolition des obsessions du sujet, et la satisfaction de celui-ci envers ses propres actes, même si son comportement n'est guère satisfaisant... Bien que les idées fixes persistent et que les tensions demeurent pendant un certain temps, la peur est bannie de l'esprit du malade. Ce que signifie ce soulagement pour le patient affecté par le doute, la crainte et les pensées morbides, les hallucinations et les illusions, ainsi que par des impulsions irrésistibles, on peut le deviner aisément... Mais l'opération ne réussit pas toujours ; parfois elle réussit trop bien de sorte qu'elle abolit les bons sentiments qui permettaient au malade de conserver un comportement social adéquat. Ce qui peut paraître bienfaisant pour le patient peut alors se révéler désastreux pour sa famille. » Préface à la première édition, p. xiii.

[5] La lobotomie subie par Rosemary n'a jamais été publiquement reconnue par la famille Kennedy. Le fait a pourtant été confirmé aux auteurs par leurs entretiens avec Timothy Shriver, Robert Shriver, Christopher Lawford, et Herbert J. Kramer, de la Joseph P. Kennedy Jr. Foundation.

[6] Entretien des auteurs avec Timothy Shriver, 10 novembre 1981.

[7] Entretien confidentiel des auteurs avec un témoin, 3 février 1980.

[8] Cardinal Cushing, Histoire orale, Bibliothèque JFK. Dans cet entretien — conduit par Edward M. Kennedy — Cushing déclare : « La raison pour laquelle votre père et votre mère voulaient placer Rosemary dans une institution telle que Sainte-Colette était qu'ils souhaitaient la voir vivre dans un cadre religieux. »

[9] Whalen, p. 376.

[10] *FDR : His Personal Letters,* Vol. IV, présenté par Elliott Roosevelt, New York, 1950, p. 1290.

[11] Lettre à Frank Kent, 2 mars 1943, citée par Koskoff, p. 317.

[12] JPK à Beaverbrook, 31 décembre 1942. Beaverbrook Papers.

[13] Ibid.

[14] Entretien des auteurs avec James A. Reed.

[15] Entretien des auteurs avec Paul B. « Red » Fay, 21 mars 1980.

[16] JFK à LB, s.d., été 1942. Billings Papers. Casey n'a jamais oublié sa première rencontre avec Fitzgerald : « Je l'avais vu dans le hall de l'hôtel Bellevue pendant la campagne. Il était venu vers moi, avait brandi un doigt dans ma direction et dit : " Vous m'avez calomnié ; vous avez affirmé au peuple du Massachusetts que j'étais octogénaire, c'est faux. " Je lui demandai : " Quel âge avez-vous donc ? " Il répondit : " J'ai soixante-dix-neuf ans. " » Joseph Casey, Histoire orale, Bibliothèque JFK.

[17] Entretien des auteurs avec Tommy O'Hearn, 9 avril 1980.

[18] Entretien des auteurs avec Tom Schriber.

[19] Schlesinger, *RFK*, p. 30.

[20] Entretien des auteurs avec Mary Gimbel, vieille amie des Kennedy. Voir aussi l'entretien du 1er novembre 1979 avec Dave Hackett. Hackett était le meilleur ami de Bobby à Milton.

[21] Joe Junior à RFK, s.d. RFK Personal Files, Bibliothèque JFK.

[22] Searls, pp. 164 et ss.

[23] JFK à LB, 4 octobre 1940. Billing Papers.

[24] JFK à LB, 14 novembre 1940. Ibid.

[25] Blair, pp. 109-110.

[26] JFK à LB, 12 février 1942. Billings Papers.

[27] Entretien des auteurs avec Lem Billings.

[28] Pour un portrait plus complet de Kathleen, voir, des mêmes auteurs, « The Kennedy Kick » dans *Vanity Fair,* juillet 1983.

[29] Kathleen Kennedy à Jane Kenyon-Slaney Compton, 28 mai 1941. Mrs Compton a communiqué une copie de la lettre aux auteurs.

[30] Entretiens des auteurs avec Frank Waldrop, 17 novembre 1979, 3 mars 1980. Waldrop était directeur de la rédaction au *Times-Herald.*

[31] John White a aimablement autorisé les auteurs à copier les passages de son journal intime relatifs à Kathleen Kennedy.

[32] Entretien des auteurs avec John White.

[33] Journal intime de John White.

[34] L'idylle entre JFK et Inga Arvad, ainsi que les antécédents d'Inga, ont été dévoilés pour la première fois par Clay et Joan Blair, pp. 122 et ss. Voir également l'entretien des auteurs avec Frank Waldrop, qui avait assisté au développement de cette liaison, connu les protagonistes et écrit, par la suite : « JFK and the Nazi Spy », *Washingtonian,* avril 1975, p. 90.

[35] Entretien des auteurs avec Frank Waldrop.

[36] Entretien des auteurs avec Lem Billings.

[37] Blair, p. 143.

[38] JFK à LB, 12 février 1942. Billings Papers.

[39] Entretien des auteurs avec Lem Billings.

[40] JFK à LB, 11 mars 1942. Billings Papers.

[41] Blair, p. 173.

[42] Ibid., pp. 151-152.

[43] JFK à LB, s.d., été 1942. Voir les états de service de Billings en Afrique dans les Billings Papers.

[44] A propos des patrouilleurs-torpilleurs *PT,* voir *They Were Expendable,* par W. L. White (New York, 1942). Le livre, qui fit l'objet d'un film à succès, présente une image spectaculaire des exploits de ces vedettes lance-torpilles, au début de la guerre.

[45] JFK à LB, s.d., été 1942. Billings Papers.

[46] Entretien des auteurs avec Charles Spalding.

[47] John Harlee, Histoire orale, Bibliothèque JFK.

[48] JFK à LB, 30 janvier 1943. Billings Papers.

[49] Rose Kennedy, p. 285.

[50] La lettre citée est du 2 février 1943. Bibliothèque JFK.

[51] Entretien des auteurs avec Tom Schriber.

[52] Les services de Joe Kennedy, comme agent spécial, au sein du FBI, et l'importance accordée par le Bureau à ces services apparaissent dans des dossiers privés constitués pendant quinze ans par le FBI au sujet de Joseph Kennedy ; les auteurs en ont eu communication en vertu de la loi sur la liberté de l'Information (Freedom of Information Act).

[53] Koskoff, p. 326. Voir également l'entretien des auteurs avec Leo Racine, 12 février 1980. Racine travaillait pour Kennedy depuis 1948.

[54] Entretien des auteurs avec John Reynolds, 13 mars 1980.

[55] Ibid. Voir aussi Whalen, p. 370.

[56] Entretiens des auteurs avec James Reed, 4 avril 1980, 30 mars 1981.

[57] JFK à LB, 6 mai 1943. Billings Papers. Jack écrivit une lettre moins suggestive à ses parents à propos de l'incident.

[58] Entretien des auteurs avec James Reed.

[59] McTaggart, p. 123.

[60] Kick décrit son voyage dans une lettre à sa famille, 27 juin 1943. Copie dans les Connelly Papers. Voir aussi Rose Kennedy, p. 288.

[61] Elle a fait cette déclaration dans une lettre adressée à Jack; partiellement citée par Rose Kennedy, p. 292.

[62] Rose Kennedy, p. 290.

[63] KK à Lord Beaverbrook, 28 septembre 1943. Beaverbrook Papers.

[64] Rose Kennedy, p. 292.

[65] John Hersey a cité cette phrase dans son article du *New Yorker*. Jack a également raconté à Billings que cette pensée lui était venue à l'esprit au moment de l'impact. (Entretien des auteurs avec Lem Billings.)

[66] Voir Blair, pp. 214 et ss.

[67] Voir Burns, p. 52. Ce détail avait été d'abord révélé par Hersey.

[68] Voir Joey Gargan, dans *Bough*, p. 173.

[69] Blair, p. 345.

[70] Blair, p. 342.

[71] JFK à LB, 15 septembre 1943. Billings Papers.

[72] Par ex., Phil Berg, pilote dans le Pacifique pendant la Seconde Guerre mondiale, a déclaré : « Ce n'était pas un petit goulet, c'était un grand détroit. Kennedy avait le bâtiment le plus maniable du monde. Et voilà ce jeune chevalier à l'armure blanche, avec toute cette puissance à sa disposition, qui se laisse éperonner par un destroyer! Tout le monde en a bien ri dans l'escadre ! » Entretien des auteurs avec Phil Berg.

[73] « Jack ne pensait pas aux médailles. Loin de là. La médaille, c'était une idée de son père. Celui-ci demandait pour son fils la médaille d'honneur du Congrès et, à défaut, la croix de la Marine. » Entretien des auteurs avec Paul B. « Red » Fay.

[74] JFK à JPK, s.d. (reçue le 12 septembre 1943). Bibliothèque JFK.

[75] Voir Searls, p. 183.

[76] Blair, p. 296.

[77] Voir Searls, pp. 184 et ss.

[78] Pat Wilson est désignée seulement par l'expression « The Girl » dans Searls. Les entretiens des auteurs avec Mark Soden, 28 novembre 1981, et Jean Lloyd, ainsi que des conversations téléphoniques avec Hank Searls et James Ogilvie, confirment que « The Girl » est bien Pat Wilson Laycock. Mark Soden était l'ami le plus proche de Joe Junior en Angleterre et son camarade de régiment; James Ogilvie est le gendre de Pat Laycock, Jean Lloyd, la sœur de James. Les auteurs se sont également entretenus avec Pat Wilson Laycock à Dublin, le 18 novembre 1982.

[79] Rose Kennedy, p. 297.

[80] JFK à LB, 6 mai 1943. Billings Papers.

[81] Searls, p. 184.

[82] Cité par Blair, p. 342.

[83] Ibid., pp. 331 et ss.

[84] JPK à Beaverbrook, 24 mai 1944. Beaverbrook Papers.

[85] Searls, p. 213.

[86] Frank Moore O'Ferrall, Histoire orale, Bibliothèque JFK.

[87] Entretiens avec Fiona Gore, Jane Compton. Searls, pp. 207 ss. Voir aussi Rose Kennedy, pp. 296 ss. La possibilité d'un pacte relatif à la religion des enfants issus du mariage fut également envisagée avec David Ormsby-Gore. Entretien des auteurs avec David Ormsby-Gore, 27 octobre 1982.

[88] *New York Times*, 7 mai 1944.

[89] Kathleen mentionna ce souvenir dans *As We Remember Joe*, présenté par John F. Kennedy, imprimé à compte d'auteur, hors commerce, 1945; reproduit partiellement par Rose Kennedy, p. 297.

[90] Entretien des auteurs avec Anne Kelley.

[91] Duncliffe, p. 120.

[92] Joseph P. McCarthy, *The Remarkable Kennedys*, p. 110.

[93] Le télégramme est reproduit dans *Bough*, p. 208.

[94] JPK à Beaverbrook, 24 mai 1944. Beaverbrook Papers.

[95] JFK à LB, 19 mai 1944. Billings Papers.

[96] Avec une ironie qui soulignait son envie de se trouver au cœur des événements, Bobby avait écrit à Joe Junior : « Nous n'avons pas été beaucoup mêlés à l'action, ici sur la grand-place de Harvard, mais nous sommes constamment en état d'alerte, en prévision d'une attaque, et quand celle-ci se produira, je suis sûr que nous saurons nous montrer dignes des traditions de la Marine. » Schlesinger, *RFK*, p. 537.

[97] Les détails du projet Aphrodite se trouvent dans : Jack Olsen, *Aphrodite, Desperate Mission,* New York, 1970.

[98] Searls, p. 215.

[99] Olsen, pp. 261-262.

[100] Searls, p. 242. Mary Lou McCarthy raconte : « Joe et Rose étaient furieux contre Joe Junior ; ils pensaient que si celui-ci n'avait pas soutenu Kick, elle n'aurait jamais épousé Billy. » Entretien des auteurs avec Mary Lou McCarthy.

[101] Les détails sur la mort de Joe se trouvent contenus dans Searls, pp. 249 ss. Elliott Roosevelt qui se trouvait à bord d'un appareil de reconnaissance, dans le cadre de la même mission, se rappelle seulement avoir vu une lueur aveuglante et n'avoir pas repéré de débris. Entretien des auteurs avec Elliott Roosevelt, 13 décembre 1979.

DEUXIÈME PARTIE

CHAPITRE 1 (pp. 147-163)

[1] Le récit est fondé sur les entretiens des auteurs avec Paul B. « Red » Fay Jr., 21 mars 1980 ; James A. Reed, 30 mars, 4 avril 1980 ; Jewel Reed, 27 février, 16 mars 1980 ; et Kate Thom, 28 janvier 1980.

[2] Entretien des auteurs avec Paul B. « Red » Fay Jr.

[3] Ibid.

[4] Entretien des auteurs avec James A. Reed.

[5] Entretien des auteurs avec Jewel Reed.

[6] Harrison Rainie et John Quinn, *Growing Up Kennedy,* New York, 1983, p. 127.

[7] Entretien des auteurs avec Jewel Reed.

[8] Ibid. Jim Reed est du même avis : « On n'avait jamais le sentiment qu'elle était tout à fait présente. Elle semblait totalement étrangère à ce qui se passait. Elle était assise au bout de la table et se mêlait à la conversation sans savoir de quoi il s'agissait, pour commencer. Elle avait apparemment toujours été ainsi. Elle n'était jamais dans le coup. » Entretien des auteurs avec James A. Reed.

[9] Entretien des auteurs avec Kate Thom.

[10] Entretien des auteurs avec Jewel Reed.

[11] Entretien des auteurs avec Kate Thom.

[12] Entretien des auteurs avec Red Fay.

[13] *As We Remember Joe,* op. cit.

[14] Document présenté aux auteurs au cours de leur entretien avec Mark Soden, 28 novembre 1982.

[15] Entretien des auteurs avec Lem Billings.

[16] JPK à Grace Tully, 29 août 1944, cité par David Koskoff, *Joseph P. Kennedy,* New York, 1974, p. 374.

[17] Entretien des auteurs avec Robert Downes, 24 avril 1980.

[18] Joan et Clay Blair, *The Search for JFK,* New York, 1977 (paperback), pp. 359 ss.

[19] « Le marquis de Hartington se jeta dans la bataille le 9 septembre 1944, vêtu d'un imperméable blanc de cavalier, et d'un béret noir ; il avait dans une main un revolver et dans l'autre des cisailles pour couper les barbelés... » Communication faite aux auteurs par le Major R.E.R. Alderson, historien du régiment des Coldstream Guards, 28 janvier 1983.

[20] Entretien des auteurs avec Patsy White, 5 et 6 décembre 1979, 28 mars 1980 et 13 mars 1982.

[21] Entretien des auteurs avec Elizabeth Cavendish, 4 novembre 1982.

[22] Cité par Hank Searls, *The Lost Prince : Young Joe, The Forgotten Kennedy,* New York, 1977 (paperback), p. 258.

[23] Entretien des auteurs avec Elizabeth Cavendish.

[24] JPK à Beaverbrook, 22 octobre 1944, Beaverbrook Papers.

[25] Merle Miller, *Plain Speaking,* New York, 1974, p. 80.

[26] Bob Considine, *It's All News to Me,* New York, 1967, p. 375.

[27] Entretien des auteurs avec Red Fay.

[28] Jack avait évoqué la possibilité de choisir ces carrières, au cours de ses conversations avec Jim Reed et d'autres pendant la guerre.

[29] Paul B. Fay Jr., *The Pleasure of His Company,* New York, 1966, p. 152.

[30] Entretien des auteurs avec Lem Billings.

[31] Entretien des auteurs avec Robert Downes

[32] Fay, p. 149.

[33] Entretien des auteurs avec Red Fay. Joseph Kennedy déclara par la suite à un journaliste : « Je l'ai commencé vingt fois, mais je craque toujours, encore maintenant... » *Washington Post,* 19 novembre 1969.

[34] Cité par Herbert Parmet, *Jack,* New York, 1980, p. 36.

[35] JFK à LB, s.d. 1945, Billings Papers.

Cf. également un entretien des auteurs avec Lem Billings.

[36] Blair, pp. 376 ss.

[37] Entretien des auteurs avec Lem Billings.

[38] Blair, p. 380.

[39] Ibid., p. 391.

[40] Arthur Krock, *Memoirs*, New York, 1968 (paperback), p. 326.

[41] Entretien des auteurs avec Charles Spalding, 22, 23 avril 1980.

[42] Gene Tierney a parlé de cette liaison dans *Self Portrait*, New York, 1974. Quand elle avait rencontré JFK, elle était en train de divorcer du décorateur Oleg Cassini qui (avec son frère Igor) continuerait de figurer pendant plusieurs années dans le cercle des Kennedy.

[43] Entretien des auteurs avec Charles Spalding.

[44] Blair, p. 379; Lynn McTaggart, *Kathleen Kennedy*, New York, 1983, p. 195; entretien des auteurs avec Jean Ogilvie, 30 octobre 1982.

[45] Cité par Schlesinger, *RFK*, p. 59.

[46] Parmet, *Jack*, p. 145.

[47] *New York Times*, 8 janvier 1946. Kennedy avait été pris à partie pour avoir investi des sommes considérables en dehors de l'Etat, dans la Merchandise Mart de Chicago. Il avait répliqué que l'état du marché foncier à Boston était scandaleux et que celui de la politique locale était encore pire. *Time*, 24 septembre 1945.

[48] *Time*, ibid.

[49] Entretien des auteurs avec John E. Powers, 26 mai 1982.

[50] *Chicago Tribune*, 6 décembre 1945.

[51] Joseph P. Kennedy, « The United States and the World », *Life*, 18 mars 1946.

[52] Entretien des auteurs avec Billy Sutton, 27 mai 1982 et avec John E. Powers.

[53] JFK à LB, 31 août 1945. Billings Papers.

[54] Leo Damore, *The Cape Cod Years of John Fitzgerald Kennedy*, New York, 1967, p. 87.

[55] Entretien des auteurs avec Red Fay.

[56] Parmet, *Jack*, p. 144.

[57] *New York Times*, 25 octobre 1945.

[58] L'épisode est rapporté par un collaborateur de Kennedy, John Dowd, dans *The Fruitful Bough : A Tribute to Joseph Kennedy*, présenté par Edward M. Kennedy, imprimé à compte d'auteur, hors commerce, 1965, p. 102.

[59] *Time*, 24 septembre 1945.

[60] Cité par Michael Beschloss, *Kennedy and Roosevelt : The Uneasy Alliance*, New York, 1980, p. 261.

[61] Entretien des auteurs avec Peter Hoguet, 2 juin 1981.

[62] Blair, p. 443.

[63] Entretien des auteurs avec Billy Sutton : « En janvier 1946, Jack m'avait dit " Papa veut vous voir au Ritz. " Je quittai mon uniforme de GI, mis mon nouveau costume et téléphonai : " Mr Kennedy, c'est Billy Sutton. " Il me dit : " Montez. " Je montai dans la chambre et il y avait là Joe Timilty, Arthur Krock, Morton Downey et Monsieur Kennedy et il me demanda : " Ça ne vous ennuie pas si je vous pose quelques questions ? C'est nous qui avons ramassé le plus de voix au cours des dernières législatives à Charlestown ? " Je dis : " C'est Higgins qui a eu le plus de voix; il en a eu 19 000; Douglas en a eu 11 000 et James Hicks 8 000. " Il dit : " C'est plutôt bien; vous êtes assez près de la vérité. " C'est comme ça que j'ai été recruté pour la campagne. Monsieur Kennedy voulait savoir si je connaissais bien la circonscription, parce que Joe Kane m'avait recommandé. »

[64] Entretien des auteurs avec Mark Dalton, 19 avril 1980.

[65] Entretien des auteurs avec Billy Sutton.

[66] Ibid.

[67] Ibid.

[68] Entretien des auteurs avec Lem Billings.

[69] Ibid.

[70] Joseph P. McCarthy, *The Remarkable Kennedys*. New York, 1959, p. 39.

[71] Entretien des auteurs avec Red Fay.

[72] Entretien des auteurs avec Billy Sutton.

[73] James M. Burns, *John F. Kennedy*, New York, 1959, p. 65.

[74] Entretien des auteurs avec Lem Billings.

[75] Kenneth O'Donnell et David Powers, *Johnny, We Hardly Knew Ye*, New York, 1973 (paperback), p. 66.

[76] Ibid., p. 60.

[77] Entretien des auteurs avec Dave Powers, 18 mai 1980.

[78] Entretien des auteurs avec James A. Reed.

[79] Entretien des auteurs avec Lem Billings.

[80] Entretien des auteurs avec Mark Dalton.

[81] Ibid.

[82] Entretien des auteurs avec Billy Sutton.

[83] John Droney, Histoire orale, Bibliothèque JFK.

[84] *Newsweek*, 1er avril 1957.

[85] Cité par Schlesinger, *RFK*, p. 59.

[86] Fay, pp. 156-157.

[87] Entretien des auteurs avec Lem Billings.

[88] Rose Kennedy, *Times to Remember*, New York, 1974, pp. 318-319.

[89] Robert L. Lee, Histoire orale, Bibliothèque JFK.

[90] John Henry Cutler, *Honey Fitz*, Indianapolis, 1962, p. 309.

[91] O'Donnell and Powers, p. 53.

[92] Blair, p. 512 et ss. Cela ne signifie pas que les Kennedy se soient voués à la philanthropie, comme les Rockefeller et d'autres grandes familles. La Fondation JPK Jr. avait été conçue, du moins à l'origine, en vue de la carrière politique de Jack. Joseph Kennedy lui-même resta toujours aussi pingre. Un ami de la famille, Tom Schriber, a déclaré : « A peu près en ce temps-là, un vieil ami de Kennedy, du temps de Wall Street, Ben Smith (Sell'Em Ben), fit une donation de 10 000 dollars à Choate et demanda, mais en vain, à Kennedy d'en faire autant à la mémoire de Joe-le-Jeune. Mrs Kennedy reprochait à Choate de n'être pas une institution catholique. Mr Kennedy n'aimait pas donner de l'argent quand il ne pouvait en déterminer l'usage. » Entretien des auteurs avec Tom Schriber.

[93] Un témoin non identifié à déclaré aux Blair (p. 507) : « Ted était allé à Washington parce qu'il... avait été le camarade de chambre de Joe, à Harvard, et que Joe lui avait promis qu'ils resteraient ensemble, qu'il prendrait Ted avec lui en toute circonstance pour le restant de ses jours. » Dans ses entretiens avec les auteurs, Ted a nié que telle fut la raison pour laquelle il obtint son poste.

[94] Entretien des auteurs avec Mark Dalton.

CHAPITRE 2 (pp. 164-185)

[1] Blair, p. 536.

[2] Billy Sutton, Histoire orale, Bibliothèque JFK.

[3] Entretien des auteurs avec Billy Sutton.

[4] Ibid.

[5] Entretien des auteurs avec Joseph Alsop, 22 juillet 1980.

[6] Entretien des auteurs avec Jane Blodgett, 27 mars 1981.

[7] Mary Davis, Histoire orale, Bibliothèque JFK.

[8] Par ex., entretien des auteurs avec George Smathers, 15 mars 1980 : « J'avais compris que c'était un gars qui n'avait jamais d'argent sur lui et qui, en fait, ne savait pratiquement rien de l'argent. Et me voilà, moi, législateur relativement impécunieux, qui commence à sortir avec lui — nous sommes allés en Europe ensemble — et, Bon Dieu ! il ne proposait jamais de régler une note lui-même. »

[9] Entretien des auteurs avec George Smathers.

[10] Ibid.

[11] Entretien des auteurs avec Charles Spalding.

[12] Entretien des auteurs avec George Smathers.

[13] Joseph Dineen, *The Kennedy Family*, New York, 1959, pp. 125 et ss.

[14] Entretien des auteurs avec Arthur Poole, 23 août 1979. Eunice avait vécu chez les Poole à Palo Alto. Entretien avec Herbert J. Kramer, directeur des communications, Fondation Joseph P. Kennedy Jr., 9 juin 1982.

[15] Entretien des auteurs avec George Smathers.

[16] Une photo d'Eunice, ainsi costumée, se trouve dans les Billings Papers.

[17] Blair, p. 544.

[18] Roy Cohn, *McCarthy*, New York, 1968, p. 16.

[19] Entretien des auteurs avec Charles Spalding.

[20] Entretien des auteurs avec Lem Billings.

[21] Robert Liston, *Sargent Shriver*, New York, 1964, p. 39.

[22] Entretien des auteurs avec Peter Hoguet, 2 juin 1981.

[23] Ibid.

[24] Entretien confidentiel des auteurs avec un témoin, 24 avril 1981.

[25] Entretien des auteurs avec Billy Sutton.

[26] Ibid.

[27] Entretien des auteurs avec Phyllis MacDonald, 13 juillet 1980.

[28] *Boston Globe*, 17 juillet 1949.

[29] Pour un examen détaillé des relations entre Landis et Kennedy, voir Donald A. Ritchie, *James M. Landis : Dean of the Regulators*, Cambridge, Massachusetts, 1980.

[30] AK à JPK, 6 juillet 1948, Krock Papers.

[31] Whalen, p. 371.

[32] *Boston Globe*, 22 mars 1947.

[33] Entretien avec Leo Racine, collaborateur des Joseph P. Kennedy Enterprises Inc., 12 décembre 1980.

[34] Ibid.

[35] Ibid.

[36] Entretien des auteurs avec Bobby Shriver, 16 mai 1983. Ce dernier a écrit un mémoire de fin d'études, à Yale, sur les décisions prises par son grand-père dans le domaine des affaires ; cette étude est fondée sur des entretiens avec les employés de la JPK Enterprises qui avaient travaillé avec Joseph Kennedy.

[37] James Landis, ancien chef du Bureau de l'Aéronautique civile, avait recommandé le rachat de cette compagnie dans une note adressée à l'Ambassadeur : « Quant à la situation de la Eastern Airlines, il est évident que cette compagnie représente un excellent investissement... Sauf récession, le trafic aérien ne cessera de se développer et peut augmenter dans des proportions considérables si l'on parvient à réduire les tarifs... La TWA peut devenir une affaire importante si [Howard] Hughes s'en va, mais il faudra du temps pour en tirer un profit proportionnel à l'investissement. » Note s.d., Landis Papers, Bibliothèque du Congrès.

[38] Dans sa liste des hommes les plus riches des Etats-Unis, en novembre 1957, *Fortune* classait JPK parmi les dix premiers d'entre eux et estimait sa fortune à un montant situé entre 250 et 400 millions de dollars. Cette liste avait fait l'objet d'une prépublication dans le *New York Times* du 28 octobre 1957.

[39] Entretien des auteurs avec Charles Spalding.

[40] Entretiens des auteurs avec Timothy J. Reardon, 10 et 13 juin 1982.

[41] Ibid.

[42] Kay Halle, Histoire orale, Bibliothèque JFK.

[43] Entretien des auteurs avec Lem Billings.

[44] John F. Kennedy, Congressional Files, Bibliothèque JFK.

[45] Burns, p. 75.

[46] A propos de Curley, Billy Sutton déclare qu'en adoptant une attitude hostile envers celui-ci, Jack prétendait défier son père. (Entretien des auteurs avec Billy Sutton.) Pourtant Herbert Parmet écrit que l'Ambassadeur soutenait Jack dans sa décision de ne pas signer la pétition en faveur de Curley. Voir Parmet, *Jack*, p. 183.

[47] *Vital Speeches*, janvier 1951, pp. 170 et ss.

[48] *Congressional Record*, 4 janvier 1947.

[49] Entretien des auteurs avec Davis Ormsby-Gore, Lord Harlech, Londres, 27 octobre 1982.

[50] Entretien des auteurs avec George Reedy, 7 juillet 1980.

[51] Ibid.

[52] Entretien des auteurs avec Mark Dalton.

[53] Entretien des auteurs avec Lem Billings.

[54] Entretien des auteurs avec Lady Anne Cavendish Tree.

[55] KK à Frank Waldrop, 1er avril 1945. Document présenté aux auteurs par Frank Waldrop.

[56] Entretien des auteurs avec Lem Billings. Les auteurs se sont également entretenus avec la Mère supérieure actuelle, qui n'était que simple religieuse au temps des retraites de Kathleen.

[57] Entretien des auteurs avec Jane Kenyon-Slaney Compton.

[58] Cette réunion de famille et le séjour de Kathleen aux Etats-Unis sont décrits par McTaggart, pp. 198-202.

[59] Entretien confidentiel des auteurs avec un témoin, 29 octobre 1982.

[60] Entretiens des auteurs avec Sir William Douglas Home, 29 octobre 1982 ; Lady Jean Lloyd, 30 octobre 1982 et David Ormsby-Gore.

[61] Entretien des auteurs avec Sir Hugh Fraser, 2 novembre 1982.

[62] *Burke's Pearage*, pp. 466-468. Entretien des auteurs avec Joyce, comtesse Fitzwilliam, 4 novembre 1982.

[63] KK à Jane Kenyon-Slaney Compton, 28 mai 1941.

[64] McTaggart, p. 209.

[65] Entretien des auteurs avec Jane Kenyon-Slaney Compton.

[66] Entretien des auteurs avec Charlotte McDonnell Harris, 4 mars 1983.

[67] Entretien des auteurs avec H. N. Sporborg, 2 novembre 1982.

[68] Entretien des auteurs avec Michael Tree, 28 octobre 1982, et Fiona, comtesse d'Arran, 30 octobre 1982.

[69] Entretien des auteurs avec H. N. Sporborg.

[70] Entretien des auteurs avec Jane Kenyon-Slaney Compton.

[71] Blair, p. 584.

[72] Entretien des auteurs avec Mary Lou McCarthy. Voir également les Connelly Papers.

[73] Blair, p.586.

[74] Blair, pp. 586-589. Clay et Joan Blair ont été les premiers à étudier de façon exhaustive la question de la santé de Jack et à établir avec certitude qu'il était atteint de la maladie d'Addison — si gravement, même, que sa vie avait été mise en danger.

[75] *Boston Herald,* 7 octobre 1947.

[76] Entretien des auteurs avec Frank Waldrop, 17 novembre 1979. Mark Dalton, collaborateur de Jack à cette époque, confirme la gravité de cette crise : « Jack était désespérément malade à Londres. Personne ne devait savoir à quel point il était atteint, mais certains de nous étaient au courant de la situation. On avait annoncé qu'il prendrait la parole lors d'une grande assemblée des Chevaliers de Colomb à Cambridge. Il n'était pas en état de le faire. J'appelai donc son père à la dernière minute. Celui-ci commença par se dérober comme toujours : " Cambridge évoque des souvenirs très chers pour les Kennedy... Je suis allé à Harvard, ainsi que mes fils ", etc. Puis il craqua et fut incapable de continuer à parler pendant une ou deux minutes. Il savait combien Jack était malade. » Entretien des auteurs avec Mark Dalton.

[77] Cité par Schlesinger, *A Thousand Days.* Boston, 1965, p. 96.

[78] Ted Reardon déclara aux auteurs, ultérieurement, avoir ignoré lui-même que Jack souffrait de la maladie d'Addison, et avoir attribué tous ses maux à son séjour dans le Pacifique. Entretien avec les auteurs.

[79] Entretien des auteurs avec Lady Elizabeth Cavendish. Voir aussi l'article des auteurs : « The Kennedy Kick » dans *Vanity Fair,* juillet 1983.

[80] Entretien des auteurs avec H. N. Sporborg.

[81] Entretien des auteurs avec Lady Elizabeth Cavendish.

[82] Entretien des auteurs avec Charlotte McDonnell Harris

[84] Ibid.

[85] Ibid.

[86] Entretien des auteurs avec Lem Billings.

[87] Entretien des auteurs avec Patsy White.

[88] Entretien des auteurs avec Tom Schriber.

[89] JPK à Beaverbrook, 23 mars et 30 avril 1948, Beaverbrook Papers.

[90] McTaggart, p. 228.

[91] Entretien des auteurs avec H. N. Sporborg.

[92] Entretien des auteurs avec Jane Compton.

[93] Entretien des auteurs avec Joyce, comtesse Fizwilliam.

[94] Ibid.

[95] Entretien des auteurs avec H. N. Sporborg.

[96] McTaggart, pp. 234 et ss.

[97] Entretien des auteurs avec Billy Sutton. Une amie de la famille Kennedy, Dinah (Brand) Bridge, se rappelle comment elle avait appris la nouvelle : « Eunice m'avait appelée pour me dire que Kick était morte et me demander de venir. Pour autant que je m'en souvienne, Eunice, Pat et Jack étaient là et il y avait une lugubre agitation dans l'air ; le gramophone se faisait entendre ; les membres et les amis de la famille serraient les rangs ; mais on ne constatait aucun effondrement émotionnel. » Dinah Bridge, Histoire orale, Bibliothèque JFK.

[98] « The Kennedy Kick », *Vanity Fair,* juillet 1983.

[99] McTaggart, pp. 241 et ss.

[100] Alastair Forbes, « Upper Classates », *Times Literary Supplement,* 26 mars 1976.

[101] McTaggart, p. 245.

[102] John White a montré aux auteurs une coupure de presse, portant cet article nécrologique.

[103] JPK à Beaverbrook, 27 juillet 1948, Beaverbrook Papers.

[104] Entretien des auteurs avec John et Patsy White.

[105] Entretien des auteurs avec Lem Billings.

[106] Cité par Burns, p. 54.

[107] Entretien des auteurs avec Joseph Alsop.

[108] Entretien des auteurs avec Ted Reardon.

[109] Entretien des auteurs avec George Smathers.

[110] Ibid.

[111] Entretiens des auteurs avec Charles Spalding, 22 et 23 avril 1980. Ces sentiments sont évoqués sous une forme ou une autre par quiconque a fréquenté Jack à ce moment de son existence, même sans connaître suffisamment les conditions de sa vie privée pour attribuer cette intensité à un mauvais état de santé. Le chroniqueur Rowland Evans, par exemple, déclare : « Jack était tout bonnement l'être le plus séduisant que j'aie jamais rencontré. Il aimait les gens — pas dans le sens le plus intime peut-être, mais il aimait leur humanité. Il adorait bavarder. Plus la conversation était personnelle, voire potinière, plus il l'appréciait. Quand quelqu'un connaissait un ragot salace, il brûlait de l'entendre. Cela faisait partie, pour lui, de la comédie humaine. » Entretien des auteurs avec Rowland Evans, 22 juillet 1980.

[112] Entretien des auteurs avec Eugene McCarthy, 28 mars 1980.

[113] Cité par Clay et Joan Blair, p. 534.

[114] « Roosevelt, malade, avait livré à l'Union soviétique les îles Kouriles et avait accepté la domination de l'URSS sur divers ports chinois tels que Port Arthur et Darien — non sans avoir pris l'avis du général Marshall et de divers membres du grand état-major. » *Congressional Record,* 21 février 1949.

[115] Ibid.

[116] Pour un récit de la prestation de Jack devant la Graduate School of Public Affairs, voir John P. Mallan, « Massachusetts : Liberal and Corrupt », *New Republic,* 3 octobre 1952. Mallan était étudiant à cette époque et il avait pris des notes sur le discours de Kennedy. Quand il publia son article polémique, deux ans plus tard, Kennedy tenta de renier ce qu'il avait dit, mais les historiens ont pu établir que le texte était « exact pour l'essentiel ». Voir Parmet, *Jack,* pp. 211 et ss.

[117] William O. Douglas, Histoire orale, Bibliothèque JFK.

[118] Entretien des auteurs avec Charles Spalding.

[119] Pour une vaste étude de ces efforts thérapeutiques, voir Blair, pp. 595 et ss.

[120] Voir Conrad Arensberg, *The Irish Countryman,* New York, 1968 (paperback), p. 63.

[121] Entretien des auteurs avec Charles Spalding.

[122] Entretien des auteurs avec Patsy White.

[123] Cité par Clay et Joan Blair, p. 364.

[124] Entretien des auteurs avec Red Fay. Fay avait été étonné de constater combien était flagrante la nature de ces rapports. « Bon Dieu, Jack, qu'est-ce qui se passe avec cette Edie ? » avait-il demandé une fois à son ami. Jack avait haussé les épaules pour signifier qu'il ne voulait pas aborder le sujet... « Il dit que c'est une de ses amies. »

[125] Entretien des auteurs avec Jewel Reed.

[126] Entretien des auteurs avec Lem Billings.

[127] Entretien des auteurs avec Priscilla McMillan, 23 avril 1980.

[128] Entretiens des auteurs avec Mary Gimbel, 11 juillet 1980, 15, 17 et 19 mars 1981, 28 avril 1981.

[129] Entretien des auteurs avec Gloria Emerson, 23 mars 1981. Gloria habitait avec une des petites amies de Jack en ce temps-là... et sortait également avec lui.

[130] Ibid.

[131] Entretien des auteurs avec Jane Blodgett.

[132] Ibid.

[133] Bobby Baker with Larry King, *Wheeling and Dealing : Confessions of a Capitol Hill Operator,* New York, 1978, p. 77.

[134] Entretien des auteurs avec Jewel Reed.

[135] Entretien des auteurs avec Lem Billings.

[136] Entretien des auteurs avec Charles Spalding.

[137] Entretien des auteurs avec Lady Diana Cooper, 26 octobre 1982.

[138] Entretien des auteurs avec Priscilla McMillan.

CHAPITRE 3 (pp. 186-200)

[1] Burns, p. 93.

[2] Entretien des auteurs avec Lem Billings.

[3] Entretien des auteurs avec George Smathers.

[4] Déclaration à la commission des Affaires étrangères du sénat des Etats-Unis, 22 février 1951.

[5] Entretien des auteurs avec Charles Spalding.

[6] Après avoir examiné les antécédents et les décisions prises par la conférence, et

avoir déclaré qu'il incombait aux Etats-Unis de se situer « du côté de la morale » (quant à l'Europe orientale que, selon lui, FDR avait cédée aux Soviétiques), Bobby écrivait : « C'est ce qu'il [FDR] ne fit pas, pour notre déshonneur éternel. » Une copie de ce texte, intitulé « A Critical Analysis of the Conference at Yalta, February 4-11 1945 », a été mise à la disposition des auteurs par la bibliothèque de la faculté de Droit de l'université de Virginie.

[7] JPK à Beaverbrook, 23 mars 1948. Beaverbrook Papers.

[8] Entretien des auteurs avec John Magnuson, 27 janvier 1983.

[9] Harold Ullen, Histoire orale, Bibliothèque JFK.

[10] En ce qui concerne la famille Skakel, voir Lester David, *Ethel, The Story of Mrs Robert F. Kennedy*, New York, 1971. Tom Bilodeau a raconté : « Il m'arriva de comprendre, en certaine occasion, quelle était la fortune des Skakel. Jack se trouvait en pleine campagne électorale, et allait de réunion en réunion, avec un calendrier impossible. Nous nous demandions tous comment faire pour qu'il puisse se trouver à temps là où il devait aller. L'Ambassadeur finit par adresser un regard à Jack et dit : " Bon, pourquoi ne pas obtenir de Bobby qu'il demande à Ethel de voir si nous ne pourrions pas emprunter aux Skakel l'un de leurs avions *rapides*. " » Entretien des auteurs avec Tom Bilodeau.

[11] David, p. 25.

[12] Ibid., p. 6.

[13] Ibid., p. 36.

[14] Cité par Margaret Laing, *Robert Kennedy*, Londres, 1968, p. 18.

[15] Entretien des auteurs avec Anita Fay, 2 avril 1980. Rose citait le cas d'Ethel pour vanter la supériorité de Manhattanville sur Wellesley et les autres grandes institutions pour jeunes filles. Elle avait déclaré à l'une de ses nièces que les écoles catholiques étaient bien plus « sûres » et préparaient mieux les filles pour la vie : « Si tu te fais du souci pour te marier, regarde comment Ethel s'est débrouillée ». Cité par Gail Cameron, *Rose*, New York, 1973, p. 52.

[16] Entretien des auteurs avec Mary Lou McCarthy.

[17] Entretien des auteurs avec Robert F. Kennedy Jr., 28 décembre 1980.

[18] Entretien des auteurs avec Lem Billings.

[19] Cité par Schlesinger, *RFK*, p. 91. Dans une lettre postée à Beyrouth, Bobby décrivait en termes sombres la situation du Moyen-Orient : « Il n'est pas douteux que le monde arabe est perdu pour l'Occident. Là où l'on ne trouvait pas de communistes arabes, il y a trois ans, ils sont désormais nombreux et bruyants. Ce n'est pas que le peuple ait la moindre idée des théories ou des principaux (*sic*) du communisme, mais il répète le vieil adage arabe selon lequel " les ennemis de nos ennemis (Israël) sont nos amis. " Et ils croient, à cause du travail des agents du communisme, que la Russie est l'ennemie d'Israël. » RFK à JPK, 10 octobre 1951, RFK Personal File, Bibliothèque JFK.

[20] Ibid.

[21] Entretien des auteurs avec Walt W. Rostow, 30 septembre 1982.

[22] Entretien des auteurs avec Edmund Gullion, 2 octobre 1982.

[23] Ibid.

[24] RFK à JPK, 28 octobre 1951. RFK Personal File, Bibliothèque JFK.

[25] Entretien des auteurs avec Edmund Gullion.

[26] Cité par Parmet, *Jack*, p. 227.

[27] Garrett Byrne, Histoire orale, Bibliothèque JFK.

[28] Entretien des auteurs avec Tommy O'Hearn. « Si ce n'avait été pour Mark Dalton, un certain samedi après-midi, en 1951, peut-être Jack n'aurait-il pu devenir président. Lui et Dever faisaient assaut de finasseries pour savoir qui se présenterait au poste de gouverneur et qui à celui de sénateur. Jack en perdait la raison. Un beau jour, il dit : " Ce gars ne va pas continuer à me faire lanterner comme ça. " Nous sortîmes de sa résidence, au 122 de la rue Bowdoin, pour faire un tour. En passant devant le siège de la législature, j'aurais pu jurer qu'il était en train d'y penser. Il alla vers une cabine téléphonique et appela Mark Dalton pour savoir si celui-ci le croyait capable de battre Lodge. Dalton répondit : " Oui mais de justesse. " Jack lui dit alors : " Préparez le communiqué : je me présente au sénat. " » Entretien des auteurs avec Tommy O'Hearn.

[29] Larry O'Brien, *No Final Victories*, New York, 1974, p. 26. Mark Dalton raconte : « Après avoir préparé un communiqué annonçant la candidature au sénat, nous avons appelé l'Ambassadeur pour le lui dire. Le vieil homme nous a dit d'appeler Jim Landis et Arthur Krock pour obtenir

leur approbation avant d'envoyer le communiqué à la presse. » Entretien des auteurs avec Mark Dalton.

[30] Joseph P. McCarthy, *The Remarkable Kennedys*, p. 25.

[31] Entretien des auteurs avec Francis McAdoo, 22 octobre 1981. McAdoo était vice-président de la firme Emerson Drug.

[32] Entretien des auteurs avec Robert Ajemian, 25 septembre 1981. Ajemian était un condisciple d'O'Donnell.

[33] *Bough*, p. 28.

[34] John T. Burke, qui était chargé des annonces publicitaires, raconte : « Je rencontrais fréquemment Monsieur Kennedy dans son appartement... En fait, la plupart du temps, je le voyais avant la réunion de notre petit groupe (directeurs de la campagne). Je le rencontrais d'abord pour lui montrer le matériel dont nous allions discuter. » John T. Burke, Histoire orale, Bibliothèque JFK.

[35] « Il fut brutal, raconte Larry O'Brien qui s'était joint au groupe le jour même. Nous étions assez nombreux dans la pièce et ce fut une scène violente. Je vis Mark Dalton en sortir brisé. » Entretien des auteurs avec Larry O'Brien, 7 novembre 1979.

[36] Entretien des auteurs avec Mark Dalton.

[37] Burns, p. 109.

[38] Cité par Schlesinger, *RFK*, p. 94.

[39] Entretien des auteurs avec Ted Reardon.

[40] Voir O'Donnell and Powers, p. 84.

[41] Entretien des auteurs avec Ted Reardon.

[42] John Droney, Histoire orale, Bibliothèque JFK.

[43] Cité par Laing, p. 97.

[44] Damore, p. 115. Voir aussi l'entretien des auteurs avec Larry O'Brien.

[45] Voir Richard Whalen, *The Founding Father*, New York, 1964 (paperback), p. 419. L'Ambassadeur s'était intéressé au *Post* depuis un certain temps. Selon James Landis, il avait envisagé d'acheter le journal vers la fin des années 40 quand il fut vendu à John Fox. Préoccupé par la santé de Jack, qui l'empêcherait peut-être de supporter les rigueurs de la vie politique, l'Ambassadeur avait pensé confier à son fils la rédaction en chef du *Post* comme un moyen de le faire accéder au pouvoir. Voir Whalen, p. 402.

[46] Tip O'Neill est cité par Burton Hersh, *The Education of Edward Kennedy*, New York, 1972, p. 155.

[47] Entretien des auteurs avec Leo Racine.

[48] Entretien des auteurs avec John E. Powers.

[49] O'Donnell and Powers, p. 100.

[50] Nick Thimmisch, *Robert Kennedy at Forty*, New York, 1963, p. 113.

[51] Entretien des auteurs avec Tommy O'Hearn.

[52] Entretien des auteurs avec Ted Reardon.

[53] Ted Reardon a communiqué son propre exemplaire du « Livre noir » aux auteurs.

[54] « Livre noir », exemplaire de Ted Reardon.

[55] Roy Cohn, *McCarthy*, New York, 1968, p. 66.

[56] Robert Amory, Histoire orale, Bibliothèque JFK.

[57] Entretien des auteurs avec Charles Spalding.

[58] Cité par John Bartlow Martin, *Adlai Stevenson of Illinois*, New York, 1976, p. 683.

[59] Parmet, *Jack*, p. 250.

[60] Entretien des auteurs avec Phil Fine, 11 avril 1981. Fine était l'un des chefs de la communauté juive de Boston et acquis à Kennedy.

[61] O'Brien, p. 35.

[62] Entretien des auteurs avec Ted Sorensen, 30 octobre 1979.

[63] Cabell Phillips, « Case History of a Senate Race », *New York Times Magazine*, 26 octobre 1952.

[64] Le tabloïde a été communiqué aux auteurs par Phil Fine.

[65] Entretien des auteurs avec Ted Reardon.

[66] *Bough*, p. 127.

[67] Laing, p. 100.

[68] Larry O'Brien, p. 37.

[69] John Droney, Histoire orale, Bibliothèque JFK.

[70] Cutler, *Honey Fitz*, p. 200.

[71] Cité par Schlesinger, *RFK*, p. 97.

CHAPITRE 4 (pp. 201-223)

[1] Entretien des auteurs avec Dinah (Brand) Bridge, 19 octobre 1982.

[2] Entretien des auteurs avec Lem Billings.

[3] Entretien des auteurs avec Mary Gimbel.

[4] Entretien des auteurs avec Lem Billings.

[5] Pour les antécédents de la famille Bouvier, voir John H. Davis, *The Bouviers*, New York, 1969.
[6] Entretien confidentiel des auteurs avec un témoin, 15 juillet 1982.
[7] Kitty Kelley, *Jackie Oh!*, New York, 1979 (paperback), p. 18.
[8] George Carpozi Jr., *The Hidden Side of Jacqueline Kennedy*, New York, 1967 (paperback), p. 13.
[9] Davis, pp. 351 et ss.
[10] Ibid., pp. 354-355. Elle avait choisi Baudelaire, Oscar Wilde et Sergei Diaghilev pour sujets de son essai « Les personnes que j'aurais aimé rencontrer »; cette épreuve était la plus importante du concours.
[11] Kelley, p. 18.
[12] Entretien des auteurs avec Mary Gimbel.
[13] Ibid.
[14] William Manchester, *Controversy*, Boston, 1978, p. 10.
[15] Susan Sheehan, « The Happy Jackie, the Sad Jackie, the Bad Jackie, the Good Jackie », *New York Times Magazine*, 31 mai 1970.
[16] Kelley, p. 5.
[17] Parmet, *Jack*, p. 260.
[18] Entretien des auteurs avec Daniel Ellsberg, 9 septembre 1979.
[19] Cette remarque, « (Jacqueline) rhymes with Queen » en anglais, signifie textuellement : le nom de Jacqueline rime avec le mot reine (queen); le mot est cité par Kelley, p. 30.
[20] Entretien des auteurs avec Lem Billings.
[21] Kelley, p. 30.
[22] Ibid.
[33] Entretien des auteurs avec Lem Billings.
[24] Entretien des auteurs avec Charles Spalding.
[25] Entretien confidentiel des auteurs avec un témoin, 18 juillet 1982.
[26] Entretien des auteurs avec Lem Billings.
[77] Davis, p. 308.
[28] Fay, p. 160.
[29]0 Parmet, *Jack*, p. 260.
[30] Entretien des auteurs avec Red Fay.
[31] Stephen Birmingham, *Jacqueline Bouvier Kennedy Onassis*, New York, 1978 (paperback), p. 80.
[32] Le poème est intégralement cité par Rose Kennedy, pp. 351-353.
[33] Entretien des auteurs avec Mary Gimbel.
[34] Entretien confidentiel des auteurs avec un témoin, 24 avril 1981.
[35] Entretien des auteurs avec Lem Billings.
[36] Cameron, p. 249.
[37] Entretien des auteurs avec Lem Billings.
[38] Sir William Douglas Home, Histoire orale, Bibliothèque JFK. Voir également l'entretien des auteurs avec Sir William Douglas Home.
[39] Entretien des auteurs avec Lem Billings.
[40] Entretien des auteurs avec Anita Fay, 2 avril 1980.
[41] Entretien des auteurs avec Charles Spalding.
[42] Kelley, p. 67.
[43] Entretiens des auteurs avec Priscilla McMillan et Gloria Emerson.
[44] Entretien des auteurs avec George Smathers.
[45] Entretien des auteürs avec James Reed.
[46] Entretien confidentiel des auteurs avec un témoin, 24 avril 1981.
[47] Werner von Braun, Histoire orale, Bibliothèque JFK.
[48] Theodore Sorensen, *Kennedy*, New York, 1965, p. 17.
[49] Ibid., p. 12.
[50] Entretien des auteurs avec Theodore Sorensen.
[51] Sorensen, p. 11.
[52] Voir Parmet, *Jack*, pp. 269 et ss.
[53] Sorensen, pp. 60-61.
[54] Jean Mannix, Histoire orale, Bibliothèque JFK.
[55] Sorensen, p. 31.
[56] Ibid., pp. 17-18.
[57] William O. Douglas, Histoire orale, Bibliothèque JFK. Diem parcourait les Etats-Unis, en partie pour rallier le « lobby catholique ». Il avait passé quelque temps au collège universitaire Maryknoll, à Lakewood dans le New Jersey où son frère aîné, devenu prêtre, poursuivait ses études. Diem avait quitté Maryknoll en manifestant l'intention d'entrer dans un monastère de bénédictins en Belgique.
[58] Cité dans *The Kennedys and Vietnam*, présenté par Galloway, New York (Facts on File), 1971, p. 7.
[59] Ibid., p. 9.
[60] *New York Times*, 2 juillet 1953.

[61] *The Kennedys and Vietnam,* p. 11.
[62] Entretien des auteurs avec Charles Spalding.
[63] Entretien des auteurs avec Red Fay.
[64] Kelley, p. 41.
[65] Ernest Warren, Histoire orale, Bibliothèque JFK.
[66] Entretien des auteurs avec Priscilla McMillan.
[67] O'Brien, p. 44.
[68] Entretien des auteurs avec Ted Reardon.
[69] Ibid.
[70] Victor Lasky, *Robert Kennedy : The Myth and the Man,* New York, 1971, p. 83.
[71] Cohn, pp. 69-70.
[72] Entretien des auteurs avec Lem Billings.
[73] Schlesinger, *RFK,* p. 126.
[74] Damore, p. 140 ; Schlesinger, *RFK,* p. 121. Ce fut un incident que Bobby ne put jamais oublier ni pardonner. En 1955, invité à un dîner organisé en hommage à Cohn, il répondit par une lettre narquoise : « A mon avis, le fait d'être anticommuniste n'excuse pas automatiquement l'absence d'intégrité dans tous les autres aspects de l'existence. » RFK Personal Files, Bibliothèque JFK.
[75] O'Donnell and Powers, p. 110.
[76] JPK à JFK, 19 juillet 1954, Bibliothèque JFK.
[77] Laing, p. 84.
[78] Ibid.
[79] Parmet, *Jack,* p. 305.
[80] Kenneth Birkhead, Histoire orale, Bibliothèque JFK.
[81] Entretien des auteurs avec Priscilla McMillan.
[82] Ibid.
[83] Arthur Krock, Histoire orale, Bibliothèque JFK.
[84] Evelyn Lincoln, *My Twelve Years with John F. Kennedy,* New York, 1965 (paperback), pp. 45 et ss.
[85] Sorensen, p. 49.
[86] Parmet, *Jack,* p. 310.
[87] Charles Spalding, Histoire orale, Bibliothèque JFK.
[89] Entretien des auteurs avec Lem Billings.
[90] Entretien des auteurs avec Priscilla McMillan.
[91] Voir Blair, pp. 600 et ss.
[92] Entretien des auteurs avec Lem Billings.
[93] Sur les origines du livre *Profiles in Courage (Le Courage dans la Politique),* voir l'examen complet de la question dans Parmet, *Jack,* pp. 323 et ss.
[94] Ibid.
[95] Voir le dossier de Joseph P. Kennedy au FBI (FBI File).
[96] Richard Neuberger, Histoire orale, Bibliothèque JFK.
[97] James MacGregor Burns, Histoire orale, Bibliothèque JFK.
[98] Parmet, *Jack,* p. 330.
[99] Ibid., p. 363.
[100] SS à JPK, 18 juillet 1956, Bibliothèque JFK.
[101] Rose Kennedy, p. 328.
[102] Entretien des auteurs avec Morton Downey.
[103] Jackie ne connaissait personne au Nevada, mais Bobby appela Peter Lawford, à Santa Monica, et celui-ci prit à son tour contact avec Wilbur Clark, de l'hôtel Desert Inn, à Las Vegas. Celui-ci raconta par la suite : « Peter me relança par téléphone, à trois heures du matin, afin de s'assurer que le Nevada voterait pour Jack. » (Cité par Lasky, p. 241.)
[104] A propos du deuxième tour : l'essentiel de ce soutien venait du Sud. Quand le décompte des voix fut achevé, Jack alla voir Arthur Krock qui était également logé à l'hôtel Drake. « Son visage était brillant et radieux. Il avait l'air d'un petit garçon très heureux. Il me dit : " Je vais chanter ' Dixie ' pour le restant de mes jours " » [« Dixie » est l'hymne officieux des Sudistes. N.d.T.] Arthur Krock, Histoire orale, Bibliothèque JFK.
[105] Entretien des auteurs avec Sir William Douglas Home.
[106] Ibid.
[107] *New York Post,* 9 janvier 1961.
[108] Entretien des auteurs avec George Smathers.
[109] Entretien confidentiel des auteurs avec un témoin, 23 avril 1980.
[110] Entretien des auteurs avec George Smathers.
[111] Schlesinger, *RFK,* p. 136.
[112] Cité par Rose Kennedy, p. 329.

CHAPITRE 5 (pp. 224-242)

[1] Entretien des auteurs avec Morton Downey.
[2] JPK à Beaverbrook, 15 juin 1955. Beaverbrook Papers.

[3] JPK à Beaverbrook, 27 octobre 1956. Beaverbrook Papers.

[4] Entretien des auteurs avec Frank Saunders, 19 novembre 1982. Saunders avait été le chauffeur et le factotum des Kennedy pendant plusieurs années.

[5] Rose à RFK, 16 mars 1959. RFK Personal Files, Bibliothèque JFK.

[6] Cameron, p. 66.

[7] Entretien des auteurs avec Morton Downey.

[8] Ibid.

[9] Entretien des auteurs avec George Smathers.

[10] John Droney, Histoire orale, Bibliothèque JFK.

[11] Henri Soulé, *Bough,* pp. 166 et ss.

[12] Burns, p. 162.

[13] O'Donnell and Powers, p. 147.

[14] Entretien des auteurs avec Morton Downey. Au cours de la campagne sénatoriale de 1958, JPK déclara la même chose à Myer Feldman pour expliquer qu'il ne voulait pas se montrer ni faire parler de lui. Entretien des auteurs avec Myer Feldman.

[15] Voir le dossier de Joseph P. Kennedy au FBI.

[16] Le 19 janvier 1949, James Landis avait écrit à Eunice pour la préparer à cette expérience. Il lui recommandait d'étudier « le caractère des délits... les circonstances de la vie des délinquants... la façon dont les preuves avaient été obtenues... les questions relatives à l'amendement des prisonniers »... James Landis à Eunice Kennedy. Landis Papers, Library of Congress.

[17] Entretien confidentiel des auteurs avec un témoin, 23 avril 1980.

[18] Liston, p. 59.

[19] Entretien des auteurs avec Eunice Kennedy Shriver et Herbert J. Kramer.

[20] Entretien des auteurs avec Peter Lawford, 23 février 1980.

[21] Entretien des auteurs avec Milton Ebbins, 14 janvier 1982. Ebbins était l'impresario et l'agent de Lawford.

[22] Entretien des auteurs avec Peter Lawford.

[23] Dineen, p. 134. Voir également l'entretien des auteurs avec Peter Lawford : « Une nuit nous dînions au restaurant, chez Frescatti's et je dis : " Tu sais, un de ces jours, j'aimerais vraiment commencer à penser à me marier. " Et elle dit : " Pourquoi pas en avril ? " Je dis : " Tu te paies ma tête. Quel avril ? " Et elle dit : " Avril prochain. " Je rentrai chez moi en pensant : " Mon Dieu, qu'est-ce que j'ai fait ? " J'étais et j'avais toujours été un joyeux célibataire. » Entretien des auteurs avec Peter Lawford.

[24] Entretien des auteurs avec Milton Ebbins.

[25] Ibid.

[26] Dineen, p. 135.

[27] Teddy était exagérément conscient de sa place au sein de la famille. Lors de la campagne électorale de 1980, il dit à T. R. Reid, du *Washington Post,* qu' « il avait le sentiment d'être venu trop tard, à un moment où ses parents ne s'attendaient plus à avoir d'autres enfants ; qu'avant sa naissance, Joe Kennedy avait acheté un yacht qu'il avait appelé le *Tenovus* [« *ten of us* » = *nous dix.* N.d.T.], en pensant que la famille était désormais au complet, avec ses huit enfants. Puis Edward était arrivé et ils avaient acheté un nouveau bateau qu'ils avaient baptisé *One More* (Un de plus). Entretien des auteurs avec T. R. Reid, 25 mars 1981.

[28] Entretien des auteurs avec Peter Lawford.

[29] Cet épisode est longuement exposé par Hersh, pp. 79 et ss.

[30] Hersh, p. 82.

[31] JPK était si bouleversé qu'il demanda à Landis de commencer à vérifier la légalité de l'extension de la durée des engagements volontaires, promulguée par Eisenhower, le 9 juillet 1951, pour le cas où cette loi pourrait être rétroactivement appliquée à Ted. Note du 18 juillet 1951, Landis Papers, Library of Congress.

[32] John Droney, Histoire orale, Bibliothèque JFK.

[33] Anne Taylor Fleming, « The Kennedy Mystique », *New York Times Magazine,* 17 et 24 juin 1979.

[34] John Corry, *The Golden Clan,* Boston, 1977, p. 172.

[35] Kelley, p. 31.

[36] Entretien des auteurs avec Myra McPherson.

[37] Entretien des auteurs avec Fred Dutton, 2 novembre et 6 décembre 1979, 29 avril 1980.

[38] Ibid.

[39] Entretien des auteurs avec Lem Billings.

[40] Cité par Milton Viorst, *Hustlers and Heroes,* New York, 1971, p. 224.

[41] Entretien des auteurs avec Clark Mollenhoff, 9 septembre 1982.

[42] Ibid.

[43] Schlesinger, *RFK*, p. 115.
[44] Robert Thompson et Hortense Myers, *Robert F. Kennedy : The Brother Within*, New York, 1962, p. 121.
[45] Entretien des auteurs avec Clark Mollenhoff.
[46] JPK à RFK, 21 juillet 1955, RFK Personal Files, Bibliothèque JFK.
[47] Entretien des auteurs avec Clark Mollenhoff.
[48] Ibid.
[49] Ibid.
[50] Ibid. Guthman avait demandé : « Qui est ce Bobby Kennedy? C'est le fils de l'Ambassadeur », avait répondu Mollenhoff. Il expliqua plus tard qu'il avait identifié Bobby par rapport à son père « parce que c'était ce qu'il avait alors de plus remarquable : Jack Kennedy ne s'était pas particulièrement distingué à la Chambre et ne faisait que voltiger autour du Sénat où on le tenait surtout pour un playboy ». Entretien des auteurs avec Edwin Guthman, 23 mars 1981.
[51] Robert Kennedy, *The Enemy Within*, pp. 17 et ss.
[52] Entretien des auteurs avec Lem Billings.
[53] Jean avait fait cette déclaration à Arthur Schlesinger qui l'a répétée aux auteurs. Entretien des auteurs avec Arthur Schlesinger, 28 mai 1981.
[54] Schlesinger, *RFK*, p. 142.
[55] Robert Kennedy, pp. 36 et ss.
[56] Ibid., p. 38.
[57] Dan Moldea, *The Hoffa Wars*, New York, 1978 (paperback), p. 71.
[58] Robert Kennedy, p. 43.
[59] James R. Hoffa, *Hoffa : The Real Story*, New York, 1976, pp. 30 et ss.
[60] *Investigation of Racketeering in the Detroit Area*. Joint Subcommittee Report, U.S. Senate, 1954, pp. 2-4.
[61] Schlesinger, *RFK*, p. 184.
[62] Moldea, p. 177.
[63] Ibid., p. 25.
[64] Robert Kennedy, p. 49.
[65] Ibid., p. 50.
[66] Ibid.
[67] Schlesinger, *RFK*, p. 153.
[68] Hoffa, p. 75. Selon Hoffa, ce n'était là que l'aboutissement d'une série d'affrontements physiques au cours desquels il avait toujours eu le dessus : « Je le laissai s'épuiser pendant deux secondes, puis, comme si je prenais un bonbon à un bébé, j'abattis son bras en faisant craquer les jointures de ses phalanges sur la table. Il ne pouvait se mesurer à moi et il le savait. »
[69] Robert Kennedy, p. 50.
[70] Hoffa, p. 70.
[71] Robert Kennedy, p. 52.
[72] Ibid., p. 62.
[73] Voir Walter Sheridan, *The Fall and Rise of Jimmy Hoffa*, New York, 1972, p. 36.
[74] Pierre Salinger, *With Kennedy*, New York, 1967 (paperback), p. 43.
[75] Robert Kennedy, p. 76.
[76] Ibid.
[77] Schlesinger, *RFK*, p. 157.
[78] Cité par Schlesinger, *RFK*, p. 150.
[79] Voir Robert Kennedy, pp. 254 et ss.
[80] *New York Times*, 5 mars 1958.
[81] Entretien des auteurs avec Clark Mollenhoff.
[82] Schlesinger, *RFK*, p. 177.
[83] Entretien des auteurs avec Lem Billings.
[84] John Jay Hooker, Histoire orale, Bibliothèque JFK.
[85] John Bartlow Martin, « The Struggle to Get Jimmy Hoffa », *Saturday Evening Post*, 8 juin 1959.
[86] Robert Kennedy, p. 78.
[87] Senate Select Committee on Improper Activities in the Labor and Management Field, *Hearings*, p. 17848 (20 août 1958).
[88] Ibid., p. 18681.
[89] Cité par Laing, pp. 106-107.
[90] Laing, p. 111.
[91] Entretien des auteurs avec William G. Hundley, 22 juillet 1980.
[92] Ibid.
[93] Entretien des auteurs avec John Seigenthaler, 27 mars 1981. Découvrir la « vérité » au sujet de Hoffa était devenu une obsession pour Bobby Kennedy. Au début de 1959, Jim Bishop avait demandé au bureau de Bobby son avis sur une série d'articles qu'il avait préparés, et qui donnaient du patron des Camionneurs une image plutôt favorable. Kennedy chargea Pierre Salinger d'écrire une lettre de sept pages, à simple interligne, pour relever les « erreurs matérielles » de Bishop. (Salinger à Bishop, 21 janvier 1959. RFK Personal Files, Bibliothèque JFK.) Faute d'une réponse de l'auteur, Bobby envoya copie de la lettre à Frank Coniff, rédacteur en chef de toutes les publications Hearst, à l'échelon national, chargé de négocier la réimpression des articles de Bishop dans d'autres organes de presse. (RFK à Coniff, 11

février 1959. RFK Personal Files, Bibliothèque JFK.) Cette fois, Bishop se fâcha et répondit à Bobby : « Il n'y a rien dans la déontologie de la profession qui m'oblige à vous consulter pour l'un quelconque de mes articles. Quelles que soient les vérités qui ont été exprimées au sujet de M. Hoffa elles ne sont pas, que je sache, votre propriété privée, mais appartiennent plutôt au peuple des Etats-Unis... » (Bishop à RFK, 19 février 1959.) Bobby mit fin à cette correspondance quinze jours plus tard avec une dernière lettre à Bishop : « Je ne peux considérer sans broncher la perspective de voir Hoffa et sa clique régir l'économie de mon pays. Vos articles ne peuvent que stimuler son ambition dans ce sens... Votre série constitue un reportage malhonnête, de même que votre lettre, manifestement rédigée au bénéfice de Mr Hearst, est foncièrement malhonnête. » RFK à Bishop, 5 mars 1959. RFK. Personal Files, Bibliothèque JFK.

[94] Robert Kennedy, p. 307.

CHAPITRE 6 (pp. 243-256)

[1] Entretien des auteurs avec Lem Billings.

[2] Entretien des auteurs avec Clark Mollenhoff.

[3] Ibid.

[4] Voir Parmet, *Jack,* pp. 429 et ss.

[5] *New York Times,* 8 août 1958.

[6] Entretien des auteurs avec James Rowe, 16 janvier 1981. Voir également l'entretien des auteurs avec J. William Fulbright, 15 décembre 1982. Johnson avait choisi d'attribuer à Jack ce siège si convoité, au sein de la commission des Affaires étrangères du sénat, plutôt qu'à Estes Kefauver, de même qu'il avait soutenu JFK de préférence au sénateur indépendant du Kentucky pour la vice-présidence, en 1956. Jack Bell, correspondant de l'Associated Press au sénat, a déclaré : « Johnson régentait le sénat et Kefauver finit par être réduit à l'état de loup solitaire, après son enquête sur la criminalité organisée. Johnson était jaloux de lui. Il n'aimait pas que quelqu'un dressât la tête plus haut qu'il ne dressait la sienne. Kennedy n'était pas à proprement parler conciliant, mais il n'avait jamais irrité Johnson. Ce dernier avait l'espoir de faire de JFK un homme à lui et même de l'attirer dans son petit cercle d'intimes... » Jack Bell, Histoire orale, Bibliothèque JKF.

[7] Voir Galloway, p. 13.

[8] Ibid.

[9] Cité par Parmet, *Jack,* p. 403.

[10] Ibid., p. 403.

[11] John F. Kennedy, « A Democrat Looks at Foreign Affairs », *Foreign Affairs,* octobre 1957, p. 44.

[12] Voir Peter Collier and David Horowitz, *The Rockefellers : An American Dynasty,* New York, 1977 (paperback), pp. 324 et ss.

[13] Parmet, *Jack,* p. 445.

[14] Contre la conception d'une « Forteresse Amérique », *New York Times,* 8 décembre 1957.

[15] A propos de la prétendue perte de la « supériorité » américaine : John F. Kennedy, *The Strategy of Peace,* New York, 1960, p. 34 et ss.

[16] Ibid.

[17] « J'ai considéré JFK comme un démocrate conservateur, tout à fait au centre, comme moi-même. » Entretien avec Joseph Kraft, 23 juillet 1980. Kraft prit part à la campagne et écrivit des discours pour Jack.

[18] Jack avait soutenu le projet de loi sur les droits civiques, mais avait été pris dans un feu croisé au sujet d'un amendement concernant l'intervention d'un jury lors des procès pour violation des droits civiques. Les dirigeants noirs estimaient que cette clause permettrait aux délinquants d'être jugés par des jurés sudistes et probablement tous de race blanche. Bien que la gauche fût opposée à la clause du jury, Jack vota avec la majorité en faveur de cette disposition, en alléguant la sauvegarde des libertés civiques. Ses partisans prétendirent qu'il avait été en proie à un « dilemme » en raison de son respect des garanties constitutionnelles. Si tel était le cas, il n'a pas manqué d'en tirer parti. En 1959, quand il envoya Bobby dans le Sud pour prendre contact avec les chefs du parti, qui l'avaient soutenu lors de la convention de 1956, il rappela à son frère que l'un des points à souligner était que Humphrey et Symington, ses deux rivaux potentiels pour l'investiture, en 1960, avaient voté contre la clause du jury, alors que lui-même avait voté avec les Sudistes.

[19] Entretien des auteurs avec Lem Billings.

[20] Arthur Schlesinger Jr., dans *Partisan Review,* mai-juin 1947.

[21] Cité par Schlesinger, *RFK,* p. 203.

[22] Sénateur Joseph Clark, Histoire orale, Bibliothèque JFK.

[23] Paul Healy, « The Senate's Gay Young

Bachelor », *Saturday Evening Post,* 13 juin 1953.

[24] Voir Norman Mailer, « Superman Comes to Supermarket », dans *The Presidential Papers,* New York, 1963.

[25] Burns à Sorensen, 6 décembre 1958. Burns Papers, Bibliothèque JFK. Burns avait rencontré JFK pour la première fois en 1951. En 1955, il avait été l'un des premiers à lancer un ballon d'essai en faveur d'une liste Stevenson-Kennedy pour les élections de 1956. En 1958, Burns s'était lui-même présenté sans succès à la Chambre, dans le Massachusetts et Jack lui avait proposé son appui. « Durant la campagne, j'allai à Boston afin de tourner avec lui une courte bande pour la télévision. Il me glissa également 500 dollars, après le tournage. J'avais préparé un script qui comprenait une gentille allusion à Jackie, pour ajouter au film un élément personnel. Il l'accepta sans commentaire. » James M. Burns, Histoire orale, Bibliothèque JFK. Burns à Sorensen, 11 novembre 1959. Burns Papers, Bibliothèque JFK.

[27] James M. Burns, Histoire orale, Bibliothèque JFK.

[28] Entretien des auteurs avec Lem Billings.

[29] Cité par Ralph Martin et Ed Plaut, *Front Runner, Dark Horse,* New York, 1960, p. 461. JPK avait toujours considéré que la politique et le cinéma allaient de pair. (C'était en fait sa seule intuition originale et à longue portée sur la venue d'une ère nouvelle.) Bien plus tard, il devait dire à Jimmy Roosevelt : « Ce sont les seules entreprises qui vous entrent dans le sang — la politique et l'industrie cinématographique. » Cité par Whalen, p. 455.

[30] Ibid.

[31] Cité par Fay, pp. 76-77.

[32] Ibid.

[33] Entretien des auteurs avec Charles Spalding. Et comme toujours, Joe Kennedy se tenait dans la coulisse : « Joe Kennedy avait des contacts dans les endroits les plus étonnants, l'Eglise, le monde des affaires... Il avait des amis à Chicago, à New York, en Floride, en Californie et même dans la région des Grands Lacs. Je me rappelle être allé dans le Wisconsin lors des primaires : Joe possédait des chargeurs qui enlevaient le charbon et le minerai sur les docks. » Entretien des auteurs avec Robert Healey, 1er décembre 1981. Healey était reporter au *Boston Globe.*

[34] Entretien des auteurs avec Charles Spalding.

[35] Schlesinger, *RFK,* p. 197.

[36] William O. Douglas, *Go East, Young Man,* New York, 1974, p. 101.

[37] O'Donnell and Powers, p. 92.

[38] Peter Lisagor, Histoire orale, Bibliothèque JFK.

[39] John Cogley, Histoire orale, Bibliothèque JFK.

[40] O'Donnell and Powers, p. 191.

[41] Th. White, *The Making of the President 1960,* New York, 1964 (paperback), p. 107.

[42] L'activité de l'Ambassadeur ne se limitait pas au domaine politique : « Quand j'accompagnai Jack en tête à tête, en 1959, à travers l'Oregon, la Californie et la Virginie occidentale, avant que la campagne ait gagné en intensité à l'échelon national, le vieil homme nous appelait presque chaque soir. Ce n'était pas pour se renseigner sur la marche de la campagne mais pour prendre des nouvelles de la santé de Jack, savoir comment il se sentait. Prenait-il " soin " de lui ? C'était l'appel d'un père à son fils : " comment va le petit " ». Entretien des auteurs avec Robert Healey.

[43] Hersh, p. 123.

[44] *Bough,* p. 85.

[45] Entretien des auteurs avec Eugene Keogh, 6 mai 1980. L'Ambassadeur avait également fait le siège du « boss » du parti démocrate de New York, Mike Prendergast. « Mr Kennedy avait organisé une réunion au Sheraton Plaza avec quelques banquiers new-yorkais et moi-même. Il souhaitait que je me prononce publiquement en faveur de Jack avant les primaires de la Virginie occidentale, mais je refusai car nous avions nos propres problèmes. Il était entêté mais nous nous sommes bien entendus par la suite. Il avait convaincu un tas de gens de faire des dons à l'appareil du parti dans l'Etat de New York, qui fut utilisé par la suite pour l'élection de Jack. » Entretien des auteurs avec Mike Prendergast, 10 juillet 1980.

[46] Entretien des auteurs avec Thomas (« Tip ») O'Neill.

[47] Voir le dossier de Joseph P. Kennedy au FBI.

[48] Rose Kennedy, p. 369.

[49] Charles Peter, Histoire orale, Bibliothèque JFK.

[50] Entretien des auteurs avec Charles Spalding.

[51] Ibid.

CHAPITRE 7 (pp. 257-267)

[1] Entretien des auteurs avec Eugene Keogh.

[2] O'Donnell and Powers, p. 203.

[3] Les délégués favorables à Kennedy avaient leurs propres préoccupations. « Bon Dieu, l'équipe de Stevenson, à Los Angeles, avait ses démarcheurs qui cherchaient à détourner nos gars. J'avais pris l'habitude de garder un œil sur l'hôtel où j'avais logé nos délégués et je leur disais : " Fils de pute, lesquels d'entre vous ont fait la foire, hier soir ? " Et quand je savais qui, je leur disais : " Je vais tout dire à votre femme si vous ne votez pas pour Jack ! " » Entretien des auteurs avec Mike Prendergast.

[4] Gore Vidal, « The Holy Family », *Esquire*, avril 1967. Pour réfuter les objections d'Eleanor Roosevelt et de l'ancien président Truman, selon lesquelles il était trop jeune pour être élu président, Jack avait demandé à Sorensen de faire quelques recherches à ce sujet. L'infatigable aide de camp découvrit que bien des hommes célèbres étaient plus jeunes encore que JFK quand ils avaient conquis la gloire : Jefferson au moment de rédiger la Déclaration d'Indépendance ; Washington, le jour où il avait pris le commandement de l'armée des Insurgents ; Christophe Colomb, lors de la découverte de l'Amérique ; Jésus-Christ sur le Golgotha, avait même mentionné Sorensen — mais on le persuada de passer ce dernier exemple sous silence. Sorensen, p. 152.

[5] Hugh Sidey, Histoire orale, Bibliothèque JFK.

[6] Peter Lisagor, Histoire orale, Bibliothèque JFK.

[7] Ibid.

[8] Sorensen, p. 156.

[9] *New York Times*, 15 juillet 1960.

[10] Baker, p. 118.

[11] Bernard Bouton, Histoire orale, Bibliothèque JFK.

[12] Entretien des auteurs avec John Seigenthaler, 27 mars 1981.

[13] O'Donnell and Powers, p. 214.

[14] Fay, p. 49.

[15] Hugh Sidey, Histoire orale, Bibliothèque JFK.

[16] Thomas (« Tip ») O'Neill, Histoire orale, Bibliothèque JFK.

[17] O'Donnell and Powers, p. 221.

[18] Voir Rowland Evans and Robert Novak, *Lyndon B. Johnson : The Exercise of Power*, New York, 1966 (paperback), p. 302. Bobby et plusieurs autres personnes qui avaient joué un rôle important dans l'offre de la vice-présidence à LBJ ont donné par la suite des interviews qui exposaient « son » point de vue. O'Donnell et autres acteurs secondaires de ce petit drame ont également laissé leur version des faits.

[19] Herbert Parmet, *JFK : The Presidency of John F. Kennedy*, New York, 1983, p. 29.

[20] Schlesinger, *RFK*, p. 210. Quant à la note de Phil Graham, voir Theodore White, *The Making of the President, 1964*, New York, 1965, p. 408.

[21] RFK, Histoire orale, Bibliothèque JFK. Voir également Katharine Graham, Histoire orale, Bibliothèque LBJ.

[22] Cité par Baker, p. 113.

[23] H. L. Hunt, Histoire orale, Bibliothèque LBJ.

[24] Ibid.

[25] Charles Bartlett, Histoire orale, Bibliothèque LBJ.

[26] Charles Bartlett, Histoire orale, Bibliothèque LBJ. Voir également Arthur Schlesinger Jr., *A Thousand Days*, Boston, 1965, p. 58.

[27] Schlesinger, *RFK*, p. 211.

[28] Entretien des auteurs avec Henry R. Luce III, 9 juillet 1980.

[29] Rostow était professeur de droit politique au MIT ; il avait voyagé pour le compte de Kennedy pendant près d'un an. Il écrivit par la suite : « A mesure que je rencontrais des électeurs et leur parlais, je découvrais qu'ils avaient tous une crainte ; certains étaient préoccupés par la question des fusées, d'autres par l'état de l'enseignement, beaucoup s'inquiétaient de la faiblesse de notre taux de croissance. Je déclarai à Jack que je savais quelle devrait être la première phrase de son discours de remerciements, quand il aurait reçu l'investiture : " Notre pays est prêt à repartir de l'avant ; et je suis prêt à prendre la tête du mouvement. " » Walt Rostow, *The Diffusion of Power*, New York, 1972, p. 111.

[30] Le meilleur compte rendu des débats télévisés se trouve dans White, *The Making of the President, 1960*, pp. 335 et ss. Voir également O'Donnell and Powers, pp. 243 et ss.

[31] Stanley Tretick, Histoire orale, Bibliothèque JFK.

[32] Ibid.

[33] Donald Larrabee, Histoire orale, Bibliothèque JFK.

[34] Entretien des auteurs avec Franklin D. Roosevelt Jr., 24 janvier 1980.
[35] Cité par Whalen, p. 444.
[36] Fay, p. 33.
[37] Entretien des auteurs avec Harold Gibbons, 25 octobre 1979.
[38] JPK à Beaverbrook, 9 septembre 1960. Beaverbrook Papers.
[39] John Henry Cutler, *Cardinal Cushing of Boston*, New York, 1970, p. 220.
[40] RFK, Histoire orale, Bibliothèque JFK.
[41] Aide-mémoire, 20 octobre 1960, Krock Papers.
[42] AK à JPK, 20 octobre 1960, Krock Papers.
[43] Krock devait dire ultérieurement à propos de ses relations avec l'Ambassadeur : « J'ai souvent pensé, depuis lors, après mûre réflexion, qu'il n'avait probablement jamais eu d'amitié pour moi, mais me trouvait utile et estimait qu'il pouvait se servir de moi. » Voir Clay et Joan Blair, p. 9. Le 21 novembre 1961, Krock écrivait à un collaborateur de Kennedy : « Je vous prie par la présente de veiller à ce que mon nom ne figure plus sur la liste des personnalités de Washington auxquelles Mr Joseph Kennedy envoie ses vœux de Noël sous la forme d'une bonne caisse de Haig and Haig. » Krock Papers.
[44] Entretien des auteurs avec Charles Spalding.
[45] Peter Wyden, *The Bay of Pigs*, New York, 1979, pp. 65 et ss. Voir également l'entretien des auteurs avec Richard Goodwin, 1er juin 1980.
[46] William Attwood, Histoire orale, Bibliothèque JFK.
[47] Entretien des auteurs avec Robert Ajemian, 25 septembre 1981.
[48] Entretien des auteurs avec Charles Spalding.
[49] Entretiens des auteurs avec Harris Wofford, 2 février et 22 mars 1981.
[50] White, *Making of the President, 1960*, p. 25.
[51] Ibid., p. 16.
[52] Ibid., p. 413 et ss. A trois heures du matin, alors que le scrutin commençait à tourner en faveur de Jack, Lem Billings qui avait observé les résultats avec Bobby, décida de faire un dernier aller et retour à travers la pelouse jusque chez Jack. Avant d'arriver à la porte, il fut intercepté par les hommes du Service secret qui voulurent vérifier son identité auprès de la famille. Quand Jack eut répondu que personne n'avait jamais entendu parler d'un individu nommé Billings, Lem s'en retourna tout penaud, en constatant que son vieil ami conserverait certains traits de son caractère facétieux quel que fût le résultat des élections. Entretien des auteurs avec Peter Kaplan, 24 janvier 1981.
[53] White, *Making of the President, 1960*, p. 416.
[54] Rose Kennedy, p. 377.

CHAPITRE 8 (pp. 268-279)

[1] O'Donnell et Powers, pp. 278-279.
[2] Ibid., p. 262.
[3] Ibid.
[4] Ibid., p. 263.
[5] Ibid., p. 268.
[6] Cité par Whalen, p. 457.
[7] Cité par Hugh Sidey, *John F. Kennedy, President*, New York, 1964 (paperback), p. 31. Voir également l'entretien des auteurs avec Charles Spalding.
[8] Entretien des auteurs avec Richard E. Neustadt, 11 janvier 1983.
[9] Entretien des auteurs avec Lem Billings.
[10] Voir Richard E. Neustadt, *Presidential Power*, New York, 1964 (paperback).
[11] Neustadt, p. 155.
[12] Entretien des auteurs avec Richard E. Neustadt. Celui-ci déclare que Bobby l'avait appelé plusieurs fois pendant la période de transition pour lui soumettre des suggestions sur l'organisation du personnel de la Maison-Blanche. « Il s'agissait d'idées qu'il voulait recommander à son frère et il souhaitait d'abord savoir ce que j'en pensais. Il ne savait manifestement pas qui diable j'étais, mais si son frère lui avait parlé de moi, c'est que je devais être important. » Ibid.
[13] Ibid.
[14] Ibid.
[15] Entretien confidentiel des auteurs avec un témoin, 23 mars 1981.
[16] Sorensen, p. 242.
[17] O'Donnell and Powers, p. 270.
[18] Ibid., p. 280.
[19] Entretien des auteurs avec Lem Billings.
[20] Harris Wofford, *Of Kennedys and Kings*, New York, 1980, p. 70.
[21] O'Donnell and Powers, p. 272.
[22] Fay, p. 11.
[23] RFK, Histoire orale, Bibliothèque JFK.

[24] Schlesinger, *RFK,* p. 229.

[25] Entretien des auteurs avec Phyllis MacDonald, 13 juillet 1980.

[26] Schlesinger, *RFK,* p. 229.

[27] Parmet, *JFK,* p. 64.

[28] RFK, Histoire orale, Bibliothèque JFK.

[29] Entretien des auteurs avec John Seigenthaler.

[30] Ibid.

[31] Ibid.

[32] T. H. White, *In Search of History,* p. 496.

[33] Thompson and Myers, p. 23.

[34] Schlesinger, *RFK,* p. 232.

[35] Sorensen, p. 240.

[36] Ibid., p. 243.

[37] Parmet, *JFK,* p. 81.

[38] Sidey, p. 44.

[39] RFK, Histoire orale, Bibliothèque JFK.

[40] Sidey, p. 30.

[41] Letitia Baldridge, *Of Diamonds and Diplomats,* Boston, 1968, p. 153.

[42] Entretien des auteurs avec Lem Billings.

TROISIÈME PARTIE

CHAPITRE 1 (pp. 283-301)

[1] Kay Halle, Histoire orale, Bibliothèque JFK.

[2] Entretien des auteurs avec Lem Billings.

[3] *New York Times,* 31 janvier 1961.

[4] Cité par Peter Wyden, *The Bay of Pigs,* New York, 1979, p. 306.

[5] Herbert Parmet, *JFK, The Presidency of John Fitzgerald Kennedy,* New York, 1983, p. 87.

[6] Entretien des auteurs avec Lem Billings.

[7] Entretien des auteurs avec George Smathers.

[8] Robert Monagan, Histoire orale, Bibliothèque JFK.

[9] William Manchester, *Portrait of a President,* Boston, 1962, p. 35.

[10] Cité par Wyden, p. 95.

[11] Sur la fiction du « missile gap » : Edgar M. Bottome, *The Missile Gap,* Rutherford, New Jersey, 1971, pp. 179-184. « Au cours de la campagne présidentielle de 1960, j'avais écrit bien des discours de Kennedy sur le " missile gap ". Mais je ne croyais pas à notre retard dans le domaine des missiles, ni que nous étions en danger. » Entretien des auteurs avec Joseph Kraft, 23 juillet 1980. Mais cf. Arnold L. Horelick and Myron Rush, *Strategic Power and Soviet Foreign Policy,* Chicago, 1966. Horelick et Rush prétendent (p. 35) que « à partir de la fin de l'été 1957, les dirigeants soviétiques et tout spécialement Khrouchtchev « entreprirent de tromper l'Occident sur leurs capacités stratégiques ».

[12] Maxwell Taylor, *Swords and Ploughshares,* New York, 1972, p. 205. Quelques années plus tard, en 1967, McNamara admit qu'il n'aurait pas été nécessaire « de construire autant de fusées que nous en avons aujourd'hui ». Voir *The Essence of Security,* New York, 1968, p. 58. Et vers le milieu des années 70, il devint évident que la fiction du « missile gap » avait surtout servi à justifier une vaste accumulation d'armements et interdit, en réalité, toute possibilité de « gel » des armements stratégiques; les Soviétiques, face à ce retard très réel qui était soudain devenu le leur réagirent en déclenchant une nouvelle phase de la course aux armements.

[13] Werner von Braun, Histoire orale, Bibliothèque JFK.

[14] Robert Kennedy, Histoire orale, p. 22, Bibliothèque JFK. Le discours de Khrouchtchev avait été prononcé le 6 janvier 1961.

[15] Entretien des auteurs avec James Rowe.

[16] Cité par Theodore Sorensen, *Kennedy,* New York, 1965, p. 534.

[17] Cité par Parmet, *JFK,* p. 137.

[18] Hugh Sidey, *John F. Kennedy,* New York, 1964 (paperback), pp. 75-76.

[19] Voir David Halberstam, *The Best and the Brightest,* New York, 1973 (paperback), pp. 158-159.

[20] Walt Rostow, Histoire orale, Bibliothèque JFK.

[21] La toute première étude que Neustadt avait préparée pour Kennedy disait qu' « il n'y aurait pas de répétition des " Cent Jours " [de Roosevelt] ». Outre qu'il n'y avait aucun sentiment d'urgence, déclarait Neustadt, la coalition entre le Sud et le Mid'West en matière de politique intérieure n'avait cessé de faire sentir ses effets depuis 1938. Entretien des auteurs avec Richard Neustadt.

[22] Wyden, pp. 10 et ss.
[23] Ibid.
[24] Ibid., pp. 30 et ss.
[25] Ibid., p. 100.
[26] Ibid., p. 152.
[27] Robert Amory, Histoire orale, Bibliothèque JFK.
[28] Wyden, p. 165.
[29] Dean Rusk, Histoire orale, Bibliothèque JFK. Bissell avait la manie du secret et le besoin de tout faire diriger par les bureaux, à tel point que le vice-directeur de la CIA, Robert Amory, chargé de la collecte des renseignements pour le compte de l'Agence, n'avait pas été mis au courant de l'opération de la Baie des Cochons. Entretien des auteurs avec Robert Amory, 9 juin 1980.
[30] Chester Bowles, Histoire orale, Bibliothèque JFK.
[31] Arthur Schlesinger Jr., *Robert F. Kennedy and His Times,* Boston 1978, p. 443.
[32] Charles Spalding, Histoire orale, Bibliothèque JFK ; Voir également l'entretien des auteurs avec Charles Spalding.
[33] Wyden, p. 170.
[34] Cité par Rose Kennedy, *Times to Remember,* New York, 1974, p. 400.
[35] RFK, Histoire orale, Bibliothèque JFK.
[36] Cité par Schlesinger, *RFK,* pp. 238-239.
[37] Voir Victor Navasky, *Kennedy Justice,* New York, 1971, pp. 53 et ss. Ramsey Clark estimait que Bobby « était obnubilé par la criminalité, depuis les débuts du nouveau gouvernement ». L'utilisation de tables d'écoutes en fut une illustration notoire. « Il ne tolérait aucune critique à ce sujet. Il était convaincu qu'il s'agissait là d'un instrument essentiel pour la lutte contre le mal et refusait d'écouter quoi que ce fût au sujet des conséquences fâcheuses d'une telle utilisation. » Entretien des auteurs avec Ramsay Clark, 26 octobre 1979.
[38] G. Robert Blakey and Richard N. Billings, *The Plot to Kill the President,* New York, 1981, p. 196. Blakey était procureur spécial au ministère de la Justice sous Kennedy.
[39] Voir Dan Moldea, *The Hoffa Wars,* New York, 1978, p. 108.
[40] Blakey and Billings, p. 243.
[41] Walt W. Rostow, *The Diffusion of Power,* New York, 1972, pp. 210-211.
[42] Cité par Wyden, p. 269.
[43] Ibid., p. 270.
[44] Ibid., p. 271.
[45] Sidey, p. 129.
[46] Marquis Child, « Bobby and the President », *Good Housekeeping,* mai 1962.
[47] Journal intime de Lem Billings, Billings Papers. Ce journal ne comporte que des pages datées du 29 et du 30 avril, du 6 et du 7 mai. Apparemment, Lem avait commencé à tenir un journal au cours de ce week-end, après l'affaire de la Baie des Cochons, mais y renonça presque aussitôt. Le journal s'arrête là, sans doute parce que l'équipée tourna au désastre et non au triomphe, pour son ami. A la date du 29 avril on peut lire : « Au dîner, [JFK] nous a informés de son entretien avec MacArthur. Il pense que MacArthur était heureux de voir le Président s'entretenir avec lui. Il admire considérablement MacArthur et estime que tout en restant un peu à l'écart des affaires, il a un cerveau qui fonctionne toujours aussi bien. MacArthur lui a fortement déconseillé d'envoyer des troupes au Laos ; il lui a affirmé que les Chinois n'en feraient qu'une bouchée ; que nous avions eu l'occasion d'écraser les Chinois en Corée mais que faire la guerre au Laos serait une terrible erreur. [Jack] dit que MacArthur déteste Eisenhower et pense qu'il n'a pas de cervelle du tout. Le Président nous a dit qu'il savait combien Eisenhower et Truman étaient furieux de le voir s'entretenir avec MacArthur. » A la date du 30 avril : « Personne n'avait appelé le Président pour la messe avant la dernière minute. Il a foncé dans ma chambre pour me demander pourquoi je ne l'avais pas réveillé, ce qui était évidemment stupide. Pendant le déjeuner, après la messe, il nous a dit qu'il était vraiment très peu impressionné par Eisenhower. Que ce dernier était très mal informé et se sentait plutôt heureux de voir les problèmes légués à son successeur pris en charge par le nouveau gouvernement, parce que cela améliorait sa propre image. »
[48] Entretien de Herbert Parmet avec Robert Donovan, 11 avril 1977, d'après une transcription aimablement fournie aux auteurs par Parmet.
[49] Arthur Schlesinger Jr., *A Thousand Days,* New York, 1967 (paperback), p. x.
[50] Entretien des auteurs avec Lem Billings.
[51] Entretien des auteurs avec John Seigenthaler, 27 mars 1981.
[52] Entretien des auteurs avec Ramsay Clark : « La présidence de son frère était la

passion qui le consumait. Peu lui importait d'être considéré comme un grand ministre de la Justice, sauf dans la mesure où cela contribuait à la grandeur de la présidence de Kennedy. Il écartait tout ce qui ne servait pas cet objectif. » Ibid.

[53] Robert F. Kennedy, Histoire orale, Bibliothèque JFK. Voir également Harris Wofford, *Of Kennedys and Kings*, New York, 1980, p. 369.

[54] Sidey, p. 145.

[55] RFK, Histoire orale, Bibliothèque JFK.

[56] Le groupe se réunit régulièrement pendant quelque six semaines; à la fin il avait interrogé plus de cinquante témoins. On y fit entrer Dulles et Burke pour éviter que la CIA fût affectée d'un « complexe de persécution ». Bobby était là pour défendre « les intérêts du Président ». L'objectif de Taylor était d'obtenir l'unanimité sur le rapport final. Schlesinger, *RFK*, p. 448.

[57] RFK, Histoire orale, Bibliothèque JFK.

[58] Maxwell Taylor, Histoire orale, Bibliothèque LBJ.

[59] US Senate, *Select Committee to Study Governmental Operations with Respect to Intelligence Activities, Alleged Assassination Plots Involving Foreign Leaders : An Interim Report*, 94th Congress, 1st Session, Report N° 94-465, Washington, 20 novembre 1975, p. 135 (ci-après désigné comme *Senate Interim Report*).

[60] RFK, Histoire orale, Bibliothèque JFK.

[61] L'ancien secrétaire d'Etat, Dean Rusk, a observé : « La plupart des détracteurs de notre politique vietnamienne avaient négligé l'expérience du Laos. La seule recommandation de Ike à Kennedy avait été d'envoyer des troupes au Laos — conjointement avec d'autres pays si possible, ou sans eux si nécessaire. Lors de notre entrée en fonctions, nous avons examiné la question. La chose semblait difficile pour des raisons logistiques. Le Laos était enfermé à l'intérieur des terres. Sa population était pacifique. Nous avions appris que les troupes des deux armées adverses avaient quitté leurs positions pendant dix jours au moment de la Fête de l'Eau. C'est pourquoi nous avons décidé de nous tenir à l'écart. » Entretien des auteurs avec Dean Rusk, 26 juillet 1979.

[62] Entretien des auteurs avec Dean Rusk.

[63] Sur le chemin du retour, après que Johnson eut annoncé l'octroi d'une nouvelle aide militaire au Sud Vietnam et appelé Diem « le Winston Churchill de l'Asie du Sud », le groupe fit escale à Honolulu, où Jean Kennedy-Smith s'amusa à taquiner le Vice-Président : en lui désignant la correspondante de la NBC, Nancy Dickerson, qui voyageait avec les officiels, elle demanda à Johnson : « Dites-nous, Lyndon, laquelle de nous deux, Nancy et moi, trouvez-vous la plus sexy ? » Après avoir éludé la réponse aussi longtemps que possible, il finit par dire : « Jean, vous savez que je ne courtise jamais une fille catholique. » Charles Bartlett, Histoire orale, Bibliothèque LBJ.

[64] *New York Times*, 26 mai 1961.

[65] Richard Nixon, *Memoirs*, New York, 1978, pp. 234-235.

[66] Entretiens des auteurs avec Harris Wofford, 2 février, 22 mars 1981.

[67] Schlesinger, *A Thousand Days*, pp. 343-344.

[68] J. B. West, Histoire orale, Bibliothèque JFK.

[69] Entretien des auteurs avec Lem Billings.

[70] Ibid.

[71] *Bough*, p. 264.

[72] Entretien des auteurs avec Frank Saunders. Saunders venait d'être embauché par l'Ambassadeur en qualité de chauffeur. Cette visite lui permit de rencontrer le Président pour la première fois. Jack et Lem s'installèrent au salon pour boire du lait et bavarder avec Saunders. Jack lui avait demandé : « Etes-vous catholique, Frank ? » Le chauffeur répondit nerveusement qu'il l'était. « Bon, bon, Frank, répliqua Jack. Vous conduirez ma mère à la messe, vous serez toujours en état de grâce, Frank. » Frank Saunders, *Torn Lace Curtain*, New York, 1982, p. 44.

[73] *New York Times*, 30 mai 1961.

[74] Entretien des auteurs avec Lem Billings.

[75] Ibid.

[76] *Bough*, p. 264.

[77] Sidey, p. 169.

[78] Kitty Kelley, *Jackie Oh!*, New York, 1979 (paperback), p. 105.

[79] Charles de Gaulle, *Mémoires d'espoir. Le Renouveau, 1958-1962 / L'effort, 1962*, Paris, 1980 (Presses Pocket), pp. 274-275.

[80] Chester Bowles, Histoire orale, Bibliothèque JFK.

[81] Ibid.

[82] RFK, Histoire orale, Bibliothèque JFK.

[83] Sidey, pp. 188 et ss. ; Schlesinger, *A Thousand Days*, pp. 360 et ss.

[84] Charles Bohlen, Histoire orale, Bibliothèque JFK.

[85] Entretien des auteurs avec Michael Forrestal, 26 octobre 1979.

[86] Ibid.

[87] Entretien des auteurs avec Lem Billings.

[88] Ibid.

[89] Entretien des auteurs avec Joseph Alsop, 22 juillet 1980.

[90] Halberstam, p. 97.

[91] Sorensen, p. 591.

[92] *Time*, 16 février 1962.

[93] RFK, Histoire orale, Bibliothèque JFK. Par la suite, Bobby a estimé que les risques de guerre étaient de un contre quatre.

[94] Robert Amory, Histoire orale, Bibliothèque JFK.

[95] *Senate Interim Report*, p. 141.

[96] Cité par Taylor Branch et George Crile III, « The Kennedy Vendetta », *Harper's*, août 1975.

[97] *Senate Interim Report*, p. 139.

[98] Ibid., p. 141.

CHAPITRE 2 (pp. 302-323)

[1] Gilbert Harrison, Histoire orale, Bibliothèque JFK.

[2] Ben Bradlee. *Conversations with Kennedy*, New York, 1976 (paperback), p. 21.

[3] Entretien des auteurs avec Henry Luce III, 9 juillet 1980.

[4] Hugh Sidey, Histoire orale, Bibliothèque JFK.

[5] Ibid.

[6] Voir Saunders, p. 68.

[7] Entretien des auteurs avec Mary Gimbel.

[8] Entretien de John Hersey avec Herbert Parmet qui a aimablement communiqué ses dossiers aux auteurs.

[9] Entretien des auteurs avec Sir William Douglas Home.

[10] Letita Baldridge, *Of Diamonds and Diplomats*, Boston, 1968, pp. 269-270.

[11] A. L. Karitas, Histoire orale, Bibliothèque JFK.

[12] *New York Times*, 15 novembre 1961.

[13] « Une partie de l'intérêt que présentait Sinatra (pour Jack) tenait au fait qu'il était entouré de femmes, qu'il disposait en permanence de filles étonnantes, toujours prêtes à prendre l'initiative, constamment disponibles, dont la plupart étaient des danseuses ou des starlettes mais qui parfois n'étaient rien d'autre que de jolies frimousses. Ce n'était un secret pour personne dans la bande de Sinatra (le *Rat Pack :* la « bande de rats »), que le Président ne tournait pas les talons à la vue de ces accortes personnes, et la clique veillait à ce qu'il en fût bien pourvu. » William Brasler, *The Don — The Life and Death of Sam Giancana*, New York, 1977, p. 194.

[14] Voir *Newsweek*, 1er mars 1976. Voir également Philip Nobile and Ron Rosenbaum, « The Curious Aftermath of JFK's Best and Brightest Affair », *New Time*, 9 juillet 1976.

[15] Voir Parmet, *JFK*, p. 111.

[16] Kelley, p. 130.

[17] Entretien des auteurs avec Mary Schreiner, 24 avril 1983. Mary Schreiner, condisciple de Kathleen Kennedy, était conduite à l'école, chaque matin, avec celle-ci.

[18] Entretien des auteurs avec Kathleen Kennedy, 15 février 1980, et Victoria Lawford, 14 juin 1982.

[19] Entretien des auteurs avec Robert F. Kennedy Jr.

[20] Rose Kennedy, p. 407.

[21] Schlesinger, *RFK*, p. 587.

[22] Entretien des auteurs avec Fred Dutton, 2 novembre et 6 décembre 1979, 29 avril 1981.

[23] Chet Huntley, Histoire orale, Bibliothèque JFK.

[24] Voir Richard Whalen, *The Founding Father*, New York, 1964 (paperback), pp. 225-226. Les dirigeants des Camionneurs invoquèrent le rôle joué par leur syndicat pour empêcher l'adaptation cinématographique du livre de Bobby ; mais le sort de celui de Jack fut plus heureux. Dès le premier tour de manivelle de *PT 109,* Jack s'y intéressa personnellement. Robert Donovan, auteur de l'ouvrage en librairie, s'en souvient : « Joe Kennedy avait obtenu l'accord de la Warner pour que tout contrat signé avec moi contienne certaines dispositions, et l'une d'entre elles consistait à conférer au Président un droit de veto sur la désignation de l'acteur chargé de jouer le rôle du jeune lieutenant... Le Président me déclara : “ Je veux que le rôle soit attribué à Warren Beatty. ” De sorte que je retournai chez les gens de la Warner Brothers et il y eut quelques cancans à Hollywood à ce sujet.

On disait que le seul moyen de convaincre Beatty de jouer le rôle de Kennedy était que le héros fit profession de foi pacifiste et refusât d'aller combattre dans le Pacifique... Aussi Warren Beatty fut-il écarté. Puis l'on évoqua le nom de Cliff Robertson... » Entretien de Herbert Parmet avec Robert Donovan, 11 avril 1977, d'après une transcription aimablement communiquée aux auteurs par Parmet.

[25] *Bough*, pp. 262 et ss.

[26] Entretien des auteurs avec Charles Spalding.

[27] Entretien des auteurs avec Mary Lou McCarthy.

[28] Anne Taylor Fleming, « The Kennedy Mistery », *New York Times Magazine*, 17 juin 1979.

[29] Garrett Byrne, Histoire orale, Bibliothèque JFK.

[30] RFK, Histoire orale, Bibliothèque JFK, p. 254.

[31] Entretien des auteurs avec John E. Powers, 26 mai 1982. Robert Healey, journaliste du *Boston Globe*, déclare : « Ils pensaient que Jack risquait d'y perdre sa présidence. Je parle de Kenny O'Donnell, surtout — mais même McBundy et Arthur Schlesinger étaient de cet avis. O'Donnell estimait tout bonnement que Kennedy ne devait pas prendre le risque de ne pas être réélu à cause de son plus jeune frère. Entretien des auteurs avec Robert Healey, 1er décembre 1981.

[32] Entretien des auteurs avec Robert Healey.

[33] Bradlee, p. 69.

[34] « Je les entendais tous dire : " Ce siège nous appartient " ou " c'est le siège de Kennedy ". » Ibid.

[35] James Fayne à JFK, 4 décembre 1961. JFK Personal Files, Bibliothèque JFK.

[36] Saunders, p.121.

[37] Entretien des auteurs avec Lem Billings.

[38] Entretien des auteurs avec Leo Racine, 12 février 1980.

[39] Entretien des auteurs avec le Dr Howard Rusk, 22 octobre 1979.

[40] Entretien des auteurs avec Charles Spalding.

[41] Rose à Beaverbrook, 1er août 1962. Beaverbrook Papers.

[42] Entretien des auteurs avec Frank B. Saunders.

[43] Entretien des auteurs avec Lem Billings.

[44] Entretien des auteurs avec Mary Lou McCarthy.

[45] Bradlee, pp. 142-143.

[46] Entretien des auteurs avec Lem Billings.

[47] Harrison Rainie and John Quinn, *Growing Up Kennedy*, New York, 1983, p. 77.

[48] Entretien des auteurs avec Paul B. « Red » Fay.

[49] Entretien des auteurs avec Lem Billings.

[50] Entretien des auteurs avec Charles Spalding.

[51] Merle Miller, *Lyndon, An Oral History*, New York, 1980, p. 305.

[52] Baldridge, p. 201.

[53] Charles E. Bohlen, Histoire orale ; voir aussi Donald Wilson, Histoire orale. Bibliothèque JFK.

[54] Entretien des auteurs avec Jim Reed.

[55] Entretien des auteurs avec Paul B. « Red » Fay.

[56] Entretien des auteurs avec Lem Billings.

[57] Entretien des auteurs avec Rowland Evans, 22 juillet 1980.

[58] *Senate Interim Report*, p. 160.

[59] Ibid., p. 160.

[60] Thomas Powers, *The Man Who Kept the Secret : Richard Helms and the CIA*, New York, 1979, p. 138.

[61] Ibid., p. 139.

[62] Ibid., p. 141.

[63] Ibid., p. 135.

[64] « Dans l'esprit de Bobby, la contre-insurrection était quelque chose comme un jeu de boy-scouts avec des fusils. » Entretien des auteurs avec Michael Forrestal.

[65] Entretien des auteurs avec Harris Wofford.

[66] Cité par William V. Shannon, *The Heir Apparent*, New York, 1967, p. 113.

[67] Robert Amory, Histoire orale, Bibliothèque JFK.

[68] *Senate Interim Report*, pp. 129-130.

[69] Judith Campbell Exner, *My Story*, New York, 1977, pp. 86 et ss.

[70] Schlesinger, *RFK*, p. 594.

[71] Bobby Baker, *Wheeling and Dealing : Confessions of a Capitol Hill Operator*, New York, 1978, pp. 79-80.

[72] Entretien des auteurs avec Mary Gimbel.

[73] RFK, Histoire orale. Bibliothèque JFK.

[74] *Senate Interim Report*, p. 133.

[75] Ibid., p. 134.

[76] Ibid.

[77] Ibid., pp. 148 et ss. Thomas Powers, qui s'est entretenu avec l'ancien directeur de la CIA et avec d'autres fonctionnaires importants de l'Agence, examine la question d'une éventuelle autorisation présidentielle dans les affaires de tentatives d'assassinat politique; il examine également la pratique bureaucratique qui consiste à se ménager à l'avance la possibilité d'émettre en temps utile toutes sortes de « démentis plausibles » — ce qui a permis de frustrer les efforts du comité sénatorial dans sa recherche des responsabilités. Il conclut : « Les preuves existantes nous inclinent fortement à penser que les Kennedy avaient donné leur accord à la CIA quant aux tentatives faites contre la vie de Castro. » Powers, pp. 120 et ss., 143 et ss. Arthur Schlesinger conteste ces conclusions et note que Kennedy... « avait pris soin d'envoyer à la CIA sa déclaration du 29 mai 1961, selon laquelle les Etats-Unis, conformément aux principes généraux de leur politique, ne pouvaient tolérer le recours à l'assassinat... déclaration qu'il ne devait jamais renier, modifier ou nuancer, par la suite ». Mais les paroles de Kennedy avaient été prononcées la veille du jour où certains éléments, armés et encouragés (jusqu'à l'équipée de la Baie des Cochons) par la CIA et le département d'Etat, avaient assassiné le dictateur dominicain Rafael Trujillo. On peut donc considérer raisonnablement les affirmations du Président comme une tentative faite en vue de se préparer un alibi, ou un « démenti plausible », plus que comme une interdiction énergique de recourir à l'assassinat. Voir *Senate Interim Report*, pp. 191 et ss.

[78] *Senate Interim Report*, pp. 181 et ss.

[79] Ibid., pp. 138-139. Voir également l'entretien des auteurs avec Tad Szulc, 14 février 1980. D'après les notes de Szulc, sur sa conversation avec le Président, « JFK dit alors qu'il avait posé la question parce qu'il était soumis à une terrible pression de la part de ses conseillers (je pense qu'il s'agit des services de renseignements, mais je n'en suis pas sûr) qui souhaitaient lui faire autoriser une tentative d'assassinat de Castro, mais qu'il résistait à ces pressions ». *Senate Interim Report*, ibid. Le sénateur Howard Baker, membre de la commission, commente l'incident en ces termes : « Cette conversation soulève beaucoup de questions sur le point de savoir qui a assumé la responsabilité [en ce qui concerne les tentatives d'assassinat]. Le problème crucial est de savoir qui, en novembre 1961, faisait pression sur le Président pour qu'il autorise l'assassinat de Castro. » Baker relève que tous les dirigeants de la CIA ainsi que les ministres et les hauts fonctionnaires ont témoigné devant la commission et, loin d'avoir fait « pression » sur JFK pour obtenir son autorisation, « tous ont uniformément nié avoir jamais mentionné un tel assassinat devant le Président ». Ibid., p. 325.

[80] Voir Tad Szulc, « Cuba on Our Minds », *Esquire*, février 1974.

[81] *Senate Interim Report*, p. 162.

[82] Ibid., pp. 161-162.

[83] Ibid.

[84] Schlesinger, *RFK*, p. 533. Hoover a consigné cette conversation dans une note datée du 10 mai 1962, deux jours après avoir rencontré le ministre de la Justice : « Déclaré que [Kennedy] connaissait bien les ragots selon lesquels rien n'avait été fait contre Giancana en raison de ses liens avec Frank Sinatra, lequel, à son tour, se vantait d'être un ami intime des Kennedy. Le ministre a répondu qu'il en était conscient et que c'était pourquoi il était préoccupé à l'idée d'avoir reçu cette information de la CIA au sujet de Giancana et de Maheu. » Ibid., p. 133 n.

[85] Entretien des auteurs avec Paul « Red » Fay.

[86] Entretien des auteurs avec Peter Lawford.

[87] *Senate Interim Report*, p. 143.

[88] Ibid., p. 147.

[89] Ibid.

[90] Ibid., p. 144.

[91] David Detzer, *The Brink : The Cuban Missile Crisis, 1962*, New York, 1979, p. 58.

[92] Entretien des auteurs avec Joseph Alsop. Voir aussi communication d'Alsop, 17 janvier 1984.

[93] Schlesinger, *RFK*, pp. 537 et ss.

[94] Robert F. Kennedy, *Thirteen Days*, New York, 1969 (paperback), p. 25.

[95] Robert F. Kennedy, *Thirteen Days*, p. 26.

[96] *Senate Interim Report*, p. 147 n.

[97] Ibid., p. 147.

[98] Ibid.

[99] Ibid.

[100] Robert F. Kennedy, *Thirteen Days*, p. 31.

[101] *Senate Interim Report*, p. 146.

[102] Voir Dean Acheson, « Dean Acheson's Version of Robert Kennedy's Version

of the Cuban Missile Affair », *Esquire*, février 1969.

[103] Powers, p. 142.

[104] Voir Dean Acheson, « Dean Acheson's Version of Robert Kennedy's Version of the Cuban Missile Affair », *Esquire*, février 1969.

[105] « Les membres du cercle des Kennedy détestaient Stevenson. Ce n'était pas leur type. Ils le dénigraient toujours, se moquaient de lui. Cela venait de Jack. » Entretien des auteurs avec Marian Schlesinger, 12 avril 1980.

[106] Entretien des auteurs avec Michael Forrestal.

[107] JFK nia par la suite avoir inséré cette remarque, position que certains de ses collaborateurs comme O'Donnell continuèrent de maintenir. Voir O'Donnell et Powers, p. 374.

[108] Ibid., p. 373.

[109] Ibid., p. 387.

[110] Sorensen, p. 703.

[111] Robert F. Kennedy, *Thirteen Days*, p. 69.

[112] Dean Acheson, « Dean Acheson's Version of Robert Kennedy's Version of the Cuban Missile Affair », *Esquire*, février 1969.

[113] O'Donnell and Powers, p. 327. (Les auteurs introduisent l'anecdote par la remarque suivante : « Dave Powers ne se rappelle qu'une seule occasion où [JFK] ait parlé de Bobby en termes chaleureux — le samedi noir, 27 octobre 1962, au paroxysme de la crise des missiles cubains. »)

[114] Robert Kennedy, *Thirteen Days*, p. 110.

CHAPITRE 3 (pp. 324-339)

[1] Entretien des auteurs avec Joseph Kraft.

[2] Entretien des auteurs avec John Seigenthaler.

[3] RFK, Histoire orale, Bibliothèque JFK.

[4] Haynes Johnson, p. 334.

[5] Ibid.

[6] *Cuba, the U.S. and Russia*, New York (Facts on File), 1964, p. 131.

[7] *Senate Interim Report*, p. 172 ; « esprit de résistance », p. 173 ; « sabotage », p. 173 ; AM/LASH, pp. 174 et ss.

[8] « Nous n'avons pas commencé à nous intéresser sérieusement à la législation sur les droits civiques avant le mois de mars 1963 à peu de chose près. » Entretien des auteurs avec Ramsey Clark.

[9] Theodore Hesburgh, Histoire orale, Bibliothèque JFK.

[10] Wofford, pp. 124 et ss. Cf. également l'entretien des auteurs avec Harris Wofford.

[11] Cité par Schlesinger, *RFK*, p. 355.

[12] Theodore Hesburgh, Histoire orale, Bibliothèque JFK.

[13] Entretien des auteurs avec Harris Wofford.

[14] Navasky, pp. 244 et ss.

[15] Robert Sherrill, *Gothic Politics in the Deep South*, New York, 1969 (paperback), p. 212.

[16] RFK, Histoire orale, Bibliothèque JFK.

[17] Cité par Schlesinger, *RFK*, p. 333.

[18] RFK, Histoire orale, Bibliothèque JFK.

[19] Cité par Schlesinger, *RFK*, p. 303.

[20] Navasky, p. 347.

[21] Entretien des auteurs avec Robert F. Kennedy.

[22] Navasky, p. 411 n.

[23] Navasky, p. 404. Cf. également l'entretien des auteurs avec Edwin Silberling, 11 juillet 1980.

[24] Entretien des auteurs avec Ramsey Clark.

[25] Ibid.

[26] Voir Walter Sheridan, *The Fall and Rise of Jimmy Hoffa*, New York, 1972, pp. 216 et ss.

[27] Ibid., p. 217. La Commission spéciale de la Chambre des Représentants chargée d'enquêter sur les affaires d'assassinat (The U.S. House of Representatives Select Committee on Assassinations) a examiné des éléments de preuve selon lesquels, au cours de ses conversations sur la nécessité de « frapper » Bobby, Hoffa avait envisagé « le recours à un tireur solitaire armé d'un fusil à lunette télescopique, les raisons de commettre l'assassinat quelque part dans le Sud, ainsi que l'opportunité de faire exécuter Bobby à un moment où celui-ci se trouverait dans une voiture décapotable. » *The Final Assassinations Report*, Report of the Select Committee on Assassinations, U.S. House of Representatives, New York, 1979 (réimpression sous forme d'édition de poche — paperback reprint), p. 218.

[28] Michael Hellerman, *Wall Street Swindler*, New York, 1977, p. 86.

[29] G. Robert Blakey and Richard N. Bil-

lings, *The Plot to Kill the President*, New York, 1981, p. 237.

[30] Anthony Summers, *Conspiracy*, New York, 1980, p. 284.

[31] Ibid., p. 287.

[32] John F. Kennedy, *Public Papers of the President 1963*, Washington 1963, pp. 459 et ss.

[33] Ibid., pp. 524-525.

[34] Entretien des auteurs avec Daniel Ellsberg, 9 septembre 1979.

[35] Selon Roger Hilsman, secrétaire d'Etat adjoint, dans le gouvernement Kennedy : « Nous disions au Président (à cette époque) que les villages statégiques n'étaient pas des villages statégiques mais des camps de concentration. » Entretien des auteurs avec Roger Hilsman, 23 octobre 1979.

[36] Charles Bartlett, Histoire orale, Bibliothèque LBJ.

[37] Voir Halberstam, pp. 317 et ss.

[38] Plus tard, les historiens auraient des opinions opposées quant à l'étendue de la responsabilité de Lodge. Non seulement ils seraient divisés entre eux, à ce sujet, mais ils seraient parfois divisés à l'intérieur d'eux-mêmes. Par exemple, dans le portrait que brosse Schlesinger, du gouvernement Kennedy, en 1965, Lodge fait figure de héros en cette occasion : « Les sceptiques de la Maison-Blanche s'étaient trompés sur Lodge. Nous avions oublié sa loyauté patricienne et son orgueil patriotique quant à la dignité de son pays... En 1961, les choix s'étaient déjà tragiquement rétrécis : mais à cette date-là encore, si l'affaire du Vietnam avait été considérée comme un problème politique et non pas comme une expédition militaire... si un Lodge avait été envoyé à Saigon en 1961, au lieu d'un Nolting... » Voir *A Thousand Days*, pp. 990, 998. Mais treize ans plus tard, après que le Vietnam fût devenu le théâtre d'une débâcle nationale et que la responsabilité des Kennedy eût fait l'objet d'un débat ardent, les vues de Schlesinger sur Lodge s'étaient modifiées. Ce dernier était devenu quelque chose comme le traître du mélodrame. Alors que le chroniqueur présente le Président comme un partisan du désengagement et du retrait, Lodge fait figure de saboteur de cette politique en organisant des tentatives de coup d'état sur le terrain : « A Saigon, Lodge était décidé à renverser Diem... » Voir *RFK*, p. 771. En révisant ainsi sa première interprétation, Schlesinger suivait l'opinion exprimée après coup par Robert Kennedy. « La personne qui, à cette époque, nous avait imposé notre attitude au Vietnam était, en fait, Henry Cabot Lodge... Le Président envoyait des messages et notre ambassadeur n'y répondait jamais vraiment. » RFK, Histoire orale, Bibliothèque JFK. Pourtant les câbles de la Maison-Blanche rendus publics par la commission Church montrent que, malgré l'ambiguïté caractéristique de JFK devant de tels dilemmes, le Président avait apporté son soutien aux deux coups d'Etat survenus sous son gouvernement. Voir *Senate Interim Report*, pp. 217 et ss.

[39] *The Kennedys and Vietnam*, présenté par John Galloway, New York, 1971, p. 40.

[40] Voir « The Untold Story of the Road to War in Vietnam », *U.S. News & World Report*, 10 octobre 1983. Ce rapport spécial, fondé sur d'amples entretiens avec les participants, cite des documents qui n'avaient pas encore été publiés auparavant, parmi lesquels figure ce câble.

[41] Schlesinger, *RFK*, p. 770.

[42] RFK, Histoire orale, Bibliothèque JFK.

[43] *Senate Interim Report*, p. 219.

[44] En mai 1963, Nhu avait proposé que les Etats-Unis commencent à évacuer leurs troupes. Au cours de la période qui suivit, il y eut une phase de négociations diplomatiques secrètes entre Saigon et Hanoi et une tentative d'accord sur la constitution d'un gouvernement de coalition à Saigon, sous la direction de Diem. Voir Mieczyslaw Maneli, « Vietnam 63 and Now », *New York Times*, 27 janvier 1975. Maneli, alors diplomate polonais, avait servi d'intermédiaire. Comme le note Arthur Schlesinger, les factions favorables comme les factions hostiles à Diem, à Washington, étaient d'accord pour voir dans ces pourparlers, non pas une occasion de tirer les Etats-Unis du Vietnam, mais comme une menace pour la victoire, donc une raison supplémentaire de favoriser un coup d'Etat. Voir *RFK*, p. 720.

[45] « The Untold Story of the Road to War in Vietnam », *U.S. News & World Report*, 10 octobre 1983, p. 10.

[46] Galloway, p. 43.

[47] « The Untold Story of the Road to War in Vietnam », *U.S. News & World Report*, 10 octobre 1983, p.16. La tentative d'évacuation des « conseillers militaires » américains a été invoquée par Kenny O'Donnell, Arthur Schlesinger et d'autres pour alléguer que Kennedy penchait pour le retrait. Une telle théorie ignore les raisons de ce geste

purement symbolique : exercer une pression sur Diem pour le forcer à changer de politique et même à exiler son beau-frère — « réformes auxquelles (comme l'admet Schlesinger lui-même) Diem ne pourrait se résoudre ». *RFK*, p. 771. L'ancien secrétaire d'Etat, Dean Rusk, a déclaré aux auteurs : « Je suis personnellement convaincu que Kennedy n'avait pas pris la décision, en 1963, de retirer nos troupes avant 1965. J'ai discuté avec lui du Sud-Est asiatique des centaines de fois et à aucune occasion, il n'a soufflé mot d'une telle idée... Le retrait de 1 000 hommes sur 17 000 n'est rien. » Entretien des auteurs avec Dean Rusk, 26 juillet 1979.

[48] « The Untold Story of the Road to War in Vietnam », *U.S. New & World Report*, 10 octobre 1983, p. 18.

[49] *Senate Interim Report*, p. 221.

[50] RFK, Histoire orale, Bibliothèque JFK.

[51] Maxwell Taylor, *Swords and Ploughshares*, New York, 1972, p. 301

[52] Entretien des auteurs avec Mary Gimbel.

[53] George Herman, Histoire orale, Bibliothèque JFK.

[54] Peter Lisagor, Histoire orale, Bibliothèque JFK. A propos des conférences de presse du Président, Lisagor déclare que JFK « réduisait les journalistes au rôle des lanciers dans un opéra télévisé. Nous faisions partie du décor de la pièce, pour rehausser des récitals dans lesquels Kennedy était vite passé maître et qu'il utilisait avec une grande efficacité. Nous ne jouions que les utilités. J'ai toujours pensé que nous aurions pu demander à être admis au syndicat des acteurs ; ceux d'entre nous qui posaient des questions auraient touché un supplément compté sur la base du nombre de lignes que comportait leur texte. » Ibid.

[55] L'article parut dans le numéro de *Fortune* daté de mars 1963. Il fut reproduit dans le *Congressional Record* du 26 février 1963.

[56] « Managed News : Our Peacetime Censorship », *Atlantic Monthly*, avril 1963.

[57] RFK, Histoire orale, Bibliothèque JFK.

[58] Entretien des auteurs avec Charles Spalding.

[59] Richard, cardinal Cushing, Histoire orale, Bibliothèque JFK.

[60] Charles Bartlett, Histoire orale, Bibliothèque LBJ.

[61] Entretien de Herbert Parmet avec Phyllis MacDonald. Parmet en a aimablement communiqué la transcription aux auteurs.

[62] George Bulkey, Histoire orale, Bibliothèque JFK.

[63] Entretien des auteurs avec Lem Billings.

[64] Entretien confidentiel des auteurs avec un témoin, 21 avril 1980.

[65] Stanley Tretick, Histoire orale, Bibliothèque JFK.

[66] J. B. West, Histoire orale, Bibliothèque JFK.

[67] Entretien des auteurs avec Lem Billings.

[68] O'Donnell and Powers, p. 12. Jack avait trouvé amusante la rigoureuse abstinence mormone de Romney. « Il faut se méfier des gens aussi parfaits que Romney, avait-il dit à Red Fay. Aucun vice... Imagine quelqu'un qui se met à jeûner et à méditer pendant vingt-quatre ou quarante-huit heures en attendant un message du Seigneur pour savoir s'il doit ou non se présenter aux élections. Est-ce que cela ne fait pas penser à quelqu'un des temps anciens ? » Voir Paul B. Fay, *The Pleasure of His Company*, New York, 1966, p. 240.

[69] Shannon, p. 8.

[70] Charles Bartlett, Histoire orale, Bibliothèque LBJ.

[71] Entretien des auteurs avec John Seigenthaler.

[72] Charles Bartlett, Histoire orale, Bibliothèque LBJ.

[73] Baker, pp. 76 et ss.

[74] Ibid., p. 116.

[75] O'Donnell and Powers, p. 19.

[76] Schlesinger, *RFK*, p. 609.

[77] Edwin Guthman, *We Band of Brothers*, New York, 1971, p. 244.

[78] Gail Cameron, *Rose*, New York, 1972 (paperback), p. 261.

[79] Rita Dallas, *The Kennedy Case*, New York, 1973, p. 19. Voir également l'entretien des auteurs avec Rita Dallas, l'infirmière privée de Joseph P. Kennedy, 11 septembre 1979.

[80] Ibid.

[81] Entretien des auteurs avec Frank Saunders.

[82] Dallas, p. 253.

CAPITRE 4 (pp. 340-353)

[1] Entretien des auteurs avec Frank Saunders.

[2] Ibid.
[3] Ibid.
[4] Entretien des auteurs avec Lem Billings.
[5] Ibid.
[6] Entretien des auteurs avec John Seigenthaler.
[7] Entretien des auteurs avec Mary Gimbel.
[8] Ibid.
[9] Richard Goodwin, « A Day in June », *McCall's*, juin 1970.
[10] Entretien des auteurs avec Mary McGrory, 23 juillet 1980.
[11] Richard Goodwin, « A Day in June », *McCall's*, juin 1970.
[12] Bobby avait souligné des passages dans l'exemplaire qui se trouve en possession de Mary Gimbel et que celle-ci a aimablement communiqué aux auteurs.
[13] Edith Hamilton, *The Greek Way*, pp. 52, 108, exemplaire de Mary Gimbel.
[14] Entretien des auteurs avec John Seigenthaler.
[15] Entretien des auteurs avec Mary Gimbel.
[16] Entretien des auteurs avec Ronnie Eldridge, 4 juillet 1980. Eldridge est une figure politique de New York ; il a travaillé pour RFK dans la période qui a suivi l'assassinat de JFK.
[17] Walter Sheridan, Histoire orale, Bibliothèque JFK.
[18] Quinze ans plus tard, une commission du Congrès a conclu que Lee Oswald, comme Jack Ruby, entretenaient l'un et l'autre des relations assez poussées avec d'importantes figures du monde de la pègre, comme Carlos Marcello et Santos Trafficante : « La commission a examiné les transcriptions et les journaux du FBI relatifs à la surveillance exercée par ses agents sur certaines personnes. On y trouve le détail de conversations privées entre des membres de la commission nationale (sur la criminalité organisée) et leurs collaborateurs. Il en ressort que les difficultés causées par l'action du gouvernement Kennedy contre le syndicat du crime faisaient l'objet de conversations animées... où l'on évoquait la possibilité d'user de violence envers le Président ou son frère, le ministre de la Justice, Robert F. Kennedy... » *U.S House of Representatives Select Committee on Assassinations Report*, New York, 1979 (paperback), pp. 201-202.
[19] Entretien des auteurs avec Frank Mankiewicz, 24 mars 1981.
[20] Entretien des auteurs avec Ramsey Clark.
[21] Cité par Shannon, p. 17.
[22] Theodore H. White, « For President Kennedy : An Epilogue », *Life*, 6 décembre 1963. Voir également White, *In Search of History*, New York, 1978, pp. 518 et ss.
[23] Cité par Schlesinger, *RFK*, p. 627.
[24] Entretien des auteurs avec Rowland Evans.
[25] « Avez-vous jamais vu deux chiens entrer dans une pièce et faire entendre soudain un long grognement tandis que leur poil se hérisse sur leur dos ? C'était ainsi. LBJ s'entendait bien avec JFK, mais pour une raison ou une autre, Bobby et lui ne s'étaient pas plutôt regardés que ça y était. Johnson attribuait à Bobby des pouvoirs extraordinaires. Il en était puéril. Je me rappelle le jour où il lisait dans *Esquire* un article de Gore Vidal sur Bobby ; c'était du vitriol — le plus mordant que j'aie jamais vu. Johnson m'appela dans son bureau pour me dire : " Avez-vous lu l'article sur Bobby dans *Esquire ?* Qui a pu le faire publier d'après vous, George ? " Je lui répondis que personne ne l'avait fait publier et que Gore Vidal était un écrivain d'une telle réputation qu'il pouvait faire paraître ce qu'il voulait n'importe où. Johnson répondit : " Nan, nan, quelqu'un l'a fait publier. Croyez-vous que ce soit Bobby ? C'est dégoûtamment partial en sa faveur ". » Entretien des auteurs avec George Reedy, 1er juillet 1980.
[26] *Life*, 18 novembre 1966.
[27] Jacqueline Kennedy, Histoire orale, Bibliothèque LBJ.
[28] Charles Bartlett, Histoire orale, Bibliothèque LBJ.
[29] Jacqueline Kennedy, Histoire orale, Bibliothèque LBJ. Pourtant, plusieurs mois plus tard, alors que Rowland Evans dînait avec Jackie, celle-ci « me dit qu'elle craignait surtout que le gouvernement Johnson vide les dossiers de son prédécesseur, et efface toute trace des succès, des victoires et des doctrines du gouvernement Kennedy ». Entretien des auteurs avec Rowland Evans.
[30] Ralph Dungan, Histoire orale, Bibliothèque JFK.
[31] Entretien des auteurs avec Joseph Alsop.
[32] Cité par Schlesinger, *RFK*, p. 631.
[33] RFK, Histoire orale, Bibliothèque JFK.
[34] Orville Freeman, Histoire orale, Bibliothèque LBJ.

[35] Le moment paroxystique des relations entre JFK et LBJ se produisit quand Johnson était sur le point de se rendre en Scandinavie pour une tournée de relations publiques ; il avait demandé à être reçu par le Président avant de prendre l'avion pour donner de l'importance à sa mission. Or, depuis qu'il avait été chargé d'organiser les rendez-vous du chef de l'Etat, O'Donnell avait fait obstacle à toute rencontre de ce genre entre les deux hommes, en alléguant que JFK était trop occupé ; mais Ted Clifton, l'attaché militaire de la Présidence, court-circuita O'Donnell en faisant inviter LBJ et Lady Bird à Hyannis pour une heure, visite au cours de laquelle Jack traita la tournée du Vice-Président comme un événement de grande importance. LBJ, ému de cette attention, recommanda à Clifton au moment de partir : « Dites à ce jeune homme qu'il a fait là un geste noble et généreux. » Ted Clifton, Histoire orale, Bibliothèque JFK.

[36] RFK, Histoire orale, Bibliothèque JFK, p. 470.

[37] RFK, Histoire orale, Bibliothèque JFK.

[38] Sheridan, p. 300.

[39] Cité par Schlesinger, *RFK*, p. 637.

[40] RFK, Histoire orale, Bibliothèque JFK, pp. 448 et ss.

[41] Ibid, pp. 410-411.

[42] RFK à LBJ, 11 juin 1964, Johnson Papers, Bibliothèque LBJ.

[43] RFK, Histoire orale, Bibliothèque JFK, pp. 448 et ss.

[44] Entretien des auteurs avec Robert Ajemian, 25 septembre 1981.

[45] William Nicholas, *The Bobby Kennedy Nobody Knows*, New York, 1967 (paperback), non paginé.

[46] Burton Hersh, *The Education of Edward Kennedy*, New York, 1972, p. 202.

[47] Stewart Alsop, Histoire orale, Bibliothèque LBJ.

[48] John Bartlow Martin, *Adlai E. Stevenson and the World*, New York, 1977, p. 812.

[49] Ibid.

[50] Entretien des auteurs avec Ramsey Clark.

[51] Guthman, p. 294.

[52] Richard Reeves : « Goldilocks May Not Be the Most Exciting Fellow in Town, But He's the Only One That Can Win This Year », *New York Times Magazine*, 14 juin 1970.

[53] Entretien des auteurs avec Lem Billings. L'usage fait par RFK de la télévision au cours de la campagne de 1964 est étudié par Terry Smith dans « Bobby's Image », *Esquire*, avril 1965.

[54] George Plimpton and Jean Stein, *American Journey*, New York, 1970, p. 182.

[55] Entretien des auteurs avec John Seigenthaler.

[56] « Bob Kennedy m'a déclaré qu'il était lui-même effrayé par cette ascension... Il m'a dit : " Ne le fais pas ", quand il m'en a parlé par la suite. » Entretien des auteurs avec John Seigenthaler.

[57] Entretien des auteurs avec Lem Billings.

CAPITRE 5 (pp. 354-367)

[1] Hersh, p. 132.

[2] David Burke, Histoire orale, Bibliothèque JFK.

[3] William Honan, *Profile of a Survivor*, New York, 1972 (paperback), p. 132.

[4] Entretien des auteurs avec Dun Gifford.

[5] Hersh, pp. 216-217.

[6] David Burke, Histoire orale, Bibliothèque JFK.

[7] Ibid.

[8] Entretien des auteurs avec George Smathers.

[9] Entretien des auteurs avec Fred Dutton.

[10] *New York Times*, 23 novembre 1965.

[11] Shannon, p. 137.

[12] Le texte intégral des discours prononcés par Robert Kennedy en Afrique du Sud se trouve dans le *Rand Daily Mail* sous le titre « Robert Kennedy in South Africa ».

[13] Schlesinger, *RFK*, p. 786.

[14] Entretien des auteurs avec David Hackett, 1er novembre 1979.

[15] Entretiens des auteurs avec Peter Edelman, 2 novembre 1979, 14 février 1981, 15 juin 1982.

[16] Entretien des auteurs avec Prudence Weatherby, 18 juillet 1980.

[17] Entretien des auteurs avec La Nada Means, 28 janvier 1971.

[18] Cité par Schlesinger, *RFK*, p. 698.

[19] Nicholas, non paginé.

[20] Entretien des auteurs avec Mary Gimbel.

[21] Entretien des auteurs avec Robert Kennedy Jr.

[22] Ibid. Voir également l'entretien avec George Plimpton, 19 mars 1981. Plimpton avait accompagné la famille lors de la descente du Colorado.

[23] Entretien des auteurs avec Lem Billings.

[24] Entretien des auteurs avec Jack Newfield, 16 mars 1981.

[25] Fred Harris, Histoire orale, Bibliothèque JFK.

[26] Margaret Laing, *Robert Kennedy*, Londres, 1968, p. 32.

[27] Jack Newfield, *Robert F. Kennedy : A Memoir*, New York, 1978 (paperback), p. 90 n.

[28] Ibid, p. 171.

[29] Entretien des auteurs avec Barbara Coleman, 24 mars 1981.

[30] Bobby mit à profit, d'une façon assez subtile, cette impossibilité où il se trouvait de venir à bout des politiciens de New York : il s'en servit pour remettre en cause sa réputation de puissance et de brutalité qui lui faisait du tort dans le peuple. Son ami politique Ronnie Eldridge se rappelle l'avoir vu à Buffalo, au cours de la convention de l'Etat de New York qui allait choisir O'Connor de préférence à lui-même : « Il s'agitait à la ronde, allait et venait, tout dépeigné, en manches de chemise, et demandant à tout venant : " Ai-je l'air d'une éminence grise ? Ai-je l'air de quelqu'un qui attire les balles des assassins ? Je ne sais même pas ce qui se passe ! " » Entretien des auteurs avec Ronnie Eldridge.

[31] Entretien des auteurs avec Paul B. « Red » Fay.

[32] Ibid. Fay dit qu'au cours d'un appel téléphonique longue distance, elle lui avait indiqué « dix ou douze choses » qu'elle voulait lui voir supprimer ou modifier ; elle souhaitait en particulier être appelée Jacqueline et non pas « Jackie » dans le livre ; de même, son fils devait être appelé John et non pas « John-John ».

[33] Ibid.

[34] Ibid. « Ils me prirent à la gorge. Je dis à Bobby : " Personne n'a aimé ton frère plus que moi. Il n'y a rien, à mon avis, dans ce livre qui puisse faire du tort à sa mémoire. Signale-moi les pages qui pourraient le rabaisser en tant qu'être humain, d'après toi, mais ne te contente pas de tout sabrer. " Il me répondit : " Je t'ai dit ce que tu dois faire, un point c'est tout. " Je répliquai : " Très bien, Bobby ; je ne le ferai pas. " Et il dit : " Alors j'empêcherai que le livre soit publié. " Il alla chez Harper and Row et harponna un gars appelé Evan Thomas et Thomas me dit qu'il ne pourrait pas publier le livre. » Fay écrivit ensuite une lettre réitérant son offre de compromis mais avec un ultimatum (« Je disais : « Si vous bloquez ce livre, cela va me rapporter deux fois plus » ») et l'on trouva un arrangement.

[35] Pour une étude de la controverse, du point de vue de Manchester, voir Manchester. *Controversy*, Boston, 1976, pp. 6 et ss.

[36] Jim Bishop, *The Day Kennedy Was Shot*, New York, 1968, Introduction.

[37] Jacqueline Kennedy, Histoire orale, Bibliothèque LBJ.

[38] Manchester, *Controversy*, p. 37.

[39] Ibid., p. 30. Voir aussi l'entretien des auteurs avec Frank Mankiewicz, qui était le secrétaire de presse de Bobby à cette époque.

[40] Manchester, *Controversy*, p. 30.

[41] Ibid., p 63. Voir également William Manchester, *The Death of the President*, New York, 1967.

[42] RFK, Histoire orale, Bibliothèque JFK.

[43] Cité par Schlesinger, *RFK*, p. 730. Voir également l'entretien des auteurs avec Adam Walinsky, 25 octobre 1979.

[44] Transcription de la conférence de presse du 5 novembre 1965. RFK Papers, Bibliothèque JFK.

[45] *New York Times*, 20 février 1966.

[46] Bundy cita l'axiome de Jack sur les gouvernements de Front Populaire — « Je crois qu'aucun démocrate ne pourrait chevaucher un tel tigre » — pour tenter de discréditer Bobby qui fut indigné par cette « façon minable » d'utiliser les paroles de son frère contre lui. Voir Newfield, p. 12.

[47] Ibid., p. 134.

[48] RFK, Histoire orale, Bibliothèque JFK.

[49] Cité par Newfield, p. 133.

[50] Voir David Kraslow and S. H. Loony, *The Secret Search for Peace*, New York, 1968 (paperback), pp. 202 et ss. La « fuite » fut signalée par le *New York Times*, 6 février 1967.

[51] Cité par Schlesinger, *RFK*, p. 768.

[52] *Time*, 17 mars 1967.

[53] *New York Times*, 3 mars 1967.

[54] Max Ascoli, « Two USA's », *Reporter*, 23 mars 1967.

[55] Hersh, p. 365.

[56] Robert Lowell, « Robert Kennedy, 1925-1968 », dans *Notebook*, New York, 1970, p. 197.

CAPITRE 6 (pp. 368-381)

[1] Entretien des auteurs avec Peter Lawford.

[2] Entretien des auteurs avec Paul B. « Red » Fay. Voir aussi l'entretien des auteurs avec Milton Ebbins, 14 janvier 1982.

[3] Entretien des auteurs avec Christopher Lawford.

[4] Entretien confidentiel des auteurs avec un témoin, 22 septembre 1982.

[5] Eunice avait été la principale responsable du fait que Shriver ait accepté le poste qui lui était offert à la tête de l'OEO. A propos de l'ambition d'Eunice, un collaborateur de longue date des Kennedy, Fred Dutton, a déclaré : « S'il y a un petit pâté tout chaud sur le rebord d'une fenêtre, vous pouvez parier qu'Eunice sera d'avis de le prendre. » Entretien des auteurs avec Fred Dutton.

[6] « Il ne pouvait supporter longtemps ses appareils orthopédiques. Son rééducateur phonéticien ne pouvait le faire travailler plus de dix minutes à la fois. Il était habitué à faire les choses à sa convenance. » Entretien des auteurs avec le Dr Howard Rusk, chef du Rusk Institute, 22 octobre 1979.

[7] Entretien des auteurs avec Frank Saunders, 19 novembre 1982.

[8] Cité par Dallas, p. 288.

[9] Entretien des auteurs avec Lem Billings.

[10] Entretiens des auteurs avec Bobby Shriver et Chris Lawford. Le journaliste Robert Ajemian, grand ami de Kenny O'Donnell, déclare : « J'ai entendu Kenny dire d'innombrables fois que c'était " grâce à Bobby que la famille restait soudée. " Depuis 1952, c'était lui qui veillait à ce que nul ne s'écartât du droit chemin, que tout le monde fût présent aux réunions familiales, lors des anniversaires et en toute autre occasion de maintenir l'unité du clan. Si quelqu'un venait à y manquer, il avait de ses nouvelles ! » Entretien des auteurs avec Robert Ajemian.

[11] Les détails sur les excursions à la neige ou au fil des eaux proviennent d'entretiens des auteurs avec les membres de la famille (Bobby Shriver, Bobby Kennedy, Jr., David Kennedy) et de leurs amis qui y participaient (George Plimpton et Chuck McDermott).

[12] Entretien des auteurs avec Jim Boland, 18 mai 1981 : « Quand vous interceptiez une passe de Jurgensen, vous pensiez que vous resteriez bien là des dimanches entiers ! » Boland était un ami du fils de Bobby, Joe III.

[13] Entretiens des auteurs avec Chuck McDermott, 28 février et 24 avril 1981 ; 17 avril 1983. McDermott était un ami de Joe III.

[14] Nicholas, non paginé.

[15] Ibid.

[16] Entretiens des auteurs avec Bobby Shriver, 10 février 1980, 28 janvier 1981 et 16 mai 1983.

[17] Esther Newberg, l'une des « chauffeuses » qui avait travaillé tout d'abord au ministère de la Justice, puis au centre de communications de RFK au cours de la campagne de 1968, n'était pas aussi charmée par les petits Kennedy que pouvaient l'être d'autres secrétaires. Elle se rappelle le jour où Bobby avait amené deux de ses plus jeunes fils, Christopher et « Max », au bureau. Ils mangeaient des crackers et leur père les poussa vers la table d'Esther en disant : « Montrez à la dame comme vous sifflez bien. » Christopher et Max firent ce qu'on leur demandait, non sans cracher partout à la ronde des miettes de crackers. Entretien des auteurs avec Esther Newberg, 25 janvier 1980.

[18] Entretien des auteurs avec Gustavo Paredes, 7 décembre 1981. Paredes était le fils de Provi, la femme de chambre de Jackie ; il avait grandi avec Caroline et John-John.

[19] Entretien des auteurs avec Bobby Shriver : « Je répondais : " Je ne voudrais pas m'asseoir à côté d'un Kennedy même si ma vie en dépendait. " »

[20] Observations des auteurs.

[21] « C'était très attendrissant, juste la façon dont vous auriez souhaité vivre si vous aviez eu les moyens de faire retapisser le sofa une fois par un. » Entretien des auteurs avec Anita Fay.

[22] Anne Taylor Fleming, « The Kennedy Mystique », *New York Times Magazine*, 17 juin 1979.

[23] Entretien des auteurs avec Lem Billings

[24] Manchester, *Controversy*, p. 41.

[25] Entretiens des auteurs avec Robert Kennedy Jr. et Kathleen Kennedy.

[26] Cité par Schlesinger, *RFK*, p. 612.

[27] Entretien des auteurs avec Lem Billings.

[28] « Bobby Jr. se conduisait avec son frère Joe comme un dogue autour d'un ours, fonçant sur lui pour lui donner un coup de croc et prenant aussitôt le large. Il rendait

Joe littéralement fou quand ils étaient jeunes. » Entretien des auteurs avec Lem Billings.

[29] Entretien des auteurs avec Chuck McDermott.

[30] Entretien des auteurs avec Robert Kennedy Jr.

[31] Entretien des auteurs avec Lem Billings.

[32] *Boston Globe,* 12 mars 1961.

[33] Entretien des auteurs avec David Kennedy.

[34] « J'ai un souvenir très vivant de la façon dont David s'accrochait à son père, se serrait contre lui. Lorsque le ministre de la Justice rentrait tard le soir, et que nous étions encore en bas, à regarder la télévision, c'était toujours David qui allait immédiatement s'asseoir sur ses genoux. » Entretien des auteurs avec Barbara Kirby, 12 mars 1983. « Il y avait chez David quelque chose qui touchait la sensibilité de son père. On voyait souvent Bobby se promener avec lui, le bras autour de l'enfant. David semblait en avoir besoin. » Entretien des auteurs avec Chuck McDermott.

[35] Entretien des auteurs avec Lem Billings.

[36] Entretien des auteurs avec Adam Walinsky, 25 octobre 1979.

[37] Schlesinger, *RFK*, p. 825.

[38] Newfield, p. 205.

[39] George McGovern, Histoire orale, Bibliothèque JFK.

[40] Galloway, pp. 101-102.

[41] Hersh, p. 294.

[42] Newfield, p. 203.

[43] Entretien des auteurs avec Joseph Alsop.

[44] Cité par Schlesinger, *RFK,* p. 846.

[45] Entretien des auteurs avec David Hackett.

[46] Benno Schmidt, Histoire orale, Bibliothèque JFK.

[47] Entretien des auteurs avec Fred Dutton.

[48] Frank Burns, Histoire orale, Bibliothèque JFK.

[49] Ibid. Voir l'entretien des auteurs avec Fred Dutton.

[50] Entretien des auteurs avec John Seigenthaler qui devait prendre ultérieurement la tête de la campagne de RFK dans le Nord de la Californie.

[51] Cité par Schlesinger, *RFK,* p. 849.

[52] Hersh, p. 297.

[53] Dans la note dictée par Clifford au sujet de cette rencontre, il avait résumé l'offre de Bobby en ces termes : « Le sénateur Robert [Kennedy] dit qu'il voulait essentiellement consacrer la conversation à la politique du Président au Sud-Vietnam. Il pensait que cette politique était un échec. Poussé par sa propre conscience aussi bien que par ses amis, il se sentait obligé d'agir dans ce domaine. Il déclara que l'une des façons de redresser la politique actuelle était, pour lui, de se porter candidat à l'investiture démocrate et, s'il était élu, de pratiquer une autre politique. L'autre façon d'agir serait de trouver le moyen de persuader le président Johnson de changer de politique. Il a déclaré qu'il s'était entretenu avec Dick Daley, à Chicago, avec Ted Sorensen et avec son frère, et que ceux-ci trouvaient digne d'attention un plan dont il avait eu l'idée. Sorensen déclara alors que si le président Johnson acceptait d'avouer publiquement les erreurs commises dans sa politique vietnamienne, et de nommer un groupe de personnalités chargées d'étudier en profondeur l'ensemble du problème, puis de formuler leurs recommandations, le sénateur Robert Kennedy accepterait de ne pas se porter candidat... » Note du 14 mars 1968. Bibliothèque LBJ.

[54] Entretien des auteurs avec Fred Dutton.

[55] Hersh, p. 290. Pour sa part, Eugene McCarthy continua de croire que Bobby avait cédé à des pressions internes engendrées par l'Héritage Kennedy : « Il ne voulait pas vraiment se présenter. A mon avis, il croyait que nous avions de sérieuses chances de l'emporter et il ne voulait pas voir interrompre la ligne de succession. C'était, comme Robert Lowell me le disait, " une affaire de tartan familial ". » Entretien des auteurs avec Eugene McCarthy, 28 mars 1980.

[56] Schlesinger, *RFK*, p. 856. Voir également l'entretien des auteurs avec Fred Dutton.

[57] Cité par Lewis Chester, Godfrey Hodgson and Bruce Page, *An American Melodrama : The Presidential Campaign of 1968*, New York, 1969, p. 125.

[58] Cité par Dallas, p. 295.

[59] Entretien des auteurs avec Jim Weighart.

[60] Hersh, p. 300.

[61] Entretien des auteurs avec Fred Dutton.

[62] Cité par Dallas, p. 298.

[63] Richard Lee, « Ethel Kennedy Today », *Washingtonian*, juin 1983.

[64] Entretien des auteurs avec Hays Gorey, 26 mars 1981. Gorey suivait la campagne pour le magazine *Time*.

[65] Entretien des auteurs avec Leonard Duhl, 29 août 1979.

[66] Entretien des auteurs avec Lem Billings.

[67] Newfield, p. 273.

[68] Newfield, p. 292.

[69] Cité par Dallas, p. 303.

[70] Au cours du débat, Bobby accusa McCarthy de vouloir installer, dans le comté d'Orange, dix mille Noirs venus de Watts. C'était une allusion à la proposition de McCarthy de « disperser » les Noirs des ghettos. (Bobby lui-même avait préconisé une politique de « reconstruction ».) Bien des années plus tard, le souvenir de cette accusation continuait de hanter l'ancien sénateur du Minnesota : « Je crois qu'il devait être réduit au désespoir. Il pensait qu'il lui fallait recourir à de tels procédés pour gagner et il en aurait supporté les conséquences. En fait, c'était un mensonge pur et simple, de prétendre que je voulais déplacer dix mille Noirs de Watts pour les installer dans le comté d'Orange. Il l'avait seulement dit pour faire peur aux habitants du comté. » Entretien des auteurs avec Eugene McCarthy.

[71] Chester, Hodgson and Page, p. 351.

[72] Lester David, *Ethel*, New York, 1971, p. x.

QUATRIEME PARTIE

CAPITRE 2 (pp. 385-396)

[1] Entretiens des auteurs avec Chris Lawford, 31 janvier, 26 février, 8 avril, 14 mai, 1er décembre 1980 ; 25 janvier, 1er, 27 et 29 mars, 23 avril, 22 juillet, 16 et 29 septembre, 25 novembre 1981 ; 29 mars, 12 mai, 15 et 31 juillet, 6 et 7 septembre 1983.

[2] Entretiens des auteurs avec Chuck McDermott, 28 février, 2 mars, 24 avril 1981 ; 17 avril 1983.

[3] Entretiens des auteurs avec Robert F. Kennedy Jr., 5 et 7 novembre 1979 ; 20 février, 31 mai, 1er et 28 décembre 1980 ; 25 janvier, 19 février, 3 mars, 27 septembre, 29 octobre 1981 ; 10 et 11 juin 1982 ; 27 février, 11 mai 1983.

[4] Entretiens des auteurs avec David Kennedy, juillet 1980 ; 7 et 8 mars, 4, 10 et 26 avril, 1er, 3, 6, 10, 14, 23 mai, 20 juin, 9 et 16 juillet, 15 septembre 1983.

[5] Entretien des auteurs avec Phil Kirby, 10 mars 1983.

[6] Entretien des auteurs avec Chris Lawford.

[7] Entretiens des auteurs avec Pam Kelley, 5 mai, 15 juillet 1983.

[8] Entretien des auteurs avec David Kennedy.

[9] Entretien des auteurs avec Chris Lawford.

[10] Joseph Kennedy III à JFK, s.d. RFK Personal Files, Bibliothèque JFK.

[11] Entretien des auteurs avec Chris Lawford.

[12] Entretiens des auteurs avec Robert Shriver, 10 février 1980 ; 28 janvier 1981 ; 16 mai 1983.

[13] Entretien des auteurs avec Robert Kennedy Jr.

[14] Entretien des auteurs avec Chris Lawford.

[16] Entretien des auteurs avec Robert Shriver. En même temps que se produisait cet « éclatement », la famille de Robert Kennedy était citée en exemple de stoïcisme et de discipline dans la douleur. Dans *McCall's*, le psychiatre Gerald Caplan analysait la réaction de la famille devant la mort et les funérailles de Bobby et appelait ses enfants « des modèles pour notre façon de porter le deuil ». Voir « Lessons in Bravery », *McCall's*, septembre 1968.

[17] Entretien des auteurs avec Phil Kirby.

[18] Entretien des auteurs avec Barbara Kirby, 12 mars 1983. Barbara, sœur de Philip Kirby, l'ami de David, assistait à la scène.

[19] Entretien des auteurs avec Mary Schreiner, 24 avril 1983. Mary, condisciple de Kathleen, assistait à l'incident.

[20] Entretien des auteurs avec Philip et Barbara Kirby.

[21] Ibid.

[22] Entretien des auteurs avec Chuck McDermott.

[23] Entretien des auteurs avec Caroline Casey, 25 février 1981. Caroline était la petite-fille du député Joseph Casey qui avait battu Fitz-gâteau lors des élections primaires de 1942, pour le poste de sénateur du Massachusetts. Elle était la condisciple de Joe à Milton.

[24] Ibid.

[25] Entretien des auteurs avec Philip Kirby.

[26] Entretien des auteurs avec Bobby Kennedy Jr.

[27] Ibid.

[28] Ibid. Voir aussi entretien des auteurs avec Lem Billings.

[29] Entretien des auteurs avec David Kennedy.

[30] Doris Connelly, « Wilderness Trip with the Kennedys », *McCall's,* mai 1966.

[31] Entretien des auteurs avec David Kennedy.

[32] Entretien des auteurs avec Hays Gorey, 26 mars 1981. Gorey faisait partie du bureau de *Time* à Washington à cette époque ; il possède l'original de la note.

[33] Entretien des auteurs avec David Kennedy.

[34] Ibid.

[35] Entretiens des auteurs avec Chris Lawford et David Kennedy.

[36] Entretien des auteurs avec Chris Lawford.

[37] Entretien des auteurs avec David Kennedy.

[38] *Time,* 25 avril 1969.

[39] Entretien des auteurs avec David Kennedy.

[40] Entretien des auteurs avec Mary Schreiner.

[41] Ibid.

[42] Entretien des auteurs avec Philip Kirby.

[43] Ibid.

[44] Entretien des auteurs avec David Kennedy.

[45] Entretien des auteurs avec Mary Lou McCarthy.

[46] Entretien des auteurs avec Bobby Kennedy Jr.

[47] *Time,* 5 avril 1969.

CAPITRE 2 (pp. 397-412)

[1] William H. Honan, *Ted Kennedy : Profile of a Survivor,* New York, 1972 (paperback), pp. 129-130.

[2] Burton Hersh, *The Education of Edward Kennedy,* New York, 1972, p. 330.

[3] Entretien des auteurs avec Jim Weighart, 5 mai 1981.

[4] Anne Taylor Fleming, « Kennedy : Time of Decision », *New York Times Magazine,* 24 juin 1979.

[5] *Time,* 18 juin 1968.

[6] Hersh, pp. 334 et ss.

[7] Entretiens des auteurs avec Timothy Haydock, 24 janvier, 18 novembre 1981. Haydock était un ami intime de Joe Kennedy III et de Bobby Kennedy Jr. Il avait passé les étés de 1967 et de 1968 avec la famille Kennedy.

[8] Hersh, p. 334.

[9] Entretien confidentiel des auteurs avec un témoin, 19 avril 1981.

[10] *Newsweek,* 5 août 1968.

[11] Hersh, pp. 338-339.

[12] Honan, p. 133.

[13] Honan, pp. 130-131.

[14] Entretien des auteurs avec Dun Gifford, 30 mars 1981.

[15] Entretien des auteurs avec Tom Oliphant, 13 avril 1981.

[16] Fred Sparks, *The $ 20 000 000 Honeymoon,* New York, 1970, p. 26. Jackie avait rencontré Onassis pour la première fois quand celui-ci avait rendu visite à Joseph Kennedy dans le Sud de la France, vers la fin des années 50, avec Winston Churchill à bord de son yacht. Au début de 1963, il y avait eu un nouveau lien entre les Kennedy et Onassis : Lee, la sœur de Jackie, s'était mise à tant fréquenter le *Christina* que les commères internationales prétendirent qu'elle était sur le point de quitter son mari « Stash » Radziwill pour Onassis. Cet automne-là, deux jours après la mort du petit Patrick Bouvier Kennedy, Onassis écrivit une note à la Maison-Blanche, pour inviter Jackie à se joindre à lui, à Lee et à d'autres invités pour une croisière dans la mer Egée. Sa participation à ce périple avait entraîné bien des commentaires. Pourtant, le fait qu'Onassis ait quitté l'Europe, le jour de la mort de Jack, et ait été l'un des rares visiteurs non officiels (en dehors de la famille) autorisés à présenter des condoléances à Jackie, à la Maison-Blanche, était passé pratiquement inaperçu.

[17] Ibid., p. 21.

[18] Cité par Kitty Kelley dans *Jackie Oh !,* New York, 1978 (paperback), pp. 294-295.

[19] Entretien des auteurs avec Gloria Emerson.

[20] Entretien des auteurs avec George Smathers.

[21] John Henry Cutler, *Cardinal Cushing of Boston,* New York, 1970, p. 358.

[22] Entretien des auteurs avec Lem Billings.

[23] Hersh, p. 362.

[24] Entretien confidentiel des auteurs avec un témoin, 22 juin 1979.

[25] Entretien confidentiel des auteurs avec un témoin, 3 décembre 1981.

[26] Hersh, p. 381.

[27] Entretien des auteurs avec John Lindsay, 29 avril 1980. Lindsay était l'un des reporters attachés au bureau de *Newsweek* à Washington ; il accompagnait Ted Kennedy au cours de ce voyage.

[28] Hersh, pp. 378 et ss. Voir aussi les entretiens des auteurs avec Hays Gorey, 21 novembre 1979, et John J. Lindsay, 29

avril 1980. Gorey, correspondant de *Time,* faisait également partie du voyage.

29 Hersh, p. 380.

30 Entretien des auteurs avec John Lindsay.

31 Ibid.

32 Ibid.

33 Voir Jack Olsen, *The Bridge at Chappaquiddick,* New York, 1970. Robert Sherrill, *The Last Kennedy,* New York, 1976. Parmi les nombreuses théories particulières sur le drame de Chappaquiddick, il en est une qui a été répandue par un neveu de Teddy et qui repose sur des conversations prétendument surprises entre les conseillers de Ted — la voici : Mary Jo Kopechne n'était pas une grande buveuse; elle aurait mal supporté l'alcool, plus tôt dans la soirée, et Joey Gargan l'aurait alors incitée à aller se reposer dans l'Oldsmobile de Teddy. Plus tard, sans savoir que Mary Jo dormait à l'arrière du véhicule, Teddy aurait quitté la fête avec une autre « chauffeuse ». Après l'accident survenu sur le pont, Teddy et l'autre fille seraient sortis de la voiture sains et saufs, et auraient regagné la rive à la nage pour revenir à leur point de départ. Joey, comprenant que Mary Jo devait être restée prisonnière dans la voiture immergée, les deux hommes seraient retournés sur les lieux de l'accident pour tenter vainement de la sauver. Entretien des auteurs avec David Kennedy.

34 Anne Taylor Fleming, « The Kennedy Mystique », *New York Times Magazine,* 17 juin 1979.

35 Ibid.

36 Ibid.

37 Voir Hersh, p. 415.

38 Cité par Hersh, p. 411.

39 Entretien des auteurs avec Chris Lawford.

40 Entretien des auteurs avec Chris Lawford.

41 Les détails du voyage sont fondés sur les entretiens des auteurs avec Chuck McDermott, David Kennedy, Chris Lawford, et Bobby Kennedy Jr.

42 Entretien des auteurs avec Chris Lawford.

43 Ibid.

44 Entretien des auteurs avec Mary Gimbel.

45 Ibid.

46 Entretien des auteurs avec Molly Haydock, 4 mai 1983.

47 Entretien des auteurs avec Caroline Casey qui faisait partie du groupe.

48 Entretien des auteurs avec Tom Cleveland, 30 avril 1981.

49 Entretien des auteurs avec John Cleveland, 6 février 1983.

50 Ibid.

51 Rita Dallas, *The Kennedy Case,* New York, 1973, p. 179.

52 Détails fondés sur des entretiens des auteurs avec Bobby Kennedy Jr., Chris Lawford, David Kennedy, Bobby Shriver, Philip et Paul Kirby, Patrick Butler (12 avril 1983) et Gustavo Paredes (7 décembre 1981). Tous étaient membres des HPT.

53 Entretien des auteurs avec Duff Pacifico, 23 septembre 1981. Cette amie de Bobby était présente quand Lem avait fait ce commentaire.

54 Entretien des auteurs avec Bobby Kennedy Jr. Le voyage fut signalé par le *New York Times,* 14 mars 1970.

55 Entretiens des auteurs avec Pam Kelley, 5 mai, 15 juillet 1983.

56 Ibid. Le père et la mère de Kim Kelley ont parlé de cet épisode dans une interview donnée au *National Enquirer,* 17 mai 1972.

57 Entretien des auteurs avec David Kennedy.

58 Entretien des auteurs avec Philip Kirby et Pam Kelley.

59 Entretien des auteurs avec David Kennedy.

60 Entretien des auteurs avec Charles Spalding.

61 Entretien des auteurs avec David Kennedy.

62 Ibid.

63 Entretien confidentiel des auteurs avec un témoin, 21 janvier 1981.

64 Entretien des auteurs avec Philip Kirby.

65 Entretien des auteurs avec Patrick Butler.

66 Entretien des auteurs avec Gustavo Paredes.

67 Entretien des auteurs avec Chris Lawford.

68 Ibid.

69 Entretien confidentiel des auteurs avec un témoin, 21 janvier 1981.

70 Entretien des auteurs avec Victoria Lawford, 14 juin 1982.

71 Entretien des auteurs avec Bobby Kennedy Jr.

72 Dallas, p. 338.

73 Entretien des auteurs avec Frank Saunders.

74 Entretien des auteurs avec Chris Lawford.

[75] Cité par Dallas, p. 345.
[76] Dallas, pp. 346 et ss.
[77] Entretien des auteurs avec Mary Lou McCarthy.
[78] Entretien des auteurs avec Lem Billings.

CAPITRE 3 (pp. 413-425)

[1] Entretien des auteurs avec Eunice Kennedy Shriver, 1er décembre 1981.
[2] La photographie a été communiquée aux auteurs.
[3] Entretiens des auteurs avec Eunice Kennedy Shriver et avec Fred « Josh » Billings, 2 novembre 1981. Les détails sur la carrière de Lem Billings sont fondés sur les entretiens des auteurs avec Fred Billings et avec Francis McAdoo Sr, 22 octobre 1981.
« [4] Entretien des auteurs avec Francis Bucky » McAdoo Jr., 21 octobre 1981.
[5] Entretiens des auteurs avec Peter Kaplan, 16, 24 janvier, 1er, 18 mars, 13 mai, 25 septembre 1981 ; 28 février, 9 avril 1983.
[6] « John F. Kennedy Center for the Performing Arts », *New Yorker,* 28 septembre 1981.
[7] Ibid.
[8] Entretien des auteurs avec Mary Gimbel.
[9] Cutler, *Cushing,* p. 322.
[10] JBK à LB, 23 octobre 1969, Billings Papers.
[11] Caroline à LB, s.d., Billings Papers.
[12] JBK à LB, s.d., Billings Papers.
[13] « Bobby Jr. in Africa », *Life,* 14 février 1969.
[14] Ibid.
[15] Contrat communiqué aux auteurs.
[16] Les auteurs ont visité l'appartement de Lem.
[17] Documents communiqués aux auteurs.
[18] Entretien des auteurs avec Peter Kaplan.
[19] Entretien des auteurs avec Bobby Kennedy Jr.
[20] Entretien des auteurs avec Bobby Kennedy Jr.
[21] Ibid.
[22] Entretiens des auteurs avec Doug Spooner, 13 janvier 1981 ; 10 avril 1983.
[23] Ibid.
[24] Ibid.
[25] Rainie and Quinn, p. 176.
[26] Entretien des auteurs avec Bobby Shriver.
[27] Entretiens des auteurs avec Philip Kirby et Bobby Shriver.
[28] Ibid. Philip Kirby, qui était également présent, confirme ce récit. Voir aussi *Boston Globe,* interview de Moes, 16 septembre 1971.
[29] Entretien des auteurs avec Bobby Kennedy Jr.
[30] Entretien des auteurs avec David Kennedy et Bobby Shriver.
[31] Ibid.
[32] Ibid.
[33] Voir *New York Times,* 7 août 1970.
[34] Entretien des auteurs avec David Kennedy.
[35] Ibid. Voir également les entretiens des auteurs avec Bobby Kennedy Jr et Chris Lawford.
[36] Ibid.
[37] Ibid.
[38] Entretiens des auteurs avec Bobby Shriver, Chris Lawford et David Kennedy.
[39] Entretien des auteurs avec Harris Wofford.
[40] Entretien des auteurs avec Bobby Shriver.
[41] Entretien des auteurs avec Victoria Lawford. (« Nous étions à Southampton en août et, tout à coup, maman commença à mettre ces disques Berlitz pour apprendre le français. Je ne comprenais pas pourquoi elle faisait ça et je me demandais à moi-même : " Qu'est-ce que ça veut dire ? " Et alors Mammie — c'était une abréviation de *Mademoiselle,* c'était comme ça que nous appelions la femme de chambre — m'annonce un beau matin : " Vous allez en France ". Et je réponds : " Merci ". »)
[43] Entretien des auteurs avec Chris Lawford.
[44] Entretiens des auteurs avec Chris Lawford et David Kennedy.
[45] Entretien des auteurs avec David Kennedy.
[46] Ibid.
[47] Entretiens des auteurs avec David Kennedy et Chris Lawford.
[48] Entretien des auteurs avec David Kennedy.
[49] Ibid.
[50] Entretiens des auteurs avec Philip et Paul Kirby, 10 mars 1983. (« La règle du jeu, sur le brise-lames, c'était qu'il fallait aller jusqu'au bout, une fois que l'on s'y était aventuré. »)
[51] Entretien des auteurs avec David Kennedy.
[52] Entretien des auteurs avec Chris Lawford.

[53] Entretien des auteurs avec David Kennedy.

[54] Ibid.

[55] Ibid.

[56] Entretien des auteurs avec Bobby Kennedy Jr.

[57] Entretien des auteurs avec Chris Lawford.

[58] Entretiens des auteurs avec Bobby Kennedy Jr. et Pam Kelley. Pam était la sœur de Kim et allait parfois à l'école en auto-stop avec celle-ci.

[59] Entretiens des auteurs avec Bobby Kennedy Jr. Voir également *New York Times,* 24 août 1971.

[60] Entretiens des auteurs avec Bobby Kennedy Jr. et Bobby Shriver.

[61] *Boston Globe,* 23 août 1971.

[62] Ibid.

[63] Ibid.

[64] Entretien des auteurs avec Joey Brode, 13 avril 1983.

[65] Ibid.

[66] Ibid.

[67] Entretien des auteurs avec « Bucky » McAdoo.

[68] Entretien des auteurs avec Fred Billings.

[69] Entretiens des auteurs avec Andy Karsch, 27 juillet 1980 ; 7 janvier, 10, 23 février, 18 mars, 1er décembre 1981 ; 6 septembre 1983.

[70] Entretien des auteurs avec Joey Brode.

[71] Entretien des auteurs avec Andy Karsch.

[72] Entretien confidentiel des auteurs avec trois témoins, parmi lesquels deux condisciples et un parent, qui ont demandé à ne pas être nommés pour préserver leurs bonnes relations avec la famille Kennedy ou à l'intérieur de celle-ci.

[73] Entretien des auteurs avec David Kennedy.

[74] Ibid.

[75] Entretien des auteurs avec Peter Kaplan.

[76] Ibid. Voir également les entretiens des auteurs avec Bobby Kennedy Jr. et Doug Spooner.

[77] Entretien confidentiel des auteurs avec un témoin, 12 août 1982.

[78] Entretien des auteurs avec Pam Kelley.

[79] Entretiens des auteurs avec Blake « Harvey » Fleetwood, 5 janvier, 23 septembre 1981 ; 2 mars 1983.

[80] « Skiing the Andes — and Drawing Fire from the Border Patrol », by Blake Fleetwood, *New York Times,* 11 novembre 1973, Section X, p. 33.

[81] Entretien des auteurs avec Lem Billings. Voir également Robert Kennedy Jr. : « Chile », *Atlantic Monthly,* février 1974.

CAPITRE 4 (pp. 426-438)

[1] Entretiens des auteurs avec Ronnie Eldridge, 14 juillet 1980, et Peter Fishbein, 19 février 1981. Voir également Richard Reeves, « Goldilocks May not Be the Most Exciting Fellow in Town, But He's the Only One Who Can Win This Year », *New York Times Magazine,* 14 juin 1970.

[2] *Newsweek,* 14 août 1972.

[3] Ibid.

[4] Entretien des auteurs avec Bobby Kennedy Jr. et Chris Lawford.

[5] Entretien des auteurs avec Bobby Shriver.

[6] Entretien des auteurs avec Chuck McDermott.

[7] Entretiens des auteurs avec Diane Clemens, 25 juin, 8 août, 9 novembre 1979. Les auteurs se sont entretenus avec Coles et Brenner qui ont tous deux refusé de parler des petits-enfants Kennedy, en alléguant que toute conversation entre eux et leurs patients devait demeurer confidentielle. Coles a ajouté que cette affirmation ne signifie pas qu'il reconnaît tacitement avoir rencontré l'un des petits-enfants Kennedy pour des raisons professionnelles.

[8] Ibid.

[9] Ibid.

[10] Ibid.

[11] Ibid.

[12] Ibid.

[13] Voir *New York Times,* 24 février 1973. Après que la nouvelle de sa démission se fut répandue, Joe reçut une lettre de Samuel Price, directeur d'un Programme de lutte contre la pauvreté à Harlem. « Je vous félicite de vous intéresser aux pauvres et de vouloir vivre au milieu d'eux. En raison de votre courageuse attitude je suis en mesure de vous offrir un poste dans le cadre du... Programme Anti-Pauvreté du secteur central de Harlem... Nous pourrons vous fournir un logement sûr, confortable, tranquille et propre, à deux pas de votre lieu de travail, dans la 139e rue Ouest. » Une copie de cette lettre a été offerte aux auteurs par Diane Clemens.

[14] *San Francisco Examiner,* 23 février 1973.

[15] Entretien des auteurs avec Diane Clemens.

[16] Ibid.

[17] N.B. : D'après le récits fait aux auteurs par Diane Clemens (« Raúl » et « Linda » sont des pseudonymes).

[18] Ibid.

[19] Voir *Boston Globe*, 29 mars 1973.

[20] Entretien des auteurs avec Diane Clemens.

[21] Entretien des auteurs avec Chris Lawford.

[22] Ibid.

[23] Ibid.

[24] Ibid.

[25] Rose était la seule personne de la famille Kennedy avec laquelle Peter Lawford avait réussi à conserver des relations amicales. Il lui faisait parvenir de petits présents pour son anniversaire et elle lui envoyait des billets comme celui-ci, daté du 11 mars 1976 : « Cela m'a été une joie et un plaisir de vous revoir, cher Peter ; mon seul regret est que votre visite ait été si courtè. J'ai parlé à Sydney hier soir et lui ai demandé votre adresse. Elle vient de rentrer, mardi dernier, mais ne passera pas le week-end avec nous en raison des exams. Tous les enfants, y compris elle-même, parlent de vous avec chaleur et affection ; j'en suis très heureuse. » Une copie de cette lettre a été offerte aux auteurs par Peter Lawford.

[26] Entretien des auteurs avec Chris Lawford.

[27] Ibid.

[28] Ibid.

[29] Entretien des auteurs avec David Kennedy.

[30] Ibid.

[31] Ibid.

[32] Ibid.

[33] Entretien des auteurs avec David Kennedy et Pam Kelley.

[34] Entretien des auteurs avec Pam Kelley.

[35] Ibid.

[36] Entretien des auteurs avec David Kennedy.

[37] Entretien des auteurs avec Pam Kelley. Pour un compte rendu dans la presse, voir *Boston Herald*, 15 août 1973.

[38] *New York Times*, 21 août 1973.

[39] Entretien des auteurs avec Pam Kelley.

[40] Entretien des auteurs avec David Kennedy.

[41] Entretien des auteurs avec Pam Kelley.

[42] Ibid.

[43] Entretien des auteurs avec David Kennedy.

[44] Ibid.

[45] L'usage qu'ils faisaient de la drogue durant cette période a été décrit en détail aux auteurs par quatre personnes — y compris des membres de la famille Kennedy — dans des entretiens séparés. Ces quatre personnes ont demandé à ce que leurs noms ne soient pas cités à ce propos, pour préserver leurs bonnes relations avec la famille ou à l'intérieur de celle-ci.

[46] Entretien des auteurs avec David Kennedy.

[47] Ibid.

[48] Entretien des auteurs avec John Seigenthaler.

[49] Entretien des auteurs avec John Warnecke Jr., 12 mai 1983.

[50] Entretien des auteurs avec David Kennedy. Voir également l'entretien des auteurs avec Elaine Shannon, 15 juin 1983. Pour des informations complémentaires, voir : Bo Burlingham, « The Other Tricky Dick », *Esquire*, novembre 1975.

[51] Entretien des auteurs avec David Kennedy.

[52] Ibid.

CAPITRE 5 (pp. 439-449)

[1] Entretien des auteurs avec Lem Billings.

[2] Entretien des auteurs avec Bobby Kennedy Jr.

[3] L'usage que faisait Lem de la drogue a été décrit en détail aux auteurs, après sa mort, par six personnes y compris des membres de la famille Kennedy. En raison de leur affection pour Lem et du rôle que le souvenir de celui-ci continue de jouer dans la famille, tous les six ont demandé à ce que leurs noms ne soient pas cités à ce propos. Le filleul de Lem, Francis H. « Bucky » McAdoo, qui n'était pas l'un de ces familiers a déclaré aux auteurs : « Lem avait toujours été terriblement conservateur, toute sa vie. Quand j'étais jeune, je portais des favoris qui descendaient à un centimètre au-dessous du lobe de l'oreille et il avait tenu à me les raser lui-même. Il était " très comme il faut ". Mais il avait changé d'un seul coup et adopté toute les manières de Bobby et de ses amis, y compris l'usage de la drogue. Il avait pris de la drogue et il avait même tout essayé dans ce domaine. Dans son langage, il se servait également des expressions hippies comme " Hey Ma-a-n ", qu'il prononçait avec le ton voulu. »

[4] Entretien confidentiel des auteurs avec un témoin, 8 juillet 1982.

[5] Voir ci-dessus, note 3. Cette scène particulière a été décrite aux auteurs par l'une des personnes présentes.

[6] Ibid.

[7] Les auteurs ont eu une entrevue avec la femme concernée, qui a demandé à ce que son nom ne soit pas révélé.

[8] Entretien des auteurs avec Phoebe Sheldon, 2 octobre 1983.

[9] Entretien des auteurs avec Francis McAdoo.

[10] Cette description du voyage sur l'Apurímac est fondée sur les entretiens des auteurs avec Lem Billings, Bobby Kennedy Jr., Chris Lawford, David Kennedy, Doug Spooner et Harvey Fleetwood qui a aimablement offert aux auteurs une copie du journal de route très détaillé dont il a assuré la rédaction pendant toute l'expédition.

[11] Entretien des auteurs avec Harvey Fleetwood.

[12] Ibid.

[13] Voir Helen and Frank Schreider, *Exploring The Amazon*, Washington, D.C., 1969.

[14] Entretien des auteurs avec Harvey Fleetwood.

[15] Ibid.

[16] Journal de route de Fleetwood.

[17] Entretien des auteurs avec Harvey Fleetwood.

[18] Entretien des auteurs avec Chris Lawford.

[19] Journal de route de Fleetwood. Celui-ci avait pris une photo du poisson et il a communiqué ce document aux auteurs.

[20] Entretien des auteurs avec Bobby Kennedy Jr., Chris Lawford et Harvey Fleetwood.

[21] Entretien des auteurs avec Harvey Fleetwood.

[22] Ibid.

[23] Entretien des auteurs avec Peter Kaplan.

[24] Ibid.

[25] Entretien des auteurs avec Peter Kaplan.

[26] Entretien des auteurs avec Andy Karsch.

[27] Entretien des auteurs avec Chris Lawford.

[28] Entretien des auteurs avec Lem Billings.

[29] Cette lettre, qui fait partie des Billings Papers, a été copiée par les auteurs.

[30] Entretien des auteurs avec Duff Pacifico, 23 septembre 1981.

[31] Ibid.

[32] Ibid.

[33] Entretien des auteurs avec Peter Kaplan.

[34] Entretien des auteurs avec Bobby Shriver.

[35] Ibid.

[36] Entretien des auteurs avec Peter Kaplan ; voir également entretien avec Eric Breindel, 21 décembre 1980.

[37] Entretien des auteurs avec Mary Schreiner.

[38] Ce discours fut également publié par le *Boston Globe,* 26 mai 1975. Dans un passage involontairement révélateur, après avoir abordé le problème d'une jeunesse pauvre et dépourvue d'illusions, Bobby avait déclaré : « Mais les jeunes gens riches et privilégiés de notre pays ont également leurs préoccupations, leurs craintes et leurs égarements. Alors que des millions de jeunes gens de leur âge n'ont rien, ils semblent avoir tout mais il leur manque le sentiment de ce qu'ils sont vraiment et de ce en quoi ils croient... Ils sont avantagés de bien des façons, mais démunis à d'autres points de vue. Ils possèdent davantage, mais je crains qu'ils ne se sentent aller à vau-l'eau. »

[39] Voir *New York Sunday News,* 7 septembre 1975.

[40] Entretiens des auteurs avec Peter Kaplan et Chris Lawford. Shapiro était un ami de Kaplan. Chris avait travaillé avec Bobby au cours de la campagne.

[41] Entretien des auteurs avec Bobby Kennedy Jr.

[42] Ibid.

[43] Entretiens des auteurs avec Bobby Kennedy Jr. et Peter Kaplan ; voir également l'entretien des auteurs avec le gouverneur George Wallace, 29 mars 1982.

[44] Entretien des auteurs avec Peter Kaplan.

[45] Ibid.

[46] Entretiens des auteurs avec Peter Kaplan et Bobby Kennedy Jr.

[47] Entretien confidentiel des auteurs avec un témoin, 26 mars 1982.

CAPITRE 6 (pp. 450-467)

[1] Voir Judith Exner, *My Story,* New York, 1977, p. 13.

[2] Exner, p. 231 n.

[3] Entretiens des auteurs avec Harris Wofford, 2 février, 22 mars 1981.

[4] « Another Generation Heard From », *Saturday Evening Post,* avril 1976.

[5] Entretien des auteurs avec Bobby Kennedy Jr.

[6] *Saturday Evening Post,* avril 1976.

[7] Cité par Hersh, p. 383.

[8] Pour une analyse détaillée des activités législatives d'Edward Kennedy après l'épisode de Chappaquiddick, voir Theo Lippman Jr., *Senator Ted Kennedy, The Career Behind the Image,* New York, 1976.

[9] Anne Taylor Fleming, « Kennedy, Time of Decision », *New York Times Magazine,* 24 juin 1979.

[10] Rapporté par Burton, *The Education of Edward Kennedy,* New York, 1980 (paperback), pp. 606-607. L'incident est décrit dans un épilogue spécialement écrit pour cette édition.

[11] Cité par Rainie and Quinn, p. 223.

[12] Entretien des auteurs avec John J. Lindsay. (« Le week-end qui avait précédé l'annonce faite par [Ted] Kennedy, j'étais rentré de Los Angeles où j'étais allé préparer un article sur Nixon pour *Neewsweek* et, par simple coïncidence, je me trouvai dans l'avion avec Joan. Elle avait subi une cure de désintoxication dans une maison pour alcooliques, à Point David, juste à six ou sept kilomètres au nord de San Clemente [la résidence de Nixon]. Elle en revenait, mais vraiment en très mauvaise condition physique. Quoi qu'elle fût allé faire là-bas n'avait manifestement pas été fait. Elle était à la dérive et prenait des tranquillisants. Nous descendîmes à l'aéroport Dulles de Washington, ce samedi soir. Il pleuvait et le temps était affreux. Tous les enfants étaient là. Teddy Jr. venait de terminer une cure de chimiothérapie. Il ressemblait à un hibou ; son teint était violacé ; il était horrible à voir. Le petit Patrick soufflait comme un vieux cheval de noria [à cause de son asthme] et la fille, Kara, paraissait boursoufflée et désespérée. Mais Ted manquait. Je rentrai chez moi et dis à ma femme : si ce gars se lance avec sa famille dans une campagne présidentielle, il n'est pas au bout de ses peines. Le lendemain, je reçus un appel de Dick Drayne, le secrétaire de presse de Teddy qui me déclara : “ Vous feriez bien de monter à Boston demain soir ; nous allons annoncer une nouvelle. ” Tout le monde en ville croyait qu'il [Ted] allait annoncer sa candidature. Je fus le seul journaliste à dire qu'il annoncerait son désistement. Je pensais : “ C'est la meilleure chose que cet homme puisse faire, de sa vie entière, dans un cas pareil — se retirer de la course. ” »)

[13] *Newsweek,* 26 janvier 1976.

[14] Entretien des auteurs avec Chris Lawford.

[15] Entretiens des auteurs avec Bobby, Timmy et Eunice Kennedy Shriver.

[16] Entretiens des auteurs avec le général Robert Montague et Herbert J. Kramer. (« Le monument d'Eunice sera la Fondation et les Jeux Olympiques Spéciaux. Vous pouvez réciter toute la litanie des valeurs familiales des Kennedy — sports, compétition, besoin de se surpasser, famille, publicité — tout cela se trouve intégré dans ces Jeux. Et il n'y a pas de macho là-dedans. Rien qu'Eunice, toute seule, poussant chacun à atteindre ses limites, disant à un enfant retardé : “ Tu peux faire mieux encore. ” » Entretien des auteurs avec Herbert J. Kramer.)

[17] *Newsweek,* 26 janvier 1976.

[18] Entretien des auteurs avec Harris Wofford.

[19] Ibid. (Tsongas avait raconté l'incident à Wofford.)

[20] Entretien des auteurs avec Bobby Shriver.

[21] Hays Gorey, « Joe Kennedy Comes of Age », *New York Times Magazine,* 29 mai 1977.

[22] Entretien des auteurs avec Victoria Lawford.

[23] Entretien des auteurs avec Bobby Shriver.

[24] La lettre se trouve dans l'un des albums de Lem. Billings Papers.

[25] Le meilleur compte rendu des vicissitudes de ce mariage se trouve dans Arianna Stassinopoulos, *Maria Callas : The Woman Behind the Legend,* New York, 1981.

[26] Rainie and Quinn, p. 75.

[27] Entretien des auteurs avec Mary Gimbel.

[28] La carte de Saint Valentin envoyée par Ethel se trouve dans l'un des albums de Lem. Billings Papers.

[29] Richard Lee, « Ethel Kennedy Today », *Washingtonian,* juin 1983.

[30] Un exemplaire de *Words Jack Loved* se trouve dans les Billings Papers.

[31] Entretien des auteurs avec Chris Lawford.

[32] Sa mère avait choisi de souligner plutôt que d'estomper ce fait, en changeant le nom intermédiaire de son fils qu'elle appelait

désormais Chris « Kennedy » Lawford.

[33] Entretien des auteurs avec Chris Lawford.

[34] Entretien des auteurs avec Chris Lawford.

[35] Entretiens des auteurs avec Jennifer Jacobson, 15 décembre 1981, 19 septembre 1983.

[36] Ibid.

[37] Ibid.

[38] Quatre personnes mêlées à ce qui se passait dans l'appartement de Lem ont décrit dans le plus grand détail les scènes qui s'y déroulaient. En raison de leurs relations avec la famille, elles ont demandé à ce que leurs noms ne soient pas mentionnés à ce propos.

[39] Entretien des auteurs avec Jennifer Jacobson.

[40] Ibid.

[41] Ibid.

[42] Ibid.

[43] Cité par Anna Quindlen, « The Kennedy Who Went Wrong », *McCall's*, avril 1980.

[44] Entretien des auteurs avec Tom Oliphant, 13 avril 1981.

[45] Entretien des auteurs avec Gustavo Paredes, 7 décembre 1981. (Bobby avait précédé David d'un an à Harvard, aussi chacun espérait-il que ce dernier se conduirait exactement comme son aîné. Bobby introduisait ses amis dans des endroits où ils n'auraient pu aller sans lui. Il appelait par exemple une discothèque très fermée et se contentait de dire : ' Je suis Bobby Kennedy ' pour faire entrer tout le monde. David avait scrupule à se comporter ainsi.)

[46] Entretien des auteurs avec Harvey Fleetwood.

[47] Entretien des auteurs avec Gustavo Paredes.

[48] Entretien des auteurs avec Bob Rafelson, 20 juillet 1979.

[49] Entretien des auteurs avec David Kennedy.

[50] Entretiens des auteurs avec Peter Kaplan et Eric Breindel.

[51] Entretien des auteurs avec David Kennedy.

[52] Entretien des auteurs avec David Kennedy.

[53] Ibid.

[54] Entretiens des auteurs avec Doug Spooner et David Kennedy.

[55] Entretien des auteurs avec Doug Spooner.

[56] Entretien des auteurs avec David Kennedy.

[57] Ibid.

[58] Ibid.

[59] Entretien des auteurs avec Doug Spooner.

[60] Entretien des auteurs avec David Kennedy.

[61] Ibid.

[62] Ibid.

[63] Ibid. Voir également Kathleen McAuliffe, « Brain Tuner », *Omni*, janvier 1983.

[64] Entretien des auteurs avec David Kennedy.

[65] Ibid.

[66] Ibid.

[67] Ibid.

[68] Ibid. Voir également *New York Times*, 6 septembre 1979, et *Boston Herald*, 13 septembre 1979.

[69] Entretien des auteurs avec David Kennedy.

[70] *Boston Herald*, 13 septembre 1979.

[71] Entretien des auteurs avec David Kennedy.

[72] Ibid.

[73] LB à A. E. Howard, 26 novembre 1976.

[74] Voir *New York Times Book Review*, 30 juillet 1978.

[75] Entretiens des auteurs avec Bobby Kennedy Jr. et Eric Breindel.

[76] Entretiens des auteurs avec Andy Karsch. Karsch avait même partagé la chambre de Joe et il avait travaillé avec lui lors de la campagne de Teddy en 1976.

[77] Entretien des auteurs avec Chuck McDermott.

[78] Entretien des auteurs avec Grace Oliveira, 1er juin 1980.

[79] Entretiens des auteurs avec Steve Rothstein, 12 mars 1983, et Michael Kennedy, 3 mars, 23 octobre 1981. Rothstein est le directeur général de la compagnie Citizens Energy. Michael Kennedy a travaillé dans la même firme. Peter Lucas, journaliste au *Boston Herald*, a examiné l'avenir de Joe dans un article intitulé « Joe Kennedy sera-t-il candidat au poste de lieutenant-gouverneur [vice-gouverneur] ? » Après avoir relevé que Joe s'était acquis une grande publicité avec son projet de faire acheter par la Citizens Energy du pétrole au Venezuela, Lucas se demandait si le jeune Kennedy ne sauterait pas sur le poste de Lieutenant-gouverneur, alors occupé par Thomas P. O'Neill III : « Joe Kennedy était à deux doigts de se présenter contre le Trésorier de l'Etat, Robert

Q. Crane, lors des récentes élections primaires au sein du parti démocrate, mais s'est désisté à la dernière minute. Il est pourtant clair que Kennedy, résidant à Brighton, a l'ambition de briguer quelque mandat politique à l'échelon de l'Etat du Massachusetts... L'ambitieux projet pétrolier de Joe peut servir de tremplin à une telle candidature. Plusieurs candidats, au Massachusetts, n'avaient guère une aussi bonne base de départ, tant s'en faut. » *Boston Herald,* 30 janvier 1980.

[80] Entretien des auteurs avec Andy Karsch.

[81] Ibid.

[82] Entretien des auteurs avec Bobby Kennedy Jr.

[83] Entretien des auteurs avec Duff Pacifico.

[84] Ibid.

[85] Entretien confidentiel des auteurs avec un témoin, 9 septembre 1983.

CHAPITRE 7 (pp. 468-488)

[1] Voir *Boston Herald,* 21 octobre 1979.

[2] Entretien des auteurs avec Bobby Kennedy Jr., Chris Lawford et John Siegenthaler

[3] Entretien des auteurs avec David Kennedy.

[4] Voir *Boston Herald,* 21 octobre 1979.

[5] Entretien des auteurs avec Bobby Kennedy Jr.

[6] Cité par Jeff Greenfield, *The Real Campaign,* New York, 1982, p. 56.

[7] Joan Braden, « Joan Kennedy Tells Her Own Story », *McCall's,* août 1978.

[8] Mudd était un proche de la famille depuis des années. C'était lui qui avait frayé un chemin à Ethel à travers la foule, à l'hôtel Ambassador où Bobby gisait mortellement blessé.

[9] Les difficultés d'élocution de Teddy avaient posé des problèmes, bien avant même l'interview radiodiffusée de Mudd. *Time* avait publié à son sujet un article de couverture où l'on citait une de ses déclarations dans les termes suivants : « Le problème que, euh, nous devons traiter et je voudrais savoir ce que chacun de vous pourrait en dire, est, couac, quoi faire pour Mexico si nous ne le faisons pas pour les autres ? » (« The Kennedy Challenge », *Time,* 5 novembre 1979.) Quand une journaliste du *Washington Star,* Judy Bachrach, demanda à Teddy pourquoi il parlait de façon si étrange, il répondit de façon illogique qu'il était le dernier né d'une famille nombreuse. Voir *Washington Star,* 15 octobre 1979.

[10] Entretien des auteurs avec T. R. Reid, 25 mars 1981. Reid suivait la campagne de Kennedy pour le compte du *Washington Post.*

[11] Les auteurs ont suivi Ted Kennedy au cours de sa campagne électorale de 1980. Cf. également leurs entretiens avec les journalistes T. R. Reid, John Lindsay, Bob Ajemian, Tom Oliphant et Walter Isaacson ; ainsi qu'avec divers conseillers de Kennedy, notamment Carl Wagner, Fred Dutton, Doris Kearns Goodwin, Peter Edelman, Dick Donahue, Andy Karsch, et John Gage.

[12] Entretien des auteurs avec Ronnie Eldridge.

[13] Entretien des auteurs avec Peter Edelman.

[14] Entretien des auteurs avec T. R. Reid.

[15] Cité par Greenfield, p. 72.

[16] Entretien des auteurs avec Carl Wagner.

[17] David Broder et al., *The Pursuit of the Presidency,* New York, 1980 (paperback), p. 107.

[18] Entretiens des auteurs avec Carl Wagner, John Gage, Chuck McDermott, et Andy Karsch.

[19] Entretien des auteurs avec Chuck McDermott.

[20] Ibid.

[21] Ibid.

[22] Ibid.

[23] Ibid.

[24] Cité par Greenfield, p. 76.

[25] Entretien des auteurs avec T. R. Reid. (Reid fit ce commentaire lors d'une interview de Kennedy au cours de la campagne.)

[26] Entretien des auteurs avec John Gage.

[27] Entretien des auteurs avec T. R. Reid.

[28] Entretien des auteurs avec Walter Isaacson.

[29] Suzannah Lessard, « Kennedy's Women Problem, Women's Kennedy Problem », *Washington Monthly,* décembre 1979.

[30] Entretien des auteurs avec Walter Isaacson.

[31] Observation des auteurs.

[32] Entretien des auteurs avec John Gage.

[33] Entretiens des auteurs avec John Gage et Tom Oliphant.

[34] Entretien des auteurs avec John Gage.

[35] Ibid.

[36] Entretien des auteurs avec Peter Edelman.

[37] Ibid.
[38] Ibid.
[39] Entretien des auteurs avec Tom Oliphant.
[40] Entretien des auteurs avec Chris Lawford.
[41] Rainie and Quinn, p. 9.
[42] Ibid.
[43] Entretien des auteurs avec Chris Lawford.
[44] Ibid.
[45] Ibid.
[46] Ibid.
[47] Observation des auteurs.
[48] Ibid.
[49] Entretien des auteurs avec Andy Karsch.
[50] Ibid.
[51] Entretien des auteurs avec David Kennedy.
[52] Ibid.
[53] Entretien des auteurs avec Nancy Narleski, 20 mars 1983. Nancy était la petite amie de David à cette époque-là.
[54] Entretien des auteurs avec David Kennedy.
[55] Ibid.
[56] Entretiens des auteurs avec Nancy Narleski et David Kennedy.
[57] Entretien des auteurs avec David Kennedy.
[58] Entretiens des auteurs avec Barbara Kirby et Nancy Narleski.
[59] Entretien des auteurs avec Nancy Narleski.
[60] Entretiens des auteurs avec David Kennedy, Timothy Haydock, Craig McNamara et John Warnecke. Haydock, McNamara et Warnecke étaient des amis de David et des Kennedy en général; ils vivaient alors en Californie.
[61] Entretien des auteurs avec Pam Kelley.
[62] Entretiens des auteurs avec David Kennedy et John Warnecke.
[63] Entretien des auteurs avec David Kennedy.
[64] Ibid.
[65] *Sacramento Bee*, 26 août 1980.
[66] Entretien des auteurs avec Tom Oliphant.
[67] Entretien des auteurs avec Jim Weighart, 5 mai 1981.
[68] Gary Wills, *The Kennedy Imprisonment*, New York, 1982, p. 7.
[69] Entretien des auteurs avec Dun Gifford.
[70] Entretien des auteurs avec Peter Kaplan.
[71] Entretiens des auteurs avec Timothy Shriver et Michael Kennedy.
[72] Entretien des auteurs avec Michael Kennedy.
[73] Rainie and Quinn, p. 132.
[74] Entretien des auteurs avec « Bucky » McAdoo. McAdoo avait occasionnellement participé à ces excursions.
[75] Entretien des auteurs avec Timothy Shriver.
[76] Entretiens des auteurs avec Lem Billings et Eunice Kennedy Shriver.
[77] Entretien des auteurs avec Timothy Shriver.
[78] Entretien des auteurs avec Harvey Fleetwood.
[79] Entretien des auteurs avec Duff Pacifico.
[80] Entretiens des auteurs avec Timothy Haydock et « Bucky » McAdoo. Haydock, devenu médecin, dut s'employer à faire revenir Lem à la vie, après qu'il se fût évanoui au mariage de Courtney Kennedy. McAdoo avait accompagné Lem, lors de son dernier voyage à Haïti où il eut une « crise » qui ressemblait fort à une attaque cardiaque.
[81] Entretien des auteurs avec Chris Lawford.
[82] Entretien des auteurs avec « Bucky » McAdoo. (« Il avait dit à mon père, dans un moment de spontanéité : " Tu sais, je n'ai pas beaucoup de raisons de vivre. " Sa vie avait pris un virage abrupt vers le bas. »)
[83] Entretien des auteurs avec Timothy Haydock.
[84] Entretiens des auteurs avec Bobby Kennedy Jr, Peter Kaplan et « Bucky » McAdoo. Ce dernier affirme : « Il disait même, si l'on émettait une opinion qui lui déplaisait : " Bon, je te raye de mon testament ". »
[85] Entretien des auteurs avec Harvey Fleetwood.
[86] Entretien des auteurs avec Michael Kennedy.
[87] Entretien des auteurs avec Duff Pacifico.
[88] Entretien des auteurs avec Harvey Fleetwood.
[89] Une copie du rapport d'autopsie a été examinée par les auteurs.
[90] Une copie de l'éloge funèbre a été offerte aux auteurs par Bobby Kennedy Jr.
[91] Ibid.

EPILOGUE (pp. 489-498)

[1] Entretiens des auteurs avec Chris et Vicki Lawford ; entretien des auteurs avec Dotson Rader, 1er octobre 1983.

[2] Entretien des auteurs avec Dotson Rader. Rader jeta sur le papier ses souvenirs du discours à la demande de Teddy — « Il voulait le conserver pour « l'Histoire ».

[3] Ibid.

[4] Entretien des auteurs avec David Kennedy.

[5] Entretien des auteurs avec Chris Lawford.

[6] Entretien des auteurs avec Bobby Shriver.

[7] Entretien des auteurs avec Chris Lawford.

[8] *Boston Globe,* 16 septembre 1980. Entretien des auteurs avec Chris Lawford.

[9] Entretien des auteurs avec Chris Lawford.

[10] Ibid.

[11] Ibid.

[12] Ibid.

[13] Entretien des auteurs avec David Kennedy.

[14] Ibid.

[15] P. ex. : « J'étais mort de peur pour David ; il n'y avait pas un jour où je ne m'attendais pas à recevoir un appel téléphonique et à apprendre que David était victime d'une overdose. » Entretien des auteurs avec John Warnecke Jr.

[16] Entretien des auteurs avec David Kennedy.

[17] Ibid.

[18] Ibid.

[19] Ibid.

[20] *New York Times,* 19 mai 1983.

[21] Entretien confidentiel des auteurs avec un témoin, 15 septembre 1983 ; et entretien avec Winston Proude, 15 septembre 1983.

[22] *Washington Post,* 28 mai 1983.

[23] Entretien des auteurs avec Winston Proude.

[24] Entretien des auteurs avec Greg Madson, avocat des Republic Airlines, 30 septembre 1983. Voir également « The Tragedy of Bobby Kennedy Jr. » *People,* 3 octobre 1983.

[25] Ibid.

[26] Entretien des auteurs avec David Kennedy.

INDEX

CRÉDITS PHOTOGRAPHIQUES

Page 1, en haut :

F.W. Owen/Black Star.

Page 1, en bas :

Henri Dauman/Magnum.

Page 2 :

John F. Kennedy Library
John F. Kennedy Library
The Bettmann Archive, Inc.
John F. Kennedy Library
Collection Mary McCarthy
The Bettmann Archive, Inc.
F.W. Owen/Black Star
F.W. Owen/Black Star
F.W. Owen/Black Star

Page 3 :

F.W. Owen/Black Star
F.W. Owen/Black Star
F.W. Owen/Black Star
Pictorial Parade
Pictorial Parade
Pictorial Parade
The Bettmann Archive, Inc.
The Bettmann Archive, Inc.
AP/Wide World Photos

Page 4 :

Pictorial Parade
Pictorial Parade
Collection John White
John F. Kennedy Library
UPI
AP/Wide World Photos
Collection Lady Lloyd
Collection H.N. Sporborg
AP/Wide World Photos

Page 5 :

AP/Wide World Photos
AP/Wide World Photos
AP/Wide World Photos
AP/Wide World Photos
Henri Dauman/Magnum
UPI
UPI
UPI
AP/Wide World Photos

Page 6 :

© Elliot Erwitt/Magnum
UPI
AP/Wide World Photos
UPI
AP/Wide World Photos
UPI
UPI
UPI
UPI

Page 7 :

AP/Wide World Photos
UPI
UPI
UPI
UPI
UPI
UPI
UPI
UPI

Page 8 :

UPI
UPI
UPI
UPI
AP/Wide World Photos
UPI
Collection Pam Kelly
UPI
AP/Wide World Photos

Achevé d'imprimé le 4 septembre 1985
sur presse CAMERON
dans les ateliers de la S.E.P.C.
à Saint-Amand-Montrond (Cher)

— N° d'impression : 1103-755. —
Dépôt légal : septembre 1985.

Imprimé en France